Wolfgang Methling · Jürgen Unshelm (Hrsg.)

Umwelt- und tiergerechte Haltung von Nutz-, Heim- und Begleittieren

Wolfgang Methling · Jürgen Unshelm (Hrsg.)

Umwelt- und tiergerechte Haltung
von Nutz-, Heim- und Begleittieren

Mit 158 Abbildungen und 240 Tabellen

Parey Buchverlag Berlin 2002

Parey Buchverlag im
Blackwell Wissenschafts-Verlag GmbH
Kurfürstendamm 57, 10707 Berlin
Firmiangasse 7, 1130 Wien

Blackwell Science Ltd
Osney Mead, Oxford, OX2 0EL, UK
25 John Street, London WC1N 2BL, UK
23 Ainslie Place, Edinburgh EH3 6AJ, UK

Munksgaard International Publishers Ltd
35 Nørre Søgade
1016 Kopenhagen K, Dänemark

Blackwell Science, Inc.
Commerce Place, 350 Main Street
Malden, Massachusetts 02148 5018, USA

Blackwell Science KK
MG Kodemmacho Building, 3F
7–10, Kodemmacho Nihonbashi,
Chuo-ku, Tokio 103-0001, Japan

Blackwell Science Pty Ltd
54 University Street,
Carlton, Victoria 3053, Australien

Iowa State University Press
A Blackwell Science Company
2121 S. State Avenue
Ames, Iowa 50014-8300, USA

Anschriften Herausgeber:
Prof. Dr. sc. med. vet. Wolfgang Methling
Universität Rostock
Institut für umweltgerechte Tierhaltung
Justus-von-Liebig-Weg 8
18059 Rostock

Prof. Dr. med. vet. Jürgen Unshelm
Ludwig-Maximilians-Universität München
Institut für Tierhygiene, Verhaltenskunde und Tierschutz
Schwere-Reiter-Straße 9
80797 München

Gewährleistungsvermerk
Die Medizin ist eine Wissenschaft mit ständigem Wissenszuwachs. Forschung und Weiterentwicklung klinischer Verfahren erschließen auch gerade in der Pharmakotherapie veränderte Anwendungen. Der/die Verfasser/in dieses Werkes haben sich intensiv bemüht, für die verschiedenen Medikamente in den jeweiligen Anwendungen exakte Dosierungshinweise entsprechend dem aktuellen Wissensstand zu geben. Diese Dosierungshinweise entsprechen den Standardvorschriften der Hersteller. Verfasser und Verlag können eine Gewährleistung für die Richtigkeit von Dosierungsangaben dennoch nicht übernehmen. Dem Praktiker wird dringend empfohlen, in jedem Anwendungsfall die Produktinformation der Hersteller hinsichtlich Dosierungen und Kontraindikationen entsprechend dem jeweiligen Zeitpunkt der Produktanwendung zu beachten.

Die Wiedergabe von Gebrauchsnamen, Handelsnamen, Warenbezeichnungen usw. in diesem Buch berechtigt auch ohne besondere Kennzeichnung nicht zu der Annahme, daß solche Namen im Sinne der Warenzeichen- u. Markenschutz-Gesetzgebung als frei zu betrachten wären und daher von jedermann benutzt werden dürften.
Dieses Werk ist urheberrechtlich geschützt. Die dadurch begründeten Rechte, insbesondere die der Übersetzung, des Nachdrucks, des Vortrages, der Entnahme von Abbildungen und Tabellen, der Funksendung, der Mikroverfilmung oder der Vervielfältigung auf anderen Wegen und der Speicherung in Datenverarbeitungsanlagen, bleiben, auch bei nur auszugsweiser Verwertung, vorbehalten. Eine Vervielfältigung dieses Werkes oder von Teilen dieses Werkes ist auch im Einzelfall nur in den Grenzen der gesetzlichen Bestimmungen des Urheberrechtsgesetzes der Bundesrepublik Deutschland vom 9. September 1965 in der Fassung vom 24. Juni 1985 zulässig. Sie ist grundsätzlich vergütungspflichtig. Zuwiderhandlungen unterliegen den Strafbestimmungen des Urheberrechtsgesetzes.

Die Deutsche Bibliothek – CIP-Einheitsaufnahme
Umwelt- und tiergerechte Haltung von Nutz-, Heim- und Begleittieren : mit 240 Tabellen / Wolfgang Methling ; Jürgen Unshelm (Hrsg.). – Berlin : Parey, 2002
  ISBN 3-8263-3139-7

© 2002 Blackwell Wissenschafts-Verlag,
Berlin · Wien
e-mail: parey@blackwis.de
Internet: http://www.blackwell.de

ISBN 3-8263-3139-7 · Printed in Germany

Einbandgestaltung: unter Verwendung einer Abbildung von Hannes Ch. Steinmann/Medienservice, Graz, Österreich
Satz und Repro: Mitterweger & Partner, Plankstadt
Druck und Bindung: Druckhaus „Th. Müntzer", Bad Langensalza

Gedruckt auf chlorfrei gebleichtem Papier

Vorwort

Den Anstoß für das nach relativ langer Bearbeitungszeit vorliegende Buch gab zunächst ein kleines Poster im Jahre 1995 über die Realisierbarkeit der Vision einer umweltgerechten Tierhaltung. Darüber hinaus war die Konzeption eines Lehrbuches auf dem Gebiet der Tierhaltung überfällig, das in gleicher Weise den Tier- wie den Umweltschutz berücksichtigt und zudem ein Tierartenspektrum umfaßt, das den Erwartungen sowohl von Agrarwissenschaftlern als auch von Tiermedizinern einschließlich der Studenten und entsprechender Institutionen entspricht.

In intensiven Gesprächen mit dem Verlag reifte das Konzept für ein Buchprojekt, das in seiner Komplexität und seinem integrativen interdisziplinären Ansatz versucht, hohen Ansprüchen zu genügen. Die Diskussion um das Auftreten des sogenannten Rinderwahnsinns in Deutschland, aber auch andere aktuelle Probleme im Agrarbereich und die dadurch erzwungenen öffentlichen und wissenschaftlichen Debatten haben inzwischen zu wichtigen politischen Entscheidungen über die Sicherung von Verbraucher-, Tier- und Umweltschutz geführt. Damit hat das Buch eine nicht vorhersehbare Aktualität erhalten, so als handele es sich um ein kurzfristig erstelltes Auftragswerk.

Mit dem vorliegenden Werk wird ein Fach- und Lehrbuch präsentiert, das erstmalig eine komplexe Darstellung einer zukunftsfähigen tier-, umwelt- und verbrauchergerechten Tierhaltung vornimmt. Umwelt- und Tiergerechtheit werden nicht nur neu oder klarer definiert, sondern auch im Rahmen der Möglichkeiten detailliert beschrieben. Dazu gehört der Ansatz, statt mehr oder weniger subjektiver Beurteilungen insbesondere die Reaktionen von Tieren auf die jeweiligen Haltungsbedingungen und -situationen als entscheidendes Kriterium für eine tiergerechte Haltung zu werten.

Das Buch berücksichtigt zudem das gegenwärtige Verständnis der „guten fachlichen Praxis" und die Anforderungen an die Tierhaltung im „ökologischen Landbau", geht jedoch weit über die bisherige Sicht hinaus. So wird das Bild einer Tierhaltung geformt, die nicht nur im ökologischen Landbau, sondern auch bei anderen nachhaltigen (integrierten) Landbewirtschaftungsformen zu gestalten ist.

Ein komplexes, integratives Buchprojekt muß zwangsläufig Bereichs-, Disziplin- und Zuständigkeitsgrenzen überschreiten. Das Buch schlägt deshalb einen weiten Bogen von den Spezialisten und Interessierten der Haltung landwirtschaftlicher Nutztiere zu denen, die sich mit Heim- und Begleittieren beschäftigen. Es ist ein Fach- und Lehrbuch für Agrarwissenschaftler und Tierärzte, für Studenten und Praktiker der Tierhaltung, der Tiermedizin, des Umwelt- und Tierschutzes, für Landwirtschafts-, Veterinär- und Umweltbehörden, für wissenschaftliche Einrichtungen, Projektierungsbüros und Beratungseinrichtungen, für Bauern-, Umwelt- und Tierschutzverbände, für Landwirte und Verbraucher. Es wird eine gute Ausbildungsgrundlage für Lehrfächer wie Tierhaltung und Tierhygiene, Tier- und Umweltschutz sein. Dieser Anspruch erforderte auch eine große Breite der Autorenschaft aus den verschiedensten Fachgebieten, insbesondere aus

Vorwort

fast allen agrarwissenschaftlichen und tierärztlichen/veterinärmedizinischen Fakultäten Deutschlands.

Die Autoren sind um eine weitgehende Neutralität der Darstellungen bemüht, sie verzichten jedoch nicht auf die notwendigen Wertungen und Orientierungen. Sie würdigen die gegenwärtigen Rechtsvorschriften, betrachten diese aber nicht immer als ausreichenden Rahmen und formulieren deshalb selbst Erfordernisse und Normen.

Die Herausgeber sind den Autoren für ihr Mitwirken an diesem schwierigen, aber – wie wir hoffen – durchaus zukunftsfähigen Projekt zu großem Dank verpflichtet. Unser Dank gilt insbesondere auch unseren Mitarbeiterinnen Dr. Regina Dibbert, Dr. Dagmar Emmert und Doreen Hänke für die unermüdliche Bearbeitung und Korrektur der Manuskripte. Dem Parey Buchverlag im Blackwell Wissenschafts-Verlag, vor allem seinem ehemaligen Geschäftsführer Dr. Axel Bedürftig, dem Programmleiter Veterinärmedizin Dr. Andreas Müller und der Projektkoordinatorin Andrea Hastrich danken wir für das große fachliche Interesse sowie die geduldige und zielorientierte Förderung des Projektes.

Wolfgang Methling, Rostock
Jürgen Unshelm, München

November 2001

Inhaltsverzeichnis

Vorwort		V
Autorenverzeichnis		XIX
1	**Einführung** METHLING, W.; UNSHELM, J.	1
2	**Umweltgerechte Tierhaltung**	9
2.1	Kriterien und Schwerpunkte der Umweltgerechtheit der Nutztierhaltung METHLING, W.	9
2.1.1	Kriterien und Bewertung der Umweltgerechtheit der Nutztierhaltung	9
2.1.2	Schwerpunkte der Umweltgerechtheit der Nutztierhaltung	11
2.2	Standortauswahl, Projekt- und Verfahrensgestaltung	15
2.2.1	Aspekte der Standortauswahl, Projekt- und Verfahrensgestaltung METHLING, W.	15
2.2.2	Tierbesatz und landwirtschaftliche Nutzfläche METHLING, W.	17
2.2.3	Emission und Immission von Schadgasen und Geruchsstoffen OLDENBURG, J.	20
2.2.3.1	Entstehung und Bedeutung biogener Gase	20
2.2.3.2	Bewertung, Beeinflussung und Erfassung von Geruchsemissionen	21
2.2.3.3	Stickstoffemissionen	25
2.2.3.4	Schwefelwasserstoff und Methan	26
2.2.4	Emission und Immission von Staub und Mikroorganismen aus Stallanlagen MÜLLER, W.	27
2.2.4.1	Potentielle Gefahren durch Staub und Mikroorganismen	27
2.2.4.2	Zusammensetzung, Quantität und Dynamik des Stalluftaerosols	27
2.2.4.3	Atmosphärische Ausbreitung von Staubpartikeln und Mikroorganismen	31
2.2.5	Emission von Lärm OLDENBURG, J.	34
2.2.5.1	Bewertung und Wirkung von Schall, Geräusch und Lärm	34
2.2.5.2	Richtwerte für Immission von Lärm	36
2.2.5.3	Minderung der Emission von Lärm aus der Tierhaltung	37
2.2.6	Mindestabstände zwischen Tierhaltungen und Wohnsiedlungen OLDENBURG, J.	38
2.2.6.1	Ermittlung von Mindestabständen und Immissionsgrenzwerten	38
2.2.6.2	Bewertung der Immissionsprognosen	42
2.2.7	Genehmigungspflicht für Anlagen der Tierhaltung OLDENBURG, J.	43
2.2.7.1	Rechtssicherheit und Umweltgerechtheit durch Genehmigung	43

Inhaltsverzeichnis

2.2.7.2	Grundsätzliche bau- und immissionsrechtliche Zulässigkeit von Vorhaben und Anlagen	44
2.2.7.3	Berücksichtigung öffentlicher Belange	46
2.2.7.4	Genehmigung des Vorhabens	47
2.3	Rationelle Wasserverwendung Kaufmann, O.	54
2.3.1	Struktur und Umfang des Wasserbedarfes	54
2.3.2	Gestaltung der Tränkeinrichtungen	58
2.3.3	Stallreinigung	61
2.3.4	Reinigung von Melkanlagen und Milchlagerbehältern	61
2.3.5	Schwerpunkte der Senkung des Wasserverbrauches	62
2.4	Rationelle Energieanwendung	64
2.4.1	Ökologische und ökonomische Bewertung von Energieträgern und Energieverbrauch Oldenburg, J.	64
2.4.2	Struktur und Umfang des Energieverbrauches Oldenburg, J.	64
2.4.3	Schwerpunkte der Senkung des Energieverbrauches, der Erzeugung und Nutzung regenerativer Energien Methling, W.	66
2.4.4	Gestaltung des Stallklimas Oldenburg, J.; Methling, W.	66
2.4.5	Wärmeisolation von Warmställen Oldenburg, J.	70
2.4.6	Gestaltung der Lüftung Oldenburg, J.	71
2.4.7	Heizung Oldenburg, J.	75
2.4.8	Kühlung Oldenburg, J.	79
2.4.9	Beleuchtung Oldenburg, J.; Methling, W.	81
2.4.10	Nutzung regenerativer Energien Oldenburg, J.	82
2.4.10.1	Wärmerückgewinnung	82
2.4.10.2	Erdwärmetauscher	84
2.4.10.3	Solarwärme und Photovoltaik	86
2.4.10.4	Windkraft	86
2.4.10.5	Biogas	86
2.4.10.6	Nachwachsende Rohstoffe	86
2.5	Lagerung und Verwertung von organischen Düngern (Dung, Jauche, Gülle, Abwasser)	88
2.5.1	Organische Dünger als Nährstoff- und Schadstoffquelle Methling, W.	88
2.5.2	Gesamtbelastung, lokale und zeitliche Verteilung des Nährstoffaustrages und der Emission Methling, W.	89
2.5.3	Ökologische und ökonomische Bewertung der Aufbereitung von organischen Düngern Hoy, St.	90
2.5.4	Anfall und hygienisch-ökologische Eigenschaften von organischen Düngern Hoy, St.	94
2.5.5	Möglichkeiten der Verhinderung und Reduzierung von Verunreinigungen des Bodens und des Wassers Hoy, St.	102
2.5.6	Möglichkeiten der Reduzierung von Verunreinigungen der Luft Hoy, St.	108
2.5.7	Anforderungen an die Ausbringung und Verwertung von organischen Düngern Hoy, St.; Methling, W.	116

2.6	Lagerung, Beseitigung und Verwertung von Abfällen Morscheck, G.	122
2.6.1	Allgemeines	122
2.6.2	Grundsätze der recyclingorientierten Sammlung und Lagerung von Abfällen	124
2.7	Tierernährung, Tierfütterung und Futterkonservierung	131
2.7.1	Ernährungswissenschaftliche Grundlagen zur Reduzierung der Nährstoffexkretion Gabel, M.	131
2.7.2	Weitere Aspekte der Nachhaltigkeit in der Tierernährung und -fütterung Methling, W.	137
2.7.3	Optimierung der Eiweißernährung	138
2.7.3.1	Optimierung der Eiweißernährung beim Wiederkäuer Gabel, M.	138
2.7.3.2	Optimierung der Eiweißernährung bei Monogastriden Hackl, W.	147
2.7.4	Optimierung der Ernährung mit Mengen- und Spurenelementen	151
2.7.4.1	Wiederkäuer Gabel, M.	151
2.7.4.2	Monogastriden Hackl, W.	152
2.7.5	Konservierung von Grobfuttermitteln Gabel, M.	153
2.7.5.1	Methoden der Konservierung	153
2.7.5.2	Silierung von Grünfutter	154
2.7.6	Einsatz von Leistungsförderern in der Fütterung Hackl, W.	156
2.7.6.1	Ziele und Probleme des Einsatzes von Leistungsförderern	156
2.7.6.2	Einsatz alternativer Leistungsförderer	158
2.7.7	Nebenprodukte in der Fütterung Hackl, W.	161
2.8	Umweltrelevante Elemente des Schutzes vor Tierseuchen und Infektionskrankheiten	167
2.8.1	Notwendigkeit und Elemente des Seuchenschutzes Methling, W.; Böhm, R.	167
2.8.2	Ökologische Anforderungen an Reinigungs- und Desinfektionsmittel und -verfahren	169
2.8.2.1	Notwendigkeit und Zielstellungen der Reinigung und Desinfektion Methling, W.; Böhm, R.	169
2.8.2.2	Ökologische Risiken beim Einsatz von Mitteln und Verfahren der Reinigung und Desinfektion Methling, W.; Böhm, R.	171
2.8.2.3	Minimierung des Wasser- und Energieverbrauches sowie des Einsatzes von Reinigungs- und Desinfektionsmitteln Methling, W.; Böhm, R.	172
2.8.2.4	Ökotoxikologische Wirkungen und Risiken von Reinigungs- und Desinfektionsmitteln Böhm, R.	178
2.8.2.5	Strategien zur umweltgerechten Gestaltung von Reinigungs- und Desinfektionsmaßnahmen Böhm, R.	189
2.8.3	Ökologische Anforderungen an Entwesungsmittel und -verfahren Methling, W.	191
2.8.3.1	Notwendigkeit und Zielstellungen der Entwesung	191
2.8.3.2	Ökologische und andere Gefahren beim Einsatz von Mitteln und Verfahren der Entwesung	192
2.8.3.3	Verfahren, Methoden und Mittel der Entwesung	193
2.8.3.4	Minimierung des Biozideinsatzes durch integrierte Entwesung	197
2.8.3.5	Auswahl von Entwesungsmitteln	197

Inhaltsverzeichnis

2.8.4	Ökologische Anforderungen an die Tierkörperbeseitigung und -verwertung Böhm, R.	198
2.8.4.1	Aufgaben und Grundsätze der Tierkörperbeseitigung und -verwertung	198
2.8.4.2	Herkunft und Mengen der Rohmaterialien	203
2.8.4.3	Produkte der Verwertung tierischer Rest- und Abfallstoffe	207
2.8.4.4	Möglichkeiten der Beseitigung und Verwertung tierischer Rest- und Abfallstoffe und deren ökologische Folgen	207
2.8.4.5	Umweltbelastungen durch die Tierkörperbeseitigung und mögliche Gegenmaßnahmen	210
2.8.4.6	Gesetzliche Regelungen zur Tierkörperbeseitigung	213
2.9	Untersuchung und Bewertung der Umweltgerechtheit der Tierhaltung Methling, W.	219
2.9.1	Notwendigkeit, Ziele und Möglichkeiten der Analyse, Bewertung, Prüfung und Kontrolle der Umweltgerechtheit	219
2.9.2	Öko-Audit – ein Zertifikat für die Umweltgerechtheit	220
2.9.2.1	Ziel und Struktur des Öko-Audits	220
2.9.2.2	Öko-Audit für die Tierhaltung	222
2.9.3	Umweltverträglichkeitsprüfung und Emissionsbewertung	223
2.9.4	Andere Zertifizierungen der Umweltgerechtheit	225
3	**Schwerpunkte und Kriterien der umweltgerechten Haltung von Heim- und Begleittieren**	**229**
3.1	Allgemeines sowie Besonderheiten gegenüber der Nutztierhaltung Unshelm, J.	229
3.2	Ökologische und hygienische Probleme	230
3.2.1	Emissionen Wöhr, A.-C.	230
3.2.2	Anfall von Exkrementen und Abfällen sowie Tierkörpern und deren Beseitigung Unshelm, J.	232
3.2.3	Besonderheiten der Reinigung und Desinfektion Unshelm, J.	233
3.2.4	Umweltbelastungen und Infektionsrisiken in Wohngebäuden, Wohngebieten und Parks Unshelm, J.	233
3.2.4.1	Umweltbelastungen, Verschmutzungen und Schäden	233
3.2.4.2	Infektionsrisiken für Menschen	234
3.2.4.3	Infektionsrisiken für Tiere	235
3.2.4.5	Spezielle Rechtsvorschriften	235
4	**Tiergerechte Nutztierhaltung**	**239**
4.1	Schwerpunkte und Kriterien der tiergerechten Nutztierhaltung	239
4.1.1	Allgemeines Unshelm, J.	239
4.1.2	Indikatoren für die Tiergerechtheit der Nutztierhaltung Unshelm, J.	242
4.1.2.1	Normalverhalten und haltungsbedingte Verhaltensanomalien	242
4.1.2.2	Haltungsbedingte Leistungsminderungen	243
4.1.2.3	Haltungsbedingte Belastungsreaktionen	244
4.1.2.4	Haltungsbedingte Erkrankungshäufigkeit	247

4.1.2.5	Haltungsbedingte Todesfälle	247
4.1.3	Bedeutung des Tierhalters UNSHELM, J.	248
4.1.4	Tierschutzregelungen und Beurteilung der rechtlichen Voraussetzungen einer tiergerechten Nutztierhaltung UNSHELM, J.	250
4.1.4.1	Nationales, supranationales und internationales Tierschutzrecht	250
4.1.4.2	Gliederung und wichtigste Zielsetzungen des deutschen Tierschutzgesetzes	254
4.1.4.3	Die wichtigsten tierschutzrechtlichen Begriffe, Aussagen und Interpretationen	256
4.1.5	Entwicklungstendenzen in der Nutztierhaltung EMMERT, D.	257
4.1.5.1	Intensivierung, Mechanisierung und Automatisierung der Tierhaltung	257
4.1.5.2	Naturnahe Haltungsformen und Konsequenzen für die Tiergesundheit	260
4.1.5.3	Besonderheiten der Tierhaltung im ökologischen Landbau	265
4.1.6	Akzeptanz der Nutztierhaltung und der Produktbeschaffenheit durch den Verbraucher UNSHELM, J.	270
4.2	Tiergerechte Haltung von Rindern SAMBRAUS, H.H.; SCHÖN, H.; HAIDN, B.	281
4.2.1	Rahmenbedingungen und grundlegende Anforderungen	281
4.2.1.1	Tierverhalten	281
4.2.1.2	Klimaansprüche	283
4.2.1.3	Pflege und Umgang	284
4.2.1.4	Kriterien einer tiergerechten Haltung	285
4.2.1.5	Besonderheiten des ökologischen Landbaus	286
4.2.1.6	Gesetze und Verordnungen	288
4.2.2	Kälberhaltung	290
4.2.2.1	Verhaltensbedingte und ernährungsphysiologische Anforderungen	290
4.2.2.2	Verfahrenstechnik der Kälberhaltung	292
4.2.2.3	Haltungsverfahren	295
4.2.2.4	Kälberhaltungsverordnung (1997)	299
4.2.2.5	Besonderheiten im ökologischen Landbau	299
4.2.3	Milchviehhaltung	299
4.2.3.1	Verhaltensbedingte Anforderungen	299
4.2.3.2	Verfahrenstechnik der Milchviehhaltung	304
4.2.3.3	Anbindeställe	308
4.2.3.4	Laufställe	311
4.2.3.5	Bewertung der Haltungsverfahren für Milchvieh	318
4.2.3.6	Besonderheiten im ökologischen Landbau	318
4.2.4	Rinderaufzucht und Rindermast	318
4.2.4.1	Verhaltensbedingte Anforderungen	319
4.2.4.2	Haltungsverfahren	320
4.2.4.3	Bewertung der Haltungsverfahren	324
4.2.4.4	Besonderheiten im ökologischen Landbau	324
4.2.5	Mutterkuhhaltung	325
4.2.5.1	Verfahrenstechnik der Mutterkuhhaltung	325
4.2.5.2	Weidehaltung	327
4.2.5.3	Stallhaltung	328
4.2.5.4	Besonderheiten im ökologischen Landbau	330

Inhaltsverzeichnis

4.3	Tiergerechte Haltung von Schweinen.	333
4.3.1	Grundlegende Anforderungen von Borell, E.; von Lengerken, G.; Rudovsky, A.	333
4.3.2	Zuchteberhaltung von Borell, E.; von Lengerken, G.; Rudovsky, A.	343
4.3.3	Zuchtsauenhaltung einschließlich Familienställe von Borell, E.; von Lengerken, G.; Rudovsky, A.	346
4.3.4	Abferkelbuchten und -ställe von Borell, E.; von Lengerken, G.; Rudovsky, A.	354
4.3.5	Aufzucht-(Läufer-)ställe von Borell, E.; von Lengerken, G.; Rudovsky, A.	355
4.3.6	Mastschweinehaltung Heege, H.	357
4.4	Tiergerechte Haltung von Schafen Hoy, St.	369
4.4.1	Ethologische und physiologische Anforderungen	369
4.4.2	Hüte- und Koppelhaltung der Schafe.	372
4.4.3	Stallhaltung der Schafe	374
4.4.4	Pflege der Schafe.	378
4.5	Tiergerechte Haltung von Hühnergeflügel Gerken, M.; Bessei, W.	382
4.5.1	Grundlegende Anforderungen	382
4.5.1.1	Bedürfnisse.	382
4.5.1.2	Kriterien einer tiergerechten Haltung	388
4.5.1.3	Gesetze und Verordnungen	390
4.5.1.4	Besonderheiten im ökologischen Landbau	391
4.5.2	Junghennenaufzucht	393
4.5.2.1	Haltungsformen	393
4.5.2.2	Bewertung der Tiergerechtheit.	394
4.5.2.3	Besonderheiten im ökologischen Landbau	395
4.5.3	Legehennenhaltung	396
4.5.3.1	Käfighaltung.	397
4.5.3.2	Bodenhaltung.	399
4.5.3.3	Bewertung der Tiergerechtheit.	401
4.5.3.4	Besonderheiten im ökologischen Landbau	407
4.5.4	Masthähnchen(Broiler-)haltung.	407
4.5.4.1	Haltungsformen	408
4.5.4.2	Bewertung der Tiergerechtheit.	410
4.5.4.3	Besonderheiten im ökologischen Landbau	412
4.5.5	Elterntierhaltung	413
4.5.5.1	Nutzungsrichtungen	413
4.5.5.2	Bewertung der Tiergerechtheit.	413
4.5.5.3	Besonderheiten im ökologischen Landbau	414
4.6	Tiergerechte Haltung von Puten Gauly, M.	420
4.6.1	Grundlegende physiologische und ethologische Anforderungen	420
4.6.2	Kriterien einer tiergerechten Haltung	422
4.7	Tiergerechte Haltung von Enten Pingel, H.	425
4.7.1	Grundlegende Anforderungen	425
4.7.2	Elterntierhaltung	432

4.7.3	Mastentenhaltung	433
4.8	Tiergerechte Haltung von Gänsen PINGEL, H.	435
4.8.1	Grundlegende Forderungen	435
4.8.2	Zucht- und Elterntierhaltung	438
4.8.3	Mastgänsehaltung	439
4.9	Tiergerechte Haltung von Kaninchen DRESCHER, B.	441
4.9.1	Grundlegende Anforderungen	441
4.9.2	Einzelhaltung	446
4.9.3	Gruppenhaltung	446
4.10	Tiergerechte Haltung von Nutzfischen LANGHOLZ, H.-J.	453
4.10.1	Der Fisch in der Nutztierhaltung	453
4.10.2	Wirkungsgrundsätze der wichtigsten Haltungsfaktoren	453
4.10.3	Zucht und Haltung einschlägiger Aquakulturkandidaten	462
4.10.3.1	Forellenzucht (Regenbogenforellen)	462
4.10.3.2	Karpfenteichwirtschaft	466
4.10.3.3	Lachszucht	467
4.10.3.4	Warmwasserfischkulturen	468
4.11	Tiergerechte Haltung von Nutzwild	472
4.11.1	Dam- und Rotwild in landwirtschaftlichen Gehegen BOGNER, H.	472
4.11.2	Tiergerechte Haltung von Fasanen, Wachteln und Perlhühnern GAULY, H.	480
4.11.2.1	Grundlegende Anforderungen	480
4.11.3	Tiergerechte Haltung von Straußenvögeln KÖSTERS, J.	485
4.11.3.1	Grundlegendes	485
4.11.3.2	Bewegung und Beschäftigung	486
4.11.3.3	Platzbedarf	486
4.11.3.4	Futter, Fütterung, Tränkung	487
4.11.3.5	Klimaansprüche	488
4.11.3.6	Reproduktion und Kunstbrut	489
4.11.3.7	Umgang, Behandlung	490
4.11.3.8	Kriterien einer tiergerechten Haltung	490
4.11.3.9	Gesetze und Verordnungen	492
4.12	Besonderheiten der Züchtung, Fortpflanzung und Bestandsergänzung in der naturnahen Tierhaltung LANGHOLZ, H.-J.	494
4.12.1	Merkmalsantagonismen einer Leistungszucht	494
4.12.2	Besonderheiten der Züchtung	497
4.12.3	Besonderheiten der Fortpflanzung und Bestandsergänzung	508
5	**Tiergerechte Haltung von Heim- und Begleittieren**	**515**
5.1	Schwerpunkte und Kriterien der tiergerechten Haltung von Heim- und Begleittieren UNSHELM, J.	515
5.1.1	Definitionen sowie Schätzungen der Zahl gehaltener Heim- und Begleittiere	515

Inhaltsverzeichnis

5.1.2	Besonderheiten im Vergleich zur Nutztierhaltung.	516
5.1.3	Einstellung der Gesellschaft zur Haltung von Heim- und Begleittieren	518
5.1.3.1	Mensch-Tier-Beziehungen	518
5.1.3.2	Tiergestützte Prophylaxe und Therapie	520
5.1.3.3	Tiertourismus	520
5.1.3.4	Ausgesetzte und herrenlose Tiere	521
5.1.3.5	Tierheime und alternative Lösungen	522
5.2	Tiergerechte Haltung von Pferden Pirkelmann, H.	525
5.2.1	Nutzungsziele und Bestandsentwicklung.	525
5.2.2	Grundlegende Anforderungen	525
5.2.3	Aufstallungssysteme.	532
5.2.3.1	Einzelhaltung.	533
5.2.3.2	Gruppenhaltung	537
5.2.3.3	Einordnung der Haltungssysteme	543
5.3	Tiergerechte Haltung von Hunden	545
5.3.1	Grundlegende Anforderungen Döring-Schätzl, D.	545
5.3.1.1	Kriterien einer tiergerechten Haltung	545
5.3.1.2	Bedarf an Sozialkontakten	545
5.3.1.3	Bedarf an Reizen, Anregung und Beschäftigung	548
5.3.1.4	Bewegungsbedarf.	550
5.3.1.5	Platzbedarf	552
5.3.1.6	Futter, Fütterung und Tränke	553
5.3.1.7	Klimaansprüche	555
5.3.1.8	Betreuung und Pflege.	556
5.3.1.9	Umgang und Ausbildung	557
5.3.1.10	Zubehör	559
5.3.1.11	Eingriffe.	560
5.3.1.12	Zucht und Qualzüchtungen	561
5.3.1.13	Gefahren durch Hunde.	563
5.3.1.14	Rechtliche Bestimmungen für die Hundehaltung.	565
5.3.2	Spezielle Anforderungen Mertens, P. A.	565
5.3.2.1	Anforderungen an die Haltung von Hunden in Tierheimen, Tierauffangstationen und Tierpensionen	565
5.3.2.2	Anforderungen an die Haltung alter Hunde	567
5.4	Tiergerechte Haltung von Katzen Wöhr, A.-C.	572
5.4.1	Grundlegende Anforderungen	572
5.4.2	Räumliche Anforderungen	572
5.4.3	Klimatische Anforderungen	577
5.4.4	Ernährung	577
5.4.5	Prophylaktische und hygienische Maßnahmen	578
5.4.6	Tiergerechte Katzenhaltung und Verhalten.	582
5.4.7	Bestandsregulierung.	583
5.4.8	Gesetze und Verordnungen	590

5.5	Tiergerechte Haltung von Heim- und Ziervögeln KÖSTERS, J.	596
5.5.1	Grundlegendes	596
5.5.2	Bewegungsbedarf	597
5.5.3	Freiflug	598
5.5.4	Platzbedarf, Käfige, Volieren	599
5.5.5	Einzel-, Gruppenhaltung, Vergesellschaftung	601
5.5.6	Klimaansprüche bei Innen- und Außenhaltung	601
5.5.7	Tiergerechtes Futter, Fütterung, Tränkung	602
5.5.8	Eingriffe	604
5.5.9	Kriterien einer tiergerechten Haltung und Gesundheitsvorsorge	604
5.5.10	Vogelausstellungen und -bewertungsschauen, Vogelmärkte, -börsen	606
5.5.11	Artenschutz	608
5.5.12	Gesundheitsgefährdung des Menschen durch Heim- und Ziervögel	609
5.6	Tiergerechte Haltung von Tauben KÖSTERS, J.	612
5.6.1	Grundlegendes	612
5.6.2	Bewegungsbedarf und Freiflug	613
5.6.3	Platzbedarf und Schlageinrichtung	614
5.6.4	Klimaansprüche	615
5.6.5	Fütterung und Tränkung	616
5.6.6	Brut und Aufzucht	616
5.6.7	Gesundheitsvorsorge	617
5.6.8	Brieftaubensport	617
5.6.9	Stadttauben	618
5.6.10	Gesetze und Verordnungen	619
5.7	Tiergerechte Haltung von kleinen Heimtieren GÖBEL, T.	621
5.7.1	Grundlegende Anforderungen an die Unterbringung von Kleinsäugern	623
5.7.2	Beispiele für die Haltung von Heimtieren	626
5.8	Tiergerechte Haltung von Reptilien SASSENBURG, L.	630
5.8.1	Grundlegende Anforderungen	630
5.9	Tiergerechte Haltung von Neuweltkameliden GAULY, M.	641
5.9.1	Aktuelle Bedeutung der Neuweltkamelidenhaltung	641
5.9.2	Grundlegende physiologische und ethologische Anforderungen	641
6	**Transport von Tieren**	**645**
6.1	Grundlegende Anforderungen MÜLLER, W.; SCHLENKER, G.	645
6.2	Seuchenschutz, Reinigung und Desinfektion, Tierkörper- und Abproduktbeseitigung MÜLLER, W.; SCHLENKER, G.	655
6.3	Amtliche Transportkontrollen MÜLLER, W.; SCHLENKER, G.	657
6.4	Transport von Rindern, Schafen und Ziegen MÜLLER, W.; SCHLENKER, G.	658

Inhaltsverzeichnis

6.5	Transport von Schweinen MÜLLER, W.; SCHLENKER, G.	660
6.6	Transport von Nutzgeflügel KÖSTERS, J.	663
6.6.1	Anforderungen laut Empfehlungen des Europarates und Rechtsvorschriften	663
6.6.2	Langzeittransporte	664
6.6.3	Besonderheiten beim Straßen-, Bahn-, Schiffs-, Flugzeugtransport	664
6.7	Transport von Pferden PIRKELMANN, H.	666
6.8	Transport von Hund und Katze EMMERT, D.; UNSHELM, J.	670
6.8.1	Vorschriften für den Transport von Hund und Katze	670
6.8.2	Allgemeine Anforderungen an den Transport	670
6.8.3	Sonderformen des Transportes	673
6.8.3.1	Regelmäßige Transporte, z. B. Schlittenhunde, Rettungshunde	673
6.8.3.2	Urlaubsbedingte Transporte	673
6.8.3.3	Risiken durch den Transport einschließlich des Aufenthaltes am Ziel-(Urlaubs-)ort	675
6.9	Transport von Ziergeflügel KÖSTERS, J.	679
6.9.1	Anforderungen laut Empfehlungen des Europarates und Rechtsvorschriften	679
6.9.2	Weitere wissenschaftlich begründete Anforderungen	679
6.9.3	Langzeittransporte	679
6.9.4	Besonderheiten beim Straßen-, Bahn-, Schiffs-, Flugzeugtransport	680
6.9.5	Besonderheiten im Unterschied zu Nutzgeflügel	680
6.10	Transport von Fischen LANGHOLZ, H.-J.	681
6.11	Transport von Reptilien SASSENBURG, L.	684
7	**Tierbehandlung und -gesundheitspflege in der umwelt- und tiergerechten Haltung**	**687**
7.1	Notwendigkeit der Tierbehandlung und -gesundheitspflege METHLING, W.; SOMMER, H.	687
7.2	Grundsätze und rechtliche Regelungen zum Einsatz von Tierarzneimitteln, Rückstandsproblematik bei Tieren, die der Lebensmittelgewinnung dienen KIETZMANN, M.; METHLING, W.	690
7.2.1	Rechtliche Rahmenbedingungen	690
7.2.2	Arzneimittelanwendung, Abgabe und Verschreibung durch Tierärzte sowie Erwerb und Anwendung durch Tierhalter	691
7.2.3	Herstellung von Arzneimitteln durch den Tierarzt	693
7.2.4	Arzneimittel in der Außenpraxis, örtlich getrennte Betriebsräume der Hausapotheke	693
7.2.5	Herstellung und Verschreibung von Fütterungsarzneimitteln	693
7.2.6	Rückstände, Wartezeiten, Anwendungsverbote	694

7.2.7	Nachweis- und Aufzeichnungspflicht	696
7.2.8	Homöopathika	696
7.2.9	Freiverkäufliche Arzneimittel	697
7.3	Besonderheiten der Tierbehandlung im ökologischen Landbau SOMMER, H.	698
7.3.1	Grundsätze	698
7.3.2	Zur Entstehung und Vermeidung der häufigsten Krankheiten bei Milchkühen und Sauen	698
7.4	Alternative Tierbehandlung SOMMER, H.	708
7.4.1	Allgemeines	708
7.4.2	Homöopathie	708
7.4.3	Phytotherapie	708
7.4.4	Akupunktur	709
7.4.5	Hausapotheke für die alternative Tierbehandlung	709
7.5	Ökotoxikologische Bewertung der Tierarzneimittel KIETZMANN, M.; METHLING, W.	710

Sachwortverzeichnis ... 713

Autorenverzeichnis

Prof. Dr. sc. agr. Werner Bessei
Universität Hohenheim
Fakultät IV – Agrarwissenschaften II
Institut für Tierhaltung und Tierzüchtung
Garbenstr. 17
70599 Stuttgart
E-mail: bessei@uni-hohenheim.de

Prof. Dr. agr. Dr. h.c. Hermann Bogner
Hochfeldweg 8
85586 Angelbrechting

Prof. Dr. med. vet. Reinhard Böhm
Universität Hohenheim
Institut für Umwelt- und Tierhygiene sowie
Tiermedizin mit Tierklinik
Garbenstr. 30
70599 Stuttgart

Prof. Dr. agr. Eberhard von Borell
Martin-Luther-Universität Halle-Wittenberg
Landwirtschaftliche Fakultät
Institut für Tierzucht und Tierhaltung mit Tierklinik
Adam-Kuckhoff-Str. 35
06099 Halle (Saale)
E-mail: borell@landw.uni-halle.de

Dr. med. vet. Dorothea Döring-Schätzl
Ludwig-Maximilians-Universität München
Tierärztliche Fakultät
Institut für Tierhygiene, Verhaltenskunde und Tierschutz
Schwere-Reiter-Str. 9
80797 München
E-mail: doro.doering@tierhyg.vetmed.uni-muenchen.de

Priv.-Doz. Dr. med. vet. Birgit Drescher
Kleintierpraxis
Alte Dorfstr. 11
70599 Stuttgart
E-mail: Birgit.Drescher@t-online.de

Dr. med. vet. Dagmar Emmert
Ludwig-Maximilians-Universität München
Tierärztliche Fakultät
Institut für Tierhygiene, Verhaltenskunde und Tierschutz
Schwere-Reiter-Str. 6
80797 München
E-mail: dagmar.emmert@res-media.de

Prof. Dr. agr. habil. Martin Gabel
Universität Rostock
Fachbereich Agrarökologie
Institut für umweltgerechte Tierhaltung
Justus-von-Liebig-Weg 8
19059 Rostock

Dr. agr. Dr. med. vet. Matthias Gauly
Justus-Liebig-Universität Gießen
Fachbereich Agrarwissenschaften, Ökotrophologie und Umweltmanagement
Institut für Tierzucht und Haustiergenetik
Oberer Hardthof 18
35398 Gießen
E-mail:mgauly@aol.com

Prof. Dr. agr. Martina Gerken
Georg-August-Universität Göttingen
Fachbereich Agrarwissenschaften
Institut für Tierzucht und Haustiergenetik
Albrecht-Thaer-Weg 3
37075 Göttingen
E-mail: mgerken@gwdg.de

Autorenverzeichnis

Dr. med. vet. Thomas Göbel
Freie Universität Berlin
Fachbereich Veterinärmedizin
Klinik und Poliklinik für kleine Haustiere
Oertzenweg 19b
14163 Berlin
E-mail: drthomasgoebel@t-online.de

Dr. agr. Wolfgang Hackl
Universität Rostock
Fachbereich Agrarökologie
Institut für umweltgerechte Tierhaltung
Justus-von-Liebig-Weg 8
19059 Rostock

Dr. agr. Bernhard Haidn
Technische Universität München
Wissenschaftszentrum Weihenstephan
Bayerische Landesanstalt für Landtechnik
Vöttingerstr. 36
85350 Freising-Weihenstephan
E-mail: haidn@tec.agrar.tu-muenchen.de

Prof. Dr. agr. Hermann J. Heege
Christian-Albrechts-Universität Kiel
Agrar- und Ernährungswissenschaftliche Fakultät
Institut für landwirtschaftliche Verfahrenstechnik
Max-Eyth-Str. 6
24118 Kiel
E-mail: landtechnik@ilv.uni-kiel.de

Prof. Dr. agr. habil. Steffen Hoy
Justus-Liebig-Universität Gießen
Fachbereich Agrarwissenschaften, Ökotrophologie und Umweltmanagement
Institut für Tierzucht und Haustiergenetik
Bismarckstr. 16
35390 Gießen
E-mail: steffen.hoy@agrar.uni-giessen.de

Prof. Dr. sc. agr. Otto Kaufmann
Humboldt-Universität zu Berlin
Landwirtschaftlich-Gärtnerische Fakultät
Institut für Nutztierwissenschaften
Fachgebiet Technik in der Tierhaltung
Philippstr. 13
10117 Berlin
E-Mail: otto.kaufmann@agrar.hu-berlin.de

Prof. Dr. med. vet. Manfred Kietzmann
Tierärztliche Hochschule Hannover
Institut für Pharmakologie, Toxikologie und Pharmazie
Bünteweg 17
30559 Hannover

Prof. Dr. med. vet. Josef Kösters
Ludwig-Maximilians-Universität München
Tierärztliche Fakultät
Institut für Geflügelkrankheiten
Veterinärstr. 3
85764 Oberschleißheim
E-mail: jkoesters@latinmail.com

Prof. Dr. sc. agr. Hans-Jürgen Langholz
Georg-August-Universität Göttingen
Fachbereich Agrarwissenschaften
Institut für Tierzucht und Haustiergenetik
Albrecht-Thaer-Weg 3
37075 Göttingen
E-mail: ladegbr@aol.com

Prof. Dr. agr. habil. Dr. h. c. Gerhard von Lengerken
Martin-Luther-Universität Halle
Landwirtschaftliche Fakultät
Institut für Tierzucht und Tierhaltung mit Tierklinik
Adam-Kuckhoff-Str. 35
06099 Halle (Saale)

Autorenverzeichnis

Dr. med. vet. Petra A. Mertens
University of Minnesota
College of Veterinary Medicine
Department of Small Animal Clinical Sciences
315, Veterinary Teaching Hospital
1352 Boyd Ave.
St. Paul, MN 55108, USA
E-mail: merte006@tc.umn.edu

Prof. Dr. sc. med. vet. Wolfgang Methling
Universität Rostock
Fachbereich Agrarökologie
Institut für umweltgerechte Tierhaltung
Fachgebiet Tiergesundheit
Justus-von-Liebig-Weg 8
18059 Rostock

Dr. agr. Gerd Morschek
Universität Rostock
Fachbereich Landeskultur und Umweltschutz
Institut für Landschaftsbau und Abfallwirtschaft
Justus-von-Liebig-Weg 6
18059 Rostock
E-Mail: morschek@agr.uni-rostock.de

Prof. Dr. med. vet. Wolfgang Müller
Freie Universität Berlin
Fachbereich Veterinärmedizin
Institut für Tier- und Umwelthygiene
Luisenstr. 56
10117 Berlin
E-mail: muanhyg@zedat.fu-berlin.de

Prof. Dr. sc. agr. Jörg Oldenburg
Fachhochschule Neubrandenburg
Fachbereich Agrarwirtschaft und Landschaftsarchitektur
Brodaer Str. 2
17033 Neubrandenburg

Prof. Dr. agr. habil. Heinz Pingel
Martin-Luther-Universität Halle-Wittenberg
Agrarwissenschaftliche Fakultät
Institut für Tierzucht und Tierhaltung mit Tierklinik
Adam-Kuckhoff-Str. 35
06099 Halle (Saale)
E-mail: heinz.pingel@web.de

Dr. agr. Heinrich Pirkelmann
Bayerische Landesanstalt für Tierzucht
Prof.-Dürrwächter-Platz 1
85586 Poing
E-mail: info@blt.bayern.de

Dr. agr. Annerose Rudovsky
Martin-Luther-Universität Halle
Landwirtschaftliche Fakultät
Institut für Tierzucht und Tierhaltung mit Tierklinik
Adam-Kuckhoff-Str. 35
06099 Halle (Saale)

Prof. Dr. med. vet. Dr. rer. nat.
Hans Hinrich Sambraus
Technische Universität München
Fakultät für Landwirtschaft und Gartenbau
Lehrgebiet für Tierhaltung und Verhaltenskunde
Alte Akademie 12
85350 Freising-Weihenstephan
E-mail: tizu@tz.agrar.tu-muenchen.de

Dr. med. vet. Lutz Sassenburg OVR
Tierärztliche Klinik für Klein- und Heimtiere
Alt-Biesdorf Nr. 22
12683 Berlin

Priv.-Doz. Dr. med. vet. Gerd Schlenker
Freie Universität Berlin
Fachbereich Veterinärmedizin
Institut für Tier- und Umwelthygiene
Luisenstr. 56
10117 Berlin
E-mail: schlehyg@city.vetmed.fu-berlin.de

Autorenverzeichnis

Prof. Dr. agr. Dr. h.c. Hans Schön
Technische Universität München
Wissenschaftszentrum Weihenstephan
Lehrstuhl für Landtechnik
Vöttingerstr. 36
85350 Freising-Weihenstephan
E-mail: schoen@tec.agrar.tu-muenchen.de

Prof. Dr. med. vet. Heiner Sommer †
Rheinische Friedrich-Wilhelms-Universität Bonn
Institut für Anatomie, Physiologie und Hygiene der Haustiere
Katzenburgweg 7–9
53115 Bonn

Prof. Dr. med. vet. Jürgen Unshelm
Ludwig-Maximilians-Universität München
Tierärztliche Fakultät
Institut für Tierhygiene, Verhaltenskunde und Tierschutz
Schwere-Reiter-Str. 9
80797 München
E-mail: unshelm@libero.it

Dr. med. vet. Anna-Caroline Wöhr
Ludwig-Maximilians-Universität München
Tierärztliche Fakultät
Institut für Tierhygiene, Verhaltenskunde und Tierschutz
Schwere-Reiter-Str. 9
80797 München
E-mail: caroline.woehr@tierhyg.vetmed.uni-muenchen.de

1 Einführung

(METHLING, W.; UNSHELM, J.)

Der Mensch hält seit Jahrtausenden Tiere, um von ihnen Zugkraft, Laufleistung, Lebensmittel und Rohstoffe für seine Fortbewegung, Ernährung und Kleidung zu nutzen, aber auch zum Schutz seines Heimes und Lebens sowie zu seiner Freude und als Gefährten. Tiere, die Lebensmittel und/oder Rohstoffe liefern sowie Zug- und Transportleistungen erbringen, werden als **Nutztiere** bezeichnet. Unter **Heimtieren** versteht man nach einer Definition des Europarates (1987) Tiere, die der Mensch insbesondere in seinem Haushalt, zu seiner eigenen Freude und als Gefährten hält oder die für diesen Zweck bestimmt sind. Der Begriff **Begleittiere** entspricht den „companion animals" im englischen Sprachraum. Mit dieser Bezeichnung soll dem Umstand Rechnung getragen werden, daß einerseits bestimmte Tiere über ihre Heimtiereigenschaft hinaus noch eine wichtige Rolle als Begleiter bei beruflichen Aktivitäten, als Helfer und in der Freizeit spielen und daß andererseits bestimmte Nutztierarten und -rassen immer mehr zu persönlichen Gefährten werden, wobei in der Regel eine sehr individuelle Mensch-Tier-Beziehung entsteht. Typische Beispiele für die erste genannte Gruppe sind Wach-, Spür- und Rettungshunde, Blindenführhunde sowie Jagdhunde, für die zweite Gruppe Reittiere mit engem persönlichen Kontakt zu ihrem Halter. Nicht unwichtig ist in diesem Zusammenhang, daß vor allem über einen kulturellen Austausch auch viele ursprünglich nicht einheimische (exotische) Tierarten und -rassen zu **Haustieren** wurden, also zu Tieren, die der Mensch im Umfeld seiner Behausung hält und züchtet, um im ständigen Gebrauch – meist ideellen – Nutzen aus ihnen zu ziehen (HEMMER, 1983).

Welche Tierart bzw. -rasse sowohl als Nutz-, Heim- oder Begleittier gehalten als auch gezüchtet wurde und wird, war und ist regional sowie zeitlich sehr unterschiedlich. Neben dem natürlichen Vorkommen der Wildformen in verschiedenen Regionen der Erde spielten religiöse und kulturelle Aspekte die Hauptrolle bei der Auswahl der domestizierten Tiere. Während Schweine, Schafe, Ziegen, Kaninchen und Geflügel fast ausschließlich als Lieferanten von Fleisch, Wolle, Federn, Fell bzw. Haut, Milch und Eiern dienen, werden von Rindern sowohl Fleisch, Milch, Haut, Horn und Knochen gewonnen als auch Zugleistungen gefordert. Von Pferden, Eseln und Kamelen werden vor allem Transport- und Zugleistungen erwartet, jedoch auch Fleisch und Milch genutzt. Wenn die Leistungen der Tiere nicht mehr wirtschaftlich, sondern nur noch im Sport- und Freizeitbereich genutzt werden, gelten nicht nur Pferde und Hunde, sondern auch Tauben als Begleittiere. Auf der anderen Seite dienen Katzen und Hunde, die in Europa ausschließlich als Heim- und Begleittiere gehalten werden, in asiatischen Ländern z. T. als Nahrungslieferanten.

Das Verhältnis des Menschen zum einzelnen Tier und zu einer ganzen Art ist oftmals religiös und kulturgeschichtlich geprägt. Daraus resultieren z. T. Verzehrsverbote und/oder heilige Verehrung. Der Umgang mit dem Nutztier ist im allgemeinen sachlicher als die z. T. innige „vermenschlichte" Beziehung zum Heim- und Begleittier, vor allem wenn dieses fehlende menschliche Partner ersetzt.

1 Einführung

Mit zunehmender Größe des Tierbestandes verringert sich häufig die Beachtung des Individuums durch den Besitzer, Halter oder Betreuer der Tiere. Das kann, muß aber nicht zwangsläufig zu Haltungsmängeln und -fehlern für die Tiere führen, vor allem dann nicht, wenn die Tiere in der Gruppe und unter günstigen Umweltbedingungen gehalten werden. In diesem Zusammenhang wird häufig der Begriff **Massentierhaltung** verwendet, der für weite Kreise der Bevölkerung eine negative Bedeutung hat, weil man ihn vor allem mit nicht tiergerechten, zum Teil auch – vielleicht mit einer etwas größeren Berechtigung – umweltschädigenden Haltungsbedingungen gleichsetzt. Der Begriff stammt aus der bis 1988 geltenden Massentierhaltungsverordnung, die sich auf Schweinehalter mit mehr als 1250 Mastplätzen bezog und die inzwischen durch die Schweinehaltungshygieneverordnung (1999) abgelöst wurde. Die „Masse" der Tiere, also die Größe des Tierbestandes, ist jedoch kein geeignetes oder gar ausreichendes Kriterium für die Bewertung der Tiergerechtheit bzw. Umweltgerechtheit der Tierhaltung. Vielmehr entscheiden die konkreten Aufstallungs- und Haltungsbedingungen im Stall, im Auslauf oder auf der Weide, vor allem die Gestaltung der Lauf- und Liegeflächen, der Freß- und Tränkplätze, die Verfahren der Einstreu, Entmistung, Dung- bzw. Güllelagerung darüber, ob die Tierhaltung den **Bedürfnissen der Tiere und der Umwelt gerecht** wird. Das vorliegende Buch will für Tierhalter und Tierärzte, für Vertreter von Behörden und Verbänden, für Studenten und interessierte Bürger möglichst komplexe und ausgewogene Wertungen und Handlungsempfehlungen geben.

Das Verhältnis des Menschen zum Nutztier wird nicht nur von seinem wirtschaftlichen Wert (z.B. von Besamungsbullen) bestimmt, sondern auch von den ökonomischen, sozialen, kulturellen, ethisch-moralischen und rechtlichen Rahmenbedingungen in der Gesellschaft. In Regionen, wo die Ernährung des Menschen nicht gesichert und die wirtschaftliche Existenz des Bauern gefährdet ist, werden die Bedürfnisse der Tiere nur wenig oder nicht beachtet. Ähnliches gilt für das Verhältnis des Menschen zu seiner Umwelt. Die öffentlichen gesellschaftlichen Diskussionen über die Nachhaltigkeit des Verbrauches von Naturressourcen und der Nutzung von Lebensräumen, über Werte und Rechte der Umwelt und des Tieres sowie die Fixierung von Anforderungen der Gesellschaft in moralischen und Rechtsnormen bewirken eine höhere Wertschätzung für die natürliche Umwelt und die vom Menschen gehaltenen Tiere.

In Europa hat das Auftreten des **Rinderwahnsinns (Bovine Spongiforme Enzephalopathie – BSE)**, zunächst 1985 in Großbritannien, der Schweiz, Frankreich und anderen Ländern, seit November 2000 auch in Deutschland nachgewiesen, zu einer starken Beschleunigung der Debatten und politischen Entscheidungen über eine nachhaltige, tier- und umweltgerechte Tierhaltung geführt. Obwohl ein Zusammenhang zwischen der BSE und Haltungsbedingungen sowie Bestandsgrößen mit großer Wahrscheinlichkeit nicht existiert, gibt diese Krise Gelegenheit, darüber nachzudenken und zu entscheiden, wie das Vertrauen der Verbraucher zurückgewonnen werden kann. Politische und rechtliche Regelungen zur Beförderung einer transparenten, verbraucher-, tier- und umweltgerechten, möglichst naturnahen Futtermittelproduktion, Tierhaltung und Lebensmittelerzeugung sind unerläßlich. Eine Landwirtschaft, die nicht umwelt- und tiergerecht ist, hat keine Perspektive. Andererseits ist ebenso klar, daß die Gesellschaft, vor allem der Verbraucher, durch die Zahlung kostendeckender Preise für Rohstoffe, Lebensmittel und ökologische Leistungen über die Zukunft der Landwirtschaft entscheidet.

Von jedem Halter von Nutz-, Heim- und Begleittieren, vom wissenschaftlich ausgebildeten und geschulten Landwirt, aber auch vom Laien, der aus Liebe zum Tier oder für die Gestaltung seiner Freizeit Tiere hält, erwartet die Gesellschaft in den meisten Industrieländern, daß Tierställe, Unterkünfte, Ausläufe u. ä. tier- und umweltgerecht gestaltet werden. Wenngleich die Bedingungen und Probleme in der Haltung von Heim- und Begleittieren sich grundlegend von denen in der Nutztierhaltung unterscheiden, ist festzustellen, daß es in beiden Bereichen z. T. erhebliche Mängel und Defizite gibt. Während Unzulänglichkeiten in der Nutztierhaltung eher festgestellt und öffentlich gemacht werden, erhalten Behörden und die Öffentlichkeit seltener Kenntnis über Verstöße gegen die Tiergerechtheit und Umweltbelastungen in Heim- und Begleittierhaltungen.

Die gesetzlichen Vorgaben für eine sogenannte **tiergerechte Haltung** stellen in der Regel einen Kompromiß dar zwischen dem physiologisch und ethologisch begründeten Bedarf jedes einzelnen Tieres und der Einstellung der Gesellschaft dazu, was Tieren zugemutet werden kann. Das gilt auch für die Gestaltung der Tierernährung und -fütterung. Es ist deshalb zwischen dem tatsächlichen Bedarf der Tiere aufgrund ihres Verhaltensinventars und den Angaben, Grenz- und Richtwerten sowie quantitativen Zumessungen in Tierschutzgesetzen und -verordnungen zu unterscheiden. Die im Tierschutzgesetz verwendeten Bezeichnungen „**artgemäß**" und „**verhaltensgerecht**" werden zudem häufig mit dem Begriff „**tiergerecht**" nicht nur zusammengefaßt, sondern zusätzlich präzisiert. So trägt eine nur artgemäße Haltung häufig dem spezifischen Bedarf jedes Einzeltieres unter Berücksichtigung von Domestikationsstand, Rasse, Alter, bisheriger Haltung und dabei gemachten individuellen Erfahrungen sowie dem Gesundheitszustand zu wenig Rechnung. Kontrovers ist außerdem die Diskussion über mögliche graduale Abstufungen der Tiergerechtheit. In der Begründung zum deutschen Tierschutzgesetz wird unter Hinweis auf das entsprechende ethologische Konzept gefordert, daß Tiere in der Lage sein müssen, ihren Bedarf zu decken und Schäden an sich zu vermeiden. Häufig wird darin ein Gegensatz zu dem schwierig zu definierenden, aber sicherlich über einen Basisbedarf hinausgehenden „Wohlbefinden" (s. auch ABELE et al., 1991; STRACK et al., 1991) gesehen. Unter **Wohlbefinden** versteht man einen Zustand physischer und psychischer Harmonie des Tiers in sich und mit der Umwelt, den das Gesetz insbesondere als Freiheit von Schmerz und Leiden charakterisiert (LORZ, 1992). Wie umstritten diese Begriffe sind, zeigt der Kommentar von LORZ, der eine Beschränkung der Ausübung des Verhaltens von Tieren auf die Möglichkeit der Bedarfsdeckung und der Schadensvermeidung für gesetzwidrig hält, weil sie dem Schutz des Wohlbefindens nicht gerecht werde (LORZ, 1992; S. 99). Auf der anderen Seite ist sicherlich auch ein Wohlbefinden fragwürdig, das insbesondere als Freiheit von Schmerzen und Leiden charakterisiert wird. Die angesprochenen Kompromisse werden deshalb weiterhin unvermeidbar sein.

Für eine weitgehend objektive Einschätzung der Tiergerechtheit einer Haltung hat es sich durchaus bewährt, die Reaktionen der jeweiligen betroffenen Tiere als Indikatoren zur Beurteilung eines Haltungssystems zu benutzen. Kriterien, mit deren Hilfe man die Reaktionen des Tieres auf die jeweilige Haltungsumwelt erfassen kann, sind hierbei insbesondere sein Verhalten, die Leistung des Einzeltieres, für spezielle Fragestellungen physiologische Parameter sowie klinische Veränderungen und das Erfassen der Ausfälle einschließlich der Ausfallursachen (UNSHELM, 1983, 1985, 1991). Auf diese Indikatoren wird deshalb in den Kapiteln über die Haltungsansprüche der einzelne Tierarten speziell eingegangen.

Die **Tierhaltung** ist **umweltgerecht**, wenn sie auf die natürlichen Gegebenheiten des Standortes abgestimmt ist, wenn Schädigungen und Belastungen von Boden, Wasser, Luft, Flora und Fauna vermieden werden. Die Einträge von Nähr-, Schad- und Wirkstoffen in die Umwelt dürfen tolerierbare Grenzwerte oder -mengen nicht überschreiten. Die Höchstgrenzen werden von der

1 Einführung

Selbstreinigungs- bzw. Rezyklierungsfähigkeit der natürlichen Umwelt und dem Stoffumsatz/-abbau im tierischen Organismus bestimmt. Umweltgerechte Tierhaltung schließt den minimierten Verbrauch der natürlichen Ressourcen (Wasser, Energie), die begrenzte und kontrollierte Nähr- und Schadstoffbelastung der Umwelt durch Fest- und Flüssigmist, Emissionen, Kadaver, chemisch-synthetische Nähr- und Wirkstoffe sowie die Sammlung recyclingfähiger Abfälle (Metalle, Plastik, Altöl) ein.

Die Nutztierhaltung ist wesentlicher Teil des Gesamtsystems der Landbewirtschaftung und entscheidet maßgeblich über die Umweltgerechtheit der Landwirtschaft. Sie ist als Mikroökosystem des **Agroökosystems** zwar wesentlich durch den Menschen geprägt, unterliegt jedoch weiterhin ökologischen Selbstregulationsprozessen im Stall und auf der Weide. Die konventionelle Nutztierhaltung war und ist vor allem auf die Erreichung höchster wirtschaftlicher Effizienz durch Erzielung möglichst hoher Nutz- und Zuchttierleistungen gerichtet. Dabei wurde den ökologischen Erfordernissen nicht immer in ausreichendem Maße Rechnung getragen. Das bedeutet allerdings keinesfalls, daß in der konventionellen Tierhaltung generell Umweltbelastungen erzeugt wurden und werden. Es gibt jedoch inzwischen zahlreiche wissenschaftliche Ergebnisse und praktische Erfahrungen zur Belastung und Gefährdung der natürlichen Umwelt durch Tierhaltungen, insbesondere durch sehr große Tierproduktionsanlagen. Aus den Tierhaltungen stammende Verunreinigungen der Umweltmedien (Luft, Boden, Wasser), Pflanzen, Tiere und der Futtermittel können auf die Nutztiere und Menschen zurückwirken und deren Gesundheit beeinträchtigen (Abb. 1–1). Die Gestaltung einer an den Bedürfnissen der natürlichen Umwelt orientierten Tierhaltung trägt letztlich auch zum Schutz der Tiergesundheit und damit zur Tiergerechtheit der Haltung bei. Betrachtet man andererseits die Tiere, auch die Nutztiere, als immanenten Bestandteil der natürlichen Umwelt des Menschen, so muß ökologisches Denken in der Tierhaltung die

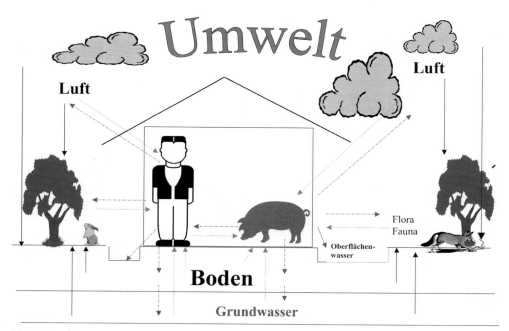

Abb. 1–1 Ökologische Beziehungen zwischen der Tierhaltung und der natürlichen Umwelt

1 Einführung

Sicherung der Bedürfnisse der Tiere, also die Tiergerechtheit, einschließen. Tierschutz und Tiergerechtheit sollten in Ökobilanzen der Landwirtschaft berücksichtigt werden (GEIER, 1998).

Ausgehend von anthroposophischen und ökologischen Theorien der Nachhaltigkeit des Wirtschaftens und Lebens sowie schlußfolgernd aus den negativen Erfahrungen mit der konventionellen Nutztierhaltung wurden und werden Konzepte zur umwelt- und tiergerechten Tierhaltung im Rahmen der Landbewirtschaftungssysteme entwickelt, diskutiert und praktiziert. Sie sind Bestandteile des **„ökologischen Landbaus"** oder anderer Formen der **nachhaltigen** (ökologisch orientierten, umweltschonenden, umweltfreundlichen, integrierten) **Landwirtschaft**. Von **ökologischer Tierhaltung** sollte nur in Zusammenhang mit dem ökologischen Landbau gesprochen werden, auch um Mißverständnissen und Verwechslungen vorzubeugen. Der ökologische Landbau ist durch internationale Normen (EWG-Verordnung 2092/91, IFOAM, 1994), nationale Rahmenrichtlinien (AGÖL, 1996) sowie Richtlinien der jeweiligen Verbände relativ streng definiert und kontrolliert. Wir verwenden den Terminus **umweltgerechte Tierhaltung** übergeordnet für die Tierhaltung im ökologischen Landbau und für andere Formen nachhaltigen Umgangs und Wirtschaftens mit Tieren. Das Adjektiv **umweltgerecht** beschreibt schärfer als die anderen, häufig synonym verwendeten Begriffe (umweltschonend, umweltfreundlich) das gemeinte Anforderungsniveau. Die Umwelt soll nicht nur geschont werden, sondern der Mensch muß den Bedürfnissen, Gesetzen und Grenzen der Belastbarkeit der Natur gerecht werden, soll in Harmonie mit seiner Umwelt leben. Gleiches gilt für das umfassende Wort **tiergerecht** als Charakteristikum für Haltungs- und Fütterungsbedingungen, die den Bedürfnissen der Tiere gerecht werden, die **artgemäß** und **verhaltensgerecht** sind. Die häufig in Rechtsvorschriften verwendeten Begriffe „ordnungsgemäß" bzw. „gute fachliche Praxis" werden von uns nicht verwendet, weil sie zu unbestimmt sind (PAUL, 1997).

Die in Europa praktizierten konventionellen, integrierten und ökologischen Landbewirtschaftungssysteme unterscheiden sich in ihrer Ertragsintensität, ökonomischen Effizienz, gesellschaftlichen Akzeptanz und Kontrollierbarkeit, in den Chancen und Grenzen ihrer Verbreitung in der Marktwirtschaft. Die Tierhaltung kann sowohl im integrierten als auch im ökologischen Landbau umwelt- und tiergerecht sein. Der ökologische Landbau verfügt wegen seinen vergleichsweise strengen Vorschriften und der bei „Öko-Bauern" häufig vorhandenen naturverbundenen Lebensauffassung über sehr gute Voraussetzungen, sichert jedoch nicht a priori die Umwelt- und Tiergerechtheit. Der im Jahr 2001 von der EISA (European Initiative for Sustainable Development in Agriculture) unter Mitwirkung der FNL (Fördergemeinschaft Nachhaltige Landwirtschaft e. V., Deutschland) vorgestellte Kodex zum **integrierten Landbau** ist eine gute Grundlage (oftmals detaillierter als die Richtlinien der Öko-Landbau-Verbände) für eine umwelt- und tiergerechte Haltung von Nutztieren. Im intensiveren **integrierten**, kontrollierten **Landbau** bestehen nicht selten sogar bessere Bedingungen, um den Bedürfnissen der Umwelt und der Tiere gerecht zu werden, wenn die Anforderungen wissenschaftlich begründet und weitgehend klar bestimmt werden. In den folgenden Kapiteln werden die nach dem gegenwärtigen Stand der Kenntnisse formulierbaren Grundsätze umwelt- und tiergerechter Gestaltung der Tierhaltung dargestellt. Dabei werden auch die besonderen Anforderungen, Gebote und Verbote im ökologischen Landbau herausgearbeitet.

Die Erfordernisse für die Umwelt- und Tiergerechtheit der Heim- und Begleittierhaltung decken sich prinzipiell mit denen der Nutztierhaltung. Unterschiede ergeben sich vor allem aus der oftmals räumlich und psychologisch engen Beziehung zwischen Tierhaltern und Tieren, aus der Nähe zu Nach-

1 Einführung

barn, aus der Nutzung von öffentlichen Straßen und Plätzen. Die umwelthygienischen Postulate werden häufig aus kommunalhygienischer und -politischer Sicht formuliert, weil sie von Forderungen nach öffentlicher Ordnung, Sicherheit und Sauberkeit überlagert sind.

Die Sicherung der Umwelt- und Tiergerechtheit der Tierhaltung zielt auf die Bewahrung bzw. Wiederherstellung der Gesundheit der Umwelt und der Tiere. In Anlehnung an den medizinischen Gesundheitsbegriff ist die **Umweltgesundheit** durch das Gleichgewicht (die Harmonie) der ökologischen Prozesse in der natürlichen Umwelt, unter besonderer Berücksichtigung möglicher negativer Wirkungen, von anthropogenen Prozessen (Urbanisierung, Industrie, Landwirtschaft) charakterisiert. Störungen des Gleichgewichtes durch Überlastungen und überhöhte Leistungsanforderungen können zur Krankheit führen. Die Wiederherstellung der Gesundheit, die Sanierung der Umwelt gelingen in aller Regel (wenn überhaupt) nur mit einem sehr hohen Aufwand. Deshalb haben der Schutz der Umwelt und der Gesundheit der Tiere auch eine nachhaltige ökonomische Dimension. Umwelt- und Tiergerechtheit sind präventive Grundlagen für den Schutz der Umwelt- und Tiergesundheit in der Haltung von Nutz-, Heim- und Begleittieren. Gesundheit ist Voraussetzung für Leistungs- und Adaptationsfähigkeit der Tiere. Hohe Leistungen und Kompensationsfähigkeit müssen keine Beweise für ein stabiles Gleichgewicht sein. Eine zunächst folgenlos erscheinende überhöhte Belastung und Leistungsabforderung verursacht langfristig gesehen Störungen der Homöostase, Krankheit und Leistungsrückgang.

Wie die Landwirtschaft insgesamt, ist die Nutztierhaltung, teilweise auch die Heim- und Begleittierhaltung, zunehmend dem Vorwurf ausgesetzt, aus Gewinnsucht und Eigennutz, fahrlässig oder mit Vorsatz die Umwelt sowie die Tiere zu belasten und zu schädigen. Diesem durch Medien und Verbände von einzelnen Problemen, Skandalen und Sündern abgeleiteten, in der Öffentlichkeit und bei Verbrauchern verbreiteten Zerrbild der Tierhaltung müssen und können die Tierhalter vor allem selbst entgegenwirken. Sie müssen nach dem Vorbild des ökologischen Landbaus eine wirksame Selbstkontrolle, amtliche und freiwillige nichtamtliche Kontrollen der Haltungsbedingungen sowie öffentliche Transparenz organisieren. Durch die Gestaltung von Tagen des offenen Hofes, im wörtlichen und übertragenen Sinn „gläserne" Stalltüren können Tierhalter ein positives Image verbreiten. Vertrauen wird nur durch das Zeigen der Tiere und der Haltungsbedingungen, nicht durch deren Verbergen geschaffen. Willkommener Nebeneffekt dieser Art der öffentlichen Selbstdarstellung der Tierhaltung ist die Förderung des Verständnisses von Verbrauchern und Politikern für die zum Teil schwierigen Arbeits- und Existenzbedingungen der Bauern und Tierzüchter. Insofern bringen Krisen (wie die BSE) auch Chancen, nämlich Chancen, über Wege und Irrwege der Tierhaltung nachzudenken und Korrekturen vorzunehmen, um aus Sackgassen ohne Zukunftsfähigkeit herauszukommen.

Das Ansehen der Nutztierhaltungen und die Absatzchancen für die gehaltenen und/oder gezüchteten Tiere bzw. die erzeugten Lebensmittel oder Rohstoffe könnten auch durch die freiwillige Zertifizierung mit dem **Öko-Audit** (nach EG-Verordnung 1836/93/EMAS und DIN ISO 14000 ff) und dem Qualitäts-Audit nach DIN EN ISO 9000 ff und die Ermittlung von **Tiergerechtheitsindizes (TGI)** gefördert werden. Voraussetzung dürfte aber eine weniger formale, dafür mehr detaillierte und aussagefähige Analyse und Bewertung der Umwelt- und Tiergerechtheit der Haltungsbedingungen sein.

Die Ableitung und Darstellung von objektiven Erfordernissen für die umwelt- und tiergerechte Gestaltung der Tierhaltung macht es notwendig, das Fachwissen von Landwirten, Tierärzten und Ingenieuren aus verschiedenen Disziplinen der Nutztierwissenschaften und Veterinärmedizin einzubeziehen. Noch wichtiger ist es jedoch, traditionelle disziplinäre Grenzen zu überschreiten und Erkenntnisse von (teilweise noch jungen) interdisziplinären Wissenschaftsgebieten wie Ökologie und Umweltschutz, Umwelthygiene, Ethologie und Tierschutz, Agrarökologie, Nutztierökologie, Ökotoxikologie u. a. aufzunehmen.

Der in der Veterinärmedizin häufig verwendete Begriff **Umwelthygiene** steht für eine integrative Wissenschaftsdisziplin, die in verschiedenen tierärztlichen Verantwortungsbereichen Beiträge zum Schutz der Umwelt leistet. Dazu gehören nach METHLING et al. (1991), HAPKE (1992), HARTUNG (1992), ANHALT (1992), HILLIGER (1992), STRAUCH et al. (1992), LAUNER et al. (1992), POHLMEYER et al. (1992) und STALDER (1992):

- die Klärung der Einflüsse der Tierhaltung auf die Umwelt (Boden, Wasser, Luft, Flora und Fauna);
- das Wirken für die Umweltgerechtheit der Tierhaltung in Lehre, Forschung, praktischer und amtlicher tierärztlicher Tätigkeit (Fütterungsmanagement, Wasserverbrauch, Energieverbrauch, Umgang mit Flüssigmist, Dung, Jauche, Abfällen und Kadavern, Emissionsbegrenzung, Auswahl und Anwendung von Reinigungs-, Desinfektions- und Entwesungsmitteln);
- die Aufklärung der Wirkung auf Mikroorganismen und chemischer Umweltschadstoffe auf Tiere und von ihnen stammende Lebensmittel;
- die Verhinderung von Rückständen in Lebensmitteln tierischer Herkunft;
- die unschädliche Entsorgung und Verwertung von Tieren, Tierkörperteilen und Erzeugnissen;
- die umweltgerechte Führung der tierärztlichen Praxis;
- der Natur- und Artenschutz;
- die Mitwirkung an der Rechtssetzung.

Die Autoren wollen mit dem Buch ihren Beitrag dazu leisten, daß die Umwelt- und Tiergerechtheit der Haltung von Nutz-, Heim- und Begleittieren keine unerreichbare Illusion, sondern eine realisierbare Vision ist.

Literatur

Abele, A., P. Becker (Hrsg.): Wohlbefinden. Theorie – Empirie – Diagnostik. Juventa Verlag, Weinheim, München (1991).

Anhalt, G.: Aufgaben des öffentlichen Veterinärwesens in der Umwelthygiene. Dtsch. tierärztl. Wschr. 99 (1992) 281–282.

Geier, U.: Ökobilanzen in Gartenbau und Landwirtschaft – Neue Ergebnisse bei der Bewertung ökologischer Bewirtschaftung. Vorträge der 50. Hochschultagung der Landwirtschaftlichen Fakultät der Universität Bonn am 17.02.1998, Münster, Landwirtschaftsverlag GmbH, Münster-Hiltrup (1998) 131–141.

Hapke, H. J.: Veterinärmedizin und Umwelthygiene – 20 Jahre Seminare Umwelthygiene. Dtsch. tierärztl. Wschr. 99 (1992) 277–278.

Hartung, J.: Umwelthygienische Aufgaben des Tierarztes in der Praxis. Dtsch. tierärztl. Wschr. 99 (1992) 279–281.

Hemmer, H.: Domestikation – Verarmung der Merkwelt. Friedrich Vieweg & Sohn, Braunschweig und Wiesbaden (1983).

Hilliger, H. G.: Anforderungen an die Aus-, Fort- und Weiterbildung im Bereich der tierärztlichen Umwelthygiene. Dtsch. tierärztl. Wschr. 99 (1992) 284–286.

Launer, P., M. Kühnert, G. Rühle: Der Einfluß ökotoxikologischer Prozesse auf die Tierhaltung in den Industrieländern. Dtsch. tierärztl. Wschr. 99 (1992) 298–301.

Lorz, A.: Kommentar zum Tierschutzgesetz. C. H. Beck'sche Verlagsbuchhandlung, München (1992).

Methling, W., G. Mehlhorn: Verantwortung der Veterinärmedizin für die Erhaltung und den Schutz der natürlichen Umwelt. Proceedings des VII. Internationalen Kongresses für Tierhygiene, Leipzig, am 20.–24.08.1991, 521–527.

Paul, F. X.: „Ordnungsgemäße Landwirtschaft" – Stand der Diskussion. Ber. Landw. 75 (1997) 539–561.

Pohlmeyer, K., G. Sodeikat, U. Fehlberg: Tierärztliche Aufgaben im Natur- und Artenschutz. Dtsch. tierärztl. Wschr. 99 (1992) 302–304.

Stalder, B.: Mitwirkung des Tierarztes bei der Rechtssetzung im Bereich der Umwelthygiene (Deutschland und EG). Dtsch. tierärztl. Wschr. 99 (1992) 304–305.

Strack, F., M. Argyle, N. Schwarz (eds.): Subjective Well-Being. Pergamon Press, Oxford, New York, Beijing, Frankfurt, Sao Paulo, Sydney, Tokyo, Toronto (1991).

1 Einführung

Strauch, D., R. Böhm: Forschung in der veterinärmedizinischen Umwelthygiene. Dtsch. tierärztl. Wschr. 99 (1992) 286–289.

Unshelm, J.: Applicability of indicators in animal welfare research. In: D. Smidt (ed.), „Indicators Relevant to Farm Animal Welfare", Martinus Nijhoff Publishers, The Hague, Boston, London (1983) 225–232.

Unshelm, J.: Landwirtschaftliche Nutztiere als Indikatoren ihrer Haltungsumwelt. Proceedings des V. Internationalen Kongresses für Tierhygiene, Hannover (1985) I: 285–292.

Unshelm, J.: Reaktionen landwirtschaftlicher Nutztiere als Indikatoren der Haltungsumwelt. Swiss Vet. 8 (1991) 9–15.

Rechtsgrundlagen, Empfehlungen, Normen u. ä.:

AGÖL: Arbeitsgemeinschaft Ökologischer Landbau (Hrsg.): Rahmenrichtlinien für den ökologischen Landbau. 14., vollständig überarbeitete Auflage, SÖL-Sonderausgabe Nr. 17, Bad Dürkheim (1996).

EISA: Ein gemeinsamer Kodex für den Integrierten Landbau. – EISA (Europaen Initiative for Sustainable Development in Agriculture), c/o FNL (Fördergemeinschaft Nachhaltige Landwirtschaft e. V.), Bonn (2001).

Gesetz zu dem Europäischen Übereinkommen vom 13. November 1987 zum Schutz von Heimtieren vom 01. Februar 1991 (BGBl II S. 402).

IFOAM: Basisrichtlinien für den ökologischen Landbau und die Verarbeitung seiner Produkte (IFOAM-Beschluß vom 15.12.1994) 10., vollständig überarbeitete Auflage, SÖL-Sonderausgabe Nr. 16, Bad Dürkheim (1995).

Verordnung (EWG) Nr. 2092/91 des Rates vom 24.06.1991 über den ökologischen Landbau und die entsprechende Kennzeichnung der landwirtschaftlichen Erzeugnisse und Lebensmittel. ABL. EG Nr. L 198/1–15 (zuletzt geändert durch die Verordnung (EG) Nr. 1935/95 des Rates vom 22.06.1995. Abl. EG Nr. L 186, S. 1 vom 05.08.1995).

Verordnung über hygienische Anforderungen beim Halten von Schweinen (Schweinehaltungshygieneverordnung – SchHalthygV) vom 7.6.1999 (BGBl. I S. 1252, 2000: S. 531).

2 Umweltgerechte Tierhaltung

2.1 Kriterien und Schwerpunkte der Umweltgerechtheit der Nutztierhaltung

(METHLING, W.)

2.1.1 Kriterien und Bewertung der Umweltgerechtheit der Nutztierhaltung

Die Nutztierhaltung ist **umweltgerecht**, wenn sie den **Bedürfnissen der natürlichen Umwelt entsprechend** gestaltet wird. Die Entnahme bzw. Inanspruchnahme von Stoffen und Energie aus der Natur soll so gering wie möglich sein. Der Eintrag von Nährstoffen, Wirkstoffen und Schadstoffen in die Stoffkreisläufe ist am Bedarf und an den Möglichkeiten der natürlichen Umwelt zur Rezyklierung, Verwertung und Selbstreinigung von organischen Düngern und Chemikalien zu orientieren. Einträge in die Umwelt dürfen nicht zu Belastungen oder Schädigungen der Umweltmedien Boden, Wasser, Luft sowie zu Beeinträchtigungen der natürlichen Flora und Fauna führen. Die Grenzwerte für den Tierbesatz, die Ausbringung bzw. Anwendung von Düngemitteln und Wirkstoffen usw. sind von den Gegebenheiten am Standort abhängig. Umweltgerechte Tierhaltung muß also auch **standortgerecht** sein. Die benötigten Futtermittel sollen möglichst in der näheren Umgebung (im eigenen Betrieb oder von einem festen Vertragspartner) erzeugt und die Exkremente als organische Dünger genutzt werden. Die Realisierung einer standortbezogenen regionalen Kreislaufwirtschaft ist eigentlich nur in „runden" Landwirtschaftsbetrieben möglich. Marktfruchtbetriebe ohne Tiere sowie Tierhaltungen ohne dazu passende Acker- und Grünlandflächen können nur mit hohem Aufwand nachhaltig wirtschaften.

Für die Tierhaltung im **ökologischen Landbau** wurde durch nationale und internationale Verbände und Vereinigungen (Bioland, Naturland, Biopark, Demeter, Gäa, AGÖL, IFOAM) eine Reihe von gleichen oder ähnlichen Anforderungen formuliert. Diese Richtlinien und Kriterien regeln die **ökologische Tierhaltung** als relativ streng definierte Form der tier-, umwelt- und standortgerechten sowie naturnahen Haltung für Nutztiere bei völligem oder weitgehendem Verzicht auf die Anwendung von systemfremden chemisch-synthetischen Nähr- und Wirkstoffen (wie Futtermittel, Futtermittelzusätze, Silierhilfsmittel, Hormone, Arzneimittel, Reinigungs- und Desinfektionsmittel, Entwesungsmittel). Die Tierhaltung im ökologischen Landbau muß nicht extensiv sein. Die ökologische Tierhaltung schafft sehr gute Voraussetzungen für die Erzeugung von qualitativ hochwertigen Lebensmitteln durch Tiere, die ihren Bedürfnissen und natürlichen Verhaltensweisen entsprechend gehalten werden. Konkrete Anforderungen zur Sicherung der Umweltgerechtheit in der ökologischen Tierhaltung findet man kaum.

2 Umweltgerechte Tierhaltung

Für die umweltgerechte Gestaltung einer relativ intensiven Tierhaltung fehlen bisher verbindliche Richtlinien oder Vorschriften über eine „gute fachliche Praxis". Verschiedene Autoren behandelten in einzelnen Publikationen und Vorträgen auf wissenschaftlichen Tagungen mögliche und nachgewiesene Umweltwirkungen durch Ammoniakemissionen, organische Dünger, Desinfektionsmittel sowie Antiparasitika (METHLING, 1991; GRASENACK, 1991; PRIESMANN et al., 1991; JONGEBREUR, 1997; BÖHM, 1996; LIEBISCH, 1996). Nur selten wurden davon entsprechende ökologische oder hygienische Anforderungen an die Tierhaltung abgeleitet. Solche Empfehlungen betreffen meistens die Verhinderung oder Begrenzung der Ammoniak- und Geruchsstoffemission sowie Grundwasserbelastungen (Nitrat und Ammonium) durch die Auswahl und Verbesserung der Verfahren der Einstreu, Entmistung, Dung- und Güllelagerung und -ausbringung sowie der Tierernährung (ISERMANN, 1993; PFEFFER, 1993; VAN DEN WEGHE, 1996; VAN VUUREN, 1996; WENK, 1996; JEROCH, 1996; FLACHOWSKY et al., 1996; AMON et al., 1997; ZOLLITSCH, 1997; BESSEI et al., 1998). Bezüge und Vergleiche zum ökologischen Landbau werden kaum hergestellt (AMON et al., 1997; ZOLLITSCH, 1997; BESSEI et al., 1998).

Eine grundlegende Veränderung ist mit der Erarbeitung eines **Kodex** für den **integrierten Landbau** durch die EISA (2001) eingetreten. Der Kodex formuliert (z. T. wesentlich präziser als die Richtlinien der Öko-Landbau-Verbände) wesentliche Anforderungen an eine tier- und umweltgerechte Nutztierhaltung (Gesundheit und Hygiene, Ernährung, Unterbringung, Nutzung und Schutz von Boden und Wasser, Energiemanagement, Abfallmanagement, Management von Natur und Landschaft).

Vergleicht man die Empfehlungen zu einer relativ intensiven umweltgerechten integrierten Tierhaltung mit den Anforderungen im ökologischen Landbau, so bestehen Unterschiede vor allem im zulässigen höheren Tierbesatz pro ha landwirtschaftliche Nutzfläche, in der Zulässigkeit von einstreulosen Haltungssystemen, im zulässigen kontrollierten Einsatz von synthetischen Nähr- und Wirkstoffen (nur selten Verzicht oder Verbot). Die tolerierbaren Höchstmengen und Anwendungsbeschränkungen für Wirkstoffe sind bisher kaum ökologisch, sondern fast ausschließlich aus der Sicht der Vermeidung von Rückständen in Lebensmitteln fixiert. Ökotoxikologische Bewertungen werden meistens von den Ergebnissen einzelner Tests abgeleitet (z. B. auf Toxizität von Pestiziden und Pflanzenschutzmitteln gegenüber Fischnährtieren, Fischen, Bienen, Vögeln sowie Bodenorganismen und Mikroorganismen), obwohl über die konkreten Umsetzungs-, Abbau- und Akkumulationsprozesse in der Umwelt wenig bekannt ist. Neue internationale und nationale Festlegungen (OECD, EU) werden zu größerer Sicherheit in der Bewertung der Ökotoxizität von Chemikalien führen.

Die nachfolgend postulierten Schwerpunkte und Anforderungen an die umweltgerechte Tierhaltung können und sollen auch als Orientierung für die Tierhaltung im ökologischen Landbau gelten, da die gegenwärtig gültigen Richtlinien fast ausschließlich auf die Sicherung der Tiergerechtheit, jedoch kaum auf die Umweltgerechtheit ausgerichtet sind. Mit der sehr komplexen Darstellung sollen in Theorie und Praxis ebenso komplexe Problemsichten und Lösungsansätze erreicht werden. Zu oft wird in der Öffentlichkeit und von politischen Verantwortungsträgern die Umweltgerechtheit lediglich an der Größe des Betriebes und am Anfall von Gülle oder Dung gemessen, obwohl die Art und Weise der Haltung der Tiere, des Umgangs mit den organischen Düngern, des Einsatzes von Energie, Wasser, Chemikalien und anderes in der Praxis viel größere Probleme bereiten.

Bei der **Bewertung der Umweltgerechtheit** von Haltungssystemen und -bedingungen muß stets beachtet werden, daß **lokale, regionale, nationale** und **globale Sichtweisen** durchaus unterschiedlich sein können.

2.1 Kriterien und Schwerpunkte der Umweltgerechtheit der Nutztierhaltung

Wenn man beispielsweise die lokale Belastung durch Geruchs- und Schadgasemissionen und mittels höherer Abluftschächte und hohe Luftaustrittsgeschwindigkeiten reduzieren kann, muß man wissen, daß damit die regionale und globale Immission nicht vermindert wird. Wenn die lockere und langzeitige Dunglagerung zu einer erheblichen Abgasung von Ammoniak und damit zur Luftbelastung führt, so tritt ein Nährstoffverlust für die Pflanzen ein, man könnte es aber auch als Entlastung eines überversorgten Bodens begrüßen. Konsequent ökologisches Denken und Handeln muß über die lokale Betrachtung hinausgehen.

In der Regel stimmen **umwelthygienische Bewertungen** und **tierhygienische Erfordernisse** überein, aber es kann auch zu **Konfliktsituationen** für Entscheidungen kommen. So stellt aus der Sicht der Umwelt die Anwendung von Reinigungs- und Desinfektionsmitteln eine Belastung dar. Sie ist aber unverzichtbar für die Infektions- und Seuchenprophylaxe. Die Eindämmung akuter Tierseuchen kann also zeitweilig und lokal eine Belastung oder sogar Schädigung der Umwelt (Bodendesinfektion) unvermeidbar werden lassen. Aus dem Blickwinkel der Tiergerechtheit ist der Einstreuhaltung von Legehennen der Vorzug gegenüber bodenfernen oder gar Käfighaltungssystemen zu geben. Die Einstreuhaltung ist aber nach METHLING et al. (1994) und WITT (1999) mit bedeutend stärkerem Parasitenbefall, eventuell höheren Tierverlusten verbunden, was andere Prophylaxemaßnahmen erforderlich macht. Die tiergerechtere Einstreuhaltung ist durch wesentlich höhere Ammoniakemissionen als die Käfighaltung gekennzeichnet (OLDENBURG, 1989), ihre Umweltgerechtheit ist demnach als schlechter zu bewerten.

2.1.2 Schwerpunkte der Umweltgerechtheit der Nutztierhaltung

Die Schwerpunkte der Umweltgerechtheit der Tierhaltung (s. auch Abb. 2.1.1–1) stehen mit der Auswahl des Standortes sowie der Gestaltung der Haltungsverfahren und -bedingungen im Zusammenhang. Die Anforderungen sind zu beachten bei der

- Auswahl des Standortes, des Projektes und der Verfahren,
- Tierernährung, Tierfütterung und Futterkonservierung,
- Durchführung umweltrelevanter Elemente des Schutzes vor Tierseuchen und Parasitosen.

Bei der **Auswahl von Standorten, Projekten und Verfahren** sind ökonomische, ökologische, epidemiologische, luft-, wasser- und kommunalhygienische Aspekte zu beachten. Diese münden in Entscheidungen über

- die zulässige bzw. bevorzugte **Tierart,**
- die **Tierzahl** (-konzentration) am Standort,
- den **Tierbesatz pro ha** landwirtschaftlich genutzter Fläche (LF),
- **Mindestabstände** zu Wohnsiedlungen,
- die **Dislokalisation** von Ställen,
- **Nutzungsbeschränkungen** in Wasserschutzgebieten, Landschaftsschutzgebieten, Naturschutzgebieten und Nationalparks (naturschutzgerechte Grünlandnutzung, Landschaftspflege mit Tieren und Technik).

Eine besondere **Umweltrelevanz** besitzen die
- **Energieanwendung und Wasserverwendung** (Auswahl der Verfahren und praktische Durchführung),
- Lagerung, Transport, Behandlung und Ausbringung der als **organische Dünger** anfallenden Exkremente und Einstreu (Dung, Jauche, Gülle, Abwasser bzw. Klärschlamm),
- Lagerung, Verwertung oder Entsorgung der **Abfälle** (Kunststoffe, Metalle, Mineralöl, Müll).

2 Umweltgerechte Tierhaltung

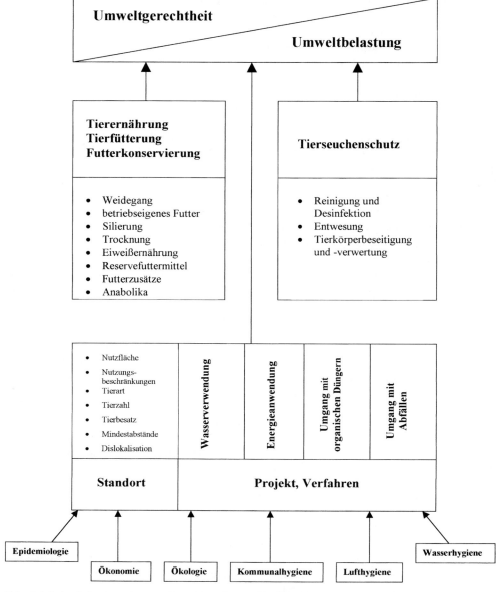

Abb. 2.1.1-1 Schwerpunkte der Sicherung der Umweltgerechtheit der Tierhaltung

Schwerpunkte für die **umweltgerechte Tierernährung, Tierfütterung und Futterkonservierung** sind:
- **Weidegang** für Rinder und Schafe,
- Einsatz von **Grundfutter** und Konzentraten **aus dem eigenen Betrieb**,
- Anforderungen an **Silos** und **Silierung** (einschließlich kontrollierte Anwendung von Silierhilfsmitteln) zur Erzeugung von Silagen in hoher Qualität,
- **Trocknung** der Futtermittel,

- **Optimierung der Eiweißernährung** (Rationsgestaltung, Rohprotein, schwefelhaltige essentielle Aminosäuren),
- **Optimierung der Mineralstoff-**, insbesondere **Phosphorernährung,**
- Einsatz gesundheitlich **unbedenklicher Reservefuttermittel,**
- kein Einsatz von **Tiermehl** in der Rinderfütterung,
- kontrollierte Anwendung von **Futtermittelzusätzen** (Ergotropika, Probiotika),
- kein Einsatz von Masthilfsmitteln **(Anabolika)**.

Von vielen Praktikern, Wissenschaftlern und der Öffentlichkeit unbeachtet ist die ökologische Bedeutung einiger **Elemente des Seuchenschutzes**. Wegen der potentiellen Gefährdung von Boden, Wasser und Luft durch den z.T. hohen Wasser- und Energieverbrauch, die Anwendung biozider Wirkstoffe sowie das Auftreten von Leichengiften und -geruch haben

- die **Reinigung und Desinfektion,**
- die **Entwesung** sowie
- die **Tierkörperbeseitigung und -verwertung** eine besondere ökologische Brisanz.

Literatur

Amon, Th., J. Boxberger, B. Amon: Ammoniak- und Treibgasemissionen aus der Tierhaltung. Jubiläumstagung „Landwirtschaft und Umwelt an der Universität für Bodenkultur Wien, 13.10.1997, Sonderausgabe der Zeitschrift „Förderungsdienst" 2c (1997) 79–81.

Bessei, W., K. Damme: Neue Verfahren für die Legehennenhaltung. KTBL-Schrift 378, Landwirtschaftsverlag GmbH, Münster-Hiltrup (1998).

Böhm, R.: Auswirkungen von Rückständen von Antiinfektiva in tierischen Ausscheidungen auf die Güllebehandlung und den Boden. Dtsch. tierärztl. Wschr. 103 (1996) 264–268.

Flachowski, G., J. Kamphues: Nutzung von Nebenprodukten der Nahrungsgüterverarbeitung und aus dem Non-Food-Bereich in der Tierernährung als eine umweltrelevante Leistung der Landwirtschaft – Möglichkeiten und Grenzen. In: Hülsenberger Gespräche 1996, Travemünde, 5.–7.6.1996, Schriftenreihe H. Wilhelm-Schaumann-Stiftung, 44–53.

Grasenack, H.: Einfluß von Geflügelgroßbeständen auf die Umwelt und Möglichkeiten der Schadstoffentlastung. Tierzucht 45 (1991) 512–515.

Isermann, K.: Die Stickstoff- und Phosphoreinträge in die Oberflächengewässer der Bundesrepublik Deutschland durch verschiedene Wirtschaftsbereiche unter besonderer Berücksichtigung der Stickstoff- und Phosphorbilanz der Landwirtschaft und der Humanernährung. In: Zur Begrenzung der N- und P-Einträge aus den Exkrementen der Tierhaltung in Boden, Wasser und Luft. DLG-Forschungsbericht Nr. 538032 (1993) 35–97.

Jeroch, H.: Maßnahmen in der Geflügelfütterung zur Reduzierung von Stickstoff- und Phosphorausscheidungen. In: Hülsenberger Gespräche 1996, Travemünde, 5.–7.6.1996, Schriftenreihe der H.-Wilhelm-Schaumann-Stiftung, 192–201.

Jongebreur, A. A.: Environmental protection and animal welfare in animal production systems. 3. Internationale Tagung „Bau, Technik und Umwelt in der landwirtschaftlichen Nutztierhaltung, 11./12.3.1997, Kiel. Tischvorlage zum Vortrag, unveröffentlicht.

Leibisch, A.: Parasitenbekämpfung und ihre Auswirkungen auf die Umwelt. Dtsch. tierärztl. Wschr. 103 (1996) 268–273.

Methling, W.: Ökologisch orientierte umweltschonende intensive Tierhaltung – Illusion oder realisierbare Vision. In: Proceedings des VII. Internationalen Kongresses für Tierhygiene, Leipzig, 20.–24.08.1991, 534–539.

Methling, W., A. Heinecke, A. Kersten: Development of Infectional Pressure by Intestinal Parasites in Alternative Voletage Housing System for Laying Hens. in: Proceedings of VIIIth International Congress on Animal Hygiene, St. Paul (USA), 12.–16. Sept. 1994. A/AH 1–5.

Oldenburg, J.: Geruchs- und Ammoniakemission aus der Tierhaltung. KTBL-Schrift Darmstadt (1989) 333.

Pfeffer, E.: Beeinflussung der N- und P-Mengen in der Gülle durch Fütterung. In: Zur Begrenzung der N- und P-Einträge aus den Exkrementen der Tierhaltung in Boden, Wasser und Luft. DLG-Forschungsbericht Nr. 538032 (1993) 98–102.

Priesmann, T., J. Petersen, A. Frenken, W. Schmitz: Stickstoffverluste aus Geflügelkot bei verschiedenen Haltungssystemen. Arch. Geflügelk. 55 (3) (1991) 97–104.

Vuuren, A. M. van: Strategies for Sustainable cattle husbandry and nutrition. In: Hülsenberger Gespräche 1996, Travemünde, 5.–7.6.1996, Schriftenreihe der H.-Wilhelm-Schaumann-Stiftung, 168–180.

Weghe, H. van den: Gasförmige Emissionen und biologisch-technische Möglichkeiten ihrer Vermeidung. In: Hülsenberger Gespräche, Travemünde, 5.–7.6.1996, Schriftenreihe der H.-Wilhelm-Schaumann-Stiftung, 108–115.

Wenk, C.: Spezielle Maßnahmen zur umweltverträglichen Gestaltung der Haltung bei Schweinen. In: Hülsenberger Gespräche, Travemünde, 5.–7.6.1996, Schriftenreihe der H.-Wilhelm-Schaumann-Stiftung, 181–191.

Zollitsch, W.: Umweltgerechte Tierernährung bei Nichtwiederkäuern. Jubiläumstagung „Landwirtschaft und Umwelt" an der Universität für Bodenkultur Wien, 13.10.1997, Sonderausgabe der Zeitschrift „Förderungsdienst" 2c (1997) 75–78.

Rechtsgrundlagen, Empfehlungen, Normen u. ä.:

EISA: Ein gemeinsamer Kodex für den Integrierten Landbau. – EISA (European Initiative for Sustainable Development in Agriculture), c/o FNL (Fördergemeinschaft Nachhaltige Landwirtschaft e. V.), Bonn (2001).

2.2 Standortauswahl, Projekt- und Verfahrensgestaltung

2.2.1 Aspekte der Standortauswahl, Projekt- und Verfahrensgestaltung

(METHLING, W.)

Bei der **Auswahl von Standorten** für den Neubau, die Rekonstruktion und/oder die Kapazitätserweiterung von Tierställen sind sehr unterschiedliche Aspekte zu berücksichtigen.

Die Investitionskosten werden vor allem durch die notwendigen Erschließungsarbeiten erheblich beeinflußt. Die **Straßenanbindung** kann zu erheblichen Steigerungen der Kosten führen, wenn man berücksichtigt, daß für 1 km Beton- oder Asphaltstraße ca. 1 Mio. DM benötigt werden. Andererseits lassen z. B. die Lage zu Weidegebieten oder die notwendigen Mindestabstände zu Wohnsiedlungen den Bau einer zusätzlichen Straße oft unumgänglich erscheinen. Die **Energieversorgung** (Elektrik, Gas, Wärme) kann meistens nicht ohne neue Anschlüsse und Installationen gesichert werden. Die Leitungen sollten so kurz wie möglich sein. Aus ökologischer Sicht sollte die Errichtung bzw. der Anschluß an lokale oder regionale Energie- bzw. Wärmekraftwerke (Windenergie, Blockheizwerke auf der Basis nachwachsender Rohstoffe, Biogasanlagen u. a.) geprüft und angestrebt werden. Auch bei der **Wasserversorgung** ist zu entscheiden, ob eine betriebseigene Wassergewinnungs- und -aufbereitungsanlage gebaut und betrieben werden soll, wenn dafür die entsprechende Voraussetzung (Wasserdargebot) gegeben ist. Auf jeden Fall sollte gesichert werden, daß die von einem Wasserversorgungsunternehmen bezogene Wassermenge nicht die Berechnungsbasis für die **Abwasserentsorgung** darstellt, wenn ein Großteil des Wassers in die Gülle eingeleitet wird. Insbesondere in größeren Milchviehanlagen kann die Abwasseraufbereitung in einer eigenen Anlage auch ökonomisch interessant sein, denn die Entwässerung von 2 bis 10 EGW (Einwohnergleichwerten) pro Kuh kann die Betriebskosten erheblich belasten.

Bei den **boden- und wasserhygienischen** Betrachtungen ist einerseits zu prüfen, ob das am Standort vorkommende Wasser eine tierhygienisch ausreichende Qualität besitzt (bei Eigenwasserversorgung und Nutzung von Oberflächenwasser) oder ob vom Boden Gesundheitsgefährdungen ausgehen können (z. B. auf oder in der Nähe von ehemaligen Deponieflächen). Andererseits ist der Ausschluß von Verunreinigungen des Bodens und Wassers durch organische Dünger und andere Abgänge aus der Tierhaltung zu sichern. Insbesondere in Wasserschutzgebieten können sich daraus Ausbringverbote für organische Dünger und/oder Obergrenzen für den Tierbesatz pro ha LF ergeben.

Flächen an Standorten mit ausgedehnten Niedermooren, mit hohem Grundwasserstand sowie in überflutungsgefährdeten Küsten- oder Flußniederungsgebieten können meistens nur mit hohem ökonomischen Aufwand (Deiche, Pumpwerke, tiefe Entwässerungsgräben) als Weide bzw. Grünland genutzt werden. Hier bietet sich auf der Basis von Verträgen und Prämien der Übergang zur **naturschutzgerechten Grünlandnutzung** an. In Naturschutzgebieten kann die **Landschaftspflege** mit Tieren und Technik erforderlich werden, um den Zustand der Kulturlandschaft zu erhalten und damit die vorhandene Flora und Fauna zu schützen (Naturschutz durch Nutzung). Wenn Flächen teilweise oder vollständig aus der Nutzung herausgenommen sowie aus Naturschutz- oder Tourismusgründen sogar der **Renaturierung** und Sukzession zur Naturlandschaft überlassen werden, kann das durchaus auch im Interesse der ansässigen Landwirte liegen, denn oftmals handelt es sich um wenig ertragreiche Grenzstandorte. Dem Landwirt wird der Verkauf oder die Aufgabe der bisher gepachteten Flächen in der Regel nicht schwer fallen, wenn er angemessen entschädigt wird, Austauschflächen zur Verfügung stehen und die betroffenen Flächen nicht als Futter- und Düngeflächen oder als Berechnungsbasis für den Tierbesatz benötigt werden. Gleiches gilt für kleinere **Biotope**, die unter Naturschutz fallen (sollen). Naturschutz ist deshalb keine Gefahr, sondern eher eine Chance für die Landwirtschaft – die Chance, betriebswirtschaftlich vorteilhaft und sozial verträglich aus einer wenig effektiven Nutzung von Flächen auszusteigen und damit auch die dringend notwendige Imageentwicklung für den Landwirt als aktiven Umwelt- und Naturschützer zu fördern.

Sehr häufig wird der Entscheidungsspielraum für die Standortwahl von **lufthygienischen Erfordernissen** bestimmt. Die Begrenzung der Geruchsbelastung angrenzender Wohnsiedlungen führt zur Festlegung von Mindestabständen bzw. Schutzabständen und/oder zulässigen Tierkonzentrationen. Da Geruchsbelastungen zunehmend die kommunale und gesellschaftliche Akzeptanz der Tierhaltung im ländlichen Raum überhaupt gefährden, sollten möglichst leeseitige (dem Wind abgewandte) Standorte außerhalb der Ortschaften ausgewählt werden. Die Minimierung der Geruchsbelastung kann durch die Auswahl emissionsarmer Haltungsverfahren erreicht werden.

Auch **epidemiologische Aspekte**, d.h. die Gefahren der Einschleppung von Tierseuchen, können bei der Auswahl eines Standortes für eine Stallanlage bedeutend sein. Aus leidvoller Erfahrung ist bekannt, daß in wildschweinreichen Gebieten keine Schweinehaltungen neu errichtet werden sollten. In Arealen mit hoher Fuchspopulation und Tollwutgefahr sollte Weidehaltung von Rindern nicht bzw. nur unter Impfschutz erfolgen. Tierhaltungen sollten sich nicht in der Nähe von Tierkörperverwertungsbetrieben und Mülldeponien befinden, da Vögel (Krähen, Möwen, Tauben) und Schadnager (Wanderratte) nachweislich als Vektoren von Tierseuchenerregern eine Rolle spielen.

Wichtige **Vorentscheidungen über die Umweltgerechtheit** der Tierhaltung werden bei der **Planung und Projektierung** des Stalles bzw. der Anlage mit mehreren Ställen getroffen. Nicht nur die Lage und Größe der Stallanlage, sondern auch die Zuordnung der Gebäude und eventuelle Dislokalisation (mehrere Mikrostandorte für Ställe und verschiedene Haltungsstufen) bestimmen grundlegend die Immissionsbelastungen, aber auch den sich möglicherweise entwickelnden Infektionsdruck durch potentiell pathogene Erreger und die Gefahr der Entstehung eines infektiösen Hospitalismus. Die **Gestaltung der Verfahren** der Einstreu und Entmistung, der Dung-, Jauche- bzw. Güllelagerung, der Energieversorgung, Lüftung und Heizung, der Tränkung, Reinigung und Milchgewinnung beeinflußt wirksam sowohl die Emission als auch die Inanspruchnahme von Energie und Wasser. Die Emission, Transmission und Immission von Geruchs- und Schadstoffen können nicht nur durch das Entmistungssystem, sondern auch durch die Lüftung (Luftrate, Höhe und Geschwindigkeit des Abluftauswurfs), über Schutzanpflanzungen und durch Luftfiltration beeinflußt werden. Für den Ausschluß von Bodenverunreinigungen ist auf die ordnungsgemäße Konstruktion und Bauausführung von Dünger- und Silosickersaftlagerstätten, aber auch auf wasserdichte stationäre Desinfektionseinrichtungen (Fahrzeugdurchfahrwannen mit Rückfluß) zu achten.

Die Entscheidungen über den Standort fallen fast immer nach Abwägung von ökonomischen, ökologischen und hygienischen Vor- und Nachteilen der möglichen Varianten. Häufig erweisen sich die ökonomisch scheinbar günstigeren Varianten nach mehrjähriger Erfahrung und Bewertung als langfristig kostspieliger, wenn Preise und Rechtsvorschriften sich ändern oder ökologische, hygienische und tiergesundheitliche Gefährdungen unterschätzt wurden.

2.2.2 Tierbesatz und landwirtschaftliche Nutzfläche

(METHLING, W.)

Der für die Gewährleistung der Umweltgerechtheit der Landwirtschaft **zulässige Tierbesatz** auf der nutzbaren Fläche (Acker, Grünland) wird in Deutschland durch die seit 1997 gültige Düngeverordnung bestimmt (s. Tab. 2.2.2–1). Die aus Wirtschaftsdünger tierischer Herkunft maximal mögliche Nährstoffmenge (Stickstoff) beträgt 210 kg N/ha × a auf Grünland bzw. 170 kg N/ha × a auf Ackerland. Kalkuliert man einen 20%igen N-Verlust durch NH_3-Ausgasung ein, so ergeben sich aus den möglichen Zuschlägen **zulässige Gesamtstickstoffmengen** von 262,5 kg N/ha × a für Grünland bzw. 212,5 kg N/ha × a für Ackerland. Rechnet man die Nährstoffmengen in **Dungeinheiten (DE)** und diese in **Großvieheinheiten (GV)** (s. Tab. 2.2.2–2 und 2.2.2–3) um, so erhält man Grenzwerte von 3,28 DE bzw. 4,92 GV/ha × a (Grünland) und 2,66 DE bzw. 3,98 GV/ha × a (Ackerland).

Tabelle 2.2.2–2 Umrechnung von Tierzahlen in Dungeinheiten (DE)[1]
(1 DE = Exkrementmenge, die 80 kg Gesamt-N oder 70 kg Gesamt-P enthält)

Tierart bzw. -gruppe	Zahl von Tieren je DE
Rinder über 2 Jahre	1,5
Jungrinder über 3 Monate	3
Kälber	9
Zuchtsauen mit Ferkeln bis 20 kg	3
Schweine über 20 kg	7
Legehennen	100
Junghennen	300 (200)
Masthähnchen	300
Mastenten	150
Mastputen	100

[1] Quelle: AGÖL-Rahmenrichtlinien 1996

Tabelle 2.2.2–1 Zulässige und empfohlene Obergrenzen für Wirtschaftsdünger tierischer Herkunft (Düngeverordnung 1996; METHLING, 2001)

Parameter	Grünland	Ackerland
zulässige ausbringbare Nährstoffmenge (kg N/ha × a)	210	170
Nährstoffmenge in Exkrementen vor Ausgasung von 20 % N (NH_3) (kg N/ha × a)	262,5	212,5
DE (80 kg N) in Exkrementen	3,28	2,66
GV (500 kg Gewicht)	4,92	3,98
mögliche ausbringbare Güllemenge (m^3/ha × a):		
• Rind (4 kg N/m^3)	65,63	53,13
• Schwein (6 kg N/m^3)	43,75	35,42
Empfehlung für umweltgerechte Landbewirtschaftung:		
• kg N/ha × a	200	160
• DE (80 kg N)	2,50	2,00
• GV (500 kg Gewicht)	3,75	3,00
• Rindergülle (m^3/ha × a)	50	40
• Schweinegülle (m^3/ha × a)	33,33	26,67

2 Umweltgerechte Tierhaltung

Tabelle 2.2.2-3 Umrechnung von Dungeinheiten (DE) in Großvieheinheiten (GV)[1]
(1 Großvieheinheit [GV] = Tier(e) mit 500 kg Gewicht)

Dungeinheiten (DE)	Großvieheinheiten (GV)	Hinweise
0,67	1,00	–
1,00	1,50	–
1,30	1,95	Grenzwert für ökologischen Landbau
2,00	3,00	empfohlener Grenzwert für umweltgerechten Landbau
2,66	3,98	zulässiger Grenzwert für Ackerland
3,00	4,50	–
3,28	4,92	zulässiger Grenzwert für Grünland

[1] Quellen: Bioland-Richtlinien 1991
Naturland-Richtlinien 1992

Diese rechtlich zugelassenen Tierzahlen auf Grünland und Ackerland stellen einen Kompromiß der zuvor in einigen Bundesländern geltenden Höchstmengenregelungen dar. Aus der Sicht der **Sicherung der Umweltgerechtheit** und unter Berücksichtigung der durchschnittlich wesentlich niedrigeren Tierbestände in Deutschland sollten jedoch **Höchstwerte** von 200 kg bzw. 160 kg N/ha × a nicht überschritten werden. Diese entsprechen 2,5 bzw. 2,0 DE und 3,75 bzw. 3,0 GV/ha LF. Die Verbände des ökologischen Landbaus lassen in ihren Mitgliedsbetrieben die Ausbringung von maximal 1,3 bis 1,4 DE bzw. Haltung von 2 GV/ha zu. Die biologisch-dynamisch wirtschaftenden Verbände Demeter und Gäa verlangen darüber hinaus einen Mindesttierbesatz von 0,2 DE bzw. 0,25 GV, um zu sichern, daß nicht reine Marktfruchtbaubetriebe, sondern „runde" Betriebe Verbandsmitglieder sind.

Vergleicht man die rechtlich zulässigen und empfohlenen Grenzwerte für den Tierbesatz mit den tatsächlichen Tierbeständen und Nutzflächen in Deutschland (s. Tab. 2.2.2-4 und Abb. 2.2.2-1), so kann man feststellen, daß bei durchschnittlich 1 GV/ha LF in den alten Bundesländern und 0,4 GV/ha LF in den neuen Bundesländern nur an wenigen Standorten und in „Ballungsgebieten" der Tierhaltung die Grenzen erreicht oder überschritten werden. An solchen Standorten müssen die Tierbestände reduziert werden oder besondere Vorkehrungen zum Schutz der Umwelt (z. B. Güllebehandlung, intensive Emissionsreduzierung) getroffen werden. Der in den ostdeutschen Bundesländern nach 1990 erfolgte starke Abbau der Tierbestände ist ökologisch sehr differenziert zu bewerten. Er hat einerseits die an einigen Standorten vorhandene Umweltbelastung beseitigt, andererseits sind z.T. fast viehlose Zonen entstanden. Pflanzenbau ohne organischen Dünger aus der Tierhaltung ist ausschließlich auf mineralische Düngemittel angewiesen. Bis auf wenige, auch im ökologischen Landbau zugelassene Mittel sind Mineraldünger schnell löslich und für die Pflanzen verfügbar. Damit steigen aber auch die Gefahren der Auswaschung der Nährstoffe und des Eindringens in Grundwasser und Vorfluter. Aus dieser Sicht ist der in Ostdeutschland erreichte durchschnittliche Viehbestand von 0,4 bis 0,5 GV/ha LF ökologisch eher bedenklich. Ein Wiederaufbau von Stallanlagen, die umwelt- und tiergerechte Tierhaltung ermöglichen, sollte gefördert werden, um die Nachhaltigkeit der Landwirtschaft insgesamt, mit funktionierenden Stoff- und Energiekreisläufen, zu sichern.

Wenn Belastungen und Schädigungen der Umwelt durch die Tierhaltung hervorgerufen werden, so sind diese nur im Ausnahmefall

2.2 Standortauswahl, Projekt- und Verfahrensgestaltung

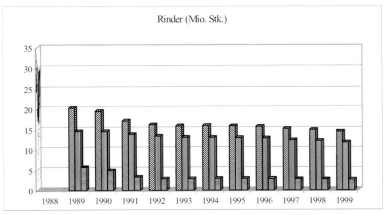

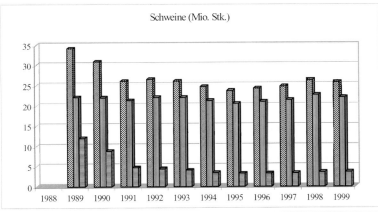

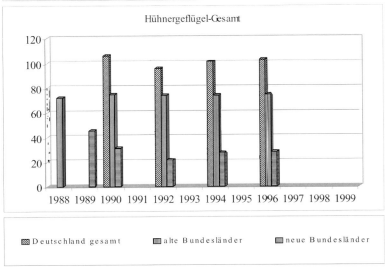

Abb. 2.2.2–1 Entwicklung der Tierbestände in Deutschland (alte und neue Bundesländer in den Jahren 1988 bis 1999

2 Umweltgerechte Tierhaltung

Tabelle 2.2.2–4 Landwirtschaftlich genutzte Flächen und Tierbestände in Deutschland (alte und neue Bundesländer) im Jahr 1988

Kennziffer	alte Bundesländer	neue Bundesländer	Deutschland Gesamt
Landwirtschaftlich genutzte Fläche (in 1000 ha)	11 886	6 171	18 057
– davon Ackerland	7 273	4 676	11 949
– davon Grünland	4 407	1 159	5 566
Tierbestände (in 1000 St.)			
– Rinder,	14 563	5 736	20 299
davon Milchkühe	4 929	2 000	6 929
– Schweine,	22 165	12 039	34 204
davon Zuchtsauen	2 412	1 030	3 442
– Schafe	1 533	2 603	4 136
– Geflügel,	76 883	49 269	126 152
davon Legehennen	37 957	24 865	62 822
– Pferde	375	100	475

Quelle: Statistisches Jahrbuch über Ernährung, Landwirtschaft und Forsten 1998

auf zu hohen Tierbesatz zurückzuführen. In aller Regel wird die Umweltgerechtheit durch Fehler bei der Standortauswahl und Dimensionierung der Anlagen sowie Mängel in den Verfahren bzw. durch deren mangelhafte Anwendung in der Praxis gefährdet.

2.2.3 Emission und Immission von Schadgasen und Geruchsstoffen

(OLDENBURG, J.)

2.2.3.1 Entstehung und Bedeutung biogener Gase

In den Industrienationen führen zunehmende Konzentrationen in der Nutztierhaltung auf der einen Seite und Konvertierungen von ehemaligen Bauerndörfern hin zu noblen Schlaf- und Wohnorten mit ländlichem Ambiente auf der anderen Seite zu einem größer werdenden Mißverständnis zwischen Tierhaltern und ihren Nachbarn. Das sinkende Wissen um die Tierhaltung und die abnehmende Bereitschaft der Menschen, sich mit der Nahrungsmittelproduktion überhaupt auseinanderzusetzen, hat ebenfalls eine massive Kritik und strengere Gesetze in bezug auf die Nutztierhaltung zur Folge. **Emissionen** und **Immissionen** aus der Tierhaltung haben insbesondere wegen ihrer immer stärker zunehmenden Konzentrierung in immer weniger Betrieben in den letzten Jahren zunehmend an öffentlichem Interesse gewonnen. Dies hat im Bereich der professionellen Nutztierhaltung zu einem sehr dichten rechtlichen Regelwerk geführt, obwohl in ökologischer Hinsicht die Anzahl der Tiere in einer Region insgesamt relevanter ist als die Größe einer Einzelanlage (mit Ausnahme der Geruchsemissionen).

Lebewesen produzieren „Abgase". Dies sind körpereigene und haltungsbedingte **Geruchsstoffe** genauso wie **Kohlendioxid** und Wasserdampf aus der Atmung, **Methan** aus der Vergärung von Zellulose im Pansen von Wiederkäuern oder im Blind- und Dickdarm bei Pferden und Schweinen, **Ammoniak** und **Lachgas** aus der Umsetzung von Harnstoff und Harnsäure des Harns und des Kotes, **Schwefelwasserstoff** aus der anaeroben Umsetzung von organisch gebundenen schwefelhaltigen Aminosäuren im Kot.

Die biogenen Gase können belästigend wirken, gesundheitlich oder ökologisch relevant sein. Zur letzten Gruppe zählen z.B. Ammoniak, welches als atmosphärisch getragene Stickstoffquelle vornehmlich bei strohlosen Haltungssystemen entsteht, und das klimarelevante Lachgas, das typischerweise in Haltungssystemen mit Dauereinstreu vorkommt und damit im Hinblick auf Ökologie und Ethologie einen Zielkonflikt darstellt.

Der Begriff **„Schadgas"** hat sich bei der Beurteilung von Tierhaltungsanlagen eingebürgert, ist als solcher jedoch kein präziser Begriff. Ob ein Gas ein schädliches ist, hängt vom jeweiligen Standpunkt ab. So verursachen Kohlendioxid und Wasserdampf normalerweise keine direkten Schäden an Tier und Mensch, können jedoch in Form von nicht ordnungsgemäß abgeführten Raumlasten zu Bauschäden führen (der Begriff „Schadgas" stammt daher auch aus der Bauphysik). Obwohl beide Stoffe am sogenannten Treibhauseffekt der Erdatmosphäre beteiligt sind, steht die Notwendigkeit des Atmens bei Menschen und Tieren nicht in Frage. Das Wachstum von Pflanzen beschleunigt sich bei erhöhter Kohlendioxidkonzentration in der Atmosphäre.

Auch **Ammoniak**, welches bei der Umwandlung von Harnstoff und Harnsäure entsteht, ist nicht grundsätzlich ein Schadgas. In der nun schon seit über zwei Jahrzehnten andauernden Diskussion um das Für und Wider der Ammoniakemissionen aus der Tierhaltung wird unter einem monokausalen Blickwinkel ohne Hinterfragung sämtlicher Wirkungen von Ammoniak im wesentlichen nur über Mengenbegrenzungen diskutiert. Ob eine drastische Reduzierung der Ammoniakemissionen aus der Tierhaltung nicht auch negative ökologische Effekte haben kann, darf zur Zeit nicht einmal mehr gefragt werden, ohne daß der Fragende sich damit öffentlich zur Unperson degradiert. Dabei ist es völlig unstritig, aber nicht jedem Entscheidungsträger bewußt, daß die uns bekannte Welt der Fauna und Flora auch das Ergebnis vorangegangener Immissionen ist. Alle Veränderungen im Emissionsbereich, auch durch Reduzierungen, werden die uns bekannte Umwelt verändern. DEJONG hat bereits 1996 darauf hingewiesen, wurde jedoch in der Fachwelt nicht beachtet. Dabei zeigen Erfahrungen aus anderen Bereichen, daß die Reduzierung jeweils eines Stoffes in der Atmosphäre nicht immer nur die gewünschten positiven Effekte hat. Bei der gewünschten Reduzierung der Ammoniak-Emission aus der Nutztierhaltung muß beachtet werden, daß beim Wechsel von der strohlosen zur Einstreuhaltung der Harnstoffabbau verstärkt zum **Lachgas** (N_2O) führen kann und nachgewiesenermaßen führt. Das geruchlose N_2O ist jedoch wesentlich klimaschädigender als das Ammoniak, so daß man den Teufel mit Satan austreiben würde. In Modell- und Praxisuntersuchungen zur Minimierung der Ammoniak-Freisetzung müssen auch andere N-Pfade, unbedingt jedoch des N_2O, verfolgt werden.

Die unstrittige Reduzierung von Schwefeldioxid aus Großkraftwerken hat zu einem in vorherigen Jahrzehnten nicht bekannten Düngungsbedarf für Schwefel in landwirtschaftlichen Kulturen geführt. Die Entstaubung von Kraftwerken und das Versiegeln von Straßen und Wegen durch Bitumen und Beton hat zu einer geringeren Staubkonzentration mit einem geringeren Pufferpotential in der Atmosphäre geführt, wodurch die Abnahme der Säurebildner in der Atmosphäre im wesentlichen konterkariert wird (HEDIN et al., 1997). Auch diese Beispiele belegen, daß bei der Bewertung von Emissionen eine komplexe Herangehensweise unverzichtbar ist.

2.2.3.2 Bewertung, Beeinflussung und Erfassung von Geruchsemissionen

„Schadgase" und **Geruchsstoffe** kann man unterteilen in ökologisch relevante, belästigungsrelevante und genehmigungsrelevante

Emissionen. **Gerüche** können (wie auch Lärm) zu Belästigungen führen und sind damit genehmigungsrelevant. Aber auch dies ist keine absolute Größe: Gerüche werden von uns Menschen nicht absolut, sondern grundsätzlich als Unterschied zum dauerhaften Umfeld wahrgenommen (dies ist beim Lärm in der Regel anders). Gerüche gelten anders als Lärm nicht per se als gesundheitsschädigend, dies trifft nach dem bisherigen Erkenntnisstand vor allem auf Gerüche aus der Tierhaltung zu. Gerüche aus der Tierhaltung werden in der Regel nicht als ekelerregend empfunden.

Unsere Geruchswahrnehmung und damit auch die Belästigungswirkung ist situationsabhängig. So werden Essensgerüche vor einer Mahlzeit in der Regel als appetitanregend, danach bestenfalls als störend empfunden, obwohl sich der Geruch als solcher nicht geändert hat. Der übliche Geruch der eigenen Wohnung wird nur nach einem längeren Fernbleiben aus der Wohnung wahrgenommen. Ein Raucher beurteilt Zigarettenrauch anders als ein Nichtraucher. Ein Tierhalter nimmt den Geruch der eigenen Tiere psychologisch, jedoch nicht physiologisch anders wahr als ein Mensch, in dessen direktem Lebensumfeld keine Tiere vorkommen. Die Geruchsemissionen verschiedener Haltungsverfahren und die gesetzgeberischen Grenzwerte werden aufgrund der vielen Facetten der Geruchsbewertung daher unabhängig vom Individuum im Vergleich zum schärfsten Grenzwert, nämlich zu absolut geruchsfreier Luft, angegeben.

Die **Geruchsschwelle** ist als quantitatives Maß die kleinste Konzentration eines gasförmigen Stoffes oder eines Stoffgemisches, bei der die menschliche Nase einen Geruch wahrnimmt. Eine biologische Meßmethode auf der Grundlage der Geruchswahrnehmung ist die Olfaktometrie. Hierbei wird die Geruchsstoffkonzentration in Geruchseinheiten (GE) als Verdünnungsverhältnis im Vergleich zu geruchsfreier Luft ermittelt, wobei eine Geruchseinheit als mittlere Geruchsschwelle definiert ist: 50 % der Probanden haben einen Geruchseindruck. Mit diesem mathematischen Mittel wird gearbeitet, um mögliche Hyper- und Hyposensibilitäten von einzelnen Menschen egalisieren zu können. Die bis heute nicht wirklich zufriedenstellenden Versuche, eine künstliche Nase auf der Basis von elektronischen Sensoren als unbestechliches Meßinstrument mit konstanter Leistungsfähigkeit zu entwickeln, scheitern immer wieder an der Tatsache, daß die elektronischen Sensoren an der menschlichen Nase kalibriert werden müssen. Ein Geruch ist nicht nur eine Eigenschaft der Substanz und entsteht erst, wenn eine Nase da ist, ihn zu riechen.

Die geruchsspezifische **Geruchsintensität** ist ein Maß für die Intensität der Wahrnehmung oberhalb der Geruchsschwelle. Sie gibt Auskunft über das Wahrnehmungsempfinden.

Mit der **hedonischen Tönung** beschreibt man konzentrationsabhängige qualitativ angenehme und unangenehme Geruchswirkungen (s. auch DIN-VDI-Taschenbuch 336). Es ist bekannt, daß manche Gerüche in niedriger Konzentration angenehm und der gleiche Stoff bei hoher Konzentration als unangenehm empfunden werden.

Von wissenschaftlicher Seite wird immer wieder versucht, die bisher rein quantitative Bewertung der Geruchsemissionen aus Stallanlagen durch eine qualitative Bewertung zu relativieren. So werden z. B. Gerüche aus der Rinderhaltung in der Regel angenehmer als die aus der Schweinehaltung, Gerüche aus Stalldung angenehmer als aus Gülle empfunden. Diese Ansätze haben wegen ihrer aufwendigen meß- und bewertungstechnischen Umsetzung bisher jedoch keinen Eingang in die Genehmigungspraxis gefunden.

Geruchsemissionen werden durch zwei Parameter bestimmt: den **Volumenstrom** und die **Geruchsstoffkonzentration**. Für Tierhaltungsanlagen typisch ist eine ständige Variation von Volumenstrom und Konzentration. In der Tierhaltung entsteht der überwiegende Anteil der Gerüche an mit

Kot- und Harnresten **verschmutzten Oberflächen** im Stall und am Tier. Saubere Tiere hingegen verursachen für den Menschen vernachlässigbar geringe Geruchsemissionen. Die aus den verschmutzten Oberflächen stammenden Gase und Gerüche werden im Freiland und in Außenklimaställen durch den vorbeistreichenden Wind und in geschlossenen Ställen mit geregelten Luftwechseln durch den im Stall vorhandenen Luftstrom in die Atmosphäre transportiert. Hierbei gilt, daß unter sonst gleichen Bedingungen die Emissionen mit zunehmender **Luftgeschwindigkeit** oberhalb der Grenzflächen zunehmen. Je schneller die Gase abgeführt werden, desto größer ist der Konzentrationsgradient zwischen der Oberfläche und der vorbeistreichenden Luft, was wiederum zu einer verstärkten Stoffnachlieferung aus der verschmutzten Oberfläche führt. So sinken bei relativ hohen **Luftraten** die Geruchsstoffkonzentrationen in der Abluft nicht so stark, wie die Luftrate gleichzeitig zunimmt. Die Luftraten zur Kühlung sowie Sauerstoffver- und Kohlendioxidentsorgung der Ställe hängen wiederum von der Energieaufnahmekapazität der Luft ab. Diese ist bei hohen **Temperaturen** im Sommer geringer als im Winter, was gleichzeitig zu erhöhten Luftraten, geringeren Geruchsstoffkonzentrationen in der Abluft und erhöhten Geruchsemissionen aus dem Stall führt (Abb. 2.2.3–1).

Andererseits ist der Wärme- und Kohlendioxidanfall im Stall nicht konstant. Beide Werte hängen von der Stoffwechselkapazität der Tiere ab: in aus hygienischen und organisatorischen Gründen bedingten sogenannten Rein-Raus-Haltungssystemen („all in – all out") kommt es über die Stallhaltungsperiode zu einer erheblichen Zunahme der **Tierlebendmasse** und der **Stoffwechselkapazität**. So vervielfacht sich die Lebendmasse in einem Schweinemastabteil bei einem Einstallgewicht von 25 kg und einem Ausstallgewicht von 110 kg innerhalb von etwa 16 Wochen (Mastperiode) um den Faktor 4,4. Bei der Hähnchenmast ist dies Verhältnis deutlich extremer. Hier nimmt die

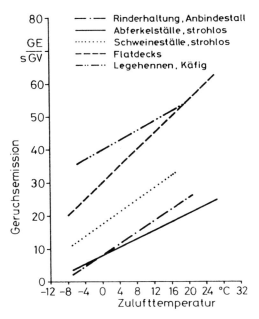

Abb. 2.2.3–1 Geruchsemissionen verschiedener Stallsysteme in Abhängigkeit von der Zulufttemperatur

Tierlebendmasse innerhalb von 33 Masttagen um den Faktor 28–30 zu (Einstallgewicht 50 g je Tier, Ausstallgewicht 1400 g je Tier). Diese Veränderung der Tierlebendmasse schlägt sich jedoch nicht gleichsinnig in den Geruchsemissionen nieder. Während die verschmutzten Oberflächen als Geruchsquelle in einem Schweinemaststall während der gesamten Haltungsperiode fast konstant bleiben, wird ein Hähnchenmaststall vor der Belegung eingestreut. Die Tiere weisen in ihren ersten 14 Lebenstagen einen nur vergleichsweise geringen Körperumsatz und damit Kotanfall auf. Der Stall ist anfangs sehr sauber und geruchsarm. Ab der dritten Lebenswoche nimmt der Kotanfall, die verschmutzte Oberfläche und die Geruchsemission dann jedoch fast exponentiell zu, um zum Ende der Mastzeit in ein relativ hohes Emissionsplateau einzumünden. Die Tiere wachsen mit ihrer zunehmenden Leibesfülle die emittierenden Oberflächen gewissermaßen versiegelnd zu (Abb. 2.2.3–2).

2 Umweltgerechte Tierhaltung

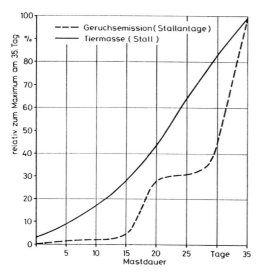

Abb. 2.2.3–2 Verlauf von Geruchsemissionen der Stallanlagen und Tiermasseentwicklung über die Mastdauer in der Hähnchenmast zum Maximum am 35. Tag

In der Sauen-, der Legehennen- und der Milchviehhaltung ist die Tiermasse im Stall im Jahresablauf dagegen relativ konstant. Eine vergleichende Übersicht zu den mittleren spezifischen Geruchsemissionen aus verschiedenen Haltungssystemen gibt Abbildung 2.2.3–3. Eine Zusammenfassung der Geruchsmessungen mehrerer Forschungsgruppen in verschiedenen Stallsystemen lieferten MARTINEC et al. (1998).

Auch das **Fütterungssystem** wirkt sich direkt auf das Emissionsverhalten aus. Bei einer Fütterung auf Vorrat, bei der die Tiere jederzeit Futter aufnehmen können (sogenannte „Ad-libitum-Fütterung"), findet die Futteraufnahme und damit die Energieabgabe über den Tag relativ gleichmäßig statt. Dies ist typisch für viele Mastställe. Bei einer ausgeprägt restriktiven Fütterung hingegen, die sich durch eine ein- oder zweimal tägliche Mahlzeitenfütterung auszeichnet, sind im Tagesverlauf aktivitätsbedingt deutliche Emissionsspitzen zu beobachten.

Die **Erfassung** der spezifischen **Geruchsemissionen** einer Stallanlage ist nach wie vor mit einigen Unsicherheiten behaftet. So kann man den **Luftvolumenstrom** eines Stalles bei Anlagen mit einem definierten Abluftstrom nach einem Abluftrohr noch vergleichsweise genau erfassen. Für die Erfassung des momentanen Luftdurchsatzes eignet sich die Schleifenmethode, bei der ein Handanemometer in Schleifen wiederholt über den Abluftquerschnitt geführt wird. Bei Dauermessungen ist der Einsatz eines Totalanemometers notwendig, durch das die gesamte Abluft geführt werden muß. In ei-

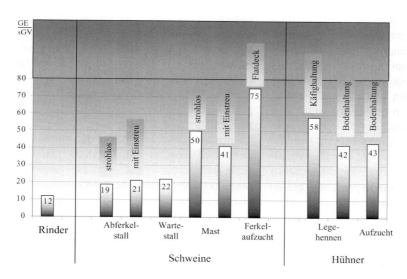

Abb. 2.2.3–3 Durchschnittliche Geruchsemission verschiedener Stallsysteme bei Jahresdurchschnittstemperatur

nem Außenklimastall, der sich als sogenannte diffuse Quelle durch große Lüftungsöffnungen und geringe Abluftgeschwindigkeiten auszeichnet, ist der Luftwechsel in der Regel nur indirekt durch Abklingkurven von Tracergaskonzentrationen im Stall erfaßbar. Der zweite Teil einer Emissionsmessung ist die Bewertung der **Geruchsstoffkonzentrationen**. Dieses Verfahren ist aufgrund des Einsatzes von mindestens 4 Probanden und einem Versuchsleiter sehr kostenaufwendig. Die Geruchsproben werden in chemisch inerten Beuteln aufgefangen und zum Meßteam, das die Geruchsstoffkonzentration per **Olfaktometer** ermittelt, transportiert. Während des Transportes dürfen keine Ausfällungen, z. B. durch Kondensatbildung im Probenbeutel, entstehen. Die meisten Meßfehler entstehen jedoch bei der Probenahme: Das ungleichförmige Emissionsverhalten und der aktuelle Volumenstrom der untersuchten Anlage sind grundsätzlich immer mit zu erfassen. Der Probennehmer selber darf das Emissionsverhalten der Anlage, z. B. durch ein Aufscheuchen der Tiere, nicht beeinflussen.

2.2.3.3 Stickstoffemissionen

Durch die mikrobielle und/oder enzymatische Umsetzung des **Harnstoffs** aus dem Harn der Tiere, der **Harnsäure** aus den Geflügelexkrementen und der Proteine des Kotes entstehen je nach Säureverhältnissen und Sauerstoffgehalt sowie -konstanz im Substrat Ammoniak und/oder Lachgas. Während **Ammoniak** vor allem als gasförmige Transportform pflanzenverfügbaren Stickstoffes in stickstoffarme Ökosysteme in der Diskussion ist, werden beim **Lachgas** klimarelevante Effekte kritisiert. **Ammoniakemissionen** sind bei allen Haltungssystemen zu erwarten, unabhängig davon, ob mit Einstreu, mit relativ wenig **Einstreu** oder **strohlos** gearbeitet wird. Insbesondere in güllegebundenen Haltungsvarianten für die Schweinemast wird der umgesetzte Stickstoff als Ammoniak emittiert, während in Tiefstreu- und Kompostsystemen der Schweinemast zusätzlich Lachgasemissionen auftreten (Hahne et al., 1999 sowie Hartung et al., 2000). Bis heute nicht geklärt ist im Sinne einer **Ökobilanz** die Frage, welcher der beiden Stoffe aus Sicht des Umweltschutzes die größere ökologische Relevanz hat. Während in den 90er Jahren des letzten Jahrhunderts insbesondere in den Niederlanden Stallsysteme mit möglichst geringen Ammoniakemissionen entwickelt wurden, zeigt sich mittlerweile, daß sich hier zum Teil bis jetzt nicht auflösbare Zielkonflikte ergeben können. Wenn durch einen (im Sinne des Umwelt- und Tierschutzes gut gemeinten) Wechsel des Stall- oder Haltungssystems weg von der strohlosen Haltung hin zu Systemen mit Tiefstreu die vorherigen Ammoniakemissionen durch Lachgasemissionen substituiert werden oder ethologisch vermeintlich vorteilhafte **extensive Haltungsverfahren** spezifisch (z. B. je Liter Milch oder je kg Fleisch) höhere Ammoniak- und Lachgasemissionen als die sog. konventionellen Haltungssysteme aufweisen, muß ein vordergründig scheinbar positiver Systemwechsel immer auch auf seine Nachhaltigkeit überprüft werden.

In der Literatur finden sich zum Teil viele Daten zu Ammoniakemissionen einzelner häufiger Haltungsformen bestimmter Nutztierarten. Eine umfassende Untersuchung über alle Tierarten und Haltungssysteme hinweg liegt, wie auch bei den Geruchsemissionen, bis dato nicht vor. Dies liegt einerseits am hohen meßtechnischen Aufwand und den damit verbundenen Kosten und andererseits an der in der typischen Tierhaltung üblichen Unternehmensstruktur. Auch die großen industriellen Tierhaltungen sind im Vergleich mit der Automobil-, Bau- oder Flugzeugindustrie relativ kleine, maximal mittelständische Unternehmen ohne eigene Forschungsabteilungen. Hinzu kommt, daß die in der Literatur vorhandenen Daten (Tab. 2.2.3–1) mit zum Teil sehr unterschiedlichen Meßmethoden erfaßt wurden und nur für wenige Fachleute vergleichbar sind. Durch

2 Umweltgerechte Tierhaltung

Tabelle 2.2.3–1 Ammoniak- und Lachgasemissionen ausgewählter Stallsysteme (nach Untersuchungen von Hartung et al., 2000; Keck et al., 1995; Hahne et al., 1999; Hoy et al., 1997; Oldenburg, 1989)

System	Ammoniak [kg NH_3/GV*a]	Lachgas [kg N_2O/GV*a]
Milchvieh im Boxenlaufstall	1,627	0,292–0,584
Mastschweine auf Vollspaltenböden	22,4–27,2	0,14–1,2
Mastschweine auf Tiefstreu/Kompost	21,6–41,3	4,72–29,84

* GV = Großvieheinheit, entspricht 500 kg Lebendgewicht

das Genehmigungsrecht bedingt, wurden bisher nur genehmigungsrelevante, d. h. größere Nutztierhaltungen untersucht, die vielen kleinen Emissionsquellen der Hobby-, Heim- und Begleittierhaltung, die ebenfalls zum globalen Stickstoffhaushalt beitragen, werden gar nicht erfaßt. Die gleiche Situation findet man auch bei Lachgas und den anderen typischen Gasen der Tierhaltung vor.

Grundsätzlich gilt, wie bei den Geruchsemissionen, daß die Ammoniak- und Lachgasemissionen mit zunehmender **Temperatur** im Stall und steigender **Luftrate** ebenfalls zunehmen (Abb. 2.2.3–4).

Neben der Lage der bekoteten oder beharnten Oberflächen zum stoffabführenden Luftstrom, dem **Konzentrationsgefälle** zwischen der Gülle oder dem Festmist zur Umgebungsluft sowie dem **pH-Wert** und der Temperatur hat auch der Stickstoffgehalt der Gülle oder des Festmistes einen erheblichen Einfluß auf die Stickstoffemissionen. Große bekotete oder beharnte Oberflächen im Stall, ein hohes Konzentrationsgefälle zur Umgebungsluft, ein hoher pH-Wert der Gülle und eine hohe Gülle- oder Misttemperatur begünstigen die mögliche Entstehung und Emission von Stickstoffverbindungen, insbesondere von Ammoniak. Suboptimale **Futterrationen** mit einer nicht dem Bedarf der Tiere angepaßten Rohproteinmenge und Aminosäurensequenz (s. Kap. 2.7.3) im verabreichten Nahrungsprotein führen zu einem überproportionalen Harnstoff- resp. Harnsäuregehalt in Gülle und Mist. So wies Heinrichs (1994) nach, daß eine proteinreduzierte bedarfsgerechte Fütterung von Mastschweinen bei erhöhter Vitalität der Tiere zu deutlich geringeren Ammoniakemissionen führt.

2.2.3.4 Schwefelwasserstoff und Methan

Methan und Schwefelwasserstoff haben sehr unterschiedliche Bedeutungen für die Umwelt. Während **Methan** in nennenswertem Umfang in der Tierhaltung im Pansen von Wiederkäuern sowie in den Dick- und Blinddärmen von Schwein, Geflügel und Pferd bei der Vergärung von Zellulose produziert wird, ist **Schwefelwasserstoff**, welches aus der anaeroben Umsetzung schwefelhaltiger Aminosäuren im Kot stammt, wenn überhaupt, dann im regulären Betrieb

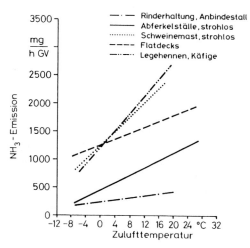

Abb. 2.2.3–4 Ammoniakemissionen verschiedener Stallsysteme in Abhängigkeit von der Zulufttemperatur (Oldenburg, 1989)

nur in Spuren nachweisbar. Nach HAHNE et al. (1999) ist das Emissionspotential des klimarelevanten Methans aus der Schweinehaltung vor allem von der Sauerstoffversorgung an den emittierenden Oberflächen abhängig. Stallsystemspezifische Einflüsse konnten nicht gefunden werden.

Schwefelwasserstoff kann grundsätzlich zum Versauerungspotential in der Atmosphäre beitragen. Aufgrund des geringen Emissionspotentials dürfte diese Quelle jedoch keine große Relevanz haben. Als problematisch bis **lebensgefährlich** ist Schwefelwasserstoff jedoch nach dem Homogenisieren von Gülle, insbesondere in Geflügel- und Rinderställen, anzusehen. In diesem Fall kann es in der Luft schlecht gelüfteter Ställe kurzfristig zu für Tiere und Menschen lebensgefährlich hohen Schwefelwasserstoffkonzentrationen kommen. Die Unfall-Verhütungs-Vorschriften (UVV) der landwirtschaftlichen Berufsgenossenschaften geben über Verhaltensregeln bei der Behandlung von Gülle Auskunft. Ein weiteres Problem im Zusammenhang mit Schwefelwasserstoff, welches als sehr **geruchsaktives** Gas in entsprechend hohen Konzentrationen typischerweise nach faulen Eiern riecht, ist aus bautechnischer Sicht seine **korrosive** Wirkung. Auch Spuren von Schwefelwasserstoff führen in wäßrigen Kondensaten, die an Stallungen an allen Bauteilen auftreten, die kühler als die Stalluft selbst sind, zur Dissoziierung und der Bildung von schwefliger Säure. Dies ist die wesentliche Ursache für die stark korrosive Wirkung der Stalluft auf Metallteile.

2.2.4 Emission und Immission von Staub und Mikroorganismen aus Stallanlagen

(MÜLLER, W.)

2.2.4.1 Potentielle Gefahren durch Staub und Mikroorganismen

Eine **Emission** ist die Freisetzung von Staub, Mikroorganismen und Gasen am Entstehungsort in die atmosphärische Grundschicht (Menge pro Zeit), während die **Immission** die Konzentration dieser Stoffe am Einwirkungsort beschreibt (Menge pro Volumen). Die Verfrachtung vom Entstehungs- zum Einwirkungsort kann als **Transmission** bezeichnet werden. Von Staub, Mikroorganismen und Gasen können am Einwirkungsort (Immissionsort) verschiedene Gefährdungen für Lebewesen und/oder Gegenstände ausgehen. Es ist z. B. bekannt, daß Anwohner durch Intensivhaltungen von Tieren in ihrer Gesundheit beeinträchtigt werden können (MÖHLE, 1998; NOWAK, 1998). Neben **mechanischen Schadwirkungen** des Staubes auf die Schleimhäute des Atmungsapparates sind **Allergien** auslösende Effekte der Staubpartikeln und **Infektionen** durch luftgetragene Mikroorganismen möglich.

2.2.4.2 Zusammensetzung, Quantität und Dynamik des Stalluftaerosols

Da die Emission aus Tierstallungen über die Abluft erfolgt, ist es zwingend notwendig, die Stalluft und die in ihr enthaltenen Stoffe zu betrachten. Das **Stallaerosol**, eine Suspension von Partikeln in Gasen, besteht in erster Linie aus organischen und anorganischen **Staubpartikeln**, an deren Oberfläche häufig **Mikroorganismen** sowie **Pollen** aus Futter zu finden sind (Abb. 2.2.4.2–1). Zu den organischen Stäuben werden neben den Mikroorganismen, die Futterstäube und der Haut- bzw. Haarabrieb der Tiere gerechnet. Anorganische Partikeln stammen von

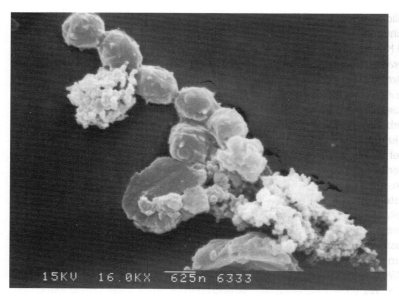

Abb. 2.2.4.2–1 Elektronenmikroskopische Aufnahme von Staubpartikeln (Wieser et al., unveröff.)

Materialabrieb und gelangen aus der Außenluft oder bei Reparaturarbeiten in den Stall (z. B. Metallpartikel aus Abgasen von Verbrennungsmotoren). Staub spielt vor allem als Geruchsträger eine wichtige Rolle. Für die Analyse der Partikeln der Stalluft kann die laserinduzierte Massenspektrometrie mit dem LAMMA 500 mit anschließender Clusteranalyse herangezogen werden (Schmid, 1983; Müller et al., 1985). Mehr und mehr wachsen auch die Kenntnisse über Bakterienbruchstücke (Endotoxine) und -stoffwechselprodukte und deren Bedeutung (Zucker et al., 1998; Hartung, 1998; Hartung et al., 1998). Diese sind meist, wie auch die noch vermehrungsfähigen Bakterien, an Staubpartikeln gebunden.

Zur Verdeutlichung der maximal in Ställen zulässigen bzw. zu erwartenden **Staubkonzentrationen** sind die derzeit verfügbaren nationalen Vorschriften in Tabelle 2.2.4.2–1 aufgeführt.

In der ehemaligen DDR galt der Grenzwert von 6 mg/m³. Für Deutschland und für Italien gibt es bisher noch keine Angaben. Bei Kenntnis der Lüftungsrate und bei Einhaltung des maximal zulässigen Staubgehalts läßt sich somit die wirksame Quellstärke abschätzen. Solche Abschätzungen sind auch mit experimentellen Beobachtungen in Einklang zu bringen (Hartung et al., 1998).

Das Größenspektrum der Partikeln des Stallaerosols liegt etwa zwischen 0,5 und 20 µm, was auch die gängigen **Nachweis-**

Tabelle 2.2.4.2–1 Derzeit verfügbare nationale Vorschriften bezüglich maximaler Menge von Gesamtstaub und respirablem Staub in Ställen (nach Pedersen, 1998)

Land	Gesamtstaub [mg/m³]	Respirabler Staub [mg/m³]
Belgien	10	5
Dänemark	3	keine Angabe
Finnland	10 (bei 15 min Exposition) 5 (bei 8 h Exposition)	keine Angabe
Frankreich	10	5
England (UK)	10	5
Niederlande	10	5
Norwegen	5	keine Angabe
Schweden	10	keine Angabe
Österreich	15	6

2.2 Standortauswahl, Projekt- und Verfahrensgestaltung

methoden im Hinblick auf die Lungengängigkeit zu berücksichtigen haben. Im Prinzip können Stäube und Keime mit den gleichen Methoden nachgewiesen werden, wobei **Impaktion** und **Filtration** bei Stäuben bevorzugt werden. Die Abscheidung von Stäuben in flüssigen Medien **(Impingement)** wird nur bei suspensierbaren Partikeln angewandt, wobei die luftgetragene Form des Partikels verlorengeht. Abhängig von der Aufstallungsform, der Einstreu und dem Futterangebot hat man mit einem sehr unterschiedlichem Auftreten und Nachweis von Partikeln aus Stallanlagen zu rechnen. Keimtragende Partikeln bzw. Keime werden vorzugsweise auf festen Nährböden (Impaktion) bzw. in flüssigen Medien (Impingement) abgeschieden. Die Weiterverarbeitung ist jeweils unterschiedlich. Während bei den auf festen Nährböden aufgebrachten Keimen sich nach der Probenahme sofort eine Bebrütung vornehmen läßt, müssen bei den in Flüssigkeiten gesammelten Keimen erst Verdünnungsstufen angefertigt werden, um eine gute Zählbarkeit der Kolonien und optimale Ausnutzung der Agarplatte zu erreichen. Dabei muß berücksichtigt werden, daß sich zu viele Kolonien (> 250) gegenseitig im Wachstum stark behindern, während eine zu geringe Anzahl an Keimen auf der Platte den statistischen Fehler, der durch die Verdünnung entsteht, überproportional erhöht. Das **Sedimentationsverfahren** nach Robert Koch wird nur noch selten angewandt, da es keine exakte volumenbezogene Aussage zuläßt, obwohl sich aus der über der Agarplatte herrschenden mittleren Windgeschwindigkeit und der Sedimentationsgeschwindigkeit der Partikeln eine lose Beziehung herleiten ließe. Formeln zur Umrechnung der Anzahl sedimentierter Keime (**K**olonie**b**ildende-**E**inheiten **KBE**/cm^2/min) in Keimgehalte in der Luft (KBE/l) wurden von verschiedenen Autoren entwickelt, werden jedoch selten angewandt (METHLING, 1984). Es wird immer dort Verwendung finden, wo man bestimmte Keimarten, unabhängig von deren Konzentration, nachweisen möchte (qualitativer Nachweis). Auch vergleichende Bewertungen der Quantität der mikrobiellen Kontamination zwischen verschiedenen Ställen, Haltungsverfahren und Tierarten sind möglich, wenn die Klimabedingungen vergleichbar sind.

Die **Quelle** für die **Mikroorganismen** der Stalluft sind hauptsächlich die Tiere. Der Eintrag in die Stalluft erfolgt direkt oder indirekt über Austauschflächen, wie Tieroberflächen bzw. übrige Grenzflächen des Stalles (CHAI, 1998). Experimentell hat dies HERDLITSCHKA bereits 1980 nachgewiesen, indem er die vom Tier stammenden Mikrokokken mittels Chloramphenicolresistenz markierte. Der Anstieg von anfänglich einigen wenigen resistenten Keimen auf mehr als 80 % nach der Antibiotikumsgabe beschreibt eindrucksvoll den Wirkmechanismus. Diese direkt vom Tier stammenden Keime sind hauptsächlich in den aerodynamischen Größenklassen < 2 µm vertreten. Die in der Stalluft vorkommenden Keime sind zu einem hohen Anteil an Stäube gebunden und verhalten sich aerodynamisch wie Partikel > 4 µm (MÜLLER et al., 1977). Während von der Tieroberfläche und über den Respirationstrakt überwiegend Staphylokokken und Streptokokken in die Stalluft abgegeben werden, gelangen über Futter und verkotete Einstreu hauptsächlich Sporenbildner und coliforme Keime in die Stallluft. Die mittlere luftgetragene Verweildauer kann mit etwa 15 min angegeben werden (JUNGE, 1952; HILBIG, 1972; WOIWODE, 1976). Aus der Stalluft werden die Keime vorwiegend mit der Abluft entfernt, aber auch durch **Sedimentationsvorgänge**. Durch sogenanntes „**reentrainment**" (Rekontamination) können sie von diesen Sedimentationsflächen (Austauschflächen) wiederholt in den luftgetragenen Zustand gelangen. Der nähere Zusammenhang zwischen den einzelnen Teilbereichen des Stallaerosols ist in Abbildung 2.2.4.2–2 dargestellt. Die jeweilige Konzentration an Partikeln im Stall setzt sich demnach aus einer Anzahl von „Strömen" zusammen, die konzentrationserhöhend bzw. -erniedrigend wirken können.

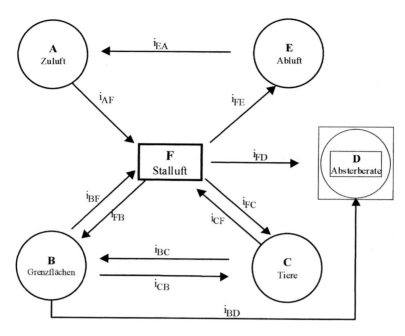

Abb. 2.2.4.2–2
Modell des Stall-aerosols (nach MÜLLER et al., 1987)

Vergleicht man die bisherigen Kenntnisse zur Keimbelastung, so ist festzustellen, daß Rinderställe die geringsten Keimgehalte, während Schweineställe und Geflügelhaltungen weit höhere Werte aufweisen. In Tabelle 2.2.4.2–2 werden entsprechende Angaben gemacht.

Der **Keimgehalt der Stalluft** ist – wie bereits erwähnt – nicht isoliert vom Staubgehalt zu sehen. So zeigen sich Staub- und Keimgehalte bei charakteristischen **Tagesgängen** eng miteinander korreliert. Besonders gut läßt sich dies bei kontinuierlichen Messungen des Staubgehaltes mittels eines Streulichtphotometers und Messungen des Keimgehaltes (15minütiger Abstand mit einem Andersen-Sammler) während einer ca. 24 Stunden dauernden Meßperiode in einem Hühnerstall zeigen. Deutlich sind dabei Maxima zu erkennen, die sich allgemein der

Tabelle 2.2.4.2–2 Keimbelastung der Luft in Stallanlagen

Tierart	Keimgehalt [KBE/l Luft]	Autoren	Akzeptable Werte (eigene Erfahrung)
Rind	3–120	SCHÖNHERR (1959)	50–400
	175–562	HURTIENNE (1967)	
	45	BEER et al. (1973)	
Kalb	75–85	MARSCHANG et al. (1971)	50–100
Schwein	741	FISER (1970)	
Abferkelstall	340–1400	GÄRTTNER (1975)	800–1000
Maststall	238–607	GÄRTTNER (1975)	300–500
Geflügel			
Bodenhaltung	850–2680	GÄRTTNER (1975)	1500–3000
Käfighaltung	90–366	GEBHARDT (1973)	50–200

KBE = Koloniebildende Einheit

2.2 Standortauswahl, Projekt- und Verfahrensgestaltung

Aktivität der Tiere und im besonderen den Fütterungszeiten zuordnen lassen. Während der Ruhepause der Tiere (Nachtstunden) kommt es zu Konzentrationsabnahmen bis zu 2 Zehnerpotenzen (SOMMER et al., 1991; MÜLLER et al., 1987). Die Staub- und Keimkonzentrationen in der Stalluft unterliegen auch einer **Jahresdynamik**. Sie sind in den Sommermonaten wesentlich niedriger als in den Übergangs- und Wintermonaten (METHLING et al., 1981). Das ist eine Folge der im Sommer höheren Frischluftraten und der daraus resultierenden stärkeren Verdünnung der Partikeln in der Stalluft. Die höheren Luftraten sorgen jedoch auch dafür, daß bei reduzierter Keimzahl pro m^3 Stalluft eine vergleichsweise hohe Emission in die Stallumgebung stattfindet.

Aus den genannten dynamischen Veränderungen der Staub- und Luftkeimkonzentrationen im Tages- und Jahresverlauf ergeben sich Anforderungen an Meßprogramme zur Bewertung der Kontamination.

2.2.4.3 Atmosphärische Ausbreitung von Staubpartikeln und Mikroorganismen

Es ist hinlänglich bekannt, daß Bakterien und Pilze (vegetative Formen und Sporen) über die atmosphärische Grundschicht verbreitet werden können (HARTMANN, 1980; SCHIEK, 1998). Meist sind sie an Staubpartikeln gebunden und werden mit diesen verdriftet. Dabei stellen sie für benachbarte Stallungen mit gleicher Tierart ein nicht zu unterschätzendes Infektionsrisiko dar. Während man davon ausgehen kann, daß Sporen sehr lange den luftgetragenen Transport überleben, ist für vegetative Formen die Lebensdauer begrenzt. Aus Tabelle 2.2.4.3–1 ist die **Überlebensfähigkeit** für einige Bakterien im luftgetragenen Zustand ersichtlich. Einen bedeutsamen Einfluß auf das Überleben haben dabei Lufttemperatur und -feuchte (Tab. 2.2.4.3–2).

Für Viren ist die Möglichkeit der **Verdriftung** ebenfalls gegeben. Sie werden fast

Tabelle 2.2.4.3–1 Überlebensfähigkeit (Halbwertszeit) verschiedener Bakterienspezies in luftgetragenem Zustand

Bakterienart	Rel. Feuchte [%]	Temp. [°C]	Halbwertszeit [min]	Autoren
E. coli (0:78)	55	22	50	MÜLLER et al. (1980)
E. coli (0:55)	55	22	28	
Salmonella senftenberg	55	22	59	
S. newbrunswick	55	22	61	
S. pullorum gallinarum	55	22	154	
Pasteurella multocida	55	22	218	
Micrococcus luteus	55	22	896	MÜLLER et al. (1981)
Microc. roseus	55	22	802	
Staphylococcus sp.	55	22	545	
Staph. aureus	55	22	293	
Staph. epidermidis	55	22	808	
Aerococcus sp.	55	22	525	
Pasteurella multocida	87	21	19	DINTER et al. (1984)
	70	21	24	
	44	21	3	
E. coli (0:78)	85	22	391	MÜLLER et al. (1986)
	75	22	180	
	30	22	13	
	15–20	22	28	
	10	22	55	

Tabelle 2.2.4.3–2 Einfluß von Temperatur und relativer Feuchte auf die Tenazität (Halbwertszeit) verschiedener Bakterienspezies (nach Dinter, 1985)

Rel. Feuchte [%] [+/–5 %]	Temp. [°C] [+/–2 °C]	E. coli	S. senftenberg	Halbwertszeit t/2 (min) S. pullorum-gallinarum	P. multocida	Str. faecialis	Staph. aureus
15	21	39	46	13	*	289	66
	28	36	54	8	14	364	37
	34	19	33	6	9	295	15
	40	10	15	*	*	353	7
85	21	68	74	44	6	775	136
	28	9	30	17	4	> 775	61
	34	2	14	10	1,5	> 775	32
	40	1,4	6	*	*	> 775	11

* aus Aerosolkammer nicht lebensfähig isolierbar

ausschließlich an Staub- oder sonstige Trägerpartikeln gebunden übertragen (Lutz et al., 1984). Deshalb zeigen Viren auch ein ähnliches Ausbreitungsverhalten wie Bakterien. Erklärungsversuche für eine aerogene Ausbreitung von Viruskrankheiten werden häufig retrospektiv unternommen. Sie sind jedoch nicht immer überzeugend, da in den verwendeten Modellen, die sich mehr und mehr auf kommerziell angebotene Rechnerprogramme stützen, von Einzelviren ausgegangen wird, die sich in der Modellrechnung wie inerte Gase verhalten (Casal et al., 1997). Überzeugen können diese Hypothesen erst, wenn während eines akuten Seuchenzugs die Viren tatsächlich in der freien Atmosphäre nachzuweisen sind, wie dies (Mack et al., 1986) für das Aujeszky-Virus im Stall gelang.

Wie oben dargelegt wurde, wird aus modernen Stallanlagen eine beachtliche **Staub- und Keimfracht** emittiert. Es hat sich gezeigt, daß ein großer Teil der geruchsintensiven Substanzen an Stäube bzw. keimtragende Stäube gebunden sein muß, denn man findet dort am ehesten Keime in der Stallumgebung, wo man den typischen Stallgeruch noch deutlich wahrnimmt.

Will man die Ausbreitung von Keimen oder Gerüchen in der Stallumgebung abschätzen, so setzt dies eine lückenlose Erfassung der wichtigsten meteorologischen Kenngrößen voraus (Windgeschwindigkeit, Windrichtung, Himmelbedeckung, Lufttemperatur). Die Verwendung eines **Ausbreitungsmodells** für Stallkeime und das benutzte dreidimensionale Koordinatensystem wurde von Müller et al. (1978) beschrieben. Krause (1992) hat unterschiedliche **Immissionsprognoseverfahren** einander gegenübergestellt und sie im Prinzip alle brauchbar gefunden. Abweichungen einzelner Verfahren voneinander betreffen hauptsächlich den Nahbereich (Pasquill, 1961; Turner, 1964; Klug, 1969; Hesketh, 1974). Insbesondere weist Gross (1998) auf die Bedeutung von Hindernissen im Strömungsfeld und auf die Topographie hin. Für praktische Ausbreitungsabschätzungen aus Ställen ist aber die von Hesketh (1974) angegebene Gleichung (Formel 2.2.4.3–1) völlig ausreichend, womit man überschlägige Abschätzungen bei mittleren Windgeschwindigkeiten und Partikeln < 5 µm hinreichend genau durchführen kann. Sie geht davon aus, daß die Emission aus einem umschlossenen Raum über die gesamten Umgrenzungsflächen erfolgt. Durch Einfügen einer Absterbekonstante (β_{biol}) in die Formel ist auch eine Berücksichtigung der Lebensfähigkeit der Keime mög-

2.2 Standortauswahl, Projekt- und Verfahrensgestaltung

lich. Bei den hier interessierenden Abständen von < 1000 m kann β_{biol} aber fast immer vernachlässigt werden, da die Keime im betrachteten Zeitraum kaum merklich abmangeln (Tab. 2.2.4.3–1).

Für den Diffusionsparameter empfiehlt es sich, die Formeln nach KLUG (1969) unter Zuhilfenahme der Tabellen 2.2.4.3–3 und 2.2.4.3–4 zu verwenden (Formel 2.2.4.3–2, Formel 2.2.4.3–3).

Die nach der beschriebenen Methode ermittelte Ausbreitung und Immission von Mikroorganismen in der Stallumgebung ist nicht die Grundlage für die Festlegung von Mindestabständen zwischen Tierhaltungen und Wohnsiedlungen. Solche Abstände werden von den Geruchsimmissionen bestimmt (s. Kap. 2.2.3 und 2.2.6). Die Ausbreitung von Staub und Keimen ist aus epidemiologischer Sicht (Erkrankungs- bzw. Infektionsrisiko) von Bedeutung.

$$N_v = \frac{Q}{(\sigma_y \cdot \sigma_z + A') \cdot u} \quad \text{F. 2.2.4.3-1}$$

N_v = Zahl der Partikeln (Keime/m³ Luft)
Q = Quellstärke (Teilchen/Sekunde)
A' = Hälfte der Stirnfläche des Gebäudes in Lee (m²)
u = mittlere Windgeschwindigkeit (m/s)
$\sigma_{y(x)}, \sigma_{z(x)}$ = Diffusionsparameter

$$\sigma_{y(x)} = F \cdot x^f \quad \text{F. 2.2.4.3-2}$$

$$\sigma_{z(x)} = G \cdot x^g \quad \text{F. 2.2.4.3-3}$$

x = Entfernung von der Quelle in Windrichtung
F, f, G, g = Tabellenwerte (s. Tab. 2.2.4.3–3)

Tabelle 2.2.4.3–3 Parameter zur Berechnung der Streuungen σ_y und σ_z bei der Ausbreitung von inerten Gasen bzw. kleinen Partikeln in der atmosphärischen Grundschicht (nach KLUG, 1969)

	Ausbreitungsklassen					
	I	II	III$_1$	III$_2$	IV	V
F	0,273	0,237	0,219	0,230	0,306	0,469
f	0,594	0,691	0,764	0,855	0,885	0,903
G	0,262	0,217	0,140	0,076	0,072	0,017
g	0,500	0,610	0,727	0,879	1,021	1,380

F, f, G, g = Faktoren

Tabelle 2.2.4.3–4 Ausbreitungsklassen zur Berechnung der Ausbreitung von inerten Gasen bzw. kleinen Partikeln in der atmosphärischen Grundschicht (nach KLUG, 1969)

Mittlere Windgeschwindigkeit in 10 m Höhe [m/s]	Ausbreitungsklassen in Abhängigkeit von der Bewölkung Gesamtbedeckung (Bewölkung)				
	nachts		tagsüber		
	0/8–6/8	7/8–8/8	0/8–2/8	3/8–5/8	6/8–8/8
1,5	I	II	IV	IV	IV
2,0	I	II	IV	IV	III$_2$
3,0	II	III$_1$	IV	IV	III$_2$
4,0	III$_1$	III$_1$	IV	III$_2$	III$_2$
5,0	III$_1$	III$_1$	III$_2$	III$_1$	III$_1$

2.2.5 Emission von Lärm

(OLDENBURG, J.)

2.2.5.1 Bewertung und Wirkung von Schall, Geräusch und Lärm

Ein **Geräusch**, welches nach Stärke, Art oder Dauer geeignet ist, Personen zu stören, zu belästigen oder gesundheitlich zu schädigen, wird als **Lärm** bezeichnet. Menschen und Tiere sind vor Lärm zu schützen (vgl. auch §§ 1 und 3 BImSchG).

Das menschliche Ohr vermag nur Luftschall zu empfinden. Mit **Schall** bezeichnet man mechanische Schwingungen der materiellen Teilchen in einem elastischen Medium. Schwingungen in festen Körpern werden als Körperschall, Schwingungen in der Luft als Luftschall bezeichnet. Ein schwingender fester Körper kann auch die Umgebungsluft zum Schwingen bringen und damit „hörbar" werden. Ist die Schwingung sinusförmig, nennt man einen Schall einen **Ton** (Abb. 2.2.5–1). Mehrere gleichzeitig hörbare Töne ergeben einen **Klang**, wenn die Schwingungszahlen der einzelnen Töne im ganzzahligen Verhältnis („harmonisch") zueinander stehen. Sind die Schwingungen der einzelnen Töne nicht aufeinander abgestimmt, entsteht ein **Geräusch**.

Die Amplitude der Schallschwingungen, der **Schalldruck** p (in µbar bzw. Pa) entspricht dem Wechseldruck, der dem atmosphärischen Druck überlagert ist. Da der Hörbereich des menschlichen Ohres hinsichtlich des Schalldruckes über 6 Zehnerpotenzen reicht und das Ohr eine mathematisch betrachtet angenähert logarithmische Empfindlichkeit hat, wird der **Schalldruck** L nicht absolut, sondern relativ unter Berücksichtigung des Bezugsschallpegels (Hörschwelle) in Dezibel (dB) angegeben. Der Schalldruck an der **Hörschwelle** beträgt 0 dB, an der **Schmerzschwelle** 120 dB. Eine Zunahme des Schalldruckes um 20 dB entspricht eigentlich einer Verzehnfachung des Schalldruckes.

Das menschliche Ohr ist nicht für alle Frequenzen gleichermaßen empfindlich. Das Ohr empfindet Töne gleichen Schalldruckes, aber unterschiedlicher Frequenz verschieden laut. Die subjektiv empfundene **Lautstärke** steht in keinem gesetzmäßigen Verhältnis zum physikalisch meßbaren Schalldruck. Um bei der Messung von Geräuschen mit einem einzigen Zahlenwert auszukommen und objektiv vergleichbare Werte zu erhalten, hat man daher in die Schalldruckmeßgeräte Filter eingebaut, die die Schalldrücke in den verschiedenen Frequenzbereichen unterschiedlich bewerten. Es wird gewissermaßen die Empfindlichkeit des menschlichen Ohres simuliert. Die damit gemessene Größe ist ein sog. A-bewerteter **Schalldruckpegel** L_{pA}, der in dB(A) angegeben wird und im gesamten Schallpegelbereich gültig ist. Mit Kurven gleicher Laut-

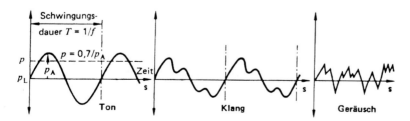

Abb. 2.2.5–1 Schwingungen bei Tönen, Klängen und Geräuschen (SCHRAMEK, 1999, Abb. 1.5.1–1)
p_L: atmosphärischer Druck
p_A: Amplitude
p: effektiver Druck = 0,71 p_A
f: Frequenz

2.2 Standortauswahl, Projekt- und Verfahrensgestaltung

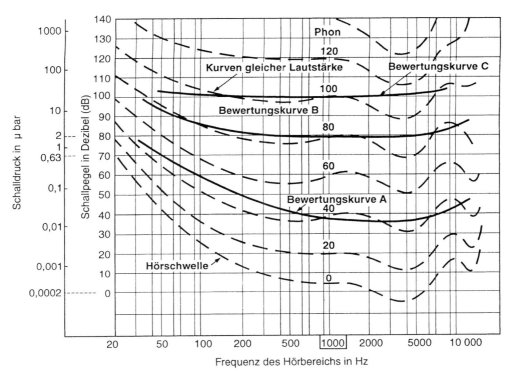

Abb. 2.2.5-2 Kurven gleicher Lautstärke und Schallbewertungskurven (EICHHORN, 1999, Abb. 29)

stärke wird dargestellt, daß bei niedrigen Frequenzen (tiefen Tönen) der physikalische Schalldruck wesentlich höher sein muß, um dieselbe Lautstärkewahrnehmung wie bei hohen Tönen hervorzurufen (Abb. 2.2.5-2).

Die Geschwindigkeit der Ausbreitung des Schalles ist abhängig von der Lufttemperatur, nicht jedoch vom Luftdruck. Der Schalldruck verringert sich während der **Ausbreitung** in einem akustisch freien Feld bei einer Verdoppelung der Entfernung um jeweils 6 dB. In der Realität vermindert sich diese Abnahme wegen des Auftretens von Reflexionen. In geschlossenen Räumen, in denen der Schall von den Wänden teils absorbiert, teils reflektiert wird, ist die Schallpegelabnahme ebenfalls geringer. Außer der durch die Ausbreitung der Schallenergie auf größere Flächen bedingten Verkleinerung der Schallstärke erfolgt noch eine weitere Verringerung durch die innere Reibung im Schall-

medium, z. B. der Luft (Schalldämpfung). Diese macht sich in Abhängigkeit von der Luftfeuchte und der Schallfrequenz jedoch erst in größeren Entfernungen von der Schallquelle bemerkbar.

Der Lärm verursacht **psychische Effekte** (unangenehme Empfindungen, Ärger usw.), die oberhalb von 30 dB(A) vorkommen. Ab 65 dB(A) treten neben psychischen auch vom **vegetativen Nervensystem** gesteuerte Wirkungen wie Blutdruckerhöhungen, Herzfrequenzerhöhung, Stoffwechselsteigerung, Muskelanspannung und Verminderung der peripheren Durchblutung hinzu. Über 85 dB(A) kann es darüber hinaus zu vorübergehenden **Hörminderungen** (Vertäubung) und – bei langjähriger Einwirkung – zu einer irreversiblen Schädigung des Gehörorgans (Lärmschwerhörigkeit) kommen. Im Lärmbereich über 120 dB(A) treten **Schmerzempfindungen** sowie möglicherweise traumatische

2 Umweltgerechte Tierhaltung

Tabelle 2.2.5–1 Schalldruckpegel verschiedener Geräusche

Schalldruckpegel L_p dB(A)	Geräusch
0	Beginn der Hörempfindung, nur im Labor meßbar
10	gerade hörbarer Schall
15–20	leises Blätterrauschen, nachts auf freiem Feld
25–30	Flüstern, Lesesaal
30–40	ruhige Wohngegend
40–50	leise Unterhaltung, ruhiges Büro
50–60	normale Unterhaltung
65–70	Hundegebell, Telefonklingel in 1 m Abstand
75–85	Fahrgeräusch in der U-Bahn
80–85	Rufen, Schreien
90–100	im Bahnhof vorbeifahrender Schnellzug
120–130	schmerzhaftes Geräusch, im Bahnhof bremsende Eisenbahn

Zerstörungen im Gehör auf. Impulslärm z. B. von Explosionen oder Hammerschlägen stellt eine Lärmform mit besonders nachteiliger Wirkung dar. Beispiele für Schalldruckpegel von Geräuschen bzw. Lärm gibt Tabelle 2.2.5–1.

Das Auflösungsvermögen des menschlichen Gehörs, d.h. die Erkennbarkeit unterschiedlicher Schalldruckpegel, liegt bei 3 dB(A). Eine Erhöhung des Schallpegels um 3 dB(A) bedeutet bei Pegeln über 85 dB(A) andererseits eine Verdoppelung des Risikos einer Lärmschwerhörigkeit. Eine Verdoppelung der Lautstärkeempfindung tritt bei einer Schallpegelzunahme um 10 dB(A) ein.

2.2.5.2 Richtwerte für Immission von Lärm

Der Grad der Störung, Belästigung und gesundheitlichen Schädigung durch Geräusche hängt neben dem am Ort der Einwirkung noch auftreffenden Schalldruck auch von der Einstellung des Hörenden zur Emissionsquelle ab. So kann man im Extremfall auch von der Fliege an der Wand, die insbesondere bei vollständiger Ruhe im Umfeld wahrgenommen werden kann, belästigt werden. Solche individuellen Belästigungsphänomene spielen bei gerichtlichen Entscheidungen jedoch in der Regel keine Rolle, solange die in Tabelle 2.2.5–2 genannten **Richtwerte** für die **Immission** außerhalb von Gebäuden unterschritten werden.

Einzelne kurzzeitige Geräuschspitzen dürfen die Immissionsrichtwerte am Tage um nicht mehr als 30 dB(A) und in der Nacht um nicht mehr als 20 dB(A) überschreiten. Bei seltenen Ereignissen (die nur an wenigen Tagen im Jahr auftreten) sind kurzzeitig höhere Geräuschspitzen zulässig. Näheres regelt die TALärm (1998).

Innerhalb von Anlagen der Tierhaltung sind für den Schallschutz die Unfall-Verhütungsvorschriften der landwirtschaftlichen Berufsgenossenschaften maßgebend. Eine

Tabelle 2.2.5–2 Immissionsrichtwerte für Immissionsorte außerhalb von Gebäuden (nach TALärm, 1998)

Gebietscharakter i.S. der BNVO (Baunutzungsverordnung)	Beurteilungspegel in dB(A)	
	tagsüber (6–22 Uhr)	nachts (22–6 Uhr)
Industriegebiete	70	70
Gewerbegebiete	65	50
Kern-, Dorf- und Mischgebiete	60	45
Allgemeine Wohngebiete, Kleinsiedlungsgebiete	55	40
Reine Wohngebiete	50	35
Kurgebiete, Krankenhäuser, Pflegeanstalten	45	35

2.2 Standortauswahl, Projekt- und Verfahrensgestaltung

tierhygienische Bewertung der Lärmbelastung im Stall wird im Kapitel 5 vorgenommen.

2.2.5.3 Minderung der Emission von Lärm aus der Tierhaltung

Die Tierhaltung gilt allgemein nicht als problematische Lärmquelle, obwohl vor allem in hoch technisierten großen Anlagen Lärm bis über 120 dB(A) auftreten kann (z. B. beim Füttern von Schweinen). Die Ursache hierfür liegt vor allem in den in der Regel wegen der Geruchsemissionen der Nutztierhaltung relativ großen Abständen zwischen den Emissions- und Immissionsorten. Die zur Vermeidung von unzumutbar häufigen Geruchsimmissionen notwendigen **Abständen** zwischen Ställen und Wohnhäusern führen so gleichzeitig zur Vorbeugung und Problemlösung im Lärmbereich. Trotzdem kann es in Einzelfällen bei technisch oder organisatorisch bedingten **Problemen** zu stärkerer Emission und Immission von Lärm kommen:

- Durch **Zwangslüftungsanlagen**, mit denen der Luftwechsel im Stall durch Axialventilatoren erzeugt wird, können die Ventilatorgeräusche unter Umständen zu Lärmproblemen führen. Dies gilt insbesondere für **Seitenwandventilatoren**, die die Abluft und den Lärm horizontal (möglicherweise in Richtung auf Wohnhäuser) abstrahlen. Bei vertikalen **Abluftkaminen**, in denen die Ventilatoren üblicherweise ebenfalls vertikal ausgerichtet sind, kommt es zu einer gerichteten Schallabstrahlung in Richtung Himmel. Neben solchen Anlagen sind bei einer ordnungsgemäßen Montage der intakten Ventilatoren (ohne Lagerschäden) mit einer schalltechnischen Trennung von Ventilator und Abluftrohr (welches andernfalls als Resonanzkörper wirkt) keine Lüftungsgeräusche wahrnehmbar. Wenn in einer Stallanlage aus lüftungstechnischen Gründen Seitenwandventilatoren die bessere Wahl sind, sollten in der Regel leiser laufende **Langsamläufer** eingesetzt werden. Technische Informationen hierzu findet man in den regelmäßig aktualisierten DLG-Prüfberichten über Stallüfter.
- In Rinderlaufställen kann es bei der Verwendung von **Selbstfangfreßgittern**, die mit Metallklinken automatisch verriegelt werden, bei nicht fixierten Fangeinrichtungen (dies ist der dauerhafte Normalzustand) zu metallischen Klapper- und Schabgeräuschen kommen. Weil die Tiere bei Ad-libitum-Fütterung auch in den Nachtstunden Futter aufnehmen, können diese Klapper- und Schabgeräusche auch in dieser Zeit auftreten und insbesondere in engeren Dorflagen und bei Leichtbau- oder Außenklimaställen ohne wirksamen baulichen Schallschutz zu Belastungen von Nachbarn führen. Daher sollte bei der Auswahl von Freßgittern für Rinderlaufställe auf eine entsprechend geräuscharme Ausführung geachtet werden.
- In Milchviehstallanlagen treten periodisch Geräusche von **Vakuumpumpen** für die Melkanlage und von **Kompressoren** für die Kühlanlagen auf. Insbesondere in den warmen Sommermonaten werden die Türen der Technikräume geöffnet (in vielen Technikräumen ist die Abfuhr der Warmluft der Wärmetauscher suboptimal geregelt), wodurch der Lärm von diesen Aggregaten bis weit über die Anlagengrenzen hinaus getragen und damit zu einem Nachbarschaftsproblem werden kann. Dieses Problem läßt sich durch massive schallschluckende Wände der Technikräume, schalltechnisch optimale Luftführungen sowie Tür- und Fensteröffnungen und durch den Einsatz von Wasserring-Vakuumpumpen, die gegenüber den häufiger verwandten Vielzellenpumpen einen relativ höheren Antriebsenergieaufwand verursachen, dafür jedoch ohne Schmieröl gefahren werden, lösen.
- Der innerbetriebliche **Verkehr** (Futtermischwagen, Abfuhr von Mist und Gülle) sowie die Ver- und Entsorgungsprozesse einer Tierproduktionsanlage (Mehl- und Pelletfutteranlieferung, Silagebereitung, Milchabtransport, Viehtransporte, Kada-

verabfuhr usw.) können je nach Fahrzeugtyp und Aktionszeit zu Geräuschproblemen führen. Hier sind insbesondere Transporte während der Nachtstunden und an Wochenenden zu nennen. Bei Silotankwagen, die mit Kompressoren zur Förderung der Schüttgüter ausgestattet sind, treten bei entsprechender Ortslage besonders häufig Beschwerden über Lärm auf.

- Tiergeräusche können in Einzelfällen ebenfalls zu Rechtsstreitereien führen. So hat schon so mancher Hahn auf richterliches Geheiß sein Krähen einstellen müssen. Auch Esel-, Gänse- und Putenhalter sollten den Lärmschutz vorsorglich ins Kalkül ziehen. Für Hundepensionen, die bevorzugt an Ortsrandlagen errichtet werden sollen, muß unter Umständen ein schalltechnisches Gutachten die Genehmigungsfähigkeit nachweisen. In der landwirtschaftlichen Nutztierhaltung sind es im wesentlichen zwei Situationen, die zu Nachbarschaftsproblemen aufgrund von Tiergeräuschen führen können: dies ist erstens das Schreien von restriktiv gefütterten güsten und tragenden Sauen im Stall, in Outdoor- oder Außenklimastallhaltung kurz vor der jeweils folgenden Fütterung sowie zweitens in Rinder haltenden Betrieben, wenn die Fütterungszeiten vom Betreuungspersonal sehr unregelmäßig eingehalten werden. Aber auch Pferdehalter müssen bei engen Ortslagen der Reitställe und -hallen unter Umständen zeitliche Einschränkungen bezüglich der Verladung der Tiere beim Turnierverkehr in Kauf nehmen. Das ladungsbedingte Hufklappern während der Nachtstunden hat ebenfalls schon schalltechnische Gutachten verursacht.

2.2.6 Mindestabstände zwischen Tierhaltungen und Wohnsiedlungen

(OLDENBURG, J.)

2.2.6.1 Ermittlung von Mindestabständen und Immissionsgrenzwerten

Die zwischen einer Tierhaltung und z. B. der nächsten Wohnbebauung notwendigen Mindestabstände hängen vom **Geruchsemissionspotential** der geplanten Tierhaltung ab. Das Geruchsemissionspotential der Tierhaltung wiederum ist eine Funktion aus der **Bestandsgröße**, der **Verfahrensgestaltung** und der **technischen Ausstattung** der Anlagen (s. Kap. 2.2.3 und 2.5.6). So führen offene und großflächige Lagerstätten für die Reststoffe wie Mist und Flüssigmist zu erhöhten Geruchsemissionen. Auch die Sauberkeit der gesamten Anlagen, insbesondere der Liege- und Mistflächen sowie der Fahr-, Treibe- und Arbeitswege, hat Einfluß auf das Emissionsniveau.

Umfangreiche Immissionsmessungen in Form von Abluftfahnenbegehungen, bei denen Probanden die Geruchsintensitäten und Zeitanteile in unterschiedlichen Abständen leeseitig einer Geruchsquelle bestimmen, haben in den späten 70er Jahren des vorherigen Jahrhunderts zur Erarbeitung der sog. **Abstandskurven** geführt. Diese Abstandskurven haben Eingang in die Technische Anleitung zur Reinhaltung der Luft (kurz **TALuft**) gefunden. Sie sind mit allen Erklärungen und Randbedingungen Bestandteile der VDI-Richtlinien 3471 (Schweine), 3472 (Hühner), 3473 (Rinder, Entwurf), 3474 (Tierhaltung allgemein, Entwurf). Abbildung 2.2.6–1 gibt als Beispiel die Abstandsregelung für Schweinehaltungen nach der VDI-Richtlinie 3471 (1986) wieder.

Die aus der Geruchsemission abgeleiteten **Mindestabstände** spielen eine große Rolle bei der behördlichen Prüfung, ob ein Vorhaben der Tierhaltung bezüglich der zu erwar-

2.2 Standortauswahl, Projekt- und Verfahrensgestaltung

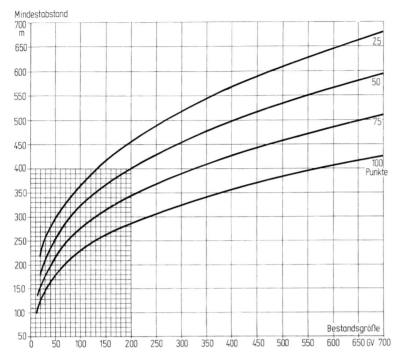

Abb. 2.2.6-1
Abstandsregelungen für Schweinehaltungen (VDI-Richtlinie 3471)

tenden Gerüche genehmigungsfähig ist (s. Kap. 2.2.7). Bei Standardverfahren für die Ermittlung von Abständen der Tierhaltung wird in der Regel maximal dreistufig vorgegangen:

1. Abstandsermittlung nach TALuft

Für die Genehmigungsbehörden stellt die TALuft im Zusammenhang mit luftgetragenen Emissionen die erste wesentliche Entscheidungsgrundlage dar. Die Abstandsregelung der TALuft baut auf die Abstandsregelungen der VDI-Richtlinien 347x auf, kennt aber nicht deren Punktebewertungssystem für emissionsmindernde Techniken. Solange der Abstand der geplanten Anlage zu den nächsten Wohnhäusern größer ist als der in der TALuft genannte Mindestabstand, ist das Vorhaben in der Regel genehmigungsfähig.

2. Abstandsermittlung nach VDI-Richtlinien

Wird der Mindestabstand entsprechend TA-Luft jedoch unterschritten, erfolgt eine Immissionsprüfung durch ein Landwirtschaftsamt, die Landwirtschaftskammern oder anerkannte und vereidigte Sachverständige (je nach Regelungen in den Bundesländern und Behörden). In diesem Falle werden die Abstandsregelungen der VDI-Richtlinien 347x herangezogen (die Handhabung der VDI-Richtlinien 347x wird bei SCHIRZ [1989] beschrieben). Grundsätzlich wird davon ausgegangen, daß bei einem Überschreiten der in den VDI-Richtlinien 347x genannten Abstände in angrenzenden **Wohngebieten** keine unzumutbar häufigen Geruchsbelästigungen aus der betrachteten Anlage zu erwarten sind. In **Dorfgebieten** sowie im Bereich von Wohnhäusern im **Außenbereich** ist ein höheres Maß an Geruchsstoffimmissionen zumutbar. Gegenüber diesen Gebieten können die in den VDI-Richtlinien 347x dargestellten Mindestabstände (nach 3.2.3.2 VDI 3471) auf die Hälfte verringert werden. Dies bedeutet in der Praxis wegen der dreidimensionalen Ausbreitung der Gerüche und des degressiven Zusammenhanges zwischen der Bestandsgröße (bzw. der Geruchsemission) und der Geruchsimmissionen, daß die **maximalen Tierbestände** bei gegebenem Abstand in der Nähe von Dorfgebieten und im Außenbereich deutlich mehr als doppelt so groß als in der Nähe von Wohngebieten sein können.

Auch außerhalb der Abstände der VDI-Richtlinien 347x kann es zu Wahrnehmungen von Gerüchen aus der betrachteten Anlage kommen. Bei Überschreitung der Abstände sind aber keine unzumutbar häufigen Geruchsimmissionen zu erwarten. Allerdings kann es, insbesondere wenn sich die sog. „Emissionskreise" verschiedener Betriebe überschneiden, in benachbarten Wohngebieten trotz nominal ausreichender Abstände je nach Windsituation am Standort unter Umständen zu im Sinne der gesetzlichen Grundlagen unzumutbar häufigen Geruchsimmissionen kommen.

3. Abstandsermittlung nach Immissionsprognose mit Rechenmodellen

Die dritte Stufe der **Immissionsprognose** wird als **Sonderbeurteilung** notwendig, wenn die oben genannten Abstände unterschritten werden, am Immissionsgeschehen mehrere Geruchsverursacher beteiligt sind oder Geruchsquellen, die nicht in den VDI-Richtlinien beschrieben wurden, mit zu berücksichtigen sind. Bei einer solchen Sonderbeurteilung wird anhand eines für den Standort repräsentativen Winddatensatzes unter Einrechnung der zu erwartenden Geruchsemissionen der geplanten oder vorhandenen Anlage mit Hilfe von nachvollziehbaren mathematischen **Ausbreitungsmodellen** für das Umfeld des Vorhabens die erwartete Immissionshäufigkeit prognostiziert und anhand der gesetzlichen Immissions-grenzwerte entschieden, ob das Vorhaben genehmigungsfähig ist oder unter welchen technischen Bedingungen das Vorhaben genehmigungsfähig wäre, z. B. durch Nutzung hoher Abluftkamine oder bei Einbau von Abluftreinigungsanlagen. Bei vorhandenen Anlagen sind alternativ **Abluftfahnenbegehungen** als direkte Immissionsmessungen möglich. Über diesen Weg sind ebenfalls Immissionsprognosen erstellbar.

a) Rechenverfahren

Die gültigen Algorithmen und Rechenverfahren zur Berechnung der Immissionshäufigkeiten sind in der **Geruchsimmissionsrichtlinie (GIRL)** der Länderarbeitsgemeinschaft Immissionsschutz (LAI) im Anhang zur TALuft festgelegt. Unter Spezialisten gibt es nach wie vor Diskussionen über die jeweilige Übertragbarkeit der ermittelten Ergebnisse auf die Realität vor Ort und über das jeweils am besten geeignete Prognosemodell. Es ist bei der Bewertung der Rechenergebnisse zu berücksichtigen, daß das Rechenmodell, die Winddatendarstellung, die Ermittlungsmethode für die zur Berechnung notwendigen Emissionseingangsdaten sowie die Immissionsgrenzwerte ein in der Summe abgestimmtes System darstellen müssen.

b) Winddaten

Welcher Winddatensatz für den jeweils fraglichen Standort repräsentativ ist, wird in der Regel durch sog. Qualifizierte Standortprüfungen (QPR) von den für das jeweilige Bundesland zuständigen Gutachterbüros des Deutschen Wetterdienstes (DWD) ermittelt. Die für eine Ausbreitungsrechnung notwendigen Winddaten werden ebenfalls vom DWD als computerlesbare sog. Ausbreitungsklassenstatistiken (AKS) erstellt. Diese Winddatensätze, die üblicherweise als 10jährige Mittelwerte erstellt werden, schlüsseln die Windhäufigkeiten am Vergleichsstandort in 36 Sektoren je 10°, wiederum unterteilt in verschiedene Windgeschwindigkeits- und Turbulenzklassen, auf.

2.2 Standortauswahl, Projekt- und Verfahrensgestaltung

c) Emissionswerte

Die angenommenen Emissionswerte stellen neben der **Quellenkonfiguration** (Höhe über Grund, diffus oder definiert, konstant oder variabel usw.) und den Winddaten die Haupteingangswerte dar. Für die **Emissionswerte** gilt die gleiche Datenproblematik wie für die Abstandsregelung. Nur für bekannte und in der Literatur beschriebene Stallsysteme und Quellen liegen Werte vor (s. Kap. 2.2.3), andernfalls müssen konkrete **Emissionsmessungen** an **Vergleichsanlagen** vorgeschaltet werden. Die hierfür notwendigen finanziellen Aufwendungen und Bearbeitungszeiträume können die Genehmigung eines einzelnen Vorhabens schnell in Frage stellen. Je größer die Vorhaben sind, desto eher lassen sich einzelne Emissionsmessungen auch kaufmännisch rechtfertigen.

d) Immissionsgrenzwerte

Die zulässigen **Immissionsgrenzwerte** sind als **maximal tolerierbare Immissionshäufigkeiten** ebenfalls in der GIRL im Anhang der TALuft aufgeführt. Die in der Tabelle 2.2.6–1 genannten Immissionsgrenzwerte sind keine **Echtzeitwerte**. Weil der Mensch sich wiederholende Einzelereignisse ab einem bestimmten Abstand zwischen den Ereignissen als durchgehendes Ereignis und z.B. die Geruchsimmissionen damit als ständige Belästigung wahrnimmt (obwohl sie unter Umständen aufgrund der Fluktuation des Gerüche tragenden Windes nur sporadisch vorkommen), wurde der Begriff der Geruchsstunde entwickelt. Eine **Geruchsstunde** liegt per definitionem vor, wenn in mehr als 6 min je Stunde Gerüche meßbar sind oder erwartet werden. Anders ausgedrückt bedeutet eine Immissionshäufigkeit von 10 % der Jahresstunden nach Tabelle 2.2.6–1 damit eine **tatsächliche Immissionshäufigkeit** von minimal 1 % in **Echtzeit**.

Der maximal tolerierbare Immissionsgrenzwert wird nach der GIRL auf eine rechnerische Immissionskonzentration von einer Geruchseinheit je Kubikmeter (1 GE/m^3) bezogen. Eine Geruchsstoffkonzentration von 1 GE wird als **Wahrnehmungsschwelle** oder **Geruchsschwelle** bezeichnet. Bei **olfaktometrischen Messungen** zur Bestimmung der Geruchsstoffkonzentrationen einer Probe, mit denen unter Einsatz von 4 Probanden und 3 Wiederholungen je Messung das Verdünnungsverhältnis von geruchsfreier zu geruchsbelasteter Luft ermittelt wird, ist die Geruchsschwelle erreicht, wenn 50 % der Probanden keinen Geruchseindruck haben. Die gemessene **Geruchsstoffkonzentration** ist dann das jeweils Vielfache der Geruchsschwelle. Die in der GIRL genannte Immissionskonzentration von 1 GE/m^3, auf deren Basis die zulässige Immissionshäufigkeit festgelegt wird, ist mit bekannten Meßgeräten nicht meßbar, weil zu gering (die untere Ansprechgrenze eines Olfaktometers liegt bei etwa 10 GE/m^3), und ist in einer **Geruchsfahne** im Feld nur mit geschultem Personal zu ermitteln. Die Bewertung der Immissionsgrenzwerte bereitet

Tabelle 2.2.6–1 Maximale Immissionsgrenzwerte für Geruch nach der GIRL (1999)

Gebietsstatus	Maximal tolerierbare Immissionshäufigkeit im Jahresmittel	Immissionskonzentration
Wohngebiet, Mischgebiet, Dorfgebiet	10 %	1 GE/m^3
Landwirtschaftlich geprägtes Dorfgebiet	15 %	1 GE/m^3
Industrie- und Gewerbebetrieb	15 %	1 GE/m^3
Außenbereich	20 %	1 GE/m^3
Irrelevanzgrenze	2 %	1 GE/m^3

vielen Richtern in Gerichtsverfahren nach wie vor Probleme: In den 80er Jahren des vorigen Jahrhunderts waren in Dorfgebieten bis zu 5 % und in Wohngebieten bis zu 3 % der Jahresstunden Geruchsimmissionen zulässig. Allerdings ist dabei zu beachten, daß es sich damals „um deutlich wahrnehmbare" Gerüche handelte. Deutlich wahrnehmbare Gerüche liegen je nach Geruchsqualität bei Immissionskonzentrationen von deutlich über 3 GE/m³ vor. De facto stellen die in der GIRL genannten Grenzwerte eine Verschärfung der ehemals gültigen Werte dar, obwohl die nun zulässigen Häufigkeiten vordergründig höher als damals sind.

e) Ergebnisdarstellung

Die Darstellung der Rechenergebnisse kann auf dreierlei Art erfolgen. Die bei großen Industriequellen übliche Flächendarstellung der Immissionshäufigkeiten in z. B. einem 250-m-Raster ist auch für große Anlagen zur Haltung von Tieren zu grob und wenig hilfreich zur Visualisierung der Ergebnisse. Verbreiteter ist die Darstellung der Immissionshäufigkeiten in Form von sog. **Isolinien**, bei denen die Immissionswerte als Linien gleicher Häufigkeit in einer entsprechenden Karte dargestellt werden (Abb. 2.2.6–2). Bei der Isoliniendarstellung finden sich bei Dauerquellen, die nicht jahreszeitlich begrenzt sind, die langfristigen Windverhältnisse wieder. Bei der Beurteilung von bestimmten Immissionsorten, z. B. einzelnen Wohnhäusern, ist die punktgenaue Berechnung der Immissionshäufigkeiten am sinnvollsten, weil nur so genaue Aussagen über den betrachteten Standort gemacht werden können.

2.2.6.2 Bewertung der Immissionsprognosen

Jedes der oben dargestellten Verfahren zur Abschätzung der Abstände zwischen Geruchsquellen und Wohnhäusern hat seine Vorzüge und Grenzen. Entscheidend ist aber, ob es nach einer Genehmigung eines Vorhabens auf Basis der Prognoseergebnisse zu Problemen kommen kann.

Die **Immissionsbeurteilung** nach den **VDI-Richtlinien** 347x ist ein einfaches und leicht nachvollziehbares Verfahren. Bei auf diesen Grundlagen genehmigten Verfahren und darauf aufbauend ausreichenden Abständen sind nachträgliche Beschwerden über Geruchsimmissionen nicht bekannt. Das gleiche gilt für die Beurteilung nach der GIRL. Insbesondere der Immissionsgrenzwert von 10 % Immissionshäufigkeit ist tatsächlich eher streng. Wenn dieser Wert eingehalten wird, werden belästigende Gerüche an einem Standort kaum noch wahrgenommen.

Diese restriktive Auslegung der Immissionsgrenzwerte führt jedoch auch zu vielen Problemen in der Entwicklung der Siedlungsstruktur. Es ist mitnichten so, daß ein Überschreiten der in der GIRL genannten Immissionsgrenzwerte grundsätzlich zu unzumutbar häufigen Geruchsimmissionen führen würde. Insbesondere in Dörfern mit einer historisch bedingt starken und in vielen

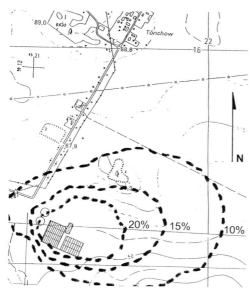

Abb. 2.2.6–2 Prognostizierte Immissionshäufigkeiten in Form von Isolinien im Umfeld einer geplanten Tierhaltungsanlage

eher kleineren Betrieben verbreiteten Tierhaltung, die wiederum rechnerische Immissionshäufigkeiten im Umfeld von bis zu 70 % der Jahresstunden zur Folge haben, bleiben Beschwerden über die Tierhaltung in der Regel aus. Da aber an solchen Standorten keine Wohnhäuser neu errichtet oder aufgegebene Wirtschaftsgebäude nicht zu Wohnungen umgebaut werden dürfen, wird die Entwicklung dieser regional unterschiedlich in ganz Deutschland aber sehr weit verbreiteten Siedlungsform verhindert, obwohl in der Regel gar keine Beschwerden vorliegen. Der von potentiellen Wohnhausbauern immer wieder unternommene Versuch, die von ihnen tatsächlich akzeptierten Geruchsimmissionen durch eine grundbuchlich eingetragene Akzeptanzerklärung auch für potentielle Rechtsnachfolger rechtswirksam zu dokumentieren, scheitert an dem Rechtsgrundsatz, daß man mit einer privatrechtlichen Abmachung (Grundbucheintrag) kein Bundesrecht (BImSchG) umgehen kann.

Auch für die Geruchsverursacher sind durch die genannten Grenzwerte bedingte, in der Sache aber nicht notwendige Härten vorhanden. In den oben genannten immissionsbelasteten Siedlungen sind je nach Auslegung der Grenzwerte durch die Genehmigungsbehörden betriebliche Veränderungen nur noch rechtens, wenn die in der GIRL genannten Grenzwerte unterschritten werden. In vielen bäuerlichen Regionen sind in der Regel mehrere bis viele Betriebe am Immissionsgeschehen beteiligt. Wenn also ein einzelner Betrieb emissionsrelevante betriebliche Veränderungen plant, so werden diese bei vorhandener Vorbelastung nur noch genehmigt, wenn anschließend die Immissionsgrenzwerte unterschritten werden. Da dieses Ziel sehr oft nur erreicht werden kann, wenn alle Betriebe durchgreifende immissionsmindernde Maßnahmen durchführen (und das bedeutet, daß in solchen beengten Ortslagen alle Betriebe ihre Emissionen auf beinahe Null senken müßten), werden in den Betrieben keine betrieblichen Veränderungen und damit auch keine teilweisen Immissionsminderungen mehr durchgeführt. Dies hat zur Folge, daß die Betriebe die alten früher genehmigten Techniken weiterführen oder die Betriebe aufgegeben werden oder mit dann gleich größeren Anlagen in den Außenbereich wechseln. Alle drei Wege sind zwar Konsequenzen aus der gültigen Rechtslage, aber weder im Sinne des BImSchG noch im Sinne des BNatSchG. Insofern ist zu wünschen, daß die beschriebenen nichtbeabsichtigten Wirkungen bei der Novellierung der Rechtsgrundlagen berücksichtigt werden.

2.2.7 Genehmigungspflicht für Anlagen der Tierhaltung

(OLDENBURG, J.)

2.2.7.1 Rechtssicherheit und Umweltgerechtheit durch Genehmigung

Nur durch die zuständigen Behörden erteilte Bau- und Betriebsgenehmigungen gewährleisten die gewünschte **Rechtssicherheit**. Halter von Tieren benötigen Rechtssicherheit. Rechtlich nicht abgesicherte Anlagen können im Streitfall per Gerichtsbeschluß vorübergehend oder sogar dauerhaft stillgelegt und im schlimmsten Fall mit einer Abrißverfügung belegt werden. Im behördlichen Genehmigungsverfahren und mit dem Genehmigungsbeschluß wird das in den gültigen Rechtsvorschriften geforderte Niveau der **Umweltgerechtheit** gesichert. Die in der aktuellen Rechtssetzung vorgegebenen Anforderungen, Kriterien und Maßstäbe entsprechen nicht immer dem modernsten Stand der wissenschaftlichen Erkenntnis, sondern sind Ergebnis und Ausdruck des notwendigen gesellschaftlichen Diskussions- und Konsensprozesses. Die Erwartungen und Forderungen von Umwelt- und Naturschutzverbänden sowie betroffenen Bürgern einerseits, von Tierhaltern andererseits, liegen nicht selten deutlich höher bzw. niedriger als der rechtliche Maßstab, an den die Genehmigungsbehörde gebunden ist.

Häufige Anlässe für Streit und Klagen mit der Nachbarschaft sind bei vorhandenen Anlagen, die nicht nach geltendem Recht betrieben werden, Geruchs- oder Lärmbelästigungen. Ein Großteil dieser Konfliktfälle entsteht in der Regel nicht vorsätzlich, sondern ergibt sich im Laufe der Jahre durch strenger werdende Gesetze. Auch länger zurückliegende Nutzungsänderungen von älteren Stallanlagen, z. B. der viele Jahre zurückliegende Umbau eines ehemaligen Rinderstalles in einen Schweinestall, sind häufig Ursache von genehmigungsrechtlichen Problemen. Nicht oder nicht ausreichend genehmigt betriebene Anlagen, die in der Vergangenheit ohne Belästigungen von Anwohnern genutzt wurden, können im Rahmen von Vorbelastungsuntersuchungen für den Bau von Nachbaranlagen oder nahen Wohnhäusern aufgedeckt werden und in genehmigungsrechtliche Turbulenzen geraten.

Beachtenswert ist für Betreiber von Anlagen zur Haltung von Tieren, daß in der Vergangenheit mangelnde Rücksichtnahmen in bezug auf die Nachbarschaft (Gülle- und Mistausbringung sowie Lärmemissionen usw. zur Unzeit) zwar oft nicht zu behördennotierten Beschwerden führen, bei zukünftigen Vorhaben jedoch regelmäßig schon im Vorfeld als Gegenargumente zum Zug kommen.

2.2.7.2 Grundsätzliche bau- und immissionsrechtliche Zulässigkeit von Vorhaben und Anlagen

Die Emissionen tierhaltender Betriebe reichen in der Regel über die eigenen Bebauungs- und Grundstücksgrenzen hinaus und belasten damit **nachbarliche Flächen**, d. h. fremdes Eigentum und/oder schützenswerte **Biotope**. Daher ist die Genehmigung eines Vorhabens der Tierhaltung immer nur unter Berücksichtigung seines Umfeldes möglich. Ob eine Anlage oder ein Vorhaben an einem Standort grundsätzlich zulässig ist, hängt zuerst vom Status des betrachteten **Standortes** ab.

*1. Vorhaben im **überplanten Innenbereich***

Liegt das Vorhaben im Geltungsbereich eines **Bebauungsplanes**, der üblicherweise Festsetzungen über die Art und das Ausmaß der baulichen Nutzung, der überbaubaren Flächen sowie die örtlichen Verkehrsflächen enthält, so ist das Vorhaben in Übereinstimmung mit diesen Festsetzungen und bei gesicherter Erschließung zulässig.

In der BauNutzungsVerOrdnung sind die Eigenarten von Wohn-, Misch-, Dorf- und Gewerbegebieten usw. beschrieben. Eine bau- oder immissionsrechtlich relevante Tierhaltung ist in **Wohn-** und **Mischgebieten** grundsätzlich nicht gestattet. Von zentraler Bedeutung für Anlagen der Tierhaltung ist in diesem Zusammenhang § 5 BauNVO, nach dem Wirtschaftsstellen landwirtschaftlicher Betriebe in **Dorfgebieten** zulässig sind. Andere im Dorfgebiet zulässige Nutzungen müssen auf die Belange der land- und forstwirtschaftlichen Betriebe einschließlich ihrer Entwicklungsmöglichkeiten vorrangig Rücksicht nehmen. Das Gebot **nachbarlicher Rücksichtnahme** wird in einem Dorfgebiet aber nicht verletzt, wenn ein Wohnhaus nahe an einen landwirtschaftlichen Tierhaltungsbetrieb heranrückt und dieser bereits auf andere in der Nähe schon vorhandene **Wohnhäuser** im Hinblick auf die vom Betrieb ausgehenden Immissionen Rücksicht nehmen muß. Weiterhin sind bauliche Maßnahmen tierhaltender Betriebe auch in Dorfgebieten nur unter Berücksichtigung bereits bestehender immissionsrechtlicher Beschränkungen aus **benachbarten Nutzungen** möglich. Sowohl vorbelastende Immissionen aus vorhandenen Betrieben als auch bereits existierende Wohn- und dauerhafte Arbeitsstätten schränken die maximal möglichen Emissionen eines tierhaltenden Betriebes ein. In diesem Zusammenhang ist zu beachten, daß ein **Wohngarten** in der

2.2 Standortauswahl, Projekt- und Verfahrensgestaltung

Regel den gleichen Schutzstatus genießt wie das Wohnhaus selbst, während für Gemüse- und Wirtschaftsgärten keine Ansprüche an minimale Belästigungen durch Lärm oder Gerüche geltend gemacht werden können.

Da die Gemeinden nach § 1 BauNVO im Rahmen der **Bauleitplanung** in Grenzen befugt sind, die nach den §§ 2 bis 14 BauNVO genannten Nutzungen der einzelnen Gebietsformen durch Festsetzungen zu erweitern oder einzuschränken, sind diese Festsetzungen im Rahmen der Vorabschätzung eines Vorhabens zu berücksichtigen.

2. Vorhaben im nicht beplanten Innenbereich

Nach § 34 BauGB ist ein Vorhaben im Innenbereich (d. h. innerhalb eines im Zusammenhang bebauten Ortsteils) zulässig, wenn es sich nach Art und Maß der baulichen Nutzung, der Bauweise und der Grundstücksfläche, die überbaut werden soll, in die Eigenart der näheren Umgebung einfügt und die Erschließung gesichert ist. Der Status des nicht beplanten Innenbereiches kann vorausgesetzt werden, wenn **kein Bebauungsplan** vorliegt, aber eine tatsächlich aufeinanderfolgende Bebauung vorhanden ist, die Ausdruck einer organischen Siedlungsstruktur ist. Immissionsseitig gelten die **gleichen Grenzwerte** wie in vergleichbaren Gewerbe-, Dorf- oder Wohngebieten.

Durch den stetig voranschreitenden Strukturwandel mit aufgegebenen Stallgebäuden einerseits und dem Trend zu größeren Einheiten andererseits, die in den Ortslagen aus immissionsrechtlichen Gründen in der Regel nicht genehmigungsfähig sind, wandeln sich viele Dörfer zu ausschließlichen Wohngebieten. Verschärft wird diese Situation in nachgefragten Randlagen von Städten durch die Umnutzung ehemaliger Wirtschaftsgebäude zu Wohneinheiten. Die ehemals ortstypische dörfliche Tierhaltung kann sich dann schnell zu einem untypischen Störfaktor mit nicht unerheblichem Streitpotential entwickeln.

3. Vorhaben im baurechtlichen Außenbereich

Außerhalb des beplanten oder unbeplanten Innenbereiches ist ein Vorhaben zur Haltung von Tieren nur zulässig, wenn es nach § 35 BauGB einem land- oder forstwirtschaftlichen Betrieb dient, einen untergeordneten Teil der Betriebsfläche einnimmt, die ausreichende Erschließung gesichert ist und öffentliche Belange dem Vorhaben nicht entgegenstehen. Nur die **landwirtschaftliche Tierhaltung** ist für den Außenbereich „**privilegiert**", während die „gewerbliche" Tierhaltung als sonstige Vorhaben gelten.

Nach § 201 BauGB liegt eine **landwirtschaftliche Tierhaltung** vor, wenn diese tatsächlich oder theoretisch auf überwiegend eigener Futtergrundlage betrieben wird bzw. betrieben werden kann. Als Maß hierfür wird in der Regel die steuerrechtliche Bewertung nach § 51 Abs. 1 des Bewertungsgesetzes in Verbindung mit § 13 Abs. 1 Einkommensteuergesetz über den sog. Vieheinheitenschlüssel herangezogen (Informationen zur steuerrechtlichen Abgrenzung bei KÖHNE, 1995). Flächenlos wirtschaftende Betriebe, die steuerrechtlich **Gewerbebetriebe** darstellen, gehören prinzipiell in planungsrechtliche Gewerbe- oder Sondergebiete. Weil diese dort jedoch in der Regel wegen ihrer Geruchsemissionen nicht genehmigungsfähig sind, können die Tiere haltenden Gewerbebetriebe im Einzelfall im Außenbereich als „sonstige Vorhaben" zugelassen werden.

Ein wichtiges Indiz für die Nachhaltigkeit der Betriebsführung ist die Möglichkeit, aus der Tierhaltung Gewinne zu erzielen. Anwesen, auf denen im Rahmen von **Freizeitaktivitäten** z. B. vorrangig Reitpferde gehalten werden, sind daher für den Außenbereich grundsätzlich **nicht privilegiert**. Trotzdem wird immer wieder und in der Regel erfolglos versucht, über diesen Weg als Betriebsleiterwohnungen deklarierte Wohnhäuser in landschaftlich attraktiven Außenbereichen errichten zu können.

2 Umweltgerechte Tierhaltung

Weitergehende Anforderungen an privilegierte Vorhaben, wie z.B. die notwendige Flächenausstattung eines Betriebes oder die Qualifikation des Betriebsleiters, werden bei NIES (1998) behandelt.

2.2.7.3 Berücksichtigung öffentlicher Belange

Auch wenn die Genehmigungsvoraussetzungen aus der Sicht der zu schützenden Anwohner vorliegen, dürfen dem Bauvorhaben keine öffentlichen Belange entgegenstehen. **Öffentliche Belange**, die einer Genehmigung entgegenstehen können, sind vor allem im Bereich des **Umwelt- und Naturschutzes** sowie des **Tierschutzes** vorhanden.

- Schutz von Natur und Landschaft

Jede Errichtung einer baulichen Anlage, nicht nur der zur Haltung von Tieren, kann die Leistungsfähigkeit des Naturhaushaltes verringern und das Landschaftsbild beeinträchtigen. Diese Auswirkungen sind nach § 1 Bundesnaturschutzgesetz auf ein Mindestmaß zu reduzieren und gegebenenfalls auszugleichen. Wenn dies nicht möglich sein sollte, kann das Vorhaben versagt werden. Zum Ausgleich des Landschaftsbildes sind in Absprache mit den zuständigen Naturschutzbehörden regelmäßig **Eingrünungsmaßnahmen** mit heimischen Gehölzen vorzunehmen. Bodenversiegelungsmaßnahmen sind möglichst durch **Entsiegelungsmaßnahmen** an anderer Stelle zu kompensieren. Der in Anspruch genommene Boden ist je nach Höhe des Eingriffes in den Naturhaushalt durch gegenständliche **Naturschutzmaßnahmen** auszugleichen. Wenn ein gegenständlicher Ausgleich nicht möglich ist, ist dieses durch eine Ausgleichszahlung, mit der an anderer Stelle **Ausgleichsmaßnahmen** durchgeführt werden können, eventuell kompensierbar. Der Umfang der Ausgleichsmaßnahmen wird von den zuständigen Naturschutzbehörden im Sinne von § 8 BNatSchG im Rahmen der sog. **Eingriffs- und Ausgleichsregelung** festgelegt. Wenn sich das Vorhaben im Bereich eines ausgewiesenen Natur- oder Landschaftsschutzgebietes befindet, ist auch eine Genehmigung privilegierter Bauvorhaben in der Regel nicht möglich. In Landschaftsschutzgebieten sind Ausnahmen jedoch unter Umständen zulässig.

- Gewässerschutz (s. auch Kap. 2.5.5)

Von baulichen Anlagen dürfen selbstverständlich keinerlei Gefährdungen des Oberflächen- oder des Grundwassers ausgehen. Nach § 19 g) Wasserhaushaltsgesetz müssen Anlagen zum Lagern und Abfüllen von **Jauche**, **Gülle** und **Silagesickersäften** daher so nach den jeweils anerkannten Regeln der Technik beschaffen sein und betrieben werden, daß der bestmögliche Schutz der Gewässer erreicht wird. Keine Anlage im Sinne dieser Vorschriften sind nach § 16 WHG **Dunglagerstätten** (z.B. von Geflügeltrockenkot) oder **Flachsilos** zur Lagerung von Gärfutter. Aber auch von diesen Lagerstätten dürfen keine Verunreinigungen von Gewässern oder Grundwasser ausgehen. Bei sich erwärmendem und nicht gegen Regenwasser geschütztem Festmist, wie z.B. Geflügeltrockenkot, und bei ausreichend angewelkten Silagen mit einem Trockensubstanzgehalt von mehr als 30 % (unter gasdichten regenableitenden Kunststoffolien) treten erfahrungsgemäß keine den Wasserhaushalt gefährdenden Sickersäfte auf.

- Ordnungsgemäße Verwertung von organischen Düngern (s. auch Kap. 2.5.1–2.5.4)

Die in der Regel als **Wirtschaftsdüngemittel** erfolgende Verwertung der in einem Tierhaltungsbetrieb anfallenden Exkremente in Form von Jauche, Gülle oder Festmist muß gesichert sein und wird vor Erteilung einer Baugenehmigung geprüft. Die Verwertung dieser Stoffe kann im eigenen Betrieb oder auch im Rahmen einer **Güllebörse** oder durch bilaterale **Gülleabnahmeverträge** auf betriebsfremden Flächen gewässerverträglich erfolgen. Das Maß der gewässerverträglichen Aufbringung von Wirtschaftsdüngemitteln tierischer Herkunft ist bundeseinheitlich nach der Düngeverordnung geregelt. Die ertrags- und fruchtartabhängig erwarteten Nährstoffentzüge auf den Düngeflächen stellen das Maximum der maximal aufbringbaren Nährstoffmengen dar. Aus den fütterungsabhängigen Nährstoffanfällen aus der Tierhaltung ergibt sich so der notwendige Flächenbedarf für die Verwertung des organischen Düngers. Insbesondere in Regionen mit einer umfangreichen Tierhaltung beeinflußt der Bedarf an Düngeflächen den Bodenmarkt, vor allem die Pachtpreise.

- Schutz der Umwelt vor Immissionen (s. auch Kap. 2.2.4 und 2.5.6)

Von einem Tierhaltungsbetrieb dürfen keine schädlichen Umwelteinwirkungen hervorgerufen werden. Dies gilt nach §5 BImSchG sowohl für immissionsschutzrechtlich genehmigungsbedürftige als auch für die laut §22 BImSchG nach dem Immissionsschutzrecht nicht genehmigungsbedürftigen Anlagen. Die möglichen Schädigungen der Umwelt durch die Gase **Ammoniak**, **Lachgas**, **Methan**, **Schwefelwasserstoff** sowie **Stäube** oder **Keime** werden vor einer Genehmigung regelmäßig betrachtet und unter Umständen gutachtlich bewertet, hier insbesondere die möglichen Auswirkungen des Nährstofftransporters Ammoniak auf nahegelegene naturnahe Ökosysteme. Tatsächliche Schädigungen der Umwelt durch diese Stoffe sind im Zusammenhang mit einzelnen Anlagen der Tierhaltung bisher nur in Einzelfällen (eher vermutet als nachweislich) beobachtet worden.

- Nachbarschutz (s. auch Kap. 2.2.5 und 2.2.6)

Nachbarn dürfen durch eine Anlage weder gesundheitlich beeinträchtigt noch unzumutbar häufig oder intensiv belästigt werden. Dieser Grundsatz kann immer dann und auch im baurechtlichen Außenbereich zu einem Problem werden, wenn im Umfeld des Vorhabens **immissionsempfindliche Nutzungen** vorhanden sind. Deshalb wird vor einer bau- und/oder immissionsrechtlichen Genehmigung geprüft, ob das Vorhaben nachteilig in nachbarliche Belange einwirken kann. Dies gilt insbesondere für die möglichen Störungen durch **Lärm** oder **Geruch** aus der Tierhaltung. Neben technischen Minderungsmaßnahmen dient vor allem ein größtmöglicher Abstand zur Konfliktvermeidung. Da eine weitergehende Zersiedelung des Außenbereiches aus Sicht des Naturschutzes nicht wünschenswert ist, sind maximalen Abständen zwischen Tierhaltung und Wohnen jedoch eher enge Grenzen gesetzt. Dies gilt insbesondere dann, wenn vorhandene Betriebsstätten zur Haltung von Tieren in Orts- oder Ortsrandlage erweitert werden sollen oder die geplante Tierhaltung keine Privilegierung für den Außenbereich besitzt.

2.2.7.4 Genehmigung des Vorhabens

Je nach Eigenart, Größe und Umfang des Vorhabens zur Haltung von Tieren sind unterschiedliche Genehmigungen bei **verschiedenen Behörden** zu beantragen. Da das Baurecht Landesrecht ist, gibt es in jedem Bundesland eigene Landesbauordnungen. Die **Landesbauordnungen** sind die wesentliche genehmigungsrechtliche Grundlage.

- Genehmigungsfreie Vorhaben

Minimalbauten mit begrenzten Grundmaßen oder Bauhöhen sowie Bauten für bestimmte Zwecke (Kleintierställe, Wetterschutzhütten) können von der Genehmigungspflicht ausgenommen sein. Das jeweilige Landesrecht enthält detaillierte Informationen.

- Baugenehmigungspflichtige Vorhaben

Baugenehmigungspflichtige Vorhaben werden von den **Unteren Bauaufsichtsbehörden** der Kommunen oder Landkreise genehmigt. Nach dem Einreichen des Bauantrages werden von der Baubehörde die Vollständigkeit des Antrages und z. B. die Statik geprüft sowie Stellungnahmen von den Trägern öffentlicher Belange eingeholt. **Träger öffentlicher Belange** sind bei landwirtschaftlichen Tierhaltungen die **Landwirtschaftsämter** oder **Landwirtschaftskammern**, die sich zur landwirtschaftlichen Sinnhaftigkeit des Vorhabens äußern. Die **Denkmalschutzbehörden** werden bei Nutzungsänderungen von Altbauten oder bei Vorhaben in Nähe von denkmalgeschützten Bauten gehört. Die **Gewerbeaufsichts-**, **Umwelt-** und **Naturschutzbehörden** geben Auskunft über die Einhaltung verfahrenstechnischer und naturschutzrelevanter Belange, feuer- und arbeitsschutzrechtliche sowie abfallrechtliche Aspekte, Nachbarschutz und Immissionsschutz. Die **Straßenbauämter** werden zur Anbindung des Vorhabens an öffentliche Verkehrswege gehört (es ist auf eine gesetzeskonforme Zuwegung des Vorhabens und Anbindung an Ein- und Ausfahrten in öffentliche Straßen zu achten). Die **Wasserwirtschaftsämter** und -behörden geben Stellungnahmen zu wasserrechtlichen Fragestellungen ab.

Die **Baugenehmigung** wird erteilt, wenn dem Vorhaben keine öffentlich-rechtlichen Vorschriften entgegenstehen.

- Genehmigungspflichtige Vorhaben nach dem Bundesimmissionsschutzgesetz

Größere Vorhaben zur Haltung von Nutztieren bedürfen einer Genehmigung nach dem **Bundesimmissionsschutzgesetz**. Im Anhang der 4. Verordnung zur Durchführung des BImSchG (4. BImSchV) sind unter Punkt 7.1 die für die Tierhaltung jeweils aktuellen Bestandsgrößen, bei deren Überschreitung ein immissionsrechtliches Genehmigungsverfahren notwendig wird (Tab. 2.2.7–1), genannt. Für die Tierhaltung sind diese Grenzen, bezogen auf die beschäftigungsrelevante und ökonomische Bedeutung der Vorhaben im Vergleich zu anderen Branchen, eher niedrig angesetzt. Da auch bei den nicht-öffentlichen Baugenehmigungsverfahren alle Rechtsvorschriften eingehalten werden müssen (nach § 22 BImSchG haben Betreiber nicht genehmigungsbedürftiger Anlagen die gleichen Pflichten), sind die eigentlichen Unterschiede eines solchen Genehmigungsverfahrens zum Baugenehmigungsverfahren nicht in den Auswirkungen auf die Umwelt, sondern erstens in der **Beteiligung der Öffentlichkeit** (§ 10 [3]), zweitens der anderen **federführenden Behörde** (je nach Bereich **Gewerbeaufsichtsamt** oder **Naturschutz- oder Umweltschutz-**

Tabelle 2.2.7–1 Genehmigungsverfahren für Anlagen der Tierhaltung in Abhängigkeit von Tierplatzzahlen (Stand 2001)

Tierart (Tierplätze)	Baugenehmigungsverfahren	Vorprüfung für UVP	Genehmigungsverfahren BImSchG für Anlagen nach der 4. BImSchV	in Verbindung mit UVP-Gesetz
Hennen	< 20 000	ab 15 000	ab 20 000	ab 42 000
Junghennen	< 40 000	ab 30 000	ab 40 000	ab 84 000
Mastgeflügel	< 40 000	ab 30 000	ab 40 000	ab 84 000
Truthühner	< 20 000	ab 15 000	ab 20 000	–
Mastschweine	< 2000		ab 2000	ab 1400
Sauen	< 750		ab 750	ab 500
Ferkel (getrennte Aufzucht)	< 6000		ab 6000	–
Rinder	< 350	ab 250	ab 350	–
Kälber	< 1000	ab 300	ab 1000	–
Pelztiere	< 1000	ab 750	ab 1000	–

amt) und drittens der **größeren Rechtssicherheit** einer immissionsrechtlich erteilten Genehmigung zu sehen. Öffentliche Genehmigungsverfahren verursachen aufgrund einer umfassenderen Prüfung der Anträge durch die Behörden und beteiligten Kreise deutlich längere Bearbeitungszeiten als Bauanträge.

Die **Beteiligung der Öffentlichkeit** dient nicht nur der Wahrung der Interessen der betroffenen Nachbarschaft, sondern auch der konsequenten Berücksichtigung öffentlicher Belange des Umwelt-, Natur- und Tierschutzes. Die **Genehmigungsverfahren** zur Tierhaltung haben sich aber auch mehr und mehr zu öffentlichen Foren von grundsätzlichen Gegnern und Befürwortern der Tierhaltung entwickelt. Dabei soll Druck auf den Gesetzgeber im Sinne einer veränderten Agrarpolitik ausgeübt werden. Öffentliche Genehmigungsverfahren sind leider z. T. von wenig sachlichen Darstellungen aus der Sicht des Umwelt- und Naturschutzes begleitet. Dies hat oft zur Folge, daß durch die begleitenden Berichterstattungen der Medien nicht nur das Ansehen der Antragsteller, sondern auch der Behörden sowie der Umwelt-, Natur- und Tierschutzvertreter beschädigt wird. Die Partizipation der Bürgerinnen und Bürger an Entscheidungen ist unverzichtbar zur Erreichung des in § 1 BImSchG formulierten Zweckes, nämlich: „... Menschen, Tiere und Pflanzen, den Boden, das Wasser, die Atmosphäre sowie Kultur- und sonstige Sachgüter vor schädlichen Umwelteinwirkungen und ... vor Gefahren, erheblichen Nachteilen und erheblichen Belästigungen ... zu schützen und ... vorzubeugen." Aber die vielfach übliche Form der öffentlichen Auseinandersetzung diskreditiert auch andere Formen direkter Demokratie (Naturschutz-Verbandsklage, Volksbefragungen u. a.). Die Antragsteller sollten durch vollständige und aussagefähige Unterlagen, die Träger öffentlicher Belange durch korrekte und sachliche Stellungnahmen, die Gutachter und Genehmigungsbehörden durch äußerst gründliche fachliche und rechtliche Bewertungen, Transparenz, überparteiliche Korrektheit und schnelle Bearbeitung zu zügigen Entscheidungen beitragen.

- Prüfungen nach dem Umweltverträglichkeitsprüfungsgesetz (UVPG)

In Erweiterung der Ziele des BImSchG, das den Schutz von Natur und Umwelt sicherzustellen hat, ist bei den Anlagen, die nach dem UVPG zu genehmigen sind, laut § 1 „... sicherzustellen, daß ... die Auswirkungen auf die Umwelt frühzeitig und umfassend ermittelt, beschrieben und bewertet werden." Das Ergebnis der **Umweltverträglichkeitsuntersuchung** ist so früh wie möglich bei allen behördlichen Entscheidungen zu berücksichtigen. Die Umweltverträglichkeitsuntersuchung ist ein unselbständiger Teil verwaltungsbehördlicher Verfahren (z. B. eines Verfahrens nach dem BImSchG).

Inhaltlich bedeutet dies, daß UVP-pflichtige Vorhaben und die möglichen **Alternativen** sehr viel umfassender zu beschreiben und zu bewerten sind als Vorhaben, für die ein Genehmigungsverfahren nach dem BImSchG vorgesehen ist. In bezug auf die Tierhaltung liegt der wesentliche Unterschied zu den Verfahren nach dem BImSchG in der ausführlichen Beschreibung der Umwelt des Vorhabens (Abb. 2.2.7–1). Dies erfordert in der Regel **vegetationskundliche Erhebungen** sowie eine Bewertung der Auswirkungen der möglichen **Ammoniakimmissionen** auf die Flora und eine umfassende Beschreibung der Auswirkungen des Vorhabens auf den **Wasserhaushalt** des Umfeldes.

Die mit Gesetz vom 27.7.2001 festgelegten Grenzwerte für die Größen von Tierhaltungen, bei denen eine UVP-Pflicht vorliegt, sind mit den Schwellenwerten nach BImSchG identisch. Sie setzen die UVP-Richtlinien der EG um. Außerdem wurden noch darunterliegende Grenzwerte eingeführt, bei denen bereits eine Einzelfall-Vorprüfung auf Umweltverträglichkeit vorzunehmen ist.

2 Umweltgerechte Tierhaltung

Abb. 2.2.7-1 Beispiel einer vegetationskundlichen Erhebung im Rahmen einer Umweltverträglichkeitsprüfung einer geplanten Schweinemastanlage

2.2 Standortauswahl, Projekt- und Verfahrensgestaltung

UVS zur geplanten Schweinemastanlage
Karte **Biotoptypen**

Grünländer, Acker

GA	....	Grünland Einsaat
GI		Artenarmes Intensivgrünland
GIF	·.·.·	Sonstiges feuchtes Intensivgrünland
GMF	·:·:·	Mesophiles Grünland mäßig feuchter Standorte
GI/GM		Übergang Intensivgrünland/Mesophiles Grünland
A	▓	Acker
UBM	▒	Halbruderale Brache frischer Standorte

Stillgewässer

SXZ	≈≈≈	Naturfernes Stillgewässer
STR		Rohbodentümpel

Gehölzfreie Biotope der Sümpfe,

NS	‖‖‖‖	Seggen-Binsen-Hochstaudensumpf

Hoch- und Übergangsmoore

MDP	⌃⌃⌃	Pfeifengras-Moordegenerationsstadium
MDG	⌄⌄⌄	Gebüsch-Moordegenerationsstadium

Wälder, Kleingehölze und Gebüsche

WBA	▓▓▓	Birkengebüsch mit Bruchwaldcharakter
WVP	░░░	Pfeifengras-Birken-Moorwald
BNW	▦▦▦	Weiden-Sumpfgebüsch
HX	••••	Standortfremdes Feldgehölz
HB	• ••	Einzelbaum/Baumbestand
HSM	••••	Strauch-Baumhecke
HSB	••••	Baumhecke
HSS	•••••	Strauchhecke
S	•	Einzelstrauch
HWM	◆◆◆	Strauch-Baum-Wallhecke
HWO	◆◆◆	Gehölzfreier Wall

Siedlungsbestimmte Biotope

OG		Industrie- und Gewerbefläche
ODP		Landwirtschaftliche Produktionsanlage
EL		Landwirtschaftliche Lagerfläche
PHO		Einzelbebauung
OE	///	Neuzeitlicher Ziergarten
PHZ	///	Obst- und Gemüsegarten
BZN	•••••	Ziergebüsch aus überwiegend nicht heimischen Gehölzarten
	●	geplanter Standort der Anlage

Literatur

Beer, K., G. Mehlhorn, H. J. Bär: Zur Methodik der quantitativen Bestimmung des Keimgehaltes der Stalluft unter Praxisbedingungen. Mhefte Vet. Med. 28 (1973) 782–786.

Casal, J., J. M. Moreso, E. Planas-Cuchi, J. Casal: Simulated airborne spread of Aujeszky's disease and foot and mouth disease. Vet. Rec. 140 (1997) 672–676.

Chai, T.: Vorkommen von luftgetragenen Keimen in Rinderställen und der Stallumgebung unter besonderer Berücksichtigung von C. perfringens. Dissertation Fachbereich Vet. Med. der Freien Universität Berlin (1998).

De Jong, G. J.: Ammoniak ist eine Wohltat für die Umwelt. Aus dem Niederländischen übersetzt von Annegret Keulen. DGS 9 (1996) 29–30.

Dinter, P. S., W. Müller: Die Tenazität von Bakterien im luftgetragenen Zustand. III. Mitteilung: Modelluntersuchungen zur Epidemiologie von P. multocida unter dem Einfluß tropischen Klimas. Zbl. Bakt. Hyg. I. Abt. Orig. B 179 (1984) 139–150.

Eichhorn, H. (Hrsg.): Landtechnik, 7. Auflage. Verlag Ulmer, Stuttgart (1999).

Fiser, A.: Microbial picture of air in a large-scale farrowing house and pre-fattening piggery. Acta Vet. Brno 39 (1970) 89–100.

Gärttner, E.: Quantitative und qualitative Untersuchungen zum Luftkeimgehalt in Schweine- und Geflügelställen – Ein Beitrag zur Aerobiologie in landwirtschaftlichen Nutztierställen. Dissertation, Hohenheim (1975).

Gebhardt, H.: Zur Problematik von Luftkeimgehaltsbestimmungen in Tierställen mit Hilfe des Standard-Impingers und des Casella-Schlitzsammlers und der Erfassung der übrigen Stallklimafaktoren. Dissertation, Hohenheim (1973).

Hahne, J., D. Hesse, K. D. Vorlop: Spurengasemissionen aus der Mastschweinehaltung. Landtechnik 54 (1999) 180–181.

Hartmann, F.: Experimentelle Untersuchungen über die atmosphärische Ausbreitung von Luftkeimen aus Stallanlagen und aus künstlichen Keimquellen. Agr. Dissertation, Hohenheim (1980).

Hartung, E., G.-J. Montey: Emissionen von Methan und Lachgas aus der Tierhaltung – eine Literaturstudie. Landtechnik 55 (2000) 288–289.

Hartung, J.: Art und Umfang der von Nutztierställen ausgehenden Luftverunreinigungen. Dtsch. Tierärztl. Wschr. 105 (1998) 213–216.

Hartung, J., J. Seedorf, Th. Trickl, H. Gronauer: Freisetzung partikelförmiger Stoffe aus einem

Schweinestall mit zentraler Abluftführung in die Stallumgebung. Dtsch. Tierärztl. Wschr. 105 (1998) 244–245.

Hedin, L. O., G. E. Likens: Atmosphärischer Staub und saurer Regen. Spektrum der Wissenschaft (1997) 52 ff.

Heinrichs, P.: Einfluß einer proteinreduzierten Fütterung von Mastschweinen auf die Stickstoffbilanzen sowie die Mast und Schlachtleistungen. Diss. der Agrarfakultät, Institut für landw. Verfahrenstechnik, MEG-Schrift, 257, Kiel (1994).

Herdlitschka, H. P.: Untersuchungen an tierischen Luftkeimquellen. Agr. Dissertation, Hohenheim (1980).

Hesketh, H. E.: Understanding and Controlling Air Pollution. Ann. Arbor Science publ., ins. Michigan/USA (1974).

Hilbig, V.: Erfahrungen mit dem Andersen-Sampler bei der Untersuchung des Luftkeimgehaltes eines Versuchstierstalles. Vet. med. Diss., Hannover (1972).

Hoy, ST., K. Müller, R. Willig: Ammoniak- und Lachgasemission. Landtechnik 52 (1997) 40–41.

Hurtienne, H.: Vergleiche zwischen mehreren Verfahren zur Bestimmung des Keimgehaltes der Stalluft unter verschiedenen Bedingungen. Vet. med. Diss., Hannover (1967).

Junge, Ch.: Die Konstitution des atmosphärischen Aerosols. Ann. Meteor. 5 (1952) 1–55.

Keck, M., W. Büscher, Th. Jungbluth: Ammoniakfreisetzung aus der Schweinehaltung. Landtechnik 50 (1995) 374–375.

Klug, W.: Ein Verfahren zur Bestimmung der Ausbreitungsbedingungen aus synoptischen Beobachtungen. Staub-Reinhaltung der Luft 29 (1969) 143–147.

Köhne, M., R. Wesche: Landwirtschaftliche Steuerlehre. 3. Auflage, Verlag Ulmer, Stuttgart (1995).

Lutz, B., W. Müller, K. M. A. Koch, D. Strauch: Das Verhalten von Newcastle Disease Virus im luftgetragenen Zustand. II. Mitteilung: Abschätzung der aerogenen Ausbreitung. Zbl. Vet. Med. B 31 (1984) 329–337.

Mack, H., J. Weckerle, D. Strauch: Vorläufige Mitteilung über die Isolierung von Aujeszky-Virus aus Fest- und Flüssigmist von Schweinen sowie aus Stalluft. Tierärztl. Umschau 41 (1986) 32–38.

Marschang, F., C. Petre: Der NH_3-Gehalt der Stalluft und sein Einfluß auf die Morbidität und die Tierverluste in Rindermastställen. Zbl. Vet. Med. 18 (1971) 646–654.

Martinec, M., E. Hartung, T. Jungbluth: Daten zu Geruchsemissionen aus der Tierhaltung. KTBL-Arbeitspapier 260, Darmstadt (1998).

Methling, W.: Das Vorkommen von ausgewählten Bakteriengruppen und -spezies in Schweinezuchtställen und ihre Nutzbarkeit als Indikatorkeime. Dissertation B, Karl-Marx-Universität Leipzig (1984).

Methling, W.: persönliche Mitteilung (2001).

Methling, W., G. Mehlhorn, K. Beer, W. Erwerth, K. Förster: Quantität und Qualität der mikrobiellen Kontamination der Luft in Schweinezuchtställen. Mh. Vet.-Med. 36 (1981) 732–739.

Möhle, R.: Anwohnerschutz bei Intensivtierhaltungen. Dtsch. Tierärztl. Wschr. 105 (1998) 220–224.

Müller, W., P. S. Dinter: Die Tenazität von Bakterien im luftgetragenen Zustand. IV. Mitteilung: Experimentelle Untersuchungen zur Lebensfähigkeit luftgetragener E. coli O:78 unter dem Einfluß unterschiedlicher Temperatur und Feuchte. Zbl. f. Bakteriologie, Mikrobiologie u. Hygiene A (1986) 304–312.

Müller, W., K. Gröning, F. Hartmann: Die Tenazität von Bakterien im luftgetragenen Zustand. I. Mitteilung: Experimentelle Untersuchungen zur Bestimmung der Absterbekonstante β_{biol} für E. coli, Salmonella spp. und P. multocida. Zbl. Hyg. 1 (1980) Abt. Orig. **B 172**, 367–376.

Müller, W., K. Gröning: Die Tenazität von Bakterien im luftgetragenen Zustand. II. Mitteilung: Experimentelle Untersuchungen zur Bestimmung der Absterbekonstante β_{biol} für Kokken. Zbl. Bakt. Hyg. 1 (1981): Abt. Orig. **B 173**, 180–187.

Müller, W., E. Schmid, P. Wieser: Die Anwendung der laserinduzierten Massenspektrometrie zur Charakterisierung von Staubteilchen der Stalluft. Zbl. Vet. Med. B 32 (1985) 425–445.

Müller, W., P. Wieser: Dust and Microbial Emissions from Animal Production. In: D. Strauch (ed.): Animal Scince, Vol. B6. Elsevier Science Publ. B. V., Amsterdam (1987).

Müller, W., P. Wieser, H. Kühme: Zur Frage der Ausbreitung von Luftkeimen aus Tierställen. Zbl. f. Vet. Med. B 25 (1978) 216–224.

Müller, W., P. Wieser, P. J. Woiwode: Ergebnisse einer statistischen Auswertung von Luftkeimmessungen in einem Schaf- und einem Legehennenstall. Berl. Münch. Tierärztl. Wschr. 90 (1977) 352–354.

Nies, V.: Planungsrechtliche Grundlagen der Genehmigung von Tierhaltungen. In: BauBriefe-

2.2 Standortauswahl, Projekt- und Verfahrensgestaltung

Landwirtschaft 38 (1998), Landwirtschaftsverlag Münster-Hiltrup.

Nowak, D.: Die Wirkung von Stalluftbestandteilen, insbesondere in Schweineställen, aus arbeitsmedizinischer Sicht. Dtsch. Tierärztl. Wschr. 105 (1998) 225–234.

Oldenburg, J.: Geruchs- und Ammoniakemissionen aus der Tierhaltung. KTBL-Schrift 333, Darmstadt (1989).

Pasquill, F.: Atmospheric Diffusion. Publ. D. van Norstrand Co. Ltd, London (1961).

Pedersen, S.: Staubreduzierung in Schweineställen, Dtsch. Tierärztl. Wschr. 105 (1998) 247–250.

Schiek, W.: Keimmessungen in der Umgebung einer Hühnermastanlage. Dtsch. Tierärzt. Wschr. 105 (1998) 246.

Schirz, St.: Handhabung der VDI-Richtlinien 3471 Schweine und 3472 Hühner. KTBL-Arbeitspapier 129, Darmstadt (1989).

Schmid, E.: Die Anwendung der laserinduzierten Massenspektrometrie zur Analyse der chemischen Zusammensetzung von keimtragenden Staubpartikeln. Dissertation, Hohenheim (1983).

Schönherr, W.: Untersuchungen über den Keim- und Staubgehalt der Luft in Massivbauställen und beim Weidemelken. Milchwiss. 14 (1959) 50–56.

Schramek, E.-R. (Hrsg.): Taschenbuch für Heizung und Klimatechnik, 69. Auflage. Verlag Oldenbourg, München (1999).

Sommer, H., E. Greuel, W. Müller: Hygiene der Rinder- und Schweineproduktion. Verlag E. Ulmer, Stuttgart (1991).

Statistisches Jahrbuch über Ernährung, Landwirtschaft und Forsten. Landwirtschaftsverlag, Münster-Hiltrup (1998).

Turner, D. B.: A diffusion model for an urban area. J. Appl. Meteorol. 3 (1964) 83.

Woiwode, J.: Vergleichende Untersuchungen zur Größenbestimmung koloniebildender Einheiten in der Stalluft. Diss., Hohenheim (1976).

Zucker, B. A., W. Müller: Concentrations of Airborne Endotoxin in Cow and Calf Stables. Journal of Aerosol Science 29 (1997) 217–221.

Rechtsgrundlagen, Empfehlungen, Normen u. ä.:

AGÖL-Arbeitsgemeinschaft Ökologischer Landbau (Hrsg.): Rahmenrichtlinien für den ökologischen Landbau. 14., vollständig überarbeitete Auflage, SÖL-Sonderausgabe Nr. 17, Bad Dürkheim (1996).

Bioland: Richtlinien für Pflanzenbau, Tierhaltung und Verarbeitung (1991).

BImSchG: Gesetz zum Schutz vor schädlichen Umwelteinwirkungen durch Luftverunreinigungen, Geräusche, Erschütterungen und ähnliche Vorgänge (Bundes-Immissionsschutzgesetz): in der Fassung der Bekanntmachung vom 14.5.1990 (GBl. I, S. 880, zuletzt geändert am 27.7.2001: BGBl. I, S. 1950–2024

DIN 1320: 06/97: Akustik. Grundbegriffe.

DIN 45 630 T1 (12.71) und T2 (09.67). Grundlagen der Schallmessung.

DIN-VDI-Taschenbuch 336. Messen und Bewerten von Gerüchen. Beuth-Verlag, Berlin (1999).

GIRL (Geruchs-Immissions-Richtlinie) der Länder-Arbeitsgemeinschaft-Immissionsschutz in der Fassung von 1999.

Naturland: Richtlinien des Naturland-Verbandes für naturgemäßen Landbau e. V., 2. Auflage (1992).

Technische Anleitung Lärm 1998 – TA Lärm –, Sechste Allgemeine Verwaltungsvorschrift zum Bundes-Immissionsschutzgesetz (Technische Anleitung zum Schutz gegen Lärm) VwV vom 26. August 1998.

Technische Anleitung Luft – TA Luft –, wird gerade überarbeitet und vermutlich 2001 verabschiedet.

VDI-Richtlinie 3471: Emissionsminderung Tierhaltung Schweine, Düsseldorf (1986).

VDI-Richtlinie 3472: Emissionsminderung Tierhaltung Hühner, Düsseldorf (1986).

VDI-Richtlinie 3473: Emissionsminderung Tierhaltung Rinder, Entwurf Düsseldorf (1994).

VDI-Richtlinie 3474: Emissionsminderung Tierhaltung, Entwurf Düsseldorf (2001).

Verordnung über die Grundsätze der guten fachlichen Praxis beim Düngen (Düngeverordnung) vom 26.01.1996 (BGBl. I S. 118), geändert d. VO vom 16.07.1997 (BGBl. I S. 1835).

Vierte Verordnung zur Durchführung des Bundesemissionsschutzgesetzes (Verordnung über genehmigungspflichtige Anlagen – 4. BImSchV: in der Fassung der Bekanntmachung vom 14.3.1997 (BGBl. I, S. 504, zuletzt geändert am 27.7.2001: BGBl. I, S. 1950–2024).

2.3 Rationelle Wasserverwendung

(KAUFMANN, O.)

2.3.1 Struktur und Umfang des Wasserbedarfes

Obwohl nur ein sehr kleiner Teil des Wasserdargebotes der Erde genutzt und nach der Nutzung vor allem als Abwasser oder Flüssigdünger mit unterschiedlicher Belastung über Vorfluter, Oberflächengewässer, Boden und Grundwasser in den Wasserkreislauf zurückkehrt, ist der rationelle (vernünftige) Umgang mit der Naturressource Wasser ein Gebot umweltgerechter Tierhaltung. Grundsätzlich kann durch eine hochentwickelte Abwasserreinigungstechnik aus Abwasser oder sogar Fäkalien wieder sauberes Wasser gewonnen werden. Jedoch ist die Abwasserreinigung z.T. außerordentlich kosten- und energieintensiv, so daß die Senkung des Wasserverbrauches auch ein Gebot der ökonomischen Vernunft sein sollte. Die betriebswirtschaftlichen Interessen von Wasserversorgungsunternehmen sind selbstverständlich nur selten identisch mit den betriebswirtschaftlichen Interessen des Landwirtschaftsbetriebes.

In der Nutztierhaltung findet das **Wasser vielfältige Verwendung**. Wasser wird sowohl für die Tierernährung als auch für Produktionszwecke benötigt. Es dient nicht nur als Nahrungsmittel in reiner Form oder als Suspensions- oder Lösungsmittel für Futterstoffe, sondern wird außerdem für die Reinigung und Desinfektion von Haltungsräumen sowie Futter- und Melkanlagen genutzt. Auch für die Klimatisierung von Haltungsbereichen kann es herangezogen werden (Kühlung) und dient als Wärmeüberträger in Heizungsanlagen. Darüber hinaus wird Wasser für Sozial- und Sanitäreinrichtungen (Waschbecken, Duschen, Toiletten) benötigt. Im Brandfall ist Wasser das gebräuchlichste Löschmittel (Abb. 2.3.1–1).

Bei der Planung von Tierhaltungssystemen sind diese Bedarfe und Verwendungsmöglichkeiten für das Wasser zu berücksichtigen und die Voraussetzungen für die notwendige Wasserbereitstellung zu schaffen.

Der **Wasserbedarf des Tieres** für Tränke und Futterzubereitung wird von einer Vielzahl von Faktoren beeinflußt. Der physiologische Zustand des Tieres und Umwelteinflüsse sind die Haupteinflußgrößen. Der physiologische Status wird durch Wachstum, Syntheseleistung und den Gesundheitszustand charakterisiert. Intensiveres Wachstum und eine höhere Syntheseleistung sind an eine gesteigerte Nährstoffaufnahme und einen intensiveren Stoffwechsel gebunden. Das setzt gleichzeitig eine höhere Wasser-

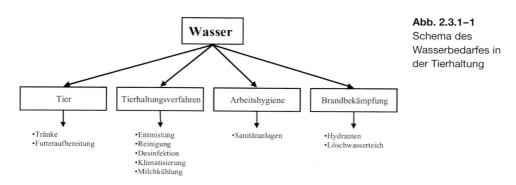

Abb. 2.3.1–1
Schema des Wasserbedarfes in der Tierhaltung

2.3 Rationelle Wasserverwendung

aufnahme voraus. Daraus geht hervor, daß für die Berechnung des Wasserbedarfes landwirtschaftlicher Nutztiere u. a. das Leistungsniveau des Tierbestandes berücksichtigt werden muß.

Das Klima und die Zusammensetzung des Futters sind äußere Faktoren, die auf den Wasserbedarf Einfluß nehmen. Bei höheren Temperaturen dient eine gesteigerte Wasseraufnahme der Thermoregulation, wobei artspezifisch die Transpiration (z. B. beim Pferd) oder die Evaporation (z. B. beim Schwein) genutzt werden. Das Futter wirkt über den Trockensubstanzgehalt auf den Tränkwasserbedarf. Je mehr Wasser über das Futter aufgenommen wird, um so weniger Tränkwasser ist notwendig.

Die Realisierung des Flüssigkeitsbedarfes erfolgt in der Regel über **Tränkeinrichtungen**, mit denen hygienisch einwandfreies und schmackhaftes Wasser angeboten wird. Es ist aber auch möglich, über das Tränkwasser Medikamente zu verabreichen. Das wird häufig in der Geflügelhaltung praktiziert. In der Rinderhaltung gibt es Beispiele dafür, daß die Mineralstoffversorgung über das Tränkwasser vorgenommen wird. In der Kälberaufzucht und z. T. in der Ferkelhaltung wird das Wasser als Lösungsmittel für Trokkenmilch genutzt und den Tieren als Muttermilchersatz angeboten. Dabei ist jedoch ein zusätzliches Tränkwasserangebot nötig. In der Schweinehaltung ist die Flüssigfütterung verbreitet. Dabei werden verschiedene Trokken- und Flüssigfutterkomponenten mit so viel Wasser versetzt, daß die Ration durch Pumpen über Rohrsysteme gefördert werden kann. Um die pumpfähige Konsistenz zu erreichen, ist so viel Wasser hinzugeben, daß damit der gesamte Flüssigkeitsbedarf der Schweine abgedeckt ist und zusätzliche Tränken nicht erforderlich sind.

Unter Berücksichtigung der die Wasseraufnahme beeinflussenden Faktoren können Richtwerte für den **Tränkwasserbedarf** nur in einer breiten Streuung angegeben werden. Abweichungen von 100 % sind im Einzelfall möglich. Die in Tabelle 2.3.1–1 angegebenen Werte entstammen verschiedenen Literaturquellen.

Der **verfahrensbedingte Wasserbedarf** ergibt sich aus den Wasseransprüchen für die Entmistung, für die Reinigung und Desinfektion, die Klimatisierung und die Milchkühlung. Aus der Aufzählung der unterschiedlichen Verwendungsmöglichkeiten für Wasser wird deutlich, daß nicht für jedes Verfahren in der Tierproduktion alle Ansprüche gleichermaßen auftreten. Häufig ist es so, daß der verfahrensbedingte Wasserbedarf nur aus einem oder zwei Einsatzbereichen resultiert. So ist nur für wenige Entmistungsverfahren Wasser erforderlich. Das ergibt sich einfach daraus, daß sich aus Gründen der Wirtschaftlichkeit nur solche Systeme durchgesetzt haben, die ohne Zusatzwasser funktionieren. Allerdings kann bei nicht sachgerecht ausgeführten Flüssigmistsystemen in bestimmten Fällen der Einsatz von Wasser erforderlich sein, um abgelagerte Bestandteile der Gülle wieder in Bewegung zu bringen.

Die größten verfahrensbedingten Wassermengen werden bei allen Tierarten und Nutzungsrichtungen für die **Reinigung und Desinfektion** von Haltungsräumen und Ausrüstungstechnik (Melktechnik, Milchlagertechnik, Fütterungstechnik, Bruttechnik usw.) sowie in einigen Fällen von Tieren benötigt. Dabei dient das Wasser sowohl als Mittel für die Ablösung von Schmutz als auch für die Herstellung der vorgeschriebenen Desinfektionsmittelkonzentrationen.

Der bedeutendste Bedarf an Wasser für die Reinigung und Desinfektion besteht in der **Milchviehhaltung**. Nach jedem Melken müssen die milchführenden Teile vom Melkzeug bis zum Milchlager gereinigt und desinfiziert werden. Außerdem sind die Oberflächen des Melkstandes und der Melktechnik zu säubern. Darüber hinaus sind nach jeder Entleerung die Milchlagerbehälter zu reinigen und zu desinfizieren. Ebenfalls der Milchgewinnung zugeordnet werden muß das Wasser, das für die Euterreinigung benötigt wird. Als Beispiel wird in Tabelle 2.3.1–2 der Bedarf an Reinigungswasser für

2 Umweltgerechte Tierhaltung

Tabelle 2.3.1–1 Richtwerte für den Tränkwasserbedarf landwirtschaftlicher Nutztiere

Tierart Alters- bzw. Haltungsstufe		Wasserbedarf in l/Tier u. Tag	
		$\bar{x}$ und Streuung	max.
Rind			
Milchkuh (stark leistungsabhängig)		60 (40–80)	150
Jungrinder u. Mastbullen	> 1 Jahr	30 (20–40)	70
Jungrinder u. Mastbullen	< 1 Jahr	25 (15–30)	50
Kälber	bis 6 Monate	15 (12–25)	30
Tränkkälber (einschl. Tränke)		13 (6–16)	20
Pferd (bei Trockenfutter)			
Sportpferd		40 (30–70)	70
Stute mit Fohlen		45 (35–80)	80
Fohlen		20 (10–30)	40
Schwein (bei Trockenfutter)			
Laktierende Sau (abhängig von der Ferkelzahl)		30 (20–45)	60
Tragende Sau		10 (8–15)	30
Mastschwein		7 (6–10)	15
Absetzer		2,5 (2–4)	5
Saugferkel		1 (0,5–2)	2
Schaf			
Laktierendes Mutterschaf		6 (4–8)	10
Mastlämmer		1,5 (1–3)	4
Geflügel			
Legehennen		0,4 (0,3–0,5)	0,6
Masthähnchen		0,3 (0,1–0,4)	0,5
Mastputen		0,5 (0,3–0,6)	0,8
Mastgänse		0,8 (0,4–1,2)	1,2
Mastenten		0,8 (0,5–1,0)	1,0
Kaninchen			
Häsinnen mit großen Würfen		1,8 (0,8–3,5)	3,5
Mastkaninchen		0,3 (0,2–0,5)	0,5

Tabelle 2.3.1–2 Reinigungswasserbedarf für einen Fischgrätenmelkstand (2 × 8) sowie Milchtank (4000 l)

Milchführende Teile im Melkstand	Säuberung Melkstand	Euterreinigung	Milchlager- behälter	Fußboden- flächen
[l/d]	[l/d]	[l/Kuh u. d]	[l/d]	[l/d]
450	500	0,5	400	50

2.3 Rationelle Wasserverwendung

einen Fischgrätenmelkstand (FGM) mit Lagerkühlung dargestellt. Der FGM hat 16 Plätze, es werden täglich 200 Kühe gemolken, und die Lagerkapazität für die Milch beträgt 4000 l. Die Summierung der einzelnen Positionen ergibt einen Gesamtwasserbedarf von 1500 l/d, d. h. 7,5 l/Kuh. Die Messungen anderer Autoren haben Werte von 12–17 l/Kuh und d ergeben. Die Unterschiede ergeben sich im wesentlichen aus dem Aufwand an Wasser für die Euterreinigung. In Abhängigkeit vom Verschmutzungsgrad der Euter werden 0,5–5 l/Kuh und d benötigt.

Ein weiteres Feld für den Einsatz von Reinigungswasser sind die Flüssigfütterungsanlagen in der Schweinehaltung, die in der Regel 1mal täglich mit Wasser gespült werden und in Abhängigkeit von der Keimbelastung auch in bestimmten Abständen desinfiziert werden müssen.

Größere Wassermengen werden für die **Säuberung und Keimreduzierung der Ställe** benötigt, wenn nach einer Belegungsphase die Haltungsräume geleert sind und auf die Wiederbelegung vorbereitet werden. Diese Vorgehensweise nach dem Rein-Raus-Prinzip ist in allen Bereichen der Geflügelhaltung und auch in der Schweinehaltung anzutreffen. Sie dient der Unterbrechung von Infektionsketten und damit der Sicherung des Produktionsablaufes.

Bei kontinuierlicher Belegung von Haltungsräumen bei kleineren Tierbeständen sind die frei gewordenen Stallplätze ebenfalls zu reinigen und zu desinfizieren. Die Reinigung sollte aus Gründen der Wassereinsparung mit Hochdruckgeräten durchgeführt werden. Ein zusätzlicher Effekt wird erreicht, wenn mit heißem Wasser (80 °C) gearbeitet wird. Dadurch kann der Wasserverbrauch je m^2 zu reinigender Fläche z. B. von 25 auf 15 l gesenkt werden. Weitere Details zur Reduzierung des Wasserbedarfes für die Reinigung und Desinfektion siehe Kapitel 2.8.2.3.

In einigen Betrieben der Ferkelerzeugung werden die Sauen, bevor sie in den Abferkelbereich eingestallt werden, geduscht. Dabei werden 12–15 l Warmwasser je Sau benötigt.

Der Wassereinsatz im Bereich **Klimatisierung** dient der Luftbefeuchtung (z. B. Brutschrank), der Wärmeübertragung (Heizung) und der adiabatischen Kühlung. Im Vergleich mit den zwei erstgenannten Einsatzbereichen kann letzterer mit einem nennenswerten Wasserverbrauch verbunden sein. Unter den heimischen klimatischen Verhältnissen spielt diese Form der Kühlung seit einiger Zeit eine Rolle in der Schweinehaltung. Insbesondere bei der Haltung von Mastschweinen in nichtisolierten Stallhüllen können im Sommer erhebliche Belastungen für die Tiere auftreten. Abhilfe kann durch handbediente Sprüheinrichtungen (Sprühdüsen aus der Pflanzenschutztechnik) oder durch Duschen geschaffen werden, die von den Schweinen selbst in Betrieb gesetzt werden.

Aus tier- und arbeitshygienischer Sicht ist es in Stallanlagen, die nicht unmittelbar in Hofanlagen integriert sind, erforderlich, einen **sanitären Bereich** (Toilette, Waschbecken, Dusche) zu installieren. Die Größe und der damit verbundene Wasserbedarf hängt von der Anzahl der in der Tieranlage beschäftigten Personen ab.

Für eine eventuelle **Brandbekämpfung** ist gegebenenfalls ein Wasserreservoir anzulegen, das kontinuierlich aus dem Wasseraufkommen aufgefüllt werden muß (Verlust durch Verdunstung).

Der **Gesamtwasserverbrauch** ergibt sich aus den zuvor beschriebenen Ansprüchen, die vom Tier und vom Verfahren ausgehen. Eine Übersicht über Richtwerte zum Wasserverbrauch gibt Tabelle 2.3.1–3. Dabei ist der Verbrauch je Tier und Jahr bzw. Tag angegeben.

Hinsichtlich der **Qualität** des in der Tierhaltung verwendeten Wassers kann zwischen Tränk- und Trinkwasser unterschieden werden. **Trinkwasser** muß dort eingesetzt werden, wo eine direkte Berührung mit dem Lebensmittel erfolgt. Das ist in der Milchgewinnung und -lagerung der Fall. Ebenfalls Trinkwasserqualität wird für die Versorgung

2 Umweltgerechte Tierhaltung

Tabelle 2.3.1-3 Gesamtwasserverbrauch in der Nutztierhaltung (Kirchhöfer, 1991)

Tierart Haltungsstufe	Wasserverbrauch m³/Tier u. Jahr	l/Tier und Tag
Rind		
Milchkuh	27	74
Jungrinder > 1 Jahr	15	41
Mastbullen	16	44
Jungrinder < 1 Jahr	9	25
Pferd		
3 Jahre u. älter	17	47
Schwein		
Zuchtsau	6	16
Mastschwein		
Trockenfutter, Tränke außerhalb des Troges	5,3	15
Trockenfutter, Tränke im Trog	2,6	7
Flüssigfutter, ohne Tränke	2,3	6
Legehenne		
75 % Legeleistung	0,093	0,25

der sanitären Anlagen gefordert. Für andere Einsatzbereiche (z. B. Tränkwasserversorgung von Jungrindern und Mutterkühen) kann Tränkwasser geringerer Qualität genutzt werden (Mehlhorn et. al., 1979).

Das bedeutet, daß gegebenenfalls das Wasser aufbereitet oder Trinkwasser aus einer kommunalen Wasserversorgung entnommen werden muß, Tränk- und Brauchwasser jedoch aus dem eigenen Brunnen gewonnen werden können. Der oftmals von den Kommunen geforderte Anschlußzwang für den gesamten Wasserbedarf besteht nach aktueller Rechtslage nicht.

2.3.2 Gestaltung der Tränkeinrichtungen

Tränkeinrichtungen müssen so beschaffen sein, daß die Tiere **artgemäß** Wasser aufnehmen können, das Wasser sauber gehalten wird und Wasserverluste weitestgehend vermieden werden können.

Rinder, kleine Wiederkäuer und Schweine sind **Saugtrinker**. Sie nehmen das Wasser am liebsten von der Wasseroberfläche aus auf. Das bedeutet, daß Trogtränken dem Bedürfnis am nächsten kommen. Das Geflügel nimmt in der Natur das Wasser mit Hilfe des Schnabels ebenfalls von der Oberfläche auf, und durch Anheben des Kopfes gelangt das Wasser über die Speiseröhre in den Kropf. Aus Gründen der Kostenersparnis, der Hygiene und der Sauberhaltung werden häufig Tränkeinrichtungen verwendet, die einen Kompromiß aus ethologischen Anforderungen und verfahrenstechnischen Erfordernissen darstellen. Dabei wird auch die Lernfähigkeit der Tiere ausgenutzt.

Unter **Tränkeinrichtung** wird die Wasserabgabestelle verstanden, die sich im engeren Sinne im Haltungsraum der Tiere befindet. Es muß jedoch berücksichtigt werden, daß das Wasser von einem Reservoir über Leitungen bis zur Tränke befördert werden muß. Dieses Reservoir kann ein öffentliches Wassernetz sein, eine betriebseigene Wasserversorgung mit Brunnen, Pumpe und Druckkessel oder ein Flachbrunnen auf der Weide und schließlich ein offenes Gewässer. Bei der Installation der wasserführenden Lei-

2.3 Rationelle Wasserverwendung

Abb. 2.3.2–1
Frostsichere Tränke in einem Milchviehstall

tungen muß darauf geachtet werden, daß sie frostsicher verlegt werden. In nichtwärmegedämmten Ställen bietet eine unterirdische Leitungsführung den besten Frostschutz.

In der **Rinderhaltung**, wo nichtwärmegedämmte Ställe verbreitet sind, haben sich frostsichere Tränken durchgesetzt (Abb. 2.3.2–1). In der Milchviehhaltung z. B. sollte für 15–20 Kühe eine Tränkstelle vorgesehen werden. Entsprechend der Trinkgeschwindigkeit müssen pro min 18–25 l Wasser nachfließen **(Schwimmertränken)**. In den Haltungsgruppen sollten die Tränken an verschiedenen Plätzen aufgestellt sein, um

Abb. 2.3.2–2
Breifutterautomat für Mastschweine (Schweine bedienen die Ventile, und das Wasser fließt in die Futterschale)

2 Umweltgerechte Tierhaltung

Abb. 2.3.2–3
Nippeltränke in einer Käfigbatterie für Legehennen

auch rangniederen Tieren eine ungestörte Wasseraufnahme zu gewährleisten. In der Kälberhaltung können beheizbare Schwimmertränken eingesetzt werden.

In der **Schweinehaltung** sind Tränkebecken mit beweglichen **Ventil-** und **Beißnippeltränken** gebräuchlich (Abb. 2.3.2–2). Schweine spielen sehr gern mit Tränken, was mit erheblichen Wasserverlusten verbunden sein kann. Durch entsprechende Anordnung der Tränken über dem Trog und die Reduzierung des Wasserdruckes kann der Anfall von Verlustwasser eingeschränkt werden.

Beim **Legegeflügel** und in der **Kaninchenhaltung** werden bevorzugt **Nippeltränken** eingesetzt (Abb. 2.3.2–3). Bei der Installation muß ein druckloses Wasservorratsbecken zwischen Druckwasserleitung und Tränkeeinrichtung eingerichtet werden, weil die Nippeltränken nur bei ganz geringem Gegendruck von den Tieren bedient werden können. In der Geflügelmast und -aufzucht werden in der Regel **Rundventiltränken** eingesetzt (Abb. 2.3.2–4), die in Abhängigkeit von der Größe der wachsenden Tiere höhenverstellbar sind.

Bei der **Weidehaltung** von Rindern und Pferden kann das Tränkwasser aus Flachbrunnen und Oberflächengewässern gefördert werden. Neben herkömmlichen Wasserversorgungssystemen in Stallnähe kommen für entferntere Plätze wind- oder photovoltaisch angetriebene Pumpen in Betracht. Für Jungrinder, Mutterkühe und Pferde sind auch „**Selbstbedienungstränken**" (Abb. 2.3.2–5) einsetzbar. Dabei setzen die Tiere

Abb. 2.3.2–4 Rundventiltränke für Geflügel

2.3 Rationelle Wasserverwendung

Abb. 2.3.2–5
Selbstbedienungstränken für Rinder

durch Kopfbewegungen und Druck mit dem Flotzmaul eine Pumpe in Gang, die das Wasser bis aus einer Tiefe von 6 m fördern kann. Bei ganzjähriger Außenhaltung von Tieren müssen die Wasserversorgungsanlagen auch im Winter funktionstüchtig bleiben. In der Mutterkuhhaltung haben sich isolierte Tränkeinrichtungen bewährt, die von einer photovoltaisch oder windgetriebenen Pumpe gespeist werden.

Die dezentrale Wasserversorgung von im **Freiland** gehaltenen Schweinen erfolgt über **Rohrsysteme**, die auf der Erdoberfläche verlegt sind. Bei niedrigen Außentemperaturen frieren diese Rohre zu, und es muß eine mobile Wasserversorgung organisiert werden. Bei wieder ansteigenden Temperaturen sind die oberirdisch verlegten Leitungen bald wieder funktionsfähig.

2.3.3 Stallreinigung

Bevor eine Reinigung der Stallflächen mit Wasser erfolgt, ist eine mechanische Behandlung der Oberflächen notwendig, um groben Schmutz und Mistreste zu entfernen. Danach sollten die Flächen mit Wasser eingeweicht werden (1–1,5 l Wasser/m^2). Nach dreistündiger Einweichzeit kann dann die Reinigung mit einem Hochdruckreinigungsgerät erfolgen. Hartnäckiger, fetthaltiger Schmutz löst sich besser mit heißem Wasser. Deshalb sollte der Hochdruckreiniger mit einer entsprechenden Wasserheizung ausgerüstet sein. Flachstrahldüsen haben eine größere Flächenreinigungsleistung als Rundstrahldüsen.

Im Anschluß an die Reinigung erfolgt im Bedarfsfall die Desinfektion. Dabei wird die Desinfektionsmittellösung ebenfalls mit dem Hochdruckreinigungsgerät, jedoch mit anderen Düsen, ausgebracht. In größeren Ställen hat es sich als vorteilhaft erwiesen, den Hochdruckreiniger stationär zu installieren und Hochdruckleitungen mit entsprechenden Anschlüssen in die einzelnen Stallabteile zu führen. Weitere Details siehe Kapitel 2.8.2.3.

2.3.4 Reinigung von Melkanlagen und Milchlagerbehältern

Für die Reinigung und Desinfektion der milchführenden Teile und der Milchlagerbehälter kommen in modernen Anlagen automatisch arbeitende Systeme zum Einsatz.

Programmgesteuert wird zunächst kaltes Wasser zum Entfernen der Milchreste in den Kreislauf gelassen. Anschließend erfolgt eine Reinigungsspülung unter Zusatz von Reinigungsmittel (alkalisch und sauer im Wechsel). Am Ende wird mit klarem Wasser nachgespült.

Alternativ zum Reinigungsmittelzusatz kann eine Kochendwasserspülung durchgeführt werden. Dazu ist die kontinuierliche Aufheizung des Wassers auf 90 °C erforderlich und außerdem der Zusatz von Wasserenthärtern.

2.3.5 Schwerpunkte der Senkung des Wasserverbrauches

Möglichkeiten für die Senkung des Wasserverbrauches liegen vor allem im Bereich der verfahrensbedingten Wasserverwendung. Allerdings können auch **gut funktionierende Tränken**, die zweckmäßig in das Haltungssystem integriert sind, erhebliche Einsparungen bewirken. Das gilt insbesondere für die Schweinemast. Werden Nippeltränken bei Trockenfütterung eingesetzt, entstehen erhebliche Wasserverluste. Die Schweine spielen mit den Tränken, und das Wasser gelangt ungenutzt in die Gülle. Durch den Einsatz von **Tränkebecken** lassen sich die Wasserverluste verringern.

Deutliche Verbesserungen werden erreicht, wenn sich bei der Breifütterung die **Tränkeeinrichtung im Futtertrog** befindet und das Spritzwasser zur Befeuchtung des Trockenfutters genutzt werden kann. Die geringsten Wassermengen werden bei Flüssigfütterung verbraucht, wenn gleichzeitig keine Zusatztränken zur Verfügung stehen. Allerdings darf das nicht zu einer Restriktion im Wasserangebot führen.

Im verfahrenstechnischen Bereich liegt das Einsparpotential im wesentlichen bei der **Stallreinigung** durch Vorweichen und Verwendung von Hochdruckreinigern (s. Kap. 2.8.2.3). In der **Milchgewinnung** sind die Mehrfachverwendung von Reinigungslösungen und die Mehrfachverwendung von **Brauchwasser** zu nennen. So kann z. B. das Spülwasser aus dem Melkstand und der Milchlagerung aufgefangen und zur Reinigung der Flächen im Melkhaus herangezogen werden. In Anlagen, in denen Leitungswasser zur Vorkühlung der Milch genutzt wird, muß dieses Wasser unbedingt wieder in den Wasserkreislauf, z. B. als Tränkwasser, einfließen.

Literatur

Brunsch, R., O. Kaufmann, Th. Lüpfert: Rinderhaltung in Laufställen. Verlag Eugen Ulmer GmbH & Co, Stuttgart (1996).

Göbel von Samson, R.: Die Wasserversorgung von Geflügel und ihre Techniken. DGS 50 (1990) 1471–1474.

Goldenstern, H.: Wasserverluste im Schweinestall vermeiden. DGS 43 (1992) 1234–1236.

Grund, M.: Bauern klagen über zu hohe Wasserpreise. top agrar Spezial-Dezember (1994) 4–6.

Höges, J. L.: Ferkel und Sauen. Verlag Eugen Ulmer GmbH & Co, Stuttgart (1990).

Höges, J. L.: Wasserversorgung von Sauen und Ferkeln. DGS 27 (1989) 863–864.

Hörnig, G., E. Scherping: Sparsam mit Wasser umgehen. Neue Landwirtschaft 12 (1993) 79–81.

Hötzel, H.-J.: Umweltvorschriften für die Landwirtschaft. Verlag Eugen Ulmer GmbH & Co, Stuttgart (1986).

Hoy, S.: Wasseraufnahme von Mastschweinen an Breifutterautomaten. Landtechnik 51 (1996) 222–223.

Kirchhofer, J.: So hoch darf die Gebührenrechnung sein – Gesamtwasserverbrauch von Nutztieren. DLZ 10 (1991) 146–148.

Klopfenstein, C., S. D'Allaire, G. P. Martineau: Effect of adaptation to the farrowing crate on water intake of sows. Livestock Production Science 43 (1995) 243–252.

McLeese, J. M., L. Tremblay, J. F. Patience, G. I. Christison: Water intake patterns in the weaning pig: effect of water quality, antibiotics and probiotics. Anim. Prod. (54) 1992 135–142.

Mehlhorn, G. (Hrsg.): Lehrbuch der Tierhygiene. VEB Gustav Fischer Verlag, Jena (1979).

Reiter, J.: Tränkesysteme für Mastkaninchen. DGS 30 (1993) 14–17.

2.3 Rationelle Wasserverwendung

Schein, F.: Richtige Ernährung von Kaninchen (II) – Mastkaninchen. DGS 24 (1993) 16–17.

Tüller, R., H. J. Velten: Was leisten Nippeltränken in der Broilermast? DGS 32 (1991) 991–993.

Rechtsgrundlagen, Empfehlungen, Normen u. ä.:

Temperieren von Tränkewasser – Frostschutz wasserführender Leitungen. AEL-Merkblatt 24.

Trinkwasserverordnung in der Fassung der Bekanntmachung vom 05. Dezember 1990.

Verordnung über allgemeine Bedingungen für die Versorgung mit Wasser (1. WasSV) vom 31. März 1970.

Wasserhaushaltsgesetz in der Fassung der Bekanntmachung vom 12. November 1996 (BGBl. I S. 1695; 1998 S. 832, 2455; 2000 S. 632, 2048)

2.4 Rationelle Energieanwendung

2.4.1 Ökologische und ökonomische Bewertung von Energieträgern und Energieverbrauch

(OLDENBURG, J.)

Energie wird in der Tierhaltung je nach Stallsystem zu Heizzwecken, für die Be- und Entlüftung, die Beleuchtung, Steuerung und Regelung, für die Aufbereitung und Förderung von Futtermitteln und zum Fördern von Exkrementen eingesetzt. Die mit der Tierhaltung verbundenen **Transporte** von Tieren, Futter und organischen Düngern, die in der Regel von mit Verbrennungsmotoren betriebenen Fahrzeugen vorgenommen werden, sind nicht Gegenstand der folgenden Betrachtung. Für diese gilt ein grundsätzliches **Minimierungsgebot**. Marktwirtschaftliche Zwänge führen jedoch häufig zu ökologisch bedenklichen Transportentfernungen.

Für die **Heizung** von Ställen werden in der Regel **fossile Energieträger** wie Öl, Gas und zum Teil auch Kohle eingesetzt, während die **Lüftungsanlagen, Beleuchtung** und alle **Förder-, Pump-** und **Regelprozesse** durchgängig **elektrischen Strom** als veredelte Sekundärenergie benötigen. Elektrischer Strom ist am Ort des Verbrauches sehr sauber, bei entsprechenden technischen Voraussetzungen leicht zu handhaben und einzusetzen. Allerdings entstehen bei der Produktion und der Zuleitung des elektrischen Stromes erhebliche **Umwandlungsverlust**e in Höhe von ca. 65 % der eingesetzten Primärenergie (fossile Energieträger, Atomkraftwerke, aber auch Wasser- und Windkraftwerke). Strom ist aus diesem Grund eine vergleichsweise teure Energiequelle und wird daher auch nicht für Heizzwecke eingesetzt. Einzige Ausnahme sind hier zeitlich befristet eingesetzte Bedarfsheizungen (z. B. für Ferkelnester und Kükenbereiche), bei denen höhere Energiekosten durch geringere Investitionskosten substituiert werden können.

Die Nutzung aller Energieträger verursacht Auswirkungen auf die Umwelt. Während bei den **fossilen Energieträgern** neben den unmittelbaren Umweltwirkungen der Erschließung der Quellen und des Abbaues vor allem die klimarelevanten Auswirkungen der Freisetzung von Kohlendioxid aus der Verbrennung der in prähistorischen Zeiten eingelagerten Kohlenwasserstoffe zu betrachten sind, führt auch die Nutzung **regenerativer Energiequellen** zu Umweltwirkungen. Bei der Wasserkraftnutzung sind dies die Kanalisierung und Leitung von Wasserläufen mit Schadwirkung auf Biotope und Lebewesen, bei der Windkraft können Lärmemissionen, ein verändertes Landschaftsbild sowie Störungen des Vogelzuges zu einem Problem werden. Das Ziel ist daher, die benötigte Energie aus ökologischen und wirtschaftlichen Gründen so **effizient** und **umweltschonend** wie möglich einzusetzen. Da die einzelbetrieblichen Situationen eine große Bandbreite aufweisen, können im folgenden keine Pauschallösungen genannt, sondern lediglich Hinweise gegeben werden.

2.4.2 Struktur und Umfang des Energieverbrauches

(OLDENBURG, J.)

In der Nutztierhaltung spielen Fragen zur sinnvollen Energieanwendung im jeweiligen Betrieb gegenüber anderen Gesichtspunkten, wie z. B. der Vermarktung, des Einkaufs

2.4 Rationelle Energieanwendung

von Zuchtmaterial, des Tierschutzes, des Futtermitteleinsatzes oder der Tierhygiene eine eher untergeordnete betriebswirtschaftliche Rolle (anders als z. B. in anderen Wirtschaftszweigen). In der Tierhaltung kommen in der Regel keine energiezehrenden Hoch- oder Niedrigsttemperaturprozesse vor. Der Energiebedarf ist ungleichmäßig, er hängt vom Tageslicht und Tageszeiten, den Arbeitszeiten der Tierbetreuer sowie den Außentemperaturen im Tag-Nacht- und Jahreszeitenwechsel ab. Der **Energieverbrauch** auch der größten in Deutschland vorhandenen Anlagen zur Haltung von Tieren ist immer noch relativ gering, so daß diese Betriebe von der Energiewirtschaft keine günstigen Tarife eingeräumt bekommen, wie z. B. viele Industriebetriebe. Einzelne Tierhaltungsbetriebe schließen sich daher zu Einkaufsgemeinschaften zusammen, um so z. B. beim Bezug von Flüssiggas günstigere Lieferkonditionen durchsetzen zu können.

Aber auch die technisch mögliche Energierückgewinnung ist für die Tierhaltung trotz relativ hoher Wärmeabfuhren mit der Lüftungsluft weniger interessant. Problematisch sind hier vor allem das geringe Temperaturniveau, das eine physikalisch effiziente Wärmerückgewinnung kaufmännisch in Frage stellt, und die auf die kalte Jahreszeit begrenzte Nutzung der zurückgewonnenen Wärme.

Trotzdem ist sowohl **ökologisch** als auch **gesamtwirtschaftlich** betrachtet der Energieeinsatz in der Tierhaltung wegen der Vielzahl der Anlagen eine beachtenswerte Größe. Ungerechtfertigt hohe Energieaufwendungen für Heizung, Lüftung, Beleuchtung, Kühl-, Produktions-, Fütterungs-, Reinigungs- und Transportprozesse sind nicht nur von ökologischer Bedeutung, sondern belasten auch die wirtschaftliche Effizienz der Tierhaltung. Selbst wenn der rationale Umgang mit der Energie gegenwärtig nicht immer ein zwingendes Gebot der betriebsökonomischen Vernunft ist, kann der Anspruch einer nachhaltigen, umweltgerechten Tierhaltung nur erfüllt werden, wenn die endlichen fossilen Energieressourcen geschont und die regenerativen Quellen verstärkt genutzt werden.

Innerhalb der Gesamtkostenstruktur der Nutztierhaltung macht die Fütterung je nach Nutzungsrichtung und aktuellen Futtermittelpreisen zwischen 40–70 % der gesamten Kosten aus. Der zweite große Kostenblock ist der Jungtiereinkauf mit 10–30 %. Die dritte nennenswerte Position stellen technische und bauliche Anlagen (Abschreibungen und Verzinsung, Versicherungen, Reparaturen) dar, gefolgt von den Kosten für das Tierbetreuungspersonal. Bei Heim- und Begleittieren ist der Futteraufwand in der Regel geringer, der Betreuungsaufwand dafür höher.

Der monetäre Anteil für **klimatechnische** Anlagen und **Energiekosten** beträgt in der Regel deutlich unter 10 %, wobei zwischen den unterschiedlichen Verfahren der Tierhaltung erhebliche Unterschiede bestehen können. Während in der Legehennenhaltung und der Milchproduktion nur geringe **Heizkosten** entstehen können, wird die Wirtschaftlichkeit insbesondere der Aufzuchtverfahren für kleine Jungtiere (Ferkelaufzucht, Hähnchenmast, zum Teil auch die Kälbermast) erheblich von den Wärmekosten beeinflußt. Alle genannten Faktoren (Genetik, Futterqualität, Gebäudequalität, Betreuung, Energieaufwand) beeinflussen sich gegenseitig. So führen eine unzureichende Heizung oder Lüftung, ein suboptimal geplantes Gebäude oder unzureichend agierendes Betreuungspersonal zu geringeren Leistungen und/oder höherem spezifischem Futteraufwand (und damit auch zu erhöhter Nährstoffausscheidung), treiben aber unter Umständen auch den Energieverbrauch deutlich in die Höhe.

2.4.3 Schwerpunkte der Senkung des Energieverbrauches, der Erzeugung und Nutzung regenerativer Energien

(METHLING, W.)

Für die Senkung des Verbrauches bzw. die Eigenerzeugung von Elektro- und Wärmeenergie können folgende Schwerpunkte benannt werden:
- Erhöhung der **Wärmeisolation** der Ställe (insbesondere in beheizten Ställen für Ferkel, Mastschweine, Hähnchen, Küken und Kälber);
- an niedrigem Energieverbrauch orientierte Gestaltung des **Stallklimas** (bei Einhaltung der Optimalbereiche);
- Optimierung der **Heizungs-, Lüftungs- und Beleuchtungstechnik** (minimaler Energieverbrauch bei maximaler Heiz-, Lüftungs- und Beleuchtungsleistung, maximale Nutzung der natürlichen Lüftung und von Naturlicht);
- Senkung des Verbrauches von **Warmwasser** für die Stallreinigung (s. auch Kap. 2.8.2);
- Nutzung **regenerativer Energien:**
  - **Wärmerückgewinnung** aus Stallluft, Milch, Gülle, Erdboden,
  - Erwärmung von Brauch- und Sozialwasser in **schwarzen Speichergefäßen**, Kühlgeräten und Wärmerückgewinnungsanlagen,
  - Erzeugung und Nutzung von **Biogas** aus Gülle,
  - Verbrennung **nachwachsender Rohstoffe** (Stroh, Chinaschilf u.a.) in dezentralen Blockheizkraftwerken,
  - Einsatz von **Windkraftanlagen** an geeigneten Standorten,
  - Nutzung der thermischen und photovoltaischen **Solarenergie**.

Mit der Erzeugung und Nutzung regenerativer Energien (insbesondere Biogas, nachwachsende Rohstoffe, Windkraft und Solarenergie) kann der Landwirt nicht nur teilweise eine separate Energieversorgung betreiben, sondern auch die überschüssige Wärme- oder Elektroenergie in kommunale oder überregionale Versorgungsnetze einspeisen. So kann der Landwirt auch **Energiewirt** werden. Selbstverständlich sind in der Marktwirtschaft neue Wettbewerber nicht immer willkommen. Durch begünstigende rechtliche Rahmenbedingungen (z.B. Gesetze über Energieeinspeisung und -durchleitung, Gesetz über die Förderung der Erzeugung und Nutzung erneuerbarer Energien) werden jedoch der Marktzugang eröffnet und betriebswirtschaftliche Effizienz gesichert.

2.4.4 Gestaltung des Stallklimas

(OLDENBURG, J.; METHLING, W.)

Die **klimatische Umwelt** im Stall wird von mehreren Parametern bestimmt. Dies sind:
- die Stallufttemperatur,
- die relative Feuchte der Stalluft,
- die Luftgeschwindigkeit am Tier,
- das Temperaturgefälle der Körperoberflächen der Tiere zu den Liegeflächen und den raumumschließenden Bauteilen,
- das Licht,
- der Staub- und Keimgehalt der Luft,
- der Gehalt an Kohlendioxid, Ammoniak und Schwefelwasserstoff.

Das Klima soll unter allen Betriebszuständen den Ansprüchen der im Stall gehaltenen Tiere entsprechende optimale Umweltverhältnisse gewährleisten. Da zum Erreichen dieses Zieles z.T. jedoch ein erheblicher technischer und energetischer Aufwand getrieben werden müßte, werden bei der Stallklimatisierung Kompromisse eingegangen. Geregelt wird aus ökonomischen Gründen nur in gewissen Grenzen die Lüftung, zum Teil durch eine Bedarfsheizung ergänzt und in wenigen Fällen durch Befeuchtungsanlagen zur Luftkühlung angepaßt. Eine Klimatisierung im strengen Sinne findet in der Nutztierhaltung daher nicht statt.

Im Mittelpunkt aller Bemühungen stehen die **Ansprüche des Tieres**. Die Erfüllung der Ansprüche der Tiere geht grundsätzlich konform mit den wirtschaftlichen Interessen des Tierhalters, Zielkonflikte sind daher im allgemeinen nicht zu erwarten. Bei der Wahl eines **Haltungssystems** ist immer die Frage zu stellen, ob die Tiere im Sinne gesenkter Investitionskosten und im Hinblick auf eine **tiergerechte** Haltung nicht generell im **Freiland** gehalten werden können. Energiezehrende Lüftungen, Zusatzheizungen oder Kühlsysteme entfallen dann völlig. Die Tiere müssen sich an das Klima insgesamt und an den Wetterwechsel anpassen. Dagegen sprechen in der Regel **seuchenhygienische Aspekte**, die ungleichmäßige Verteilung der in den Exkrementen vorhandenen Pflanzennährstoffe über die Fläche und der spezifische Futteraufwand. Da der Energiebedarf der Tiere für eine bestimmte Zuwachs-, Milch- oder Muskelleistung gedeckt werden muß, ist der **spezifische Futteraufwand** bei kälterer Umgebung durch den gestiegenen Grundumsatz deutlich erhöht, was sich bei gleicher Leistung der Tiere in einem überproportional gesteigerten spezifischen Exkrement- und Pflanzennährstoffanfall niederschlägt.

Zur Erhöhung der Leistung, Senkung des Futterverbrauches und des Exkrementanfalles geht man daher den umgekehrten Weg über die **Stallhaltung** und versucht, in einem kostenbedingten haltungstechnischen Kompromiß mit begrenzter Reaktionsmöglichkeit des Tieres den klimatischen **Optimalbereich** der Tiere in einem Gebäude zu realisieren. So können sich Schweine in einem Gebäude zur Thermoregulation im Winter nicht in ein Laub- oder Reisigbett einschieben und im Sommer nicht durch eine Suhle kühlen. Die Optimalbereiche der **Temperatur** der Stalluft sind in Tabelle 2.4–1 aufgeführt.

Die **relative Feuchte** der Luft sollte 60–80 % betragen. Deutlich trockenere Luft führt zu Reizhusten, feuchtere Luft wird je nach Aktivitätsgrad der Tiere bei Temperaturen unter 18 °C als naßkalt empfunden, bei Temperaturen über 20 °C als schwül. Um Luftzug am Tierkörper zu vermeiden, sollte die **Luftgeschwindigkeit** im Tierbereich unter 0,3 m/s betragen. Dieser Wert ist jedoch keine feste Größe, sondern hängt von der Temperatur, der Dichte des Haar- oder Federkleides und der relativen Feuchte der Luft ab.

Die Stalltemperatur wird durch die Regulation des **Wärmehaushaltes** des Stalles beeinflußt. Die Wärmeverluste durch die Lüftung (Q_L) und die raumumschließenden Bauteile (Q_B) müssen der Wärmeproduktion der Tiere (Q_{Ti}) und einer möglichen Zusatzheizung (Q_H) entsprechen:

$$Q_{Ti} + Q_H = Q_L + Q_B$$

Im **Winter** und in Übergangsmonaten, wenn der **Wärmeverlust** größer als die Wärmenachlieferung ist, wird die Optimaltemperatur der Tiere nicht erreicht. Die Tiere frieren, können sich erkälten und verbrauchen zur Produktion von Eigenwärme erhöhte Futtermengen. Dies ist insbesondere in nicht ausreichend wärmegedämmten Ställen bei extrem niedrigen Temperaturen der Fall. Die **Wärmeproduktion der Tiere** ist nicht konstant. In Phasen höherer Aktivität und ein bis zwei Stunden nach der Futteraufnahme ist die Wärmeproduktion höher, in Ruhephasen geringer als im Mittel. Problematischer anzupassen und daher nur über leistungsstarke **Zusatzheizungen** auszugleichen sind die sehr unterschiedlichen Wärmeproduktionen bei den aus hygienischen und organisatorischen Gründen durchgeführten Rein-Raus-Verfahren der Aufzucht und der Mast von Tieren. Nach der Einstallphase ist der Zusatzwärmebedarf groß, weil die kleinen Tiere im dann relativ großen Stall einerseits wenig Wärme produzieren, andererseits aber ein hohes Wärmebedürfnis aufweisen, während sich die Verhältnisse zum Ende der Mast- oder Aufzuchtperiode umkehren. Dann ist die Wärmeproduktion auf der relativ kleineren Fläche groß, während der Wärmebedarf ausgewachsener Tiere klein ist.

2 Umweltgerechte Tierhaltung

Tabelle 2.4–1 Optimalwerte für die Stallufttemperatur (Tagesmittelwerte, nach DIN 18910, 1992)

Tierart	Masse des Einzeltieres [kg]	Optimale Lufttemperatur [°C]
Kälber	bis 60	16 bis 20
Mastkälber/Zuchtkälber	bis 150	20 bis 10[1]
Kühe, Jungrinder, Masttiere	bis 800	0 bis 20
Reit- und Rennpferde	100 bis 600	12 bis 16
Arbeitspferde	100 bis 800	10 bis 14
Jungsauen, güste/tragende Sauen, Eber	über 50	10 bis 18[2]
Ferkelführende Sauen,	über 100	13 bis 20[2]
im Ferkelbereich Zonenheizung erforderlich		32 bis 20[1]
Ferkel im Liegebereich auf Ganzrostboden	10 bis 30	26 bis 20[1]
Mastschweine einschließlich Aufzucht	10	26 bis 22[2]
im Rein-Raus-Verfahren	20 bis 30	22 bis 18
	40 bis 50	20 bis 16
	60 bis 100	18 bis 14
Kontinuierliche Mast	20 bis 40	22 bis 18[2]
	40 bis 100	20 bis 16
	60 bis 100	18 bis 14
Hühnerküken einschließlich Zucht und Mast	0,05 bis 2,0	
a) Tierbereich Zonenheizung		34 bis 21
b) Aufstallung ohne Zonenheizung		26 bis 18
Jung- und Legehennen	über 1,25	22 bis 15
Jungputen	1,8 bis 6	14
	über 6	10

[1] Lufttemperatur mit zunehmendem Alter der Tiere allmählich vom höheren auf den niederen Wert abnehmend.
[2] Bei strohloser Haltung gilt der obere Wert, bei Haltung mit Einstreu der untere.

Im Sommer ist jedoch die Wärmenachlieferung größer als die Wärmeabfuhr. Durch die raumumschließenden Bauteile gelangt bei nicht ausreichender Wärmedämmung, Gebäudebeschattung oder dunkler Gebäudefarbe Wärme zusätzlich (auch durch die Lüftung) in den Stall, und es kommt zu überhöhten Stalltemperaturen. Die Folgen sind ein erhöhter Tränkebedarf, matte Tiere, **Freßunlust** und insbesondere bei hochleistenden Milchkühen oder Masttieren zum Teil erhebliche **Leistungseinbußen**.

Mit der verstellbaren Leistung der **Lüftungsanlagen** kann in gewissen Grenzen je nach Zulufttemperatur und Wärmeanfall im Stall die **Stalltemperatur** geregelt werden.

Da immer eine Minimum an **Raumlasten** (Wasserdampf, Kohlendioxid, Ammoniak, Schwefelwasserstoff, Staub, Keime) abgeführt werden muß, ist auch im Winter eine **Mindestluftrate** und damit ein Mindestwärmeverlust über die Lüftung einzukalkulieren. Genaue Auskunft hierüber gibt die DIN 18.910 (1992).

Im Sommer ist die Einflußmöglichkeit der Luftrate auf die Stalltemperatur jedoch erheblich geringer. Da mit einer wärmeren Zuluft kein Stall gekühlt werden kann, steigt die Stalltemperatur mit zunehmender Zulufttemperatur ebenfalls an (sogar wenn die Temperatur der Zuluft wenige Grad unterhalb der Stalltemperatur liegt). Dieser Zusammenhang läßt sich nur durch den Einsatz von Kühlanlagen auflösen. Die Behaglichkeit der Tiere kann trotzdem gewährleistet werden, wenn die Wärmeabgabe des Körpers durch die Erhöhung der Luftbewegung über 0,3 m/s (bis 1,5 m/s) unterstützt wird.

Die Gewährleistung optimaler **Lichtbedingungen** im Stall wird durch **Naturlicht** über ausreichend große und saubere **Fenster** sowie durch **Kunstlicht** in den Abendstunden, im Winter und in fensterlosen Ställen erreicht. Das **sichtbare Licht** (Wellenlänge zwischen 380 und 750 nm) entfaltet über physiologische nervale und hormonelle Regulationsprozesse **Wirkungen** auf die **Fortpflanzungsleistung** (Saisonalität der Fruchtbarkeit), das **Wachstum** (Mastleistung), die **Milchleistung**, die **Infektionsabwehr** (Resistenz, Immunität) und das **Verhalten** der Tiere. Diese Einflüsse des Lichtes werden bestimmt durch die **Lichttaglänge** (Beleuchtungsdauer), **Lichtintensität** (Beleuchtungsstärke) und die **Lichtfarbe** (Wellenlänge). Der **unsichtbare Strahlenanteil** im unteren Wellenlängenbereich (< 380 nm, ultraviolett) ist für die Produktion von Vitamin D_3 in der Haut der Tiere erforderlich (Knochenmineralisierung). Können die Tiere bei ausschließlicher Stallhaltung mit diesen Spektrumanteilen nicht versorgt werden, muß dieses in der Rationsgestaltung (Vitamin-D_3-Zugabe), insbesondere bei wachsenden Tieren, berücksichtigt werden. Die infrarote Strahlung (Wellenlänge zwischen 750 und 24 000 nm) ist vor allem als Wärmestrahlung, aber auch durch weitere physiologische Effekte (Infektionsabwehr) wirksam.

Die **Lichttaglänge** soll mindestens 8, höchstens 16 Stunden betragen. Bei Kunstlichtregimen für Legehennen, Schafe und Pferde können zeitweise auch andere Tageslängen gewählt werden. Die Optimalwerte für die **Beleuchtungsstärke** sind in Tabelle 2.4-2 zusammengefaßt. Die Wirkungen der wellenlängenabhängigen Farbe des Lichtes sind noch wenig untersucht. Rotes Licht wirkt bei Hühnergeflügel beruhigend.

Tabelle 2.4-2 Optimalwerte für die Beleuchtungsstärke (nach DORN, 1984; TGL 200-0745/07, 1983; TGL 34312, 1985)

Tierart/Haltungsstufe	Beleuchtungsstärke [lx]
Schwein	
Abferkelstall	100
Läufer	100
Weibliche Jungschweine	170
Besamungsstall	170
Wartestall	100
Maststall	100
Rind	
Kalb	150
Jungrind	290
Milchkuh	200
Mastrind	100
Schaf	
Zuchtschafe, Mastschafe	150–175
Hühnergeflügel	
Legehennenaufzucht	5–20
Legehennen	20–40
Legehenneneltern	20–40
Mastgeflügel	1–15
Masthuhneltern	5–20
Puten	
Putenküken (1. Woche)	100
Putenmast, Elterntiere	5–30
Wassergeflügel	
Gänse, Enten	5–30

Will man den Energieverbrauch für die Gestaltung des Stallklimas minimieren, ergeben sich folgende Möglichkeiten:
- **Außen-** bzw. **Freilandhaltung** der Tiere,
- Ausrichtung der **Stalltemperaturen** an den **unteren** (im Winter) bzw. den **oberen** (im Sommer) **Grenzwerten** des Optimalbereiches,
- Erhöhung der **Wärmeisolation** von Warmställen,
- Drosselung der **Luftraten** auf ein Mindestmaß für die Abführung von Schadstoffen bzw. Lasten (Schadgase, Staub, Wasserdampf),

- möglichst hoher Anteil an regelbarer **natürlicher Lüftung** (Schwerkraftlüftung, Querlüftung),
- (möglichst) keine **Heizung** (außer Zusatzheizungen für Ferkel, Küken und Kälber),
- **Wärmerückgewinnung** aus der Stalluft,
- ausreichende Beleuchtung mit **Naturlicht** (Verhältnis von Fensterflächen zur Grundfläche kleiner als 1:20, besser 1:10, Sauberkeit der Fenster),
- Installation von **Energiesparlampen,**
- Orientierung der **Beleuchtungsstärke** an der **unteren Grenze** des Optimalbereiches.

2.4.5 Wärmeisolation von Warmställen

(OLDENBURG, J.)

In der Winterperiode kann der Wärmeverlust durch die raumumschließenden Bauteile zu einem ökologischen und ökonomischen **Problem** werden, weil er zur Aufrechterhaltung der Optimaltemperaturen im Stall durch eine **Zusatzheizung** ausgeglichen werden muß. Hinzu kommt bei kalten Wänden eine große Temperaturdifferenz zwischen dem Gebäude und den Tieren. Die Tiere vermeiden es dann, an der Wand zu liegen. Dies schränkt den effektiv zur Verfügung stehenden Stallraum ein. Weiterhin führt die wärmere und feuchtere Stalluft wegen möglicher Taupunktunterschreitungen zu **Kondensaten** an Bauteilen. Diese können, wenn sie metallischer Natur sind, wegen der Bildung von Ammonium und schwefliger Säure einer **Korrosion** unterliegen. Steine und Beton feuchten durch und können durch Frosteinwirkung gesprengt werden. Holz und Dämmaterial werden naß, verlieren ihre wärmedämmenden Eigenschaften, schimmeln und werden mit der Zeit zerstört. Dem kann durch Erhöhung der Wärmeisolation von Fußboden, Wänden, Dach, Fenster und Türen entgegengewirkt werden.

Bei der Auswahl der **Wärmedämmung** sollte neben der **Materialfrage** auch die **Konstruktion** und **Anbringung** der Dämmung überlegt sein:

- Eine Innendämmung muß vor **Beschädigungen** durch die Tiere geschützt werden und sollte reinigungsfest (Reinigung, Desinfektion) sein.
- Die Dämmung sollte **Schadnagern** und **Käfern** entweder keine Lebensgrundlage bieten oder davor abgeschirmt sein.
- Bei einer Außendämmung muß diese vor **Wind** und **Niederschlägen** geschützt werden.
- Bei der Anbringung der Dämmung ist die **Wasserdampfdiffusion** zu beachten. Da das Temperaturgefälle im Winter in einer Dämmschicht auf kurze Entfernung sehr groß ist, kann es zum Unterschreiten des Taupunktes in der Dämmung mit der Folge von Wasserausfällungen und Durchfeuchtungen kommen. Diese Erscheinungen reduzieren den Dämmwert und die Lebensdauer der Dämmung erheblich.
- Aus der Dämmung dürfen keine **gesundheitsschädigenden Stoffe** austreten.
- Bei der Wahl des **Dämmateriales** spielen ökologische Aspekte (Energieaufwand für die Herstellung, Entsorgungswege), die Verarbeitbarkeit und Verarbeitungsgeschwindigkeit (Montagekosten), die Dauerhaftigkeit (mechanische und chemische Stabilität) sowie das Verhalten im Brandfall (gesundheitsschädigende Gase, Brandbeschleuniger) eine wichtige Rolle.

Als **Dämmstoffe** gelten solche Stoffe, deren **Wärmeleitfähigkeit** $\lambda < 1$ W/m*K ist. Eine besser handhabbare Rechengröße ist der **Wärmedurchgangskoeffizient** oder **k-Wert**, der den Wärmeverlust durch ein Bauteil in Watt je Quadratmeter Wandoberfläche und Kelvin Temperaturdifferenz zwischen Innen- und Außentemperatur angibt (W/m^2*K). Der k-Wert eines Gebäudes oder eines Bauteiles (Wand, Decke, Fußboden, Türen, Fenster) ist nicht nur von einem Bauteil abhängig. Er ergibt sich aus dem Zusammenwirken der Einzelwerte der verarbeiteten Mate-

2.4 Rationelle Energieanwendung

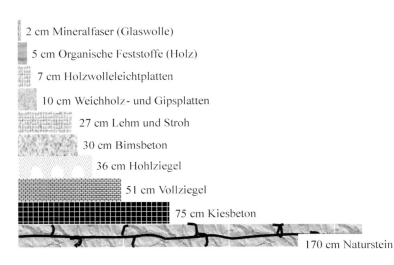

Abb. 2.4–1
Materialstärken verschiedener Baustoffe bei gleicher Wärmedämmung (nach EICHHORN, 1999, Abb. 693)

rialien, der jeweiligen **Materialstärke** (Abb. 2.4–1) und den Wärmeübergängen von der Innenluft auf die Wand und von der Wand auf die Außenluft. Mit Hilfe der in entsprechenden Tabellen (z. B. in SCHRAMEK, 1999) genannten Durchschnittswerte (k-Werte) kann dann für die jeweils berechnete maximale Temperaturdifferenz zwischen Innen- und Außentemperatur, bezogen auf die jeweils eingestellte Tierart, die erforderliche Wärmedämmung berechnet werden.

Neben der Wärmedämmung ist die **Wärmespeicherung** zu beachten. Da Dämmstoffe in der Regel leicht sind, weisen sie eine vergleichsweise geringe Dichte und damit ein geringes Wärmespeicherungsvermögen auf. Hoch wärmegedämmte **Leichtbauwände** zeichnen sich durch ihr geringes Wärmespeicherungsvermögen aus. Dies führt bei wechselnden Wärmelasten zu starken und schnellen Temperaturschwankungen im Raum (sog. Barackenklima). Um dies zu vermeiden, sollte ein Stallgebäude eine **massive Innenschale** mit einem hohen Wärmespeicherungsvermögen (z. B. Kalksandstein, Ziegel) und eine **Außendämmung** (Mineralwolle, Schaumstoffe, organische Stoffe), in der Regel in Verbindung mit einer **Hinterlüftung** zur Abführung von Kondensaten und einem **Fassadenschutz**, besitzen.

Beim **Wandaufbau** sind die Eigenarten der Wasserdampfdiffusion zu beachten. Da im wärmeren und feuchteren Stall der höhere Wasserdampfdruck herrscht, wandert der Wasserdampf im Winter von innen nach außen durch die Wand. Um Kernkondensate zu vermeiden, muß der **Diffusionswiderstand** der Bauteile von innen nach außen abnehmen. Dann kann in die Wand oder das Bauteil eingedrungenes Kondensat schneller abdampfen, als vom Stallinneren Wasserdampf nachgeliefert wird.

2.4.6 Gestaltung der Lüftung

(OLDENBURG, J.)

Die Bandbreite der in der Tierhaltung eingesetzten **Lüftungssysteme** ist sehr groß. Sie reicht von **vollklimatisierten** Ställen mit einer Zuluftreinigung z. B. der Eiproduktion für die Vakzineherstellung über den Einsatz reiner **Lüftungsanlagen mit Bedarfsheizung** in der Schweine- und Geflügelmast, der Ferkelproduktion und Legehennenhaltung bis hin zu den sog. **Außenklimaställen**, die man auch als überdachte Ausläufe bezeichnen könnte (prinzipiell sind in diesem Zusammenhang auch professionelle Outdoorhaltungssysteme in der Schweine- und Geflügelhaltung zu sehen). Bei kleineren Tierhaltungen, vor allem bei Pferden, Hunden, Katzen usw., wird das Raumklima oft nur über die Öffnung von Fenstern und Türen eingestellt.

Die Lüftung dient der Abfuhr der **Raumlasten**, der Einstellung der **Stalltemperatur** und der Zuführung von **Sauerstoff**. Die wesentlichen Raumlasten sind Kohlendioxid und Wasserdampf aus der Atmung der Tiere und in geringen Anteilen (d.h. unter 10 %) aus der Umsetzung von Kot und Harn im Stall. Je nach Heizungssystem können bei der Direktheizung mit Gas ebenfalls in geringem Umfang Kohlendioxid und Wasserdampf anfallen.

Je nach Gebäudehülle und Wandaufbau werden drei verschiedene **Lüftungssysteme** unterschieden:
1. ventilatorisch betriebene Zwangslüftungsanlagen,
2. Schwerkraftlüftungsanlagen und
3. Wind-induzierte Lüftungen.

1. Ventilatorisch betriebene Zwangslüftungsanlagen

Aufgrund ihrer größeren Unabhängigkeit von Wind und Temperaturen werden **Zwangslüftungsanlagen** in der Tierhaltung trotz der damit verbundenen Investitions- und Betriebskosten nach wie vor bevorzugt eingesetzt. Gegen Staub und Kondenswasser geschützte **Abluftventilatoren** saugen als **Unterdruckanlagen** die Zuluft durch die Zuluftleiteinrichtungen in den Stall und führen diese über Abluftöffnungen oder Abluftkamine wieder hinaus in die Atmosphäre. Da sich kleine Öffnungen in der Gebäudehülle niemals ganz vermeiden lassen (Schlüssellöcher, Durchführungen von Kabeln und Rohrleitungen), strömt durch diese immer saubere Zuluft. Bei den in früheren Jahrzehnten üblicheren **Überdrucksystemen** befanden sich die Ventilatoren in der sauberen Zuluft und waren so vor Schmutz, Schadgasen und Feuchtigkeit geschützt. Dies hat jedoch den Nachteil, daß durch alle Lecks feuchte und schadgasbelastete Stalluft gedrückt wird. Dann kommt es insbesondere während des Winterhalbjahres in der gegenüber der Stalluft kälteren Gebäudehülle zur **Kondensatbildung** mit der Folge durchfeuchteter Wände und Wärmedämmungen. In den Kondensaten löst sich der in Spuren in der Stalluft vorkommende Schwefelwasserstoff zu stark korrosiver schwefliger Säure. Die Folge sind wegen Vernässung unbrauchbare Wärmedämmungen und verrostete Bewehrungen, Türscharniere und Türschlösser. Zeitweise wurden auch sog. **Gleichdrucksysteme** favorisiert, bei denen gleichzeitig Zu- und Abluftventilatoren eingesetzt werden. Die höheren Investitionskosten dieser Systeme konnten durch die vermeintlichen Vorteile (leistungsschwächere Ventilatoren) nicht ausgeglichen werden. Sie sind daher bis auf wenige Spezialfälle vom Markt verschwunden.

Die minimal notwendige **Abluftleistung** einer Lüftungsanlage ergibt sich aus der Mindestabfuhr der Raumlasten Kohlendioxid und Wasserdampf bei geringen Außentemperaturen. Die zu installierende Kapazität, d.h. die maximale Abluftleistung, wird auf Basis der im Stall maximal zulässigen Temperaturdifferenz zur Zulufttemperatur im Sommer berechnet und dient vorrangig der Wärmeabfuhr. Alle zur Berechnung notwendigen Daten und Parameter sowie die einzelnen Rechenschritte finden sich in der DIN 18.910 (1992). Zur Berechnung der Luftleistungen werden benötigt:
- die Art, Anzahl und das mittlere Gewicht der Tiere,
- die spezifischen Emissionsdaten für Wasserdampf, Kohlendioxid und Wärme,
- die maximal tolerierbare Stalltemperatur, bezogen auf die Außentemperatur,
- die temperaturabhängige Dichte der Luft.

Die DIN 18.910 ist darüber hinaus bei Zwangslüftungsanlagen die Datenbasis für die Genehmigung eines Stalles und sollte beim Kauf einer Lüftungsanlage auch die Vertragsbasis zwischen Tierhalter und Stallausrüster sein.

2.4 Rationelle Energieanwendung

In der Tierhaltung werden, bezogen auf den monetären Produktionswert, verglichen mit vielen Anwendungen, wie z. B. in der Lebensmittel- oder Futtermittelindustrie, hohe bis sehr hohe **Luftmengen** zur Stallüftung benötigt. Dies hat zur Folge, daß Lüftungsanlagen für die Tierhaltung schon immer extrem energieoptimiert ausgelegt werden mußten. Andernfalls ist eine Nutztierhaltung nicht rentabel durchführbar.

Während im Industriebereich in der Regel Lüftungsanlagen mit Anlagenwiderständen von 1000 bis 1500 Pascal mit entsprechend hohen Energieaufwendungen für die dort verwendeten Radialventilatoren die Regel sind, werden in der Tierhaltung ausschließlich **Niederdruckanlagen** mit Anlagenwiderständen von maximal 50 bis 80 Pascal eingesetzt. Der Nachteil der Niederdruckanlagen ist, daß sie aufgrund deutlich geringerer Strömungsgeschwindigkeiten in den Luftleiteinrichtungen **voluminösere Luftkanäle** benötigen und nur eine sehr begrenzte Anzahl von leistungsmindernden Luftumlenkungen zulassen. Es muß für die Unterbringung der Luftkanäle ein größeres Gebäudevolumen vorgehalten werden. Über die zu erwartenden Anlagenwiderstände in einer Lüftungsanlage gibt die VDI-Richtlinie 2087 (1998) Auskunft. Bei Niederdruckanlagen werden die hier spezifisch leistungsfähigeren **Axialventilatoren** genutzt. Die spezifische **Leistungsaufnahme** der Ventilatoren in Watt je 1000 m³/h Luftleistung oder der **Energieverbrauch** in Kilowattstunden je 1000 m³/h gefördertes Volumen geben Auskunft über die energetische Effizienz eines Ventilators. Diese Werte werden regelmäßig von den europäischen Prüfinstitutionen auf Basis fortlaufender Prüfungen z. B. in den DLG-Prüfberichten „Stallventilatoren" veröffentlicht. Für einen aussagefähigen Vergleich verschiedener Fabrikate ist der spezifische Energieverbrauch immer auf die dabei erzielte Pressung (freiblasend, 30 oder 50 Pascal), also den überwindbaren **Anlagenwiderstand**, zu beziehen. Die Leistung des Ventilators muß an den Anlagenwiderstand angepaßt sein (Abb. 2.4–2).

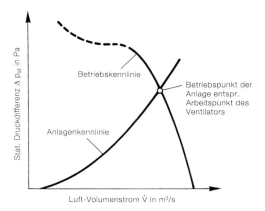

Abb. 2.4–2 Betriebspunkt einer Anlage (v. d. Weghe, 1991, Abb. 45)

Da Zwangslüftungsanlagen für die Tierhaltung zwischen der maximalen Kapazität und dem minimalen Luftdurchsatz in Abhängigkeit von den Raumlasten und den Ansprüchen der Tiere geregelt werden müssen, haben sowohl die Art der **Regelung** als auch die verwendeten Regelgeräte nicht unerheblichen Einfluß auf den Energieverbrauch. Der in der Industrie und öffentlichen Gebäuden, Hotels und Krankenhäusern oft übliche Weg, die Ventilatoren ständig unter voller **Drehzahl** laufen zu lassen und unterschiedliche Luftdurchsätze durch Drosseleinrichtungen in der Lüftungsanlage zu regulieren, ist in der Tierhaltung aufgrund der engen Kostensituation unüblich. Hier werden die Ventilatoren in der Drehzahl geregelt und die Luftdurchspülung eines Stallabteiles bei wechselnden Luftdurchsätzen über angepaßte **Schlitzweiten** der Zuluftelemente angepaßt (z. B. in der Hähnchenmast). Für die **Drehzahlregelung** stehen drei Verfahren zur Verfügung. Die früher üblichen und noch immer anzutreffenden Spannungsregler (Trafo) oder auch die Phasenanschnittsteuerungen sind zwar relativ kostengünstig in der Anschaffung, verursachen aber Wärmeverluste in der Regelung und relativ hohe Stromverbräuche der Ventilatoren im Teillastbereich. Mittlerweile gebräuchlicher sind die in den letzten Jahren im Preis erheblich gefallenen und damit auch für die Stallklimaregelung sinnvollen Frequenzumformer. Mit diesen Regelgeräten steigt der Stromverbrauch eines Stallventilators proportional zu seiner Drehzahl, der Gesamtwirkungsgrad dieser Systeme ist deutlich höher als z. B. bei einer Traforegelung. Weitergehende Informationen über die Auslegung von Zwangslüftungsanlagen finden sich bei BÜSCHER (1996), EICHHORN (1999) und v. d. WEGHE (1991).

2. Schwerkraftlüftungsanlagen

Bei **Schwerkraftlüftungsanlagen** wird der physikalische Zusammenhang zwischen der Temperatur, der Luftfeuchte und der **Luftdichte** zur Realisierung des Luftwechsels im Stall ausgenutzt. Die relativ kühlere und trokkenere Zuluft tritt z. B. bei der in der Rinderhaltung weitverbreiteten Trauf-First-Lüftung unter der Traufe oder in Bodennähe in den Stall ein, wird im Stall durch die Abwärme der Tiere und die Anreicherung mit Feuchtigkeit leichter, steigt im Stall auf und verläßt den Stall durch den höher gelegenen offenen Dachfirst. Dieses Lüftungssystem erfordert keine elektrische Energie und verursacht mangels Ventilatoren keinen Lüftungslärm.

Zu beachten sind einige baulich essentielle Voraussetzungen zur sicheren Funktion und die Einsatzgrenzen des Systems. Je größer die **Temperaturdifferenz** zwischen der kälteren Zu- und der wärmeren Abluft ist und je höher die (gedachte oder tatsächliche) **Luftsäule** zwischen Zulufteintritts- und Abluftaustrittsort ist, desto höher ist der Luftumsatz im Stall. Ein solches Stallsystem benötigt daher entweder hohe **Dachfirste** oder hohe **Abluftkamine**, was sich beides steigernd auf die Baukosten auswirkt (im Offenfrontstall wird dieses Wirkungsprinzip ebenfalls genutzt). Im Trauf-First-gelüfteten Stall mit einem nicht wärmegedämmten Dach ist eine Dachneigung von mehr als 22° Voraussetzung für die sichere Funktion der Lüftung. Je höher die **Dachneigung** gewählt wird, desto größer ist die Funktionssicherheit. Die daraus folgende **Dachfläche**, der Umfang des Dachstuhles und die **Baukosten** steigen jedoch ebenfalls.

Dieses Lüftungssystem führt systembedingt bei niedrigen Außentemperaturen im Winter zu deutlich höheren Luftumsätzen als im Sommer bei hohen Außentemperaturen. Aus tierphysiologischer Sicht wäre die umgekehrte Wirkung jedoch wünschenswert. Während der Luftumsatz im Winter durch **Drosseleinrichtungen** in der Zuluft gebremst werden kann (was tatsächlich aber aus Gründen der mangelnden Kontrolle durch das Bedienpersonal selten erfolgt), ist eine Erhöhung der Luftleistung im Sommer bei hohen Zulufttemperaturen über der Stalltemperatur physikalisch nicht möglich. In der Folge werden die Stalltüren geöffnet und der eigentlich gewünschte Zuluftstrom über die Tür abgekürzt. Eine ausreichende Luftspülung findet dann nicht mehr statt. Das Schwerkraftlüftungssystem findet man daher überwiegend in Rinderställen, die im Sommer entweder leer oder nur nachts bei Nutzung einer Sommertagesweide belegt sind. Es ist also nur in bestimmten Fällen einsetzbar.

3. Wind-induzierte Lüftungen (Querlüftungen)

Bei Vorhandensein von regelmäßigem **Wind** kann dieser auch zur Lüftung eines Stalles genutzt werden. Bekannte Stallsysteme sind hier der in der Geflügelmast verbreitete sog. **Louisianastall** und die **Curtain-Lüftung** von Ställen zur Haltung von Hochleistungsmilchviehherden. Die **Seitenwände** dieser Ställe sind grundsätzlich offen und werden durch von Hand oder von computergesteuerten Elektromotoren betätigte **Vorhänge** (Jalousien, Curtains) je nach Bedarf geschlossen oder geöffnet. Durch die variable Öffnung der Seitenwände ist die Luftspülung sehr gut an den Lüftungsbedarf anpaßbar. Die Lüftung selber benötigt nur für die Regelung und die automatische Vorhangbetätigung elektrischen Strom. Die **Stallbreite** ist bei solchen Lüftungssystemen begrenzt, damit eine Luftspülung auch bei niedrigen Windgeschwindigkeiten möglich ist. Dies hat zur Folge, daß solche Ställe bei einer gegebenen Bestandsgröße im Vergleich zu zwangsgelüfteten Ställen erheblich länger werden, wodurch sich der baukostenrelevante Wandanteil, bezogen auf die Grundfläche des Stalles, erhöht.

Während dieses Lüftungssystem in der **Milchviehhaltung** zunehmende Verbreitung findet, weil insbesondere die Hochleistungskühe größerer Herden aus Gründen des Grünlandmanagements und des Arbeitsablaufes im Stall im Sommer eher selten Weidegang haben, ist diese Lüftung in der **Geflügelmast** nach einer Hochphase in den 90er Jahren des vorherigen Jahrhunderts wieder auf dem Rückzug. Im Geflügelbereich ist das Produktionsrisiko bei hohen Stalltemperaturen im Sommer in Verbindung mit einer Flaute erheblich höher als im Milchviehbereich. Dieses Problem ist durch den Einsatz von Umluftventilatoren, die die Luft im Stall auch ohne Windeinfluß bewegen können, noch technisch lösbar. Nachteiliger wirkt sich jedoch aus, daß speziell in der Hähnchenmast relativ hohe Stalltemperaturen benötigt werden. Hohe Stalltemperaturen sind aufgrund der Wandstruktur solcher Ställe mit einer begrenzten Dämmung nur möglich, indem im Vergleich zu Ställen mit einer Zwangsentlüftung und entsprechend gedämmten Wänden überproportional geheizt wird. Dies bedeutet, daß der Verbrauch fossiler Energieträger zunimmt. Alternativ besteht auch die Möglichkeit, die Stalltemperatur zu senken, was dem Geflügel sicher nicht schadet. Es hat sich jedoch herausgestellt, daß dann der spezifische Futterverbrauch spürbar zunimmt. Das Tier produziert die benötigte Wärme selbst. Die Folge sind im Winter erhöhte Futteraufwendungen und überproportional erhöhte Exkrementanfälle.

Zwischen den drei dargestellten Lüftungssystemen gibt es auch Zwischenlösungen, die jedoch immer mit entweder höheren Baukosten oder gesteigerten Energiekosten verbunden sind.

2.4.7 Heizung

(OLDENBURG, J.)

Den größten **Wärmebedarf** weisen Küken (Hähnchen-, Enten-, Putenmast und Junghennenaufzucht), Ferkel und Kälber auf. Je nach Haltungssystem muß entschieden werden, ob entweder eine

1. **Raumheizung** (z. B. im Hähnchenstall),
2. **Zonenheizung** (z. B. im Ferkelnest) oder eine
3. **Kombination** von beidem benötigt wird (in Regionen mit sehr kalten Wintern z. B. im Abferkelstall).

Für das Wohlbefinden der Tiere spielt neben der Wärmeabfuhr durch die Lüftung und die raumumschließenden Bauteile auch der **Wärmeabfluß** durch die **Liegeflächen** eine wesentliche Rolle (Abb. 2.4–3).

Wie hoch der vom Tier gewünschte Wärmeabfluß ist, hängt von der Tierart, dem Tiergewicht und den Umgebungstemperaturen ab. Während bei kleinen wachsenden Tieren aufgrund ihrer großen spezifischen Körperoberfläche lokale Unterkühlungen auftreten können (z. B. bei kleinen Ferkeln), werden stark wärmeabführende Liegeflächen insbesondere bei hohen Außentemperaturen durch große Tiere mit einem hohen Umsatz als Kühlfläche genutzt (z. B. durch hochleistende Milchkühe).

Zugluft ist aufgrund der unterkühlenden Wirkung einzelner Körperoberflächen eines Tieres in allen Haltungssystemen zu vermeiden. Von Zugluft spricht man in der Regel bei lokalen Luftgeschwindigkeiten von mehr als 0,3 m/s. Allerdings ist dieser Wert nur eine sehr grobe Annäherung. Ob einströmende Luft als Zugluft empfunden wird, hängt von der Temperatur und der relativen Feuchte der Luft sowie den aktuellen Bedürfnissen des jeweiligen Tieres ab. Zugluft kann durch falsch konzipierte, nicht ausreichend gewartete oder ungünstig eingestellte Zulufteinrichtungen sowie durch Thermik im Stall bei einer suboptimalen Positionierung starker Wärmequellen entstehen.

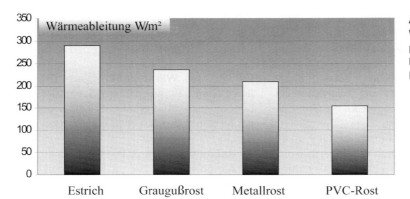

Abb. 2.4–3
Wärmeableitung bei perforierten Stallböden (nach EICHHORN, 1999)

1. Raumheizung

Um im Stall eine bestimmte Zieltemperatur erreichen zu können, muß der Wärmeabfluß durch die Lüftung und der Wärmeabfluß durch die raumumschließenden Bauteile durch die Eigenwärme der Tiere und unter Umständen durch eine **Zusatzheizung** ausgeglichen werden. Eine **Mindestluftrate** ist zur Abfuhr der Raumlasten Kohlendioxid und Wasserdampf aus der Atmung der Tiere in Abhängigkeit von der Belegung des Stalles immer notwendig. Der Wärmeabfluß durch die raumumschließenden Bauteile ist von den Bauwerksoberflächen, den Wärmedämmwerten der einzelnen Oberflächen und der Temperaturdifferenz zur Außenluft abhängig. Die notwendige Leistung der Zusatzheizung (Kessel- oder Brennergröße, Wärmetauscherflächen) ergibt sich aus dem über den von den Tieren bereitgestellten **Wärmeanfall** hinausgehenden **Zusatzwärmebedarf**. Während die insbesondere im Winter zum Teil erheblichen Lüftungswärmeverluste nur durch **Wärmerückgewinnungsanlagen** zu minimieren sind, sind die Wärmeverluste der raumumschließenden Bauteile vor allem durch eine sinnvolle **Wärmedämmung** zu reduzieren (s. AEL, 1993a und 1993b).

Einen erheblichen Einfluß auf die Heiz- und Lüftungskosten sowie den Verbrauch an fossilen Energieträgern und elektrischem Strom hat das abgestimmte **Lüftungs- und Heizmanagement**. Durch eine nicht an den Wärmebedarf der Tiere und die systemspezifische Trägheit eines Heizungssystems angepaßte Lüftungssteuerung besteht grundsätzlich die Gefahr, daß sich Heizung und Lüftung regeltechnisch gegenseitig aufschaukeln, was zu überhöhten Luftraten, gesteigerten Wärmeabfuhren und Heizkosten führen kann.

Bei der Raumheizung werden in der Tierhaltung unterschiedliche Systeme eingesetzt. Neben der klassischen **Warmwasserheizung** kommen auch **Direktverbrennungssysteme** zum Einsatz.

a) Gas-Direktverbrenner

Die **Gas-Direktverbrenner** lassen sich in zwei Systeme untergliedern. Dies sind einerseits **Gasstrahler**, die über dem Ort des Wärmebedarfes durch die Verbrennung von Flüssiggas Strahlungswärme erzeugen, z. B. in der Putenmast. Die Wärme kann gezielt und durch die eingesetzten Druckminderventile geregelt eingesetzt werden. Gasstrahler benötigen ein Gasleitungsnetz, welches das Gas bis an den jeweiligen Verbrennungsort leiten kann. Da die Gasstrahler den benötigten Sauerstoff aus der in der Regel staubhaltigen angesaugten Umgebungsluft beziehen, ist, um Explosionen oder Brände zu vermeiden, eine regelmäßige Kontrolle der Verstaubung der Gasstrahler notwendig.

Alternativ kommen **Gasbrenner** mit eingebautem Lüftungsventilator zum Einsatz.

Solche auch als **„Gaskanonen"** bezeichneten Geräte können die erwärmte Luft im Stall bis zu 50 m und weiter befördern, wodurch eine aufwendige Infrastruktur für Gasversorgungsleitungen entfällt. Allerdings sind sie in der Heizleistung nicht regelbar. Dadurch wird ein **Intervallbetrieb** notwendig, mit der Folge ständig wechselnder Stalltemperaturen. In einigen Ländern sind die an Ketten an der Stalldecke aufgehängten Gaskanonen aus feuerschutzrechtlichen Gründen in Stallsystemen mit feuergefährlicher Stroheinstreu verboten, so z. B. in der Hähnchen- und Putenmast.

Es ist zu beachten, daß durch die Verbrennung im Stall zusätzlich **Raumlasten** anfallen (Kohlendioxid, Wasserdampf), die durch die Lüftungsanlage mit der Folge eines leicht erhöhten Lüftungswärmeverlustes resp. Zusatzheizbedarfes abzuführen sind. Während Direktverbrenner eine schnelle Bereitstellung der benötigten Wärme zulassen, zeichnen sich Warmwasserheizungen durch eine systembedingte größere Trägheit aus. Im Vergleich zu Warmwasserheizungen ist der **Investitionsaufwand** bei Direktverbrennern deutlich geringer. In Haltungssystemen, in denen Masttiere im **Rein-Raus-Verfahren** gehalten werden, kommt es im jeweils ersten Drittel der Haltungsperiode in Abhängigkeit von der Jahreszeit zu einem durch eine Zusatzheizung auszugleichenden Wärmedefizit, so z. B. in der Junghennenaufzucht, der Hähnchen- und der Putenmast. Der Energiebedarf ist dann kurzfristig sehr hoch, während die Heizung in der übrigen Jahreszeit nicht benötigt wird. Dieser Haltungsbereich ist daher wegen der geringeren Investitions- und damit Festkosten das bevorzugte Einsatzgebiet für Direktverbrennersysteme.

b) Warmwasserheizungen

Der **Investitionsaufwand** von **Warmwasserheizungen** ist im Vergleich zu Direktverbrennern wegen des aufwendigeren Brenners, des Wasserkessels, des Wasserkreislaufnetzes und der Wasser-Luft-Wärmetauscher (Radiatoren) deutlich höher. Hinzu kommen bei Ölheizungen lecksichere Öltanks und eine regelmäßige Abnahme durch den örtlichen Schornsteinfeger. Auf der anderen Seite erlauben Warmwasserheizungen eine große Vielzahl von **Energieträgern** (Gas, Öl, Kohle, Holz usw.). Wenn z. B. im Ferkelstall Fußbodenheizungen installiert werden, sind auch Niedertemperatursysteme einsetzbar, in denen z. B. durch eine **Wärmepumpe** oder durch **Solarkollektoren** Energie mit niedrigerem Temperaturniveau eingespeist werden kann. Weitere Vorteile der Warmwasserheizungen liegen in der größeren **Trägheit** des Systems, der besseren Anpassung an die Lüftungsanlage (ein Aufschaukeln läßt sich eher vermeiden) und der guten **Regelungsmöglichkeiten**.

2. Zonenheizungen

Bei der gemeinsamen Haltung von Jung- und Muttertieren sind die unterschiedlichen Wärmeansprüche z. B. von Sau und Ferkel oder Hündin und Welpe in der Regel nur durch getrennte Heizungssysteme zu befriedigen. Am Beispiel der **Zonenheizung** in **Ferkelnestern** wird das Problem besonders deutlich (Abb. 2.4–4).

Wenn in einem Raum zwei unterschiedliche **Temperaturen** vorhanden sind, der **Wassergehalt** der Luft jedoch in der Regel im gesamten Raum konstant ist, führt dies in den Bereichen höherer Temperaturen zu deutlich abgesenkten relativen Feuchten. Dies ist die Ursache für die in der Regel zu niedrigen relativen Feuchten im Ferkelnest. Die Folge können **Reizhusten** und **Erkältungen** bei den Tieren sein. Aus diesem Grund kommen viele Ferkel bereits vorgeschädigt in die Ferkelaufzucht. Theoretisch lösbar ist dies Phänomen durch ein lüftungstechnisch vom Sauenplatz getrenntes Ferkelnest mit einem eigenen angepaßten Kleinklima. Aus Gründen der schlechteren Übersicht im Stall, der höheren Anlagenkosten und der größeren zu reinigenden Flä-

2 Umweltgerechte Tierhaltung

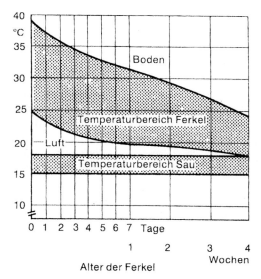

Abb. 2.4–4 Im Abferkelstall notwendige Temperaturbereiche (aus EICHHORN, 1999, Abb. 623)

die Zuwachsleistung der Ferkel aus. Je besser die Wärmeverteilung im Ferkelnest geregelt werden kann, desto höher ist der Anteil des idealen **Liegeverhaltens**. Die Qualität der Wärmeerzeugung beeinflußt die Wärmeverteilung und die Trockenheit der Luft im Ferkelnest. Gleichmäßig warme Oberflächen, bei denen die Atemluft der Tiere eher mäßig erwärmt wird, sind hier gegenüber Strahlungsquellen (Flüssiggas, Elektrik) im Vorteil. Nachteilig ist der größere Anlagenaufwand. Die Einflüsse der Wärmequelle und des Unterbodens auf die **Zuwachsleistungen** sind in Abbildung 2.4–6 dargestellt.

Die Qualität des Ferkelnestes schlägt sich direkt auf den **Nutzenergiebedarf** für die Aufzucht nieder und ist damit unmittelbar ökonomisch, aber auch ökologisch relevant (Abb. 2.4–7).

Ein rein energetischer Vergleich der benötigten Nutzenergien im Ferkelnest sagt jedoch noch nichts über den tatsächlichen **Primärenergieverbrauch** aus. Während zur Erzeugung von Wärme aus Heizöl z. B. in einer **Warmwasserheizung** pro Kilowattstunde (kWh) je nach Qualität des Öls bei einem Wirkungsgrad der Heizungsanlage von

chen werden solche Lösungen jedoch nicht in die Praxis umgesetzt.

Für das **Wohlbefinden** der Ferkel spielt die **Wärmeverteilung** auf der **Liegefläche** eine wesentliche Rolle (Abb. 2.4–5). Die Wärmeverteilung wirkt sich unmittelbar auf

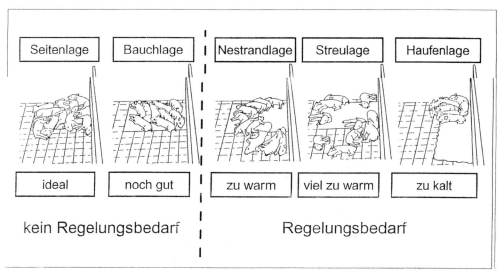

Abb. 2.4–5 Liegeverhalten der Ferkel und Regelungsbedarf bei unterschiedlichen Ferkelnesttemperaturen (BAEYE-ERNSTEN et al., 1996)

2.4 Rationelle Energieanwendung

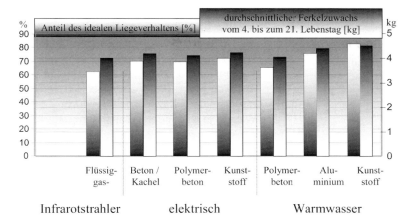

Abb. 2.4–6
Anteile idealen Liegeverhaltens und durchschnittlicher Ferkelzuwachs
(nach BAEYE-ERNSTEN et al., 1996)

ca. 90 % (10 % Abwärme durch den Abgasabzug und durch Warmwasser-Leitungsverluste) 0,11 l Öl benötigt werden, sind dies bei einem **Elektroinfrarotstrahler** wegen der Energieverluste bei der Stromerzeugung und Zuleitung bis zum Verbraucher, die zu einem Gesamtwirkungsgrad von etwa 35 % führen, ca. 0,32 l Öl je kWh (Annahmen: Dichte 850 g/l, Heizwert Heizöl EL 42,7 MJ/kg). Die gleiche Wärmemenge aus elektrischem Strom führt im Vergleich zur Öl-Warmwasserheizung daher zu einem um etwa Faktor 3 höheren Kohlendioxidausstoß und Wasserdampfanfall.

2.4.8 Kühlung

(OLDENBURG, J.)

Zu hohe Umgebungstemperaturen, vor allem in Verbindung mit zu hohen relativen Luftfeuchten, belasten die Tiere stark, weil sie sich nicht mehr ausreichend entwärmen können. Die Körpermassezunahmen und Milchleistungen sinken, die Reproduktionsleistungen nehmen ab (so führen die üblicherweise hohen Lufttemperaturen im Juli jährlich wiederkehrend zu verringerten Ferkelzahlen im Herbst). Während hohe Umgebungstemperaturen in Mitteleuropa in der Regel in überschaubaren Zeiträumen vorkommen, können sie in Südeuropa zu einem

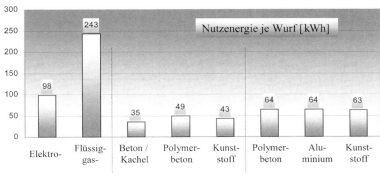

Abb. 2.4–7
Nutzenergiebedarf je Wurf bis zum 21. Lebenstag, Mittelwerte aus 7 Durchgängen
(nach BAEYE-ERNSTEN et al., 1996)

leistungsbegrenzenden Produktionsfaktor werden.

Die Stalltemperaturen zu senken, ist über drei verschiedene Wege möglich:

a) Erdreichwärmetauscher

Wie im Kapitel Wärmetauscher (2.4.10.1) angedeutet, lassen sich mit **Erdreichwärmetauschern** Temperaturspitzen brechen, vor allem bei extremen Tag-Nacht-Schwankungen. Eine nachhaltige Kühlung der Zuluft ist jedoch nur über einen **kürzeren Zeitraum** von wenigen Tagen möglich.

b) Kompressorkühlung

Mit einer **Kältemaschine** wird unter Verbrauch elektrischer Energie Wärme aus dem Stall abgezogen. Nachteilig ist neben den hohen Anlagenkosten der hohe Verbrauch an elektrischer Energie, so daß solche Lösungen in der Regel nur bei Wohnhäusern, Kliniken und Ställen für teure Zuchtpferde eingesetzt werden.

c) Verdunstungskühlung

Als Alternative zur Kältemaschine kommt überwiegend die **Verdunstungskühlung**, bei der Wasser durch verschiedene Techniken (Wasserschleier, benetzte Filter = engl. Cooling pads, Hochdruckvernebelungen) in der Zuluft oder der Stalluft verdunstet wird, zum Einsatz. Da Wasser beim Übergang von der flüssigen in die Gasphase sehr viel Energie benötigt und diese Energie mangels Alternativen nur aus der Luft bereitgestellt werden kann, findet eine sog. **adiabatische** Zustandsänderung der Luft statt: Der Wärmeinhalt der Luft ändert sich nicht, durch die Aufnahme von Wasserdampf aus der flüssigen Phase erhöht sich die latente Wärme, während die sensible Wärme sinkt, d.h., es kommt zu einer **Temperaturabsenkung**. Die Temperatur des aufgenommenen Wassers selbst spielt dabei eine untergeordnete Rolle: zur Erwärmung eines Liters Wasser von 8 °C (übliche Brunnen- oder Leitungswassertemperatur) auf z. B. 30 °C im Stall werden 92,2 kJ Energie benötigt (der Wärmeinhalt von Wasser beträgt 4,19 kJ/kg Wasser je K). Um aber einen Liter Wasser zu verdunsten, sind 2257 kJ notwendig, also ungleich mehr. Unter europäischen Verhältnissen sind bei Vernebelungen von 2–5 g Wasser je Kubikmeter Zuluft Temperaturabsenkungen von bis zu 5 Kelvin nachhaltig erreichbar. Über die Zusammenhänge von Wassergehalt, Temperatur, relativer Feuchte, Druck und Energiegehalt der Luft gibt das sog. h,x-Diagramm nach MOLLIER Auskunft (Abb. 2.4–8).

Wasserschleier in der Zuluft erlauben wegen der kurzen Kontaktzeit des Wassers in der Luft nur eine sehr begrenzte Wasseraufnahme. **Cooling pads**, dies sind mit Wasser ständig benetzte organische Gewebe, die in den Zulufteinrichtungen angebracht werden, sind sehr einfach aufgebaut, handhabbar und betriebssicher. Sie erzeugen jedoch nicht unerhebliche Strömungs-

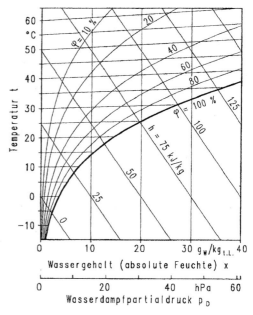

Abb. 2.4–8 h,x-Diagramm für feuchte Luft (Luftdruck: 1,013 bar/1013 hPa) nach MOLLIER (SCHRAMEK, 1999, Abb. 1.3.4–2)

widerstände, die durch Ventilatoren und damit unter Verwendung elektrischer Energie überwunden werden müssen. Die erreichbare Wasserverdunstungsrate ist insbesondere in Zeiten und Klimazonen mit sehr geringen relativen Feuchten und hohen Temperaturen in der Regel ausreichend groß. So werden Cooling pads folgerichtig in der **Geflügelhaltung** in den arabischen Wüstenstaaten regulär eingesetzt. Für mitteleuropäische Klimate mit niedrigeren Spitzentemperaturen als in der Wüste, jedoch durchgängig deutlich höheren relativen Luftfeuchten, überwiegen die Nachteile der Cooling pads (Verschmutzung, Verpilzung, Strömungswiderstände, in Europa nicht ausreichende Verdunstungsleistung).

In Europa ist die **Hochdruckvernebelung** von Wasser die Methode der Wahl. Durch eine Hochdruckkolbenpumpe wird vorgefiltertes Wasser bei einem Druck von 40–70 bar durch sehr kleine Spezialdüsen, die einen Wasserdurchsatz von 2–6 l/h aufweisen, vernebelt. Es entstehen Nebeltröpfchen mit einem Durchmesser von 5–10 µm. Dies führt zu einer sehr großen spezifischen Oberfläche des Wassers und damit zu einer schlagartigen Verdampfung und Temperaturabsenkung. Aufgrund der effizienten Verdunstung des Wassers sind die Energieaufwendungen für die Hochdruckpumpe vernachlässigbar gering. Die Investitionskosten sind jedoch vergleichsweise höher als beim Einsatz von Cooling pads (obwohl immer noch ungleich niedriger als bei der Kompressorkühlung), und eine regelmäßige Wartung ist notwendig.

2.4.9 Beleuchtung

(OLDENBURG, J.; METHLING, W.)

Licht ist eine essentielle Voraussetzung des Lebens und hat einen positiven Einfluß auf das Wohlbefinden und das Leistungsvermögen der Tiere. Andererseits ist Licht notwendig, damit die Tierbetreuer optimale Arbeitsbedingungen vorfinden.

Tabelle 2.4–3 Notwendige Beleuchtungsstärken in Arbeitsräumen (nach EICHHORN, 1999; SCHÖN, 1998; SCHRAMEK, 1999)

Bereich	Mindestbeleuchtungsstärke [lx]
Büroräume ohne Tageslicht	500–1000
Büroplätze an Fenstern	300–500
Melkstand	200
Milchviehstall	50
Schweinestall	50
Geflügelstall	30
Garagen, Lagerräume	20

Physikalisch wird der **Lichtstrom** in Lumen (lm) und die **Beleuchtungsstärke** in Lux (lx) gemessen. Ein **Lux** entspricht einem **Lumen** je Quadratmeter (1 lx = 1 lm/m^2). Die Sonne hat auf der Erde eine Beleuchtungsstärke von 80 000 bis 100 000 Lux. Bei bedecktem Himmel werden 5000 Lux erreicht, in einer Vollmondnacht sind dies 0,25 Lux (SCHRAMEK, 1999).

Als **Mindestbeleuchtungsstärken** für Arbeitsplätze gelten die in Tabelle 2.4–3 dargestellten Werte. Die **Optimalbereiche** für die Tiere (vgl. Tab. 2.4–2) unterscheiden sich z.T. deutlich von diesen Minimallichtstärken für das im Stall arbeitende Personal. Konflikte bestehen jedoch nur zeitweise bei der Haltung von Legehennen und Mastgeflügel in fensterlosen Ställen. Bei der künstlichen Beleuchtung wird die erforderliche Lichtintensität durch die **Anzahl** und die **Beleuchtungsstärke** der **Lampen**, die Größe der zu beleuchtenden Fläche (z.B. Stallgrundfläche) sowie den u.a. aus Material, Farbe und Sauberkeit der Oberflächen resultierenden **Beleuchtungswirkungsgrad** des Lichtes bestimmt. Die Lichtausbeute verschiedener elektrischer Lichtquellen ist sehr unterschiedlich (Tab. 2.4–4). Die höchste Lichtausbeute erreichen 3-Banden-Leuchtstofflampen mit Vorschaltgerät.

Der **Beleuchtungswirkungsgrad** ist das Verhältnis des für die Beleuchtung **wirksamen Lichtstromes** zum gesamten Licht-

Tabelle 2.4–4 Spezifische Lichtausbeute verschiedener Lichtquellen je Watt Elektroenergie (nach SCHRAMEK, 1999)

Lichtquelle	Lichtausbeute in lm/W
Glühlampe 220 V	14
Standard-Leuchtstofflampe, 38 mm ⌀	52
3-Banden-Leuchtstofflampe, 26 mm ⌀	76
Dito mit Vorschaltgerät	95

strom und berücksichtigt die geometrischen Verhältnisse des Raumes, die Anordnung der Leuchten, die Reflexion der Flächen, direkte und indirekte Beleuchtung usw. Er kann Werte zwischen 0,3 (sehr ungünstig) und 0,9 (sehr gut) annehmen (SCHRAMEK, 1999). So weist eine weiße Oberfläche einen Beleuchtungswirkungsgrad von 0,7–0,8 auf, dunkles Holz aber nur 0,1–0,25 (nach SCHÖN, 1998). Um in einem Raum also gleiche Lichtverhältnisse zu schaffen, kann der notwendige Energiebedarf je nach verwendetem Leuchtmittel und vorhandener Raumgeometrie und Oberflächenfarbe sehr unterschiedlich sein. Erhebliche Einsparpotentiale sind möglich.

Durch **Fenster**, **Lichtbänder**, eine **offene Raumgestaltung** und eine der Sonneneinstrahlung entsprechende **Ausrichtung** der Stallgebäude kann der für die Beleuchtung notwendige Energiebedarf in einer Stallanlage deutlich reduziert und die mittlere Beleuchtungsstärke erheblich erhöht werden. Hierbei ist zu beachten, daß Fenster bezogen auf ihren Preis in der Regel deutlich schlechtere Wärmedämmwerte als Wände aufweisen und so in der kalten Jahreszeit zu erheblichen Wärmeverlusten führen können, während sie im Sommer je nach Beschattung Ursache großer Strahlungswärmelasten, die durch die Lüftung zusätzlich abzuführen sind, sein können.

2.4.10 Nutzung regenerativer Energien

(OLDENBURG, J.)

2.4.10.1 Wärmerückgewinnung

Aus Tierställen entweicht mit der Lüftung sensible (d. h. fühlbare und mit dem Thermometer meßbare) und latente **Wärme** (in Form der Verdampfungswärme des Wassers im Wasserdampf). Es ist daher naheliegend, diese Wärme zu nutzen. Im Rahmen einer **ökologischen** und **ökonomischen Bewertung** ist jedoch bei jeder Investitionsentscheidung zu hinterfragen, welche Wirkungen erzielt werden sollen. Der ökologisch vorteilhafte Zugewinn an **Wärme** ist gegen z. B. einen erhöhten **Stromverbrauch** für ventilatorisch zu überwindende erhöhte Strömungswiderstände oder Pumpenleistungen zu saldieren. Hierbei ist zu berücksichtigen, daß mit einem Liter Öl energetisch etwa dreimal soviel Wärme wie elektrischer Strom produziert werden kann. Jede Wärmerückgewinnung, die mit dem eingesetzten elektrischen Strom nicht mindestens die dreifache Wärmemenge realisiert, ist ökologisch bestenfalls gleichwertig, im ungünstigsten Fall jedoch schlechter als eine Ölheizung (für Kohle oder Gas sind die Relationen ähnlich). Deshalb müssen Wärmerückgewinnungsanlagen mir hohem Wirkungsgrad und geringem Elektroenergieverbrauch entwickelt und genutzt werden. Für eine Investitionsentscheidung spielt auch die Auslastung in Stunden je Jahr eine ökonomisch wichtige Rolle. In der Regel wird im Sommerhalbjahr keine Wärme im Stall benötigt. In dieser Zeit macht dann auch eine Wärmerückgewinnung keinen Sinn. Eine Wärmerückgewinnung kann technisch über zwei verschiedene Wege erfolgen:

2.4 Rationelle Energieanwendung

a) Luft-Luft-Wärmetauscher

Bei **Luft-Luft-Wärmetauschern** wird die kühlere Zuluft in **Röhren-, Platten-** oder **Folienwärmetauschern** aus **Metall, Glas** oder **Kunststoff** im Quer- oder Gegenstrom gegen die wärmere Abluft in den Stall geführt. Die Luftmassen dürfen sich nicht vermischen. Der Wärmetauscher muß die unterschiedlichen Luftmassen aerodynamisch sauber voneinander trennen können. Durch diese Technik kühlt sich die warme Abluft ab, die Zuluft wird erwärmt. Bei extremen Temperaturdifferenzen kommt es an der Tauscherfläche auf der Abluftseite zu einem Unterschreiten des Taupunktes, wodurch Wasserdampf in Form von Kondenswasser anfällt. Der **thermische Wirkungsgrad** wird in diesem Fall deutlich erhöht, weil bei der Kondensation von Wasserdampf erhebliche Wärmemengen anfallen. Der thermische Wirkungsgrad eines Wärmetauschers hängt unter sonst gleichen Bedingungen von der Komplexität des Systems ab. Grundsätzlich gilt, daß höhere gewünschte Wirkungsgrade höhere Investitionsaufwendungen und höhere Strömungswiderstände verursachen.

Nach der ersten Ölkrise Mitte der 70er Jahre des letzten Jahrhunderts wurden sehr viele Wärmetauschersysteme entwickelt. Eine nachhaltige Durchsetzung am Markt ist jedoch erstens wegen der in der Folge wieder gesunkenen Energiepreise und zweitens wegen der Verstaubungs- und Verschmutzungsprobleme auf der Abluftseite nicht erfolgt. **Staub** bildet in Verbindung mit nur zeitweilig anfallendem **Kondenswasser** trockene Krusten, die auf den Tauscherflächen eine wirkungsgradsenkende Wärmedämmung verursachen und die Strömungswiderstände erhöhen. Nur eine **regelmäßige Wartung** eines Wärmetauschers sichert einen dauerhaften Energiegewinn. Bei der Auswahl der **Tauschermaterialien** ist zu berücksichtigen, daß im Kondensat korrosive Stoffe wie Ammonium und schwefelige Säure aus dem Ammoniak und dem Schwefelwasserstoff der Stallabluft gelöst werden. Das eingesetzte Material sollte deshalb gegen diese Stoffe chemisch inert sein.

Im deutschen Ausrüstermarkt bietet ein Unternehmen Fertigställe für die Schweinemast an, in denen ein patentierter **vertikaler Wärmetauscher** (Edelstahlwand) installiert ist (Firma Gillig + Keller, D-97215 Uffenheim). Durch die Einbindung in das Gebäudekonzept ist dieses System vergleichsweise kostengünstig. Das im Winter anfallende Kondensat wäscht aufgrund der vertikalen Anordnung der Tauscherflächen in unregelmäßigen Abständen einen Großteil des im übrigen Jahr anlagernden Staubes ab.

b) Wärmepumpen

Wärmepumpen sind mit einem elektrisch betriebenen Kompressor ausgerüstete **Kältemaschinen**. Mit einer Wärmepumpe wird durch den Einsatz von elektrischem Strom Überschußwärme eines geringeren Temperaturniveaus auf ein höheres, nutzbares Temperaturniveau angehoben. So können Wärmepumpen zur Beheizung von Wohnhäusern auch noch bei Minusgraden im Winter Energie aus der Außenluft in Heizwärme für das Haus umwandeln. Ein **Kühlmittel** wird in einer solchen Anlage im Kreislauf gefahren. Der Kompressor verdichtet das Kühlmittel, das Kühlmittel erwärmt sich. Anschließend wird das erwärmte Kühlmittel durch einen **Wärmetauscher** (= Kondensator, hier kondensiert das Kühlmittel), an den die Wärme vom heißeren Kühlmittel an kühlere Luft oder kälteres Brauchwasser abgegeben wird, abgekühlt. In der nächsten Stufe wird das Kühlmittel durch ein Drosselventil geleitet, durch die Entspannung des Kühlmittels wird der Druck im System und damit auch die Kühlmitteltemperatur schlagartig abgesenkt. Beim Durchleiten des Kühlmittels durch einen weiteren Wärmetauscher (= Verdampfer, hier verdampft das Kühlmittel) wird aus der dort wärmeren Umgebung Energie z. B. aus Stallabluft oder Milch im Kühltank aufgenommen. Anschließend beginnt der Kreislauf von vorn. Die für die Wärmetauscher gewählten Materialien müssen insbesondere beim Einsatz in Stalluft chemisch stabil sein. Die mit einer Wärmepumpe maximal überwindbaren Temperaturdifferenzen hängen vom eingesetzten Kältemittel, die Kapazität von der Konzeption der Anlage ab.

Im Rahmen einer **ökologischen** und **ökonomischen Bewertung** einer Wärmepumpe spielt die sog. **Leistungszahl** (früher Leistungsziffer) ein wichtige Rolle. Durch die Leistungszahl wird ausgedrückt, wieviel Wärmeenergie durch den für den Kompressor benötigten elektrischen Strom gewonnen werden kann. Je höher die Leistungszahl ist, desto größer ist der **Wirkungsgrad** des Systems. Auch hier ist zu beachten, daß mit der teuren und ökologisch kritischeren Sekundärenergie Strom die Primärenergie Wärme nutzbar gemacht werden soll.

Eine Besonderheit der Wärmepumpe stellen **Lufttrocknungsanlagen** dar. Mit diesen wird z.B. in einem wärmegedämmten Kälberstall die Stalluft im Umluftbetrieb abgekühlt, wodurch im Verdampfer der Anlage überschüssiger Wasserdampf als Kondensat anfällt und die Kondensationswärme an das Kühlmittel abgibt, welches wiederum über den Kondensator die Stalluft erwärmt. Die Stalluft erwärmt sich aufgrund der Umwandlung von latenter Wärme in sensible Wärme über das Ausgangsniveau hinaus und wird dabei gleichzeitig getrocknet.

Wärmepumpen werden aufgrund ihres hohen Investitionsaufwandes, der Wartungskosten und der in der Regel zu niedrigen Leistungszahlen im Stallbereich eher selten eingesetzt. Durchgängige Verwendung findet jedoch die **Wärmerückgewinnung** aus der **Milchkühlung**, weil hier wegen des grundsätzlichen Bedarfes einer Kältemaschine nur geringe Zusatzinvestitionen nötig sind (Kondensator im Wassertank). Diese Wärme, die bei der Absenkung der Milchtemperatur von 37 °C (Eutertemperatur) auf 4 °C (Lagertemperatur) anfällt, wird durchgängig zur **Erwärmung des Brauchwassers** auf eine Temperatur von ca. 65 °C eingesetzt. Überlegungen, die Abwärme aus der Milchkühlung gerade bei großen Tierbeständen auch zur Beheizung von nahegelegenen Wohnhäusern einzusetzen, scheitern in der Regel an den damit verbundenen Leitungskosten und Übertragungsverlusten.

2.4.10.2 Erdwärmetauscher

Die Erdwärme wird für die Beheizung von Wohnhäusern als Wärmequelle für Wärmepumpen genutzt. Im Bereich der Tierhaltung ist dies ein eher unübliches Verfahren. In der Tierhaltung sind **Erdreichwärmetauscher** jedoch weiter verbreitet.

Üblicherweise müssen die raumlufttechnischen Anlagen die Regulierung des Stallklimas mit nicht aufbereiteter Außenluft bewältigen, weil Klimaanlagen, die die Luft je nach Bedarf und Außentemperatur erwärmen, kühlen, be- oder entfeuchten könnten, in der Tierhaltung aus ökonomischen Gründen nicht eingesetzt werden. Im **Erdboden** variieren die **Temperaturen** je nach Bodenart, Bodentiefe und Bodenfeuchte erheblich geringer als in der Außenluft und mit zunehmender Bodentiefe gegenüber der Lufttemperatur zunehmend zeitverzögert (Abb. 2.4–9).

Mitten **unterhalb eines Stalles** ist es wegen des Wärmeabflusses aus dem Stall

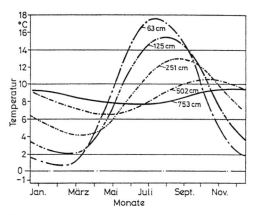

Abb. 2.4–9 Jährlicher Gang der Bodentemperatur nach GEIGER (1950) (bei TIEDEMANN, 1990, Abb. 6)

2.4 Rationelle Energieanwendung

ganzjährig am wärmsten, weshalb unterhalb eines Stalles eingerichtete Erdwärmetauscher die Zuluft im Heizmodus besser vorwärmen und im Kühlmodus schlechter abkühlen. Der Leistungsunterschied beträgt gegenüber einer Installation im **unbebauten Boden** ca. 15–30 %. Durch die Tageszeit bedingte Bodentemperaturänderungen beschränken sich auf einen Radius von nur wenigen Zentimetern um das Rohr. Die Bodentemperatur in einem Erdwärmetauschersystem folgt im Prinzip dem normalen Jahresgang der Bodentemperatur. Die Varianten der Luftzuführung über Erdwärmetauscher zeigt Abbildung 2.4–10.

Als aus Kostengründen ideale Wärmetauscher haben sich wasserdichte und druckgeprüfte **Drainagerippenrohre** aus PVC mit einer **Nennweite** von 160 oder 200 mm erwiesen. Bei der Verlegung der Rohre ist auf die Beständigkeit der Rohre ohne Knicke, Dellen oder andere Drosselstellen zu achten. Dies ist insbesondere dann von Bedeutung, wenn die Rohre unterhalb eines Stallneubaues verlegt werden und diese Fläche anschließend noch mit Radladern befahren werden soll. Ökonomisch sinnvoll sind **Rohrlängen** von etwa 9 bis 11 m, die vereinfacht wie ein senkrecht gestelltes U-Rohr als durchgängige Stränge neben dem Stall in einer Tiefe von mindestens 2 m verlegt sind. Auf eine wasserabführende Vorrichtung kann verzichtet werden, sofern auf Dichtigkeit geprüfte Rohre Verwendung finden. Der Wärmeübergang ist in den vorderen Rohrabschnitten besonders stark. Eine Reduzierung der Luftrate ergibt vergleichbare Luftzustandswerte schon in kürzeren Rohrabschnitten. Lange Rohre haben nur bei hohen Luftraten und extremen Witterungsbedingungen eine größere Bedeutung. Während ein Erdwärmetauscher im **Winter** nennenswerte Wärmeleistungen realisieren kann, ist die Bedeutung im **Sommer** eher im Brechen von extremen Temperaturspitzen zu sehen als in der nachhaltigen Senkung der Durchschnittstemperaturen (Abb. 2.4–11). In den Übergangszeiten mit starken Tag-Nacht-Schwankungen in der Außenlufttemperatur führt der Einsatz eines Erdwärmetauschers in der Schweinemast zu signifikant höheren **Tageszunahmen**. Der Verbrauch an elektrischer Energie erhöht sich durch den Einsatz

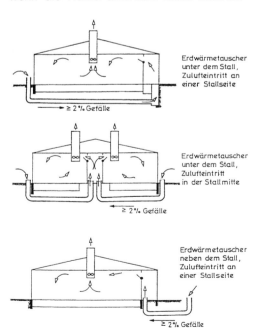

Abb. 2.4–10 Varianten der Luftzuführung über Erdwärmetauscher (TIEDEMANN, 1990, Abb. 7)

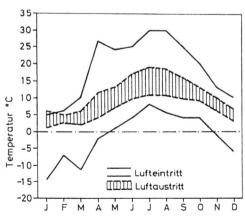

Abb. 2.4–11 Jahresgang der Minimum-Maximum-Temperatur einer Erdwärmetauscher-Versuchsanlage (TIEDEMANN, 1990, Abb. 24)

2 Umweltgerechte Tierhaltung

eines Erdwärmetauschers im Jahresdurchschnitt um etwa 10 % (TIEDEMANN, 1990).

2.4.10.3 Solarwärme und Photovoltaik

Die Umwandlung des Sonnenlichtes in Wärme, z.B. in Form von warmem Wasser oder erwärmter Luft, erfolgt durch **Solarkollektoren**. Soll elektrischer Strom erzeugt werden, müssen **Solarzellen** eingesetzt werden **(photovoltaische Anlagen)**.

Die auf der Erde eintreffende Strahlungsleistung der Sonne ist im Jahresverlauf unterschiedlich. Sie ist im Winter am geringsten und im Sommer (zu Sommeranfang, bei höchstem Sonnenstand) am größten. Da der Wärmebedarf in der Tierhaltung jedoch im Winter am größten ist, weil dann auch die höchsten Wärmeverluste durch die Lüftung und die raumumschließenden Bauteile auftreten und im Stall im Sommer eher gekühlt als geheizt werden muß, ist der Einsatz von Solarkollektoren bisher nur zur **Brauchwassererwärmung** im Stall, nicht aber zur Raumheizung, überlegenswert. Ein Problem für Solarkollektoren und -zellen stellt die relativ starke **Verstaubung** um Tierhaltungen dar.

Insbesondere bei Anlagen zur Tierhaltung, die weitab von öffentlichen Stromnetzen betrieben werden, können **photovoltaische Anlagen** netzunabhängigen elektrischen Strom zur Verfügung stellen (z.B. für **Weidezaungeräte** und **Wasserpumpen**). Bisher war photovoltaischer Strom im Vergleich zu anderen Energieträgern wegen der Kosten für die Solarzellen extrem kostspielig, d.h. etwa fünf- bis zehnmal so teuer wie Strom aus Windkraft. Bei netzfernen kleineren Verbrauchern entfallen bei Nutzung des Solarstromes jedoch die üblichen Leitungskosten. Neue rechtliche Rahmenbedingungen, Förderprogramme und günstige Einspeisebedingungen (u.a. das Erneuerbare Energien Gesetz von 1999) haben die Photovoltaik auch für Landwirte, die dann ebenfalls **Energiewirte** sind, interessant gemacht.

2.4.10.4 Windkraft

Während die Nutzung der **Windkraft** zur Erzeugung von **Elektroenergie** in den letzten Jahren wegen der steuerlichen Anreize einen erheblichen Aufschwung genommen hat, wird die Windkraft in der Tierhaltung schon seit Jahrhunderten zur Förderung von **Tränkwasser** über windbetriebene **Pumpen** eingesetzt.

2.4.10.5 Biogas

Wegen der in einer Stallanlage anfallenden **Reststoffe** in Form von Kot, Harn und unter Umständen Einstreu ist der Einsatz einer **Biogasanlage**, in der ein Teil der unverdauten Nahrungsbestandteile unter Sauerstoffabschluß zu **Methan** vergoren wird, naheliegend. Das Methan wird in einem Verbrennungsmotor mit **Kraft-Wärme-Kopplung** verbrannt. Es wird **elektrischer Strom** und **Abwärme** produziert. Die Rentabilität einer Biogasanlage wird durch die Nutzung der Abwärme des Verbrennungsmotors deutlich erhöht. Damit ist der Einsatz einer Biogasanlage vor allem in Betrieben, die kontinuierlich Ferkel aufziehen, besonders vorteilhaft (Warmwassernutzung in der **Fußbodenheizung** im Ferkelnest). Nachteilig ist bei der Vergärung von Gülle die bei einer ausgefeilten Fütterung relativ geringe Energiedichte des Substrates. Die **Kofermentation** z.B. von Fritierfetten erhöht die Gasausbeute erheblich, ist jedoch wegen des notwendigen Antransportes der Kofermente an einen Schweinezuchtbetrieb aus seuchenhygienischen Gründen nicht unbedenklich. Alternativ bietet sich neben der Nutzung von Futter- und Ernteresten der **Energiepflanzenanbau** auf den agrarpolitisch geforderten Stillegungsflächen an. Einen weiteren Überblick gibt BIOGAS (2000).

2.4.10.6 Nachwachsende Rohstoffe

In einem landwirtschaftlichen Betrieb kann ein nicht unerhebliches Potential an Wärme aus **Stroh**, **Holz** oder anderen **nachwachsenden Rohstoffen** zur Verfügung gestellt werden. In der Tierhaltung können diese (Stroh und Holz, z. B. als Hackschnitzel) in einem speziellen Brenner, der mit einer Rückbrandsicherung ausgestattet ist, ausschließlich zur Erzeugung von **Wärme** (Heizwasser) verfeuert werden. Von besonderem Interesse für den Landwirt ist die energetische Verwertung der überschüssigen Stroh- und Heuernte dann, wenn die Wärme lokal oder regional eingespeist werden kann.

Holz als Brennstoff ist immer dann interessant, wenn trockenes Holz kostengünstig zur Verfügung steht. Wie auch beim Stroh sind Lagerräume zur Zwischenlagerung der Brennstoffe vorzuhalten. Während technisch ausgereifte **Holzhackschnitzelheizungen** auch für kleinere Heizleistungen am Markt zu finden sind, sind **Strohfeuerungen** wegen der komplizierteren Beschickung des Brenners in der Regel erst bei größeren Anlagen sinnvoll. Einen auch für große Rundballen geeigneten Brenner bietet z. B. die Fa. HERLT an.

Literatur

Baeye-Ernsten, H., M. Bichmann, F. v. d. Haar, N. Clausen: Wärmesysteme für Ferkel im Praxisvergleich – Wie kann man Ferkeln eine gute Wärmeversorgung anbieten. Bauernblatt, 13.04.1996: 52–57.

Biogas (Autorenkollektiv): Top Agrar Extra. Landwirtschaftsverlag, Münster-Hiltrup (2000).

Büscher, W.: Lüftung von Schweineställen. AID-Heft 1067, Bonn (1996).

Dorn, W.: persönliche Mitteilung (1984).

Eichhorn, H. (Hrsg.): Landtechnik. Verlag Ulmer, Stuttgart (1999).

Schön, H. (Hrsg.): Landtechnik-Bauwesen. BLV-Verlagsgesellschaft, München (1998).

Schramek, E. R. (Hrsg.): Taschenbuch für Heizung und Klimatechnik, 69. Auflage. Verlag Oldenbourg, München (1999).

Tiedemann, H.: Erdwärmetauscher für Schweineställe, KTBL-Schrift 340, Darmstadt (1990).

van den Weghe, H.: Stallüftungsanlagen – Planung, Berechnung, Installation. Arbeitsgemeinschaft für Elektrizitätsanwendung in der Landwirtschaft e. V., AEL-Heft 8, Essen (1991).

Rechtsgrundlagen, Empfehlungen, Normen u. ä.:

AEL-Rechenschema für Lüftungsanlagen in Ställen. Arbeitsblatt 8, Essen (1993a).

AEL-Rechenschema für das Klima in Ställen. Arbeitsblatt 17, Essen (1993b).

DIN 18.910: Wärmeschutz geschlossener Ställe. Beuth-Verlag Berlin (1992).

DLG-Prüfberichte „Stallventilatoren". Maschinengruppe 10g, Deutsche Landwirtschaftsgesellschaft, Frankfurt am Main.

DLG-Prüfbericht „Lüftungsanlagen, Regeleinrichtungen". Maschinengruppe 10h, Deutsche Landwirtschaftsgesellschaft, Frankfurt am Main.

TGL 200–0745/07: Beleuchtung mit künstlichem Licht, Beleuchtungsgüte, Technologien der Land- und Forstwirtschaft sowie des Gartenbaus. 1983 (verbindlich ab 01.04.1994).

TGL 34312: Veterinärwesen, Lichtregime in der Schweine- und Geflügelproduktion. 1985 (verbindlich ab 01.08.1986).

VDI-Richtlinie 2087: Luftleitsysteme – Bemessungsgrundlagen. Düsseldorf (1998).

2.5 Lagerung und Verwertung von organischen Düngern (Dung, Jauche, Gülle, Abwasser)

2.5.1 Organische Dünger als Nährstoff- und Schadstoffquelle

(METHLING, W.)

Die im **Kot** verbliebenen unverdauten und/oder nicht resorbierten Inhaltsstoffe des Futters und die mit dem **Harn** ausgeschiedenen Abbauprodukte des Kohlenhydrat-, Fett-, Eiweiß- und Mineralstoffwechsels gelangen in Abhängigkeit vom Haltungssystem mehr oder weniger gebunden an die Einstreu in den **Dung** (Festmist), in die **Jauche** oder in die **Gülle** (Flüssigmist). Für die Gehalte an **organischer Substanz** und **Nährstoffen** in Kot und Harn der Tiere werden von BÖNING et al. (1984) die in Tabelle 2.5.1–1 zusammengestellten Angaben gemacht. Diese Orientierungen stimmen nicht vollständig mit den Definitionen der Dungeinheit (DE) und der Großvieheinheit (GV) sowie mit den aufgeführten Umrechnungsfaktoren (Tab. 2.2.2–1, 2.2.2–2, 2.2.2–3 in Kap. 2.2.2) überein.

Bei einem Tierbesatz von 2 GV pro ha ergeben sich die in Tabelle 2.5.1–2 aufgeführten Nährstoffrücklieferungen über die **organischen Dünger** auf die Pflanzen. Legt man marktübliche Preise für mineralische Düngemittel zugrunde, erkennt man den erheblichen Geldwert der Nährstoffe in den organischen Düngern (Tab. 2.5.1–3). Darüber hinaus haben die organischen Dünger im Unterschied zu den mineralischen Düngemitteln einen sehr positiven Einfluß auf den Humusgehalt und die Struktur des Bodens. Aus den genannten Gründen werden Dung, Jauche und Gülle auf den landwirtschaftlichen Nutzflächen einer **Verwertung**, nicht aber einer **Entsorgung** oder gar **Beseitigung** zugeführt. Sowohl Landwirte als auch Genehmigungsbehörden sollten deshalb Begriffe, die eine negative Wertung der organischen Düngung vornehmen (z. B. Abfall, Gülleentsorgungsflächen), meiden.

Die Inhaltsstoffe der organischen Dünger dienen den Mikroorganismen sowie Pflanzen als Nährstoffe und werden von ihnen rezykliert. Bei zu großen Tierzahlen im Verhältnis zur verfügbaren landwirtschaftlichen Nutzfläche oder bei falscher flächenmäßiger bzw. zeitlicher Ausbringung und Verteilung der

Tabelle 2.5.1–1 Anfall an organischer Substanz, Stickstoff (N), Phosphor (P) und Kalium (K) aus Kot und Harn (in kg je Tier und Jahr) (BÖNING et al., 1984)

Tier	Organ. Substanz	N	P	K
Kuh	1588	79	21	99
Jungrind	688	38	10	47
Mastrind	734	45	12	39
Mastschwein	135	12	2	6[1]
Legehenne	8,4	0,8	0,2	0,2

[1] bei Hackfruchtmast

Tabelle 2.5.1–2 Nährstoffrücklieferung durch Gülle (TS-Gehalt 7,5 %) bei einem Tierbesatz von 2,0 GV/ha

Tierart/Nutzungsart	Gülleanfall $m^3/ha \times a$	Nährstoffrücklieferung (kg/ha $\times$ a)			
		N ges.	NH_4-N	P_2O_5	K_2O
Milchrind	44	176	88	66	264
Mastschwein	36	216	144	108	108

2.5 Lagerung und Verwertung von organischen Düngern (Dung, Jauche, Gülle, Abwasser)

Tabelle 2.5.1–3 Kalkulation des Geldwertes der Güllenährstoffe (nach GABEL, 2001)

Nährstoffe	Preise [DM/kg]	Rindergülle Gehalt [kg/m³]	Wert [DM/m³]	Schweinegülle Gehalt [kg/m³]	Wert [DM/m³]	Hühnergülle Gehalt [kg/m³]	Wert [DM/m³]
N	1,14	4,0	4,56	6,0	6,84	6,5	7,41
P_2O_5	1,00	1,5	1,50	3,0	3,00	5,0	5,00
K_2O	0,71	6,0	4,26	3,0	2,13	3,0	2,13
CaO	0,15	2,0	0,30	3,0	0,45	11,0	1,65
MgO	0,55	0,8	0,44	1,0	0,55	1,0	0,55
Gesamt	–	–	11,06	–	12,97	–	16,74

organischen Dünger kommt es zur Überversorgung des Bodens. Die nicht durch Nutzpflanzen und Bodenflora verwertbaren Nährstoffe Ammonium, Nitrat, Phospat u. a. können durch Niederschläge ausgewaschen werden und gelangen so ins Grundwasser oder in Vorfluter. Zu hohe Nährstoffkonzentrationen in Oberflächengewässern wiederum führen insbesondere bei warmer Witterung zu einer schnellen Vermehrung von Algen. Nach Erreichen des Gipfels der Wachstumskurve und Eintreten von Sauerstoffmangel stirbt ein Großteil der Algen ab. Durch diese **Eutrophierung** „kippt" das Gewässer um, es kommt zur fauligen Zersetzung der organischen Substanz. Das normalerweise durch ökologische Rezyklierungsprozesse bewirkte Selbstreinigungsvermögen von Boden und Wasser wird bei zu starken Nährstoffausträgen überfordert – **Nährstoffe** werden zu **Schadstoffen** für Pflanzen, Tiere und Menschen.

Bei der Sammlung, Lagerung, Homogenisierung oder Umsetzung von organischen Düngern setzen aerobe und anaerobe Mikroorganismen den Abbau von Eiweiß-, Kohlenhydrat- und Fettmetaboliten fort. Von überragender Bedeutung sind die durch **Ureasebakterien** verursachte Zersetzung des Harnstoffes bzw. der Harnsäure in **Ammoniak** und die **Rotte** von Dung. Die dabei freiwerdenden und insbesondere bei der Homogenisierung der Gülle bzw. Umsetzung des Dungs emittierten Gase treten in die Luft ein und werden durch Transmissions- und Diffusionsvorgänge in der Umgebung der Emissionsquelle verteilt. Je stärker diese Umsetzungs- und Freisetzungsprozesse sind, desto stärker ist die Reduzierung der Nährstoffgehalte in den organischen Düngern. Durch zusätzliche biotechnologische Behandlungsverfahren kann ein gezielter Abbau von Stickstoffverbindungen zu molekularem Stickstoff oder von Kohlenstoffverbindungen zu **Methan (Biogas)** erreicht werden. Die Nährstoffe in den organischen Düngern können also nicht nur stofflich, sondern auch energetisch verwertet werden.

2.5.2 Gesamtbelastung, lokale und zeitliche Verteilung des Nährstoffaustrages und der Emission

(METHLING, W.)

Die Gesamtmenge der mit den **Exkrementen** in die organischen Dünger und damit in die Umwelt gelangenden **Nährstoffe** ist (mit Ausnahme der Nährstoffe im Einstreumaterial) ausschließlich von der Anzahl und Art der Tiere sowie ihrer Fütterung abhängig. Die Verfahren der Haltung, Einstreu und Entmistung beeinflussen somit nicht den Gesamteintrag von Nährstoffen bzw. die **Gesamtbelastung** mit Nährstoffen, die eventuell zu **Schadstoffen** werden. Die verschiedenen Entmistungs-, Aufbereitungs-, Lagerungs- und Ausbringungsverfahren bestimmen jedoch wesentlich den lokalen bzw. zeitlichen **Austrag** der Nährstoffe und damit deren **Verteilung** in den Umweltmedien (Luft, Boden, Wasser) am Standort und in der Region.

Grundsätzlich bewirken Verfahren, die mit hoher **Emission** von Ammoniak und anderen Gasen verbunden sind, eine Reduzierung des Nährstoffgehaltes in den Düngern und somit eine geringere Belastung des Bodens bzw. Wassers am Standort. Verfahren mit geringer Emission bewahren weitgehend den Nährstoffinhalt und damit auch den **Düngewert** von Stalldung, Jauche und Gülle. Die Emission von Ammoniak u. a. Schadgasen und Geruchsstoffen belastet einerseits die Luft am Standort und darüber hinaus, entlastet andererseits den Boden und das Wasser der eigenen landwirtschaftlich genutzten Fläche. Lokale Entlastungen ziehen regional und global höhere Belastungen nach sich. Diese können wiederum über Niederschläge, Oberflächen- und Grundwasser auf Pflanzen, Tiere und Menschen am Ort zurückwirken.

Die Anwendung **biotechnologischer** Verfahren der **Gülleaufbereitung** kann sowohl lokale als auch regionale und globale Nährstoffbelastungen der Umwelt reduzieren. Dieses kann an ausgewählten Standorten mit hohen Tierkonzentrationen sinnvoll oder gar notwendig sein. Jedes Behandlungsverfahren geht mit zusätzlichem Energieverbrauch einher. Es kann betriebswirtschaftlich und lufthygienisch vorteilhaft sein, bei gesamtökologischer Betrachtung wird der Nutzen sehr zweifelhaft.

Aus **ökologischer Gesamtsicht** ist demnach zu fordern, daß:

- am Standort nur so viele Tiere gehalten werden, daß ihre Exkremente ohne Überdüngung auf den zur Verfügung stehenden Nutzflächen verwertet werden können (s. 2.2.2),
- der Umgang mit den organischen Düngern so erfolgt, daß möglichst wenig Nährstoffverluste durch Emissionen bei der Lagerung und Ausbringung eintreten,
- keine emissions- und nährstoffreduzierenden Behandlungsverfahren durchgeführt werden (müssen),
- die Tierernährung, Tierfütterung und Futterkonservierung auf eine maximale Nährstoffverwertung und minimale Ausscheidung, insbesondere von Stickstoff- und Phosphorverbindungen, ausgerichtet werden.

2.5.3 Ökologische und ökonomische Bewertung der Aufbereitung von organischen Düngern

(Hoy, St.)

Jede **Behandlung** und **Aufbereitung** von organischen Düngern erfordert zusätzlichen Aufwand an Energie, Stoffen und Kosten. Insofern sollten die Entmistungsverfahren so gestaltet werden, daß auf eine Behandlung verzichtet werden kann. Die Notwendigkeit zur Aufbereitung organischer Dünger, insbesondere von Gülle, resultiert haltungs- und standortabhängig aus ihren Eigenschaften (z. B. Schichtenbildung), nicht ausreichend vorhandenen Gülleverwertungsflächen, einer hohen Geruchsintensität u. a. Grundsätzlich können **thermische, biologische, mechanische, chemische** und **elektrische** Verfahren der Gülleaufbereitung angewendet werden (Abb. 2.5.3–1), wobei die Homogenisierung und die Separierung die größte praktische Bedeutung erlangt haben.

Da sich bei der Güllelagerung Schwimm- und Sinkschichten bilden können, muß vor der Entnahme eine **Homogenisierung** durchgeführt werden. Dies dient auch der gleichmäßigen Verteilung der Nährstoffe. Bei Rindergülle entstehen zumeist Schwimmdecken, bei Schweine- und Legehennengülle dagegen Sinkschichten. Das Aufrühren von Schwimmschichten auf Rindergülle gestaltet sich einfacher als das Auflösen von

2.5 Lagerung und Verwertung von organischen Düngern (Dung, Jauche, Gülle, Abwasser)

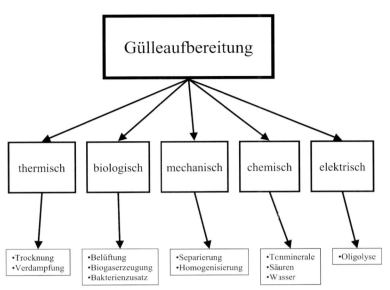

Abb. 2.5.3–1 Verfahren der Gülleaufbereitung (nach BOXBERGER et al., 1994)

Sinkschichten und ist besser zu kontrollieren. Für das Mischen werden vor allem Propellerrührwerke (mobile oder stationäre Rührwerke mit Schlepper- oder Elektro-Tauchmotorantrieb) oder Pumpen (Exzenter-, Drehkolben- oder Kreiseltauchpumpen) verwendet. Um den Wirkungsgrad zu erhöhen, sind die Förderstrecken gering zu halten, die Rohrdurchmesser nicht zu gering zu bemessen und möglichst wenig Bögen einzusetzen. Der Energieaufwand für das Mischen beträgt 0,6 bis 1,2 kWh/m³ (BOXBERGER et al., 1994). Da beim Homogenisieren von Gülle der hochtoxische **Schwefelwasserstoff** in wolkenartigen Emissionen freigesetzt werden kann, sind die Unfallverhütungsvorschriften zu beachten (Luftzufuhr in Pumpenhäusern mittels Gebläse, Bergung von Personen aus Behältern nur unter Schutzmaske, Sicherung durch weitere Personen u. a.).

Bei der **Separierung** wird die Trennung des Flüssigmistes in eine flüssige und eine feste Phase durchgeführt. Wenn die feste Phase zu Kompost weiterverarbeitet wird, sollte der Trockensubstanzgehalt mindestens 20 % betragen. Eine Zwischenlagerung der festen Phase unter Dach ist zweckmäßig, um eine Befeuchtung durch Niederschläge zu verhindern.

Hinsichtlich Trennleistung und Trockensubstanzgehalt erreichen Siebtrommelpressen, Siebbandpressen und Dekantierzentrifugen die besten Leistungen (Tab. 2.5.3–1).

Tabelle 2.5.3–1 Leistungsdaten mechanischer Gülletrennverfahren und der Gülletrocknung (MEIER et al., 1989; BOXBERGER et al., 1994)

Gerät	Nährstoff-abscheidung [%]	TS-Gehalt der Feststoffe [%]	Energie-aufwand [kWh/m³]	Durchsatz der Gülle [m³/h]
Siebtrommelpresse	bis 25	15–35	1–4	3–40
Siebbandpresse	bis 30	20–35	3–8	4–10
Dekantierzentrifuge	bis 40	25–35	2–12	3–12
Trocknung	über 60	über 85	über 75	10–150

Für eine Abtrennleistung der Nährstoffe von 30–40 % ist ein hoher Trockensubstanzgehalt anzustreben. Der Energieaufwand pro m³ Gülle ist bei der Zentrifuge am höchsten (bis 12 kWh/m³). Nachteilig erweist sich ihre Anfälligkeit gegenüber groben Partikeln und Steinen im Flüssigmist, so daß eine Grobstoffabscheidung vorgeschaltet sein muß. Diese Mazerierung (Zerkleinerung von Feststoffen und/oder Abtrennung von Fremdkörpern) wird auch vor dem Ansaugen des Flüssigmistes durch Tankfahrzeuge – insbesondere bei Rindergülle – durchgeführt. Die flüssige Phase ist frei von Grobstoffen und pflanzenverträglicher, so daß sie zur Kopfdüngung genutzt werden kann. Wirtschaftlich wird die Feststoffabtrennung allerdings erst, wenn die Feststoffe verkauft werden können.

Bei der **Gülletrocknung** werden ein- oder mehrstufige Verfahren eingesetzt, mit denen die Flüssigkeit verdampft wird. Das eingedickte Konzentrat wird auf die entsprechenden Trockensubstanzgehalte (über 80 %) getrocknet. Wegen des hohen Energieaufwandes besitzen thermische Verfahren wenig praktische Bedeutung (Tab. 2.5.3–1).

Die Flüssigmistaufbereitung durch **Belüftung** basiert auf dem Einblasen von Luftsauerstoff, wobei durch die Tätigkeit thermophiler Bakterien exotherme Oxidationsprozesse in Gang gesetzt werden, die zu einem aeroben Abbau organischer Stoffe führen und eine Selbsterwärmung (Temperaturanstieg bis 50 °C) nach sich ziehen können. Diese hohen Temperaturen haben allerdings den Nachteil, daß hohe Verluste an Ammoniumstickstoff durch gasförmige Emissionen (bis 15 % N-Verluste innerhalb von 5 Tagen bei Schweinegülle) auftreten können. Die genannten Prozesse laufen bei der **Umwälzbelüftung** ab, bei der die Luft über Belüfter, die gleichzeitig den Flüssigmist radial bewegen, feinverteilt in die Gülle geblasen wird. Bei diesem Gülleaufbereitungsverfahren ist in Abhängigkeit von Art (Rinder-, Schweinegülle) und pH-Wert eine **biothermische Entseuchung** nach 8 bis 48 Stunden möglich.

Diese Selbsterwärmung findet bei der **Kaltbelüftung (Oberflächenbelüftung)** nicht statt, bei der Gülle angesaugt und über eine Düse auf der Oberfläche des Flüssigmistbehälters verteilt wird. Bei der **Druckbelüftung** wird Luft von unten in die Gülleflüssigkeit eingeblasen und steigt blasenförmig nach oben, wobei zugleich in bestimmtem Umfang ein Mischen stattfindet. Auch bei diesem System erwärmt sich der Flüssigmist nur wenig. Nachteilig erweist sich bei den Belüftungsverfahren neben der potentiellen Gefahr von Emissionen der hohe Energieaufwand für den Sauerstoffeintrag. Außerdem wird die Düngewirkung des belüfteten Flüssigmistes infolge der Stickstoffverluste vermindert. Belüftungsverfahren werden aus den genannten Gründen (NH_3-Emissionen, hohe Kosten) nur noch selten (zur Minderung von Geruch und Nährstoffaustrag) angewendet.

Biogas wird beim anaeroben Abbau von organischer Substanz in Speicher- oder Durchflußverfahren gebildet. Es enthält Methan (50–70 %), Kohlendioxid (30–40 %) und Schwefelwasserstoff. Die Biogaserzeugung aus Stallmist oder Gülle erbringt etwa einen Kubikmeter Biogas pro Tag und Großvieheinheit. Vorteilhaft ist neben der Einsparung fossiler Brennstoffe die Reduzierung der Geruchsemission. Als Nachteil sind die hohen baulich-technischen Aufwendungen für die Biogasanlage zu nennen. In der Diskussion und Erprobung ist derzeit die Nutzung von Biogasanlagen für die Verarbeitung organischer Abfallprodukte, z. B. aus der Nahrungsmittelherstellung und aus Küchen. Dabei muß beachtet werden, daß für die Ausbringung der entstehenden Produkte andere gesetzliche Bestimmungen (Bioabfall) als bei der Gülleausbringung gelten.

Durch den Einsatz von **Güllezusatzstoffen**, die chemische, physikalische und biologische Prozesse im Flüssigmist beeinflussen können, sollen folgende Wirkungen erreicht werden:

- Senkung der gasförmigen Stickstoffemissionen,

2.5 Lagerung und Verwertung von organischen Düngern (Dung, Jauche, Gülle, Abwasser)

- Geruchsverminderung,
- Verbesserung der Fließ- und Pumpfähigkeit,
- Hygienisierung des Flüssigmistes,
- verbesserte Pflanzenverträglichkeit und Düngewirkung.

Die etwa 50 bis 60 gegenwärtig vorhandenen Flüssigmist-Additive sind zumeist Kombinationsprodukte mit verschiedenen **Wirkstoff**-Komponenten, wie
- Tonminerale (Bentonit, Montmorillonit),
- Gesteinsmehle (Vulkangestein, Urgestein),
- Algen (Frisch- und Trockenalgenextrakte, Algenkalke),
- Komposte (biologisch-dynamische Kompostpräparate, Bio-Komposte),
- Pflanzeninhaltsstoffe (Enzyme, Pflanzenauszüge),
- Bakterienkulturen (Blaualgen, Gemische aus verschiedenen Bodenbakterien),
- Mikrobennahrung (Öle, Fette, Zucker),
- Energie/Information (Sauerstoff mittels kosmischer Energie),
- „homöopathische" Nähr- und Wirkstoffe in dynamisierter, potenzierter Form,
- chemisch-synthetische Produkte (Cyanamide, Metallsalze, Säuren) (AMMLER et al., 1997).

Obwohl Güllezusätze mit vergleichsweise geringem technischen Aufwand appliziert werden können, ist die Anwendung von Zusatzstoffen immer mit z.T. erheblichen Kosten verbunden. Die Entscheidung über die Nutzung von Flüssigmistzusätzen wird häufig dadurch erschwert, daß gesicherte Wirkungen unter Praxisbedingungen nicht oder kaum nachgewiesen werden.

Hinsichtlich der **Wirkungen** lassen sich die Güllezusätze in drei Gruppen einteilen:
- Wirkung auf die biochemischen Umsetzungsprozesse in Gülle (z.B. Pflanzenenzyme, Algenextrakte),
- Wirkung auf die Ausbildung einer Schwimmdecke und die Oberflächenbeschaffenheit des Flüssigmistes (z.B. Öle, Gesteinsmehle),
- Wirkungsweise nicht eindeutig bekannt oder deklariert.

Während unter Laborbedingungen **Algenextrakte** und vor allem Rapsöl (durch Schwimmdeckenbildung) eine deutliche Reduzierung der Ammoniakfreisetzung aus Flüssigmist erkennen ließen, waren diesbezügliche Effekte von **Lavagesteinsmehl** und Mischpräparaten nicht nachweisbar (AMMLER et al., 1997).

Der Einsatz hydrolysierter **Bodenbakterien** (*Actinomyces thermophilus, Acetobacter* spp.*, Myxobacteria cellvibrio, Myxobacteria cytophaga, Streptomyces fulvoridis, Bacillus circulans, Bacillus subtilis*), angereichert mit Spurennährstoffen (Co, Cu, Fe, Mn, Zn), in Molke und Wasser, die als Bodenhilfsstoffe vertrieben werden, kann zu einer Senkung der Ammoniak-Emission bei Gülle, vor allem aber bei Tiefstreuhaltung von Mastschweinen führen (HOY et al., 1997).

Tonminerale (Zeolith, Bentonit) sollen zu einer umweltverträglichen Gülleverwertung beitragen, indem gelöste Stoffe aus dem Flüssigmist abgeschieden oder in ihrer Zusammensetzung verändert werden (z.B. Sorption von Ammonium an Tonmineralen). Die Zusatzstoffe können entweder mit dem Futter verabreicht oder direkt der Gülle zugeführt werden.

Durch **pH-Wert-Senkung** der Gülle auf unter 4,5 nach Säurezusatz (z.B. Salpetersäure) läßt sich die Ammoniakfreisetzung stark herabsetzen. Neben den Problemen, wie Schaumbildung, Korrosionswirkungen und ungeklärte Auswirkungen auf die Bodenmikrobiologie, sprechen auch wirtschaftliche Erwägungen gegen eine breite Nutzung dieses Verfahrens. Positiv ist dagegen die Zugabe von Silosickersaft in die Gülle zu bewerten.

Bei der Ausbringung von Gülle mit hohem Trockensubstanzgehalt bei warmem Wetter kann der **Zusatz von Wasser** (30 %) oder ein Nachwaschen mit Wasser (15 % Wasser – bezogen auf Güllemenge) zu einer Verminderung der Ammoniak-Emission führen

(25–50 %). Durch Zugabe von Wasser wird die Fließfähigkeit verbessert, was sich günstig auf die Handhabbarkeit auswirkt und die Pflanzenverschmutzung reduziert. Durch diese Verfahren werden allerdings die Lager- und Transportkosten bis um das Dreifache erhöht. Die Nährstoffzusammensetzung der Gülle bleibt unverändert. Dieses Behandlungsverfahren wird daher kaum angewendet und kommt höchstens bei besonderen Problemsituationen für kleine Betriebe in Betracht.

Bei der **Oligolyse** werden mittels einer Konstantstromquelle in einer gezielten Dosis Metallionen (z. B. Kupfer- oder Silberionen) in die Gülle eingebracht. Bereits geringe Mengen an Kupferionen bewirken den Abbau von Schwimm- und Sinkschichten und eine deutliche Geruchsverminderung im Stall und beim Ausbringen auf landwirtschaftliche Nutzflächen. In Laborversuchen und Praxisuntersuchungen wurde auch über eine Eliminierung von Salmonellen berichtet (MÜLLER, 1991).

2.5.4 Anfall und hygienisch-ökologische Eigenschaften von organischen Düngern

(Hoy, St.)

Gülle (Flüssigmist) ist ein Gemisch von Kot und Harn mit oder ohne Wasserzusatz, teilweise versetzt mit Futterresten, Einstreu und anderen Beimengungen. Als **Dung** (Stallmist, Festmist) wird ein stapelfähiges Gemisch aus den Exkrementen der Tiere (Kot, z. T. Harn) und Einstreu bezeichnet. **Jauche** wird aus dem nicht an Einstreu gebundenen Harn und Beimengungen gebildet. **Klärschlamm** ist der bei der Behandlung von Abwasser in Kläreinrichtungen anfallende Schlamm, der einen hohen Anteil an organischer Substanz und Pflanzennährstoffen enthält. **Silosickersaft** fällt bei der Silierung von Grünfutter und Hackfrüchten an.

Die **Anfallmengen** von Gülle, Mist, Jauche oder Abwasser hängen ab von

- Tierart und Haltungsabschnitt (Anzahl, Alter bzw. Lebendmasse der Tiere),
- Aufstallungsform,
- Einstreumenge und -art,
- Fütterung und Tränkwasserversorgung (Anordnung der Tränken),
- Gesundheitsstatus der Tiere,
- Exkrementenbehandlung (z. B. Kottrocknung im Stall).

Bei **Flüssigmist** ist eine jährliche Masse von ca. 20 t/GV bzw. ein Volumen von 20 m^3/GV als Orientierungsgröße zu veranschlagen. Der **Festmistanfall** richtet sich nach der verwendeten Einstreumenge und kann zwischen 12 und 20 t/GV und anno (15 bis 25 m^3/GV × a) betragen. **Jauche** fällt bei Einstreuhaltung von Rindern und Schweinen an (Ausnahme: Tiefstreu, Kompoststall) in einer Menge von etwa 6 m^3/GV × a an. Bei der **Kompoststallhaltung** von Mastschweinen tritt durch die Verdampfung des mit Kot und Harn in die Tiefstreu gelangenden Wassers eine erhebliche Masse- und Volumenreduzierung des Einstreusubstrates auf. Bei Nutzung des Tiefstreustapels über einen Mastdurchgang hinweg beträgt die entstehende Einstreu-Exkrementenmenge ca. 7,5 t/GV × a (14,7 bis 15,7 m^3/GV × a). Werden die Schweine mehrerer Umtriebe auf derselben Tiefstreu gehalten, reduziert sich die Anfallmenge an organischem Dünger entsprechend. Richtwerte für den Flüssig- und Festmistanfall sowie deren Zusammensetzung sind in den Tabellen 2.5.4–1 und 2.5.4–2 zusammengestellt. Fütterungs- und Tränksystem sowie Ernährungsregime können deutlich die Güllemenge beeinflussen. Die im jeweiligen Betrieb vorhandenen Tierplatzzahlen müssen dabei auf Großvieheinheiten umgerechnet werden (Tab. 2.5.4–3).

Für einen sinnvollen Einsatz organischer Düngerstoffe muß ihre Zusammensetzung bei der Ausbringung bekannt sein. Die **Nährstoffzusammensetzung** wird – ähnlich wie bei den Anfallmengen – von Tierart, Haltungssystem, Fütterung, Wasserzusatz sowie den Lagerungsverlusten bestimmt (Tab.

2.5 Lagerung und Verwertung von organischen Düngern (Dung, Jauche, Gülle, Abwasser)

Tabelle 2.5.4–1 Flüssigmistanfall und Zusammensetzung (ECKHOF et al., 1994)

Tierart/Fütterung	Flüssigmist-anfall [m³/GV × mo]	TS-Gehalt [%]	Nährstoffgehalt [kg/m³] N	P$_2$O$_5$	Nährstoffanfall [kg/GV × mo] N	P$_2$O$_5$
Mastbulle (365 Tage Stallhaltung)	1,4	10	5,4	2,2	7,6	3,1
Milchkuh (7000 l, Grünland)	1,4	10	4,5	1,9	6,3	3,2
Mastschwein						
Einphasige Fütterung	1,4	7	6,4	3,1	9,0	4,3
Mehrphasenfütterung, Breifutterautomat	0,7	7	5,0	2,5	3,5	1,8
Mehrphasenfütterung, Selbsttränke	1,2	7	5,0	2,5	6,0	3,0
normale Fütterung, Breifutterautomat	0,7	7	6,4	3,1	4,5	2,2

Tabelle 2.5.4–2 Festmist- und Jaucheanfall sowie Nährstoffanfall und -gehalte (nach KTBL*-Arbeitsblatt 1075)

Tierart	Anfall Festmist [dt/GV × mo]	[m³/GV × mo]	Jauche [m³/GV × mo]	Nährstoffe Festmist [kg/GV × mo] N	P$_2$O$_5$	[kg/dt] N	P$_2$O$_5$	Jauche [kg/m³] N	P$_2$O$_5$
Pferd	7,5	1,0	0,1	4,5	2,1	0,6	0,3		
Rind									
Kuh Anbindestall	9,0	1,2	0,6	4,5	2,3	0,5	0,3	4	0
Mastbullen Anbindestall	9,0	1,2	0,6						
Tiefstreu	15,0	2,0	[1)]						
Schaf	6,5	0,9	[1)]	5,2	1,5	0,8	0,2		
Schwein									
Einstreu normal	5,0	0,6	0,6	2,8	3,8	0,6	0,8	6,0	2,0
Tiefstreu	10,0	1,2	[1)]						
Hühnergeflügel									
Legehenne									
Trockenkot 80 % TS	4,6	0,4		16,3	21,4	3,5	4,7		
Bodenhaltungskot 78 % TS	5,5	0,7		14,3	18,7	2,6	3,4		
Masthähnchen									
Bodenhaltungskot	5,8	0,8							

[1)] in Einstreu gebunden
* Kuratorium für Technik und Bauwesen in der Landwirtschaft e. V.

2 Umweltgerechte Tierhaltung

Tabelle 2.5.4–3 Umrechnungsschlüssel Einzeltier – Großvieheinheiten (GV-Schlüssel) (ECKHOF et al., 1994)[1]

Tierart	GV
Pferd	
Pferd	1,0
Jährling, 1 bis 2 Jahre	0,7
Fohlen bis 1 Jahr	0,5
Kleines Pony, Esel	0,5
Rind	
Zuchtbulle	1,2
Kuh	1,2
Rind über 2 Jahre	1,2
Rind 1 bis 2 Jahre und Mastbulle	0,7
Jungvieh unter 1 Jahr	0,3
Mastkalb	0,3
Schaf	
Mutterschaf	0,12
Bock	0,2
Jährling (Zutreter)	0,1
Lamm	0,05
Schwein	
Mastschwein	
Vormast bis 40 kg	0,06

Tierart	GV
Endmast 40 bis 105 kg	0,15
kontinuierliche Mast 25 bis 105 kg	0,12
Zuchtsau, Eber	0,3
Zuchtsau mit Ferkeln	
Absetzen nach 4 Wochen	0,4
Absetzen nach 8 Wochen	0,5
Eber- und Jungsauenaufzucht	0,15
Aufzuchtferkel (Läufer) bis 15 kg	0,01
Aufzuchtferkel (Läufer) bis 25 kg	0,02
Hühnergeflügel	
Legehennen	
eine Umtriebseinheit	1 GV = 310 Tiere
zwei und mehr Umtriebseinheiten	1 GV = 330 Tiere
Masthähnchen, Jungmasthuhn und Junghenne	
eine Altersgruppe	1 GV = 420 Tiere
zwei und mehr Altersgruppen	1 GV = 625 Tiere

[1] Eine GV entspricht einer Tierlebendmasse von 500 kg; die Richtwerte sind den VDI-Richtlinien 3471, 3472 und 3473-E bzw. dem KTBL-Arbeitsblatt 1075 entnommen. Die Umrechnungsschlüssel stimmen nicht immer mit anderen Umrechnungsschlüsseln (z. B. Umrechnung von GV und Dungeinheiten [DE] bzw. DE und Einzeltiere – siehe Tab. 2.2.2–2 und 2.2.2–3) überein.

Tabelle 2.5.4–4 Durchschnittlicher Gehalt an Hauptnährstoffen in Rinder-, Schweine- und Hühnerflüssigmist (nach BOXBERGER et al., 1994)

Gülleart	Nährstoffgehalte [kg/m³]						
	TS %	N	NH_4-N	P_2O_5	K_2O	MgO	CaO
Milchvieh	7,0	3,7	1,9	1,4	5,6	0,7	1,9
Rindermast	10,0	6,0	3,1	2,0	4,7	1,0	1,3
Schweine	5,0	4,0	2,9	2,0	2,0	0,7	2,0
Legehennen	10	6,5	4,6	5,0	3,0	1,0	11,0

2.5.4–2 und 2.5.4–4). Der **Trockensubstanzgehalt** von Gülle beträgt durchschnittlich zwischen 5 % (Schweine) und 15 % (Legehennen) mit weiten Schwankungen. Die Anordnung der Tränken (über dem Spaltenboden bzw. über dem Trog) beeinflußt in der Schweinehaltung maßgeblich die Höhe des Wasserverbrauches und damit Menge und Trockensubstanz des Flüssigmistes. Brei- und Rohrbreiautomaten sind Fütterungssysteme für Schweine, die minimale Wasserverluste gewährleisten.

2.5 Lagerung und Verwertung von organischen Düngern (Dung, Jauche, Gülle, Abwasser)

Tabelle 2.5.4–5 Charakterisierung verschiedener organischer Dünger (NITSCHKE, 1996)

Parameter	Tiefstreu aus Holzschnitzeln (Schweine)	Rottemist	Schweinegülle	Rindergülle
% in der Frischsubstanz				
TS	33,2–49,8	21,1–23,6	3,1–3,9	5,9–7,4
org. Substanz	24,5–43,0	17,2–19,3	2,3–3,0	4,7–6,0
Rohasche	4,2–15,3	3,9–4,3	0,8–0,9	1,2–1,4
pH	7,5–9,0	8,6–8,8	6,4–6,8	6,6–6,7
% in der Trockensubstanz				
N_t	1,27–2,57	2,62–3,37	12,57–16,29	3,51–4,04
$NH_4 + NO_3$	0,149–0,841	0,262–0,410	7,40–13,26	1,32–1,81
C : N	17,5....26,5 : 1			
P	1,18–1,69	0,43–0,94	1,97–2,19	0,68–1,01
K	1,28–2,75	1,55–3,17	3,33–5,10	1,73–2,91
Ca	1,04–1,61	0,95–1,26	1,52–1,93	0,95–1,43
Mg	0,32–0,64	0,35–0,40	0,58–0,89	0,51–0,55
Na	0,19–0,30	0,10–0,31	0,52–0,97	0,45–0,78
mg/kg				
Mn	215–356	90,7–147,4	308,2–412,2	156,2–179,1
B	30,2–88,5	30,5–58,9	84,6–155,24	58,1–149,4

Der Trockensubstanzgehalt von **Stalldung** beträgt 20–25 %. Bei Tiefstreusubstraten aus Kompostställen für Schweine resultieren durch die Verdampfung von Wasser höhere Trockensubstanzgehalte von 30–50 %. Tiefstreusubstrate enthalten viel **organische Substanz**. Der Anteil an der Trockensubstanz kann im Mittel 80 % betragen und ist mit Rottemist vergleichbar (Tab. 2.5.4–5).

Die Gehalte der Hauptnährstoffe **Stickstoff, Phosphor** und **Kali** im **Flüssigmist** sind tierartspezifisch unterschiedlich. Während die Gülle von Milchvieh reich an Kali ist, enthalten Schweine- und Hühnergülle viel Stickstoff und Phosphor. In Flüssigmist liegt der Stickstoff zu etwa 50 % in Form von **Ammonium** (NH_4) vor (Tab. 2.5.4–4 und 2.5.4–5). Gegenüber Rottemist besitzen Tiefstreusubstrate einen geringen Gehalt an Gesamt-Stickstoff (N_t), bezogen auf die Trockensubstanz. Der Anteil an Ammonium und Nitrat-Stickstoff am Gesamt-Stickstoff liegt bei Tiefstreu zum Teil höher als bei Stalldung. Tiefstreusubstrate verfügen hinsichtlich der Nährstoffgehalte (in % der Trockensubstanz) über mehr Phosphor und Kalzium als Mist. In Fest- und Flüssigmist findet man auch bedeutsame Mengen der Mikronährstoffe, **Magnesium** und **Natrium** (0,1–1 % der TS) sowie **Mangan** und **Bor** (Tab. 2.5.4–5).

Daneben enthalten organische Düngerstoffe eine Reihe von **Schwermetallen**, die durch die Tiere mit dem Futter aufgenommen und teilweise wieder ausgeschieden werden (Tab. 2.5.4–6). Die Schwermetall-Konzentrationen liegen zumeist deutlich unter den Grenzwerten der Klärschlammverordnung (vgl. Tab. 2.5.5–5). Dies trifft auch für Tiefstreusubstrate nach mehrmaliger Nutzung, d. h. über mehrere Umtriebe von Mastschweinen hinweg, zu (Hoy, 1993). Gelegentlich werden etwas erhöhte Kupfergehalte gemessen, die die Grenzwerte für Komposte (Bioabfallverordnung, 1998) geringfügig überschreiten (Tab. 2.5.4–7).

Silosickersaft entsteht bei der durch anaerobe Mikroorganismen bewirkten Gärung

2 Umweltgerechte Tierhaltung

Tabelle 2.5.4–6 Gehalte an Schwermetallen in organischen Düngern in mg/kg TM (Nitschke, 1996)

Produkt	Cu	Zn	Cd	Pb	Ni	Cr
Tiefstreu aus						
Holzschnitzeln (Schwein)	99,8	325,8	0,15	7,3	6,0	15,0
Rottemist	25,5	80,7	3,8	5,6	8,7	3,4
Schweinegülle	117,3	506,5	1,3	26,5	2,3	5,6
Rindergülle	38,8	225,1	0,5	11,6	2,6	7,4

Tabelle 2.5.4–7 Grenzwerte für Komposte in mg/kg TM (Bioabfallverordnung, 1998)

Cu	100	Cd	1,5	Ni	50
Zn	400	Pb	150	Cr	100

Tabelle 2.5.4–9 Mineralstoffgehalte in Silosickersaft von Grassilage (nach Angaben von Mc Donald et al., 1991)

Parameter	Anteile an Trockenmasse in 3 Silosickersäften nach 7 Wochen (Schwankungsbreite der Mittelwerte)
Asche	18,4–20,8 %
Kalium	1,46–2,95 %
Kalzium	1,61–2,13 %
Phosphor	0,98–1,11 %
Natrium	0,57–1,07 %
Eisen	0,167–0,265 %
Mangan	334–442 ppm
Zink	239–1277 ppm
Kupfer	3,8–47,1 ppm

(Konservierung) von Grünfutter und Hackfrüchten. In Abhängigkeit vom Trockensubstanzgehalt des Grüngutes (15–30 %) und anderen Faktoren ist mit einem Anfall von ca. 220 bis 0 l pro Tonne Grünmasse zu rechnen (Mc Donald et al., 1991). Der Silosickersaft besteht vor allem aus den aus den Pflanzenzellen ausgetretenen Zellsäften mit Pflanzeninhaltsstoffen sowie aus den Mikroorganismen und den von ihnen aus leicht umsetzbaren Kohlenhydraten gebildeten Säuren, vor allem Milchsäure. Die Eiweiße liegen in verschiedenen Abbaustufen (bis zum Nitrat) vor. Der pH-Wert sollte bei 4 liegen, um eine stabile Silage zu erreichen.

Silosickersaft ist wegen des hohen Nährstoffgehaltes (s. Tab. 2.5.4–8 und 2.5.4–9) einerseits ein wertvoller organischer Dünger, andererseits eine potentielle Umweltgefahr. Die mögliche Umweltgefährdung ergibt sich vor allem aus der hohen organischen Abwasserlast (aus einer t Grüngut entsteht ein

Tabelle 2.5.4–8 Nährstoffgehalte und Eigenschaften von Silosickersaft einer Grassilage (nach Angaben von Mc Donald et al., 1991)

Parameter	Anteile an Frischmasse [%] während der Silierung		
	3. Tag	32. Tag	63. Tag
Trockenmasse	5,27	8,22	8,90
pH-Wert	4,4	4,1	3,8
Gesamt-N	0,187	0,404	0,445
Ammonium-N	0,012	0,040	0,051
Essigsäure	0,101	0,368	0,467
wasserlösliche Kohlenhydrate	1,34	0,460	0,330
Asche	1,56	1,83	1,86

2.5 Lagerung und Verwertung von organischen Düngern (Dung, Jauche, Gülle, Abwasser)

Silosickersaft mit ca. 200–650 Einwohnergleichwerten). Aber auch der hohe Säuregrad stellt eine direkte Gefahr für Pflanzen und Wasser dar. Deshalb muß der Silosickersaft in ausreichend großen geschlossenen Gruben (pro Tonne Grünmasse ca. 0,2 m^3) aufgefangen werden. Die Ausbringung darf nur in verdünnter Form geschehen. Empfehlenswert ist die Überführung in Güllelagerbehälter. Die leicht basische Gülle puffert die Säuren ab. Die Säuren bewirken die Bindung der Ammoniumionen (s. auch Kap. 2.5.6). Die Nährstoffzufuhr und die Minderung der Ammoniakfreisetzung erhöhen darüber hinaus den Düngewert der Gülle.

Ökologische und hygienische Bedeutung besitzen die bei der Lagerung, beim Transport und bei der Behandlung der organischen Dünger entstehenden und frei werdenden **Schadgase** und **Geruchsstoffe**. **Ammoniak** als Hauptschadgas in der Tierhaltung (NH$_3$) entsteht durch bakterielle und enzymatische Zersetzungsprozesse stickstoffhaltiger Verbindungen, wobei als Hauptquelle Harnstoff aus den im Stall lagernden Exkrementen anzusehen ist. Ammoniak hat durch die Beeinträchtigung terrestrischer (Waldschäden) oder aquatischer Ökosysteme (Boden- und Gewässerversauerung), durch Gebäudekorrosion und die Eutrophierung von Oberflächengewässern große umwelthygienische Relevanz. Der Abbau von Harnstoff wird durch steigende Stalllufttemperaturen infolge der Aktivitätssteigerung der ureaseaktiven Bakterien beschleunigt, und gleichzeitig erfolgt durch die hohen Temperaturen eine schnelle Verdunstung an den feuchten Flächen und damit eine Freisetzung des gelösten Ammoniaks. Unter sauren Bedingungen (pH-Wert unter 6,0 – z. B. bei Säurezusatz zur Gülle, s. 2.5.3) liegt nahezu der gesamte Stickstoff als Ammonium vor, während bei hohen pH-Werten der Ammoniak regelrecht ausgetrieben wird (BÜSCHER, 1996). Durch den hohen Anteil organischer Säuren, Mineralien und anderer Substanzen hat der Flüssigmist allerdings eine große Pufferkapazität gegenüber pH-Wert-Veränderungen (pH-Wert zumeist im leicht alkalischen Bereich von 8,0 bis 8,5) (RÜPRICH, 1980).

Im Stallmist sowie in Tiefstreu- bzw. Kompostsystemen, aber auch bei der Behandlung von Gülle können die Umsetzungsprozesse des Stickstoffs dreistufig verlaufen:
- Ammonifizierung (Harnstoffspaltung),
- Nitrifizierung (Bildung von Nitrit und Nitrat),
- Denitrifizierung (Bildung von molekularem Stickstoff) (BÜSCHER, 1996).

Bei der **Nitrifizierung** im Stalldung kann unter wechselnden anaeroben und aeroben Bedingungen das klimarelevante **Lachgas** (N$_2$O) entstehen. **Schwefelwasserstoff** (H$_2$S) wird durch anaeroben Abbau schwefelhaltiger Aminosäuren, z. B. Zystin oder Zystein, gebildet. Schwefelwasserstoff kann dort festgestellt werden, wo längere Zeit gelagerter Flüssigmist bewegt wird, d. h. in Güllebehältern und Güllepumpstationen, und besitzt eine hohe Toxizität.

Ebenso kann **Methan** (CH$_4$) unter Abwesenheit von Sauerstoff beim Abbau von Biomasse durch anaerobe Mikroorganismen entstehen (z. B. in Jauche- und Dunggruben sowie in Güllelagerbehältern). Methan ist am Zustandekommen des Treibhauseffektes der Atmosphäre beteiligt.

Vor allem in Schweine- und Geflügelställen sind **Methylamine** (Mono-, Di-, Trimethylamin) nachweisbar, die – ähnlich wie Ammoniak – beim Abbau von Eiweißverbindungen freigesetzt werden. Die Methylamine sind chemisch-analytisch schwer zu fassen, so daß in der Literatur nur wenige Ergebnisse zur Wirkung – zumeist unter experimentellen Bedingungen gewonnen – vorliegen.

Lagerung und Ausbringung von organischen Düngern sind untrennbar mit dem Auftreten von **Geruchsstoffen** verbunden. Bisher sind durch Modellversuche und Praxisuntersuchungen ca. 200 chemische Verbindungen sicher nachgewiesen worden (KLICHE et al., 1990). Besonders in der Nähe

2 Umweltgerechte Tierhaltung

von Güllebehältern sowie beim Aufrühren gelagerter Gülle, aber auch beim Umsetzen von Stalldung läßt sich eine Vielzahl chemischer Verbindungen nachweisen, die u. a. folgenden Stoffklassen angehören:
- Alkohole (Methanol, Ethanol),
- Säuren (Butter-, Essig-, Propionsäure),
- Karbonyle (Azetaldehyd u. a.),
- Ester, Sulfide, Disulfide, Merkaptane (Methylmerkaptan) sowie
- Stickstoffheterozyklen (z. B. Indol, Skatol).

In den bislang nachgewiesenen Konzentrationen sind diese Substanzen im Hinblick auf die Gesundheit von Menschen und Tieren unbedenklich. Einigen dieser Stoffe kommt jedoch als Geruchsstoff mit widerwärtigem Geruch und psychosomatischer Wirkung eine gewisse Bedeutung zu.

Die hygienische Relevanz von organischen Düngern resultiert neben der Emission von Schadgasen und Geruchsstoffen aus ihrer möglichen Vektorfunktion für **Krankheitserreger**. Lange Zeit ging man davon aus, daß bei **Stallmist** das Anlegen einer Dungpackung ausreichend ist, um durch die entstehende Selbsterhitzung eine Hygienisierung zu erreichen. Bei geringeren Einstreumengen und der Zunahme der Kot- und Harnmengen (sinkender Trockensubstanzgehalt des Dunges) steigen die Temperaturwerte im Dungstapel vor allem im Winter nicht in Bereiche, die eine sichere Desinfektion gewährleisten. Daher wird nach den geltenden Vorschriften bei der Tierseuchenbekämpfung die Dungpackung mit **Lösch-** und **Branntkalk** in folgender Weise durchgeführt:
- Aufbringen einer geschlossenen Lage Löschkalk (ca. 10 kg/m^2) auf eine 25 cm hohe Strohschicht;
- Versetzen des (kontaminierten) Festmistes beim Beladen eines Miststreuers mit gekörntem Branntkalk in zwei Schichten (Richtwert: 100 kg/m^3);
- Abdrehen des Mistes vom Streuer unter Wasserzusatz und Errichten einer 1,5 m hohen Miete, die mit schwarzer Silofolie allseitig abgedeckt wird;
- Mindestlagerzeit von 5 Wochen bei Ausbringen auf unbestelltes Ackerland mit sofortigem Unterpflügen, von 10 Wochen bei Ausbringung auf bestellte Feldfutterflächen oder Grünland (Böhm et al., 1996).

In **Flüssigmist** und **Jauche** tritt bei den üblichen Lagerungstemperaturen in Erdbehältern (8–12 °C) keine nennenswerte Erwärmung auf, und die Mikroorganismen unterliegen den Selbstzersetzungsvorgängen. Daraus resultieren z. T. lange Überlebenszeiträume für Bakterien und Viren (Tab. 2.5.4–10). Für die **Tenazität** (Überlebensfähigkeit) von Mikroorganismen in Flüssigmist ist neben den Milieubedingungen Temperatur und pH-Wert vor allem der Trockensubstanzgehalt der Gülle bestimmend. Mit abnehmendem TS-Gehalt verbessern sich die Überlebenschancen. Mit Verschiebung des pH-Wertes in Richtung 6 oder 9 und/oder mit dem Anstieg der Gülletemperatur verringert sich die Überlebenszeit von Bakterien. Grundsätzlich ist davon auszugehen, daß Erreger aller bakteriellen Infektionen in Wirtschaftsdüngern vorhanden sein können, wenngleich die Frage offen bleibt, ob sie auch darin nachgewiesen werden können und wie lange sie überlebensfähig sind (Strauch, 1991). Auch sämtliche Viren und andere Erregergruppen, die aus den infizierten Tieren in die Umwelt gelangen, können in organischen Düngern vorkommen. Es liegen bislang allerdings nur wenige Hinweise vor, wonach über Flüssigmist, Jauche oder Stalldung tatsächlich Infektionen weiter verbreitet wurden (Strauch, 1991). Durch eine **Langzeitlagerung** von 6 Monaten kann die Infektionsgefahr weitgehend beseitigt werden, wenn im Einzelfall nach einem Tierseuchenausbruch eine **Desinfektion** von Flüssigmist nicht durchführbar ist. Bei der Desinfektion von Gülle und Jauche durch Selbsterhitzung mit Luftzufuhr sind folgende Bedingungen einzuhalten, wenn im Rahmen der staatlichen Tierseuchenbekämpfung nicht andere, insbesondere chemische Verfahren zwingend vorgeschrieben sind:

2.5 Lagerung und Verwertung von organischen Düngern (Dung, Jauche, Gülle, Abwasser)

Tabelle 2.5.4–10 Überlebenszeit verschiedener Keime und Parasiten bzw. deren Entwicklungsstadien in organischen Düngern (Zusammenstellung nach verschiedenen Autoren)

Erreger	Lokalisation	Lebensfähigkeit in Tagen bzw. Wochen
Salmonellen	Festmist von Rind oder Schwein	1 Woche (45–55 °C)
	Rindergülle	50 Wochen (8–12 °C)
	Rinderjauche	58 bis 84 Tage
	Schweinegülle	10 Wochen (8–12 °C)
	Güllefeststoff	6 bis 12 Tage (55–40 °C)
	Geflügelgülle	8 bis 57 Tage
	Kälbergülle	12 bis 33 Tage
Brucellen	Gülle	25 bis 40 Tage (22–7 °C)
	Güllefeststoff	8 bis 21 Tage (55–40 °C)
	Stalldung	77 Tage
Leptospiren	Gülle	1 Tag (6–22 °C)
	Güllefeststoff	1 Tag (40 °C)
Mykobakterien	Stalldung	60 bis 150 Tage (18–15 °C)
Leberegeleier	Gülle/Jauche	35 Tage
Spulwurmeier	Rindergülle	über 76 Tage
	Stalldung	25 Tage (40 °C)
	Stalldung	4 Tage (50 °C)

3 Tage Lagerung bei mindestens 50 °C und pH-Wert über 8,5 (BÖHM et al., 1996).

Die Desinfektion von Jauche ist in der Praxis ein geringeres Problem, da die hohen pH-Werte (8,5 bis 9,5) mikrobizid wirken. Falls der zuständige Amtstierarzt dennoch eine chemische Desinfektion für erforderlich hält, ist diese im Vergleich zu Festmist oder Flüssigmist einfach durchführbar.

Einer besonderen Bewertung bedarf der **Klärschlamm** aus kommunalen Abwasserreinigungsanlagen. Zwingende Voraussetzung für die Verwertung des Klärschlammes auf landwirtschaftlich oder gärtnerisch genutzten Flächen ist, daß Schadstoffe (insbesondere Schwermetalle und **p**olychlorierte **Bi**phenyle **[PCB]** sowie **p**oly**c**hlorierte **D**iben**zo**dioxine/**D**ibenzo**f**urane **[PCDD/PCDF]**) nur in tolerierbaren Mengen in den Boden gelangen und hygienische Belange gewahrt bleiben.

Nach dem gültigen Kreislaufwirtschafts- und Abfallgesetz hat jedoch die stoffliche Verwertung in der Landwirtschaft als Sekundärrohstoffdünger Vorrang vor jeder sonstigen Entsorgung (GÄTH, 1997). Klärschlamm ist ein Stickstoff-Phosphat-Dünger, der Kalium-arm ist. Allerdings schwanken die Konzentrationen je nach Ausgangsmaterial und Vorbehandlung unterschiedlich stark, so daß vor jeder Anwendung das Material untersucht und bewertet werden sollte (vgl. 2.5.5). Mit folgenden Richtwerten für wesentliche Inhaltsstoffe kann gerechnet werden:

- Gesamt-N 3,8 % (der TS),
- P_2O_5 3,6 % (der TS),
- K_2O 0,4 % (der TS),
- CaO 7,4 % (der TS),
- MgO 1,0 % (der TS) (GÄTH, 1997).

Im Klärschlamm können Fäkalkeime enthalten sein, so daß die Ausbringung nur auf Ackerflächen erfolgen darf, wenn sie nicht dem Futterpflanzenanbau im weitesten Sinne dienen (vgl. 2.5.5).

2.5.5 Möglichkeiten der Verhinderung und Reduzierung von Verunreinigungen des Bodens und des Wassers

(Hoy, St.)

Organische Dünger werden nach § 15 des Abfallgesetzes nur dann als Abfall eingestuft, wenn das übliche Maß der landwirtschaftlichen Düngung überschritten wird. Bei der Lagerung von Fest- und Flüssigmist müssen Nährstoffverluste weitgehend vermieden und die Vorschriften des Wasserhaushaltgesetzes beachtet werden, da Gülle als wassergefährdender Stoff gilt. Dies erfordert **ausreichend dimensionierte** und **flüssigkeitsdichte Lagerbehälter** bzw. **-flächen**. Für die nach Düngeverordnung vom 26.01.1996 vorgeschriebene **Lagerung** über mindestens 6 Monate sind die in Tabelle 2.5.5–1 zusammengestellten **Kapazitäten** erforderlich. Die notwendige Größe der Mistlagerfläche hängt vom Trockensubstanzgehalt, der Höhe des Dungstapels und den Lagerfristen ab. Die **Dunglagerstätte** sollte an drei Seiten von einer festen Seitenwand begrenzt sein, so daß **Stapelhöhen** von 2–5 m erreicht werden können und damit die Stickstoffemissionen (Ammoniak) gering bleiben. Die Sickersäfte sind aufzufangen und in die Jauchegrube abzuleiten.

Die Lagerfläche sollte (bei Beachtung der Stapelhöhe) nur so groß wie nötig sein, damit möglichst wenig Regenwasser in den Dungstapel und die Jauchegrube gelangt. Die **Lagerzeit** hängt von den agrotechnisch günstigen Ausbringungsterminen ab und ist

Tabelle 2.5.5–1 Erforderliche Lagerkapazitäten für organische Dünger pro GV (bei einer Lagerzeit von 6 Monaten) (nach Angaben von Eckhof et al., 1994; KTBL-Arbeitsblatt 1075)

organischer Dünger	Tierart	Bedingung	Lagerkapazität
Festmist	allgemein	Einstreu 3–5 kg/GV × d	7,5–12 m³
		Stapelhöhe	3,0–5,0 m
	Pferd	mittlere Einstreu	6,0 m³
	Rind	Kuh, Anbindestall	7,2 m³
		Mastbulle, Anbindestall	7,2 m³
		Mastbulle, Tiefstreu	12,0 m³
	Schaf	Tiefstreu	5,4 m³
	Schwein	mittlere Einstreu	3,2 m³
		Tiefstreu	7,2 m³
	Hühnergeflügel	Legehenne, Trockenkot (80 % TS)	2,4 m³
		Legehenne, Bodenhaltungskot (78 % TS)	4,2 m³
		Masthähnchen, Bodenhaltungskot	4,8 m³
Jauche	Pferd	mittlere Einstreu	0,6 m³
	Rind	Kuh, Anbindestall,	3,6 m³
		Mastbulle, Anbindestall	3,6 m³
	Schwein	mittlere Einstreu	3,6 m³
Flüssigmist	allgemein		10,0 m³
	Rind	Mastbulle, Kuh (10 % TS)	8,4 m³
	Schwein	(7 % TS)	
		– einphasige Fütterung	8,4 m³
		– Mehrphasenfütterung, Breifutterautomat	4,2 m³
		– Mehrphasenfütterung, Selbsttränke	7,2 m³
		– normale Fütterung, Breifutterautomat	4,2 m³

2.5 Lagerung und Verwertung von organischen Düngern (Dung, Jauche, Gülle, Abwasser)

mit **sechs** Monaten anzusetzen. Die **Jauchelagerung** erfolgt in Tiefbehältern (Lagerkapazität für 6 Monate: ca. 3 m^3/GV) in Massivbauweise oder Erdbecken. Zur Leerung des Tiefbehälters sollte ein Pumpensumpf vorhanden sein. Tiefbehälter mit befahrbarer Decke sind in der Herstellung teuer, verringern jedoch Emissionen, was bei der Tierhaltung in Ortslagen vorteilhaft ist. Erdbecken mit Dichtungsbahnen bedürfen einer besonderen Genehmigung.

Vor dem Bau von **Güllelagerbehältern** ist die Tragfähigkeit des Bodens zu prüfen. Folgende Behältertypen kommen zur Anwendung:
- befahrbare Tiefbehälter (bei geringem Platz und Tierhaltung in Dorflagen),
- offene Tiefbehälter (zum Frostschutz und zur besseren Einordnung in die Landschaft ganz oder teilweise in die Erde versenkt; besonders für Hanglagen geeignet),
- Hochbehälter aus Stahlbeton (Ortbeton oder Fertigteile), beschichtetem Stahl oder senkrecht stehenden Holzbohlen,
- kunststoffausgekleidete Erdbecken (mit einer hohen Eigenleistung anzufertigen).

Wegen der besseren Homogenisierbarkeit, aber auch aus seuchenhygienischen Gründen werden mehrere kleinere Behälter gegenüber einem großen Hochbehälter bevorzugt. Oberster Grundsatz ist die Gewährleistung der **Dichtheit** der Güllebehälter und Zuleitungen. Ebenso sind betriebssichere Anlagenteile und ein befestigter Abfüllplatz erforderlich. Als Sicherheitsmaßnahmen werden Drainageschichten oder Leckerkennungsbahnen eingebaut. Hochbehälter bieten den Vorteil, daß Undichtheiten der Wände und an den Bodenfugen schnell erkannt werden. Tiefbehälter lassen sich an günstigen Standorten durch natürliches Gefälle befüllen.

Die Gülle muß gezielt **während der Vegetationsperiode** als organischer Dünger ausgebracht werden. Durch einen Lagerraum für 6 Monate werden dafür gute Voraussetzungen geschaffen. Auf ungünstigen Standorten (z. B. in Mittelgebirgslagen) kann sich der Lagerzeitraum verlängern (bis auf 8 Monate). Ebenso wie bei Jauche muß bei Gülle die Ausbringung möglichst bodennah in Zeiten hohen Nährstoffbedarfs der Kulturpflanzen erfolgen. Stalldung enthält vor allem organisch gebundenen Stickstoff, der nicht direkt pflanzenverfügbar ist. Daher erfolgt die Festmistausbringung oftmals schon nach der Ernte. Bei der Flüssigmistausbringung besteht die Gefahr, daß neben der gasförmigen Verflüchtigung von Ammoniak (s. Kap. 2.5.6 und 2.5.7) Stickstoffverluste durch Auswaschung von Nitrat auftreten, insbesondere dann, wenn die Stickstoffzufuhr größer als der N-Entzug durch die wachsenden Pflanzen ist. Nitratschichten im Boden und steigende Nitratwerte im Grundwasser sind die Folge.

Auf bestimmten Flächen ist die **Gülleausbringung verboten**:
- ökologisch wertvolle Biotope (Moore, Sümpfe, Heide und nach Naturschutzgesetz ausgewiesene Biotope),
- Brachland, Wasserschutzzonen I und II,
- innerhalb der Schutzabstände zu Oberflächengewässern (in Abhängigkeit von Hanglage),
- Niederungsstandorte mit einem Abstand zum Grundwasserleiter von weniger als 1 m.

Bei der **Ausbringung** organischer Dünger sind die **Düngeverordnung** und die Richtlinien der **guten fachlichen Praxis** zu berücksichtigen. Der Geltungsbereich umfaßt alle landwirtschaftlich und gartenbaulich genutzten Flächen, außer Haus- und Kleingärten sowie Unter-Glas-Kulturen. Die Düngeverordnung regelt folgende Grundsätze:
- Ermittlung des Düngebedarfes,
- Düngemittel-Anwendung,
- Anwendung von Wirtschaftsdüngern tierischer Herkunft,
- Aufzeichnungspflichten für Nährstoffzufuhr und -abfuhr.

Die möglichst exakte Ermittlung des tatsächlichen Nährstoffbedarfes ist, neben der Verhinderung bzw. Begrenzung des Nährstoffaustrittes während der Lagerung, die wichtigste Voraussetzung, um Überbelastungen bzw. Verunreinigungen des Bodens und den Austrag in das Wasser zu verhindern. Von höchster Aktualität ist gegenwärtig die Reduzierung der Stickstoff- und Phosphorausträge in Vorfluter und Grundwasser. Bei der Ermittlung des **Düngebedarfes** sind folgende Faktoren zu beachten:
- Nährstoffbedarf des Pflanzenbestandes unter Berücksichtigung der Erträge und Qualitäten,
- Nährstoffnachlieferung aus und Nährstofffestlegung im Boden,
- Kalk- und Humusgehalt des Bodens,
- alle zugeführten nährstoffhaltigen Substanzen außer Düngemittel (z. B. Klärschlamm, Kompost),
- Anbaubedingungen, wie Kulturart, Vorfrucht, Bodenbearbeitung, Bewässerung.

Durch den Betrieb sind die verfügbaren **Nährstoffmengen im Boden** zu ermitteln, und zwar Stickstoff auf jedem Schlag für den Zeitpunkt der Düngung bzw. jährlich auf Akkerland durch Untersuchung von Bodenproben oder durch Übernahme von Beratungsempfehlungen bzw. Richtwerten oder Berechnungs-/Schätzverfahren. Für Phosphat, Kali und pH-Wert haben Bodenuntersuchungen für jeden Schlag ab 1 ha alle sechs Jahre, bei extensivem Grünland mindestens alle neun Jahre stattzufinden. Die Mengen an Magnesium und Schwefel sind für jeden Schlag ab 1 Hektar durch Untersuchung von Boden- oder Pflanzenproben oder durch die Übernahme von Beratungsempfehlungen zu gewinnen. Weiterhin muß der **Gehalt** an Gesamt-N, Phosphat und Kali in **Wirtschaftsdüngern** durch Untersuchung oder die Übernahme von Beratungsrichtwerten ermittelt werden. Bei Gülle ist in gleicher Weise der Ammonium-Gehalt zu bestimmen. Die maximal anrechenbaren **Lagerungsverluste**, die in Richtwerten und Untersuchungsbefunden schon berücksichtigt sind, betragen:
- 10 % bei Gülle, Jauche oder flüssigem Geflügelkot,
- 25 % bei Festmist.

Die Ausbringungsverluste des vor Ausbringung ermittelten Gesamt-N werden für alle Wirtschaftsdünger mit 20 % veranschlagt.

Nährstoffvergleiche (Gegenüberstellung von Zufuhr und Abfuhr) müssen für Stickstoff jährlich und für Phosphat und Kali alle 3 Jahre von den Betrieben durchgeführt werden, die mehr als 10 Hektar landwirtschaftlich genutzte Fläche bewirtschaften oder insgesamt mehr als 1 ha Gemüse, Hopfen, Reben oder Tabak anbauen. Es besteht die Verpflichtung, diese Nährstoffbilanz spätestens 6 Monate nach Abschluß des letzten Wirtschaftsjahres anzufertigen. Die Nährstoffvergleiche brauchen nicht von Betrieben erstellt werden, in denen aus der eigenen Viehhaltung unter Berücksichtigung der beim Weidegang anfallenden Stickstoffmengen jährlich höchstens 80 kg Gesamtstickstoff/ha aus Wirtschaftsdüngern entstehen, und von Betrieben, die maximal 40 kg/ha Gesamtstickstoff aus sonstigen stickstoffhaltigen Düngemitteln einsetzen.

Die Anwendung von Düngemitteln hat in guter fachlicher Praxis nach Zeit und Menge so zu erfolgen, daß die Nährstoffe durch die Pflanzen weitgehend ausgenutzt und Nährstoffverluste (insbesondere durch Auswaschung) sowie der Eintrag in Oberflächen- und Grundwasser vermieden werden. **Geräte zur Ausbringung** von **Düngerstoffen** müssen hinsichtlich Mengenbemessungen und Verteilungen dem Stand der Technik entsprechen und eine verlustarme Applikation gewährleisten. Um einen direkten Eintrag und ein Abschwemmen von Düngemitteln in Oberflächengewässer zu vermeiden, müssen in Abhängigkeit von den Geländeverhältnissen **Mindestabstände** eingehalten werden. Bei Flächen mit einer Hangneigung von über 14 % und auf forstwirtschaftlich genutzten Böden sollte die Gülleaus-

2.5 Lagerung und Verwertung von organischen Düngern (Dung, Jauche, Gülle, Abwasser)

bringung unterbleiben. In einzelnen Regionen können weitergehende Einschränkungen gelten.

N-haltige Düngemittel dürfen nur auf **aufnahmefähige Böden** gebracht werden. **Nicht aufnahmefähig** sind Böden, die
- wassergesättigt (Wasserlachen auf dem Feld, Befahrbarkeit bei frostfreiem Boden nicht möglich),
- tiefgefroren (Boden tiefer als 15 cm gefroren) oder
- stark schneebedeckt (über 10 cm hohe Schneedecke) sind.

Bodenzustand und Witterung sind jeweils zu berücksichtigen.

Bei der Anwendung von Wirtschaftsdüngern tierischer Herkunft gelten zunächst dieselben Grundsätze wie bei vergleichbaren Mehrnährstoffdüngern. Auf unbestellten Akkerflächen sind **Gülle, Jauche und flüssiger Geflügelkot unverzüglich**, d. h. möglichst am selben Tag, bei Ausbringung am Abend spätestens am folgenden Vormittag **einzuarbeiten**.

Nach der Hauptfruchternte darf zu Futtergras, Grassamen, Untersaaten, Herbstaussaaten (einschließlich Zwischenfrüchte) und bei Strohdüngung nur bis 40 kg Ammonium-Stickstoff oder 80 kg Gesamt-Stickstoff je Hektar (nach Abzug der maximal zulässigen Lagerungs- und Ausbringungsverluste) appliziert werden. Es gilt ein **Ausbringungsverbot** vom 15. November bis 15. Januar für Gülle, Jauche oder flüssigen Geflügelkot, wobei die zuständige Behörde (Landwirtschaftsämter und untere Wasserbehörden) Ausnahmen zulassen oder weitergehende zeitliche Sperrfristen setzen kann. Jauche darf auch auf weniger als 15 cm tief gefrorenem Boden nicht ausgebracht werden, weil sie sich an den tiefsten Stellen sammelt und bei Tauwetter dort in hoher Konzentration in den Boden eintritt. Auf Moorböden ist die erhöhte Gefahr der Nährstoffauswaschung zu beachten.

Auch auf sehr hoch mit Phosphat oder Kali versorgte Böden können Wirtschaftsdünger tierischer Herkunft bis zur Höhe des Pflanzenentzuges (Abfuhr vom Feld) ausgebracht werden, wenn dadurch Gewässer nicht beeinträchtigt werden. Der Grenzwert, der keine Überschreitung des Nettoentzuges an Phosphat und Kali zuläßt, liegt für Phosphat bei 50 mg P_2O_5/100 g Boden. Bei Kali beträgt der Grenzwert in Abhängigkeit von der Bodenart für leichte Böden 45 mg, mittlere Böden 55 mg und schwere Böden 65 mg/100 g Boden. Im Betriebsdurchschnitt dürfen folgende Mengen an Stickstoff nicht überschritten werden:
- Grünland   210 kg Gesamt-N/ha/Jahr,
- Ackerland   170 kg Gesamt-N/ha/Jahr,

wobei in Betrieben mit Acker- und Grünland das gewogene Mittel aus Acker- und Grünlandanteil heranzuziehen ist. Überhöhte Stickstoffgaben verursachen Nitrataustrage in das Grundwasser. Der Einfluß steigender Güllegaben auf die Stickstoffauswaschung ist lange bekannt (Tab. 2.5.5–2).

Tabelle 2.5.5–2 Einfluß steigender Güllegaben auf die Stickstoffeinträge (N) in das Grundwasser [kg N/ha] (nach Vetter et al., 1996)

Güllegaben [m³/ha]	0	30	60	90
Güllestickstoff [kg/ha]	0	180	360	540
Stickstoff-Eintrag in das Grundwasser:				
auf humosem Sand [kg N/ha]	70	100	152	225
auf lehmigem Sand [kg N/ha]	75	100	128	160
Mehreintrag gegenüber ungedüngt:				
auf humosem Sand [kg N/ha]	–	30	82	155
auf lehmigem Sand [kg N/ha]	–	25	53	85

Im Gegensatz zu der weithin verbreiteten Annahme, wonach die **Lagerung** von Stalldung **am Feldrand** zu einer Gefährdung des Grundwassers führen würde, zeigen neuere Untersuchungen, daß bei der Zwischenlagerung von Festmist auf offenem Boden keine wesentlichen Mengen an Nitrat in das Grundwasser ausgetragen werden (VETTER et al., 1996). Der unter Mistmieten während der Lagerung in den Boden eingetragene Stickstoff wird zumindest überwiegend in die Luft abgegeben und nicht in tiefer gelegene Bodenschichten verlagert. Somit ist es nicht sinnvoll, die Zwischenlagerung von Mist am Feldrand in den Hintergrund zu drängen, da ohne Zwischenlagerung mehr Stalldung zu pflanzenbaulich ungünstigen Terminen oder in zu großen Mengen auf stallnahen Flächen ausgebracht wird. Bei der Zwischenlagerung von Festmist am Feldrand für maximal 3 Monate sollte jedoch darauf geachtet werden, daß die Lagerstellen gewechselt werden, damit es nicht zu einer punktuellen Überdüngung kommt. Durch eine Mistmiete auf 100 m² mit üblicher Lagerungshöhe kann eine nach Menge und Zeitpunkt sachgerechte Düngung auf 5 ha erreicht und düngungsbedingten Nitratausträgen und Ammoniakemissionen vorgebeugt werden.

Stickstoffeinträge in das oberflächennahe Grundwasser werden vor allem bei ungünstigen **Düngungsterminen** im Herbst hervorgerufen (Tab. 2.5.5–3), wobei eine nicht zeitgerechte Ausbringung von Geflügeldung meist größere Nitratausträge als die von Rinder- oder Schweinemist verursacht, da Geflügeldung mehr schneller umsetzbaren Stickstoff (vor allem mehr Ammoniumstickstoff) enthält. Bereits die Ausbringung einer üblichen Stallmistgabe mit 150 kg N erhöht den Gehalt an anorganischem Stickstoff im Boden im Herbst von 71 kg N auf 100 kg N/ha. Da im Herbst der Stickstoff in dieser Menge von den Pflanzen kaum verwertet werden kann, ist er stark auswaschungsgefährdet (VETTER et al., 1996). Mit steigenden N-Düngergaben als Stallmist nehmen die Stickstoffverluste zu (Tab. 2.5.5–4). Auch wenn in diesen Untersuchungen nicht ermittelt wurde, welche Mengen in das Grundwasser ausgewaschen wurden und in die Luft emittierten, ist die potentielle Gefährdung des Grundwassers durch zu hohe Düngergaben und ungünstige Ausbringungszeitpunkte unübersehbar.

Klärschlamm kann nach der Klärschlammverordnung (AbfKlärV) vom 15.04.1992 auf landwirtschaftlich oder gärtnerisch genutzten Böden aufgebracht werden, denn er ist ein wertvoller Düngestoff. In Mecklenburg-

Tabelle 2.5.5–4 Einfluß steigender Festmistgaben auf die Stickstoffverluste (kg/ha) (nach HÜLSBERGEN et al., 1992; zit. nach VETTER et al., 1996)

kg N/ha mit Mist	Verluste aus Dünger – N
0	6,7
52,7	19,1
105,4	32,9
158,1	41,3

Tabelle 2.5.5–3 Stickstoffeinträge (N) in das oberflächennahe Grundwasser* (Literaturangaben zusammengestellt von VETTER et al., 1996)

Mehraustrag gegenüber ungedüngtem Boden [kg N/ha]			
Ausbringungszeitpunkt	Rinderdung[1]	Rinderdung[2]	Geflügeldung[2]
im Herbst	40	26	103
im Frühjahr	9	1	2
mehr im Herbst	31	25	101

* nach Ausbringung von Rinderdung oder Geflügeldung zu ungünstigem Termin im Herbst oder zu günstigem Termin im Frühjahr
[1] nach ASMUS (1993)   [2] nach UNWIN (1991)

2.5 Lagerung und Verwertung von organischen Düngern (Dung, Jauche, Gülle, Abwasser)

Vorpommern z. B. wurden im Jahr 1998 ca. 52 % (21 617 t) der angefallenen 41 500 t Klärschlamm-Trockenmasse des Landes sowie 12 081 t aus anderen Bundesländern auf insgesamt 10 629 ha Ackerland landwirtschaftlich verwertet. Dabei darf jedoch das Wohl der Allgemeinheit nicht beeinträchtigt werden, und die Aufbringung muß nach Art, Menge und Zeit auf den Nährstoffbedarf der Pflanzen unter Beachtung der im Boden verfügbaren Nährstoffe und organischen Substanz sowie der Standort- und Anbaubedingungen ausgerichtet werden. Besondere Beachtung muß die Verhinderung der Boden- und Wasserkontamination durch Schwermetalle sowie organische Schadstoffe, wie Dioxine und Furane, finden. Deshalb gibt es für Nutzung von **Klärschlamm** zahlreiche **Verbote** und **Anwendungsbeschränkungen**. Verboten ist die Ausbringung von Klärschlamm auf folgenden Flächen:
- Gemüse- und Obstanbauflächen,
- Dauergrünland,
- forstwirtschaftlich genutzte Flächen,
- landwirtschaftlich oder gärtnerisch genutzte Flächen in Nationalparks, Naturschutzgebieten, Naturdenkmalen, geschützten Landschaftsbestandteilen (falls keine Ausnahmegenehmigung nach Bundesnaturschutzgesetz vom 12.03.1987 vorliegt),
- Uferrandstreifen von mindestens 10 m Breite,
- Böden mit Grenzüberschreitung (nach Klärschlammverordnung vom 15.04.1992).

Auf Ackerflächen, die auch zum Anbau von Feldgemüse verwendet werden, ist im Jahr der Klärschlammaufbringung und im Folgejahr der Gemüseanbau nicht gestattet. Bei Ackerflächen für den Feldfutter-, Zuckerrüben- (falls das Zuckerrübenblatt verfüttert werden soll) und Maisanbau muß der Klärschlamm vor der Aussaat ausgebracht und anschließend eingearbeitet werden.

Vor dem erstmaligen Aufbringen von Klärschlamm ist der abgebende Betreiber einer Abwasserbehandlungsanlage verpflichtet, den Gehalt der Böden an Blei, Cadmium, Chrom, Kupfer, Nickel, Quecksilber und Zink durch **Bodenuntersuchungen** analysieren zu lassen. Diese Untersuchungen sind im Abstand von 10 Jahren zu wiederholen, sofern nicht kürzere Abstände durch die Aufsichtsbehörde angeordnet werden. Auch der **Klärschlamm** muß im Abstand von längstens sechs Monaten auf die Konzentration an Schwermetallen, adsorbierten organisch gebundenen Halogenen (AOX), polychlorierten Biphenylen, Dioxinen und Furanen, Gesamt- und Ammoniumstickstoff, Phosphat, Kalium, Magnesium sowie den Trockenrückstand, die organische Substanz, die basisch wirksamen Stoffe und den pH-Wert untersucht werden. Nach der Klärschlammverordnung ist das Aufbringen des Abprodukts auf Böden verboten, wenn im Boden oder auch im Klärschlamm mindestens einer der in Tabelle 2.5.5–5 genannten Werte überschritten wird.

Auf die genannten Böden dürfen innerhalb von drei Jahren nicht mehr als 5 t Trockenmasse an Klärschlamm je Hektar aufgebracht werden. Bei Klärschlamm-Komposten beträgt die zulässige Menge 10 t Trockenmasse je Hektar in drei Jahren, sofern die Schadstoffgehalte im Kompost die Hälfte der Grenzwerte gemäß Tabelle 2.5.5–5 (Schwermetalle, organische Schadstoffe) nicht übersteigen.

Als Ergebnis umwelt- und agrarpolitischer Diskussionen sind weitere Einschränkungen der landwirtschaftlichen Klärschlammverwertung zu erwarten. Im **ökologischen Landbau** ist die Klärschlammausbringung nicht zugelassen.

Bei der Ausbringung von **Klärschlamm** besteht eine **Nachweispflicht**. Der Lieferschein ist bei dem Betreiber der Abwasserbehandlungsanlage 30 Jahre aufzubewahren. Weiterhin müssen u. a. folgende Angaben registriert werden:
- erzeugte und an die Landwirtschaft abgegebene Schlammenge,
- Eigenschaften der Schlämme,
- Art der Behandlung,
- Name und Anschrift der Empfänger und schlagspezifische Bezeichnung der Aufbringungsfläche,
- Ergebnisse der Bodenuntersuchungen.

2 Umweltgerechte Tierhaltung

Tabelle 2.5.5–5 Grenzwerte für Schwermetalle und organische Schadstoffe in Boden und Klärschlamm gemäß Klärschlammverordnung 1992 (mg/kg Trockenmasse)

	Boden	Klärschlamm
Schwermetalle		
Blei	100	900
Cadmium	1,5 (1)	10 (5)
Chrom	100	900
Kupfer	60	800
Nickel	50	200
Quecksilber	1	8
Zink	200 (150)	2500 (2000)
Organische Schadstoffe		
absorbierte organische Halogene (AOX)	–	500
polychlorierte Biphenyle (PCB) Nr. 28, 52, 101, 138, 153, 180	–	jeweils 0,2
polychlorierte Dibenzodioxine/Dibenzofurane (PCDD/PCDF)	–	100 ng TE

Werte in Klammern gelten für leichte Böden, deren Tongehalt unter 5 % liegt oder deren pH-Wert zwischen 5 und 6 liegt.

In den Ländern werden von den zuständigen landwirtschaftlichen Fachbehörden (meistens Landwirtschaftliche Untersuchungs- und Forschungsanstalten – LUFA) die genannten Daten in einem **Klärschlammkataster** zusammengeführt.

2.5.6 Möglichkeiten der Reduzierung von Verunreinigungen der Luft

(Hoy, St.)

Verunreinigungen der Luft durch die Lagerung und Verwertung von organischen Düngern sind vor allem an die Freisetzung von Gasen und Geruchsstoffen gebunden. Die umwelthygienisch bedeutsamste Komponente stellt dabei die Emission von Ammoniak (NH_3) dar. Die Ansatzpunkte für die Senkung der Ammoniakemission sind vielfältig:

- stickstoffreduzierte **Fütterung** (Übergang von der Universalfütterung zur 2-, 3- bis Multiphasenfütterung mit dem Ziel einer an den Bedarf angepaßten N-Versorgung der wachsenden Tiere; kein Luxuskonsum, da im Stoffansatz nicht verwerteter Stickstoff als N-Verlust ausgeschieden wird, s. Kap. 2.7),
- Nutzung neuer **Haltungs- und Entmistungssysteme** (Kompoststall-Verfahren, Doppelspaltenboden-Bucht mit dazwischen liegendem gewölbtem, planbefestigtem Boden zum schnelleren Abfließen des Harns z. B. für die Absetzferkel- und Mastschweinehaltung; Reduzierung der emissionsaktiven Oberflächen im Buchtenbereich durch Teilspaltenböden, Spülentmistungssysteme),
- **Abdeckung** von Güllebehältern (natürliche Schwimmschicht, Schwimmfolie, Granulatschüttung, Zeltdach, befahrbare Decke),
- Entwicklung und Anwendung neuer Verfahren der **Gülleausbringung** (Schleppschlauchverfahren, Tiefeninjektion, Verdünnung mit Wasser oder Ansäuerung),
- optimierte **Abluftführung** im Stallbereich.

Die Bandbreite der untersuchten Einzelmaßnahmen zur Ammoniakemissionsminderung im Stall bzw. aus dem Stallbereich ist sehr groß:

2.5 Lagerung und Verwertung von organischen Düngern (Dung, Jauche, Gülle, Abwasser)

- Einfluß emittierender Flächen:
  - Spülung und mechanische Reinigung der Laufflächen,
  - Entmistungsfrequenz,
  - mechanische Reinigung der Spaltenböden (Dungschieber),
  - Flüssigmistzusätze (Puffer, Säuren, Silosickersaft, Enzyme, Mikroorganismenkulturen, Pflanzenextrakte, sorptive Substanzen),
  - Flüssigmistauflagen (künstliche Schwimmschichten),
  - Flüssigmistkühlung,
  - ordnungsgemäße Dunglagerung (geringe Stapeloberfläche – möglichst $\geq$ 2,50 m hoch).
- Einfluß der Luftführung:
  - Zuluftführung,
  - Abluftführung,
- Einfluß der Luftvolumenstromreduzierung:
  - modifizierte („intelligente") Anlagensteuerung,
  - Zuluftkühlung (BÜSCHER, 1996).

Das mehrmalige tägliche **Spülen** der Lauf- und Entmistungsflächen in Rinderställen kann zu einer Reduzierung der Ammoniakfreisetzung um 50–60 % führen (OOSTHOECK et al, 1990). Die Exkremente können durch hohe Wassermengen oder entsprechende Werkzeuge an den Dungschiebern entfernt werden.

Die **Kühlung** des Flüssigmists durch nachträglich in den Güllekanal eingebrachte Kunststoffrohre, die mit Grundwasser durchströmt werden, könnte eine weitere Möglichkeit der Senkung von Ammoniakemissionen darstellen.

Mit einer Verringerung der **Luftrate** geht eine Verminderung des NH_3-Ausstoßes aus Ställen einher. Durch die Kombination von Unterflurabsaugung mit impulsarmer Zulufteinströmung (z. B. Rieselkanallüftung) läßt sich ein Interessenkompromiß zwischen Emissionsminderung und tierfreundlichen, niedrigen Innenraumkonzentrationen von Ammoniak erreichen (BÜSCHER, 1996).

Der **Stickstoff-Input** und die **Effizienz** der Verwertung durch die Tiere sind für das spätere Emissionspotential der Exkremente (Flüssigmist und verschmutzte Oberflächen) entscheidend (JANSEN et al., 1990). Die beiden Größen unterscheiden sich bei den derzeit verwendeten Futtermitteln zwischen den Tierarten (Wiederkäuern – Monogastriden) erheblich. Innerhalb einer Tierart und speziell innerhalb einzelner Haltungsabschnitte sind die Unterschiede bei **bedarfsangepaßtem Futter** wesentlich geringer (BÜSCHER, 1996). Ein über den Bedarf der Tiere hinausgehender Eiweiß-Input kann nicht verwertet werden. Die im Darm aufgenommenen Aminosäuren werden unter diesen Bedingungen über verschiedene Reaktionsschritte in den Zellen in **Glutamin** umgewandelt und über den Blutkreislauf in die Leber transportiert. In der Leber werden unter der Wirkung von Glutaminase die **Glutaminsäure** und **Ammonium** gebildet. Die Ausscheidung des Ammoniums erfolgt in der Niere als **Harnstoff** (SPIEKERS et al., 1990). Stickstoff-Überschußmengen erscheinen in den Ausscheidungen von Säugetieren überwiegend als Harnstoff, beim Geflügel als Harnsäure (PFEFFER, 1990). Aus den ernährungsphysiologischen Gegebenheiten (bei Monogastriden Versorgung mit essentiellen Aminosäuren über die Ernährung, bei Wiederkäuern Erzeugung durch Mikroorganismen im Pansen) und den tiertypischen Futtermitteln ergeben sich Einsparungsmöglichkeiten für den Stickstoff-Input. Beim Schwein konzentrieren sich die Maßnahmen auf eine nährstoffangepaßte Ernährung durch den Übergang von der Universal- (ein Futtermittel für das ganze Jahr oder den gesamten Haltungsabschnitt) über die Phasen- zur **Multiphasenfütterung** und durch den Einsatz **synthetischer Aminosäuren**.

Beim Rind bietet sich der Einsatz von (im Pansen vor einem Abbau) **geschützten Proteinen** an (Tab. 2.5.6–1). In praxi ist es allerdings bisher nur vereinzelt gelungen, eine geringere Ammoniakfreisetzung in Stallanlagen durch eiweißangepaßte Fütterung nachzuweisen (HEINRICHS et al., 1993; KAISER et al., 1998) (detaillierte Informationen in Kap. 2.7).

Tabelle 2.5.6–1 Beispiele für eine kalkulatorische Reduzierung der Stickstoffausscheidung durch ernährungsphysiologische Maßnahmen bei Rindern und Schweinen (zit. nach Büscher, 1996, und Müller, 1998)

Autor	Tierart	Maßnahme	Reduktion der N-Ausscheidung
Pfeffer (1990)	Rind	schlechter abbaubares Protein (Milchkühe)	39 %
Spiekers et al. (1990)	Schwein	3-Phasenfütterung	5 %
Spiekers et al. (1990)	Schwein	3-Phasenfütterung, Aminosäurenergänzung	36 %
Susenbeth (1991)	Schwein	Lysinzulage (30 bis 100 kg Lebendmasse)	20 %
Pesgara et al. (1992)	Schwein	Absenkung des Rohproteingehaltes	26 %
Gatel et al. (1992)	Schwein	2- bzw. 3-Phasenfütterung	15 bis 20 %
Kirchgessner et al. (1993)	Schwein	2-Phasenfütterung	7 bis 12 %

Die **Abdeckung** von **Güllebehältern** kann zu einer Verminderung der Ammoniak- und Geruchs-Freisetzung führen. Bereits das Vorhandensein einer natürlichen **Schwimmdecke**, ggf. unterstützt durch das Aufblasen von Häckselstroh, bewirkt eine Reduzierung der Ammoniakemission bis etwa 80 %. Künstliche **Schwimmschichten** aus Strohhäckseln und Kunststoffgranulaten stellen eine preiswerte Alternative zu **festen Abdeckungen** dar. Voraussetzung ist eine bestimmte Stabilität gegenüber mechanischer Belastung bei Befüll- und Rührprozessen, was bei Häckselstroh und Granulat gegeben ist. Auch **Rapsöl** bildet nach wiederholtem Mischen eine emissionshemmende Deckschicht auf Gülle. Durch die genannten Abdeckungen kann die Emission von Geruchsstoffen um 83–93 % vermindert werden. Auch die Ammoniakfreisetzung wurde um 80–91 % reduziert (Tab. 2.5.6–2) (Wanka et al., 1998).

Gegenüber der **Gülleausbringung** mit Faß und Pralteller bei trockenen Bedingungen kann bereits die Ausbringung bei regnerischem Wetter mit derselben Methode und ohne Mehrkosten eine Reduzierung der Ammoniakfreisetzung im Mittel um 65 % bewirken, da NH_3 im feuchten Milieu gelöst wird. Neben der Ammoniakemission wird auch die Höhe der Lachgas- und Methanemissionen durch die Witterung während der Flüssigmistausbringung beeinflußt. Mit steigender Niederschlagshöhe nehmen die Ammoniak- und Methanemissionen ab, während die Lachgasfreisetzung mit zunehmender Bodenfeuchte ansteigt (Reitz et al., 1999). Da der Großteil der NH_3-N- und CH_4-Emissionen in den ersten Stunden nach der Ausbringung auftritt, ist die emissionsreduzierende Wirkung um so höher, je kürzer die Zeitspanne zwischen Ausbringung und Niederschlag ist (s. auch Kap. 2.5.7).

Durch Flüssigmistvorbehandlungen (Separierung) können die Ammoniakemissionen nach der Gülleausbringung deutlich reduziert werden (Reitz et al., 1998). Mit der **Schleppschlauchtechnik** und dem **Gülledrill** sind Reduktionsraten bis 95 % bei allerdings höheren Aufwendungen (Kosten für

Tabelle 2.5.6–2 Mittlere Emissionsminderung verschiedener Abdeckmaterialien für Güllebehälter (Wanka et al., 1998)

Abdeckmaterial	Emissionsminderung in %[1]	
	Ammoniak	Geruchsstoffe
Strohhäcksel	79,9	83,8
Pegulit M (Granulat)	91,0	93,0
Pegulit R (Granulat)	62,9	30,0
Schwimmfolie	99,7	–
Zeltdach	99,5	81,9[2]

[1] Kontrolle: 100 %
[2] pro m^2

2.5 Lagerung und Verwertung von organischen Düngern (Dung, Jauche, Gülle, Abwasser)

neue Geräte, geringere Flächenleistung, höhere Zugkräfte) möglich.

Auch **Zusätze** von Wasser und verschiedenen Substanzen zur Gülle oder zum Festmist können mehr oder weniger starke Reduzierungen von Ammoniak- und/oder Geruchsemission bewirken. So führt der Zusatz von **Wasser** zur Gülle kurz vor der Ausbringung (bessere Lösung von Ammoniak) zu einer Verminderung der gasförmigen NH_3-Verluste um ca. 50 %. Dabei steigen bei diesem Verfahren gegenüber dem traditionellen Güllefaß die Kosten, da ein insgesamt größeres Volumen (Gülle + Wasser) befördert werden muß. Durch Zusatz von **Säuren**, vor allem von **Milchsäure**, zur Gülle (pH-Wert < 4,5) ist ebenfalls eine deutliche Einschränkung der Ammoniak-Freisetzung (max. um 95 %) erreichbar (Hörnig et al., 1998), wenngleich dieses Verfahren in der Praxis wegen der erheblichen Aufwendungen (Transport von Industriesäuren) und möglicher Auswirkungen auf die Bodenmikroorganismen auf erhebliche Schwierigkeiten stößt (s. Kap. 2.5.3). Bei der Anwendung von **Salpetersäure** ist eine Menge von ca. 1,3 Vol.-% (bezogen auf die Güllemenge) erforderlich, um einen pH-Wert von 4,5 zu erreichen, bei Milchsäure muß die erforderliche Menge nahezu verdreifacht werden (3,7 Vol.-%), um den pH-Wert auf 4,5 abzusenken. Jedoch entstehen beim Einsatz von Salpetersäure zusätzliche Lachgas- und Methanemissionen, so daß diese Säure nicht empfohlen wird (Hörnig et al., 1998). Uneingeschränkt positiv ist die Zugabe des sauren **Silosickersaftes** zur Gülle zu bewerten. Damit werden dessen hoher Nährstoffgehalt genutzt, die Ammoniakemission reduziert sowie Schäden und Gefahren bei der Ausbringung des unbehandelten Sickersaftes vermieden.

Die emissionsmindernde Wirksamkeit von **sorptiven Substanzen** (z. B. Tonminerale wie Bentonit), **Pflanzenextrakten** (z. B. Yukka-Palmen), **Enzymen**, **Mikroorganismenkulturen** u. a. ist in zahlreichen Experimenten und auch in der Praxis belegt. Ihre Daueranwendung ist jedoch meist mit hohen Kosten verbunden und deshalb nicht angezeigt. Manche Präparate (z. B. Stalosan F) haben neben der lufthygienischen Wirkung auch günstige keimreduzierende und trocknende Effekte auf die Stalloberflächen.

Unterschiede in den luftgetragenen Verunreinigungen aus Gülle und Stalldung treten zwischen den **Tierarten** und **Aufstallungsformen** auf, wobei zumeist die gesamte Emissionsfracht eines Stalles oder Stallabteils bestimmt wird und die Differenzierung in die einzelnen Quellen (Gülle bzw. Stallmist, Stalloberflächen) meßtechnisch schwierig ist (s. auch Kap. 2.2.3). Die Freisetzung von Ammoniak aus den Exkrementen wird in Rinderställen im wesentlichen von den **Witterungsbedingungen** und der hiervon abhängigen **Luftströmung** im Stall beeinflußt (Brose et al., 1999). Der Abluftvolumenstrom in frei belüfteten Ställen schwankt aufgrund wechselnder Einflüsse von Wind und thermischen Bedingungen sehr, so daß eine kontinuierliche Messung des Volumenstroms notwendig ist. Diese und weitere sich verändernde Einflüsse führen zu hohen tageszeitlichen Schwankungen der Emissionen von Ammoniak, Methan, Kohlendioxid und Geruch (Brose et al., 1998). Eine **Kühlung der Zuluft** im Sommer – z. B. durch einen Erdwärmetauscher – reduziert nicht nur die Lüftungsintensität, sondern auch den temperaturabhängigen Stoffübergang von Ammoniak aus der Gülle und damit die NH_3-Emission (Büscher, 1996; Epinatjeff et al., 1997).

Alternative eingestreute Haltungsvarianten (insbesondere bei Schweinen) zeigen die höheren Ammoniakemissionen im Vergleich zur Haltung auf perforiertem Boden, wenn auf spezifische Werte (Lebendmasse der Tiere, Fleischproduktion) Bezug genommen wird (Cielejewski et al., 1997). In die Anwendung des **Kompoststall**-Verfahrens zur Haltung von Schweinen mit dem Ziel der Verringerung der **Ammoniak**-Konzentration und -Emission wurden ursprünglich große Erwartungen gesetzt. Als Kompoststall wird ein Stall für Schweine bezeichnet, in dem die

Tiere auf einer Einstreuschicht aus Holzspänen oder -schnitzeln gehalten werden, in die ein- bis zweimal pro Woche die Exkremente der Tiere zumeist unter Zugabe eines Additivs vergraben werden. In der Tiefstreu erfolgt die Nitrifikation des eingebrachten organischen Stickstoffs durch mikrobielle Tätigkeit bei gleichzeitiger Verdampfung des Wassers, so daß die Tiere eines oder mehrerer Haltungsdurchgänge auf der unveränderten Tiefstreumatratze **(Biobett)** gehalten werden können. Prognostizierte Verminderungen der NH_3-Freisetzung von 70–80 % ließen sich jedoch kaum realisieren. Bei einem gut funktionierenden Kompoststall-System ist eine Reduzierung der Ammoniak-Emission in Größenordnungen von 25–35 % möglich. Untersuchungen unter Klimastallbedingungen zeigen aber, daß alle geprüften Tiefstreu- bzw. Kompoststall-Varianten gegenüber der Haltung von Mastschweinen auf Vollspaltenboden mit Güllekeller zu meßbaren Lachgas-Emissionen führen. Die Auswirkungen verminderter Ammoniak-, aber nachweisbarer Lachgas-Freisetzungen auf die Umwelt sind schwer abzuschätzen. Sowohl Ammoniak als auch Lachgas enthalten Stickstoff, so daß zumindest eine Bilanzierung der gasförmigen Stickstoffverluste bei der Haltung von Schweinen im Kompoststall bzw. auf Vollspaltenboden möglich ist. Dabei zeigte sich, daß alle Kompoststall-Varianten höhere N-Verluste als das Flüssigmistsystem zur Folge hatten (Tab. 2.5.6–3) (HOY et al., 1997; MÜLLER, 1998).

Hohe **Ammoniak**-Konzentrationen und -Emissionen sind auch bei der **Geflügelhaltung** mit **Einstreu** möglich. Zum einen ist die Quelle für NH_3-Freisetzung **Harnsäure** (aus einem Molekül Harnsäure entstehen vier Moleküle Ammoniak). Zum andern fördern die vergleichsweise hohen Temperaturen, eine große emissionsaktive Oberfläche durch die Einstreustruktur und feuchte Stellen in der Einstreu die Freisetzung von Ammoniak. Mit zunehmender Haltungsdauer in der Hähnchenmast erhöht sich in Verbindung mit der ansteigenden Exkrement-

Tabelle 2.5.6–3 Gesamt-Stickstoff-Emission aus Ammoniak und Lachgas (in kg pro Umtrieb und Mastschwein) bei verschiedenen Haltungssystemen für Mastschweine (HOY et al., 1997; MÜLLER, 1998)

Haltungssystem	N-Emission
Vollspaltenboden mit Güllekeller	0,92
Kompoststall mit ENVIROZYME	0,95
Kompoststall mit UMS-A-Ferm	1,23
Kompoststall mit ECOZYME	1,33
Tiefstreustall ohne Additiv, 70 cm dicke Einstreuschicht	1,45
Kompoststall mit Bio-Aktiv-Pulver	1,55
Tiefstreustall ohne Additiv, 20 cm dicke Einstreuschicht	1,68
Kompoststall mit ECOZYME, 2 × Einstreubehandlung pro Woche	1,76

menge die Ammoniak-Konzentration (HOY et al., 1995). Vor allem bei Tiefstreusystemen mit wachsender Schichtdicke des Einstreumaterials werden z. T. tierhygienisch bedenkliche Werte (über 20 ppm) an Ammoniak und erhöhte **Lachgas-**Konzentrationen deutlich über dem globalen Gehalt der atmosphärischen Luft gemessen (HOY et al., 1995; TEGETHOFF et al., 1996). Besonders hohe Werte konnten bei und nach der Einstreubehandlung eines Tiefstreusystems mit Spitzenwerten bis 100 ppm Ammoniak nachgewiesen werden (HOY et al., 1996). Die **schnelle Entfernung des Kotes** aus dem Stall, die zügige **Trocknung** des Einstreu-Kot-Gemisches sowie ggf. die Belüftung des Bodens im **„Trampolinstall"** für Mastgeflügel sind Maßnahmen, die einer hohen NH_3-Freisetzung aus den Exkrementen entgegenwirken (BRAUN, 1995; MACKE et al., 1997; SCHÄFER, 1998).

Die Emission von **Lachgas** wurde zunächst im Zusammenhang mit der Stickstoffdüngung der Böden – mikrobielle Bildung von Distickstoffmonoxid als Zwischenglied einerseits der Nitrifikation und andererseits der Denitrifikation – diskutiert. Lachgas, dessen globale Konzentration in der Luft 300 bis 310 ppb (parts per billion) beträgt, zählt zu den Treibhausgasen, die die

2.5 Lagerung und Verwertung von organischen Düngern (Dung, Jauche, Gülle, Abwasser)

Erwärmung der Erdatmosphäre bedingen. In der Tierhaltung läßt sich Lachgas im Zusammenhang mit dem **Kompoststallverfahren** für Absetzferkel und Mastschweine bzw. bei der **Tiefstreuhaltung** nachweisen. In einem gut funktionierenden Kompost-Tiefstreubett wird der organisch gebundene Stickstoff zu Ammonium (NH_4) mineralisiert und anschließend nitrifiziert (NO_3). Tritt im Einstreumaterial Sauerstoffarmut auf, wird ein Teil des Nitrats zu Lachgas (N_2O) und molekularem Stickstoff (N_2) denitrifiziert. Bei sehr hohen Nitratkonzentrationen kann es zur Blockierung der Reduktion von N_2O und damit zur Anreicherung von Lachgas kommen, das vor allem beim wöchentlichen Mischen der Einstreu entweicht. Analysen von Hoy et al. (1997) sowie Müller (1998) an 7 verschiedenen Tiefstreu- bzw. Kompoststallvarianten ergaben Lachgas-Emissionen zwischen 0,6 kg und 3,5 kg N_2O pro Tierplatz und Jahr bei Ammoniakfreisetzungen von 2,9 kg bis 5,6 kg NH_3 bei gleicher Bezugsbasis. Tendenziell zeigte sich ein negativer Zusammenhang zwischen N_2O- und NH_3-Gehalt der Stalluft, d.h., mit zunehmender Ammoniak-Konzentration nahm die Lachgas-Konzentration ab und umgekehrt. In der güllegebundenen Mastschweinehaltung sind die Emissionen von Lachgas, Kohlenmonoxid und Stickoxiden zu vernachlässigen.

Insbesondere beim Homogenisieren von Flüssigmist wird **Schwefelwasserstoff** (H_2S) freigesetzt. Schwefelwasserstoff ist ein Gas mit hoher **Toxizität**. Es entsteht bei anaerobem Abbau von schwefelhaltigen Aminosäuren (Methionin, Zystein). Durch den Geruch nach faulen Eiern wird H_2S in geringen Konzentrationen zwar leicht wahrgenommen, bei höheren Gehalten in der Luft kommt es jedoch zu einer Lähmung der Geruchsnerven. Darin liegt die große Gefahr beim Auftreten hoher Konzentration an H_2S, die dann nicht mehr gerochen werden können. Schwefelwasserstoff besitzt eine sehr viel höhere Toxizität als Ammoniak.

H_2S wird in Konzentrationen > 1 ppm in der Luft von Ställen sehr selten nachgewiesen. Konzentrationen zwischen 2 und 5 ppm treten nur dann auf, wenn grobe Fehler in der Entmistung bei gleichzeitigem Ausfall der Lüftung vorliegen. Bei Aufrührvorgängen von Gülle kann es innerhalb weniger Sekunden und Minuten zu wolkenartigen Emissionen von H_2S in Konzentrationen von mehreren Tausend ppm kommen. Ebenso sind über Flüssigmistkanäle „Güllegas"-Einbrüche in den Stall mit möglichen Todesfällen nicht völlig auszuschließen. Bei Untersuchungen in einer hermetisierten **Güllepumpstation** mit etwa sechs Wochen gelagerter Gülle stieg sofort nach Inbetriebnahme der Pumpaggregate die H_2S-Konzentration auf 2710 ppm. Die noch betriebene leistungsfähige Lüftungseinrichtung reduzierte zunächst die Konzentration auf 1760 ppm. Dem Ausschalten der Lüftung folgte danach ein kontinuierlicher Anstieg des Schwefelwasserstoff-Gehaltes auf maximal 5950 ppm (Kliche et al., 1990). Infolge der akuten Toxizität von H_2S sind beim Auftreten derartig hoher Konzentrationen **Todesfälle** durch allgemeines Kreislaufversagen nach Permeabilitätsstörungen der Lungenepithelien und durch akute Schädigungen von Leber, Nieren und Herz möglich. Die **letale Dosis** bei Tieren wird in Abhängigkeit von Alter und Lebendmasse mit 450 bis 1000 ppm angegeben. Die Überlebenszeit von Schweinen beträgt bei den geschilderten H_2S-Konzentrationen von nahe 6000 ppm lediglich ein bis zwei Minuten (Kliche et al., 1990).

Unter anaeroben Bedingungen kann in Güllebehältern **Methan** gebildet werden. Methan (CH_4) ist eine reaktionsträge Substanz, die nicht in biochemische Reaktionen eingreift – insofern sind keine nachteiligen Wirkungen auf Tiere bekannt. Eine akute Toxizität ist nur in derart hohen Konzentrationen gegeben, die ein Sauerstoffdefizit bedingen. Ein solcher Fall tritt im Stall jedoch niemals auf. Eine praktische Bedeutung kann Methan bei der Bildung von Gasblasen in verschlossenen Güllebehältern, die ggf. explosionsartig freigesetzt werden, erlangen.

Bei der Lagerung und Verwertung organischer Dünger entstehen in erheblichem Umfang **Geruchsstoffe**. Der aus Ställen emittierte Geruch ist eine Mischung verschiedener Geruchskomponenten, wobei alle festgestellten Bestandteile in sehr niedrigen Konzentrationen vorkommen. Die in der Luft vorhandenen Substanzen werden mittels Geruchsrezeptoren des Riechepithels wahrgenommen und erzeugen einen subjektiven Eindruck. Die Gerüche der Tiere, der Gülle, der Futtermittel und Restfutterstoffe sowie anderer Quellen erzeugen eine komplexe Wirkung. Besonders intensiv und unangenehm werden empfunden:
– Skatol,
– Ammoniak und Amine,
– Karbonsäuren (Buttersäure),
– Schwefelwasserstoff,
– Aldehyde.

Diese Stoffe kommen in sehr unterschiedlicher Konzentration und Kombination in Ställen vor und erzeugen in der jeweiligen Konstellation den stallspezifischen Geruch. Versuche, chemische Leitsubstanzen zu finden, die mit gaschromatografischen Methoden gemessen werden und die zur Objektivierung der Geruchsbestimmung beitragen könnten, schlugen wegen der Komplexität des Geruches bisher fehl. Entscheidend für die geruchliche Wahrnehmung ist, daß die jeweilige Substanz in einer Mindestkonzentration (Geruchsschwelle) in der Stallluft vorkommen muß. Mit dem **Multisensorassay** deutet sich eine Meßmethode an, zukünftig Geruchsemissionen reproduzierbar und mit hoher Zuverlässigkeit zu erfassen, um die Nachteile der Olfaktometrie (s. Kap. 2.2.3) zu kompensieren (MAIER et al., 2000). Zur Vermeidung oder Verminderung von Geruchsemissionen können folgende Verfahren der **Abluftbehandlung** eingesetzt werden:
- biologische Abluftfilter (Biofilter),
- biologische Abluftwäscher (Biowäscher),
- Kombination aus biologischem Abluftfilter mit vorgeschaltetem Abluftwäscher,
- chemische Abluftwäscher (BÜSCHER, 1996).

Wegen des erheblichen baulich-technischen Aufwandes und der schwierigen Steuerung der Filterbetteigenschaften (Materialien z.B. Heidekraut, Kokosfasern, Holzhackschnitzel-Rindenmulch) werden **Biofilter** z.T. nicht als Stand der Technik angesehen (MANNEBECK, 1994). Zwischen den verschiedenen Filtermaterialien treten dabei deutliche Unterschiede in den Strömungswiderständen auf (MARTINEC et al., 1999).

Neuere Entwicklungen (OLDENBURG – persönliche Mitteilung, 2001) aus Stroh und Hackschnitzeln, die als Filtermaterial in Verbindung mit einer Hochdruckbefeuchtung zur Rohgaskonditionierung eingesetzt werden, deuten auf eine technische und ökonomische Machbarkeit der Abluftreinigung auch in der Tierhaltung hin. Hinsichtlich der Ammoniakabscheidung kann durch die Vorschaltung eines **Abluftwäschers** ein höheres Abscheidungspotential erreicht werden.

In **Biowäschern** werden Geruchsstoffe mit Hilfe von Bakterien zerlegt, wobei zugleich große Teile des leicht wasserlöslichen Ammoniaks aus der Stallluft gebunden werden können. In verschiedenen Untersuchungen (Tab. 2.5.6–4) werden Wirkungsgrade der Ammoniakabscheidung bei Biofiltern und Biowäschern von z.T. über 80 % angegeben. Allerdings ist dabei zumeist nicht der mittlere, sondern der maximale Wirkungsgrad in die Bewertung der Abscheideleistung eingegangen, was eine realistische Einschätzung dieser Technik erschwert (BÜSCHER, 1996). **Chemische Abluftwäscher** können mit verschiedensten Sorptionsflüssigkeiten betrieben werden. Bei Biowäschern kann durch Additive im Waschwasser das Sorptionsvermögen wesentlich gesteigert werden. Der mit leicht angesäuertem Wasser arbeitende Abluftwäscher läßt die höchsten Abscheidegrade für Ammoniak aus Tierhaltungsbetrieben erwarten, wobei die pH-Wert-Verschiebung jedoch nicht die biologischen Vorgänge im Abluftwäscher unterbinden darf, die zur Geruchsabscheidung erforderlich sind (BÜSCHER, 1996).

2.5 Lagerung und Verwertung von organischen Düngern (Dung, Jauche, Gülle, Abwasser)

Tabelle 2.5.6–4 Untersuchungsergebnisse zur Minderung der Ammoniakemission beim Einsatz von Abluftreinigungsverfahren (zit. nach Büscher, 1996)

Autor(en)	Verfahrenstechnik	NH_3-Emissionsminderung
Scholtens et al. (1989)	Biofilter, Biowäscher	70 bis 80 %
van Asseldonk et al. (1989)	Biofilter	85 %
Schirz (1990)	Biofilter	50 %
Mannebeck (1994)	Biofilter (kombiniert mit Wäscher)	80 bis 90 %
Klarenbeck et al. (1985)	Biowäscher	70 %

Aus Ställen sind auch Verunreinigungen der Umwelt durch **Staub** zu erwarten. Die emittierte Staubmenge kann dabei im Sommer wesentlich größer als im Winter sein, da die **Luftrate** bei hohen Temperaturen erheblich höher liegt als in den Wintermonaten. Die Schweb- und Sedimentationsstaubgehalte in Ställen werden durch eine Reihe von Haltungs- und Fütterungsfaktoren sowie durch die Tiere selbst beeinflußt:
- Bewegungsaktivität der Tiere,
- Alter der Tiere bzw. Haltungsdauer,
- Fütterungssystem (Flüssig- oder Trockenfütterung),
- Konsistenz der Futtermittel (mehlförmig, breiartig),
- Vorhandensein und Art der Einstreu,
- Exkrementenabsatz und Entmistungssystem,
- Temperatur und Luftfeuchte,
- Luftbewegung und Luftrate,
- Haltungssystem und Management,
- Reinigung und Desinfektion.

Zwischen der **Bewegungsaktivität** der Tiere und dem Staubgehalt der Stalluft besteht eine direkte Beziehung. Durch zunehmende Tieraktivität steigt insbesondere der Anteil größerer Partikel über 2 µm. Das Maximum der Staubkonzentration im Stall tritt erwartungsgemäß zumeist während der Fütterung auf. Bei mehlförmigem oder **pelletiertem Futter** sind dabei höhere Schwebstaubgehalte als bei Flüssigfütterung zu erwarten. In Ställen nimmt mit zunehmendem Alter der Tiere bzw. fortschreitender Haltungsdauer vor allem die Staubpartikelzahl in der Luft zu.

Dies wird damit erklärt, daß die eingesetzte Futtermenge als wesentliche Staubquelle ansteigt und bereits sedimentierter Staub durch die Bewegung der Tiere reaerosoliert wird. Die Tierhaltung mit **Einstreu** führt zu höheren Staubgehalten als einstreulose Aufstallungsformen, wobei die Verstaubung bei Verwendung von Spreu etwa dreimal höher sein kann im Vergleich zur Haltung auf Spaltenboden. Hohe **Temperaturen** und eine geringe **Luftfeuchte** bewirken die Abtrocknung von Stalloberflächen und fördern die Schwebefähigkeit kleiner Staubteilchen. Abhängigkeitsfaktoren für die Ausbreitung der Stäube in der Umgebung der Ställe sind:
- die Menge der emittierten Stoffe,
- die Höhe der Emissionsquelle über dem Erdboden,
- topographische Gegebenheiten in der Stallumgebung und
- Durchmesser der Partikeln (weitere Informationen in Kap. 2.2.4).

Reduzierungen der Staublast im Stall, der **Staubemission** und -immission sind möglich durch:
- einstreulose Haltungssysteme,
- feuchtkrümelige bzw. Flüssigfütterung,
- Filtration und Wäsche der Stalluft (sinnvoll in Kombination mit der Wärmerückgewinnung aus der Stalluft),
- Baumanpflanzungen (zur Minderung der Transmission der Partikel).

2.5.7 Anforderungen an die Ausbringung und Verwertung von organischen Düngern

(Hoy, St.; Methling, W.)

Bei der Ausbringung der organischen Düngerstoffe sind neben den Aspekten des Pflanzenbedarfs Gesichtspunkte der Umweltverträglichkeit (Ammoniak- und Geruchsemissionen) zu berücksichtigen. Deshalb sollten **Flüssigmist**, aber auch feuchter und damit ammoniumreicher Stapelmist möglichst **unmittelbar** nach der Ausbringung **eingearbeitet** werden, vorzugsweise bei kühler, windarmer und regnerischer Witterung. Vor allem in Witterungssituationen, die zu starker Ammoniak- und Geruchsstofffreisetzung und -transmission führen (sonnig, warm, windig), sollte der Flüssigmist sofort (bei Breitverteilern) oder innerhalb von drei Stunden (bei Schleppschaufelverteilern) untergepflügt werden.

Falls alternative Wahlmöglichkeiten (ausreichend landwirtschaftliche Nutzfläche, andere organische und/oder mineralische Dünger) gegeben sind, sollte Gülle auf der windabgewandten **(Lee-)Seite von Gemeinden** ausgebracht werden. Damit können Geruchsbelastungen vermieden oder vermindert werden.

Gülletankwagen müssen zuverlässig **dicht verschlossen** sein, damit es nicht zu Verunreinigungen der Straßen und Geruchsemissionen kommt. Transporte sollten möglichst nicht durch Ortschaften, sondern auf Nebenwegen zur Verwertungsfläche geführt werden.

Um Geruchsbelastungen in nahegelegenen Kommunen zu vermeiden oder gering zu halten, sollten folgende **Mindestabstände** zwischen Wohnbebauungen und Begüllungsflächen eingehalten werden:
- 200 m zu Wohngebieten, Kommunal- und Sozialeinrichtungen,
- 300 m zu Wohngebieten, Kommunal- und Sozialeinrichtungen (in Hauptwindrichtung),
- 1000 m zu Kur- und Erholungseinrichtungen,
- 200 bzw. 300 m zu Kur- und Erholungseinrichtungen (bei desodorierter Gülle, in Hauptwindrichtung).

Zur Minimierung des Risikos der Aufnahme oder Ernte von durch Güllereste verunreinigten Futtermitteln oder Nahrungsmittelrohstoffen sollte auf die Einhaltung folgender **Karenzzeiten** zwischen der letzten Gülleausbringung und der Ernte bzw. Beweidung geachtet werden:
- nach der Blüte bzw. dem Schossen,
- 28 Tage bzw. 14 Tage (Gülleflüssigkeit).

Längere Karenzzeiten sind jedoch zu empfehlen.

Ein großer Anteil der Nährstoffe im Stalldung muß erst in eine pflanzenverfügbare Form überführt werden. Somit kann es auch ökologisch sinnvoll sein, Mist im Herbst oder im zeitigen Frühjahr auszubringen. Bei der Ausbringung im Herbst oder Spätwinter können durch die Bedeckung und die damit verbundene schnellere Erwärmung des Bodens günstige Auswirkungen auf den Ertrag möglich sein. Gelegentlich wird über Phosphatauswaschungen aus Stalldung an Hangflächen berichtet. An die **Ausbringung** von **Stallmist** und **Kompost** sind folgende Anforderungen zu stellen (Elsässer et al., 1997):
- exaktes Beladen der Dungstreuer mit Kontrolle der Lademenge,
- Kontrolle der ausgebrachten Mist- und Nährstoffmengen pro Hektar,
- exakte Verteilung auf die gesamte landwirtschaftliche Nutzfläche,
- Längs- und Querverteilung in ähnlicher Qualität wie bei Ausbringung flüssiger Wirtschaftsdünger,
- Ausbringung kleinerer Gaben in wachsende Bestände oder auf Grünland während der Vegetationszeit (feiner „Mistschleier"),
- Anpassung der Spur- und Arbeitsbreite an die Fahrgassen,

2.5 Lagerung und Verwertung von organischen Düngern (Dung, Jauche, Gülle, Abwasser)

- Reduzierung der Bodenbelastung durch die Art der Bereifung, entsprechenden Reifendruck und Achslast.

Für den Transport und das Verteilen von Stalldung werden Stallmiststreuer angewendet. Moderne **Düngerstreuer** sind mit Wiegeeinheit und Bordcomputer ausgestattet, so daß hohe Dosiergenauigkeiten beim Ausbringen erreicht werden. Mit Orbitalstreuern lassen sich Kompost, Mist und Klärschlamm ausbringen. Die Streumenge wird durch die Drehzahl des Schleuderrades und den steuerbaren Vorschub, bei anderen Streuern durch die Fahrgeschwindigkeit und die Streubreite geregelt. Das Streubild ist durch die Homogenität des Streugutes zu beeinflussen, wobei krümeliger Mist im Vergleich mit klumpigem Stalldung große Vorteile aufweist. Über die Streugenauigkeit verschiedener Systeme liegen Praxisergebnisse vor, die bei Tellerbreitstreuwerken einen deutlichen Unterschied in der Querverteilung zwischen Stalldung und Kompost ergaben. Bei gut streufähigen Substraten (z. B. Kompost) ist sowohl bei Querverteilung als auch bei Längsverteilung (Arbeitsbreite 8 bis 10 m) mit Variationskoeffizienten von 9–15 % eine gute Homogenität zu erreichen (BOXBERGER et al., 1994).

Die Anforderungen an eine umweltverträgliche **Gülleausbringung** resultieren aus der Notwendigkeit einer hohen Düngerwirksamkeit und der Verminderung gasförmiger Stickstoffverluste. Sie sind durch eine hohe Verteilgenauigkeit und die Optimierung der Ausbringtermine zu charakterisieren.

Durch die Summation verschiedener Einflußgrößen (Windeinfluß, Fahrgeschwindigkeit, schwankende Durchflußmengen u. a.) kann eine Schwankungsbreite der **Verteilgenauigkeit** von 13–75 % resultieren, so daß für eine verlustarme und umweltschonende Gülleausbringung eine deutlich verbesserte Genauigkeit der Verteilung zu fordern ist. Wenn in der Praxis dennoch nur selten Erscheinungen ungleichmäßiger Düngung auftreten, so liegt es zumeist an dem breiten Stickstoffoptimum der Kulturen (z. B. Mais, Zwischenfrüchte) (BOXBERGER et al., 1994). Dennoch sind bei Variationskoeffizienten über 25 % Ertragseinbußen bei Getreide (über 1,5 dt/ha) möglich.

Die **Gülleausbringungstermine** müssen den Nährstoffbedarf der wachsenden Pflanzen berücksichtigen. Außerdem sind die Reduzierung des **Bodendruckes** (Breitreifen verwenden) und die Berücksichtigung der Reihenabstände erforderlich. Bei den Gülleverteilfahrzeugen sollte ein Fassungsvermögen von etwa 12 m^3 nicht überschritten werden, um den Bodendruck nicht zu stark ansteigen zu lassen.

Bei den **Gülletankwagen** werden Kompressor-, Druckverteiler- (als Weiterentwicklung der Schleudertankwagen) und Pumpentankwagen unterschieden. An die Technik der Gülleausbringung sind folgende Anforderungen zu stellen:

- bodennahe Gülleapplikation,
- Kombination der Ausbringung mit Einarbeitung, Anhäufeln u. ä. mit dem Effekt einer mechanischen Unkrautbekämpfung in Reihenkulturen,
- Optimierung der Dosierbarkeit:
  - minimale Gabe 20 kg N/ha → für Schweinegülle 5 m^3/ha,
  - maximale Gabe 80 kg N/ha → für Milchviehgülle 40 m^3/ha (BOXBERGER et al., 1994).

Hinsichtlich der **Gülleverteilung** lassen sich vier Grundprinzipien unterscheiden:
- Breitverteiler, die die Gülle breitflächig auf die Pflanzen- bzw. Bodenoberfläche verteilen,
- Schleppschlauchverteiler, die den Flüssigmist streifenförmig auf der Pflanzendecke bzw. Bodenoberfläche ablegen,
- Schleppschuhverteiler, die die Gülle unter die Pflanzen in den obersten Krumenbereich ablegen,
- Einarbeitungsgeräte für Ackerland (Injektoren) und Grünland (Schlitzgeräte), die den Flüssigmist im mittleren Krumenbereich plazieren (KOWALEWSKY, 1995).

Die Einhaltung der vorgesehenen Güllemengen pro Hektar wird durch Dosierhilfen, Dosieranzeigen und Regelsysteme erleichtert. Zur Optimierung der Dosierung sind Bordcomputer notwendig, die die Ausbringmenge in Abhängigkeit von der Fahrgeschwindigkeit, der Arbeitsbreite und weiteren Faktoren regeln. Wegen der hohen Stickstoff-Verluste verlieren **Breitverteiler** (z. B. Güllefaß mit Prallblech, Prallkopf, Schwenkdüse oder Düsenbalken) zunehmend an Bedeutung. Bodennahe Ausbringung läßt sich durch Verteilgeräte, wie Schleppschlauch, Schleppschuh sowie Schlitz- und Injektionsverfahren, erzielen.

Schleppschlauchverteiler dienen der Gülleapplikation in Getreide- und Maisbeständen. Eine hohe Verteilgenauigkeit und die Reduzierung der Ammoniak- und Geruchsfreisetzungen, vor allem in etwas höheren Pflanzenbeständen (über 12 cm Aufwuchs) um 30–50 %, erweisen sich als Vorteile dieses Verfahrens, wenn nachfolgend eine schonende Einarbeitung mit Hackstriegel erfolgt. Die bandförmige Ausbringung mit Schleppschlauch allein ist zur Verringerung der Güllestickstoffverluste nicht ausreichend oder unter Umständen sogar ausgasungsfördernd (VANDRE et al., 1996). Eine noch höhere Verminderung der NH_3- und Geruchsstoffemissionen läßt sich bei **Schleppschuhverteilern** nachweisen (um 60–80 %), da die Gülleablage unter Zurseitedrücken der Pflanzen in den obersten Bodenbereich erfolgt. Bei einem höheren Aufwuchs neigt allerdings die Technik zu Verstopfungen. Gegenüber Breitverteilern verteuert sich selbst bei guter Auslastung die Flüssigmistausbringung um 60–70 % (KOWALEWSKY, 1995).

Schlitzgeräte für Grünland und **Flüssigmistinjektoren** für unbewachsenes Ackerland applizieren die Gülle nahezu ohne Ammoniak- und Geruchsfreisetzung (Senkung um 90 % und darüber) direkt in den Boden. Von Vorteil sind außerdem die gleichmäßige Verteilung, die geringe Pflanzenverschmutzung und – bei Weidegang – die schnellere Beweidungsmöglichkeit, wobei aus seuchenhygienischen Gründen eine Karenzzeit von mindestens 28 Tagen zwischen Gülleausbringung und Weidenutzung liegen sollte. Dem stehen als Nachteile der hohe Investitions- und Leistungsbedarf, die erhöhten Kosten der Ausbringung, der steigende Treibstoffbedarf und mögliche Schäden der Grasnarbe auf Grünland (bei Schlitzgeräten) gegenüber. Auf Standorten mit geringem Infiltrationsvermögen ist vor allem bei Gülle mit höherem Trockensubstanzgehalt (etwa 7 %) eine Einarbeitung durch Injektion (Drill, Schlitz) erforderlich, wenn ein weitgehender Verlust des NH_4-Stickstoffes vermieden werden soll. Bei Böden mit gutem Infiltrationsvermögen ist eine Injektion dagegen nicht erforderlich.

Unter den Bedingungen größerer Betriebe erlangen getrennte Verfahren (Transport der Gülle mit großvolumigen Tankfahrzeugen für 10–18 m^3 – Umpumpen des Flüssigmistes direkt in Ausbringfahrzeug oder Zwischenlagerung in einem Feldrandcontainer) oder die Gülleverschlauchung an Bedeutung.

Bei der Verwertung von **Rest- und Abfallstoffen** (Klärschlamm, Kompost, Grünguthäcksel u. a.) sind folgende Anforderungen zu berücksichtigen:

- Reststoffe müssen stofflich unbedenklich sein. Die Schadstoffzufuhr darf nur minimal sein, möglichst weit unterhalb noch tolerierbarer ökologischer Grenzen, ohne Risiko für Bodenfruchtbarkeit, Grundwasser und Ernteprodukte.
- Reststoffe müssen einen meßbaren Beitrag zu Düngung und Bodenverbesserung leisten, zum Nutzen für Pflanzenproduktion und Bodenfruchtbarkeit (KLUGE, 1994).

Bei der Anwendung sind die Regeln guter pflanzenbaulicher Praxis zu beachten. Ziel muß die optimale Nutzung aller Wertstofffraktionen sein, die die organischen Düngerstoffe enthalten, wobei die bodenverbessernde Wirkung im Mittelpunkt steht. Die Einsatzmengen der Reststoffe richten sich

2.5 Lagerung und Verwertung von organischen Düngern (Dung, Jauche, Gülle, Abwasser)

nach dem Nährstoffbedarf der Pflanzen. Bedenkliche Anhäufungen von Schad- und Nährstoffen in Böden, Gewässern und Ernteprodukten sowie deren mögliche Mobilisierung müssen zuverlässig ausgeschlossen werden. Die für Klärschlämme geltenden maximalen Schadstofffrachten (s. Tab. 2.5.5–5) sollten analog auch auf andere Rest- und Abfallstoffe angewendet werden, solange keine anderen Grundlagen vorliegen. Dabei besteht die Forderung,
- die Analyse der Rest- und Abfallstoffe vorzunehmen, um den Eintrag an Nähr- und Schadstoffen in den Boden zu erfassen und
- die Analyse der Böden zu veranlassen, um den Ist-Zustand vor Einsatz der Reststoffe zu erfassen und frühzeitig nachteilige Veränderungen der Bodenfunktion registrieren zu können (KLUGE, 1994).

Literatur

Ammler, G., E. Hartung, W. Büscher: Flüssigmist-Additive im Test. Landtechnik 52 (1) (1997) 42–43.

Böhm, R., D. Strauch: Desinfektion im Stall – weniger Krankheiten, mehr Leistung. AID-Heft (1996) 1163.

Böning, H., D. Eich, H. Stielicke, H. Görlitz, M. Schulz: Bodenfruchtbarkeit (VI). Rationelle Stalldung- und Güllewirtschaft. Agrabuch (1984) 4252.

Boxberger, J., H. Eichhorn, H. Seufert: Stallmist – fest und flüssig. Entmisten, Lagern, Ausbringen. Schriftenreihe der Bauberatung Zement. Beton-Verlag, Düsseldorf (1994).

Braun, S.: Was bringt der „schwebende Boden"? DGS 47 (13) (1995) 30–31.

Brose, G., E. Hartung, Th. Jungbluth: Geruchs- und Spurengasemissionen eines Milchviehstalles. Landtechnik 53 (1) (1998) 32–33.

Brose, G., E. Hartung, Th. Jungbluth: Schadgasemissionen – Tageszeitliche Einflüsse bei einem frei belüfteten Milchviehstall. Landtechnik 54 (2) (1999) 110–111.

Büscher, W.: Ammoniakfreisetzung aus zwangsbelüfteten Stallanlagen mit Flüssigentmistung – Ansätze zu deren Reduzierung. Habilitationsschrift Universität Hohenheim (1996).

Cielejewski, H., J. P. Ratschow: Emissionen verschiedener Verfahren der Mastschweinehaltung. Landtechnik 52 (3) (1997) 150–151.

Eckhof, W., E. Grimm, A. Hackenschmidt, V. Nies: Umweltverträglichkeitsprüfung für Anlagen der Tierhaltung. KTBL-Arbeitspapier (1994) 189.

Elsässer, M., H. G. Kunz: Fest oder flüssig? Festmist hat als Wirtschaftsdünger immer noch eine große Bedeutung. dlz Agrarmagazin 48 (4) (1997) 48–52.

Epinatjeff, P., J. Beck, Th. Jungbluth, A. Scheuble: Kühlere Stallluft – geringere Ammoniakemissionen. Landtechnik 52 (6) (1997) 320–321.

Gabel, M.: Persönliche Mitt. (2001).

Gäth, St.: Verwertung von Klärschlamm und Kompost in der Landwirtschaft – Fragen und Antworten. Informationsmaterial zur agritechnica '97. Universität Gießen (1997).

Heinrichs, P., J. Oldenburg: Auswirkungen einer proteinoptimierten Fütterung auf die Stickstoffbilanz in der Schweinemast (erste Versuchsergebnisse). In: Bau und Technik in der landwirtschaftlichen Nutztierhaltung. Dr. Fleck Verlag, Gießen (1993).

Hörnig, G., W. Berg, M. Türk: Emissionsminderung durch Ansäuern von Gülle. Landtechnik 53 (3) (1998) 146–147.

Hoy, St.: Tiefstreu oder Spaltenboden? Vor- und Nachteile des Kompoststalles. DLZ-Ratgeber 9 (1993) 15–16.

Hoy, St., O. Kühnel: Ergebnisse der Schadgasmessungen in der Hähnchenmast unter Nutzung des Multi-Gas-Monitoring. Tierärztl. Umschau 50 (1993) 767–777.

Hoy, St., O. Kühnel: Bestimmung von Ammoniak, Kohlendioxid und Lachgas bei der Masthähnchenhaltung auf verschiedenen Einstreuvarianten mit Hilfe des Multigasmonitoring. Archiv f. Gefl. Kd. 60 (2) (1996) 88–93.

Hoy, St., K. Müller, R. Willig: Untersuchungen zu Konzentration und Emission von Ammoniak und Lachgas bei verschiedenen Tiefstreuhaltungssystemen für Mastschweine und bei Vollspaltenbodenhaltung. Berl. Münch. Tierärztl. Wschr. 110 (1997) 90–95.

Jansen, J., K.-H. Krause: Messung und Simulation von Ammoniakkonzentrationen in Ställen. In: Ammoniak in der Umwelt. KTBL-Schrift (1990) 24.1–24.16.

Kaiser, S., L. Strothmeyer, C. Weidenhöfer, H. van den Weghe: Multiphasenfütterung bei Mastschweinen. Landtechnik 53 (4) (1998) 260–261.

Kliche, R., G. Mehlhorn, R. Willig: Quantitative Emission von Ammoniak nach Aufrühren von gelagertem Flüssigmist. KTBL-Schrift „Ammoniak in der Umwelt", (1990) 35.1–35.9.

Kluge, R.: Abfallentsorgung: Mit Reststoffen düngen? DLZ Agrarmagazin 45 (12) (1994) 28–31.

Kowalewski, H. H.: Behandlung und Ausbringung von Flüssigmist. AID-Heft 1201 (1995).

Macke, H., H. van den Weghe: Wirksamkeit der insitu-Kotbelüftung in Broilerställen zur Reduzierung der Emissionen aus Geflügelkot. Proc. 3. Internat. Tagung Bau und Technik in der landwirtschaftlichen Nutztierhaltung. 11.–12.03.1997 in Kiel.

Maier, B., G. Riess, A. Gronauer: Erkennung und Bewertung von Geruchsemissionen aus der Landwirtschaft. Landtechnik 55 (1) (2000) 44–45.

Mannebeck, D.: Technik und Funktionssicherheit von Biofilteranlagen. KTBL-Arbeitspapier 202, Darmstadt (1994) 155–161.

Martinec, M., E. Hartung, Th. Jungbluth: Vergleich unterschiedlicher Filtermaterialien für Biofilter. Landtechnik 54 (2) (1999) 106–107.

McDonald, P., A. R. Henderson, S. Y. E. Heron: The Biochemestry of Silage. Scd. Edition, Chalcombe Publications, Aberystwyth (1991).

Meier, U., D. Nosal: Gülleaufbereitungssysteme. FAT-Berichte September 1989, 372. Eidgenössische Forschungsanstalt für Betriebswirtschaft und Landtechnik Tänikon.

Müller, K.: Ergebnisse von Verlaufsuntersuchungen von Ammoniak, Kohlendioxid und Lachgas bei Spaltenbodenhaltung bzw. bei verschiedenen Tiefstreuhaltungsvarianten für Mastschweine unter Nutzung des Multigasmonitorings. Diss. Univ. Leipzig (1998).

Müller, W.: Allgemeine Hygiene. In: Sommer, H., E. Greuel, W. Müller: Hygiene der Rinder- und Schweineproduktion. 2. Auflage, Verlag Eugen Ulmer, Stuttgart (1991).

Nitschke, A.: Pflanzenbauliche Analyse und Bewertung von Tiefstreusubstraten aus der Schweinehaltung. Abschlussbericht des Teilprojektes „Vergleichende Bewertung und pflanzenbauliche Überprüfung von Gülleaufbereitungsprodukten" im KTBL-Verbundvorhaben „Umweltverträgliche Gülleaufbereitung und -verwertung". Darmstadt (1996).

Oosthoek, J., W. Kroodsma, P. Hoeksma: Betriebliche Maßnahmen zur Minderung von Ammoniakemissionen aus Ställen. In: Ammoniak in der Umwelt. KTBL-Schrift (1990) 29.1–29.23.

Pfeffer, E.: Beeinflussung der N- und P-Mengen in der Gülle durch Fütterung. Vorträge der 42. Hochschultagung der landw. Fakultät der Universität Bonn vom 20.02.1990 in Münster, Tagungsschrift, Bonn.

Reitz, P., H.-D. Kutzbach: Ammoniakemissionen nach der Flüssigmistausbringung. Einfluss verschiedener Flüssigmistvorbehandlungen. Landtechnik 53 (6) (1998) 368–369.

Reitz, P., E. Schürer: Niederschlag senkt NH_3- und CH_4-Emission. Emissionen von Ammoniak, Lachgas und Methan nach der Ausbringung von Flüssigmist. Landtechnik 54 (6) (1999) 348–349.

Rüprich, W.: Geruchsfreie Gülle – umweltfreundlich. Verlagsunion Agrar, Frankfurt (1980).

Schäfer, J.: Konzentrationen und Emissionen von Ammoniak, Lachgas und Kohlendioxid bei der Masthähnchenhaltung auf Holzhackschnitzel-Tiefstreu und einem perforierten Boden im Vergleich zu Stroheinstreu. Diss. Univ. Gießen (1998).

Spiekers, H., E. Pfeffer: Emissionsminderung durch angepaßte Fütterung. In: Ammoniak in der Umwelt. KTBL-Schrift (1990) 24.1–24.16.

Strauch, D.: Wirtschaftsdünger als Vektor für Infektionserreger. Dtsch. tierärztl. Wschr. 98 (1991) 265–268.

Tegethoff, V., J. Hartung: Stallklimatische Erhebungen bei unterschiedlicher Besatzdichte in der Broilerhaltung und Anforderungen an die Lüftung. Dtsch. tierärztl. Wschr. 103 (1996) 75–92.

Vandre, R., M. Kaupenjohann: Umweltgerechte Verwertung von Güllestickstoff in wachsenden Pflanzenbeständen durch Kombination des Separierverfahrens mit bodennaher Ausbringung und Einleitung. Proc. des 3. Kolloquiums „Güllevermeidung und -verwertung". KTBL (1996) 44–52.

Vetter, H., G. Steffens: Mistzwischenlagerung am Feldrand nicht vertretbar? DGS Magazin 36 (1996) 10–16.

Wanka, U., G. Hörnig, P. Fleischer: Abdeckmaterialien für Lagerbehälter mit Schweinegülle im Test. Landtechnik 53 (1) (1998) 34–35.

Rechtsgrundlagen, Empfehlungen, Normen u. ä.:
Bioabfallverordnung (BioAbfV) vom 21. September 1998 (BGBl I, 1998 S. 2955).

Bundesnaturschutzgesetz (BNatSchG) in der Fassung der Bekanntmachung vom 12.03.1987

2.5 Lagerung und Verwertung von organischen Düngern (Dung, Jauche, Gülle, Abwasser)

(BGBl. I S. 889), zuletzt geändert durch Gesetz vom 30.04.1998 (BGBl. I S. 823).

Klärschlammverordnung (AbfKlärV) vom 15.04.1992 (BGBl. I S. 912) geändert d. VO v. 06.03.1997 (BGBl. I S. 446).

Verordnung über die Grundsätze der guten fachlichen Praxis beim Düngen (Düngeverordnung) vom 26.01.1996 (BGBl. I S. 118) geändert d. VO vom 16.07.1997 (BGBl. I S. 1835).

2.6 Lagerung, Beseitigung und Verwertung von Abfällen

(MORSCHECK, G.)

2.6.1 Allgemeines

Die **Vermeidung, Verminderung, Verwertung** und nachsorgearme **Beseitigung** von Abfällen wird in dieser Rangfolge immer häufiger als gesellschaftliches Ziel einer modernen Gesellschaft formuliert.

Bis zu 500 000 landwirtschaftliche Betriebe sind am Gesamtabfallaufkommen der Bundesrepublik maßgeblich beteiligt. Der Gesetzgeber unterscheidet in Abfälle zur Verwertung und Abfälle zur Beseitigung (Kreislaufwirtschafts- und Abfallgesetz vom 27.09.1994). Die ca. 350 Mio. t **Abfälle zur Verwertung**, die als produktionsbedingte Reste (Abprodukte) in die landwirtschaftlichen Produktionskreisläufe rückgeführt werden, belasten die Abfallstatistik, sind aber für den Landwirt kaum als Abfälle auszumachen (Erntereste, Festmist, Gülle). Die Einordnung dieser biogenen Stoffe als Abfälle ist nach wie vor umstritten, da sie als **organische Wirtschaftsdünger** genutzt werden und nicht beseitigt werden sollen.

In manchen Betrieben stellt die Entsorgung von **Pflanzenabfällen** ein besonderes Problem dar. Das gilt weniger für die auf dem Acker- bzw. Grünland verbleibenden Ernteleste bzw. das Mähgut, sondern vor allem für den Umgang mit Baum- und Heckenschnitt. In den Ländern existieren teilweise unterschiedliche Regelungen. Die ökologisch wünschenswerten Varianten wären die Verwertung in Kompostierungsanlagen oder in regionalen Blockheizkraftwerken. Die in einigen Ländern grundsätzlich oder in Ausnahmefällen erlaubte Verbrennung auf dem Feld ist wegen der dabei auftretenden CO_2-Emission ungünstig zu bewerten. Andererseits entfallen damit die z.T. energie- und kostenintensive Zerkleinerung und/oder Transporte zu Verwertungsanlagen. Landwirtschaftsbetriebe sollten diesbezüglich der Forstwirtschaft gleichgestellt sein.

In diesem Abschnitt über landwirtschaftliche Abfälle soll das Augenmerk vielmehr auf die Stoffe gelenkt werden, die vom Landwirt z. B. als Produktionsmittel, Hilfsmittel oder Verpackungsmaterial gekauft wurden und nach Gebrauch einer ordnungsgemäßen Verwertung oder Beseitigung zugeführt werden müssen. Viele dieser Abfälle haben nur mittelbar mit dem eigentlichen Produktionsprozeß zu tun.

Die **Zusammensetzung** der Abfälle in der Tierhaltung ist abhängig vom Haltungsverfahren, der Anzahl und Art der Nutztiere sowie der Betriebsgröße. Exakte Aussagen zur genauen und mengenspezifischen Abfallzusammensetzung in Betrieben der Tierhaltung sind zum derzeitigen Zeitpunkt nicht möglich, da noch keine Analysen aller Teilströme dieser Abfälle vorliegen. Die getrennte Erfassung der nicht unmittelbar produktionsbedingten Abfälle steht erst am Anfang. Gründe können die weite regionale Verteilung der relativ kleinen landwirtschaftlichen Betriebe, aber auch die häufig nicht den rechtlichen Anforderungen entsprechende Entsorgung dieser Abfälle sein.

Die wichtigsten in der Tierhaltung anfallenden Abfälle sind:

- Tierkörper (s. Kap. 2.8.4),
- Metallschrott,
- Kunststoffolien, -verpackungen und -bänder (Abb. 2.6.1–1),
- Altöl,
- Bauabfälle,
- hausmüllähnlicher Gewerbeabfall,
- Reste von Tierarznei-, Desinfektions- und Schädlingsbekämpfungsmitteln, Holz- und Korrosionsschutzmitteln.

2.6 Lagerung, Beseitigung und Verwertung von Abfällen

Abb. 2.6.1–1
Mit Kunststoffolie bzw. -netz verpackte Futtermittel lagern am Feldrand (Foto METHLING, 1999)

Der Gesetzgeber strebt eine Kreislauf-Abfallwirtschaft mit einer möglichst hohen Wiederverwertung der Abfälle an. Das **Recycling** (Rückführung und Verwertung) von gebrauchten Verpackungen wurde mit der **Verpackungsverordnung** vom 12.06.1991 (Neufassung 21.08.1998) wesentlich befördert. Im privaten Bereich der Haushaltsabfälle wird diese Erfassung über das Duale System Deutschland (DSD) mit dem allgemein bekannten Symbol „Grüner Punkt" realisiert. Branchenrücknahmeregelungen stellen noch eine freiwillige Initiative der jeweiligen Hersteller dar. Die novellierte Verpackungs-Verordnung wird die Rücknahme gebrauchter, restentleerter Verpackungen vom Endverbraucher, unentgeltlich und in zumutbarer Entfernung, fordern. Verpackungen von schadstoffhaltigen Füllgütern (das können z. B. Pflanzenschutzmittel oder Desinfektionsmittel u. a. sein) sind dann in geeigneter Form durch Hersteller und Vertreiber zurückzunehmen und der Verwertung zuzuführen. Hersteller und Händler haben deshalb bereits seit 1991 die kostenfreie Rücknahme von Pflanzenschutzmittel-Verpackungen organisiert. Dieses Branchenkonzept des Industrieverbandes Agrar (IVA) wird unter dem Erkennungszeichen „PAMIRA"

(**PA**ck**MI**ttel-**R**ücknahme **A**grar) umgesetzt (ANONYM, 1992). Eine wichtige Rolle in diesem Recyclingsystem für Kunststoffe spielt der Landhandel (s. Abb. 2.6.1–2).

Das positive Beispiel PAMIRA zeigt, daß die umweltgerechte Verwertung von Abfällen nur möglich ist, wenn bereits beim Abfallerzeuger (landwirtschaftlicher Betrieb) die **Getrennthaltung** der Abfälle realisiert wird. Der Landwirt muß die einzelnen Abfälle nach sogenannten Abfallarten getrennt sammeln und lagern. Dann können die Abfälle sortenrein abgegeben oder abgeholt werden (THAYSEN, 1991, 1992). Welcher Abfall wie und durch wen erfaßt und verwertet bzw. beseitigt wird, ist regional sehr unterschiedlich geregelt (THAYSEN, 1993). Die Abfallbehörden der Kreise sind darüber auskunftsfähig. Interessenvertreter der Landwirte, Landwirtschaftsämter und landwirtschaftliche Beratungsunternehmen können ebenfalls Ansprechpartner sein.

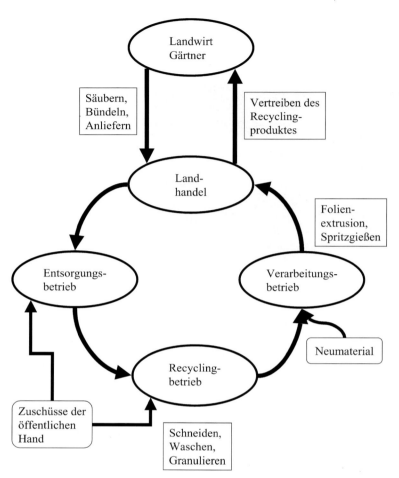

Abb. 2.6.1–2
Kreislaufmodell für Kunststoffe des Agrarsektors (modifiziert nach MATTIG, 1990, und THAYSEN, 1991)

2.6.2 Grundsätze der recyclingorientierten Sammlung und Lagerung von Abfällen

Abfälle zur Verwertung (insbesondere Metallschrott und Kunststoffmaterialien) sind auch in Landwirtschaftsbetrieben so zu sammeln und bis zur Entsorgung zu lagern, daß eine **sortenreine Erfassung** und Verwertung möglich ist. Anhaftungen und Verschmutzungen an den Abfällen sind zu minimieren, dabei darf das Reinigen nicht zu erneuten Umweltbelastungen führen. Zur Sammlung stehen oftmals entsprechende Behälter zur Verfügung. Die Lagerung hat eine erneute Vermischung verschiedener Abfälle zu verhindern, auch dürfen die Abfälle zur Verwertung, sie stellen ja in diesem Falle Wertstoffe dar, nicht wieder verschmutzen. Das Auslaufen von Flüssigkeiten z. B. aus Desinfektionsmittelbehältern ist auszuschließen. Alte Maschinen und Anlagen dürfen z. B. keine öligen Substanzen an Boden und Wasser abgeben. Lagerplätze sind i. d. R. abzudecken bzw. einzuhausen, da sonst durch Witterungseinflüsse eine Schadstoffverlagerung möglich ist.

Abfälle zur Beseitigung werden üblicherweise als Hausmüll bzw. hausmüllähnlicher Gewerbeabfall in genormten Sammelbehältern erfaßt (sog. Restmüllentsorgung). Diese

2.6 Lagerung, Beseitigung und Verwertung von Abfällen

Abfälle werden i. d. R. auf **Deponien** entsorgt oder vor ihrer Deponierung mechanisch-biologisch und/oder thermisch behandelt. Ab 2005 dürfen in Deutschland nur noch vorbehandelte Abfälle abgelagert werden, da von unbehandelt abgelagerten Abfällen vielfältige negative Wirkungen ausgehen und nachfolgende Generationen belastet werden (Altlastenproblematik). Schon heute muß darauf geachtet werden, daß überwachungsbedürftige schadstoffbelastete Abfälle, sogenannte **Sonderabfälle**, nicht in den Restmüll geraten. Schadstoffe in nicht gewerblichen Mengen können heute schon vielerorts in Schadstoffsammelstellen oder bei Schadstoffsammelaktionen der Entsorger unentgeltlich abgegeben werden. Jeder Landwirtschaftsbetrieb muß verschließbare Behältnisse oder Räume für die Zwischenlagerung von Sonderabfällen vorhalten.

In Tabelle 2.6.1–1 werden Hinweise für die Sammlung, Lagerung und Verwertung einiger Abfälle gegeben. Als organische Dünger verwertbare produktionsbedingte Reste (Erntereste, Festmist, Gülle, kompostierbares organisches Material, Sickersäfte usw.) bleiben in dieser Betrachtung unberücksichtigt. Aufgrund der vielfältigen Betriebsformen fallen nicht überall alle genannten Abfälle an.

Tabelle 2.6.1–1 Hinweise für die Sammlung, Lagerung und Verwertung einiger Abfälle

Abfall	Lagerung, Entsorgung, Verwertung
Akkumulatoren	Fahrzeugbatterien (PKW, Traktor und Weidezaunversorgung) enthalten Säuren und Schwermetalle. Akkumulatoren sind zerstörungsfrei und trocken zu lagern. Die Verkäufer solcher Batterien sind zur Rücknahme alter Batterien verpflichtet, von dort aus erfolgt dann die ordnungsgemäße Entsorgung.
Altöl	Verbrennungsmotoren-, Getriebe-, Maschinen-, Turbinen- und Hydrauliköle können Boden und Grund- bzw. Oberflächengewässer verschmutzen. Die leeren Ölbehälter sind ebenfalls wassergefährdend. Die Lagerung von Ölen, Altölen und Behältern muß in einer dichten Auffangwanne, vor Niederschlägen geschützt, erfolgen. Die Verkäufer von Ölen nehmen mengengleiche Altöle kostenlos zurück. Biologisch abbaubare Öle und Öle aus nachwachsenden Rohstoffen sind ebenso wie mineralische Altöle zu lagern und müssen entsorgt werden. Gleiches gilt für die schon erwähnten Behälter, für ölige Luft- und Kraftstoffilter, für ölige Sande, Sägespäne und Putzlappen, die nicht mit dem Hausmüll entsorgt werden dürfen. Altöle müssen getrennt gesammelt werden, sortenreine Erfassung und Freiheit von Verunreinigungen sind Voraussetzung für eine Aufbereitung. Fremdstoffe (Farben, Kehricht, Bremsflüssigkeit usw.) dürfen nicht eingemischt werden.
Altreifen	Reifen, die nach ihrer Benutzung auch als Folienbeschwerung bei Mieten bzw. Siloflächen nicht weiter Verwendung finden können, sind über die Händler zu entsorgen; i. d. R. entstehen dabei Kosten, u. U. ist eine kostenfreie Entsorgung durch die örtlichen Entsorger möglich.
Asbest	Asbestfasern sind lungengängig und dadurch stark krebserzeugend. Asbest als Feuerungsanlagendichtungsmaterial, aus Nachtspeicherheizungen bzw. Spritzasbest ist ungebunden und deshalb von Fachfirmen auszubauen und zu entsorgen. Gebundene Asbestfasern, Asbestzementprodukte (als Arbeitsplatten, Wände, Verkleidungen, Abtrennungen, Rohrleitungen und Dacheindeckungen) stellen in unbeschädigtem Zustand kein Krebsrisiko dar. Arbeitsbedingter Abrieb setzt allerdings Fasern frei. Bearbeitung, Ausbau und Transport der Asbestzementprodukte sollte nur in

2 Umweltgerechte Tierhaltung

Tabelle 2.6.1–1 (Fortsetzung)

Abfall	Lagerung, Entsorgung, Verwertung
	feuchtem Zustand und unter Personenschutzmaßnahmen (Atemmaske) erfolgen, um eine Staubentwicklung und Inhalation zu verhindern. Die Entsorgung sollte durch Spezialisten in staubdichten Säcken erfolgen. Eine Ablagerung auf Hausmülldeponien ist möglich.
Aschen	Kohleaschen dürfen nicht für Dünge- und Kompostierzwecke verwendet werden. Die Entsorgung erfolgt nach Abkühlung mit dem Hausmüll. Holzaschen sind u. U. nutzbar.
Batterien	Trocken- und Primärbatterien sind Sondermüll. Sie gehören, auch wenn sie cadmiumfrei sind, in den Sondermüll. Der Fachhandel nimmt kostenlos Altbatterien zurück.
Bauabfälle	Baustellenmischabfälle, die bei Neu- und Umbauten entstehen können, sind in einigen Regionen auf entsprechenden Sortieranlagen zu entsorgen. Viele Baustoffverpackungen werden von den Händlern bzw. Herstellern zurückgenommen, z. T. bestehen Pfandsysteme. Mineralische Reststoffe aus Bautätigkeiten (Bauschutt aus Beton, Porenbeton, Ziegel; Bodenaushub; Straßenaufbruch) können prinzipiell wiederverwertet werden, wenn die Stoffe nicht kontaminiert sind (Öle, Teeranstriche u. ä.). Die mineralischen Abfälle sind weitgehend sortenrein zu halten. Anlagen für das Bauschuttrecycling sind fast überall vorhanden. Viele Kommunen führen eine sog. Bodenbörse, dort werden Bodenanbieter und Bodenverwender (z. B. Landschaftsbaubetriebe) vermittelt.
Beizmittel	Beizmittel zur Saatgutbehandlung sind Sonderabfall und den entsprechenden Sammelstellen zuzuführen.
Benzin/Diesel	Benzin bzw. Diesel als Treibstoff oder Reinigungsmittel sind nicht in die Natur zu entsorgen. Mit ihnen verunreinigte Hilfsmittel sind ebenso Sonderabfall. Auch über die Fahrzeugreinigung können Verunreinigungen in die Umwelt gelangen. Schlepper und Geräte sind nur auf befestigten Waschplätzen zu reinigen. Der Schmutzwasserablauf muß einen Leichtflüssigkeitsabscheider und möglichst einen Schlammfang passieren. Schlamm (absinkende Schwerstoffe, z. B. Sand) und Leichtflüssigkeiten (aufgeschwommen, z. B. Öl, Fett, Benzin) müssen regelmäßig von Entsorgern überprüft und entleert werden.
Bioabfälle	Biogene Abfälle aus dem Betrieb bzw. dem Haushalt sind vielfältig verwertbar, als Futtermittel, als Kompostrohstoff, zur anaeroben Behandlung (Biogaserzeugung), als organischer Sekundärdünger usw. Die Verwertung erfolgt im eigenen Betrieb oder über zentrale Systeme.
Bremsflüssigkeiten	Werden als Sondermüll entsorgt und wie Altöle gelagert, dürfen nicht mit anderen Stoffen (z. B. Altöl) vermischt werden.
Desinfektionsmittel	Desinfektionsmittelreste dürfen nicht in Gewässer, in den Boden und in die Kanalisation gelangen, da die dortigen Mikroorganismen sonst geschädigt und z. B. Kläranlagen funktionsuntüchtig werden. Die Verpackungen sind zu entleeren und auszuspülen (Spülwasser verwerten), dem Lieferanten zu übergeben bzw. sauber dem Kunststoffrecycling zuzuführen. Desinfektionsmittelreste und verunreinigte Behälter in Sonderabfallerfassungsstellen bringen.

2.6 Lagerung, Beseitigung und Verwertung von Abfällen

Tabelle 2.6.1–1 (Fortsetzung)

Abfall	Lagerung, Entsorgung, Verwertung
Düngemittel	Werden sie nicht aufgebraucht und wiederverwertet, sind Düngemittelreste Sondermüll. Leere Säcke und Behälter werden vollständig entleert und den Wertstoffsammelsystemen zugeführt.
Elektronikschrott	Zu entsorgende elektrische und elektronische Geräte (Computer, Radios, Fernseher, Kaffeemaschinen, Elektrowerkzeuge usw.) enthalten neben einer Vielzahl von Edelmetallen auch Schadstoffe (Schwermetalle, polychlorierte Biphenyle, Flammschutzmittel, Brom usw.). Eine Entsorgung erfolgt deshalb über Wertstoffhöfe oder über die Elektronikschrottsammlung.
Farben, Lacke, Lösungsmittel	Sie können Boden und Grundwasser verunreinigen und sind deshalb als Sondermüll zu entsorgen, auch die Verpackungsbehältnisse und mit Resten verunreinigte Gefäße und Pinsel. Leichtflüchtige Lösungsmittel stellen eine Gefahr für die Gesundheit dar, der Einsatz von Wasserlacken könnte die Entsorgungsprobleme mindern. Die erfaßten Sonderabfälle werden i. d. R. in einer Sondermüllverbrennung entsorgt.
Folien	Folien aus der Abdeckung bzw. Verpackung von Gärfutter (Silage) sind prinzipiell recyclingfähig. Probleme gibt es i. d. R. mit der Sauberkeit der Kunststoffe. Die Altkunststoffe werden i. d. R. vom zuständigen Entsorger abgenommen.
Glas	Entleerte Glasbehälter werden über die lokalen Sammelsysteme erfaßt und wiederverwertet. Die Verschlüsse sind vor der Entsorgung zu entfernen. Pfandsysteme sollten genutzt werden. Spezialgläser, Fensterglas, Keramik und Porzellan werden über den Restmüll und nicht über die Wertstoffsysteme entsorgt.
Hausmüllähnlicher Gewerbeabfall	Abfälle, die nicht zu verwerten sind, auch aufgrund starker Verschmutzung, werden über die „allgemeine Mülltonne" entsorgt. Solche Stoffe fallen in vielfältiger Form an und sind dem Hausmüll in der Zusammensetzung sehr ähnlich (z. B. Aschen, Zigarettenkippen, Hygieneartikel, verschmutzte Wertstoffe, Kehricht usw.). Diese Abfallfraktion darf keine Wertstoffe, Gifte und Sondermüll enthalten.
Hölzer	Nicht mit Farben, Lacken oder Holzschutzmitteln behandelte Hölzer können kompostiert oder in Feuerungsanlagen verbrannt werden. Behandelte Hölzer (z. B. Eisenbahnschwellen, u. U. Dachstühle) und Spanplatten sind von einer Verbrennung ausgeschlossen, d. h., sie werden als Sondermüll entsorgt und industriell thermisch behandelt.
Holzschutzmittel	Holzschutzmittelreste, deren Verpackungen und die verwendeten Pinsel sind Sondermüll. Die bioziden und fungiziden Stoffe dürfen nicht in die Umwelt gelangen.
Klebstoffe	Sie enthalten i. d. R. Lösungsmittel. Klebstoffe sind als Rest oder ausgehärteter Rest Sondermüll und entsprechend zu entsorgen. Restentleerte Verpackungen werden als Wertstoff erfaßt.
Klimatechnik/ Lüftungstechnik	Wird z. T. als Elektronikschrott oder Schrott entsorgt. Klimatechnik (auch Kühlschränke) können FCKW-haltige Kältemittel enthalten, die mitverantwortlich für den Treibhauseffekt bzw. die Zerstörung der Ozonschicht sind. Solche Mittel sind in der Bundesrepublik verboten. Eine Entsorgung erfolgt über spezialisierte Entsorger, die die Kältemittel rückgewinnen.
Korrosionsschutzmittel	Sie enthalten Schwermetalle (z. B. Bleimennige) und sind deshalb als Sonderabfall zu entsorgen.

2 Umweltgerechte Tierhaltung

Tabelle 2.6.1-1 (Fortsetzung)

Abfall	Lagerung, Entsorgung, Verwertung
Kunststoffe	Sind als Verpackung unterschiedlicher Materialien (Behälter, Säcke, Bindematerial) im Einsatz. Recyclingsysteme sind installiert, und für einzelne Produkte erfolgt eine Bepfandung bzw. eine kostenfreie Rücknahme. Siloabdeckfolien können ebenfalls trocken und besenrein rückgeführt werden. Die Vielzahl der Kunststoffe (PE, PS, PET, PP, PVC, PU) kann nach ihrer sortenreinen Trennung auf unterschiedliche Weise wiederverwertet werden.
Leuchtstofflampen	Leuchtstofflampen (Leuchtstoffröhren), Halogendampflampen und Energiesparlampen können nicht wie normale Glühlampen mit dem Hausmüll entsorgt werden. Diese Lampen enthalten Schwermetalle und werden als Sondermüll entsorgt. Die Glaskörper dürfen auf keinen Fall zerstört werden.
Metalle	Aluminium- und Weißblechverpackungen (Farbeimer, Dosen, Sprayflaschen usw.) sind prinzipiell wiederverwertbar. Die Metalle werden den üblichen Entsorgungssystemen zugeführt. Stark verunreinigte Behältnisse sind oftmals Sondermüll.
Papier/Pappe	Altpapier, Zeitschriften, Zeitungen, Papierverpackungen werden über die vorhandenen Wertstoffsammelsysteme erfaßt. Papiersäcke können gereinigt ebenfalls verwertet werden. Mit Beschichtungen versehenes, mit Kunststoffen oder Metallfolien verbundenes Papier ist für eine Erfassung im Altpapiercontainer nicht geeignet.
Pflanzenabfälle	Pflanzenabfälle sollten möglichst als organische Dünger genutzt oder kompostiert werden. In einigen Bundesländern ist die Verbrennung von Baum- und Heckenschnitt durch Forst- und Landwirtschaftsbetriebe in festgelegten Zeiträumen und/oder definierten Bedingungen grundsätzlich oder ausnahmsweise auf Antrag zugelassen.
Pflanzenschutzmittel	Nicht verbrauchte Pflanzenschutzmittelreste müssen als Sondermüll entsorgt werden. Die vollständig entleerten Behältnisse sind auszuspülen, die Spülflüssigkeit ist zu verwerten, dann können die Pflanzenschutzmittelbehälter von Händler und Hersteller zurückgenommen werden. Das Erkennungszeichen „PAMIRA" dieses Rücknahmesystems wurde bereits erläutert.
Schädlingsbekämpfungsmittel	Die Entsorgung muß ebenfalls als Sondermüll erfolgen. Die Lagerung hat wie bei allen wassergefährdenden Stoffen unter Dach und trocken zu erfolgen.
Schrott	Metalle aus Baumaßnahmen, Altmetall allgemein sind den regionalen Metallverwertern zuzuführen.
Tierarzneimittel	Medikamente sind Sonderabfall, eine Rückführung erfolgt zu den Apotheken bzw. zu den nichtöffentlichen Apotheken der Tierärzte. Medikamente sind ebenso wie andere Sonderabfälle sicher vor Kindern und Unbefugten zu verwahren.
Tierkörper	Die Verwertung und Beseitigung von verendeten Tieren regelt das Tierkörperbeseitigungsgesetz. Dabei dürfen Erreger übertragbarer Krankheiten nicht freigesetzt werden. Verendete oder getötete Tiere sind meldepflichtig. Die Tierkörper müssen grundsätzlich einer Tierkörperbeseitigungsanstalt zugeführt werden, lediglich einzelne Kleintiere dürfen verbrannt oder mindestens 50 cm tief vergraben werden (nicht in staunassen Böden, Trinkwasserschutzgebieten und an öffentlichen Verkehrseinrichtungen). Detaillierte Informationen in Kap. 2.8.4.

2.6 Lagerung, Beseitigung und Verwertung von Abfällen

Literatur

Anonym: IVA stellt neues Packmittelentsorgungskonzept für Pflanzenschutzmittelbehälter vor – Sichere Entsorgung mit der Landwirtschaft. Bauernblatt H. 24.10.1992, 10–11 (5506–5507).

Thaysen, J.: Kunststoffrecycling in der Landwirtschaft. Bauernblatt H. 11.05.1991, 34–37 (2454–2457).

Thaysen, J.: Hoher Anspruch an Silofolien – Schwarz statt Weiß, Mehrweg – statt Einwegfolie, Recyceln statt Wegwerfen. Bauernblatt 30.05.1992, 30–32 (2910–2912).

Thaysen, J.: Silofolien im Einsatz – Gibt es umweltfreundliche Recyclinglösungen. Bauernblatt H. 28.08.1993, 46–48 (4390–4392).

Rechtsgrundlagen, Empfehlungen, Normen u. ä.:

Allgemeine Verwaltungsvorschrift über die Einstufung wassergefährdender Stoffe in Wassergefährdungsklassen (Verwaltungsvorschrift wassergefährdende Stoffe – VwVwS) vom 17. Mai 1999 (BAnz. vom 29.5.1999 Nr. 98).

Altölverordnung (AltölV) vom 27. Oktober 1987 (BGBl. I 1987 S. 2335).

Bürgerliches Gesetzbuch (BGB) vom 18.08.1896 (RGBl S. 195), Stand: Anfang 1995 §§ 823, 906, 907, 1004.

Bundes-Bodenschutz- und Altlastenverordnung (BBodSchV) vom 12. Juli 1999 (BGBl. I 1999 S. 1554).

Dritte Allgemeine Verwaltungsvorschrift zum Abfallgesetz: Technische Anleitung zur Verwertung, Behandlung und sonstigen Entsorgung von Siedlungsabfällen vom 14. Mai 1993 (BAnz. S. 4967 und Beilage).

Düngemittelgesetz vom 15.11.1977 (BGBl. I 1977 S. 2134, 1989 S. 1435; 1994 S. 2705; 1999 S. 2451; 2000 S. 1045; 25.6.2001 Artikel 10 S. 1215).

Düngemittelverordnung vom 4. August 1999 (BGBl. I 1999 S. 1758, S. 2206).

Erste Verordnung zur Durchführung des Bundes-Immissionsschutzgesetzes (1. BImSchV – Verordnung über kleine und mittlere Feuerungsanlagen) vom März 1997 (BGBl. I 1997 S. 491; 2000 S. 632; 2001 S. 1950).

Futtermittelgesetz vom 20.08.1995 (BGBl. I 1995 S. 990).

Futtermittelverordnung (FutMV) Neufassung vom 23. November 2000 (BGBl. I 2000 S. 1605; 2001 S. 431).

Gesetz über die Beseitigung von Tierkörpern, Tierkörperteilen und tierischen Erzeugnissen (TierKBG) vom 11. April 2001 (BGBl. I 2001 S. 523; 25.6.2001 Artikel 18 S. 1215).

Gesetz zum Schutz der Kulturpflanzen (Pflanzenschutzgesetz – PflSchG) vom 14. Mai 1998 (BGBl. I 1998 S. 971, ber. S. 1527, S. 3512; 25.6.2001 Artikel 14 S. 1215).

Gesetz zum Schutz vor gefährlichen Stoffen (Chemikaliengesetz – ChemG) vom 25. Juli 1994 (BGBl. I 1994 S. 1703;.1994 S. 1963; 1994 S. 2705; 1997 S. 1060; 1998 S. 950; 2000 S. 1045, S. 2048; 2001 S. 843).

Gesetz zum Schutz vor schädlichen Bodenveränderungen und zur Sanierung von Altlasten (Bundes-Bodenschutzgesetz – BBodSchG) vom 17.03.1998 (BGBl. I 1998 S. 502).

Gesetz zum Schutz vor schädlichen Umwelteinwirkungen durch Luftverunreinigungen, Geräusche, Erschütterungen und ähnliche Vorgänge (Bundes-Immissionsschutzgesetz) vom 14. Mai 1990 (BGBl. I 1990 S. 880, S. 1193; 1997 S. 808; 1998 S. 510, S. 3178; 2000 S. 632, S. 2048; 2001 S. 1550).

Gesetz zur Förderung der Kreislaufwirtschaft und Sicherung der umweltverträglichen Beseitigung von Abfällen (Kreislaufwirtschafts- und Abfallgesetz – KrW-/AbfG) vom 27. September 1994 (BGBl. I 1994 S. 2705; 1996 S. 1354; 1998 S. 509, S. 1485, S. 2455; 2000 S. 632).

Gesetz zur Ordnung des Wasserhaushalts (Wasserhaushaltsgesetz) vom 12. November 1996 (BGBl. I 1996 S. 1695; 1998 S. 832, S. 2455; 2000 S. 632, S. 2048).

Klärschlammverordnung (AbfKlärV) vom 15. April 1992 (BGBl. I 1992 S. 912, geändert d. VO v. 06.03.1997 BGBl. I 1997 S. 446).

Pflanzen-Abfall-Verordnungen der Länder:

- Landesverordnung über die Entsorgung pflanzlicher Abfälle außerhalb von Abfallentsorgungsanlagen (PflanzAbfLVO – Pflanzenabfallandesverordnung Mecklenburg-Vorpommern) vom 18. Juni 2001 (GVOBl. Nr. 9 2001 S. 281).
- Verordnung über die Beseitigung pflanzlicher Abfälle außerhalb von Abfallbeseitigungsanlagen (Pflanzen-Abfall-Verordnung Nordrhein-Westfalen) vom 6. September 1978 (GV. NW. 1978 S. 530).
- Verordnung der Sächsischen Staatsregierung über die Entsorgung von pflanzlichen Abfällen (Pflanzenabfallverordnung – PflanzAbfV) vom 25. September 1994 (SächsGVBl. 1994 S. 1577).

- Verordnung über die Entsorgung von pflanzlichen Abfällen außerhalb von Abfallentsorgungsanlagen (Pflanzenabfallverordnung des Saarlandes – PflanzAbfV) vom 31. August 1999 (Amtsbl. 1999 S. 1319).
- Pflanzenschutz-Sachkundeverordnung vom 28. Juli 1987 (BGBl. I 1987 S.1752).
- Richtlinie 75/442/EWG über Abfälle vom 15.7.1975 (ABl. der EG Nr. L 194/47, 91/156/EWG ABl. Nr. L 78 vom 26.3. 1991 S. 32; 91/692/EWG – ABl. Nr. L 377 vom 31.12. 1991 S. 48; 94/3/EG – ABl. Nr. L 5 vom 7.1. 1994 S. 15; 96/350/EG – ABl. Nr. L 135 vom 6.6. 1996 S. 32).
- Strafgesetzbuch (StGB) Achtundzwanzigster Abschnitt – Straftaten gegen die Umwelt, §§ 324–330a.
- Verordnung über Abfallwirtschaftskonzepte und Abfallbilanzen (Abfallwirtschaftskonzept- und -bilanzverordnung – AbfKoBiV) vom 13.09.1996 (BGBl. I 1996 S. 1447, 1997 S. 2862).
- Verordnung über Betriebsbeauftragte für Abfall vom 26. Oktober 1977 (BGBl. I 1977 S. 1913).
- Verordnung über die Überlassung und umweltverträgliche Entsorgung von Altautos (Altauto-Verordnung – AltautoV) vom 4. Juli 1997 (BGBl. I 1997 S. 1666).
- Verordnung über die Vermeidung und Verwertung von Verpackungsabfällen (Verpackungsverordnung – VerpackV) vom 27. August 1998 (BGBl. I 1998 S. 2379; 1999 S. 2059; 2000 S. 1344).
- Verordnung über die Verwertung von Bioabfällen auf landwirtschaftlich, forstwirtschaftlich und gärtnerisch genutzten Böden (Bioabfallverordnung – BioAbfV) vom 21. September 1998 (BGBl. I 1998 S. 2955).
- Verordnung über Verwertungs- und Beseitigungsnachweise (Nachweisverordnung – NachwV) vom 10. September 1996 (BGBl. I 1996 S. 1382).
- Verordnung zum Schutz vor gefährlichen Stoffen (Gefahrstoffverordnung – GefStoffV) Neufassung vom 15. November 1999 (BGBl. I 1999 S. 2233; 2000 S. 739, 747, 932, 1045).
- Verordnung zum Verbot von bestimmten die Ozonschicht abbauenden Halogenkohlenwasserstoffen (FCKW-Halon-Verbots-Verordnung) vom 6. Mai 1991 (BGBl. I 1991 S. 1090; 1994 S. 1416).
- Verordnung zur Bestimmung von besonders überwachungsbedürftigen Abfällen (Bestimmungsverordnung besonders überwachungsbedürftige Abfälle – BestbüAbfV) vom 10. September 1996 (BGBl. I S. 1366).
- Verordnung zur Bestimmung von überwachungsbedürftigen Abfällen zur Verwertung (Bestimmungsverordnung überwachungsbedürftige Abfälle zur Verwertung – BestüVAbfV) vom 10. September 1996 (BGBl. I 1996 S. 1377).
- Verordnung zur Einführung des Europäischen Abfallkatalogs (EAK-Verordnung – EAKV) vom 13. September 1996 (BGBl. I 1996 S. 1428).
- Zweite Allgemeine Verwaltungsvorschrift zum Abfallgesetz Teil 1: Technische Anleitung zur Lagerung, chemisch/physikalischen, biologischen Behandlung, Verbrennung und Ablagerung von besonders überwachungsbedürftigen Abfällen (TA Abfall) vom 12.03.1991 (GMBl I 1991 S. 139 und S. 467).

2.7 Tierernährung, Tierfütterung und Futterkonservierung

2.7.1 Ernährungswissenschaftliche Grundlagen zur Reduzierung der Nährstoffexkretion

(GABEL, M.)

Umweltgerechte Tierernährung ist durch eine **hohe Effizienz** gekennzeichnet. Das bedeutet, daß die Nährstoffverluste im Rahmen des Transformationsprozesses pflanzlicher Nährstoffe in Nährstoffe tierischer Herkunft gering sind (Abb. 2.7.1–1).

Der **Transformationsprozeß** beinhaltet
- den **Verzehr** des pflanzlichen Substrates durch das Tier,
- den **Verdauungsprozeß**, in dem die Nährstoffumwandlung beginnt und bei dem die Exkretionsprodukte anfallen, die einerseits positiv für die Erhaltung der Bodenfruchtbarkeit sind, andererseits durch Emissionen negative Umweltwirkungen haben,
- den Prozeß der **Verwertung**, in dem das tierische Leistungsprodukt entsteht, in dem aber auch Exkretionsprodukte mit negativer Umweltwirkung entstehen.

Aus den Futternährstoffen
- Protein (Rohprotein, Reinprotein, Aminosäuren),

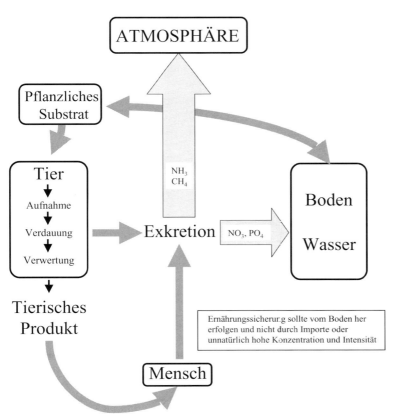

Abb. 2.7.1–1
Fließgleichgewicht im Stoffumwandlungsprozeß der Erzeugung tierischer Produkte

2 Umweltgerechte Tierhaltung

- Kohlenhydrate (Zucker, Stärke, Hemizellulose, Zellulose),
- Fett (einfache, zusammengesetzte Fette, Wachse)

entstehen beim Tier durch den Verdauungs- und Stoffwechselprozeß

- Milchprotein, Körperprotein (Fleisch-, Woll- und Haarprotein),
- Milchzucker,
- Milchfett, Körperfett.

Aus dem Verdauungsprozeß bleiben dabei die unverdauten pflanzlichen Nährstoffe übrig, die exkretiert werden. Beim Wiederkäuer sind dies neben den N-haltigen Verbindungen im Kot vor allem das im Fermentationsprozeß im Pansen entstandene Methan. Aus dem Stoffwechselprozeß werden das aus dem Stoff- und Energieumsatz resultierende CO_2 über die Atmung und die aus dem Protein- und Aminosäurenumsatz resultierenden N-Verbindungen (Harnstoff) über den Harn ausgeschieden.

Eine aus vielen Gründen zu fordernde **tiergerechte Tierernährung** hat zu sichern, daß

- eine hohe Trockenmasseaufnahme erreicht wird,
- eine dem Verdauungssystem entsprechende Rationsgestaltung erfolgt,
- eine der Leistung des Tieres entsprechende Energie- und Nährstoffbedarfsdeckung gewährleistet wird,
- keine Defizite in der Mineralstoff- und Vitaminversorgung auftreten und
- damit aus der Sicht des Stoffwechsels ein Wohlbefinden des Tieres gesichert wird.

Im Rahmen der Transformationskette Futteraufnahme – Verdauung – Stoffwechsel/Verwertung – Leistungsprodukt ist die **Futterqualität** von besonderer Bedeutung (Abb. 2.7.1–2). Unter diesem komplexen Begriff ist der Gesamtwirkungswert des Futters zu verstehen. Er setzt sich aus der wichtigen summarischen Größe, der Energiekonzentration, aus dem Gehalt an spezifischen Nährstoffen und aus den diätetischen und verzehrsbestimmenden Eigenschaften zusammen.

Die **Energiekonzentration** entscheidet in starkem Maße über das jeweils erreichbare

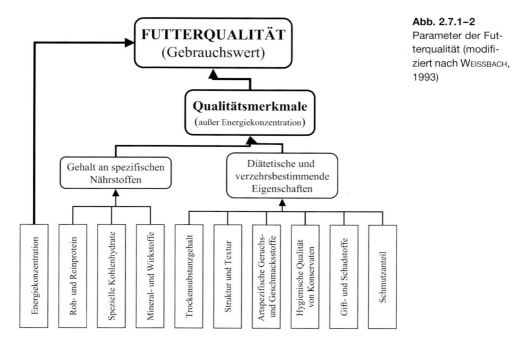

Abb. 2.7.1–2
Parameter der Futterqualität (modifiziert nach WEISSBACH, 1993)

2.7 Tierernährung, Tierfütterung und Futterkonservierung

Tabelle 2.7.1–1 Einfluß der Verdaulichkeit des Rohproteins der Ration auf den Anteil an unverdautem N im Kot

Futterration	N-Gehalt der Ration [g/kg TS]	Verdaulichkeit des N [%]	unverdauter N im Kot [g/kg TS]
1	25	90	3,4
2	25	70	7,5

Tabelle 2.7.1–2 Kalkulation von N-Aufnahme, N-Ansatz und N-Exkretion bei Milchkühen in Abhängigkeit von der Milchleistung

Milchleistung [kg/d]	TS-Aufn. [kg/d]	N-Aufn. [g/d]	N in der Milch [g/d]	N im Kot [g/d]	N im Harn [g/d]	N im Kot und Harn [g/kg Milch]
10	12	205	55	72	78	15,0
20	15,5	342	110	93	139	11,6
30	19,5	480	165	117	198	10,5
40	23	618	218	138	262	10,1
50	26	760	275	156	329	9,6

Intensitätsniveau in der Fütterung. Sie ist aber abhängig vom Gehalt des Futters an speziellen organischen **Nährstoffen** und deren **Verdaulichkeit**. Damit wird die Verdaulichkeit zu einem entscheidenden Qualitätskriterium. Die **diätetischen** und **verzehrsbestimmenden Eigenschaften** können von gravierender Wirkung sein. Jede einzelne Eigenschaft, der Trockensubstanz(TS)-Gehalt, die Struktur oder Textur, der Konservierungsverlauf und die Futtermittelhygiene, die arteigenen Geruchs- und Geschmacksstoffe, der Schmutzanteil sowie der Gehalt an Gift- und Schadstoffen (exogen oder endogen), beeinflußt die Futteraufnahme, die Verdaulichkeit und den Nährstoffumsatz im Tier.

Der Umfang der die Umwelt belastenden Exkretionsprodukte ist von der **Verdaulichkeit** der Futtermittel oder Rationen und der **Verwertung** der verdauten Nährstoffe abhängig. Eine Ration mit einer Verdaulichkeit des Rohproteins von nur 70 % gegenüber 90 % führt zu einer vermehrten N-Exkretion im Kot (Tab. 2.7.1–1).

Unter normgerechter Fütterung läßt sich für Milchkühe, Mastbullen und Mastschweine zeigen, daß sich mit zunehmender Leistung die **Effizienz** des Nährstoffeinsatzes verbessert. Dabei steigt die absolut exkretierte N-Menge an, je kg Leistungsprodukt sinkt diese jedoch deutlich (Tab. 2.7.1–2 bis 2.7.1–4). Diese Aussage ergibt sich auch aus Fütterungs- und Stoffwechselexperimenten von Kirchgessner et al. (1991a). Höhere Einzeltierleistungen führen zu geringeren produktbezogenen N-Ausscheidungen. Das ist dem niedrigeren Anteil des Grundumsatzes (Erhaltungsbedarfs) am Gesamtumsatz pro kg Leistungsprodukt zu verdanken. Hinzu kommt, daß bei hohem Fütterungsniveau oft auch der Verdaulichkeit der Nährstoffe eine größere Aufmerksamkeit geschenkt wird. Rohr (1992) hat aus einer großen Anzahl von Stoffwechselmessungen Schätzgleichungen für die N-Ausscheidungen bei Milchkühen abgeleitet. Mit diesen Gleichungen kann die N-Exkretion auf verschiedenen Leistungsebenen sehr sicher kalkuliert werden (Tab. 2.7.1–5).

Aus Tabelle 2.7.1–3 läßt sich für wachsende Tiere ebenso ableiten, daß die produktbezogene N-Exkretion bei gleichem Leistungsniveau wesentlich von der Lebend-

2 Umweltgerechte Tierhaltung

Tabelle 2.7.1–3 Kalkulation von N-Aufnahme, N-Ansatz und N-Exkretion bei Mastbullen in Abhängigkeit von der Lebendmasse und der Lebendmassezunahme

Lebend-masse [kg]	Lebendmassezunahme ([g/d])														
	600				800				1000				1200		
	Aufn. [g/d]	Ansatz [g/d]	Exkretion [g/d]	[g/kg]	Aufn. [g/d]	Ansatz [g/d]	Exkretion [g/d]	[g/kg]	Aufn. [g/d]	Ansatz [g/d]	Exkretion [g/d]	[g/kg]	Aufn. [g/d]	Ansatz [g/d]	Exkretion [g/d]	[g/kg]
200	80	17	63	105	89	22	67	84	99	28	71	71	112	34	78	65
300	98	17	81	135	109	22	87	109	121	28	93	93	134	34	100	83
400	113	17	96	160	126	22	104	130	142	28	114	114	160	34	126	105
500	125	17	108	180	141	22	119	149	162	28	134	134	187	34	153	128

Tabelle 2.7.1–4 N-Aufnahme, N-Ansatz und N-Exkretion bei Mastschweinen in Abhängigkeit von der Lebendmasse und Lebendmassezunahme

Lebend-masse [kg]	Zusammensetzung des Zuwachses		Lebendmassezunahme ([g/d])									
			650				750				850		
	Protein %	Fett %	N-Auf-nahme* [g/d]	N-Ansatz [g/d]	N-Exkretion [g/d]	[g/kg LMZ]	N-Auf-nahme* [g/d]	N-Ansatz [g/d]	N-Exkretion [g/d]	[g/kg LMZ]	N-Auf-nahme* [g/d]	N-Ansatz [g/d]	N-Exkretion [g/d]	[g/kg LMZ]
40	17,4	23,8	45	18	27	42	51	21	30	40	56	24	33	39
60	16,7	31,6	49	17	32	49	55	20	35	46	60	23	38	44
80	15,6	38,0	50	16	34	52	56	19	37	49	61	21	40	47
100	15,3	45,6	44	16	28	43	50	18	31	42	55	21	35	41

* N-Aufnahme = $(61,88 \cdot kgLM - 0,122 \cdot kgLM^2 - 171,43 \cdot kgLM^{0,75} + 0,352 \cdot gLMZ + 500,28)/6,25$

Tabelle 2.7.1–5 Schätzgleichungen der N-Ausscheidungen bei Milchkühen (Rohr, 1992)

Zielgröße	Schätzgleichung	r^2
Gülle-N [g/d]	$= IN - LN - 0{,}1645 \times e^{0{,}018t} - 4{,}1$	0,93
Kot-N [g/d]	$= 12{,}0 \times IT - 0{,}8 \times M - 38{,}9$	0,82
Harn-N [g/d]	$= 0{,}83 \times IN - 0{,}61 \times LN + 49{,}3$	0,91

IN = Stickstoffaufnahme (g/d)
LN = Stickstoff in der Milch (g/d)
t = Trächtigkeitsdauer (d)
IT = Trockenmasseaufnahme (kg/d)
M = Milchmenge (kg/d)

masse (Alter!) der Tiere beeinflußt wird. Je jünger die Tiere sind, desto höher ist die Effizienz der N-Verwertung. Aus dieser Sicht erscheint es ökologisch und ökonomisch sinnvoll, die Endgewichte in der Mast zu reduzieren.

Neben der CO_2-Abgabe über die **Atmung** und der CH_4-Ausscheidung über den **Ructus** aus dem Pansen (bei Wiederkäuern) werden die nicht verdauten oder verwerteten Nährstoffe vor allem über Kot und Harn exkretiert.

Der **Kot** enthält die durch das jeweilige Verdauungssystem nicht verdauten bzw. resorbierten:

- Futternährstoffe (Proteine, Kohlenhydrate – vor allem Zellulose und Lignin –, Fette und höhere Fettsäuren sowie Mineralstoffe und Spurenelemente),
- mikrobiellen und vor allem im Dickdarm synthetisierten mikrobiellen Substrate (Rohprotein, Kohlenhydrate, Fette und niedere Fettsäuren sowie Mineralstoffe und Stoffwechselprodukte wie Indol, Phenol, Skatol und Merkaptane),
- endogenen Sekrete und Schleimhautabschilferungen (Proteinverbindungen, Gallenfarbstoffe und ihre Abbauprodukte, Muzine, niedere Fettsäuren).

Der physiologisch als Sekundärharn exkretierte **Harn** besteht vor allem aus Wasser, in dem Harnstoff, Harnsäure und Kreatin als organische Verbindungen und Natrium, Kalium, Kalzium, Chlor, Phosphat, Sulfat und Hydrogenkarbonat als anorganische Bestandteile enthalten sind.

Im Landwirtschaftsbetrieb fallen die Exkremente Kot und Harn nicht in reiner Form an, sondern gelangen zusammen mit anderen Beimengungen in die **Gülle** bzw. in den **Dung** und/oder die **Jauche**. Diese organischen Dünger besitzen hohe (auch geldwerte) Gehalte an Nährstoffen, die in einem „runden" Landwirtschaftsbetrieb die Grunddüngung für den Pflanzenbau ermöglichen. Dabei ist zu beachten, daß aus Schweinebeständen pro GV deutlich höhere Nährstoffrückführungen bei Stickstoff, Ammoniak und Phosphat erfolgen als aus Milchkuhställen, während die Kalium-Rücklieferungen bei Rindern mehr als doppelt so hoch sind. Nur bei unsachgemäßem Umgang mit den organischen Düngern und/oder zu hohem Tierbesatz pro ha LN können diese Pflanzennährstoffe zu Schadstoffen in Boden und Wasser werden (s. Kap. 2.5).

Der Hauptansatzpunkt für die Reduzierung der N-Ausscheidung liegt grundsätzlich in der Verbesserung der N-Verwertung in den verschiedenen Abschnitten des Magen-Darm-Kanals. Beim Wiederkäuer kommt es vor allem auf die Optimierung der **ruminalen N-Bilanz** durch eine maximale N-Verwertung der Pansen-Mikroorganismen bei der Proteinsynthese an.

Es ist deutlich zwischen der **N-Exkretion** über Kot und der **N-(NH_3-)Emission** zu unterscheiden. Während der N im Kot überwiegend als nichtverdautes Eiweiß in einem Molekülverband gebunden vorliegt, ist der N im Harn Bestandteil von leicht umsetzbaren Verbindungen. Beim Schwein und den Wiederkäuern ist dies überwiegend der Harnstoff, beim Geflügel die Harnsäure und beim Pferd die Hippursäure.

Für die Ammoniak-**Emission** ist die schnelle Freisetzung des NH_3 aus dem Harnstoff gemäß

$$\begin{array}{c} NH_2 \\ \end{array}\!\!\!\!\!C = O \xrightarrow{H_2O,\ Urease} CO_2 + 2\,NH_3$$

verantwortlich. Dabei spielen Sauerstoff, Feuchtigkeit und Wärme benötigende **Ureasebakterien** eine große Rolle.

Die Freisetzung von Ammoniak aus dem Kot geht dagegen wesentlich langsamer vonstatten. Die im Kot vorhandenen Eiweißverbindungen werden sowohl durch Mikroben als auch durch noch vorhandene proteolytische Enzyme über Peptide bis zu den einzelnen Aminosäuren gespalten. Diese werden entweder dekarboxyliert und in **Amine** umgewandelt oder desaminiert und in **Ketosäuren** und **Ammoniak** gespalten. Die Möglichkeiten der Reduzierung der Emission von NH_3 durch sachgerechte Fütterung werden in Kapitel 2.7.3 dargestellt. Darüber hinaus gibt es zahlreiche Einflußfaktoren, die mit der Auswahl und Gestaltung der Verfahren der Tierhaltung, der Einstreu, der Lagerung, des Transportes und der Behandlung der organischen Dünger bestimmt werden (s. Kap. 2.2.3 und 2.5.6).

Neben der Ammoniakemission aus der Tierhaltung ist die Emission von **Methan** umweltrelevant. Methan wird unter anaeroben Bedingungen insbesondere im Pansen der Wiederkäuer, aber auch im Dickdarm der Wiederkäuer und Schweine in nennenswerter Menge gebildet. Im Rahmen des mikrobiellen Fermentationsprozesses kommt es durch die Aktivität der **Methanobakterien** *(M. ruminantum, -formicum, -sohngenii und M. suboxydans)* nach Anhäufung von Reduktionsäquivalenten gemäß

$$H_2 + NAD^+ \rightarrow NADH + H^+$$

zur Bildung von Methan aus Wasserstoff und Kohlendioxid entsprechend

$$4 H_2 + CO_2 \rightarrow CH_4 + 2 H_2O.$$

Dieser Prozeß ist in quantitativer Form abhängig von der Rohnährstoffzusammensetzung des Futters entsprechend der Gleichung (KIRCHGESSNER et al., 1991b):

CH_4 (g) = 63 + 80 kg XF + 11 kg XX + 19 kg XP – 195 kg XL.

XF Rohfaser
XX Stickstoff-freie Extraktstoffe
XP Rohprotein
XL Rohfett

Auffällig ist der hohe negative Wirkungsgrad des Rohfettes auf die Methanbildung. Die natürlichen Fettgehalte in wiederkäuergerechten Rationen sind sehr niedrig (~ 2–3 % der TS), weshalb letztlich nur eine geringe Wirkung zu erwarten ist. Neben der Nährstoffzusammensetzung des Futters beeinflussen die Lebendmasse (und damit die Futteraufnahme) und der Anteil des Grobfutters die Methanexkretion.

Für die quantitative Beschreibung dieser Zusammenhänge gilt folgende Gleichung:

CH_4 (g/kg TS) = 10,9 + 0,121 % Grobfutter – 0,648 kg TS-Aufn. + 0,109 kg$LM^{0,75}$.

Da mit zunehmender Trockensubstanzaufnahme auch die Leistung der Tiere steigt, ergibt sich ein enger Zusammenhang zwischen der Methanbildung je Tag und der täglichen Milchleistung (Abb. 2.7.1–3), aus dem sich die Methanbildung je kg Milch ableiten läßt (Abb. 2.7.1–4).

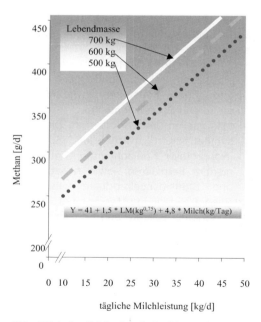

Abb. 2.7.1–3 Abhängigkeit der Methanexkretion von der Milchleistung bei unterschiedlicher Lebendmasse (KIRCHGESSNER et al., 1991b)

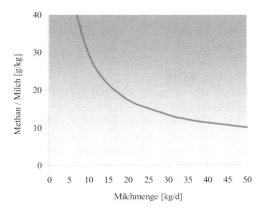

Abb. 2.7.1–4 Abhängigkeit der Methanbildung je kg Milch von der Milchleistung

Möglichkeiten zur **Reduzierung** der **Methanbildung** und -emission, die 200–450 g je Tag betragen kann, bestehen:
a) in der Senkung des Rohfasergehaltes in der Ration (diesem Faktor sind enge Grenzen gesetzt),
b) in der Erhöhung des Ernährungsniveaus, da mit der Erhöhung des Ernährungsniveaus die Methanbildung je Einheit verdaulicher Energie (SCHIEMANN et al., 1971) bzw. je Einheit Gesamtenergie (JOHNSON et al., 1993) abnimmt und
c) in einer Steigerung der Milchleistung je Kuh, da wie Abbildung 2.7.1–4 zeigt, die Methanbildung je kg Milch mit zunehmender Milchleistung abnimmt (jedoch nur noch unwesentlich bei Milchleistungen über 30 kg pro Tag).

Weitere Möglichkeiten bestehen z.B. in der Defaunierung (KREUZER et al., 1986), im Einsatz von Fett (MATHISON, 1997) und Inhibitoren (MATHISON et al., 1998).

Zweifellos sind weitere Forschungen notwendig, um die Methanogenese zu reduzieren. Ob Ansätze in Richtung einer Acetogenese (Bildung von Essigsäure aus CO_2 und H_2) im Verdauungstrakt weiterführen, bleibt weiteren Untersuchungen vorbehalten (IMMIG et al., 1996; MATHISON et al., 1998). Ein grundsätzlicher Ansatzpunkt ist dabei auch die stärkere Verlagerung der Kohlenhydratverdauung, insbesondere der leichtlöslichen Kohlenhydrate, in den postruminalen Darmtrakt.

Neben der Exkretion von Stickstoff und Methan ist die Ausscheidung von **Mengen-** und **Spurenelementen**, insbesondere **Phosphor** und **Kalium,** von großer ökologischer Bedeutung, weil diese wesentlich das mikrobielle und pflanzliche Wachstum beeinflussen. Ein zu hoher Eintrag von Phosphor in Oberflächengewässer bewirkt ein rasantes Algenwachstum bis zur **Eutrophierung** der Gewässer. Deshalb kommt es bei der Tierernährung nicht nur darauf an, den physiologischen Bedarf der Tiere zu sichern, sondern durch eine hohe Effizienz der Nährstoffverwertung eine möglichst geringe Ausscheidungsrate zu erreichen (s. Kap. 2.7.4).

2.7.2 Weitere Aspekte der Nachhaltigkeit in der Tierernährung und -fütterung

(METHLING, W.)

Bei der Gestaltung einer umwelt- und tiergerechten Tierernährung und -fütterung sind neben den rein ernährungswissenschaftlichen Aspekten weitere Gesichtspunkte zu berücksichtigen. Diese führen nicht selten zu einer Relativierung oder sogar kritischen Bewertung von ernährungswissenschaftlich begründeten Wegen der Erhöhung der Fütterungsintensität zum Zwecke der Steigerung der tierischen Leistungen. Dazu zählen einige der in Kapitel 2.1.2 genannten Schwerpunkte:
- Weidegang der Rinder und Schafe,
- Einsatz von Grundfutter und Konservaten aus dem eigenen Betrieb,
- kein Einsatz von Tiermehl in der Rinderfütterung (ggf. auch nicht in der Schweine- und Geflügelernährung),
- kein Einsatz von anabolen Leistungsförderern.

Der **Weidegang** für Rinder (mit Abstrichen auch für Geflügel und Schweine) sollte zumindest in Grünlandregionen typisch sein, denn nur so ist eine möglichst **naturnahe** und **standortgerechte** Rinderhaltung zu gewährleisten. Jedoch setzt der gegenwärtige ökonomische Drang (oder sogar Zwang), möglichst hohe Milchleistungen oder Masttagszunahmen zu erreichen, diesem ökologisch wünschenswerten Weg Grenzen der Machbarkeit. Der vermehrte Einsatz von **Grundfutter** in Rationen für Wiederkäuer ist aus mehreren Gründen nicht nur sinnvoll, sondern zu fordern. Im Rahmen einer Kreislaufwirtschaft sind die Nährstoffflüsse auf betrieblicher Ebene stärker zu kontrollieren, wozu auch der **Konzentrateinsatz** bei Wiederkäuern und Nichtwiederkäuern aus dem eigenen Betrieb gehört (LÜPPING, 1994). **Hoftorbilanzen** sind dabei, insbesondere für N und P, geeignete betriebliche Steuerungselemente, die vermehrt zu nutzen sind. Notwendig sind dazu Managementkonzepte, die unter den gegebenen Standortbedingungen mit Grundfutter aus dem eigenen Betrieb bei Zufütterung von hochwertigen, möglichst betriebseigenen Konzentraten höchste Produktqualität, eine das Verbrauchervertrauen fördernde Transparenz tiergerechter Haltungsbedingungen und höchste betriebswirtschaftliche Effizienz sichern.

Der grundsätzlich widernatürliche Einsatz von **Tiermehl** in Futtermitteln für Rinder dürfte durch die BSE-Krise endgültig beendet sein. Wiederkäuer brauchen physiologisch gesehen kein tierisches Eiweiß. Zur Erzielung noch höherer Leistungen kann auch pflanzliches Eiweiß eingesetzt werden. Die Verfütterung von Tiermehl an die Allesfresser Schwein und Geflügel ist dagegen durchaus tiergerecht, darf aber nur dann erfolgen, wenn die hygienische Qualität und gesundheitliche Unbedenklichkeit gesichert sind sowie Verunreinigungen von Rinderfutter ausgeschlossen werden. Wenn das nicht garantiert werden kann, sollte das bei der Tierkörperbeseitigung anfallende Tiermehl stofflich (Biogaserzeugung) oder thermisch (Verbrennung) verwertet werden. Das gilt auch für **Küchenabfälle** und **Nebenprodukte** der Lebensmittelindustrie (s. 2.7.6).

Der Einsatz von **anabolen** und anderen **Leistungsförderern** (Wachstumshormone, andere Hormone, Antibiotika) kann aus der Sicht der durch Leistungssteigerung bewirkten Reduzierung der Stickstoff- und Methanexkretion durchaus ökologisch sinnvoll erscheinen, ist aber bei Gesamtbetrachtung der ethisch bedenklichen unnatürlichen Erhöhung der Leistung und der Rückstandsrisiken für Lebensmittel abzulehnen, zumal gerade in den Industrieländern gleichzeitig Maßnahmen zur Reduzierung der Nahrungsmittelerzeugung ergriffen werden. Diese in Europa inzwischen durchaus akzeptierte Bewertung wird jedoch durch andere Praktiken (z. B. in den USA) in Frage gestellt, solange bei offenem Weltmarkt nicht gleiche internationale Regelungen erreicht und Wettbewerbsnachteile für europäische Landwirte beseitigt oder ausgeschlossen werden.

2.7.3 Optimierung der Eiweißernährung

2.7.3.1 Optimierung der Eiweißernährung beim Wiederkäuer

(GABEL, M.)

Die Notwendigkeit, die Eiweißernährung zu optimieren, ergibt sich nicht nur aus der Umweltrelevanz, die durch die NH_3- und NO_3-Emissionen hervorgerufen werden, sie ergibt sich auch aus ernährungsphysiologischer Sicht. Die neuen, in den letzten Jahren etablierten **Proteinbewertungssysteme** beim Wiederkäuer berücksichtigen alle verdauungsphysiologischen Besonderheiten dieser Tierarten. Sie unterscheiden die Protein- bzw. die Aminosäurenversorgung des Wirtstieres, insbesondere der Kuh, von der der Pansenorganismen. Die abgeleiteten Be-

2.7 Tierernährung, Tierfütterung und Futterkonservierung

darfsgrößen und der Futterwertparameter sind vom Ausschuß für Bedarfsnormen (AfB) der Gesellschaft für Ernährungsphysiologie (GfE) (1997) publiziert worden.

Die Anwendung dieses neuen Proteinbewertungssystems erlaubt den effizienten Einsatz der verschiedenen Proteinträger in der Fütterung, da sowohl die Protein- bzw. Aminosäurenversorgung des Wirtstieres als auch die Protein- bzw. NH_3-Versorgung der Pansenmikroben bilanziert werden können. Folgende **Futterwertparameter** sind dabei entscheidend:

Nutzbares Rohprotein am Duodenum (nXP)
nXP = (187,7 − [115,4 (UDP/XP)]) DOS + 1,03 UDP

Nichtabgebautes Futterprotein am Duodenum (UDP)
UDP = NAN × 6,25 − (Mikrobenrohprotein + endogenem Protein)

Ruminale Stickstoffbilanz (RNB)
RNB = (XP − nXP)/6,25
XP = Rohprotein
nXP = nutzbares Rohprotein
UDP = nichtabgebautes Rohprotein im Pansen

DOS = verdauliche organische Substanz
RNB = ruminale N-Bilanz
NAN = Nicht-Ammoniak-Stickstoff

Für die **Rationsbilanzierung** sind die leistungsabhängigen Bedarfswerte und die Futterwertparameter der **DLG-Futterwerttabelle** (1997) zu entnehmen, wenn keine konkreten Angaben aus aktuellen Futtermittelanalysen vorliegen. Zum besseren Verständnis der nachfolgenden Betrachtungen zur Optimierung der Eiweißernährung bei den Wiederkäuern sind einige Daten aus der DLG-Futterwerttabelle ausgewählt und in Tabelle 2.7.3−1 dargestellt. Es handelt sich dabei ausschließlich um Futtermittel mit guter und sehr guter Qualität.

Unter Verwendung der Futtermittel Maissilage, Grasanwelksilage, Heu, Trockenschnitzel, Gerste und Sojaextraktionsschrot ist die Bilanzierung der Energie- und Nährstoffversorgung, insbesondere der Proteinversorgung für Milchkühe, in Tabelle 2.7.3−2 dargestellt. Die verschiedenen Komponenten sichern die Artgerechtheit der Ration sowie die Energie- und Proteinbedarfsdeckung. Die Menge an **nutzbarem Rohprotein** (nXP)

Tabelle 2.7.3−1 Futterparameter für verschiedene Futtermittel (DLG-Futterwerttabelle, 1997)

Futtermittel	TS [g/kg]	XP [g/kg TS]	nXP [g/kg TS]	RNB [g/kg TS]	VF	ME [MJ/kg TS]	NEL [MJ/kg TS]
Sojaextraktionsschrot	890	548	324	36	39	13,73	8,59
− geschützt	890	507	436	11	53	13,73	8,59
Rapsextraktionsschrot	890	399	219	29	131	11,99	7,40
− geschützt	890	390	369	3	160	12,40	7,60
Ackerbohnen	880	298	195	17	89	13,62	8,61
Weizen	880	138	172	− 4	29	13,37	8,51
Gerste	880	124	164	− 5	57	12,84	8,08
Heu	860	94	112	− 2	291	8,59	4,97
Maissilage	290	82	133	− 6	212	10,80	6,76
Grasanwelksilage I	350	180	145	6	221	11,09	6,40
Grasanwelksilage II	350	130	130	0	290	9,73	5,76
Kleegrassilage	350	210	149	10	220	10,24	6,17
Trockenschnitzel	900	99	156	− 8	205	11,93	7,43
Gras	170	220	150	11	210	11,40	6,98

2 Umweltgerechte Tierhaltung

Tabelle 2.7.3–2 Bilanzierung der Proteinversorgung für eine Milchkuh mit 30 kg Milch je Tag und daraus resultierender N-Exkretion

Futtermittel	Nährstoffparameter					N-Exkretion
	TS [kg/d]	NEL [MJ/d]	XF [g/d]	nXP [g/d]	RNB [g/d]	[g/kg Milch]
Maissilage	5,0	33,0	1060	665	– 30	–
Grasanwelksilage I	5,0	32,0	1105	725	30	–
Heu	2,0	9,94	582	224	– 4	–
Trockenschnitzel	2,0	14,86	410	312	– 16	–
Gerste	4,0	32,32	228	656	– 20	–
Sojaextraktionsschrot	1,0	9,44	43	356	40	–
Gesamt	19,1	130,9	3438	2938	± 0	–
N-Exkretion	–	–	–	–	–	10,2
Empfehlung	19,5	130,6	–	3000	± 0	10,5

stimmt gut mit der Empfehlung des AfB der GfE (1997) überein, und die **ruminale N-Bilanz** (RNB) von ±0 zeigt die ausreichende Versorgung der Pansenmikroben mit NH_3 an.

Ein negativer RNB-Wert von bis zu –20 g je Kuh und Tag kann bei einer Futteraufnahme von 19 kg TS je Kuh und Tag dann toleriert werden, wenn
- die Reduzierung der N-Exkretion im Vordergrund steht und
- der Zelluloseverdauung keine Priorität eingeräumt wird.

Nach Untersuchungen von MUNKSGAARD et al. (1985) haben RNB-Werte von –32 g/d keine negativen Auswirkungen bei Milchkühen gezeigt. Die Möglichkeit, negative N-Bilanzen zu tolerieren, ergibt sich aus dem Regulationsvermögen. Sinkt die Ammoniakkonzentration im Pansensaft aufgrund zu geringer Rohproteinaufnahme (bei negativer RNB), dann reduziert die Milchkuh die N-Exkretion über den Harn und läßt den Harnstoff über das Blut in den Pansen zurückfließen. Dieses Regulationsvermögen kann bei wachsenden Jungrindern bis zu 15 % des mikrobiellen N-Bedarfes in Anspruch genommen werden, ohne daß wesentliche Leistungsminderungen zu erwarten sind (KLUTH et al., 2000). Positive Werte für die ruminale N-Bilanz zeigen einen Überschuß an Rohproteinäquivalenten (NH_3) im Pansen an, der mit dem Ziel einer umweltverträglichen Ernährung der Milchkuh zu vermeiden ist.

Die aus einer bedarfs- und umweltgerechten Ration resultierende **N-Exkretion** beträgt bei einer Leistung von 30 kg Milch je Tag 10,5 g je kg Milch. Mit einer Schwankungsbreite von ±1 g N je kg Milch ist diese als physiologisch begründete Richtgröße bei diesem Leistungsniveau zu betrachten.

An Stelle des Sojaextraktionsschrotes können auch einheimische **Proteinträger** wie Ackerbohnen, Erbsen, Lupinen, Rapsextraktionsschrot u.a. treten. Dabei sind jedoch Einsatzrestriktionen zu beachten, die sich aufgrund des Gehaltes an sekundären Inhaltsstoffen ergeben. Tabelle 2.7.3–3 zeigt die Bilanzierung einer analogen Futterration, bei der Sojaextraktionsschrot durch Ackerbohnenschrot und geschütztes Rapsextraktionsschrot ersetzt ist. Auch bei dieser Ration ist der Bedarf der Milchkuh an nutzbarem Rohprotein gedeckt und die ruminale N-Bilanz annähernd ±0, so daß die physiologisch zu akzeptierende N-Exkretionsgröße von 10,5 g N je kg Milch erreicht wird.

Dieses Ziel läßt sich in der Fütterung der Milchkühe nicht immer erreichen. Wenn beispielsweise die Prämisse vorgegeben ist, die

2.7 Tierernährung, Tierfütterung und Futterkonservierung

Tabelle 2.7.3–3 Bilanzierung der Proteinversorgung für eine Milchkuh mit 30 kg Milch je Tag und daraus resultierender N-Exkretion

Futtermittel	Nährstoffparameter					N-Exkretion
	TS [kg/d]	NEL [MJ/d]	XF [g/d]	nXP [g/d]	RNB [g/d]	[g/kg Milch]
Maissilage	5,0	33,0	1060	665	– 30	–
Kleegrassilage	5,0	30,9	1100	745	30	–
Heu	2,0	9,94	582	224	– 4	–
Trockenschnitzel	2,0	14,86	410	312	– 16	–
Ackerbohnen	1,0	8,61	89	195	17	–
Rapsextraktionsschrot (gesch.)	0,5	3,80	80	185	20	–
Gesamt	19,5	133,4	3549	2982	– 1	–
N-Exkretion	–	–	–	–	–	10,4
Empfehlung	19,5	130,6		3000	± 0	10,5

Milchkühe auf der Basis von **Weidegras** zu füttern, dann ergeben sich bei bedarfsdeckender Energieversorgung, insbesondere bei niedrigen Milchleistungen, große Überschüsse an nutzbarem Rohprotein und eine hohe positive ruminale N-Bilanz, die zu nicht zu akzeptierenden N-Exkretionsmengen je kg Milch führen (Tab. 2.7.3–4). Bei ausschließlichem Einsatz von Weidegras, um möglichst viel Grundfutter einzusetzen, ist die N-Exkretion bei 10 kg Milch je Tag, bezogen auf die bei dieser Leistung aus physiologischer Sicht zu akzeptierende N-Exkretionsmenge von 15 g N je kg Milch, mit 29,6 g N je kg Milch annähernd doppelt so hoch.

Tabelle 2.7.3–4 Bilanzierung von Futterrationen auf der Basis von Weidegras für unterschiedliche Milchleistungen und daraus resultierende N-Exkretion

Futtermittel	Parameter	Milchleistung in kg/d			
		10	20	30	40
Weidegras	kg T/d	10,0	13,0	14,0	14,5
Trockenschnitzel	kg T/d	–	1,5	2,0	3,0
Weizen	kg T/d	–	–	2,0	3,0
Rapsextraktionsschrot (gesch.)	kg T/d	–	–	0,7	2,0
Gesamt	kg T/d	10,0	14,5	18,7	22,5
	NEL MJ/d	70	101	134	164
	nXP/d	1500	2181	3014	3890
	RNB/d	111	131	132	129
	Milch-N g/d	55	110	165	220
	N-Exkr. g/d	296	370	449	531
	g/kg Milch	29,6	18,5	15,0	13,3
Bedarf	NEL MJ/d	67	99	130	162
	nXP g/d	1280	2140	3000	3860
	RNB g/d	± 0	± 0	± 0	± 0
mögl. N-Exkretion	g/kg Milch	15	12	11	10

2 Umweltgerechte Tierhaltung

Da im allgemeinen die Futteraufnahme von **Weidegras** bei Weidegang der Tiere ausgeschöpft werden soll, um einen hohen Grundfuttereinsatz zu realisieren, sind insbesondere bei hohen Leistungen Ergänzungen mit Futtermitteln vorzunehmen, die eine negative ruminale N-Bilanz aufweisen. Eine Bedarfsdeckung hinsichtlich der Energie und des nutzbaren Rohproteins wird bei 20 und 30 kg Milch je Kuh und Tag durch die Ergänzung mit Trockenschnitzel und Weizen erreicht. Aber schon bei 30 und 40 kg Milch je Kuh und Tag muß ein Proteinträger mit **geschütztem Rohprotein** eingesetzt werden, um bei Bedarfsdeckung mit Energie und nutzbarem Rohprotein die bereits sehr hohe ruminale N-Bilanz nicht weiter steigen zu lassen. Trotz dieser Maßnahmen in der Rationsgestaltung bleiben die N-Exkretionsmengen je kg Milch wesentlich höher als die physiologisch möglichen.

Ähnlich hohe N-Exkretionswerte ergeben sich beim Einsatz von **Kleegrassilagen** als alleiniges Grobfuttermittel (Tab. 2.7.3–5). Da Kleegrassilage durch eine hohe positive N-Bilanz charakterisiert ist, muß eine Ergänzung mit Futtermitteln erfolgen, die eine negative ruminale N-Bilanz aufweisen. Als solche kommen Trockenschnitzel in Betracht. Bei Leistungen von ≥ 30 kg Milch je Kuh und Tag kann die Bedarfsdeckung an nutzbarem Rohprotein nur erreicht werden, wenn pansengeschütztes Rapsextraktionsschrot eingesetzt wird. Dies hat einen hohen Gehalt an nutzbarem Rohprotein und eine niedrige ruminale N-Bilanz.

Typische Rationen in der Fütterung der Milchkühe basieren auf dem Einsatz von **Grasanwelksilage**. Dabei überwiegen Rationen, die neben Grasanwelksilage kleinere Anteile von Heu oder Maissilage enthalten. In Tabelle 2.7.3–6 sind Rationen zusammengestellt, die neben Grasanwelksilage auch Maissilage als Grobfuttermittel enthalten. Die Kombination von Grassilage mit Maissilage in einer Ration ist aus verschiedenen

Tabelle 2.7.3–5 Bilanzierung von Futterrationen auf der Basis von Kleegrassilage für unterschiedliche Milchleistungen und daraus resultierende N-Exkretion

Futtermittel	Parameter	Milchleistung in kg/d			
		10	20	30	40
Kleegrassilage	kg T/d	9	11	12	13
Weizen	kg T/d	–	1	2,5	4,5
Trockenschnitzel	kg T/d	1,5	3	4	5
Rapsextraktionsschrot (gesch.)	kg T/d	–	–	0,6	1
Rapsextraktionsschrot	kg T/d	–	–	–	–
Ackerbohnenschrot	kg T/d	–	–	–	–
Gesamt	kg T/d	10,5	15	19,1	22,5
	NEL MJ/d	67	100	130	163
	nXP/d	1575	2279	3063	3860
	RNB/d	78	82	80	75
	Milch-N g/d	55	110	165	220
	N-Exkr. g/d	275	340	405	473
	g/kg Milch	28	17	14	12
Bedarf	NEL MJ/d	67	99	130	162
	nXP g/d	1280	2140	3000	3860
	RNB g/d	± 0	± 0	± 0	± 0
mögl. N-Exkretion	g/kg Milch	15	12	11	10

2.7 Tierernährung, Tierfütterung und Futterkonservierung

Tabelle 2.7.3–6 Bilanzierung von Futterrationen auf der Basis von Grassilage und Maissilage für unterschiedliche Milchleistungen und daraus resultierende N-Exkretion

Futtermittel	Parameter	Milchleistung in kg/d			
		10	20	30	40
Grasanwelksilage 1	kg T/d	7,5	8	8	9
Maissilage	kg T/d	3	4	5	5
Weizen	kg T/d	–	1	1	2
Trockenschnitzel	kg T/d	–	1,5	1	2
Rapsextraktionsschrot (gesch.)	kg T/d	–	0,5	1,5	2
Rapsextraktionsschrot	kg T/d	–	–	1	1
Ackerbohnenschrot	kg T/d	–	–	1,5	1,8
Gesamt	kg T/d	10,5	15	19,0	22,8
	NEL MJ/d	67	102	132	161
	nXP/d	1487	2204	3039	3898
	RNB/d	27	32	68	66
	Milch-N g/d	55	110	165	220
	N-Exkr. g/d	210	275	389	470
	g/kg Milch	21	14	13	12
Bedarf	NEL MJ/d	67	99	130	162
	nXP g/d	1280	2140	3000	3860
	RNB g/d	± 0	± 0	± 0	± 0
mögl. N-Exkretion	g/kg Milch	15	12	11	10

Gründen sinnvoll, insbesondere aber wegen des dadurch möglichen Ausgleichs der ruminalen N-Bilanz. Um Bedarfsdeckung bei allen Rationsparametern zu erreichen, ist die Aufnahme von Weizen, Trockenschnitzel (beide mit negativer RNB), Rapsextraktionsschrot in geschützter und ungeschützter Form sowie von Ackerbohnen notwendig. Da bei niedrigen Milchleistungen und sehr guten Silagequalitäten aus Kostengründen kaum Konzentrate eingesetzt werden, ergeben sich bei gras- und kleegrasbetonten Rationen im niedrigen Leistungsbereich Überschüsse an nutzbarem Rohprotein und eine hohe positive RNB, die zu hohen N-Exkretionsmengen führen.

Bei maissilagebetonten Rationen mit nur geringen Anteilen an Grasanwelksilage ergeben sich dagegen im niedrigen Leistungsbereich bei Bedarfsdeckung an Energie und nutzbarem Rohprotein negative ruminale N-Bilanzen (Tab. 2.7.3–7). Diese bedingen eine geringe N-Exkretion je kg Milch. Mit zunehmender Leistung sind Ergänzungen mit Getreide, Trockenschnitzel, Rapsextraktionsschrot (geschützt und ungeschützt) sowie Ackerbohnen notwendig, um einerseits die Rationsparameter zu erfüllen und andererseits niedrige N-Exkretionswerte je kg Milch zu erreichen.

Für **wachsende Rinder** (Aufzuchtrinder und Mastrinder) wird der Proteinbedarf nicht als Bedarf an nutzbarem Rohprotein formuliert, sondern als Rohprotein. Der Grund dafür liegt darin, daß oberhalb einer Lebendmasse von 250 kg bei normgerechter Energieversorgung der Tiere und bedarfsgerechter Stickstoffversorgung der Pansenmikroben die Anflutung von nutzbarem Rohprotein am Dünndarm größer ist als der Bedarf. Oberhalb der Lebendmasse von 250 kg wird der Proteinbedarf der Tiere ausschließlich durch den **Stickstoffbedarf** der Pansenmikroben bestimmt. Die Relation zwischen

2 Umweltgerechte Tierhaltung

Tabelle 2.7.3–7 Bilanzierung von Futterrationen auf der Basis von Maissilage und Grassilage für unterschiedliche Milchleistungen und daraus resultierende N-Exkretion

Futtermittel	Parameter	Milchleistung in kg/d			
		10	20	30	40
Maissilage	kg T/d	7	8	8	9
Grassilage I	kg T/d	3	4	5	5
Weizen	kg T/d	–	1	1	2
Trockenschnitzel	kg T/d	–	1	1	1
Rapsextraktionsschrot (gesch.)	kg T/d	–	–	1	2
Rapsextraktionsschrot	kg T/d	–	1	1	1,5
Ackerbohnenschrot	kg T/d	–	–	2	2
Gesamt	kg T/d	10,0	15,0	19,0	22,5
	NEL MJ/d	67	103	134	161
	nXP/d	1360	2190	3095	3880
	RNB/d	– 24	– 7	36	43
	Milch-N g/d	55	110	165	220
	N-Exkr. g/d	139	233	366	443
	g/kg Milch	13,9	12	12	11
Bedarf	NEL MJ/d	67	99	130	162
	nXP g/d	1280	2140	3000	3860
	RNB g/d	± 0	± 0	± 0	± 0
mögl. N-Exkretion	g/kg Milch	15	12	11	10

dem so begründeten notwendigen Bedarf der Jungrinder an N und dem N-Ansatz bedingt eine große N-Exkretion je kg Lebendmassezunahme. In Abhängigkeit von der Lebendmasse und der Lebendmassezunahme variiert die aus physiologischen Gründen zu akzeptierende **N-Exkretion** beträchtlich. Bei den **weiblichen Aufzuchtrindern** (Tab. 2.7.3–8) von 85 g N je kg LMZ (bei 200 kg Lebendmasse und 800 g Lebendmassezunahme) bis 244 g N je kg LMZ (bei 500 kg Lebendmasse und 500 g tägliche Lebendmassezunahme). Neben der Wirkung der Lebendmasse tritt der Einfluß der Lebendmassezunahme deutlich hervor. Analog gestalten sich diese Verhältnisse bei den **Mastbullen** (vgl. Tab. 2.7.1–3). Begründet durch die hier vorliegenden höheren Leistungen (N-Ansatz und Lebendmassezunahmen) sind die N-Exkretionen je kg Lebendmassezunahme um ca. 20–30 % geringer als bei den weiblichen Jungtieren.

Die **Rationsgestaltung** für weibliche Rinder basiert auf dem Einsatz der **wirtschaftseigenen Futtermittel** (Grasanwelksilage, Maissilage, Getreideganzpflanzensilage, Zwischenfrüchte, Heu, Stroh und vor allem Weidegras). Eine Ergänzung mit **Konzentratfuttermitteln** kann bei Futtermitteln mit geringer Qualität zur Bedarfsdeckung notwendig werden. **Mineralstoffgemischergänzungen** sind obligatorisch. Der Einsatz der einzelnen Futtermittel als Hauptfuttermittel führt bei den weiblichen Jungrindern zu unterschiedlichen N-Exkretionsmengen (Tab. 2.7.3–9). Während die Einhaltung der physiologisch begründeten N-Exkretionsmengen beim Einsatz von **Maissilage** als Hauptfuttermittel sowohl bei niedriger Lebendmasse als auch bei höherer Lebendmasse gegeben ist, ist dies beim Einsatz von **Grasanwelksilage** als Hauptfuttermittel nicht der Fall. Die N-Exkretionsmenge je kg Lebendmassezunahme ist hier bei niedriger

Tabelle 2.7.3-8 Kalkulation von N-Aufnahme, N-Ansatz und N-Exkretion bei wachsenden weiblichen Jungrindern in Abhängigkeit von der Lebendmasse und der Lebendmassezunahme

Lebend-masse [kg]	Lebendmassezunahme [g/d]											
	500				600				700				800			
	Aufn. [g/d]	Ansatz [g/d]	Exkretion [g/d]	Exkretion [g/kg]	Aufn. [g/d]	Ansatz [g/d]	Exkretion [g/d]	Exkretion [g/kg]	Aufn. [g/d]	Ansatz [g/d]	Exkretion [g/d]	Exkretion [g/kg]	Aufn. [g/d]	Ansatz [g/d]	Exkretion [g/d]	Exkretion [g/kg]
200	72	14	58	116	78	17	61	102	84	19	65	93	90	22	68	85
300	91	14	77	154	98	17	81	134	104	19	85	121	110	22	88	111
400	114	14	100	200	122	17	105	175	132	19	113	161	141	22	119	149
500	136	14	122	244	148	17	131	218	160	19	141	201	171	22	149	187

Lebendmasse um bis zu 20–35 % und bei hoher Lebendmasse um 35–40 % höher als die zu akzeptierenden Bezugswerte. Die Abhängigkeit von der Lebendmasse wird dabei sehr deutlich. Die Kombination von Maissilage und Grasanwelksilage als Hauptfuttermittel für weibliche Jungrinder führt zu einem dem Rohproteinbedarf angenäherten Rohproteinangebot, so daß die N-Exkretion sich den physiologisch begründeten N-Exkretionsmengen nähert. Der für weibliche Jungrinder aus verschiedenen Gründen zu fordernde Weidegang der Tiere ist, wie Tabelle 2.7.3–9 zeigt, mit sehr hohen N-Exkretionsmengen verbunden. Sie sind gegenüber den Richtwerten um 70–75 %, bei hoher Lebendmasse um rund 80 % höher. Die N-Exkretion und damit die N-Emission ist also beim Weidegang der Tiere beträchtlich. Hinzu kommt, daß das Absetzen des Kotes und des Harns punktuell erfolgt und die Verteilung der N-Exkretion auf der Weide negativ zu beurteilen ist. Dieser generelle Nachteil ist den positiven Aspekten des Weidegangs gegenüberzustellen.

Aufgrund der höheren Lebendmassezunahme bzw. des höheren N-Ansatzes sind die N-Exkretionsmengen je kg Lebendmassezunahme bei den Mastbullen, verglichen mit denen der weiblichen Aufzuchtrinder, günstiger zu beurteilen (Tab. 2.7.3–10). Beim Einsatz von **Maissilage** als Hauptfuttermittel in der Bullenmast bereitet es keine Probleme, die physiologisch determinierten N-Exkretionswerte einzuhalten. Sowohl bei 200 kg Lebendmasse als auch bei 400 kg Lebendmasse ist eine weitgehende Übereinstimmung erreichbar. Die Abhängigkeit der N-Exkretion von der Leistung der Tiere (LMZ in g/d) wird dabei deutlich sichtbar. Der Einsatz von **Grasanwelksilage** als Hauptfuttermittel bewirkt, daß bei niedrigen Lebendmassen und niedrigen Lebendmassezunahmen die N-Exkretionen höher sind als die Bezugsgrößen. Bei höheren Lebendmassezunahmen wird dagegen eine weitgehende Einhaltung dieser Werte erreicht. Eine wesentliche Überschreitung der Richtwerte von

2 Umweltgerechte Tierhaltung

Tabelle 2.7.3–9 N-Exkretion (g/kg LMZ) von weiblichen Jungrindern beim Einsatz von Maissilage, Grasanwelksilage und Weidegras

Ration	LMZ [g/d]	200 kg LM	400 kg LM
Maissilage	500	124 (116)	205 (200)
Rapsextraktionsschrot	600	101 (102)	181 (175)
	700	95 (93)	169 (161)
	800	89 (85)	152 (149)
Grasanwelksilage	500	156 (116)	282 (200)
Trockenschnitzel	600	132 (102)	247 (175)
	700	116 (93)	224 (161)
	800	104 (85)	205 (149)
Weidegras	500	204 (116)	360 (200)
	600	177 (102)	318 (175)
	700	159 (93)	290 (161)
	800	144 (85)	272 (149)

(...) physiologisch begründete N-Exkretion bei normgerechter Fütterung

20–70 % ergibt sich bei diesen Rationen im hohen Lebendmassebereich, so daß der Einsatz derartiger Rationen aus der Sicht der Umweltverträglichkeit zu bedenken ist. Eine hohe N-Exkretion ist aber nicht a priori negativ zu beurteilen, letztlich kommt es auf die N-Belastung je ha an. Durch den Einsatz von Maissilage in Kombination mit der Grasanwelksilage läßt sich hinsichtlich der Rohproteinbedarfsdeckung und damit auch hinsichtlich der N-Exkretion ein Ausgleich erzielen, der es ermöglicht, die physiologisch abgeleiteten N-Exkretionswerte einzuhalten.

Generell bleibt festzuhalten, daß die **N-Exkretion** und damit die **N-Emission** beim Wiederkäuer durch gezielte Fütterungsmaßnahmen beträchtlich reduziert werden kann. Zu diesen **Fütterungsmaßnahmen** gehören:

Tabelle 2.7.3–10 N-Exkretion (g/kg LMZ) von Mastbullen (SB) beim Einsatz von Mais- und Grasanwelksilage

Ration	LMZ [g/d]	200 kg LM	400 kg LM
Maissilage	600	102 (105)	176 (160)
Gerste, Trockenschnitzel	800	80 (84)	140 (130)
Rapsextraktionsschrot	1000	77 (71)	112 (114)
Ackerbohnen	1200	68 (65)	111 (105)
Grasanwelksilage	600	131 (105)	273 (160)
Trockenschnitzel	800	99 (84)	179 (130)
Gerste	1000	77 (71)	141 (114)
	1200	66 (65)	127 (105)
Maissilage	600	104 (105)	176 (160)
Grasanwelksilage	800	82 (84)	140 (130)
Trockenschnitzel	1000	75 (71)	112 (114)
Rapsextraktionsschrot Ackerbohnen	1200	67 (85)	111 (105)

(...) physiologisch begründete N-Exkretion bei normgerechter Fütterung

- Die Rationen sind **bedarfsdeckend**, bei Milchkühen dem laktationsbedingten Bedarf entsprechend zu gestalten und zu bilanzieren.
- Es sind **hohe Leistungen** anzustreben, wenn die N-Exkretion je Leistungseinheit gering sein soll.
- Futtermittel mit hohem Gehalt an **Rohprotein** (insbesondere hoher RNB) (Grasanwelksilage, Leguminosen und Leguminosensilagen) sind mit rohproteinarmen (negative RNB) **energiereichen** Silagen und Futtermitteln (Maissilage, Getreideganzpflanzensilage, Rübenprodukte) kombiniert einzusetzen. Dies ist insbesondere auch im niedrigen Leistungsbereich notwendig.
- Bei Milchkühen mit hohen Leistungen sind zur Vermeidung von N-Überschüssen Proteinträger mit geringer Rohproteinabbaurate oder Konzentrate mit **pansengeschütztem Rohprotein** einzusetzen.
- Die **geringste** Möglichkeit zur **Reduzierung der N-Exkretion** ergibt sich **beim Weidegang** von Milchkühen bzw. von Jungrindern. Wenn die Aufnahme von Weidegras nicht limitiert werden soll, ist im niedrigen Leistungsbereich keine wesentliche Reduzierung möglich. Erst im hohen Leistungsbereich kann eine Reduzierung erreicht werden, wenn Futtermittel mit negativer RNB und Futtermittel mit geschütztem Rohprotein eingesetzt werden.
- Bei **Mastbullen** lassen sich dann angemessene N-Exkretionswerte erreichen, wenn auf den Einsatz von rohproteinreichen Gras- oder Leguminosensilagen als alleiniges wirtschaftseigenes Grundfutter verzichtet wird und vermehrt **rohproteinarme, energiereiche Futtermittel** (Maissilage, Getreideganzpflanzensilage, Rübenprodukte) eingesetzt werden.

2.7.3.2 Optimierung der Eiweißernährung bei Monogastriden

(HACKL, W.)

Im Gegensatz zum Wiederkäuer verdauen die **monogastrischen** Nutztierarten vorwiegend enzymatisch. Aufgrund der anatomischen Besonderheit des Verdauungstraktes sind sie nicht bzw. nicht in nennenswertem Umfang in der Lage, rohfaserreiche Futtermittel (Grobfutterstoffe) bakteriell aufzuschließen. Sie sind deswegen auf die Zufuhr hochverdaulicher Futterstoffe angewiesen. Die Anforderungen an die **Verdaulichkeit** der organischen Substanz der Futtermittel liegen mit wenigen Ausnahmen bei > 80 %, und das bedeutet, daß überwiegend **energiereiche** Futtermittel **(Kraftfutter)** zur Energie- und Nährstoffbedarfsdeckung eingesetzt werden müssen.

In Tabelle 2.7.3–11 sind die Anforderungen an die Verdaulichkeit der organischen Substanz bei **Schweinen** der verschiedenen Haltungsstufen aufgeführt. Die Richtwerte für den zulässigen **Rohfasergehalt** in der Ration, die im Zusammenhang mit den Anforderungen an die Verdaulichkeit stehen, zeigen, daß ein mengenmäßig bedeutender Einsatz von rohfaserreichen **Grobfutterstoffen** in Grenzen nur in der Fütterung von **niedertragenden** Sauen und **Altebern** relevant ist.

Beim **Geflügel** bestehen derartige Ausnahmen nicht, d.h., es müssen generell **hochverdauliche**, **rohfaserarme** Futtermittel eingesetzt werden.

Grundlage für die umweltgerechte Fütterung bilden die vom Ausschuß für Bedarfsnormen (AfB) der Gesellschaft für Ernährungsphysiologie (GfE) der Bundesrepublik Deutschland bestätigten leistungsabhängigen **Empfehlungen** für die Energie- und Nährstoffversorgung der Schweine (GfE, 1987) und des Geflügels (GfE, 1999).

Neben der Energiebereitstellung aus hochverdaulichen Futtermitteln liegt eine weitere Besonderheit bei den Monogastri-

Tabelle 2.7.3–11 Anforderungen der Schweine an die Ration

Alter Haltungsstufe	Verdaulichkeit Organische Substanz [%]	Energiegehalt Umsetzbare Energie [MJ/kg Futter]	Rohfasergehalt maximal [g/kg TS]
Ferkel 1. bis 3. Lebenswoche	95	12,5	10
Ferkel 4. bis 9. Lebenswoche	90	12,5	50
Ferkel 10. bis 15. Lebenswoche	85	12,5	70
Mastschwein	80	12,5	80
Sau niedertragend	65	11	200
Sau hochtragend	75	(11)	60–150
Sau säugend	80	13	60–100
Besamungseber	75	11	60–150

den in den relativ hohen Anforderungen an die **Proteinqualität**, d.h. den Gehalt des Proteins an **essentiellen Aminosäuren** (AS) der zur Proteinbedarfsdeckung eingesetzten Eiweißfuttermittel. Dabei spielen die **erstlimitierenden Aminosäuren** (Schwein: **Lysin**; Geflügel: **Methionin** und **Cystin**) eine besondere Rolle, da sie leistungsbegrenzend wirken. Der Rohproteinbedarf der Monogastriden ist, korrekt ausgedrückt, ein auf die Leistung ausgerichteter Bedarf an essentiellen Aminosäuren, der durch eine geeignete Kombination der Futterstoffe über die Ration gedeckt werden muß. Heute besteht Einigkeit darüber, daß nicht der Bruttoaminosäurengehalt der Futterstoffe, sondern ihr Gehalt an **dünndarmverdaulichen Aminosäuren** (bestimmt als wahre ileale bzw. wahre präzäkale Verdaulichkeit) als Maßstab der Verfügbarkeit entscheidend für die **Proteinbewertung** ist. Die Notwendigkeit der Beachtung der **ilealen Verdaulichkeit** der Aminosäuren (pcVQ AS) im Rahmen der Rationsformulierung für die monogastrischen Nutztierarten ist inzwischen auf der Grundlage zahlreicher Untersuchungen wissenschaftlich bewiesen (Sauer et al., 1986; Hennig et al., 1991, 1993, 1994, 1999; Furuya et al., 1989; Mosenthin et al., 1992, 1997, 2000b; Rademacher et al., 1996, 1999).

Gegenwärtig stehen **Tabellenwerke** mit dem Gehalt an ileal verdaulichen Aminosäuren der gebräuchlichsten Futtermittel und zunächst überwiegend kalkulierten **Bedarfswerten** zur effizienten und umweltgerechten proteinseitigen Rationsbilanzierung zur Verfügung (Degussa, 1996; Degussa-Hüls, 1999; AFZ, Ajinomoto Eurolysine, Aventis Animal Nutrition, INRA, ITCF, 2000). Obgleich diesbezüglich noch erheblicher Forschungsbedarf besteht, der insbesondere die Standardisierung der Bestimmungsmethode, die Bedarfsermittlung und die Komplettierung der Futtermitteltabellen betrifft (Mosenthin et al., 2000a; Schulz et al., 2000), ist mit dem bereits verfügbaren Datenmaterial eine wesentlich bessere Leistungsvorhersage und exaktere Rationsbilanzierung möglich als auf Basis der Bruttoaminosäuren.

Das durch die BSE-Krise mittlerweile gesetzlich geregelte Verbot des Einsatzes von Fisch- und Tierkörpermehl in der Fütterung macht die Beachtung der AS-Verfügbarkeit besonders zwingend, da die nun notwendiger Weise verstärkt zum Einsatz kommenden **einheimischen Proteinträger** aufgrund ihrer spezifischen Zusammensetzung und ihres Gehaltes an **antinutritiven** Inhaltsstoffen (Glucosinolate, Tannine, Glucoside, Alkaloide u. a.) eine geringere AS-Verdaulichkeit aufweisen. Der einfache Ersatz der hochverdaulichen tierischen Eiweiße durch pflanzliche auf der Grundlage der Bruttoaminosäuren würde unweigerlich zu Fehleinschätzungen führen.

Der Gehalt an ileal verdaulichen **erstlimitierenden Aminosäuren** (Lysin, Methionin, Cystin) von gängigen Futtermitteln ist in der Tabelle 2.7.3–12 aufgeführt. Aus der Tabelle wird ersichtlich, daß das bei Monogastriden in großem Umfang eingesetzte **Sojaextraktionsschrot** von den einheimischen pflanzlichen Proteinfuttermitteln nur durch das besonders hochwertige **Kartoffeleiweiß** übertroffen wird. Die durch das Verbot der tierischen Proteine stärker in den Mittelpunkt des Interesses rückenden großkörnigen einheimischen **Leguminosen** (Ackerbohnen, Erbsen, Lupinen) weisen dagegen einen deutlich geringeren Aminosäurengehalt, insbesondere an den schwefelhaltigen Aminosäuren Methionin und Cystin, auf.

Aminosäurendefizite bei einzelnen Futtermitteln können jedoch problemlos in der Rationsformulierung durch **synthetische Aminosäuren** (L-**Lysin**; DL-**Methionin**; L-**Threonin**; L-**Tryptophan**) ausgeglichen werden. Der Einsatz mittels mikrobiologischer und chemischer Verfahren hergestellter Aminosäuren ermöglicht die alters- und leistungsangepaßte Optimierung der Aminosäurenversorgung der Monogastriden über die Phasenfütterung. Die bedarfsgerechte Aminosäurensupplementierung bei gleichzeitiger Rohproteinabsenkung der Ration hat im Hinblick auf die Umweltschonung eine Reihe von positiven Aspekten. Sie ermöglicht die Reduzierung der **Stickstoffausscheidung** bis zu 40 % ohne negative Effekte auf das Leistungspotential. Die nährstoffangepaßte Fütterung entlastet den

Tabelle 2.7.3–12 Rohprotein- und Aminosäurengehalt verschiedener Futtermittel

Futtermittel	Zusammensetzung [%]			Gehalt an wahr ileal verdaulichen AS [%]			
				Schwein		Geflügel	
	Rohprotein	Lysin	Met + Cys	Lysin	Met + Cys	Lysin	Met + Cys
Kartoffeleiweiß	78,66	6,10	3,12	5,46	2,72	n. v.	n. v.
Trockenmagermilch	33,81	2,81	1,04	2,72	0,97	n. v.	n. v.
Erbsen	21,39	1,53	0,48	1,27	0,36	1,33	0,37
Ackerbohnen	27,62	1,66	0,55	1,46	0,43	1,49	0,45
Sojaextr.-Schrot	44,63	2,71	1,21	2,40	1,05	2,36	1,02
Rapssamen	19,88	1,22	0,90	0,95	0,72	n. v.	n. v.
Rapsextr.-Schrot	35,24	1,80	1,58	1,36	1,32	1,48	1,30
Lupinen	31,06	1,48	0,67	1,26	0,55	n. v.	n. v.
Roggen	8,38	0,34	0,34	0,25	0,28	0,26	0,26
Gerste	10,88	0,40	0,41	0,30	0,35	0,32	0,34
Triticale	10,28	0,37	0,42	0,30	0,38	0,32	0,36
Mais	8,88	0,26	0,37	0,21	0,33	0,21	0,33
Maiskleberfutter	13,99	0,45	0,51	0,26	0,37	n. v.	n. v.
Weizen	12,26	0,34	0,45	0,29	0,40	0,28	0,39

2 Umweltgerechte Tierhaltung

Tabelle 2.7.3–13 Fütterungsstrategien zur Verminderung der N- und P-Ausscheidung bei Mastschweinen* (nach Kirchgessner, 1997)

Strategie/ LM-Bereich [kg]	Futter-bedarf [kg]	Gehalte im Futter, %			Ausscheidung je Schwein			
		Roh-protein	Lysin	P	N [kg]	relativ	P [kg]	relativ
Einphasig**)								
25 bis 115	276	17,2	0,91	0,50	5,35	100	0,96	100
Zweiphasig								
25 bis 60	86	18,3	0,97	0,55	4,8		0,87	
60 bis 115	190	14,9	0,79	0,45		90		90
Dreiphasig								
25 bis 60	86	18,3	0,97	0,55	4,55		0,82	
60 bis 85	75	15,5	0,82	0,46		85		85
85 bis 115	115	13,6	0,72	0,4				85
Dreiphasig + Aminosäuren + Phytase								
25 bis 60	86	16,2	0,97	0,45	3,75		0,59	
60 bis 85	75	13,7	0,82	0,35		70		61
85 bis 115	115	12,0	0,72	0,35				

* Berechnungsbasis: 90 kg Zuwachs; 3,07 kg Futter (13 MJ UE/kg)/kg Zuwachs; N-Ansatz 25,6 g/kg Zuwachs; Phosphoransatz 5,1 g/kg Zuwachs; Ausscheidung = Aufnahme – Ansatz
** 25–35 kg LM: 23 kg Alleinfutter für Ferkel (18,5 % Rohprotein; 1,05 % Lysin; 0,65 % Phosphor)

Tabelle 2.7.3–14 Beispiele für die Verminderung der N- und P-Ausscheidung bei Masthähnchen durch Phasenfütterung und Phytaseeinsatz (Jeroch et al. 2001)

Strategie/ Tag	Futter-bedarf [g]	Gehalte im Futter, %		Ausscheidung je Masthähnchen			
		Roh-protein	P	N [g]	relativ	P [g]	relativ
Einphasig							
1.–37.	2600	22,5	0,70	42	100	11	100
Zweiphasig							
1.–21.	900	24,0	0,75				
22.–37.	1700	21,0	0,60	40	95	10	91
Phytaseeinsatz							
1.–35. ohne Phytase	2500		0,65			9,0	100
1.–35. mit Phytase u. P-reduziert	2500		0,55			6,6	73

Stoffwechsel der Tiere und trägt damit zu einer besseren Tiergesundheit bei. Die **Ammoniakkonzentration** in der Stalluft wird deutlich reduziert, die Ammoniakfreisetzung während der Güllelagerung vermindert und die Stickstoffverluste beim und nach dem Ausbringen der Gülle deutlich herabgesetzt. Die Verringerung der Schadgaskonzentration aus der Tierproduktion verringert gleichzeitig die Belastung des Betreuungspersonals. Letztlich hat der Einsatz von synthetischen Aminosäuren einen bedeutenden ressourcenschonenden Effekt. So würde zum Beispiel der Verzicht des Einsatzes von synthetischem Lysin in der EU einen Mehrbedarf an Sojaschrot von etwa 3 Mio. Tonnen bedeuten, zu dessen Produktion eine Ackerfläche von etwa 1,4 Mio. ha erforderlich wäre (AWT, 1998). Fütterungsstrategien zur Reduzierung der N-Ausscheidung durch **gezielte Senkung des Rohproteingehaltes** in der zweiten und dritten Mastphase **(Mehrphasenfütterung)** und **Zusatz von Lysin** sind in den Tabellen 2.7.3–13 und 2.7.3–14 dargestellt.

2.7.4 Optimierung der Ernährung mit Mengen- und Spurenelementen

2.7.4.1 Wiederkäuer

(GABEL, M.)

Neben der Versorgung der Tiere mit Energie und organischen Nährstoffen muß der Bedarf der Tiere an **Mengen-** und **Spurenelementen** sichergestellt werden. Der Gehalt der natürlichen Futtermittel an Mengen- und Spurenelementen kann in Abhängigkeit vom Boden, der Düngung und dem Vegetationszeitpunkt für die einzelnen Futtermittel unterschiedlich stark schwanken, so daß sich im konkreten Fall erhebliche Abweichungen von den tabellierten Angaben (KIRCHGESSNER, 1997) ergeben (Tab. 2.7.4–1). Andererseits weicht der Mengen- und Spurenelementgehalt der einzelnen Futtermittel zum Teil sehr stark von der **Bedarfsempfehlung** ab. Durch die Kombination der verschiedenen Futtermittel zu einer Ration kann durchaus eine weitgehende, oft sogar völlige Bedarfsdeckung für einzelne Elemente erreicht werden. Unter praktischen Fütterungsbedingungen wird deshalb in der Regel eine in Abhängigkeit von der Leistung variierende Menge an **Mineralstoffgemisch** je Tier und Tag mit der Ration verabreicht.

Da das Toleranzvermögen der Wiederkäuer gegenüber einem Überangebot mit Ausnahme von Kupfer relativ groß ist, ist dies aus physiologischer Sicht unbedenklich, aus ökonomischer Sicht nachdenkenswert, aus ökologischer Sicht jedoch bedenklich, wenn es sich dabei z. B. um **Phosphor** handelt. Es wäre sinnvoll, wenn landwirtschaftliche Unternehmen bei angemessener Größe sich über Mineralstoffanalysen konkretere Kenntnisse über den Mengen- und Spurenelementgehalt ihres wirtschaftseigenen Grundfutters verschaffen und in Ergänzung dazu eine angepaßte Mineralstoffmischung verabreichen.

Um Phosphorüberschüsse zu vermeiden bzw. zu reduzieren, sind die P-Bedarfsangaben für **Milchkühe** von der Gesellschaft für Ernährungsphysiologie (GfE, 1993) überarbeitet worden. Dabei ergab sich eine Reduzierung des P-Bedarfes bei 10 kg Milch je Kuh und Tag von 3,4 auf 2,6 g/kg TS, bei 20 kg Milch je Kuh und Tag von 3,7 auf 3,3 g/kg TS, bei 30 kg Milch je Kuh und Tag von 3,8 auf 3,6 g/kg TS und bei 40 kg Milch je Kuh und Tag von 4,1 auf 4,0 g/kg TS.

Kalium ist normalerweise in allen Futtermitteln in ausreichender Menge enthalten (vgl. Tab. 2.7.4–1). Der Entzug über die Leistung (Fleisch, Milch) ist gering. Beispielsweise nimmt eine Kuh mit einer Milchleistung von 20 kg je Tag mit dem Futter 174 g Kalium auf. Davon gehen 35 g in die Milch, 11 g in den Ansatz. Über Kot und Harn werden 30 und 98 g ausgeschieden. Die Verwertungsrate beträgt im allgemeinen nur

2 Umweltgerechte Tierhaltung

Tabelle 2.7.4–1 Mengen- und Spurenelementgehalt in Proben von Grasanwelksilage, Maissilage und Getreide (Vergleich mit Tabellenwerten und Bedarfsempfehlungen für Milchkühe)

Futtermittel	Mengenelemente [g/kg TS]					Spurenelemente [mg/kg TS]		
	K	Ca	P	Mg	Na	Mn	Zn	Cu
Grasanwelksilage								
Probe 1	–	6,5	3,1	0,7	0,5	75	23	7
Probe 2	–	8,1	3,3	2,0	1,0	168	23	–
Probe 3	–	5,4	2,9	1,1	0,8	79	21	8
Probe 4	–	5,9	3,7	1,7	1,8	156	14	4
Probe 5	–	4,8	2,8	1,4	1,6	174	40	12
Probe 6	–	5,3	3,2	1,5	1,7	165	27	8
Tabellenwerte	33	6,5	3,5	2,5	0,6	81	28	10
Maissilage								
Probe 1	–	2,6	2,4	1,5	0,2	59	21	11
Probe 2	–	2,9	2,6	1,5	0,2	34	26	12
Probe 3	–	2,9	2,8	1,6	0,3	163	48	12
Probe 4	–	2,6	3,2	1,3	0,4	77	32	10
Probe 5	–	2,0	2,8	1,3	0,3	75	32	10
Tabellenwerte	15	4,0	2,6	2,7	0,4	36	26	4
Getreide								
Probe 1	–	0,8	4,0	1,5	0,2	34	28	5
Tabellenwerte	5	0,7	3,9	1,4	0,2	30	30	4
Bedarfsempfehlung	4–7	5,0–6,0	3,0–4,0	1,2	1,0	50	50	8–10

20–25 % der aufgenommenen Kaliummenge. Daraus resultiert eine relativ hohe Exkretionsrate, die dazu führt, daß bei regelmäßiger organischer Düngung kaum eine mineralische Kalium-Ausbringung erforderlich ist. Extensiv genutzte Weiden mit geringem Tierbesatz hagern jedoch ohne Zusatzdüngung aus (das gilt auch für Spurenelemente wie Kupfer, Zink, Selen), was zu deutlichen Veränderungen in der Zusammensetzung des Pflanzenbestandes führt. Deshalb muß auch im ökologischen Landbau zum Schutze der Tiergesundheit und des Biotopes eine Applikation von Mengen- und Spurenelementen erfolgen.

2.7.4.2 Monogastriden

(HACKL, W.)

Im Rahmen der umweltgerechten Fütterung haben Maßnahmen zur bedarfsangepaßten **Phosphorversorgung** im Hinblick auf die Minimierung der Ausscheidungen einen noch höheren Stellenwert als beim Stickstoff. Überschüssiger **Phosphor** gelangt über Gülle und Boden in die Gewässer, zu deren **Eutrophierung** er wesentlich beiträgt. Obwohl die meisten pflanzlichen Futtermittel, verglichen mit dem Bedarf der Tiere, einen ausreichenden P-Gehalt aufweisen, liegt das Problem darin, daß rund zwei Drittel als **Phytatphosphor** gebunden vorliegen. Diese Phosphorverbindung kann nur durch **Phytasen** gespalten werden, die im Magen-Darm-Trakt von Schweinen und Geflügel nicht vor-

Tabelle 2.7.4–2 Gehalte verschiedener Futtermittel an Gesamt- und Phytat-P sowie Phytaseaktivität und P-Verdaulichkeit (JEROCH et al., 1999; SOMMER, 1997)

Futtermittel	Gesamt-P [g/kg TS]	Phytat-P [% vom Gesamt-P]	Phytaseaktivität [FTU*/kg]	P-Verdaulichkeit [%]
Weizen	4,2	74	800–1200	68
Roggen	3,6	61	4000–6000	50
Gerste	4,0	63	400–600	45
Triticale	3,7	68	1400–1700	52
Mais	3,8	74	> 50	18
Erbsen	5,4	57	100	k. A.
Ackerbohnen	6,3	68	100	39
Lupinen	7,2	57	> 50	k. A.
Sojaex-schrot	7,0	56	> 50	33
Rapsex-schrot	11,8	67	> 50	24

* Phytaseeinheit/Enzymaktivität unter optimalen Bedingungen

handen sind, da sie im Gegensatz zu anderen Enzymen von den Tieren nicht selbst produziert werden können. Lediglich in einigen pflanzlichen Futtermitteln läßt sich eine bestimmte Phytase-Aktivität nachweisen, auf die primär die Unterschiede in der **P-Verdaulichkeit** der Futtermittel zurückzuführen sind (Tab. 2.7.4–2). Die Wirkung **nativer Phytasen** kann jedoch bei der Ermittlung des in der Ration enthaltenen verdaulichen bzw. verfügbaren Phosphors nur dann Berücksichtigung finden, wenn das Futter nicht pelletiert oder anderen hydrothermischen Verarbeitungsprozessen unterzogen wird, da diese zur Inaktivierung nativer Phytasen führen. Neben der Bindung von Phosphor übt **Phytat** bei Schwein und Geflügel weitere antinutritive Wirkungen aus, und zwar in der Weise, daß es auch verschiedene andere Elemente in festen Komplexen bindet und somit deren Verfügbarkeit herabsetzen kann. Durch den Zusatz **mikrobieller Phytasen** kann die P-Verfügbarkeit in rein pflanzlichen Rationen in Abhängigkeit von der nativen Phytaseaktivität bis zu 40 % verbessert werden, so daß in Ausnahmefällen sogar gänzlich auf eine mineralische P-Zufuhr über Mineralstoffmischungen bei der Rationsgestaltung verzichtet werden kann. Durch bedarfsangepaßte P-Versorgung **(Phasenfütterung)** und den Einsatz von Phytase mikrobieller Herkunft ist letztendlich eine Reduzierung der **Phosphorausscheidung** bis zu 30 % möglich. In den Tabellen 2.7.3–13 und 2.7.3–14 (Kap. 2.7.3.2) sind beispielhaft Fütterungsstrategien zur Verminderung der Stickstoff- und Phosphorausscheidungen bei **Mastschweinen** und **Broilern** aufgeführt.

2.7.5 Konservierung von Grobfuttermitteln

(GABEL, M.)

2.7.5.1 Methoden der Konservierung

Für die Winterfutterzeit muß das Futter bevorratet werden. Dies ist nur möglich, wenn es ordnungsgemäß konserviert ist. Die **Konservierung** kann geschehen durch:
- Wasserentzug ($\geq$ 87 %),
- Erhöhung des pH-Wertes,
- Absenken des pH-Wertes und
- Zusatz von chemischen oder/und antibiotisch wirkenden Konservierungsmitteln.

Unter ökologischen Zielsetzungen haben insbesondere der **Wasserentzug (Trocknung)** und die Absenkung des pH-Wertes **(Silierung)** eine Bedeutung.

2 Umweltgerechte Tierhaltung

Von diesen beiden **Konservierungsmaßnahmen** überwiegt die Silierung.

Die **natürliche Trocknung** weist, bedingt durch die oft stark variierenden Witterungsverhältnisse, große Unsicherheiten auf, die sich in Qualitätsschwankungen des getrockneten Produktes und in Nährstoffverlusten zeigen. Durch die Einschaltung der **Kaltbelüftung** können diese negativen Wirkungen gemildert werden. Aus ökologischer Sicht ist dieses Konservierungsverfahren unbedenklich.

Die **technische Trocknung** beinhaltet dagegen eine große Sicherheit. Sie ist aber wegen des hohen Aufwandes an fossiler Energie ökologisch kritisch zu beurteilen. Diese ökologischen Bedenken könnten durch die Benutzung von alternativen Energiequellen künftig gemildert werden.

Die **Feuchtkonservierung** von Grünfutter, bei der durch **pH-Wert-Absenkung** die Konservierung des Grüngutes erreicht werden soll, erfordert die Einhaltung von gärbiologischen Grundsätzen, um den Einsatz von chemischen Silierzusätzen überflüssig zu machen, Nährstoffverluste zu vermeiden und Umweltbelastungen zu reduzieren.

2.7.5.2 Silierung von Grünfutter

Die Nichteinhaltung von gärbiologischen Grundsätzen führt nicht nur zu einer starken Reduzierung des Futterwertes (Tab. 2.7.5–1), sondern auch zu differenzierten ökologischen und ökonomischen Folgen.

Diese ökologischen und ökonomischen Folgen von Fehlgärungen, Abraum von Rand- und Deckschichten, Einfluß von Luftsauerstoff und von Sickersaftanfall manifestieren sich sowohl in den ausgewiesenen Trockenmasseverlusten und der damit verbundenen Reduzierung des Futterwertes als auch in ökologisch negativen Wirkungen und Umweltbelastungen. Summarisch sind dies Geruchsbelästigung, Schimmelbildung infolge Luftsauerstoffzutritt, mangelnde Fütterungshygiene, Beeinflussung der Milchqualität und der Gesundheit, Aufwand für die Beseitigung des verdorbenen Gutes, Schadstoffemission infolge Sickersaftanfalls.

Um solchen negativen Folgen vorzubeugen, kann man dem Siliergut chemische **Silierhilfsstoffe**, wie CKB-Siliersalz, Ameisensäure, Formiate, Cekafusil, Na-Pyrosulfat und Mineralsäuren, zusetzen. Aus ökologischer Sicht sind diese Zusätze jedoch z. T. bedenklich. Eine Strategie zur Verhinderung bzw. Verminderung derartiger ökologischer und ökonomischer Belastungen auf **biologischer Grundlage** baut sich aus folgenden Voraussetzungen auf. Um gärbiologisch gute Silage zu erzeugen,

- ist die Gegenwart von leistungsfähigen **Milchsäurebakterien** notwendig,
- muß ein ausreichender Gehalt an **vergärbaren Kohlenhydraten** vorhanden sein,
- müssen schnell **anaerobe Bedingungen** im Siliergut geschaffen werden, und es
- muß ein genügend **hoher Trockensubstanzgehalt** im Siliergut vorhanden sein.

Tabelle 2.7.5–1 Ökologische und ökonomische Folgen bei unsachgemäßer Silierung

Ursache	Verluste in % TS	Negative Wirkung und Umweltbelastung
fehlvergorene Silage	bis 20	Geruchsbelästigung Schimmelbildung mangelnde Fütterungshygiene
Abraum von Rand- und Deckschicht	bis 20	Beeinflussung der Milchqualität
Einfluß von Luftsauerstoff	bis 10	Beeinflussung der Gesundheit
hoher Sickersaftanfall	bis 10	Aufwand für die Beseitigung des verdorbenen Gutes Schadstoffemission

2.7 Tierernährung, Tierfütterung und Futterkonservierung

Die Gegenwart von leistungsfähigen **Milchsäurebakterien** ist vom Landwirt nicht ohne weiteres einzuschätzen, so daß die Frage, ob bei der Silierung Milchsäurebakterien einzusetzen sind, nicht beantwortet werden kann und aufgrund der Kosten (3–5 DM/t) sehr oft abgelehnt wird. Der für den Silierprozeß notwendige Gehalt des Siliergutes an **vergärbaren Kohlenhydraten** kann zu gering sein und/oder in Abhängigkeit von verschiedenen Faktoren (Pflanzenart, Vegetationsstadium, Feldliegezeit beim Anwelken) variieren, so daß dieser im konkreten Fall oft nicht bekannt und nicht einschätzbar ist. Die Folgen bei unzureichendem Gehalt an vergärbaren Kohlenhydraten sind wieder Fehlgärungen, Verderb und Instabilität des Silierstapels. Die notwendigen **anaeroben Bedingungen** sind oft bei Siliergut mit hohem Trockensubstanzgehalt, z. B. bei Getreideganzpflanzen und trockensubstanzreichem Mais, schwer zu erreichen. Die **Verdichtung** des Siliergutes ist aber dringend notwendig. Bei fehlenden anaeroben Bedingungen im Siliergut sind Erhitzungen und Schimmelbildung mit den bekannten negativen Wirkungen die Folge. Die Notwendigkeit des **Anwelkens** für den Silierprozeß ist mit der positiven Wirkung auf die Verringerung oder Vermeidung des Sickersaftaustritts verbunden (Tab. 2.7.5–2).

In Abhängigkeit vom **Trockensubstanzgehalt** des Grünfutters und der **Silostockhöhe** verringert sich der Sickersaftanfall, so daß bei einem Trockensubstanzgehalt des Grüngutes von 30 % kein Sickersaft mehr aus dem Silostock austritt (Mc Donald et al., 1991). Negative Wirkungen auf die Umwelt werden so eindeutig verhindert.

Zur Bestimmung der **Vergärbarkeit** der verschiedenen Siliergüter wurde von Pieper et al. (1989) eine **Labormethode** entwickelt, die es gestattet, innerhalb von 1 bis 2 Tagen die Aussage zu erhalten, ob und wieviel Milchsäurebakterien dem geprüften Siliergut zuzusetzen sind, ob und wieviel vergärbare Kohlenhydrate dem Siliergut zuzusetzen sind, um eine gärbiologisch gute Silage zu erhalten. Das Prinzip dieser Methode beruht darauf, daß 50 g des zu prüfenden Materials fein zerkleinert werden, mit 200 ml H_2O versetzt und dann bei 35 °C bebrütet werden. Der dabei einsetzende **Säuerungsprozeß** wird zeitabhängig durch pH-Messungen kontrolliert. Durch Vergleichsansätze wird die Wirkung des Zusatzes von Milchsäurebakterien oder des Zuckerzusatzes geprüft. In Abbildung 2.7.5–1 ist ein Ergebnis aus der Anwendung dieser Methode dargestellt. Durch Zugabe von Milchsäurebakterien erreicht man einen schnellen und tiefen Abfall des pH-Wertes (nach 16 h bereits unter pH 3,8). Die pH-Werte fallen bei den anderen Methoden später ab und erreichen nicht das niedrige Niveau der Probe mit **Milchsäurebakterienzusatz**. Die Differenz beträgt knapp eine pH-Einheit. Bei diesem Triticaleganzpflanzensiliergut ist also kein ausreichender Besatz mit leistungsfähigen Milchsäurebakterien im nativen Gut vorhanden gewesen und darum für das zur Silierung anstehende Gut ein Zusatz von Milchsäurebak-

Tabelle 2.7.5–2 Erwartungswerte für den Sickersaftanfall bei der Grünfuttersilierung (nach Weissbach u. Peters, 1999)

Silostockhöhe [m]	TS-Gehalte des Grünfutters in %					
	20	22	24	26	28	30
	kg Sickersaft je t Grünfutter					
2	110	60	20	0	0	0
3	160	120	70	20	0	0
4	200	150	110	60	20	0
5	230	180	140	90	50	0

2 Umweltgerechte Tierhaltung

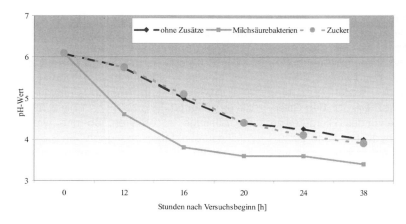

Abb. 2.7.5–1
Silierbarkeit von Triticalepflanzen – pH-Verläufe bei Mitte Milchreife (nach Pieper et al., 1989)

terien angezeigt. Ein Zusatz von Zucker ist in diesem Material nicht notwendig, da der pH-Wert-Abfall ohne **Zuckerzusatz** sich von dem mit Zugabe von Zucker nicht unterscheidet und somit der pH-Wert auch ohne Zuckerzusatz (aber mit Milchsäurebakterien) für einen guten Silierverlauf ausreichend ist. Inzwischen ist diese Methode durch Zierenberg u. a. (2001) weiterentwickelt worden, indem weitere Fermentationsbedingungen in die Methode integriert wurden. Dies sind der **osmotische Druck**, der sich beim Anwelken stark erhöht, und die **Fermentationstemperatur**, die vom Erntewetter und den anfänglichen Umsetzungen beeinflußt werden. Mit Hilfe dieser Methode können also die Bedingungen zur Bereitung einer guten Silage auf biologische Weise objektiviert werden, so daß ökologisch und ökonomisch negative Folgen bei der Silierung nicht mehr auftreten müssen.

Sollten die beschriebene Untersuchung oder die praktischen Erfahrungen zu der Feststellung oder Annahme führen, daß im Siliergut nicht ausreichend vergärbare Kohlenhydrate zur Verfügung stehen, kann durch Zugabe von Futterzucker oder Melasse und/oder Applikation einer Milchsäurebakterienkultur ein guter Siliererfolg gesichert werden.

2.7.6 Einsatz von Leistungsförderern in der Fütterung

(Hackl, W.)

2.7.6.1 Ziele und Probleme des Einsatzes von Leistungsförderern

Der Einsatz von Leistungsförderern unterliegt nicht nur einer ernährungswissenschaftlichen Begründung, sondern auch einer gesellschaftspolitischen sowie gesundheitlichen Diskussion und Bewertung (s. auch Kap. 2.7.2), der die Ernährungswissenschaft Rechnung zu tragen hat.

Eine unbestrittene Grundvoraussetzung der Umweltgerechtheit der Tierhaltung ist die weitgehende Ausschöpfung des genetisch fixierten **Leistungsvermögens**, denn je höher die Einzelleistung des Tieres ist, desto weniger wird jede von ihm erzeugte Produkteinheit mit den Aufwendungen für den Erhaltungsstoffwechsel und Ausscheidungsprodukten belastet. Daraus resultiert ein umweltschonender Effekt und letztendlich ein gesamtgesellschaftlicher Nutzen. Da die Voraussetzungen für die Erzielung hoher Leistungen in der Tierhaltung (Umwelt, Hygiene, Haltung, Futterqualität usw.) nicht immer gegeben sind, werden den Rationen vorzugsweise in der Jungtieraufzucht (Fer-

Tabelle 2.7.6–1 Wirkung antibiotischer Leistungsförderer in der Ferkelaufzucht und Schweinemast (nach FREITAG et al., 1999)

Tierkategorie/ Leistungsförderer	Versuche n =	Durchschnittliche relative Leistungssteigerung [%]		
		Futterverzehr	Lebendmassezunahme	Futteraufwand
Ferkelaufzucht				
Carbadox	9	+ 11	+ 18,2	– 7,1
Olaquindox	8	+ 5,3	+ 10,6	– 6,2
Avilamycin	6	+ 4,8	+ 12,2	– 8,4
Mastschweine				
Tylosin	14	+ 0,1	+ 3,6	– 3,0
Salinomycin	13	+ 1,4	+ 5,1	– 4,0
Avilamycin	7	+ 1,2	+ 2,8	– 1,7

kel, Kälber) sowie in der Schweine-, Rinder- und Geflügelmast **Futterzusatzstoffe** mit **ergotroper** Wirkung zur Leistungsstabilisierung bzw. -förderung zugesetzt. Von den in Deutschland futtermittelrechtlich zugelassenen über 350 Zusatzstoffen erbrachten 10 Leistungsförderer **antibiotischer** Natur in nutritiven Gaben über Jahre hinweg durch ihre antimikrobielle Wirkung stabile Leistungsverbesserungen, was beispielhaft für die Ferkelaufzucht und Mastschweinefütterung in der Tabelle 2.7.6–1 mit Literaturdaten belegt ist.

Aufgrund der bis heute allerdings nicht zweifelsfrei belegten Vermutung, daß die **nutritiven Antibiotika** bei humanpathogenen Mikroorganismen die **Resistenzbildung** gegen therapeutische Antibiotika fördern könnte, hat der Gesetzgeber mit dem stufenweisen Verbot der Antibiotika in Futtermitteln begonnen. In der Schweine- und Geflügelfütterung stehen gegenwärtig mit **Avilamycin**, **Flavomycin** und **Salinomycin** noch drei und in der Rinderfütterung mit **Monensin** noch ein zugelassenes Antibiotikum zur Verfügung.

Durch ihre **antimikrobielle** Wirkung verringern Antibiotika das Durchfallrisiko in der Jungtieraufzucht und tragen damit wesentlich zur Stabilisierung der **Gesundheit** bei. In der Mast ist insbesondere in den frühen Wachstumsabschnitten eine effektivere Konvertierung der Futternährstoffe in Tierprodukte zu beobachten, was geringere Ausscheidungen zur Folge hat und somit zur Verringerung der Umweltbelastung beiträgt. Das betrifft sowohl die Ausscheidungen mit mehr lokaler Bedeutung, hauptsächlich **Phosphor** und **Stickstoff**, als auch die global bedeutungsvollen gasförmigen Ausscheidungen, insbesondere **Methan**, das als unvermeidliches Nebenprodukt bei der Pansenfermentation entsteht. Nach Literaturangaben (BENT et al., 1991; FLACHOWSKY et al., 1997) kann in der Mastrinderfütterung mit einer Reduzierung der Methanemission bis zu 25 % kalkuliert werden, was z. B. in Deutschland bei einem Mastrinderbestand von etwa 6 Mio. Tieren und einer durchschnittlichen Methanausscheidung von 45 kg/Tier und Jahr ein Methanreduzierungspotential von jährlich etwa 70 000 t durch den Einsatz von Monensin ergibt. Bezüglich der Stickstoff- und Phosphor-Exkretion haben BENT et al. (1991) in einer Modellkalkulation bei Unterstellung einer 100%igen Versorgung der Masttierbestände in Deutschland mit antibiotischen Leistungsförderern berechnet, daß sich bei einem völligen Verzicht auf Leistungsförderer bei Mastrindern die N-Ausscheidung um 9,1 % und die P-Ausscheidung um 6,6 % respektive bei Mastschweinen um 3,7 % und 2,5 % erhöhen würde.

2.7.6.2 Einsatz alternativer Leistungsförderer

Mit Sicherheit ist davon auszugehen, daß sich der Trend zum **Verbot antibiotischer Leistungsförderer** unter dem Druck der Öffentlichkeit fortsetzt und zukünftig ganz auf ihren Einsatz in der Fütterung verzichtet werden muß, welches bei realistischer Einschätzung neben den unstrittigen Effizienznachteilen durchaus auch positiv zu werten ist, da dadurch das Negativimage der konventionellen Tierhaltung und der Wettbewerbsvorteil vieler Markenfleischprogramme gemindert wird. Vor dem Hintergrund dieser Entwicklung, die die Möglichkeit der direkten Einflußnahme auf die Darmflorastabilisierung insbesondere in der Jungtieraufzucht nimmt, erlangen alternative Substanzen eine immer stärkere Bedeutung. Im Einklang mit einer gezielten Rationsgestaltung, in der diätetische Wirkungen der Futtermittel genutzt werden, kann durch **alternative Zusatzstoffe** direkt und indirekt ein hohes Leistungsniveau in der Tierproduktion abgesichert werden. In der Tabelle 2.7.6–2 sind die gegenwärtig nutzbaren und futtermittelrechtlich überwiegend sanktionierten alternativen Möglichkeiten und flankierende Fütterungsmaßnahmen in ihrer Wirkung im Vergleich zu Antibiotika aufgeführt.

Organische Säuren und ihre Salze haben auf säureempfindliche Keime eine **bakterizide** Wirkung und führen zu einer besseren Futterhygiene bzw. zur Reduzierung pathogener Darmkeime, ohne die erwünschte Hauptflora zu beeinträchtigen. Durch die pH-Wert-Senkung werden vor allem einige unerwünschte Bakterienarten, wie Salmonellen und coliforme Keime, stark dezimiert, und darüber hinaus wird die Magensaft- und Gallensaft-Produktion verdauungsfördernd

Tabelle 2.7.6–2 Wirkungsweise alternativer Leistungsförderer und Fütterungsmaßnahmen im Vergleich zu Antibiotika (nach Kühn et al., 1999)

Futterzusatz/ Maßnahme	Effekt auf						
	unerwünschte Keime im Futter	pH-Wert		Nährstoffverdaulichkeit	unerwünschte Keime im Verdauungstrakt		
		direkt	indirekt		direkt	indirekt über Keimkonkurrenz	Nährstoffangebot
antibiotische Leistungsförderer				xx*	xxx		
Organische Säuren	xxx	xx			x		
Probiotika			xx	xx	x	xxx	
Präbiotika				x	x		xxx
spezifische Antikörper					xxx		
phytogene Leistungsförderer					xx		
Fütterungsenzyme				xxx			x
Proteinreduzierung			xxx				
Ca- und P-Reduzierung			xxx				
thermische Futterbehandlung	xxx			xx			

x → xxx* Einfluß in unterschiedlichem Ausmaß belegt

2.7 Tierernährung, Tierfütterung und Futterkonservierung

angeregt. Sie haben deshalb ihren festen Platz insbesondere in der Durchfallprophylaxe bei der Ferkelaufzucht. Aufgrund ihrer Wirkung können sie somit im weiteren Sinne auch zu den Probiotika gezählt werden. Der Einsatz kann mit unterschiedlichem Wirkungsgrad bei allen Tierarten zur Gesundheits- und Leistungsförderung erfolgen.

Als **Probiotika** im engeren Sinne werden Produkte zur Darmflorastabilisierung gezählt, die aus einem oder wenigen, genau definierten Mikroorganismus-Stämmen bestehen (AWT, 1999). Die in der Tierernährung eingesetzten Probiotika lassen sich in drei wesentliche Gruppen unterteilen: Milchsäurebakterien, Bazillus-Sporen und Hefen. Ihre Wirkung ist unterschiedlich, jedoch fördern sie überwiegend indirekt das Wachstum nützlicher Mikroorganismen (Milchsäurebildner) z.B. durch eine „Biofilmbildung" zum Schutz der Darmschleimhaut gegen pathogene Keime. In Versuchen konnte gezeigt werden, daß durch den Probiotikaeinsatz nicht nur das Wachstum darmwandassoziierter Enterobakterien (z.B. *E. coli* und Enterokokken) bei Ferkeln reduziert wird, sondern auch die Dünndarmoberfläche zur Nährstoffabsorption durch die Verlängerung der Darmzotten vergrößert wird und der Nährstofftransport (Glukose, Dipeptide) durch die Darmwand offensichtlich erhöht werden kann (SIMON et al., 2000). Im Gegensatz zu den organischen Säuren, deren Wirkung durchaus an die der Antibiotika heranreicht, ist die leistungsfördernde Wirkung der Probiotika überwiegend deutlich geringer, was aus Literaturangaben in der Tabelle 2.7.6–3 wiederum beispielhaft für die Ferkelaufzucht und Mastschweinefütterung entnommen werden kann.

Die größten Chancen als Antibiotikaersatz können hinsichtlich der Verbraucherakzeptanz den **Präbiotika** und den vielfach als **Biostimulatoren** bezeichneten **phytogenen Leistungsförderern** eingeräumt werden. Unter Präbiotika werden heute verschiedene Kohlenhydrate verstanden, die nicht durch körpereigene Enzyme gespalten werden, d.h. dickdarmgängig sind. Sie bilden die Nahrungsgrundlage für nützliche Darmbakterien, fördern ihr Wachstum und bewirken letztendlich eine Veränderung der Dickdarmflora zugunsten eines gesundheitsverbessernden Milieus. Solche diätetisch wirkenden Kohlenhydrate sind verschiedene **Oligosaccharide**, die natürlich in Futtermitteln vorkommen bzw. auch synthetisch hergestellt werden können. In der Jungtierauf-

Tabelle 2.7.6–3 Wirkung probiotischer Leistungsförderer in der Ferkelaufzucht und Schweinemast (nach FREITAG et al., 1999)

Tierkategorie/ Leistungsförderer	Versuche n =	Durchschnittliche relative Leistungssteigerung (%)		
		Futterverzehr	Lebendmassezunahme	Futteraufwand
Ferkelaufzucht				
Milchsäurebakterien	9	– 0,2	+ 5,2	– 3,3
Bacillus-Arten	11	+ 2,8	+ 3,6	– 1,2
Ameisensäure	9	+ 6,9	+ 14,7	– 5,8
Sorbinsäure	5	+ 9,3	+ 20,3	– 10,4
Fumarsäure	14	+ 2,7	+ 5,9	– 2,4
Formiate	11	+ 0,9	+ 4,0	– 3,2
Mastschweine				
Milchsäurebakterien	4	k. A.	+ 4,5	– 6,5
Fumarsäure	9	+ 0,8	+ 3,4	– 2,7
Formiate	4	+ 0,9	+ 3,4	– 2,5
Formi™ LHS	6	+ 1,4	+ 4,5	– 2,9

zucht haben sich bislang **Mannan-** und **Fruktose**-Oligosaccharide (MOS, FOS) am wirkungsvollsten erwiesen. Das Wirkprinzip ist unterschiedlich. Während MOS (Bestandteil von Hefezellwänden, z. B. Bierhefe) das Anheften pathogener Keime an die Darmwand verhindern, bewirken FOS erwünschte Veränderungen der Darmflora dadurch, daß sie selektiv von nützlichen Darmbakterien, wie z. B. Bifidobakterienspezies, fermentiert werden und somit gesundheitsfördernd bzw. -erhaltend wirken. Bisher vorliegende Ergebnisse auch eigener Untersuchungen (BOLDUAN et al., 1999, 2000; HACKL et al., 2000) zum Einsatz von Oligosacchariden sind positiv zu bewerten. Besonders aussichtsreich erscheint eine Kombination der Pro- und Präbiotika als **Synbiotika** (VRESE et al., 1998) zur Optimierung der Mikroflora in der Aufzuchtfütterung. Eigene Fütterungsversuche mit Ferkeln entsprechend dem synbiotischen Prinzip zeigen bislang ermutigende Ergebnisse (BOLDUAN et al., 1999).

Phytogene Leistungsförderer sind in der Regel Pflanzenextrakte von Kräutern und Heilpflanzen, die futtermittelrechtlich als Aroma- und appetitanregende Stoffe gelten und denen neben einer **antimikrobiellen** Wirkung auch eine Bedeutung als **Antioxydanzien** und **Immunstimulanzien** zuerkannt wird. Sie etablieren sich im Zusammenhang mit der Antibiotikaablösung in der Tierhaltung zunehmend, obgleich wissenschaftlich fundierte Ergebnisse zu ihrer Wirkung noch rar und wenig quantifiziert sind.

Auch der Einsatz von **Enzymen** als Leistungsförderer gewinnt aus ökonomischer und ökologischer Sicht zunehmend an Bedeutung (AWT, 1997; SCHURZ, 1999). Während die Phytase-Anwendung zur Reduzierung der umweltbelastenden Phosphorausscheidungen mittlerweile zur gängigen Praxis gehört, ist der Einsatz von Nicht-Stärke-Polysaccharid(NSP)-spaltenden Enzymen noch nicht so weit verbreitet. Die **NSP** sind eine sehr heterogene Kohlenhydrat-Stoffgruppe insbesondere der pflanzlichen Zellwände. Sie sind im Schweine- und Geflügelfutter zu 10–20 % enthalten und können von den Monogastriden im Gegensatz zur Stärke nicht verdaut werden, da entsprechende körpereigene Enzyme von ihnen nicht gebildet werden. Bestimmte NSP-Fraktionen (hauptsächlich -Glukane, Pentosane und Pektine) wirken antinutritiv, d. h. viskositätssteigernd, da sie aufgrund ihrer Struktur große Mengen Wasser einlagern können (Quellung) und den Verdauungsbrei viskos und klebrig machen. Eine erhöhte Digesta-Viskosität behindert die Wirkung der körpereigenen Verdauungsenzyme im Verdauungsprozeß und kann zu einer klebrigen, schmierigen Kotkonsistenz führen. Das ist insbesondere in der Eierproduktion bei Einsatz von Futtermitteln mit einem relativ hohen Gehalt an -Glukanen (Gerste) durch einen erhöhten Anteil an Schmutzeiern nachteilig. Durch den Einsatz von NSP-Enzymen kann durch eine teilweise Spaltung der -Glukane eine Senkung der gastrointestinalen Viskosität und eine Aufspaltung der Zellwandstrukturen erreicht werden, wodurch eine Verwertung der darin enthaltenen Nährstoffe (der Einschluß von Nährstoffen durch Zellwandbestandteile wird als Käfigeffekt bezeichnet) durch körpereigene Enzyme ermöglicht wird. Die bislang vorliegenden Ergebnisse zum NSP-Enzymeinsatz bei Ferkeln und Mastschweinen und Geflügel sind sehr hoffnungsvoll (SCHURZ, 1999). In eigenen Untersuchungen konnte bei Mastschweinen durch Enzymeinsatz ein leistungssteigernder Effekt, der offensichtlich durch eine Erhöhung der Nährstoff- und Aminosäurenverdaulichkeit hervorgerufen wurde, beobachtet werden (BOLDUAN et al., 1995; DRESCHEL et al., 1999). Der Einsatz von auf mikrobieller Basis produzierten Fütterungsenzymen wird von der Allgemeinheit sicher nur dann akzeptiert, wenn ihre Produktion nicht mit gentechnisch manipulierten Mikroorganismen erfolgt.

2.7.7 Nebenprodukte in der Fütterung

(HACKL, W.)

Ein Grundprinzip der Kreislaufwirtschaft ist neben der maximalen Konvertierung pflanzlicher und tierischer Produkte in Lebensmittel die ökologische **Verwertung** der in diesem Prozeß unweigerlich anfallenden **Reststoffe** in der Tierernährung. Viele der Reststoffe sind in der Futtermittelgesetzgebung als **Nebenprodukte** definiert und seit Jahrzehnten je nach ihrer Zusammensetzung fester Bestandteil in den Rationen für Rinder, Schweine und Geflügel. Eine grobe Unterteilung kann zunächst nach der Herkunft und dem Gewinnungsprozeß, wie in der Tabelle 2.7.7–1 dargestellt, vorgenommen werden.

Der **Futterwert** der Nebenprodukte ist maßgeblich von dem Hauptprodukt und der Verarbeitungstechnologie geprägt, wobei die Einsatzwürdigkeit und der ernährungsphysiologische Wert von dem Gehalt an wertbestimmenden Inhaltsstoffen abhängig ist. Nach FLACHOWSKY (1996) wird unterschieden nach dem:

- **Trockensubstanzgehalt** (> 85 % = trockene, 20–85 % = feuchte und < 20 % = nasse Nebenprodukte),
- **Rohprotein-** bzw. **Aminosäurengehalt** (> 20 % RP in der TS = rohproteinreich, < 20 % RP in der TS = rohproteinarm) und
- **Rohfasergehalt** im Hinblick auf die vorrangige Eignung für Monogastriden (rohfaserarm) oder Wiederkäuer (rohfaserreich).

Für Einsatzempfehlungen ist der **Aschegehalt** und der Gehalt an **antinutritiven Inhaltsstoffen** (Enzyminhibitoren, Glucosinolate usw.) unbedingt zu beachten. Der mengenmäßige Anfall an Nebenprodukten ist je nach Ausgangsmaterial und Verarbeitungstechnologie unterschiedlich und kann z. B. bei Preßkuchen, der bei der Ölgewinnung aus Ölsaaten als Futtermittel anfällt, 90 % betragen. Der Anteil der Nebenprodukte in der Tierhaltung wird für Deutschland auf 20 % des Gesamtfutter- und auf 40 % des Kraftfuttereinsatzes (Mischfutter) geschätzt (FLACHOWSKY, 1996). Hochgerechnet auf die Gesamtmischfutterproduktion, die nach ZMP-Angaben (2001) in der Bundesrepublik Deutschland im Wirtschaftsjahr 1999/2000 rund 19,5 Mio. Tonnen betrug, wäre das ein Anteil von 7,8 Mio. Tonnen Nebenprodukte. Für die Schweiz geben WENK et al. (1996) 44 % Nebenprodukte einschließlich Importe im Kraftfutter (Mischfutter) und einen Anteil von 60 % in Schweine- und 30 % in Geflügelrationen an. In der Tabelle 2.7.7–2 sind die wichtigsten Nebenprodukte und ihre Einsatzwürdigkeit bei den verschiedenen Tierarten aufgeführt.

Mit dem Verbot des Einsatzes von Nebenprodukten aus der Fleisch- und Fischver-

Tabelle 2.7.7–1 Einteilung der Nebenprodukte nach ihrer Herkunft (nach FLACHOWSKY, 1996)

Herkunft		Weitere (unkonventionelle) Nebenprodukte (Mischungen aus pflanzlichen und tierischen Produkten)
Pflanzlich aus:	Tierisch aus:	
• Mehl- und Schälmüllerei • Stärkeindustrie • Zuckerindustrie • Gärungsindustrie • Ölindustrie • Konservenindustrie • Industrie- und Energierohstoffe	• Milchverarbeitung • Säugetier- und Geflügelverarbeitung • Verarbeitung von Fischen und anderen Meerestieren • Industrierohstoffe aus Tierprodukten	• Lebensmittelrecycling („Datum-Ware" aus dem Handel) • Lebensmittelreste aus Großküchen • Nebenprodukte der Fermentationsindustrie (pharmazeutische Industrie)

2 Umweltgerechte Tierhaltung

Tabelle 2.7.7–2 Nebenprodukte und ihre Einsatzwürdigkeit in der Fütterung

Verfahren/Gewinnung/Nebenprodukt	Wiederkäuer	Schwein	Geflügel
Mehlmüllerei			
Mühlennachprodukte, Futtermehle	+	+	o
Kleien	+	o	o
Bierbrauerei			
Treber	+	o	–
Hefe	o	o	o
Brennerei			
Schlempen	o	–	–
Stärkeindustrie			
Kleberfutter	+	+	+
Kartoffeleiweiß	o	+	+
Zuckerindustrie			
Rübenschnitzel	+	o	–
Melasse	+	+	+
Ölindustrie			
Extraktionsschrote, -Kuchen	+	+	+
Obst- und Gemüseverarbeitung			
Nebenprodukte der Konservenindustrie	o	o	–
Trester (Saftherstellung)	+	–	–
Milchverarbeitung			
Molke	+	+	–
Mager- und Buttermilch	–	+	–
Fleisch- und Fischverarbeitung	Einsatz in der Fütterung in der Bundesrepublik Deutschland seit November 2000 gesetzlich verboten (BSE)		
Lebensmittelrecycling	o	+	o
Großküchenreste			
Sammelfutter	–	+	–
Industrie- und Energierohstoffe			
Glyzerin aus Biodieselproduktion	+	o	o

+ = geeignet;
o = wenig geeignet bzw. Einsatz begrenzt;
– = nicht geeignet

arbeitung auch für die Monogastriden fallen mit Tierkörper-, Fleischknochen- und Fischmehl ernährungsphysiologisch wertvolle Protein- und Mineralstoffträger und mit Tierfett ein bedeutender Energielieferant in der Rationsgestaltung weg. Die dadurch entstandene Lücke kann jedoch nährstoffäquivalent durch andere geeignete Futtermittel problemlos geschlossen werden. Zunehmend an Bedeutung gewinnt die Verwertung der auch als „unkonventionelle" oder **„neue" Nebenprodukte** bezeichneten Reststoffe aus der Lebensmittelgewinnung und -verarbeitung sowie aus dem Non-Food-Bereich (nachwachsende Rohstoffe) als Futtermittel. Die im Kreislaufwirtschafts- und Abfallgesetz verankerte Einschränkung der Deponierung organischen Materials und steigende Entsor-

2.7 Tierernährung, Tierfütterung und Futterkonservierung

gungskosten steigern das Interesse am kontrollierten Recycling dieser Produkte in der Fütterung (SCHENKEL et al., 1997). Beispiele für „neue" Nebenprodukte aus der Lebensmittelverarbeitung und dem Non-Food-Bereich als Futtermittel (Positionspapier des Verbandes Deutscher Landwirtschaftlicher Untersuchungs- und Forschungsanstalten – VD LUFA, 1997) sind:
- Großküchenreste (nicht verzehrte Teile von Mahlzeiten, Überschüsse),
- Reststoffe aus der Gemüseverarbeitung (z. B. Schalenmasse),
- Nebenprodukte aus der Nahrungs- und Genußmittelherstellung,
- „Datum"-Ware (betrifft verschiedenste Lebens- und Genußmittel),
- Fehlchargen von Nahrungs- und Genußmitteln,
- Nebenprodukte aus der Rapsölaufbereitung und von anderen Industriepflanzen (z. B. Glyzerin aus der Biodieselherstellung, Leindotterrückstände),
- organische Feststoffe aus dem Prozeßwasser der Kartoffel- und Gemüseverarbeitung oder Süßwarenherstellung,
- Mikroorganismenmasse aus der Prozeßwasserklärung,
- Nebenprodukte aus industrieller Produktion (z. B. Substrate aus Fermenten, extrahierte „Rohwaren").

Bei der Evaluierung derartiger Produkte besteht eine besondere Sorgfaltspflicht, die der zunehmenden Sensibilisierung der Verbraucher gegenüber den vom Tier stammenden Nahrungsmitteln gerecht wird. Grundsätzlich sollte der Terminus **Abfall** im Zusammenhang mit der Verwertung von Nebenprodukten vermieden werden, da er mit einem Negativimage belastet ist und zu einer ungerechtfertigten Abwertung der teilweise wertvollen Rationskomponenten beiträgt. Von KAMPHUES (1996) wurden die Grundsätze und das prinzipielle Vorgehen in der **Prüfung von Nebenprodukten** bei angestrebter Verwertung als Futtermittel ausführlich dargelegt. Wesentliche Voraussetzungen für den Einsatz von Nebenprodukten aus der Lebensmittelverarbeitung aus dem Non-Food-Bereich in der Tierernährung sind:
- keine nachteilige Beeinflussung von Tiergesundheit und Produktqualität,
- seuchenhygienisch risikolose Aufbereitung,
- Beachtung rechtlicher Rahmenbedingungen zur Nutzung der Nebenprodukte (insbesondere Futtermittelgesetz § 3 und Tierschutzgesetz § 3),
- Akzeptanz auf seiten des Verbrauchers,
- Aufnahme durch und Nutzen für das Tier,
- geringer Gehalt an unerwünschten Stoffen,
- günstige Lagerungs- und Konservierungseignung, Stabilität bei der Lagerung,
- geringe Kosten, geringe Zusatzinvestition im Betrieb sowie
- Transportwürdigkeit und arbeitswirtschaftliche Vertretbarkeit.

Oberste Priorität hat die Vermeidung einer potentiellen Gefährdung der Tiere und Verbraucher durch den Einsatz von Nebenprodukten. Die Verwertung als Futtermittel hängt nicht allein von der Zusammensetzung der Produkte ab und sollte gegenüber **anderen Verwertungsmöglichkeiten** (Kompostierung, thermische Verwertung usw.) auch nach weiteren Gesichtspunkten, wie anfallende Mengen und zeitlicher Verlauf des Anfalls, Lagerungseigenschaften, Aufbereitungs-, Konservierungs- und Transportkosten sowie fütterungstechnische Handhabung, sorgfältig entschieden werden. Die Erarbeitung von entsprechenden Verwertungskonzepten ist eine permanente Aufgabe der Tierernährungsforschung in enger Zusammenarbeit mit anderen Fachdisziplinen. Sie müssen letztendlich so stichhaltig sein, daß sie in der breiten Öffentlichkeit und vom kritischen Verbraucher akzeptiert werden (SCHENKEL et al., 1997).

2 Umweltgerechte Tierhaltung

Literatur

Bent et al. (1991): zit. n. Gropp und Schumacher (1994).

Bolduan, G., M. Beck, H. Hackl: Synthetische Oligosaccharide in der Ferkelaufzucht. Sparsamer Laktuloseeinsatz ist ausreichend. DGS Magazin 51 (1999) 48, 39–40.

Bolduan, G., W. Hackl: Enzymeinsatz in der Schweinemast. Kraftfutter 9 (1995) 376–378.

Bolduan, G., W. Hackl, U. Herrmann: Ferkelaufzucht ohne Leistungsförderer. DLZ Agrarmagazin 5 (2000) 132–135.

Degussa: The amino acid composition of feedstuffs, AminoDat 1.0, Degussa AG, Feed Additives Division, Frankfurt am Main (1996).

Degussa-Hüls: Standardized Ileal Digestibility of amino acids in Pig (1999).

Dreschel, H., W. Hackl, W. Matthes, B. Stölken, U. Hennig: Untersuchungen zum Einsatz von NSP-spaltenden Enzymen in der Schweinemast. Landbauforschung Völkenrode, Sonderheft 193 (1999) 343–348.

Flachowsky, G.: Nebenprodukte aus der Lebensmittelverarbeitung und dem Non-Food-Bereich: Anfallende Mengen und deren Charakterisierung aus der Sicht der Tierernährung. Landbauforschung Völkenrode, Sonderheft 169 (1996) 79–90.

Flachowsky, G., E. Schulz: Futterergänzungen und ihre Bedeutung für Leistung und Ökologie. Arch. Tierz. 40 (1997) 101–107.

Freitag, M., H. U. Hensche, H. Schulte-Siebeck, B. Reichelt: Biologische Effekte konventioneller und alternativer Leistungsförderer. Kraftfutter, Feed Magazine 2 (1999) 49–57.

Freitag, M., H. U. Hensche, H. Schulte-Siebeck, B. Reichelt: Kritische Betrachtung des Einsatzes von Leistungsförderern in der Tierernährung. Forschungsberichte des Fachbereiches Agrarwirtschaft Soest der Universität-Gesamthochschule Paderborn (1998) 8.

Furuya, S., Y. Kaji: Estimation of the true ileal digestibility of amino acids and nitrogen from their apparent values for growing pigs. Anim. Feed Sci. Technol. 26 (1989) 271–285.

Gropp, J. M., A. Schumacher: Der Einsatz von Futtermittelzusatzstoffen in der Tierernährung aus ökologischer Sicht. Tier & Ernährung 2 (1994) 1–25.

Hackl, W., G. Bolduan, M. Beck: Ferkelaufzucht ohne Antibiotika. Arch. Tierz., Dummerstorf, Sonderheft 43 (2000) 124–130.

Hennig, U., S. Kuhla, E. Schulz: Vergleich der aus Tabellenangaben abgeleiteten und experimentell ermittelten scheinbaren präzäkalen Aminosäurenverdaulichkeit. Landbauforschung Völkenrode, Sonderheft 193 (1999) 244–248.

Hennig, U., W. B. Souffrant: Additivity of the praecaecal apparent amino acid absorption of diets based on maize with meals of sunflower-, cotton-, linseed or soybean in pigs. VI th Intern. Symp. on Digest. Physiol. in Pigs, Bad Doberan, 4–6 Oct., EAAP public. (1994) 80, Proc. Vol. I, 107–110.

Hennig, U., J. Wünsche, R. Schadereit, F. Kreienbring, W. B. Souffrant: Praecaecale Protein- und Aminosäurenverdaulichkeit sowie Gesamt-Rohnährstoffverdaulichkeit der Extraktionsschrote von drei Raps-Varietäten ermittelt an ileorektostomierten bzw. intakten Schweinen. Arch. Anim. Nutr. 41 (1991) 141–153.

Hennig, U., J. Wünsche, W. B. Souffrant, G. Peters, F. Kreienbring: Untersuchungen zur praecaecalen Verdaulichkeit von Mais, Sonnenblumen-, Baumwoll-, Lein- und Sojaextraktionsschrot bei Schweinen mit Ileorektal-Anastomosen. Arch. Anim. Nutr. 43 (1993) 215–226.

Immig, I., D. Demeyer, D. Fiedler, L. Mbanzamihigo, C. Nevel (1996): Attempts to induce reductive acetigenese into a sheep rumen. Arch. Anim. Nutr. 49 (1996) 363–370.

Jeroch, H., S. Dänicke: Faustzahlen zur Geflügelfütterung. In: Jahrbuch für die Geflügelwirtschaft. Verlag Eugen Ulmer GmbH & Co., Stuttgart (2001) 122–146.

Jeroch, H., W. Drochner, O. Simon: Ernährung landwirtschaftlicher Nutztiere. Verlag Eugen Ulmer, Stuttgart (1999).

Johnson, D. E., T. M. Hill, G. M. Ward, K. A. Johnson, M. E. Branine, B. R. Carmean, D. W. Lodman: Principle factors varying methane emission from ruminants and other animals. In: M. A. K. Khali (ed.): Atmospheric methane, Sources, Sinks and Role in Global Change, NATO ADI Series, Vol 113, Springer Verlag, Berlin (1993).

Kamphues, J.: Grundsätze und prinzipielles Vorgehen in der Prüfung von Nebenprodukten bei angestrebter Verwertung als Futtermittel. Landbauforschung Völkenrode, Sonderheft 169 (1996) 138–150.

Kirchgessner, M.: Tierernährung, 10. Auflage. DLG-Verlag, Frankfurt am Main (1997).

Kirchgessner, M.: Tierernährung, 10. Neubearbeitete Auflage. Verlags Union Agrar, DLG Verlag

Frankfurt (Main), BLV Verlagsgesellschaft München, Landwirtschaftsverlag Münster-Hiltrup, Österreichischer Agrarverlag Wien, Büchler Grafino AG Wabern (1997).

Kirchgessner, M., W. Windisch, M. Kreuzer: Stickstoffemission laktierender Milchkühe über die Gülle in Abhängigkeit von der Leistungsintensität. Agribiol. Res. 44 (1991a) 1–13.

Kirchgessner, M., W. Windisch, H. L. Müller, M. Kreuzer: Release of methane and carbondioxide by dairy cattle. Agribiol. Res. 44 (1991b) 91–102.

Kluth, H., M. Gabel, J. Voigt, U. Schönhusen: The use of endogenous Nitrogen for microbial crude protein synthesis in the rumen of growing bulls. J. Anim. Physiol. A. Anim. Nur. 84 (2000) 136–147.

Kreuzer, M., M. Kirchgessner, H.-I. Müller: Effect of defaunation on the loss of energy in wethers fed different quantities of cellulose and normal or steam-flaked maize starch. Anim. Feed Sci. Technol., 16 (1986) 233–241.

Kühn, I, S. Jacobs, A. Müller: Fütterungsstrategien für eine sichere Tierproduktion. Kraftfutter, Feed Magazine 4 (1999) 116–127.

Lüpping, W.: Zur Entlastung der Umwelt – mehr Leistung aus dem Grundfutter. Neue Landwirtschaft, Sonderheft (1994) 88–90.

Mathison, G. W.: Effect of canola oil on methane production in steers. Anim. Sci. 77 (1997) 545–546 (Abstr.).

Mathison, G. W., E. K. Okine, T. A. McAllister, Y. Dong, J. Galbraith, O. I. N. Dmytruk: Reducing methane emissions from ruminant animals. J. Appl Anim. Res. 14 (1998) 1–28.

Mc Donald, P., N. Henderson, S. Heron: The Biochemistry of Silage, 2nd Edition. Chalcombe Publications (1991).

Mosenthin, R., M. Rademacher, W. C. Sauer: Zur scheinbaren präzäkalen Verdaulichkeit von Aminosäuren in Futtermitteln für Schweine. Übers. Tierern. 25 (1997) 41–85.

Mosenthin, R., W. C. Sauer: Stand der Forschung zur Bestimmung praecaecaler Aminosäurenverdaulichkeiten beim Schwein. 6. Tagung Schweine und Geflügelernährung, 21.–23.11.2000, Martin-Luther-Universität Halle Wittenberg, Kongressband, Fachverlag Köhler (2000a) 1–8.

Mosenthin, R., W. C. Sauer: Zur Methodik der präzäkalen Verdaulichkeitsbestimmung beim Schwein. Übers. Tierern. 20 (1992) 65–90.

Mosenthin, R., W. C. Sauer, R. Blank, J. Huisman, M. Z. Fan: The concept of digestible aminoacids in diet formulation for pigs. Livest. Prod. Sci. 64 (2000b) 265–280.

Munksgaard, L., P. E. Andersen, T. Hvelplund, J. Madsen: Effect of amount and degradability of feed protein on milk production in first lactation of dairy cows. Bilag til NKJ-NJF joint seminar no. 72, Kollekolle, Nearlose 12–13 Marts 1985: 5.

Pieper, B., J. Kleemann, S. Poppe, H. Alert, K. Losch, H. Wittchen, S. Mielitz, B. Schulz: Verfahren zur Bestimmung der Vergärbarkeit von Futtermitteln. Patentschrift (1989) DD 281 255 A5.

Rademacher, M., R. Mosenthin, W. C. Sauer: 4. Tagung Schweine und Geflügelernährung, 26.–28.11.1996, Martin-Luther-Universität Halle Wittenberg, Kongressband, Fachverlag Köhler (2000) 133–136.

Rademacher, M., W. C. Sauer, A. J. M. Jansman: Standardized ileal digestibility of amino acids in pig. Degussa-Hüls AG, Feed additives Division, Hanau, Germany (1999).

Rohr, K.: Verringerung der Stickstoffausscheidung bei Rind, Schwein und Geflügel. Landbauforschung Völkenrode, Sonderheft 132 (1992) 39–53.

Sauer, W. C., L. Ozimek: Digestibility of amino acids in swine: Results and their practical applications. A review. Livest. Prod. Sci. 15 (1986) 367–388.

Schenkel, H., G. Flachowsky, J. Kampheus.: Verband Deutscher Landwirtschaftlicher Untersuchungs- und Forschungsanstalten (VD LUFA), VD LUFA – Standpunkt, Darmstadt (1997).

Schiemann, R., W. Jentsch, H. Wittenburg: Zur Abhängigkeit der Verdaulichkeit der Energie und der Nährstoffe von der Höhe der Futteraufnahme und der Rationszusammensetzung. Arch. Tierernähr. 21 (1971) 223–240.

Schulz, E., U. Hennig, A. Berk: Präzäkale Verdaulichkeit von Aminosäuren – Notwendigkeit bei der Rationsgestaltung für Schweine. 6. Tagung Schweine und Geflügelernährung, 21.–23.11.2000, Martin-Luther-Universität Halle Wittenberg, Kongressband, Fachverlag Köhler (2000) 9–14.

Schurz, M.: Enzyme in der Fütterung von Schweinen und Geflügel – Gute Wirksamkeit von Enzymen. DGS Magazin 5 (2000) 27–30.

Simon, O., I. Kühn: Futterzusatzstoffe – Neue Erkenntnisse zur Wirksamkeit von Probiotika. DGS Magazin 5 (2000) 31–34.

Sommer, W.: Der verdauliche Phosphor ist entscheidend. top agrar 9 (1997) 20–23.

2 Umweltgerechte Tierhaltung

Vrese de, M., J. Scherezenmeir: Pro- und Präbiotika – Stand der Diskussion. Ernährungsumschau, Sonderheft 45 (1998) 79–88.

Weissbach, F.: Kontrolle der Futtermittelqualität. In: Jeroch, H., Flachowsky, G., Weissbach, F.: (eds.) Futtermittelkunde. Gustav Fischer Verlag, Jena-Stuttgart (1993) 70–73.

Weissbach, Peters: zitiert in: Arbeitsgemeinschaft der norddeutschen Landwirtschaftskammern (Hrsg.): Grünfutter und Feuchtkonservierung – Siliermittel, Dosiergeräte, Silofolien – (1999) 5, 9.

Wenk, C., D. Forni: Bedeutung der Nebenprodukte aus der Lebensmittelherstellung in der Tierernährung am Beispiel der Schweiz. Landbauforschung Völkenrode, Sonderheft 169 (1996) 132–137.

Zierenberg, B., M. Gabel, K. Friedel: The development of an in vitro method for the evaluation of fermentation characteristics of plant material and for the examination of the efficiency of biological additives at different fermentation conditions. Submit to: Animal Feed Science and Technology (2001).

Rechtsgrundlagen, Empfehlungen, Normen u. ä.:

AFZ, Ajinomoto Eurolysine, Aventis Animal Nutrition, INRA, ITCF: Ileal standardised digestibility of amino acids in feedstuffs for pigs, Association Francaise de Zootechnie (2000).

AWT: Arbeitsgemeinschaft für Wirkstoffe in der Tierernährung e. V. Broschüre: Enzyme in der Tierernährung, Agrimedia, Verlag A. Strothe (1997).

AWT: Arbeitsgemeinschaft für Wirkstoffe in der Tierernährung e. V. Broschüre: Aminosäuren in der Tierernährung, Agrimedia, Verlag A. Strothe (1998).

DLG-Futterwerttabellen für Wiederkäuer: Herausgeber: Universität Hohenheim-Dokumentationsstelle. 7. erweiterte und überarbeitete Auflage, DLG-Verlag, Frankfurt (1997).

GfE: Empfehlungen zur Energie- und Nährstoffversorgung von Schweinen. DLG-Mitteilung: Energie- und Nährstoffbedarf landwirtschaftlicher Nutztiere, Nr. 3, DLG-Verlag, Frankfurt am Main (1987).

GfE: Empfehlungen zur Energie- und Nährstoffversorgung der Legehennen und Masthühner (Broiler). DLG-Mitteilung: Energie- und Nährstoffbedarf landwirtschaftlicher Nutztiere, Nr. 7, DLG-Verlag, Frankfurt am Main (1999).

GfE/AfB: Überarbeitete Empfehlungen zur Versorgung von Milchkühen mit Calcium und Phosphor. Proc. Soc. Nutr. Physiol. 1 (1993) 108–113.

GfE/AfB: Zum Proteinbedarf von Milchkühen und Aufzuchtrindern. Proc. Soc. Nutr. Physiol. 6 (1997) 217–236.

2.8 Umweltrelevante Elemente des Schutzes vor Tierseuchen und Infektionskrankheiten

2.8.1 Notwendigkeit und Elemente des Seuchenschutzes

(METHLING, W.; BÖHM, R.)

Erregerbedingte Krankheiten verursachen nach wie vor den größten Teil der direkten und indirekten Tierverluste sowie Lebensmittelverunreinigungen und -vergiftungen. Der Schutz der Tiere vor **Seuchen, anderen Infektionskrankheiten** und **Parasitosen** ist von unverminderter Aktualität, auch wenn die meisten der Krankheiten, die dem Internationalen Tierseuchenamt (IOE) in Paris innerhalb von 24 h zu melden sind (gegenwärtig 18) und/oder in Deutschland anzeigepflichtig sind (momentan 38), schon lange nicht mehr oder nur noch selten auftreten. Nachlässigkeiten im Seuchenschutz und Veränderungen in der epidemiologischen Situation (Importe, Handel, Tierbestände, Wildtierpopulationen u. a.) können sehr schnell zu äußerst bedrohlichen Zuständen und großen Verlusten führen. Die Bedrohungen durch die Europäische Schweinepest, die Bovine Spongiforme Enzephalopathie (Rinderwahnsinn) und andere Krankheiten können zwar meistens nach mehreren Monaten oder nach Jahren zurückgedrängt werden, sie bewirken jedoch nachhaltige wirtschaftliche und andere Schäden. Handelt es sich um eine **Zoonose** (zwischen warmblütigen Wirbeltieren und Menschen übertragbare Krankheit, z. B. Salmonellose), so gebietet der Schutz der Gesundheit des Menschen die Prophylaxe und schnelle Bekämpfung der Seuche.

Der Tierseuchenschutz ist weitgehend durch Gesetze und Verordnungen geregelt. Die **Verhütung** und **Bekämpfung** von Infektionskrankheiten, Tierseuchen und Parasitosen umfaßt einen großen **Komplex** von **allgemeinen** und **erregerspezifischen Maßnahmen** gegen die Einschleppung, die Verbreitung und Vermehrung von unbekannten und bekannten Erregern sowie deren rechtzeitiger Erkennung, Lokalisierung und Bekämpfung. Der Tierseuchenschutz wird von drei Säulen infektionsverhindernder bzw. -hemmender Handlungen, Maßnahmen und Mittel getragen (s. Abb. 2.8.1–1):

1. **allgemeine Seuchenprophylaxe:**
   Maßnahmen und Mittel gegen potentielle Krankheitserreger, deren Spektrum, Art, Anzahl und Tenazität unbekannt ist: Schutzzonen, Sicherheit und Ordnung, Alles-rein-alles-raus-Prinzip, Reinigung und Desinfektion, Entwesung, Quarantäne, Krankenisolierung, Tierkörperbeseitigung, Fütterungs-, Dung-, Melk- und Geburtshygiene, soziale und sanitäre Anlagen, Paramunisierung.

2. **spezielle Seuchenprophylaxe:**
   Maßnahmen und Mittel gegen bekannte Erreger, die im eigenen Bestand oder in einem anderen Tierbestand eine Tierseuche verursacht haben bzw. verursachen können: Immunisierungen, regelmäßige klinische, serologische und Kotuntersuchungen, antibiotische Behandlungen, Einstellungs- und Kontrolluntersuchungen des Personals auf Zoonosen, Tierseuchenbekämpfung in anderen Tierbeständen.

3. **Stabilisierung der Umwelt:**
   Optimierung der Umwelt zur Unterdrückung der Vermehrung der Erreger und zur Stabilisierung und Förderung der Infektionsabwehr der Tiere: Stallklima, Haltungsverfahren, Besatzdichte, Gruppengröße, Transport, Tierbetreuung.

2 Umweltgerechte Tierhaltung

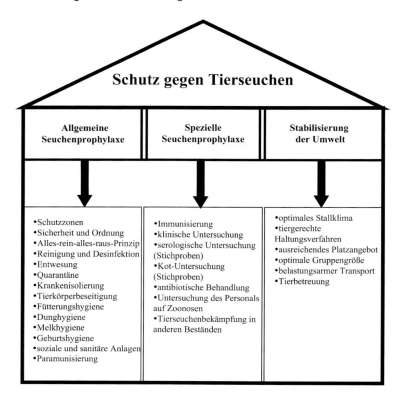

Abb. 2.8.1–1
Säulen und Elemente des Schutzes gegen Tierseuchen und andere erregerbedingte Krankheiten

Die Elemente der **Infektionsschutzmaßnahmen** dienen der **externen** und/oder **internen Absicherung** der Tierhaltung. Sie zielen auf die **Verhinderung der Einschleppung** von Erregern oder/und die Abtötung bzw. die **Verhinderung der Vermehrung**, die Reduzierung der Anzahl der Erreger **(Erregerverdünnung)** und die **Unterbrechung von Infektketten** in der Tierpopulation.

Die antimikrobiellen Maßnahmen sollen bereits die Infektion verhindern (Idealfall) oder den Übergang der Infektion in eine Infektionskrankheit verhüten, im Minimum wenigstens die Ausweitung der Einzeltiererkrankung zur Bestandserkrankung (Enzootie), Epizootie oder Panzootie abwenden. Während die Maßnahmen der allgemeinen Seuchenprophylaxe und der Umweltstabilisierung im Normalfall vom Tierhalter durchgeführt werden, ist die spezielle Tierseuchenprophylaxe dem Tierarzt vorbehalten.

Selbstverständlich hat allein der Eintrag von **Krankheitserregern** für Mensch und Tier in die **Biozönose** eine Bedeutung für die Umwelt. Die gegen erregerbedingte Krankheiten anzuwendenden Maßnahmen und Mittel stellen in aller Regel keine Gefahr für die natürliche Umwelt dar, sondern tragen auch zum Schutz der Gesundheit der Wildtiere bei. In bestimmten Situationen sind **Zielkonflikte** zwischen der Sicherung der **Tiergesundheit** und des Tierschutzes und dem Eingriff in die Natur bzw. der kurzzeitigen Belastung der **Umwelt** (Boden, Grundwasser) unvermeidbar. Im Zweifelsfall ist die Tierseuchenbekämpfung das höherwertige Rechtsgut, denn es dient der Abwendung einer akuten Gefährdung und ist ein vergleichsweise seltenes Ereignis und führt, wenn überhaupt, nur zu einer temporären Beeinflussung der Umwelt. Trotzdem ist jeder, der in die Tierseuchenbekämpfung ein-

2.8 Umweltrelevante Elemente des Schutzes vor Tierseuchen und Infektionskrankheiten

gebunden ist, dem **Minimierungsgebot** verpflichtet, das heißt, er muß jede unnötige Maßnahme, die die Umwelt belasten könnte, vermeiden. Wildhygienisch begründete Begrenzungen der Wildtierpopulationen sollten durch zeitweilige Maßnahmen zur Einschränkung der Fortpflanzung erreicht werden. Fang und zusätzlicher Abschuß von Wildtieren sind nur in Extremsituationen, z. B. zur Reduzierung von Überpopulationen von Füchsen und Wildschweinen, erforderlich. Andere Gefährdungen der Umwelt können aus der **ökotoxikologischen Wirkung** von Desinfektionsmitteln, Reinigungsmitteln, Antiparasitika und Entwesungsmitteln, aus dem erhöhten **Verbrauch** von **Wasser** und **Energie** sowie aus dem unsachgemäßen Umgang mit Tierkörpern resultieren. Über ökologische Aspekte des Einsatzes von Antibiotika (Antiinfektiva) und anderen Tierarzneimitteln wird im Kapitel 7.6 berichtet.

2.8.2 Ökologische Anforderungen an Reinigungs- und Desinfektionsmittel und -verfahren

2.8.2.1 Notwendigkeit und Zielstellungen der Reinigung und Desinfektion

(METHLING, W.; BÖHM, R.)

Der Tierhalter hat unabhängig von der Bewirtschaftungsform (konventionell oder ökologisch) die Verpflichtung, die ihm anvertrauten Tiere vor Schaden zu bewahren. Dazu gehört auch ein angemessener Infektionsschutz. Im gleichen Maße wie der prophylaktische Einsatz von Antiinfektiva und Chemotherapeutika verringert wird, steigt der Aufwand für haltungstechnische Maßnahmen, für Betreuungsaufwand, vorbeugende Impfungen, Fütterungs- und Hygienemaßnahmen.

Die Reinigung und die Desinfektion haben eine zentrale Stellung bei der **allgemeinen** und **speziellen Seuchenprophylaxe** in der Tierhaltung sowie beim **Schutz des Verbrauchers** vor Lebensmittelinfektionen und -vergiftungen durch Verderbnis- und Krankheitserreger. Reinigung und Desinfektion sollen die externe und interne Absicherung gegen die Einschleppung, Verbreitung und Vermehrung von Mikroorganismen (Krankheitserreger, Verderbniserreger) in Tierbeständen und Lebensmittelbetrieben gewährleisten. In Abhängigkeit davon, ob die Erreger (z. B. bei Tierseuchen) bekannt oder unbekannt sind, wird eine zielgerichtete **spezifische** oder allgemeine **prophylaktische Desinfektion** durchgeführt. Ist der zu eliminierende Erreger bekannt, kann ein spezifisch gegen diesen Erreger gerichteter Wirkstoff bzw. das entsprechende Desinfektionsmittel ausgewählt werden. Bei allgemeinen und vorbeugenden Seuchenschutzmaßnahmen sind die Erreger in ihrer Art, Menge und Widerstandsfähigkeit (Tenazität, Resistenz) unbekannt. Es sind Wirkstoffe bzw. Desinfektionsmittel mit einem möglichst breiten Wirkungsspektrum einzusetzen.

Die **vorbeugende Reinigung und Desinfektion** ist eine Maßnahme mit komplexer Zielsetzung nach ökonomischen und tiergesundheitlichen Gesichtspunkten. Sie dient primär der **Vorbeuge** von **infektiösen Faktorenkrankheiten** und akzidentellen Infektionen durch Herabsetzung des Keimgehaltes in der Umgebung der Tiere. Sie unterstützt aber auch gleichzeitig das Bemühen, den Einsatz von Arzneimitteln einzuschränken.

Ein besonderes Problem stellt die **spezifische Desinfektion** im Rahmen der **Tierseuchenbekämpfung** dar. Neben den ständigen Desinfektionsmaßnahmen in Durchfahrwannen (-becken) für Fahrzeuge und in Schuhwerkdesinfektionseinrichtungen (Matten, Wanne, Bottiche, Becken) sind sowohl die Flächendesinfektion als auch die Desinfektion von tierischen Fäkalien (Dung, Jauche, Gülle), Materialien und Geräten notwendig. Das **Ziel** dieser Maßnahmen ist die möglichst vollständige **Vernichtung** der betreffenden **Tierseuchenerreger**. Solche Ereignisse sind relativ selten, aber speziell bei der Desinfektion tierischer Fäkalien mit einer Freisetzung von Desinfektionsmitteln in hoher Konzentration und in großen Mengen verbunden.

Reinigung und Desinfektion sind in der Tierhaltung wegen der hohen Schmutzbelastung und der ohnehin schwer zu desinfizierenden z. T. rauhen Oberflächen als **untrennbare Einheit** zu betrachten. Nach unverzichtbaren Vorarbeiten (Beseitigung von Einstreuresten und Grobschmutz, Demontage der Haltungseinrichtungen) sollen die Reinigung und Desinfektion die Keimbelastung auf der Stalloberfläche herabsetzen.

Die **Reinigung** der Flächen, Behältnisse, Räume, Geräte, Maschinen u. a. ist also nicht nur erforderlich für die **Aufrechterhaltung der technischen Funktionen und Prozeßabläufe** in der Tierhaltung und in anderen Bereichen, sondern sie ist bei den meisten Desinfektionsmaßnahmen eine **grundlegende Voraussetzung** für die Erreichung des **Desinfektionserfolges**. Im Zusammenhang mit der Desinfektion kommen der Reinigung folgende Aufgaben zu:
- Ablösung und Entfernung der Schmutzschichten von der Oberfläche,
- Freilegung der Mikroorganismen für die Einwirkung des Desinfektionsmittels,
- Reduzierung der Keimzahl,
- Entfernung von Nährsubstrat für pathogene Erreger bzw. Verderbniserreger,
- Entfernung von chemischen Verunreinigungen (Reste von Desinfektionsmitteln, Reinigungsmitteln).

Die **Desinfektion** ist eine keimzahlmindernde Maßnahme, mit der alle **Krankheitserreger und Verderbniserreger** (mit Ausnahme von Bakterien- und Pilzsporen), die sich auf oder in lebendem oder totem Material befinden, **abgetötet oder inaktiviert** werden sollen. Nach der Desinfektion dürfen auf oder in den behandelten Oberflächen, Räumen, Fäkalien, Produkten und anderen Gütern keine Krankheitserreger mehr nachweisbar sein. Auf Grundlage eigener Untersuchungen entwickelten STEIGER et al. (1982) ein Modell der **Keimzahlreduzierung** bei der Reinigung und Desinfektion von Stalloberflächen (Abb. 2.8.2.1–1). Bei der Bewirtschaftung von Ställen nach dem Alles-rein-alles-raus-Prinzip kann durch Reinigung und Desinfektion in der Serviceperiode auch die Luftkeimflora auf ein dem Desinfektionsziel entsprechendes Niveau reduziert werden (METHLING, 1984). Nach dem Modell von STEIGER et al. ist das Ziel der Desinfektion erreicht, wenn die Restkeimzahl $\leq 10^3/cm^2$ beträgt. Unter den restlichen, überwiegend saprophytären Mikroorganismen befinden sich dann wahrscheinlich keine Krankheitserreger mehr. Der bei der Reinigung und Desinfektion erreichte Grad der Senkung der Keimbelastung (**„Erregerverdünnung"**) soll sichern, daß folgende Aufgaben erfüllt werden:

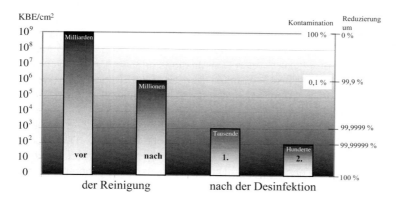

Abb. 2.8.2.1–1
Reduzierung der Keimzahl auf Stalloberflächen durch Reinigung und Desinfektion (nach STEIGER et al., 1982)

2.8 Umweltrelevante Elemente des Schutzes vor Tierseuchen und Infektionskrankheiten

- Verhinderung der Einschleppung und Verbreitung von Tierseuchenerregern,
- Unterbrechung von Infektketten,
- Senkung des Infektionsdruckes (Spektrum, Anzahl, Virulenz der Erreger),
- Verhinderung des infektiösen Hospitalismus,
- Verhinderung des Verderbs von Lebensmitteln,
- Schutz des Verbrauchers vor Zoonosen und Lebensmittelinfektionen.

Die Reinigung und die Desinfektion haben wegen ihrer großen Rolle im Tierseuchen- und Infektionsschutz einen die Tiergesundheit (und die Tierhaltung insgesamt) sichernden Charakter. Sie sind ebenso unverzichtbare Elemente der Sicherung der gesundheitlichen Unbedenklichkeit und Qualität von Lebensmitteln tierischer Herkunft. Viele Dinge sind miteinander verzahnt, z. B. hängt der Erfolg der Reinigungs- und Desinfektionsmaßnahmen von der Art und Beschaffenheit der Flächen und der Bausubstanz im unmittelbaren Bereich der Tiere ab. Bei leicht zu reinigenden Flächen kann eine gute Hochdruckreinigung in regelmäßigen Abständen schon eine ausreichende Hygienemaßnahme darstellen, während bei schlecht zu reinigenden Materialien, wie unbehandelter Beton und Holz, nie auf einen Desinfektionsschritt verzichtet werden kann (STOY, 1983).

2.8.2.2 Ökologische Risiken beim Einsatz von Mitteln und Verfahren der Reinigung und Desinfektion

(METHLING, W.; BÖHM, R.)

Ökologische Risiken und Gefahren entstehen bei der Reinigung und Desinfektion möglicherweise durch:
- hohen **Wasserverbrauch**, vor allem für die hydromechanische Reinigung,
- hohen **Energieverbrauch** für leistungsschwache Reinigungs- und Desinfektionsgeräte und die Erwärmung des Wassers,
- **Rückstände** von Reinigungs- und Desinfektionsmitteln in Abwasser, Jauche und Gülle, die aus undichten Behältnissen oder bei der Tierseuchenbekämpfung ungewollt oder gewollt in Boden und Wasser gelangen können,
- direkte **mikrobizide** und **herbizide** Wirkung auf Boden und Wasser bei unsachgemäßem Umgang mit Reinigungs- und Desinfektionsmitteln sowie bei der notwendigen Desinfektion im Tierseuchenfall.

Hinzu kommen direkte Gefährdungen der Gesundheit der Tiere und Menschen durch ätzende, allergene, toxische, mechanische und andere Wirkungen der eingesetzten Mittel und Verfahren.

Die unnötig hohe **Inanspruchnahme der Naturressourcen** Wasser und Energie wird nur von wenigen Tierhaltern, Landwirten und Tierärzten als potentielle ökologische Gefahr erkannt und anerkannt, insbesondere dann, wenn betriebswirtschaftlich negative Wirkungen nicht oder nur in unwesentlichen Größenordnungen auftreten. Der Verbrauch von Wasser und Energie wird durch die Auswahl und Anwendung der Verfahren und Geräte der Reinigung und Desinfektion bestimmt.

Auch die Möglichkeit und praktische Wirklichkeit, daß große Mengen von routinemäßig oder zur Tierseuchenbekämpfung eingesetzten Chemikalien für die Reinigung und Desinfektion zur Anwendung kommen und beträchtliche **Belastungen** des **Bodens** und der **Gewässer** verursachen können, wird oft nur unzureichend ökologisch bewertet. Desinfektionsmittel müssen biozid wirken, Reinigungsmittel können es. Daraus resultierende Risiken für die natürliche Umwelt kann man durch die **Minimierung des Mitteleinsatzes** und die **Auswahl der Mittel** bzw. Wirkstoffe nach ihrer ökotoxikologischen Potenz (akute und chronische Toxizität, Persistenz, Akkumulationsneigung, Abbaubarkeit, Reaktionen mit anderen Verbindungen u. a.) vermindern oder sogar ausschließen.

2.8.2.3 Minimierung des Wasser- und Energieverbrauches sowie des Einsatzes von Reinigungs- und Desinfektionsmitteln

(METHLING, W.; BÖHM, R.)

Die **Minimierung** des **Wasser-** und **Energieverbrauches**, aber auch des Reinigungs- sowie **Desinfektionsmitteleinsatzes** in der Nutztierhaltung beginnt mit der Planung und dem Bau der Stallungen. Der **Material-** und **Oberflächenbeschaffenheit** der Bauteile in den Stallinnenräumen kommt eine wichtige Bedeutung zu, was den notwendigen Einsatz von Wasser, Chemikalien und Energie betrifft. Eine Rangordnung für gute bzw. schlechte Reinigungseigenschaften läßt sich aufstellen (Abb. 2.8.2.3–1). Aus der Sicht der Senkung des Ressourcenverbrauchs sollten Baumaterialien gewählt werden, die mit geringem Aufwand gereinigt und desinfiziert werden können.

In vielen Betrieben ist der **Wasserverbrauch** für die Reinigung und Desinfektion um ein Mehrfaches höher als die erforderliche Mindestmenge. Unkenntnis und Nichtbeachtung der durchaus vorhandenen und praktisch realisierbaren Möglichkeiten, sparsam mit dem Wasser umzugehen, leisten der Wasserverschwendung Vorschub. Die **Senkung des Wasserverbrauches** ist vor allem auf folgenden Wegen realisierbar:

- Nutzung der **mechanischen Trockenreinigung** zur Beseitigung von Einstreu-, Kotresten und grobem Schmutz,
- sinnvolle **Reihenfolge** der Durchführung der Reinigungsarbeiten (Vorarbeiten zur Beseitigung von Einstreuresten, Grobschmutz, Demontage der Ausrüstungsteile, Einweichen, hydromechanische Reinigung),
- sachgemäßes **Einweichen** der Oberflächen vor Beginn der hydromechanischen Reinigung,

Abb. 2.8.2.3–1
Rangordnung der Reinigungsfähigkeit von Oberflächenmaterialien

Reduktion der Gesamtbakteriengehalte um weniger als 2 Zehnerpotenzen

schlecht zu reinigen

- rauher Beton
- geglätteter oder gestrichener Beton
- unbehandeltes Holz
- geglättetes oder gestrichenes Holz
- Gummi
- rauhes, rostiges Metall
- glattes Metall (z. B. Aluminium, Edelstahl)

gut zu reinigen

Reduktion der Gesamtbakteriengehalte um mehr als 3 Zehnerpotenzen

2.8 Umweltrelevante Elemente des Schutzes vor Tierseuchen und Infektionskrankheiten

- optimale Kombination von **Wassermenge, Wasserdruck und Strahlform**,
- Auswahl eines **Desinfektionsverfahrens** mit geringem Verbrauch an Desinfektionslösung,
- Anwendung **naturnaher Haltungsverfahren** mit Reduzierung des Wasserverbrauches für die Reinigung und Desinfektion des Melkstandes sowie der Fütterungs- und Tränkeinrichtungen.

Die Optimierung der **Reinigungs- und Desinfektionsarbeiten** trägt nicht nur zur Erreichung der gewünschten antimikrobiellen Wirkungen, sondern auch zur Senkung des Wasser-, Energie- und Mittelverbrauches bei. Man kann vier **Arbeitsgänge** unterscheiden:
- **Vorarbeiten**, um den Stall, die Box oder den Käfig von Einstreuresten und grobem Schmutz zu befreien;
- **Reinigung**, damit die Wirkung des Desinfektionsmittels nicht im Schmutz verpufft;
- **Desinfektion**, damit die Keime abgetötet werden;
- **Nacharbeiten**, damit der Stall, die Box oder der Käfig neu belegt werden können.

Einen Überblick zu den Arbeitsgängen gibt Tabelle 2.8.2.3–1.

Das **sachgemäße Einweichen** der Oberflächen vor Beginn der Reinigung mit dem Wasserstrahl ist eine der wesentlichsten Möglichkeiten zur Reduzierung des Wasserverbrauches. Durch das Einweichen der Oberflächen mit Wasser oder Reinigungsmittellösungen werden die auf der Fläche und aneinander haftenden Schmutzpartikel aufgequollen, weichgemacht und teilweise abgelöst. Dadurch wird eine bedeutsame Verminderung der notwendigen Reinigungszeit mit dem Wasserstrahl und damit des Wasserverbrauches erreicht. Allein das dreistündige Einweichen mit wenig Wasser kann die Reinigungszeit auf fast die Hälfte reduzieren (Abb. 2.8.2.3–2). Ein guter Einweicheffekt wird erreicht, wenn etwa 2–3 Stunden vor Beginn der Wasserstrahlreinigung ca. 1 l Wasser pro m^2 periodisch versprüht wird (z. B. mit einem Rasensprenger). Die Einweichzeit ist notwendig für das Aufquellen der Schmutzpartikel. Anschließend muß sofort mit der Druckreinigung begonnen werden, damit der Schmutz nicht erneut aus- und antrocknet. Treten unvorhergesehene Verzögerungen ein, sollten kurz vor Beginn der Hochdruckreinigung noch einmal 0,3 l/m^2 Wasser versprüht werden. Durch Zusatz eines **chemischen Reinigungsmittels** zum Einweichwasser kann eine noch stärkere Verminderung der Reinigungszeit erreicht

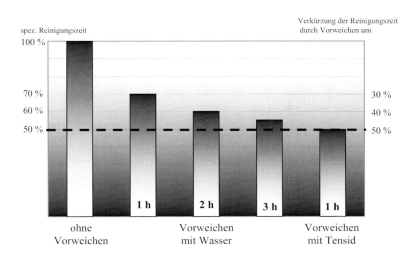

Abb. 2.8.2.3–2
Verkürzung der Reinigungszeit in Prozent durch unterschiedliche Vorweichverfahren gegenüber Wasserstrahlreinigung ohne Vorweichen (nach KURZWEG et al., 1985)

2 Umweltgerechte Tierhaltung

Tabelle 2.8.2.3–1 Arbeitsgänge bei der Reinigung und Desinfektion von Ställen

Reihenfolge	Arbeiten	Arbeit mit dem Hochdruckreiniger	Bemerkungen
1. Vorarbeiten	Bewegliche Einrichtungen entfernen und extra behandeln, Stall ausmisten (besenrein), herausnehmbare Spaltenböden hochkippen, Unterseite und Seitenflächen der Balken reinigen; nicht vergessen: Nebenräume des Stalles, Fenster, Lüftungs- und Fütterungsanlagen, Abflußrinnen, Buchten- und Stallwände, Trenngitter		Nicht benötigte elektrische Anlagen abschalten, nicht wassergeschützte elektrische Anlagen demontieren oder abdecken
2. Reinigung			
Einweichen:	1 bis 1,5 l Wasser/m^2, Einwirkzeit ca. 3 h, kurz vor dem Reinigen noch einmal ca. 0,3 l Wasser/m^2 versprühen, im Kälber- und Abferkelstall dem Einweichwasser Reinigungsmittel zusetzen	Druck: ca. 10 bar, Arbeitsabstand: 1,5 bis 2,0 m, Flachstrahldüse, besser jedoch Sprühgerät	
Reinigen:	13 bis 15 l Wasser/min. mit 40 °C bis Oberflächenstruktur, Farbe und ursprüngliche Beschaffenheit der Baumaterialien deutlich erkennbar sind und abfließendes Spülwasser frei von Schmutzteilchen ist, bei Verwendung von Reinigungsmitteln gründlich nachspülen (vermindern Wirksamkeit der Desinfektionsmittel)	Druck: 80 bis 100 bar, Arbeitsabstand: bis 40 cm, Flachstrahldüse, über 40 cm Rundstrahldüse	
Trocknen:	Wasserreste entfernen, Stall abtrocknen lassen		Lüftung einschalten
3. Desinfektion	Ausbringen, Einwirken: Lösung nach Gebrauchsanweisung herstellen, ca. 0,1–0,4 l/m^2 mit 40 °C (außer Chlor- und Sauerstoffabspalter) auf alle gereinigten Flächen und Gegenstände ausbringen (gründlich benetzen) und nach Vorschrift einwirken lassen	Druck: 10 bis 12 bar, Durchflußmenge: 400 bis 500 l/h, Arbeitsabstand: 1,5 bis 2 m, Desinfektionsdüse	Lüftung abschalten, im teilweise belegten Stall jedoch für gute Lüftung sorgen
4. Nacharbeiten	Reste von Desinfektionsmitteln aus Tränke- und Fütterungseinrichtungen entfernen, Stall trocknen und 4–5 Tage leerstehen lassen, besser 2 Wochen, falls möglich		Lüftung einschalten

2.8 Umweltrelevante Elemente des Schutzes vor Tierseuchen und Infektionskrankheiten

werden (TÜRPITZ et al., 1990). Die Wirkung ist jedoch gemessen am Aufwand relativ gering. Hinzu kommt, daß einige Reinigungsmittel ökologisch bedenklich sind (s. Kap. 2.8.2.4). Chemische Reinigungsmittel sollten deshalb nur bei eindeutiger Indikation und Unumgänglichkeit eingesetzt werden, z. B. Fett- und Eiweißlösung in Melkeinrichtungen, Milchleitungen und -tanks, in Brütereien und in der Legehennenhaltung.

Die **Nutzung mechanischer Hilfsmittel** wie Besen, Bürsten, Spachtel zur Trockenreinigung von Oberflächen (Stallgänge, Kot- und Liegeplätze, Abtrenneinrichtungen, Lagerräume) trat verständlicherweise mit der ständigen Weiterentwicklung von Wasserdruckreinigungsgeräten in den Hintergrund. Hinzu kam und kommt ein fragwürdiges Klischeedenken, das das Niveau der Hygiene im Stall an der Dauer und Häufigkeit der Wasserreinigung mißt. Die Grob- und Feinreinigung der Oberflächen mit Hilfe maschinell geführter mechanischer Geräte sollte unbedingt wieder einen größeren Stellenwert erhalten. Eine Reihe von Anbietern hat geeignete, leicht handhabbare Geräte mit komibinierter mechanischer und hydromechanischer Reinigung entwickelt (z. B. vom Wasserstrahl angetriebene rotierende Bürsten). Die Nutzung von leistungsfähigen Industriestaubsaugern und Kehrmaschinen zur Entfernung von trockenem Schmutz und lockerem sedimentiertem Staub sollte zur Normalität in der Tierhaltung gehören.

Die Auswahl der **Wassermenge**, des **Wasserdruckes** und der Form des **Wasserstrahls** richtet sich in erster Linie nach der Art und dem Grad der Verschmutzung. Vergleicht man die Schwierigkeit der Stallreinigung bei den verschiedenen Tierarten, so bestehen die größten Probleme in der Ablösung von Rinderkot, etwas leichter gelingt die Reinigung von Schweineställen, den geringsten Aufwand erfordert die Reinigung in Geflügelställen. In Legehennenställen, Eiersortieranlagen und Brütereien bereiten Eireste, insbesondere das Eigelb, sehr große Reinigungsprobleme. Je trockener und stärker die Schmutzschicht ist, desto höher ist der Reinigungsaufwand. Die **Wassermenge**, die pro Stunde aus dem Strahlrohr gedrückt wird, sollte 800 bis 1200 l betragen. Eine geringere Menge erbringt auch bei erhöhtem Druck keinen ausreichenden Spül-

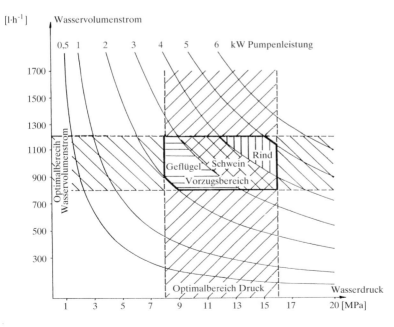

Abb. 2.8.2.3–3
Beziehung zwischen Wasservolumenstrom, Wasserdruck und Pumpenleistung (TRENNER et al., 1986)

Abb. 2.8.2.3–4 Vergleich der Reinigungsleistung (Tiefenwirkung, Flächenleistung) bei verschiedenen Formen des Wasserstrahls (Punktstrahl, Flachstrahl, rotierender Punktstrahl) (Quelle: Alfred Kärcher GmbH u. Co, Reinigungssysteme-Prospekt: „Kärcher – für Europas Landwirte", 1989)

effekt auf der Oberfläche. Der **Wasserdruck** an der Düsenöffnung sollte zwischen 80 und 160 bar liegen, wenn das Material durch den Druck nicht beeinträchtigt wird (Abb. 2.8.2.3–3). **Die Form des Wasserstrahls** ist in Abhängigkeit von der Stärke der Schmutzschicht zu variieren. Bei starker Verschmutzung ist der **Punktstrahl** zu bevorzugen, weil er eine gute Tiefenwirksamkeit hat, bei geringerer Verschmutzung kann der **Flachstrahl** mit einer hohen Flächenleistung gewählt werden. Die höchste Reinigungsleistung wird mit dem **rotierenden Punktstrahl** („Dreckfräser") erzielt. Bei dieser Strahlform wird die Tiefenwirksamkeit mit einer hohen Flächenleistung kombiniert (Abb. 2.8.2.3–4). Der Abstand zwischen Düsenöffnung und zu reinigender Fläche sollte beim Flachstrahl zwischen 0,20 und 0,30 m gehalten werden. Beim Rundstrahl kann die Distanz auf 0,40–0,50 m erhöht werden.

Der **Energieverbrauch** bei der Reinigung und Desinfektion wird vor allem von der **Leistungsaufnahme der Geräte** und von der eventuell erforderlichen Erhitzung des Wassers bestimmt. Es sollten Geräte gewählt werden, die das beste Verhältnis von elektrischer Leistungsaufnahme, mechanischer Leistung (Wasserdruck, Wassermenge, Strahlform), Heizleistung (bei Warmwassergeräten) und Preis aufweisen.

Grundsätzlich ist davon auszugehen, daß sowohl die Reinigungs- als auch die Desinfektionswirkung mit höherer **Temperatur** des **Wassers** bzw. der **Desinfektionslösung** steigen. Bei tiefen Stalltemperaturen kann und muß der Wirkungsverlust durch Konzentrationserhöhungen, die zu einem Mehraufwand des Desinfektionsmittels führen, kompensiert werden (Abb. 2.8.2.3–5). Jedoch können zu hohe Temperaturen auch negative Folgen haben, z. B. zu schnelles Austreiben des Aktivchlors oder des Sauerstoffs aus Desinfektionslösungen, Gerinnung von Eiweißresten auf den Oberflächen. Eine gezielte Erwärmung von Wasser, Desinfektionslösung und Räumen sollte jedenfalls angestrebt werden, wenn durch Wärmerückgewinnung die notwendige Heizenergie kostengünstig zur Verfügung steht.

Der Energieeinsatz läßt sich bei der Reinigung und Desinfektion optimieren, wenn für das Reinigungswasser bzw. die Desinfektionsmittelverdünnungen eine Ausbringungstemperatur von 40 °C eingehalten wird (STOY, 1983). Die Abbildung 2.8.2.3–6 zeigt, daß tiefere Temperaturen (10 °C) schlechtere Effekte bringen, während Temperatursteigerungen über 40 °C hinaus nur zu geringfügigen Verbesserungen in der Keimzahlreduktion führen.

2.8 Umweltrelevante Elemente des Schutzes vor Tierseuchen und Infektionskrankheiten

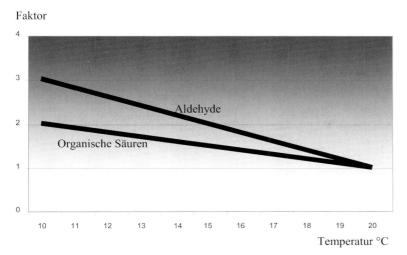

Abb. 2.8.2.3–5
Abhängigkeit der Einsatzkonzentration (bei gleicher Einwirkungszeit) bei Aldehyden und organischen Säuren von der Temperatur

Für die Begrenzung und **Reduzierung des Verbrauches von Desinfektionsmitteln** ist neben den bereits genannten Abhängigkeiten von den eingesetzten Oberflächenmaterialien, von der Qualität der vorangegangenen Reinigung und von den Temperaturen (der Desinfektionslösung sowie der Stallräume) die Auswahl des **Verfahrens (Gerätes)** für die **Ausbringung der Desinfektionslösung** von ausschlaggebender Bedeutung. Je kleiner die erzeugten Flüssigkeitsteilchen sind, desto besser wird die Oberfläche abgedeckt und desinfiziert. Die bei den verschiedenen Ausbringungs- bzw. Desinfektionsverfahren erzeugten **Teilchengrößen** und **Aufwandmengen** sind der Tabelle 2.8.2.3–2 zu entnehmen. Unter den üblichen Praxisbedingungen sollte die **Sprühdesinfektion** mit 0,1 l/m² bevorzugt werden. Falls der Anwender nicht sicher sein kann, daß sein Gerät die notwendig kleinen Teilchen erzeugt, sollte von einer **Spritzdesinfektion** mit 0,3–0,4 l/m² ausgegangen werden. Der Tierhalter ist jedoch auch betriebswirtschaftlich gut beraten, das dreimal wirksamere Sprühverfahren anzuwenden, denn damit liegen die Desinfektionsmittelkosten dreimal niedriger als bei der Spritzdesinfektion.

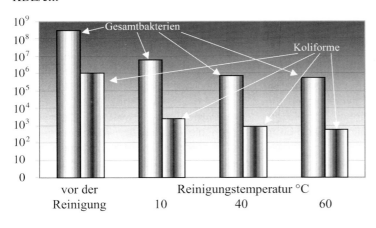

Abb. 2.8.2.3–6
Einfluß der Ausbringungstemperatur der Lösungen auf die Keimzahlverringerung (Stoy, 1983)

Tabelle 2.8.2.3–2 Verfahren, Teilchengrößen und Mittelverbrauch der chemischen Stalldesinfektion (nach Stellmacher, 1979; Steiger, 1986)

Verfahren	Teilchengröße [µm]	Verbrauch Desinfektionslösung [l/m^2]
Gießen	> 1000	1,0
Spritzen	1000–150	0,3
Sprühen	250–25	0,1
Feinsprühen (gerichtetes Aerosol)	100–5	0,05
Aerosol	50–0,1	(0,02)[1]
Verdampfen (Flüggeapparat, Heizung)	< 0,1	(0,015)[1]

[1] Aufwand pro m^3 Rauminhalt, unverdünnter Einsatz von Formaldehyd (technisch) bzw. Formalin

Der Verbrauch von Desinfektionsmitteln wird selbstverständlich durch die **Häufigkeit** von vorbeugenden **Desinfektionen** beeinflußt. Da der Rhythmus der notwendigen Reinigungs- und Desinfektionsmaßnahmen von zahlreichen epidemiologischen Faktoren (Tierart, Nutzungsrichtung, Größe des Tierbestandes, Gruppengröße, Alles-rein-alles-raus-Prinzip, Lüftungsintensität, Infektionsdruck der Erreger, Tiergesundheit u. a.) abhängig ist, läßt sich nur eine allgemeingültige Regel zur Häufigkeit der Reinigung und Desinfektion von Nutztierställen formulieren: **so häufig wie nötig, so wenig wie möglich.** In Tierhaltungen mit regelmäßigem Produktionszyklogramm (Ferkelaufzucht, Schweinemast, Legehennen, Mastgeflügel) dienen die Serviceperioden neben der Wartung und Reparatur der Ausrüstung und Technik vor allem der Reinigung und Desinfektion. In der Stallhaltung von Milchkühen wird die Desinfektionswürdigkeit des Stalles vor allem von der Eutergesundheit, zuchthygienischen Situation und Klauengesundheit abgeleitet. Daraus ergibt sich eine Häufigkeit von 1 bis 4 pro Jahr.

Die ständig oder bei erhöhter Tierseuchengefahr genutzten stationären **Desinfektionseinrichtungen** für Fahrzeuge, Personen, Tiere, Materialien, Geräte (Wannen, Becken, Bottiche, Matten, Räume) sollten so konstruiert und beschaffen sein, daß die Desinfektionslösung nicht überlaufen bzw. austreten kann. Durch eine günstige Anordnung sollte gesichert werden, daß die Lösungen nicht durch Sonneneinstrahlung eingetrocknet oder Regenwasser verdünnt werden.

Schließlich ist zu konstatieren, daß bei **naturnahen Haltungsverfahren** auf der **Weide** oder im Auslauf der Verbrauch von Reinigungs- und Desinfektionsmitteln auf ein Minimum begrenzt ist.

2.8.2.4 Ökotoxikologische Wirkungen und Risiken von Reinigungs- und Desinfektionsmitteln

(Böhm, R.)

Die Umwelt, in der sich die Anwendung von Reinigungs- und Desinfektionsmitteln unterschiedlich auswirken kann, läßt sich in drei Bereiche unterteilen (Abb. 2.8.2.4–1). Einmal die **unmittelbare Umwelt,** der Stallbereich, in dem die Desinfektionsmittel unverdünnt oder in Gebrauchsverdünnung gehandhabt werden und direkt auf Mensch und Tier einwirken können. Ferner ist die **Umweltnahzone,** der Hofbereich, von ständig steigendem Interesse. Hier besteht die Möglichkeit

2.8 Umweltrelevante Elemente des Schutzes vor Tierseuchen und Infektionskrankheiten

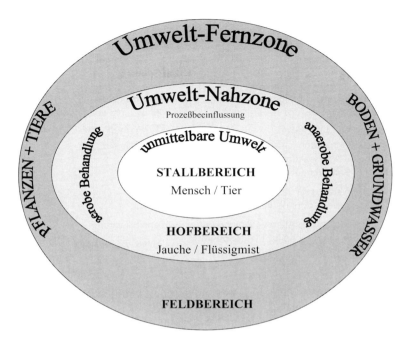

Abb. 2.8.2.4–1
Darstellung der Umweltbereiche, in denen Desinfektionsmittel unterschiedliche negative Wirkungen entfalten können

der Beeinflussung aerober oder anaerober Behandlungsprozesse für Flüssigmist durch Reinigungs- und Desinfektionsmittelreste. Von besonderer Bedeutung ist auch die **Umweltfernzone,** der Bereich der Feld- und Grünlandflächen, auf die gegebenenfalls reinigungs- und desinfektionsmittelhaltige Gülle ausgebracht wird. Eventuelle Gefahren für den Boden und das Grundwasser sowie für die Pflanzen und Tiere sind hier zu berücksichtigen.

Zunächst sollen die **unmittelbare Umwelt** und die **Umweltnahzone** betrachtet werden. Die Betrachtungen beschränken sich hier auf Desinfektionsmittel, Reinigungsmittel haben in diesem Zusammenhang eine geringere Bedeutung.

Die größte **Gefährdung** für den **Menschen** geht in diesem Bereich von den Desinfektionsmittelkonzentraten oder von fehlerhaft zu hoch konzentrierten „Gebrauchsverdünnungen" aus. Besonders exponiert sind dabei die **Augen** (KÄSTNER, 1982), aber auch Verätzungen der **Haut** und der **Schleimhäute** sowie Reizungen der **Atemwege** können auftreten. Die Gebrauchsverdünnungen wirken hier ähnlich schädigend, wenn auch graduell schwächer. Wiederholter Haut- oder Schleimhautkontakt mit Desinfektionsmitteln kann zur Sensibilisierung mit nachfolgenden allergischen Reaktionen führen. Aus dem Krankenhausbereich ist bekannt, daß 57 % der Krankenschwestern unter Irritationsdermatosen durch Desinfektionsmittel leiden, wobei ca. 61 % davon auf formaldehydhaltige Desinfektionsmittel zurückzuführen sind (GEILER et al., 1980).

Da aldehydhaltige Desinfektionsmittel in der Stalldesinfektion nach wie vor eine wichtige Rolle spielen, ist hier ebenfalls, wenn auch in geringerem Maße, mit ähnlichen Erscheinungen zu rechnen. Eine Übersicht über mögliche Schadwirkungen bei Mensch und Tier nach Kontakt oder Aufnahme von Desinfektionswirkstoffen gibt die Tabelle 2.8.2.4–1.

Neben den direkten Schädigungen muß auch die Frage der **Rückstandsbildung** im tierischen Gewebe nach der Anwendung von Desinfektionsmitteln im Stall und am

2 Umweltgerechte Tierhaltung

Tabelle 2.8.2.4–1 Mögliche lokale Schadwirkungen nach Kontakt oder Aufnahme von Desinfektionswirkstoffen (KÄSTNER, 1982)

Kontaktorgan oder Aufnahmeweg	Lokale Reaktionen Akute	Chronische
Haut	Primäre Hautirritation (Erythem, Ödem, Hautverätzung, Nekrose)	Abnutzungsdermatose, Rhagadenbildung, verminderte Alkaliresistenz, Sensibilisierung
Schleimhaut (insbesondere Auge)	Schleimhautreizung (Chemosis, Tränenfluß), Konjunktivitis, Reaktionen an Cornea (Trübung) und Iris, Schleimhautverätzung	Sensibilisierung
Orale Aufnahme	Reizung (Verätzung) der Schleimhäute, der Speisewege (Mundhöhle, Ösophagus)	
Inhalative Aufnahme	Reizwirkung an den Atemwegen und der Lunge (Rhinitis, Tracheitis, Lungenödem)	Sensibilisierung

Tier erörtert werden. Sie ist für Formaldehyd bei akuten Intoxikationen offensichtlich zu vernachlässigen (WERNER et al., 1975) und bei Peressigsäure wegen des raschen Zerfalls nicht zu erwarten. Für die Gruppe der Phenole liegen keine Angaben in dieser Richtung vor, jedoch ist auch hier in der Regel mit einer raschen Ausscheidung zu rechnen (WIRTH et al., 1967).

Die ökologischen Auswirkungen von Reinigungs- und Desinfektionsmitteln im **Umweltnahbereich** gewinnen mit der zunehmenden Verbreitung von landwirtschaftlichen **Biogasanlagen** an Bedeutung. Hier steht die Frage der **Prozeßbeeinflussung** im Vordergrund. Die Tabelle 2.8.2.4–2 faßt die Ergebnisse von Untersuchungen an **a**erob **t**hermophilen **S**tabilisierungs**anlagen (ATS-Anlagen)** und **a**naerob **m**esophilen **F**ermentations**anlagen (AMF-Anlagen)** mit einigen ausgewählten Wirkstoffen zusammen (AL WAKEEL, 1977; HILPERT et al., 1983; WINTERHALDER, 1985). Keine Erkenntnisse liegen zur **a**naerob **t**hermophilen **F**ermentation **(ATF)** vor.

Es zeigt sich, daß Natronlauge in den hier untersuchten Konzentrationen weder den aeroben noch den anaeroben Prozeß negativ beeinflußt. Die beiden geprüften Chloramine entfalten ebenfalls keine Beeinträchtigungen im aeroben und anaeroben Prozeß. Der Peressigsäureeinfluß wurde nur bei der AMF untersucht, hier hatten 0,008 % des Wirkstoffes keine negative Wirkung.

Unvollständig sind die Erkenntnisse zur Auswirkung fertig formulierter Handelsdesinfektionsmittel. Die in der Tabelle 2.8.2.4–2 aufgeführten Handelspräparate sind nur noch teilweise auf dem Markt erhältlich und nicht repräsentativ für viele heute verwendete Formulierungen. Ein Teil der Ergebnisse wurde bei der anaeroben mesophilen Faulung von Klärschlamm gewonnen, die Übertragbarkeit auf landwirtschaftliche Biogasanlagen wurde nicht geprüft. Bei höheren Konzentrationen, wie sie bei der Gülledesinfektion selbst auftreten können, haben einige Wirkstoffe einen deutlichen Effekt auf die biotechnologischen Prozesse, andere wiederum keine oder nur eine geringe nachteilige Wirkung bei der aeroben oder anaeroben Güllebehandlung. Die Ergebnisse entsprechender Untersuchungen sind in der Tabelle 2.8.2.4–3 zusammengefaßt.

Von besonderem Interesse sind die Auswirkungen von Reinigungs- und Desinfektionsmitteln in der **Umweltfernzone**. Die mögliche Beeinträchtigung aquatischer Ökosysteme durch über das Abwasser eingetragene Chemikalien tritt gegenüber den

2.8 Umweltrelevante Elemente des Schutzes vor Tierseuchen und Infektionskrankheiten

Tabelle 2.8.2.4–2 Die Auswirkung einiger Desinfektionsmittel auf die aerobe thermophile Stabilisierung (System Fuchs) bzw. auf die anaerobe mesophile Fermentation (Biogasgewinnung) – Konzentrationsbereiche, wie sie nach der Stalldesinfektion im Flüssigmist zu erwarten sind (AL WAKEEL, 1977; WINTERHALDER, 1985; HILPERT et al., 1983)

Desinfektionsmittel	Konzentration[1]	Substrat	ATS	AMF	Beeinflussung[2]
Natronlauge	0,04 %	SG	x		keine
	0,06 %	SG	x		keine
	0,005 % (0,08 %)	SG			x
	0,05 % (0,8 %)	SG		x	keine
Formaldehyd	0,074 %	SG	x		deutlich (5 d)
	0,002 % (0,08 %)	SG		x	keine
	0,02 % (0,8 %)	SG		x	schwach (80 %)
Chloramin T	0,14 %	SG	x		keine
Chloramin 80	0,05 % (0,8 %)	SG		x	keine
Peressigsäure	0,008 % (0,12 %)	SG		x	keine
Gevisol® (Phenole)	0,04 %	SG	x		deutlich (4 d)
Master Mix®	0,001 %	KS		x	schwach (94 %)
Environ (Phenole)	0,01 %	KS		x	schwach (92 %)
Tegodor 78®	0,001 %	KS		x	schwach (87 %)
(Aldehyde + Quat.	0,005 % (0,08 %)	SG		x	keine
Amoniumverb.)	0,01 %	KS		x	deutlich (63 %)
	0,05 % (0,8 %)	SG		x	keine
	0,05 %	KS		x	stark (37 %)
Lysovet PA®	0,005 % (0,08 %)	SG		x	keine
(Aldehyde + Phenole)	0,05 % (0,8 %)	SG		x	schwach (90 %)
Orbivet®	0,001 %	KS		x	schwach (87 %)
(Aldehyde + Alkohole)	0,01 %	KS		x	deutlich (60 %)
	0,05 %	KS		x	stark (27 %)
Incidin 3®	0,0016 %	KS		x	schwach (83 %)
(Aldehyde + Alkohole)	0,016 %	KS		x	stark (14 %)
Dekaseptol	0,003 %	KS		x	stark (11 %)
Chloroform + CS_2	0,003 %	KS		x	stark (10 %)

[1] Die Zahlen in Klammern geben bei der AMF die Konzentration im Zulauf an.
[2] Kontrollwert bei der ATS: Nach 2,5 d sind 70 °C erreicht (AL WAKEEL, 1977), die Zahlen in den Klammern geben bei der AMF die Biogasausbeute in Prozent der Kontrolle an.
ATS = Aerobe thermophile Stabilisierung
AMF = Anaerobe mesophile Fermentation
SG = Schweinegülle
KS = Klärschlamm

potentiellen Risiken für terrestrische Systeme in den Hintergrund, weil die in der Tierhaltung angewendeten Reinigungs- und Desinfektionsmittel fast ausnahmslos über die Puffermedien Jauche oder Flüssigmist in die Umwelt und damit auf die landwirtschaftlichen Nutzflächen gelangen.

Je nach Zweck der Desinfektion können die dazu verwendeten Mittel in grundsätzlich zwei unterschiedlichen Konzentrationsbereichen in der Gülle auftreten. In einem niedrigen Bereich nach der Stalldesinfektion und in höheren Konzentrationen nach der Desinfektion der Gülle selbst.

Zunächst ist aus Umweltschutzgründen die Zugehörigkeit der **Wirkstoffe**, die in Reinigungs- und Desinfektionsmitteln vorhanden sind, zu **Wassergefährdungsklassen**

2 Umweltgerechte Tierhaltung

Tabelle 2.8.2.4–3 Die Auswirkung einiger Desinfektionsmittel auf die aerobe thermophile Stabilisierung (System Fuchs) bzw. auf die anaerobe mesophile Fermentation (Biogasgewinnung) von Flüssigmist; Konzentrationsbereiche, wie sie bei der Desinfektion von Schweineflüssigmist zu erwarten sind (AL WAKEEL, 1977; WINTERHALDER, 1985)

Desinfektionsmittel	Konzentration[1]		ATS	AMF	Beeinflussung[2]
Natronlauge	1 %		x		stark (max. 52 °C)
	2 %		x		stark (max. 45 °C)
	0,25 %	(4 %)		x	keine
	0,5 %	(8 %)		x	keine
Formaldehyd	0,78 %		x		deutlich (7 d)
	0,1 %	(4 %)		x	stark (46 %)
	0,2 %	(8 %)		x	stark (11 %)
Kalkstickstoff	0,5 %		x		schwach (2,5 d)
	1 %		x		deutlich (4,5 d)
	2 %		x		stark (max. 35 °C)
Kalk – Ca (OH)$_2$	0,09 %	(1,5 %)		x	schwach (90 %)
	0,19 %	(3 %)		x	deutlich (79 %)
	0,28 %	(4,5 %)		x	deutlich (67 %)
	0,38 %	(6 %)		x	stark (50 %)
Peressigsäure	0,04 %	(0,6 %)		x	keine
	0,08 %	(1,2 %)		x	keine

[1] Die Zahlen in Klammern geben bei der AMF die Konzentration im Zulauf an.
[2] Kontrollwert bei der ATS: nach 2,5 d sind 70 °C erreicht (AL WAKEEL, 1977), die Zahl in Klammern bezieht sich in diesem Zusammenhang darauf bzw. gibt bei der AMF den Prozentsatz der Biogasausbeute in Relation zur Kontrolle an (WINTERHALDER, 1985).
ATS = Aerobe thermophile Stabilisierung
AMF = Anaerobe mesophile Fermentation

Tabelle 2.8.2.4–4 Toxizität und Wassergefährdungsklasse einiger Desinfektionsmittelwirkstoffe

Wirkstoff	LD$_{50}$ [mg/kg] oral in der Ratte	Wassergefährdungsklasse
Ameisensäure	1250	1
Benzalkoniumchlorid	234–1170	3
Essigsäure	3530	1
Formaldehyd	800	2
Glutardialdehyd	600–2380	2
Kalk-Ca (OH)$_2$	7340	1
Natronlauge		1
O-Kresol		2
Peressigsäure	263	2
Zitronensäure	11500	0

wichtig. Bei Handelspräparaten sind die entsprechenden Herstellerangaben zu beachten, meistens liegen auch Daten zur **biologischen Abbaubarkeit im Klärprozeß** für kommunales Abwasser vor (OECD, 1981; OECD, 1992). Die **Giftklassen** und Wassergefährdungsklassen einiger häufig in Desinfektionsmitteln enthaltenen Wirkstoffe sind in Tabelle 2.8.2.4–4 zusammengefaßt. Die Tabellen 2.8.2.4–5 und 2.8.2.4–6 geben Informationen zu oberflächenaktiven Verbindungen und Desinfektionsmittelwirkstoffen in bezug auf den Abbau in kommunalen Kläranlagen. Hinsichtlich akuter Toxizität, Wassergefährdungsklasse und biologischer Abbaubarkeit geht **von Benzalkoniumchlorid** die **größte Gefahr** aus.

2.8 Umweltrelevante Elemente des Schutzes vor Tierseuchen und Infektionskrankheiten

Tabelle 2.8.2.4–5 Vergleich von analytisch bestimmten Eliminationen von Cetyltrimethylammoniumbromid (CTAB), Didecyldimethylammoniumchlorid (DDDMAC) und Benzyldidecyldimethylammoniumchlorid (BDMDAC) mit aufgrund der Adsorptionskonstanten berechneten maximalen Eliminationen durch Adsorption am Schlamm (Gerike, 1982)

Wirkstoff	Bestimmt: Adsorptionskonstante k [%]	Berechnet: Maximale Konzentration im Belebungsbecken bezogen auf Zulaufkonzentrationen		Berechnet: Mögliche Elimination durch Adsorption [%]	Analytisch bestimmt: Abnahme im OECD Confirmatory Test bei Konzentration	
		Faktor	[mg/l]		[%]	[mg/l]
CTAB	88	8	120	8–10	97,5	(15)
DDDMAC	96–97	19–24	95–120	23–29	94,8	(5)
BDMDAC	< 96	< 19	95	< 23	96,2	(5)

Tabelle 2.8.2.4–6 Ergebnis der Prüfung auf biologische Abbaubarkeit von Desinfektionsmittelwirkstoffen (Gode et al., 1992)

Geprüfte Wirkstoffe	Geprüfte Konz. in ppm	OECD-Test[1]	Ergebnis
Formaldehyd	5	301 D/E	leicht abbaubar
Glyoxal	5	301 D/E	leicht abbaubar
Glutaraldehyd	5	301 D/E	leicht abbaubar
Ethanol	5	301 D/E	leicht abbaubar
Isopropanol	5	301 D/E	leicht abbaubar
n-Propanol	50	301 D/E	leicht abbaubar
o-Phenylphenol	2	301 D/E	leicht abbaubar
p-Cl-m-Kresol	2	301 D/E	leicht abbaubar
Peressigsäure	5	301 D/E	leicht abbaubar
Benzalkoniumchlorid	5	301 D/E	nicht leicht abbaubar
	5	303 A[2]	gut abbaubar bzw. eliminierbar

[1] Testkonzentration unter die Mikrobizidschwelle abgesenkt. Dies kann z. B. dadurch geschehen, daß die gewünschte Menge Testsubstanz nicht in einem Schritt, sondern in mehreren kleinen Einzeldosierungen nacheinander eingebracht wird. Ein anderer Weg ist es, in einer Adaptationspassage eine Toxizitätsresistenz des Inokulums zu erzielen. Beide Maßnahmen sind nur begrenzt wirksam. Bei Benzalkoniumchlorid gelang es nicht: Kontrolltests mit bekannten leicht abbaubaren Stoffen lassen hier weiterhin eine toxische Hemmung erkennen.

[2] Kläranlagen-Simulationstest: In diesem Test wird im Prinzip zunächst ein Mischprozeß aus echtem biologischem Abbau und Elimination gemessen. Weitergehende Detailuntersuchungen belegen aber, daß für diese QAV ein echter biologischer Abbau zugrunde liegt.

Über Verhalten und Abbau von Reinigungs- und Desinfektionsmitteln bei der **Lagerung von Jauche und Gülle** ist wenig bekannt. Es deutet vieles darauf hin, daß die mikrobielle Flora sich an diese Stoffe anpaßt und sie ggf. als Kohlenstoffquelle nutzt (Ishaque et al., 1985).

Bei der **Ausbringung** von Desinfektions- und Reinigungsmitteln **mit dem Flüssigmist** bzw. mit der Jauche interessieren mögliche Auswirkungen auf den Pflanzenwuchs, die Bodenmikroflora, die Bodenfauna und das Grundwasser. Zur **Wirkung** von desinfiziertem Flüssigmist **auf das Pflanzenwachstum** liegen für eine Reihe repräsentativer Wirkstoffe Ergebnisse von Labor- und Feldversuchen vor. Ein mit Einschränkungen geeignetes Modell ist der **Kressetest** (Markert

1990; Ley 1992). Die Tabelle 2.8.2.4–7 gibt einen Überblick über die dort erzielten Resultate. Diese korrelieren nicht immer mit den Ergebnissen von Feldversuchen. In der Praxis gleichen auf Dauergrünflächen andere Pflanzenarten z. B. selektive Störungen im Keimverhalten aus und kompensieren so zu erwartende Ertragseinbußen im Laufe der

Tabelle 2.8.2.4–7 Ergebnisse des Kressetestes mit verschiedenen Desinfektionsmitteln (Markert, 1990; Ley, 1992)

Desinfektionsmittelkonzentration im Flüssigmist	Gülle	Keimzeit			Standzeit			Aufwuchshöhe		
		N	M	H	N	M	H	N	M	H
Formalin (37 % Formaldehyd)										
1,0 %	R	x			x			x		
1,0 %	S		x		x			x		
1,5 %	R	x			x			x		
1,5 %	S		x		x			x		
2,0 %	R	x			x			x		
2,0 %	S			x					x	
2,5 %	R		x			x			x	
3,0 %	R		x		x					x
4,0 %	R	NG								
Peressigsäure										
0,3 %	S	x			x			x		
0,6 %	S	x			x			x		
Natronlauge										
0,5 %	R/S	x			x			x		
1,0 %	R/S	x			x			x		
1,5 %	R	x				x		x		
1,5 %	S	x				x			x	
2,0 %	R	x				x		x		
2,0 %	S	x				x			x	
Kalkstickstoff										
10 kg/m^3	R		x			x			x	
15 kg/m^3	R		x			x			x	
20 kg/m^3	R		x			x			x	
Kalkmilch										
40 kg/m^3	R/S	x			x			x		
60 kg/m^3	R/S	x			x			x		
100 kg/m^3	R/S	x			x			x		

N = kein oder geringer Einfluß im Vergleich zur Kontrolle
M = moderater Einfluß im Vergleich zur Kontrolle
H = starker Einfluß im Vergleich zur Kontrolle
NG = keine Keimung
R = Rindergülle
S = Schweinegülle

Keimzeit: N = 2–5 d   M = 5–10 d   H = mehr als 10 d
Standzeit: N = mehr als 10 d   M = 8–10 d   H = weniger als 8 d
Aufwuchshöhe: N = mehr als 5 cm   M = 3–5 cm   H = weniger als 3 cm

2.8 Umweltrelevante Elemente des Schutzes vor Tierseuchen und Infektionskrankheiten

Tabelle 2.8.2.4–8 Erträge der Versuchsflächen (Dauergrünland – Ihinger Hof) nach Düngung mit desinfizierter Schweinegülle (Britzius et al., 1981; Markert, 1990)

Ausgebrachte Gülle [31 m³/ha]	Errechneter Ertrag [t/ha]		Ertragseinbuße (–) bzw. Ertragssteigerung (+) gegenüber begüllter Kontrollfläche	Ertragseinbuße (–) bzw. Ertragssteigerung (+) gegenüber ungedüngter Kontrollfläche
Gülle ohne Zusatz	FM:	21,22	± 0 %	+ 93,8 %
Gülle mit 1 % Formalin	FM:	22,77	+ 7,3 %	+ 107,9 %
Gülle mit 1 % NaOH	FM:	14,39	– 32,2 %	+ 31,4 %
Gülle mit 40 kg Kalkmilch/m³	FM:	12,62	– 40,5 %	+ 15,3 %
Gülle mit 60 kg Kalkmilch/m³	FM:	13,62	– 35,8 %	+ 24,4 %
Gülle mit 4,5 % Formalin	FM:	17,91	– 15,6 %	+ 63,6 %
Gülle mit 1,5 % NaOH	FM:	15,54	– 26,8 %	+ 41,9 %
Keine Gülle (Kontrollfläche)	FM:	10,95	– 48,4 %	± 0 %
Gülle ohne Zusatz	TM:	2,7	± 0 %	ND
Gülle mit 1 % Chlorkalk	TM:	2,5	– 7,4 %	ND
Gülle mit 0,075 % PES	TM:	3,3	+ 22,2 %	ND
Gülle mit 0,3 % PES	TM:	3,8	+ 40,7 %	ND
Gülle mit 0,6 % PES	TM:	4,2	+ 55,6 %	ND

FM = Frischmasse
TM = Trockenmasse

Vegetationszeit. Die Tabelle 2.8.2.4–8 zeigt, daß Formalin in Konzentrationen oberhalb 2 % zwar im Kressetest zu Verzögerungen der Keimzeit, Verkürzung der Standzeit und zur Verringerung der Aufwuchshöhe führt, im **Feldversuch** jedoch auf einer Fläche, die mit Gülle, die 4,5 % **Formalin** enthielt, gedüngt wurde, **nur unbedeutende Ertragseinbußen** zu verzeichnen waren. Es ist erst recht davon auszugehen, daß die Ausbringung desinfizierter Gülle auf Ackerland keine größeren negativen Effekte hat, allerdings muß bei der Benutzung **alkalischer Desinfektionsmittel mit Stickstoffverlusten in der Gülle** gerechnet werden. Diese Aussagen beschränken sich auf die Gülledesinfektion. Konzentrationen von Desinfektionsmitteln, wie sie in der Gülle oder Jauche nach der Stalldesinfektion auftreten können, sind zu niedrig, um entsprechende Effekte hervorrufen zu können.

Hinsichtlich der Erfassung von **Auswirkungen auf die Mikroflora des Bodens** kommt mit starken Einschränkungen von den für aquatische Systeme verwendeten ökotoxikologischen Tests nur der **Leuchtbakterientest** nach DIN 38412 Teil 34 in Frage. Jedoch ist *Photobacterium phosphoreum* als mariner Mikroorganismus nicht repräsentativ für Bodenbakterien, und das Testsystem ist auch mit Erdextrakten oder durch Güllebestandteile zu leicht zu stören.

Als **verläßliches Verfahren** haben sich bisher **Feldversuche auf Kleinflächen** mit nachfolgender Bestimmung von Summenparametern, wie der **Dehydrogenaseaktivität** oder der **Atmung des Bodens**, erwiesen. Ergebnisse solcher Versuche sind in den Tabellen 2.8.2.4–9 und 2.8.2.4–10 exemplarisch zusammengestellt. Weder im Hinblick auf die Veränderung der Dehydrogenaseaktivität noch in bezug auf Bodenatmung und **C-Mineralisierung** lassen sich auf mit desinfizierter Gülle behandelten Flächen so negative Effekte erzielen, die in Anlehnung an das Modell von Malkomes (1985) über die Stufe II (tolerierbar) hinausgehen (Abb. 2.8.2.4–2), in den beaufschlagten Böden ist in der Regel die Bodenatmung höher als auf Kontrollflächen.

Hinsichtlich der Beurteilung der **Auswirkungen auf die Bodenfauna** im Labor steht

Tabelle 2.8.2.4–9 Ergebnisse zur Dehydrogenaseaktivität von 1 g Boden und nach 24 h Inkubationszeit (Angaben in µg TPF) aus Schamper und Zbil (1996)

Varianten am Standort I	Boden- tiefe	Probenahme									
		Tag 1		Tag 9		Tag 14		Tag 29		Tag 185	
		TPF	s*	TPF	s*	TPF	s*	TPF	s*	TPF	s*
Kontrolle	A	4,90	0,54	2,43	0,28	2,42	0,57	1,76	0,53	2,34	0,16
	B	1,49	0,02	0,95	0,20	1,07	0,15	0,94	0,15	0,88	0,11
Gülle	A	2,68	0,09	2,50	0,20	3,67	0,02	3,84	0,53	3,06	0,11
20 m^3/ha	B	1,10	0,07	1,08	0,04	1,66	0,08	1,40	0,11	1,28	0,08
Formalin	A	4,46	0,17	4,35	1,77	2,46	0,50	3,55	0,08	2,63	0,04
16 kg/m^3	B	1,43	0,21	1,26	0,02	1,37	0,10	1,07	0,00	1,00	0,07
NaOH 50%ig	A	5,00	1,39	4,72	0,77	4,73	0,09	4,24	0,62	2,85	0,74
12 kg/m^3	B	0,88	0,02	1,13	0,12	1,32	0,03	1,02	0,07	0,72	0,25
PES 15%ig	A	3,02	0,26	2,99	1,36	2,27	0,27	2,56	0,47	1,79	0,31
40 kg/m^3	B	0,87	0,06	1,15	0,17	0,88	0,01	0,96	0,11	0,73	0,41
Ca(OH)$_2$ 40 %ig	A	4,33	0,91	3,88	2,18	4,32	0,34	4,12	1,48	3,30	0,48
40 kg/m^3	B	0,89	0,09	1,32	0,14	1,50	0,10	0,99	0,31	0,73	0,02
Reiniger	A	2,83	0,19	3,89	1,06	2,67	0,17	3,19	0,62	2,45	0,09
10 kg/m^3	B	1,04	0,16	1,35	0,11	0,91	0,07	1,20	0,04	0,75	0,37

TPF = Ergebnisse angegeben als gebildetes Triphenylformazan (Angaben in µg)
s* = Standardabweichung
Bodentiefe A = 0–2 cm
Bodentiefe B = 8–10 cm

zur Bewertung der akuten Toxizität der **Regenwurmtest** gemäß OECD-Richtlinien 207 zur Verfügung. Entsprechende Ergebnisse mit desinfizierter Gülle sind in der Tabelle 2.8.2.4–11 dargestellt. **Formalin** besitzt von den hier geprüften Substanzen die **höchste Toxizität** und das handelsübliche Reinigungsmittel (P3 – Hochdruckreiniger 35 HCH®) die geringste. Der Test ist allerdings sehr grob und auf die Verhältnisse **unter Praxisbedingungen** nur **sehr begrenzt zu übertragen**. Ergebnisse von Praxisversuchen sind in der Tabelle 2.8.2.4–12 exemplarisch dargestellt.

Hiervon lassen sich nur vorsichtig Tendenzen ableiten. Nur das Reinigungsmittel, das in mehr als zehnfacher Überdosierung angewandt wurde, zeigt negative Effekte, ansonsten sind die Schwankungen insgesamt hoch und Schadwirkungen, die nicht tolerierbar wären, ausgeschlossen.

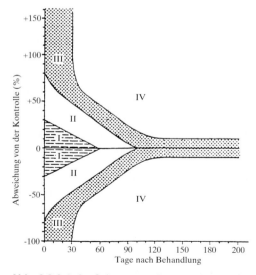

Abb. 2.8.2.4–2 Schema zur Analyse der Ergebnisse von Pflanzenschutzmittelwirkungen in Anlehnung an das Modell von Malkomes (1985). I = vernachlässigbar, II = tolerierbar, III = kritisch, IV = nicht tolerierbar (Quelle: BBA-Richtlinie Teil VI, 1-1, 1990)

2.8 Umweltrelevante Elemente des Schutzes vor Tierseuchen und Infektionskrankheiten

Tabelle 2.8.2.4–10 Ergebnisse zur Basalatmung und C-Mineralisierung vom Tag 1 der Versuchsflächen, auf denen in Böden von Dauergrünland desinfizierte Gülle ausgebracht wurde

Bodenprobennahme: Tag 1

Varianten	Boden-tiefe	mmol CO_2/kg Boden 24 h	s*	7 d	s*	14 d	s*	21 d	s*
Kontrolle	A	1,491	0,640	5,386	0,725	5,361	0,405	7,182	0,300
	B	0,274	0,112	1,397	0,492	1,267	0,771	2,910	2,698
Gülle	A	1,686	0,617	5,507	1,192	6,421	1,695	6,091	0,352
20 m³/ha	B	0,333	0,261	1,200	0,389	1,031	0,679	1,960	0,665
Formalin	A	2,699	0,516	6,261	0,881	7,335	0,537	6,120	1,839
16 kg/m³	B	0,289	0,225	1,230	0,307	1,316	0,406	0,825	0,573
Formalin	A	2,365	0,195	4,547	0,914	4,625	0,408	3,417	0,295
50 kg/m³	B	0,359	0,204	1,011	0,365	2,332	1,490	1,611	0,604
NaOH 50 %	A	2,688	0,319	5,965	0,774	7,111	0,853	6,792	0,836
12 kg/m³	B	0,450	0,230	1,078	0,504	1,554	1,151	1,280	1,040
PES 15 %	A	2,813	0,456	5,093	0,778	5,483	1,191	6,351	2,489
40 kg/m³	B	0,596	0,273	1,210	0,363	0,885	0,679	1,094	0,260
$Ca(OH)_2$ 40 %	A	2,158	0,469	5,865	0,128	6,903	0,310	7,823	0,199
40 kg/m³	B	0,507	0,328	1,656	0,203	2,195	0,750	1,751	0,959
Reiniger	A	2,248	0,332	5,555	0,505	5,939	0,817	6,311	1,285
10 kg/m³	B	0,271	0,158	0,877	0,360	0,394	0,528	2,000	1,019

s* = Standardabweichung
Bodentiefe A = 0–2 cm, B = 8–10 cm
Inkubationszeit: i. e. 24 h = Basalatmung; 7 d, 14 d, 21 d = C-Mineralisierung

Tabelle 2.8.2.4–11 Vergleich der LC_{50}-Werte von unterschiedlichen Desinfektionsmitteln und eines handelsüblichen Reinigungsmittels für die Landwirtschaft im *Eisenia-foetida*-Versuch (Konz. in % in 10 ml Lösung in 250 g feuchten Boden) gemäß OECD-Richtlinie 207 und mit LUFA-Boden 2.3 (SCHAMPER, 1999)

Eingesetzte Mittel zur Reinigung und Desinfektion	Artificial soil (ca. 25 % Feuchte im Substrat)	LUFA-Boden 2.3 (ca. 18 % Feuchte im Substrat)
Formalin	1,4	0,7
NaOH 50%ig	6,5	4,0
PES 15%ig	4,2	1,8
$Ca(OH)_2$ 40%ig	14,0	7,5
Reiniger (P3-Hochdruck-reiniger 35 HCH)®	46,0	18,5

Insgesamt ist festzustellen, daß die **meisten Reinigungs- und Desinfektionsmittel,** die zur Desinfektion von Gülle oder Jauche im Rahmen der **Tierseuchenbekämpfung** angewandt wurden, auf landwirtschaftlichen Nutzflächen **ohne Probleme ausgebracht** werden können. Aus Kostengründen und Vorsorgeüberlegungen ist dem Kalk vor allen anderen Mitteln der Vorzug zu geben, wenn das Ziel der Desinfektion dies zuläßt. Für Mittel, die zur **Flächendesinfektion** eingesetzt werden und die so über die Fäkalien

Tabelle 2.8.2.4–12 Ergebnisse der Feldversuche zur Analyse des Regenwurmbesatzes im Boden von Dauergrünlandversuchsflächen, auf denen Gülle mit Reiniger und Desinfektionsmitteln ausgebracht wurde (endo-, epigäische und anezische Regenwürmer)

	endogäisch Frühjahr		Herbst		epigäisch und anezisch Frühjahr		Herbst	
Biomassen	g/m^2	s*	g/m^2	s*	g/m^2	s*	g/m^2	s*
Kontrolle	37	19	53	41	23	16	52	39
Gülle 20 m^3/ha	36	13	57	15	17	17	8	9
Formalin 16 kg/m^3	24	17	29	8	26	27	5	4
Formalin 50 kg/m^3	48	23	56	22	10	8	14	10
NaOH 50%ig 12 kg/m^3	42	6	28	10	19	39	10	9
PES 15%ig 40 kg/m^3	44	5	41	22	9	7	2	3
Ca(OH)$_2$ 40%ig 40 kg/m^3	36	15	32	11	37	26	8	9
Reiniger 10 kg/m^3	27	34	22	7	15	12	26	31
Abundanzen	Ind./m^2	s*	Ind./m^2	s*	Ind./m^2	s*	Ind./m^2	s*
Kontrolle	108	53	212	108	10	10	42	26
Gülle 20 m^3/ha	142	37	196	52	18	12	24	11
Formalin 16 kg/m^3	98	59	122	14	20	10	14	4
Formalin 50 kg/m^3	112	38	148	67	12	14	14	12
NaOH 50%ig 12 kg/m^3	168	48	98	37	8	16	20	19
PES 15%ig 40 kg/m^3	136	47	190	115	10	10	16	17
Ca(OH)$_2$ 40%ig 40 kg/m^3	118	57	110	61	20	10	18	18
Reiniger 10 kg/m^3	34	35	48	11	16	7	10	12

s* = Standardabweichung

Tabelle 2.8.2.4–13 Abbauraten von einzelnen Desinfektionsmitteln, angegeben als Halbwertszeit (Howard, 1993)

	Boden	Luft	Oberflächenwasser	Grundwasser
Ameisensäure	1–7 d	5–50 d	1–7 d	2–14 d
Formaldehyd	1–7 d	1–6 h	1–7 d	2–14 d
o-Kresol	1–7 d	2–6 h	1–7 d	2–14 d
m-Kresol	2–29 d	1–11 h	2–29 d	4–49 d
p-Kresol	1–16 h	1–15 h	1–16 h	2 h–28 d
Phenol	1–10 d	2–22 h	5–53 h	0,5–7 d
2,4-Dimethylphenol	1–7 d	1–11 h	1–7 d	2–14 d
Ethanol	2–24 h	0,5–5 d	6–26 h	0,5–2 d
Isopropanol	1–7 d	6–72 h	1–7 d	2–14 d
Methanol	1–7 h	3–30 d	1–7 d	1–7 d
Peressigsäure	4–48 h	0,5–6 d	4 h–7 d	2–14 d

in die Umwelt gelangen, ist von **keiner Gefährdung** auszugehen, zumal die meisten Wirkstoffe ohnehin nur kurz in den Umweltkompartimenten persistent sind, wie die Tabelle 2.8.2.4–13 zeigt.

2.8.2.5 Strategien zur umweltgerechten Gestaltung von Reinigungs- und Desinfektionsmaßnahmen

(BÖHM, R.)

Fundierte ökologische Bilanzierungen, welches Vorgehen zur größten Einsparung von Ressourcen und zur geringsten Belastung der Umwelt führt, liegen für die Bereiche der Reinigung und Desinfektion nicht immer vor. Deshalb gilt zunächst für alle Handlungen das **Minimierungsgebot**. Das bedeutet, nicht mehr an Chemikalien, Wasser und Energie einzusetzen, als unbedingt zum Erreichen des beabsichtigen Zweckes notwendig ist. Dies gilt speziell für die vorbeugende Desinfektion. Bei der Tierseuchendesinfektion ist jedoch dieser Grundsatz nur bedingt angebracht, weil die Abwehr akuter Gefahren bei der **Tierseuchenbekämpfung höher zu bewerten** ist als ein idealisiertes Umweltschutzziel, zumal echte Umweltgefährdungen bei sachgemäßem Vorgehen auszuschließen sind.

Für die umweltgerechte **Gestaltung der Verfahren und Arbeitsgänge** der Reinigung und Desinfektion gelten vor allem die im Kapitel 2.8.2.3 gegebenen Hinweise. Die Tabelle 2.8.2.5–1 faßt die Einflußfaktoren sowie die Folgen der Unter- bzw. Überschreitung des Optimums zusammen.

Hinsichtlich der **Auswahl der Reinigungs- und Desinfektionsmittel** sind folgende Grundsätze zu beachten:

- Auch wenn die neutralen Reinigungsmittel, wie die linearen Alkylbenzone (LAS), im Boden schnell abgebaut werden und sich deshalb dort nicht anreichern, können sie doch zeitweilig die physikalischen Bodeneigenschaften verändern. Deshalb sollte den **alkalischen Reinigungsmitteln mit einfacher chemischer Struktur** (Natronlauge, Natriumkarbonat, Natriumphosphat) der **Vorzug gegeben** werden. Bei den **sauren Reinigungsmitteln** kann auf **Zitronensäure** oder **Weinsäure** zurückgegriffen werden.

- Bei den **Desinfektionsmitteln** kann nur schwer eine generelle Empfehlung gegeben werden, je nach Einsatzgebiet und Einsatzbedingungen müssen die bestimmten Präparateklassen zugehörigen Vor- und Nachteile beachtet werden.

Aus ökotoxikologischen Gründen sollte die Verwendung von **Aktivchlorverbindungen und Phenolen** vermieden werden, weil chlororganische und phenolische Verbindungen **in Ökosystemen persistieren können**. Ökologisch optimal sind **sauerstoffabspaltende Wirkstoffe** (Peroxo-Verbindungen). Präparate auf der Basis von Aldehyden und organischen Säuren sollten nur angewendet werden, wenn ein für ihre Wirkung optimaler Temperaturbereich gegeben ist.

Während für Reinigungsmittel schon lange Anforderungen, die den Schutz der Umwelt betreffen, gesetzlich fixiert sind (Tens. V., 1977, WRMG 1987), zeichnet sich eine solche Regelung für Desinfektionsmittel erst durch die Verabschiedung der Biozidrichtlinie der EU im Jahr 1998 mit einer langen Übergangsfrist ab.

Im Hinblick auf den Betrieb von **ständigen Desinfektionseinrichtungen** (Durchfahrbecken, Desinfektionsmatten) ist festzuhalten, daß ihre desinfizierende Wirksamkeit begrenzt ist. Die Bereitstellung geringerer Mengen von Desinfektionsmitteln in **Kombination mit mechanischer Aktion** (Bürste, Hochdruckreiniger, Reifenwaschanlage) ist wirkungsvoller und **verringert die Einsatzmengen** von solchen Chemikalien sowie deren Eintrag in die Umwelt (BACHMANN, 1992). In Betrieben mit sehr wertvollen bzw. großen Tierbeständen werden häufig **Desinfektionsdurchfahrwannen** eingerichtet. Aus Gründen der Wirksamkeit und der Begrenzung des Austrages in den Boden sollte die **bauliche Konstruktion** (Breite, Länge, Tiefe, Gefälle, Ablauföffnung, korrosionsfestes Baumaterial) hohen Ansprüchen genügen. Besonderer Wert ist auf den **Rücklauf** der abfließenden Desinfektionslösung zu legen.

2 Umweltgerechte Tierhaltung

Tabelle 2.8.2.5–1 Einflußfaktoren bei der Reinigung und Desinfektion und Folgen der Unter- bzw. Überschreitung des Optimums

Einflußfaktor	Optimum	Unterschreitung	Überschreitung	Bemerkungen
Glatte Oberfläche	• gute Reinigung • Verzicht auf Chemikalieneinsatz	• erhöhter Einsatz von Chemikalien, Wasser und Energie	• tierunfreundliche Umwelt • Rutschgefahr	
Temperaturerhöhung im Stall	• uneingeschränkte Auswahl von DM • geringe Einsatzkonzentration und sichere Wirkung	• eingeschränkte Auswahl meist korrosiver DM • hohe Einsatzkonzentration und unsichere Wirkung	• hoher Energieeinsatz	
Verwendung von heißem Wasser	• 40 °C gute, schnelle und sichere Wirkung bei R+D	• Wirkungseinbußen • Erhöhte Anwendungskonzentr. von DM	• erhöhter Energieeinsatz • zu schneller Abbau von bestimmten Wirkstoffen	
Verwendung von hohem Druck bei der Reinigung nach gründlichem Vorweichen	• gute und sichere Reinigung • Wasserersparnis	• Erhöhter Zeitaufwand • Erhöhter Wasseraufwand • Schonung der Bauteile und Einrichtungen	• Verringerte Lebensdauer von Bauteilen und Einrichtungen • Erhöhter Energieaufwand	
Verwendung von Reinigungsmitteln	• gründliche Reinigung • geringerer Energie- und Wasserbedarf	• Durchführung zusätzlicher Maßnahmen wie Erhöhung der Reinigungstemperatur, fraktioniertes Einweichen • hoher Energie- und Wasserbedarf	• Unnötiger Eintrag von Chemikalien (u. U. Nährstoffen) in die Umwelt	
Verwendung von Sauerstoffabspaltern anstelle von Aldehyden, Alkalien und org. Säuren	• Einsatz über einen weiten Temperaturbereich • schneller Zerfall	• unsichere Wirkung	• erhöhte Korrosion	Gefahr der Korrosion ist immer gegeben. Wirkungsverlust in Gegenwart von Rost und Blut
Verwendung von organischen Säuren anstelle von Aldehyden, Alkalien und Sauerstoffabspaltern	• schneller Abbau in der Umwelt • geringe Toxizität	• begrenztes Wirkungsspektrum verschiedener organischer Säuren • unsichere Wirkung bei suboptimalen Temperaturen	• erhöhte Korrosion	nur in einem begrenzten Temperaturbereich zur Flächendesinfektion einsetzbar
Aufwandmenge	• Minimierung des Einsatzes von DM • sichere Wirkung durch gleichmäßige Benetzung	• unter 0,4 l/m² Wirkungsverlust auf rauhen Oberflächen	• sichere Wirkung, Ausbringung von 2 x 0,4 l/m², bei der Tierseucheninfektion besonders zu empfehlen • bei vorbeugender Desinfektion unnötiger Eintrag von Chemikalien in die Umwelt	Herabsetzung der Aufwandmengen nur bei gleichzeitiger starker mechanischer Aktion möglich (Scheuerdesinfektion)

DM = Desinfektionsmittel
R+D = Reinigung und Desinfektion

2.8 Umweltrelevante Elemente des Schutzes vor Tierseuchen und Infektionskrankheiten

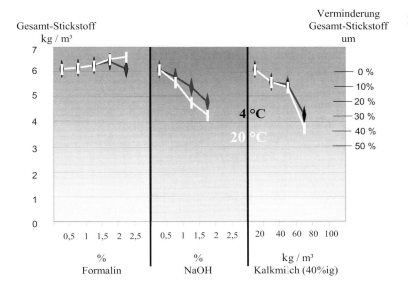

Abb. 2.8.2.5–1
Verluste an Gesamtstickstoff in Schweinegülle nach der Desinfektion mit Formalin, Natronlauge und 40 %iger Kalkmilch (MARKERT, 1992)

Bezüglich der Desinfektion von Flüssigmist und Jauche muß darauf hingewiesen werden, daß **alkalische Desinfektionsmittel** zu **Stickstoffverlusten** führen. Abbildung 2.8.2.5–1 zeigt die Größenordnungen solcher Verluste. **Trotzdem** sollte dem Einsatz von **Kalk** vor allen anderen Mitteln, nicht zuletzt aus Kostengründen, der **Vorzug gegeben** werden, weil die meisten Böden in Deutschland einen gewissen Kalkbedarf haben. Der Stickstoffverlust kann durch nichtbehandelten organischen Dünger oder mineralische Düngemittel kompensiert werden.

2.8.3 Ökologische Anforderungen an Entwesungsmittel und -verfahren

(METHLING, W.)

2.8.3.1 Notwendigkeit und Zielstellungen der Entwesung

Die **Entwesung** umfaßt alle Maßnahmen zur Begrenzung bzw. Reduzierung der Population von Kleintieren, die als Reservoir oder Überträger von Krankheits- und Verderbniserregern sowie als Hygiene- bzw. Vorratsschädlinge die Tierhaltung gefährden oder beeinträchtigen. Sie können nicht nur **Krankheiten übertragen**, sondern verursachen auch **Belästigungen** der Tiere und teilweise beträchtliche **wirtschaftliche Verluste**. Für die Tierhalter resultiert aus der Anwesenheit der Schadtiere nicht selten **Ekelgefühl**. Die Entwesung ist deshalb nicht nur ein wesentliches Element der externen und internen Seuchenprophylaxe, sondern auch eine darüber hinausgehende hygienische und wirtschaftliche Aufgabe.

Die Gefahr der **Einschleppung** und **Übertragung von Krankheitserregern** geht vor allem von Schadnagern und Vögeln aus. Insbesondere die **Wanderratte** *(Rattus norvegicus)* kommt wegen ihres großen Aktionsradius von bis zu 5 km als Vektor fast aller Erreger in Frage, wenn sie diese von Abfällen auf Mülldeponien, Kadavern, Wildtieren oder verseuchten Nutztierbeständen in die Anlage einschleppt. Die stationärer lebende **Hausratte** *(Rattus rattus)* und die **Hausmaus** *(Mus musculus)* verbreiten die Krankheitserreger in der Regel nur innerhalb einer Anlage oder in benachbarte Höfe. Gleiches gilt für die **Fliegen** und andere Insekten.

2 Umweltgerechte Tierhaltung

Auch verwilderte **Haustauben** (*Columba* spp.), **Möwen** (*Larus* spp., *Stercorarius* spp.) und **Krähen** (*Corvus* spp.) können wegen ihrer z. T. großräumigen Bewegung tierpathogene Mikroorganismen und Parasiten einschleppen, während **Sperlinge** (*Passer* spp.), **Mauersegler** (*Apus* spp.) und **Schwalben** (*Hirundo* spp., *Delichon* spp.) nur für die Verbreitung von Stall zu Stall am Standort in Frage kommen.

Belästigungen, die auch leistungsmindernd wirken können, gehen abgesehen von echten Parasiten (Läuse, Milben) vor allem von verschiedenen Fliegenarten aus. STEIGER (1986) hält eine Fliegendichte von 50 bis 100 je Tier für eine bekämpfungswürdige Fliegenplage. Die größte Verbreitung besitzen die **Echte Stubenfliege** *(Musca domestica)*, **Falsche Stubenfliege** *(Muscina stabulans)*, **Augenfliege** *(Musca autumnalis)*, **Latrinenfliege** *(Fannia scalaris)*, **Güllefliege** *(Ophyra aenescens)*, **Große Stechfliege** *(Stomoxys calcitrans)*, **Kleine Stechfliege** *(Haematobia irritans)*. Die Fliegen versetzen die Tiere durch ihre Bewegung auf deren Körperoberfläche in ständige Unruhe und fordern sie zu Abwehrreaktionen (Schwanzschlagen, Schütteln u. a.) heraus. Die an Wänden hochwandernden **Rattenschwanzlarven** der **Schlammfliege** *(Eristalis tenax)* sind noch mehr **ekelerregend** als massenhafte Ansammlungen von **Maden** (Larven der Stubenfliege u. a.). Einige Fliegenarten *(Musca domestica, Muscina stabulans, Fannia scalaris)* können auch die Fliegenlarvenkrankheit **(Myasis)** verursachen: Geschlechtsreife Fliegen legen ihre Eier in Wunden, Haare usw. Dort entwickeln sich Larven, die sich von Gewebe ernähren und es zerstören.

Wirtschaftliche Schäden ergeben sich in erster Linie aus der massenhaften Aufnahme von Getreide und Mischfuttermitteln, aber auch anderen Futtermitteln, durch Mäuse und Ratten. Die Futterverluste werden auf jährlich 1,5 kg pro Maus und 18–32 kg pro Ratte geschätzt (TANNERT, 1979). Darüber hinaus werden durch Picken und Nagen der Tiere Schäden an Dächern, Kanälen, Dämmmaterialien und Elektroleitungen herbeigeführt. Extreme Verluste treten auf, wenn Mäuse oder Ratten durch Fressen der Kabelisolation Kurzschlüsse der Elektroinstallation und Brände auslösen.

2.8.3.2 Ökologische und andere Gefahren beim Einsatz von Mitteln und Verfahren der Entwesung

Beim Einsatz von Verfahren und Mitteln der Entwesung bestehen in Abhängigkeit von der gewählten Methode der Bestandsregulierung bzw. Insektenbekämpfung folgende **Gefahren:**

1. **Eintrag** von akut oder chronisch wirkenden **Giften** über Dung, Jauche, Gülle und Abwasser in Boden und Wasser,
2. Verstöße gegen Grundsätze des **Tierschutzes** beim Töten von Tieren,
3. direkte oder indirekte **Aufnahme von Giften** durch landwirtschaftliche Nutztiere, Heim- und Begleittiere sowie Menschen,
4. **Unfälle** beim Einsatz physikalischer Entwesungsmethoden.

Durch den massenhaften **Eintrag von Bioziden** (vor allem Insektiziden) in die Gülle ist es durchaus möglich, daß **Rückstände** in toxikologisch bedeutsamen Größenordnungen die natürliche Fauna beeinträchtigen. Deshalb kommt es darauf an, möglichst Wirkstoffe mit geringer **Ökotoxizität** und in geringen **Mengen** einzusetzen. Das erfordert die kombinierte Anwendung verschiedener Prophylaxe- und Bekämpfungsmethoden, die den Einsatz von Giften überflüssig machen.

Der höchste Grundsatz des **Tierschutzes** besteht darin, den Tieren nicht ohne vernünftigen Grund Schmerzen, Leiden und Schäden zuzufügen (§ 1 des Tierschutzgesetzes in der Fassung der Bekanntmachung vom 25.05.1998). Die vernünftigen Gründe ergeben sich bei der Entwesung vor allem aus dem dadurch bewirkten Gesundheitsschutz für die Nutztiere. Die **Tötung der Tiere** muß jedoch möglichst **schmerzlos**

2.8 Umweltrelevante Elemente des Schutzes vor Tierseuchen und Infektionskrankheiten

und **ohne Leiden** erfolgen. Deshalb verbieten sich solche Methoden wie Verfüttern von Zement und Ertränken.

Selbstverständlich stellen gegen Insekten, Vögel und Schadnager eingesetzte Gifte eine große **gesundheitliche Gefahr** für die Nutztiere, Heim- und Begleittiere sowie den Menschen dar. Immer wieder werden Todesfälle nach der Aufnahme von nicht sachgemäß angewandten Entwesungsmitteln gemeldet. Unter allen Umständen muß der **direkte Kontakt** mit Präparaten **verhindert** werden, indem den Tieren der Zugang zu Köderplätzen, Attraktivbehältern u. ä. verwehrt ist. Am Beginn der Bekämpfungsperiode von Ratten und Mäusen sollen im Stall heimische Katzen satt gefüttert werden, damit sie nicht über das Fressen von Schadnagern indirekt das Gift aufnehmen. Satte Katzen töten die unter Gifteinwirkung stehenden Mäuse oder Ratten, fressen sie jedoch nicht. Die mit der Tierhaltung befaßten Personen müssen erforderlichenfalls **Schutzmittel** (Handschuhe, Brille, Maske) tragen. Es ist darauf zu achten, daß sie den Kontakt mit den applizierten Mitteln vermeiden und sich regelmäßig die Hände waschen.

Werden physikalische Bekämpfungsmethoden (Fallen, Hochspannung, Ultraschall u. a.) verwendet, so müssen **Unfälle** dadurch, daß Nutztiere und Menschen in den Wirkungsbereich der Aggregate geraten, verhindert werden. Sie müssen also so plaziert werden, daß sie bei der normalen Bewegung und Tierbetreuung nicht erreicht werden können.

2.8.3.3 Verfahren, Methoden und Mittel der Entwesung

Für die Kontrolle, Begrenzung oder Reduzierung der Schadnager-, Vogel- und Insektenpopulationen in Nutztierställen ist eine Vielzahl von Grundlagen, Verfahren, Methoden und Mitteln gegeben (s. Abb. 2.8.3.3–1):

- hygienisch-technologische Grundlagen,
- physikalische Methoden,

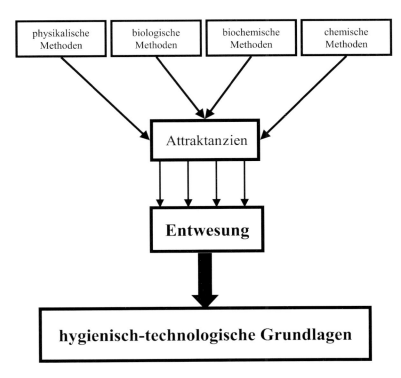

Abb. 2.8.3.3–1 Grundlagen, Verfahren und Methoden der Entwesung

2 Umweltgerechte Tierhaltung

- biologische Methoden,
- biochemische Methoden,
- chemische Methoden,
- Einsatz von Attraktanzien.

Eine wichtige Voraussetzung für die erfolgreiche Entwesung mit physikalischen, biologischen und chemischen Methoden besteht in der Gewährleistung der **hygienisch-technologischen Grundlagen**. Darunter sind alle Maßnahmen zu verstehen, die Brut-, Futter- und Niststätten der unerwünschten Tiere verhindern oder zerstören. Sie sollen Bedingungen schaffen, die unattraktiv für Insekten, Vögel und Schadnager sind, ihrer Ansiedlung und Vermehrung im Stall entgegenwirken. Zu den bedeutsamsten Grundlagen der gegen die potentiellen Schädlinge gerichteten Verfahrensgestaltung gehören:

- ordnungsgemäße Dungstapelung (zwecks Selbsterhitzung möglichst hoch, geschlossene Rück- und Seitenwände, keine Einbringung attraktiver Futterreste),
- kurzfristige (mindestens zweimal wöchentlich) Gülleentfernung aus dem Stall, um Fliegenentwicklung in der Schwimmschicht des Güllestapels zu verhindern,
- ständige Beseitigung von Restfutter und Milch, Verhinderung der Ansammlung von Restfutter im Güllekanal,
- für Schadtiere schwer zugängliche Lagerung der Futtermittel,
- regelmäßige Reinigung des Stalles (einschließlich unzugänglicher Ecken),
- Ordnung und Sauberkeit im Innen- und Außenbereich der Stallanlage,
- ordnungsgemäße Lagerung und Beseitigung von Kadavern und Nachgeburten (s. Kap. 2.8.4.),
- Zerstörung bzw. Leerung von Nestern (gegen Vögel; in Verbindung mit Vogelhäusern).

Die **physikalischen Methoden** nutzen mechanische, akustische, elektrische, elektromagnetische und radioaktive Einwirkungen, um das Einwandern oder Eindringen der Tiere zu behindern, im Stall vorhandene Tiere zu vertreiben oder zu töten, die Vermehrung zu behindern bzw. verhindern. Dazu gehören:

- Gaze (gegen Fliegen),
- Gitter, Stäbe, Drähte (gegen Schadnager und Vögel),
- Klebebänder bzw. -wände (gegen Fliegen; kombiniert mit Attraktanzien),
- Fallen (gegen Schadnager, Vögel und Insekten; in Kombination mit Attraktanzien und chemischen Mitteln),
- leistungsstarke Staubsauger (gegen Fliegen; in Verbindung mit chemischen Mitteln),
- Ultraschallgeräte (gegen Fliegen, Vögel und Schadnager),
- Elektromagnetfeldgeneratoren (gegen Insekten und Schadnager),
- elektrische Hochspannungsfalle (gegen Fliegen; kombiniert mit attraktiver Lichtquelle),
- radioaktive Strahlung (zur Sterilisation von Insekten).

Es ist zu erwarten, daß der technische Fortschritt die Entwicklung weiterer physikalisch wirkender Geräte zur Vertreibung von Schädlingen (Pest repeller) befördern wird.

Die Nutzung von **biologischen Methoden** hat einerseits eine lange Tradition (wie Katzen gegen Mäuse), andererseits durch Erkenntniszuwachs in der biologischen Forschung eine sehr aussichtsreiche Perspektive. Alle biologischen Methoden beruhen darauf, daß natürliche Konkurrenz- oder Feindtiere und Krankheitserreger gezielt eingesetzt werden, um die Schadtiere abzuhalten, zu vertreiben oder zu töten (TANNERT, 1979; STEIGER, 1986; HIEPE et al., 1982; METHLING, 1987; KRIEG et al., 1989; ROTH et al., 1995, HEUMANN, 1996):

- Katzen, Hunde, Frettchen u.a. (gegen Schadnager),
- Schwalben (gegen Fliegen),
- Puppenparasiten/Killerinsekten (relativ artspezifisch gegen Insekten):
  - *Ophyra aenescens* (Güllefliege) gegen *Musca domestica* (Echte Stubenfliege),

2.8 Umweltrelevante Elemente des Schutzes vor Tierseuchen und Infektionskrankheiten

- *Muscidifurax raptor* und *Spalangia endius* gegen synanthrope und synbovine Fliegen,
- *Spalangia cameroni* gegen *Stomoxys calcitrans* (Große Stechfliege),
- *Scarabaeidae* (Mistkäfer) und mit ihnen vergesellschaftete Raubmilben gegen *Haematobia irritans* (Kleine Stechfliege),
- insektizide Bakterienkulturen *(Bacillus thuringiensis, var. israelensis)* gegen Stech- und Kriebelmückenlarven,
- genetische Sterilisation (Autozid-Methode) gegen Fliegen.

Die z.T. in den USA und in der damaligen Sowjetunion praktizierte Vernichtung von Schadnagerpopulationen mit Hilfe von **Krankheitserregern** (Salmonellen, teilweise in Kombination mit Giften) dürfte **zukünftig keine Bedeutung** haben, da sie mit unvertretbar hohem Risiko für Nutztiere, Heim- und Begleittiere sowie Menschen verbunden ist.

Die **biochemischen Methoden** erreichen die Entwesung von Insekten durch die Applikation von Wirkstoffen, die von anderen Organismen produziert werden oder inzwischen industriell erzeugt werden:

- Juvenilhormone oder synthetische Analoga (wie Methopren und Diflubenzuron) gegen Fliegenlarven und Mückenlarven,
- biogene Insektizide gegen Fliegenlarven/Fliegen:
  - β-Toxin von *Bacillus thuringiensis var. thuringiensis* gegen die Echte Stubenfliege *(Musca domestica)*, Augenfliege *(M. autumnalis)*, Kleine Stechfliege *(Haematobia irritans)*,
  - Ivermectin von *Streptomyces spp.* gegen Stechfliegen *(Glossina, Stomoxys, Haematobia)*,
- Extrakt aus Pyrethrumblüten (Chrysanthemen) gegen Fliegen und andere Insekten,
- Chemosterilanzien (z.B. Metepa gegen Fliegen).

Die biogenen Wirkstoffe und die auf ihrer Basis synthetisierten Verbindungen stehen im Mittelpunkt des Interesses der Forschung und Industrie. Neben ihren bioziden Wirkungen müssen die **ökotoxikologischen Effekte geprüft** werden. Bei allem Bemühen um die Entwicklung „unbedenklicher" Biozide ist festzustellen, daß es sich um Gifte handelt, die wohl niemals vollständig ungiftig für andere Tierarten und die Umwelt sein können.

Als **chemische Methoden** bezeichnet man Verfahren der Schädlingsbekämpfung, bei denen chemisch-synthetische Wirkstoffe eingesetzt werden. Diese Präparate sind wegen ihrer gezielt entwickelten **Toxizität** und **Stabilität** grundsätzlich ökologisch bedenklich. Die Wirkstoffe mit der gegenwärtig größten Bedeutung sind:

- synthetische Pyrethroide (z.B. Permethrin, Cypermethrin, Deltamethrin, Cyfluthrin, Betacyfluthrin) gegen Fliegen,
- Phosphorsäureester (u.a. Dichlorvos, Trichlorphon, Chlorfenvinphos, Azamethiphos, Propetamphos, Chlorpyrifosmethyl, Dimethoat) gegen Fliegen,
- Karbamate (wie Prooxur und Carbaril gegen Fliegen),
- subchronisch wirkende indirekte Blutgerinnungshemmer gegen Schadnager:
  - Warfarin (Oxikumarinverbindung),
  - Chlorphacinon,
  - Bromadiolon in Verbindung mit Sulfachinoxalin,
- akut wirkende Atemgifte gegen Schadnager und Vögel:
  - Zinkphosphid, Aluminiumphosphid,
  - Blausäurepräparate (nur im Ausnahmefall).

Die **Rodentizide** gegen Mäuse und Ratten werden in Ködermaterialien konfektioniert, um ihre Aufnahme zu sichern. Präparate mit subchronisch wirkenden Blutgerinnungshemmern sollten mindestens 2 Wochen lang in **Attraktivbehältern** (s. Abb. 2.8.3.3–2) verabreicht werden, damit ein ungestörter und ausreichender Verzehr gewährleistet ist. Der Tod tritt ein durch ungehemmten Blutaustritt aus kleinsten Wunden im Körper. Die Tiere sterben nach 5 bis 7 Tagen an einem

2 Umweltgerechte Tierhaltung

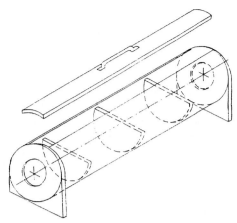

Attraktivbehälter für Ratten
(ø des Schlupfloches: 70 mm)

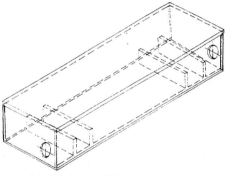

Attraktivbehälter für Mäuse
(ø des Schlupfloches: 30 mm)

Abb. 2.8.3.3–2 Beispiele für die konstruktive Gestaltung von Attraktivbehältern für die chemische Bekämpfung von Ratten und Mäusen (METHLING, 1987)

Kadaver müssen umgehend entsorgt werden.

Um die Insekten und Schadnager an den Ort des Einsatzes von physikalischen und chemischen Methoden zu locken und die Aufnahme des Wirkstoffes bzw. Köders zu erhöhen und seine Wirkung zu kontrollieren, hat sich die Anwendung von **Attraktanzien** bewährt. Attraktanzien sind auf die Schädlinge anziehend (attraktiv) wirkende Mittel, Stoffe oder Einrichtungen:

- Farbanstriche für Insekten,
- (farbiges) helles Licht für Insekten,
- Duftstoffe (Molke, Milch, Buttermilch mit Zucker, Cola, Bier, Blut mit Zucker, Leim mit Melasse, Azeton, Urin gemischt mit Azeton, Oktenol, Sexualpheromone),
- Köder (Getreide, Pellets, Fisch u. a.),
- Attraktivbehälter für Schadnager.

Attraktivbehälter für Mäuse und Ratten müssen eine bestimmte Konstruktion aufweisen, damit sie von den Tieren angenommen werden (s. Abb. 2.8.3.3–2):

- berührungswarmes Material (Holz, Kunststoff),
- Schlupflochgröße von 30 mm (Mäuse) bzw. 70 mm (Ratten),
- Sichtschutz und Geborgenheit bietende Zwischenwände,
- Köderapplikation im Mittelbereich auf oder unter anziehendem Material (Polystyrolschaumstoff, Eierpackungen, Papier).

Die Attraktivbehälter sollten an den bevorzugten Wanderwegen der Tiere, z. B. Kanäle, Wände, Ecken, Zäune u. a., aufgestellt werden. Sie müssen regelmäßig (mindestens vierteljährlich) kontrolliert, gereinigt und neu beschickt werden.

Um einen Erfolg von **chemischen Bekämpfungsmaßnahmen** und damit einen möglichst geringen Gifteinsatz zu sichern, sollten folgende **Grundsätze** beachtet werden:

- Bestimmung der vorhandenen Schadtierart(en),

anderen Ort. Damit wird das Gefahrenwarnsystem der hoch organisierten Schadnagerpopulationen unwirksam gemacht. **Akutgifte** werden erst nach ausreichend langer Anfütterung der Tiere mit giftfreiem **Köder** (ca. 5 Tage) und zuverlässiger Annahme der Köder verabreicht. Im Körper entsteht aus dem Phosphid das höchst toxische und in wenigen Sekunden zum Atemstillstand führende **Phosphin**. Noch lebende vergiftete und nicht vergiftete Tiere verlassen sofort den Ort der Köderaufnahme. Köderreste und

2.8 Umweltrelevante Elemente des Schutzes vor Tierseuchen und Infektionskrankheiten

- Auswahl eines geeigneten Mittels, besser mehrerer Präparate mit verschiedenen Wirkstoffen,
- regelmäßiger Wechsel (vierteljährlich) des Präparates (Wirkstoffes), um Resistenzausbildungen zu verhindern,
- exakte Einhaltung der Anwendungsvorschriften (Dosis, Applikationsart, -ort, -zeitpunkt, -häufigkeit).

2.8.3.4 Minimierung des Biozideinsatzes durch integrierte Entwesung

Das Konzept der **integrierten Entwesung** zielt auf einen minimalen Einsatz oder sogar Verzicht von chemischen Wirkstoffen durch ein **komplexes, ganzheitliches Vorgehen** unter Nutzung aller in 2.8.3.3. dargestellten Möglichkeiten. Von grundlegender Bedeutung ist die Verhinderung bzw. Begrenzung der Ansiedlung und Vermehrung der Schadtiere durch **hygienisch-technologische Maßnahmen** bzw. Grundsätze. Wenn die Einhaltung der beschriebenen Anforderungen nicht ausreicht, um den Fliegen- oder Schadnagerbesatz niedrig zu halten, sollten zunächst **physikalische** und/oder **biologische Methoden** zur Anwendung kommen. Auch diese Verfahren sollten mit dem Einsatz von **Attraktanzien** verknüpft werden. Nur im Notfall sollte auf die Applikation von **biologisch-chemischen** und **synthetisch-chemischen** Präparaten zurückgegriffen werden, ohne auf die Anwendung hygienisch-technologischer, physikalischer und biologischer Methoden zu verzichten.

Die **Notwendigkeit** und der **Erfolg** der **Entwesung** ist an der Stärke und Reduzierung der Schadtierpopulationen zu messen. Bei Mäusen und Ratten hat sich eine viertel- bis halbjährliche Kontrolle, Reinigung und Neubeschickung der Attraktivbehälter bewährt. Findet man keine toten Schadnager, sieht man keine lebenden Tiere mehr und bleiben die Attraktivbehälter unberührt, so kann der Abstand der Köderausbringungen vergrößert werden; andernfalls muß der Rhythmus beschleunigt werden. Man kann davon ausgehen, daß eine sichtbare Ratte für ca. 100 vorhandene, nicht beobachtete Tiere steht.

Bei Stallfliegen könnte die Befallstärke auf repräsentativen Flächen (Wand, Tierkörperoberfläche) ermittelt werden. Man ermittelt die Anzahl der Fliegen am besten auf einer vorgezeichneten oder durch einen Meßrahmen definierten Fläche. Durch Foto- oder Videoaufnahmen kann das Problem der wechselnden Besatzdichte durch an- und abfliegende Tiere gelöst werden, indem die Fliegenzahl zum Zeitpunkt der Aufnahme sehr genau erfaßt werden kann.

2.8.3.5 Auswahl von Entwesungsmitteln

Bei der Auswahl von Präparaten für die Entwesung spielen mehrere Gesichtspunkte eine Rolle. Im Vordergrund stehen sicherlich die möglichst breite, sichere und langanhaltende Wirksamkeit sowie ein günstiger Preis. Hinzu kommen Wünsche für eine unkomplizierte Lagerung, Zubereitung und Ausbringung der Mittel. Die Mittel sollten nicht toxisch für den Menschen und für Nutztiere sein. Hinsichtlich der **ökotoxikologischen Unbedenklichkeit** vertraut der Anwender (Schädlingsbekämpfungs- und Hygieneserviceunternehmen, Tierhalter, Tierarzt u. a.) dem Hersteller sowie den Prüf- und Zulassungseinrichtungen, daß sie nur solche Mittel entwickeln und auf den Markt bringen, die bei sachgemäßer Anwendung unschädlich für die Umwelt sind.

Die **ökotoxikologische Bewertung** wird auf der Basis einer Reihe von Tests, die die Wirkung auf bestimmte Indikatororganismen prüfen, vorgenommen (s. a. Kap. 2.8.2.4). Sie sollen Auskunft darüber geben, ob und in welchem Maße die natürliche Flora und Fauna durch die eingesetzten Wirkstoffe gefährdet werden. Die Bewertung der Ökotoxizität setzt genaue Kenntnisse über die Wirkung und das Verhalten, die Anreicherung, Persistenz und den Abbau der Wirkstoffe in den Stoffkreisläufen und Nahrungsketten (einschließlich Lebensmittel) voraus. Solche komplexen ökologischen Wertungen liegen bisher für kein Entwesungsmittel vor. Die **Ökotoxizität** wird deshalb meistens von der **Toxizität** gegenüber **Bienen**, **Fischnährtieren** (Kleinkrebse), **Fischen** und **Vögeln** abgeleitet. Die Untersuchung von Lebensmitteln auf **Rückstände** von Pestiziden ermöglicht durchaus Schlußfolgerungen zu deren Ökotoxizität. Die Untersuchung von Organen und Geweben von Wildtieren erlaubt vor allem Aussagen zur möglichen Akkumulation und damit zur ökologischen Bewertung von **Insektiziden**, **Akariziden**, **Molluskiziden** und **Rodentiziden**, die in Forst- und Landwirtschaft sowie Gartenbau eingesetzt werden.

Nimmt man einen Vergleich der Angaben zur **Ökotoxizität** von Wirkstoffen bzw. Präparaten für die Entwesung vor, so lassen sich für die **Insektizide** folgende Aussagen treffen:

- Fast alle Organophosphate, Karbamide und Pyrethroide sind mindertoxisch für Bienen, Fischnährtiere und Fische, Dimethoat ist auch mindergiftig für Vögel.
- Chlorpyrifosmethyl und Carbaryl sind mindergiftig für Warmblüter.
- Zieht man die LD_{50} und den NEL für Ratten als Maßstab heran, hat das Dimethoat die höchste Toxizität, während das Chlorpyrifosmethyl ungiftig ist.
- Pyrethrum-Extrakt ist für die Ratte toxischer als das synthetische Permethrin.
- Carbaryl ist zwar für Warmblüter weniger toxisch als Dimethoat, jedoch mehrfach giftiger als Permethrin.
- Die Toxizität der Juvenoide und Chemosterilanzien ist sehr schwer zu bewerten, weil sie entwicklungshemmend, jedoch nicht tötend wirken.
- Erhöhte Persistenz, damit stärkere Akkumulationsneigung und erhöhte Potenz zur Ökotoxizität besteht bei fast allen chemisch-synthetischen Mitteln, wenn man sie mit ihren natürlichen „Vorbildern" vergleicht.

Die **Ökotoxizität** von **Rodentiziden** (Mittel für Schadnagerbekämpfung) kann nach dem gegenwärtigen Kenntnisstand wie folgt bewertet werden:
- Die Antikoagulanzien sind gegenüber Warmblütern logischerweise mehrfach giftiger als Insektizide, giftig gegenüber Fischen, jedoch nicht toxisch für Bienen.
- Die Phosphide sind sehr giftig gegenüber Warmblütern, Fischen und Fischnährtieren.
- Eine Langzeitwirkung der Rodentizide auf die Umwelt durch Anreicherung bei gehäufter Anwendung ist wenig wahrscheinlich.

2.8.4 Ökologische Anforderungen an die Tierkörperbeseitigung und -verwertung

(Böhm, R.)

2.8.4.1 Aufgaben und Grundsätze der Tierkörperbeseitigung und -verwertung

Nirgendwo sonst sind Ökologie, Ökonomie und Tierseuchenbekämpfung so eng miteinander verbunden wie bei der **Tierkörperbeseitigung** und **-verwertung**. Bereits vor Jahrtausenden war die schadlose Beseitigung von verendeten oder getöteten Tieren sowie Tierkörperteilen eine wichtige Aufgabe der dörflichen oder städtischen Gemeinschaften, um den Verwesungsgeruch von den Menschen fernzuhalten und die Übertragung von ansteckenden Krankheiten, insbesondere Seuchen, zu verhindern. Dazu wurden außerhalb der Siedlungen Kadaverplätze (Wasenplätze), auf denen die Kadaver vergraben wurden, angelegt.

Zu den **ökologischen** und **gesundheitlichen (hygienischen)** kamen später **ökonomische** Aufgaben. Es war eine Folge wirtschaftlicher Not, die am Ende des 17. Jahrhunderts zur Festschreibung von Abdeckerei-Privilegien führte, um eine möglichst

2.8 Umweltrelevante Elemente des Schutzes vor Tierseuchen und Infektionskrankheiten

nutzbringende Verwertung der Häute von gefallenen landwirtschaftlichen Nutztieren zu gewährleisten. 1911 wurden dann diese wenig einheitlich gefaßten und den modernen Bedürfnissen nicht genügenden Privilegien durch eine reichsgesetzliche Regelung abgelöst, die 1939 in das Tierkörperbeseitigungsgesetz mündete, dessen Prinzipien bis heute gültig sind. Während zu Beginn des 20. Jahrhunderts die möglichst **nutzbringende, unschädliche Beseitigung** gefallener oder totgeborener landwirtschaftlicher Nutztiere im Vordergrund stand, ist in seiner zweiten Hälfte das **seuchenhygienisch sichere Recycling** von Tierkörperteilen, die für die menschliche Ernährung keinen Wert mehr haben, die Hauptaufgabe der Tierkörperbeseitigung geworden. Darüber hinaus sollen und können **Produkte** erzeugt werden, die in der Industrie, in Gewerbebetrieben, in der Landwirtschaft, im Gartenbau u. a. Bereichen Verwendung finden. In Tierkörperbeseitigungsanstalten dürfen **keine Erzeugnisse für den Verzehr durch Menschen** hergestellt werden.

Die Tierkörperbeseitigung ist in Deutschland primär ein Instrument der Tierseuchenbekämpfung und des öffentlichen Gesundheitswesens. Gemäß den gesetzlichen Bestimmungen (Tierkörperbeseitigungsgesetz von 02.09.1975) gilt folgender **Grundsatz**: Tierkörper, Tierkörperteile und Erzeugnisse sind so zu beseitigen, daß
1. die Gesundheit von Mensch und Tier nicht durch Erreger übertragbarer Krankheiten oder toxischer Stoffe gefährdet,
2. Gewässer, Boden, Futtermittel durch Erreger übertragbarer Krankheiten oder toxischer Stoffe nicht verunreinigt,
3. schädliche Umwelteinwirkungen im Sinne des Bundes-Immissionsschutzgesetzes nicht herbeigeführt und
4. die öffentliche Sicherheit und Ordnung sonst nicht gefährdet oder gestört werden.

Der Begriff **Tierkörperbeseitigung** steht als Überbegriff für das Melden, Sammeln, Abliefern, Lagern, Transportieren, Behandeln, Verwerten und Beseitigen von Tierkörpern.

Die Beseitigung und Verwertung von Tierkörpern, Tierkörperteilen und Erzeugnissen tierischen Ursprungs hat prinzipiell in **T**ier**k**örper**b**eseitigungs**a**nstalten **(TBA)** zu erfolgen. Das gilt grundsätzlich für:
1. **Tierkörper:**
   Verendete, totgeborene oder ungeborene Tiere sowie getötete Tiere, die nicht zum menschlichen Genuß verwendet werden, speziell von Einhufern, Klauentieren, Geflügel, Kaninchen, Hunde, Katzen und Edelpelztieren.
2. **Tierkörperteile:**
   a) Teile von Tieren aus gewerblichen oder privaten Schlachtungen, einschließlich Blut, Borsten, Federn, Fellen, Häuten, Hörnern, Klauen, Knochen und Wolle;
   b) sonst anfallende Teile von Tieren, die nicht zum menschlichen Genuß verwendet werden.
3. **Erzeugnisse:**
   a) zubereitetes Fleisch und Produkte, die Fleischanteile enthalten;
   b) Erzeugnisse, die von Tieren stammen, insbesondere Eier und Milch, deren sich der Besitzer entledigen will oder deren Beseitigung zur Wahrung des oben genannten Grundsatzes geboten ist; tierische Exkremente gelten nicht als Erzeugnis.

Auch **Nachgeburten** sind grundsätzlich beseitigungspflichtig. Wegen der sehr schnellen Zersetzung und des hohen Wassergehalts ist jedoch eine vorherige Härtung in Formaldehydlösung zu empfehlen. Als Alternative steht die Hydrolyse in Natron- oder Kalilauge zur Verfügung.

Es gibt eine Reihe von **Ausnahmen** von der Pflicht zur Tierkörperbeseitigung. Die wichtigste betrifft die **Rohstoffe**, die blut-, borsten-, federn-, fett-, fisch-, häute-, haare-, hörner-, klauen-, knochen- oder wolleverarbeitenden, gelatine-, leim- oder futterkonservenherstellenden oder pharmazeutischen Betrieben zur technischen Bearbeitung oder industriellen Verarbeitung zugeführt und dort so behandelt werden, daß der Grundsatz des Gesetzes gewahrt wird (Spezialbetriebe).

Als Konsequenz aus dem Auftreten der BSE und der nicht völlig auszuschließenden Möglichkeit der Übertragung der Erreger über die hergestellten Produkte muß großer Wert auf eine **sicher inaktivierende Behandlung** dieser Rohmaterialien und/oder Produkte gelegt werden. Wenn die **Hitzesterilisation** nicht das Produkt selbst in Frage stellt, ist ihr der Vorzug zu geben. Andernfalls müssen spezifisch geeignete und zugelassene **chemische Behandlungsmethoden** zur Anwendung kommen.

Der **Pflicht zur Entsorgung in TBA** unterliegen ebenfalls **nicht:**

- Tierkörper von freilebenden Wildtieren (falls nicht die zuständige Behörde dies anordnet);
- einzelne (!) Körper von Hunden, Katzen, Ferkeln, Kaninchen, Schaf- und Ziegenlämmern (jünger als 4 Wochen), Geflügel, Kleintieren und Vögeln aus Tierhandlungen (falls diese in zugelassenen Abfallbeseitigungsanlagen verbrannt, auf zugelassenen Plätzen bzw. dem eigenen Grundstück, jedoch nicht in Wasserschutzgebieten oder in der Nähe öffentlicher Plätze und Wege, mindestens 50 cm tief vergraben werden);
- geringe Mengen von Tierkörperteilen, die in Gaststätten, Gemeinschaftsverpflegungseinrichtungen und Haushalten anfallen;
- Tierkörperteile, die in Schlacht- und Fleischverarbeitungsbetrieben anfallen und in unmittelbar dort angeschlossenen eigenen, zugelassenen Anlagen schadlos beseitigt oder verwertet werden;
- von der zuständigen Behörde für die Verfütterung zugelassene Tierkörper bzw. Tierkörperteile (wenn sie nicht seuchenkrank oder -verdächtig sind, bzw. ausreichend zerkleinert, mit andere Verwertungen ausschließenden Stoffen versetzt, durch Erhitzung desinfiziert und gekennzeichnet sind);
- von der zuständigen Behörde für die Verfütterung zugelassene Speiseabfälle aus Gaststätten und Gemeinschaftsverpflegungseinrichtungen.

Die **Tierkörperbeseitigung** ist für die nach Landesrecht **zuständigen** Körperschaften des öffentlichen Rechts **(Bürgermeister, Landrat)** mit einer Reihe von Verpflichtungen verbunden, die diese auch **auf Dritte übertragen** können. Die Organisation der Tierkörperbeseitigung ist in der Abbildung 2.8.4.1–1 dargestellt.

Nicht immer erfolgt die Abholung der Rohstoffe durch die TBA direkt am Anfallort, sondern die Sammlung kann auch über eine organisatorische Zwischenstufe in Form von **Sammelstellen** erfolgen. Sammelstellen sind Einrichtungen, in denen Tierkörper, Tierkörperteile und Erzeugnisse zur Beseitigung in Tierkörperbeseitigungsanstalten abgeliefert, gesammelt und gelagert werden, dadurch sinkt der Arbeits- und Transportaufwand erheblich. Den **Anforderungen** an eine Sammelstelle kann am besten durch die Errichtung eines Tierkörperverwahr- bzw. Kadaverhäuschens entsprochen werden (s. Abb. 2.8.4.1–2). Ein **Kadaverhaus** für eine Kommune oder einen Landwirtschaftsbetrieb sollte folgende Anforderungen erfüllen:

- verschlußsicher, weißer Anstrich (zur Reflektion der Sonnenstrahlen),
- nicht zu steile, rutschfeste Schräge auf der Anlieferungsseite,
- Fahrzeugrampe auf der Ablieferungsseite,
- möglichst Ausstattung mit Hebe- und Transporteinrichtung (z. B. Flaschenzug),
- wasserdichte, reinigungsfreundliche Gestaltung von Fußboden und Wänden,
- Fußbodengefälle von 1–2 % zur Abflußöffnung,
- Sammlung und Desinfektion von Abgängen der Tiere und Reinigungswasser in abflußloser Grube,
- Verfügbarkeit von Wasser (Wasserleitung oder Vorratsbehälter) und Desinfektionsmittel.

2.8 Umweltrelevante Elemente des Schutzes vor Tierseuchen und Infektionskrankheiten

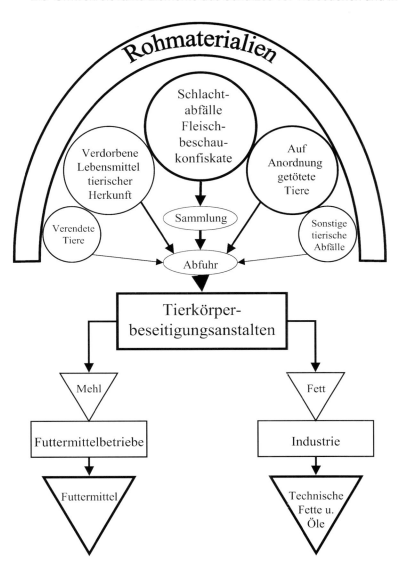

Abb. 2.8.4.1–1
Organisation der Tierkörperbeseitigung in Deutschland

Der **Tierhalter** bzw. Abfallerzeuger ist verpflichtet, dem Tierkörperbeseitigungspflichtigen (Bürgermeister bzw. Landrat, meistens dem mit Vertrag beauftragten Dritten – der TBA) die angefallenen Tierkörper, Tierkörperteile oder Erzeugnisse zu **melden** und kostenlos **abzuliefern**, gegebenenfalls in die eigene oder kommunale **Sammelstelle** zu **transportieren** und dort zu **verwahren**. Die **TBA** ist verpflichtet, unverzüglich die beseitigungspflichtigen Kadaver oder Abfälle **abzuholen**. Der **Tierhalter** bzw. Abfallerzeuger ist zur **Hilfeleistung** beim Beladen des Fahrzeuges verpflichtet.

Tierkörperbeseitigungsanstalten im Sinne der gesetzlichen Bestimmungen sind Anlagen, die von einem Beseitigungspflichtigen oder Beauftragten betrieben und in denen Tierkörper, Tierkörperteile und Erzeugnisse nach diesem Gesetz gelagert, behandelt und verwertet werden. Die Einzelheiten zum Betrieb sind in der Tierkörperbeseiti-

2 Umweltgerechte Tierhaltung

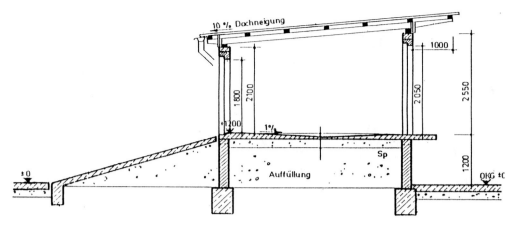

Abb. 2.8.4.1–2 Seitenansicht (Längsschnitt) eines Tierkörperverwahrhäuschens (nach TEICKNER, 1972)

gungsanstaltenverordnung (vom 01.09.1976) genau festgelegt. Die Grundprinzipen dieser Regelung sind die konsequente Durchsetzung eines **Schwarz-Weiß-Prinzips** durch Trennung in eine reine und eine unreine Seite (Abb. 2.8.4.1–3) und die **Sterilisation** des Materials mittels eines thermischen Verfahrens unter indirekter Wärmezufuhr. Das Material ist hierzu bis zum Zerfall der Weichteile zu erhitzen und anschließend mindestens 20 min lang auf 133 °C und 3 bar (315 Pa) zu halten. Die **Endprodukte**, die dann entstehen, sind **Tierkörper- oder Fleischmehl, Knochen** und **Fett**. Die Abbildung 2.8.4.1–4 zeigt die Verarbeitungsstufen schematisch.

Die Erzeugung und Verwendung von Fleischmehl und ähnlichen Produkten hat im Zusammenhang mit der Entstehung und Verbreitung der **B**ovinen **S**pongiformen **E**nzephalopathie (**BSE**-Rinderwahnsinn) zunächst in Großbritannien (seit November 2000 auch in Deutschland nachgewiesen) eine besondere Bedeutung und Bewertung erlangt. Obwohl bisher nur fragmentarische und wenig schlüssige experimentelle Untersuchungen zur Thermoresistenz von Erregern übertragbarer (**t**ransferable) **S**pongiformer **E**nzephalopathien (**TSE**-Erreger) vorliegen, wird zwar die Sterilisation bei 133 °C, 3 bar über 20 min als einziges wirksames Verfahren betrachtet, aber nicht als absolut sicher im Hinblick auf TSE-Erregerfreiheit angesehen (SAVEY, 1997). Leider besitzt die Tierkörperbeseitigung in den meisten europäischen Ländern einen weniger hohen Stellenwert und hat nach wie vor substantielle Mängel.

Folgende zusätzliche Faktoren sind bei der Weiterverwendung entsprechender Produkte zu berücksichtigen:

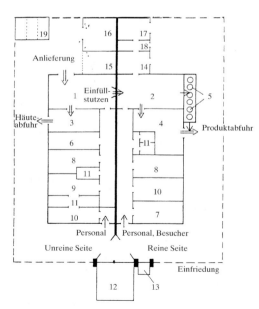

Abb. 2.8.4.1–3 Skizze einer TBA mit idealer Trennung in „unreine" und „reine" Seite

2.8 Umweltrelevante Elemente des Schutzes vor Tierseuchen und Infektionskrankheiten

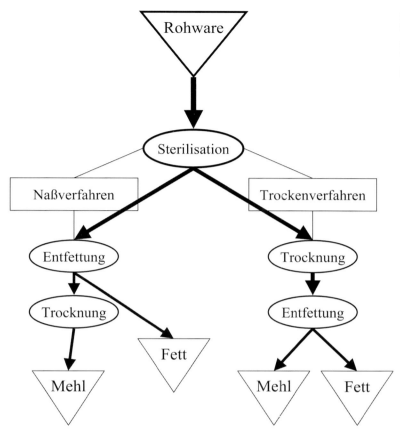

Abb. 2.8.4.1–4
Verarbeitungsstufen und Produkte einer Tierkörperbeseitigungsanstalt

- geographische Herkunft des Rohmaterials unter Aspekten der BSE/TSE-Freiheit unter Bildung von 4 Stufen;
- in Abhängigkeit der Herkunft: Entfernung des spezifischen Risikomaterials (SRM) bei der Schlachtung, insbesondere Gehirn, Rückenmark und Augen;
- in Abhängigkeit von der Herkunft: zeitweiliges oder dauerhaftes Verfütterungsverbot von Tiermehl möglicherweise infizierter Tierarten an empfängliche Tierpopulationen, insbesondere Wiederkäuer;
- Erhitzungsgebot 133 °C, 3 bar 20 min auch für Rohmaterialien, die für den menschlichen Genuß vorgesehen sind, vor einer Weiterverwendung als Nahrungsmittel (z. B. Gelatine), Dünger oder Futtermittel.

Tierkörper mit intakten Häuten werden eventuell „abgedeckt". Die **Häute** werden mit Kochsalz konserviert und später in der Lederindustrie verwertet.

2.8.4.2 Herkunft und Mengen der Rohmaterialien

Das klassische Rohmaterial für die Tierkörperbeseitigung stellen die **Abgänge** aus der Aufzucht und Mast dar. Diese resultieren sowohl aus direkten Tierverlusten, die in den landwirtschaftlichen Betrieben auftreten, als auch aus Rohstoffen (Eiern) und toten Küken, die in den Brütereien anfallen. Die Abbildung 2.8.4.2–1 zeigt, daß der überwiegende Teil des Gesamtrohmaterials aus anderen Quellen kommt, es sind primär die

2 Umweltgerechte Tierhaltung

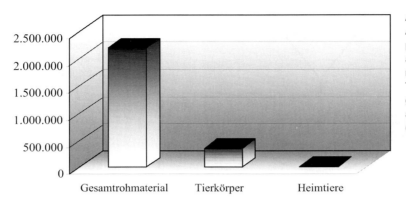

Abb. 2.8.4.2–1 Anteile von Tierkörpern und Heimtieren am Gesamtrohmaterial, das 1995 in Tierkörperbeseitigungsanstalten verarbeitet wurde (in t) (nach NIEMANN, 1996)

Tabelle 2.8.4.2–1 Auflistung der Reststoffe, die bei der Schlachtung anfallen (VANSELOW, 1970)

Schlachttierabgang		Nebenprodukte	
genießbar	ungenießbar	aus dem Schlachttierkörper	sonstige
	Schlachttierabgänge		
Zunge	Haut/Fett	Schwarten	Drüsen:
Lunge	Borsten/Haar	Fettschnitte	Hirnanhangdrüse
Herz	Klauen	Köpfe (Schweine)	Zirbeldrüse
Leber	Hörner	Spitzbeine	Schilddrüse
Schlund	Mageninhalt	Schwänze	Bauchspeicheldrüse
Luftröhre[1]	Darminhalt		Nebennieren
Restgeschlinge	Pansengeschabsel	**für den menschl.**	Hoden
Bries	Darmschleim	**Genuß möglich**	Eierstock
Milz[3]	Gallenblase	Knochen	Gebärmutter
Nieren	Gallenflüssigkeit	Sehnen	
Magen		Ohren	
Därme	**obligat. Konfiskate**	industriell verwertet	
Blase	Hoden		
Blut	Rute		
Euter	Scheide		
Hirn[2]	Tragsack		
Rückenmark[2]	Augen		
Schlachtfette	Ohrenausschnitte		
Köpfe (Rind, Kalb, Schaf)	Mandeln		
Unterfüße[1]			
Kopfhäute[1]			

[1] zählen bei den derzeitigen Verzehrgewohnheiten zum ungenießbaren Abgang
[2] spezifisches Risikomaterial bei Wiederkäuern, die älter als 1 Jahr sind, bei entsprechend hinsichtlich TSE-Epidemiologie kategorisierten Ländern
[3] spezifisches Risikomaterial bei Schafen und Ziegen, die älter als 6 Monate sind, bei entsprechend hinsichtlich der TSE-Epidemiologie kategorisierten Ländern

2.8 Umweltrelevante Elemente des Schutzes vor Tierseuchen und Infektionskrankheiten

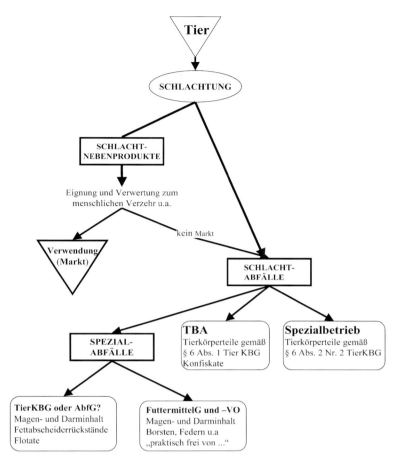

Abb. 2.8.4.2–2
Übersicht über die Verwertungsmöglichkeiten und die gesetzlichen Vorschriften, die die Verwertung von Schlachtnebenprodukten und Schlachtabfällen regeln (modifiziert nach NIEMANN, 1991)

Rest- und Abfallstoffe der Be- und Verarbeitung von tierischen Produkten:
- aus der Schlachtung und Fleischindustrie,
- aus der Milchverarbeitung,
- aus der Eiverarbeitung,
- aus der Bearbeitung sonstiger tierischer Rohstoffe (Häute, Federn, Wolle, Borsten u. a.).

Die **primären Rest- und Abfallstoffe** aus der **Schlachtung** und der **Fleischindustrie** haben den wesentlich größeren Anteil am Gesamtaufkommen der Rohstoffe, die in die Tierkörperbeseitigung gehen. Für die sekundären Abfallstoffe aus dem Abwasser dieser Betriebe gibt es auch andere Verwertungswege. Rechengut, Flotate und Fettabscheiderrückstände unterliegen z. B. dem Abfall- und nicht dem Tierkörperbeseitigungsrecht. Eine Übersicht über die rechtliche Zuordnung und die daraus resultierenden Verwertungswege gibt die Abbildung 2.8.4.2–2.

Die Reststoffe, die bei der Schlachtung anfallen, sind in der Tabelle 2.8.4.2–1 aufgelistet. Dazu ist anzumerken, daß für Länder, die wegen des TSE-Risikos in Zukunft einer entsprechenden Kategorie zugeordnet werden, folgende Tierkörperteile als **spezifische Risikomaterialien (SRM)** anzusehen sind und gesondert entsorgt werden müssen:
- mehr als 1 Jahr alte Wiederkäuer: Gehirn, Rückenmark und Augen,
- mehr als 6 Monate alte Schafe und Ziegen: Milz.

2 Umweltgerechte Tierhaltung

Tabelle 2.8.4.2–2 Mengenübersicht für Ausgangsmaterialien, die zur Verarbeitung anfallen (Quelle: Wirtschaftsdienst der Fleischmehlindustrie, 1996)

Ausgangsmaterial	Menge [t]
Fett und fetthaltige Fettnebenprodukte	1 100 000 t
Knochen, verfügbar zur Weiterverwertung	700 000 t
Blut	100 000 t
Schlachtabfälle	450 000 t
Rohprodukte für die Heimtierfütterung	150 000 t
Borsten und Federn	50 000 t
Insgesamt:	2 550 000 t

Tabelle 2.8.4.2–3 Schätzwerte für den Teil der anfallenden Rohmaterialien in der EU, die im Jahr 1995 der Tierkörperbeseitigung zugeführt wurden (Quelle: Wirtschaftsdienst der Fleischmehlindustrie, 1996)

Land	Menge [t]
Belgien	350 000
Dänemark	720 000
Deutschland	2 191 000
Finnland	65 000
Frankreich	3 000 000
Griechenland*	16 000
Großbritannien*	1 300 000
Irland	300 000
Italien	1 650 000
Niederlande	970 000
Österreich	250 000
Portugal*	100 000
Schweden*	119 000
Spanien	1 100 000
EU insgesamt	**12 131 000**

* Schätzwerte auf der Basis der Zahlen von 1993 oder 1994

Tabelle 2.8.4.3–1 Die europäische Produktion von Tiermehlen ohne Fischmehl im Jahr 1995 in Tonnen (Quelle: Wirtschaftsdienst der Fleischmehlindustrie, 1996)

Land	Fleisch- und Knochenmehl	Blutmehl	Federmehl	Geflügelmehl	Grieben	Insgesamt
Belgien/Luxemburg	125 000	7 000	–	–	15 000	147 000
Dänemark	173 182	9 289	6 766	–	k. A.	189 226
Deutschland	513 835	19 704	9 441	6 598	k. A.	549 578
Finnland	24 000	–	–	–	–	24 000
Frankreich	579 700	28 400	30 900	26 800	48 550	714 350
Griechenland*	5 000	–	–	–	–	5 000
Großbritannien*	275 000	8 000	29 000	46 000	2000	360 000
Irland	89 000	–	–	–	–	89 000
Italien	420 000	20 000	19 000	–	–	459 000
Niederlande	170 000	k. A.	26 100	8 800	k. A.	295 400
Österreich	72 182	3 354	1 413	–	–	76 949
Portugal*	30 000	–	–	–	–	30 000
Schweden	39 000	1 800	–	–	–	40 800
Spanien	285 000	15 000	45 000	14 000	10 000	369 000
EU ges.	2 801 399	112 547	167 609	102 198	75 550	3 259 303
Norwegen	36 200	–	–	–	–	36 200
Schweiz	39 200	–	–	–	–	39 200
Insgesamt	**2 876 799**	**112 547**	**167 609**	**102 198**	**75 550**	**3 334 703**

k. A. = keine Angabe   * = Schätzwerte

2.8 Umweltrelevante Elemente des Schutzes vor Tierseuchen und Infektionskrankheiten

Die Art und Menge von Ausgangsmaterialien, die zur Verarbeitung insgesamt in Deutschland anfallen, gibt die Tabelle 2.8.4.2–2 wieder. In der EU fallen im Jahr ca. 12 000 000 t Rohmaterialien an. Frankreich, Deutschland, Italien, Großbritannien und Spanien steuern zusammen über 50 % dieses Aufkommens bei. Die Zahlen für die einzelnen Länder sind der Tabelle 2.8.4.2–3 zu entnehmen.

2.8.4.3 Produkte der Verwertung tierischer Rest- und Abfallstoffe

Aus den insgesamt 12 000 000 t Rohmaterialien werden in der EU rund 3 260 000 t **Tiermehl** und 1 345 000 t **tierisches Fett** hergestellt. Der überwiegende Anteil des Tiermehls war Fleisch- bzw. Knochenmehl. Einzelheiten sind der Tabelle 2.8.4.3–1 zu entnehmen. Die prozentualen Anteile der europäischen Länder an der Fleischmehlproduktion sind in der Abbildung 2.8.4.3–1 dargestellt, diese Verteilung gilt im Prinzip auch für die Fettproduktion. Beim Fett sind die **technischen Fette** mit ca. 80 % das Hauptprodukt, nur bei den skandinavischen Ländern mit Dänemark an der Spitze haben auch die **Schweinefette (Schmalz)** einen hohen Anteil an der Produktion. Die Zahlen für die einzelnen Länder sind in der Tabelle 2.8.4.3–2 zusammengestellt.

Das Ausmaß des Recyclings von tierischem Fett und Eiweiß ist beachtlich, eine andere Entsorgung, z. B. durch Verbrennung, würde den globalen CO_2-Ausstoß erhöhen und zu einem erheblichen Verbrauch von pflanzlichem Eiweiß zur Tierfütterung (z. B. Soja) führen, wodurch eine Konkurrenzsituation in bezug auf die menschliche Ernährung entstehen würde.

Eine mehr detaillierte Auflistung über die Produktpalette ist für Deutschland verfügbar. Die Tabelle 2.8.4.3–3 zeigt, daß eine Reihe von **Spezialprodukten** mit unterschiedlicher Wertschöpfung neben den Hauptkomponenten Tiermehl und Tierfett hergestellt werden.

2.8.4.4 Möglichkeiten der Beseitigung und Verwertung tierischer Rest- und Abfallstoffe und deren ökologische Folgen

Grundsätzlich können unabhängig von den in Deutschland und der EU bestehenden Rechtsvorschriften gefallene **Tiere, Tierkörperteile und ähnliche Abfälle** auf verschiedene Art und Weise **beseitigt** werden. Vor

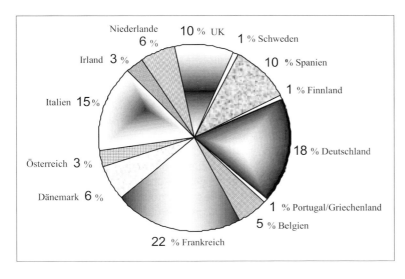

Abb. 2.8.4.3–1
Prozentuale Anteile der Länder der EU an der Fleischmehlproduktion

2 Umweltgerechte Tierhaltung

Tabelle 2.8.4.3–2 Die europäische Produktion von tierischen Fetten ohne Fischfett im Jahr 1995 in Tonnen (Quelle: Wirtschaftsdienst der Fleischmehlindustrie, 1996)

Land	Schweinefett	Knochenfett	Geflügelfett	Technische Fette	Insgesamt
Belgien/Luxemburg	15 000	8 000	–	41 000	64 000
Dänemark	30 419	0	0	48 548	78 964
Deutschland	0	68 127	–	176 705	244 832
Finnland	–	–	–	8 500	8 500
Frankreich	15 300	38 000	26 250	240 430	319 980
Griechenland	–	–	–	–	k. A.
Großbritannien	0	0	25 000	100 000	125 000
Irland	–	–	–	49 000	49 000
Italien	–	–	–	160 000	160 000
Niederlande	0	–	–	79 500	79 500
Österreich	–	–	–	26 500	26 500
Portugal	–	–	–	12 000	12 000
Schweden	18 000	9 500	–	7 000	34 500
Spanien	7 000	0	7 500	12 800	142 500
EU	85 719	123 627	58 750	1 077 183	1 345 276
Norwegen	–	–	–	21 300	21 300
Schweiz	–	–	–	21 300	21 300
Insgesamt	**85 719**	**123 627**	**58 750**	**1 119 483**	**1 387 576**

k. A. = keine Angaben

Tabelle 2.8.4.3–3 Mengen und Produktanteile von Erzeugnissen der deutschen Fleischmehlindustrie (Daten aus den Jahren 1994–1997 gemittelt und gerundet)

Produkt	Menge	Prozentualer Anteil
Tiermehl	364 000	42,5 %
Fleischknochenmehl	186 000	21,7 %
Blutmehl	19 000	2,2 %
Federmehl	10 000	1,2 %
Fleischfuttermehl/ Geflügelschlachtabfälle	6 500	0,8 %
Flüssigfutter (EMS)	10 000	1,2 %
Tierfett	260 000	30,4 %
Summe:	**855 500**	**100 %**

dem Hintergrund der Notwendigkeit alternativer Beseitigung in Ländern, in denen die TSE-Erkrankungen gehäuft auftreten, und der Tatsache, daß außerhalb Europas andere Beseitigungsmöglichkeiten praktiziert werden, müssen auch andere Vorgehensweisen als die Verarbeitung in der TBA betrachtet werden. Es können folgende Verfahren genutzt werden:

- Vergrabung,
- Kompostierung,
- Biogasgewinnung,
- Pasteurisierung,
- Sterilisierung,
- Hydrolyse,
- Verbrennung.

Das **Vergraben** ist die älteste Methode. Sie wird für tote Menschen und z. B. für Heimtiere oder Wildtiere praktiziert. Je nach Bodenart und -beschaffenheit sowie nach Vergrabungstiefe kommt es zu einer Konservierung (Leichenwachsbildung). In Deutschland ist für das Vergraben eine Tiefe von mindestens 50 cm oberhalb des Tierkörpers vorgeschrieben. Aus hygienischer und ökologischer Sicht gibt es eine Reihe von Vorbehalten, denn sporenbildende Krankheits- bzw.

2.8 Umweltrelevante Elemente des Schutzes vor Tierseuchen und Infektionskrankheiten

Tabelle 2.8.4.4–1 Grundwasserbelastung bei Tierkörpervergrabung (KLEIN, 1998)

Tierart	Situation	Befund
Schweine	20 Schweine, Gesamt: 80 kg Graben von 7 m Länge, sandiger Boden, aerobe Bedingungen	Ammonium im Sickerwasser 740 mg/l, max. 2700 mg/l 90 % des Austrags in 13 Monaten
Geflügel	Geflügelvergrabung in 60–180 cm Tiefe, nasser, undurchlässiger Boden, aerobe Bedingungen	Nach 10 Jahren: Ammoniumkonzentrationen in Grundwasserneubildung 200 mg/l

Tierseuchenerreger können über mehr als 100 Jahre im Boden überleben, TSE-Erreger überdauern ebenfalls mindestens zwei Jahre, somit ist ein Eintrag dieser, aber auch anderer resistenter Krankheitserreger in die Biozönose zu erwarten. Alle Schadstoffe, Medikamente und an Todesfällen beteiligte Giftstoffe gelangen in den Boden. Beim Abbau der organischen Substanz entsteht eine Vielzahl von teilweise giftigen Stoffen. So werden bei der fauligen Zersetzung von Eiweißen Leichengifte gebildet. Dabei handelt es sich um Amine (Kadaverin, Putreszin u. a.), die aus Aminosäuren hervorgehen. Am Ende des Stickstoffabbaus steht das Ammonium, das neben den anderen Substanzen zur Grundwasserbelastung beitragen kann. Die Tabelle 2.8.4.4–1 zeigt einige Resultate aus amerikanischen Untersuchungen, die aber unvollständig sind, da nur der Stickstoffeintrag und nicht gelöster organischer Kohlenstoff, Phosphate oder die obengenannten Rückstände betrachtet werden (KLEIN, 1998). In Deutschland käme zudem eine Deponierung aus rechtlichen Gründen nicht in Frage, weil die Technische Anleitung (TA) Siedlungsabfall die Verbringung von Materialien mit einem so hohen Glühverlust auf Deponien nicht gestatten würde.

Die **Kompostierung** ist ein Verfahren mit begrenzter mikrobizider Wirkung. In seiner Wirkung kommt es der Pasteurisierung nahe. Sporenbildner werden in der Regel nicht thermisch inaktiviert, ebenso TSE-Erreger (Prionen). Ob letztere abgebaut werden, ist bisher nicht untersucht. Komposte sind stets keimhaltig, die Schwermetall- und Schadstoffproblematik bleibt wie beim Vergraben bestehen. Der thermophile Prozeß selbst ist nur bedingt steuerbar, somit besteht immer ein verfahrenstechnisches Risiko, was die Sicherheit der thermischen Inaktivierung angeht.

Die **Biogasgewinnung**, wenn sie in mesophil arbeitenden Reaktoren abläuft, ist wenig geeignet, auch gering widerstandsfähige Krankheitserreger innerhalb eines Zeitraumes von 24 h zu inaktivieren. Aber auch der thermophile Biogasprozeß stößt hier, ähnlich wie die Kompostierung, an seine Grenzen. Eine thermische Inaktivierung von TSE-Erregern und Sporenbildnern ist nicht zu erwarten. Allerdings könnte sterilisiertes tierisches Material durchaus zur Energiegewinnung in Biogasreaktoren verwendet werden. Eine andere Verfahrensvariante könnte in der abschließenden Hitzebehandlung des Reaktorgutes unter Nutzung des anfallenden Biogases bestehen. Ökonomisch und ökologisch wäre dies sogar die beste Verwertungsmöglichkeit, wenn ein Recycling als Tierfutter nicht in Frage kommt.

Die **Pasteurisierung** stellt eine unzureichende thermische Behandlung zur Gewinnung von tierischen Futtermitteln dar und hat der Welt die BSE-Problematik gebracht. Solche Verfahren sind aus seuchenhygienischen und ökologischen Gründen abzulehnen. Die sonstige Problematik im Hinblick auf Belastungen von Luft und Abwasser ist wie bei der Sterilisation und Weiterverarbeitung in der TBA zu betrachten.

2 Umweltgerechte Tierhaltung

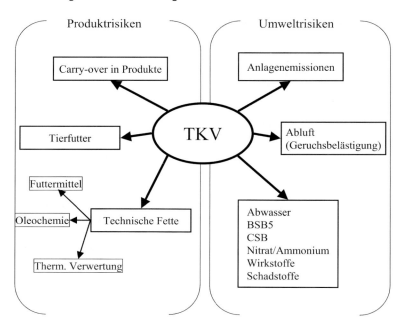

Abb. 2.8.4.4–1
Potentielle Umwelt- und Produktrisiken bei der Tierkörperbeseitigung (modifiziert nach KLEIN, 1998)

Die in Tierkörperbeseitigungsanstalten Deutschlands praktizierte **Sterilisation** bei mindestens 133 °C und 3 bar für mindestens 20 min ist aus hygienischer Sicht das beste Verfahren; es garantiert Recycling der Nährstoffe bei einem Höchstmaß an Produktsicherheit. Mit den angewendeten Verfahren, der vorhergehenden Sammlung und dem Transport der Tierkörper sowie mit dem Betrieb der Anlagen sind allerdings Umweltrisiken verbunden, die mit technischen und organisatorischen Maßnahmen beherrscht werden müssen. Darauf wird weiter unten ausführlicher eingegangen. Die Abbildung 2.8.4.4–1 gibt einen Überblick über die zu betrachtenden Risiken.

Verfahren, die die organische Substanz bis in ihre Bausteine wie Amino- oder Fettsäuren zerlegen (z. B. **Hydrolyse**), werden bisher nur begrenzt angewendet. Auch sie zeichnen sich durch eine hohe Produktsicherheit, allerdings auch durch einen hohen Einsatz von Chemikalien und Energie aus. Eine ökologische und vollständige ökonomische Bewertung fehlt bisher. Empfehlenswert ist die Auflösung von **Nachgeburten** in Plastikbehältern mit Natronlauge oder Kalilauge. Die Entsorgung der nicht mehr wirksamen Lauge in die Gülle oder Jauche ist hygienisch und ökologisch unbedenklich.

Die **Verbrennung** von Tierkörpern ist hygienisch gesehen ein sicheres Verfahren, ökologisch gesehen jedoch die schlechteste Lösung. Dies nicht nur wegen der Emissionsfrage, sondern auch wegen des Einsatzes fossiler Brennstoffe zur Entfernung des Wassers aus dem Material und der Notwendigkeit, die vernichteten Nährstoffe durch andere Futtermittel zu substituieren. Auch ökonomisch ist das Verbrennen, egal unter welchen Umständen es erfolgt, das ungünstigste Verfahren. Die Tabelle 2.8.4.4–2 zeigt dies in der Übersicht.

2.8.4.5 Umweltbelastungen durch die Tierkörperbeseitigung und mögliche Gegenmaßnahmen

Nachfolgend sollen die Auswirkungen der einzelnen Schritte der Tierkörperbeseitigung auf die Luft und das Wasser betrachtet werden. Die Problematik des **Carry-over** in die

2.8 Umweltrelevante Elemente des Schutzes vor Tierseuchen und Infektionskrankheiten

Tabelle 2.8.4.4-2 Kosten Tierkörperbeseitigung – Verbrennung (Bundesregierung, 1996; ergänzt durch Daten des Wirtschaftsdienstes der Fleischmehlindustrie)[1]

Tierkörperbeseitigung

Irland	65,00 bis 97,00 DM/t
Spanien	95,00 DM/t
Österreich	98,00 bis 128,00 DM/t
Deutschland	143,00 bis 267,00 DM/t

Verbrennung mit/im

Sondermüll	1500,00 DM/t
Hausmüll (alt)	150,00 bis 400,00 DM/t
Hausmüll (neu)	300,00 bis 700,00 DM/t
Zementwerk (CH)	240,00 DM/t

Gesamtkosten Deutschland

Tiermehlherstellung + entgangener Erlös	300 Mio DM
Verbrennungskosten	900 Mio DM

[1] Die Verbrennungskosten verstehen sich zuzüglich der Kosten für die Tiermehlherstellung

Nahrungskette, die primär futter- und nahrungsmittelrechtliche Fragen berührt, wird hier nicht betrachtet. Insgesamt ist zu dieser Problematik festzustellen, daß die Gehalte an Schadstoffen im Tiermehl denen in menschlichen Nahrungsmitteln gleichen. Die Tabelle 2.8.4.5-1 zeigt dies für **Dioxine** exemplarisch (BENDIG et al., 1998).

Der Umweltschutz in der Tierkörperbeseitigung fängt mit dem Sammeln und der Aufbewahrung der Rohstoffe an. Ein sofortiges **Herunterkühlen der Schlachtabfälle** und Schlachtnebenprodukte verringert nicht nur die Gesamtemissionen bei der Sammlung und dem Transport, sondern auch die Abwasserbelastung bei der Verarbeitung und erhöht die Produktqualität. Allerhöchste Qualitäten lassen sich nur erzielen, wenn, wie bei der Herstellung von Heimtiernahrungskonserven, das schlachtfrische Material sofort tiefgefroren wird. Material im fortgeschrittenen mikrobiellen Verderbnisstadium zieht eine immense Abwasserbelastung nach sich. Ein sofortiges Herunterkühlen auf mindestens 10 °C sowie eine schnelle Abholung und Verarbeitung ohne Zwischenlagerung sind unbedingt für alle Schlachtabfälle und Schlachtnebenprodukte aus Gründen des Umweltschutzes und der Produktqualität zu fordern. Die Frage der Geruchsbelastung durch den Betrieb der TBA selbst kann bei den heutigen technischen Möglichkeiten zur Abluftreinigung als nicht kritisch betrachtet werden. Eine **Abluftreinigung**

Tabelle 2.8.4.5-1 Durchschnittliche Dioxingehalte in ausgewählten Futtermittelkomponenten (BENDIG et al., 1998)

Kategorie	PCDD/F [I-TE ng/kg TS]	PCDD/F [I-TE ng/kg Fett]
Getreideproben	0,064–0,39	
Aspirationsstäube	3,7–14,1	
Ölsaaten, Mühlennachprodukte und sonstige Bestandteile	0,01–0,7	0,11–10,5
Grünmehlpellets	0,13–2,4	
Tiermehl	0,10–0,26	0,69–0,93
Tierfett	0,18–2,31	
Knochenmehl	0,10	0,75
Knochenfett roh	1,4	
Knochenschmalz raff.	0,37	
Fischmehl Nordsee	1,1–1,3	5,5–6,5
Fischöl raff.	1,0	
Fleischmehl Südamerika	0,18	1,5
Fischöl Südamerika	1,0	

2 Umweltgerechte Tierhaltung

Tabelle 2.8.4.5–2 Spezifischer Anfall von Abwasserteilströmen (ATV, 1997)

Abwasser	Spez. Abwasseranfall m³/t Rohmaterial
Gesamtbetriebsabwasser[1]	0,9–1,6
Brüdenkondensate[1]	0,6–0,7
– hiervon aus der Trocknung	0,4–0,6
Blutverwertung	1
Federnkondensate	0,4–0,7
Knochenkondensate	0,35–0,5
Reinigungsabwasser	
– unreine Seite	0,1–0,2
– reine Seite	0,1–0,2
Abluftbehandlung	0,02–0,1
Brauchwasseraufbereitung	ca. 0,01
Abschlämmabwasser	ca. 0,02
Fahrzeugwäsche	0,05–0,2 [2]

[1] TBA ohne Spezialverarbeitung
[2] 1–5 Wäschen/Woche und Fahrzeug

über Biofilter nach dem Stand der Technik vermindert die Emissionen in den meisten Fällen so stark, daß von einem Geruchsproblem nicht ausgegangen werden kann.

Wasserverbrauch und Abwasserbelastung sind die kritischen Punkte bei der Verarbeitung tierischer Rest- und Abfallstoffe. Die Tabelle 2.8.4.5–2 gibt einen Einblick in den Abwasseranfall in Tierkörperbeseitigungsanlagen. Aus Sicht der Seuchen- und Umwelthygiene ist festzuhalten, daß das auf der unreinen Seite anfallende Abwasser entweder bei einer Temperatur von 100 °C für 30 min zu entkeimen oder mit der Rohware zusammen zu sterilisieren ist. Aus abwassertechnischer Sicht ist die Schmutzbelastung

Tabelle 2.8.4.5–3 Zu erwartende Belastung pro t Rohmaterial im TBA-Abwasser (ATV, 1997)

Parameter	kg/t Rohmaterial
BSB$_5$	2,0–8,0
CSB	3,0–12,0
Gesamt-N	0,5–1,0
Gesamt-P	< 0,1

Tabelle 2.8.4.5–4 Beschaffenheit von TBA-Abwasser (Betriebe ohne Spezialverarbeitung) (ATV, 1997)

Parameter	Mittelwert [mg/l]	Min–Max [mg/l]
CSB	5600	560–23 000
BSB$_5$	3500	330–14 000
AS	1500	1200–2000
Essigsäure	–	1100–3600
Buttersäure	–	700–2200
NH$_4$-N	790	50–3000
Org. N	120	50–350
Ges.-P	15	0,5–50
Chlorid	150	20–300

in Abhängigkeit vom Rohmaterial im Sommer am höchsten. Die Tabelle 2.8.4.5–3 faßt entsprechende Daten zusammen. Es fällt auf, daß die Phosphorfracht gering ist, diese ist allerdings in Betrieben, die Blut verarbeiten, wesentlich höher. Dabei werden häufig über 100 mg/l Blutabwasser gemessen. Das Gesamtabwasser von Betrieben ohne Spezialverarbeitung ist wie in der Tabelle 2.8.4.5–4 aufgelistet beschaffen.

TBA-Abwasser ist in hohem Maße fischgiftig, wenn das **Ammonium** nicht eliminiert wird. Im übrigen enthält das TBA-Abwasser aber keine „gefährlichen Stoffe" im Sinne wasserrechtlicher Vorschriften, die nicht durch **biologische Behandlung** des Abwassers eliminierbar wären. **Schwermetalle** wie Kadmium, Chrom, Blei, Nickel, Kupfer, Kobalt und Quecksilber liegen in der Regel unter 0,01 mg/l. Hinsichtlich der Verwendung von Desinfektionsmitteln muß auf die Problematik von **aktivchlorhaltigen Desinfektionsmitteln** verwiesen werden. Ihr Einsatz ist wegen der AOX-Problematik und der Bildung von Trihalomethanen im Abwasser zu vermeiden.

Weitere Grundsätze und Maßnahmen zur Gewährleistung der ökologischen und hygienischen Sicherheit einer TBA sind:
- ausreichende Bereitstellung von Spezialfahrzeugen mit geschlossenen Aufbauten und/oder Behältern für die Erfassung und

2.8 Umweltrelevante Elemente des Schutzes vor Tierseuchen und Infektionskrankheiten

den Transport von Tierkörpern und Rohmaterial,
- Transportfahrzeuge mit geeignetem Hebezeug für die Be- und Entladung der Tierkörper bzw. Transportbehälter,
- schnelle Verarbeitung des angelieferten Rohmaterials,
- Vermeidung von Überlastungen und damit Störungen in Kläranlagen nach Durchbrüchen von Fett und Fleischbrei,
- Vermeidung von Produktverlusten,
- Einsatz von Chemikalien nur im notwendigen Umfang, automatische Steuerung der Chemikaliendosierung,
- Ersatz der chemischen Abluftwäsche durch Biofilter,
- Vermeidung der Einleitung von Salzlaken aus der Häutesalzung durch trockene Entsorgung und teilweise Wiederverwendung,
- verstärkter Einsatz wassersparender Maßnahmen (keine direkte Kühlung),
- Abwägung bei der Übernahme neuer Rohware, z.B. Speiseabfälle, gegenüber der bestehenden Aufnahmekapazität der Kläranlage,
- Errichtung größerer Pufferbecken und zusätzlicher direkt an den Betrieb gekoppelter Sicherheitsbecken.

Bei Direkteinleitung muß das Abwasser in einer **biologischen Kläranlage** gereinigt werden. Die Tabelle 2.8.4.5–5 gibt die wichtigsten Kenndaten für biologisch behandeltes TBA-Abwasser an (ATV, 1997).

2.8.4.6 Gesetzliche Regelungen zur Tierkörperbeseitigung

Die ökologisch und hygienisch sichere Entsorgung von Tierkörpern, Tierkörperteilen und tierischen Produkten wird durch ein umfangreiches Netz von Rechtsvorschriften, vor allem das **Tierkörperbeseitigungsrecht** selbst und das **Wasserrecht,** geregelt. Die Tabelle 2.8.4.6–1 faßt die mit dem Tierkörperbeseitigungsrecht verbundenen Bestimmungen zusammen, und die Tabelle 2.8.4.6–2 zeigt die Vorschriften, die das Wasserrecht betreffen.

Die in diesem Zusammenhang wichtigsten Regelungen sind die des Gesetzes über die Beseitigung von Tierkörpern, Tierkörperteilen und tierischen Erzeugnissen (Tierkörperbeseitigungsgesetz) sowie die Verordnung über Tierkörperbeseitigungsanstalten und Sammelstellen (Tierkörperbeseitigungsanstalten-Verordnung). Aus diesem Grund wird auf die Gliederung dieser Rechtsvorschriften hier ausführlich eingegangen, der Gesetzestext selbst ist einer entsprechenden Sammlung oder einem relevanten Fachbuch zu entnehmen (GRÜNEWALD, 1993).

Tabelle 2.8.4.5–5 Kennwerte des biologisch behandelten Abwassers (simultane Nitrifikation/Denitrifikation) einer TBA (ATV, 1997)

Parameter	Einheit	Anzahl der Untersuchungen	Mittelwert	Minimum	Maximum
CSB (homogenisiert)	mg/l	6	61	41	94
BSB_5 (homogenisiert)	mg/l	6	6	4	12
Ammonium-N	mg/l	6	12	8,8	20
Nitrit-N	mg/l	6	0,03	0,01	0,06
Nitrat-N	mg/l	6	< 0,5	< 0,1	0,9
Anorganisch Gesamt-N	mg/l	6	12	9,6	20
Gesamt-P	mg/l	6	0,95	0,67	1,02
AOX	mg/l	6	< 0,1	< 0,1	< 0,1
Fischgiftigkeit G_f		6	< 2	< 2	< 2

2 Umweltgerechte Tierhaltung

Tabelle 2.8.4.6-1 Rechtsvorschriften, die mit der Beseitigung und Verwertung von Tierkörpern, Tierkörperteilen und tierischen Produkten in Zusammenhang stehen

Gesetzliche Vorschriften	Inhaltliche Regelungen
Gesetz über die Beseitigung von Tierkörpern, Tierkörperteilen und tierischen Erzeugnissen vom 11. April 2001 (Tierkörperbeseitigungsgesetz-TierKBG)	Begriffsbestimmungen Sachlicher Geltungsbereich Grundsatz Verpflichtung zur Beseitigung Beseitigung von Tierkörpern Beseitigung von Tierkörperteilen Beseitigung von Erzeugnissen Ausnahmen
Verordnung über Tierkörperbeseitigungsanstalten und Sammelstellen vom 1. September 1976 (Tierkörperbeseitigungsanstalten-Verordnung)	Einrichtung und Betrieb von TBA Desinfektion und Schutzkleidung Aufzeichnungen Anzuwendende Verfahren Einrichtung und Anforderung von Sammelstellen
Fleischhygienegesetz vom 8. Juli 1993	Begriffsbestimmungen Untaugliches Fleisch
Verordnung über die hygienischen Anforderungen und amtlichen Untersuchungen beim Verkehr mit Fleisch vom 30. Oktober 1986 (Fleischhygiene-Verordnung – FHV)	Anwendungsbereich Begriffsbestimmungen Beurteilung, Kennzeichnung Fleischuntersuchung Beurteilung des Fleisches
Geflügelfleischhygienegesetz vom 15. Juli 1982 (GFLHG)	Anwendungsbereich Begriffsbestimmungen Beurteilung Besondere Verkehrsverbote
Tierseuchengesetz vom 20. Dezember 2000 (TierSG)	Anwendungsbereich, Begriffsbestimmungen Anzeigepflichtige Seuchen Maßnahmen gegen ständige Gefährdung Benutzungs- und Verwertungsbeschränkungen Unschädliche Beseitigung von Tierkörpern, Tierkörperteilen und Erzeugnissen tierischer Herkunft
Verordnung zum Schutz gegen die Verschleppung von Tierseuchen im Viehverkehr vom 26. April 2000 (Viehverkehrsverordnung)	Erhitzungsgebot bei Verfütterung von Speiseabfällen
Gesetz zur Förderung der Kreislaufwirtschaft und Sicherung der umweltverträglichen Beseitigung von Abfällen vom 27. September 1994 (Kreislaufwirtschafts- und Abfallgesetz – Kr-/AbfG)	Ausnahmeregelung für Tierkörperbeseitigungsrecht Tierseuchenrecht Fleischbeschaurecht Grundsätze der Kreislaufwirtschaft
Verordnung über die Verwertung von Bioabfällen auf landwirtschaftlich, forstwirtschaftlich und gärtnerisch genutzten Böden vom 21. September 1998	Grundsätze der Verwertung von Rest- und Abfallstoffen tierischer Herkunft, die nicht unter das TierKBG fallen
Futtermittelgesetz in der Fassung vom 25. August 2000	Grundsätzliche Anforderungen an Futtermittel Anforderungen an Herstellerbetriebe

2.8 Umweltrelevante Elemente des Schutzes vor Tierseuchen und Infektionskrankheiten

Tabelle 2.8.4.6–1 (Fortsetzung)

Gesetzliche Vorschriften	Inhaltliche Regelungen
Futtermittelverordnung vom 8. April 1981	Definition der Arten von Futtermitteln Bestimmungen hinsichtlich Schadstoffe und verbotener Stoffe
Düngemittelgesetz vom 15. November 1977	Begriffsbestimmungen und Grundsätze Zulassung von Düngemitteltypen
Düngemittelverordnung vom 9. Juli 1991	Definition von Düngemitteltypen Zulassungsanforderungen (Seuchen- und Phytohygiene)

Tabelle 2.8.4.6–2 Abwasserrechtliche Vorgaben, die von Betreibern von Tierkörperbeseitigungsanstalten beachtet werden müssen (METZNER, 1998)

Bundesrecht	Landesrecht/Sonstige Vorschriften

– Wassergesetze
  – Wasserhaushaltsgesetz
  – Abwasserabgabengesetz
    – Wasserrechtliche Nebengesetze
  – Kreislaufwirtschafts- und Abfallgesetz
  – Wasch- und Reinigungsmittelgesetz
– Rechtsverordnungen
  – Abwasserverordnung
  – Abwasserherkunftsverordnung (aufgehoben)
  – wassergefährdende Stoffe (Rohrleitungsanlagen)
  – Klärschlammverordnung
– Verwaltungsvorschriften
  – Allgemeine Rahmen-Abwasser VwV
  – Aufstellung wasserwirtschaftlicher Rahmenpläne
	– Wassergesetze
	– Wasserrechtliche Nebengesetze
	– Rechtsverordnungen
	– Verwaltungsvorschriften Technische Normen, Merkblätter
	– ATV-Arbeitsblatt A 115 (Einleiten in eine öffentliche Abwasseranlage)
	– ATV-Merkblatt M 710 (Abwasser aus der Fleischmehlindustrie)
	– DIN 4040 (Fettabscheider)
	– VDI 2590 (Emissionsminderung)
	– Hinweise und Merkblätter von Behörden, Kommunalen Entwässerungssatzungen etc.

Das **Tierkörperbeseitigungsgesetz** vom 02.09.1975 (Neufassung vom 11.4.2001) bestimmt folgende Begriffe, Pflichten und Verantwortlichkeiten:
- Tierkörper, Tierkörperteile, Erzeugnisse, Tierkörperbeseitigungsanstalt, Sammelstelle, Tierkörperbeseitigung (§ 1),
- Geltungsbereich (§ 2),
- Grundsatz der Tierkörperbeseitigung (§ 3),
- Beseitigungspflicht (§ 4),
- Beseitigung von Tierkörpern, Tierkörperteilen und Erzeugnissen, einschließlich spezielle Ausnahmen (§§ 5–7),
- generelle Ausnahmen (§ 8),
- Meldepflicht (§ 9),
- Abholpflicht (§ 10),
- Ablieferungspflicht und Sammelstellen (§ 11),
- Verwahrungspflicht (§ 13),
- Einrichtung und Betrieb von Tierkörperbeseitigungsanstalten sowie Sammelstellen (§ 14),
- Pflicht der Länder zur Festlegung von Einzugsbereichen und zur Erstellung von Tierkörperbeseitigungsplänen (§ 15),
- Überwachung der Tierkörperbeseitigung (§ 17).

Die **Tierkörperbeseitigungsanstaltenverordnung** vom 01.09.1976 ist eine weitere

2 Umweltgerechte Tierhaltung

Tabelle 2.8.4.6–3 Parameter nach dem Abwasserabgabengesetz, die für Indirekteinleiter wichtig sind

Parameter	1 Schadeinheit	Schwellenwerte
CSB	50 kg	20 mg/l u. 250 kg/a
Phosphor	3 kg	0,1 mg/l u. 15 kg/a
Stickstoff	25 kg	5 mg/l u. 125 kg/a
AOX	2 kg	0,1 mg/l u. 10 kg/a
Quecksilber	20 g	1 µg/l u. 100 g/a
Cadmium	100 g	5 µg/l u. 500 g/a
Chrom	500 g	50 µg/l u. 2,5 kg/a
Nickel	500 g	50 µg/l u. 2,5 kg/a
Blei	500 g	50 µg/l u. 2,5 kg/a
Kupfer	1000 g	100 µg/l u. 5 kg/a
Fischgiftigkeit	3000 m³/G_F	G_F2

sehr wichtige rechtliche Bestimmung, in der die Details der Gestaltung und des Betriebs solcher Einrichtungen und der Sammelstellen geregelt werden:

- die baulichen Anforderungen unter seuchenhygienischen Gesichtspunkten (Gelände, Gebäude, Betriebsräume, Einrichtungen),
- Betrieb der Anlagen, einschließlich Sterilisation, andere seuchenhygienische Maßnahmen bei Behandlung, Transport und Lagerung der anfallenden Materialien,
- Desinfektion im Normalbetrieb und im Tierseuchenfall, Schutzkleidung,
- Verpflichtung zur Aufzeichnung und Aufbewahrung von Aufzeichnungen,
- anzuwendende Behandlungsverfahren und notwendige behördliche Genehmigungen,
- Einrichtung und Betrieb von Sammelstellen.

Von den abwasserrechtlichen Bestimmungen soll hier nur auf die für Indirekteinleiter wichtigen Bestimmungen des **Abwasserabgabengesetzes** vom 03.11.1994 hingewiesen werden, in dem einerseits Schwellenwerte für verschiedene Abwasserparameter fixiert sind, andererseits auch die gebührenträchtigen Schadeinheiten festgelegt sind. Die Tabelle 2.8.4.6–3 faßt diese Daten zusammen. Unter den technischen Regeln ist das ATV-Merkblatt M710 unbedingt zu beachten.

Literatur und Rechtsvorschriften

Al Wakeel, Al. H.: Die Wirkung von Antibiotika und Desinfektionsmitteln bei der Umwälzbelüftung von Gülle nach dem System Fuchs. Vet. med. Diss., Gießen (1977).

Bachmann, Th.: Überprüfung der Wirksamkeit ständiger Desinfektionseinrichtungen für Fahrzeuge und Erprobung alternativer Methoden zur Reinigung und Desinfektion von Fahrzeugreifen. Vet. med. Diss., Gießen (1992).

Bendig, H., C. Kube-Schwickhardi, J. Schram, G. Schöppe, M. Schulte, G. Reinders, J. Türk: Untersuchungen zum Eintrag von PCDD und PCDF über Tierkraftfutter in die menschliche Nahrungskette. Die Fleischmehlindustrie 50 (1998) 175–180.

Britzius, E., R. Böhm: Experimentelle Untersuchungen über den Einsatz von Peressigsäure zur Desinfektion von Schweinegülle. Wien. tierärztl. Mschr. 68 (1981) 200–207.

Bundesregierung zur Tierkörperbeseitigung – Beantwortung einer Bundestagsanfrage. Die Fleischmehlindustrie 48 (1996) 202–212.

Geiler, W., G. Meintschel: Infektion und Desinfektion im Spiegel der Berufskrankheiten im Gesundheitswesen – Eine Analyse der Jahre 1975–1979 im Bezirk Erfurt. In: Vorträge des VII Kongresses über Sterilisation, Desinfektion und Antiseptik, Dresden. 13.–15. Okt. 1980 – Kurzfassungen 16–17.

Gerike, P.: Über den biologischen Abbau und die Bioelimination von Kationischen Tensiden. Tenside Detergents 19 (1982) 162–164.

Gode, P., K. Hachmann: Zur Ableitung von desinfektionsmittelhaltigem Abwasser ins kommu-

2.8 Umweltrelevante Elemente des Schutzes vor Tierseuchen und Infektionskrankheiten

nale Abwassernetz. Hygiene und Medizin 17 (1992) 153–162.

Grünewald, K.: Handbuch des Tierkörperbeseitigungsrechts. Richard Boorberg Verlag, Stuttgart, München, Hannover, Weimar, Dresden (1994).

Hilpert, R., J. Winter, O. Kandler: Fütterungszusätze und Desinfektionsmittel als Störfaktoren bei der anaeroben Faulung landwirtschaftlicher Abfälle. In: Münchner Beiträge zur Abwasser-, Fischerei- und Flußbiologie 36. Anaerobe Abwasser- und Schlammbehandlung – Biogastechnologie. R. Oldenbourg Verlag, München (1983) 161–176.

Howard, P. H.: Handbook of environmental degradation rates. Lewis, Chelsea, Mich. (1993).

Ishaque, M., J. G. Bisaillon, R. Beaudet, M. Sylvestre: Degradation of phenolic compounds by microorganisms indigenous to swine waste. Agricultural Wastes 13 (1985) 229–235.

Kästner, W.: Toxikologische Risiken für den Anwender. Dtsch. tierärztl. Wochenschr. 89 (1982) 203–204.

Klein, W.: Von toten Tieren oder Tierprodukten ausgehende chemisch-physikalische Risiken für die Gesundheit von Mensch und Tier und für die Umwelt. Die Fleischmehlindustrie 50 (1998) 22–27.

Kurzweg, W., A. Steiger: Reinigung und Desinfektion in der modernen Tierproduktion. Mh. Vet.-Med. 40 (1985) 109–112.

Ley, T.: Untersuchungen zur Desinfektion von Salmonella dublin und Mycobacterium paratuberculosis in Rindergülle. Vet. med. Diss., Gießen (1992).

Maalkomes, H. P.: Einflüsse auf Bodenflora und Bodenfauna. Ber. Landw. (Sonderheft) 198 (1985) 134–147.

Markert, T.: Möglichkeiten zur chemischen Desinfektion von Salmonellen in Schweineflüssigmist und die Auswirkung der anschließenden Ausbringung auf Grünland. Vet. med. Diss., Gießen (1990).

Methling, W.: Das Vorkommen von ausgewählten Bakteriengruppen und -spezies in Schweinezuchtställen und ihre Nutzbarkeit als Indikatorkeime. Dissertation B, Karl-Marx-Universität Leipzig (1984).

Metzner, G.: Anwendung der derzeitigen Wassergesetzgebung im Bereich der Fleischmehlindustrie. Die Fleischmehlindustrie 50 (1998) 91–99.

Niemann, H.: Rechtliche Grundlagen der Entsorgung von Schlacht- und Spezialabfällen. Die Fleischmehlindustrie 43 (1991) 236–242.

Niemann, H.: Geschäftsbericht des Verbandes Fleischmehlindustrie e. V. – Oktober 1995 bis September 1996. Die Fleischmehlindustrie 48 (1996) 224–238.

Savey, M. M.: Les matériaux à risque sécifiques dans l'ESB: définition, identification. Bericht über die Internationale wissenschaftliche Konferenz zum Thema „Tiermehl" unter Federführung des Wissenschaftlichen Lenkungsausschusses der EU, Brüssel, 1.–2.7.1997, 119–123.

Schamper, B.: Untersuchungen über die ökotoxikologische Wirkung von mit Flüssigmist auf landwirtschaftliche Nutzflächen ausgebrachten Resten von Reinigungs- und Desinfektionsmitteln aus der Tierhaltung im Hinblick auf Böden und Grundwasser. Agrarwiss. Diss., Univ. Hohenheim (1999).

Steiger, A., D. Profe, U. Kleiner: Bewertung des Reinigungs- und Desinfektionsgrades auf Stalloberflächen für Forschungszwecke. Arch. Exper. Vet. med. Leipzig 36 (1982) 951–959.

Stoy, F. J.: Über die Auswirkung der Hochdruckreinigung und -desinfektion mit unterschiedlichen Temperaturen auf den Keimgehalt von Stalloberflächen. Agrarwiss. Diss., Univ. Hohenheim (1983).

Teickner, W.: in: Autorenkollektiv: Veterinärmedizinische Erfordernisse der industriemäßigen Schweineproduktion. Eberswalde-Finow (1972).

Trenner, P. u. Autorenkollektiv: Verfahrenstechnische Lösungen der Stallreinigung und Sprühdesinfektion mittels Hochdruckreinigungsgerät in der Rinder-, Schweine- und Geflügelproduktion. Forschungsbericht, Institut für angewandte Tierhygiene Eberswalde, 1986, unveröffentlicht.

Türpitz, L., J. Zabke: Reinigen und Vorweichen in Stallanlagen. Mh. Vet.-med 45 (1990) 841–843.

Vanselow, U.: Zur Verwertung und Bedeutung der Schlachtnebenprodukte. Landwirtschaft. Diss., TH-München (1970).

Werner, E., S. Krüger, M. Dudzus, D. Beutling, V. Bergmann: Formaldehyd als Vergiftungsursache bei Rindern. Mh. Vet.-Med. 30 (1975) 244–246.

Winterhalder, K.: Untersuchungen über den Einfluß von Desinfektionsmitteln, Futterzusatzstoffen und Antibiotika auf die Biogasgewinnung aus Schweinegülle. Agrarwiss. Diss., Univ. Hohenheim (1985).

Wirth, W., G. Hecht, Gloxhuber: Toxikologie Fibel. Georg Thieme Verlag, Stuttgart (1967).

Wirtschaftsdienst der Fleischmehlindustrie: Die europäische Produktion von Tiermehl ohne Fischmehl im Jahr 1995. Wirtschaftsdienst der Fleischmehlindustrie GmbH, Kaiserstraße 9, D-53113 Bonn (1996).

Rechtsgrundlagen, Empfehlungen, Normen u. ä.:

Abwasserabgabengesetz (1994): Gesetz über Abgaben für das Einleiten von Abwasser in Gewässer (Abwasserabgabensetz-AbwAG) vom 13.9.1976 in der Fassung der Bekanntmachung vom 3.11.1994. BGBl. I, S. 3370, zuletzt geändert durch Art. 3 des Gesetzes vom 25.8.1998 (BGBl. I, S. 2455, 2457).

ATV (1997): Merkblatt ATV – M 710 aus der Fleischmehlindustrie, Gesellschaft zur Förderung der Abwassertechnik e. V., Hennef.

Biologische Bundesanstalt für Land- und Forstwirtschaft, Richtlinie für die amtliche Prüfung von Pflanzenschutzmitteln, Teil VI, 1–1: Auswirkungen auf die Aktivität der Bodenmikroflora. Pigge Lettershop GmbH (1990).

Gesetz über die Beseitigung von Tierkörpern, Tierkörperteilen und tierischen Erzeugnissen (Tierkörperbeseitigungsgesetz – TierKBG) vom 11.4.2001. BGBl. I., S. 523, S. 1215.

OECD: Guidelines for testing of chemicals. Section 2: effects on biotic systems, 207 Earthworm, Acute Toxicity ISBN 92-64-12221-4, Paris (1984).

OECD: Guidelines for testing of chemicals. Section 3. Degradation and accumulation test guidelines Nos. 301 A, B, C, D, E; 302 A B, C; 303 A; and 304 A. Paris (1981).

OECD: Revised OECD ready biodegradability test guidelines. Paris (1992).

TASI (1993): TASI – Technische Anleitung Siedlungsabfall, Dritte Allgemeine Verwaltungsvorschrift zum Abfallgesetz, Technische Anleitung zur Verwertung, Behandlung und sonstigen Entsorgung von Siedlungsabfällen, BAnz. Nr. 99 a, 14. Mai 1993.

Verordnung über Tierkörperbeseitigungsanstalten und Sammelstellen (Tierkörperbeseitigungsanstalten-Verordnung) vom 1.9.1976 (BGBl. I, S. 2587, zuletzt geändert am 12.10.2000, BGBl. I, S. 1422).

Verordnung über die Abbaubarkeit anionischer und nichtionischer grenzflächenaktiver Stoffe in Wasch- und Reinigungsmitteln (Tensidverordnung) vom 30.1.1977, BGBl. I, S. 244, zuletzt geändert am 4.6.1986, BGBl. I, S. 851.

WRMG: Gesetz über die Umweltverträglichkeit von Wasch- und Reinigungsmitteln (Wasch- und Reinigungsmittelgesetz) in der F. d. Bek. Vom 5.3.1987, BGBl. I, 875, zuletzt geändert d. G. vom 27.6.1994, BGBl. I, S. 1440.

2.9 Untersuchung und Bewertung der Umweltgerechtheit der Tierhaltung

(METHLING, W.)

2.9.1 Notwendigkeit, Ziele und Möglichkeiten der Analyse, Bewertung, Prüfung und Kontrolle der Umweltgerechtheit

Der Nachweis der Umweltgerechtheit der Tierhaltung ist nicht nur deshalb erforderlich, um in der Öffentlichkeit (Medien, Verbände, Verbraucher), bei Lebensmittelbetrieben, Handelsketten und Behörden ein positives Image, Ansehen, Vertrauen sowie bessere Absatz- und Förderchancen zu erreichen. Allerdings haben das Auftreten des Rinderwahnsinns (BSE) und die dadurch ausgelösten Diskussionen über eine zukunftsfähige Landwirtschaft die Tierhalter in einen fast unausweichlichen Zwang zum überprüfbaren Nachweis der Umwelt- und Tiergerechtheit der Nutztierhaltung gebracht. Die Analyse und Bewertung, die Prüfung und Kontrolle der Umweltgerechtheit der Tierhaltung sind objektiv notwendig, um auszuschließen bzw. nachzuweisen, daß die Menge oder Konzentration der in die Umwelt eingetragenen Nährstoffe und Schadstoffe die Grenzen der Rezyklierbarkeit überschreitet. Wissenschaftliche Untersuchungen müssen die Inanspruchnahme von Energie und Wasser sowie Einträge, Kreisläufe, Abbau, Anreicherung und Umweltwirkungen von Nährstoffen, Schadstoffen sowie Wirkstoffen, aber auch von Verfahren exakt belegen. Damit werden dringend erforderliche Beiträge zur Bewertung der Umweltbelastungen und zur Feststellung von Grenzen der Belastbarkeit geleistet.

Die **Zielstellungen** der Analyse, Bewertung, Prüfung und Kontrolle der Umweltgerechtheit sind:
- Ermittlung der Umweltbelastung durch Verfahren, Maßnahmen und Mittel, die in der Tierhaltung eingesetzt werden;
- Festlegung von Parametern, Kriterien und Methoden der Untersuchung des Umweltzustandes und der Umweltbelastung;
- Feststellung des Ist-Zustandes in der Stallanlage mit Aufdeckung von Schwachstellen;
- Festlegung von Maßnahmen zur Verbesserung des Ist-Zustandes und Erreichung des Soll-Zustandes und dadurch;
- Erhöhung der Umweltgerechtheit;
- Einsparung von Kosten;
- Dokumentation der Umweltgerechtheit und Rechtfertigung gegenüber Dritten (Behörden, Verbände, Öffentlichkeit, Verbraucher);
- Erhöhung der Rechtssicherheit;
- Imageverbesserung und Schaffung von Vertrauen des Abnehmers, des Marktes und des Verbrauchers;
- Werbung für die gesundheitliche Unbedenklichkeit und Qualität der Rohstoffe und Lebensmittel;
- Verkürzung von behördlichen Genehmigungsverfahren (Umweltverträglichkeitsprüfung, Emissions- und Immissionsprüfung, Baugenehmigungen, Förderanträge u. a.);
- Sicherung des Vertrauens und Minimierung der Risiken für die Genehmigung von Projekten sowie Bereitstellung von Krediten und Versicherungsleistungen (Nachweis von Vorsorgemaßnahmen);
- Verbesserung der Organisationsstrukturen;
- Erhöhung der Motivation der Mitarbeiter.

Das Hauptinteresse und die Hauptverantwortung für die Kontrolle der Umweltgerechtheit der Tierhaltung liegen bei den Tierhaltern selbst. Sie haben die Pflicht und die Möglichkeit, Vorurteile und Fehlurteile über Umweltbelastungen durch die Tierhaltung

2 Umweltgerechte Tierhaltung

auszuräumen. Deshalb müssen sie, wie es in den Verbänden des **ökologischen Landbau**s praktiziert wird, eine wirksame **Eigenkontrolle** (interne Kontrolle) und eine **unabhängige externe Kontrolle** (Ämter, Landwirtschaftskammern, Beratungsdienste, wissenschaftliche Einrichtungen, Verbraucherverbände, Umweltverbände, einzelne Bürger, Medien u. a.) organisieren. Damit können sie beweisen und demonstrieren, daß die Nutztierhaltung nicht nur tiergerecht, sondern auch umweltgerecht gestaltet werden kann. Die interessierte und kritische Öffentlichkeit kann man oftmals weniger durch unabhängige Prüfberichte u. ä. überzeugen, sondern mehr durch **Transparenz** der Haltungsbedingungen. Einladungen zu „Tagen des offenen Hofes", „gläserne Stalltüren" und andere Formen der öffentlichen Selbstdarstellung fördern das Vertrauen zum Anbieter von Milch, Fleisch und Eiern. Sie erhöhen auch das Verständnis und den Respekt der Verbraucher und der politischen Verantwortungsträger für die teilweise komplizierten Arbeits- und Lebensbedingungen von Bauern und Tierzüchtern.

Während für die **Prüfung und Bewertung der Ökotoxizität** von Chemikalien, Futterzusatzstoffen und Arzneimitteln durch internationale und nationale Regelungen Parameter und Methoden festgelegt wurden (s. Kap. 2.7, 2.8.2, 2.8.3 und 7.6), existieren für die Untersuchung und Bewertung der Umweltgerechtheit der Haltungsverfahren, der Tierernährung und -fütterung sowie von Seuchenschutzmaßnahmen gegenwärtig keine verbindlichen, ausreichend detaillierten und exakten Methoden und Kriterien. Die Entwicklung einer solchen Methodik würde auch die gesetzlich vorgeschriebene Prüfung von geplanten Anlagen auf **Umweltverträglichkeit** (Umweltverträglichkeitsprüfungsgesetz vom 12.02.1990) und eine qualifizierte Anwendung des freiwilligen Auditverfahrens für Umweltmanagement **(Öko-Audit)** auf der Basis der internationalen DIN ISO 14 000 ff erleichtern. Eine komplette Evaluierung der Nachhaltigkeit der Tierhaltung ist gegeben, wenn die Bewertung der Umweltgerechtheit mit der Prüfung des Qualitätsmanagements **(Qualitäts-Audit** nach DIN EN ISO 9000 ff) und der Ermittlung des **Tiergerechtheitsindexes** (s. Kap. 4.1.) verbunden wird. Die bisherigen Versuche zur Ermittlung von **Ökobilanzen** gehen über Betriebsgrenzen hinaus und sind vor allem auf die Wirkungen der Landwirtschaft auf die Umwelt gerichtet (GEIER, 1998).

Grundsätzlich besteht die **Methodik der Untersuchung** der Umweltgerechtheit aus **visuellen** Erhebungen (Messungen, Beobachtungen, einschließlich Fotos und Videos), **physikalischen, chemischen und biologischen Analysen** von Verfahren, Zuständen, Stoffen und Wirkungen. Die Bewertung der Umweltgerechtheit beginnt bei der Ermittlung der Abweichung von der Norm (Optimum, Grenzwert, Nichtnachweisbarkeit) durch den **Soll-Ist-Vergleich**. Die notwendige komplexe Bewertung wird jedoch erst mit der Wichtung der analysierten Faktoren und Elemente möglich. Voraussetzung für eine solche **Wichtung** ist die Kenntnis über deren **Bedeutung für die Umweltgesundheit**.

2.9.2 Öko-Audit – ein Zertifikat für die Umweltgerechtheit

2.9.2.1 Ziel und Struktur des Öko-Audits

Mit der EG-Verordnung 1836/93 (EMAS-VO) (inzwischen ergänzt durch EMAS II-VO, EG Nr. 761/2001) wurde ein Standard für die freiwillige Teilnahme gewerblicher Unternehmen an einem Gemeinschaftssystem für das Umweltmanagement und die Umweltbetriebsprüfung eingeführt. Sie zielt auf die kontinuierliche Verbesserung des betrieblichen Umweltschutzes durch Einführung von standortbezogenen Umweltprogrammen, -managementsystemen, -prüfungen und Umwelterklärungen. Das Öko-Audit-Verfahren nach DIN ISO 14 000 ff endet mit der Zertifizierung des Standortes. Mit die-

2.9 Untersuchung und Bewertung der Umweltgerechtheit der Tierhaltung

sem Zertifikat über umweltgerechte Betriebsführung kann das Unternehmen werben, woraus sich Wettbewerbsvorteile ergeben können. Die umfassende Dokumentation zum Öko-Audit ist auch eine gute Basis für den Erhalt der Deckung in Fällen der Umwelthaftpflichtversicherung.

Bisher wird die Öko-Audit-Verordnung nicht auf landwirtschaftliche Unternehmen angewandt, obwohl gerade große Betriebe der Tierhaltung oft als gewerbliche Unternehmen eingeordnet werden. Aber sowohl in Behörden als auch in der Wissenschaft und in Beratungsdiensten wird die Einführung des **Öko-Audits** und des **Qualitäts-Audits** in die Landwirtschaft erwogen, vorbereitet und geprüft (ANONYM, 1998; GRÖBL, 1995; BIRKNER, 1997; HENTSCHEL, 1996; MEIER et al., 1996; PAPE, 1996; KESSELER, 1996; HORTMANN-SCHOLTEN, 1995). In Thüringen wurde in sechs ausgewählten landwirtschaftlichen Betrieben mit Nutzflächen zwischen 364–4276 ha die Durchführung eines Öko-Audits erprobt und zur freiwilligen Anwendung empfohlen (ANONYM, 1999). Die DIN EN ISO 9000–9004 sind in der Ernährungsindustrie (u. a. Molkereien, Schlachtbetriebe) bereits eingeführt. Die Abnehmer landwirtschaftlicher Produkte werden die Agrarbetriebe angesichts BSE und Hormonskandalen zunehmend mit der Forderung konfrontieren, ebenfalls Qualitäts- und Umweltmanagementsysteme einzuführen. Auch wenn das Öko-Audit gegenwärtig nur mit einem hohen Aufwand zu erreichen ist (HENTSCHEL, 1997), sollten sich Landwirte, Landwirtschafts-, Veterinär- und Umweltämter, Beratungsunternehmen, Hochschulen und Forschungseinrichtungen auf die Durchführung des Audit-Verfahrens vorbereiten. Dazu gehört auch die Ausbildung von Umweltgutachtern (Öko-Auditoren), die von der Deutschen Akkreditierungs- und Zulassungsgesellschaft für Umweltgutachter (DAU) geprüft und zugelassen werden können. Als Umweltgutachter können Einzelpersonen und Organisationen fungieren.

Folgende Schritte müssen bis zur Zertifizierung des umweltgerechten Managements gegangen werden (BÄNSCH-BALTRUSCHAT, 1996):

1. **Entscheidung des Unternehmens** für die Verbesserung des Umweltschutzes,
2. **erste, interne Umweltprüfung** zur Aufnahme des Ist-Zustandes mit folgenden Schwerpunkten:
   - Bildung einer kompetenten Arbeitsgruppe,
   - Festlegung umweltrelevanter Bereiche,
   - Prüfung der Rechtslage,
   - Definition des Soll-Zustandes,
   - Erfassung des Ist-Zustandes (einschließlich Energie- und Stoffbilanzen),
   - Bestimmung der Schwachstellen,
3. Prüfung der internen **managementgebundenen Voraussetzungen** für die Erreichung des Öko-Zertifikats:
   - Umweltgesamtverantwortung,
   - Einzelverantwortlichkeiten und Befugnisse,
   - Dokumentation der Umweltvorschriften,
   - Informationswege,
   - Betriebsorganisation,
   - Festlegung von Kontrollfunktionen,
   - Handeln bei Havarien,
   - Motivation und Weiterbildung der Mitarbeiter,
4. Entwicklung des zukünftigen betrieblichen **Umweltmanagementsystems**:
   - Festlegung von Umweltzielen,
   - Festlegung eines Umweltprogrammes (Maßnahmeplan),
   - Bewertung der Bedeutung der Managementbereiche, der Faktoren und Elemente der Verfahren für die Umweltgerechtheit,
   - Festlegung der Verantwortlichkeit für verschiedene Managementbereiche,
   - Dokumentation der Festlegungen,
   - Nutzung vorhandener oder Entwicklung notwendiger Computerprogramme für die Erfassung, Auswertung und Dokumentation von Daten und Prüfungsergebnissen,

2 Umweltgerechte Tierhaltung

5. **zweite, interne Umweltprüfung** durch interne und externe Prüfer mit Erstellung eines **Prüfberichtes** zu den umweltrelevanten Bereichen, einschließlich Verhütung und Bekämpfung von Havarien sowie Information von Mitarbeitern und Öffentlichkeit,
6. Erarbeitung der **Umwelterklärung** mit allen erforderlichen Bestandteilen:
    - Tätigkeit des Betriebes am Standort,
    - Beurteilung umweltrelevanter Unternehmensbereiche,
    - standortbezogene Energie- und Gesamtstoffbilanzen,
    - Umweltziele, -programm,
    - Umweltmanagementsystem,
    - Programm der Umweltbetriebsprüfung,
    - Termin der nächsten Umwelterklärung (mindestens alle 3 Jahre),
7. **Begutachtung** durch in der EG zugelassene externe Gutachter (Öko-Auditoren) mit **für gültig erklärter Umwelterklärung,**
8. **Beantragung** der Eintragung in das EU-Verzeichnis zertifizierter Standorte, einschließlich Entrichtung einer Eintragungsgebühr,
9. Aufnahme in das Verzeichnis der eingetragenen Standorte **(Registrierung)**,
10. **Zertifizierung der Teilnahme** am EU-System für das Umweltmanagement und die Umweltbetriebsführung (Öko-Audit).

2.9.2.2 Öko-Audit für die Tierhaltung

Die Anwendung der Öko-Audit-Verordnung und der ISO DIN 14000 ff zur Zertifizierung der Umweltgerechtheit des betrieblichen Managements von Landwirtschaftsbetrieben ist bisher nicht geregelt. Sie dürfte vor allem für große, insbesondere tierhaltende Unternehmen, betriebswirtschaftlich sinnvoll und erstrebenswert sein. Der finanzielle Aufwand für die Schaffung der Bedingungen und Managementvoraussetzungen, die Umweltbetriebsprüfung, Umwelterklärung, Begutachtung und Eintragung ist nicht unerheblich (ca. 50 000 bis 200 000 DM für ein mittleres Unternehmen). Andererseits kann ein solches Zertifikat die Marktchancen in allen Ländern der Europäischen Union erheblich ausbauen. Wenn die betriebswirtschaftliche Betrachtung zu der Entscheidung führt, das Öko-Audit anzustreben, sind sowohl die im Kapitel 2.9.2.1 dargestellten allgemeinen Anforderungen und Bedingungen, aber auch die für die Tierhaltung spezifischen Bereiche, Parameter, Kriterien und Methoden zu beachten.

Die **Analyse und Dokumentation der umweltrelevanten Rechtsvorschriften** wird nur für die ersten Betriebe, die eine Öko-Auditierung anstreben, ein Problem sein. Diese Informationen sind bei den zuständigen Ämtern und Beratungsdiensten vorhanden, können auf Datenträgern übernommen und genutzt werden. Die **Bewertung der Einhaltung** der Rechtsvorschriften und sonstigen Normative zur Umweltgerechtheit der Tierhaltung setzt voraus:
- Kenntnis der Normen, Optimal- und Grenzwerte als Vergleichsmaßstäbe,
- Vorhandensein bzw. Verfügbarkeit von geeigneten Methoden der Untersuchung von Zuständen bzw. Messung von Parametern,
- Entwicklung und Nutzung einer geeigneten Methodik (Untersuchungsgänge, Checklisten) für die Gesamtanalyse der Umwelt und potentieller Faktoren der Umweltbelastung.

Spezielle, für die **Öko-Audit-Zertifizierung** der Tierhaltung nutzbare Untersuchungsgänge und **Checklisten** müssen von den Beratern oder Auditoren selbst entwickelt werden oder können von erfahrenen Anwendern (einschließlich Software) übernommen werden. Eine kritische Distanz zu einer übernommenen Methodik sollte gewahrt bleiben, um die Anwendbarkeit auf die spezifischen Standortbedingungen zu gewährleisten.

Die Untersuchungsgänge und Checklisten könnten der **Methodik der Hygieneanalyse**

2.9 Untersuchung und Bewertung der Umweltgerechtheit der Tierhaltung

(MEHLHORN et al., 1979; METHLING, 1987) folgen. Die Hygieneanalyse ist in Untersuchungsgänge für die Erfassung verschiedener Umweltkomplexe strukturiert. Die Untersuchungsgänge sind in Gegenstände und Kriterien untergliedert (s. auch 2.9.4). Mit dieser Methodik kann eine systematische Untersuchung der Umwelt und der sie beeinflussenden, eventuell belastenden Faktoren, Verfahren und Managementgestaltung vorgenommen werden. Die komplexe **Analyse der Umweltgerechtheit** sollte in folgenden **Untersuchungsgängen** erfolgen:

1. Standort, Projekt und Emission (einschl. Lärm),
2. Wasserverwendung,
3. Energieanwendung,
4. Sammlung, Lagerung, Transport und Verwertung organischer Dünger,
5. Sammlung und Lagerung von Abfällen,
6. Tierernährung, Tierfütterung und Futterkonservierung,
7. Gestaltung von Weide und Auslauf,
8. Reinigung und Desinfektion,
9. Entwesung,
10. Tierkörperbeseitigung,
11. Tierbehandlung,
12. Management der Arbeitsprozesse.

2.9.3 Umweltverträglichkeitsprüfung und Emissionsbewertung

Die Prüfung von künftigen Investitionsvorhaben hinsichtlich möglicher negativer Wirkungen auf die Umwelt ist mit dem **Umweltverträglichkeitsprüfungsgesetz** (UVPG) vom 12.02.1990 verbindlich geregelt. Das UVPG stellt die präzisierte nationale Umsetzung der Richtlinien des Rates der Europäischen Gemeinschaften über die Umweltverträglichkeitsprüfung bei bestimmten öffentlichen und privaten Projekten (85/337/EWG u. a.) dar. Im Rahmen des UVP-Verfahrens sind die Auswirkungen des geplanten Vorhabens auf die **Schutzgüter** (Menschen, Tiere, Pflanzen, Boden, Wasser, Luft, Klima, Landschaft, Kultur- und sonstige Sachgüter) zu ermitteln, zu beschreiben und zu bewerten. Die Pflicht zur Prüfung von Vorhaben auf ihre Umweltverträglichkeit wurde durch europäische Richtlinien für den Naturschutz (Lebensräume, Pflanzen- und Tierarten, insbesondere Vögel mit gemeinschaftlicher Bedeutung) spezifiziert (EWG-Vogelschutzrichtlinie vom 02.04.1979, EWG-Fauna-Flora-Habitat[FFH]-Richtlinie vom 21.05.92). Diese Richtlinien wurden mit der Novellierung des Bundesnaturschutzgesetzes von 1998 in nationales Recht umgesetzt.

Während in der EG-UVP-Richtlinie zunächst lediglich Betriebe mit Stallplätzen für Geflügel unter die Prüfungs- und Genehmigungspflicht fallen, erweitert das am 27.7. 2001 geänderte UVPG die Prüfung auf Schweine, Rinder und Pelztiere. Die Umweltverträglichkeitsprüfung wird auf der Grundlage bereits bestehender umweltrechtlicher Genehmigungsverfahren durchgeführt. Für Projekte der Tierhaltung gilt dafür das **Bundesimmissionsschutzgesetz** (BImSchG) vom 14.05.1990. In der 2001 geänderten 4. Verordnung zum BImSchG (4. BImSchV) werden die Größen der Stallanlagen bestimmt, bei denen eine **Genehmigung** erst nach erfolgter **Immissionsprüfung** erteilt werden darf. Darüber hinaus werden Größenordnungen benannt, bei denen bereits eine Einzelfall-**Vorprüfung** auf UVP-Notwendigkeit durchzuführen ist. In der am 09.10.1996 geänderten Fassung der 11. Verordnung zum BImSchG (11. BImSchV) ist die Verpflichtung zur Abgabe einer **Emissionserklärung** auch auf tierhaltende Betriebe ausgedehnt worden. Eine Prüfung von Anlagen der Tierhaltung ist auch nach dem **Umwelthaftungsgesetz** (UmweltHG) vom 10.12.1990 erforderlich. Die durch die genannten Rechtsvorschriften definierten Größen von genehmigungs- und haftungspflichtigen Anlagen unterscheiden sich (s. Tab. 2.9.3–1). Für Vorhaben unterhalb der in der 4. BImSchV fixierten Stallplatzkapazitäten ist lediglich die übliche Baugenehmigung zu beantragen (KUHN, 1998).

2 Umweltgerechte Tierhaltung

Tabelle 2.9.3–1 Genehmigungspflichtige Anlagen der Tierhaltung (nach 4. BImSchV, UVPG, UVP-EG-Richtlinie und Umwelt HG)

Tierart/Haltungsstufe	Genehmigungspflichtige Anlagengrößen (Tierplätze) nach		
	4. BImSchV/UVPG	UVP-Vorprüfung	Umwelt HG
Legehennen	20 000	15 000	50 000
Junghennen	40 000	30 000	100 000
Mastgeflügel	40 000	30 000	100 000
Truthühner	20 000	15 000	–
Mastschweine	2 000	1 500	1 700
Sauen (mit Ferkelaufzucht)	750	560	500
Ferkel (getrennte Aufzucht)	6 000	4 500	–
Rinder	350	250	–
Kälber	1 000	300	–
Pelztiere	1 000	750	–

Die Träger von Bauvorhaben (Antragsteller) haben der genehmigenden Behörde, in der Regel dem zuständigen Umweltamt, aussagefähige Unterlagen vorzulegen. Neben der Beschreibung der Anlage und des Anlagenbetriebes gehören dazu Angaben zu Schutzmaßnahmen, Maßnahmen zur Behandlung der Reststoffe sowie Informationen zur Wärmenutzung.

Von größtem Interesse sind jedoch die Prognosen zu den voraussichtlichen **Emissionen** und **Immissionen** von **Ammoniak** und **Geruchsstoffen** (im Vergleich mit Grenzwerten), deren Bewertung und Auswirkungen auf die UVP-Schutzgüter sowie technische Maßnahmen zur Selbstüberwachung und zum Schutz vor Umweltschäden (s. Kap. 2.2.3 und 2.5.6).

Die **Umweltverträglichkeitsprüfung** schließt nach § 4 c der 9. BImSchV vom 19.05.1993 einen Plan zur Behandlung, Verwertung und Beseitigung der **Reststoffe** ein. Darunter fallen in Anlagen der Tierhaltung die **Exkremente** bzw. organischen Dünger und die **Abfälle**. Die entsprechenden Maßnahmen sind an den zutreffenden Rechtsvorschriften und Standards (s. Kap. 2.2.2, 2.5 und 2.6) zu messen.

Die Einbeziehung von weiteren, die Umweltverträglichkeit der vorgesehenen Stallanlage beeinflussenden Elementen ist möglich und wünschenswert, wegen der starken Bindung der UVP an die Immissionsprüfung jedoch gegenwärtig weder üblich noch verbindlich. Dazu wären zunächst die notwendigen Rechtsgrundlagen zu schaffen.

Die Antragsteller für UVP-pflichtige Anlagen sind gut beraten, die erforderlichen Unterlagen durch erfahrene Institutionen (Umweltberatung, Projektierung, Planung) erstellen zu lassen. Die zuständige Behörde informiert andere Behörden und Einrichtungen sowie die **Öffentlichkeit** (Kommune, Umwelt- und Naturschutzverbände u. a.) über das Vorhaben, fordert sie zu Stellungnahmen auf und bezieht sie und sachverständige Gutachter in **Anhörungen** ein. Bei der Entscheidung über den Antrag sind alle bedeutsamen Umstände, Rechts- und Verwaltungsvorschriften zu berücksichtigen. Die **Genehmigung** zur Errichtung und zum Betrieb der Anlage kann mit Auflagen zur Änderung verbunden werden.

Betriebe, die der Genehmigungspflicht nach BImSchG unterliegen, müssen laut 4., 9. und 11. BImSchV im Abstand von 5 Jahren eine **Emissionserklärung** abgeben. Bei Neubauvorhaben sind die dafür entwickelten Formulare Bestandteil der Antragsunterlagen. Im Regelfall wird die Erklärung durch den Architekten bzw. den früheren Antragsvorbereiter erstellt und vom Antragsteller unterzeichnet. Eine hilfreiche Anleitung wurde von Kuhn (1994) gegeben.

2.9 Untersuchung und Bewertung der Umweltgerechtheit der Tierhaltung

Wegen der Vielzahl von größeren Betrieben in den ostdeutschen Bundesländern besteht vor allem hier die Prüfungs- und Genehmigungspflicht für Anlagen der Tierhaltung. Die methodischen Grundlagen wurden von FLEISCHER (1994) zusammengestellt. Umfangreiche Erfahrungen besitzen und vermitteln ECKHOF (1997), ECKHOF et al. (1992, 1994) sowie KYPKE (1998).

2.9.4 Andere Zertifizierungen der Umweltgerechtheit

Die Zertifizierung der Umweltgerechtheit der Tierhaltung im Rahmen des Öko-Audit-Verfahrens und der Umweltverträglichkeitsprüfung dürfte auf Betriebe mit großen Anlagen beschränkt bleiben. Für solche Betriebe sind sie auch besonders notwendig.

Darüber hinaus werden Kontrollen und Bewertungen der Umweltgerechtheit vor allem im Zusammenhang mit **Zertifizierungen** von Betrieben und Produkten des **ökologischen Landbaus** sowie bei der Vermarktung von **Qualitätsprodukten** durchgeführt. Im Vordergrund solcher Kontroll- und Anerkennungsverfahren steht jedoch die Bestätigung der Tiergerechtheit der Haltungsbedingungen. Eine Ergänzung der gegenwärtig üblichen Zertifizierungen um Kriterien der Umweltgerechtheit würde das Vertrauen von Verbrauchern und Behörden in die Nachhaltigkeit der Nutztierhaltung stärken. Trägereinrichtungen für solche Zertifizierungen kontrollierter Tierhaltung sind vorwiegend Vereine (z. B. Verein für kontrollierte alternative Tierhaltungsform e. V., Bonn), Büros oder Institute (z. B. Institut für Tiergesundheit und Agrarökologie ifta-CERTAG, Berlin).

Die inhaltlichen Schwerpunkte und Bewertungsmaßstäbe für Untersuchungen und Kontrollen der Umweltgerechtheit wurden in den Kapiteln 2.1 bis 2.8 dargelegt. Methodisch empfiehlt sich die Anlehnung an die **Hygieneanalyse und Berechnung von Hygienekennziffern** (TGL 36422/01 1986, MEHLHORN et al., 1979; METHLING, 1987). Danach ist die Analyse der Umweltgerechtheit in folgende **Untersuchungsgänge** zu gliedern (s. auch 2.9.2.2):

1. Standort, Projekt und Emission (einschließlich Lärm),
2. Wasserverwendung,
3. Energieverwendung,
4. Sammlung, Lagerung, Transport und Verwertung organischer Dünger,
5. Sammlung und Lagerung von Abfällen,
6. Tierernährung, Tierfütterung und Futterkonservierung,
7. Gestaltung von Weide und Auslauf,
8. Reinigung und Desinfektion,
9. Entwesung,
10. Tierkörperbeseitigung
11. Tierbehandlung,
12. Management der Arbeitsprozesse.

Die Methoden zur Erfassung des Zustandes der Umwelt bzw. des umweltbeeinflussenden Faktors bestehen in Abhängigkeit vom Gegenstand aus Messungen, Beobachtungen, Fotodokumentationen, Geruchsermittlungen, Befragungen u. a.

Aus dem Vergleich des erhobenen Ist-Zustandes mit dem Soll-, Grenz-, Norm- oder Optimalwert bzw. -bereich ergibt sich die **Bewertung** der **Umweltgerechtheit** der Tierhaltung. Der Grad der Einhaltung bzw. Abweichung von der Norm sollte in folgenden **Abstufungen** (Punktzahlen) charakterisiert werden:
– ungenügend (Punktzahl: 0),
– genügend (Punktzahl: 2),
– ausreichend (Punktzahl: 5),
– gut (Punktzahl: 8),
– sehr gut (Punktzahl: 10).

Durch die Wichtung der untersuchten Zustände und Verfahren hinsichtlich ihrer Bedeutung für die Sicherung bzw. Gefährdung der Umweltgerechtheit kann aus der komplexen Analyse eine Gesamtbewertung des Standortes und des Stalles bzw. der Stallanlage abgeleitet werden.

Die **Transformation** der verbalen Beurteilung der Zustände **in Punktzahlen oder**

Kennziffern (0 bis 10) sowie die Bewertung mittels **Wichtungsfaktoren** (1 bis 5) ermöglichen eine sehr anschauliche Darstellung und statistische Bearbeitung der Ergebnisse. Bei Anwendung einer einheitlichen Methodik und Gewährleistung gleicher Bewertungsmaßstäbe durch die Untersucher (Auditoren) können auch Vergleiche der Umweltgerechtheit der Tierhaltungen in verschiedenen Betrieben, z. B. zwischen Betrieben eines Erzeugerringes, vorgenommen werden.

Literatur

Anonym: Öko-Audit in der Landwirtschaft. Ergebnisse eines Pilotprojektes unter Beteiligung von sechs Thüringer Agrarunternehmen (1996/97) – Zusammenfassung. Auftraggeber: Thüringer Ministerium für Landwirtschaft, Naturschutz und Umwelt, Verband für Agrarforschung und -bildung e. V. (VAFB) Jena, 03.09.1999.

Bänsch-Baltruschat, B.: Öko-Audit: Die Umsetzung der EG-Verordnung. GIT Labor-Fachzeitschrift 40 (12) (1996) 1243–1245.

Birkner, U.: Übertragung der EG-Öko-Audit-Verordnung auf landwirtschaftliche Betriebe. Symposium an der Humboldt-Universität zu Berlin (02/04), mündliche Mitteilung (1997).

Eckhof, W.: Erfahrungen bei der Genehmigung von Tierhaltungsanlagen unter besonderer Berücksichtigung der Geruchsemissionen aus der Landwirtschaft. KTBl-Arbeitspapier 244, Landwirtschaftsverlag Münster-Hiltrup (1997) 74–84.

Eckhof, W., E. Grimm, A. Hacke-Schmidt, V. Nies: Umweltverträglichkeitsprüfung für Anlagen der Tierhaltung. Handlungsrahmen zur Durchführung der UVP. KTBL-Arbeitspapier 189, Darmstadt (1994).

Eckhof, W., M. Schiemann, E. Grimm: Umweltverträglichkeitsprüfung und landwirtschaftliche Tierhaltung. Landtechnik 47 (1992) 435–438, 514–515.

Fleischer, E.: Methodische Grundlagen der Umweltverträglichkeitsprüfung UVP-pflichtiger Anlagen der Geflügelhaltung. Teilabschlußbericht zum Forschungsprojekt. Band I und II, WIP-Projekt 018 622/A, Landwirtschaftliche Fakultät der Martin-Luther-Universität Halle-Wittenberg, Institut für Tierzucht und Tierhaltung (1994).

Geier, U.: Ökobilanzen in Gartenbau und Landwirtschaft – Neue Ergebnisse bei der Bewertung ökologischer Bewirtschaftung. Vorträge der 50. Hochschultagung der Landwirtschaftlichen Fakultät der Universität Bonn, 17.02.1998, Münster, Landwirtschaftsverlag GmbH, Münster-Hiltrup (1998) 131–141.

Gröbl, W.: Bericht der Bundesregierung über die Anwendung der DIN ISO 9000 ff – Normen im Bereich der Land- und Ernährungswirtschaft, Bonn (unveröffentlicht) (1995).

Hentschel, B.: DIN ISO 9000 in der Landwirtschaft – Die Norm der Zukunft? Neue Landwirtschaft 2 (1996) 30–32/33.

Hentschel, B.: Viel Aufwand für die Umwelt – Erste Erfahrungen mit einem Öko-Audit im Agrarbetrieb. Neue Landwirtschaft 3 (1997) 24–26.

Hortmann-Scholten, A.: Notwendigkeiten und Möglichkeiten der Umsetzung von DIN/ISO-Normen im Rahmen der Schweineproduktion. AID-Information für die Agrarberatung 5503 (1995) 17–21.

Kessler, T.: Ökobilanzen und andere Methoden zur Bewertung umweltrelevanter Größen in betrieblichen Entscheidungsprozessen. Unternehmensführung, Organisation und Management in Agrar- und Ernährungswirtschaft, Bericht B-96/1, ILB-Verlag, Bonn (1996).

Kuhn, K. J.: Emissionserklärungen – Rationalisierungs-Kuratorium für Landwirtschaft (RKL), Rendsburg, Osterrönfeld, Nov. 1994: 1095–1120.

Kuhn, K.-J.: Praktische Hinweise für die Bauantragstellung. In: Hilfestellung bei Genehmigungsverfahren für Tierhaltungen. BauBriefe Landwirtschaft 38. Neu überarbeitete Auflage, Landwirtschaftsverlag, Münster-Hiltrup (1998) 98–100.

Kypke, J.: Die Umweltverträglichkeitsprüfung im Genehmigungsverfahren nach dem Bundesimmissionsschutzgesetz. In: Hilfestellung bei Genehmigungsverfahren für Tierhaltungen. BauBriefe Landwirtschaft 38. Neu überarbeitete Auflage, Landwirtschaftsverlag, Münster-Hiltrup (1998) 48–56.

Mehlhorn, G.: Bedeutung durchgängiger Hygienesysteme und Anwendung der Hygienekennziffer in der Stufenproduktion. Tierzucht 33 (1979) 481–483.

Meier-Ploeger, A.: Öko-Audit in der Landwirtschaft. In: Leicht-Eckhardt, E., H.-W. Platzer, C. Schrader, M. Schreiner: Öko-Audit – Grundlagen und Erfahrungen: Chancen des Umweltmanagements in der Praxis. Verlag für akademische Schriften (VAS), Karben (1996).

Methling, W.: Tierhygienische Erfordernisse. In: Kielstein, P., E. Wohlfarth (Hrsg.): Schweinekrankheiten. 3., überarbeitete Auflage. Gustav Fischer Verlag, Jena (1987) 571–632.

2.9 Untersuchung und Bewertung der Umweltgerechtheit der Tierhaltung

Rechtsgrundlagen, Empfehlungen, Normen u. ä.:

Bundes-Immissionsschutzgesetz: Gesetz zum Schutz vor schädlichen Umwelteinwirkungen durch Luftverunreinigungen, Geräusche, Erschütterungen und ähnliche Vorgänge (Bundes-Immissionsschutzgesetz – BImSchG) vom 15.03.1984 (BGBl. I, S. 721, ber. S. 1193), neugefaßt am 14.05.1990 (BGBl. I, S. 880), zuletzt geändert durch das Gesetz zur Beschleunigung und Vereinfachung immissionsschutzrechtlicher Genehmigungsverfahren vom 09.10.1996 (BGBl. I, S. 1498).

DIN EN ISO 9000: Leitfaden zur Auswahl und Anwendung der DIN EN ISO 9000 ff Normen.

DIN EN ISO 9001: Modell zur Darlegung der Qualitätssicherung in Produktion, Montage und Kundendienst.

DIN EN ISO 9002: Modell zur Darlegung der Qualitätssicherung in Produktion und Montage.

DIN EN ISO 9003: Modell zur Darlegung der Qualitätssicherung bei der Endprüfung.

DIN EN ISO 9004: Leitfaden für Qualitätsmanagement und Elemente des Qualitätssicherungssystems.

EWG-Fauna-Flora-Habitat(FFH)-Richtlinie: Richtlinie 92/43/EWG des Rates vom 21.05.1992 zur Erhaltung der natürlichen Lebensräume sowie der wildlebenden Tiere und Pflanzen. ABl. Nr. L 206/7–50 vom 22.7.1992, zuletzt geändert durch Richtlinie 97/62/EG des Rates vom 27.10.1997 zur Anpassung der Richtlinie 92/43/EWG zur Erhaltung der natürlichen Lebensräume sowie die wildlebenden Tiere und Pflanzen an den technischen und wissenschaftlichen Fortschritt ABl. L 305/42–65 vom 8.11.97.

EWG-Vogelschutzrichtlinie: Richtlinie des Rates vom 02.04.1979 über die Erhaltung der wildlebenden Vogelarten (79/409/EWG).

Gesetz über die Umwelthaftung – Umwelthaftungsgesetz (Umwelt HG) vom 10. Dezember 1990, BGBl. I, S. 2634.

Gesetz zur Ausführung der Verordnung (EWG) Nr. 1836/93) des Rates vom 26.06.1993 über die freiwillige Beteiligung gewerblicher Unternehmen an einem Gemeinschaftssystem für das Umweltmanagement und die Umweltbetriebsprüfung (Umweltaudit-Gesetz-UAG).

Gesetz zur Umsetzung der Richtlinie des Rates vom 27.06.1985 über die Umweltverträglichkeitsprüfung bei bestimmten öffentlichen und privaten Projekten (85/337/EWG) vom 12.02.1990, insbesondere dessen Art. 1, das Gesetz über die Umweltverträglichkeitsprüfung (UVPG, BGBl. I, S. 205), zuletzt geändert durch Art. 1 des Gesetzes vom 27.7.2001 (Gesetz zur Umsetzung der UVP-Änderungsrichtlinie, der IVU-Richtlinie und weiterer EG-Richtlinien zum Umweltschutz, BGBl. I, S. 1950–2024).

Gesetz zur Umsetzung der UVP-Änderungsrichtlinie, der IVU-Richtlinie und weiterer EG-Richtlinien zum Umweltschutz vom 27.7.2001 (BGBl. I, Nr. 40, S. 1950–2024).

ISO/DIN 14001: Umweltmanagementsysteme – Spezifikationen und Leitlinien zur Anwendung.

ISO/DIN 14004: Umweltmanagementssysteme – Allgemeine Leitfäden über Grundsätze, Systeme und Hilfsinstrumente.

ISO/DIN 14010: Leitfäden für Umweltaudits – Allgemeine Grundsätze für die Durchführung von Umweltaudits.

ISO/DIN 14011–1: Leitfäden für Umweltaudits – Auditverfahren – Audit von Umweltmanagementsystemen.

ISO/DIN 14012: Leitfäden für Umweltaudits – Qualifikationskriterien für Umweltauditoren.

Neunte Verordnung zur Durchführung des Bundes-Immissionsschutzgesetzes (Grundsätze des Genehmigungsverfahrens – 9. BImSchV) vom 18.02.1977 (BGBl. I, S. 274), zuletzt geändert durch Gesetz zur Beschleunigung und Vereinfachung immissionsschutzrechtlicher Genehmigungsverfahren vom 09.10.1996 (BGBl. I, S. 1498).

TGL 36422/01: Veterinärwesen; Hygieneanalyse und Berechnung von Hygienekennziffern; Allgemeine Festlegungen (verbindlich ab 01.04.1986).

Verordnung (EWG) Nr. 1836/93 des Rates vom 29.06.1993 über die freiwillige Beteiligung gewerblicher Unternehmen an einem Gemeinschaftssystem für das Umweltmanagement und die Umweltbetriebsprüfung (EMAS-Verordnung).

Verordnung (EG) Nr. 761/2001. EG-Öko-Audit-Verordnung (EMAS II) (AmtsBl. EG Nr. L 114 vom 24.4.2001, S. 1

Vierte Verordnung zur Durchführung des Bundes-Immissionsschutzgesetzes (Verordnung über genehmigungsbedürftige Anlagen – 4. BImSchV) in der Fassung der Bekanntmachung vom 14.3.1997 (BGBl. I, S. 504; 2001: 1550, 1950 ff)

3 Schwerpunkte und Kriterien der umweltgerechten Haltung von Heim- und Begleittieren

3.1 Allgemeines sowie Besonderheiten gegenüber der Nutztierhaltung

(UNSHELM, J.)

Unter Heimtieren versteht man nach der schon erwähnten Definition des Europarates diejenigen Tiere (s. Kap. 1 sowie 5), die zu anderen Zwecken als die Nutztiere angeschafft werden, die eine andere Beziehung zu ihrem Halter haben und die sich auch unter Aspekten des Umweltschutzes weitgehend von landwirtschaftlichen Nutztieren unterscheiden. Man rechnet dazu ausschließlich oder vorwiegend im menschlichen Wohnbereich gehaltene Tiere wie Hunde, Katzen, sogenannte kleine Heimtiere wie Zwergkaninchen, Meerschweinchen, Hamster und viele andere, Ziervögel sowie in Aquarien und Terrarien gehaltene Tiere, also Fische, Reptilien und Amphibien.

Für Tiere, die als Begleiter bei beruflichen und privaten Aktivitäten einschließlich einer aktiven Freizeitgestaltung angeschafft und gehalten werden – vor allem Pferde, aber auch bestimmte Hunde – verwendet man aus naheliegenden Gründen die Bezeichnung „Begleittiere".

Mögliche Belastungen der Umwelt durch Heim- und Begleittiere sind zwangsläufig nicht so gravierend wie die durch landwirtschaftliche Nutztiere. Das hängt weniger mit der geringeren Zahl als mit der Körpergröße fast aller Heim- und der meisten Begleittiere zusammen, durch die Emissionen nahezu aller Art ein geringeres Ausmaß erreichen. Auf der anderen Seite ist der Kontakt zwischen Heim- und Begleittieren einerseits und ihren Haltern andererseits naturgemäß und erwünschtermaßen wesentlich enger, so daß infolge dessen neben Umweltverschmutzungen durch Harn- und Kotabsatz im direkten Umfeld der Menschen vor allem an Infektionsrisiken der Tierhalter zu denken ist.

3.2 Ökologische und hygienische Probleme

3.2.1 Emissionen

(Wöhr, A.-C.)

Auch bei der Haltung von Hunden und Katzen kann es zu Emissionen in Form von Lärm und Gerüchen kommen, die zu einer Beeinträchtigung Dritter mit u. U. rechtlichen Konsequenzen führen können.

Der hauptsächlich von Hunden verursachte **Lärm**, das Bellen, ist ein völlig normales, ererbtes Verhalten und eine Form der akustischen Kommunikation, aber häufig die Ursache von Beschwerden und kann für den Tierbesitzer zu einem ernsthaften Problem werden (Hart u. Hart, 1991). Erwünscht ist das Bellen bei Wachhunden im Sinne der Grundstücksverteidigung und Alarmierung des „Artgenossen" Mensch. Hunde bellen aber auch beim Spielen, als Begrüßung, bei Isolation und Trennung vom Besitzer (auch Jaulen) und generell um die Aufmerksamkeit auf sich zu lenken (Thorne, 1992). Nach Untersuchungen von Campell (1985) gehört das Bellen, neben Beißen, Stubenunreinheit und dem Benagen von Gegenständen, zu den häufigsten Gründen für die Abgabe von Hunden an Tierheime.

Im Sinne der Rechtsprechung ist Tierlärm vermeidbarer Lärm, der durch menschliches Verhalten, d. h. dem Unterlassen aktiven Tuns, verursacht wird (Kunz, 1985). Daraus ergibt sich, daß Hunde grundsätzlich so zu halten sind, daß durch den von ihnen verursachten „Lärm" niemand mehr als nur geringfügig belästigt wird. Ob Hundegebell im Einzelfall eine störende Immission darstellt, wird nach dem Empfinden eines verständigen Durchschnittsmenschen beurteilt, wobei nicht die Phonzahl des Tierlärms dabei maßgebend ist, sondern wie häufig, wie intensiv und zu welchen Zeitpunkten der oder die betreffenden Hunde bellen. Weiterhin ist entscheidend, ob die Hundehaltung in einem reinen Wohngebiet (z. B. Mietwohnung) oder in einer Gegend mit ländlichem (z. B. Hofhund) oder gewerblichem (z. B. Wachhund) Charakter stattfindet (Schröter, 1990). Nach der Technischen Anleitung zum Schutz gegen Lärm (1998) werden Geräuschemissionen 0,5 m vor dem geöffneten und vom Lärm am stärksten betroffenen Fenster im für den Aufenthalt von Menschen betroffenen Gebäude gemessen. Diese Meßmethode bezieht sich aber auf die Erfassung von Richtwerten, die primär für Arbeitslärm des Menschen ermittelt wurden, und läßt sich nicht verallgemeinernd auf durch Tiere verursachte Geräusche übertragen.

Die Lärmbelästigung wird durch die einzelnen Länder mittels Lärmverordnungen geregelt. Gegen erhebliche Störungen kann zivilrechtlich vorgegangen werden mittels Geldbußen, Ordnungsverfügungen (z. B. der Auferlegung sogenannter „Bellzeiten") und im Extremfall sogar der Abschaffung des Hundes. Die „Bellzeiten" bewegen sich in der Regel zwischen 8.00 bis 13.00 Uhr und 15.00 bis 19.00 Uhr, wobei das Bellen nicht länger als 10 Minuten am Stück und maximal 30 Minuten pro Tag dauern darf (Olg Düsseldorf, 1993).

Geruchsemissionen können sowohl von Hunden als auch von Katzen verursacht werden, wobei hier primär Katzenkot und -urin das verursachende Agens darstellen. Insbesondere bei der Haltung von mehreren Katzen in der Wohnung, ohne Freilauf, kann es zu extremer Beeinträchtigung der Mitbewohner durch den ammoniakähnlichen, stechenden Geruch kommen. Grundsätzlich werden Geruchsbelästigungen, die durch Tierhaltungen entstehen, zivilrechtlich nach § 906 *Zuführung unwägbarer Stoffe* des Bürgerlichen Gesetzbuches (1997) geregelt. Im Falle einer massiven Geruchsbelästigung kann u. U. vom Gericht die Reduzierung oder sogar Abschaffung der betreffenden Katzen angeordnet werden (Olg München, 1989).

3.2 Ökologische und hygienische Probleme

Im Zusammenhang mit der Emission von Gerüchen ist ein ernsthaftes, nicht zu unterschätzendes Problem bei der Katzenhaltung die sogenannte Katzenallergie. Allergische Erkrankungen haben in den letzten 30 Jahren weltweit zugenommen. Mehr als 50 % aller allergischen Erkrankungen werden durch Allergene im Innenraum ausgelöst. Zu den wichtigsten Allergenträgern zählen Milben, Schimmelpilze, aber auch Haustiere (MAGNUSSEN, 1993; SCHATA, 1995). Allergien, die durch den Kontakt mit Tieren ausgelöst werden, gehören vorwiegend in die Gruppe der Kontaktallergie und Inhalationsallergie (SCHATA, 1995). In Deutschland wird die Zahl der Katzenallergiker auf 2 bis 3 Millionen geschätzt. Von diesen ist aber nur ca. jeder zweite auch Katzenhalter. Die anderen Katzenallergiker haben niemals eine Katze besessen (HOPPE et al., 1994). In einer Allergie-Studie mit Schülern mit mehr als 1300 Probanden (KÜHR, 1993) zeigten ca. 11 % der Kinder positive Reaktionen im Hauttest auf Katzepithelien, und in einer Erwachsenen-Studie konnten 32 % der positiven Reaktionen im Hauttest auf Katzenallergene als klinisch relevant eingestuft werden (HOPPE et al., 1994).

Katzenallergene

Das Katzenallergen wird mit dem Speichel, der Tränenflüssigkeit und über die Talgdrüsen an die Umgebung abgegeben. Das Allergen (ein Protein) wird als **Fel d 1** bezeichnet und ist in geringeren Mengen auch im Urin und im Blutserum nachweisbar. Das Allergen haftet am Feinstaub (Partikelgrößen ≤ 3 µm) in der Wohnung und wird so eingeatmet und über die Kleidung aus der Wohnung getragen. Untersuchungen haben gezeigt, daß das Katzenallergen auch in Räume transportiert wird, in denen sich niemals eine Katze aufgehalten hat, wie z. B. Hotelzimmer, Kindergärten, Schulen und Kinos (ENBERG et al., 1993). Selbst in Wohnungen, in denen die Katze entfernt wurde, war nach Monaten noch das Katzenallergen nachweisbar sowie in Wohnungen, in denen nachweislich niemals eine Katze gehalten wurde (BOLLINGER et al., 1996).

Alle Hauskatzen *(Felis domesticus)* sezernieren das gleiche Allergen. Es gibt also, im Gegensatz zur Hundehaarallergie, keine Sensibilisierung gegen eine spezielle Rasse oder ein individuelles Tier. Rassenunterschiede bestehen aber hinsichtlich der Menge des ausgeschiedenen Allergens. Weiterhin scheiden unkastrierte Kater mehr Fel d 1 aus als Kätzinnen. Da die Produktion des Talgdrüsensekretes hormonell gesteuert wird, scheiden kastrierte Kater hingegen weniger Fel d 1 aus. Auch die Tageszeit kann die Abgabe des Allergens beeinflussen und zu unterschiedlichen Belastungen des Menschen führen (WENTZ et al., 1990; ZIELONKA et al., 1994).

Nachweis des Allergens

Die Allergenkonzentration von Fel d 1 (oder auch von Can f 1 = Hundehaarallergen) wird in der Raumluft oder im Hausstaub (z. B. Teppichstaub) gemessen. Mittels immunologischer Untersuchungsmethoden (ELISA) wird die Menge Fel d 1 in µg/g Hausstaub oder in ng/m^3 Luft nachgewiesen. Ein Nachweis von 8 µg Fel d 1/g Hausstaub deutet auf die Anwesenheit von Katzen im Haushalt. Gleichzeitig wird dieser Wert bei sensibilisierten Personen als asthmaauslösend gewertet. Werte unter 1 µg/g Hausstaub sind allergologisch unbedenklich (LUCZYNSKA et al., 1994).

Anzeichen einer Katzenallergie sind tränende und juckende Augen, Schnupfen und in schlimmeren Fällen Asthma und Hautausschläge. Der Kontakt mit Katzen kann bei allergischen Asthmatikern unter Umständen (je nach Sensibilisierung) zu einer akuten Atemnot führen. Mittels eines Haut-Tests (Prick-Test), bei dem die Haut mit dem Katzenallergen in Kontakt kommt, kann je nach Grad der Hautrötung eine Allergie gegen das Katzenallergen Fel d 1 nachgewiesen werden.

3 Schwerpunkte und Kriterien der umweltgerechten Haltung von Heim- und Begleittieren

Hygienische Maßnahmen

Oft ist sogar auch in Wohnungen, in denen die Katze weggegeben wurde, immer noch soviel Fel d 1 nachweisbar, daß eine allergische Reaktion bei den dort lebenden Personen ausgelöst werden kann. Untersuchungen ergaben, daß eine Kombination aus wöchentlichem Bad der Katze (!) z. B. mit einer speziell zur Reduzierung von Fel d 1 entwickelten Emulsion (Allerpet/C®), Entfernung von Teppichen, Verminderung der Polstermöbel auf das Nötigste, Staubsaugen mit speziellen Filtern und der Einsatz von Raumluftfiltern den Gehalt der Katzenallergene auf einen Wert von unter 1 µg/g Hausstaub senkt und damit aus allergischer Sicht die Haltung der Katze ohne Allergierisiko möglich macht (DE BLAY et al., 1991). Weiterhin können sich Patienten einer Immuntherapie (Hyposensibilisierung) unterziehen, die die Allergentoleranz dauerhaft verbessern soll (BERTELSEN et al., 1989).

Die meisten Katzenhaarallergiker sind gleichzeitig auch allergisch gegenüber Hausstaubmilben und/oder Pollenallergenen. Deshalb sollte potentiellen Katzenbesitzern unbedingt **vor** der Anschaffung eines Haustieres (insbesondere Katzen und Nager) bei einer schon bestehenden Allergie z. B. gegenüber Hausstaubmilben oder Pollenallergenen zu einem Hautallergietest (Prick-Test) geraten werden. So kann vermieden werden, daß nach kurzer Zeit das Haustier weggegeben oder innerhalb des Wohnraumes das Leben komplett umgestellt werden muß.

Hundeallergien

Hundeallergien können im Gegensatz zu Katzenallergien rassespezifisch verlaufen. Hier sollte im einzelnen getestet werden, ob eine Sensibilisierung gegen den eigenen Hund vorliegt. Die Allergene von Hundehaaren oder Hautpartikeln weisen im Vergleich zu Katzenallergenen ein geringeres Allergiepotential auf. Das Allergen (Can f 1) verbleibt auch kürzer in der Raumluft und bindet sich nicht so intensiv an den Feinstaub wie das Katzenallergen (HEUTELBECK et al., 1997).

3.2.2 Anfall von Exkrementen und Abfällen sowie Tierkörpern und deren Beseitigung

(UNSHELM, J.)

Nach dem TIERSCHUTZBERICHT der Bundesregierung für das Jahr 1999 werden in Deutschland schätzungsweise mehr als 90 Millionen Tiere gehalten, insbesondere Hunde, Katzen, Kleinnager, Vögel und Zierfische, Reptilien und Amphibien. Daraus läßt sich der Anfall an Exkrementen und Abfall sowie an Tierkörpern ableiten. Die wichtigste Rolle spielen hierbei – auch wegen ihrer Größe und Zahl – Hunde (5,1 Mio.) und Katzen (6,4 Mio.). Während sich die Zahl toter Tiere aus der Bestandsgröße und der Lebenserwartung ergibt, ist der Anfall von Exkrementen weitgehend vom Körpergewicht, das insbesondere bei Hunden sehr unterschiedlich sein kann, abhängig.

So geht man bei Hunden von einem täglichen Anfall pro Tier von durchschnittlich 300 g Kot und 0,7 l Harn aus, bei einer Schwankungsbreite der Harnabgabe von 0,04 bis 2 l, wobei der untere Wert auch dem der Katzen entsprechen dürfte (BALDER, 1994). Hinzu kommen mit Harn und Kot verschmutzte Katzenstreuprodukte in erheblichen Mengen sowie Verpackungen der inzwischen üblicherweise verwendeten Fertigfuttermittel für Hunde und Katzen.

Da beim Tierarzt eingeschläferte Hunde und Katzen beispielsweise in Berlin (RATSCH, 1997) zu bis zu 50 % vom Tierhalter mitgenommen werden, spielt neben der Tierkörperbeseitigung auch die individuelle Beerdigung von Heimtieren im eigenen Garten oder auf Tierfriedhöfen eine nicht unwesentliche Rolle. Nach dem TIERKÖRPERBESEITIGUNGSGESETZ (1975) sind Tierkörper so zu beseitigen, daß erstens die Gesundheit von Mensch und Tier nicht durch Erreger übertragbarer

Krankheiten oder toxische Stoffe gefährdet und zweitens Gewässer, Boden und Futtermittel nicht durch Erreger übertragbarer Krankheiten oder toxische Stoffe verunreinigt werden. Bisher scheint es keine Hinweise für Risiken zu geben, die aufgrund der kurz skizzierten Handlungsweisen theoretisch denkbar wären (RATSCH, 1997). Eine Rolle könnte hierbei spielen, daß bei Menschen einerseits und ihren Heimtieren andererseits ein sehr unterschiedliches Erregerspektrum vorgefunden wird sowie eine in der Regel weitgehend fehlende Rückstandsproblematik.

3.2.3 Besonderheiten der Reinigung und Desinfektion

(UNSHELM, J.)

Besonderheiten der Reinigung und Desinfektion, die umweltrelevante Konsequenzen hätten, gibt es bei Heimtieren praktisch nicht, und von den Begleittieren sind nur bei Pferden Maßnahmen wie bei landwirtschaftlichen Nutztieren üblich. Im Hinblick auf das Zusammenleben von Heimtieren und ihren Haltern, aber natürlich auch für die Katzen selbst, sollten allerdings Katzentoiletten regelmäßig entleert, gereinigt und in besonderen Fällen desinfiziert werden. Das gilt auch für sonstige Ein- und Vorrichtungen zur Tierhaltung wie Käfige, Zwinger und Ausläufe, Hunde- und Katzenkörbe, Futter- und Wassernäpfe und anderes mehr.

Bei Desinfektionsmaßnahmen ist die Wirksamkeit gegen Parasitenstadien zu klären, wofür es in den Desinfektionsmittellisten der Deutschen Veterinärmedizinischen Gesellschaft spezielle Angaben gibt. Zu berücksichtigen sind hierbei auch die Besonderheiten der Wohnungen und ihrer Einrichtungen, für die sich die in der Landwirtschaft üblichen Verfahren natürlich nicht eignen.

3.2 Ökologische und hygienische Probleme

3.2.4 Umweltbelastungen und Infektionsrisiken in Wohngebäuden, Wohngebieten und Parks

(UNSHELM, J.)

3.2.4.1 Umweltbelastungen, Verschmutzungen und Schäden

Umweltbelastungen durch Heim- und Begleittiere bestehen im wesentlichen in dem schon angesprochenen Kot- und Harnabsatz. Kritisiert wird vor allem die Verschmutzung von Gehwegen, Straßen, Bepflanzungen neben den Gehwegen und Parks. Weitgehend vermeidbar wären die Verschmutzungen, wenn sich die Tierhalter in jedem Fall um eine Beseitigung der Kothaufen kümmerten, was mit geeigneten Gerätschaften wie kleinen Schaufeln sowie Behältern aus Pappe oder anderen Stoffen durchaus möglich ist. Hilfreich wären hierbei Automaten, aus denen man derartige Hilfsmittel ziehen kann (in der Schweiz kostenlos) in Verbindung mit geeigneten Abfallbehältern. Beides ist in Deutschland ausgesprochen selten, und auch die Bereitschaft der Hundehalter läßt zu wünschen übrig. Das führt ständig zu vermeidbaren Auseinandersetzungen mit Personen, die sich häufig zu Recht belästigt fühlen.

Erkennbare Umweltverschmutzungen durch Katzen sind selten, da deren Kot normalerweise vergraben wird. Dieses Vergraben kann aber zu Schwierigkeiten führen, wenn dafür der falsche Ort gewählt wird. So entstehen nachbarschaftliche Auseinandersetzungen, wenn der Kot nicht im eigenen Garten abgesetzt wird. Das damit verbundene Graben auf fremdem Gelände betrifft häufig auch fremde Anpflanzungen sowie Friedhöfe und ist deshalb gelegentlich die Ursache für Schadenersatzforderungen.

Weitere Problembereiche sind der Kotabsatz von Hunden und vor allem Katzen auf Kinderspielplätzen und dabei vor allem in

Sandkästen (Deumer, 1984; Horn, 1986; Dibbert, 1994 u. 1998), wobei in erheblichem Umfang Parasitenstadien festgestellt wurden. Neben dem strikten Verbot des Zuganges von Hunden – Regelungen für Katzen sind schwieriger – sollten auch mehrfach vorgeschlagene chemikalienfreie Desinfektionsverfahren (Deumer, 1984; Haas et al., 1998), deren Wirksamkeit und ausgesprochene Umweltfreundlichkeit erwiesen sind, im Interesse der Bevölkerung eingesetzt werden.

Erhebliche Schäden durch Hundeurin wurden von Balder (1994) an Gehölzen und anderen Pflanzen festgestellt. Dabei stehen die Vegetationsschäden im öffentlichen Grün in engem Zusammenhang mit der örtlichen Hundedichte, der Bebauung sowie dem Verhalten von Hundehaltern und ihrer Tiere. Empfindliche Pflanzenteile können nach diesen Untersuchungen bereits durch eine einmalige Kontamination geschädigt werden, ebenso übrigens wie durch aufgespritzte Salzlauge bei der Anwendung von Auftausalzen im Winterdienst. Hinsichtlich der Belastung von Bäumen ist davon auszugehen, daß rein rechnerisch jeder Baum in Berlin jährlich 10 Liter Hundeurin verkraften muß.

3.2.4.2 Infektionsrisiken für Menschen

Ein wesentlicher Gesichtspunkt bei der Anschaffung von Heim- und Begleittieren ist die Frage nach möglichen Infektionsrisiken für den Tierhalter und vor allem für dessen Kinder. Dabei wird ein enger Kontakt, vor allem zwischen den Kindern und dem oft für sie angeschafften Haustier, trotz möglicher Hygieneempfehlungen keineswegs ausgeschlossen. Dementsprechend hat Rehm (1993) nur wenige Hinweise auf einen hygienebewußten Umgang mit dem Hund bei Familien mit Kindern gefunden, so daß die Forderung nach einer Verbesserung des tierhygienischen Beratungsangebotes vor und nach der Anschaffung von Tieren durchaus berechtigt ist.

Theoretisch gibt es eine große Zahl von gesundheitlichen Risiken für Halter von Heim- und Begleittieren (Mayr et al., 1986; Frank, 1986; Weber, 1997; Brill u. Henke, 1997; Hahn, 1985; Dibbert, 1994 u. 1998). Relativ neu sind Überlegungen über den Zusammenhang zwischen manisch-depressiven Erkrankungen des Menschen und durch von Pferden stammende Borna-Viren. Helicobacter-Infektionen werden bisweilen, wenn auch nicht unumstritten, mit der Hundehaltung in Beziehung gesetzt. Weitere Gefährdungen durch Heimtierhaltung stellen Allergien (s. Kap. 3.2.1), aber auch Mykosen, Leptospiren, Salmonellen, Toxoplasmen, Katzenpocken, Katzenkratzkrankheit, Toxocara-Infektionen, Echinokokkose und Tollwut dar. Nagetiere können eine Choriomeningitis übertragen, Meerschweinchen und Kaninchen Diplokokken, Chinchillas und Frettchen Mykosen, Listerien und Yersiniosen. Bei der Haltung von Vögeln treten vor allem Allergien häufig auf, weitere Gefährdungen sind durch Mykobakterien und Erreger der Psittakose sowie der Newcastle-Disease (Konjunktivitis beim Menschen) möglich. Reptilien haben zu einem hohen Prozentsatz Salmonellen (Kölle u. Hoffmann, 1997), und beim Reinigen des Aquariums kann man sich mit Mykobakterien infizieren, die beim Menschen bisweilen Hautgranulome hervorrufen (Kölle u. Hoffmann, 1997; Hildebrand, 2000).

Die Frage nach dem tatsächlichen Risiko für die Halter von Heim- und Begleittieren einschließlich ihrer Kinder, die sich durchaus hygienebewußter verhalten könnten, wird in der vorliegenden Literatur mit für wissenschaftliche Arbeiten ungewöhnlicher Übereinstimmung sehr klar negativ beantwortet. Obwohl in Deutschland, Österreich und der Schweiz in durchschnittlich jedem zweiten Haushalt Heim- und Begleittiere gehalten werden, sind dadurch verursachte Erkrankungen von Menschen insgesamt als extreme Ausnahme anzusehen. Bei schlechten Haltungsbedingungen ist unter Umständen sogar eher mit einer Übertragung vom Menschen auf das Tier zu rechnen, was von Mayr et al. (1986) als Keimangleichung bezeichnet wird.

Tiergerechte Heimtierhaltung ist deshalb als Resümee der genannten Untersuchungen zu befürworten, da die vielen positiven Aspekte, auch im Hinblick auf eine persönliche Befriedigung im Umgang mit Tieren und als eine sinnvolle Freizeitbeschäftigung, die vergleichbar wenigen negativen Fakten bei weitem überwiegen (Frank, 1986).

3.2.4.3 Infektionsrisiken für Tiere

Bei Hunden und Katzen sind inzwischen gegen fast alle Erreger routinemäßige Impfungen üblich, so daß Infektionskrankheiten wesentlich seltener geworden sind. Ein Problem ist die Nachlässigkeit vieler Tierhalter bei älteren Hunden und Katzen, da die irrige Ansicht weit verbreitet ist, mit zunehmendem Alter sei ein Impfschutz nicht mehr wichtig, da nur Jungtiere gefährdet seien. Teilweise erfordern auch die häufigen Reisen mit Tieren, insbesondere der Urlaub im Ausland, eine spezielle Impfprophylaxe sowie sonstige vorbeugende Maßnahmen.

Auf besondere Risiken bei Auslandsreisen wird in Kapitel 6.8 noch hinzuweisen sein.

Weitere Gefährdungen bestehen bei Hunden und Katzen vor allem durch unzureichende Parasitenbehandlungen, wobei die erhöhte Tierdichte und damit die erhöhte Wahrscheinlichkeit, Parasiten aufzunehmen, zu beachten ist. Es werden deshalb Hygieneprogramme empfohlen, in denen vom Tierarzt feste Termine für alle erforderlichen prophylaktischen Maßnahmen schriftlich festzulegen sind.

Bei kleinen Heimtieren, Ziervögeln, Fischen, Reptilien und Amphibien gibt es teilweise spezielle Infektionsprobleme, die gegebenenfalls in den nachfolgenden Kapiteln angesprochen werden. Insgesamt hat sich bei der Anschaffung neuer Tiere eine mehrwöchige Quarantäne bewährt, bevor ein Kontakt mit dem schon vorhandenen Bestand erfolgt (z. B. bei Fischen).

3.2 Ökologische und hygienische Probleme

3.2.4.5 Spezielle Rechtsvorschriften

Die durch Heim- und Begleittiere möglichen Umweltbelastungen bestehen im wesentlichen im Lärm, vor allem durch Hundebellen, Geruchsbelästigungen, häufig durch die Haltung vieler Katzen, und vor allem durch Hundekot. Derartige Beeinträchtigungen Dritter werden durch das Bürgerliche Gesetzbuch, durch das Bundes-Immissionsschutzgesetz und durch Länderverordnungen geregelt (Balsam u. Dallemand, 1997; Duschner, 1999).

Literatur

Balder, H.: Untersuchungen zur Wirkung von Hunde-Urin auf Pflanzen. Gesunde Pflanzen 46 (1994) 93–102.

Balsam, F. W., C. Dallemand: Rechtsfragen der Haustierhaltung. Werner Verlag, Düsseldorf (1997).

Bertelsen, A., J. B. Andersen, J. Christensen, L. Ingemann, T. Kristensen, P. A. Östergaard: Immunotherapy with dog and cat extracts in children. Allergy 44 (1989) 330–335.

BMELF – Bundesministerium für Ernährung, Landwirtschaft und Forsten: Tierschutzbericht der Bundesregierung (1999).

Bollinger, M. E., P. A. Eggleston, E. Flanagan, R. A. Wood: Cat antigen in homes with and without cats may induce allergic symptoms. J. Allergy Clin. Immunol. 97 (1996) 907–914.

Brill, T., J. Henke: Zoonosen bei Labornagern. Der Tierschutzbeauftragte 6 (1997) 172–173.

Campell, W. E.: Behaviour Problems in Dogs. American Veterinary Publications, Inc., California (1985) 179–182.

De Blay, F., M. D. Chapman, T. A. E. Platts-Mills: Airborne Cat Allergen (Fel d I). Am. Rev. Respir. Dis. 143 (1991) 1334–1339.

Deumer, J. W.: Untersuchungen über den Endoparasitenbefall von Hunden in München. Die Kontamination von öffentlichen Sandspielplätzen mit parasitären Entwicklungsstadien und ihr Verhalten gegenüber Umwelteinflüssen. Vet. med. Diss., München (1984).

Dibbert, R.: Untersuchungen zum Vorkommen von Endoparasiten bei Hunden und Katzen im Stadtgebiet von Rostock sowie epidemiologische Beziehungen zum Vorkommen von Parasiten beim

Menschen. Dipl. Rostock, Arbeit Fachbereich Agrarökologie (1994).

Dibbert, R.: Epidemiologische Bedeutung von ausgewählten Darmparasiten der Fleischfresser in Rostock und anderen Städten Mecklenburg-Vorpommerns unter besonderer Berücksichtigung von Toxocara spp. Diss. agr., Rostock (1998).

Duschner, S.: Hunde und Katzen im deutschen Recht. Vet. med. Diss., München (1999).

Enberg, R. N., S. M. Shamie, J. McCullough, D. R. Ownby: Ubiquitous presence of cat allergen in cat-free buildings: probable dispersal from human clothing. Ann. Allergy 70 (1993) 471–474.

Frank, W.: Hygienische Probleme bei der Heimtierhaltung in der Bundesrepublik Deutschland. Zentralbl. Bakteriol. Mikrobiol. Hyg. Ser. B 183 (1986) 274–303.

Haas, A., S. Platz, W. Eichhorn, O.-R. Kaaden, J. Unshelm: Untersuchungen zum Effekt der Dampfreinigung anhand mikrobiologischer und parasitologischer Prüfverfahren. Zentralbl. Bakteriol. Mikrobiol. Hyg. Ser. B 201 (1998) 337–347.

Hahn, W.: Untersuchungen über die Bedeutung carnivorer Haustiere als Vektoren für Campylobacter-Infektionen des Menschen. Vet. med. Diss., Hannover (1985).

Hart, B. L., L. A. Hart: Verhaltenstherapie bei Hund und Katze. Ferdinand Enke Verlag, Stuttgart (1991) 80.

Heutelbeck, A., H. Müsken, R. Wahl, E. Fernandez-Caldaz, K.-Ch. Bergmann: Sensibilisierungsrisiko durch Hunde- (Can f 1) und Katzenallergen (Fel d 1) in Innenräumen. 5. Kongreß der GHU in Aachen (1997) – Poster.

Hildebrand, H.: Aspekte des Tierschutzes und der Tierhygiene beim Lufttransport von Zierfischen. Vet. med. Diss., München (2000).

Hoppe, A., H. Müsken, K.-Ch. Bergmann: Häufigkeit allergischer Atemwegserkrankungen durch Katzenallergene bei Patienten mit und ohne Katzenhaltung. Allergo J. 3 (1994) 96–100.

Horn, K.: Untersuchungen über das Vorkommen exogener Stadien humanpathogener Darmhelminthen der Fleischfresser im Sand öffentlicher Kinderspielplätze in Hannover. Vet. med. Diss., Hannover (1986).

Kölle, P., R. Hoffmann: Zoonosen bei Reptilien, Amphibien und Fischen. 7. Symposium der Versuchstierhaltung „Tierschutz und artgerechte Tierernährung und -haltung". Der Tierschutzbeauftragte 6 (1997) 140–142.

Kühr, J.: Schüler-Allergie-Studie Südwestdeutschland. Abschlußinformation (1993) 9.

Kunz, W.: Tierlärm als Rechtsproblem. ZMR (1985) 397–402.

Luczynska, C. M., J. Bond, P. G. J. Burney: Fel d 1 in a random sample of houses and relevance of 8 µg/g as a threshold level for cat allergen exposure. Allergy Clin. Immunol. News 2 (Suppl.) (1994) 139.

Magnussen, A. M.: Katzenallergene. Thorax 48 (1993) 879–881.

Mayr, A., St. Götz, H. Schels: Untersuchungen über die Hygiene bei der Haltung von Hunden in städtischen Wohnungen. Zentralbl. Bakteriol. Mikrobiol. Hyg. Ser. B 183 (1986) 240–253.

OLG Düsseldorf: AZ 9 U 111/93.

OLG München: AZ 5 U 7178/89.

Ratsch, H.: Friedhöfe und Krematorien für Tiere? Gesellschaftliche und emotionale Aspekte der veränderten Mensch-Tier-Beziehung und daraus resultierende Bedürfnisse und Risiken. Dtsch. Tierärztl. Wochenschr. 104 (1997) 261–264.

Rehm, N.: Kind und Hund – Erhebungen zum Zusammenleben in der Familie. Vet. med. Diss., München (1993).

Schata, M.: Allergische Erkrankungen im Innenraum. Zbl. Hyg. 197 (1995) 196–211.

Schröter, G.: Störung der Nachbarn durch Wachhund. NJW (1990) 3160.

Thorne, C. J. (ed.): The Waltham Book of Dog and Cat Behaviour. Pergamon Press, Oxford (1992) 108–109.

Weber, A.: Ausgewählte Zoonosen bei Hunden und Katzen. Der Tierschutzbeauftragte 6 (1997) 158–162.

Wentz, P. E., M. C. Swanson, C. E. Reed: Variability of cat-allergen shedding. J. Allergy Clin. Immunol. 85 (1990) 94–98.

Zielonka, T. M., D. Charpin, P. Berbis, P. Luciani, D. Casanova, D. Vervloet: Effects of castration and testosterone on Fel d I production by sebaceous glands of male cats: I – immunological assessment. Clin. Exp. Allergy 24 (1994) 1169–1173.

Rechtsgrundlagen, Empfehlungen, Normen u. ä.:

Bürgerliches Gesetzbuch (BGB) vom 18. August 1896 (BGBl. III Gliederungsnummer 400–2). Zuletzt geändert am 21. Juli 2000 durch Berichtigung des Gesetzes über Fernabsatzverträge und andere Fragen des Verbraucherschutzes sowie zur Umstellung von Vorschriften auf Euro (BGBl. Nr. 34 vom 27.07.2000 S. 1139).

3.2 Ökologische und hygienische Probleme

Gesetz über die Beseitigung von Tierkörpern, Tierkörperteilen und tierischen Erzeugnissen (Tierkörperbeseitigungsgesetz – TierKBG). Vom 2. September 1975 (BGBl. I S. 2313, berichtigt 1975 S. 2610).

Gesetz zum Schutz vor schädlichen Umwelteinwirkungen durch Luftverunreinigungen, Geräusche, Erschütterungen und ähnliche Vorgänge (Bundes-Immissionsschutzgesetz – BImSchG). I. d. F. c. Bek. vom 14. Mai 1990 (BGBl. I S. 880) zul. geänd. d. G vom 19. Oktober 1998 (BGBl. I S. 3178).

Sechste Allgemeine Verwaltungsvorschrift zum Bundes-Immissionsschutzgesetz (Technische Anleitung zum Schutz gegen Lärm – TA Lärm). Vom 26. August 1998 (GMBl. S. 503).

4 Tiergerechte Nutztierhaltung

4.1 Schwerpunkte und Kriterien der tiergerechten Nutztierhaltung

4.1.1 Allgemeines

(UNSHELM, J.)

Die Beurteilung von Haltungssystemen (z. B. Aufstallungsbedingungen) und Haltungssituationen (z. B. Verhältnisse während eines Transports) erfolgt schon seit jeher nach tierhalterischer Tradition („so haben wir es schon immer gemacht"), aufgrund wirtschaftlicher Erwägungen (so kostengünstig wie möglich) sowie unter Berücksichtigung von Gesichtspunkten der Arbeitserleichterung und Arbeitssicherheit. Hinzu kamen später tierhygienische Überlegungen und Verfahren, mit denen Bedingungen geschaffen werden sollten, die Schäden an den Tieren und damit zusammenhängende Produktionsausfälle schon vorbeugend soweit wie möglich verhinderten oder zumindest begrenzten. Dabei bestehen die Verfahren der Tierhygiene im wesentlichen darin, einen möglichst großen Teil der belebten und unbelebten Umweltfaktoren zu erfassen und eine Gewichtung in ihrer Bedeutung für das Tier vorzunehmen. Zu diesen Faktoren gehören sowohl belebte als auch unbelebte Einflüsse, von denen in Tabelle 4.1.1–1 die wichtigsten genannt werden. Nicht unwesentlich sind allerdings auch die Beurteilungsmöglichkeiten in Form einer subjektiven Einschätzung durch den Tierhalter, der weitgehend nach betriebswirtschaftlichen Kriterien, aber natürlich auch nach eigenem Ermessen festlegt, wie die Haltungsumwelt beschaffen sein soll. Die genannten Kriterien zur Beurteilung von Haltungsbedingungen wurden in unterschiedlicher Form von verschiedenen Autoren, Institutionen und teilweise auch im Rahmen der Tierschutzgesetzgebung in Listen, Richtlinien, Empfehlungen und Verordnungen zusammengefaßt. Damit dienen sie den Tierhaltern und ihren Beratern als Richtschnur und den dafür zuständigen Behörden zusätzlich als Ansatzpunkt, wenn gegen Tierhalter wegen nicht tiergerechter Haltung vorgegangen werden soll.

Tabelle 4.1.1–1 Belebte und unbelebte Einflüsse auf Verhalten, Leistung, physiologische Parameter, Krankheitshäufigkeit und Ausfälle

Belebte Faktoren	Unbelebte Faktoren
• Tierhalter	• Stallbau
• Artgenossen (z. B. Besatzdichte; Sozialrang)	• Stalleinrichtung
	• Fütterung, Tränke
	• Einstreu
• andere Tiere (z. B. Schadnager)	• Licht
	• Lärm
• Parasiten	• Schadgase
• Mikroorganismen	• Staub
• u. a.	• Temperatur
	• Luftfeuchte
	• Luftgeschwindigkeit
	• u. a.

4 Tiergerechte Nutztierhaltung

Um für den Tierhalter, den beratenden Tierarzt oder sonstige Beratungsorganisationen sowie für den zur Überprüfung verpflichteten Amtstierarzt Arbeitserleichterungen zu schaffen, wurden von verschiedenen staatlichen und privaten Stellen sogenannte Checklisten entwickelt. Diese Checklisten, die ursprünglich aus dem Tätigkeitsbereich von Flugzeugbesatzungen stammten, sollen gewährleisten, daß alle wichtigen Gesichtspunkte in einer Liste aufgeführt sind, daß sich daraus die erforderlichen Sollwerte möglicherweise mit der zu akzeptierenden Toleranz ergeben und daß bei systematischer Durchsicht dieser Liste sichergestellt ist, daß von vielen einzelnen Details mit Sicherheit keines vergessen wird.

Checklisten enthalten in der Regel Angaben über die jeweils erfaßten Einflußfaktoren, die verwendeten Indikatoren zur Beurteilung der Haltungsbedingungen und die Tierart, auf die sie sich beziehen. Einer der ersten Ansätze auf diesem Gebiet war die Checkliste von KOHLI und KÄMMER (1984), mit der erfaßt wurde, welche Verhaltensanomalien auf welche Haltungsfehler zurückgeführt werden können, welcher Prozentsatz an Mängeln vertretbar erscheint und wie sich derartige Mängel voraussichtlich auf den Gesundheitszustand der Tiere auswirken werden. Vom Ausschuß für Tierhaltung der Deutschen Gesellschaft für Züchtungskunde (IRPS, 1985) stammt das Konzept des sogenannten Ampelsystems. So werden mit dem didaktischen Prinzip einer Verkehrsampel tiergerechte Details eines Haltungssystems grün markiert, mittelfristig zu behebende leichtere Mängel gelb und mögliche Ursachen für schwerwiegende Schäden der Tiere rot. Andere Checklisten geben vor, welche Voraussetzungen des Stallbaus, des Stallklimas und – insbesondere bei neueren Checklisten – Maßnahmen und Verhalten des Tierhalters als Kriterium für eine tiergerechte Haltung betrachtet werden müssen. Der Benutzer derartiger Listen kann dann an Ort und Stelle überprüfen, wie weit die tatsächlichen Gegebenheiten den zu fordernden Vorgaben entsprechen. Beispiele hierfür sind die Prüfliste „Schweinehaltung" einer Kieler Arbeitsgruppe (WESTENDORF et al., 1985), die Betriebsanalyse für Schweinezucht- und Vermehrerbetriebe sowie für Schweinemastbetriebe einer Schweizer Futtermittelfirma (AMREIN FUTTERMÜHLE, 1983), die Vorschläge im Tiergerechtheitsindex 200 für Rinder, Kälber, Sauen, Mastschweine und Legehennen (SUNDRUM et al., 1994) und viele andere mehr. Zum Teil werden auch die Bestimmungen von Tierschutzregelungen als Basis für derartige Checklisten benutzt und durch ethologische und sonstige Forderungen und Voraussetzungen ergänzt. Derartige Richtlinien hat zunächst vor allem das BUNDESAMT FÜR VETERINÄRWESEN der Schweiz 1986 für Rinder, Schweine sowie Legehennen und anderes Hausgeflügel herausgegeben. Entsprechende Ansätze gibt es in Deutschland für Sauen (BICKER, 1992), Mastkälber (EBERLE, 1993), Pferde (SEUFERT et al., 1997) sowie Hochleistungssportpferde (WACKENHUT, 1994). Der früher zu wenig beachtete und relativ schwierig zu überprüfende direkte Einfluß des Tierhalters auf die Tiere wurde im Zusammenhang mit den Checklisten bei Milchvieh (MOLZ, 1989; HEINZLER, 1990) sowie bei Mastbullen (BAHRS, 1997) berücksichtigt.

Die Beurteilungsmöglichkeiten von Haltungsbedingungen wurden wesentlich erweitert durch die Berücksichtigung des Konzepts von **Bedarfsdeckung** und **Schadensvermeidung** (TSCHANZ, 1987). Der entscheidende Fortschritt bestand darin, daß man nicht die Vielzahl von Haltungsbedingungen erfaßte und ihre Bedeutung für das Tier subjektiv beurteilte, sondern daß das Tier selbst der Indikator für die Haltungsbedingungen wurde und durch sein Verhalten (Bedarfsdeckung) oder das überforderte Vermögen, negative Umwelteinflüsse zu kompensieren (Schadensvermeidung), eindeutige Hinweise sowohl für die Änderung bestehender als auch für die Konzeption neuer Haltungssysteme und -situationen gab. Der Einsatz derartiger Indikatoren für die Beurteilung der Tiergerechtheit (Kap. 4.1.2) führte zu einer erheblichen Verbesserung der Aussagefähigkeit der genannten Checklisten.

Insgesamt tragen die Checklisten der Tatsache Rechnung, daß Haltungssysteme und Haltungssituationen häufig von Personen zu beurteilen sind, denen die ausreichende Übung fehlt, denen oft wichtige Details unbekannt sind und die – wie jeder andere auch – durchaus einmal etwas vergessen können. Wenn eine derartige Checkliste vollständig ausgefüllt ist, kann man davon ausgehen, daß alle wichtigen Tatbestände erfaßt wurden, daß über entsprechende, in der Liste enthaltene Vorgaben bereits eine Beurteilung vorliegt und daß man damit eine Dokumentation erstellt hat. Hilfreich sind derartige Checklisten deshalb auch, wenn Tierärzte im Rahmen der Bestandssanierungen oder der Tierseuchenbekämpfung in regelmäßigen Abständen landwirtschaftliche Betriebe zu Beratungszwecken untersuchen, wobei es häufig erforderlich ist, den Betriebsleitern ein Protokoll der Befunde zu übergeben; in diesen Fällen kann ein Durchschlag dieser Checklisten verwendet werden.

Der Einsatz von Checklisten ist aber keineswegs auf den Bereich landwirtschaftlicher Nutztiere beschränkt. Im Heim- und Begleittierbereich spielt insbesondere die Beratung angehender Tierhalter eine wichtige Rolle.

Wie dieses letzte Beispiel verdeutlicht, gibt es inzwischen Checklisten für nahezu alle wichtigen Tierarten und für fast alle Anwendungsbereiche. Die Verbesserung des Kenntnisstandes sowie ständige Änderungen und Ergänzungen der Rechtslage und der daraus resultierenden Verordnungen erfordern jedoch regelmäßige Überarbeitungen vorhandener Listen, die deshalb zwangsläufig auf dem neuesten Stand gehalten werden müssen. Sinnvoll wären deshalb vor allem einheitliche, jeweils für jede Tierart auf den neuesten Stand gebrachte Listen, für die eine geeignete Organisation die Koordination übernehmen sollte.

Hierbei ist auch zu berücksichtigen, daß die bisher übliche Beurteilung von Haltungssystemen eine Reihe von Mängeln aufweist. So war schon erwähnt worden, daß hierbei die Ansprüche der Tiere selbst häufig zu wenig berücksichtigt werden. Eine deutliche Verbesserung bringt in dieser Hinsicht das noch zu besprechende Indikatorenkonzept, das auf objektiv erfaßbaren Reaktionen der Tiere im jeweiligen Haltungssystem aufbaut.

Andere, offensichtliche Nachteile der bisherigen Betrachtungsweise sind der weitgehende Verzicht auf drei sehr wichtige Umweltkomponenten für Tiere, nämlich deren Beschäftigungsmöglichkeiten, der Einfluß der Artgenossen und vor allem die bisher viel zu wenig berücksichtigte Bedeutung des Tierhalters. So wurde unter dem Einfluß der sich in den letzten Jahrzehnten entwickelten Haustierethologie vor allem auch erkannt, daß viele Haltungsmängel auf fehlende Beschäftigungsmöglichkeiten oder gestörte Sozialkontakte zurückzuführen sind und daß es deshalb nicht genügt, ein Tier in einer weitgehend gefährdungsfreien Umgebung zu halten und dann ausreichend nach den modernsten wissenschaftlichen Erkenntnissen zu füttern und zu tränken. Es wurde auch deutlich, daß vom Technischen her optimale Umweltbedingungen unzulänglich sind, wenn nicht gleichzeitig ein geeigneter Tierhalter zur Verfügung steht. Inzwischen weiß man, daß technisch unzulängliche Haltungsbedingungen von einem hervorragenden Tierhalter weitgehend kompensiert werden können, während umgekehrt Leistung und Gesundheitszustand in einem technisch optimalen Haltungssystem oft unzureichend sind, weil das Betreuungspersonal ungeeignet ist. Diese Wechselbeziehungen betreffen natürlich nicht nur landwirtschaftliche Nutztiere, sondern in einem zwangsläufig noch viel ausgeprägteren Maße Heim- und Begleittiere. Wegen der besonderen Bedeutung der Mensch-Tier-Beziehungen wird darauf im Kapitel 4.1.3 noch speziell eingegangen.

4.1.2 Indikatoren für die Tiergerechtheit der Nutztierhaltung

(UNSHELM, J.)

Das nun zu besprechende Indikatorensystem zur Beurteilung der Tiergerechtheit hat unter anderem den Vorteil, daß der kurz erwähnte und noch weiter zu besprechende Einfluß des Tierhalters in die Reaktionen der von ihm gehaltenen Tiere mit einfließt. Ein weiteres Argument dafür, Haltungssysteme über die Reaktionen der Tiere zu beurteilen, ist neben dem Verzicht auf ein subjektives Moment vor allem auch, daß individuelle Unterschiede der Tiere innerhalb eines Haltungssystems als überaus wichtiger Einflußfaktor miterfaßt werden. Kriterien, mit deren Hilfe man die Reaktionen des Tieres auf die jeweilige Haltungsumwelt erfassen kann, sind:
- das Verhalten,
- die Leistung des Einzeltieres,
- physiologische Parameter,
- klinische Veränderungen,
- die Ausfälle bzw. die Ausfallursachen.

Diese fünf Parametergruppen können nun keineswegs willkürlich gegeneinander ausgetauscht werden. Vielmehr ist es zur umfassenden Beurteilung eines Haltungssystems zweckmäßig, alle erreichbaren Fakten zu erfassen, auszuwerten und zu interpretieren. Wenn man dies nicht tut, könnte beispielsweise der Fall eintreten, daß man ein Haltungssystem für optimal hält, weil die Verluste dort gering sind, ohne zu berücksichtigen, daß die Tiere durch einen erhöhten Prozentsatz von Verhaltensanomalien die fehlende Tiergerechtheit des Systems deutlich zum Ausdruck bringen. Häufig findet man auch das gegenteilige Beispiel, daß nämlich in einem Haltungssystem Verhaltensanomalien nur im Einzelfall zu erkennen sind, während die natürlich auch wirtschaftlich sehr bedeutsame Ausfallrate überproportional hoch ist. Die Komplexität der Reaktionen von Tieren – insbesondere unter vermindert tiergerechten Haltungsbedingungen – macht deutlich, wie wichtig das gleichzeitige Erfassen mehrerer Parametergruppen ist.

Diese Betrachtungsweise, daß mehrere Faktoren gleichzeitig zu erfassen sind, ist auch Teil der Tierschutzgesetzgebung in Deutschland und in der Schweiz, und zwar auf der Basis des Konzepts von Bedarfsdeckung und Schadensvermeidung. Dazu gehört die Forderung, ein Haltungssystem so zu gestalten, daß der Bedarf der Tiere gedeckt ist und daß Schaden vermieden wird. Falls der Bedarf nicht gedeckt ist, erkennt man das an bestimmten Verhaltensanomalien, man spricht dann vom bedarfsdeckenden Verhalten. Wenn es nicht möglich war, Schäden zu vermeiden, wird man in erhöhtem Maße klinische Veränderungen feststellen oder auch eine erhöhte Ausfallrate der Tiere. Obwohl auf das Indikatorensystem im Rahmen der einzelnen Tierartenkapitel eingegangen wird, soll versucht werden, anhand einiger Beispiele dieses Konzept generell zu verdeutlichen.

4.1.2.1 Normalverhalten und haltungsbedingte Verhaltensanomalien

Insbesondere für den ethologisch Geschulten ist das Verhalten ein sehr aussagekräftiges Kriterium zur Beurteilung der Haltungsbedingungen. Typische Beispiele sind das bedarfsdeckende Verhalten von Mastkälbern, die bei ausreichender Nahrungs- und Flüssigkeitszufuhr ihren nicht gedeckten Saugbedarf deutlich machen. So weiß man, daß unter natürlichen Saugbedingungen die erforderliche Milchmenge mit etwa 6000 Saugtakten aufgenommen wird, während beim zweimal täglichen Verabreichen eines Milchaustauschers nur 500 Saugtakte nötig sind. Rein rechnerisch entsteht so bei den Mastkälbern ein Saugdefizit von täglich 5500 Saugtakten. Ein weiteres Beispiel in

4.1 Schwerpunkte und Kriterien der tiergerechten Nutztierhaltung

der hinsichtlich der Tiergerechtheit als durchaus problematisch zu bezeichnenden Mastkälberhaltung ist der Rauhfutterbedarf eines heranwachsenden Wiederkäuers. Dieser äußert sich bei nicht erfolgter Bedarfsdeckung in einer unzureichenden Pansenentwicklung und dort auftretenden Haarballen oder Bezoaren. Weitere ethologisch erkennbare Nachteile und Erkrankungen sind die Folge von Mängeln der Bodenbeschaffenheit und des zur Verfügung stehenden Raumes, das Fehlen von Beschäftigungsmöglichkeiten und von Sozialpartnern, aber auch deren Übermaß bei zu hoher Belegungsdichte. Sonstige typische Haltungsmängel, die sich in Verhaltensabweichungen äußern, sind nicht ausreichende Ruhemöglichkeiten, oft mit Schwierigkeiten beim Ablegen und Aufstehen verbunden, sowie eine fehlende Trennung von Liege- und Kotplatz bei Tierarten, die mit Harn und Kot ihr Revier markieren, wie beispielsweise Schweine. Häufig treten auch Verhaltensstörungen als sogenannter Kompensationsvorgang auf, man spricht dann von einem Copingverhalten. Dabei führen unzureichende Haltungsbedingungen zur vermehrten Ausschüttung endogener Opiate, also morphiumähnlicher Stoffe, die einerseits das Wohlbefinden steigern, andererseits aber auch Suchtcharakter haben. Das Auftreten von Stereotypien ist somit ein Hinweis darauf, daß das betroffene Tier aufgrund äußerer Unzulänglichkeiten in der Haltung einen Weg gesucht hat, über relativ komplizierte biochemische Vorgänge, von denen bisher nur ein Teil bekannt ist, einen Ausgleich für den jeweiligen Haltungsmangel zu finden. Eine besondere Schwierigkeit dieser Stereotypien besteht darin, daß im Gegensatz zu anderen Verhaltensstörungen aufgrund des suchtartig herbeigeführten Wohlbefindens diese auch dann andauern, wenn die äußeren Bedingungen verbessert wurden. Typische Beispiele hierfür sind das Weben und Koppen bei Pferden, das Zungenschlagen bei Mastkälbern und das Leerkauen und Stangenbeißen bei Zuchtsauen. Diese Beispiele lassen schon erkennen, daß Stereotypien ein Charakteristikum für Tiere sind, die einzeln gehalten wurden und offensichtlich unter diesem Zustand leiden.

4.1.2.2 Haltungsbedingte Leistungsminderungen

Die Leistung als Indikator für die Qualität eines Haltungssystems war bisher die Ursache häufiger Fehlinterpretationen. Als Indikator für die Tiergerechtheit eines Haltungssystems war die Leistung deshalb umstritten, weil in der Regel nicht differenziert wurde zwischen der Leistung eines Einzeltieres und der Gesamtleistung einer Gruppe von Tieren. So fällt die Leistung des Einzeltieres bei ungünstigen Haltungsbedingungen fast zwangsläufig ab, während bei einer überhöhten Belegungsdichte aufgrund der größeren Zahl unter Umständen nicht tiergerecht gehaltener Tiere die Gesamtleistung ansteigen kann. Unter bestimmten Voraussetzungen kann man diesen Gedankengang auch auf das Einzeltier übertragen, wenn man nämlich unterscheidet zwischen einer maximalen Leistung und einer optimalen. Dabei ist die optimale Leistung nicht zuletzt auch die Folge einer hohen Lebensdauer bei intakter Gesundheit mit entsprechenden Konsequenzen, nicht nur im betriebswirtschaftlichen Sinn, sondern auch für die langfristige Leistungsfähigkeit einer ganzen Population.

Als Beispiel derartiger Zusammenhänge zeigt die Tabelle 4.1.2–1, daß mit Vergrößerung der Nettoliegefläche je Tier, also einer Abnahme der Belegungsdichte, die täglichen Zunahmen ansteigen und der Futterverbrauch je kg Zunahme sich vermindert. Gleichzeitig werden aber zwangsläufig die vorhandenen Buchten in der Zeiteinheit weniger ausgenutzt, so daß dementsprechend mit Abnahme der Belegungsdichte weniger Mastschweine verkauft werden können. Hinsichtlich des Betriebseinkommens zeigt sich, daß die wirtschaftlich günstigste Lösung in Abhängigkeit von der Belegungs-

4 Tiergerechte Nutztierhaltung

Tabelle 4.1.2–1 Einfluß der Belegungsdichte auf Gewichtsentwicklung und Betriebseinkommen (BURCKHARDT, 1984)

Mastschweine/Bucht	10	9	8
Nettoliegefläche [m²]/Tier	0,46	0,50	0,58
Zunahme [g]/Tag	562	614	634
Futterverbrauch [kg]/kg Zunahme	3,86	3,52	3,39
Zahl der verkauften Mastschweine/Bucht	27	26	23
Beitrag zum Betriebseinkommen je Bucht in DM	810	1144	1127

dichte weder die Version mit den höchsten Zunahmen noch die mit den meisten in der Zeiteinheit verkauften Mastschweinen ist, sondern der Kompromiß zwischen Leistung und Ausnutzung des Mastplatzes. Dieses Beispiel macht deutlich, daß man sich grundsätzlich vor Extremen hüten sollte und daß wirtschaftliche und zugleich tiergerechte Lösungen durchaus möglich sind, aber zweifellos einige Überlegungen erfordern.

4.1.2.3 Haltungsbedingte Belastungsreaktionen

Der dritte Indikatorenbereich, mit dessen Hilfe man vor allem in darauf eingerichteten Spezialinstituten objektiv feststellen kann, wie Tiere auf ein Haltungssystem reagieren, sind physiologische Parameter, bei denen biochemische und/oder biophysikalische Untersuchungsverfahren eingesetzt werden. Im Gegensatz zu den übrigen Indikatoren müssen für diesen Bereich bestimmte Voraussetzungen bestehen, so daß sich der Einsatz biophysikalischer und vor allem auch biochemischer Parameter nur für spezielle, meist modellhafte Fragestellungen eignet.

Das Grundprinzip besteht darin, festzustellen, ob und wann Haltungsbedingungen und Haltungssituationen zu einer Belastung von Tieren führen, für die es keine weitere Ursache gibt. So ist unter anderem wichtig, bei derartigen Untersuchungen unterschiedlich behandelte Gruppen zeitgleich zu erfassen, um einen Teil der methodisch bedingten sonstigen Belastungsursachen ausschließen zu können. Selbstverständlich sind die gemessenen Belastungswerte relativ, d. h., man kann nur unterscheiden, ob ein Haltungssystem belastender ist als das andere, und es ist in der Regel nicht möglich, hinsichtlich des Ausmaßes einer Belastung zu differenzieren.

Eine weitere Voraussetzung ist ein parallel laufendes ethologisches Programm, um sicherzustellen, daß die erfaßte Belastungsreaktion auch tatsächlich auf einen bestehenden negativen Einfluß zurückzuführen ist. Damit im Zusammenhang steht natürlich eine logische Form der Interpretation, denn man kann beispielsweise nicht das Paarungsverhalten von Tieren als Indiz für eine nicht tiergerechte Haltung interpretieren, nur weil dabei selbstverständlich die Belastungswerte ansteigen.

Der häufigste Fehler bei der Verwendung biochemischer und biophysikalischer Parameter besteht in der mangelnden Unterscheidung zwischen spezifischen und unspezifischen Reaktionen, wie es die Tabelle 4.1.2–2 verdeutlicht.

Mit spezifischen Reaktionen erfaßt und beurteilt man die Funktionsfähigkeit und gegebenenfalls die Störungen einzelner Organe und Organsysteme. So können beispielsweise Enzymaktivitäten Hinweise auf Schädigungen der Leber, der Muskulatur und anderer Organe und Organsysteme geben. Das gleiche gilt für biophysikalische Parameter, etwa Herzfrequenz, Blutdruck oder EKG-Werte, um den Funktionszustand des Herz-Kreislauf-Systems zu erfassen. Bei speziellen hormonalen Mängeln, etwa des Ovars, des Pankreas, der Schilddrüse oder der Nebennierenrinde, können Hormone

4.1 Schwerpunkte und Kriterien der tiergerechten Nutztierhaltung

Tabelle 4.1.2–2 Spezifische und unspezifische Reaktionen

Anwendungsbereich	Beispiele
Spezifische Reaktionen zur Beurteilung von Störungen einzelner Organe und Organsysteme	1. Enzymaktivitäten und sonstige physiologisch-biochemische Merkmale zur Funktionsüberprüfung von Organen 2. Biophysikalische Parameter zur Beurteilung der Funktionsfähigkeit von Organen und Organsystemen 3. Hormone zur Beurteilung der Funktionsfähigkeit endokriner Organe

Unspezifische Reaktionen zur Beurteilung von endogen und exogen bedingten allgemeinen Belastungen	1. Nebennierenrinden- und Nebennierenmark-Hormone sowie biophysikalische Parameter (Herzfrequenz, Atmung, Körpertemperatur, Hautreaktion u. a.)
	   a) Zur Beurteilung der Reaktion auf umweltbedingte Belastungen, wie Sozialaktivitäten, Aufstallungssysteme, Belegungsdichte, Transport u. a.
	   b) als Begleitreaktion auf spezifische Störungen, wie Überlastungen, Technopathien, sonstige Krankheiten
	2. Sonstige unspezifische Parameter, z. B. körpereigene Opioide

oder Hormonprofile spezifische Störungen, etwa eine Über- oder eine Unterfunktion des jeweiligen endokrinen Organs, deutlich machen.

In der Regel nicht geeignet sind derartige spezifische Reaktionen zur Beurteilung eines Belastungszustandes des gesamten Organismus. So wird häufig der Fehler gemacht, über die Bestimmung von Enzymen, die Hinweise auf Schäden der Leber-, Pankreas- oder Muskelfunktion geben können, auf eine ausschließlich unspezifische Gesamtbelastung schließen zu wollen.

Zum Erfassen von Belastungsreaktionen eignen sich dagegen unspezifische Parameter, die auch eine spezifische Aussage haben können. So kann man beispielsweise durch die Bestimmung von Nebennierenrinden- oder Nebennierenmarkhormonen im Sinne der klassischen Streßtheorie von Selye unspezifische Belastungen als Folge eines nicht tiergerechten Haltungssystems erfassen. Mit biophysikalischen Parametern wie Herzfrequenz, Atmung, Körpertemperatur und Hautreaktionen lassen sich, insbesondere durch telemetrische Verfahren, kurzfristig eingetretene Belastungsreaktionen registrieren, etwa während des Transports auf dem Weg zur Schlachtung, als Reaktion auf einen als gefährlich eingeschätzten Artgenossen, Menschen oder Freßfeind, auf eine als negativ empfundene zu hohe Belegungsdichte, auf einen zu engen Stand oder auf Bodenverhältnisse, die ein Ablegen unangenehm oder gar schmerzhaft gestalten. Wie erwähnt spielen diese Parameter selbstverständlich auch eine Rolle als Begleitreaktion auf spezifische Störungen, wie Überlastungen, Technopathien und sonstige Erkrankungen.

Einen Sonderbereich belastungskennzeichnender Parameter stellen Merkmale dar, die mit dem schon erwähnten Copingverhalten in Verbindung gebracht werden. Unter Copingverhalten versteht man ein Problembewältigungsverhalten, das heißt die Fähigkeit von Menschen und Tieren, auf gravierendere Belastungen mit körpereigenen Reaktionen zu antworten, die auf komplizierten biochemischen Wegen zu einem Wohlbefinden führen. Vergleichbar ist das mit einem Menschen, der zur scheinbaren Problembewältigung Drogen oder andere Suchtstoffe benötigt. Körpereigene Opioide haben morphiumähnliche Wirkungen, sie führen deshalb einen Zustand des Wohlbe-

4 Tiergerechte Nutztierhaltung

Tabelle 4.1.2–3 Voraussetzungen zum Erfassen unspezifischer Reaktionen

belastungsfreie Probenentnahme	durch Dauerkatheter, Telemetrie, Gewöhnung an den Probennehmer, Konzentrationsbestimmung in Speichel, Milch, Harn oder Kot
Parameterprofile	da Einzelwerte nicht aussagekräftig sind
zeitgleiche Beobachtung	zur simultanen Erfassung der Haltungsumwelt
Vergleich unterschiedlich behandelter Gruppen	da die Beurteilung absoluter Werte nicht möglich ist

findens herbei, sind aber gleichzeitig ein Indikator dafür, daß die Haltungsbedingungen ausgesprochen negativ sind oder gewesen sein müssen, weil sie das betroffene Tier veranlassen, diesen biochemischen Ausweg aus einer als extrem belastend empfundenen Situation zu suchen. So kann man aus einem spezifischen Verhalten in Verbindung mit einer erhöhten Produktion endogener Opioide, wie man es bei stangenbeißenden und leerkauenden Sauen, zungenspielenden Mastkälbern, webenden und koppenden Pferden und webenden Elefanten häufig findet, auf eine stark belastende und damit nicht tiergerechte Situation schließen, die noch besteht oder vorher bestanden hat.

Die schon kurz angesprochenen Voraussetzungen für das Erfassen unspezifischer Reaktionen gehen aus der Tabelle 4.1.2–3 hervor. So ist generell eine belastungsfreie Probenentnahme erforderlich, weil man sonst nicht zwischen den Einflüssen des Haltungssystems oder von Haltungssituationen einerseits und der Probenentnahme andererseits unterscheiden könnte. Erforderlich ist deshalb eine Probenentnahme durch Dauerkatheter, Speichel- oder Schweißproben bei jeweils daran gewöhnten Tieren, durch eine Bestimmung der entsprechenden Parameter in Milch, Harn oder Kot oder auch durch telemetrische Verfahren, wobei ebenfalls darauf zu achten ist, daß die technische Einrichtung selbst keine Belastung mehr darstellt. Wichtig ist auch die Gewöhnung an den Probennehmer, denn eine schmerzlose Probenentnahme durch einen Dauerkatheter und sogar eine Speichelprobenentnahme kann mit einer Belastung verbunden sein, wenn derjenige, der die Probe nimmt, als belastend betrachtet wird, was ohne entsprechende, oft tagelange Vorbereitung als Regel zu bezeichnen ist.

Erwähnt sei auch, daß eine einzelne Blut-, Milch- oder Speichelprobe oder eine telemetrische Übertragung von Einzelinformationen in der Regel nicht ausreicht, sondern daß jeweils Parameterprofile erforderlich sind, wobei neben vielen anderen Faktoren selbstverständlich auch tageszeitabhängige Einflüsse zu berücksichtigen sind.

Ein weiterer wichtiger Punkt ist die zeitgleiche Beobachtung, um feststellen zu können, welche einzelnen unterschiedlichen Einflüsse zur Zeit der Probenentnahme auf das Tier einwirken, da anderenfalls Fehlinterpretationen unvermeidlich sind.

Ebenso ist es erforderlich, die Reaktionen unterschiedlich behandelter Gruppen miteinander zu vergleichen, die sich nur in einem Faktor bezüglich des Haltungssystems unterscheiden, z. B. zur Verfügung stehender Raum, Bodenbeschaffenheit, Transport in unterschiedlichen Fahrzeugen und anderes, da derartige Verfahren nur relative Werte zulassen, absolute Daten ohne Vergleichsmöglichkeit somit wertlos sind.

Die Einflußfaktoren, die bei derartigen Versuchsanordnungen berücksichtigt werden müssen, kann man als fast unbegrenzt bezeichnen. Einige Beispiele gehen aus der Tabelle 4.1.2–4 hervor, in der Einflußfaktoren auf die Konzentration physiologischer Para-

4.1 Schwerpunkte und Kriterien der tiergerechten Nutztierhaltung

Tabelle 4.1.2–4 Einflüsse auf die Werte physiologischer Parameter im Blut

Biologische Streuung	Exogene Faktoren	Methodische Faktoren
• Alter • Geschlecht • Rasse • Leistungsvermögen • Sexualzyklus • Gravidität bzw. Laktation • zirkadiane und sonstige Rhythmen • Schwankungen von Tag zu Tag	• Haltungsumwelt • momentane Haltungssituation • Verhalten des Tieres bei der Blutentnahme • vorher stattgefundene Eingriffe • andere diagnostische Maßnahmen • körperliche Belastung • qualitative und quantitative Einflüsse der Ernährung • Einflüsse durch Medikamente	• Art des Untersuchungsmaterials (z. B. Kapillar-, Arterien- oder Venenblut, Milch, Speichel u. a.) • Durchführung der Probenentnahme • Verhalten des Probenentnehmers • Reaktionen des Tieres auf den Probenentnehmer • Aufbewahrung des Untersuchungsmaterials • Wahl der Bestimmungsmethoden

meter im Blut oder Speichel genannt sind. Dabei wurde eine Unterteilung nach der biologischen Streuung, exogenen Faktoren, die meist die Fragestellung selbst darstellen, und methodischen Faktoren vorgenommen. Das gleiche gilt natürlich für Belastungsparameter im Speichel oder Harn sowie für biophysikalische Werte (z. B. Herzfrequenz, Atemfrequenz u. a.).

4.1.2.4 Haltungsbedingte Erkrankungshäufigkeit

Die deutlichsten Hinweise auf Haltungsmängel geben eine erhöhte Erkrankungshäufigkeit und haltungsbedingte Verletzungen, sogenannte Technopathien, sowie die im Kapitel 4.1.2.5 noch zu besprechende Zahl der Todesfälle, bedingt durch die jeweiligen Haltungsbedingungen oder Haltungssituationen.

Gerade eine erhöhte Erkrankungshäufigkeit ist oft nur mit Schwierigkeiten auf die Haltungsbedingungen zurückzuführen, da das gesamte in der Tabelle 4.1.1–1 aufgeführte Spektrum belebter und unbelebter Faktoren ursächlich beteiligt sein kann. Es ist deshalb zweckmäßig, unter Verwendung der erwähnten Checklisten alle möglichen Einflußfaktoren zu erfassen, wozu neben den technischen Umweltbedingungen auch der Tierhalter und die Artgenossen gehören. Neben allen denkbaren Stallklimafaktoren, z. B. Stallgasen, Luftgeschwindigkeit, insbesondere bei falsch eingestellten Lüftungen, erhöhtem Staubgehalt, meist als Folge ungeeigneter Einstreu und oft in Verbindung mit niedriger Luftfeuchtigkeit, mangelnder Hygiene mit einem erhöhtem Keimdruck, spielen natürlich auch Quantität und Qualität des Futters einschließlich krankheitsverursachender Inhaltsstoffe eine wichtige Rolle.

Haltungsbedingte Verletzungen sind dagegen hinsichtlich ihrer Ursachen in der Regel leichter abzuklären. Häufig handelt es sich um nicht tiergerechte Haltungseinrichtungen, schadensträchtige Bodenbeschaffenheit, z. B. ungeeignete perforierte Böden, aber auch planbefestigte, die vor allem wegen mangelnder Säuberung zu glatt geworden sind, falsche oder falsch eingestellte Befestigungsvorrichtungen, aber auch Schäden unter dem Einfluß von Artgenossen, die allerdings wiederum in der Regel auf eine nicht tiergerechte Haltung zurückzuführen sind. Auf die vielfältigen Schadensquellen bei verschiedenen Haltungsbedingungen und unterschiedlichen Tierarten wird noch in den später folgenden Abschnitten eingegangen.

4.1.2.5 Haltungsbedingte Todesfälle

Noch schwerwiegender sind natürlich Todesfälle in bestimmten Haltungssystemen und -situationen zu beurteilen. Auch auf diesen Punkt wird noch in den Kapiteln über die einzelnen Tierarten eingegangen, es sollen deshalb an dieser Stelle nur die unterschiedlichen Erfassungsmöglichkeiten besprochen werden.

Eine völlig verlustfreie Tierhaltung wird es niemals geben. Man sollte allerdings sowohl als zuständiger und verantwortlicher Tierhalter als auch in der Funktion eines Tierarztes, der den Bestand zu betreuen hat, wissen, in welchem Bereich weitgehend unvermeidliche Verluste bei Betrieben mit guten technischen Voraussetzungen und gutem Management liegen. Diese Kenntnisse sind die Voraussetzung für ein sinnvolles Eingreifen in Form von Sanierungsmaßnahmen, falls die Verlustquote deutliche Hinweise auf technische Mängel oder Probleme des Managements gibt. Die Beurteilungskriterien sind dabei entweder die Mittelwerte der Verluste einer bestimmten Region oder auch ein Verfahren, bei dem man die nach dem Deckungsbeitrag 25 % besten Betriebe mit den 25 % schlechtesten Betrieben vergleicht. Wichtig ist hierbei ein vergleichbares Beurteilungsschema. So werden beispielsweise im Rahmen der Ferkelerzeugung die Verluste bis zum Absetzen gerechnet, das allerdings auch zu unterschiedlichen Zeitpunkten erfolgt. Wie die Tabelle 4.1.2–5 erkennen läßt, liegt bei den 25 % besten Betrieben in Niedersachsen 1997/98 eine Verlustrate von 12,4 % vor, bei den 25 % schlechtesten Betrieben sind dagegen Verluste von 15,9 % festzustellen. Insgesamt liefern derartige Zahlen gute Orientierungsmöglichkeiten für die Beurteilung der jeweiligen Tierhaltung. Nicht berücksichtigt werden können natürlich unvorhergesehene Ereignisse, wie etwa Seuchenausbrüche, die oft unabhängig von den Haltungsbedingungen auftreten und gegebenenfalls in entsprechenden Statistiken angegeben werden müssen.

Todesfälle als Kriterium für Mängel der Umweltbedingungen spielen aber nicht nur bei Haltungssystemen eine Rolle, sondern im besonderen Maße bei Haltungssituationen, beispielsweise bei Transporten. Auch hierbei gibt es beträchtliche Unterschiede in der Anfälligkeit von Tierarten, aber natürlich auch bedingt durch die Länge des Transportes, das Transportmittel und vor allem die Transportbedingungen. In Kapitel 6 wird darauf noch einzugehen sein.

4.1.3 Bedeutung des Tierhalters

(UNSHELM, J.)

Beim Vergleich verschiedener Tierhaltungen fällt immer wieder auf, daß ungünstige Haltungsbedingungen oft, aber keineswegs immer zu einer geringeren Leistung, einer höheren Krankheitshäufigkeit und prozentual mehr Gesamtverlusten führen. Auch das Gegenteil läßt sich häufig beobachten, daß nämlich landwirtschaftliche Betriebe ohne nennenswerte bauliche oder technische Mängel oft überraschend erfolglos wirtschaften. Diese prinzipiell alte Erfahrung führte seit etwa 20 Jahren zu gezielten wissenschaftlichen Untersuchungen über die Bedeutung des Tierhalters (SEABROOK, 1972; HINDHEDE, 1983; SAMBRAUS u. UNSHELM, 1983; SAUER, 1983). Dabei geht es nicht nur um den Aspekt, daß ein gutes Management für optimale technische Voraussetzungen sorgt,

Tabelle 4.1.2–5 Ferkelverluste bei spezialisierter Ferkelerzeugung in Niedersachsen 1997/98 mit unter- und überdurchschnittlichen Deckungsbeiträgen (BERICHTE AUS VERDEN, 1998)

Merkmal	untere 25 %	obere 25 %	Differenz
Würfe je Sau u. Jahr	2,04	2,28	0,24
aufgezogene Ferkel je Sau	17,2	21,7	4,5
Verluste [%]	15,9	12,4	3,5

4.1 Schwerpunkte und Kriterien der tiergerechten Nutztierhaltung

Tabelle 4.1.3–1 Indirekte und direkte Einflüsse des Tierhalters

Einflüsse	Beispiele
indirekt	– Management – Umweltfaktoren – Fütterung – ...
direkt	– Umgang mit den Tieren – wechselseitige Beziehungen – ...

sondern die entscheidenden Faktoren sind offensichtlich die direkten Beziehungen zwischen dem Tierhalter und seinen Tieren (Tab. 4.1.3–1). Entscheidend ist die nicht immer einfach zu beantwortende Frage nach der Qualifikation des Tierhalters, die offensichtlich nicht nur von seinem erlernbaren Wissen und seinen Erfahrungen abhängt, sondern vor allem auch von seiner Persönlichkeit, seinem Charakterprofil und seiner Einstellung (GROMMERS, 1987), sofern diese erfaß- und erkennbar sind. So wurde mehrfach festgestellt, daß viele Tierhalter mit gutem Willen und fundierten Kenntnissen allerhöchstens zu durchschnittlichen Betriebserfolgen kamen, während andere in der Lage waren, das genetisch vorgegebene Potential ihrer Tiere wesentlich besser auszuschöpfen.

Direkte, d.h. sowohl auf Wissen und Erfahrung als auch auf Persönlichkeit, Charakterprofil und Einstellung basierende Einflüsse des Tierhalters wurden bisher für eine Reihe von Merkmalen bei fast allen landwirtschaftlichen Nutztieren festgestellt. Sie bezogen sich einerseits auf Leistungseigenschaften, andererseits auf Verhaltensweisen, insbesondere soweit sie den Kontakt mit dem Tierhalter betrafen. So gibt es sowohl von Melkern abhängige deutliche Unterschiede im Verhalten von Milchkühen, wie sie in der Tabelle 4.1.3–2 angegeben sind, als auch erhebliche Konsequenzen für die Milchleistung (SEABROOK, 1972 u. 1984; ALBRIGHT, 1978; WAIBLINGER, 1996; HEINZLER, 1990). In diesem Zusammenhang stellte SEABROOK (1984) fest, daß die Milchleistung von Kühen um bis zu 1500 kg pro Kuh und Laktationsperiode höher liegen kann, wenn sie von einem nach dem Charakterprofil optimalen Melker versorgt werden, im Vergleich zu Tieren mit einem von seinen charakterlichen Voraussetzungen ungünstigen Melker. Ähnliche Befunde gibt es auch aus einer Reihe von Untersuchungen über Gewichtsentwicklung, Reproduktionsleistung und Verhalten von Schweinen, wobei vor allem ein die Tiere belastendes Verhalten als Ursache gesehen wird (HEMSWORTH et al., 1981; HEMSWORTH u. BARNETT, 1991).

Tabelle 4.1.3–2 Vom Melker abhängige Unterschiede im Verhalten von Milchkühen (SEABROOK, 1986)

Verhaltensbeobachtung	Einheiten	Verhalten bei melkerbedingter	
		hoher Leistung	niedrigerer Leistung
Dauer bis zum Betreten des Melkstandes	[s]/Kuh	9,9	16,1
Ausweichdistanz	[m]	0,5	2,5
Kontaktaufnahme mit dem Beobachter	Häufigkeit/min/Herde	10,2	3,0
Kotabsatz im Melkstand	Häufigkeit/[h]	3,0	18,2
Melker berührt die Kühe im Melkstand	Häufigkeit/min/Kuh	2,1	0,5
Melker spricht mit den Tieren	Häufigkeit/min/Kuh	4,1	0,6

Zu berücksichtigen ist bei derartigen Untersuchungen, daß nicht nur die Reaktionen der betroffenen Tiere fachkundig erfaßt werden müssen, sondern ebenso die Einflüsse des Halters und des Pflegers, zumal diese offensichtlich von ihrer Einstellung und ihrem Charakterprofil abhängen. Damit sind derartige Ermittlungen in der Regel von einem interdisziplinären Versuchsansatz abhängig. Einige sich widersprechende Ergebnisse in der vorliegenden Literatur zeigen, daß diesem wichtigen Einflußfaktor möglicherweise zu wenig Gewicht beigemessen worden ist. Zudem fehlen Untersuchungen, aus denen die Bedeutung einzelner Einflußfaktoren einschließlich ihrer Wechselbeziehungen auf den Gesamteffekt der Mensch-Tier-Beziehungen dezidiert hervorgehen (UNSHELM, 1987).

Konsequenzen der kurz skizzierten Befunde über die Bedeutung der Mensch-Tier-Beziehungen bestehen zunächst in einer entsprechenden Vorbereitung, in der Tiere insbesondere in der Prägungsphase durch positive Erfahrungen an einen belastungsarmen Umgang mit Menschen gewöhnt werden können. Erfahrungen dazu liegen vor allem für Rinder, Schweine und Ziegen vor (BOIVIN et al., 1992; BOIVIN u. BRAASTAD, 1996; HEMSWORTH u. BARNETT, 1992; BOISSY u. BOUISSOU, 1988; LE NEINDRE et al., 1990; SEABROOK u. DARROCH, 1990).

Eine wichtige Rolle spielt die Erkenntnis über die Bedeutung der Mensch-Tier-Beziehungen aber auch für die Ausbildung von Personen, die beruflich mit Tieren zu tun haben wie Landwirten, Tierpflegern, Melkern, Tiertransporteuren u. a. Obwohl auch hierbei das objektive Erfassen der grundsätzlichen Einstellung zu Tieren zu den schwierigsten Aufgaben gehört, zeigen vor allem Ausbildungsprogramme in Großbritannien, Belgien, Frankreich und Italien, daß sich die bisherigen Erkenntnisse über die Mensch-Tier-Beziehungen auch in Ausbildungsprogrammen oder auch bei der Berufswahl erfolgreich anwenden lassen (DARROCH, 1987; BOCHET, 1987; CERUTTI et al., 1987; CHUPIN u. LE NEIDRE, 1990).

4.1.4 Tierschutzregelungen und Beurteilung der rechtlichen Voraussetzungen einer tiergerechten Nutztierhaltung

(UNSHELM, J.)

4.1.4.1 Nationales, supranationales und internationales Tierschutzrecht

Die Rechtsvorschriften auf dem Gebiet des Tierschutzes im Bereich der Bundesrepublik Deutschland sind sehr vielgestaltig, zum Teil widersprüchlich, wobei insbesondere die Mitgliedschaften in der Europäischen Union sowie im Europarat zu einer nahezu ständigen Änderung der Rechtslage führen. In der Bundesrepublik Deutschland (Tab. 4.1.4–1) gibt es insbesondere das TIERSCHUTZGESETZ in der Fassung vom 25. Mai 1998, zu dem eine ALLGEMEINE VERWALTUNGSVORSCHRIFT am 9. Februar 2000 erlassen wurde, das GESETZ ZUR VERBESSERUNG DER RECHTSSTELLUNG DES TIERES IM BÜRGERLICHEN RECHT vom 20. August 1990 sowie eine Reihe von Verordnungen insbesondere auf der Basis des §2a des Tierschutzgesetzes.

Außerdem wurden im Auftrag des Bundesministeriums für Ernährung, Landwirtschaft und Forsten zahlreiche Gutachten und Leitlinien erarbeitet. Diese enthalten Zielvorstellungen, die baldmöglichst in die Praxis umgesetzt werden sollen, ohne rechtsverbindlich zu sein. Praktische Anwendungsmöglichkeiten derartiger Gutachten und Leitlinien (Tab. 4.1.4–2) ergeben sich aus dem Tatbestand, daß es sich um die Stellungnahmen von Sachverständigenkommissionen handelt, mit deren Hilfe sich beispielsweise für den Amtstierarzt festlegen läßt, wieweit eine nicht tiergerechte Haltung einen Verstoß gegen §2 des Tierschutzgesetzes darstellt.

Von der Europäischen Union, einer supranationalen Institution mit Hoheitsgewalt über die Mitgliedsstaaten, stammen sowohl EG-

4.1 Schwerpunkte und Kriterien der tiergerechten Nutztierhaltung

Tabelle 4.1.4–1 Nationale Rechtsvorschriften auf dem Gebiet des Tierschutzes (BMELF, 1999)

Gesetze

GESETZ ZUR VERBESSERUNG DER RECHTSSTELLUNG DES TIERES IM BÜRGERLICHEN RECHT vom 20. August 1990 (BGBl. I S. 1762)

TIERSCHUTZGESETZ i. d. F. d. Bek. vom 25. Mai 1998 (BGBl. I S. 1105, ber. S. 1818)

Rechtsverordnungen u. sonstige Vorschriften

ALLGEMEINE VERWALTUNGSVORSCHRIFT ZUR DURCHFÜHRUNG DES TIERSCHUTZGESETZES. Vom 9. Februar 2000

VERORDNUNG ÜBER DIE TIERSCHUTZKOMMISSION beim Bundesminister für Ernährung, Landwirtschaft und Forsten (Tierschutzkommissions-Verordnung) vom 23. Juni 1987 (BGBl. I S. 1557)

VERORDNUNG ZUM SCHUTZ VON LEGEHENNEN BEI KÄFIGHALTUNG (Hennenhaltungsverordnung) vom 10. Dezember 1987 (BGBl. I S. 2622)[1]

VERORDNUNG ÜBER AUFZEICHNUNGEN ÜBER VERSUCHSTIERE UND DEREN KENNZEICHNUNG vom 20. Mai 1988 (BGBl. I S. 639)

ALLGEMEINE VERWALTUNGSVORSCHRIFTEN ZUR DURCHFÜHRUNG DES TIERSCHUTZGESETZES vom 28. Juli 1987, abgelöst durch die Allgemeine Verwaltungsvorschrift zur Durchführung des Tierschutzgesetzes vom 1. Juli 1988 (BAnz. Nr. 139 a vom 29. Juli 1988)

VERORDNUNG ÜBER DIE MELDUNG VON IN TIERVERSUCHEN VERWENDETEN WIRBELTIEREN (Versuchstiermeldeverordnung) vom 1. August 1988 (BGBl. I S. 1213)

VERORDNUNG ZUM SCHUTZ VON KÄLBERN BEI STALLHALTUNG (Kälberhaltungsverordnung) vom 1. Dezember 1992 (BGBl. I S. 1977)

VERORDNUNG ZUM SCHUTZ VON SCHWEINEN BEI STALLHALTUNG (Schweinehaltungsverordnung) i. d. F. vom 18. Februar 1994 (BGBl. I S. 312), geänd. durch die zweite VO zur Änd. d. Schweinehaltungsverordnung vom 2. August 1995 (BGBl. I S. 1016)

VERORDNUNG ZUM SCHUTZ VON TIEREN BEIM TRANSPORT (Tierschutztransportverordnung – TierSchTrV) vom 25. Februar 1997

VERORDNUNG ZUM SCHUTZ VON TIEREN IM ZUSAMMENHANG MIT DER SCHLACHTUNG ODER TÖTUNG (Tierschutz-Schlachtverordnung) vom 3. März 1997 (BGBl. I S. 405)

TIERSCHUTZ-HUNDEVERORDNUNG vom 2. Mai 2001 (BGBl. Jahrgang 2001 Teil I Nr. 21, S. 838)

[1] VO wurde durch das Bundesverfassungsgericht am 6. Juli 1999 für nichtig erklärt.

Verordnungen als auch EG-Richtlinien zum Tierschutz (s. Tab. 4.1.4–3). Die Verordnungen, die beispielsweise die Anforderungen für Aufenthaltsorte oder Straßenfahrzeuge zur Beförderung von Tieren oder auch das Verbot von Tellereisen zum Inhalt haben, gelten in jedem Mitgliedsstaat und sind in allen Teilen verbindlich.

Im Gegensatz dazu sind die EG-Richtlinien zum Tierschutz verbindlich nur im Hinblick auf das zu erreichende Ziel, wodurch sie den Mitgliedsstaaten einen Spielraum im Rahmen der nationalen Umsetzung ermöglichen. Beschränkungen sind allerdings nur insoweit möglich, als sie sich ausschließlich auf die Bedingungen im jeweiligen Land, in diesem Fall auf den Bereich der Bundesrepublik Deutschland, beziehen.

Vom Europarat in Straßburg, einer internationalen Organisation ohne Hoheitsgewalt über die Mitgliedsstaaten, stammen europäische Übereinkommen sowie Empfehlungen (Tab. 4.1.4–4). Diese Übereinkommen stellen Vorstufen zu möglichen Vertrags-

4 Tiergerechte Nutztierhaltung

Tabelle 4.1.4–2 Gutachten und Leitlinien auf dem Gebiet des Tierschutzes in Deutschland (BMELF, 1999)

Gutachten

GUTACHTEN TIERSCHUTZGERECHTE HALTUNG VON DAMWILD IN GEHEGEN ZUM ZWECKE DER FLEISCHPRODUKTION EINSCHLIEßLICH DER GEWINNUNG VON NEBENPRODUKTEN (Nutztierartige Damwildhaltung) vom 2. November 1979

GUTACHTEN ÜBER DEN TIERSCHUTZGERECHTEN TRANSPORT VON TIEREN AUF DEM LUFTWEGE vom 11. Dezember 1979

GUTACHTEN ÜBER DEN TIERSCHUTZGERECHTEN TRANSPORT VON TIEREN AUF DEM SEEWEGE vom 11. Dezember 1979

GUTACHTEN ÜBER TIERSCHUTZGERECHTE HÄLTERUNG UND TIERSCHUTZGERECHTEN TRANSPORT VON FISCHEN – überarbeitete Fassung vom 19. Juni 1980

GUTACHTEN ZUR AUSLEGUNG VON § 11B DES TIERSCHUTZGESETZES (Verbot von Qualzüchtungen) vom 02.06.1999

GUTACHTEN ZUR TIERSCHUTZGERECHTEN HALTUNG UND TÖTUNG VON PELZTIEREN IN FARMEN vom 26. September 1986

MAßNAHMEN ZUR VERMINDERUNG ÜBERHANDNEHMENDER FREILEBENDER SÄUGETIERE UND VÖGEL. Bestandsaufnahme, Berechtigung und tierschutzrechtliche Bewertung (1991)

Stellungnahme und Empfehlungen der Sachverständigengruppe des BML ARTGEMÄßE UND VERHALTENSGERECHTE GEFLÜGELMAST vom April 1993

MINDESTANFORDERUNGEN AN DIE HALTUNG VON STRAUßENVÖGEL, AUßER KIWIS vom 10. Juni 1994 (in der ergänzten Fassung vom 10. September 1996)

MINDESTANFORDERUNGEN AN DIE HALTUNG VON GREIFVÖGELN UND EULEN vom 10. Januar 1995

MINDESTANFORDERUNGEN AN DIE HALTUNG VON PAPAGEIEN vom 10. Januar 1995

MINDESTANFORDERUNGEN AN DIE TIERSCHUTZGERECHTE HALTUNG VON SÄUGETIEREN vom 10. Juni 1996

MINDESTANFORDERUNGEN AN DIE HALTUNG VON KLEINVÖGELN (Teil 1: Körnerfresser) vom 10. Juli 1996

MINDESTANFORDERUNGEN AN DIE HALTUNG VON REPTILIEN vom 10. Januar 1997

Leitlinien

LEITLINIEN FÜR DIE HALTUNG, AUSBILDUNG UND NUTZUNG VON TIEREN IN ZIRKUSBETRIEBEN ODER ÄHNLICHEN EINRICHTUNGEN vom 15. Oktober 1990

LEITLINIEN TIERSCHUTZ IM PFERDESPORT vom 1. November 1992

LEITLINIEN FÜR EINE TIERSCHUTZGERECHTE HALTUNG VON WILD IN GEHEGEN vom 27. Mai 1995

LEITLINIEN ZUR BEURTEILUNG VON PFERDEHALTUNGEN UNTER TIERSCHUTZGESICHTSPUNKTEN vom 10. November 1995

---

gesetzen dar, die von den Mitgliedsstaaten gezeichnet, ratifiziert und damit angenommen werden können. Sechs Monate, nachdem vier Staaten, die Mitglieder des Europarates sind, die Ratifizierungs- oder Annahmeurkunden hinterlegt haben, tritt ein derartiges Übereinkommen in Kraft. Falls die daraus resultierenden Gesetze zu einem Europäischen Übereinkommen im Widerspruch zu Regelungen des nationalen Tierschutzrechtes stehen, ist der Gesetzgeber sowohl aufgrund der durch das Ratifikationsgesetz bewirkten innerstaatlichen Geltung der Vereinbarung als auch aufgrund der völkerrechtlichen Bindung gehalten, die nationale Rechtslage der völkerrechtlichen Vereinbarung anzupassen. Bis zur erfolgten Anpassung sind die bestehenden nationalen Regelungen anzuwenden. Ein Beispiel hierfür ist das europäische Übereinkommen zum Schutz von Heimtieren vom 13. November 1987 mit einem Ratifikationsgesetz vom 1. Februar 1991, das in wesentlichen Punkten (Kupieren der Rute bei Hunden, Verhin-

4.1 Schwerpunkte und Kriterien der tiergerechten Nutztierhaltung

Tabelle 4.1.4–3 Supranationale Rechtsvorschriften, d.h. Verordnungen und Richtlinien der Europäischen Union (BMELF, 1999)

Verordnungen und Richtlinien

- Richtlinie 86/609/EWG des Rates vom 24. November 1986 zur Annäherung der Rechts- und Verwaltungsvorschriften der Mitgliedstaaten zum Schutz der für Versuche und andere wissenschaftliche Zwecke verwendeten Tiere (ABl. EG Nr. L 358 S. 1)

- Richtlinie 887166/EWG des Rates vom 7. März 1988 betreffend das Urteil des Gerichtshofes in der Rechtssache 131/86 (Nichtigerklärung der Richtlinie 86/113/EWG des Rates vom 25. März 1986 zur Festsetzung von Mindestanforderungen zum Schutz von Legehennen in Käfigbatteriehaltung) (ABl. EG Nr. L 74 S. 83)

- Richtlinie 91/628/EWG des Rates vom 19. November 1991 über den Schutz von Tieren beim Transport sowie zur Änderung der Richtlinien 90/425/EWG und 91/496/EWG (ABl. EG Nr. L 340 S. 17), geändert durch Richtlinie 95/29/EG des Rates vom 29. Juni 1995 zur Änderung der Richtlinie 91/628/EWG über den Schutz von Tieren beim Transport (ABl. EG Nr. L 148 S. 52)

- Verordnung (EG) Nr. 1255/97 des Rates vom 25. Juni 1997 zur Festlegung gemeinschaftlicher Anforderungen für Aufenthaltsorte und zur Anpassung des im Anhang der Richtlinie 91/628/EWG vorgesehenen Transportplans (ABl. EG Nr. L 174 S. 1)

- Richtlinie 91/629/EWG des Rates vom 19. November 1991 über Mindestanforderungen für den Schutz von Kälbern (ABl. EG Nr. L 340 S. 28), geändert durch Richtlinie 97/2/EG des Rates vom 20. Januar 1997 zur Änderung der Richtlinie 91/629/EWG über Mindestanforderungen zum Schutz von Kälbern (ABl. EG Nr. L 25 S. 24) sowie 97/182/EG: Entscheidung der Kommission vom 24. Februar 1997 (ABl. EG Nr. L 76 S. 30)

- Richtlinie 91/630/EWG des Rates vom 19. November 1991 über Mindestanforderungen für den Schutz von Schweinen (ABl. EG Nr. L 340 S. 33)

- Verordnung (EWG) Nr. 3254/91 des Rates vom 4. November 1991 zum Verbot von Tellereisen in der Gemeinschaft und der Einfuhr von Pelzen und Waren von bestimmten Wildtierarten aus Ländern, die Tellereisen oder den internationalen humanen Fangnormen nicht entsprechende Fangmethoden anwenden (ABl. EG Nr. L 308 S. 1)

- Richtlinie 93/119/EG des Rates vom 22. Dezember 1993 über den Schutz von Tieren zum Zeitpunkt der Schlachtung oder Tötung (ABl. EG Nr. L 340 S. 21)

- Verordnung (EG) Nr. 411/98 des Rates vom 16. Februar 1998 mit zusätzlichen Tierschutzvorschriften für Straßenfahrzeuge zur Beförderung von Tieren während mehr als acht Stunden (ABl. Nr. L 52 S. 8)

- Richtlinie 98/58/EG des Rates vom 20. Juli 1998 über den Schutz landwirtschaftlicher Nutztiere (ABl. EG Nr. L 221 S. 23)

Vorschriften in Vorbereitung

In Vorbereitung befinden sich insbesondere weitere tierschutzrechtliche Vorschriften für die Haltung landwirtschaftlicher Nutztiere

---

derung der unkontrollierten Fortpflanzung insbesondere bei Hunden und Katzen) im Gegensatz zum bis 1998 geltenden deutschen Tierschutzgesetz stand.

Auch vom Europarat wurden Empfehlungen (Tab. 4.1.4–4) erarbeitet, die als Sachverständigengutachten in den Anwendungsmöglichkeiten weitgehend den bereits erwähnten Empfehlungen und Leitlinien entsprechen.

4 Tiergerechte Nutztierhaltung

Tabelle 4.1.4–4 Internationale Rechtsvorschriften, d. h. deutsche Vertragsgesetze sowie Empfehlungen des Europarates (BMELF, 1999)

Vertragsgesetze

- Gesetz zu dem Europäischen Übereinkommen vom 13. Dezember 1968 über den Schutz von Tieren beim internationalen Transport vom 12. Juli 1973 (BGBl. 1973 II S. 721)
- Gesetz zu dem Europäischen Übereinkommen vom 10. März 1976 zum Schutz von Tieren in landwirtschaftlichen Tierhaltungen vom 25. Januar 1978 (BGBl. 1978 II S. 113)
- Gesetz zu dem Zusatzprotokoll vom 10. Mai 1979 zum Europäischen Übereinkommen über den Schutz von Tieren beim internationalen Transport vom 28. August 1980 (BGBl. 1980 II S. 1153)
- Gesetz zu dem Europäischen Übereinkommen vom 10. Mai 1979 über den Schutz von Schlachttieren vom 9. Dezember 1983 (BGBl. 1983 II S. 770)
- Gesetz zu dem Europäischen Übereinkommen vom 18. März 1986 zum Schutz für Versuche und andere wissenschaftliche Zwecke verwendeten Wirbeltiere vom 11. Dezember 1990 (BGBl. 1990 II S. 1486)
- Gesetz zu dem Europäischen Übereinkommen vom 13. November 1987 zum Schutz von Heimtieren vom 1. Februar 1991 (BGBl. 1991 II S. 402)
- Gesetz zum Änderungsprotokoll vom 6. Februar 1992 zu dem Europäischen Übereinkommen zum Schutz von Tieren in landwirtschaftlichen Tierhaltungen vom 23. August 1994 (BGBl. 1994 II S. 1350)

Empfehlungen

Beim Europarat wurden auf der Grundlage der obengenannten Europäischen Übereinkommen völkerrechtlich verbindliche Empfehlungen

- für das Halten von Hühnern, Schweinen, Rindern, Pelztieren, Schafen und Ziegen
- für den Transport von Pferden, Schweinen, Rindern, Schafen, Ziegen und Geflügel sowie
- für die Betäubung von Schlachttieren

erarbeitet.

4.1.4.2 Gliederung und wichtigste Zielsetzungen des deutschen Tierschutzgesetzes

Das TIERSCHUTZGESETZ vom 25. Mai 1998 ist in 13 Abschnitte untergliedert. Der erste Abschnitt enthält den Grundsatz, in dem die Verantwortung des Menschen für das Tier als Mitgeschöpf angesprochen wird, dessen Leben und Wohlbefinden zu schützen und ihm ohne vernünftigen Grund keine Schmerzen, Leiden oder Schäden zuzufügen.

Der zweite Abschnitt betrifft die Tierhaltung allgemein. Danach ist das Tier seiner Art und seinen Bedürfnissen entsprechend angemessen zu ernähren, zu pflegen und verhaltensgerecht unterzubringen. Die Möglichkeit zu artgemäßer (s. dazu 4.1.4.3) Bewegung darf nicht so eingeschränkt werden, daß ihm Schmerzen oder vermeidbare Leiden oder Schäden zugefügt werden. Weiterhin werden bei denen, die ein Tier halten, betreuen oder zu betreuen haben, die erforderlichen Kenntnisse und Fähigkeiten vorausgesetzt.

Um die Anforderungen an die Haltung von Tieren näher bestimmen zu können, behandelt der § 2a die Ermächtigung des zuständigen Ministeriums, Rechtsverordnungen erlassen zu können, die alle mit der Haltung und dem Transport zusammenhängenden Fragen detailliert regeln.

Hinzu kommt der „Verbotsparagraph 3", der im einzelnen Überlastungen sowie das Aussetzen von Tieren, bestimmte Arten der

Ausbildung, zwangsweises Füttern und den Einsatz von Stromeinwirkung anspricht.

Der dritte Abschnitt schreibt vor, wie, von wem und unter welchen Bedingungen Wirbeltiere getötet werden dürfen.

Beim vierten Abschnitt werden schmerzhafte Eingriffe einschließlich Amputationen und Gewebsentnahmen an Tieren angesprochen, wobei grundsätzlich – aber leider nicht immer – eine Betäubung vorgeschrieben ist.

Der fünfte Abschnitt behandelt in den §§ 7 bis 9a relativ detailliert Tierversuche. Zu diesem Themenbereich gehören auch die Abschnitte 6 und 7 sowie teilweise 11 und dabei insbesondere die §§ 15 (Genehmigung von Tierversuchen), 15a (Information des zuständigen Ministeriums über Fälle von grundsätzlicher Bedeutung) sowie 10 (Eingriffe und Behandlungen zur Aus-, Fort- und Weiterbildung) und 10a (Eingriffe und Behandlungen zur Herstellung, Gewinnung, Aufbewahrung oder Vermehrung von Stoffen, Produkten oder Organismen).

Im achten Abschnitt werden Zucht, Halten von Tieren und Handel mit Tieren angesprochen, wozu alle Tierarten außer der gewerbsmäßigen Haltung landwirtschaftlicher Nutztiere gehören. Aufgeführt sind insbesondere die persönlichen und räumlichen Voraussetzungen für Zucht, Haltung und Handel. Zu diesem Abschnitt gehören auch das Verbot sogenannter Qualzüchtungen sowie bio- und gentechnischer Maßnahmen, wenn dadurch Schmerzen, Leiden oder Schäden auftreten, und auch das Verbot der Abgabe von Wirbeltieren an Jugendliche bis zum vollendeten 16. Lebensjahr.

Der neunte Abschnitt enthält ein Verbringungs-, Verkehrs- und Haltungsverbot für Tiere, an denen tierschutzwidrige Handlungen vorgenommen wurden, die im Inland nicht zulässig sind.

Der Abschnitt 10 enthält sonstige Bestimmungen zum Schutz der Tiere. Dazu gehören das Vermeiden von Schmerzen, Leiden und Schäden beim Fangen, Fernhalten oder Verscheuchen von Wirbeltieren, der Schutz des Wildes vor vermeidbaren Schmerzen oder Schäden durch land- oder forstwirtschaftliche Arbeiten und das Halten, der Handel sowie die Ein- und Ausfuhr von Tieren wildlebender Arten. Außerdem ist die Ermächtigung zum Erlaß von Rechtsverordnungen zu erwähnen, durch die freiwillige Prüfverfahren bestimmt werden können, mit denen Aufstallungssysteme und Stalleinrichtungen sowie Betäubungsgeräte und -anlagen für den Nutztierbereich zu beurteilen sind.

Der elfte Abschnitt, Durchführung des Gesetzes, behandelt außer den schon angesprochenen §§ 15 und 15a die Überwachung bei der Ein- und Ausfuhr von Tieren, die Aufsicht über Tierhaltungen aller Art und Einrichtungen zum Transport oder zur Schlachtung von Tieren. Außerdem werden im § 16a die Maßnahmen zur Erfüllung der Anforderungen des § 2 sowie die daraus resultierenden Möglichkeiten des beamteten Tierarztes angesprochen. Weitere wichtige Punkte sind u.a. die Berufung einer Tierschutzkommission zur Unterstützung des Ministeriums, die Ermächtigung zu weiteren Rechtsverordnungen und der Hinweis auf den alle zwei Jahre zu erstattenden Tierschutzbericht.

Der zwölfte Abschnitt enthält die Straf- und Bußgeldvorschriften. So sind nach § 17 eine Freiheitsstrafe bis zu drei Jahren oder eine Geldstrafe für denjenigen vorgesehen, der 1. ein Wirbeltier ohne vernünftigen Grund tötet oder 2. einem Wirbeltier a) aus Roheit erhebliche Schmerzen oder Leiden oder b) länger anhaltende oder sich wiederholende erhebliche Schmerzen oder Leiden zufügt.

Im § 18 sind Ordnungswidrigkeiten aufgeführt, die mit Geldbußen bis zu 10 000 DM bzw. bis zu 50 000 DM geahndet werden können. Eine weitere Bestrafungsmöglichkeit ergibt sich aus den §§ 19, 20 und 20a, mit denen unter bestimmten Voraussetzungen Tiere eingezogen werden können oder auch eine Tierhaltung zeitlich begrenzt oder für immer verboten werden kann.

Der dreizehnte Abschnitt enthält Übergangs- und Schlußvorschriften.

4.1.4.3 Die wichtigsten tierschutzrechtlichen Begriffe, Aussagen und Interpretationen

Erfahrungsgemäß haben Naturwissenschaftler Schwierigkeiten beim Verstehen von Gesetzestexten, ebenso wie Juristen biologische Gesetzmäßigkeiten und Zusammenhänge oft unverständlich bleiben. Nachfolgend sollen deshalb die wichtigsten tierschutzrechtlichen Begriffe und Aussagen kurz erläutert werden, wobei vor allem der Kommentar des Tierschutzgesetzes von Lorz und Metzger (1999) als Basis auch für zum Teil wörtliche Zitate diente. Darüber hinaus sollen einige typische Beispiele aus dem Gesetzestext genannt werden, aus denen sowohl die Zielsetzung als auch einige Problembereiche hervorgehen.

Nach Lorz und Metzger (1999) enthält der im § 1 ausgesprochene Grundsatz das Bekenntnis des Gesetzgebers zum ethischen Tierschutz, insbesondere auch durch die Bezeichnung als Mitgeschöpf. Interpretationsbedürftig ist sicherlich das „Wohlbefinden", nach Lorz „ein Zustand körperlicher und seelischer Harmonie des Tieres in sich und mit der Umwelt", den das Gesetz insbesondere als Freiheit von Schmerzen und Leiden charakterisiert. Diese Version ist insofern umstritten, als lediglich das Freisein von Schmerzen und Leiden noch nicht das ausmacht, was beispielsweise ein Mensch als alleinige Voraussetzung für Wohlbefinden wertet. Probleme bereiten auch die Begriffe „Leiden" und „Schmerzen", vor allem wegen der schwierigen Erfaßbarkeit, Subjektivität und Meßbarkeit. Demgegenüber lassen sich haltungsbedingte Schäden in der Regel gut erfassen und beurteilen.

Da nach Ansicht des Bundesverfassungsgerichtes das Gesetz nicht anstrebt, Tieren jegliche Beeinträchtigung ihres Wohlbefindens zu ersparen, sollten dafür vernünftige Gründe vorliegen.

Das erfordert politische Entscheidungen, die das tatsächliche oder scheinbare Vorliegen übergeordneter Ansprüche des Menschen aus unterschiedlichen Gründen deutlich machen und damit das Einschränken von Lebensansprüchen des Tieres rechtfertigen (Schultze-Petzold, 1978).

Die Begriffe „artgemäß" und „verhaltensgerecht" im § 2 werden aus vielen Gründen bevorzugt als „tiergerecht" zusammengefaßt. Damit wird vermieden, Tiere einer Art, die zwar ein weitgehend ähnliches, aber nicht völlig identisches Verhaltensinventar haben, hinsichtlich ihrer Haltungsansprüche gleichzusetzen. Der entscheidende Einfluß der Selektion auf bestimmte Verhaltenseigenschaften auch domestikationsbedingt bliebe damit unberücksichtigt. Wolf und Zwergpudel, Bankivahuhn und Legehybriden, Wildrind und Hochleistungskuh würden somit im Hinblick auf ihre Haltungsansprüche nicht mehr differenziert betrachtet. Während die Bezeichnung „artgemäß" weder die Domestikationsstufe, spezielle Selektionen, die Rasse, das Alter, das Geschlecht und andere wichtige Faktoren berücksichtigt, bietet der Begriff „tiergerecht" die Möglichkeit, auch die individuellen Ansprüche eines Tieres bei der Festlegung von Haltungsanforderungen und der Beurteilung von Haltungsbedingungen zu berücksichtigen (Unshelm, 1997).

Ein häufiger Streitpunkt ist die Frage, ob alle Regelungen und Bestimmungen in Tierschutzgesetz und Tierschutzverordnungen auch tiergerecht sind. Dabei geht es um die Diskrepanz zwischen den in der Regel wohlbekannten Haltungsansprüchen und tatsächlichen, aber auch oft nur scheinbaren vernünftigen Gründen. Häufig handelt es sich hierbei um fast individuelle Ermessensfragen. So sehen Vegetarier vernünftige Gründe für das Schlachten von Tieren mit dem Tod als extremem „Schaden" einschließlich dessen, was dem Tier vorher zugefügt wird, naturgemäß völlig anders als überzeugte Fleischkonsumenten. Ähnlich konträr ist die Einstellung zu Tierversuchen. Etwas eindeutiger ist der Interpretationsbedarf hinsichtlich zweifelhafter Tiergerechtheit bei einigen Bestimmungen im Tierschutzgesetz und in den entsprechenden Verordnungen nach §2a. So ist beispielsweise auch objektiven Fachleuten nicht klar, warum bei unversehrten Jagdhunden im Einzelfall das Kupieren der Rute noch erlaubt ist, warum man den Schwanz des Ferkels (wegen offensichtlich nicht tiergerechter Haltungsbedingungen) kupieren darf, das aber nur bis zum vierten Lebenstag, während man sich für die wahrscheinlich unerläßliche Kastration, die aber mindestens ebenso schmerzhaft sein dürfte, vier Wochen Zeit lassen kann. In diesen fragwürdigen Bereich gehört auch die unterschiedliche Rauhfutterversorgung von Kälbern als wachsende Wiederkäuer, wobei Aufzuchtkälber ad libitum gefüttert werden müssen (weil das ihrem Bedarf entspricht), während gleichaltrige Mastkälber nur 100 g bekommen (was ihrem Bedarf natürlich nicht entspricht, wie der Gesetzgeber weiß). Weitere Beispiele gibt es in großer Zahl, so daß die Prüfungsfrage „Was ist am deutschen Tierschutzrecht nicht tiergerecht" nicht unter Materialmangel leiden sollte.

Ein wichtiger, oft zu wenig beachteter Punkt sind die Straf- und Bußgeldvorschriften (§§ 17 und 18). So wird bisweilen nicht bedacht, daß das Einschläfern gesunder Hunde und Katzen, die dem Halter lästig oder zu teuer geworden sind (häufig im Zusammenhang mit Urlaubsreisen), oder auch das Töten „überzähliger" Welpen ein Verstoß gegen § 17 mit möglicherweise gravierenden Folgen ist. Auch die Tatsache, daß ein Bußgeld nach § 18 bis zu 50 000 DM gehen kann, scheint weitgehend unbekannt zu sein.

Bemerkenswert ist allerdings hierbei die erhebliche Diskrepanz zwischen den Möglichkeiten der heutigen Gesetzgebung und den praktischen Konsequenzen im Rahmen der Rechtsprechung. Auffallend sind hier einerseits die beträchtliche Uneinheitlichkeit, andererseits die vorwiegende Milde beim Strafmaß, die den Entscheidungsspielraum bei weitem nicht ausnutzt und für die Öffentlichkeit gravierende Verstöße und einen brutalen Umgang mit Tieren als „Kavaliersdelikt" erscheinen lassen (WEBER-HERRMANN, 1996; DUSCHNER, 1999; EDER, 1999; MÜLLER, 2000).

Zur Verbesserung der Situation wird einerseits die Aufnahme des Tierschutzes in das Grundgesetz, andererseits die Schaffung eines Verbandsklagerechts für Tierschutzorganisationen diskutiert. Nach Ansicht von CASPAR (1999) ließe sich mit der Zuerkennung eigener Rechtspositionen von Tieren der Widerspruch eines an hohen tierethischen Maßstäben ausgerichteten Tierschutzgesetzes einerseits und der defizitären Rechtspraxis beim Vollzug dieser Bestimmungen andererseits wirksam beseitigen.

4.1.5 Entwicklungstendenzen in der Nutztierhaltung

(EMMERT, D.)

4.1.5.1 Intensivierung, Mechanisierung und Automatisierung der Tierhaltung

Die landwirtschaftliche Nutztierhaltung hat in den letzten Jahrzehnten einen strukturellen Wandel erfahren, der sich europaweit in einem deutlichen zahlenmäßigen Rückgang der landwirtschaftlichen Betriebe widerspiegelt (adt, 2000a). Dieser Trend setzt sich auch in Deutschland fort. Während in den alten Bundesländern eine Tendenz zu größeren Familienbetrieben und damit zur Reduktion der Betriebe beobachtet werden kann, steigt die Zahl der landwirtschaftlichen Betriebe in den neuen Bundesländern um das 3,5fache im Zeitraum 1991–1999. Die insgesamt landwirtschaftlich genutzte Fläche (LF) in der Bundesrepublik bleibt bei dieser Entwicklung konstant. Dennoch liegt die durchschnittliche LF je Betrieb mit 185 ha in den neuen Bundesländern um zwei Drittel über der LF je Betrieb in den alten Bundesländern (BMELF, 1999).

4 Tiergerechte Nutztierhaltung

Tabelle 4.1.5–1 Entwicklung der Anzahl der Viehhalter in den Jahren 1992–1996 sowie Veränderungen der Tierzahl je Betrieb im Zeitraum 1989–1997 (BMELF, 1991 u. 1999)

	Zahl der Viehhalter (in 1000)			Tierzahl je Betrieb	
	1992	1994	1996	1989	1997
Rinder	350	314	287	38,5	57,8
Schweine	294	239	206	47,4[1]	63,2[1]
Hühner	306	261	231	153,0[2]	246[2]

[1] Mastschweine
[2] Legehennen

Einhergehend mit der betrieblichen Konzentration verringert sich die Zahl der in der Landwirtschaft beschäftigten Arbeitskräfte allgemein und die der Tierhalter im besonderen.

Im Zeitraum 1987–1997 hat sich die Tierzahl je Betrieb in Abhängigkeit der gehaltenen Nutztierart um gut ein Drittel erhöht (Tab. 4.1.5–1). Eine mögliche Ursache dieser Entwicklung sieht DOLL (1999) in den Bestrebungen der Landwirte, ihre Einkommenserwartungen und -ansprüche im Zuge des allgemeinen Wirtschaftswachstums den generell steigenden Einkommen anzupassen.

Die Versorgung größerer Tierbestände durch weniger Arbeitskräfte wird zum einen durch den Einsatz neuer, EDV-gestützter Techniken ermöglicht, zum anderen bedingen diese – i. d. R. kapitalintensiven – Produktionsverfahren auch eine hohe Tierzahl, um ökonomisch konkurrenzfähig zu sein (DOLL, 1999).

Der Impuls zur computergestützten Tierhaltung kommt aus dem Pflanzenbau, wo der Produktionsprozeß bereits erfolgreich durch zuvor erfaßte Umwelt- und Produktionsdaten gesteuert werden kann (SCHÖN u. WENDL, 2000).

Grundvoraussetzung für einen übergreifenden Einsatz computergesteuerter Technik in den verschiedenen Bereichen der Tierhaltung (z. B. Mechanisierung der Fütterung, Überwachung von Tiergesundheit und Fortpflanzung) ist die elektronische Einzeltier-Identifizierung (z. B. Ohrmarke, Injektat, Bolus) und die zentrale Erfassung von Leistungs- und Tierdaten (ARTMANN, 1998; SCHÖN u. WENDL, 2000).

Daten, die über ein solches System gewonnen werden (Abb. 4.1.5–1), können für Landwirt und Tierarzt wertvolle Informationen für die Herdenbetreuung (z. B. Leistung und Tiergesundheit inkl. Fortpflanzung) liefern und so „Planung vor Kontrolle" möglich machen (ROTH, 1987; BREHME, 1998; KUHLMANN, 2000; WOLF u. WANGLER, 2000). Detaillierte Prozeßdatenerhebungen können in gleichem Maße für Tierzucht und Umweltschutz sinnvoll sein (VAN DEN WEGHE, 1999; adt, 2000d).

Mechanisierungsvorgänge, besonders im Bereich der Fütterung (z. B. bedarfsgerechte Kraftfutterzuteilung), sind aus der Tierhaltung nicht mehr wegzudenken (DEININGER, 1999; WANDEL, 1999; NORDBECK, 2000; SCHÖN u. WENDL, 2000). Auch die Automatisierung des Melkvorgangs mit Hilfe automatischer Melksysteme befindet sich auf dem Vormarsch (SCHÖN u. WENDL, 2000).

Vorteile rechnergestützter Haltungssysteme liegen für den Menschen in der insgesamt flexibleren Arbeitseinteilung, während man sich für die Tiere einen positiven Aspekt durch die Selbstbestimmung des Zeitpunktes z. B. der Futteraufnahme oder aber des Milchentzugs verspricht und sich so eine gesteigerte Leistungsbereitschaft von den Tieren erhofft (SCHÖN u. WENDL, 2000).

Allerdings ist darauf hinzuweisen, daß der alleinige Einsatz von rechnergesteuerten Überwachungssystemen weder in der Gesundheits- noch in der Fruchtbarkeitsüber-

4.1 Schwerpunkte und Kriterien der tiergerechten Nutztierhaltung

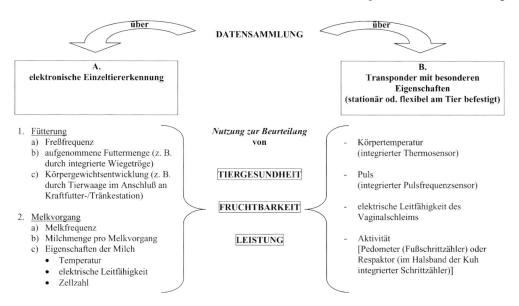

Abb. 4.1.5–1 Möglichkeiten der Datensammlung mittels elektronischer Einzeltier-Identifizierung und Nutzung der gewonnenen Daten zur Beurteilung von Tiergesundheit, Fruchtbarkeit und Leistung (ROTH, 1987; SCHLÜNSEN et al., 1988; ARTMANN, 1998; BREHME, 1998; DEININGER, 1999; WANDEL, 1999; NORDBECK, 2000; SCHÖN u. WENDL, 2000; WOLF u. WANGLER, 2000).

wachung zum gewünschten Erfolg führt und der Kontakt zwischen Landwirt und Tieren für das Wohlbefinden derselben unerläßlich ist (ROTH, 1987; WOLF u. WANGLER, 2000) (s. Kap. 4.1.3, Bedeutung des Tierhalters).

Die Einzeltier-Identifizierung ist betriebsübergreifend auch bei der Tiergesundheitsüberwachung und der Seuchenbekämpfung sowie im Rahmen des Verbraucherschutzes positiv hervorzuheben (JÜRGENS, 1998; PIRKELMANN et al., 2000).

Der Einsatz computergesteuerter Technik beschränkt sich allerdings nicht auf die direkte Datenerfassung am Tier. EICHLER (2000) beschreibt die Möglichkeit für Milchviehhalter, via Internet direkt mit der Molkerei zu kommunizieren. Die Option des Zugriffes auf Daten, wie z. B. die Qualität und Menge der abgelieferten Milch, gibt dem Landwirt die Möglichkeit frühzeitig regulierend einzugreifen (z. B. Maßnahmen in bezug auf Tierhygiene und -gesundheit).

Des weiteren ermöglichen praxisreife computergesteuerte Systeme („High-End-Geräte") zur Stallklimaführung dem Landwirt eine Abstimmung auf den entwicklungsbedingten Wärmebedarf der Tiere und auf deren Anforderungen hinsichtlich der Luftqualität (BÜSCHER, 2000).

Zusammenfassung
– Tendenzen: Zahl d. Tiere/Betrieb ↑
  Anzahl d. Betriebe ↓
  Anzahl der in der Landwirtschaft beschäftigten Personen ↓
  Einsatz EDV-gestützter Technik ↑
– Einsatz EDV-gestützter Techniken bringt Vorteile für Tierhalter und Tier, kann jedoch nicht den Mensch/Tier-Kontakt ersetzen.

4.1.5.2 Naturnahe Haltungsformen und Konsequenzen für die Tiergesundheit

Tiergerechtheit und naturnahe Haltung

Die Verwendung des Begriffes „Tiergerechtheit" bzw. des Adjektivs „tiergerecht" hat sich in den letzten Jahren als geeignet erwiesen, Haltungsbedingungen, die den Bedürfnissen der Nutztiere in hohem Maße entgegenkommen, zu charakterisieren (SUNDRUM, 1998).

Haltungsbedingungen sind dann tiergerecht, wenn sie den spezifischen Eigenschaften der in ihnen lebenden Tiere Rechnung tragen, indem sie die körperlichen Funktionen nicht beeinträchtigen, die Anpassungsfähigkeit derselben nicht überfordern und Verhaltensmuster der Tiere nicht so einschränken und verändern, daß dadurch Schmerzen, Leiden oder Schäden am Tier entstehen (SUNDRUM et al., 1999).

Auf Möglichkeiten, die Tiergerechtheit von Haltungssystemen qualitativ und quantitativ einzustufen, wie z. B. anhand von „Checklisten" oder Indikatoren, wird bereits im Kapitel 4.1.1 und 4.1.2 hingewiesen.

Die Realisierung tiergerechter Haltungsformen wird maßgeblich von Tierhalter und Verbraucher bestimmt. Der Tierhalter betrachtet bei der Entscheidung für ein bestimmtes Haltungssystem in erster Linie ökonomische Aspekte (z. B. Arbeits- und Kostenbelastung, gesundheitliche Wirkungen auf Mensch und Tier, Wirkungen auf die Leistung des Tieres, Entwicklungsmöglichkeiten des Betriebes), Auswirkungen auf die Marktstellung des Betriebes (z. B. Lieferverpflichtungen, Vermarktungswege, Akzeptanz der Produkte) sowie Qualität des Arbeitsplatzes und Ansehen der Person. Der Verbraucher wird bezüglich der Akzeptanz von tiergerechten Haltungsverfahren von Kriterien, wie z. B. Wohlbefinden der Tiere, Qualität der Produkte und Akzeptanz des Betriebes geleitet. Die geäußerte Bereitschaft des Verbrauchers, für Produkte aus naturnahen Haltungsverfahren auch einen höheren Preis zu entrichten, entspricht häufig nicht dem tatsächlichen Verbraucherverhalten (BRÖCKER, 1998; KATHER, 1999).

Naturnahe Haltungsformen werden häufig mit dem Begriff „artgemäße Tierhaltung" gleichgesetzt, ohne die in der Praxis auftretenden Probleme zu benennen (STEINDL, 1999).

Hieraus resultiert die Notwendigkeit, naturnahe bzw. alternative Haltungssysteme bezüglich ihrer Tiergerechtheit zu evaluieren. In Anlehnung an den TGI – Tiergerechtheitsindex 35 L und TGI 200 konzipierten MATTHES et al. (1999) einen Tiergerechtheitsindex für die Freilandhaltung von Rindern (TGI-FHR – Tiergerechtheitsindex Freilandhaltung Rinder), der gegenwärtig zur Bewertung der Freilandhaltung in einem ökologischen Anbauverband eingesetzt wird (SUNDRUM et al., 1994; BARTUSSEK, 1998).

Auslauf-, Freiland- u. Extensivweidehaltung

Ein stetiger Zuwachs an Haltungsformen mit Auslauf, der ganzjährigen Freilandhaltung von Nutztieren sowie der Extensivweidehaltung in den letzten Jahren ist nicht nur die Reaktion der Landwirtschaft auf ein verändertes Erwartungs- und Vorstellungsverhalten des Verbrauchers, sondern wird auch durch die ökonomischen Vorteile (v. a. bei der Freiland- und Extensivweidehaltung) für den Landwirt vorangetrieben (BRÖCKER, 1998) (vgl. *Extensivweidehaltung*). Vor allem betriebswirtschaftliche Aspekte bestimmen bei alternativen Haltungsverfahren das Ausmaß ihrer Verbreitung und ihres Erfolges. So spielen neben Festkosten (z. B. Bauweise, Stalleinrichtung etc.), staatlichen Interventionen (z. B. gezielten Förderungsmaßnahmen, Steuerbegünstigungen) und ständig wechselnden Größen (z. B. Preisveränderungen der Produkte) vor allem produktionstechnische Parameter (Fütterung, Tierarztkosten, Arbeitszeitbedarf, Futterflächenbedarf etc.) und der Tierertrag (Menge und Qualität der erzeugten Produkte) eine wichtige Rolle (SCHUH et al., 1999).

4.1 Schwerpunkte und Kriterien der tiergerechten Nutztierhaltung

Alternative Haltungsformen gewinnen v. a. durch die vergleichsweise geringen Investitionskosten im Gegensatz zu konventionellen Haltungsverfahren und die Option der höherpreisigen Vermarktung der produzierten tierischen Produkte für den Landwirt an Attraktivität (SONTHEIMER u. HÖRNING, 1999).

Dabei darf jedoch nicht außer acht gelassen werden, daß diese Haltungsformen auch Anforderungen an den Landwirt stellen. Beispielsweise in bezug auf ein Umdenken und Dazulernen im Bereich Management oder aber bei der Auswahl der geeigneten Rasse bzw. Kreuzung sowie des geeigneten Standortes für die Freiland- bzw. Extensivweidehaltung (s. a. Kap. 4.12). Weiterhin ist im Vergleich zu konventionellen Haltungsverfahren ein Leistungsrückgang von etwa 20 % und durch Futtermehraufwand (v. a. bei ganzjähriger Freilandhaltung im Winter) ein Anstieg der Kosten zu erwarten, die letztendlich den Gewinn schmälern können (JUNGEHÜLSING, 1997; LÖER, 1998; SCHUHMACHER, 1998; STADTFELD, 2000; TU, 2000; WAßMUTH et al., 2000).

Zusammenfassung
- Bedeutung alternativer Haltungsformen
- Ausmaß der Verbreitung und des Erfolges alternativer Haltungsformen ist von vielen Faktoren abhängig: Festkosten (z. B. Bauweise, Stallbau), staatliche Interventionen (z. B. Förderungsmaßnahmen, Steuerbegünstigung), produktionstechnische Parameter (z. B. Fütterung, Tierarztkosten, Arbeitszeitbedarf), Tierertrag (z. B. Menge und Qualität der erzeugten Produkte), Managementfähigkeiten des Betriebsleiters (z. B. Vermarktung der Erzeugnisse), Akzeptanz des Verbrauchers

---

Auslaufhaltung

Die Auslaufhaltung ermöglicht primär im Stall gehaltenen Tieren temporär oder zeitlich unbegrenzt Kontakt mit dem Außenklima. Ausläufe können befestigt oder unbefestigt, überdacht oder nicht überdacht sein und beherbergen optimalerweise Haltungseinrichtungen, die den Tieren die Möglichkeit geben, Komfortverhalten auszuüben (z. B. Kratzbürsten für Rinder, Scheuerpfähle und Wasserduschen für Schweine etc.).

Mindestanforderungen an die Auslauffläche von Legehennen aus vermarktungstechnischer Sicht finden sich in der VERORDNUNG (EWG) Nr. 1274/91. Des weiteren werden in der VERORDNUNG (EG) 1804/1999 ZUR EINBEZIEHUNG DER TIERISCHEN ERZEUGUNG IN DEN GELTUNGSBEREICH DER VERORDNUNG (EWG) NR. 2092/91 erstmals die Möglichkeit nach Auslauf verbindlich gefordert und konkrete Vorgaben bezüglich der Mindestauslauffläche für die Tierarten Rind, Schaf, Schwein und Geflügel gemacht.

Die erweiterte Möglichkeit zur artgemäßen Bewegung, die z. B. auch Gelegenheit zum Ausweichen vor ranghöheren Artgenossen gibt, wird nicht nur für Geflügel, sondern auch für Rinder und Schweine positiv bewertet (DBV u. ZDG, 1998; KTBL, 1999; WALLNER et al., 1999; MENKE et al., 2000). Das Mehr an Bewegung wirkt sich aber nicht nur fördernd auf das Tierverhalten, sondern auch auf die Tiergesundheit aus. Geflügel, welches einen Auslauf zu Verfügung hat, besitzt nachweislich eine höhere Flügel- und Beinknochenstabilität und eine insgesamt bessere Kondition (DBV u. ZDG, 1998). Für Rinder kann man ähnliche Feststellungen machen. Auslauf wirkt sich hier reduzierend auf das Auftreten von Sprunggelenksschäden aus, hat eine günstige Wirkung auf die Fruchtbarkeit der Tiere, stimuliert das Immunsystem und kann zur Erhöhung der Lebensleistung und somit zur Verlängerung der Nutzungsdauer beitragen (KTBL, 1999; WIEDERKEHR et al., 1999). WALLNER et al. (1999) stellen sowohl die erweiterte Möglichkeit zur Thermoregulation für Schweine als auch die Reduktion von Sprunggelenksschäden bei Sauen als positive Aspekte der Auslaufhaltung dar.

Dennoch bleibt darauf hinzuweisen, daß mit der Auslaufmöglichkeit auch nachteilige Auswirkungen in bezug auf das Tierverhalten und die Gesundheit verknüpft sein können. So wird bei Legehennen häufig eine erhöhte Bereitschaft zur Ausführung agonistischer Verhaltensweisen beobachtet, die in Federpicken und Kannibalismus münden können. Des weiteren werden gesundheitliche Aspekte wie eine erhöhte Endo-/Ektoparasitenbefallsrate und eine allgemein schnellere Ausbreitungstendenz von Infektionskrankheiten sowie vermehrte Tierverluste durch Raubwild als nachteilig befunden (DBV u. ZDG, 1998; HOLLE, 1998).

Freilandhaltung
Unter Freilandhaltung versteht man die Haltung von Nutztieren im Freien ohne ein festes Stallgebäude (Ausnahme: Geflügel). Sie kann ganzjährig durchgeführt werden bzw. klimabedingt saisonal begrenzt sein.

Gesetzliche Bestimmungen zur Freilandhaltung von Geflügel finden sich in der VERORDNUNG 1274/91, wo Angaben zur Gestaltung des Auslaufs („größtenteils bewachsen") und Größe der Auslauffläche (10 m^2/Huhn) sowie die tägliche Mindestnutzungsdauer („tagsüber") gemacht werden. Während in der VERORDNUNG 1804/1999 nur allgemeine Forderungen in bezug auf Wahl der Rasse, Auswahl der Flächen und Schutzeinrichtungen ausgesprochen werden, definiert die SCHWEINEHALTUNGSHYGIENEVERORDNUNG (1999) die Freilandhaltung von Schweinen und stellt detaillierte Anforderungen (s. Kap. 4.3).

Auch auf Bundesländerebene werden „Empfehlungen für die saisonale bzw. ganzjährige Weidehaltung von Schafen und Rindern" herausgegeben (Niedersächsisches Ministerium ELF 1996; Niedersächsisches Ministerium ELF, 1997; Landwirtschaftskammer Hannover, 1999).

Positive Auswirkungen der Freilandhaltung auf die Tiergesundheit werden sowohl für Rinder (Erkrankungen des Bewegungsapparates ↓, Eutererkrankungen ↓, Stoffwechselerkrankungen ↓) als auch für Schweine (Tiergesundheit ↑, Technopathien ↓) bestätigt (BREMERMANN u. KAUFMANN, 1999; GOLZE, 1999).

Eine Nährstoffunterversorgung oder aber eine defizitäre Versorgung mit Mengen- und Spurenelementen können nachteilige Effekte auf die Gesundheit der Tiere haben (LÖER, 1998; OCHRIMENKO et al., 1998; LISCHER et al., 2000; WAßMUTH et al., 2000). Hier kann eine Zufütterung und eine spezifische Mineralstoff- und Spurenelementergänzung nach vorangegangener Futtermittelanalyse und Untersuchung der Versorgungslage der Tiere Abhilfe schaffen (OCHRIMENKO et al., 1998).

Gleiches gilt für die beklagte höhere Endoparasitenbelastung bei Schweinen und Geflügel in Freilandhaltung (BREMERMANN u. KAUFMANN, 1999; HÄNE et al., 1999). Durch entsprechende Hygienemaßnahmen, angefangen bei den Tieren (z. B. regelmäßige prophylaktische Entwurmung) und ausgedehnt auf die Weidefläche (z. B. tägliche Entfernung des Kotes, Aufteilung der Weidefläche und Wechsel der Weideabteile), kann der Endoparasitenbelastung jedoch entgegengewirkt werden.

Extensivweidehaltung
Extensive Haltungsverfahren werden seit den späten 90er Jahren EU-weit gefördert (1989–1992: EG-EXTENSIVIERUNGSPROGRAMM VO 4115/88; ab 1992: EU-VERORDNUNG 2078/92) (JUNGEHÜLSING, 1997). Man bezeichnet Haltungsverfahren dann als extensiv, wenn ein Produktionsfaktor (Arbeit, Boden, Kapital) extensiv genutzt wird (ERNST, 1996). Ziel der extensiven Landbewirtschaftung ist es, meist ertragsschwache Landwirtschaftsflächen noch rentabel zu bewirtschaften und diese Flächen auch im Sinne des Naturschutzes als Kulturlandschaft zu erhalten (ACHILLES, 1997).

Die Vor- u. Nachteile der Extensivweidehaltung für die Tiere entsprechen weitge-

4.1 Schwerpunkte und Kriterien der tiergerechten Nutztierhaltung

hend denen der Auslauf- und Freilandhaltung. Es ist jedoch darauf hinzuweisen, daß hier in besonderem Maße auf die Nährstoff-, Mineralstoff- und Spurenelementversorgung der Tiere auf den in der Regel nährstoffarmen Böden geachtet werden muß.

Umweltwirkung von Auslauf-, Freiland- und Extensivweidehaltung

Es ist unstritig, daß die Auslaufhaltung, v. a. von Geflügel, aber auch die Freilandhaltung mit einer enormen Bodenbelastung einhergeht und das Ausmaß der Emissionen (in erster Linie Ammoniak) nur unzureichend kontrolliert werden kann (DBV u. ZDG, 1998). Der regelmäßige Weidewechsel stellt eine wichtige Maßnahme dar, die Bodenbelastung einzugrenzen (HOLLE, 1998).

Auch die Kombination von Stallhaltung im Winter und Weidegang im Sommer scheint sich nach Untersuchungen von METZ (1999) nachteilig auf die Emission von Ammoniak auszuwirken. Nicht unerwähnt bleiben darf die mögliche Schädigung der Grasnarbe, die v. a. bei ganzjähriger Freilandhaltung großer Nutztiere beobachtet werden kann. Ihr kann durch den Wechsel von Weide auf Ackerland im Herbst begegnet werden (GOLZE, 1999). HOWERY et al. (2000) zeigten, daß der Wechsel der Futterplätze ebenfalls zu einer gleichmäßigeren Nutzung der Weidefläche beitragen kann.

Zusammenfassung
- Tier
  - *positiver Effekt auf Gesundheit (v. a. Immunsystem u. Bewegungsapparat), Tierverhalten (agonistische Verhaltensweisen ↓, Verhaltensstörungen ↓) und Kondition*
  - mögliche negative Einflüsse auf Gesundheit (Probleme durch Unterversorgung mit Nährstoffen, Mengen- oder Spurenelementen, Endoparasitenbefall, Verhaltensstörungen ↑ u. Verluste durch Raubwild bei Geflügel)

- Umwelt
  - Emissionen (Ammoniak, Distickstoffmonoxid)
  - Bodenbelastung (Exkremente, Zerstörung der Grasnarbe)

Einstreu

Die Einstreu in Form von Stroh, Strohmehl, Sägespäne, Sägemehl etc. erfüllt unterschiedlichste Funktionen, die in ihrer Gesamtheit zum Wohlbefinden der Tiere beitragen, und spielt nicht nur in Stallhaltungssystemen eine Rolle. Sie übernimmt auch wichtige Aufgaben bei der (ganzjährigen) Freilandhaltung von Nutztieren (LÖER, 1998; STADTFELD, 2000; WAßMUTH et al., 2000).

Qualität der Einstreu, pro Tier bemessene Einstreumenge, Verteilung und Wechsel der Einstreu haben entscheidenden Einfluß auf den Nutzen für die Tiere, die Stallhygiene und letztlich auf das Stallklima.

Stroheinstreu bzw. Strohmatratzen wirken sich positiv auf die Gesamtliegedauer der Tiere und auf das Auftreten von Verletzungen am Bewegungsapparat aus (RIST, 1987; FRIEDLI et al., 1999).

Auch bei ganzjähriger Freilandhaltung ist der Zugang zu einem geschützten Bereich mit trockener Liegefläche, vor allem für die jüngeren Individuen, unerläßlich (WAßMUTH et al., 2000). Voraussetzung für die Nutzung ist jedoch eine trockene und saubere Einstreu (STADTFELD, 2000). Des weiteren stellt Einstreu in entsprechender Qualität eine zusätzliche Rauhfutterquelle dar und dient als Beschäftigungsmaterial für die Tiere (JACKISCH et al., 1995; SCHÄFER-MÜLLER et al., 1995; HESSE et al., 1998). So hat sich die Rauhfuttergabe ab dem ersten Lebenstag bei Hühnern als wirksam erwiesen, die Federpickrate niedrig zu halten (HUBER-EICHER u. WECHSLER, 1997).

Als Argumente gegen die Bereitstellung von Einstreu werden häufig gesundheitliche Probleme wie Endoparasitenbefall und Atemwegserkrankungen infolge Belastung der Atemwege durch Staub (schlechte Einstreuqualität, Verteilungsmodus im Stall) bzw. Stallgase angeführt (Frosch u. Büscher, 1998; Hesse et al., 1998; Steinwidder, 1999). Einstreu kann auch Quelle von Infektionserregern sein (Windsor et al., 1984; Roesicke u. Greuel, 1992; Ruegg et al., 1992; Ewald et al., 1994; Kamarudin et al., 1996).

Da das Überleben von Parasitenstadien und Infektionserregern in der Einstreu auch von Umweltfaktoren, wie z. B. Temperatur und Luftfeuchtigkeit oder aber den Eigenschaften der Exkremente selbst (Trockensubstanzgehalt, pH-Wert, Wasseraktivität), abhängig ist, kann das Risiko durch einfache stallhygienische Maßnahmen (z. B. regelmäßiger Wechsel der Einstreu, Rein-Raus-Verfahren mit Reinigung und Desinfektion) minimiert werden (Roesicke u. Greuel, 1992). Gute Einstreuqualität sowie ein adäquater Verteilungsmodus helfen, die Staubentwicklung zu reduzieren.

Es bleibt auf die Umweltwirkung von Einstreu hinzuweisen. Betrachtet man die Ammoniakfreisetzung bei eingestreuten Haltungssystemen, so liegt diese deutlich höher als bei einstreulosen Haltungssystemen (Gurk et al., 1997; Ratschow, 1998). Auch das Gas Distickstoffmonoxid (N_2O), welches ausgeprägte Klimawirksamkeit besitzt, entsteht im landwirtschaftlichen Bereich hauptsächlich in tiefeingestreuten Haltungssystemen (Berg, 1999). Hier kann im Rahmen des „prozeßintegrierten Umweltschutzes", wo Umwelttechnik und -schutz nicht nachgeschaltet, sondern im Produktionsprozeß eingegliedert werden, durch z. B. bedarfsgerechte Fütterung und adäquate Lüftung Abhilfe geschaffen werden (Ratschow, 1998; Metz, 1999; van den Weghe, 1999).

Seuchenschutz (Tollwut, Schweinepest etc.)

Alternative Haltungsformen unterliegen, ebenso wie konventionelle, den Bestimmungen des Tierseuchengesetzes (1995) und den Verordnungen über anzeigepflichtige (1991) und meldepflichtige (1983) Tierseuchen. Tierartspezifische, seuchenschutzrelevante Anforderungen an die Freilandhaltung finden sich bisher nur für Schweine in der Schweinehaltungshygieneverordnung (1999). So wird dort aus tierseuchenrechtlichen Gründen eine Absonderungsmöglichkeit für die in der Freilandhaltung vorhandenen Schweine gefordert. Ist im Falle eines Seuchenverdachts eine Aufstallung zwecks Tierbeobachtung nicht möglich, muß der Bestand auf Kosten des Landwirtes getötet werden, auch wenn dieser Beitragszahlungen in den Tierseuchenfond geleistet hat (Ernst, 1996). Ungeachtet der Tatsache, daß die Tierseuchen-Statistiken in der Bundesrepublik Deutschland eine rückläufige Tendenz für die anzeigepflichtigen Infektionskrankheiten Tollwut und Schweinepest erkennen lassen, besteht für Tiere in naturnahen Haltungsbedingungen ein potentiell höheres Erkrankungsrisiko. Immerhin beträgt der Anteil der bei Füchsen diagnostizierten Tollwut auch 1999 noch rund 50 % am Gesamtvorkommen der Tollwut (Deutsches Tierärzteblatt, 1999, 2000).

Auch Schweinepest-verseuchte Schwarzwildbestände in Deutschland stellen für die rund 15 000 Sauen in Freilandhaltung eine denkbare Infektionsmöglichkeit dar, obschon virushaltige Schlacht- und Fleischabfälle als Hauptinfektionsquelle zu sehen sind (Sontheimer u. Hörning, 1999; adt, 2000c; DTW, 2000).

In Spanien und Sardinien, wo Schweine traditionell in Haltungssystemen mit Auslauf oder in Freilandhaltung gehalten werden, spielt die Afrikanische Schweinepest, die in Deutschland zu den anzeigepflichtigen Tierseuchen zählt, eine nicht zu verharmlosende Rolle (Verordnung über anzeigepflichtige Tierseuchen, 1991; Bech-Nielsen et al., 1995;

Zusammenfassung
- positive Wirkung von Einstreu auf Wohlbefinden, Gesundheit und Verhalten der Tiere
- nachteilige Wirkung auf Tiergesundheit (Infektionserreger ↑, Endoparasiten ↑ bei falschem Management)
- potentiell negative Auswirkung auf die Umwelt (Ammoniak- ↑ und Distickstoffmonoxid-Emissionen ↑)

MANELLI et al., 1997). Als Übertragungswege sind der direkte Kontakt zu Wildschweinen bzw. infiziertem Kadaver, Ektoparasiten (Zecken, v. a. *Ornithodoros* spp. u. Stechmücken) und mangelnde (Weide-)Hygiene (z. B. Haustiere, die Kontakt mit den Schweinen haben; Besucher; latent infizierte zugekaufte Schweine; gemeinsame Nutzung einer Weidefläche durch mehrere Herden von unterschiedlichen Beständen) zu nennen.

Die Infektiöse Laryngotracheitis (ILT) in der Geflügelhaltung, eine in Deutschland meldepflichtige Erkrankung, nimmt in der Schweiz eine zentrale Bedeutung in „Hinterhofherden", Liebhaber(zucht)beständen und bei Rassegeflügel ein (ALBICKER-RIPPINGER u. HOOP, 1998; VERORDNUNG ÜBER MELDEPFLICHTIGE KRANKHEITEN, 1983). Wirtschaftsgeflügel ist von der ILT im Gegensatz zu kleinen Beständen nicht betroffen. Dies wird v. a. der perfekten Organisation zugeschrieben (gute Stallhygiene – All-in-/All-out-Verfahren; Quarantäne von zugekauften Tieren; kein Kontakt zu Artgenossen; kurze Aufzuchtperioden – Broilermast). Für die Freilandhaltung hat dies zur Konsequenz, daß vor allem eine optimale Hygiene (s. Freilandhaltung) den Bestand gesund erhalten kann (ALBICKER-RIPPINGER u. HOOP, 1998).

Louping ill, eine weder anzeige- noch meldepflichtige Erkrankung in Deutschland, vornehmlich der Schafe, ist bei der Weidehaltung von Schweinen in Nordengland und Schottland bekannt geworden. Neben dem Schaf als Hauptwirt sind auch Rinder, Pferde, Schweine, Ziegen, Rotwild und sogar der Mensch für Louping ill (Syn. Spring- oder Drehkrankheit) empfänglich. Ross et al. (1994) berichten von einem Fall, bei dem Louping ill bei einem Schwein klinisch diagnostiziert und auch histopathologisch bestätigt wurde. Da die Übertragung durch Zeckenbiß erfolgt, sollte in Gebieten, in denen Louping ill endemisch vorkommt, eine Ektoparasitenprophylaxe bei „Freiland-Schweinen" in Betracht gezogen werden.

> *Zusammenfassung*
> Potentielle Gefahren müssen erkannt und prophylaktische Maßnahmen ergriffen werden.

4.1.5.3 Besonderheiten der Tierhaltung im ökologischen Landbau (s. Kap. 4.2.1.5, 4.2.2.5, 4.2.3.6, 4.2.4.4, 4.2.5.4 u. Kap. 4.3.1)

Die ökologische Tierhaltung als integrativer Bestandteil des ökologischen Landbaus verfolgt das Ziel einer sowohl tiergerechten als auch umweltverträglichen Erzeugung qualitativ hochwertiger Produkte und basiert auf einer freiwilligen Selbstbeschränkung beim Einsatz spezifischer Produktionsmittel in einem weitgehend in sich geschlossenen Betriebsorganismus (HÖRNING, 1998; SUNDRUM, 1998).

Zum gegenwärtigen Zeitpunkt werden in der Bundesrepublik 2,1 % der insgesamt landwirtschaftlich bewirtschafteten Fläche von 1,3 % der landwirtschaftlichen Betriebe nach den Richtlinien des Ökologischen Landbaus bearbeitet (aid, 1999). Die Bundesrepublik Deutschland nimmt jedoch in bezug auf die ökologisch bewirtschaftete Fläche nach Österreich (10,1 %), der Schweiz (7,3 %) und Finnland (5,9 %) eine eher nachgeordnete Rolle ein (LAMPKIN, 1998; WILLER, 1999).

Gesetzlicher und privatrechtlicher Rahmen des ökologischen Landbaus

Die Tabelle 4.1.5–2 gibt einen Überblick über gesetzliche und privatrechtliche Regelwerke, in denen die an den ökologischen Landbau gerichteten Anforderungen auf internationaler und nationaler Ebene festgeschrieben sind. Verbindliche gesetzliche Regelungen für den ökologischen Landbau existieren zur Zeit nur für Mitgliedsstaaten der Europäischen Gemeinschaft (s. Tab. 4.1.5–2). Die CCFL (Codex-Alimentarius-Komitee für Le-

4 Tiergerechte Nutztierhaltung

Tabelle 4.1.5–2 Anforderungen an den ökologischen Landbau – gesetzliche und privatrechtliche Regelwerke

	gesetzliche Regelwerke	privatrechtliche Regelwerke
national		**Rahmenrichtlinien d. AGÖL** (Arbeitsgemeinschaft ökologischer Landbau) **Richtlinien der AGÖL-Mitgliedsverbände**
Europäische Gemeinschaft	**Verordnung** (EWG) Nr. **2092/91** d. Rates über den ökologischen Landbau und die entsprechende Kennzeichnung der landwirtschaftlichen Erzeugnisse und Lebensmittel **Verordnung** (EG) Nr. **1804/1999** des Rates vom 19. Juli 1999 zur Einbeziehung der tierischen Erzeugung in den Geltungsbereich der Verordnung (EWG) Nr. 2092/91 über den ökologischen Landbau und die entsprechende Kennzeichnung der landwirtschaftlichen Erzeugnisse und Lebensmittel	
international	**CCFL** (Codex-Alimentarius-Komitee für Lebensmittelkennzeichnung): **Richtlinien für die Erzeugung, Verarbeitung, Kennzeichnung und Vermarktung von Ökolebensmitteln tierischer Herkunft** (in Vorbereitung)	**IFOAM** (International Federation of Organic Agriculture Movements): **Basis-Richtlinien für ökologische Landwirtschaft und Verarbeitung**

bensmittelkennzeichnung) ist derzeit mit der Vorbereitung von „Richtlinien für die Erzeugung, Verarbeitung, Kennzeichnung und Vermarktung von Ökolebensmitteln tierischer Herkunft" auf internationaler gesetzlicher Ebene beschäftigt. Die Codex-Richtlinien werden spezifische Anforderungen an eine ökologische Erzeugung stellen (Herkunft der Tiere, Umstellungszeit, Tierfütterung, Tiergesundheit, Haltungsbedingungen, Ausläufe, Transport, Schlachtung, Wirtschaftsdünger, Bestandsverzeichnisse, Tieridentifizierung, Kontrolle) und weltweite Gültigkeit in den 165 Mitgliedsstaaten (98 % der Erdbevölkerung) besitzen (adt, 2000b; DGS intern, 2000).

Für ökologisch wirtschaftende Betriebe in den EU-Mitgliedsstaaten und Betriebe in Deutschland, die nicht der AGÖL (Arbeitsgemeinschaft ökologischer Landbau) angeschlossen sind, gelten Vorgaben der VO (EWG) Nr. 2092/91 und VO (EG) Nr. 1804/1999. Staatlich anerkannte Kontrollstellen überprüfen die Einhaltung der Vorschriften der EU-Verordnung sowie die Einhaltung der Verbandsrichtlinien [VO (EWG) Nr. 2092/91].

Die IFOAM (International Federation of Organic Agricultural Movements) als Weltdachorganisation von derzeit 300 Anbauverbänden des ökologischen Landbaus gibt auf privatrechtlicher Grundlage „Basis-Richtlinien für ökologische Landwirtschaft und Verarbeitung" heraus (IFOAM, 1999).

In Deutschland vereinigen sich gegenwärtig neun Anbauverbände (ANOG, Biokreis, Bioland, Biopark, Eco Vin, demeter, Gäa, Naturland, Ökosiegel) in der Dachorganisation AGÖL, die ihrerseits Rahmenrichtlinien (AGÖL, 1996) für die Mitgliedsverbände vorgibt (Abb. 4.1.5–2). Die einzelnen Verbände erarbeiten Verbandsrichtlinien, wobei die verbandseigenen Richtlinien auf Grundlage

4.1 Schwerpunkte und Kriterien der tiergerechten Nutztierhaltung

AGÖL								
Arbeitsgemeinschaft ökologischer Landbau								
ANOG e. V.	Biokreis Ostbayern e. V.	Bioland e. V.*	Biopark e. V.	Eco Vin e. V.	demeter*	Gäa e. V.	Naturland e. V.	Ökosiegel e. V.
Arbeitsgemeinschaft für naturnahen Obst-, Gemüse- und Feldfruchtanbau e. V.		Ökologischer Landbau e. V.		Bundesverband ökologischer Weinbau e. V.	Forschungsring für Biologisch-Dynamische Wirtschaftsweise e. V.	Vereinigung ökologischer Landbau e. V.	Verband für naturgemäßen Landbau e. V.	Verein ökologischer Landbau e. V.

Abb. 4.1.5–2 Die AGÖL – Arbeitsgemeinschaft ökologischer Landbau und ihre Mitgliedsverbände (nach aid, 1998); * seit 1.4.2001 nicht mehr in der AGÖL organisiert

der AGÖL-Rahmenrichtlinien erweitert werden können.

Ge-/Verbote zur Tiergerechtheit

Vorgaben der Verordnung (EWG) 2092/91
Die Tierhaltung im ökologischen Landbau ist unverzichtbar im Rahmen des Konzeptes des geschlossenen Nährstoffkreislaufes, da sich der Erhalt und die Förderung der Bodenqualität und -produktivität auf die alleinige Anwendung von organischem Dünger stützt (THOMPSON, 1996; aid, 1998; SUNDRUM, 1998). Durch die Verordnung (EG) 1804/99 wird die tierische Erzeugung in den Geltungsbereich der Verordnung (EWG) 2092/91 aufgenommen, womit erstmals für alle EU-Mitgliedsstaaten verbindliche Anforderungen an die Tierhaltung im Ökologischen Landbau und die Erzeugung von Lebensmitteln tierischer Herkunft gestellt werden.

In der Verordnung werden konkrete Vorgaben gemacht (z.B. Platzanforderungen/Tier) sowie Ge- (z.B. Auslauf für die Tiere) und Verbote (z.B. Anbindehaltung) ausgesprochen, die nicht nur die Erwartungen und Vorstellungen der Verbraucher befriedigen (BRÖCKER, 1998), sondern auch bezüglich der Tiergerechtheit der Haltungssysteme entscheidende Verbesserungen bringen sollen.

So mißt der Verordnungsgeber der Gesundheitsprophylaxe eine hohe Bedeutung bei, indem er konkrete Anforderungen an den Tierhalter stellt und die Anwendung von Arzneimitteln restriktiv handhabt.

Der Tierhalter hat die Gesundheit seiner Tiere zu fördern und zu erhalten, indem er die geeignete Rasse/Linie auswählt, für die Tiere geeignete Haltungspraktiken anwendet, hochwertiges Futter bereitstellt, die körpereigene Abwehr der Tiere durch Auslauf bzw. Weidegang fördert und eine angemessene Besatzdichte gewährleistet.

Die prophylaktische Verabreichung von Medikamenten (z.B. dauerhafte Anwendung von Trockenstellern oder Einstellungsmetaphylaxe mittels Antibiotika) ist, abgesehen von wenigen Ausnahmen (z. B. Prophylaxe von Endoparasitenbefall in endemischen Gebieten), verboten. Die Anwendung allopathischer Arzneimittel bleibt auf die Fälle begrenzt, in denen homöopathische Arzneimittel nicht die gewünschte Wirkung zeigen und im Sinne von § 2, TIERSCHUTZGESETZ (1998) Schmerzen, Leiden oder Schäden vom erkrankten Tier abgewendet werden sollen (STRIEZEL, 2000).

Positiv zu bewerten ist die Mindestflächenvorgabe je Tier für die einzelnen Tierarten im Hinblick auf die im TIERSCHUTZGESETZ (1998) geforderte „Möglichkeit zu artgemäßer Bewegung". Die Vorgaben übersteigen beispielsweise die in den Richtlinien des Rates gemachten Anforderungen um das Doppelte [RICHTLINIEN DES RATES VOM 19. NOVEMBER 1991 ÜBER MINDESTANFORDERUNGEN ZUM SCHUTZ VON SCHWEINEN (91/630/EWG); RICHTLINIEN DES RATES ZUR FESTLEGUNG VON MINDESTANFORDERUNGEN ZUM SCHUTZ VON LEGEHENNEN (1999/74/ EG)]. So stehen einem bis zu 110 kg schweren Schwein statt 0,65 m^2 immerhin 1,3 m^2, einer Legehenne 1600 cm^2 anstatt 750 cm^2 pro Tier zur Verfügung.

In diesem Rahmen sind auch das Anbindeverbot von Rind und Schwein und das Verbot der Käfighaltung von Legehennen zu nennen, welches in der Verordnung ausgesprochen wird.

Erwähnenswert sind außerdem die Gebote, wie z. B. die Möglichkeit zu Auslauf und die Forderung nach einer eingestreuten trockenen Liegefläche oder aber der prozentual festgelegte Mindestanteil von Rauhfutter in einer Wiederkäuerration und der Mindestzeitraum, innerhalb dessen alle jungen Säugetiere mit Muttermilch ernährt werden müssen.

Nicht unumstritten sind die weitgefaßten Ausnahmen während der Umstellungszeit, aber auch allgemein bezüglich Haltungsvorschriften. So kann zum Beispiel das Verbot der Anbindehaltung umständehalber auf Antragstellung bei der zuständigen Behörde aufgehoben werden (vorübergehende Anbindung aus Sicherheits- oder Tierschutzgründen; in vor dem 24. August 2000 bestehenden Gebäuden, sofern für regelmäßigen Auslauf gesorgt wird, reichlich Einstreu vorhanden ist und die Tiere individuell betreut werden; Rinder in kleineren Betrieben, wo die Gruppengröße den verhaltensbedingten Bedürfnissen nicht angemessen wäre).

AGÖL-Rahmenrichtlinie (1996), Richtlinien der AGÖL-Mitgliedsverbände

Die AGÖL-Rahmenrichtlinien (1996) dienen den AGÖL-Mitgliedsverbänden als Vorlage zur Erarbeitung der verbandseigenen Richtlinien. Den Verbänden ist es freigestellt, die in den Rahmenrichtlinien vorgegebenen Anforderungen zu erweitern.

Die AGÖL-Rahmenrichtlinien haben sich beispielsweise für ein Verbot des Kuhtrainers ausgesprochen. Gängige Praxis ist, den elektrischen Kuhtrainer zur Steuerung des Harn- und Kotabsatzes von Milchkühen in Anbindehaltung (Kurzstand) mit dem Ziel einzusetzen, die Standflächen sauber zu halten. Der Einsatz des elektrischen Kuhtrainers verstößt dann gegen das TIERSCHUTZGESETZ (1998) (§ 3, Nr. 11: Verbot „ein Gerät zu verwenden, das durch direkte Stromeinwirkung das artgemäße Verhalten eines Tieres, ..., einschränkt"), sobald dem Tier infolge eingeschränkter Bewegungsmöglichkeit „nicht unerhebliche Schmerzen, Leiden oder Schäden" zugefügt werden. Untersuchungen von EYRICH et al. (1989) und OSWALD (1992) belegen, daß § 2, Nr. 2 (Einschränkung der „Möglichkeit des Tieres zu artgemäßer Bewegung") des TIERSCHUTZGESETZES (1998) berührt wird, wobei EYRICH et al. (1989) in erster Linie die belastungsbedingte reduzierte Brunstsymptomatik von Kühen unter dem Kuhtrainer betonen, die indirekt von der Möglichkeit zur Bewegung beeinflußt wird. Berücksichtigt man die Tatsache, daß 89 % aller Berührungen mit dem Kuhtrainer gar nicht in Zusammenhang mit Koten oder Harnen stehen, kann der elektrische Kuhtrainer nicht als tiergerechtes Haltungsinventar beurteilt werden (OSWALD, 1992).

4.1 Schwerpunkte und Kriterien der tiergerechten Nutztierhaltung

Weiterhin verbietet die AGÖL das Schnabelkürzen bei Nutzgeflügel. Nach § 6, Absatz 3 Tierschutzgesetz (1998) kann auf Antragstellung bei der zuständigen Behörde das Kürzen der Schnabelspitze bei Nutzgeflügel erlaubt werden. Entgegen der weitverbreiteten Auffassung zeigen Untersuchungen, daß dieser Abschnitt des Schnabels reich innerviert ist, und daß das Kürzen des Schnabels beim Geflügel einen mit Schmerzen verbundenen Eingriff darstellt (Desserich et al., 1984; Gentle, 1986; Kösters u. Korbel, 1988; Gentle, 1992). Desserich et al. (1984) sowie Kösters und Korbel (1988) weisen zusätzlich auf die Möglichkeit des Phantomschmerzes bei den Tieren nach Schnabelamputation hin. Nachwachsen der seitlichen Schnabelwand kann zu einem Mißverhältnis zwischen der Länge des Ober- und Unterschnabels führen, wodurch die artgemäße Nahrungsaufnahme eingeschränkt werden kann (Petermann u. Fiedler, 1999).

Abschließend sei noch auf das verbandsintern gemachte Verbot des Einziehens von Nasenringen/Rüsselklammern zur Verhinderung der Wühltätigkeit bei Schweinen hingewiesen (Gäa, 1996; Bioland, 1997). Die ausgeprägte Erkundungsfreudigkeit und Wühltätigkeit von Schweinen in Freilandhaltung ist bekannt und nicht unproblematisch. Dennoch erscheint das u. a. auch von der TVT – Tierärztlichen Vereinigung für Tierschutz e. V. (1997) tolerierte Einziehen von Nasenringen zwecks Unterbindung der unerwünschten Verhaltensweisen aus Tierschutzgründen äußerst fragwürdig und ist daher abzulehnen.

Bereiche, in denen die gesetzlichen Haltungsvorschriften erweitert wurden (z. B. Platzangebot), sind positiv zu werten. Inwieweit dadurch tiergerechte Haltungsbedingungen gewährleistet werden, ist durch weitere Untersuchungen zu objektivieren.

Erfolgversprechende Ansätze gibt es bereits in Deutschland, Österreich und der Schweiz (Matthes u. Freitag, 1997; Oester u. Troxler, 1998; Schumacher, 1998; Troxler, 1998).

Zusammenfassung

- Konzept des ökologischen Landbaus ist der geschlossene Nährstoffkreislauf, der die Tierhaltung unabdingbar macht.
- Es existieren diverse gesetzliche und privatrechtliche Regelwerke, die die Anforderungen an die Tierhaltung im ökologischen Landbau konkretisieren (s. Tab. 4.1.5–2).
- Ziel ist eine tiergerechte Tierhaltung, die durch Vorgaben, wie z. B. der Forderung nach Auslauf, Verbot von Anbindehaltung, Festlegung des Mindestanteils von Rauhfutter in der Ration realisiert werden soll.
- Die Gesundheitsprophylaxe bildet einen Schwerpunkt bei der Tierhaltung im ökologischen Landbau (z. B. durch Auswahl der geeigneten Rasse, Förderung der körpereigenen Abwehr durch Auslauf bzw. Weidegang und angepaßter Besatzdichte).
- Homöopathischen Präparaten ist bei der Behandlung von kranken Tieren Vorzug zu geben.
- Die Mindestflächenvorgabe je Tier bei den unterschiedlichen Tierarten übersteigt die Vorgaben in den Richtlinien des Rates um das Doppelte und ist daher positiv zu werten.
- Der Umfang der in den Verordnungen gemachten Ausnahmen ist kritisch zu sehen (z. B. Ausnahmen von Anbindeverbot).
- ▷ Es bedarf objektiver Beurteilungsmethoden, um festzustellen, ob die Tierhaltung im ökologischen Landbau tiergerecht ist.

4.1.6 Akzeptanz der Nutztierhaltung und der Produktbeschaffenheit durch den Verbraucher

(UNSHELM, J.)

Die Einstellung des Verbrauchers zur Tierhaltung und – keineswegs unabhängig davon – die Akzeptanz von Lebensmitteln, die von Tieren stammen, hängen von einer Vielzahl objektiver und subjektiver Gesichtspunkte ab. Bemerkenswert ist jedoch der Trend zu einer zunehmend negativeren Grundeinstellung, für die es allerdings nicht nur subjektive Gründe gibt (UNSHELM, 1999).

Die deutsche Landwirtschaft, die von ihr betriebene Tierhaltung und die daraus stammenden Produkte erfreuten sich ursprünglich einer hohen Wertschätzung. Entscheidend war, daß die Landwirtschaft und ihre Produkte als Inbegriff des Natürlichen, Gesunden und Unverfälschten galten. Nicht unwesentlich war zudem die eigene Landwirtschaft als Sicherheitsfaktor für Notzeiten, auch als Symbol für die Unabhängigkeit von möglicherweise unsicheren und schwierig zu überprüfenden Importen.

Für die weitgehende Änderung dieser ursprünglich festverwurzelten Einstellung gibt es viele Ursachen. Sie lassen sich unter folgenden Sammelbegriffen zusammenfassen:
- allgemeine Einstellung zur Landwirtschaft und zur Nutztierhaltung,
- Einstellung zur Landwirtschaft als umweltbeeinflussender Faktor,
- mögliche Tierschutzrelevanz der Nutztierhaltung,
- tatsächliche oder angebliche Gesundheitsgefährdungen durch von Tieren stammende Produkte,
- ethisch-weltanschauliche Gesichtspunkte.

Die allgemeine Einstellung zur Landwirtschaft und insbesondere zur Nutztierhaltung hängt stark von persönlichen Erfahrungen und der Herkunft, aber in zunehmendem Maße von dem ab, wie dieser Bereich in den Medien dargestellt wird. Wesentlich ist in diesem Zusammenhang die Marktpflege, die offensichtlich nicht sehr effizient ist, wenn man sie mit den entsprechenden Maßnahmen der Industrie vergleicht. Für viele Verbraucher ist schon die Bezeichnung „Tierproduktion" negativ besetzt, da sie Assoziationen zum positiv empfundenen Bauernhof und zur dort erhofften tiergerechten Haltung kaum zuläßt. Weitere Reizworte sind die „Massentierhaltung", neue Techniken wie die Gentechnologie bei in der Regel unzureichendem Kenntnisstand sowie die Subventionen für die Landwirtschaft in Deutschland und vor allem in der Europäischen Union. Erschwert wird die Identifikation mit der „eigenen" Landwirtschaft und ihren Produkten durch für den Verbraucher oft nur schwierig zu erkennende Importe, die – und das ist zweifellos ein positiver Aspekt – durchweg als schlechter und mit größeren gesundheitlichen Risiken behaftet beurteilt werden. Erfolgreiche Aktionen mit eindeutig deklarierten heimischen Produkten belegen die angesprochene Grundtendenz der Verbraucher, zeigen aber auch, welche Wege im Rahmen der Marktpflege beschritten werden sollten, auch unter Berücksichtigung erschwerter Bedingungen in der EU.

Traditionell ging man bei der Landwirtschaft davon aus, daß sie zu den wichtigsten Erhaltern einer natürlichen Umwelt gehörte und daß gerade der sorgsame Umgang mit Umweltressourcen die langfristige Wirtschaftlichkeit der bäuerlichen Betriebe sicherte. Gravierende Änderungen der Verhältnisse werden unter dem Stichwort „flächenunabhängige Tierproduktion" zusammengefaßt. Damit wird eine Situation beschrieben, bei der nicht mehr die zur Verfügung stehende landwirtschaftliche Nutzfläche und damit das betriebseigene Futter der begrenzende Faktor für die Größe des Tierbestandes sind. Durch Futter(zu)kauf spielt die eigene Fläche keine entscheidende Rolle mehr, sie steht allerdings auch nicht mehr für die Ausbringung der von den Tieren produzierten Exkremente – meist in Form von

4.1 Schwerpunkte und Kriterien der tiergerechten Nutztierhaltung

Gülle – zur Verfügung. Die Folge sind Probleme durch Gülleanfall und -verwertung, Grundwasserbelastungen oft erst nach Jahrzehnten der Überdüngung und Geruchsbelästigungen, für die inzwischen auch in Deutschland bestimmte Gebiete mit konzentrierten landwirtschaftlichen Großbetrieben berüchtigt sind. Die Konzentration der Tierhaltung stellt zudem ein erhöhtes seuchenhygienisches Problem dar. Durch Emissionen von Stäuben, Gasen, Mikroorganismen und Lärm sind Gesundheitsgefährdungen keineswegs auszuschließen. Dieser Wandel in der Umweltgestaltung von der bäuerlichen Tierhaltung zu dem, was Verbraucher als Massentierhaltung bezeichnen, hat die Einstellung zur Landwirtschaft und zu den von ihr erzeugten Produkten maßgeblich beeinflußt.

Recht widersprüchlich sind die Empfindungen und die Reaktionen der Verbraucher im Zusammenhang mit Tierschutzfragen. Die tiergerechte Haltung, deren Beurteilung insbesondere dem Laien offensichtlich schwerfällt, ist ein wichtiges Argument bei der Einstellung zur Nutztierhaltung. Dabei dienen die Darstellungen in den Medien in der Regel als einzige Informationsquelle. Angriffspunkte sind vor allem die Legehennenhaltung in Batteriekäfigen, die Kälbermast und alle strohlosen Aufstallungssysteme wie etwa die Schweinemast auf perforierten Böden. Besondere Emotionen rufen – sicherlich nicht zu Unrecht – Berichte in den Medien über Tiertransporte hervor, wobei vor allem die Transportbedingungen, aber auch das Zurücklegen teilweise extremer Entfernungen ohne erkennbaren vernünftigen Grund auf massive, nachhaltige Kritik an den Transporteuren, am politischen Raum und an den Tierhaltern stößt.

Überraschenderweise wird die Akzeptanz von Tieren stammender Lebensmittel durch Überlegungen zur Tierschutzrelevanz nur in einem geringen Ausmaß beeinflußt. Das könnte darauf zurückzuführen sein, daß der überwiegenden Zahl der Verbraucher jegliche persönliche Beziehung zu den Tieren fehlt, deren Fleisch sie essen. Im Gegensatz zu früheren Zeiten ist es auch nicht mehr erforderlich, das Tier, dessen Fleisch man essen will, selbst zu töten und zu zerlegen. Man bekommt es vielmehr meistens fertig verpackt in einer Form, die – von wenigen Ausnahmen abgesehen – kaum noch Hinweise auf Zustand und Aussehen des lebenden Tieres geben. Damit mag zusammenhängen, daß der Anteil der Vegetarier in Deutschland nach einer Erhebung der Europäischen Vegetarierunion 1995 nur 3,62 % betrug. Es liegt aber zweifellos eine steigende Tendenz insbesondere bei jungen Leuten vor. Hinzu kommt eine Bevorzugung des sogenannten weißen Fleisches von Geflügel und Fischen. Das könnte an der scheinbaren „Unblutigkeit" liegen, an der Vermutung einer geringeren Gesundheitsgefährdung, zumindest bei Fischen, vor allem aber wohl an der weniger ausgeprägten Du-Evidenz, da man in der Regel zu Säugetieren eine engere emotionale Beziehung als zu Vögeln und Fischen hat. Dafür spricht auch das bemerkenswerte Käuferverhalten, aus verschiedenen, noch zu besprechenden Gründen einerseits Rind- und Kalbfleisch abzulehnen, auf der anderen Seite aber Fleischerzeugnisse und hier insbesondere Hackfleischprodukte fast bedenkenlos zu verzehren.

Zu den wichtigsten Einflußfaktoren auf die Akzeptanz der Nutztierhaltung und vor allem der Produktbeschaffenheit gehört die Sorge um die eigene Gesundheit und damit um mögliche negative Folgen eines Verzehrs von Nahrungsmitteln, die von Tieren stammen. So halten nach einer Studie der Europäischen Kommission aus dem Jahre 1997 nur 28,7 % der deutschen Verbraucher ihre Nahrungsmittel für sicher, das heißt gesundheitlich unbedenklich. Das liegt deutlich unter dem europäischen Durchschnitt von 52,1 %, wobei insbesondere der Prozentsatz von 85,4 in den Niederlanden auffällt (KATHER, 1999). Das bedeutet, daß zumindest in Deutschland eine fehlende Akzeptanz von Lebensmitteln tierischer Herkunft weniger

4 Tiergerechte Nutztierhaltung

Abb. 4.1.6–1 Einschätzung der Gefährlichkeit unterschiedlicher Gesundheitsrisiken (v. ALVENSLEBEN, BLL-Schriftenreihe, Heft 127 [1998] 28–43). 0 = kein Risiko, 5 = sehr großes Risiko

mit Tierschutzaspekten zusammenhängt, sondern vor allem andere Ursachen hat.

Ein typisches Beispiel ist der massive Rückgang des Rindfleischverbrauchs unter dem Einfluß der Verursacher des sogenannten Rinderwahnsinns (BSE). Bedenklich erscheinen dem Verbraucher aber auch andere Erreger, über die in den Medien häufig berichtet wird (BRANSCHEID, 1998; HEESCHEN, 1998), wie Salmonellen, Listerien, enterohämorrhagische Escherichia coli (EHEC), aber auch für Menschen apathogene Infektionskrankheiten wie etwa die Schweinepest. Erklärbar ist das vor allem durch eine schon lange bestehende Unsicherheit, wozu die Behandlungen und versuchten Verbesserungen der Mastleistung mit verschiedenen Medikamenten, insbesondere mit Hormonen, Antibiotika und anderen meist verbotenen Stoffen beigetragen haben. Hinzu kommen weitere Rückstandsprobleme durch Schwermetalle und sonstige Stoffe.

Zwiespältig sind die Versuche der Verbraucher, auf Umwegen wieder die Produkte einer „gesunden" Landwirtschaft, wie man hofft, zu erhalten. Das erklärt den Boom sogenannter Bioprodukte. So zeigt das Ergebnis einer Verbraucherumfrage aus dem Jahr 1997 ein deutliches Interesse an „Bioprodukten", und zwar aus Sorge vor einem hohen Medikamenteneinsatz, aber auch wegen der Bevorzugung eines „festeren, marmorierten Fleisches, welches wieder nach Fleisch schmeckt". Eine deutliche Mehrheit der Befragten würde ein derartiges Produkt bevorzugen, aber ebenfalls über die Hälfte findet Biofleisch zu teuer (KATHER, 1999).

Ein anderer Aspekt, der die Einstellung zur Produktbeschaffenheit deutlich beeinflußt, ist das allgemein gestiegene Gesundheitsbewußtsein einschließlich einer fast krankhaften Fitneß-Sucht. So wird bei von Tieren stammenden Produkten immer mehr auf eine gesundheitsfördernde Wirkung hingewiesen, vor allem von der Industrie und vom Handel, weniger von den Organisationen der Tierhalter. Zu bedenken ist in diesem Zusammenhang, daß der durchschnittliche Fleischkonsum in Deutschland trotz des Rückganges immer noch deutlich über den Empfehlungen der Ernährungsphysiologen liegt. Weitere Faktoren mit Einfluß auf den Verzehr von Tieren stammender Produkte sind die Sorge, zu viele und möglicherweise die falschen tierischen Fette aufzunehmen, mit der Konsequenz von Kreislaufschädigungen, aber auch die Angst vor anderen, vor allem in ihrer Ätiologie weitgehend ungeklärten Krankheiten.

Ethische und weltanschauliche Gesichtspunkte beeinflussen die Akzeptanz der Nutztierhaltung und der Produktbeschaffenheit wohl nur marginal (METTKE, 1999). Bei Religionsgemeinschaften, die den Konsum von Schweinefleisch ablehnen, handelt es sich zweifellos um traditionelle Überlieferungen, deren Kern nach wie vor interessant wäre, vor allem wenn die Begründung für das Verzehrsverbot auch heute noch eine Rechtfertigung fände. So werden als Gründe einmal die fehlende Möglichkeit, Trichinen zu diagnostizieren, genannt, zum anderen die Wirkung von sogenannten Suitoxinen, die auch heute noch im Zusammenhang mit rheumaartigen Krankheiten diskutiert werden (RECKEWEG, 1977). Auch Vorschriften, mit denen ein Fleischkonsum zeitweilig verboten ist, haben sicherlich weitgehend gesundheitliche Gründe.

Der Schutz des Tieres spielt offensichtlich nur bei einer Minderheit eine maßgebliche Rolle. Dazu tragen die Medien mit Sicherheit bei, etwa durch die Konfrontation mit nicht tiergerechten Haltungs-, Transport- und Schlachtmethoden im Fernsehen. Derartige Sendungen führen allerdings auch zu einer erheblichen Abstumpfung des Verbrauchers. So haben entsprechende Szenen zwar zunächst aufgeregte Reaktionen und Leser- bzw. Hörerbriefe zur Folge, über einen dadurch bewirkten drastischen Rückgang des Fleischverzehrs ist jedoch nichts bekannt.

Insgesamt gibt es auf diesem Gebiet bestimmte Tendenzen und Meinungsführerschaften, die man nicht völlig unberücksichtigt lassen sollte. So neigen junge Leute mehr als alte dazu, aus verschiedenen Gründen, zu denen auch ethische Gesichtspunkte gehören, ihren Fleischkonsum einzuschränken oder auch ganz darauf zu verzichten. Das gleiche gilt generell für Verbraucher mit einem höheren Bildungsniveau. Diese beiden Effekte könnten sich dahingehend addieren, daß die Akzeptanz von Tieren stammender Lebensmittel auch unter ethischen Aspekten weiter schwindet. In Verbindung mit den anderen angesprochenen Ursachen, bei denen eine auf Langfristigkeit angelegte Marktpflege nicht erkennbar ist, sind nachhaltige negative Konsequenzen für die bisher übliche Produktion von Tieren stammender Lebensmittel nicht auszuschließen.

Literatur

Achilles, W., J. Marten (eds.): KTBL-Arbeitspapier 245 „Stallbauten für die extensive Tierhaltung". KTBL, Darmstadt (1997) 7.

adt (Arbeitsgemeinschaft deutscher Tierzüchter e. V.): EU: Immer weniger große Bauernhöfe. adt-Informationen 16 (2000a) 5.

adt (Arbeitsgemeinschaft deutscher Tierzüchter e. V.): Weltweite Richtlinien für Ökoerzeugnisse aus der Tierproduktion. adt-Informationen 21 (2000b) 4.

adt (Arbeitsgemeinschaft deutscher Tierzüchter e. V.): Schweinepestgefahr aus der Schwarzwildpopulation. adt-Informationen 30 (2000c) 2.

adt (Arbeitsgemeinschaft deutscher Tierzüchter e. V.): Viele Daten erleichtern die intensive Herdenbetreuung. adt-Informationen 41 (2000d) 3–4.

AGÖL – Arbeitsgemeinschaft Ökologischer Landbau: Rahmenrichtlinien zum ökologischen Landbau. Stiftung Ökologie und Landbau, Bad Dürkheim (1996).

aid – Auswertungs- und Informationsdienst für Ernährung, Landwirtschaft und Forsten e. V.: Lebensmittel aus ökologischem Landbau (1998).

aid – Auswertungs- und Informationsdienst für Ernährung, Landwirtschaft und Forsten e. V.: Landwirtschaft in Zahlen (1999).

Albicker-Rippinger, P., R. K. Hoop: Die infektiöse Laryngotracheitis (ILT) in der Schweiz: Aktueller Stand und Gedanken zu zukünftigen Bekämpfungsmöglichkeiten. Schweiz. Arch. Tierheilkd. 140 (1998) 65–69.

Albright, J. L.: The behaviour and management of high yielding dairy cows. Proc. Bocm-Silcok Conference, London, (1978), 31.

Amrein Futtermühle AG: Betriebsanalyse für Schweine-Mastbetriebe. Neuenkirch, Schweiz (1983).

Amrein Futtermühle AG: Betriebsanalyse für Schweinezucht- und Vermehrerbetriebe. Neuenkirch, Schweiz (1983).

Artmann, R.: Elektronische Kennzeichnungssysteme und ihre Weiterentwicklung. In: Frisch, J. (ed.): Elektronische Tieridentifizierung, Arbeitspapier 258. Kuratorium für Technik und Bauwesen in der Landwirtschaft, Landwirtschaftsverlag GmbH, Münster-Hiltrup (1998) 29–44.

Bahrs, J.: Checklisten in der Bullenhaltung. Vet. med. Diss., München (1997).

Bartussek, H.: Animal Needs Index ANI (Tiergerechtheitsindex TGI-35L) for assessment of animal well being in housing systems for Austrian proprietary products and legislation. 48th Annual EAAP-Meeting. Session I: Animal Management and Health, Sustainable Livestock Production Systems. Vienna (1997).

Bartussek, H.: Entwicklung und Einsatz des Tiergerechtheitsindex „TGI 35 L". In: DVG e. V. (ed.): Tg. „Tierschutz und Nutztierhaltung", Nürtingen 5.- 7. März (1998) 44–52.

Bech-Nielsen, S., J. Fernandez, F. Martinez-Pereda, J. Espinosa, Q. Perez Bonillas, J. M. Sanchez-Vizcaino: A Case Study of an outbreak of African Swine Fever in Spain. Br. Vet. J. 151 (1995) 203–214.

Berg, W.: Emissionen aus der Rinderhaltung. Landtechnik 54 (1999) 108–109.

Bicker, J.: Erhebung zur Haltung von Mutterschweinen in Praxisbetrieben anhand einer Checkliste unter besonderer Berücksichtigung der Schweinehaltungsverordnung. Vet. med. Diss., München (1992).

Bioland – Verband für organisch-biologischen Landbau e. V.: Bioland-Richtlinien für Pflanzenbau, Tierhaltung und Verarbeitung (1997).

BMELF – Bundesministerium für Ernährung, Landwirtschaft und Forsten: Statistisches Jahrbuch über Ernährung, Landwirtschaft und Forsten 1991. Landwirtschaftsverlag GmbH, Münster-Hiltrup (1991).

BMELF – Bundesministerium für Ernährung, Landwirtschaft und Forsten: Statistisches Jahrbuch über Ernährung, Landwirtschaft und Forsten 1999. Landwirtschaftsverlag GmbH, Münster-Hiltrup (1999).

Bochet, N.: Training in Practice. In: Seabrook, M. F. (ed.): The role of stockman in livestock productivity and management. Commission of the European Communities, Luxemburg. Report, EUR 10982 EN (1987) 95–106.

Boissy, A., M. F. Bouissou: Effects of early handling on heifers on subsequent reactivity to humans and to unfamiliar situations. Appl. Anim. Behav. Sci. 22 (1988) 259–273.

Boivin, X., P. Le Neindre, J. M. Chupin, J. P. Garel, C. Trillat: Influence of breed and early management on ease of handling and open-field behaviour of cattle. Appl. Anim. Behav. Sci 32 (1992) 313–323.

Boivin, X., B. O. Braastad: Effects of handling during temporary isolation after early weaning on goat kids later response to humans. Appl. Anim. Behav. Sci. 48 (1996) 61–71.

Brehme, U.: Gewinnung von Tierdaten durch sensorbestückte Injektate, Pedometer und Datenloggern bei Rindern. In: Frisch, J. (ed.): Elektronische Tieridentifizierung, Arbeitspapier 258. Kuratorium für Technik und Bauwesen in der Landwirtschaft, Landwirtschaftsverlag GmbH, Münster-Hiltrup (1998) 59–69.

Bremermann, N., O. Kaufmann: Untersuchung zur Stall- bzw. Freilandhaltung von Schweinen unter besonderer Berücksichtigung der Tiergesundheit und der Fleischqualität. In: Freiland Verband (ed.): Proc. der 14. IGN-Tagung/6. Freiland-Tagung „Tierhaltung und Tiergesundheit", Wien (1999) 54–57.

Bröcker, R.: Perspektiven der ökologischen Tierhaltung – Grenzen der ökologischen Tierhaltung. Dtsch. Tierärztl. Wschr. 105 (1998) 330–331.

Bundesamt für Veterinärwesen der Schweiz: Haltungssystem für Legehennen und anderes Hausgeflügel, Bern (1986).

Bundesamt für Veterinärwesen der Schweiz: Richtlinien für die Haltung von Rindvieh, Bern (1986).

Bundesamt für Veterinärwesen der Schweiz: Richtlinien für die Haltung von Schweinen, Bern (1998).

Burckhardt, I.: Wie viele Mastschweine je Bucht? Die wirtschaftliche Veredlungsproduktion. Mitteilungsblatt des Verbandes deutscher Ölmühlen e. V. Bonn. Ausgabe 1 (1984).

Büscher, W.: Computergestützte Regelungs- und Steuerungstechnik für die Klimaführung. In: KTBL (ed.): KTBL-Schrift 390 „Elektronikeinsatz in der Landwirtschaft" (2000) 45–50.

Caspar, J.: Tierschutz im Recht der modernen Industriegesellschaft. Nomos Verlagsgesellschaft, Baden-Baden (1999).

Cerutti, F., E. Canali, M. Verga: Training stockmen using new technologies including computerized systems. In: Seabrook, M. F. (ed.): The role of stockman in livestock productivity and management. Commission of the European Communities, Luxemburg. Report, EUR 10982 EN (1987) 73–82.

Chupin, J.-M., P. Le Neindre: Training programme in cattle handling in France. 41. Jahrestagung der Europäischen Vereinigung für Tierproduktion, Kommission für Tierhaltung und Tiergesundheit. Toulouse (1990).

4.1 Schwerpunkte und Kriterien der tiergerechten Nutztierhaltung

Darroch, R. A.: The role of the stockmen in livestock productivity and management training in practice. In: Seabrook, M. F. (ed.): The role of stockman in livestock productivity and management. Commission of the European Communities, Luxemburg. Report, EUR 10982 EN (1987) 85–94.

DBV – Deutscher Bauernverband, ZDG – Zentralverband der deutschen Geflügelwirtschaft: Lösungsansätze zur Weiterentwicklung der Legehennenhaltung. DGS intern 48 (1998) 4–9.

Deininger, A.: Moderne Tränkestationen. Landtechnik 54 (1999) 144–145.

Desserich, M., D. W. Fölsch, V. Ziswiler: Das Schnabelkoupieren bei Hühnern. Ein Eingriff im innervierten Bereich. Tierärztl. Prax. 12 (1984) 191–202.

Deutsches Tierärzteblatt: Tierseuchenbericht. Dtsch. Tierärztebl. 47 (1999) 394; 496; 606; 718; 825; 948; 1069; 1168; 1284.

Deutsches Tierärzteblatt: Tierseuchenbericht. Dtsch. Tierärztebl. 48 (2000) 50; 158; 276.

DGS intern: Weltweite Richtlinien für Ökoerzeugnisse aus der Tierproduktion. DGS intern 23 (2000) 2.

DLG – Deutsche Landwirtschaftsgesellschaft e. V.: Checkliste bei Verdacht auf Ernährungsschäden in der Nutztierhaltung (1987).

Doll, H.: Betriebliche Konzentration und räumliche Schwerpunktbildung in der Milchkuhhaltung. Landbauforschung Völkenrode 4 (1999) 200–223.

DTW – Deutsche Tierärztliche Wochenschrift: Schweinepestgefahr aus der Schwarzwildpopulation. Dtsch. tierärztl. Wschr. 107 (2000) 421.

Duschner, S.: Hunde und Katzen im deutschen Recht. Vet. med. Diss., München (1999).

Eberle, W.: Ein Beitrag zur Überprüfung von Kälberhaltungssystemen auf Tiergerechtheit mittels einer Checkliste. Vet. med. Diss., München (1993).

Eder, H. S.: Pferdehaltung im deutschen Recht. Vet. med. Diss., München (1999).

Eichler, G.: Managementsystem Milchproduktion mit Internetkommunikation zwischen Molkerei und Landwirt. In: KTBL (ed.): KTBL-Schrift 390 „Elektronikeinsatz in der Landwirtschaft" (2000) 21–25.

Ernst, E.: Verfahren und Wirtschaftlichkeit der extensiven Schweinehaltung. Züchtungskunde 68 (1996) 468–473.

Ewald, C., A. Heer, U. Havenith: Mit dem Vorkommen von Influenza-A-Virusinfektionen bei Mastschweinen assoziierte Faktoren. Berl. Münch. Tierärztl. Wschr. 107 (1994) 256–262.

Eyrich, H., K. Zeeb, D. Schopper, J. Unshelm: Einfluß des Kuhtrainers auf die Brunstsymptomatik bei Milchkühen. Tierärztl. Umsch. 44 (1989) 3–12.

Friedli, K., J. Schaub, B. Wechsler: Strohmatratzen und weiche Liegematten für Milchviehboxenlaufställe im Vergleich. In: Freiland Verband (ed.): Proc. der 14. IGN-Tagung/6. Freiland-Tagung „Tierhaltung und Tiergesundheit", Wien (1999) 42–45.

Frosch, W., W. Büscher: Stallklima in Mastschweineställen auf Tiefstreu. Landtechnik 53 (1998) 320–321.

Gäa e. V. – Vereinigung ökologischer Landbau: Richtlinien für Erzeuger, 1996. Sächsisches Druck und Verlagshaus (1996).

Gentle, M. J.: Beak Trimming in Poultry. World's Poultry Science 42 (1986) 268–275.

Gentle, M. J.: Pain in Birds. Anim. Welf. 1 (1992) 235–247.

Golze, M.: Ganzjährige stallose Haltung von Fleischrindern. In: Freiland Verband (ed.): Proc. der 14. IGN-Tagung/6. Freiland-Tagung „Tierhaltung und Tiergesundheit", Wien (1999) 14–17.

Grommers, F. J.: Stockmanship. What is it? In: Seabrook, M. F. (ed.): The role of stockman in livestock productivity and management. Commission of the European Communities, Luxemburg. Report, EUR 10982 EN (1987) 23–27.

Gurk, S., R. Brunsch, O. Kaufmann: Spurengasanalytik in Abhängigkeit unterschiedlicher Haltungsverfahren in der Milchwirtschaft. 3. Intern. Tagung Bau, Technik und Umwelt in der landwirtschaftlichen Nutztierhaltung, Kiel (1997) 369–376.

Häne, M., B. Huber-Eicher, L. Audigé, E. Fröhlich: Freilandhaltung von Legehennen in der Schweiz: Erfahrungen und Grenzen. In: Freiland Verband (ed.): Proc. der 14. IGN-Tagung/6. Freiland-Tagung „Tierhaltung und Tiergesundheit", Wien (1999) 46–49.

Heinzler, B.: Schäden bei Milchvieh im Boxenlaufstall im Zusammenhang mit Sozialverhalten, Haltungstechnik und tierhalterischer Qualifikation des Betreuungspersonals. Vet. med. Diss., München (1990).

Hemsworth, P. H., J. L. Barnett, C. Hansen: The influence of inconsistent handling by humans on the behavior, growth and corticosteroids in juvenile female pig. Horm. Behav. 15 (1981) 396–403.

Hemsworth, P. H., J. L. Barnett, G. J. Coleman, C. Hansen: A study of the relationships between the attitudinal and behavioral profiles of stockpersons and the level of fear of humans and reproductive performance of commercial pigs. Appl. Anim. Behav. Sci. 23 (1989) 301–314.

Hemsworth, P. H., J. L. Barnett: The effect of aversively handling pigs, either individually or in groups, on their behavior, growth and corticosteroid. Appl. Anim. Behav. Sci. 30 (1991) 61–72.

Hemsworth, P. H., J. L. Barnett: The effect of early contact with humans in the subsequent level of fear of humans on pigs. Appl. Anim. Behav. Sci. 35 (1992) 83–90.

Hemsworth, P. H., G. J. Coleman, J. L. Barnett: Improving the attitude and behavior of stockpersons toward pigs and the consequences on the behavior and reproductive performance of commercial pigs. Appl. Anim. Behav. Sci. 39 (1994a) 349–362.

Hemsworth, P. H., G. J. Coleman, M. Cox, J. L. Barnett: Stimulus generalisation: the inability of pigs to discriminate between humans on the basis of their previous handling experience. Appl. Anim. Behav. Sci. 40 (1994b) 129–142.

Hemsworth, P. H., J. L. Barnett, K. Breuer, G. J. Coleman, L. R. Matthews: An investigation of the relationships between handling and human contact and the milking behavior, productivity and welfare of commercial dairy cows. Final report to Dairy Research and Development Corporation, Dav. 219 (1995).

Hemsworth, P. H., G. J. Coleman: Human – Livestock Interactions. The Stockperson and the Productivity and Welfare of Intensively Farmed Animals. CAB International, Oxon, New York (1998).

Hesse, D., A. Horz, P. Schwarz: Tiefstreu – wirklich besser für Tier und Umwelt? top agrar (1998) 10–13.

Hindhede, J.: Components of herdmanship in milk production. 34. Jahrestagung der Europäischen Vereinigung für Tierproduktion, Kommission für Tierhaltung und Tiergesundheit. Madrid (1983).

Holle, R.: Verbesserungen in der ökologischen Hennenhaltung. DGS intern, Woche 28 (1998) 4–5.

Hörning, B.: Tiergerechtheit und Tiergesundheit in ökologisch wirtschaftenden Betrieben. Dtsch. Tierärztl. Wschr. 105 (1998) 313–321.

Howery, L. D., D. W. Bailey, G. B. Ruyle, W. J. Renken: Cattle use visual cues to track food locations. Appl. Anim. Behav. Sci. 67 (2000) 1–14.

Huber-Eicher, B., B. Wechsler: Feather pecking in domestic chicks: its relation to dustbathing and foraging. Anim. Behav. 54 (1997) 757–768.

IFOAM – International Federation of Organic Agriculture Movements: Basis-Richtlinien für ökologische Landwirtschaft und Verarbeitung (1999).

Irps, H.: Die haltungstechnische Ausführung von Rinderstallungen unter Berücksichtigung ethologischer Erkenntnisse. Institut für landwirtschaftliche Bauforschung der FAL, Braunschweig, Institutsbericht Nr. 41 (1985) sowie GfT-Seminar „Angewandte Nutztierethologie" an der Bayerischen Landesanstalt für Tierzucht, Grub (1985).

Jackisch, T., D. Hesse, M. C. Schlichting: Raumstrukturbezug des Verhaltens von Mastschweinen in Haltungsverfahren mit und ohne Stroh. In: Kuratorium für Technik und Bauwesen in der Landwirtschaft (ed.): Aktuelle Arbeiten zur artgemäßen Tierhaltung, KTBL-Schrift 373. Landwirtschaftsverlag, Münster-Hiltrup (1995) 137–147.

Jungehülsing, J.: Entwicklung und Perspektiven des ökologischen Landbaus und dessen Rahmenbedingungen in Deutschland. Landbauforschung Völkenrode, Sonderheft 175 (1997) 3–11.

Jürgens, P.: Anforderungen an die Tierkennzeichnung aus Sicht des Handels. In: Frisch, J. (ed.): Elektronische Tieridentifizierung, Arbeitspapier 258. Kuratorium für Technik und Bauwesen in der Landwirtschaft, Landwirtschaftsverlag GmbH, Münster-Hiltrup (1998) 11–16.

Kamarudin, M. I., L. K. Fox, C. T. Gaskins, J. M. Gay: Environmental reservoirs for Serratia marcescens intramammary infections in dairy cows. J. Am. Vet. Med. Assoc. 208 (1996) 555–558.

Kather, L.: Kriterien für die Akzeptanz von tiergerechten Haltungsverfahren bei Tierhaltern und Verbrauchern. Züchtungskunde 71 (1999) 29–37.

Kirmair, R.: Untersuchungen zur Terrarienhaltung von Reptilien unter besonderer Berücksichtigung des Tier- und Artenschutzes. Vet. med. Diss., München (1994).

Kohli, E., P. Kämmer: Funktionelle Ethologie am Beispiel Rind: Die Beurteilung zweier Anbindehaltungssysteme aufgrund einer Indikatorenliste. Aktuelle Arbeiten zur artgemäßen Tierhaltung (1984). KTBL-Schrift 307 (1984) 108–124.

4.1 Schwerpunkte und Kriterien der tiergerechten Nutztierhaltung

Korff, J.: Analyse der Mensch-Nutztier-Interaktion unter Einbeziehung des Modells des „social support" am Beispiel Schaf. Vet. med. Diss., Hannover (1996).

Kösters, J., R. Korbel: Zur Frage des Schnabelkürzens beim Geflügel. Tierärztl. Umsch. 43 (1988) 689–694.

KTBL – Kuratorium für Technik und Bauwesen in der Landwirtschaft e. V. (ed.): Milchviehställe mit Laufhof. KTBL-Arbeitspapier 263. Landwirtschaftsverlag GmbH, Münster-Hiltrup (1999).

Kuhlmann, F.: Nutzung der Informationstechnologie im Management. In: KTBL (ed.): KTBL-Schrift 390 „Elektronikeinsatz in der Landwirtschaft" (2000) 7–14.

Lampkin, N.: Ökologischer Landbau in Europa. Perspektiven und Berichte aus den Ländern der Europäischen Union und den EFTA-Staaten. Ökologische Konzepte, Band 98, Holm.

Landwirtschaftskammer Hannover: Checkliste zur Schweinemast. Futterberatungsdienst Hannover e. V. (1989).

Landwirtschaftskammer Hannover: Ordnungsgemäße Rinderhaltung. Beratungsempfehlungen zu den Leitlinien Ordnungsgemäßer Tierhaltung (1999).

Le Neindre, P., X. Boivin, J.-M. Chupin, J. P. Garel: Influence of early handling on subsequent cattle-man-relationship. 41. Jahrestagung der Europäischen Vereinigung für Tierproduktion, Kommission für Tierhaltung und Tiergesundheit. Toulouse (1990).

Lischer, Ch. J., M. Wehrle, H. Geyer, B. Lutz, P. Ossent: Heilungsverlauf von Klauenläsionen bei Milchkühen unter Alpbedingungen. Dtsch. Tierärztl. Wschr. 107 (2000) 255–261.

Löer, A.: Die Tiergerechtheit einer ganzjährigen Weidehaltung winterlammender Mutterschafe am Mittelgebirgsstandort. Diss. agr., Göttingen (1998).

Lorz, A., E. Metzger: Tierschutzgesetz – Kommentar. C. H. Beck'sche Verlagsbuchhandlung, München (1999).

Manelli, A., S. Sotgia, C. Patta, A. Sarria, P. Madra, L. Sanna, A. Firinu, A. Laddomada: Effect of husbandry methods on seropositivity to African swine fever virus in Sardinian swine herds. Prev. Vet. Med. 32 (1997) 235–241.

Matthes, H.-D., J. Freitag, M. Goesmann, M. Derno, W. Jentsch: Physiologische Anpassung der Rinder an die Bedingungen der ganzjährigen Freilandhaltung, Entwicklung eines Tiergerechtheitsindexes und Ergebnisse der Bewertung in einem ökologischen Anbauverband. In: Freiland Verband (ed.): Proc. der 14. IGN-Tagung/6. Freiland-Tagung „Tierhaltung und Tiergesundheit", Wien (1999) 104–107.

Matthes, H.-D., J. Freitag: Ergebnisse der Bewertung der Haltung von Rindern nach dem Tiergerechtheitsindex in einem Anbauverband des Ökologischen Landbaus in den neuen Bundesländern. In: Köpke, U., J. Eisele (eds.): Beiträge zur 4. Wissenschaftstagung zum Ökologischen Landbau, Universität Bonn (1997) 424–430.

Menke, C., S. Waiblinger, D. W. Fölsch: Die Bedeutung von Managementmaßnahmen im Laufstall für das Sozialverhalten von Milchkühen. Dtsch. Tierärztl. Wschr. 107 (2000) 262–268.

Mettke, T.: Die religiösen Speisegebote – ein Beitrag zur Kulturgeschichte der Ernährung. Zeitschrift für das gesamte Lebensmittelrecht – ZRL 26 (1999) 155–172.

Metz, J. H. M.: Zukunftsperspektiven für eine tiergerechte und umweltschonende Tierhaltung. Züchtungskunde 71 (1999) 89–98.

Miller, F.: Checklisten in der Milchviehhaltung. Vet. med. Diss., München (1991).

Molz, C.: Beziehung zwischen haltungstechnischen Faktoren und Schäden bei Milchvieh in Boxenlaufställen. Vet. med. Diss., München (1989).

Müller, I.: Landwirtschaftliche Nutztiere im Deutschen Recht. Vet. med. Diss., München (2000).

Niedersächsisches Ministerium ELF: Empfehlungen für die ganzjährige Weidehaltung von Schafen. Tierschutzdienst Niedersachsen, Arbeitsgruppe „Schafhaltung" (1997).

Niedersächsisches Ministerium ELF: Empfehlungen für die saisonale und ganzjährige Weidehaltung von Rindern. Tierschutzdienst Niedersachsen, Arbeitsgruppe „Rinderhaltung".

Nordbeck, F.: Elektronikeinsatz in der Schweinehaltung. In: Kuratorium für Technik und Bauwesen in der Landwirtschaft (KTBL) (ed.): Elektronikeinsatz in der Landwirtschaft, KTBL-Schrift 390. Landwirtschaftsverlag GmbH, Münster-Hiltrup (2000) 41–50.

Not Schläpfer, I.: Beurteilung verschiedener Zuchtlinien von Ziervögeln, Kleinnagern, Zierfischen und Reptilien in tierschützerischer Hinsicht. Vet. med. Diss., Zürich (1998).

Ochrimenko, W. I., H.-J. Löhnert, J. Schwartze, U. Lober: Status ausgewählter Stoffwechselparameter von Mutterkühen bei ganzjähriger Freilandhaltung. Tierärztl. Umsch. 53 (1998) 613–620.

Oester, H., J. Troxler: Die „Praktische Prüfung" auf Tiergerechtheit im Rahmen des Genehmigungsverfahrens in der Schweiz. KTBL-Schrift 377, Landwirtschaftsverlag GmbH, Münster-Hiltrup (1998) 71–80.

Oswald, T.: Untersuchungen zur Tiergerechtheit und Wirksamkeit des elektrischen Kuhtrainers. Vet. med. Diss., Bern (1992).

Petermann, S., H.-H. Fiedler: Eingriffe am Schnabel von Wirtschaftsgeflügel – eine tierschutzrechtliche Beurteilung. Tierärztl. Umsch. 54 (1999) 8–19.

Pirkelmann, H., M. Klindtworth, K. Klindtworth, W. Reimann, G. Wendl, G. Fröhlich: Die elektronische Tieridentifizierung im Großversuch – Aktueller Stand des EU-Projektes „IDEA" in Deutschland. In: Kuratorium für Technik und Bauwesen in der Landwirtschaft (ed.): Elektronikeinsatz in der Landwirtschaft, KTBL-Schrift 390. Landwirtschaftsverlag GmbH, Münster-Hiltrup (2000) 34–40.

Ratschow, J.-P.: Umweltschonende Tierproduktion. Züchtungskunde 70 (1998) 446–455.

Reckeweg, H.-H.: Schweinefleisch und Gesundheit. Aurelia-Verlag, Baden-Baden (1977).

Rist, M.: Artgemäße Rindviehhaltung. In: Rist, M. (ed.): Artgemäße Nutztierhaltung. Verlag Freies Geistesleben (1987) 18–44.

Roesicke, E., E. Greuel: Zur Überlebensfähigkeit von Salmonellen, Kokzidienoozysten und Spulwurmeiern im Legehennenkot unterschiedlicher Haltungssysteme. Dtsch. tierärztl. Wschr. 99 (1992) 492–494.

Ross, H. M., C. C. Evans, J. A. Spence, H. W. Reid, N. Krueger: Louping ill in free-ranging pigs. The Veterinary Record 134 (1994) 99–100.

Roth, H.: Automatisches Erkennen des Konzeptionsoptimums bei Milchkühen mit Hilfe rechnergestützter Systeme zur Herdenüberwachung. Diss. agr., Kiel (1987).

Ruegg, P. L., W. M. Guterbock, C. A. Holmberg, J. M. Gay, L. D. Weaver, R. W. Walton: Microbiologic investigation of an epizootic of mastitis caused by Serratia marcescens in a dairy herd. J. Am. Vet. Med. Assoc. 200 (1992) 184–189.

Sambraus, H. H., J. Unshelm: Influence of man on behaviour and production of animals. 34. Jahrestagung der Europäischen Vereinigung für Tierproduktion; Kommission für Tierhaltung und Tiergesundheit. Madrid (1983).

Sauer, H.: Über die Geschichte der Mensch-Tier-Beziehungen und die historische Entwicklung des Tierschutzes in Deutschland. Vet. med. Diss., Gießen (1983).

Schäfer-Müller, K., S. Stamer, E. Ernst: Verhalten und Schäden tragender Sauen in Gruppenhaltung mit Abruffütterung (unter besonderer Berücksichtigung des Einsatzes von Stroh). In: Kuratorium für Technik und Bauwesen in der Landwirtschaft (ed.): Aktuelle Arbeiten zur artgemäßen Tierhaltung, KTBL-Schrift 373. Landwirtschaftsverlag Münster-Hiltrup (1995) 93–103.

Schlünsen, D., H. Schön, H. Roth: Possibilities of a Computer Aided Health and Reproduction Control in Dairy Husbandry. In: Unshelm, J., G. Schönmuth (eds.): Automation of Feeding and Milking: Production, Health, Behaviour, Breeding. Proceedings of the EAAP-Symposium of the Commission on Animal Management and Health & Cattle Production. Helsinki, Finland, EAAP Publication No. 40 (1988) 46–56.

Schön, H., G. Wendl: Rechnergestützte Tierhaltung. Landtechnik 55 (2000) 238–239.

Schuh, Ch., T. Jungbluth, J. Lorenz, A. Rudovsky: Ökonomische Beurteilung von Tierhaltungsverfahren. Züchtungskunde 71 (1999) 78–88.

Schulze-Petzold, H.: Zu den Grundlagen der Tierschutzrechtssetzung. Dtsch. tierärztl. Wschr. (1978) 330–331.

Schumacher, U.: Die ökologische Tierhaltung – Entwicklungsschwerpunkte in Erzeugung und Absatz am Beispiel des Bioland-Verbandes. Dtsch. Tierärztl. Wschr. 105 (1998) 301–306.

Seabrook, M. F., R. A. Darroch: Objective measurement of the suitability of individuals for livestock work and the implication for their training. 41. Jahrestagung der Europäischen Vereinigung für Tierproduktion, Kommission für Tierhaltung und Tiergesundheit. Toulouse (1990).

Seabrook, M. F.: A study to determine the influence of the herdman's personality on milk yield. J. Agric. Labour Sci. 1 (1972) 45–59.

Seabrook, M. F.: The personality of the dairy stockman and its influence on the interacting process. In: Unshelm, J., G. van Putten, K. Zeeb (eds.): Proceedings of the International Congress on Applied Ethology in Farm Animals, Kiel, KTBL (1984) 245–263.

Seabrook, M. F.: The role of the stockman in livestock productivity and management. Proceedings of a Seminar in the Community Programme for Coordination of Agricultural research, Brüssel (1986). Office for Official Publications of the European Communities, Luxemburg (1987).

Seufert, H., H. Schwarz, S. Beyer: Artgemäße Tierhaltung in Hessen – Pferde. Hessisches Landesamt für regionale Entwicklung und Landwirtschaft, Kassel (1997).

Sontheimer, A., B. Hörning: Erste Ergebnisse zum Stand der ganzjährigen Freilandhaltung von Sauen in Deutschland. In: Freiland Verband (ed.): Proc. der 14. IGN-Tagung/6. Freiland-Tagung „Tierhaltung und Tiergesundheit", Wien (1999) 58–61.

Stadtfeld, H.: Freilandhaltung von Rindern – Vollzugserfahrungen. Dtsch. Tierärztl. Wschr. 107 (2000) 113–116.

Steindl, A.: Erwartungen der Konsumenten an den Nutztierschutz. In: BAL – Bundesanstalt für alpenländische Landwirtschaft (ed.): Gumpensteiner Bautagung „Aktuelle Fragen des landwirtschaftlichen Bauens" (1999) 87–89.

Steinwidder, A.: Die Auswirkung schlechter Stallluft auf die Mast- und Schlachtleistung sowie die Fleischqualität von Mastschweinen in Haltungssystemen mit und ohne Stroh. In: BAL (Bundesanstalt für alpenländische Landwirtschaft) Gumpenstein (ed.): Gumpensteiner Bautagung „Aktuelle Fragen des landwirtschaftlichen Bauens" (1999) 17–19.

Striezel, A.: Tierärzte müssen bei Biobetrieben umdenken – EU-weite Bestimmungen zur tierischen Erzeugung im ökologischen Landbau. Dtsch. Tierärztebl. 48 (2000) 804–806.

STS – Schweizer Tierschutz, „Arbeitsgruppe Geflügel": Anforderungen – Trutenhaltung (1988).

Stucki, F.: Beurteilung zuchtbedingter Defekte bei Rassegeflügel, Rassetauben, Rassekaninchen und Rassekatzen in tierschützerischer Hinsicht. Vet. med. Diss., Bern (1998).

Stuhec, I., M. C. Schlichting, D. Smidt, J. Unshelm: The effect of different housing systems on behavior and plasma cortisol concentrations in gilts. In: Unshelm, J., G. van Putten, K. Zeeb (eds.): Proceedings of the International Congress on Applied Ethology in Farm Animals, Kiel, KTBL (1984) 245–263.

Sundrum, A., R. Andersson, G. Postler: Tiergerechtheitsindex 200 – Ein Leitfaden zur Beurteilung von Haltungssystemen. Köllen Druck & Verlag GmbH, Bonn (1994).

Sundrum, A.: Zur Beurteilung der Tiergerechtheit von Haltungsbedingungen landwirtschaftlicher Nutztiere. Dtsch. Tierärztl. Wschr. 105 (1998) 65–72.

Sundrum, A., Th. Richter, M. Steinhardt: Anwendung tierbezogener Indikatoren zur Beurteilung der Tiergerechtheit. Züchtungskunde 71 (1999) 17–28.

Thompson, D.: Stopping the Wasteland. In: Fox, M. W. (ed.): Eating with Conscience. New Sage Press Oregon (1997) 143–153.

Troxler, J.: Prüfung von Aufstallungssystemen und Stalleinrichtungen – Angewandte Prüfmethoden. KTBL-Schrift 377, Landwirtschaftsverlag GmbH, Münster-Hiltrup (1998) 51–54.

Tschanz, B.: Bedarfsdeckung und Schadensvermeidung – ein ethologisches Konzept. „Aktuelle Arbeiten zur artgemäßen Tierhaltung", 1986. KTBL-Schrift 319 (1987) 9–18.

TU – Tierärztliche Umschau: Bauern und Öko-Bauern. Tierärztl. Umsch. 55 (2000) 229.

TVT – Tierärztliche Vereinigung für Tierschutz e. V.: Merkblatt Nr. 48 „Artgemäße und rentable Nutztierhaltung (Rinder und Schweine)" (1997).

Unshelm, J.: Ansprüche landwirtschaftlicher Nutztiere an ihre Haltungsumwelt. In: Tierische Produktion im Spannungsfeld von Ökonomie, technischer Entwicklung, Ethologie und Ethik – Beiträge zur Meinungsbildung – Arbeitsunterlagen der Deutschen Landwirtschaftsgesellschaft e. V. (1988) 43–59.

Unshelm, J.: Die Einstellung zu Tieren und die Akzeptanz von Lebensmitteln tierischer Herkunft. Zeitschrift für das gesamte Lebensmittelrecht – ZRL 26 (1999) 173–188.

Unshelm, J.: Introductory remarks. In: Seabrook, M. F. (ed.): The role of stockman in livestock productivity and management. Commission of the European Communities, Luxemburg. Report, EUR 10982 EN (1987) 3–9.

Van den Weghe, H.: Umweltwirkung bei der Haltung von Nutztieren. Züchtungskunde 71 (1999) 64–77.

Voss, M.: Legehennengesundheit in alternativen Haltungssystemen. DGS Magazin (2000) 24–28.

Wackenhut, K. S.: Untersuchungen zur Haltung von Hochleistungssportpferden unter Berücksichtigung der Richtlinien zur Beurteilung von Pferdehaltungen unter Tierschutzgesichtspunkten. Vet. med. Diss., München (1994).

Waiblinger, S.: Die Mensch-Tier-Beziehung bei der Laufstallhaltung von behornten Milchkühen. Universität/Gesamthochschule Kassel, Tierhaltung 24 (1996).

Wallner, S., Th. Amon, B. Amon, J. Boxberger, E. Bauer, J. Plank, G. Schopper: Untersuchungen zum Einfluß der Laufhofgröße und der Witterung auf das Verhalten von Sauen und Ferkeln im Außenklima-Stolba-Familienstall. In: Freiland Verband (ed.): Proc. 14. IGN-Tagung/6. Freiland-Tagung „Tierhaltung und Tiergesundheit", Wien (1999) 62–65.

Wandel, H.: EuroTier '98 – Trends und technische Entwicklungen in der Rinderhaltung. Landtechnik 54 (1999) 42–43.

Waßmuth, R., B. Heikens, H.-J. Langholz: Verhalten und Gesundheit von Mutterkühen und Kälbern in Freilandhaltung. In: DVG e. V. (ed.): Tierschutz und amtstierärztliche Praxis sowie Tierschutz und Management bei Tierhaltung und Tierzucht. DVG, Fachgruppe „Tierschutzrecht", Fachgruppe „Tierzucht, Genetik und Haltung" Fachtagung, Nürtingen 24./25.02.00.

Weber-Herrmann, M.: Zur Hitzebelastung von Hunden in parkenden Personenkraftwagen mit Fallbeispielen für daraus resultierende juristische Konsequenzen für den Verursacher. Vet. med. Diss., München (1996).

Westendorf, P., U. Klepper, K. Riebe: Prüfliste – Schweinehaltung (1985).

Wiederkehr, T., K. Friedli, B. Wechsler: Einfluß von regelmäßigem Auslauf auf das Vorkommen und den Schweregrad von Sprunggelenksschäden bei Milchvieh im Anbindestall. In: Freiland Verband (ed.): Proc. der 14. IGN-Tagung/6. Freiland-Tagung „Tierhaltung und Tiergesundheit", Wien (1999) 26–29.

Willer, H.: Analyse der Entwicklung des ökologischen Landbaus in den Ländern der Europäischen Union und der EFTA. In: Hoffmann, H., S. Müller (eds.): Beiträge zur 5. Wissenschaftstagung zum Ökologischen Landbau. Verlag Dr. Köster, Berlin (1999) 74–77.

Windsor, R. S., D. S. Durrant, K. J. Burn: Avian tuberculosis in pigs: Mycobacterium intracellulare infection in a breeding herd. Vet. Rec. 114 (1984) 497–500.

Wolf, J., A. Wangler: Die Bewegungsaktivität der Kühe als Hilfsmittel für die Brunsterkennung. SRV-Journal 1 (2000) 28–30.

Zeeb, K., B. Heinzler: Qualification of stockmen and rank-related injuries in cattle kept in cubicle houses. 41. Jahrestagung der Europäischen Vereinigung für Tierproduktion, Kommission für Tierhaltung und Tiergesundheit. Toulouse (1990).

Rechtsgrundlagen, Empfehlungen, Normen u.ä.:

Allgemeine Verwaltungsvorschrift zur Durchführung des Tierschutzgesetzes. Vom 9. Februar 2000.

Bundesministerium für Ernährung, Landwirtschaft und Forsten – BMELF: Tierschutzbericht der Bundesregierung, 1999. Referat Öffentlichkeitsarbeit, Bonn, April 1999.

Richtlinie des Rates vom 19. November 1991 über Mindestanforderungen für den Schutz von Schweinen (91/630/EWG) (ABl. EG Nr. L 340 v. 11. Dezember 1991, S. 33).

Richtlinie des Rates zur Festlegung von Mindestanforderungen zum Schutz von Legehennen. Vom 19. Juli 1999 (ABl. Nr. L 203 S. 53) (1999/74/EG).

Tierschutzgesetz. I. d. F. d. Bek. v. 25. Mai 1998 (BGBl. I S. 1105, ber. S. 1818).

Tierseuchengesetz (TierSG). I. d. F. d. Bek. vom 20. Dezember 1995 (BGBl. I S. 2038), geändert durch § 24 des G vom 22.12.1997 (BGBl. I S. 3224).

Verordnung (EG) Nr. 1804/1999 des Rates vom 19. Juli 1999 zur Einbeziehung der tierischen Erzeugung in den Geltungsbereich der Verordnung (EWG) 2092/91 über den ökologischen Landbau und die entsprechende Kennzeichnung der landwirtschaftlichen Erzeugnisse und Lebensmittel.

Verordnung (EWG) Nr. 1274/91 der Kommission mit Durchführungsvorschriften für die Verordnung (EWG) Nr. 1907/90 des Rates über bestimmte Vermarktungsnormen für Eier. Vom 15. Mai 1991 (ABl. EG Nr. L 121 S. 11), zuletzt geändert durch V Nr. 505/98 vom 3.3.1998 (ABl. EG Nr. L 63 S. 16).

Verordnung 2092/91 des Rates über den ökologischen Landbau und die entsprechende Kennzeichnung der landwirtschaftlichen Erzeugnisse und Lebensmittel (2092/91/EWG). Vom 24. Juni 1991 (ABl. Nr. L 198, S. 1, ber. d. ABl. Nr. 220 vom 8. August 1991, S. 22), geändert durch 00 R 1073 vom 19.05.2000 (ABl. 2000 Nr. L 119, S. 27).

Verordnung über anzeigepflichtige Tierseuchen. Vom 23. Mai 1991 (BGBl. I S. 1178), zul. geändert durch Art. 10 der V vom 18.4.2000 (BGBl. I S. 531).

Verordnung über hygienische Anforderungen beim Halten von Schweinen (Schweinehaltungshygieneverordnung – SchHaltHygV). Vom 7. Juni 1999 (BGBl. I S. 1252). Geändert durch: Art. 7 VO v. 18. April 2000 (BGBl. I S. 531).

Verordnung über meldepflichtige Tierkrankheiten. Vom 9. August 1983 (BGBl. I S. 1095), zul. geändert durch Art. 2 der V vom 18.04.2000 (BGBl. I S. 531).

4.2 Tiergerechte Haltung von Rindern

(SAMBRAUS, H. H.; SCHÖN, H.; HAIDN, B.)

4.2.1 Rahmenbedingungen und grundlegende Anforderungen

In Deutschland gibt es 287 100 rinderhaltende Betriebe, in denen insgesamt 15,8 Mio. Rinder gehalten werden. Den größten Teil nehmen mit 186 000 die milchkuhhaltenden Betriebe ein, in deren Besitz sich 5,2 Mio. Milchkühe befinden. In den westlichen Bundesländern überwiegen kleinere Herden; nur 17,5 % der Kühe werden in Herden über 50 Kühe gehalten. Im Vergleich zur Situation in den vergangenen Jahrzehnten gibt es jetzt die beachtliche Zahl von 600 000 Mutterkühen mit steigender Tendenz. Die Rinderhaltung macht 37,9 % des Produktionswerts der landwirtschaftlichen Erzeugung in Deutschland aus (ADR, 1998).

Die Verfahren der Rinderhaltung müssen folgende Kriterien erfüllen:
- steigende Anforderungen an den Tier- und Umweltschutz,
- hohe Tierleistung und Produktqualität,
- wachsende Herden bei geringer Arbeitsbelastung.

4.2.1.1 Tierverhalten

In Anlehnung an WECHSLER (1992) lassen sich die Erwartungen an eine tiergerechte Haltungsumwelt, bezogen auf das Rind, in folgenden vier Punkten zusammenfassen:
1. Rinder müssen durch ihr Verhalten auf die Umwelt einwirken und diese verändern können. Durch den adaptiven Charakter der Verhaltensprogramme sind die Tiere den jeweiligen Umwelteinflüssen keineswegs passiv ausgesetzt, sondern sie können diese ihren Bedürfnissen entsprechend verändern.
2. Rinder führen ihre vielfältigen Verhaltensweisen aus unterschiedlichen Funktionskreisen nicht an einem einzigen Ort aus. Sie suchen verschiedene Orte auf, um die für einen arttypischen Verhaltensablauf erforderlichen Reize und Bedingungen zur Bedürfnisbefriedigung vorzufinden.
3. Rinder müssen auf verschiedene und sich ändernde Umweltverhältnisse variabel und differenziert reagieren können. In Abhängigkeit von der jeweiligen Umweltsituation müssen Tiere die Möglichkeit haben, mit ihrem vielfältigen Verhaltensrepertoire selektiv zu reagieren.
4. Rinder besitzen eine gesellige Sozialstruktur, d. h., sie leben in Gruppen. Die sozialen Beziehungen sind je nach Art, Geschlecht, Fortpflanzungszyklus, Verwandtschaftsverhältnis und Umgebungsbedingungen unterschiedlich und verlangen dementsprechend spezifische Gruppenstrukturen und -größen.

Gruppengröße

Als soziallebende Tiere suchen Rinder den Kontakt mit Artgenossen, sie sollten deshalb nicht einzeln gehalten werden. Bis zu einer Herdengröße von mindestens 80 Tieren ist ein Rind fähig, Herdenmitglieder individuell zu unterscheiden. Als Herdentiere haben Rinder im Verband eine soziale Rangordnung. Für den Rangplatz eines Tieres sind körperliche (Gewicht, Behornung), zeitliche (Alter, Dauer der Herdenzugehörigkeit) und psychische Faktoren (Temperament, Mut, Kampferfahrung) von Bedeutung.

Platzbedarf

Der Platzbedarf wird wesentlich dadurch bestimmt, ob die Tiere Hörner besitzen oder hornlos sind. Bei gehörnten Tieren liegt die Ausweichdistanz, die das rangtiefere Herdenmitglied einhalten muß, zwischen einem und drei Metern. Hornlose Tiere haben eine Meidedistanz von höchstens einem Meter. Bei Weidehaltung können auch rangtiefe Rinder mit den höchsten Ausweichdistanzen ausreichend Futter finden, und sie ruhen weitgehend ungestört. Nicht so unproblematisch ist es im Laufstall. Raumteiler und Sichtblenden senken den Platzbedarf. Deshalb sind Liegeboxenlaufställe, in denen die ruhenden Tiere in den Boxen weitgehend abgeschirmt sind, günstig zu beurteilen. Ausschlaggebend ist jedoch nicht nur die Fläche pro Tier, sondern die Flächenstruktur. Laufgänge müssen genügend breit sein, damit die Tiere unter Wahrung ihrer Ausweichdistanz aneinander vorbeigehen können. Sackgassen sind zu meiden. Gehörnte Rinder benötigen in Laufställen wegen der größeren Ausweichdistanz einen deutlich höheren Platzbedarf (12 m^2/Tier) im Vergleich zu hornlosen Artgenossen (ca. 6 m^2/Tier).

Bewegungsverhalten

Rinder der in Mitteleuropa heimischen Rassen haben kein großes Bewegungsbedürfnis. Wenn einzeln gehaltenen Kühen im Laufstall alle erforderlichen Ressourcen (Futter, Wasser, Liegeplatz, Möglichkeit zur Hautpflege) auf engem Raum angeboten werden, dann gehen sie täglich nur einige 100 Meter, auch wenn die zur Verfügung stehende Fläche mehr Lokomotion zuläßt. Andererseits sind Rinder unter entsprechenden Haltungsbedingungen (z. B. ostafrikanische Steppe) bereit, täglich viele Kilometer zwischen Weidegründen, Tränke und schattenspendendem Ruheplatz zurückzulegen.

Tagesrhythmus

Rinder sind bei **ganztägiger Weidehaltung** täglich acht bis elf Stunden mit der **Futteraufnahme** beschäftigt. Sind die Tage lang, dann kommt es im allgemeinen zwischen Morgen- und Abenddämmerung zu vier Freßperioden, von denen die erste und die letzte die längsten sind. Nachts wird geruht und wiedergekaut. Bei kürzerer Tageslänge kommt es im allgemeinen nur zu drei Freßperioden, kompensatorisch tritt eine vierte Periode nach Mitternacht auf. Bei **Weidehaltung** fressen alle Herdenmitglieder weitgehend gleichzeitig. Das ist weniger eine Folge der Allelomimetrie, vielmehr stehen die Tiere unter dem Einfluß des gleichen Zeitgebers (Dunkel-Hell-Wechsel). Im **Stall** sollte ad libitum gefüttert werden, damit alle Tiere ausreichende Futtermengen bekommen und die rangniederen Tiere nicht die von den ranghohen übrig gebliebenen Futterreste fressen müssen. Bei Ad-libitum-Fütterung im Stall sind nahezu immer einige Tiere beim Fressen, doch die Zeiten bevorzugter Futteraufnahme sind morgens und abends. Bei Verfütterung von strukturiertem Futter (Grünfutter, Heu) nimmt die Futteraufnahme ca. sechs Stunden pro Tag in Anspruch. Diese Zeit reduziert sich bei Verfütterung von gehäckselter Silage auf ca. vier Stunden pro Tag.

Die täglichen **Liegezeiten** sind abhängig von der für die Futteraufnahme beanspruchten Dauer. Bei gutem Futteraufwuchs auf der Weide liegen Kühe täglich zehn bis zwölf Stunden. Rinder sind tagaktiv. Sie ruhen im Sommer auf der Weide vom Einbruch der Dunkelheit bis zur Morgendämmerung. Wenn die Nächte lang sind, wird diese Zeit, wie bereits erwähnt, nach Mitternacht für ca. eineinhalb Stunden unterbrochen. Tagsüber wechseln Liegeperioden und Freßperioden einander ab.

Liegeflächen

Als Liegeplatz bevorzugen Rinder verformbare Schüttungen oder Matratzen. Bevorzugt wird Einstreu, am stärksten gemieden wird Hartholz und Beton. Einstreu führt durch Ausmuldung zu einer höheren Auflagefläche und damit zu einer geringeren Punktbelastung. Zudem liegen Rinder selten ganz ruhig. Hautpflege und Änderungen in der Liegeposition führen zu Radierbewegungen am Boden. Rauhigkeiten einer harten Bodenoberfläche verursachen Haut- und

Druckschäden an wenig geschützten Partien wie Karpus und Sprunggelenk. Des weiteren ist die Temperatur der Liegefläche für das Liegeverhalten von Bedeutung. Als thermoneutral wird ein Untergrund von 20 °C empfunden. Unterschreitet die Temperatur der Liegefläche die 10 °C, dann werden die Liegeperioden deutlich kürzer. Dies muß als Reaktion auf unangenehm hohen Wärmeentzug gewertet werden. Am höchsten ist die Wärmeabgabe am dünnhäutigen und spärlich behaarten Euter. Dieses Organ muß deshalb in besonderer Weise bei sehr niedrigen Temperaturen auch vor Erfrierungen geschützt werden. Bei Tiefstreu kann es durch mikrobiologische Abbauvorgänge zu mangelnder Wärmeableitung bei liegenden Tieren kommen.

Die Liegefläche muß so bemessen sein, daß die Tiere alle Liegepositionen einnehmen können (s. Kap. 4.2.3.1). Das gilt auch für die Seitenlage mit gestreckten Extremitäten.

Körperpflege

Sie läßt sich in drei Bereiche unterteilen:
- Pflege durch das Tier selbst;
- Scheuern an Gegenständen;
- soziale Hautpflege.

Ein Rind kann seine Haut durch Belecken sowie Kratzen mit den Hörnern oder Klauen selbst bearbeiten. Um bestimmte Körperteile, wie z. B. das Becken, erreichen zu können, muß das Tier eine stabile Stellung einnehmen. Dies gelingt nur, wenn der Boden genügend rutschfest ist. Zum Scheuern bevorzugen Rinder Gegenstände mit rauher Oberfläche. In Laufställen sind handelsübliche Scheuer- und Bürstvorrichtungen zu empfehlen. Im Anbindestall ist die Gelegenheit zur Körperpflege stark eingeschränkt und sollte deshalb durch entsprechende Maßnahmen des Tierhalters (Striegeln etc.) kompensiert werden.

4.2.1.2 Klimaansprüche

Die Thermoregulation der Rinder wird durch das Klima (Umgebungstemperatur, Luftfeuchte, Luftgeschwindigkeit) bestimmt. Sie besteht darin, die Wärmeabgabe entsprechend den Bedürfnissen anzupassen. Die Wärmeabgabe kann durch Evaporation, Konvektion, Konduktion und Radiation erfolgen.

Temperatur und Luftfeuchte

Die Wärmebildung der Rinder ist abhängig von der Lebendmasse und dem Leistungsumsatz (Aktivität und Milchbildung). Der Bereich, in dem das Rind seine Körpertemperatur am wenigsten regulieren muß, wird als thermoneutrale Zone bezeichnet. Sie liegt zwischen vier und 15 °C. Die untere Grenze dieser Zone liegt je nach Leistung bei –15 bis +5 °C, die obere bei 20–23 °C (BRUCE, 1986; KRAMER et al., 1999).

Selbst im gemäßigten Mitteleuropa wird Hitze eher ein Problem für Rinder als Kälte. Wenn Rinder nicht unvermittelt von Warmställen in die Kälte kommen, dann gibt es entsprechende Adaptationsmechanismen (z. B. ein dichtes, langes Fell), durch die die Tiere sich vor tiefen Temperaturen schützen. Problematisch sind Temperaturen um 0 °C, wenn sie mit Niederschlägen und heftigem Wind verbunden sind. Deshalb ist für weidegehaltene Rinder ein Witterungsschutz erforderlich. Hohe Temperaturen können bei Weidehaltung ohne Schatten zu einem Hitzestau führen.

Die optimale Luftfeuchte beträgt für Rinder 60–80 %. Sie wird durch die Feuchte der Außenluft und durch die Wasserdampfabgabe der Tiere bestimmt. Die Luftgeschwindigkeit sollte am Tier 0,2 m/s nicht überschreiten.

Stallgase

Nach HARTUNG (1988) sind 136 verschiedene Substanzen in der Luft von Milchviehställen bekannt. Von denen weist Kohlendioxid

4 Tiergerechte Nutztierhaltung

Tabelle 4.2.1–1 Empfohlene maximale Stallgaskonzentrationen für Rinderställe (nach CIGR, 1984)

Gas	max. Konzentration [mg/m^3]	[ppm]	Anmerkung
Kohlendioxid (CO_2)	5500	3000	
Ammoniak (NH_3)	14,2	20	Mittel im Tierbereich
Schwefelwasserstoff (H_2S)	0,7	0,5	zeitweise während des Ausmistens 7 mg/m^3
Kohlenmonoxid (CO)	11,7	10	bei Einsatz von Brennern zur Beheizung

(CO_2) die höchste Konzentration auf. Es dient als Regelgröße für die Lüftung von geschlossenen Ställen im Winter. Weitere Stallgase sind Ammoniak (NH_3), Methan (CH_4) und Schwefelwasserstoff (H_2S). Ihre maximalen Konzentrationen für Milchviehställe sind nach CIGR (1984) in Tabelle 4.2.1–1 wiedergegeben. Neben den Stallgasen ist auch Staub in der Stalluft gesundheitsgefährdend für Tier und Mensch. Besonders der lungengängige Feinstaub (< 3,3 μm) ist von Bedeutung.

Licht

Das Licht ist wesentlicher Zeitgeber für den Tagesrhythmus der Tiere. Zu- bzw. abnehmende Tageslichtmenge wirkt beim Rind im Gegensatz zu Pferd und kleinen Wiederkäuern nicht wesentlich auf die Fortpflanzungsfunktionen ein, beeinflußt aber andere physiologische Mechanismen. Auch Leistungssteigerungen von ca. 5 % können durch zusätzliche Beleuchtung erzielt werden. Sonnenlicht kann nicht in jedem Fall durch Kunstlicht ersetzt werden. Ultraviolettstrahlung wirkt nur durch direkte Sonneneinstrahlung (Auslauf). Sie ist u. a. an einem Synthesezwischenschritt von Vitamin D_3 beteiligt. Ultraviolettstrahlung hat außerdem eine bakterizide Wirkung und mindert Ektoparasitenbefall.

Rinder werden derzeit überwiegend in Warmställen gehalten, um vor allem den Menschen bessere Arbeitsbedingungen zu bieten. Dabei kann es im Winter unter anderem auch zu einem hohen Ektoparasitenbefall (Milben, Läuse und Haarlinge) kommen (Hörndl, 1984). Durch die Mechanisierung vieler Stallarbeiten ist es möglich, die Klimaansprüche des Tieres zur bestimmenden Größe der Ställe zu machen. Anzustreben sind dafür **Außenklimaställe**, die den Tieren nur noch Schutz vor Wind, Regen und starker Sonneneinstrahlung bieten.

4.2.1.3 Pflege und Umgang

Rinder als Herdentiere sind bereit, den Menschen als „Herdengenossen" zu akzeptieren. Sofern ständig Umgang mit ihnen besteht, gibt es keine größeren Ausweichdistanzen. Berührungskontakt bei freilaufenden älteren Kühen ist problemlos möglich; bei jüngeren Rindern besteht eine größere Scheu. Voraussetzung für eine ausgeglichene, friedfertige Herde ist ein ruhiger Umgang mit den Tieren. Soziales Lecken innerhalb der Herde ist bei Rindern nicht nur eine Art der Körperpflege; es hat auch eine beschwichtigende Wirkung. Analog führen Berührungskontakte durch den Menschen zu einer Beruhigung der Tiere.

Klauenpflege

Bei weidegehaltenen Rindern und solchen in Laufställen mit genügender Griffigkeit des Bodens entspricht der **Klauenabrieb** im allgemeinen dem Wachstum des Klauenhorns. Auf Einstreu und in Anbindehaltung ist ein genügender Klauenabrieb nicht gewährleistet. Ungenügender Klauenabrieb kann zu Klauendeformationen führen, wie z. B. den

Schnabelklauen. Zum einen wird das weiche Ballenhorn vermehrt belastet, wodurch es zu entsprechenden Klauenerkrankungen kommen kann. Zum anderen werden die Zehengelenke unphysiologisch beansprucht; dies bedingt Leiden. Ist der Klauenabrieb nicht durch die Form der Haltung gewährleistet, müssen die Klauen entsprechend bearbeitet werden. In der Regel geschieht dies 1- bis 2mal im Jahr.

Unfallschutz

Umgang mit dem Tier darf nicht bedeuten, daß alle Vorsicht außer acht gelassen wird. Hornstöße und Ausschlagen führen nicht selten zu Verletzungen oder gar Todesfällen (12 % der tödlichen und 25 % der gemeldeten Unfälle in der Landwirtschaft). Mit besonderer Vorsicht ist kälberführenden Kühen und Zuchtbullen zu begegnen. Mutterkühe fühlen sich bzw. ihr Kalb offenbar insbesondere während des Säugens bedroht. Wird ein drohendes Senken des Kopfes nicht beachtet, kann es zu einer raschen Attacke kommen. Zuchtbullen sind an Führungsstange und Nasenring zu führen. Durch „Spielen" mit der Führstange muß den Bullen stets die Anwesenheit der Stange bewußt gemacht werden. Beim Einziehen des Nasenringes ist darauf zu achten, daß der Knorpel der Nasenscheidewand nicht verletzt wird.

4.2.1.4 Kriterien einer tiergerechten Haltung

Ziel der Tierschutzgesetzgebung in Deutschland, der Schweiz und Österreich ist es, das Wohlbefinden der Tiere zu schützen und sie vor Schmerzen und Leiden zu bewahren. Bei allen drei genannten Begriffen handelt es sich um Empfindungen. Diese lassen sich per se nicht erkennen. Es muß nach Indikatoren für Empfindungen gesucht werden. Diese Indikatoren sind in folgenden Bereichen nachgewiesen:

Physiologische Parameter

Problematisch ist es, im konkreten Fall physiologische Merkmale heranzuziehen, denn eine entsprechende Untersuchung ist aufwendig. Es kommt hinzu, daß positive und negative Empfindungen mitunter in der gleichen Weise beantwortet werden. Dennoch können z. B. die Herz- und Atemfrequenz oder auch die Kortisolkonzentration im Blut wertvolle diagnostische Parameter sein.

Ethologische Kriterien

Als Verhaltens**störungen** werden Verhaltensweisen bezeichnet, die vom Normalverhalten in unterschiedlicher Weise erheblich abweichen:

- im Bewegungsablauf (z. B. pferdeartiges Aufstehen bei zu straffer Anbindung oder fehlendem Raum für den Kopfschwung),
- im Objekt, an dem die Verhaltensweise durchgeführt wird (z. B. intensives Belecken der Stalleinrichtung) und
- als Leerlaufbewegung (z. B. Zungenspiel).

Außerdem ist als Störung zu beurteilen, wenn ein Verhalten in Situationen ausbleibt, in denen im Normalfall eine Reaktion zu erwarten wäre. Eine solche Reaktion kann auch als Apathie angesprochen werden.

Einen möglichen Hinweis auf die Ursache der Störung gibt der Funktionskreis, dem die Verhaltensstörung zuzurechnen ist. Bezeichnenderweise werden die meisten Verhaltensstörungen in den Funktionskreisen „Freßverhalten" und „Lokomotion" gefunden. Offenbar stellen sich bei frustrierten Tieren häufig Verhaltensstörungen in leicht zu aktivierenden Funktionskreisen ein. Ein leicht zu aktivierender Funktionskreis ist das „Freßverhalten". Verhaltensstörungen, die diesem Bereich angehören, sind beim Rind Zungenspielen, „Milchaussaufen" und das gegenseitige Besaugen der Kälber. Das pferdeartige Aufstehen ist dem Funktionskreis „Ausruhverhalten" zuzuordnen.

4 Tiergerechte Nutztierhaltung

Pathologische Befunde und Verluste

Verhaltensstörungen sind häufig mit Verletzungen verbunden. Häufen sich diese Fälle, ist es dringend geboten, nach Fehlerquellen zu suchen. Solche pathologischen Befunde, insbesondere Technopathien, sind stets mit Schmerzen und Leiden verbunden. Zu den Technopathien, d. h. durch das Haltungsverfahren bedingten Erkrankungen und Verhaltensstörungen, zählen u. a. die Schwanzspitzenentzündung, aber auch Verletzungen der Haut durch die Stalleinrichtung, Entzündung der Schleimbeutel an den Sprunggelenken sowie bestimmte Klauenerkrankungen. Selbst chronische Euterentzündungen und das „Abblatten" der Vorderextremitäten („Laffenstützigkeit") können durch die Haltung verursacht werden. Verluste müssen in jedem Fall Konsequenzen in der Betreuung der anderen Tiere der Gruppe haben.

Leistungsmerkmale

Ausgehend von der Annahme, daß ein Tier nur unter optimalen Haltungsbedingungen sein Leistungspotential voll ausnutzt, können Leistungsparameter zur Beurteilung von Haltungsverfahren herangezogen werden. Allerdings läßt sich kein lineares Verhältnis zwischen Tiergerechtheit und Leistung feststellen; insbesondere muß die isolierte Betrachtung einzelner Leistungsparameter (z. B. Milchleistung, tägliche Zunahmen) vermieden werden. Leistungseinbrüche sind Zeichen massiver Beeinträchtigung über einen längeren Zeitraum (KNIERIM, 1998).

4.2.1.5 Besonderheiten des ökologischen Landbaus

Viele der ökologisch wirtschaftenden Verbände in Deutschland sind Mitglied in der AGÖL – Arbeitsgemeinschaft ökologischer Landbau in Deutschland, die für die Mitgliedsverbände verbindliche Rahmenrichtlinien für den ökologischen Landbau vorgibt. Diese Verbände folgen also, bei gewissen Unterschieden im Detail, einer gemeinsamen Linie. So müssen Tiere bei Fleischvermarktung nahezu ihr ganzes Leben richtlinienengemäß gehalten und gefüttert worden sein (BIOLAND 1998; NATURLAND, 1996). Produkte der Rinderhaltung dürfen nach Umstellung auf richtlinienkonforme Haltung nur nach einer Karenzzeit von zwölf Monaten vermarktet werden.

Nach den Vorstellungen des ökologischen Landbaus müssen die Haltungsbedingungen alle arteigenen Verhaltensweisen ermöglichen. Dies bedeutet, daß alle essentiellen Bewegungskoordinationen in sämtlichen Funktionskreisen wie Sozial-, Freß-, Trink-, Ruhe-, Komfortverhalten und weitgehend auch das Fortpflanzungsverhalten ungestört ablaufen können. Es kommt hinzu, daß die Liegefläche für alle Tiere der Gruppe ausreichend groß und mit Einstreu versehen sein muß. Ställe mit vollständig perforierter Bodenfläche sind nicht zugelassen.

Eine eigene Tierhaltung ist nach den Vorstellungen der ökologisch wirtschaftenden Betriebe unverzichtbarer Teil der Landwirtschaft. Von DEMETER (1998) wird hervorgehoben, daß die Haltung von Rindern und der durch sie entstehende Wirtschaftsdünger Voraussetzung für einen intensiven Ackerbau ist. Ausgewählte Bestimmungen zur Haltung von Rindern in ökologisch wirtschaftenden Betrieben sind in Tabelle 4.2.1–2 aufgeführt.

In der VERORDNUNG (EG) Nr. 1804/1999 DES RATES der EU wurde die tierische Erzeugung in den Geltungsbereich der Verordnung (EWG) Nr. 2092/91 über den ökologischen Landbau einbezogen. Danach ist es untersagt, Tiere in Anbindung zu halten. Ausnahmen sind bis Ende 2010 möglich, sofern für regelmäßigen Auslauf gesorgt wird und die Tiere auf reichlich mit Einstreu versehenen Flächen gehalten und individuell betreut werden. Als Mindestflächen gelten die in Tabelle 4.2.1–3 angegebenen Werte.

4.2 Tiergerechte Haltung von Rindern

Tabelle 4.2.1–2 Ausgewählte Auflagen von Verbänden des ökologischen Landbaues für die Tierhaltung (BIOKREIS OSTBAYERN, 1998; BIOLAND, 1998; DEMETER, 1998; NATURLAND, 1996)

Milchvieh

- vorhandene Anbindehaltung nur in Kombination mit Weidegang bzw. ganzjährigem Auslauf
- Anbindehaltung bei Neubauten nicht zugelassen
- vollständig perforierte Bodenflächen verboten (NATURLAND)
- Flächenspalten im Laufbereich erlaubt (NATURLAND)
- eingestreute Liegeflächen
- Weidegang od. ganzjähriger Auslauf für Milchvieh
- Freßplatz-/Tierverhältnis 1:1 (NATURLAND)
- Mindestfläche für Auslauf: 4 m^2/Kuh (NATURLAND)

Rindermast/Rinderaufzucht

- Anbindehaltung nur in Kombination mit Weidegang bzw. ganzjährigem Auslauf
- ganzjährige Haltung auf Vollspaltenboden verboten
- eingestreute Liegeflächen
- Laufställe mit Weidegang oder ganzjährigem Auslauf im Freien (für Nachzucht vorgeschrieben)
- Belegdichte: 2–5 m^2/Tier (NATURLAND)

Kälber

- Abkalbebox empfohlen (NATURLAND)
- keine Anbindehaltung bei Kälbern (BIOKREIS OSTBAYERN)
- Einzelhaltung max. über Zeitraum von 2 Wochen (1,5 m^2/Tier) (NATURLAND)
- keine Enthornung der eigenen Nachzucht (DEMETER u. BIOKREIS OSTBAYERN)
- Gruppenhaltung (mind. 2 m^2/Tier) (NATURLAND)

Fütterung, allgemein

- betriebseigene Futtermittel
- ausreichende Ergänzung der Rationen in Form von Heu
- Grünfütterung im Sommer in Form von Weidegang
- keine ganzjährige Silagefütterung

Tabelle 4.2.1–3 Mindeststall- und -freiflächen für Rinder nach der EU-Verordnung Nr. 1804/1999

Kategorie	Stallfläche (den Tieren zur Verfügung stehende Nettofläche)		Auslauffläche (Freigeländeflächen außer Weideflächen)
	Lebendgewicht [kg]	Mindestfläche [m^2/Tier]	[m^2/Tier]
Zucht-/Mastrinder	bis 100	1,5	1,1
	bis 200	2,5	1,9
	bis 350	4,0	3,0
	über 350	5 (mindest. 1 m^2/100 kg)	3,7 (mindest. 0,75 m^2/100 kg)
Milchkühe		6	4,5
Zuchtbullen		10	30

4.2.1.6 Gesetze und Verordnungen

Deutschland

Das TIERSCHUTZGESETZ (1998) in Deutschland gilt für alle Tierarten. Einzelne Spezies werden nur im Sonderfall genannt. Zentrale Vorschrift des deutschen Tierschutzgesetzes für Haltung, Pflege und Unterbringung von Tieren ist § 2. Er schreibt vor, daß derjenige, der ein Tier hält, betreut oder zu betreuen hat, dieses seiner Art und seinen Bedürfnissen entsprechend angemessen ernähren, pflegen und verhaltensgerecht unterbringen muß. Der Verantwortliche darf die Möglichkeit des Tieres zu artgemäßer Bewegung nicht so einschränken, daß ihm Schmerzen, vermeidbare Leiden oder Schäden zugefügt werden.

Mit dieser Formulierung trägt der Gesetzgeber den Erkenntnissen der Verhaltensforschung Rechnung. Der Begriff „artgemäß" bezieht sich nicht auf die einzelne Spezies. Es sind rasse-, alters- und geschlechtsspezifische Unterschiede innerhalb der Art zu berücksichtigen. Des weiteren ist auch das Töten von Tieren sowie Eingriffe an ihnen (TSchG, § 5) geregelt. An einem Wirbeltier darf ohne Betäubung ein mit Schmerzen verbundener Eingriff nicht vorgenommen werden. Ausnahmen von der Betäubungspflicht existieren für die Kastration von unter vier Wochen alten männlichen Rindern, sofern kein von der normalen anatomischen Beschaffenheit abweichender Befund vorliegt, sowie für das Enthornen oder das Verhindern des Hornwachstums bei unter sechs Wochen alten Tieren.

Schweiz

Die tierschutzrechtlichen Bestimmungen der Schweiz decken sich weitgehend mit denen Deutschlands. Im dritten Kapitel der TIERSCHUTZVERORDNUNG (1981) der Schweiz werden die Haustiere abgehandelt. Dort finden sich im zweiten Abschnitt die Tierhaltungsvorschriften für Rinder (Tab. 4.2.1–4). Serienmäßig hergestellte Aufstallungssysteme und Stalleinrichtungen zum Halten von Rindern dürfen in der Schweiz nur angepriesen und verkauft werden, wenn sie den Anforderungen einer tiergerechten Haltung entsprechen und vom BUNDESAMT FÜR VETERINÄRWESEN bewilligt sind. Im Rahmen der Förderung tiergerechter Haltungsformen hat das BUNDESAMT FÜR VETERINÄRWESEN 1998 umfangreiche und detaillierte „Richtlinien für die Haltung von Rindvieh" erlassen, die teilweise mit Fördermitteln verbunden sind.

Tabelle 4.2.1–4 Ausgewählte Bestimmungen der Schweiz für die Rinderhaltung (DIREKTZAHLUNGSVERORDNUNG, 1998; BTS-VERORDNUNG, 1998; RAUS-VERORDNUNG, 1998)

- vorgeschriebene Mindestabmessungen für alle Stallbereiche
- Gruppenhaltung für Kälber
- Verbot von Vollspaltenboden für Neu- und Umbauten
- eingestreute Liegeflächen für Kälber und Kühe; bei Rindern verformbar
- bei Anbindehaltung: 90 Tage Weide oder Auslauf

staatl. Förderung:
BTS – Besonders Tierfreundliche Stallhaltungssysteme – 70 sfr/GVE × a
- Mehrflächenlaufställe
- eingestreute Liegeflächen

RAUS – Regelmäßiger Auslauf im Freien – 135 sfr/GVE × a
- Sommer: 26 Tage Auslauf/Monat
- Winter: 13 Tage Auslauf/Monat

Österreich

Hier ist Tierschutz Aufgabe der Bundesländer. Jedes Bundesland hat ein eigenes Tierschutzgesetz erlassen. Nur in einigen dieser Gesetze wird das Rind namentlich erwähnt. Es gibt jedoch zusätzlich eine VEREINBARUNG ÜBER DEN SCHUTZ VON NUTZTIEREN IN DER LANDWIRTSCHAFT (1995) aller österreichischen Bundesländer. In dieser Vereinbarung ist für alle Kategorien des Rindes folgendes festgelegt: Die Bewegungsmöglichkeit darf nicht in der

4.2 Tiergerechte Haltung von Rindern

Weise eingeschränkt werden, daß sie ihren Stand- bzw. Liegeplatz nie verlassen können. Die Liegeflächen müssen so dimensioniert sein, daß alle Tiere ohne gegenseitige Behinderung gleichzeitig artgemäß liegen können. Im einzelnen gelten die in Tabelle 4.2.1–5 zusammengefaßten Bedingungen.

Tabelle 4.2.1–5 Ausgewählte Bestimmungen Österreichs für die Rinderhaltung (VEREINBARUNG DER ÖSTERREICHISCHEN BUNDESLÄNDER ZUM SCHUTZ VON NUTZTIEREN IN DER LANDWIRTSCHAFT, 1995)

Anbindestall für Rinder (Mindestabmessungen)

Standlänge:	
Kurzstand	0,9 × diagonale Körperlänge + 30 cm
Mittellangstand	0,9 × diagonale Körperlänge + 58 cm
Standbreite:	0,9 × Widerristhöhe
Anbindevorrichtung	
Bewegungsspielraum	± 30 cm längs der Standachse
	± 20 cm parallel zur Futterkrippe, gemessen vom Anbindepunkt
Futterkrippe	
Sohle	> 10 cm über Standniveau
Krippenwand/Kurzstand	massiv: max. 32 cm hoch und 12 cm dick
	Gummi: max. 42 cm hoch
Seitenabgrenzung	maximal 70 cm in den Stand hineinreichend

Gruppen- und Boxenhaltung (Mindestabmessungen)

Nutzungsrichtung	Bodenfläche d. Einraumbuchten [m²/Tier]	Mehrraumbuchten ohne Boxen		Trog- bzw. Freßplatzlänge [m/Tier]
		Liegefläche [m²/Tier]	Lauf-, Mist- od. Freßgangbreite [m]	
Kälber (bis 180 kg KGW)	1,7	1,0	1,4	0,42
Kälber (bis 220 kg KGW)	2,0	1,3	1,5	0,45
Jung- und Mastvieh (bis 350 kg KGW)	3,0	1,5	1,8	0,54
Jung- und Mastvieh (350–600 kg KGW)	5,0	2,5	2,0	0,70
Milchkühe	5,0	3,0	2,2	0,75

Boxenlaufställe für Milchkühe

Liegeboxenmaße:
120 × 2,20 m (gegenständige Boxen) bzw.
120 × 2,40 m (wandständige Boxen)

Laufgangbreite: 2,20 m

Abkalbebox muß vorhanden sein

4 Tiergerechte Nutztierhaltung

4.2.2 Kälberhaltung

Kälber sind junge Rinder bis zum Alter von sechs Monaten oder bis zur Geschlechtsreife. Bei der Haltung von Fleischrindern wird das Kalb von der Kuh aufgezogen (s. Kap. 4.2.5, Mutterkuhhaltung); Kühe mit einer guten Milchleistung können auch mehrere Kälber aufziehen (s. Kap. 4.2.5, Ammenkuhhaltung). In der Regel findet in Mitteleuropa die Aufzucht von Kälbern getrennt vom Muttertier statt. Hierbei sind zwei Nutzungsformen zu unterscheiden:

- Die **Kälberaufzucht** von der Geburt bis zum vierten Lebensmonat. Dabei werden tägliche Zunahmen von 700–800 g und ein Endgewicht von 120–140 kg angestrebt. Aufzuchtkälber dienen später als Milchkühe und Jungrinder, oder sie werden als Mastbullen bzw. Mastfärsen geschlachtet.
- Die **Kälbermast** von der 2. bis 25. Lebenswoche. Dabei werden Zunahmen von 1200 g und ein Endgewicht von 160 kg angestrebt. Häufig wird vom Verbraucher noch „weißes" Fleisch gewünscht, obwohl dies eine unphysiologische Fütterung ohne Rauhfutter erzwingt. Diese Form der Kälbernutzung ist in Deutschland nicht mehr zulässig.

Die Kälberaufzucht und -haltung ist durch hohe Verluste gekennzeichnet. Die Ursachen der Kälberverluste sind in Tabelle 4.2.2–1 nach SOMMER (1995) aufgeführt. Geeignete Haltungsverfahren (s. Kap. 4.2.2.3) verbessern die Haltungsbedingungen für die Kälber, mindern die Verluste und erhöhen dadurch die Wirtschaftlichkeit.

4.2.2.1 Verhaltensbedingte und ernährungsphysiologische Anforderungen

Geburt

Im Anbindestall bleiben die Kühe zur Geburt an ihrem angestammten, vertrauten Platz. Kühe, die in Laufställen gehalten werden, sollten vor der Geburt in eine Abkalbebucht gebracht werden.

Die Vorteile der Abkalbebucht sind:
- ausreichende Bewegungsfreiheit für die Kuh,
- intensive Geburtshygiene,
- bessere Geburtsüberwachung,
- leichtere Geburtshilfe,
- Konzentration der Kuh auf ihr Kalb,
- das Verhalten des Kalbes bei der Eutersuche ist allein auf die Mutter gerichtet, eine rasche Kolostrumaufnahme ist hierdurch gewährleistet.

Tabelle 4.2.2–1 Ursachen von Kälberverlusten (SOMMER, 1995)

	Pränatal	Perinatal	Postnatal
Zeitpunkt	vor dem 270. Tag der Trächtigkeit	ab dem 270. Tag der Trächtigkeit bis 24 Stunden nach der Geburt	24 Stunden nach der Geburt bis zum 28. Lebenstag des Kalbes
Mortalität*	2 %	5 %	3 %
Hauptursache	• Abort • intrauterine Intoxikation • foetale Schwäche • Totgeburt • falsche Bullenwahl	• genetische Schäden • Ungeduld bei der Geburtshilfe • Verletzungen während der Geburt • Überfütterung des Muttertieres • verzögerte Geburt	• Durchfallsyndrom in den ersten zwei Lebenswochen wegen Fütterungsfehler • insgesamt zu wenig stallspezifische Antikörper im Kolostrum • Grippesyndrom ab der 2. Lebenswoche

* Bei einer Annahme von 10 % Kälberausfällen

Das Absondern von der Herde entspricht dem natürlichen Verhalten der Kuh. Allerdings sollte die Abkalbebucht so nahe bei der Herde sein, daß Sichtkontakt möglich ist. Nach Einleitung der Geburt darf keinesfalls mehr ein Ortswechsel der Kuh stattfinden.

Postnatale Phase

Bei Milchvieh wird das Kalb in der Regel gleich nach der Geburt von der Kuh getrennt. Gelegentlich wird gefordert, das Kalb die ersten Tage bei der Mutter zu lassen. Ein solches Vorgehen hätte einige Vorteile:
- Belecken des Kalbes durch die Kuh besitzt eine stimulierende Wirkung auf das Kalb.
- Das Kalb wird optimal mit Kolostrum versorgt.
- Entwicklung einer Kuh-/Kalbbeziehung.

Die Notwendigkeit dieses Vorgehens wird aber unterschiedlich beurteilt:
- Trockenreiben des Kalbes durch eine Person fördert die Hautdurchblutung in gleicher Weise.
- Die Versorgung des Kalbes mit Kolostrum kann auch auf andere Weise gewährleistet werden.
- Ist die Bindung zwischen Kuh und Kalb erst einmal hergestellt, ist die Trennung später um so einschneidender.

Zudem führt der intensive Umgang mit dem neugeborenen Kalb zu einer wünschenswerten Bindung an den Menschen.

Aufzucht

Kälber haben in den ersten Lebenswochen ein großes Ruhebedürfnis. Einzelhaltung ist zu dieser Zeit nicht nur zulässig, sondern auch wünschenswert. Später haben Kälber sowohl großen Bewegungsdrang als auch intensives Bedürfnis zu Sozialkontakt. Diesen Neigungen wird nur die Haltung im Gruppenlaufstall gerecht. Die Gruppengröße sollte wegen der Überschaubarkeit zwölf Tiere nicht überschreiten. Für kleinere Kälber bedeutet das Aufreiten durch Bullenkälber eine erhöhte Belastung, weswegen nur Kälber mit annähernd gleichem Gewicht und gleicher Größe in Gruppen gehalten werden sollten.

Das durch das Tränken geweckte Saugbedürfnis von Kälbern hält ungefähr so lange an, wie der Saugvorgang an der Kuh dauert: ca. zehn Minuten. Da bei üblichem Tränkevorgang die Aufnahme von Milchaustauscher nur zwei bis drei Minuten dauert, versuchen die Kälber häufig, durch gegenseitiges Besaugen einen Ausgleich zu erreichen. Diese Verhaltensstörungen können zu Entzündungen (Nabel, Hodensack, Euteranlage) führen. Möglichkeiten, das gegenseitige Besaugen zu verhindern, sind:
- Verlängerung der Milchaufnahme:
  - Handtränken: Fixieren der Tiere für 20 min;
  - Automatentränke: Absperrbare Stände und häufigere Tränkefrequenz;
- Verfütterung von frischem Grundfutter und mehligem Kraftfutter;
- abwechslungsreiche Buchtgestaltung (z. B. Tiefeinstreu).

Ernährungsphysiologische Anforderungen

Das Kalb ist in der ersten Woche auf Kolostralmilch angewiesen. Diese zeichnet sich durch hohe Gehalte an leicht verdaulichen Nährstoffen sowie erhöhten Mineral-, Wirk- und Schutzstoffgehalt aus. Auffallend und besonders abweichend von der Normalmilch ist ihr hoher Gehalt an Globulinen. Die Bedeutung der γ-Globuline liegt weniger in ihrer Ernährungs-, als vielmehr in ihrer möglichen Schutzwirkung, da sie als sogenannte Immunglobuline dem neugeborenen Kalb einen passiven Infektionsschutz verleihen.

Die Kolostralmilch kann anfangs den 10- bis 12fachen spezifischen Antikörpergehalt des mütterlichen Blutes aufweisen. Mit zunehmender Milchsekretion wird die Konzentration jedoch stark vermindert, so daß die erste Kolostrumaufnahme innerhalb der ersten drei Lebensstunden erfolgen sollte. In den ersten Wochen ist das Kalb auf flüssige, im wesentlichen aus Milchprodukten bestehende Nahrung angewiesen, da die Vormägen noch kaum funktionsfähig sind und die Nahrung vorwiegend enzymatisch im Labmagen und Dünndarm abgebaut wird. Ab der zweiten Lebenswoche ist schrittweise Rauhfutter und Kraftfutter zuzufüttern, um frühzeitig die Pansenentwicklung zu stimulieren. Durch allmähliche Reduktion der Nährstoffversorgung durch die Tränke sollte die Umstellung auf Rauh- und Kraftfutter innerhalb von zwölf Wochen abgeschlossen sein.

4.2.2.2 Verfahrenstechnik der Kälberhaltung

Aus den verhaltensbedingten und ernährungsphysiologischen Anforderungen leiten sich nach Altersabschnitt und Produktionsrichtung die in Tabelle 4.2.2–2 genannten Empfehlungen für die Kälberhaltung ab.

Enthornen

Spezielle verfahrenstechnische Empfehlungen gelten für das Enthornen von Kälbern. Hörner können schwerwiegende Verletzungen und Todesfälle bei Menschen verursachen. Bei der innerartlichen Auseinandersetzung führen Hornstöße zu vielfältigen Verletzungen und können Ursache für ein Verkalben sein. Enthornen ohne Betäubung

Tabelle 4.2.2–2 Verfahrenstechnische Empfehlungen für die Kälberhaltung (nach BAUFÖRDERUNG LANDWIRTSCHAFT, 1994)

Neugeborene Kälber (1. Lebenswoche)

- Abkalben in gut eingestreutem Stand (Anbindestall) bzw. eingestreuter Abkalbebucht im Laufstall (4 × 4 m);
- schnelle hygienische Versorgung des neugeborenen Kalbes;
- Biestmilch innerhalb der ersten drei Lebensstunden (passive Immunität gegenüber betriebsspezifischen Krankheitserregern);
- Kalb nach dem Ablecken durch die Kuh in eine saubere, trockene und zugfreie, eingestreute Einzelbucht, möglichst getrennt von Milch- und Jungvieh, bringen;
- 2–3 l/Tag Biestmilchtränke aus dem Nuckeleimer über mehrere Mahlzeiten verteilt.

Aufzuchtkälber (ab 2. Lebenswoche)

- Gruppenhaltung unter Außenklimabedingungen fördern Gesundheit und Widerstandskraft der Tiere;
- ein Raumvolumen > 7 m^3/Kalb mindert den Keimdruck;
- bis zur 10. Lebenswoche rationierte Tränke mit max. 6 l/Tier/Tag, danach schrittweise Frühentwöhnung und Förderung der Grundfutteraufnahme.

Kälbermast (2. bis 25. Lebenswoche)

- wärmegedämmte Ställe mit Heizung und Zwangsentlüftung (Zuluftführung über Futtergang zu empfehlen);
- bis zur 8. Woche Einzelhaltung (Tierüberwachung), danach Gruppenhaltung.

spezielle Empfehlungen bei Zukaufkälbern

- Kälber möglichst im Alter von 2 Wochen aus bekannten Beständen zukaufen;
- intensive Gesundheitskontrolle und bestandsspezifisches Vorbeugeprogramm vor der Aufstallung;
- getrennter Kälberstall im Rein-Raus-Verfahren mit 1 Woche Stallbrache zur Reinigung und Desinfektion.

ist nach § 5 des Tierschutzgesetzes (1998) nur im Alter unter sechs Wochen zulässig. Es sollte durchgeführt werden, sobald die Hornknospen fühlbar sind. Der Impuls zum Hornwachstum geht von der Haut der entsprechenden Kopfregion aus. Wird diese zerstört, bleibt das Hornwachstum aus. Die Zerstörung der Hornanlagen ist ein schmerzhafter Vorgang, der sorgfältig durchzuführen ist und bei dem die Vorschriften des Tierschutzes zu beachten sind. Folgende Verfahren sind üblich:
- Ausschälen der Hornknospen mit einem Spezialmesser,
- Verätzen mit einem Ätzkalistift oder Säurepasten (Gefahr der Übertragung auf andere Kälber und insbesondere auf Mutterkühe),
- ringförmiges Umbrennen der Hornknospe, wodurch die Blutzufuhr durch den Brandring unterbunden wird und die Knospe abstirbt,
- Verbrennen der Hornknospen mit einer Gasflamme von ca. 600 °C.

Eine spätere mechanische Enthornung durch den Landwirt oder die Enthornung mit Gummiringen, durch die die Hörner nach etlichen Wochen abfallen, ist nach § 6 des Tierschutzgesetzes verboten.

Bei Rindern im Alter von mehr als zwei Jahren hat sich die Stirnhöhle bis in die Knochenzapfen des Hornes ausgedehnt. Die Entfernung der Hörner ist mit der Eröffnung der Stirnhöhle verbunden und kann zu hochgradigen Entzündungen führen.

Um ein weiteres Hornwachstum zu unterbinden, muß ein 1 cm breiter Hautring um die Hornbasis entfernt werden. Der Eingriff darf nur im begründeten Einzelfall von einem Tierarzt unter Lokalanästhesie durchgeführt werden. Eine tierfreundliche Alternative zum Enthornen ist die Zucht auf Hornlosigkeit.

Tränkeverfahren

Bei der Kälberaufzucht ist die Saugtränke (Saugnuckel) zu bevorzugen, da diese die Einspeichelung fördert und einen positiven Einfluß auf den Schlundrinnenreflex hat. Für die Tränke der Kälber steht eine Vielzahl von Milchprodukten in unterschiedlichen Aufbereitungsformen zur Verfügung. Bei allen Tränkeverfahren ist eine frühzeitige Aufnahme von Rauh- und Kraftfutter anzustreben. Die Versorgung mit Frischwasser sollte ab der dritten Lebenswoche bei der Gruppenhaltung über Selbsttränken erfolgen.

Bei der **Eimertränke** erfolgt die Aufbereitung der Tränke von Hand oder durch einen Mixer. Die rationierte Befüllung der Eimer und deren Transport wird in kleineren Beständen ebenfalls von Hand oder arbeitssparend durch Verschlauchung und Zapfpistole durchgeführt.

Die **Ad-libitum-Tränke** kann auf Vorrat oder über Aufbereitungsautomaten erfolgen. Dabei können die Tiere beliebig häufig und beliebig viel Tränke aufnehmen. Die Tränkemenge ist bei der Warmtränke über die Temperatur, bei Sauertränke über die pH-Absenkung und bei Automaten über die Begrenzung der Saugzeit in gewissen Grenzen zu regeln. Die Ad-libitum-Tränke erfordert eine intensive Tier- und Gesundheitskontrolle. Ein Saugnippel reicht für drei bis fünf Kälber.

Rechnergesteuerte Tränkeautomaten verabreichen jedem einzelnen Kalb eine individuelle Tränkemenge. Damit sind auch bei der Gruppenhaltung eine Einzeltiertränke und Tierüberwachung sowie eine tiergerechte und arbeitssparende Aufstallung in Kälberställen möglich. Tränkeautomaten stellen eine tierindividuelle Tränkezuteilung sicher, wobei Tränkeintervall, Mindestportionsmenge sowie Höchstmenge je Besuch frei programmierbar sind. Darüber hinaus erfolgt zur Einzeltierüberwachung eine Registrierung der abgerufenen Tränkemenge und weiterer Kontrollparameter (z. B. Resttränkemenge, Sauggeschwindigkeit, Anzahl der Besuche mit und ohne Tränkeaufnahme, Alarmliste). Weitere Sensoren zur Erfassung von Lebendmasse und Körpertemperatur sind verfügbar. Aufbau und wesentliche Planungsdaten von rechnergestützten Kälbertränkeautomaten sind in Abbildung 4.2.2–1 dargestellt.

4 Tiergerechte Nutztierhaltung

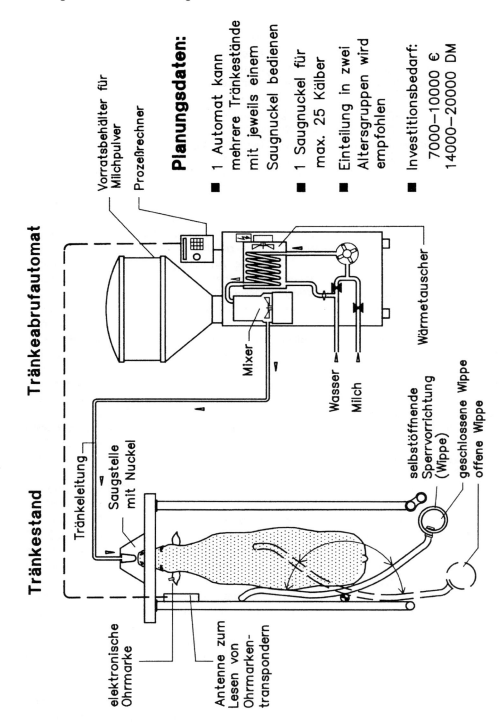

Abb. 4.2.2–1 Schematischer Aufbau eines Tränkeabrufautomaten mit Tieridentifizierung

4.2 Tiergerechte Haltung von Rindern

4.2.2.3 Haltungsverfahren

Bei den Verfahren der Kälberhaltung unterscheidet man zwischen Einzeltier- (Abb. 4.2.2–2) und Gruppenhaltung (Abb. 4.2.2–3).

Bei der baulichen Ausführung und Klimatisierung wird des weiteren zwischen Warm- und Kaltstall differenziert.

Einzelhaltung – Gruppenhaltung

Die **Einzelhaltung** von Kälbern erlaubt eine intensive Einzeltierbeobachtung und verhindert das gegenseitige Besaugen der Tiere. Die Einzeltierhaltung empfiehlt sich
- für die Biestmilchperiode (1. Lebenswoche),
- für kleinere Betriebe mit weniger als fünf gleichaltrigen Kälbern und
- für Kälbermastbetriebe mit sehr unterschiedlichem Tiermaterial bei bis acht Wochen alten Tieren.

Zu beachten sind allerdings die Vorgaben der KÄLBERHALTUNGSVERORDNUNG (1997).

Die **Gruppenhaltung** hat gegenüber der Einzeltierhaltung folgende Vorteile:
- artgemäßere Haltung durch größere Bewegungsfreiheit und Sozialkontakte,
- frühzeitige Aufnahme von Rauh- und Kraftfutter,
- Platzeinsparung,
- geringerer Arbeitsaufwand und bessere Mechanisierungsmöglichkeiten (Tränkeautomaten) sowie
- geringere Bau- und Einrichtungskosten.

Die Einzeltierhaltung ist für die Biestmilchperiode (1. Lebenswoche) und die Gruppenhaltung für die weitere tiergerechte Kälberhaltung zu empfehlen.

Kaltställe – Warmställe

Kaltställe schützen die Tiere vor Regen und Wind, weisen aber keinen besonderen Temperaturschutz auf (Außenklimaställe) und werden frei gelüftet (s. Kap. 4.2.3.2). Eingestreute Liegeflächen sind dabei unabdingbar, ein Außenauslauf ist zu empfehlen.

Für die **Kaltstallhaltung** sprechen:
- gute Konditionierung der Kälber (Klimareiz),
- geringerer Keimdruck und weniger Erkrankungen (hohe Luftraten),
- geringe Bau- und Energiekosten sowie
- höhere Rauh- und Kraftfutteraufnahme.

Warmställe

Hier wird ein Temperaturbereich von 10–18 °C, eine relative Luftfeuchte von 60–80 % und eine Luftgeschwindigkeit im Liegebereich von 0,1 m/s im Winter und 0,2 m/s im Sommer angestrebt. Außerdem dürfen die in der KÄLBERHALTUNGSVERORDNUNG aufgeführten Grenzwerte für Schadgase nicht überschritten werden (vgl. Tab. 4.2.2–4).

Decken und Wände von Warmställen erfordern eine Wärmedämmung von mindestens 0,6 W/m²K und eine Zwangsentlüftung mit den in Tabelle 4.2.2–3 aufgeführten Luftvolumenströmen.

Tabelle 4.2.2–3 Luftvolumenströme in der Kälberhaltung nach DIN 18910 (1992) – Wärmeschutz geschlossener Ställe

Tiergewicht [kg]	Luftvolumenstrom [m³/h]	
	Sommer	Winter
	Sommertemperaturzone 26 °C zulässige Temperaturdifferenz $(\Delta \vartheta_{zul}) = 2,5$ K	Temperaturzone = –16 °C Temperatur innen $(\vartheta_i) = 10$ °C rel. Luftfeuchte innen $(\varphi_i) = 80$ %
50	52	7,2
100	99	13,8
150	143	19,7

4 Tiergerechte Nutztierhaltung

Bauform	
Kälber-Hütte im Freien (einzeln oder aneinandergereiht) 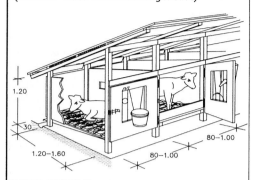	**Ausführung** mobile Kälberhütte als eingestreuter Kaltstall; Hüttenboden angehoben; zum Aufstallen und zum Entmisten kann sowohl die vordere als auch die rückwärtige Wand geöffnet werden **Bewertung** Vorteile: gesunde Aufzucht ab der 1. Woche; geringer Kapitalbedarf (ca. 500 DM/Platz) Nachteile: höherer Arbeitsaufwand; größerer Flächenbedarf; ungünstige Arbeitsbedingungen im Freien
Kälber-Iglu im Freien 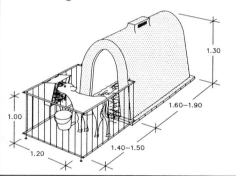	**Ausführung** Wärmegedämmte Hütte mit Auslauf auf wasserdichtem Boden; Jauche und Regenwasser müssen aufgefangen werden **Bewertung** Vorteile: gesunde Aufzucht ab der 1. Woche; Bewegungsmöglichkeit durch Auslauf; geringer Kapitalbedarf (ca. 700 DM/Platz) Nachteile: höherer Arbeitsaufwand; größerer Flächenbedarf; ungünstige Arbeitsbedingungen im Freien
Kälber-Einzelboxe im Warmstall (einzeln fahrbar oder feststehend aneinandergereiht) 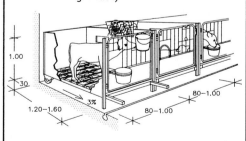	**Ausführung** die Größe der Einzelbox richtet sich nach Aufstallungsdauer bis 2 Wochen: 80 x 120 cm; bis 8 Wochen: 100 x 160 cm; über 8 Wochen: 120 x 180 cm; Bodenboxen als Lattenrost (6 – 8 cm breit, 2,5 cm Schlitz) 25 – 30 cm über dem Boden, Boxenseitenwände geschlossen **Bewertung** Vorteile: gute Kontrollmöglichkeit, deshalb besonders für Biestmilchkälber u. Kälbermast geeignet Nachteile: geringe Bewegungsmöglichkeit; hohe Anforderungen an Stallklima

Abb. 4.2.2-2   Stallformen für die Kälbereinzelhaltung

4.2 Tiergerechte Haltung von Rindern

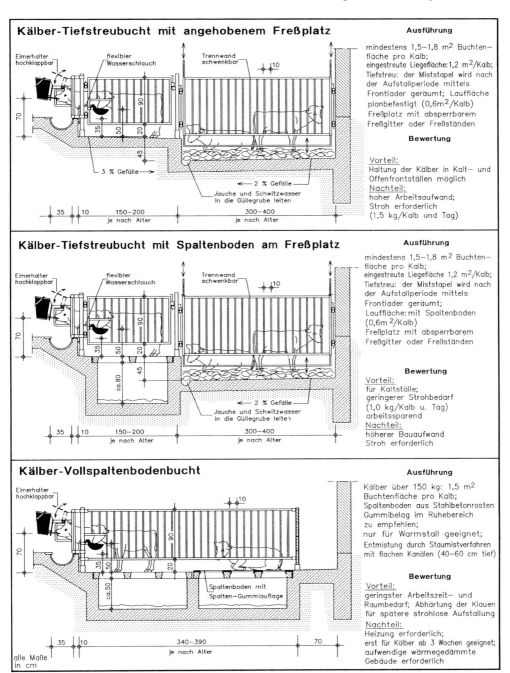

Abb. 4.2.2-3 Stallformen für die Gruppenhaltung von Kälbern

4 Tiergerechte Nutztierhaltung

Bei mangelnder Wärmedämmung führt dies zu negativen Energiebilanzen, so daß eine Zuheizung erforderlich ist. Für die Lüftung von Kälberställen ist eine Gleichdrucklüftung mit einer Luftführung über eine Porendecke zu empfehlen.

Warmställe erfordern einen höheren Investitions- und Energiebedarf und führen bei mangelnder Klimaführung zu erhöhtem Krankheitsrisiko.

Kaltställe sind für eine tiergerechte Kälberaufzucht in der Biestmilchperiode und bei der späteren Gruppenhaltung mit Einstreu anzustreben. Warmställe sollten nur noch bei der Kälbermast realisiert werden.

Planung von Kälberställen

In kleineren Betrieben ist die Aufzucht von Kälbern im Kuhstall üblich. Je zehn Kühe sind, abhängig von Nachzucht, Abkalbetermin und Aufzuchtdauer, zwischen eineinhalb und drei Kälberplätzen erforderlich. Ein vom Kuhstall getrennter Kälberaufzuchtstall ist ab 25 Kälberplätzen zu empfehlen. Die Reinigung und Desinfektion von Stalleinrichtungen, Lauf- und Liegeflächen muß hier nach jedem Gruppenwechsel möglich sein. Größere Ställe sollten in mehrere Stallabteile mit getrennten Entlüftungs- und Entmistungssystemen unterteilt werden. Bei der Kälberaufzucht zur Mast müssen zwischen zweieinhalb und dreieinhalb Plätze je zehn Mastplätze gerechnet werden.

Die Gruppengröße ist von der Zahl der anfallenden Kälber und dem Tränkeverfahren abhängig:
- Eimertränke: ca. 10 Kälber/Gruppe
- Tränke-   bis 25 Kälber/Saugstelle/
  automaten: Gruppe

Größere Gruppen mit mehreren Saugstellen können wegen der geringeren Überschaubarkeit nur mit Vorbehalt empfohlen werden.

In Abbildung 4.2.2–4 ist eine beispielhafte Planung für die Kälberaufzucht in einem Kaltstall mit Auslauf und Tränkeautomaten dargestellt.

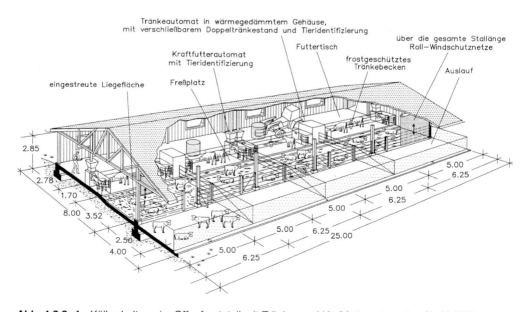

Abb. 4.2.2–4   Kälberhaltung im Offenfrontstall mit Tränke- und Kraftfutterautomaten für 80 Kälber

Wichtige Kriterien zur Beurteilung der Haltungsverfahren für Kälberaufzucht und -mast sind Tierverhalten und -gesundheit, Aufzuchtleistung und Futterverwertung. Verschiedene Vergleichsuntersuchungen zeigen keine gesicherten Unterschiede. Allerdings deutet sich bei der Gruppenhaltung in Kaltställen ein erhöhter Futteraufwand bei gleichzeitig höheren Tageszunahmen an. Der geringste Bau- und Arbeitszeitaufwand ist bei der eingestreuten Gruppenhaltung in Kaltställen und mit rechnergestützter Automatentränke möglich.

4.2.2.4 Kälberhaltungsverordnung (1997)

Für die Kälberhaltung bis sechs Monate gilt in Deutschland die VERORDNUNG ZUM SCHUTZ VON KÄLBERN BEI DER STALLHALTUNG (Kälberhaltungsverordnung). Neben allgemeinen Anforderungen für das Halten von Kälbern gelten spezielle **Vorschriften** für deren Aufstallung und Fütterung, die in Tabelle 4.2.2–4 im einzelnen dargestellt sind.

4.2.2.5 Besonderheiten im ökologischen Landbau

Es wird allgemein empfohlen, Kälber nicht unmittelbar nach der Geburt von der Kuh zu entfernen. Sie sollten die ersten Tage beim Muttertier bleiben. Danach können die Kälber vorübergehend einzeln gehalten werden. Die Anbindung ist jedoch nicht erlaubt (BIOLAND, 1998), d.h., es sind nur Einzelbuchten zulässig. Ab einem Alter von einigen Wochen sind Kälber in Gruppen zu halten. Ihrem starken Bewegungsbedürfnis ist durch ausreichende Buchtengröße Rechnung zu tragen (NATURLAND: mind. 2 m^2/Tier).

Nahegelegt wird, das Hornwachstum bei Kälbern nicht zu verhindern. Die Enthornung für einzelne Betriebe kann aus Gründen des Unfallschutzes toleriert werden (NATURLAND, 1996). Nach den Richtlinien von DEMETER (1998) muß das Enthornen unterbleiben.

4.2 Tiergerechte Haltung von Rindern

4.2.3 Milchviehhaltung

4.2.3.1 Verhaltensbedingte Anforderungen

Die ökonomischen und strukturellen Rahmenbedingungen für die Milchviehhaltung sowie die Grundlagen des Tierverhaltens wurden in Kapitel 4.2.1.1 dargestellt. Spezielle Anforderungen ergeben sich für die einzelnen Bereiche der Ställe.

Liegebereich

Damit alle Tiere jederzeit einen angemessenen Ruheplatz finden, ist ein Tier-/Liegeplatzverhältnis von 1:1 erforderlich. Der Liegebereich sollte so bemessen sein, daß alle Liegeformen des Rindes möglich sind. Die **Abmessungen des Liegeplatzes** werden von der rassespezifischen Tiergröße bestimmt (s. Kap. 4.2.1.1). Sie lassen sich nach folgenden Formeln berechnen:

- Liegelänge [cm]: 0,92 · schräge Rumpflänge + 20
- Liegebreite [cm]: 0,85 · Widerristhöhe

Danach benötigen die bei uns üblichen Zweinutzungsrassen eine Liegelänge von 175–190 cm und eine Liegebreite von 120 cm. Zusätzlich muß der Liegebereich ein ungehindertes Abliegen und Aufstehen ermöglichen (s. Kap. 4.2.1.1). Für diese arttypischen Bewegungen sind zusätzliche Freiräume erforderlich, die bei der Konstruktion von Anbindeständen und Liegeboxen berücksichtigt werden müssen. Bei Anbindeställen dürfen Krippe und Anbindevorrichtung, bei Liegeboxen die vordere Boxenabtrennung den Kopfschwung nicht behindern. Ein Kopfraum von 60 cm Tiefe sollte daher in der Planung mit berücksichtigt werden. Um Verletzungen an Hüfthöcker und Sitzbein zu vermeiden, sind ausreichende Freiräume im Bereich der Hinterhand erforderlich (vgl. Abb. 4.2.3–7 u. Abb. 4.2.3–12). Pferdeartiges Aufstehen von Rindern ist ein Hinweis darauf, daß den Tieren der arttypische Kopfschwung zum Aufstehen nicht möglich ist.

4 Tiergerechte Nutztierhaltung

Tabelle 4.2.2–4 Ausgewählte Vorschriften der Verordnung zum Schutz von Kälbern bei der Haltung (KÄLBERHALTUNGSVERORDNUNG, 1997)

Haltung

allgemein
- Sicherung des Einfalles von natürlichem Licht mittels baulicher Maßnahmen;
- die Verwendung von Maulkörben ist untersagt;
- Anbindung od. Festlegung von Kälbern ist verboten;
- Ausnahme: in Gruppen gehaltene Kälber im Rahmen des Fütterns mit Milch od. Milchaustauschertränke für max. 1 Stunde.

Platzbedarf

Neugeborene bis 2 Wochen alte Kälber	über 2 Wochen bis zu 8 Wochen alte Kälber	über 8 Wochen alte Kälber
Einzelbox – Maße: 120 × 80 × 80 cm • Einstreu ist obligatorisch	*Einzelbox/Stand – Maße:* Länge 180 cm (Trog innen) 160 cm (Trog außen) Breite • 100 cm (Seitenbegrenzung des Standes reicht über die Hälfte der Boxenlänge hinaus) • 90 cm (sonst. Boxenarten) *Gruppenhaltung – Maße:* Grundfläche: mind. 4,5 m² Fläche/Tier: 1,3 m²	*Einzelbox – Maße:* Länge 200 cm (Trog innen) 180 cm (Trog außen) Breite • 120 cm (Seitenbegrenzung des Standes reicht über die Hälfte der Boxenlänge hinaus) • 100 cm (sonst. Boxenarten) *Gruppenhaltung – Maße:* Grundfläche: mind. 6 m² Fläche/Lebendmasse: 1,5 m²/100 kg LM 1,7 m²/150–220 kg LM 1,8 m²/über 220 kg LM • Gruppenhaltung ist obligatorisch Ausnahme: weniger als 5 Kälber, die nach Alter oder Körpergewicht für das Halten in der Gruppe geeignet sind

Boden

Stallboden:
- rutschfest
- trittsicher
- keine Verletzungsgefahr für Klauen und Gelenke

perforierter Stallboden:
Auftrittsbreite der Balken: mind. 8 cm
Spaltenweite: max. 2,5 ± 0,3 cm bzw. 3,0 ± 0,3 cm bei elast. ummantelten Balken bzw. Balken mit elast. Auflagen

4.2 Tiergerechte Haltung von Rindern

Tabelle 4.2.2–4 (Fortsetzung)

Beleuchtung

- Einfall von Tageslicht
- sofern Tageslicht nicht ausreichend, an Tagesrhythmus angepaßte künstl. Beleuchtung, mind. über Dauer von zehn Stunden
- Beleuchtungsstärke bei künstl. Beleuchtung: 80 Lux
- nachts: Orientierungsbeleuchtung

Stallklima

Temperatur [°C] im Liegebereich	rel. Luftfeuchte [%]	Stallgaskonzentrationen [ppm]	
Minimum: 10 °C (erste zehn Lebenstage nach der Geburt) 5 °C (ab 10. Lebenstag) *Maximum:* 25 °C	60–80	Ammoniak (NH_3) Kohlendioxid (CO_2) Schwefelwasserstoff (H_2S)	20 3000 5

⇨ Werte gelten nicht für Ställe, die als Kaltställe oder Kälberhütten vorwiegend dem Schutz der Kälber gegen Niederschläge, Sonne und Wind dienen.

Fütterung und Pflege

- 2mal täglich Überprüfen des Befindens der Kälber, bei Weidehaltung 1mal/Tag
- spätestens vier Stunden nach der Geburt Verabreichung von Biestmilch
- Fütterung: 2mal/Tag
- ungehinderter Zugang zu Wasser mit Trinkwasserqualität für Kälber, die älter als 2 Wochen sind
- Zusammensetzung der Milchaustauschertränke für Kälber bis zu 70 kg Körpergewicht:
  30 mg Eisen/kg Milchaustauschertränke (bei 88 % TS-Gehalt)
- ab 8. Lebenstag – Angebot von Rauhfutter/strukturiertem Futter:
  – Aufzuchtkälber: zur freien Aufnahme
  – Mastkälber:
    100 g/Tag (im Alter bis zu acht Wochen)
    250 g/Tag (im Alter von mehr als acht Wochen)

An die Gestaltung der **Liegefläche** sind folgende Anforderungen zu stellen:
- Wärmedämmung. Sie soll einen übermäßigen Wärmeentzug verhindern. Dazu sind eine Sperrschicht gegen aufsteigende Feuchtigkeit und eine Wärmedämmschicht erforderlich. Umgekehrt kann es bei Tiefstreu durch Selbsterwärmung zu einem Wärmestau für das Rind kommen. Anzustreben ist ein Wärmestrom von etwa 50–100 W/m².
- Tritt- und rutschfeste, hygienische Oberflächen. Für den ungehinderten Jaucheabfluß ist ein 2- bis 4%iges Gefälle erforderlich.
- Verformbarkeit der Oberflächen. Die Mindesteindringtiefe von 20–30 mm kann durch Einstreu oder durch Gummimatratzen erreicht werden. Von Rindern werden eingestreute Liegeflächen bevorzugt. Tiefboxen sollten ein Matratzenpolster von ca. 12–15 cm Höhe haben. Zu dicke Pol-

4 Tiergerechte Nutztierhaltung

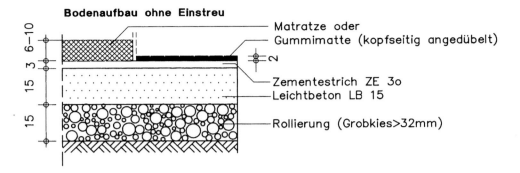

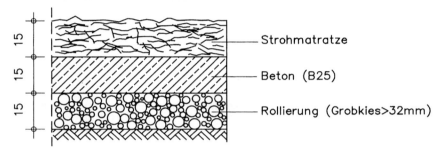

Abb. 4.2.3–1 Aufbau des Liegeflächenbodens mit und ohne Einstreu (nach ALB Bayern, 1993)

ster können die Kühe beim Auf- und Abliegen verunsichern.

In Abbildung 4.2.3–1 sind Beispiele für einen zweckmäßigen Bodenaufbau für Liegeflächen mit und ohne Einstreu dargestellt. An Stelle der Gummimatte können die tierfreundlicheren, elastischen Matratzen eingesetzt werden.

Laufbereich und Gruppeneinteilung

Rinder leben in freier Natur zum Schutz vor Feinden in Herden. Die natürliche Gruppengröße richtet sich nach den Fähigkeiten des Bullen, Kühe zu decken und im Herdenverband zu halten. Gruppengrößen von 30–50 Kühen mit Jungtieren sind dabei die Regel.

Aus dem Sozialverhalten leiten sich folgende Empfehlungen für Gruppierung und Flächenbedarf ab:

- Die Gruppengröße in Herden ohne ausgewachsene männliche Tiere wird mehr durch ein zweckmäßiges Management (Melken, Laktationszyklus usw.) als durch das Verhalten der Tiere vorgegeben.
- Die Zusammensetzung der Gruppenmitglieder sollte nicht ständig wechseln. Eine gruppenindividuelle, leistungsgerechte Fütterung mit voll- oder teilaufgewertetem Grundfutter macht jedoch eine Abtrennung trockengestellter Kühe erforderlich. Bei mittlerem Leistungsniveau (< 8000 l/Kuh) ist darüber hinaus eine Einteilung der laktierenden Kühe in Leistungsgruppen anzustreben.

Ist es aufgrund der Herdengröße jedoch nicht zweckmäßig, feste, ständig getrennte Gruppen einzurichten, sollte eine Trennung nur im Freßbereich mittels elektronisch gesteuerter Selektionstore angestrebt werden.

Aus der körperbedingten Fläche einer Kuh von 2 m^2 und der Sozialdistanz ergeben sich Mindestlaufflächen von 3,5 m^2 pro Kuh (nicht

4.2 Tiergerechte Haltung von Rindern

behornt). Insbesondere im Liegeboxenlaufstall ist auf Laufgangbreiten von mindestens 2,5 m zwischen den Liegeboxen und 3,5 m am Freßplatz zu achten. Zusätzliche Auslaufflächen vermögen den sozialen Druck innerhalb einer Herde zu vermindern.

Freßbereich und Futtervorlage

Beim Freßvorgang auf der Weide nehmen Rinder mit den Vorderextremitäten eine Schrittstellung ein. Am Freßplatz im Stall ist dies nicht möglich. Den Tieren soll deshalb das Futter mindestens 12 cm über der Standfläche angeboten werden. In der Breite erreichen die Tiere beiderseits etwa 55 cm, in der Tiefe etwa 70 cm. Müssen Kühe außerhalb ihrer natürlichen Reichweite fressen, werden die Vorderextremitäten überlastet. Zur Minderung der Futterverluste (bis 20 %) muß bei Langgut durch Raufen oder Freßgitter ein „Herausrupfen" vermieden werden, bei Kurzgut das Zurückwühlen des Futters (Krippenwand). Zweckmäßige Krippenformen sind in Abbildung 4.2.3-2 dargestellt. Das Tierverhalten wird bei der Futteraufnahme im Stall maßgeblich davon beeinflußt, ob eine Einzelfütterung im Anbindestall oder eine Gruppenfütterung im Laufstall erfolgt. Bei rationierter Einzelfütterung wird jedem Tier täglich 2mal eine begrenzte Futtermenge vorgelegt. Die Futtervorlage bestimmt dadurch das Freßverhalten. Bei der Gruppenfütterung wird den Tieren die Gesamtration zur freien Aufnahme vorgesetzt. Um in der Herde Futterkämpfe mit nachfolgenden Verletzungen zu vermeiden, sind folgende Maßnahmen erforderlich:

- Erhöhen der Freßplatzbreite auf mindestens 85 cm oder Enthornen der Tiere.
- Stabilhaltung der Rangordnung, d.h. frühzeitige Zusammenstellung und Beibehaltung der Tiergruppen.
- Vorratfütterung (ad libitum), da abgedrängte Tiere nach ranghöheren fressen

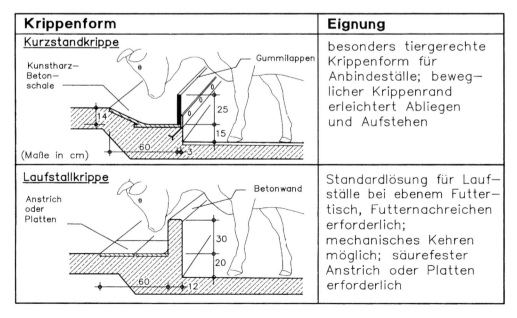

Abb. 4.2.3-2 Futterkrippenformen für die Rinderhaltung

4 Tiergerechte Nutztierhaltung

müssen. Um die Selektion wertvoller Futterbestandteile durch ranghohe Tiere zu vermeiden, sind einheitlich hochwertige Futtermittel bzw. weitgehend homogene Futtermischungen erforderlich.
- Verwenden geeigneter Freßgitter, die sowohl Futterverluste als auch Verdrängen durch Freßplatzwechsel einschränken.

In der Literatur wird die Einschränkung der Freßplätze kontrovers diskutiert. Während bei Grünfutter und Futterrüben eine Einschränkung der Freßplätze nicht möglich ist, sind bei konservierten Futtermitteln mit höherem TS-Gehalt bei einem Freßplatz-/Tierverhältnis bis 1:3 nur unwesentliche Änderungen in der Futteraufnahme zu beobachten. Bei einer weiteren Einschränkung verändert sich das Herdenverhalten wesentlich. Der soziale Druck steigt durch Verdrängungen an der Freßstelle. Die Freßzeiten gehen zurück, obwohl die Tiere ihre Futteraufnahme in Zeiten geringeren Andrangs verlegen und versuchen, die ungünstigere Situation durch eine höhere Freßgeschwindigkeit auszugleichen.

Je nach vorgelegter Futterart läßt sich bei Ad-libitum-Fütterung folgende Empfehlung für das Freßplatz-/Tierverhältnis geben:
- Grünfutter   1:1
- Silagefütterung   1:2
- Futtermischration   1:3
- Beifütterung über Raufe 1:5

Wasserversorgung

Nur bei ausreichender Tränkwasseraufnahme können Kühe ihre volle Milchleistung erbringen. Der tägliche Wasserbedarf liegt je nach Leistung zwischen 30 und 120 l/Kuh. Bei der Wasseraufnahme wird eine hohe Trinkgeschwindigkeit von 20 l/min erreicht. Dieses Trinkverhalten der Kühe (Saugtrinken) erfordert entsprechenden Wassernachlauf und eine Beckenform mit großer Wasseroberfläche. Im Anbindestall sind für zwei Kühe ein Tränkebecken, im Laufstall ist eine Tränkestelle für 20–30 Kühe einzurichten.

Um die Kühe zur Lokomotion zu veranlassen, sollten die Tränkebecken möglichst weit entfernt vom Futterbarren angebracht werden.

4.2.3.2 Verfahrenstechnik der Milchviehhaltung

Klimatisierung

Die Klimaansprüche von Milchvieh wurden in Kapitel 4.2.1.2 ausführlich dargestellt. Sie ermöglichen in Laufställen freie Lüftungssysteme, wobei zwischen Warm- und Kaltställen unterschieden wird (Abb. 4.2.3-3):

Im **Warmstall** hat sich die Trauf-/Firstlüftung durchgesetzt. Über die ganze Stallänge sind auf jeder Seite Einlaßöffnungen von mindestens 0,15 m Höhe vorzusehen. Über ca. 2,5 m lange Luftleitplatten ist das einströmende Luftvolumen regulierbar. Die Luft verläßt den Stall über den First, an dem eine Firsthaube (8–10 % der Stallbreite) angebracht ist. Ein- und Ausströmöffnungen müssen aufeinander abgestimmt sein.

Im geschlossenen **Kaltstall** strömt die Zuluft über die Seitenwände ein. Der Luftauslaß erfolgt über den First oder an der gegenüberliegenden Stallwand (Querlüftung). Der First kann mit einer Lichthaube versehen (bei breiten Stallgebäuden sowie mittigem Futtertisch) oder als Sheddach ausgebildet sein. Im Tierbereich sollen die Seitenwände bis ca. 2,2 m Höhe geschlossen oder verschließbar sein. Darüber befindet sich eine ca. 1,3 m hohe Schlitzwand (Spaceboard) mit 2 cm breiten Schlitzen. Der Schlitzflächenanteil soll etwa 15 % betragen. Außerhalb des Tierbereiches (z. B. an einem einseitigen Futtertisch) kann die Schlitzwand ganzseitig ausgeführt sein. An Stelle der Schlitzwand kann auch ein Windschutznetz angebracht werden.

Prozeßsteuerung

Die Prozeßsteuerung ermöglicht eine tierindividuelle Fütterung und Tierüberwachung auch bei der Gruppenhaltung. Dadurch kann das genetische Leistungspotential jedes Einzeltieres besser ausgeschöpft werden.

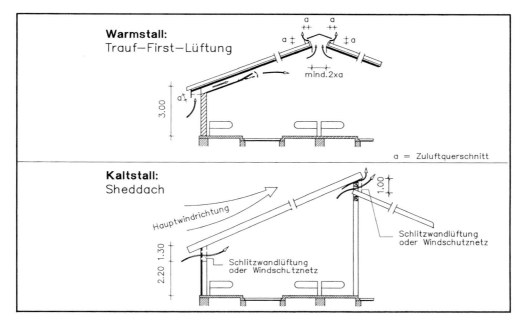

Abb. 4.2.3-3 Freie Lüftungssysteme für Laufställe

Eine umfassende Prozeßsteuerung ist dadurch gekennzeichnet, daß bestimmte Eingangsgrößen (z. B. Futterration) in Abhängigkeit von den Zielgrößen (z. B. Milchleistung) unter Beachtung der Umgebung so geregelt werden, daß dadurch ein optimales Produktionsergebnis erzielt wird. Voraussetzung dafür sind kostengünstige **Identifizierungssysteme**, bestehend aus Transponder (Abb. 4.2.3-4) und Ausleseeinheit (stationär oder mobil). Die Informationen werden von einem Prozeßrechner (PC) angenommen und danach die Fütterung und die Tierüberwachung gesteuert. Damit wird die rechnergestützte Prozeßsteuerung für jedes Einzeltier im Laufstall möglich.

Bei der **rechnergesteuerten Fütterung** wird in einer ersten Stufe die eingegebene Kraftfutterration mittels eines Steuerprogramms dem einzelnen Tier in der Abrufstation zugeteilt. Dabei erfolgt eine Mindest- und Höchstmengenbegrenzung je Freßperiode und gegebenenfalls eine Übertragung des Restfutters auf die folgende Periode.

Gleichzeitig wird der Landwirt über die abgerufene Kraftfuttermenge jedes Tieres informiert. Fütterungsprogramme schätzen zusätzlich die mögliche Grundfutteraufnahme aus Tier-, Fütterungs- und Leistungsdaten (Milchmengenmeßgerät im Melkstand) und errechnen einen Rationsvorschlag.

Bei der **rechnergesteuerten Tierüberwachung** werden Tierdaten eingegeben (z. B. voraussichtliche Abkalbetermine). Es wird laufend die Milchleistung gespeichert, und gegebenenfalls werden zusätzliche Tierdaten mit speziellen Sensoren erfaßt, wie beispielsweise die Körpertemperatur direkt über den Transponder bzw. über die Milchtemperatur oder eine Veränderung der Milchzusammensetzung durch die Messung der elektrischen Leitfähigkeit. Diese Parameter eignen sich für die Früherkennung von Stoffwechselstörungen und Eutererkrankungen.

4 Tiergerechte Nutztierhaltung

Bauart/Applikationen	Preis/Einheit ( ) Zielpreis	Bemerkung
Halsband	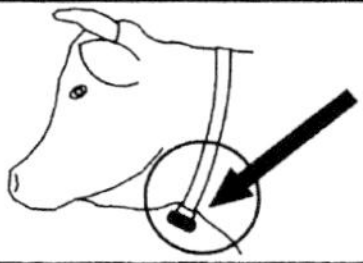 € 35 – 60 DM 70 – 120	wiederverwendbar, nicht fälschungssicher
Ohrmarke	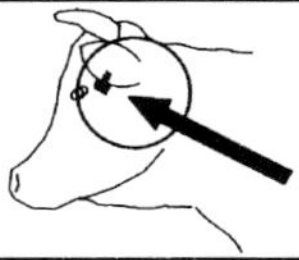 € 5 – 10 DM 10 – 20 (€ 2.50)	nicht fälschungssicher, einfache Verwendung
Injektat	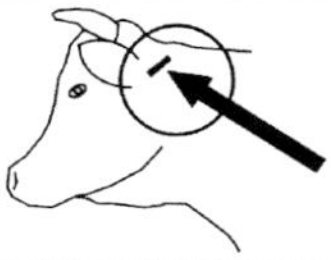 € 5 – 10 DM 10 – 20 (€ 2.50)	fälschungssicher, in Scutulum injiziert
Bolus (im Retikulum oder Pansen)	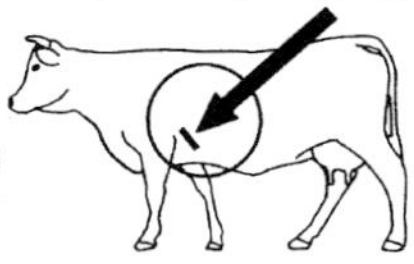 € 5 – 10 DM 10 – 20 (€ 2.50)	ab 3. Monat, einfache Anwendung, fälschungssicher

Abb. 4.2.3–4 Elektronische Tieridentifizierung

Zur Erkennung der Brunst werden Tieraktivität (z. B. über Schrittzähler), Milchtemperatur und Veränderungen in der aktuellen Milchleistung erfaßt.

Melkverfahren

Die Mechanisierung der Melkarbeit bedarf einer optimalen Abstimmung zwischen Kuh, Melktechnik und Arbeitserledigung, da
- die Höhe der Milchleistung und die Eutergesundheit vom sorgfältigen Melken abhängt;
- die Milchqualität wesentlich bestimmt wird durch den fachgerechten Einsatz und die richtige Pflege von Melkmaschine und Milchkühlung;
- 40–50 % der gesamten Stallarbeitszeit auf das Melken entfallen.

Anzustreben sind die Werte nach der Güteklasse I der MILCH-GÜTEVERORDNUNG (1980), nach der 100 000 Keime/ml und 400 000 somatische Zellen/ml nicht überschritten werden dürfen.

Aufgrund der engen Wechselwirkungen zwischen Melkphysiologie und -technik werden an Melkanlagen hohe Anforderungen gestellt. Dazu zählen u. a.:
- ein stabiles Betriebsvakuum an der Zitze,
- eine gleichmäßige Pulsation,
- eine schonende, zügige Milchableitung sowie
- ein leichtes Reinigen der Anlage.

Die technischen Mindestanforderungen für Melkanlagen nach ISO 5707 (1998) sind in Tabelle 4.2.3–1 zusammengestellt.

Teilautomatisierte Melkanlagen erleichtern oder übernehmen Überwachungs- und Routinearbeiten. Folgende Systeme sind von Bedeutung:
- **Stimulationsverfahren** übernehmen bei Melkbeginn durch zeit- und/oder milchflußgesteuerte Veränderung der Pulszahl und/oder der Saugphasenlänge das Anrü-

4.2 Tiergerechte Haltung von Rindern

Tabelle 4.2.3–1 Technische Anforderungen an Melkanlagen nach DIN ISO 5707 (1998)

Merkmal	Anforderungen	erlaubte Abweichung	Bemerkungen
Melkvakuum	40–50 kPa	± 2 kPa	höheres Vakuum = schnelle Milchabgabe, aber höheres Nachgemelk
Vakuumkonstanz (bei 10 l Lufteintritt)	Rohrmelker	Vakuumabsenkung	entsteht bei Melkzeugwechsel; durch Reserveluft auszugleichen
Pumpenleistung (Luftdurchfluß)	Rohrmelkanlage: 150 l/min + 160 l/min je ME[1]		Mindestleistung, die auch von älteren Pumpen erbracht werden muß.
Pulszahl	50–60 DT/min[2]	± 5 %	höherer Saugtaktanteil führt zur schnelleren Milchabgabe, aber zu höherem Nachgemelk; „Hinken" bei Wechseltaktpulsatoren[3]
Pulsverhältnis	50–70 %	± 5 %	
Druckphase	15 %		
Saugtaktdifferenz		± 5 %	
Vakuumleitungen	Innendurchmesser [mm] 25 mm 32 mm 40 mm 50 mm	Pumpleistung [l/min] 300 l/min 300–600 l/min 600–1000 l/min 1000 l/min	gilt nur für Stammleitungen; bei Verzweigungen entsprechend weniger; mindestens 0,4 % Gefälle; keine Rohrwinkel und Verengungen
Milchleitungen	Mindestanforderungen Länge [m]	⌀ [mm]	
• einfache Leitung • Ringleitung	20 m/2 ME 30 m/3 ME 30 m/12 ME 60 m/5 ME	32 mm 38 mm 38 mm 34 mm	keine Steigung in der Leitung; Ringleitungen und Doppeleinlauf in Milchabscheider bevorzugen;

[1] Melkeinheit
[2] Doppeltakte je Minute
[3] Bei Wechseltaktpulsierung kann es vorkommen, daß infolge Verschmutzung oder Verschleiß die Pulskurven für beide Pulsatorseiten nicht mehr absolut deckungsgleich sind. Der Unterschied im Saugtakt wird als Saugtaktdifferenz oder Hinken bezeichnet und in Prozent angegeben (nicht über 5 % Abweichung)

sten, indem durch die Zitzengummibewegung eine intensive Massage der Zitzen erfolgt.
- **Abschaltautomaten** unterbrechen bei einem Milchfluß unter 200 g/min nach einer kurzen Verzögerung den Melkvorgang, um das Blindmelken einzuschränken.
- **Nachmelkautomaten** belasten mittels Druckzylinder und einem Melkzeughaltearm bzw. Milch- und Pulsschlauch die Melkzeuge, um gegen Ende des Melkens das „Klettern" der Zitzenbecher und damit das Abschnüren der Zitzen zu verhindern.
- **Abnahmeautomaten** nehmen die Melkzeuge nach Beendigung des Milchflusses automatisch ab. Dies geschieht – nach Belüftung der Melkzeuge – mit einer Abnahmeschnur oder einem Abnahmearm.

4 Tiergerechte Nutztierhaltung

Automatische Melksysteme (AMS) ermöglichen ein „bedienungsfreies" Melken. Damit soll die Melkperson ersetzt und die strenge zeitliche Bindung an feste Melkzeiten gelockert werden. Darüber hinaus ermöglicht diese Technik aber auch ein artgemäßeres Melken, indem der Zeitpunkt des Milchentzugs nicht wie bislang vom Menschen, sondern vom Produktionsrhythmus des Tieres bestimmt wird („Selbstbedienung"). Anzustreben ist das selbständige Aufsuchen des Melksystems durch die Kühe (Voluntary milking), so daß dieses täglich ca. 23 Stunden in Betrieb ist. Automatische Melksysteme sind in verschiedenen Bauformen möglich (Abb. 4.2.3–5).

Arbeitsorganisation und Arbeitsleistung beim Melken werden durch die verschiedenen Arbeitsverfahren bestimmt (Abb. 4.2.3–6). Melkstände haben gegenüber der Rohrmelkanlage in Anbindeställen eindeutige arbeitswirtschaftliche Vorteile durch:

- aufrechte Arbeitshaltung des Melkers,
- kurze Wege von Kuh zu Kuh,
- hygienische Arbeitsumgebung sowie
- kurze Milchleitungen und damit stabilere Vakuumverhältnisse.

Diese Vorteile führen zu höheren Arbeitsleistungen und besseren melkhygienischen Bedingungen.

4.2.3.3 Anbindeställe

In Anbindeställen werden die Tiere auf eng begrenzter Fläche gehalten, auf der alle Funktionsbereiche vereint sind. Dies zwingt zu Kompromissen bei der Standgestaltung. Vorteile:

- Einzeltierbetreuung und Einzeltierfütterung,
- keine Rangkämpfe zwischen den Rindern,
- geringer Platzbedarf.

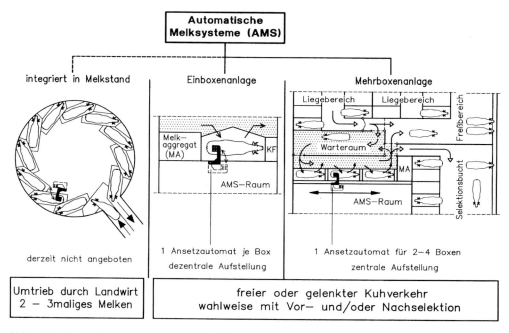

Abb. 4.2.3–5 AMS – Automatische Melksysteme

4.2 Tiergerechte Haltung von Rindern

Arbeits-verfahren	Rohranlagen-Melkstand	2 x 4 Autotandem-Melkstand	2 x 6 Fischgräten-Melkstand	2 x 6 – Side-by-Side-Melkstand	36er-Rotations-Melkstand
Melkzeuge/AK	3–4	8	12	12	12–18
gemolkene Kühe/AKh	15–26	40–60	55–65	60–70	80–100 x)
Kapitalbedarf (Technik) 1000 € 1000 DM	9–14 18–28	35–42 70–85	25–40 50–80	25–35 50–70	125–175 250–350
empfohlene Herdengröße/ Kühe	10–30	ab 80	ab 70	ab 80	ab 400

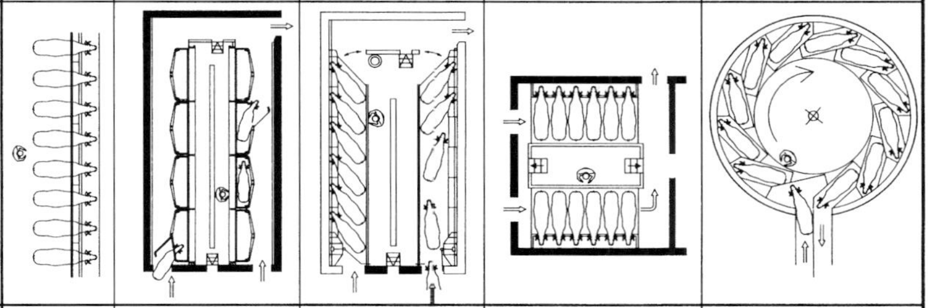

x) Gesamtleistung: 300 Kühe/h bei 3 AK

Abb. 4.2.3–6 Arbeitsverfahren beim Melken

Nachteile:
- erhebliche Einschränkung des Tierverhaltens,
- erschwerte Arbeitsbedingungen beim Melken,
- erhöhte Verletzungsgefahr durch Kombination der Funktionsbereiche auf engem Raum,
- höhere Wärmeansprüche bedingen Warmställe mit höherem Kapitalbedarf.

Wegen der eingeschränkten Haltungsbedingungen sowie der Nachteile in der Arbeitswirtschaft und beim Kapitalbedarf sind Anbindeställe nicht mehr zu empfehlen. Vorhandene Anbindeställe bedürfen häufig einer Sanierung.

Als Folge verschiedener Abmessungen ist zwischen Lang-, Mittellang- und Kurzstand zu unterscheiden. Wegen des hohen Strohbedarfes und der stärkeren Stand- und Tierverschmutzung haben der Langstand (Standlänge > 220 cm) und der Mittellangstand (Standlänge bis 220 cm) keine Bedeutung mehr.

Beim Kurzstand gehört der ganze Bereich über der Krippe zum Bewegungsraum und Ruhebereich der Tiere. Da der Kopfschwung, den die Kuh zum Entlasten der Hinterhand während des Aufstehens benötigt, nach vorne und unten gerichtet ist, sind flexible Krippenwände und eine lockere Anbindung erforderlich. Die wichtigsten Anforderungen und Maße für Kurzstände sind in Abbildung 4.2.3–7 dargestellt.

Anbinde- und Steuerungseinrichtungen

Da eine artgemäße Haltung der Tiere eine lockere Anbindung und eine verlängerte Liegefläche erfordert, müssen die Tiere beim Abkoten durch zusätzliche Steuereinrichtungen nach hinten gedrängt werden, wofür **elektrische Kuhtrainer** üblich sind. Diese schränken aber die arteigene Körperpflege und andere Verhaltensweisen ein, so daß sie

4 Tiergerechte Nutztierhaltung

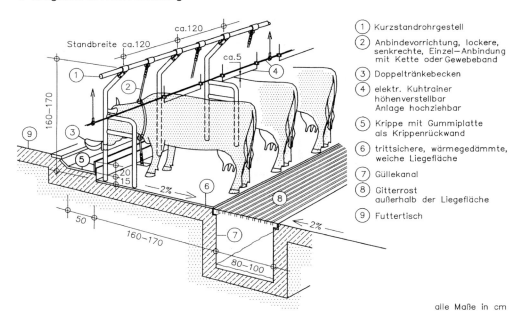

Abb. 4.2.3–7 Einrichtungen und Maße eines Kurzstandes für Milchvieh

aus ethologischer Sicht wenig befriedigen. Andererseits vermindert der Kuhtrainer die Verschmutzung von Liegefläche und Tier erheblich. Ein Verzicht auf ihn würde zu ungünstigeren Standplatzabmessungen und Anbindevorrichtungen führen, die ebensowenig tiergerecht sind (Oswald, 1992). Die Einrichtung von elektrischen Kuhtrainern ist dann vertretbar, wenn die nachfolgend aufgeführten Aspekte Beachtung finden:
- Es dürfen nur Netzgeräte verwendet werden, für die eine Genehmigung vorliegt.
- Der Abstand zwischen Widerrist und Kuhtrainer-Bügel darf 5 cm nicht unterschreiten.
- Der Kuhtrainer darf nicht dauernd eingeschaltet sein. Als Empfehlung gilt der Einsatz an einem oder zwei Tagen pro Woche.
- Vor der Geburt bis einige Tage danach ist der Kuhtrainer-Bügel bis zum oberen Anschlag zu verschieben. Dasselbe Vorgehen empfiehlt sich auch einige Tage vor der zu erwartenden Brunst.

- Generell sollte die Anbindehaltung mit Weidegang oder Auslaufhaltung verbunden werden.

Bei **strohlosen** oder wenig eingestreuten Anbindeställen schließt sich an die Liegefläche bündig ein Gitterrost an, durch den Kot und Harn in den darunter liegenden Fließmistkanal gelangen. Der Gitterrost muß so ausgeführt sein, daß sich die Tiere beim Stehen, Liegen oder Begehen des Rostes nicht verletzten, der Dung möglichst ungehindert in den Kanal fällt, die Reinigung nicht durch unnötige Querstäbe behindert wird und eine lange Haltbarkeit gewährleistet ist. Die Belastung der Klauen steigt mit abnehmender Auftrittsfläche erheblich an, so daß diese nicht kleiner als 20 mm gewählt werden sollten. Geeignete Gitterroste sind in Abbildung 4.2.3–8 dargestellt.

Tägliche Einstreumengen von über 1 kg/Tier/Tag führen zur **Festmistbereitung**, wozu der Kurzstand mit Kotgraben üblich

4.2 Tiergerechte Haltung von Rindern

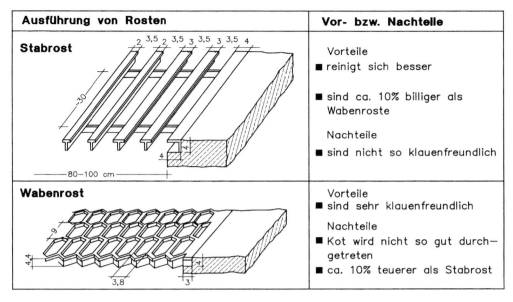

Abb. 4.2.3-8 Kanalroste im Anbindestall für Milchvieh

ist; die Liegefläche endet an einer 20 cm hohen Stufe. Wegen der Verletzungsgefahr für die Klauen und der Tendenz zu mehr Gebärmuttervorfällen sind eingestreute Anbindeställe mit Kotgraben nicht unbedingt tiergerechter.

Freßliegeboxenstall – Diese Stallform ist dem Anbindestall sehr ähnlich. Die Tiere können jedoch den Stand- und Liegeplatz jederzeit verlassen. Es wird versucht, Vorteile der Einzeltierhaltung im Anbindestall mit den Vorteilen des Melkstandes zu verbinden. Da die Tiere in der Freßliegebox gefüttert werden, ist es schwierig, diese Box sauber zu halten – selbst bei verstellbaren Schulterstützen – und den unterschiedlichen Haltungsanforderungen anzupassen. Der Freßliegeboxenstall hat deshalb nur bei der Umrüstung von Anbindeställen eine gewisse Bedeutung.

4.2.3.4 Laufställe

Die Tiere bewegen sich frei in der Herde. Die verschiedenen Funktionsbereiche des Stalles können getrennt ausgeführt und damit optimal gestaltet werden.

Die Vorteile sind:
- tiergerechte Haltungsbedingungen,
- optimierte Funktionsbereiche (vor allem Liegeplatz und Melkstand),
- günstige Arbeitsbedingungen, v. a. beim Melken,
- niedriger Kapitalbedarf bei Kaltställen.

Nachteilig ist dagegen:
- die erschwerte Einzeltierbetreuung sowie
- der größere Flächenbedarf.

Tiergerechte Haltungsbedingungen sowie Vorteile in der Arbeitswirtschaft und beim Kapitalbedarf sprechen eindeutig für den Laufstall. Die Nachteile der mangelnden Einzeltierbetreuung können durch elektronische

4 Tiergerechte Nutztierhaltung

Hilfsmittel weitgehend ausgeglichen werden (s. Kap. 4.2.3.2, *Prozeßsteuerung*). Der Laufstall gilt deshalb als Standardlösung für die Milchviehhaltung. Je nach Ausbildung der Liegefläche sind Tiefstreuställe, Tretmistställe sowie Liegeboxenlaufställe zu unterscheiden.

Tiefstreustall

Hier steht zum Liegen eine breitflächige, eingestreute Liegefläche zur Verfügung. Diese kann vom Lauf- bzw. Freßbereich baulich abgetrennt sein. Der Boden der Liegefläche befindet sich 80–100 cm tiefer als das Laufgangniveau. Die Kühe erreichen die übrigen Funktionsbereiche (z. B. den Freßplatz) über mehrere Stufen (Abb. 4.2.3–9).

Die Liegefläche wird kontinuierlich eingestreut, um den anfallenden Kot und Harn zu binden und zu bedecken und so ein trockenes Lager zu gewährleisten (6–15 kg Stroh/Kuh/Tag). Dadurch wächst die Mistmatratze pro Tag um 0,5–0,8 cm an, bis sie schließlich das Niveau des Lauf- und Freßbereichs erreicht. Die Lauffläche kann mit Spaltenboden ausgelegt oder planbefestigt sein, wobei im zweiten Fall eine mobile oder stationäre Entmistung erforderlich ist.

Tretmiststall

Wesentliches Merkmal ist die bis zu 10 % geneigte Liegefläche, die lediglich im oberen Drittel eingestreut wird. Durch die Fortbewegung der Tiere wird das Stroh verteilt und zusammen mit Kot und Harn in den Mistgang getreten. Zum Liegen werden fast ausschließlich die sauberen oberen zwei Drittel der schrägen Fläche genutzt (Abb. 4.2.3–10). Dies ist bei der Bemessung der Liegefläche zu berücksichtigen; sie soll je Kuh mindestens 3,5 m^2 betragen.

Für Milchvieh hat sich eine Liegeflächenbreite von 5–7 m als zweckmäßig und funktionssicher erwiesen. Bei wesentlichen Abweichungen kann der Mistfluß der Matratze, der im Jahresdurchschnitt bei 3–5 cm/Tag

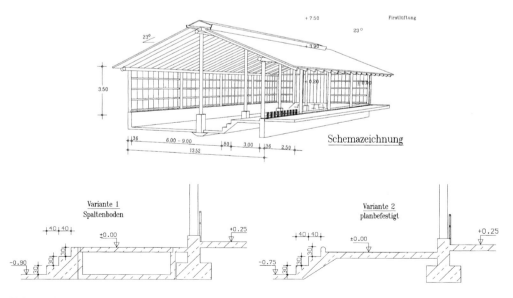

Abb. 4.2.3–9 Rinderstall mit Tiefstreu

4.2 Tiergerechte Haltung von Rindern

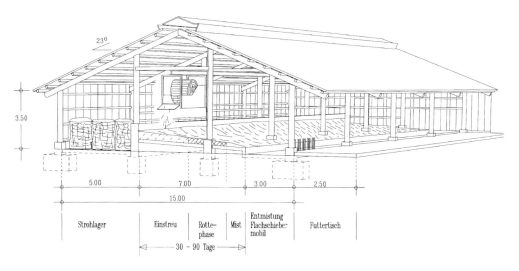

Abb. 4.2.3–10 Funktionsprinzip eines Offenfront-Tretmiststalles

liegt, beeinträchtigt sein und zu einem Anstieg der Matratzenhöhe über das normale Maß (Sommer: 20–30 cm; Winter: 50–70 cm) führen.

Auf der Liegefläche durchläuft der Mist eine ein- bis dreimonatige Rottephase, wobei er sich im Kernbereich auf bis zu 50 °C erwärmt. An der Oberfläche der Mistmatratzen werden auch bei tiefen Stalltemperaturen 20–25 °C gemessen. Sie bietet damit für das liegende Rind auch in der kalten Jahreszeit einen vorzüglichen Wärmeschutz. Im Sommer können die hohen Liegeflächentemperaturen zur Belastung für die Tiere werden. Das Tretmistverfahren ist deshalb besonders für Offenfrontställe und Winterstallhaltung mit Sommerweide in geschlossenen Gebäuden geeignet.

Liegeboxenlaufstall (Abb. 4.2.3–11)

Der Liegeboxenlaufstall bietet folgende Vorteile:

- stroharme bis strohlose Aufstallung,
- bequemer und geschützter Ruheplatz für jedes Einzeltier sowie
- geringer Arbeitszeitbedarf.

Als Nachteil sind die „Möblierung" der Liegefläche mit höherem Kapital- und Arbeitsaufwand und der „gelenkte Kuhverkehr" in den Laufgängen zu nennen.

Liegeboxen (Abb. 4.2.3–12)

Kühe halten sich zu 50–65 % der Zeit stehend oder liegend in der Liegebox auf. Diese muß deshalb ein artgemäßes Abliegen, Liegen und Aufstehen ermöglichen sowie die Tiere so ausrichten, daß die Liegefläche nicht verschmutzt. Im einzelnen ist zu beachten:

- Ausreichender Kopfschwungraum: Dieser ist erforderlich, damit das aufstehende Tier nicht behindert wird. Eine Bugkante und ein Nackenriegel hindern die Kühe, zu weit nach vorne in die Box zu treten. Für

4 Tiergerechte Nutztierhaltung

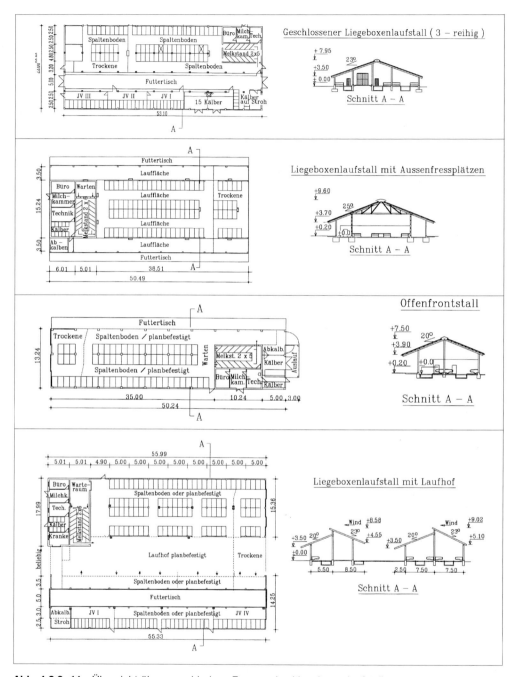

Abb. 4.2.3–11   Übersicht über verschiedene Formen des Liegeboxenlaufstalles

4.2 Tiergerechte Haltung von Rindern

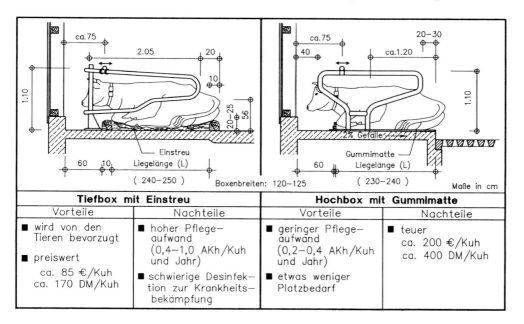

Abb. 4.2.3.12 Wandliegeboxen mit weicher Liegemulde oder mit Kotstufe

das „Schwungholen" beim Aufstehen nutzen die Kühe bei gegenständigen Boxen den Kopfraum der gegenüberliegenden Bucht.
- Verstellbarer Nackenriegel: Er zwingt die Kühe beim Stehen nach hinten zu treten und außerhalb der Box zu koten. Statt des Nackenriegels kann auch ein straff gespanntes Seil oder Gummiband verwendet werden. Die richtige Einstellung der Nackenbegrenzung trägt wesentlich zum Anteil an sauberen Kühen und Boxen bei.

Besondere Sorgfalt ist auf die Gestaltung der Seitenbegrenzungen zu verwenden. Sie sollen
- Seitenlage mit gestreckten Beinen ermöglichen,
- Festliegen verhindern sowie
- verletzungsfreies Niederliegen und Aufstehen zulassen.

Das erfordert stabile, nach hinten abgerundete Seitenabtrennungen mit ausreichendem unteren Freiraum (35–45 cm). Letzterer ermöglicht es den Kühen, beim Liegen die Beine durchzustrecken. Freitragende Seitenabtrennungen sind zu empfehlen.

Der Bodenbelag muß den Anforderungen an Wärmeschutz, Trittsicherheit, Elastizität und Haltbarkeit entsprechen.

Hochboxen müssen eine ausreichende Wärmedämmung aufweisen und mit einem elastischen Belag ausgelegt werden. Zum Mistgang hin ist eine Stufe von 20–25 cm vorzusehen. **Tiefboxen** haben eine Schüttung aus Stallmist mit Häcksel- oder Langstroh, Sand bzw. Baumrinde. Die Liegefläche wird gegenüber der Lauffläche durch eine 20–25 cm hohe, abgerundete Holzschwelle begrenzt.

Die Liegeboxenmaße werden von den Körpermaßen der Kuh und der Boxenform bestimmt. Daraus errechnet sich eine Boxenlänge von 230–260 cm und eine Boxenbreite von 115–125 cm. Wandständige Boxen müssen um 10–20 cm länger als gegenständige sein.

Laufflächen und Entmistungssysteme
Laufflächen dienen den Kühen zum Erreichen der verschiedenen Versorgungsbereiche im Stall wie Freßplatz, Tränke, Liegeplatz und Melkstand. Im Liegeboxenlaufstall halten sich Kühe im Durchschnitt 2,5–4 Stunden auf den Laufgängen auf und legen dabei eine mittlere Wegstrecke von 500–700 m pro Tag zurück.

Aus den Mindestanforderungen zur Wahrung der Sozialdistanz zwischen den Tieren (s. Kap. 4.2.3.1) leiten sich Laufgangbreiten für den Freßbereich von > 3,5 m und zwischen Liegeboxenreihen von > 2,5 m ab. Bei längeren Liegeboxenreihen ist alle zwölf bis 15 Boxen ein Durchlaß mit 2,2–2,4 m Breite als Querverbindung vorzusehen.

Die Laufflächen sollten trocken, trittsicher und „klauenschonend" gestaltet sein, d. h. den Klauenabrieb ermöglichen und Verletzungen infolge gefährlicher Kanten ausschließen.

Kot und Harn auf den Laufflächen sind regelmäßig zu beseitigen (keine feuchten Klauen, weniger NH_3-Emissionen).

Dazu eignen sich:
- **Spaltenboden-Laufflächen:** Harn und Kot wird von den Tieren laufend durch die Schlitze getreten. Am besten werden die geforderten Funktionsmaße (Balkenbreite 8 cm, Schlitzweite 3,0–3,5 cm) mit dem Spaltenbodenrost erreicht.
- **planbefestigte Laufflächen mit Flachschieberreinigung:** Durch die geringe Höhe des Dungschiebegerätes von 15–25 cm und die geringe Vorschubgeschwindigkeit von 3–5 m/min können die Tiere über den Schieber steigen und werden von ihm nicht behindert.

Folgende Grundsätze sind bei der Planung von Liegeboxenlaufställen zu beachten:
- Liegeflächen bzw. Liegeboxen sollen so angeordnet werden, daß durchgehende Entmistungsachsen entstehen. Sackgassen sind zu vermeiden, damit schwächere Tiere bei Angriffen problemlos ausweichen können.
- Der Tierumtrieb zum Melken muß vom Liegebereich über den Melkstand zum Freßplatz erfolgen, damit die Kühe möglichst ohne Nachtreiben den Melkstand betreten. Bei kleineren und mittleren Herdengrößen können die Laufgänge zwischen den Liegeboxenreihen zusätzlich als Warteplatz dienen (je Kuh etwa 1,5 m^2). In größeren Herden ist ein Warteraum am Melkstand empfehlenswert.
- Auf das gewünschte Freßplatz-/Tierverhältnis ist zu achten. Die Anordnung der Liegeboxenreihen soll eine Gruppeneinteilung ermöglichen. Trockenstehende Kühe sind abgetrennt, aber u. U. im gleichen Stall zu halten. Bei Grund-/Kraftfuttermischungen sollen hochlaktierende Kühe eine eigene Gruppe bilden.
- Abkalbebuchten sollen in Melkzentrumsnähe sein. Die abgesonderten Tiere müssen einen Zugang zum Freßplatz erhalten. Sichtkontakt zur übrigen Herde soll möglich sein. Nur in großen Herden werden Abkalbebuchten in Gebäuden außerhalb des Liegeboxenstalls untergebracht.
- Spaltenboden-Laufflächen (vgl. Abb. 4.2.4–2) sollen eine Balkenbreite von 8 cm und eine Schlitzweite von 3,0–3,5 cm aufweisen. Mit Spaltenbodenrosten können die gestellten Anforderungen am besten erfüllt werden.
- Für planbefestigte Laufflächen benötigt man Flachschieber oder mobile Entmistung, vor allem bei Liegeboxen mit mehr als 0,1 kg Einstreu pro Kuh und Tag. Flachschieber reinigen die Laufflächen mehrmals täglich auf Wunsch auch automatisch. Die geringe Bauhöhe des Dungschiebers von weniger als 25 cm und die Vorlaufgeschwindigkeit von weniger als 5 m/min ermöglicht es den Kühen, dem Schieber auszuweichen. Mobile Entmistungsgeräte erfordern entsprechende Rangierflächen und sind vor allem in Verbindung mit Laufhöfen üblich.

4.2 Tiergerechte Haltung von Rindern

Teilspaltenböden sind besonders arbeitssparend und fördern den Klauenabrieb. Planbefestigter Boden ist mit Sorgfalt zu gestalten, er ist häufig zu glatt. Die Kühe können so kaum Positionen zur Körperpflege einnehmen und sind in der Lokomotion eingeschränkt (sie gehen mit tiefgehaltenem Kopf). In Abbildung 4.2.3–11 sind verschiedene Baulösungen für Liegeboxenlaufställe dargestellt.

Laufhöfe

Bewegung im Freien und Kontakt mit dem Außenklima, vor allem mit dem Sonnenlicht, sind wesentliche Bedürfnisse der Milchkühe. Deshalb sind bei geschlossener Laufstallhaltung Laufhöfe wünschenswert. Wenn den Tieren im Stall ein ausreichend großer Bewegungsraum zur Verfügung steht, dann genügen bei starkem Bedürfnis (Sonnentage im Herbst, Regentage im Sommer) 3,5 m²/Tier. Die durchschnittliche Aufenthaltsdauer erhöht sich, wenn pro Tier 15 m² Laufhoffläche zur Verfügung stehen. Durch die Ausstattung des Laufhofes mit Kratzbürsten, Tränke und Raufe verlagern sich Aktivitäten vom Stallinnern ins Freie (van Caenegem u. Krötzl Messerli, 1997).

Ein Vergleich von Anbinde- und Laufstall zeigt, daß bei richtiger baulicher Gestaltung die Tiere im Laufstall artgemäßer gehalten werden können.

Tierleistung und Fruchtbarkeit

Untersuchungen über die Höhe der **Milchleistung** ergaben keine gesicherten Unterschiede zwischen den einzelnen Stallformen; lediglich bei der Umstellung vom Anbinde- zum Laufstall muß mit einem vorübergehenden Leistungsabfall gerechnet werden. Andererseits ist im Laufstall von einem geringfügig höheren Futteraufwand als im Anbindestall auszugehen. Unterschiede bestehen dagegen in der **Fruchtbarkeitserkennung**. Obwohl im Anbindestall die Tiere eigentlich besser beobachtet werden können, ist das Erkennen der Brunst schwieriger, weil die äußeren Anzeichen nicht so deutlich werden wie im Laufstall. Längere Zwischenkalbezeiten sind meistens die Folge.

Verfahrenstechnische Kriterien
(Tab. 4.2.3–2)

Geringerer Kapital- und Arbeitszeitbedarf sprechen bei Herden über 40 Kühen auch aus verfahrenstechnischer Sicht für die Laufstallhaltung. Eingestreute Laufställe bieten den Tieren einen höheren Komfort, erfordern aber einen höheren Arbeitszeitbedarf und wegen der Stroh-/Mistkette höhere Verfahrenskosten. Aus wirtschaftlicher Sicht ist deshalb unter allen Stallformen der Boxenlaufstall mit wenig Einstreu die beste Lösung.

Tabelle 4.2.3–2 Verfahrenstechnische Bewertung der Milchviehställe

Stallform	Arbeitszeitbedarf (AKh/Kuh × a)				Gebäude		Kapitalbedarf [DM] Anzahl der Plätze				Strohbedarf [kg/Tier/Tag]
	20	40	80	> 120	[m²/Tier]	Wärmedämmung	20	40	80	> 120	
Anbindestall	64	58	–	–	7,0	+	16 000	12 000	–	–	0–1,2
Boxenlaufstall											
• warm		42	30	25	10,0	+	–	14 000	12 000	11 000	0–1,0
• kalt		43	31	26	10,0	–	–	11 000	9 000	8 000	0,5–1,5
Tiefstreustall		48	34	28	10,8	–	–	9 900	7 300	6 400	6–15
Tretmiststall		48	34	28	9,8	–	–	9 300	6 900	5 900	4,5–6

4.2.3.5 Bewertung der Haltungsverfahren für Milchvieh

Technopathien

Sehr häufig ist die Erkrankungsrate nicht Folge eines Haltungssystems, sondern der Gestaltung in einem bestimmten Verfahrensbereich. Generell treten aber in **Anbindeställen** gehäuft Schäden an den Sprunggelenken sowie Zitzenverletzungen auf. Ersteres ist Folge unzureichender Standabmessungen, mangelnder Liegeflächenausbildung bzw. mangelnder Einstreu, letzteres die Konsequenz einer zu geringen Rutschfestigkeit von Boden und Gitterrost. In **Laufställen** treten wesentlich weniger Schäden auf als im Anbindestall; nur bei Klauenerkrankungen ist es umgekehrt (SCHRÖDER u. SCHUBERT, 1971; zit. nach MOLZ, 1989).

In Laufställen ist die Ausführung der Laufflächen von entscheidender Bedeutung. Bei planbefestigten Laufflächen kann es bei mangelnder Flüssigkeitsableitung zu einer Häufung von Klauenerkrankungen unterschiedlicher Art kommen. Bei Spaltenböden mit Spaltenweiten von 35 mm und mehr kommt es zu erhöhten Klauenbelastungen und als Folge auch hier zu einer höheren Krankheitsanfälligkeit. Spaltenböden aus Einzelelementen besitzen eine geringe Rutschfestigkeit. Einem regelmäßigen Klauenbad und der Klauenpflege kommt in Laufställen große Bedeutung zu.

Schäden an Karpus und Tarsus werden bei Boxenlaufställen vor allem in Zusammenhang mit dem Ausruhen verursacht (MOLZ, 1989). Die Schadenssituation ist stark abhängig von Liegeflächenmaterial und Einstreustärke in der Liegebox. Lokale Umfangsvermehrungen an der Schulter, teilweise auch die an Nacken und Widerrist treten in Zusammenhang mit der Fütterung auf. Ursachen sind zu niedriges Freßniveau des Futtertisches bzw. Freßgitter mit ungünstigem Nackenriegel. Weidegang und Ausläufe mindern die Schadensträchtigkeit. Die Häufigkeit von Schäden und ihr Ausmaß ist zusätzlich vom sozialen Rang der Kuh abhängig. Bei rangtiefen Herdenmitgliedern ist die Schadensträchtigkeit im Laufstall weit größer als bei ranghohen. Jede Abweichung vom Optimum der Haltungstechnik verschärft zunächst die Situation für die rangniedrigsten Kühe (HEINZLER, 1990).

4.2.3.6 Besonderheiten im ökologischen Landbau

Die ökologischen Verbände fordern übereinstimmend, Milchvieh zumindest während des Sommerhalbjahres Weidegang zu gewähren. Wo dies nicht möglich ist, muß mindestens ein ganzjährig zugänglicher Auslauf im Freien zur Verfügung stehen (vgl. Kap. 4.2.1.5, Tab. 4.2.1–2, 4.2.1–4 und 4.2.1–5).

Die Lauffläche muß im Auslauf und Laufstall rutschfest und trittsicher sein. Spaltenböden müssen sich in technisch einwandfreiem Zustand befinden. In Laufställen muß für jedes Tier ein Freß- und ein Liegeplatz vorhanden sein. Liegeboxen müssen durch ihre Maße und Ausführung ein artgemäßes Hinlegen, Liegen und Aufstehen gewährleisten.

Nach der Verordnung (EG) Nr. 1804/1999 des Rates der EU ist es untersagt, Tiere im ökologischen Landbau in Anbindung zu halten. Abweichungen bedürfen der Genehmigung durch die Kontrollbehörde und sind nur für einen Übergangszeitraum bis 2010 möglich. Die Anbindung darf den natürlichen Hinlege- und Aufstehvorgang nicht behindern. Den Kühen sollte außerdem die Möglichkeit gegeben werden, in Bewegung zu kalben. Deshalb ist die Einrichtung einer Abkalbebox anzustreben. Elektrische Kuhtrainer sind bei allen Verbänden verboten.

4.2.4 Rinderaufzucht und Rindermast

Die Rinderaufzucht umfaßt die Altersspanne von sechs Monaten bis zur Zuchtnutzung als Milchvieh (ab ca. 27 Monate) und als Zuchtbullen (ab ca. 15 Monate). Genutzt als Mastvieh werden vorwiegend männliche Tiere im Alter von zwei Monaten bis zur Geschlechtsreife mit 17 Monaten, in geringerem Ausmaß auch Färsen. Die Ochsenmast hat in der Schweiz einige Bedeutung; in Deutschland ist ihr Anteil an den Mastrindern gering. Traditionell wird an der schleswig-holsteinischen Nordseeküste Ochsenmast betrieben. Sie geschieht dort bei Weidehaltung in der Marsch. In den übrigen Regionen Mitteleuropas überwiegt die intensive Rindermast in Ställen. Dabei werden bei Mastbullen tägliche Zunahmen von über 1000 g, bei Färsen etwa 700 g erzielt. Rinderaufzucht und Rindermast stehen bei sinkenden Rindfleischpreisen unter erheblichem Kostendruck. Wesentlichen Einfluß auf die Wirtschaftlichkeit haben Kosten der Bestandsergänzung (ca. 33 %), Futterkosten (ca. 33 %) sowie Kapital- und Arbeitskosten (ca. 25 %).

4.2.4.1 Verhaltensbedingte Anforderungen

Bewegungsverhalten

Jungrinder haben, wie alle Jungtiere, großen **Bewegungsdrang**. Sie sollten nicht ganzjährig in Anbindeställen gehalten werden; anzustreben ist die Haltung in Laufställen mit Zugang zu Frischluft und Sonneneinstrahlung (Offenfrontställe bzw. Laufhöfe). Im Sommerhalbjahr empfiehlt sich Weidehaltung. In den Alpen und in deren Vorland sollte die Älpung genutzt werden. Die geringen Zuwächse können durch das kompensatorische Wachstum bei der Talhaltung aufgeholt werden. Im Winterhalbjahr und bei Stallhaltung sind Laufställe angemessen. In der zweiten Hälfte der Trächtigkeit, keinesfalls aber unmittelbar vor der zu erwartenden Geburt, sollten die Färsen in die Milchviehhaltung eingegliedert werden.

Da bei Mastbullen die Pubertät im Alter von ca. zehn Monaten einsetzt, sind die Tiere zum Zeitpunkt der Schlachtung längst geschlechtsreif. Diese Tatsache bedingt, daß die Tiere sowohl Verhaltensweisen der Fortpflanzung als auch des aggressiven Sozialverhaltens zeigen. Sie bespringen einander, und Rangordnungskämpfe werden ernsthafter. Beide Funktionskreise sind verletzungsträchtig. Deshalb ist es bei Laufstallhaltung gerechtfertigt, vorher durch entsprechende Maßnahmen das Wachstum der Hörner zu verhindern (s. Kap. 4.2.2.2, Enthornen bei Kälbern). Das Betreten einer Bucht mit älteren Mastbullen sollte nur unter äußerster Vorsicht und in Begleitung einer zweiten Person geschehen.

Da die Unruhe mit zunehmender Zahl der Rinder steigt, sollte die Gruppengröße 15 Tiere nicht überschreiten und eine Fluktuation innerhalb der Gruppe vermieden werden. Ein weiterer Vorteil der begrenzten Tierzahl ist die größere Übersichtlichkeit des Bestandes. Klauenpflege ist wegen des geringen Alters, welches diese Tiere erreichen, im allgemeinen nicht erforderlich. Untersuchungen sollten nicht in der Bucht vorgenommen werden; das Tier ist zuvor von der Gruppe zu isolieren. Die Anbindehaltung von Mastbullen ist abzulehnen. Färsen und Ochsen lassen sich unproblematisch auf der Weide halten. Bei der Weidehaltung von Mastbullen muß besonderer Wert auf eine ausbruchsichere Umzäunung gelegt werden. Das gilt insbesondere in der Nähe verkehrsreicher Straßen.

Futteraufnahme und Tränke

Rinder sind darauf eingestellt, täglich viele Stunden mit der **Futteraufnahme** zu verbringen. Durch die intensive Fütterung bei der Stallhaltung geht die tägliche Futteraufnahme von sechs bis sechseinhalb Stunden im Alter von fünf Monaten auf ca. vier Stunden mit zwölf Monaten zurück. Deshalb lecken und knabbern die Tiere häufig an der Stalleinrichtung herum, oder es entwickeln sich Verhaltensstörungen, wie z.B. das „Zungenspielen". Auch das gegenseitige Besaugen der Präputien bei Mastbullen sowie Harnsaufen könnten eine Folge der

Unterbeschäftigung bei der Futteraufnahme sein.

Anzustreben ist eine Ad-libitum-Fütterung mit einer rohfaserreichen Grundfutter-/Kraftfuttermischung (Futtermischwagen) ohne Selektionsmöglichkeit der Einzelkomponenten durch die Tiere. Die Freßplatzbreite pro Tier sollte bei 100 kg schweren Mastrindern 40 cm, bei 600 kg schweren Mastrindern 70 cm betragen. Ein Freßplatz-/Tierverhältnis von 1:1 ist anzustreben. Für jede Tiergruppe sollte Zutritt zu zwei Tränkebecken (in Trennwänden) möglich sein.

Klimaansprüche

Rinder sind temperaturtolerant, wenn eine trockene und windgeschützte Liegefläche angeboten wird. Umgebungstemperaturen von über 25 °C führen zu einer verminderten Futteraufnahme. Die Wärmeproduktion der Rinder steigt mit zunehmender Lebendmasse.

Der optimale Bereich für die Luftfeuchte liegt bei 60–80 %. Lang anhaltende Werte über 80 % (mangelnde Lüftung!) führen im Winter zur erhöhten Wärmeableitung und begünstigen damit das Auftreten von Erkältungskrankheiten. Des weiteren sind im Liegebereich Luftgeschwindigkeiten unter 0,2 m/s anzustreben. Die Stallgasbildung entspricht der der Milchkühe und ist in Kapitel 4.2.1.2 dargestellt.

4.2.4.2 Haltungsverfahren

Die Haltungsverfahren für Rinderaufzucht und -mast werden in Einzel- und Gruppenhaltung eingeteilt. Bei der **Einzeltierhaltung** stellt nur der **Kurzstand** sicher, daß Futter auf Vorrat gegeben werden kann und Harn und Kot befriedigend abgeleitet werden. Das körperliche Wachstum der Rinder erfordert eine stetige Anpassung des Standes (Tab. 4.2.4–1). Die starken Einschränkungen des Tierverhaltens rechtfertigen diese Stallform nur bei Sommerweidegang, Kleinstbeständen und bei Magerviehzukauf (250–400 kg

Tabelle 4.2.4–1 Abmessungen von einstreulosen Kurzständen für Mastbullen und Aufzuchtrinder

Gewichtsentwicklung [kg]	Standlänge [cm]	Standbreite [cm]
bis 300	120	70–80
bis 600	140	90–100

Lebendgewicht/Tier) aus unterschiedlichen Beständen, weil damit soziale Auseinandersetzungen reduziert werden können.

Die **Gruppenhaltung** setzt voraus, daß sich die Tiere bereits im Kälberalter aneinander gewöhnen. Dabei sind Gruppen bis zu 15 Tieren gleichen Alters und gleichen Gewichts anzustreben. Die Gruppenhaltung entspricht eher den Anforderungen des Tierschutzes und ermöglicht arbeits- und kapitalsparende Verfahren. Die einzelnen Stallformen sind in Abbildung 4.2.4–1 gegenübergestellt.

Tiefstreustall

Bei dieser Stallform ist die gesamte Liegefläche eingestreut, wobei das frische Einstreumaterial auf die vorhandene Mistmatratze verteilt wird. Damit der Freßplatz erreichbar ist, sind Betonstufen (40 · 30 cm) erforderlich. Breite Tore und herausnehmbare Buchtenabtrennungen sind für das periodische Ausmisten notwendig.

Die Buchtenabmessung wird von folgenden Faktoren bestimmt:
- Tierzahl in der Gruppe,
- Freßplatzbreite für das Einzeltier (ohne Umtrieb 70 cm),
- Flächenbedarf je Tier (2–3 m^2).

Der Einstreubedarf und damit auch der Arbeitszeitbedarf wird von der baulichen Gestaltung bestimmt. Bei abgetrennten Laufflächen kann der Strohbedarf erheblich gemindert werden, da der Kot, der beim Fressen anfällt, separat entsorgt wird; allerdings ist dann zusätzlich eine Flüssigmistkette erforderlich (Spaltenboden oder planbefestigte

4.2 Tiergerechte Haltung von Rindern

Stallform	Strohbedarf	Stallfläche m²/Tier	Akh/Tier u. Jahr	Bewertung
Tiefstreuställe				
Einraumtiefstreustall 	bis 15 kg/GV und Tag			extrem hoher Strohbedarf, da Freßplatz nicht abgetrennt, einfache Bauweise, für vorübergehende Nutzung von Altgebäuden
Tiefstreustall mit planbefestigter Lauffläche 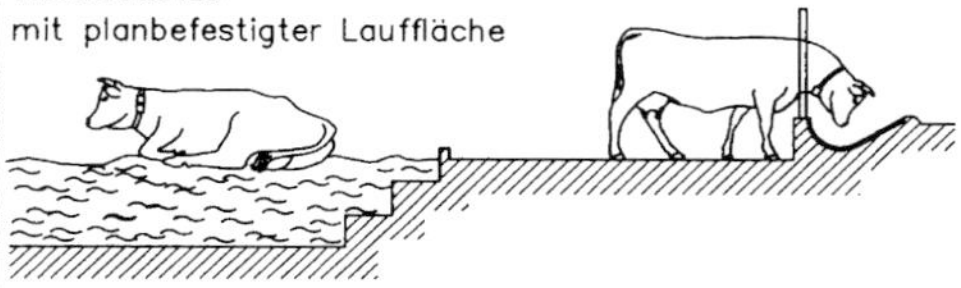	4–6 kg/GV und Tag	6–7	8	hoher Strohbedarf, Aufwand für mechanische Entmistung oder Arbeitsaufwand für Abschieben des Laufganges und Öffnen der Absperrgitter, besonders für extensive Rinderaufzucht geeignet
Tiefstreustall mit Spaltenbodenlauffläche 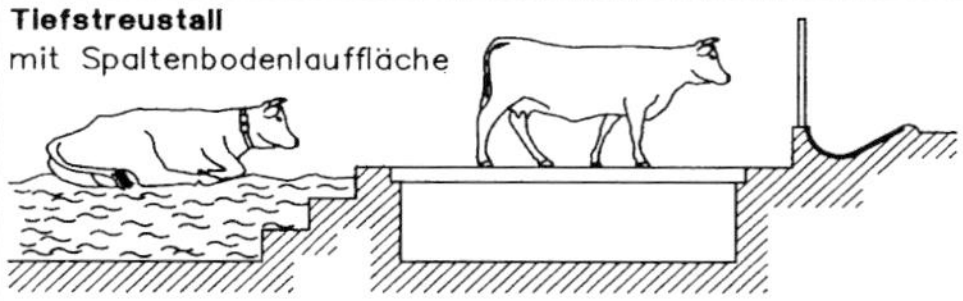	4–6 kg/GV und Tag			hoher Strohbedarf, günstige arbeitswirtschaftliche Bedingungen, feste Gruppenabtrennung, höherer Bauaufwand, Fest- und Flüssigmist
Tretmistställe				
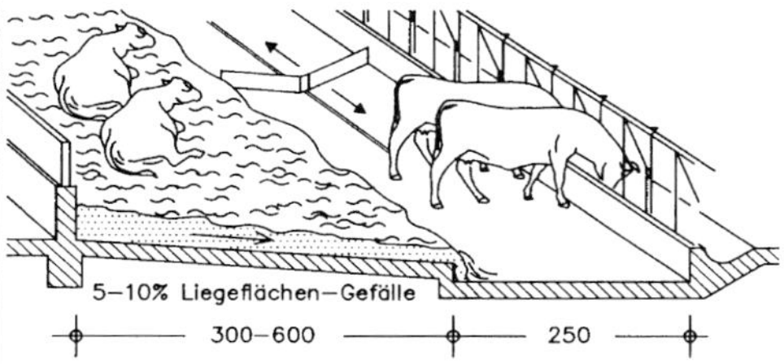 (5–10% Liegeflächen-Gefälle, 300–600, 250)	3–4 kg/GV und Tag	6–7	7,5	mittlerer Strohbedarf, Aufwand für mechanische Entmistung, Rinderaufzucht und Rindermast in Außenklimaställen, Festmist
Liegeboxen-Laufstall				
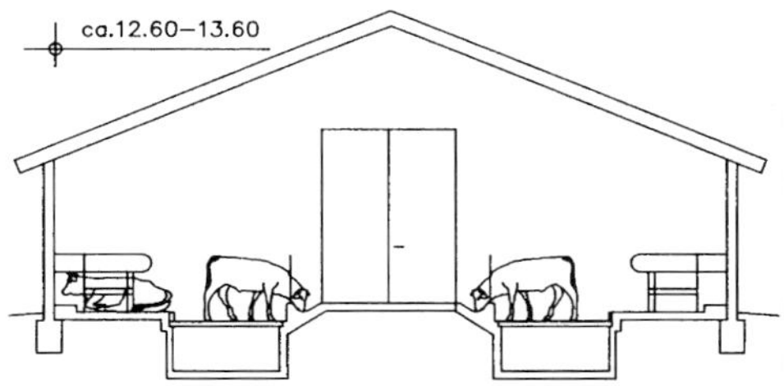 ca. 12.60–13.60	0,05–0,3 kg/GV und Tag	6–8	6	nur für Rinderaufzucht in Verbindung mit Liegeboxen-Laufstall für Kühe
Vollspaltenbodenstall				
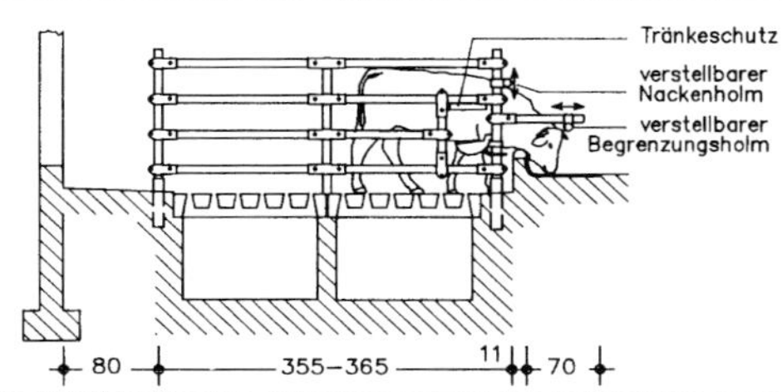 Tränkeschutz, verstellbarer Nackenholm, verstellbarer Begrenzungsholm (80, 355–365, 11, 70)	0,0 kg/GV und Tag	4	5,5	nur für Rindermast

Abb. 4.2.4–1 Stallformen für die Gruppenhaltung bei der Rinderaufzucht und -mast

4 Tiergerechte Nutztierhaltung

Lauffläche). Auch die Fütterung übt einen großen Einfluß aus. Energiereiche Futterrationen mit hohem Maisanteil führen zu trockenem Kot. Der Einstreubedarf sinkt dadurch.

Tretmiststall

Beim **Tretmiststall** liegt die Liegefläche höher als die Lauffläche am Freßplatz; sie weist ein Gefälle von 5–10 % auf. Am oberen Ende der Liegefläche wird bandförmig eingestreut. Es bildet sich eine Mistmatratze, die von den Tieren in Richtung des Gefälles allmählich hinuntergetreten wird. Die Entmistung am Freßplatz erfolgt mit Traktor, Flachschieber oder Schubstange. Bei einer Sonderform des Tretmiststalles wird auf einen speziellen Mistgang verzichtet und der Kot unter der angehobenen Futterkrippe auf den Futtergang getreten und von dort abgeschoben. Von der Einstreumenge hängt einerseits die Sauberkeit der Tiere, andererseits aber auch die Mistkonsistenz ab. Ab einer täglichen Einstreumenge von 3 kg/GVE entsteht Festmist. Mit zunehmender Einstreumenge verbessert sich die Sauberkeit der Tiere, allerdings nimmt der Arbeitsbedarf zu.

Die **Mindestabmessung** für die Breite des Laufganges am Freßplatz beträgt 2,5 m, für die Liegefläche ebenfalls 2,5 m. Eine Anpassung an unterschiedliche Tiergrößen ist in der Regel nur durch eine veränderte Freßplatzbreite möglich.

Liegeboxenlaufstall

Beim **Liegeboxenlaufstall** kann die **Jungviehaufzucht** strohlos oder stroharm betrieben werden (s. Kap. 4.2.3.4, *Liegeboxenlaufstall für Kühe*). Neben den allgemeinen Anforderungen an die Liegeboxen (vgl. Abb. 4.2.3–12) müssen die Abmessungen der Liegeboxen dem Alter und Gewicht der Tiere angepaßt werden (Tab. 4.2.4–2). Liegeboxenlaufställe für Jungvieh können, genau wie beim Milchvieh, mit Spaltenböden oder planbefestigten Laufflächen kombiniert werden.

Diese Stallart eignet sich besonders für die Jungviehaufzucht, um die Färsen an die spätere Haltung in Liegeboxenlaufställen zu gewöhnen. Für die Bullenmast sind sie wegen der Harnabscheidung auf die Liegefläche der Box nicht geeignet.

Vollspaltenbodenstall

Beim Vollspaltenbodenstall stehen, liegen und fressen die Rinder in einer einstreulosen Bucht, deren Boden aus Spaltenrosten besteht. Durch den Spaltenboden fließt der Harn ab, während der Kot teilweise durchfällt und teilweise von den Tieren durchgetreten wird. Dadurch entfallen sämtliche Einstreu- und Entmistungsarbeiten.

Der **Spaltenboden** ist der wichtigste Bestandteil dieses Haltungssystems. Er muß trittsicher sein, den Klauen der Rinder eine ausreichend feste Auftrittsfläche geben und das Ableiten von Kot und Harn bzw. das Durchtreten des Kotes gewährleisten (Abb. 4.2.4–2). Dies erfordert eine vom Gewicht

Tabelle 4.2.4–2 Liegeboxenabmessungen (nach ALB Bayern, 1993)

Alter [Monate]	Tiergewicht [kg]	Boxenlänge [cm]	Liegefläche Länge [cm]	Breite [cm]	Trennrahmenhöhe [cm]
bis 12	bis 300	175	140	80	80
12–20	300–400	195	155	95	90
20–28	400–500	215	165	110	100
über 28	500–750	240	180	120	110

4.2 Tiergerechte Haltung von Rindern

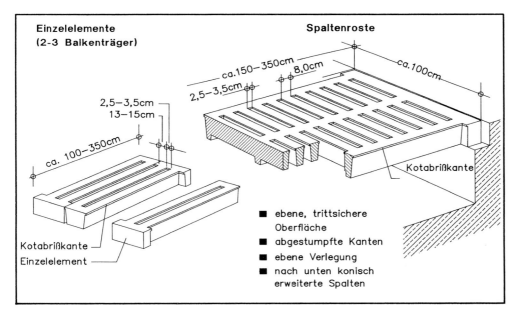

Abb. 4.2.4-2 Spaltenböden für Rinder

der Tiere abhängige Spaltenweite von 25–30 mm und einen Spaltenanteil von 25–27 % der Gesamtfläche. Dies ermöglicht einen guten Kotdurchlaß bei ausreichenden Aufstandsflächen für die Klauen. Bautechnische Forderungen sind in DIN 18908 „Fußböden für Stallanlagen" (1992) und DIN 1045 „Beton- und Stahlbetonbau" (1988), auf europäischer Ebene in DIN EN 12737 „Spaltenböden aus Beton für die Tierhaltung" (Entwurf vom Mai 1997) festgelegt.

Buchtenabmessung und Buchtenformen werden von der Tierzahl je Bucht, dem Flächenbedarf je Tier, dem Freßplatz-/Tierverhältnis sowie der Freßplatzbreite bestimmt.

Tierzahl je Bucht
Die günstigste Gruppengröße liegt zwischen 15 und 12 Tieren. Kleine Gruppen erfordern eine zu starke Unterteilung des Stalles und damit einen zu hohen Kapitalbedarf. In Gruppen über 15 Tiere steigt die Unruhe der Rinder, und die Tierbeobachtung wird erschwert.

Flächenbedarf je Tier
Das Sauberhalten der Bucht wird wesentlich von der Belegungsdichte bestimmt. Trotzdem muß jedem Tier eine ausreichende Liegefläche und ein ausreichender Bewegungsraum beim Fressen zur Verfügung stehen. Je nach Tiergröße sind 2–3 m^2 Buchtenfläche erforderlich.

Freßplatz-/Tierverhältnis und Freßplatzbreite
Die Freßplatzbreite ist ebenfalls vom wachsenden Tier abhängig (47 cm bei 250 kg bis etwa 77 cm bei 700 kg Lebendgewicht). Bei Umtriebbuchten werden in der Anfangsmast 50 cm und in der Endmast ca. 70 cm Freßplatzbreite notwendig, bei Rein-/Rausbuchten ist von vornherein eine Freßplatzbreite von 70 cm erforderlich. Das Freßplatz-/Tierverhältnis soll 1:1 betragen.

4 Tiergerechte Nutztierhaltung

4.2.4.3 Bewertung der Haltungsverfahren

Technopathien

Eine gefürchtete Erkrankung bei Mastrindern ist die Schwanzspitzennekrose. Sie tritt gehäuft bei Vollspaltenboden auf. Ursachen sind vor allem hohe Besatzdichte und eine Spaltenweite über 3,5 cm. Die Schwanzspitzennekrose wird vor allem durch Klauentritte, Einklemmen des Schwanzes in Spalten sowie Aufweichen der Haut durch Harn und Kot ausgelöst.

Ein prophylaktisches Amputieren des Schwanzes ist nach § 6 des Tierschutzgesetzes verboten. Die zuständige Behörde kann eine befristete Erlaubnis zur Kürzung des bindegewebigen Endstückes von unter drei Monate alten Kälbern erteilen, sofern dies für die vorgesehene Nutzung zum Schutz der Tiere unerläßlich ist.

Tierverhalten

Bei der **Rinderaufzucht** ist im Sommer die Weidehaltung, im Winterhalbjahr die Laufstallhaltung anzustreben. Angemessen sind Tiefstreuställe (Tiefstreulaufställe), Tretmistställe und Liegeboxenlaufställe mit einer dem Wachstum der Tiere angepaßten Boxengröße. Die Zahl der Liegeboxen sollte der Zahl der Gruppenmitglieder entsprechen. Bei in Gruppen gehaltenen Färsen führt die Vergrößerung der eingestreuten Liegefläche zu einer Synchronisation des Liegeverhaltens und zu einer deutlichen Verringerung der Aggressionen (Nielsen et al., 1997). Vollspaltenbodenstall und Anbindestall sollten wegen mangelnder Artgemäßheit bei der Rinderaufzucht gemieden werden.

In der **Rindermast** sind Anbindeställe wegen der gravierenden Einschränkung des Bewegungsverhaltens abzulehnen. Die übliche Haltungsform, der Vollspaltenbodenstall, entspricht nicht allen verhaltensbedingten Anforderungen, insbesondere beim Liegen. Deshalb darf die Belegdichte nicht so hoch sein, daß die Liegefläche und das Bewegungsbedürfnis der Tiere übermäßig eingeschränkt wird. Die Zahl der Freß- und Liegeplätze muß der Zahl der Tiere in der Gruppe entsprechen.

Verfahrenstechnik

Die **verfahrenstechnischen Kriterien** der Rinderaufzucht und -mast sind ebenfalls in Abbildung 4.2.4–1 dargestellt. Besonders die arbeitswirtschaftlichen Kriterien Arbeitszeit- und Strohbedarf sprechen in der Rinderaufzucht für den Liegeboxenstall und in der Rindermast trotz verhaltensbedingter Mängel für den Vollspaltenbodenstall. Wegen des deutlich geringeren Kapitalbedarfes (bis zu 50 %) ist auch der Tretmiststall als Außenklimastall eine Alternative.

4.2.4.4 Besonderheiten im ökologischen Landbau (vgl. Kap. 4.2.1.5)

Bei der Haltung von Jungrindern als Nachzucht und bei Mastrindern muß im ökologischen Landbau für genügend Bewegungsmöglichkeit gesorgt werden. Es sollte Weidegang bzw. Auslauf im Freien vorhanden sein. Bei Laufställen sollte ein Auslauf eingeplant werden. Anbindung ist nur für über ein Jahr alte Jungrinder im Winterhalbjahr zulässig. Dauernde Anbindehaltung ist verboten. Nach Möglichkeit sollen sich auch Mastrinder ganzjährig frei bewegen können. Ist das nicht der Fall, dann werden an den Anbindestall erhöhte Anforderungen gestellt, und es muß immer wieder vorübergehend Weidegang bzw. Auslauf möglich sein. Bei Laufstallhaltung wird ganzjährige Auslaufmöglichkeit oder Weidegang (während der Vegetationsperiode) angestrebt.

Höchstens ein Teil des Bodens darf perforiert sein. Spaltenböden im Laufbereich sind als Spaltenroste auszuführen. Die Liegeflächen sind mit Einstreu zu versehen. Die Belegdichte ist so zu gestalten, daß dem Bewegungsbedürfnis der Tiere Rechnung getragen wird. Die Zahl der Freß- und Liegeplätze muß mindestens der Zahl der Tiere in der Gruppe entsprechen.

4.2.5 Mutterkuhhaltung

Als Mutterkuhhaltung wird bezeichnet, wenn das Kalb nach der Geburt nicht von der Kuh entfernt, sondern während der Säugeperiode bei ihr belassen wird. Von der Mutterkuhhaltung ist die Ammenkuhhaltung zu unterscheiden. Hier werden entweder der Kuh weitere Kälber hinzugegeben, oder das eigene Kalb der Kuh wird entfernt, und der Kuh werden ausschließlich fremde Kälber zugeführt (Zweinutzungsrassen: 2 Kälber/Kuh; Milchrassen: bis zu 4 Kälber/Kuh). Die wirtschaftlichen Rahmenbedingungen lassen bei der Mutterkuhhaltung nur geringe Bauinvestitionen zu (z. B. ganzjährige Weidehaltung, einfache Offenfront-Gebäude, Altgebäudenutzung).

4.2.5.1 Verfahrenstechnik der Mutterkuhhaltung

Rassen

Für die Mutterkuhhaltung ist, ausgenommen von milchbetonten Rassen, eine Vielzahl von Rinderrassen geeignet (Tab. 4.2.5–1). Die traditionellen Fleischrassen kommen vor allem aus Großbritannien, Frankreich und Italien. In den letzten Jahren sind etliche Rassen hinzugekommen, deren Haltung in Mitteleuropa bisher nicht üblich war. In großer Zahl werden Robustrinder gehalten. Sie sind

Tabelle 4.2.5–1 In der Mutterkuhhaltung in Mitteleuropa eingesetzte Rassen bzw. Arten

Rasse	Herkunftsland	Nutzungsrichtung	Gewicht ausgewachsener Kühe [kg]	Erstkalbealter (in Monaten)
Aberdeen-Angus	GB	F	500	25
Hereford	GB	F	600	36
Shorthorn	GB	F	650	27
Welsh Black	GB	F	650	34
Luing	GB	F	700	33
Highland	GB	L	500	36
Galloway	GB	L	450	36
Charolais	F	F	800	34
Limousin	F	F	700	36
Blonde d'Aquitaine	F	F	800	33
Salers	F	Z	700	35
Weißblaue Belgier	B	F	750	32
Piemonteser	I	F	550	
Fleckvieh	D, CH	Z	700	28
Pinzgauer	A, D	Z	700	
Gelbvieh	D	Z	700	28
Hinterwälder	D	Z	450	
Deutsch Angus	D	F	600	27
Brahman	USA	F	600	
Zwergzebu	?	L	250	36
Bison	USA, Kanada	Wildform	500	36
Yak	Himalaya	L	240	36

F = Fleischrasse
Z = Zweinutzungsrasse
L = Land- bzw. Robustrasse

4 Tiergerechte Nutztierhaltung

anspruchslos und besonders unempfindlich gegen Witterungsunbilden. Hervorgehoben werden soll, daß auch kleinrahmige Rassen wie Hinterwälder und Zwergzebus gehalten werden. Wegen ihres geringen Gewichts verursachen diese Rassen kaum Trittschäden; sie können auch in ansonsten schlecht nutzbaren Feuchtgebieten gehalten werden. Kleinrahmige Rassen haben zudem den Vorteil der leichten Geburt. In den letzten Jahren werden in Mitteleuropa zunehmend Bisons und Wisente, in Einzelfällen auch Yaks und Wasserbüffel gehalten.

Haltungsformen

Die gute Adaptationsfähigkeit von Rindern läßt grundsätzlich bei entsprechendem Witterungsschutz eine **ganzjährige Weidehaltung** zu. Die Winterabkalbung schließt eine Weidehaltung während der kalten Jahreszeit aus. Kühe neigen dazu, sich zum Abkalben von der Herde abzusondern. Schutzhütten werden zum Abkalben nicht angenommen. Insbesondere unmittelbar nach der Geburt, aber auch in den folgenden Wochen ist mit einer Unterkühlung der Kälber zu rechnen, die eine erhöhte Krankheitsanfälligkeit und Verluste zur Folge haben kann. Gegen Weidehaltung Ausgang des Winters spricht zudem die starke Zerstörung der Grasnarbe bei entsprechender Besatzdichte.

Winterabkalbung im Stall hat den Vorteil, daß die Geburten in die für die Landwirtschaft arbeitsarme Zeit fallen. Die Tiere können so während dieser komplikationsreichen Phase ausreichend kontrolliert werden. Wird der Bulle Anfang März zu den Kühen gelassen, dann sind bei einer Tragzeit der Tiere von ca. 280 Tagen die ersten Kälber Mitte Dezember zu erwarten. Solche Kälber verlassen zu Beginn der Weideperiode den Stall genügend robust, sie können im Herbst gegen Ende der Weideperiode abgesetzt und vermarktet werden. Beim Zulassen des Bullen sind die ältesten Kälber nahezu drei Monate alt. Insbesondere die Bullenkälber sind dann bereits an brünstigen Kühen interessiert und werden vom Bullen wie Rivalen behandelt. Eine wesentliche Verletzungsgefahr ist hiermit allerdings nicht verbunden.

Haltung des Bullen

Eine übliche Vermarktungsstrategie ist, die nicht für die Nachzucht benötigten Jungrinder im Herbst zwecks Schlachtung zu verkaufen. Sie sollen dann ungefähr gleichschwer, also gleichalt sein. Dies wird erreicht, wenn der Bulle Anfang März zu den Kühen gelassen wird und etwa zwei Monate bei der Herde bleibt. Diese Zeit umfaßt drei Fortpflanzungszyklen von je 21 Tagen. Von pathologischen Fällen abgesehen, werden deutlich über 90 % der Kühe tragend. Die ersten Geburten liegen um den 10. Dezember.

Wenn der Bulle im folgenden Jahr erneut Anfang März zur Herde gelassen wird, haben die Kälber ein Alter von ein bis drei Monaten. Sie sind dann durch den Deckbetrieb nicht mehr gefährdet und können den erwachsenen Rindern ausweichen.

Bei Primitiv- und Robustrindern wird der Bulle oft das ganze Jahr bei der Herde gelassen. Das gilt auch für Bestände von Selbstvermarktern, die ständig schlachtreife Jungtiere haben wollen. Hier kann es vorkommen, daß der Bulle gegenüber Neugeborenen aggressiv wird; Verletzungen und Todesfälle können die Folge sein. Bei jüngeren Bullen ist damit zu rechnen, daß sich diese Aggressionen mit zunehmendem Alter legen. Ist dies nicht der Fall, dann muß der Bulle als nicht zuchttauglich abgeschafft werden.

Bei Stallhaltung muß die Boxenbegrenzung genügend hoch und stabil sein, um ein Ausbrechen des Bullen zu verhindern. Bullen sollten nicht getrennt von Kühen auf der Weide gehalten werden. Vor allem reicht ein elektrischer Weidezaun, im Gegensatz zu Kühen, nicht aus, um sie am Entkommen zu hindern.

Um die Unfallgefahr mit Bullen in der Mutterkuhhaltung zu mindern, sind folgende Vorsichtsmaßnahmen zu berücksichtigen:

- Einbringen des Bullen in die Herde nur während einer kurzen Deckperiode;
- zusätzliche Absicherung von Weiden, in denen Zuchtbullen in der Kuhherde laufen;
- Durchführung von Arbeiten in der Herde mit mindestens zwei Personen unter Absonderung des Bullen;
- Vorsehen einer Fluchtmöglichkeit, z.B. Schlepper oder PKW;
- Einsatz von sachkundigen Personen;
- Kennzeichnung der Weiden mit Warnschild.

4.2.5.2 Weidehaltung

Sie sollte, zumindest im Sommerhalbjahr, fester Bestandteil jeder Mutterkuhhaltung sein. Auch im Winter ist Weidehaltung möglich. Die Tiere legen sich sogar in den Schnee oder lassen sich einschneien. Wenn auf dem Rücken von Kühen Schnee liegt, dann ist dies nicht Zeichen der Unterkühlung, sondern der Beweis dafür, daß ein genügend dichtes und langes Winterfell eine ausreichende Isolierung schafft. Voraussetzung ist allerdings ein guter Ernährungszustand. Beeinträchtigt werden kann das Wohlbefinden von Rindern bei starkem Wind, Niederschlägen und Temperaturen um 0 °C. Häufig wird weniger die Kälte als vielmehr die Hitze für die Mutterkuhhaltung auf der Weide zum Problem.

Deshalb muß stets, sommers wie winters, ein **Witterungsschutz** vorhanden sein. Nur bei Robustrindern, z.B. Highland, Galloway, Bison und Yak, genügt im Winter winddämmende Vegetation (Nadelbäume). Andere Rassen benötigen eine Schutzhütte oder ähnliche Einrichtungen. Es reicht eine pultförmige, an einer Längsseite offene Hütte einfacher Ausführung. Die offene Seite sollte nach Süden gerichtet sein, damit die Sonnenwärme genutzt und die Hauptwindrichtung gemieden werden kann. Kühe bevorzugen weiche Liegeplätze an auf Strohballen errichteten Windschutzwällen. Das Stroh dient zugleich als Rauhfutterquelle.

Für Kälber, gleichgültig um welche Rinderart und -rasse es sich handelt, ist im Winter in jedem Fall eine Schutzhütte erforderlich. Ist eine solche nicht vorhanden, dann ist der Fortpflanzungszyklus entsprechend zu regeln. Durch entsprechendes Absondern des Bullen ist zu verhindern, daß in den Monaten Dezember bis Februar Geburten stattfinden.

Rinder, die im Winterhalbjahr auf der Weide gehalten werden, sind bei der Nahrungsaufnahme vollständig auf **Zufütterung** angewiesen. Das Futter sollte möglichst so angeboten werden (z.B. Raufen), daß weder Kühe noch Kälber auf dem Futter stehen können und es vollkoten. Die unmittelbare Umgebung des Futterplatzes entwickelt sich Ausgang des Winters häufig zu einem tiefgründigen Morast. Deshalb ist ein häufiges Wechseln des Futterplatzes oder ein Befestigen (z.B. Beton) der Fläche empfehlenswert.

Bei Weidehaltung ist eine bei allen Temperaturen funktionierende und für alle Tiere erreichbare **Wasserversorgung** zu gewährleisten. Das kann über natürliche Wasserflächen geschehen, wobei hier stets die erhöhte Leberegelgefahr berücksichtigt werden muß. Tränken sind vor dem Einfrieren zu sichern. Eine laktierende Kuh benötigt im Tagesdurchschnitt eine Wassermenge von 30–60 Liter. Wassermangel erhöht die Gefahr von Ausbrüchen.

Zur Sicherheit von Tier und Mensch ist ein **ausbruchsicherer** Zaun erforderlich. Zwar gilt auch hier, daß eine gute Weide der beste Zaun ist, doch das genügt nicht. Der Zaun um eine mit einer Mutterkuhherde beschickten Weide muß genügend stark sein, um dem Bullen zu widerstehen, und ausreichend dicht, um Kälber am Entweichen zu hindern. Die Ansprüche des Landschaftsschutzes sind dabei zu beachten.

Ausgebrochene Rinder können in kurzer Zeit beträchtliche Entfernungen zurücklegen und waren schon häufig Ursache schwerwiegender Unfälle. Futter- und/oder Wassermangelsituationen, ungewohnte Wetterlagen (Gewitter, anhaltender Regen, große

Hitze) sowie Ektoparasitenbefall können Ausbrüche begünstigen.

Des weiteren kommt es in der Zeit von Mai bis September zu gehäuften Ausbrüchen, wobei Rinder in der Nacht häufiger ausbrechen als am Tag.

Kälber haben in den ersten Lebenswochen lange Liegezeiten. Sie neigen dazu, sich vor dem Hinlegen von der Herde abzusondern. Bevorzugter Aufenthaltsort für dieses „Lying out" (KÖNIG, 1997) ist höhere Vegetation. Auf der Suche nach geeigneten Plätzen schlüpfen die Kälber häufig durch Zäune. Eine weitere Gefahr sind Wasserflächen wie Weiher, Bäche oder Gräben. Die Kälber können sich aus eigener Kraft aus Wasser und Sumpf nicht befreien.

Gegenmaßnahmen bestehen im Abmähen der hohen Ufervegetation und regelmäßigen Kontrollen der Kälber. Auf großen Weiden sollten für die Kälber an geeigneter Stelle umzäunte, nur für sie begehbare Areale abgetrennt werden, die dann zum Ruhen bevorzugt aufgesucht werden. Diese Gebiete sollen nicht gemäht werden. Ein teilweiser Bewuchs mit Büschen ist wünschenswert.

4.2.5.3 Stallhaltung

Für die Stallhaltung werden meist Altgebäude genutzt, da Neubauten wirtschaftlich nur selten vertretbar sind. Üblich sind folgende Stallformen (Tab. 4.2.5–2).

Zweiraum-Tiefstreustall

Der gesamte Stallraum ist aufgeteilt in einen Liegebereich und einen Freßbereich. Schließt der Liegebereich unmittelbar an den Freßbereich an, so sollte mit einer teilweisen Absperrung die Ruhe im Liegebereich gesichert werden.

Je nach Anordnung erfolgt die Entmistung des Freßbereiches mit einem Entmistungstraktor oder einer Flachschieberanlage. Im Liegebereich wird auf das Mistpolster aufgestreut und nach einer längeren Aufstallungsperiode mit dem Frontlader entmistet.

Tretmiststall (Abb. 4.2.5–1)

Hier eignen sich besonders Offenfront-Tretmistställe, die genauso angeordnet sind wie bei der Rinderhaltung. Zweiraum-Tiefstreustall und Tretmiststall erleichtern die Anordnung des Kälberbereiches, der entweder

Tabelle 4.2.5–2 Stallsystem für die Mutterkuhhaltung (nach ALB BAYERN, 1993)

Aufstallungsform	Flächenbedarf o. Futtertisch [m²/Kuh]	Strohbedarf [kg/GV/Tag]	Bewertung
Zweiraum-Tieflaufstall	14	5–6	einfaches Stallsystem mit geringem Einrichtungsaufwand, mit hohem Strohbedarf und hohem Stallflächenbedarf, gute Eignung für Umbau
Tretmiststall	10	3–5	einfaches Stallsystem mit geringem Einrichtungsaufwand, mit mittlerem Strohbedarf und geringem Stallflächenbedarf, gute Eignung für Umbau
Liegeboxen-Laufstall	12	0–1	einfaches Stallsystem mit höherem Einrichtungsaufwand, mit geringem Strohbedarf und mittlerem Stallflächenbedarf, Bewegungseinschränkungen durch Liegeboxen, Gefahren für Kälber

4.2 Tiergerechte Haltung von Rindern

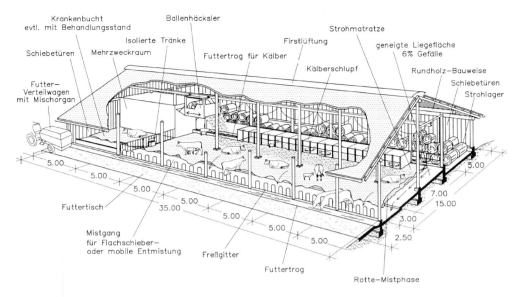

Abb. 4.2.5–1 Offenfront-Tretmiststall für 40 Mutterkühe

seitlich an die Liegefläche der Kühe anschließt oder beim Tretmiststall auch an der Oberseite der Liegefläche angeordnet sein kann.

Liegeboxen-Laufstall

Der Kälberbereich wird vor oder bei 2reihiger Liegeboxenanordnung zwischen die Liegeboxen gelegt. Außerdem muß ein Abkalbebereich eingeplant werden.

Der Platzbedarf pro Tier richtet sich im wesentlichen nach Rasse (klein-, mittel- oder großrahmig) und danach, ob die Tiere hornlos oder gehörnt sind. Bei der Bemessung der Tierzahl bei einem vorhandenen Stall muß bei großrahmigen Rassen deshalb – je nach Stallsystem – von einem Platzbedarf von mindestens 8 m^2/Tier (hornlos) bzw. 10 m^2/Tier (gehörnt) ausgegangen werden.

Auslauf

Der Auslauf hat den Vorteil, daß die Tiere Wahlmöglichkeit in bezug auf den Aufenthaltsort haben. Das gilt im Hinblick auf Licht, Luft, Temperatur und andere Faktoren. Doch gerade im Winter kommen Situationen vor, unter denen sich alle Tiere im Stall aufhalten möchten. Deshalb verringern Ausläufe nicht den Platzbedarf im Stall. Die Größe des Auslaufs ist nicht an bestimmte Bedingungen gebunden. Hat der Laufhof keine weitere Ausstattung, genügen 3,5 m^2 pro Kuh. Bei Außenfütterung, und wenn Tränke und Kratzbürste sich im Auslauf befinden, steigt die Benutzungsdauer. In solchen Fällen ist eine größere Fläche (5 m^2/Tier) erforderlich. Tunlichst sollte sich der Auslauf an der Südseite des Stalles befinden, um klimatisch begünstigt zu sein. Vorteilhaft ist eine zumindest teilweise Überdachung. Der Boden muß befestigt und seine Oberfläche genügend rutschfest sein. Pfützen und Eisbildung sind durch eine genügende Neigung und regelmäßiges Abräumen des Kotes zu verhindern.

4 Tiergerechte Nutztierhaltung

Kälberschlupf

Für die Kälber ist ein Kälberschlupf einzurichten. Damit dort sowohl die Kälber im Alter von einigen Monaten als auch die Nachzucht Platz finden, ist pro Kalb eine Fläche von 1,5 m² vorzusehen. Der Kälberschlupf soll für die Kühe gut erreichbar sein. Seine Abgrenzung muß genügend stabil sein, damit er sowohl den Kühen als auch dem Bullen beim Deckbetrieb standhält. Der Kälberschlupf ist stets mit Einstreu guter Qualität zu versehen. Er enthält des weiteren eine eigene Tränke, einen Trog für Aufzuchtfutter und eine Raufe, die mit Heu guter Qualität beschickt werden sollte. Der Zugang zum Kälberschlupf muß in der Breite und der Höhe verstellbar sein, um ihn jederzeit der Größe der Kälber anpassen zu können.

Bullenboxen

Abgesehen von Land- und Robustrassen – hier ist er üblicherweise das ganze Jahr bei der Herde – sollte der Bulle zeitweilig getrennt von den Kühen gehalten werden. Die Box für den Bullen sollte sich nicht in unmittelbarer Nähe der Kühe befinden, um ihn nicht in einem ständigen Erregungszustand zu halten. Fleischrinder, insbesondere die britischen Rassen, sind z. T. extrem frühreif. Es muß deshalb verhindert werden, daß die Färsen für den Bullen und ältere Bullenkälber erreichbar sind.

Des weiteren sind **Abkalbe- und Krankenboxen** vorzusehen. Die Krankenbox sollte aus hygienischen Gründen nicht gleichzeitig als Abkalbebox dienen.

4.2.5.4 Besonderheiten im ökologischen Landbau

Mutterkühen ist im Sommerhalbjahr Weidegang zu gewähren. Wo dies nicht möglich ist, muß mindestens ein Auslauf im Freien ganzjährig zugänglich sein. Bei Stallhaltung sollte zum Abkalben eine gesonderte Bucht zur Verfügung stehen. Ansonsten gelten dieselben Richtlinien wie beim Milchvieh.

Literatur

ADR – Arbeitsgemeinschaft deutscher Rinderzüchter e. V.: Rinderproduktion in der Bundesrepublik Deutschland, 1997. ADR, Bonn (1998).

AGÖL – Arbeitsgemeinschaft ökologischer Landbau in Deutschland e. V.: Rahmenrichtlinien für den Ökologischen Landbau. Stiftung Ökologie & Landbau (SÖL), Bad Dürkheim (1996).

ALB – Arbeitsgemeinschaft landwirtschaftliches Bauen Bayern: Grub. Arbeitsblatt Nr. 02.03.15 Liegeboxen für Kühe und Färsen (1993); Arbeitsblatt Nr. 02.07.01 Ställe für Mutterkuhhaltung (1993).

Bauförderung Landwirtschaft: Kälberhaltung, Jungvieh, Rindermast, Jungviehhaltung. Baubriefe Landwirtschaft 35, Landwirtschaftsverlag GmbH, Münster-Hiltrup (1994).

Biokreis Ostbayern e. V.: Richtlinien Landwirtschaft-Gartenbau. Biokreis e. V. Passau (1998.)

Bioland: Bioland-Richtlinien für Pflanzenbau, Tierhaltung und Verarbeitung. Göppingen (1998).

Bruce, J. M.: Lower critical temperatures for housed beef cattle. Farm Building Progress 84 (1986) 23–28.

Bundesamt für Veterinärwesen: Richtlinien für die Haltung von Rindvieh. Bern (1998).

CIGR – Commission Internationale du Genie Rural: Report of working group on climatisation of animal houses. Scottaspress Publishers Limited, Aberdeen (1984).

Demeter: Erzeugerrichtlinien für die Anerkennung der Demeter-Qualität. Forschungsring für biologisch-dynamische Wirtschaftsweise e. V., Darmstadt (1998).

Hartung, J.: Zur Einschätzung der biologischen Wirkung von Spurengasen in der Stalluft mit Hilfe von zwei bakteriellen Kurzzeittests. VDI-Verlag, Düsseldorf (1988).

Heinzler, B.: Schäden bei Milchvieh im Boxenlaufstall in Zusammenhang mit Sozialverhalten, Haltungstechnik und tierhalterischer Qualifikation des Betreuungspersonals. Vet. med. Diss., München (1990).

Hörndl, S.: Ektoparasiten bei Rindern. Diss. agr., Weihenstephan (1984).

Knierim, U.: Wissenschaftliche Untersuchungsmethoden zur Beurteilung der Tiergerechtheit. KTBL-Schrift 377, Landwirtschaftsverlag GmbH, Münster-Hiltrup (1998) 40–50.

König, J.: Lying out – Gefährliches Spiel der Neugeborenen. Fleischrinder-Journal 1 (1997) 24–27.

Kramer, A., B. Haidn, H. Schön: Energieströme beim liegenden Rind – Einflüsse der Liegefläche. In: Institut für Landtechnik, TU-München (ed.): Bau, Technik und Umwelt in der landwirtschaftlichen Nutztierhaltung. Beiträge zur 4. Internat. Tagung, Weihenstephan (1999).

Molz, C.: Beziehungen zwischen haltungstechnischen Faktoren und Schäden beim Milchvieh in Boxenlaufställen. Vet. med. Diss., München (1989).

Naturland: Richtlinien für den naturgemäßen Landbau. 4. Fassung (1996).

Nielsen, L. H., L. Mogensen, C. Krohn, J. Hindhede, J. T. Sörensen: Resting and social behaviour of dairy heifers housed in slatted floor pens with different sized bedded lying areas. Appl. Anim. Behav. Sci. 54 (1997) 307–316.

Oswald, T.: Der Kuhtrainer. FAT-Bericht Tänikon (1992) 37.

Schröder, H., G. Schubert: Gesundheitliche Schäden bei Milchkühen in Abhängigkeit der Einrichtung eines Anbindestalles bzw. eines Boxenlaufstalles über die Stallperiode 1966/67 bis 1968/69 beobachtet. KTBL-Schrift (1971).

Sommer, H.: Kälberverluste vermeiden, aber wie? Milchpraxis 33 (1995) 12–15.

van Caenegem, L., H. Krötzl Messerli: Der Laufhof für den Milchvieh-Laufstall; ethologische und bauliche Aspekte. FAT-Bericht Tänikon (1997) 493.

Wechsler, B.: Erwartungen an eine tiergerechte Haltungsumwelt. Schweiz. Arch. Tierheilkd. 134 (1992) 127–132.

Rechtsgrundlagen, Empfehlungen, Normen u. ä.:

DIN 18910: Wärmeschutz geschlossener Ställe. Wärmedämmung und Lüftung, Planungs- und Berechnungsgrundlagen. Beuth Verlag GmbH, Berlin (1992).

DIN 18908 „Fußböden für Stallanlagen" Beuth Verlag GmbH, Berlin (1992).

DIN 1045 „Beton- und Stahlbetonbau" Beuth Verlag GmbH, Berlin (1988).

DIN EN ISO 12737 „Spaltenböden aus Beton für die Tierhaltung" Beuth Verlag GmbH, Berlin (1997).

DIN ISO 5707 „Landmaschinen – Melkanlagen – Konstruktion und Leistungen" Beuth Verlag GmbH, Berlin (1998).

Tierschutzgesetz. I. d. F. d. Bek. v. 25. Mai 1998 (BGBl. I S. 1105, ber. S. 1818).

Tierschutz-Verordnung, Schweiz (1981). In der revidierten Fassung von 1998 (AS 1998 2303).

Vereinbarung der österreichischen Bundesländer zum Schutz von Nutztieren in der Landwirtschaft i. d. F. v. 19.9.1995, Österreich (1995).

Verordnung des EVD über besonders tierfreundliche Stallhaltungssysteme (BTS-Verordnung), Schweiz. Vom 7. Dezember 1998.

Verordnung des EVD über den regelmäßigen Auslauf von Nutztieren im Freien (RAUS-Verordnung), Schweiz. Vom 7. Dezember 1998.

Verordnung über die Direktzahlung an die Landwirtschaft (DZV – Direktzahlungsverordnung), Schweiz. Vom 7. Dezember 1998.

Verordnung über die Güteprüfung und Bezahlung der Anlieferungsmilch (Milch-Güteverordnung) vom 9. Juli 1980 (BGBl. I S. 878, 1081) zul. geänd. d. Art. 6 d. V vom 03.02.1997 (BGBl. I S. 144).

Verordnung zum Schutz von Kälbern bei der Stallhaltung (Kälberhaltungsverordnung). Vom 22. Dezember 1997 (BGBl. I S. 3328).

Verordnung (EWG) Nr. 2092/91 des Rates über den ökologischen Landbau und die entsprechende Kennzeichnung der landwirtschaftlichen Erzeugnisse und Lebensmittel (2092/91/EWG). Vom 24. Juni 1991 (ABl. Nr. L 198, S. 1, ber. d. ABl. Nr. 220 vom 8. August 1991, S. 22).

VO (EG) Nr. 1804/1999 des Rates vom 19.07.1999 zur Einbeziehung der tierischen Erzeugung in den Geltungsbereich der Verordnung (EWG) Nr. 2092/91 über den ökologischen Landbau und die entsprechende Kennzeichnung der landwirtschaftlichen Erzeugnisse und Lebensmittel. (Amtsblatt der EU, L222 vom 24.08.1999).

Weiterführende Literatur

Bauförderung Landwirtschaft (ed.): Milchviehhaltung. Baubriefe Landwirtschaft 39. Landwirtschaftsverlag GmbH, Münster-Hiltrup (1998).

Boxberger, J., H. Eichhorn, H. Seufert: Stallmist – fest und flüssig: Entmisten, Lagern und Ausbringen. Beton Verlag, Düsseldorf (1994).

Brunsch, R., O. Kaufmann, Th. Lüpfert: Rinderhaltung in Laufställen. Verlag Eugen Ulmer, Stuttgart (1996).

Damm, Th.: Stallbau. Landwirtschaftsverlag GmbH, Münster-Hiltrup (1997).

Eckert, B.: Untersuchungen über Vorkommen und Pathogenese der Schwanzspitzenentzündung bei Mastrindern. Vet. med. Diss., München (1988).

Grauvogl, A.: Artgemäße und rentable Nutztierhaltung. Verlags Union Agrar, München (1997).

Haidn, B., H. Seufert: Kostenanalyse eingestreuter und strohloser Haltungsverfahren für Milchvieh. DLG Arbeitsunterlage (1996).

Haidn, B., H. Schürzinger, A. Kramer, S. Christl, S. Huber: Vergleich kostengünstiger und tiergerechter Laufställe für Milchvieh mit Einstreu. In: Bayerisches Staatsministerium für Ernährung, Landwirtschaft und Forsten (ed.): „Gelbes Heft" 57. Selbstverlag, München (1997).

Herrmann, H. J.: Einfluß unterschiedlicher Bodenausführung von Laufflächen auf das Verhalten und die Klauengesundheit von Kühen. In: ALB – Arbeitsgemeinschaft landwirtschaftliches Bauen, Hessen (ed.): Bericht 65, Kassel (1997).

Klindtworth, M., G. Wendl: Die elektronische Kennzeichnung von Rindern mit Injektation. In: Institut für landwirtschaftl. Verfahrenstechnik, Universität Kiel (ed.): Bau, Technik und Umwelt in der landwirtschaftlichen Nutztierhaltung. Beiträge zur 3. Internat. Tagung, Kiel (1997).

Krause, M.: Eingestreute Milchviehställe. KTBL-Schrift 365, Landwirtschaftsverlag GmbH, Münster-Hiltrup (1995).

KTBL – Kuratorium für Technik und Bauwesen in der Landwirtschaft: KTBL-Arbeitsblätter „Bauwesen und Tierhaltung". Verschiedene Blätter, Landwirtschaftsverlag GmbH, Münster-Hiltrup.

Marten, H. P.: Stallbauten für größere Milchviehbestände. KTBL-Arbeitspapier 187, Landwirtschaftsverlag GmbH, Münster-Hiltrup (1993).

Miller, F.: Checklisten in der Milchviehhaltung. Vet. med. Diss., München (1991).

Molony, V., J. E. Kent, I. S. Robertson: Assessment of acute and chronic pain after different methods of castration of calves. Appl. Anim. Behav. Sci. 46 (1995) 33–48.

Pfadler, W.: Ermittlung optimaler Funktionsmaße von Spaltenböden in Milchviehlaufställen. Diss. agr., Weihenstephan (1981).

Pirkelmann, H.: Tiergerechte Kälberhaltung mit rechnergesteuerten Tränkeverfahren. KTBL-Schrift 352, Landwirtschaftsverlag GmbH, Münster-Hiltrup (1992).

Pirkelmann, H.: Milchviehhaltung unter verstärktem Kostendruck – neue Techniken und Bauweisen. Landtechnik 3, Landtechnik Weihenstephan, 1993.

Sambraus, H. H.: Nutztierethologie. Verlag Paul Parey, Hamburg, Berlin (1978).

Sato, S. T., K. Kosaka, N. Sakamoto, K. Tokumoto, K. Katoh: Development of tonque-playing in artificially reared calves: effects of offering a dummy-teat, feeding of short cut hay and housing system. Appl. Anim. Behav. Sci. 56 (1998) 1–12.

Schlichting, M. C.: Untersuchungen über die Fähigkeiten des Betreuungspersonals in der Milchviehhaltung. KTBL-Schrift 254 (1979) 149–153.

Schön, H.: Elektronik und Computer in der Landwirtschaft. Verlag Eugen Ulmer, Stuttgart (1993).

Schön, H.: Landtechnik Bauwesen. BLV-Verlag, München (1998).

Schön, H., J. Boxberger: Technische Ansätze zur Entwicklung naturnaher Haltungssysteme in der Milchviehhaltung. In: Brem, G. (ed.): Fortschritte in der Tierzüchtung. Festschrift H. Kräußlich. Verlag Eugen Ulmer, Stuttgart (1991).

Schön, H., H. Pirkelmann: Automatisches Melken (AMS). KTBL/DLG-Arbeitspapier 248, Landwirtschaftsverlag GmbH, Münster-Hiltrup (1997).

Smidt, D.: Wissenschaftliche Strategien zur Beurteilung tiergerechter Nutztierhaltung. Tierzucht 45 (1991) 257–259.

Taschke, A. C., D. W. Fölsch: Ethologische, physiologische und histologische Untersuchungen zur Schmerzbelastung der Rinder bei der Enthornung. Tierärztl. Prax. 25 (1997) 19–27.

Wendl, G.: Außenklimaställe und automatische Melksysteme in der Milchviehhaltung. Landtechnik Schrift Nr. 7, Landtechnik Weihenstephan (1997).

Worstorff, H.: Melktechnik. top agrar extra, 4. Auflage, Landwirtschaftsverlag GmbH, Münster-Hiltrup (1996).

4.3 Tiergerechte Haltung von Schweinen

4.3.1 Grundlegende Anforderungen

(VON BORELL, E.; VON LENGER-KEN, G.; RUDOVSKY, A.)

Bewegung und Beschäftigung

Schweine besitzen eine gesellige Sozialstruktur und sollen daher vorzugsweise in Gruppen gehalten werden. Ausnahmen bilden geschlechtsreife Eber, die untereinander Unverträglichkeiten zeigen, sowie Sauen kurz vor dem Abferkeltermin bzw. während der Abferkelzeit, die sich unter natürlichen Bedingungen von der Gruppe absondern. So sind Deckeber und Sauen während der Abferkelzeit einzeln, jedoch nicht in sozialer Isolation zu halten.

Das Bewegungsareal richtet sich nach dem Angebot an unterschiedlichen Funktionsbereichen, die Schweine zu bestimmten Zeiten aufsuchen. Diese können bei intensiver Haltung an einer Stelle konzentriert sein, ohne daß die Schweine unterschiedliche Raumstrukturen mit entsprechenden Reizangeboten aufsuchen können. Für ein normales Knochen- und Muskelwachstum sowie für einen ungestörten Bewegungsablauf bei der Einnahme bestimmter Körperpositionen ist jedoch ein Minimum an Bewegungsfreiheit Grundvoraussetzung. Extreme Inaktivität kann bei einzeln gehaltenen Sauen u.a. zu Gelenkproblemen und Geburtsschwierigkeiten führen und ist wegbereitend für das Auftreten des MMA-Komplexes (**M**astitis, **M**etritis, **A**galaktie). Die bei dieser Haltungsform zu beobachtende Beinschwäche kann zu häufigem und dauerhaftem Einnehmen der Sitzposition führen („hundesitzige Stellung"), und begünstigt damit aufsteigende Infektionen im Bereich des Urogenitaltraktes. Ungenügende räumliche Strukturierung (z.B. durch das Fehlen getrennter Funktionsbereiche für das Fressen, Liegen und Koten/Harnen), Einschränkungen der Explorations- und Bewegungsmöglichkeiten und die daraus resultierende Beschäftigungsarmut führen häufig zu Verhaltensabweichungen bei Schweinen, da diese von Natur aus neugierig sind und insbesondere natürliche Materialien mit Neuigkeitswert wie Stroh erkunden und mit dem Maul bearbeiten. Vorzugsweise haben diese Materialien auch eine nutritive Funktion und werden daher insbesondere um die Fütterungszeiten aufgesucht. Defizite an Beschäftigungsmöglichkeiten führen daher bei einzeln und ohne Einstreu gehaltenen Schweinen (trächtige Sauen bei restriktiver Fütterung) gehäuft zu Manipulationen von Haltungseinrichtungen (z.B. Nippeltränken und Fütterungstechnik) bis hin zu stereotypen Verhaltensweisen, u.a. in Form von Stangenbeißen und Leerkauen.

Liegeflächen (Isolation, Einstreu, Spalten)

Ein separater Liegeplatz für ein ungestörtes Liegen in der Gruppe kommt dem natürlichen Verhalten der Schweine entgegen, da diese vorzugsweise Kot- und Liegeplatz voneinander trennen. Beim Ruhen ist daher zu beachten, daß Schweine möglichst trocken liegen und nicht mit ihrem Kot und Harn in Berührung kommen. Das Ruheverhalten wird jedoch nicht nur von der Raum- und Bodenstruktur, sondern auch durch das Klima beeinflußt. Bei nicht klimatisierten Stallformen müssen die Schweine daher die Möglichkeit haben sich abzukühlen bzw. aufzuwärmen. Der Fußboden sollte den Ansprüchen nach Komfort, geringem Verletzungsrisiko (Rutschfestigkeit) und der Thermoregulation bei niedrigen und hohen Temperaturen genügen. Das Verletzungsrisiko ist im allgemeinen auf planbefestigten Böden geringer und verhindert das übermäßige Wachstum des Klauenhorns. Eingestreute Böden bieten physischen und thermischen Komfort und regen die Schweine zu exploratorischen Aktivitäten an. Andererseits können eingestreute Verfahren die Hygiene beeinträchtigen, das übermäßige Klauenwachstum fördern und bei hohen Stalltemperaturen zu thermoregulatorischen Problemen führen. Größe, Konstruktion und Selbstreinigungsvermögen von Spaltenböden richten sich nach der Größe der Klauen und der Belegungsdichte. Die Empfehlungen für die Dimensionierung von Spaltenweite und Auftrittsbreite der Balken gehen daher weit auseinander (Mulitze, 1989). In Deutschland dürfen gemäß der Schweinehaltungsverordnung (1994) Schweine mit einem Gewicht über 30 kg auf Spaltenböden mit einer Spaltenweite von maximal 1,7 cm (bis 125 kg) bzw. 2,2 cm (über 125 kg) auf einer Balkenbreite von mindestens 8 cm gehalten werden. Ummantelte Metallgitterböden müssen mindestens einen Durchmesser von 9 mm aufweisen.

Liegeflächenbedarf

Der Liegeflächenbedarf von Schweinen richtet sich nach der Körpergröße und den klimatischen Verhältnissen im Stall. Bei hohen Stalltemperaturen sollten Schweine ohne gegenseitigen Körperkontakt gleichzeitig liegen können. Bei Teilspaltenböden besteht nicht nur bei falscher Dimensionierung, sondern auch bei mangelnder Klimakontrolle das Risiko der Verschmutzung auf der planbefestigten Fläche, wodurch die Hygiene und Gesundheit beeinträchtigt werden kann. Weit auseinander liegende, randständige Spaltenelemente mit einem leicht gewölbten, planbefestigten Mittelteil ermöglichen ein gleichzeitiges und ungestörtes Koten/Harnen von Schweinen, die aufgrund ihrer unterschiedlichen Rangpositionen bevorzugt in separate Areale koten. Derartige Teilspaltenbuchten für Mastschweine sind in

Tabelle 4.3.1–1 Mindestflächenbedarf nach verschiedenen Gewichtsklassen für Schweine in Gruppenhaltung (nach Schweinehaltungsverordnung, 1994)

Durchschnittsgewicht [kg]	Bodenfläche [m²/Tier]
bis 20	0,20
20–30	0,30
30–50	0,40
50–85	0,55
85–110	0,65
110–150	1,00
über 150	1,60
Eber > 24 Monate	6,00

den Niederlanden weit verbreitet. Bei einstreulosen Ställen ohne räumliche Trennung der Funktionsbereiche Liegen und Misten entspricht der Mindestbedarf an Nettobuchtenfläche (ohne Trog) den unter *Platzbedarf* genannten Werten (Tab. 4.3.1–1).

In Buchten mit getrennten Funktionsbereichen beträgt der Liegeflächenbedarf in der Vormast (bis 45 kg) etwa 0,34 m² und in der Hauptmast (bis 110 kg) 0,5 m² pro Tier. In Tiefstreuställen erhöht sich der Liegeflächenbedarf entsprechend auf 0,75 bzw. 1,2 m² pro Tier.

Platzbedarf

Der Platzbedarf von Schweinen richtet sich insbesondere nach der Möglichkeit des gleichzeitigen Liegens in Seitenlage. Dabei ist jedoch zu beachten, daß Faktoren wie Temperatur, Gruppengröße und Raumgestaltung maßgeblich die Platzansprüche beeinflussen. Nach Modellrechnungen von Petherick (1983) kann der Platzbedarf für das Liegen in Seitenlage mit Hilfe folgender Formel berechnet werden:

Fläche $[m^2]$ = $0{,}047^{0{,}67}$ · Lebendgewicht [kg].

Überbelegung („crowding") kann negative Auswirkungen auf Physiologie, Verhalten und Leistung haben. Bei einem Platzangebot von mehr als $0{,}03 \cdot \text{Lebendgewicht}^{0{,}67}$ m² pro Tier konnten jedoch keine negativen Auswirkungen auf die Tierleistung festgestellt werden (SPOOLDER et al., 1997). Gemäß der SCHWEINEHALTUNGSVERORDNUNG (1994) gelten derzeit in Deutschland Mindestflächenansprüche entsprechend dem Durchschnittsgewicht der Schweine (s. Tab. 4.3.1–1).

Ein ungenügendes Freßplatzangebot kann zu aggressiven Auseinandersetzungen und verminderter Leistung führen. Restriktiv gefütterte Schweine sollten gleichzeitig fressen können und jeweils eine Freßplatzbreite nach folgender Formel zur Verfügung haben:

Länge [mm] = 60 · Lebendgewicht^{0,33} (SVC REPORT, 1997).

Tiergerechtes Futter, Fütterung, Tränkung

Schweine werden in der Regel 1- bis 3mal pro Tag mit einem energiereichen Futterkonzentrat in fester bzw. flüssiger Form gefüttert. Durch das Bestreben der Schweine, zur gleichen Zeit zu fressen, kommt es zu Konkurrenzsituationen, die sich insbesondere bei ungenügendem Freßplatzangebot und einer restriktiven Fütterung negativ auswirken. Die Futterrationen sind nach ernährungsphysiologischen Gesichtspunkten dem Bedarf der Tiere in den jeweiligen Produktionsabschnitten angepaßt, die Verhaltensansprüche der Tiere hinsichtlich Nahrungssuche und Futtermanipulation mit ausgiebigen Kau- und Wühlaktivitäten werden jedoch häufig nicht hinreichend befriedigt. Die Entwicklung von Gruppenhaltungssystemen mit Abrufstationen für die individuelle Fütterung von trächtigen Sauen ist aus der Sicht einer tiergerechten Fütterung kritisch zu betrachten. Infolge von aggressiven Auseinandersetzungen im Wartebereich der Abrufstationen können gehäuft Verletzungen auftreten, die nur bedingt durch die Zufütterung von rohfaserreichem Futter bzw. durch das Anbieten von Einstreu und Beschäftigungsmaterialien vermindert werden können. Durch entsprechende bauliche Maßnahmen und räumliche Strukturen (z. B. getrennte Liegeabteile und weite Distanzen zwischen dem Austrittsbereich der Abrufstation und dem Wartebereich) lassen sich ebenfalls aggressive Auseinandersetzungen reduzieren. Verriegelbare Einzelfreßstände für Sauen in Gruppenhaltung sind unter dem Gesichtspunkt einer ungestörten Nahrungsaufnahme positiv zu bewerten. Das Wühlen und Beißen an Körperteilen von Artgenossen tritt auch bei ad-libitum-gefütterten Schweinen (Ferkelaufzucht u. Mast) auf. In diesem Zusammenhang wirken sich zusätzlich zur Darreichungsform des Futters Reizarmut (bei einstreuloser Haltung), Überbelegung und schlechtes Stallklima negativ aus. Breiiges Futter bzw. Flüssigfutter wird von Schweinen in großen Mengen pro Mahlzeit aufgenommen und scheint daher gegenüber der Mehlfütterung zu einer nachhaltigeren Sättigung zu führen. Die Fütterung über Breifutterautomaten ermöglicht somit ein relativ weites Tier-/Freßplatzverhältnis (12:1), ohne daß dabei Konkurrenzsituationen und Leistungsdepressionen auftreten. Ausreichende Tränkmöglichkeiten (vorzugsweise mehrere Tränken pro Bucht) mit entsprechenden Durchflußmengen (Tab. 4.3.1–2) sind bei der Trockenfütterung jederzeit zu gewährleisten.

Gruppengröße

Unabhängig von der jeweiligen Haltungsform bilden Schweine in relativ kleinen Gruppen eine stabile Sozialhierarchie aus. Die Haltung von Schweinen in großen Gruppen (z. B. > 25 Tiere/Gruppe) ist noch nicht hinreichend erforscht und hängt wie das Besatzdichteoptimum von der spezifischen Raum- und Bodenstruktur ab. Große Gruppen erschweren die Bestandsübersicht und eine qualifizierte Betreuung des Individuums durch den Tierhalter. Auch unter dem Gesichtspunkt einer bedarfsangepaßten Fütterung mit ausgeglichenen Zunahmen sind individuelle Freßplätze bei großen Gruppen positiv zu beurteilen. Ab einer Gruppengröße von zwölf Tieren kann bei der herkömmli-

4 Tiergerechte Nutztierhaltung

Tabelle 4.3.1–2 Wasserbedarf und Durchflußmengen für Schweine

Haltungsabschnitt	Lebendmasse – bis zu [kg]	Wasserbedarf [l/Tier/Tag]	Durchflußmenge [l/min]
Saugferkel	9	0,7–1	0,5
Absetzferkel	29	1–3	0,5–0,7
Mastschweine	50	3–6	0,6–1,0
	80	58,5	0,8–1,2
	80–120	8,5–11	1,5–2,0
güste/niedertragende Sauen		8–12	1,5–2,0
hochtragende Sauen		10–15	1,5–2,0
säugende Sauen		15 + 1,5/Ferkel	2,0–2,5
Eber		12–15	1,0–1,5

chen Haltung (auf Vollspaltenböden) und Fütterung (ad libitum aus dem Automaten) mit Leistungseinbußen bei der Schweinemast gerechnet werden. In Tiefstreuställen werden jedoch vorzugsweise größere Mastgruppen (mit etwa 30–50 Schweinen) gehalten. Umstallungen und Neugruppierungen bzw. das Einführen von Einzeltieren in stabile Gruppen sind aufgrund der sozialen Auseinandersetzungen auf ein Minimum zu reduzieren. Aus den genannten Gründen wäre die durchgängige Haltung von sozial stabilen Gruppen gemäß der Wurfgröße von Vorteil. Ferkelgruppen in einer Größenordnung von etwa 50–100 Tieren kann jedoch ein größeres Bewegungsareal mit verschiedenen Funktionsbereichen, strukturierten Böden und Beschäftigungsmöglichkeiten (u.a. Strohraufen und Scheuerpfosten) angeboten werden.

Klimaansprüche, Licht, Geräusche

Hausschweine sind tagaktive Tiere mit einer typischen zweigipfeligen Aktivitätsverteilung. Entsprechend sind den Tieren Licht-/Dunkelphasen mit mindestens acht Stunden Licht und eine dem Tagesrhythmus angepaßte Fütterung zu ermöglichen. Zur Orientierung der Tiere und einer adäquaten Inspektion der Tiere durch den Halter sollten auch während der Dunkelphasen mindestens Lichtintensitäten von 40–80 Lux ermöglicht werden. Die thermoneutrale Zone von Schweinen variiert u.a. mit dem Alter, der Größe, dem Ernährungszustand sowie den klimatischen Faktoren in der Haltungsumwelt (u.a. Zugwirkungen, Chill factor). Die Temperatur im Liegebereich von Ferkeln darf in den ersten zehn Lebenstagen 30 °C nicht unterschreiten. Die Temperaturansprüche im Liegebereich von älteren Schweinen richten sich u.a. nach der Art der Haltung (mit/ohne Einstreu). Die Kontrolle über Luft-, Bodentemperatur und Luftbewegung ermöglicht dem Schwein den Aufenthalt in gewünschten Behaglichkeitszonen. Liegt beispielsweise die Bodentemperatur über der Lufttemperatur (im Bereich 14–25 °C), so bevorzugen Mastschweine einen Liegeplatz bei einer Luftgeschwindigkeit von 0,3 m/s. Ist die Bodentemperatur jedoch niedriger als die Lufttemperatur, so meiden die Tiere den Liegebereich bei dieser Luftgeschwindigkeit. Schweine sollten generell uneingeschränkten Zugang zu Umweltbedingungen haben, in denen sie sich innerhalb ihrer thermoneutralen Zone bewegen können. In Abhängigkeit von der Körpermasse, Haltung (mit/ohne Einstreu) und Futteraufnahme (restriktiv/ad libitum) liegt diese Zone bei Mastschweinen (40–100 kg) zwischen 14–30 °C.

4.3 Tiergerechte Haltung von Schweinen

Bei der Freilandhaltung sind den Schweinen Schutzeinrichtungen vor widrigen Witterungsverhältnissen und Schattenspender zum Schutze vor direkter Sonneneinstrahlung zu gewähren. Zusätzlich benötigen im Freien gehaltene Schweine bei heißem Wetter eine Möglichkeit zur evaporativen Kühlung (Suhle). Hohe Staub- und Ammoniakkonzentrationen sowie andere Reizgase in der Haltungsumwelt beeinträchtigen die Gesundheit (insbesondere das Respirationssystem) der Tiere. Die aktuellen Literaturempfehlungen (SVC REPORT, 1997) für die maximalen Stallgaskonzentrationen liegen bei 10 ppm für Ammoniak (NH_3), 3000 ppm für Kohlendioxid (CO_2), 10 ppm für Kohlenmonoxid (CO) und 0,5 ppm für Schwefelwasserstoff (H_2S). In der derzeitig gültigen SCHWEINE-HALTUNGSVERORDNUNG (1994) liegen die Grenzwerte für Ammoniak (20 ppm) und Schwefelwasserstoff (5 ppm) über diesen Empfehlungen. Die Luftfeuchte ist in einem Bereich von 50–80 % rel. Feuchte zu halten. Dauerhafte Lärmpegel in Schweineställen von mehr als 85 dBA sind zu vermeiden (SVC REPORT, 1997).

Umgang und Pflege

Neben der Überprüfung des Stallklimas und der Belüftungseinrichtungen ist die Überwachung des Gesundheitszustandes (mindestens 2mal am Tag) der Tiere essentiell für deren Wohlbefinden. Kranke und verletzte Tiere müssen erkannt und in separate Krankenabteile verbracht werden. Neben morphologischen Auffälligkeiten (Beulen, Schwellungen etc.) können Verhaltensänderungen (z.B. Appetitlosigkeit) der Tiere auf mögliche gesundheitliche Beeinträchtigungen hinweisen. Zur Gesunderhaltung der Tiere gehören auch eine regelmäßige Reinigung und Desinfektion der Haltungseinrichtungen sowie die vorbeugende tiermedizinische Betreuung (Impfungen etc.) der Bestände. Trächtige Sauen sind vor dem Einstallen in die Abferkelbucht zu reinigen und gegebenenfalls gegen Parasiten (insbesondere gegen Magen-/Darmwürmer sowie gegen Läuse und Räudemilben) zu behandeln. Zum Aufbau einer Immunität werden Sauen gegen Krankheiten wie Influenza, Aujeszky, Rotlauf und Parvovirose geimpft, bei Mastschweinen kommen insbesondere Impfstoffe gegen Erkrankungen der Lunge (Pasteurellen, Bordetellen und Mykoplasmen) zum Einsatz. Belastungen bei Um- und Ausstallungen sind auf ein Minimum zu reduzieren (z.B. Verzicht auf einen Elektrotreibstab). Jede Zusammenstellung neuer Schweinegruppen stellt infolge der damit verbundenen Rangkämpfe eine erhebliche Belastung für die Tiere dar und sollte daher auf ein Minimum reduziert werden. Bei der Gruppenzusammensetzung ist auf ein ausgeglichenes Gewicht, Alter und die Konstitution der Tiere zu achten. Zur Vermeidung des Ebergeruches im Fleisch werden in Deutschland alle zur Mast vorgesehenen männlichen Ferkel innerhalb der ersten vier Lebenswochen kastriert. Zur Schmerzempfindung während und nach einer Kastration und den sich daraus ergebenden Konsequenzen (günstigster Zeitpunkt und mögliche Schmerzausschaltung durch Betäubung) besteht noch Forschungsbedarf. Der operative Eingriff verlangt in jedem Fall ein hohes Maß an Sachkunde. Unsachgemäße Vorgehensweisen (wie z.B. das Ziehen von Gewebe beim Vorverlagern der Hoden) können mit erheblichen Schmerzen verbunden sein (SVC REPORT, 1997). Zur Vorbeugung des Schwanzbeißens ist das Kürzen des Schwanzes von unter vier Tage alten Ferkeln ohne Betäubung erlaubt. Das Abschleifen der Eckzähne von Ferkeln ist ebenfalls ohne Betäubung zulässig, sofern dies zum Schutz des Muttertieres (Verletzung des Gesäuges) oder der Wurfgeschwister unerläßlich ist (TIERSCHUTZGESETZ, 1998).

Einfluß des Halters

Nach Untersuchungen aus Australien (HEMSWORTH et al., 1989) übt das Verhalten und die Einstellung des Tierhalters gegenüber seinen Tieren nicht nur einen Einfluß auf deren Wohlbefinden aus, sondern trägt auch maßgeblich zu deren Leistungsfähigkeit bei. Verängstigte Tiere halten bei Gegenüberstellung mit dem Tierhalter bzw. auch einer Testperson eine deutliche Distanz zu diesem ein. Leistungsparameter (u. a. Fruchtbarkeit) von Sauen scheinen mit der schlechten Behandlung der Tiere durch den Halter bzw. mit dem „Avoidance-Test" korreliert zu sein. Im Umgang mit Schweinen wird daher empfohlen, nicht nur mit den Schweinen von außerhalb der Buchten Kontakt aufzunehmen, sondern auch regelmäßig in die Buchten hineinzugehen und mit den Tieren direkten taktilen und akustischen Kontakt zu pflegen. Bei Vergleichen der tierischen Leistungsparameter zwischen Praxisbetrieben mit nahezu identischer Tierhaltungstechnik und Tiergenetik ergeben sich immer wieder hochsignifikante Unterschiede, die man überwiegend auf das unterschiedliche Management der jeweiligen Betriebe zurückführt. In der Tierschutzgesetzgebung (TIERSCHUTZGESETZ, 1998) wird neuerdings der Sachkundenachweis für die Haltung und den Umgang mit Tieren erheblich ausgeweitet. Während bisher nur vorgeschrieben wurde, wie ein Tier zu halten, zu pflegen und unterzubringen ist, muß nun der Tierhalter über die dafür erforderlichen Kenntnisse verfügen und diese gegebenenfalls nachweisen können.

Kriterien einer tiergerechten Haltung, Verhalten, Leistung, physiologische Parameter, Erkrankungen, Ausfälle

Die Komplexität der Haltungsumwelt und die Vielfalt der Beurteilungskriterien zur Tiergerechtheit schließen weitgehend Pauschalurteile zur Tiergerechtheit von Haltungssystemen aus. Eine Überprüfung von Mindestanforderungen kann über Checklisten erfolgen, die aber nur einen Teil (z. B. Mindestmaße) der für die Tiergerechtheit relevanten Kriterien erfassen. Der von SUNDRUM et al. (1994) entwickelte Tiergerechtheitsindex (TGI-200) ermöglicht eine Beurteilung der Tiergerechtheit auf dem landwirtschaftlichen Betrieb. Dabei werden u. a. für die Mastschweine- und Sauenhaltung definierte Einflußbereiche (Haltungsbedingungen, die für das Wohlbefinden und die Gesundheit der Tiere bedeutsam sind) nach Vorgabe von Erhebungsbögen durch Punktevergabe (max. zu erreichende Punktesumme als Maß für die Tiergerechtheit = 200) bewertet. Das Bewertungssystem zeichnet sich durch seine Praktikabilität und die Möglichkeit einer vergleichenden Bewertung verschiedener Haltungssysteme aus. Bei dem überwiegend auf technischen Indikatoren (z. B. Flächenangeboten, Bodenbeschaffenheit) beruhenden Beurteilungskonzept handelt es sich jedoch nicht um eine wissenschaftlich entwickelte und abgesicherte Methode, da viele Angaben auf der subjektiven Bewertung des Betrachters beruhen (VAN DEN WEGHE, 1998). In Anlehnung an SMIDT et al. (1990) können mit Hilfe der in den folgenden Teilabschnitten genannten naturwissenschaftlichen Parameter am Tier Aussagen zur Tiergerechtheit von Haltungssystemen gemacht werden. Der von dem Arbeitsausschuß für Tierhaltung und Tierschutz der Deutschen Gesellschaft für Züchtungskunde erarbeitete multidisziplinäre Ansatz zur Beurteilung der Tiergerechtheit und Umweltwirkungen von Haltungsverfahren schließt neben tierbezogenen Kriterien (u. a. Tierverhalten und Gesundheit) und technischen Indikatoren auch Kriterien der Umweltverträglichkeit, Ökonomie und Verbraucherakzeptanz mit ein (VON BORELL u. VAN DEN WEGHE, 1998; VON BORELL u. VAN DEN WEGHE, 1999).

a) Verhaltensparameter

Der angewandten Verhaltensforschung wird für die Beurteilung von Tierhaltungssystemen eine besondere Bedeutung beigemessen. Bestandteile solcher Untersuchungen sind Verhaltensänderungen in Form, Häufigkeit und Dauer, die sich aus Vergleichen des zu untersuchenden Haltungssystems mit einem (willkürlich) ausgewählten Referenzsystem ergeben. Andere Untersuchungen kon-

4.3 Tiergerechte Haltung von Schweinen

zentrieren sich auf auffällige ("abnormale") Verhaltensweisen und deren mögliche negative Konsequenzen für das Tier selbst, für andere Tiere und für die das Tier umgebenden Haltungseinrichtungen. Kommt es in bestimmten Haltungssituationen zum gehäuften Auftreten von solchen Verhaltensabweichungen, die zu Verletzungen führen (sogenannte Ethopathien wie Selbstmutilation, Schwanzbeißen, Kannibalismus etc.), so wäre der Tatbestand der Tierschutzrelevanz gegeben. Oft lassen sich jedoch diese Verhaltensstörungen nicht eindeutig den spezifischen Haltungsbedingungen anlasten. Beispielsweise tritt das Schwanzbeißen bei Mastschweinen oft spontan bei Einzeltieren auf, wird aber dann unter Umständen durch die Haltungsbedingungen negativ beeinflußt (betroffene Tiere können nicht ausweichen). Auffällige Verhaltensweisen sind häufig nur sehr schwer interpretierbar. Das gehäufte Auftreten von Verhaltensstereotypien (starre, sich wiederholende Verhaltenssequenzen, die im Zusammenhang ihres Auftretens keinen Sinn zu machen scheinen, wie z. B. das stereotype Leerkauen und Stangenbeißen) wird im allgemeinen auf eine reizarme Haltungsumwelt zurückgeführt. Bei einzeln gehaltenen Sauen während der Trächtigkeit werden die relativ häufig auftretenden Stereotypien im Zusammenhang mit der restriktiven Fütterung gesehen. Die äußeren Erscheinungsbilder von Stereotypien sind sehr vielfältig und lassen sich nicht immer eindeutig von "normalen" Verhaltensweisen abgrenzen. Sicherlich weisen diese Verhaltensweisen auf Defizite in der Haltungsumwelt hin. Bei Schweinen lassen sich insbesondere durch eine regelmäßige Bereitstellung natürlicher Beschäftigungsmaterialien (z. B. Stroh, Holz) und mit einer Fütterung, die zu einer nachhaltigen Sättigung führt, derartige Verhaltensstörungen vermeiden. Nicht deformierbare künstliche Materialien (z. B. Ketten oder Kunststoffbälle) üben eine geringere Attraktivität auf Schweine aus, da diese keine nutritiven Eigenschaften haben und nach anfänglicher Erkundung auf Dauer keine neuen olfaktorischen Reize bieten. Über das Spiel- und Erkundungsverhalten kann beim Schwein indirekt auf ein positives Befinden geschlossen werden. Insbesondere das Spielverhalten wird in Verbindung mit entspannten Haltungssituationen und intakten Sozialstrukturen beobachtet. Um einer subjektiven Bewertung der Bedürfnisse von Schweinen nach menschlichen Vorstellungen entgegen zu wirken, überläßt man in Wahlversuchen den Tieren die Entscheidung, welche spezifischen Haltungsfaktoren sie bevorzugen. Dabei zeigte sich, daß Tiere nicht unbedingt solche Entscheidungen treffen, wie wir sie aus der Sicht des Menschen im Sinne der Tiere treffen würden. Bei umfangreichen Wahlversuchen zur Präferenz verschiedener Bodentypen für die Flatdeckhaltung beobachteten MARX und SCHUSTER (1982), daß Ferkel gegenüber Bodentypen mit einem geringen Verletzungsrisiko einen Bodentyp, auf dem gehäuft Klauenverletzungen auftraten, bevorzugten. Das Fazit dieser Untersuchungen könnte lauten: Den Tieren wurden entweder falsche Wahlalternativen angeboten, oder Tiere sind nicht in der Lage zu entscheiden, was "gut" oder "schlecht" für sie ist. Dennoch ließen sich aus diesen Wahlversuchen wichtige Erkenntnisse gewinnen, u. a. bei Ferkeln die Ablehnung von Böden mit hohen Lochanteilen. Eine andere Methode der Motivationsanalyse erlaubt die Messung der relativen Bedeutung von Wahlentscheidungen für das Tier. Tieren wird dabei erst nach Verrichtung einer Arbeitsleistung der Zugang zu Umweltfaktoren ermöglicht. Dieses Prinzip der operanten Konditionierung wird auch im Nutztierbereich zur Erstellung einer Rangordnung von Verhaltensbedürfnissen angewandt (MATTHEWS u. LADEWIG, 1994).

b) Leistungsparameter

Die Produktivität beinhaltet in der Nutztierhaltung u. a. Reproduktionsleistung und Wachstumsvermögen, Indikatoren, die für eine hohe biologische Funktionalität sprechen. Nutzungsdauer bzw. Langlebigkeit setzen im allgemeinen eine hohe biologische Funktionalität voraus, so daß diese Kriterien zur Beurteilung der Tiergerechtheit von Haltungssystemen herangezogen werden. Bei der Beurteilung der Produktivität müssen jedoch deutlich die biologischen Aspekte von den ökonomischen getrennt werden. So kann beispielsweise durch eine Erhöhung der Tierzahl pro Flächeneinheit insgesamt eine höhere ökonomische Produktionsleistung erzielt werden, obwohl die Produktionsleistung des Einzeltieres sich dadurch verschlechtert und die Mortalitätsrate ansteigt. Bei der tierschützerischen Beurteilung von Haltungssystemen werden Kriterien der biologischen Funktionalität häufig abgelehnt, da eine hohe Produktivität nicht unbedingt das Wohlbefinden der Tiere voraussetzt. Dabei wird aber häufig ignoriert, daß sich die Probleme der Krankheitsanfälligkeit und Mortalität bei der Intensivhaltung besser kontrollieren lassen. So erreichen beispielsweise Ferkel in Gruppenhaltungssystemen für ferkelführende Sauen nicht dieselbe Überlebensrate wie sie bei der konventionellen Abferkelbucht mit Kastenstand üblich ist. Erhebungen von Leistungsdaten erfolgen jedoch in der Regel nicht differenziert nach den jeweiligen Haltungsformen für Schweine, so daß derartige Aussagen meist auf einem Datenmaterial mit geringem Umfang basieren. Auf der Basis einer Auswertung von Leistungsdaten aus etwa 1700 Betrieben Niedersachsens ergaben sich 1997/1998 (VIT, 1998) folgende Eckdaten:

- Konventionelle Ferkelerzeugung: 2,17 Würfe je Sau und Jahr mit 19,3 Ferkeln je Wurf bei einer Verlustrate von 16,5 %.
- Schweinemast: Im Gewichtsabschnitt zwischen 28 und 117 kg ergaben sich durchschnittliche tägliche Zunahmen von 675 g bei einer Futterverwertung von 1:3,03 und einer Verlustrate von 3,5 %.

c) Physiologische Parameter
Die Erfassung von physiologischen Belastungsmerkmalen in verschiedenen Haltungssituationen bildet einen Schwerpunkt der verhaltensphysiologischen Studien bei landwirtschaftlichen Nutztieren. Im Zusammenhang mit der tierschützerischen Beurteilung von Haltungssituationen stützen sich diese Untersuchungen im wesentlichen auf den Nachweis einer vermehrten Ausschüttung belastungsanzeigender Hormone der Nebenniere (Kortikosteroide und Katecholamine) bzw. der ihr übergeordneten endokrinen Strukturen (u. a. ACTH – adrenokortikotropes Hormon). Belastungsreaktionen zeigen sich jedoch nicht nur in einer veränderten Nebennierenaktivität. Neuere Untersuchungen lassen vermuten, daß nahezu alle endokrinen Systeme in Belastungssituationen eine Veränderung erfahren.

Bei der Interpretation von physiologischen Belastungsreaktionen treten häufig Probleme auf, die methodisch begründet sein können bzw. mit der Unspezifität der untersuchten Parameter zu tun haben. Bei der Blutentnahme ist daher auf eine störungsfreie Entnahmetechnik und auf die zirkadiane und episodische Sekretion der Hormone zu achten. In Abhängigkeit vom Alter der Schweine und der Tageszeit werden Kortisolkonzentrationen zwischen 20 und 120 nmol/l im Plasma gemessen. Das Kortisol kann auch ohne einen invasiven Eingriff aus Speichel- und Harnproben gewonnen werden, wodurch eine mögliche Verfälschung der Werte durch den Blutentnahmestreß vermieden werden kann. Erhöhte Kortikosteroidkonzentrationen sind nicht nur Ausdruck von negativen Belastungsereignissen. Erhöhte Konzentrationen werden beispielsweise auch bei physischer Aktivität und während des Deckaktes gemessen. Bei der Beurteilung von Haltungssituationen mittels physiologischer Parameter spielt die Dauer und Intensität der zu untersuchenden Haltungsfaktoren eine entscheidende Rolle. Während sich kurzfristige Belastungen (Umstallung, Transport) meist eindeutig darstellen lassen, führen chronische Belastungen, wie z. B. eine langanhaltende Hitzebelastung, zu keinen bzw. zu niedrigeren Hormonkonzentrationen. Längerfristige Belastungssituationen, wie z. B. die dauerhafte Fixation von Tieren, lassen sich unter Umständen nur mittels aufwendiger Verlaufsuntersuchungen und Funktionstests (z. B. Nebennierenrinden-Funktionstest, VON BORELL u. LADEWIG, 1989) darstellen. Bei der Erfassung der Herzfrequenz, Atmung und Körpertemperatur treten prinzipiell die gleichen methodischen Probleme wie bei den Belastungshormonen auf. In Abhängigkeit vom Alter und der physischen Aktivität werden Herzfrequenzen von 60 (erwachsene Schweine) bis 180 (Ferkel) Schlägen pro Minute, Atemfrequenzen von 8 (erwachsene Schweine) bis 20 (Ferkel) pro Minute und rektale Körpertemperaturen von 37,5 (Eber) bis 40 (Ferkel) °C gemessen. Unabhängig von der physischen Aktivität lassen sich neuerdings haltungsbedingte Belastungssituationen (u. a. bei der Neuzusammenstellung von Schweinegruppen) über längerfristige Veränderungen der basalen Herzfrequenz und der Herzschlagvariabilität (als Ausdruck der Parasympathikusaktivität) nachweisen (HANSEN u. VON BORELL, 1998). In Kombination mit belastungsanzeigenden Hormonen konnten mit der nicht invasiven Methode der numerischen Lautanalyse während der Kastration von Ferkeln in Abhängigkeit vom Alter der Tiere und der Kastrationsmethode unterschiedliche Belastungsniveaus dargestellt werden (HORN et al., 1998; HORN et al., 1999).

d) Pathologische Parameter
Haltungsbedingte Krankheiten und Verletzungen bzw. Gesundheit und Unversehrtheit liefern ohne Zweifel starke Argumente für oder gegen eine Haltungsform, vorausgesetzt, daß sich diese tiermedizinischen Kriterien auch eindeutig den Haltungsbedingungen zuordnen lassen. Veränderungen am Integument der Tiere können dabei wichtige Informationen über die mechanischen, chemischen und thermischen Eigenschaften der Haltungsumwelt liefern (EKESBO, 1992). So werden häufig infolge mechanischer Belastung durch Haltungseinrichtungen, wie z. B. in Kastenständen für Sauen, Läsionen, Schwielen und Hyperkeratosen beobachtet. Derartige, durch die Haltungstechnik verursachte pathologische Veränderungen werden unter dem Begriff „Technopathien" zusammengefaßt. Bei der Haltung auf Spaltenböden führen zu weite und scharfkantige Spalten zu Klauenverletzungen und Stellungsanomalien der Gliedmaßen. Dagegen dürfen im Abferkelbereich die Löcher in perforierten Böden nicht zu klein sein, um Zitzenverletzungen der Sauen zu vermeiden. Die hundesitzige Stellung (s. auch unter Bewegung und Beschäftigung) kann u. a. auch auf Gelenkschäden hinweisen. Nicht alle Verletzungen können ursächlich dem Haltungssystem zugeschrieben werden. Infolge von sozialen Auseinandersetzungen bei der Umgruppierung bzw. Neuzusammenstellung von Haltungsgruppen entstehen häufig oberflächliche Bißverletzungen im Schulter- und Flankenbereich, die in der Regel schnell ausheilen. In Schweden bilden tiergesundheitliche Erhebungen einen wesentlichen Bestandteil bei der Vorprüfung für die Genehmigung einer bestimmten Tierhaltungsform bzw. -haltungstechnik (EKESBO u. VAN DEN WEGHE, 1998). Epidemiologische Untersuchungen zur Morbidität und Mortalität verlangen sehr umfangreiche Erhebungen mit hohen Tierzahlen. In einer solchen Untersuchung konnte BÄCKSTRÖM (1973) direkte Zusammenhänge zwischen der Herdengesundheit von Schweinen und Variablen des Managements und der Haltungsform herstellen. In bezug auf das Auftreten bzw. Nichtauftreten von Krankheiten kommt es auf das Zusammenspiel von sich ungünstig auf das Tier einwirkenden Umweltfaktoren an (Faktorenkrankheiten). Daher lassen sich Haltungseinflüsse in der Regel nicht eindeutig und ursächlich diesen Erkrankungen zuordnen.

Gesetze und Verordnungen zur Schweinehaltung
Allgemeine Anforderungen des Tierschutzes sind im TIERSCHUTZGESETZ (1998) formuliert. Darin sind seitens des Gesetzgebers Rah-

menbedingungen für eine auf freiwilliger Basis beruhende Beurteilung von Haltungseinrichtungen und -systemen nach den Kriterien der Tiergerechtheit enthalten (§ 13a). Die Umsetzung dieser Prüfung auf Tiergerechtheit obliegt der Deutschen Landwirtschaftsgesellschaft (DLG), die im Rahmen ihrer Gebrauchswertprüfungen von Stalleinrichtungen diese besondere Beurteilung unter der fachlichen Beteiligung des DLG-Ausschusses für Tiergerechtheit vornimmt (HESSE, KNIERIM, VON BORELL, HERRMANN, KOCH, MÜLLER, RAUCH, SACHSER, SCHWABENBAUER u. ZERBE, 1999).

Für die Haltung von Schweinen gelten derzeit Mindestanforderungen, die in der SCHWEINEHALTUNGSVERORDNUNG (1994) dargelegt sind. Diese Mindestanforderungen entsprechen weitestgehend den in der EU-Richtlinie zum Halten von Schweinen festgelegten Grundsätzen (91/630/EWG).

Die SCHWEINEHALTUNGSVERORDNUNG (1994) enthält folgende Anforderungen (Auszug):
- Ein Boden mit Löchern, Spalten oder sonstigen Aussparungen muß so beschaffen sein, daß von ihm keine Gefahr von Verletzungen an Klauen oder Gelenken ausgeht; er muß der Größe und dem Gewicht der Tiere entsprechen (§ 2).
- Schweine dürfen nicht mehr als unvermeidbar mit Harn und Kot in Berührung kommen; ihnen muß ein trockener Liegebereich zur Verfügung stehen (§ 2a).
- In einstreulosen Ställen muß sichergestellt sein, daß sich die Schweine täglich mehr als eine Stunde mit Stroh, Rauhfutter oder anderen geeigneten Gegenständen beschäftigen können (§ 2a).
- Für das Halten von nicht abgesetzten Ferkeln muß der Liegebereich entweder ausreichend eingestreut oder wärmegedämmt und heizbar sein; der Boden darf nicht perforiert oder muß abgedeckt sein (§ 3).
- Bei rationierter Fütterung müssen alle Schweine gleichzeitig fressen können; bei tagesrationierter Fütterung reicht eine Freßstelle für zwei Schweine aus, bei Fütterung zur freien Aufnahme muß für maximal vier Schweine eine Freßstelle vorhanden sein. Die Abrufütterung und die Fütterung mit Breifutterautomaten sind von diesen Anforderungen ausgenommen. Bei Verwendung von Selbsttränken muß für jeweils höchstens zwölf Schweine eine Tränkstelle vorhanden sein (§ 4).
- Zuchtschweine dürfen nicht auf vollperforierten Böden gehalten werden, Zuchteberbuchten müssen eine Fläche von mindestens 6 m^2 aufweisen (§ 5).
- Sauen dürfen jeweils nach dem Absetzen der Ferkel insgesamt vier Wochen lang in Kastenständen nur gehalten werden, wenn sie täglich freie Bewegung erhalten (§ 7). Die Anbindehaltung ist verboten (§ 7a; in Ställen, die vor dem 1. Januar 1996 in Benutzung genommen worden sind, gilt eine Übergangsregelung bis zum 31. Dezember 2005).
- Werden Schweine bei künstlicher Beleuchtung gehalten, so muß der Stall täglich mindestens acht Stunden beleuchtet sein. Die Beleuchtung soll im Tierbereich eine Stärke von mindestens 50 Lux haben und dem Tagesrhythmus angeglichen sein (§ 8).
- Es muß sichergestellt sein, daß Luftzirkulation, Staubgehalt, Temperatur, relative Luftfeuchte und Gaskonzentration im Stall in einem Bereich gehalten werden, der die Gesundheit der Schweine nicht nachteilig beeinflußt (§ 9).

Hygienische Anforderungen beim Halten von Schweinen
(SCHWEINEHALTUNGSHYGIENEVERORDNUNG)

Nach der SCHWEINEHALTUNGSHYGIENEVERORDNUNG vom 7. Juni 1999 gelten insbesondere für Betriebe mit mehr als 700 Mast- und Aufzuchtplätzen, für Zuchtbetriebe mit mehr als 150 Sauenplätzen, die außer den Zuchtschweinen keine Schweine im Alter von mehr als zwölf Wochen halten, sowie für andere Zuchtbetriebe oder gemischte Betriebe, die mehr als 100 Sauenplätze haben,

4.3 Tiergerechte Haltung von Schweinen

besondere Haltungsvoraussetzungen. So müssen zur seuchenhygienischen Absicherung der innerbetrieblichen Abläufe die Ställe in Stallabteilungen untergliedert sein. Ausgenommen davon sind Organisationsformen, bei denen Ferkel von der Sau nicht abgesetzt werden.

Bei Freilandhaltung von Schweinen muß diese nach näherer Anweisung der zuständigen Behörde doppelt eingefriedet werden, so daß sie nur durch Ein- und Ausgänge befahren oder betreten werden kann.

Für alle Haltungsformen mit den oben genannten Bestandsgrößen gilt, daß Schweine, die in einen Betrieb eingestallt werden, für die Dauer von mindestens drei Wochen im Isolierstall des einstellenden Betriebes gehalten werden müssen. Davon ausgenommen sind Mast- und Aufzuchtbetriebe mit Rein-Raus-System und andere besondere Betriebsformen (z. B. arbeitsteilige Ferkelproduktion oder Bezug von Schweinen aus einem zugelassenen Gesundheitskontrollprogramm).

Anforderungen an die Schweinehaltung im ökologischen Landbau

Die auf der Grundlage der EU-VERORDNUNG ÜBER DEN ÖKOLOGISCHEN LANDBAU (Verordnung Nr. 2092/91) geänderte Verordnung 1804/1999 vom 19. Juli 1999 schließt nun auch die tierische Erzeugung ein. Neben allgemeinen Grundsätzen für die Tierhaltung (generelles Verbot der Anbindehaltung und Gewährung von Auslauf, soweit der physiologische Zustand des Tieres, die klimatischen Bedingungen und der Bodenzustand dies gestatten) gelten für die Haltung von Schweinen über die in der Richtlinie 91/630/EWG festgelegten Mindestanforderungen hinaus folgende Anforderungen:

- Sauen sind bis auf das späte Trächtigkeitsstadium und während der Säugeperiode in Gruppen zu halten;
- Ferkel dürfen nicht in Flatdecks- oder Ferkelkäfigen gehalten werden;
- Auslaufflächen zum Misten und Wühlen müssen vorhanden sein. Zum Wühlen können verschiedene Materialien verwendet werden.

Detaillierte Angaben zu den Mindeststall- und -freiflächen für die Haltung von Mastschweinen, Ferkeln und Zuchtschweinen sind der Tabelle aus Anhang VIII der Verordnung (2. Teil zu den Flächenansprüchen von säugenden Sauen, Mastschweinen, Ferkeln und Zuchtschweinen) zu entnehmen.

In Deutschland sind die verschiedenen Verbände des ökologischen Landbaus in der ARBEITSGEMEINSCHAFT ÖKOLOGISCHER LANDBAU (AGÖL) zusammengeschlossen. Für die Haltung von Schweinen im ökologischen Landbau hat die AGÖL folgende Mindestanforderungen formuliert, die in einigen Punkten über die Anforderungen der EU-Ökoverordnung hinausgehen (AGÖL, 1991):

- Vollspaltenböden, Ferkelkäfige und Flatdecks sind ausgeschlossen.
- Liegeflächen sind mit Einstreu zu versehen.
- Erstrebenswert ist ein Auslauf im Freien. Jungsauen sowie leere und niedertragende Sauen sollten in Gruppen mit der Möglichkeit zum Auslauf gehalten werden.
- Sauen sollten zum Abferkeln so kurz wie möglich (max. 14 Tage) fixiert werden, Anbindehaltung ist ausgeschlossen.
- Zähnekneifen ist bei Ferkeln möglichst zu unterlassen, das Kupieren der Schwänze ist untersagt.

4.3.2 Zuchteberhaltung

(VON BORELL, E.; VON LENGERKEN, G.; RUDOVSKY, A.)

Die Zuchteber werden im landwirtschaftlichen Betrieb in unterschiedlicher Weise eingesetzt.

4 Tiergerechte Nutztierhaltung

Zuchteber im natürlichen Deckeinsatz

Die Eber prüfen die Duldungsbereitschaft der ihnen vorgestellten Sauen und bedecken diese bei entsprechender Voraussetzung. Deckeber sollten in der Regel nicht mehr als drei Sauen je Woche bedecken. Wird der Einsatz mehrere Tage hintereinander notwendig, benötigt er danach eine Sprungpause von 4–6 Tagen. Bei 2,5 Sprüngen je erfolgreiche Bedeckung und kontinuierlicher Produktion reicht ein Eber für 20–25 Sauen. Bei absetziger Produktion richtet sich der Eberbedarf nach der Anzahl gleichzeitig zu bedeckender Sauen.

Sucheber

In größeren Sauenbeständen werden die Sauen überwiegend besamt. Der Eber wird zur Brunststimulation und -kontrolle eingesetzt. Er wird an den Sauenbuchten entlanggeführt, während der den Eber führende Kontrolleur den Berührungstest zur Ermittlung des Duldungsreflexes ausführt. Decken darf der Eber nur ausnahmsweise umrauschende Sauen.

Besamungseber in Eberstationen

In Besamungsstationen wird von Vatertieren das Sperma gewonnen und für den Einsatz in der künstlichen Besamung aufbereitet. Aus einem Ejakulat können bis zu 20 Spermaportionen für die Besamung hergestellt werden. Von einem Eber können so weitaus mehr Sauen befruchtet werden als im natürlichen Deckakt. Der Vorteil dieser Produktionsform liegt darüber hinaus in einem gut kontrollierbaren Hygieneregime und der einwandfreien Gewinnung und Aufbereitung des Spermas. Auf die Gestaltung der Sprung- und Laborräume wird hier nicht eingegangen.

In allen Produktionsformen gelten für die Haltung der Eber die in der SCHWEINEHALTUNGSVERORDNUNG (1994) geforderten Bedingungen für die Gestaltung der Eberbuchten. Es wird eine wärmegedämmte Liegefläche, vorzugsweise mit Einstreu, und insgesamt 6 m² Buchtenfläche gefordert. Die Bucht für Zuchtschweine, also auch für Eber, darf nicht vollperforiert sein. Die Stallklimaansprüche der Eber sind denen der tragenden Sauen vergleichbar. Für jeden Eber ist eine

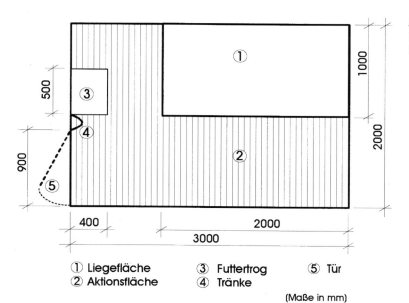

Abb. 4.3.2–1
Eberbucht ohne Einstreu

① Liegefläche ③ Futtertrog ⑤ Tür
② Aktionsfläche ④ Tränke

(Maße in mm)

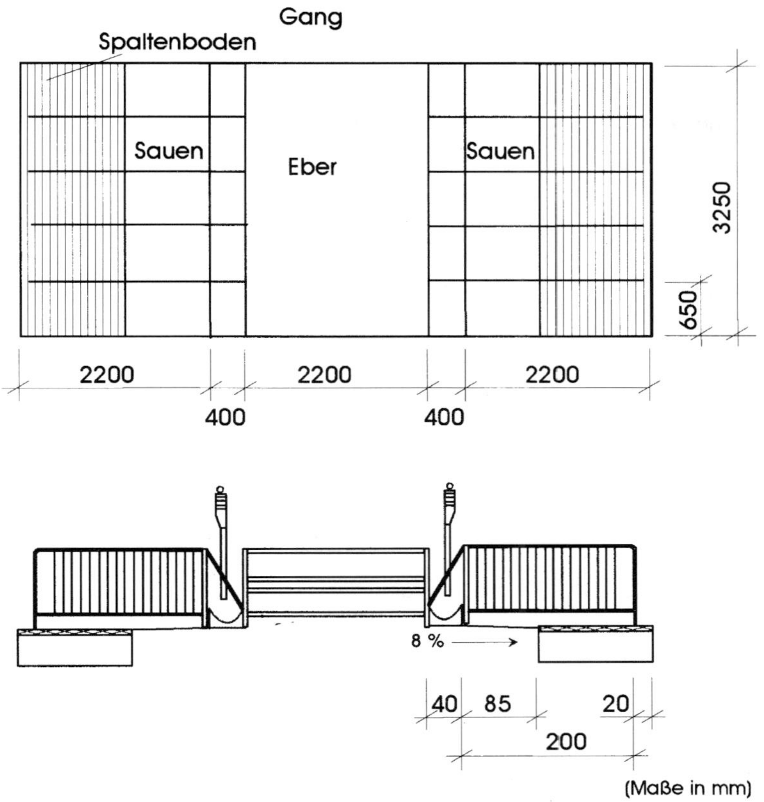

4.3 Tiergerechte Haltung von Schweinen

Abb. 4.3.3–1
Deckzentrum

(Maße in mm)

eigene Bucht bereitzustellen, da die Zuchteber untereinander unverträglich sind (Abb. 4.3.2–1).

Der Fußboden muß rutschfest und trittsicher sein. Die Buchtentrennwände sollen eine Höhe von 1,30 m haben. Eine durchbrochene Buchtentrennwand gewährleistet einen guten Sicht- und Geruchskontakt zu den Sauen und wirkt sich positiv auf die Rausche der Sauen aus. Die vertikalen Gitterstäbe haben einen Abstand von 10–12 cm.

Die räumliche Anordnung der Eberbucht ist von der Gestaltung des Deckzentrums abhängig (s. Abb. 4.3.3–1).

Im Intensivdeckzentrum (s. Abb. 4.3.3–2) sind der Eberbucht acht bis zwölf Kastenstände für güste Sauen direkt zugeordnet, damit die Sauen ca. 100 Stunden ständigen Kontakt zum Eber haben.

Nach der Bedeckung bzw. Besamung werden die Sauen umgestallt. Im konventionellen Deckzentrum ist die Eberbucht am Anfang oder in der Mitte der Standreihe für die zu bedeckenden Sauen angeordnet, und der Eber wird zur Rauschkontrolle und während der Besamung auf dem Futter- bzw. Kontrollgang vor den Sauen entlanggeführt. Es ist aber auch sehr gut möglich, die Eber in Hütten, mit mindestens 9 m² Auslauf getrennt von den Sauen, zu halten. Sollen Sauen gedeckt werden, so kann dies sowohl in der Eberbucht, als auch auf dem Stallgang geschehen. Ist der Eber zu schwer, sollte ein Deckstand genutzt werden. In jedem Fall ist ein rutschfester Standplatz zu wählen. Bei der Freilandhaltung können Eber problemlos in die Gruppe güster Sauen eingeordnet werden. Es besteht aber keine Übersicht, welche Sau bedeckt ist und welche nicht.

4 Tiergerechte Nutztierhaltung

Abb. 4.3.3-2
Intensivdeckzentrum
(HOFMEIER, 1994)

4.3.3 Zuchtsauenhaltung einschließlich Familienställe

(VON BORELL, E.; VON LENGERKEN, G.; RUDOVSKY, A.)

In diesem Haltungsabschnitt kommt es darauf an, die Sauen nach der Säugezeit erneut zu bedecken und auf die nächste Geburt vorzubereiten. Es hat sich als vorteilhaft erwiesen, diesen Haltungsabschnitt zu untergliedern in den Zeitraum vom Absetzen bis zur nachweisbaren Trächtigkeit und den Zeitraum der Tragezeit bis zur Einstellung in den Abferkelstall.

Die Teilzeiten für das Deckzentrum setzen sich wie folgt zusammen:

Güstzeit:	4–6 Tage
Tragezeit:	34 Tage
Reinigung/Desinfektion:	1–2 Tage
Summe:	42 Tage

Wenn ein Intensivdeckzentrum eingerichtet wird, bedeutet dies die Unterteilung des Abschnittes in die Deckzeit (6 Tage) und zusätzlich einen Tag für die Reinigung und Desinfektion. Danach werden die Sauen in das Abteil für niedertragende Sauen umgestallt und verbleiben hier bis zum Nachweis der Trächtigkeit.

Nach dem Absetzen kommen die Sauen nach drei bis acht, durchschnittlich nach vier Tagen in die Rausche. Bei der künstlichen Besamung gibt es zwei Verfahrensweisen der Applikation, die duldungsorientierte Besamung und die terminorientierte Besamung.

Bei ersterer werden die Sauen zweimal täglich kontrolliert, ob sie brünstig sind, und bei positivem Befund besamt. Bei der terminorientierten Besamung wird die Brunst der Sauen durch biotechnische Maßnahmen gesteuert, und die Sauen werden nach festgelegtem Zeitregime gleichzeitig besamt. Der Trend geht aber zur duldungsorientierten Besamung mit biotechnischer Unterstützung. Ökologische Programme verbieten oftmals den Einsatz brunststeuernder Substanzen. Auf die Haltung der Sauen hat das aber keinen Einfluß. Wichtig ist, daß sie während der Besamung und in den ersten Wochen der Trächtigkeit einzeln gehalten werden, da sonst durch Rangkämpfe mit einem geringeren Wurfergebnis gerechnet werden muß. In diesem Zeitraum wird erneut eine Brunstkontrolle durchgeführt.

Die Trächtigkeit kann mit dem sogenannten Scanner (bildgebende Sonographie nach dem Echolot-Prinzip, B-Scan) schon ab dem 23. Trächtigkeitstag, mit nichtbildgebenden Ultraschallgeräten (oszillographischer Nachweis von Fruchtwasser, A-Scan) nach 28–30 Tagen eindeutig erkannt werden. Die Trächtigkeitsrate sollte für Altsauen bei 85–90 % und bei Jungsauen zwischen 75–85 % liegen. Die restliche Zeit bis zur erneuten Einstallung in den Abferkelstall können die Sauen vorzugsweise in Gruppen gehalten werden. Die Haltungsdauer errechnet sich wie folgt:

durchschnittliche Tragezeit: 115 Tage
Tragezeit im Deckzentrum: 34 Tage
Trächtigkeit im Wartestall: 76 Tage
Tragezeit im Abferkelstall: 5 Tage
Reinigung und Desinfektion: 1 Tag
(Minimum)

Gestaltung von Deckzentren

Aus arbeitsorganisatorischen Gründen ist es vorteilhaft, die zu bedeckenden Sauen von den nachweislich tragenden räumlich zu trennen. Die Deckzentren werden mit Kastenständen und Eberbuchten ausgerüstet. Bei der Auswahl von Kastenständen ist besonders darauf zu achten, daß die Sauen während der Besamung gut zugänglich sind. Kastenstände mit Teilspaltenböden sind zu bevorzugen, da die Sauen in diesen sauberer bleiben als in eingestreuten Kastenständen. Der Fußboden besteht im vorderen Bereich aus wärmegedämmtem Beton und im durchbrochenen Bereich aus Betonflächenelementen bzw. gut durchlässigen Metallspaltenböden. Ein Entmistungsschlitz erleichtert die Entmistungsarbeiten sehr. Die Abbildungen 4.3.3–1 und 4.3.3–2 zeigen eine Möglichkeit zur räumlichen Gestaltung von Deckzentren. Die Freilandhaltung wird in einem gesonderten Punkt behandelt.

Gestaltung von Warteställen

Die Gruppenhaltung von Sauen ist während der Trächtigkeit am besten zu organisieren. Die Bewegung während der Trächtigkeit wirkt sich positiv auf den Geburtsverlauf aus (Hoy, 1995). Es muß aber gesichert sein, daß restriktiv gefütterte Sauen ihre Futterration ungestört aufnehmen können oder ad libitum gefüttert werden. Die Gestaltung der Gruppenbuchten ist deshalb eng verbunden mit dem gewählten Fütterungsverfahren. Man unterscheidet nach Art der Futterdarbietung Gruppenhaltung mit rationierter Fütterung und Gruppenhaltung mit Ad-libitum-Fütterung. Rationierte Fütterung kann zum einen durch Einzelfreßstände mit Dribbelfütterung, zum anderen durch Abruffütterung realisiert werden. Für die Gruppenhaltung mit Ad-libitum-Fütterung bieten sich Brei-

4 Tiergerechte Nutztierhaltung

Tabelle 4.3.3–1 Vor- und Nachteile der Gruppenhaltung tragender Sauen in Abhängigkeit vom Fütterungsverfahren

Verfahren	Vorteile	Nachteile
Gruppenhaltung mit Einzelfreßständen	– alle Sauen fressen gleichzeitig – Fixieren der Sauen möglich – getrennte Funktionsbereiche – kein Sortieren der Sauen nötig – gut an die Herdengröße anzupassen	– hoher Flächenbedarf – hohe Investitionen für die Freßplätze
Gruppenhaltung mit Dribbelfütterung	– alle Sauen fressen gleichzeitig – rationierte Fütterung ohne Fixierung der Sauen – geringer Flächenbedarf – starre Gruppengröße (8–12 Plätze/Bucht)	– keine tierindividuelle Fütterung – Sauen müssen nach Kondition gruppiert werden – Fixierung einzelner Sauen nicht möglich
Gruppenhaltung mit Breifutterautomaten (Ad-libitum-Fütterung)	– große Ruhe in der Gruppe durch Sättigung der Sauen – flexible Gruppenbildung durch Anzahl der Automaten je Bucht (6 Sauen/Futterautomat) – geringe Investitionen	– Bestandsübersicht erschwert – hoher Futteraufwand – Futter mit geringer Energiekonzentration erforderlich
Gruppenhaltung mit Abruffutterstation	– leistungsorientierte individuelle Fütterung – flexible Raumgestaltung – computergestütztes Herdenmanagement – Einzeltiererkennung und automatische Selektion einzelner Sauen möglich	– Aufwand für das Anlernen der Sauen – für kleine Bestände nicht geeignet, da die Gruppe von 50–60 Sauen/Station oft verändert werden muß – Sauen können nicht gleichzeitig fressen
Gruppenhaltung mit Breinuckel	– leistungsorientierte individuelle Fütterung – geringer Flächenaufwand – geringe Futterverluste – flexible Buchtengestaltung und Gruppierung	– hohe Anforderungen an das Herdenmanagement – hohe Investitionen – keine automatische Sortierung der Sauen

automaten an. Der Einsatz der Dribbelfütterung gestattet nur kleine Sauengruppen von acht bis zwölf Tieren je Gruppe. Demgegenüber können an Abrufstationen große Sauengruppen (bis 50 Sauen/Station) gebildet werden. Bei der Ad-libitum-Fütterung ist die Gruppengröße sehr flexibel zu handhaben. Je Breiautomat können sechs bis acht Sauen fressen. Damit wird die Gruppengröße über die Anzahl der Breiautomaten geregelt. Nach Möglichkeit sollten in allen Gruppen nur Sauen eines Trächtigkeitsstadiums zusammen sein. Das erleichtert die Bestandsübersicht erheblich. Die Vor- und Nachteile der einzelnen Systeme enthält Tabelle 4.3.3–1.

Gestaltung der Gruppenbuchten

a) Gruppenbuchten mit Einzelfreßständen
Abbildung 4.3.3–3 zeigt eine Lösung für die Gruppenhaltung tragender Sauen mit eingestreutem Liegebereich und Einzelfreßständen.

4.3 Tiergerechte Haltung von Schweinen

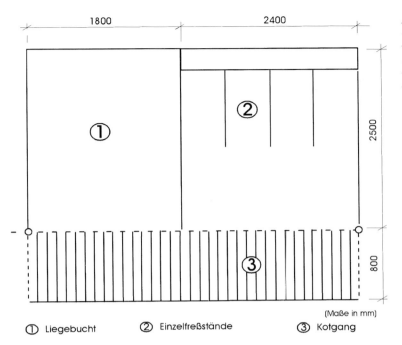

Abb. 4.3.3–3
Gruppenbucht für tragende Sauen mit eingestreuter Liegefläche und Einzelfreßständen

① Liegebucht ② Einzelfreßstände ③ Kotgang

Dieses Verfahren läßt sich sehr gut mit Außenfreßplätzen kombinieren. Die Sauen können in den Freßständen fixiert werden, für jede Sau muß ein Freßstand vorhanden sein. Der Liegebereich steht der gesamten Sauengruppe zur Verfügung. Entweder besteht ein kombinierter Liege- und Aktionsbereich, bei dem sich die Sauen ihren Liegeplatz frei wählen, oder dem Liegebereich sind befestigte Ausläufe zugeordnet. Nach LEMBECK et al. (1996) nutzen die Sauen die vorgegebene Trennung von Freß-, Kot- und Liegebereich. Der Anteil sitzend oder stehend verbrachter Zeiten der Sauen nahm gegenüber der Haltung im Kastenstand ab. Einstreu wird gerne als Beschäftigungsmaterial genutzt. Dabei sollten die Sauen stets auf Flachstreu, nicht auf Tiefstreu gehalten werden. In der Tiefstreu können sie die Klauen nicht abnutzen, im Sommer ist sie zu warm, und es kann verstärkt zu Problemen mit Strahlenpilzerkrankungen kommen. In jedem Fall darf nur hygienisch einwandfreies Stroh eingestreut werden. Die Ausläufe müssen, außer bei der Freilandhaltung, befestigt sein. Das ermöglicht die Reinigung der Ausläufe und verhindert, daß Kot und Harn in den Boden sickern (Umweltschutz) und Probleme mit Endoparasiten verstärkt auftreten. Die Gruppengröße richtet sich nach der Anzahl tragender Sauen. Nach oben sind keine Grenzen gesetzt. Die Sauengruppierung nach Trächtigkeitsstadium erleichtert aber die Bestandsübersicht. Scheuerbürsten, bei strohloser Aufstallung auch Strohraufen, verschaffen den Sauen die Möglichkeit der Körperpflege und Beschäftigung.

b) Gruppenbucht mit Dribbelfütterung
Bei der Dribbelfütterung (Syn. Rieselfütterung) werden die Sauen einer Gruppe nach Körperkondition in mindestens drei Gruppen von acht bis zwölf Sauen mit gleichem Futteranspruch unterteilt. Das Futter „rieselt" mit 80–120 g pro Minute in den Trog, und die Sauen werden dadurch an ihrem Platz festgehalten. Die 45 cm breiten Freßplätze sind durch 60 cm breite Sichtblenden voneinander getrennt, wodurch die Aggressivität der Sauen während des Fressens reduziert wird.

4 Tiergerechte Nutztierhaltung

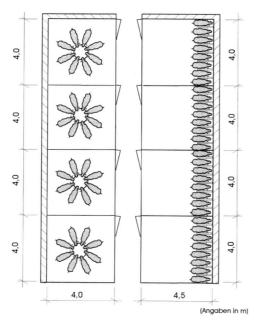

Abb. 4.3.3–4 Gruppenhaltung für tragende Sauen – gerade/kreisförmige Anordnung der Futterplätze

Ein Freßstand im herkömmlichen Sinn entfällt somit. Dadurch ist dieses System gegenüber der Gruppenhaltung mit Einzelfreßständen raumsparend. Die Freßplätze können als Längs- oder Rundtrog angeordnet sein (Abb. 4.3.3–4). Der Rundtrog hat den Vorteil, daß er nicht verschmutzt wird und die Randbereiche der Bucht als Ruhezone zur Verfügung stehen. Die Futterration soll den Sauen einmal täglich verabreicht werden. Da alle Sauen gleichzeitig fressen, ist die Bestandskontrolle während der Freßzeit sehr gut möglich.

Gruppenhaltung mit elektronischer Tiererkennung
c) Gruppenhaltung mit Abruffutterstation und Liegebuchten ohne Einstreu

Die Abruffütterung ist gekoppelt mit elektronischer Tiererkennung und damit mit einem computergestützten Herdenmanagement. Jede Sau kann individuell nach Körperkondition gefüttert werden, und es besteht eine Kontrolle über die abgerufene Futtermenge. Bei direkter Zuordnung der Sauengruppe zur Station ist die Bestandsübersicht sehr gut (Abb. 4.3.3–5).

Es treten, wenn die Sauen nach dem Besuch der Station von dieser weggeführt werden, kaum Rangkämpfe auf. Sind Sauen unterschiedlicher Trächtigkeitsstadien in einer Gruppe, müssen in Abhängigkeit vom Produktionsrhythmus Sauen aus der Gruppe zur Abferkelung aufgestallt und neu hinzukommende Sauen in die Gruppe eingegliedert werden. Eine einzelne Sau darf niemals in die Gruppe verbracht werden. Die Anforderungen an das Management sind bei diesem Verfahren sehr hoch. Kranke Sauen gehen nicht zur Abrufstation und müssen nach drei Tagen gesucht werden. Die Selektion zur Ausstallung hochtragender Sauen soll in gemischten Gruppen mindestens über zwei

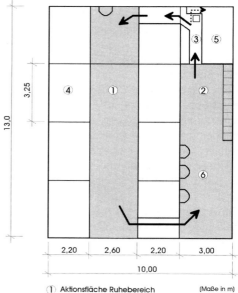

Abb. 4.3.3–5 Gruppenhaltung für tragende Sauen mit Abruffütterung und direkter Zuordnung der Gruppe zur Station

4.3 Tiergerechte Haltung von Schweinen

Abb. 4.3.3–6 150 tragende Sauen mit Abruffütterung – Liegebereich

Tage gehen, da diese Sauen die Station nicht mehr täglich aufsuchen. Abbildung 4.3.3–6 zeigt den Liegebereich von 150 tragenden Sauen, denen pro Gruppe vier Abrufstationen zur Verfügung stehen.

d) Gruppenhaltung mit Breinuckelfütterung

Dieses Verfahren setzt ebenfalls die elektronische Erkennung des Einzeltieres voraus. Der Vorteil gegenüber der Abruffütterung besteht darin, daß die Station überflüssig wird. Hier teilen sich zehn bis zwölf Sauen einen Freßplatz. Der Breinuckel funktioniert so, daß Trockenfutter volumendosiert in den Nuckel gefördert und hier mit einer einstellbaren Wassermenge befeuchtet wird. Von der Sau wird die Druckplatte zurückgeschoben, und das Futter gelangt in das Maul der Sau. Die abgerufene Menge wird registriert. Futterverluste sind fast ausgeschlossen. Die Gruppengröße richtet sich nach der Anzahl Sauen des gleichen Trächtigkeitsstadiums bzw. der Herdengröße. Nachteilig gegenüber der Abrufstation ist, daß bei der Breinuckelfütterung eine automatische Sortierung nicht möglich ist. Sauen, die aus der Gruppe ausgegliedert werden müssen, werden aber automatisch gekennzeichnet.

e) Gruppenhaltung mit Ad-libitum-Fütterung an Breifutterautomaten

Bei der „Ad-libitum"- oder „Satt-Fütterung" steht den Sauen das Futter uneingeschränkt zur freien Aufnahme zur Verfügung. Diese Form der Fütterung wirkt sich beruhigend auf die Sauen aus. Voraussetzung ist aber, daß ein energiereduziertes Futter angeboten wird, da sonst eine Überversorgung und Verfettung der Sauen eintritt. Durch die höhere Futteraufnahme sind die Futterkosten höher als bei den anderen Verfahren, die Investitionen sind jedoch gering. Je Breiautomat können fünf bis sieben Sauen versorgt werden (Abb. 4.3.3–7). Die Automaten müssen mindestens in einem Abstand von einem Meter voneinander

4 Tiergerechte Nutztierhaltung

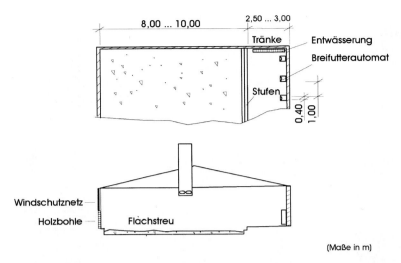

Abb. 4.3.3–7 Gruppenhaltung tragender Sauen mit Flachstreu und Breifutterautomaten

stehen und 1mal, besser 2mal täglich kontrolliert werden. Es sollten sich auch hier nur Sauen einer Trächtigkeitsgruppe in einer Bucht befinden, da sonst die Bestandsübersicht erschwert wird. Durch tägliche Tierbeobachtung müssen Sauen, die nicht fressen, erkannt werden.

f) Freiland- bzw. Hüttenhaltung tragender Sauen

Die Freilandhaltung von Sauen hat besonders in England einen Umfang von über 20 % des Sauenbestandes erreicht. Voraussetzung für eine erfolgreiche Freilandhaltung sind leichte Böden, die schnell abtrocknen, und Niederschläge von nicht mehr als 500–700 mm pro Jahr. Der Besatz liegt bei 15–20 Sauen je Hektar. Nach der neuen DÜNGEVERORDNUNG (1996) wird die Besatzstärke auf sechs bis neun Sauen (inkl. Nachzucht) eingeschränkt. Hier kann jedoch Abhilfe geschaffen werden, indem der Sauenbestand mit der Fruchtfolge die Fläche wechselt. Dies wäre auch zur Vermeidung eines übermäßigen Endoparasitenbefalls notwendig.

Die Sauen werden im Freiland in Hütten für jeweils fünf bis zehn Sauen gehalten. Für einen Bestand von 100 Sauen wären beispielsweise vier Gruppen mit je fünf güsten und niedertragenden Sauen und insgesamt ein bis zwei Ebern zu bilden. Je Gruppe wird eine Hütte und 0,3 ha Fläche benötigt (Abb. 4.3.3–8).

Bei den tragenden Sauen werden sechs Gruppen à zehn Sauen auf jeweils 0,6 ha Fläche gehalten. Die Einzelgehege können sowohl im Rechteck als auch radial angeordnet sein. Die Umzäunung ist in der Regel ein Elektroweidezaun mit zwei Drähten in 250 und 500 mm Höhe. Der Eber bleibt ein bis zwei Wochen bei der Gruppe güster Sauen und geht dann in die nächste Gruppe.

Die Vor- und Nachteile dieses Systems gegenüber konventionellen Verfahren sind in Tabelle 4.3.3–2 dargestellt.

Alle Formen der Gruppenhaltung ermöglichen den Sauen in der ihnen zugewiesenen Bucht freie Bewegung. Verfahren mit Einstreu können bevorzugt eingesetzt werden. Bei strohloser Haltung auf Teilspaltenboden sollte die Stalltemperatur mindestens 15 °C betragen. Bei Gruppenhaltung mit Einstreu sind Kaltställe ausreichend.

Familienställe

Der von STOLBA (1981) konzipierte Familienstall ist vollständig auf das arteigene Verhalten der Schweine, abgeleitet aus Beobachtungen von Schweinen in der Natur, ausgerichtet (Abb. 4.3.3–9).

4.3 Tiergerechte Haltung von Schweinen

Abb. 4.3.3–8   Freilandhaltung tragender Sauen

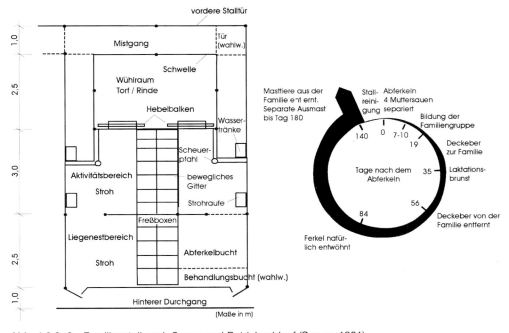

Abb. 4.3.3–9   Familienstall nach Stolba und Betriebsablauf (Stolba, 1981)

Tabelle 4.3.3–2 Vor- und Nachteile der Freiland- bzw. Hüttenhaltung tragender Sauen gegenüber der konventionellen Haltung

Vorteile	Nachteile
• naturnahe und tiergerechte Haltung • positive Auswirkung auf die Gesundheit und Konstitution der Sauen • Ermöglichung der Ausübung von angeborenen Verhaltensweisen wie Erkundung, Sozialkontakt und Wühlen • Errichtung des Geheges mit hohem Eigenleistungsanteil und geringen Investitionskosten	• schlechtere Arbeitsqualität in kalten und nassen Wetterperioden • schwierigere Bedingungen bei Routinearbeiten am Tier (Kastration, Kennzeichnung und Impfung) • ein 10–20 % höherer Futteraufwand durch Streuverluste, höheren Futterbedarf und Futterkonkurrenz durch andere Tiere

Es werden Familiengruppen mit vier Muttersauen und ihren Nachkommen gehalten. Die Ferkel werden nach etwa zwölf Wochen natürlich entwöhnt und verbleiben bis kurz vor dem folgenden Wurf im Familienverband. Der Eber kommt nach etwa 19 Säugetagen zur Familie und deckt die Sauen um den 35. Tag nach der Abferkelung. Vier Nestareale sorgen dafür, daß sich die Sauen zur Abferkelung zurückziehen können. Gefüttert wird in verschließbaren Freßständen. Aufgrund des hohen Platz- und Arbeitszeitaufwandes hat sich dieses System aber nicht ausweiten können. Es ist aber ein wertvolles Studienobjekt für die Erforschung und Entwicklung neuer tiergerechter Haltungssysteme.

4.3.4 Abferkelbuchten und -ställe

(VON BORELL, E.; VON LENGERKEN, G.; RUDOVSKY, A.)

Nach durchschnittlich 115 Tagen Tragezeit ist mit der Geburt der Ferkel zu rechnen. Die Säugezeit liegt üblicherweise zwischen 21 und 28 Tagen. So ist eine gute Weiterentwicklung der Ferkel nach dem Absetzen möglich, und es sind von einer Sau im Jahr über zwei Würfe zu erwarten. Noch kürzere Säugezeiten wirken sich nachteilig auf die folgende Trächtigkeit aus und werden deshalb nicht empfohlen. Unter natürlichen Bedingungen ziehen sich unmittelbar vor der Geburt stehende Sauen von der Herde zurück, so daß in diesem Bereich nicht nur aus arbeitswirtschaftlichen Erwägungen die Einzelhaltung zu empfehlen ist. Standard ist die Abferkelbucht mit Kastenstand in unterschiedlicher Anordnung. An die Ausstattung der Abferkelbuchten und die Stallklimagestaltung werden besonders hohe Anforderungen gestellt:

- Die Temperaturansprüche von Sauen (15–18 °C) und Ferkeln (3–22 °C) sind sehr unterschiedlich.
- Durch die Buchtenausstattung muß verhindert werden, daß Ferkel von der Sau erdrückt werden. Sie sind in den ersten drei Tagen nach der Geburt besonders gefährdet.
- Damit die Ferkel gute Hygienebedingungen haben, müssen Kot und Harn leicht abzuleiten und die Bucht gut zu reinigen sein.
- Aus den angeführten Gründen wird die Abferkelbucht strukturiert.

Die Sau wird während der Säugezeit, zumindest in den ersten Lebenstagen der Ferkel, im Kastenstand bzw. durch ein schwenkbares Schutzgitter fixiert, so daß die Ferkel nach allen Seiten ausweichen können. Andererseits muß der Kastenstand so gestaltet sein, daß die Ferkel gleich nach der Geburt ungehindert das Gesäuge der Sau erreichen können. Ebenso muß sich die Sau gut hin-

4.3 Tiergerechte Haltung von Schweinen

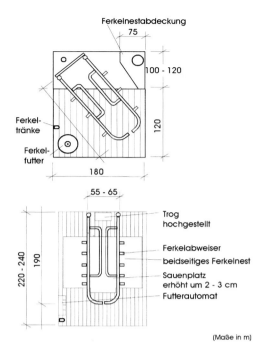

Abb. 4.3.4–1 Abferkelbucht mit diagonaler und gerader Anordnung des Kastenstandes und seitlichem Ferkelnest

legen und aufstehen können. Die Ferkel haben einen mit Zonenheizung ausgestatteten Liegebereich (Ferkelnest), der ihre Wärmeansprüche erfüllt und sie sich nicht am Muttertier wärmen müssen (Erdrückungsgefahr). Das Ferkelnest muß allen Ferkeln Platz bieten und sollte eine Fläche von 0,6–0,7 m² (0,06 m²/Ferkel) haben. Abbildung 4.3.4–1 zeigt Abferkelbuchten mit gerader und diagonaler Anordnung des Kastenstandes.

Die Gitter des Kastenstandes dienen als Abliegehilfe für die Sau. Sie kann sich langsam ablegen, ohne sich dabei fallen lassen zu müssen. Im Liegebereich der Sau befindliche Ferkel können ausweichen. Um dem Bewegungsdrang der Sau nachzukommen und den Ferkeln Schutz zu bieten, werden auch ovale oder sechseckig ausgebildete Kastenstände angeboten. Ebenso soll eine „möblierte Abferkelbucht" Sau und Ferkeln gerecht werden (s. Abb. 4.3.4–1). Die Ferkelnestheizung kann sehr verschieden angeordnet sein. Bei Fußbodenheizungen ist es oft notwendig, in den ersten Lebenstagen zusätzlich eine Heizlampe über dem Nest anzubringen. Wärmestrahler senden Infrarotlicht aus, das beim Auftreffen auf dem Tier bzw. dem Fußboden in Wärme umgewandelt wird. Die umgebende Luft wird kaum erwärmt. Gasstrahler eignen sich aufgrund des hohen Instandhaltungsaufwandes und Verletzungsrisikos weniger als Ferkelnestheizung. Die warmluftbeheizten Ferkelkisten haben eine Abmessung von 0,45 · 1,5 m. Die Frontseite ist mit einem Vorhang aus Kunststoffstreifen ausgestattet und vermindert den Wärmeentzug von der Körperoberfläche der Ferkel. Die Beobachtung des Wurfes ist aber erschwert. Als Fußboden werden im Aktionsbereich der Ferkel bevorzugt Kunststoffspaltenböden eingesetzt. Sie sind berührungswarm und gut kotdurchlässig. Die Liegefläche der Sau ist teilperforiert. Als Bodenmaterial finden Metall oder Kunststoff Verwendung. Planbefestigte Abferkelbuchten werden eingestreut. Buchten mit Kastenstand benötigen 0,51 kg Stroh je Bucht und Tag, mit Abweisbügeln ausgerüstete Buchten 2–3 kg Stroh pro Tag.

4.3.5 Aufzucht-(Läufer-)ställe

(VON BORELL, E.; VON LENGERKEN, G.; RUDOVSKY, A.)

Die Trennung von der Sau ist für die Ferkel ein einschneidendes Ereignis. Sie ist in der Regel verbunden mit dem Wechsel des Standortes, der Betreuungsperson, der Umstellung der Ernährung und vor allen Dingen der Veränderung der Gruppenzusammensetzung. 21–35 Tage alte Absetzferkel stellen einen hohen Anspruch an das Stallklima. Stall- und Futterhygiene müssen stimmen.

So verlangt die Aufzuchtperiode der Ferkel alle Aufmerksamkeit. Mit einer Absetzmasse von fünf bis neun Kilogramm bleiben sie bis zu einer Lebendmasse von 25–30 Kilogramm im Aufzuchtstall. Die Anzahl der Tiere

4 Tiergerechte Nutztierhaltung

Abb. 4.3.5-1 Ferkelaufzucht auf strukturierten Böden

je Gruppe liegt zwischen 15 und 150 Ferkeln. Gegenüber Gruppen von zehn bis 15 Ferkeln haben größere Gruppen (25–50 Ferkel) den Vorteil, daß das größere Bewegungsareal durch entsprechende Ausweichmöglichkeiten zu weniger Rangkämpfen führt und mehr Platz für Beschäftigungsmaterial, Einrichtungsgegenstände (Strohraufen, Scheuerpfosten u. a.) und strukturierte Böden vorhanden ist (Abb. 4.3.5-1). Nachteile bestehen in der Betreuung großer Gruppen (100–150 Ferkel), wie z.B. schlechte Bestandsübersicht und schwierigere Behandlung der Tiere. Es kommen sowohl Gruppenbuchten mit als auch ohne Einstreu zum Einsatz. Gruppenbuchten mit Einstreu haben den Vorteil, daß die Ferkel Beschäftigungsmaterial haben und die Anforderungen an die Raumtemperatur im Vergleich zu strohlosen Ställen geringer sind. Strohlose Ställe sollen zumindest eine Kette zur Beschäftigung haben. Attraktiver für die Tiere sind jedoch natürliche deformierbare Materialien. Sogenannte „Spielautomaten" mit Stroh, Holzrollen und Rüttelelementen für einstreulose Ställe sind in Entwicklung. Eingestreute Ställe (Abb. 4.3.5-2) werden von den Ferkeln sehr gut angenommen. Tiefstreuställe in Kombination mit großen Gruppen von 100–150 Ferkeln je Gruppe haben den Nachteil einer ungenügenden Bestandsübersicht und eines hohen Aufwandes für die komplette Räumung nach jeder Aufzuchtperiode. Unter dem Begriff „Außenklimaställe" zusammengefaßte Kistenställe (Abb. 4.3.5-3) oder Bettenställe bieten die Möglichkeit, die Bucht zu strukturieren. Ruhebereich, Freß- und Kotplatz sind räumlich voneinander getrennt und kommen damit dem Verhalten des Tieres entgegen. Die „Kisten" oder „Betten" sind mit Warmluftheizung oder Fußbodenheizung ausgestattet und geben den Ferkeln den warmen Schlafplatz. Der Aktivitätsbereich bleibt ungeheizt. Die Betten werden nicht eingestreut. Die Aktionsfläche wird sowohl mit Einstreu als auch mit Teil- oder Vollspaltenboden eingerichtet. Die Fütterung erfolgt über Breiautomaten.

4.3 Tiergerechte Haltung von Schweinen

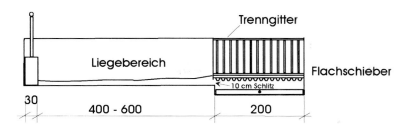
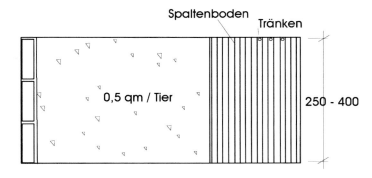

Abb. 4.3.5–2
Ferkelaufzuchtbucht mit Flachstreu

(Maße in mm)

Ketten und Scheuerbalken sorgen für Beschäftigung und Komfort der Ferkel. Trobridge-Ställe haben eingestreute Ruhebuchten mit Zusatzheizung für den Winter und Ausläufe mit oder ohne Spaltenboden. Der Stall ist frei belüftet. Es stehen sich zwei Buchtenreihen gegenüber. Die Managementanforderungen sind in diesen Ställen höher als im Warmstall mit Gruppenbuchten, da die Kisten einzeln kontrolliert werden müssen.

4.3.6 Mastschweinehaltung

(HEEGE, H.)

Mastschweine werden im Vergleich zu Zuchtschweinen Kap. 4.3.2 u. 4.3.3) in einem weniger untergliederten Stallsystem gehalten. Es ist indes oft üblich, die Tiere für die Vormast und Endmast getrennt aufzustallen. Die Bedingungen für die Mechanisierung der Fütterung sind wegen der vergleichsweise einheitlichen Haltung günstiger als bei Zuchtschweinen. Eine restriktive Schweinehaltung ist aber als nicht tiergerecht anzusehen. Bei strohloser Haltung sind den Tieren daher entsprechend der SCHWEINEHALTUNGSVERORDNUNG (1994) Beschäftigungsmöglichkeiten in Form von Rauhfutter oder anderen geeigneten Gegenständen zur Verfügung zu stellen.

Die mittlere Bestandsgröße von 80 Mastschweinen je Betrieb liegt in Deutschland deutlich niedriger als in den westlichen Nachbarländern (BUNDESMINISTERIUM FÜR ERNÄHRUNG, LANDWIRTSCHAFT UND FORSTEN, 1998). Der wirtschaftliche Einsatz moderner Haltungstechniken erfordert aber Bestände von mindestens etwa 800 Mastschweinen. Andererseits laufen die Vorteile der Kostendegression bei Bestandsgrößen mit mehr als 5000 Mastplätzen im wesentlichen aus, während die Entsorgungsprobleme steigen.

Für das einzelne Tier ist es aus ethologischer Sicht nicht wesentlich, ob noch benachbarte Stallabteile vorhanden sind, so-

4 Tiergerechte Nutztierhaltung

Abb. 4.3.5–3
Spielende Absetzferkel

lange die Haltungsnormen innerhalb der Bucht beachtet werden. Unter dieser Voraussetzung ist die maximale Größe des Bestandes nicht eine Frage der tiergerechten Haltung, sie ist vielmehr eine Frage des Umweltschutzes und der Entsorgung.

Kontinuierliche Stallbelegung oder absätzige Stallbelegung

Das kontinuierliche Verfahren der Stallbelegung ist gekennzeichnet durch laufende Zu- und Abgänge von Tieren in den einzelnen Haltungsphasen. Bei der absätzigen Stallbelegung hingegen ist der Gesamtbestand in wenige Gruppen aufgeteilt, so z. B. in Vormast- und Endmasttiere. Innerhalb einer Gruppe durchlaufen alle Tiere gleichzeitig

4.3 Tiergerechte Haltung von Schweinen

die verschiedenen Haltungsphasen. Die absätzige Stallbelegung wird oft als Rein-Raus-Verfahren bezeichnet.

Das früher vorherrschende kontinuierliche Verfahren der Stallbelegung wird immer mehr abgelöst durch das absätzige Verfahren (VIT, 1977–1998). Dieses Verfahren erfordert zwar einen höheren organisatorischen Aufwand und verursacht größere Arbeitsspitzen. Es erfüllt jedoch die Voraussetzungen für eine durchgehende gründliche Reinigung und Desinfektion der Stallabteile vor jedem Belegen und unterbricht somit Infektionsketten.

Neben den hygienischen Vorteilen bietet das absätzige Verfahren auch bessere Möglichkeiten für die präzise Stallklimaführung und Futterzuteilung. Bei Gruppenhaltung ermöglichen schließlich nur gleichentwickelte Tiere die exakte Anpassung von Stallklima und Futterration an die Bedürfnisse jedes Schweines. Die exakte Anpassung des Eiweiß- und Aminosäurengehaltes im Futter an den jeweiligen Bedarf der Tiere ist ein wichtiges Mittel zur Minderung von Stickstoffemissionen über die Gülle oder über die Stalluft. Dieses Ziel ist mit herkömmlicher Fütterungstechnik lediglich durch häufigeres Einstellen des Mischungsverhältnisses der Futterkomponenten leicht zu erreichen, wenn der Stall mit einheitlich entwickelten Tieren belegt ist. Ist dies nicht der Fall, wie z. B. bei der kontinuierlichen Belegung, kann das Ziel der genauen, nach Eiweiß und Aminosäuren angepaßten Versorgung oft nur durch eine wesentlich teurere Fütterungstechnik erreicht werden. Mit Hilfe der Fütterungstechnik muß es möglich sein, benachbarte Buchten im Stall nach Menge und Zusammensetzung des Futters individuell zu versorgen.

Als ein Nachteil der absätzigen Belegung sind die geringfügig höheren Stallkosten je Tier anzusehen. Sie ergeben sich aus den stärker aufgeteilten Ställen – die heute in Form von Kammställen zunehmend eingesetzt werden – und aus dem Umstand, daß leere Plätze durch Ausfall von Schweinen nicht nachgefüllt werden. Sofern nicht alle Haltungsphasen in einem Betrieb vorhanden sind, erfordert die Organisation feste Absprachen oder Verträge zwischen verschiedenen Betrieben. Der Trend geht trotzdem eindeutig in Richtung der absätzigen Stallbelegung (Abb. 4.3.6–1).

Grundsätzlich gilt für die kontinuierliche und absätzige Stallbelegung bei Zuchtschweinen das gleiche. Sofern Zucht- und Mastschweine im geschlossenen System innerhalb eines Betriebes gehalten werden, sind für die absätzige Belegung die Haltungszyklen aufeinander abzustimmen.

Zur Fütterungsstrategie und Gruppenhaltung in Buchten

Es ist allgemein üblich, Mastschweine in Buchten mit je zehn bis 14 Tieren zu halten. Die Gruppenhaltung entspricht dem Bedürfnis der Tiere nach direktem Kontakt mit Artgenossen. Sie sollte jedoch auch der Tierkonkurrenz am Futtertrog und somit der Fütterungsstrategie angepaßt sein.

Die Fütterungsstrategie nimmt eine zentrale Stellung ein. Sie ist entweder durch eine Ad-libitum-Fütterung oder durch eine rationierte Futterzuteilung gekennzeichnet. Im ersten Fall ist die Tierkonkurrenz am Trog kaum von Belang, im letzten Fall hingegen spielt sie eine entscheidende Rolle. Es stellt sich somit die Frage nach der optimalen Energiezufuhr.

Mit steigender Aufnahme an Futterenergie durch das Schwein erhöht sich die tägliche Massenzunahme. Als Folge verringert sich der Aufwand an Erhaltungsenergie je Masseneinheit des Zuwachses. Man kann also bei der Mastschweineproduktion durch eine hohe Fütterungsintensität an Erhaltungsenergie einsparen. Abgesehen von der Erhaltungsenergie erhöht sich aber mit der täglichen Energieaufnahme der Aufwand an Futterenergie je Masseneinheit des Zuwachses. Der Grund hierfür ist in dem mit der täglichen Energieaufnahme steigenden Fettanteil und sinkenden Fleischanteil im Schlachtkörper zu suchen. Für die Erzeugung einer

4 Tiergerechte Nutztierhaltung

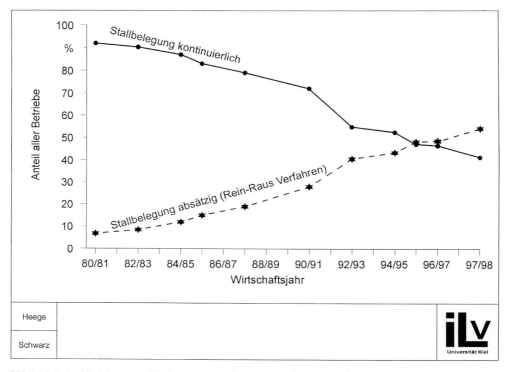

Abb. 4.3.6–1 Verfahren der Stallbelegung in der Endmast (VIT, 1980–1998)

Masseneinheit Fett ist nämlich das Mehrfache dessen an Energie nötig, was für die Erzeugung einer Masseneinheit Fleisch erforderlich ist. Für eine optimale Futterverwertung (kg Futter/kg Zuwachs) muß nun die Summe von Erhaltungsenergie und Energie für Zuwachs ihr Minimum erreichen. Das ist für die Endmast von Börgen in der Regel bei der Zuteilung von etwa 90 % der maximal aufnehmbaren Futterenergie der Fall. Dieses Niveau der rationierten oder verhaltenen Futterzuteilung ist annähernd dann erreicht, wenn die Schweine mit dem 3,5fachen Bedarf an Erhaltungsenergie versorgt werden (OSLAGE, 1982). Durch diese rationierte Futterzuteilung wird im übrigen nicht nur die Futterverwertung optimiert, sondern auch der vom Markt verlangte geringe Fettanteil im Schlachtkörper erreicht.

Sowohl in der Vormast als auch für Sauen in der Endmast besteht bei den modernen Schweinerassen kaum noch Verfettungsgefahr. Diese Tiere können somit ad libitum versorgt werden. Die Geschlechtertrennung in der Endmast hat sich aber bislang noch keineswegs allgemein durchgesetzt.

Die Ad-libitum-Versorgung vereinfacht die Fütterungstechnik erheblich. Da die Schweine nacheinander fressen können, ist die Versorgung mehrerer Tiere über einen Freßplatz möglich. Die Anordnung der Futtertröge innerhalb der Bucht bereitet kaum Probleme. Bei rationierter Fütterung hingegen ist für jedes Tier in der Endmast eine Freßplatzbreite von 30 cm am Trog erforderlich, damit alle Schweine gleichzeitig fressen können. Bei zwölf Tieren in der Bucht ist somit eine Troglänge von 3,6 m nötig. Sofern kein Rundtrog eingesetzt wird, erfordert diese Troglänge die Anordnung des Troges an der längsten Seite der Bucht. Das ist bei den heutigen Buchtenformen für die mecha-

4.3 Tiergerechte Haltung von Schweinen

nisierte Futterzuteilung die Wandseite zur Nachbarbucht. Dabei bietet es sich an, Doppeltröge an der Trennwand zwischen zwei Buchten einzurichten. Es können auf diese Weise die Tiere von zwei Buchten über einen Doppeltrog versorgt werden, und die rationierte Futterzuteilung vereinfacht sich etwas.

In einigen Betrieben werden neuerdings Großgruppen mit rund 40–50 Tieren je Bucht anstelle der bisherigen 10 bis 14 Tiere gehalten. Die Flächenausstattung je Schwein beträgt wie in den bisher üblichen Buchten rd. 0,7 m². Die Großbuchten bieten den Tieren mehr Bewegungsfläche und entsprechen in dieser Hinsicht besser den ethologischen Bedürfnissen (RATSCHOW, 1998). Sie verringern auch den Bauaufwand geringfügig. Bei rationierter Futterzuteilung steigt aber mit der Gruppengröße die Konkurrenz unter den Tieren am Futtertrog. Es erscheint deshalb sinnvoll, die Großgruppenhaltung auf die Ad-libitum-Fütterung bei der Vormast und bei der Endmast auf Sauen zu beschränken.

Fütterungstechnik

Das Futter wird entweder trocken, flüssig oder im angefeuchteten Zustand aufgenommen. Der Wassergehalt des Futters beträgt für die vorherrschende Getreidemast bei der Trockenfütterung 11–14 % und bei der Flüssigfütterung 70–80 %. Die Futteraufnahme im angefeuchteten Zustand ist bei der Ad-libitum-Fütterung durch sogenannte Breiautomaten üblich. Der Wassergehalt des Futters liegt dabei in der Regel etwas unter demjenigen bei der Flüssigfütterung. Im Trog des Futterautomaten für die Ad-libitum-Versorgung befindet sich ein tierbetätigtes Ventil für die Wassertränke. Durch die Bedienung dieses Ventiles und durch Wühlen des Schweines wird der Trockenfutterzulauf zu einem Brei angerührt.

Selbstverständlich muß die Wasseraufnahme der Tiere unabhängig vom Wassergehalt des Futters durch Selbsttränken möglich sein (SCHWEINEHALTUNGSVERORDNUNG, 1994). Die Anordnung der Selbsttränke im Trog, wie bei den Breiautomaten, bietet dabei den Vorteil, daß ad libitum versorgte Tiere nicht ständig für den Wechsel von der Trockenfutter- zur Wasseraufnahme in der Bucht herumlaufen. Es wird somit weniger Futter aus dem Trogbereich entfernt.

Flüssiges oder angefeuchtetes Futter wird, im Vergleich zu trockenem Futter, wesentlich schneller aufgenommen. Bei der Ad-libitum-Bedienung mit flüssigem oder breiigem Futter genügt deshalb ein Freßplatz für etwa zehn Schweine, während mit Trockenfutter nur etwa die halbe Zahl an Tieren versorgt werden kann. Die Ad-libitum-Versorgung mit Trockenfutter wird daher mehr und mehr durch die Fütterung an Breiautomaten abgelöst.

Für die rationierte Versorgung wird die Trockenfütterung hingegen zunehmend durch die Flüssigfütterung ersetzt. Einige Futtermittel, wie z.B. feucht konservierte Körnerfrüchte und viele Abfälle von Lebensmitteln, kommen von vornherein nur für eine flüssige Zuteilung in Betracht, da die Trocknung zu teuer wird. Bei vollautomatischen, rechnergestützten Anlagen kann man zudem davon ausgehen, daß oberhalb von 600 Mastplätzen die Futterzuteilung in flüssiger im Vergleich zu der in trockener Form zu einem geringeren Kapitalbedarf führt.

Die Dosierung des Futters für die rationierte flüssige oder trockene Versorgung kann entweder dezentral an den einzelnen Buchten oder vor der Förderung zu den Trögen zentral für einen oder mehrere Ställe im Futterraum erfolgen. Folgende Parameter werden für die Dosierung der Ration eingesetzt:
- Volumen,
- Masse,
- Laufzeit des Förderaggregates und
- Freß- bzw. Angebotszeit.

Während bei der Dosierung nach Volumen, Masse oder nach Laufzeit des Förderaggregates ausschließlich der Mensch und die durch ihn gesteuerte Technik das Ergebnis

4 Tiergerechte Nutztierhaltung

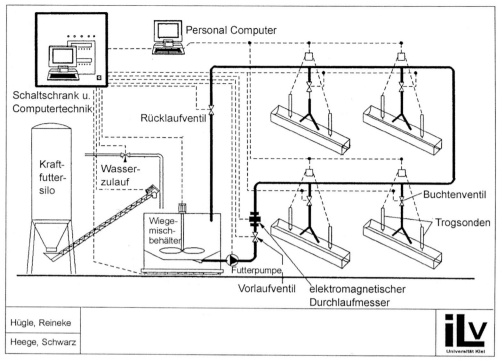

Abb. 4.3.6-2 Flüssigfütterung nach Freßzeit mittels Sonden im Futtertrog

bestimmen, ist bei der Zuteilung nach Freßzeit das Tierverhalten mit von Belang. Dieses Verfahren gilt daher als besonders tiergerecht.

Die Futtertröge werden für die Dosierung nach Freßzeit bei der Flüssigfütterung mit Sonden ausgestattet, die jeweils dem Computer melden, wann ein Trog leer ist (Abb. 4.3.6-2). Die Sensorfunktion dieser Sonden beruht auf der Änderung des elektrischen Widerstandes beim Eintauchen in die Futtersuppe.

Man kann durch Leermelder und ein entsprechendes Programm des Fütterungscomputers erreichen, daß der Trog für eine vorgewählte Zeitspanne leer bleibt. Sofern die Freßgeschwindigkeit der Tiere außergewöhnlich gering ist, hat das zur Folge, daß die nächste Fütterungszeit hinausgeschoben wird und umgekehrt. Es wird damit nicht direkt die absolute Freßzeit je Mahlzeit, son-dern statt dessen über die Leerzeit des Troges das Verhältnis zwischen der Angebotszeit und der Leerzeit gesteuert (BICHMANN et al., 1995; HEEGE u. HÜGLE, 1994).

Man kann indes derartige Anlagen mit Füllstandsmeldern auch so programmieren, daß eine nahezu konstante Freßzeit je Mahlzeit erreicht wird. Die Größe der Futterportion richtet sich danach, wie schnell die vorhergehende Mahlzeit verzehrt wurde. Die zugeteilte Futtermenge wird so nicht ausschließlich über das Computerprogramm vom Menschen bestimmt, sondern ist auch vom Appetit oder der Freßgeschwindigkeit der Tiere abhängig.

Leermelder eignen sich somit hervorragend als Sensoren für eine Steuerung der Freßzeit bei rationierter Fütterung oder für eine Steuerung der Futterangebotszeit bei Ad-libitum-Fütterung. Es kann somit erstmalig Flüssigfutter ad libitum verabreicht wer-

4.3 Tiergerechte Haltung von Schweinen

den, ohne daß als Folge einer längeren Verweilzeit im Trog größere hygienische Probleme entstehen (HÜGLE, 1989).

Einzeltierfütterung anstelle Gruppenfütterung

Bei der üblichen Gruppenfütterung kann bestenfalls für den Durchschnitt der Tiere einer Bucht eine exakte Futterzuteilung erreicht werden. Wenn die Schweine rationiert versorgt werden, entsteht zwangsläufig aber am Trog ein Verdrängungsprozeß. Die Folge ist, daß die schwächeren Tiere unterversorgt bleiben und die stärkeren Schweine sich ad libitum bedienen. Als Ergebnis entsteht das „Auseinanderwachsen" der Tiere einer Bucht. Ziel sollte es aber sein, jedes einzelne Mastschwein individuell präzise nach Bedarf zu versorgen.

Die Entwicklung der „Nuckel-Abruffütterung" ist als ein Schritt in diese Richtung anzusehen. Vorbild für dieses Verfahren war die Nuckel-Abruffütterung von Kälbern oder auch die Versorgung der Ferkel an der Sau. Ein für Mastschweine konzipiertes Nuckelverfahren wurde 1993 von OLDENBURG vorgestellt und ist mittlerweile durch die Landmaschinenindustrie (MANNEBECK LANDTECHNIK, 1999) für die Anwendung in der Praxis weiterentwickelt worden. Das Futter wird den Tieren durch metallische Nuckel, in denen sich ein kleiner Schneckenförderer befindet, in das Maul geschoben (Abb. 4.3.6–3). Die Aktivierung des Schneckenförderers erfolgt über einen kleinen Schieber, den die Schweine bei der Aufnahme des Nuckels mit dem Rüssel betätigen. Innerhalb des Schneckenförderers wird das Trockenfutter

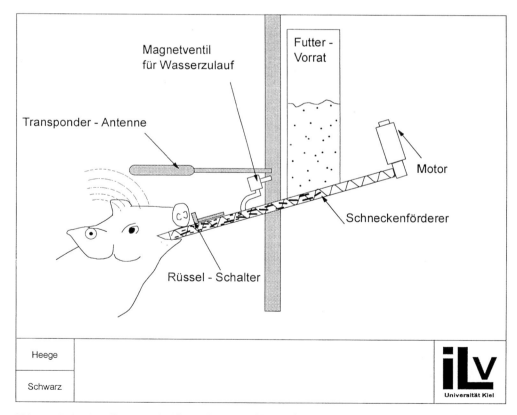

Abb. 4.3.6–3 Abruffütterung bei Schweinen über Nuckel (nach MANNEBECK LANDTECHNIK, 1999)

4 Tiergerechte Nutztierhaltung

mit Wasser vermischt, wobei dann das Tier mit Brei oder mit Flüssigfutter versorgt werden kann. Am Maulstück des Nuckels können wahlweise noch Mikronährstoffe beigemischt werden. Der übliche Futtertrog entfällt. Durch funktechnische Identifizierung wird eine rechnergesteuerte Einzeltier-Futterzuteilung möglich. Über Mastleistungen berichten HESSE, SCHWARZ, HENNING u. BERK (1999) und MAROSKE et al. (1997). Die Nuckel-Abruffütterung dürfte vornehmlich dann von Interesse sein, wenn eine rationierte Versorgung erforderlich ist. Das ist bei Börgen in der Endmast und vor allem auch bei Sauen im Wartestall der Fall.

Futterverwertung und Emissionen

Bei der derzeitigen Produktionstechnik kann man davon ausgehen, daß etwa 30 % des Futterstickstoffs im Fleisch verbleiben. Die restlichen 70 % wandern zunächst in die Gülle und gelangen von dort in die Stalluft, die Atmosphäre, den Boden und in das Grundwasser. Eine Verbesserung dieser Situation setzt voraus, daß die Schweine exakt mit den erforderlichen Aminosäuren versorgt werden.

Abbildung 4.3.6–4 zeigt hierzu Ergebnisse, die in zwei baugleichen Stallobjekten mit jeweils 120 Mastplätzen erzielt wurden. Bis zu dem durchschnittlichen Lebendgewicht von 50 kg erhielten alle Schweine ein

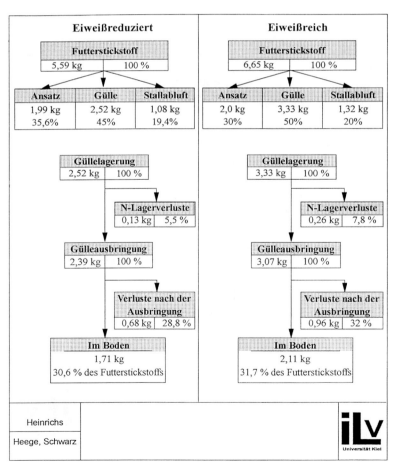

Abb. 4.3.6–4
Stickstoffbilanzen bei eiweißreicher und eiweißreduzierter Futtermenge, bezogen auf 80 kg Lebendzuwachs

Futter mit 17 % Rohprotein. Den Kontrolltieren wurde dieses Futter bis zum Mastende verabreicht, während die Schweine der Versuchsgruppe ein auf 13,5 % Rohprotein reduziertes Futter erhielten, das mit Lysin und Threonin ergänzt wurde.

Die Ergebnisse (HEINRICHS und DE BAEY-ERNSTEN, 1995) zeigen, daß bereits mit einer vergleichsweise einfachen Umstellung in der Fütterungstechnik die Umweltbelastungen aus dem Stickstoff der Exkremente über die Stalluft, über Stickstoffverluste bei der Lagerung und Ausbringung und über dem Boden unmittelbar zugeführten Güllestickstoff deutlich sinken. In allen genannten Bereichen wirkt sich die vergleichsweise geringfügige Verbesserung der Stickstoffausnutzung für die Fleischbildung von 30 % auf 35,6 % deutlich aus.

Wenn das Futtereiweiß sehr präzise entsprechend dem Bedarf der Schweine an Aminosäuren angemischt und zudem durch Einzeltierfütterung zugeteilt wird, können nach HENKEL und PFEIFFER (1989) rund 50 % des Futterstickstoffs für die Fleischbildung genutzt werden. Es gelangen nur noch die restlichen 50 % über die Gülle in die Umwelt. Durch eine präzisere Versorgung der Schweine kann somit das Verhältnis zwischen der Retention im Fleisch und der Ausscheidung von 1:2,3 auf 1:1 verbessert werden. Je Masseneinheit Fleisch verringert sich damit die Umweltbelastung mit Stickstoff auf 43 %.

Haltung auf Spaltenboden oder auf Einstreu

Die früher vorherrschende Haltung von Mastschweinen in Buchten mit Einstreu ist in den Erzeugerringen Niedersachsens (VIT, 1994–1998) mittlerweile auf 5 % der Betriebe gesunken. Vor allem in größeren Betrieben dominiert deutlich die Haltung auf Teil- oder Vollspaltenboden. Der bislang noch bevorzugte Teilspaltenboden verliert dabei auf Kosten des Vollspaltenbodens. Diese Entwicklung ist in wesentlichen Teilen mit das Ergebnis von verbesserten Spaltenböden, die kaum noch Klauen- und Beinschäden verursachen. Ferner begünstigt die vergleichsweise hohe Fließfähigkeit der Schweineexkremente die Entsorgung über Spaltenböden.

Andererseits ist unbestritten, daß die monotone Haltung auf Spaltenböden gerade den Schweinen zu wenig artgemäße Beschäftigungsmöglichkeiten bietet. Das gilt insbesondere bei der Haltung auf Vollspaltenböden. Die Folgen sind Ersatzhandlungen an den Artgenossen in Form von Schwanz- und Ohrbeißen. Die SCHWEINEHALTUNGSVERORDNUNG (1994) (Kap. 4.3.1, *Gesetze und Verordnungen zur Schweinehaltung*) verlangt andere Beschäftigungsobjekte. Eine einfache Lösung sind ein Scheuerbaum mit angehängter Kette (s. Abb. 4.3.5–3) in der Bucht (RATSCHOW, 1998). STUBBE et al. (1999) empfehlen, an der Kette noch einen frei schwebenden Holzbalken zu befestigen. Mehrere Autoren (BARTUSSEK et al., 1999; KRESS et al., 1999; STUBBE et al., 1999) konnten nachweisen, daß bereits sehr geringe Mengen an Häckselstroh an einer Raufe die Tiere wirkungsvoll ablenken. Da bereits Mengen zwischen 10–50 g Stroh je Tier und Tag ausreichen, wird die Funktion der Gülletechnik nicht beeinträchtigt. Angesichts der Tatsache, daß aus arbeitswirtschaftlicher Sicht die Haltung auf Spaltenböden unbestritten als die beste Lösung anzusehen ist, ist die Beseitigung der hierbei für die Tiere entstehenden Monotonie von großer Bedeutung.

Die Haltung auf Stroheinstreu liefert den Tieren ausgezeichnete Beschäftigungsmöglichkeiten durch Wühlen und Kauen. In Betracht kommen dabei entweder die Haltung auf Tiefstreu mit Entmisten in mehrwöchigen Abständen oder die Haltung auf Schrägmistflächen. Bei letzteren rutscht der Dung auf der mit etwa 8 % Neigung angelegten Beton-Bodenfläche infolge der Tretwirkung der Tiere fortlaufend durch einen Schlitz im unteren Teil der Buchtenwand in einen mechanisch entmisteten Kanal. Die Tiere besorgen also die Entmistung im Buchtenbereich selbst. Das Einstreuen erfolgt bergseitig auf der schrägen Fläche. Dabei ist einerseits vollmechanisches Einstreuen möglich, andererseits können auch wieder die Tiere selbst das Einstreuen aus einer bergseitig anstelle der Buchtenwand angebrachten Raufe erledigen. Langjährige Erfahrungen zur Haltung auf Schrägmist fehlen noch (BARTUSSEK et al., 1999).

Die Haltung auf Tiefstreu bietet sich oft dort an, wo hierfür anderweitig nicht nutzbare Altbauten eingesetzt werden können, so daß vergleichsweise geringe Gebäudekosten entstehen. Für die langfristige Planung und für Neubauten ist aber von großer Bedeutung, daß den Haltungsverfahren auf Einstreu die Kosten der gesamten Strohkette zuzuordnen sind.

Literatur

Arbeitsgemeinschaft Ökologischer Landbau: Rahmenrichtlinien zum Ökologischen Landbau. Stiftung Ökologie und Landbau, 13. Aufl., Bad Dürkheim (1991) 25.

Bäckström, L.: Environment and animal health in piglet production. A field study on incidence and correlations. Acta Vet. Scand. Suppl. 41 (1973) 240.

Bartussek, H., A. Hausleitner, K. Zaludik: Schrägbodenbucht in der Schweinemast: Die funktionssichere und kostengünstige Tierschutzalternative zum Vollspaltenboden. In: Institut f. Landtechnik d. TU München-Weihenstephan (ed.): Bau, Technik und Umwelt 1999 in der landwirtschaftlichen Nutztierhaltung. Landwirtschaftsverlag GmbH, Münster-Hiltrup (1999) 273–278.

Bichmann, M., T. Hügle, H. de Baey-Ernsten, H. J. Heege: Verfahren für die nährstoffangepaßte Futterzuteilung bei Mastschweinen. In: Schriftenreihe der Agrarwiss. Fakultät der Universität Kiel: Vorträge zur Hochschultagung 78 (1995) 81–92.

Borell, E. von, J. Ladewig: Altered adrenocortical response to acute stressors or ACTH (1–24) in intensively housed pigs. Domest. Anim. Endocrinol. 6 (1989) 299–309.

Borell, E. von, S. van den Weghe: Criteria for the assessment of pig housing. Pig News and Information 19 (1998) 93–96.

Borell, E. von, S. van den Weghe: Erarbeitung von messbaren Kriterien für die Einschätzung von Haltungsverfahren für Rinder, Schweine und Legehennen bezüglich der Tiergerechtheit und Umweltwirkungen. Züchtungskunde 71 (1999) 8–16.

Bundesministerium für Ernährung, Landwirtschaft und Forsten: Statistisches Jahrbuch für Ernährung, Landwirtschaft und Forsten 1998. Landwirtschaftsverlag GmbH, Münster-Hiltrup (1998).

Büscher, W.: Produktentwicklungen im Bereich der Heiz- und Lüftungstechnik für Schweineställe. In: Institut f. Landtechnik d. TU München-Weihenstephan (ed.): Bau, Technik und Umwelt 1999 in der landwirtschaftlichen Nutztierhaltung. Landwirtschaftsverlag GmbH, Münster-Hiltrup (1999) 21–26.

Ekesbo, I.: Monitoring systems using clinical, subclinical and behavioural records for improving health and welfare. In: Moss, R. (ed.): Livestock health and welfare, Longman Scientific, Harlow (1992) 20–50.

Ekesbo, I., S. van den Weghe: Genehmigungsverfahren und Prüfung neuer Technik und Methoden in der landwirtschaftlichen Tierhaltung in Schweden. In: Beurteilung der Tiergerechtheit von Haltungssystemen, KTBL-Schrift 377, Landwirtschaftsverlag GmbH, Münster-Hiltrup (1998) 55–70.

Hansen, S., E. von Borell: Impact of pig grouping on sympatho-vagal balance as measured by heart rate variability. In: Proceedings, 32th Int. Congr. of the ISAE, 21–25 July 1998, Clermont-Ferrand, France (1998) 97.

Heege, H. J., H. de Baeye-Ernsten: Technik in der Schweinehaltung. In: Jahrbuch Agrartechnik, Landwirtschaftsverlag, Münster-Hiltrup, 1993–1999.

Heege, H. J., T. Hügle: Control of Liquid Feed by Eating Time. Pig International 24/2 (1994) 19–21.

Heinrichs, P., H. de Baey-Ernsten: Eiweißreduzierte Fütterung von Mastschweinen. Landtechnik 50 (1995) 100 f.

Hemsworth, P. H., J. L. Barnett, G. J. Coleman, C. Hansen: A study on the relationships between the attitudinal and behavioural profiles of stockpeople and the level of fear of humans and reproductive performance of commercial pigs. Appl. Anim. Behav. Sci. 23 (1989) 310–314.

Henkel, H., K. Pfeiffer: Senkung der Stickstoff- und Phosphatgehalte in der Gülle bei gleichen Mastleistungen durch optimale Fütterung der Schweine. Betriebsw. Mitteilungen, Nr. 410,

Landwirtschaftskammer Schleswig-Holstein (1989).

Hesse, D., P. Schwarz, M. Henning, A. Berk: Bewertung der Fütterungstechnik „Breinuckel" insbesondere aus Sicht der Tiere. In: Institut f. Landtechnik d. TU München-Weihenstephan (ed.): Bau, Technik und Umwelt 1999 in der landwirtschaftlichen Nutztierhaltung. Landwirtschaftsverlag GmbH, Münster-Hiltrup (1999) 323–328.

Hesse, D., U. Knierim, E. von Borell, H. Herrmann, L. Koch, C. Müller, H.-W. Rauch, N. Sachser, K. Schwabenbauer, F. Zerbe: Freiwilliges Prüfverfahren für Stalleinrichtungen entsprechend dem novellierten Tierschutzgesetz von 1998. Dtsch. tierärztl. Wschr. 106 (1999) 138–141.

Hofmeier, G.: Mit 100 Stunden in die Rausche. top agrar 9 (1994) 4–9.

Horn, T., G. Marx, E. von Borell, J. Thielebein: Vokalisation als Belastungsindikator bei der Kastration von Ferkeln. 16. Ethologentreffen der Ethologischen Gesellschaft e. V., 6.–11. September 1998, Halle (1998) 179.

Horn, T., G. Marx, E. von Borell: Verhalten von Ferkeln während der Kastration mit und ohne Lokalanästhesie. Dtsch. tierärztl. Wschr. 7 (1999) 271–274.

Hoy, S.: Verhalten und Wurfleistung von Sauen: Was ist besser – Einzel- oder Gruppenhaltung. DGS 31 (1995) 52–55.

Hügle, T.: Die Steuerung von Flüssigfütterungsanlagen für Marktschweine mittels Füllstandsmeldern im Trog. Diss. agr., Kiel (1989).

Kress, B. M., A. Roß, H. van den Weghe, G. Steffens: Stroh als Beschäftigungsmaterial in der einstreulosen Schweinemast. In: Institut f. Landtechnik d. TU München-Weihenstephan (ed.): Bau, Technik und Umwelt 1999 in der landwirtschaftlichen Nutztierhaltung. Landwirtschaftsverlag GmbH, Münster-Hiltrup (1999) 279–283.

Lembeck, J., R. Wassmuth, P. Glodek: Vergleich der Leistung, der Konstitution und des Verhaltens von Sauen in unterschiedlichen Haltungssystemen. 2. Mitteilung: Ergebnisse zum Verhalten tragender Sauen im Wartestall. Züchtungskunde 68 (3) (1996) 204–217.

Mannebeck Landtechnik GmbH: Firmenunterlagen. Schüttorf (1999).

Maroske, U. D., D. Hesse, H. P. Schwarz: Vergleich neuer und konventioneller Technik für die Mastschweinefütterung. In: Institut für landwirtschaftliche Verfahrenstechnik (ed.): Bau, Technik und Umwelt 1997 für die landwirtschaftliche Nutztierhaltung. Landwirtschaftsverlag GmbH, Münster-Hiltrup (1997) 138–146.

Marx, D., H. Schuster: Ethologische Wahlversuche mit frühabgesetzten Ferkeln während der Flatdeckhaltung. 2. Mitteilung: Ergebnisse des zweiten Abschnittes der Untersuchungen zur tiergerechten Fußbodengestaltung. Dtsch. tierärztl. Wschr. 89 (1982) 313–318.

Matthews, L. R., J. Ladewig: Environmental requirements of pigs measured by behavioural demand functions. Anim. Behav. 47 (1994) 713–719.

Mulitze, P.: Die Bestimmung der Trittsicherheit perforierter Stallfußböden für die Schweinehaltung. Diss. agr., Gießen (1989).

Oldenburg, J.: Nuckel-Abruffütterung bei Mastschweinen. In: Institut für Landtechnik, Justus-Liebig-Universität, Gießen (ed.): Bau und Technik in der landwirtschaftlichen Nutztierhaltung. Landwirtschaftsverlag GmbH, Münster-Hiltrup (1993) 107–118.

Oslage, H. J.: Applied Aspects of Food Intake and its Regulation. In: Addink, A. D. F., N. Spronk (eds.): Exogenous and Endogenous Influences on Metabolic and Neural Control. Pergamon Press, Oxford, New York (1982) 69–80.

Petherick, J. C.: A biological basis for the design of space in livestock housing. In: Baxter, S. H., M. R. Baxter, J. A. D. MacCormak (eds.): Farm animal housing and welfare. Martinus Nijhoff Publisher, The Hague, The Netherlands (1983) 103–120.

Ratschow, J. P.: Landwirtschaftliche Tierhaltung – Quo Vadis? In: KTBL (ed.): Innovationen in Technik und Bauwesen. 75 Jahre KTBL. Landwirtschaftsverlag GmbH, Münster-Hiltrup (1998).

Report Of The Scientific Veterinary Committee, Animal Welfare Section on the Welfare of Intensively Kept Pigs (1997), Doc XXIV/B3/ScVC/0005/1997.

Smidt, D., C. Augustini, H. Bogner, H. Irps, K. Pabst, M. Schlichting, J. Unshelm, K. Zeeb: Tierschutz in der Rinder- und Schweinehaltung. Landbauforschung Völkenrode 40 (1990) 138–156.

Spoolder, H. A. M., S. Corning, S. A. Edwards: A comparison of methods of specifying stocking density for welfare and performance of finishing pigs on different floor types. Proc. Br. Soc. Anim. Sci. (1997) 43.

Stolba, A.: A family system in enriched pens as a novel method of pig housing. In: Alternatives to

Intensive Husbandry Systems. Proc. Symp. UFAW, Wye, Potters Bar (1981) 52–67.

Stubbe, A., J. Beck, T. Jungbluth, J. Troxler: Beschäftigungstechnik für Mastschweine im Vergleich. In: Institut f. Landtechnik d. TU München-Weihenstephan (ed.): Bau, Technik und Umwelt 1999 in der landwirtschaftlichen Nutztierhaltung. Landwirtschaftsverlag GmbH, Münster-Hiltrup (1999) 285–290.

Sundrum, A., R. Andersson, G. Postler: Tiergerechtheitsindex 200 – Ein Leitfaden zur Beurteilung von Haltungssystemen, Köllen-Verlag, Bonn (1994).

van den Weghe, S.: Beurteilung der Tiergerechtheitsindizes TGI 35 L und TGI 200/1994. In: Beurteilung der Tiergerechtheit von Haltungssystemen, KTBL-Schrift 377, Landwirtschaftsverlag GmbH Münster-Hiltrup (1998) 110–119.

Rechtsgrundlagen, Empfehlungen, Normen u. ä.:

Richtlinie der Rates vom 19. November 1991 über Mindestanforderungen für den Schutz von Schweinen (91/630/EWG) (Abl. EG Nr. L 340 v. 11. Dezember 1991, S. 33).

Tierschutzgesetz i. d. F. d. Bek. vom 25. Mai 1998 (BGBl. I S. 1105, ber. S. 1818).

Verordnung (EWG) Nr. 2092/91 des Rates über den ökologischen Landbau und die entsprechende Kennzeichnung der landwirtschaftlichen Erzeugnisse und Lebensmittel (2092/91/EWG) vom 24. Juni 1991 (ABl. Nr. L 198, S. 1, ber. d. ABl. Nr. 220 vom 8. August 1991, S. 22).

Verordnung (EG) Nr. 1804/1999 des Rates vom 19. Juli 1999 zur Einbeziehung der tierischen Erzeugung in den Geltungsbereich der Verordnung (EWG) Nr. 2092/91 über den ökologischen Landbau und die entsprechende Kennzeichnung der landwirtschaftlichen Erzeugnisse und Lebensmittel. Amtsblatt der Europäischen Gemeinschaften vom 24.8.199, L 222/1–28.

Verordnung über die Grundsätze der guten fachlichen Praxis beim Düngen (Düngeverordnung) vom 26. Januar 1996 (BGBl. I 118) geänd. d. VO vom 16. Juni 1997 (BGBl. I S. 1835).

Verordnung über hygienische Anforderungen beim Halten von Schweinen (Schweinehaltungshygieneverordnung – SchHaltHygV) vom 7. Juni 1999 (BGBl. I Nr. 29 v. 11. Juni 1999 S. 1252).

Verordnung zum Schutz von Schweinen bei Stallhaltung (Schweinehaltungsverordnung) vom 18. Februar 1994 (BGBl. I S. 311) geänd. d. 2. ÄndVO v. 2. August 1995 (BGBl. I S. 1016).

VIT – Vereinigte Informationssysteme Tierhaltung: Berichte aus Verden: Ferkelerzeugung – Schweinemast (1977–1993).

VIT – Vereinigte Informationssysteme Tierhaltung: Berichte aus Verden: Ferkelerzeugung – Schweinemast (1984–1998).

4.4 Tiergerechte Haltung von Schafen

(Hoy, St.)

4.4.1 Ethologische und physiologische Anforderungen

Schafe (Ovis aries) sind sozial lebende Weidetiere, die ihr Leben im Herdenverband verbringen und dessen einzelne Mitglieder individuell erkannt werden. Eine ständige Einzelhaltung von Schafen ist somit aus ethologischer Sicht abzulehnen. Bei Einzelhaltung von Böcken während der Paarungszeit sollte Sichtkontakt zu anderen Tieren bestehen. Die Herdengröße ist abhängig von den natürlichen Umgebungsbedingungen sowie der Verfügbarkeit ausreichender Futtermengen über das Jahr hinweg. In einem Stallabteil sollten möglichst nicht mehr als 50 Schafe in einer Gruppe zusammen gehalten werden, bei Hütehaltung kann die Herdengröße bis 500 Muttern betragen (Knierim, 1985). Die Größe von Mutterschafgruppen im Stall liegt vorzugsweise zwischen 15 und 20 Tieren (Birnkammer, 1991). Anbindung ist höchstens zeitweilig und nur dort durchzuführen, wo keine Gefahr, z. B. durch fremde Hunde, besteht. Lämmer sind nicht anzubinden, sie können eingepfercht werden. Die Eingliederung neuer Tiere in einen Herdenverband soll in kleinen Gruppen vorgenommen werden, um Rangauseinandersetzungen zu mildern. Ebenso sind bei möglichen Neugruppierungen bestehende Untergruppen in einer Herde zu berücksichtigen. Schafe neigen zu panischen Fluchtreaktionen, wenn sie durch das unverhoffte Auftauchen von Menschen oder Hunden bzw. durch laute Schallereignisse erschreckt werden. Ein ruhiger und bestimmter Umgang mit den Tieren durch die Betreuer und die Hütehunde ist daher beim Treiben zu beachten.

Bei Schafen besteht eine ausgeprägte Mutter-Kind-Beziehung. Durch das Belekken des neugeborenen Lammes erhält die Mutter zunächst eine olfaktorische Information. Nach wenigen Tagen kann die Mutter das Lamm akustisch, später optisch erkennen. Neugeborene Lämmer folgen ihren Müttern, aber auch anderen Schafen, Attrappen und größeren Tieren (Mitlauf-Typ). Bei Fehlprägungen der Lämmer auf „falsche" Subjekte kann es zum Ansteigen der Lämmerverluste kommen. Das „Verwaisen" der Lämmer – insbesondere der Zweitgeborenen bei Zwillingslämmern – tritt bei feinwolligen Rassen häufiger als bei anderen Rassen auf. Die Ablammung ist prinzipiell auf der Weide möglich, doch sollten zusätzliche Maßnahmen, insbesondere die rasche Aufstallung von Mutter und Lamm/Lämmer in einer Ablammbucht, zur Prägung durchgeführt werden, um Verwaisen oder Verwechslungen zu vermeiden. So konnte Neumann (1990, zit. nach Gutsche, 1991) in einem Provokationsversuch zur Koppelhaltung ohne Betreuung einen Anstieg der Lämmerverluste auf 27 % nachweisen (Gutsche, 1991).

Die neugeborenen Lämmer sollten mit ihren Müttern zwei bis drei Tage in der Ablammbucht (Stize) gehalten werden, wobei kontrolliert werden muß, ob die Lämmer trockengeleckt werden, genügend Kolostrum erhalten und ob sich die Mutter-Kind-Beziehung entwickelt. Der Liegeplatz für Schafe bei Stallhaltung muß trocken und ohne Zugluft sein. Üblicherweise wird die Haltung auf Tiefstreu praktiziert. Bei der Aufstallung auf Spaltenboden sind die möglichen Auswirkungen niedriger Stalllufttemperaturen auf Gesundheit und Leistung, besonders bei frisch geschorenen Schafen oder neugeborenen Lämmern, zu bedenken.

Die erforderliche Fläche pro Tier bei Haltung im Stall beträgt zwischen 0,5 m^2 (Mastlamm) und 3 m^2 (Zuchtbock) (Tab. 4.4.1–1).

4 Tiergerechte Nutztierhaltung

Tabelle 4.4.1–1 Flächenbedarf und Freßplatzbreiten für Schafe (BURGKART, 1991)

	Fächenbedarf [m²/Tier]	Freßplatzbreite [m/Tier]
Mutterschaf ohne Lamm	0,8–1,0	0,4–0,5
Mutterschaf mit Lämmern	1,2–1,6	0,6–0,7
Mastlamm	0,5–0,7	0,3
Jährling	0,6–0,8	0,3
Bock	1,5–3,0	0,5

Bei kleinen Herden unter 20 Tieren oder bei ganzjähriger Stallhaltung ist die Stallfläche um 10–20 % zu vergrößern (BURGKART, 1991). Die Freßplatzbreite liegt zwischen 0,3 m und 0,7 m pro Tier (Tab. 4.4.1–1).

Für Mastlämmer soll die optimale Lufttemperatur der Stalluft zwischen 10 °C und 18 °C betragen, wobei die Temperatur mit zunehmendem Alter der Tiere allmählich vom höheren auf den niederen Wert abnehmen kann. Für Zucht- und Masttiere im Lebendmassebereich von 5–100 kg wird die optimale Lufttemperatur mit 8–18 °C angegeben (Tab. 4.4.1–2).

Für die Luftfeuchte ist ein Wert zwischen 60 % und 80 % anzustreben. Im Aufenthaltsbereich der Schafe im Stall soll die Luftgeschwindigkeit 0,1–0,3 m/s betragen. Zu hohe Wasserdampfgehalte sind aus tierphysiologischer und bauphysikalischer Sicht (Bauwerksschäden) zu vermeiden. Da Schafe zumindest bei Tiefstreuhaltung gegenüber niedrigen Temperaturwerten unempfindlich sind, muß auch bei nicht wärmegedämmten Ställen für eine ausreichende Be- und Entlüftung gesorgt werden, was im Regelfall mit der Schwerkraftlüftung erreicht wird. Der Wärmehaushalt der Schafe wird deutlich von der Vliesdicke beeinflußt. Schafe sind leichter an Kälte als an Hitze zu adaptieren, wobei jedoch rassebedingte Unterschiede bestehen. Besonders empfindlich gegenüber der Einwirkung niedriger Temperaturen sind Lämmer in Intensivhaltungen auf perforiertem Boden. Das Wollwachstum wird in erster Linie durch das Licht und sekundär durch Temperatur und Ernährungsfaktoren beeinflußt. Die Wasserdampf-, Kohlendioxidmassen- und Wärmeströme in Schafställen in Abhängigkeit von Umgebungstemperatur und Körpermasse sind in der DIN 18910 zusammengestellt (Tab. 4.4.1–3).

Bei zeitweiligem Weidegang bzw. Auslauf ist zu beachten, daß das Vlies bei Regen erhebliche Mengen Wasser aufnehmen kann, das nach Rückkehr in den Stall zusätzlich verdampft wird.

Der Kohlenstoffdioxidgehalt (CO_2) der Stalluft besitzt eine Indikatorfunktion und weist auf Probleme bei der Stallüftung hin. Eine nachteilige Wirkung auf Gesundheit und Leistung der Tiere ist bei der üblicherweise in Schafställen auftretenden Konzentration (i. d. R. < 0,30 Vol.-%) nicht zu erwarten. In der Stalluft dürfen Ammoniak (NH_3) und Schwefelwasserstoff (H_2S) nicht in gesundheitsschädlichen Konzentrationen auftreten. Für H_2S ist dies weitgehend auszuschließen, da Schwefelwasserstoff vor allem

Tabelle 4.4.1–2 Temperatur und relative Luftfeuchte in Schafställen (DIN 18 910, 1992)

	Masse d. Einzeltieres [kg]	Optimale Lufttemperatur, Stalluft [°C]	Rechenwerte im Winter [°C]	[%]
Mastlämmer	10–40	18–10[1]	10	80
Zucht- u. Masttiere	5–100	8–18	10	80

[1] Lufttemperatur mit zunehmendem Alter der Tiere allmählich vom höheren auf den niederen Wert abnehmend.

4.4 Tiergerechte Haltung von Schafen

Tabelle 4.4.1–3 Wasserdampfmassen-, Kohlenstoffdioxidmassen- und Wärmeströme in Schafställen (DIN 18910, 1992)

Masse des Einzeltieres	Wasserdampf-massenstrom	Kohlenstoffdioxid-massenstrom	Strom sensibler Wärme	Strom sensibler Wärme im Sommer bei 30 °C
[kg]	[g/h]	[g/h]	[W]	[W]
Mastlämmer – im Winter bei 10 °C				
10	13	11	30	12
20	22	19	50	20
30	30	26	68	27
40	37	33	84	33
50	44	38	99	39
60	50	44	114	45
Zucht- und Masttiere – im Winter bei 10 °C				
5	6	5	14	6
10	11	9	24	10
20	18	15	41	16
30	24	21	55	22
40	30	26	69	27
50	36	30	81	32
60	41	35	93	36
70	46	39	105	41
80	51	43	116	45
90	55	47	126	49
100	60	51	137	54

bei längerer Lagerung von Gülle unter anaeroben Bedingungen entsteht und in wolkenartigen Emissionen freigesetzt wird. Dagegen kann Ammoniak durchaus in nennenswerten Gehalten auftreten. So wurden bei der Lämmerintensivmast Spitzenwerte bis 80 ppm gemessen. Auch bei der Tiefstreuhaltung sind unter dem Einfluß hoher Stallufttemperaturen beträchtliche NH_3-Konzentrationen möglich, da die Entstehung temperaturabhängig ist und eine große emissionsaktive Oberfläche auf der Einstreumatratze vorliegt. Dem Ammoniak kommt durch seine Reizwirkung auf den Schleimhäuten der oberen Atemwege eine Wegbereiterfunktion in der Ätiopathogenese von Lungenerkrankungen (Pneumonien) zu. In Analogie zu den Festlegungen der HALTUNGSVERORDNUNGen für Schweine (1994) und Kälber (1997) sollten folgende Grenzwerte im Aufenthaltsbereich der Schafe nicht überschritten werden:

Kohlendioxid: 0,30 Vol.-% = 3000 ppm,
Ammoniak: 20 ppm,
Schwefelwasserstoff: 5 ppm.

Die meisten Schafrassen besitzen einen saisonalen Fortpflanzungsrhythmus, indem die weiblichen Schafe mit abnehmender Lichttaglänge in die Brunst gelangen. Das sichtbare Licht wirkt somit als Hauptzeitgeber für den zirkannualen Rhythmus. Die biologische Bedeutung dieses Jahresrhythmus besteht in der Synchronisation des Reproduktionsgeschehens, so daß die Geburt der Jungtiere mit optimalen jahreszeitlichen Bedingungen für die Aufzucht der Lämmer im Frühling zusammenfällt. Schafe sind zwar prinzipiell polyöstrisch, jedoch liegt rasseabhängig und standortbedingt die Zuchtsaison in Europa im Spätsommer/Herbst. Durch ein Kunstlichtregime mit einem Wechsel von Kurz- und Langtagsperioden von mindestens vier Wochen ließ sich die Brunstinduktion experimentell nachweisen, so daß in zwei Jahren drei Ablammungen pro Mutterschaf möglich sind. Praktisch ist dieser Effekt jedoch kaum nutzbar, da die Stallhaltung über weite Strecken Voraussetzung für ein Kunstlichtregime darstellt. Mit wirtschaftlicher Begründung wird gegenwärtig eine möglichst ausgedehnte Weidehaltung praktiziert. Während der Tageslichtstunden soll die natürliche oder künstliche Beleuchtung im Stall so hell sein, daß alle Tiere deutlich sehen und gesehen werden können (EMPFEHLUNG FÜR DAS HALTEN VON SCHAFEN, 1992).

Es muß gewährleistet sein, daß jedes Schaf täglich Zugang zu einer angemessenen Menge an hygienisch einwandfreiem und vollwertigem Futter erhält. Bei Stallhaltung und rationierter Fütterung ist ein Tier-/Freßplatz-Verhältnis von 1:1, bei Vorratsfütterung von Heu ein Verhältnis von 3–4:1 einzuhalten. Futterbänder ermöglichen eine deutliche Arbeitszeiteinsparung. Neben Wand-, Doppel- und Gangraufen werden Rund- oder Sechseckraufen genutzt. Dabei lassen sich etwa 30 % an Freßplatzbreite einsparen, und vor allem hochtragende Muttern pressen sich wegen der radial nach außen zunehmenden Standbreite nicht gegenseitig so stark. Dies wirkt zugleich vorbeugend gegen die Gefahr des „Abpressens" ungeborener Lämmer (BURGKART, 1991). Der Wasserbedarf der Schafe wird häufig unterschätzt. Schafe trinken in Abhängigkeit von Lufttemperatur, Futterart und Fortpflanzungsstadium zwischen 1,5 und 3 l täglich. Unter sommerlichen Hitzebedingungen steigt der tägliche Tränkwasserbedarf bis auf 7 l/Tier an. Bei laktierenden Mutterschafen kann der Wasserbedarf bis 10 l/d erreichen. Aus hygienischer Sicht sind Selbsttränken den noch häufig anzutreffenden Wasserbottichen vorzuziehen. Für 40–60 Tiere genügt eine Tränke. Die Selbsttränken müssen dem wachsenden Tiefstreustapel entweder durch einen Antritt mit mehreren Stufen oder durch eine Höhenverstellung über eine flexible Schlauchleitung angepaßt werden. Beheizbare Tränkbecken und ein ständiger Wasserfluß in den Leitungen verhindern auch bei niedrigen Stalltemperaturen im Winter das Einfrieren. Tränkebecken sind gegenüber Nippeltränken vorzuziehen.

4.4.2 Hüte- und Koppelhaltung der Schafe

Bei der Schafhaltung wird Hütehaltung, Koppelhaltung und ganzjährige Stallhaltung unterschieden. Voraussetzung für die **Hütehaltung** sind Herdenverhalten und Marschfähigkeit der Schafe und eine große Erfahrung des Schäfers beim Führen der Herde. Mit der Hütehaltung ist die standortungebundene Nutzung von Futter (z. B. nach der Hackfrucht- oder Getreideernte) unter Beaufsichtigung des Schäfers möglich, was jedoch einen sehr hohen Arbeitsaufwand bedeutet (bis zu elf Stunden Arbeitszeit täglich). Das gelegentliche Einpferchen der Herde kann zumindest von Zeit zu Zeit eine Arbeitsentlastung verschaffen. Das einmalige Nachtpferchen auf einer Fläche durch die Wanderschäferei ist landschaftsökologisch nicht bedenklich. Selbst bei sehr enger Pferchung (0,7 m^2/Tier über 17 Stunden) erholt sich der Pflanzenbestand sehr schnell von einer vollständigen Narbenzerstörung, wodurch die Grasnarbe in der Lage ist, freies und damit potentiell auswaschbares Nitrat aufzunehmen (BRIEMLE et al., 1997).

Die Vorteile der Hütehaltung liegen in niedrigen Futterkosten, keinen oder nur kurzen Stallhaltungsperioden, der Nutzung im Bereich der Landschaftspflege, geringerem Endoparasitenbefall wegen der wechselnden Weideflächen und geringem Investitionsbedarf. Vorteilhaft sind weiterhin die Mobilität der Herde und die Möglichkeit zur ständigen Veränderung der Beweidungsin-

4.4 Tiergerechte Haltung von Schafen

tensität (weites Gehüt, Standhüten) (GUTSCHE, 1991). Nachteilig erweisen sich die wegen der Bestandsübersicht begrenzten Herdengrößen (300–500 Muttern), der hohe Arbeitsbedarf und die tägliche Betreuung.

Die **Koppelschafhaltung** wird in Betrieben unterschiedlicher Größe praktiziert. Sie stellt die Nutzung von Weideflächen auf eingezäunten Koppeln dar. Bei der Koppelhaltung sind einige Maßregeln des Weidemanagements zu beachten. In größeren Herden bilden sich oft kleinere Gruppen, die z.T. standorttreu sind, was einem gleichmäßigen Beweiden entgegensteht. Als Zaunmaterial darf wegen der Verletzungsgefahr kein Stacheldraht verwendet werden. Maschendrahtzäune müssen straff gespannt sein, um ein Verfangen, vor allem gehörnter Tiere, zu vermeiden. Die Umzäunung sollte undurchgängig für Lämmer sein. Bei Lämmerherden, die erstmals ohne Mutter im Nachtpferch gehalten werden, wird empfohlen, einzelne ruhige Alttiere hinzuzugeben und die Herde 1mal nachts zu kontrollieren (MARX, 1987). Schafen sollte auf der Koppel ein Wetterschutz geboten werden (Bäume, Unterstand). Die Besatzdichte pro Hektar beträgt etwa zehn bis 15 Mutterschafe mit Lämmern. Es empfiehlt sich, die Weideflächen annähernd quadratisch anzulegen, um die Koppeln gleichmäßig abweiden zu lassen.

Bei der Koppelschafhaltung sind folgende Varianten möglich:
- *Standweide,*
- *Umtriebsweide,*
- *Portionsweide.*

Bei der **Standweide** steht die gesamte Fläche der Herde zur Verfügung, und es existiert nur eine äußere Umzäunung.
Als Vorteile der Standweide sind zu nennen:
- hohe tägliche Zunahmen bei der Anpassung der Herdengröße an die Fläche;
- keine Triebwege erforderlich;
- keine Beunruhigung der Herde, da kein Umtreiben notwendig ist;
- niedrige Kosten für Umzäunung;
- nur wenige Tränken erforderlich.

Dem stehen folgende Nachteile gegenüber:
- Verwurmung und Anreicherung von Krankheitserregern möglich;
- weidepflegerische Nachteile, da in Abhängigkeit von der Rangordnung selektiv gefressen wird und ohne Mähschnitt die Anzahl der Geilstellen zunimmt.

Bei der **Umtriebsweide** werden mehrere Teilkoppeln (mindestens 2–10) innerhalb der äußeren Umzäunung gebildet. Jeweils eine Koppel wird für eine bestimmte Zeit unter Berücksichtigung des Aufwuchses genutzt, wobei die anfangs nicht genutzten Flächen gemäht werden können und somit Futter konserviert werden kann. Darin liegt zugleich der Vorteil dieses Systems, wie auch in der Reduzierung der Geilstellen. Nachteilig sind der höhere Arbeits- und Investitionsaufwand für Zäune, Weidepflege und Umtrieb. Für Lämmer kann durch Kriechhorden ein Zugang zu einer gesonderten Koppel geschaffen werden (MARX, 1987).

Unter **Portionsweide** wird die ein- oder mehrmalige Zuteilung der Weidefläche durch einen versetzbaren Pferch, den Elektrozaun oder durch Tüdern verstanden. Beim Tüdern (Anbinden) ist zu beachten, daß Schafe nicht dauernd fixiert werden sollen (EMPFEHLUNG FÜR DAS HALTEN VON SCHAFEN, 1992). Wenn sie auf Flächen mit Feldfrüchten (Hackfrüchten) weiden, sollten sie Zugang zu einem Bereich mit Gras oder Stroh als Liegefläche und zur Begrenzung der Vliesverschmutzung haben (KNIERIM, 1985). Die zugeteilte Weidefläche ist so groß, daß der Aufwuchs dem Futterbedarf der Tiere pro Tag entspricht, wobei zumeist ein Sicherheitszuschlag von 10–20 % vorgehalten wird.

Die Portionsweide besitzt folgende Vorteile:
- verlustarme Weidenutzung von intensiv bewirtschafteten Futterflächen;
- Kombination mit Hütehaltung unter Nutzung von absolutem Schaffutter möglich;
- geringes Infektionsrisiko durch täglichen Wechsel der Futterflächen.

4 Tiergerechte Nutztierhaltung

Als Nachteile erweisen sich:
- der hohe Arbeitsaufwand durch den täglichen Umtrieb;
- kaum selektive Beweidung und Bevorzugung bestimmter Futterpflanzen möglich, somit geringere durchschnittliche Zunahmen wahrscheinlich;
- bei hoher Besatzdichte Schädigungen der Grasnarbe möglich.

In Betrieben mit begrenzten Weideflächen bietet sich die **Rotationshaltung** als Kombination von Weide- und Stallhaltung an. Dabei wird mit asaisonal veranlagten Schafrassen eine Verkürzung der Zwischenlammzeit durch Frühentwöhnung der Lämmer nach 6–8 Wochen Säugezeit und eine entsprechende Ablammleistung genutzt (BURGKART, 1991).

4.4.3 Stallhaltung der Schafe

Die **ganzjährige Stallhaltung** der Schafe wird in Deutschland im Gegensatz zu anderen Ländern (z.B. Frankreich) seltener praktiziert. Die Wirtschaftlichkeit dieser Haltungsform hängt von der Größe des Bestandes und den Lämmerpreisen ab, da der Investitionsaufwand für Stallbau, Futtergewinnung und Fütterung hoch ist, womit zugleich die Nachteile dieses Verfahrens charakterisiert werden. Vorteilhaft bei der ganzjährigen Stallhaltung sind der hohe Mechanisierungsgrad und die damit verbundene hohe Arbeitsproduktivität, die Senkung der Lämmerverluste sowie die Verkürzung der Zwischenlammzeit durch Lichtprogramme.

Bei der **Winterstallhaltung** wird die Herde 120–160 Tage im Stall gehalten.

Die Lämmer sollten mit ihren Müttern möglichst 6–8 Wochen im Stall verbleiben, da
- geringere Aufzuchtverluste resultieren und das Jugendwachstum durch Beifütterung besser ausgenutzt wird;
- ein frühes Absetzen der Lämmer möglich wird und

- Belastungen der Lämmer durch ungünstige Witterungsbedingungen vermieden werden.

Für die Schafhaltung existiert keine spezielle Haltungsverordnung. Es gilt das TIERSCHUTZGESETZ (1998), insbesondere § 2 zur Haltung der Tiere. Im Rahmen des Europarates gibt es jedoch das EUROPÄISCHE ÜBEREINKOMMEN ZUM SCHUTZ VON TIEREN IN LANDWIRTSCHAFTLICHEN TIERHALTUNGEN (1978). Von einem ständigen Ausschuß wurden Empfehlungen für das Halten von Schafen erarbeitet und im November 1992 angenommen (EMPFEHLUNGEN FÜR DAS HALTEN VON SCHAFEN, 1992), die als allgemeine Orientierung dienen können.

Schafe werden zumeist auf Tiefstreu in Warm- und Kaltställen gehalten. Als Bauhüllen werden auch Folienställe genutzt. Je Mutterschaf und Nachzucht beträgt die tägliche Einstreumenge 0,4–0,8 kg Stroh, so daß nach 120 Tagen Stallhaltung der Miststapel eine Höhe von 0,6–0,8 m erreicht (BURGKART, 1991). Die Einstreu besitzt eine gute Wärmeisolation zum Fußboden hin, was sich in Kaltställen als günstig erweist. Als Nachteil sind die erhöhten Kosten und Arbeitszeitaufwendungen für Strohbergung bzw. -zukauf und Einstreuen zu nennen. Ställe mit Tiefstreu, zumal wenn sie keinen betonierten Fußboden aufweisen, sind kaum wirkungsvoll zu reinigen und zu desinfizieren, so daß die Gefahr der Keimanreicherungen und Krankheitsansteckung besteht (Stallmüdigkeit). Die Stallausrüstung wird auf den wachsenden Tiefstreustapel aufgestellt, Futterbänder ggf. mit Flaschenzügen angehoben. Buchtentrennwände (Horden, Hürden) werden zumeist aus Holz (Derbstangen) in Eigenleistung gefertigt und – entsprechend der erforderlichen Buchtengröße – zusammengebunden oder -gesteckt (Abb. 4.4.3–1).

Gelegentlich kommen Metallgitter nach dem Baukastenprinzip zum Einsatz.

Mit den Horden lassen sich sehr variabel Ablammbuchten oder Sammelbuchten (für 15–20 Muttern) gestalten. Die geringste Ab-

4.4 Tiergerechte Haltung von Schafen

Abb. 4.4.3-1   Buchtentrennwände aus Holz

messung einer Stizbucht beträgt 1 · 1,25–1,50 m (Abb. 4.4.3-2).

Für etwa 12–15 % der Mutterschafe sollten Ablammboxen vorhanden sein. Die Mutterschafe werden zumeist unmittelbar nach der Lammung und vor allem bei Mehrlingsgeburten in die Stizen gebracht, da zum einen die bevorstehende Geburt in größeren Herden schwierig zu erkennen ist und zum anderen beim Geburtsvorgang Nachgeburten und Feuchtigkeit (Fruchtwasser) in die Einstreu gelangen, was aus hygienischer Sicht ungünstig ist.

Bei der anschließenden Gruppenhaltung von Muttern und Lämmern (Abb. 4.4.3-3) ist eine Absperrungsmöglichkeit (Lämmerschlupf) vorzusehen.

Die Lämmer können in einer gesonderten Bucht Beifutter aufnehmen, und die Mutterschafe fressen ungestört ohne Bedrängung durch die eigenen oder fremden Lämmer. Während die eigenen Lämmer in umgekehrt paralleler Stellung zur Mutter unter intensiver olfaktorischer Kontrolle des Mutterschafes Milch aufnehmen, versuchen die „Milchräuber", von hinten durch die Beine an das Euter zu gelangen. Der Schlupf für die Lämmer sollte 25–28 cm breit und verschließbar sein.

Neben den Horden dienen die Raufen (als Standraufen) zur Buchtenbegrenzung (Abb. 4.4.3-4), wobei Heuraufe und Kraftfuttertrog kombiniert sein können.

Einstreulose Aufstallungsformen sind möglich, sollten aber möglichst in wärmegedämmten Ställen Anwendung finden. Der Fußboden kann aus Spaltenboden oder Lochblechboden bestehen. Spaltenböden lassen sich aus Kanthölzern aus Hartholz selbst fertigen. Die Spaltenweite darf maximal 2 cm und die Auftrittsbreite kann 4–6 cm betragen. Schafgülle ist nicht fließfähig. Die Entmistung kann mit einer Schleppschaufelanlage erfolgen. Aus Kostengründen wird jedoch zumeist eine mechanische Entmistung mit Frontladern nach Entfernen der Spaltenbodenelemente durchgeführt. In Abhängigkeit von der Länge der Stallhaltungsphase braucht nur alle 2–3 Jahre ausgemistet zu

4 Tiergerechte Nutztierhaltung

Abb. 4.4.3–2
Stizbucht – Mutterschafe mit ihren Lämmern

werden. Als weitere Vorteile sind der geringere Arbeitszeitbedarf durch Wegfall von Strohlagerung und Einstreu und des Anhebens der Fütterungseinrichtungen bei wachsender Tiefstreu zu nennen (BURGKART, 1991). Dem stehen als Nachteile mögliche Klauenverletzungen bei Nichteinhaltung der Spaltenweiten und denkbare Auswirkungen auf die Lämmergesundheit bei der Mutterschafhaltung unter ungünstigen stallklimatischen Verhältnissen (niedrige Temperatur, hohe Luftfeuchte, Zugluft) gegenüber.

Als weitere einstreulose Aufstallungen werden gelegentlich gummiummantelte Metallböden (4–6 cm Auftrittsbreite, max. 2 cm Spaltenweite) und Lochblechböden (4 mm starkes, möglichst verzinktes Blech) mit einem Lochdurchmesser von 1,8–2 cm eingesetzt.

4.4 Tiergerechte Haltung von Schafen

Abb. 4.4.3–3 Gruppenhaltung von Mutterschafen mit ihren Lämmern

Abb. 4.4.3–4 Standraufen als Möglichkeit der Buchtenbegrenzung

Beiden Varianten ist gemeinsam, daß die Böden industriell gefertigt sind und somit hohe Investitionskosten verursachen. Aus hygienischer Sicht haben Lochblechböden gegenüber Holzspaltenböden den Vorteil, daß sie leichter gereinigt und vor allem desinfiziert werden können. Sie werden in Ablamm- und Krankenbuchten sowie bei der intensiven Lämmermast genutzt.

Mastlämmer werden in Gruppen zu 15–30 Tieren (max. 100 Tiere/Gruppe) auf Tiefstreu oder Spaltenboden gehalten. Bei Tiefstreu ist lebendmasseabhängig eine Fläche von 0,5–0,7 m^2/Tier erforderlich. Auf Vollspaltenboden genügen 0,4 m^2/Mastlamm. Die Freßplatzbreite beträgt bei Längströgen bis 30 cm und kann bei Rundtrögen auf 10–15 cm reduziert werden. Zuchtböcke müssen zumindest zeitweilig getrennt von der übrigen Herde gehalten werden können. Der Flächenbedarf beträgt 1,5–3 m^2/Bock bei einer Freßplatzbreite von 0,5 m/Tier.

4.4.4 Pflege der Schafe

Für die Pflege und Betreuung der Schafe müssen die Personen über die erforderliche Sachkunde verfügen und Kenntnisse zum Umgang mit den Tieren, zu Geburtshilfe, Melken, Klauenpflege, Scheren und Behandlungsverfahren besitzen (KNIERIM, 1985; EMPFEHLUNG FÜR DAS HALTEN VON SCHAFEN, 1992). Die Tiere dürfen nicht am Kopf, an den Hörnern, an den Beinen, am Schwanz, am Vlies oder am Fell hochgehoben werden. Eine Schafherde muß regelmäßig auf etwaige gesundheitliche Störungen kontrolliert werden. Diese Kontrolle soll, von wenigen Ausnahmen abgesehen (Haltung unter sicheren extensiven Bedingungen), mindestens einmal täglich erfolgen. Besondere Aufmerksamkeit ist auf die Ablammperiode und den Zeitraum des Scherens oder von Behandlungsmaßnahmen (z. B. Tauchbaden) zu richten. Kranke oder verletzte Tiere sind mit Sichtkontakt zur Herde separat aufzustallen. Für Untersuchungen oder Behandlungen können Schafe auf die Hinterbeine gesetzt oder auf die Seite gelegt werden. Bei der Einzeltierüberwachung des Gesundheitszustandes sind u. a. die körperliche Verfassung, der Zustand des Vlieses, die artgemäßen Bewegungsabläufe sowie das Fehlen von Ektoparasitenbefall und sichtbaren Verletzungen zu berücksichtigen.

Sollen kranke oder verletzte Tiere transportiert werden, so muß die VERORDNUNG ZUM SCHUTZ VON TIEREN BEIM TRANSPORT (1997), §§ 26–28 beachtet werden. Der Transport bedeutet eine erhebliche Belastung für die Tiere, was u. a. durch einen Anstieg der Körpertemperatur als Indikator nachgewiesen werden kann (BUCHENAUER, 1997). Gesunde Schafe werden in Gruppen transportiert, wobei bis zu 20 erwachsene Tiere jeweils durch eine stabile Trennvorrichtung abzutrennen sind. Die Mindestbodenflächen bei der Beförderung in Abhängigkeit von der Lebendmasse sind in Tabelle 4.4.4–1 zusammengestellt.

Ein ausgeprägtes Ruheverhalten tritt bei Schafen nur bei Ladedichten über 0,40 m^2/Tier auf (BUCHENAUER, 1997), so daß aus ethologischer Sicht die Flächen größer bemessen werden müßten.

Erwachsene Schafe von Wollrassen müssen mindestens 1mal im Jahr durch einen sachkundigen Schafscherer geschoren werden, da bei den heimischen Wollschafen ein saisonaler Haarwechsel nicht mehr stattfindet (WACHENDÖRFER u. SCHLOLAUT, 1995). Der Schurzeitpunkt hängt von Haltungsform und Standort ab. Zumeist erfolgt die Schur im Frühsommer. Bei zunehmender Dauer des Schurintervalles sind gesundheitliche Störungen möglich, die mit erheblichen Schmerzen oder Leiden verbunden sind. Schafe können Vektor für Endoparasiten (z. B. Leberegel, Magen-Darm-Würmer, Lungenwürmer), vor allem bei verfilztem Wollvlies, aber auch für Ektoparasiten (z. B. Haarlinge, Schaflausfliegen, Zecken u. Räudemilben) sein.

Die Ansteckung der Schafe mit Endoparasiten erfolgt hauptsächlich durch die Auf-

4.4 Tiergerechte Haltung von Schafen

Tabelle 4.4.4–1 Mindestbodenflächen beim Transport von Schafen unter Berücksichtigung der Körpermasse (TIERSCHUTZTRANSPORTVERORDNUNG, 1997)

Lebendmasse bis [kg]	Mindestbodenfläche je Tier [m^2]	Mindesthöhe [cm]
16	0,14	90
18	0,15	90
20	0,16	90
24	0,17	90
28	0,19	90
32	0,22	90
36	0,24	90
40	0,26	90
44	0,28	90
48	0,30	90
52	0,31	90
56	0,32	90
60	0,33	90
64	0,34	90
68	0,36	90
70	0,37	90
über 70	0,40	90

Bei einer durchschnittlichen Vlieslänge der Schafe von über 2 cm erhöhen sich die angegebenen Mindestflächen um mindestens 5 %.

nahme der an den Futterpflanzen befindlichen Larven. Parasitenbekämpfungsprogramme bieten einen zuverlässigen Schutz, wenn folgende Punkte berücksichtigt werden:
- Auswahl und sachgerechte Lagerung wirksamer Präparate;
- Behandlung aller Herdenmitglieder mit der vollen, vom Hersteller empfohlenen therapeutischen Dosis, Vermeidung von Unter- und Überdosierungen;
- jährlicher Wechsel zwischen den Wirkstoff-Gruppen zur Vermeidung von Resistenzen;
- möglichst seltene Entwurmung in Verbindung mit Maßnahmen des Weidemanagements zur Verminderung des Resistenzrisikos;
- zwölf Stunden vor und nach der Behandlung Reduzierung der Fütterung zur Verminderung des Pansendurchsatzes und Verlängerung der Wirkungsdauer des Medikaments;
- Behandlung von Zukaufs- und Pensionstieren;
- Überprüfung der Wirkung einer Wurmkur 7–10 Tage nach der Behandlung (SPENGLER, 1995).

Bei größeren Beständen empfiehlt sich das Anlegen einer Schafbehandlungsanlage (SCHLOLAUT u. WACHENDÖRFER, 1992). Diese kann zugleich für die Desinfektion der Klauen mittels Klauenbad, z. B. bei der Bekämpfung der Moderhinke, eingesetzt werden. Bei der Moderhinke handelt es sich um eine infektiös bedingte Faktorenkrankheit, deren Entstehung durch Krankheitserreger (*Bacteroides* spp., *Fusobacterium* spp.) ausgelöst und durch Faktoren, wie hohe Bestandsdichte, feuchte Einstreu im Stall, Verletzungen der Klauen, unzureichende Klauenpflege, ständige Standweide u. a., begünstigt wird (WINKELMANN, 1996). Die erfolgreiche Bekämpfung dieser Erkrankung erfordert die Kombination aus Immunprophylaxe (Grund- und Wiederholungsimmunisierung mit einem Impfstoff), Verbesserung der Haltungsbedingungen sowie Klauenschnitt und Klauenbad (3%ige Formalinlösung mit mindest. 1minütiger Einwirkung) (WINKELMANN, 1996). Zur Prophylaxe und Therapie von Schafkrankheiten wird auf die veterinärmedizinische Fachliteratur verwiesen.

Zu einer sachgerechten Tierbetreuung und -pflege gehören die Geburtsüberwachung und die Neugeborenenversorgung. Hochtragende Schafe müssen in den letzten sechs Wochen der Trächtigkeit vorsichtig behandelt werden, um übermäßige Belastungen und Verletzungen zu vermeiden. Insbesondere Erstlings- und Problemmütter sind unter intensivere Beobachtung zu stellen. Es empfiehlt sich, Schwanzschur, Klauenschnitt und Entwurmung vor der Geburt durchzuführen und das Euter freizuscheren. Die Betreuer sollten Sachkunde bei eventuell erforderlichen geburtshilflichen Maßnahmen besitzen. Für diese Fälle sind sauberes Wasser, Desinfektionsmittel, Stricke, Fieberthermometer, Eutersalbe, Zeichenstift und Gleitmittel bereitzuhalten. Es wird empfohlen, die Nabelschnur zu desinfizieren. Gegebenenfalls muß das Lamm aus den Fruchthüllen befreit, Schleim aus den Atemwegen entfernt und bei Problemlämmern durch Brustkorbmassage die Atmung angeregt werden. Nach der Geburt wird die Nachgeburt entfernt und die Kolostrumaufnahme kontrolliert. Unterkühlte Lämmer können unter einen Infrarotstrahler gesetzt werden. Die mutterlose Aufzucht von Schaflämmern mit Kuhkolostrum ist möglich. Jeweils 150 ml Kuhkolostrum je Kilogramm Geburtsmasse in drei Gaben nach der Geburt und in zwei weiteren Portionen jeweils im Abstand von sechs Stunden genügen für eine ausreichende passive Immunisierung (KLOBASA, 1997). Das Kolostrum (möglichst aus dem Erstgemelk) wird tiefgefroren gelagert und bei Zimmertemperatur oder im Wasserbad aufgetaut, wobei man die Temperatur von 60 °C in keinem Fall überschreiten darf, um einer Denaturierung der Immunglobuline vorzubeugen. Bei künstlicher Aufzucht sollten die Lämmer ca. 4mal täglich während der ersten beiden Lebenswochen Milch oder Milchaustauschertränke erhalten. Ab Ende der ersten Lebenswoche erhalten die Lämmer Zugang zu Gras oder frischem, faserreichem Futter sowie zu Wasser.

Das Kupieren des Schwanzes sollte mit chirurgischen Methoden (Messer, Kupierzange) oder einer speziellen Zange (Burdizzo-Zange) so erfolgen, daß durch den verbleibenden Schwanz bei Böcken der Anus und bei weiblichen Schafen Anus und Vulva bedeckt sind (EMPFEHLUNG FÜR DAS HALTEN VON SCHAFEN, 1992; SCHLOLAUT u. WACHENDÖRFER, 1992). Dies beugt einerseits der Verschmutzung der Hinterpartie vor und gewährleistet andererseits die Fliegenabwehr. Diese Methoden dürfen ohne Betäubung nur bis zum Alter von acht Tagen angewendet werden.

Die Kastration männlicher Tiere wird durchgeführt, um die gemeinsame Haltung mit weiblichen Tieren zu ermöglichen. In Deutschland ist die Verwendung elastischer Ringe dafür verboten. Ohne Betäubung dürfen Bocklämmer nach dem deutschen TIERSCHUTZGESETZ (1998) nur bis zum Alter von unter vier Wochen kastriert werden.

Literatur

Birnkammer, H.: Tier- und funktionsgerechtes Bauen in der Schafhaltung. In: Proc. Tagung „Tiergerechte Nutztierhaltung – Aufgabe und Ziel für Wissenschaft und Praxis". Neubrandenburg (1991) 109–137.

Briemle, G., Th. Jilg, K. Speck: Der Nachtpferch – Landschaftsökologisch nicht bedenklich. Dt. Schafzucht 9 (1997) 208–211.

Buchenauer, D.: Untersuchungen zum Platzbedarf bei Schafen beim Transport. Dtsch. Tierärztl. Wochenschr. 104 (1997) 135–139.

Burgkart, M.: Tiergerechte Haltung beim Schaf unter Berücksichtigung unterschiedlicher Haltungs- und Aufstallungsformen. In: Proc. Tagung „Tiergerechte Nutztierhaltung – Aufgabe und Ziel für Wissenschaft und Praxis". Neubrandenburg (1991) 101–108.

Gutsche, H.-J.: Tiergerechte Schafhaltung – Stand, Aufgaben und Ziele. In: Proc. Tagung „Tiergerechte Nutztierhaltung – Aufgabe und Ziel für Wissenschaft und Praxis". Neubrandenburg (1991) 95–98.

Klobasa, F.: Wie kann ich mein neugeborenes Lamm ohne Mutterschaf aufziehen? Dt. Schafzucht 4 (1997) 80–81.

Knierim, U.: Schaf- und Ziegenhaltung. Beachten Sie den Tierschutz. Dt. Schafzucht 12 (1985) 282–288.

Marx, I.: Schafhaltung. Gustav Fischer Verlag, Jena (1987).

Schlolaut, W., G. Wachendörfer: Handbuch Schafhaltung. Verlagsunion Agrar (1992).

Spengler, D.: Wurmkuren richtig durchführen und Wurmmittelresistenzen vermeiden. Dt. Schafzucht 10 (1995) 238–240.

Wachendörfer, G., W. Schlolaut: Tierschutz beachten: Scheren Sie Ihre Schafe regelmäßig. Dt. Schafzucht 18 (1995) 443–445.

Winkelmann, J.: Moderhinke: Impfung und Pflege = Gesunde Klauen. Dt. Schafzucht 14 (1996) 353–354.

4.4 Tiergerechte Haltung von Schafen

Rechtsgrundlagen, Empfehlungen, Normen u. ä.:

DIN 18910: Wärmeschutz geschlossener Ställe. Wärmedämmung und Lüftung. Planungs- und Berechnungsgrundlagen. Beuth Verlag, Berlin (1992).

Empfehlung für das Halten von Schafen. Ständiger Ausschuß des Übereinkommens zum Schutz von Tieren in landwirtschaftlichen Tierhaltungen. Straßburg (1992).

Gesetz zu dem Europäischen Übereinkommen v. 10. März 1976 zum Schutz von Tieren in landwirtschaftlichen Tierhaltungen v. 25. Januar 1978 (BGBl. II S. 113).

Tierschutzgesetz i. d. F. d. Bek. v. 25. Mai 1998 (BGBl. I. S. 1105, ber. S. 1818).

Verordnung zum Schutz von Tieren beim Transport (Tierschutztransport-Verordnung – TierSchTrV) v. 25. Februar 1997 (BGBl. I S. 348). Geändert durch Art. 2 VO v. 22. Dezember 1997 (BGBl. I S. 3326).

Verordnung zum Schutz von Kälbern bei Haltung (Kälberhaltungsverordnung) i. d. F. d. Bek. v. 22. Dezember 1997 (BGBl. I S. 3328).

Verordnung zum Schutz von Schweinen bei Stallhaltung (Schweinehaltungsverordnung) i. d. F. d. Bek. v. 18. Februar 1994 (BGBl. I S. 311). Geändert durch 2. V v. 02.08.1995 (BGBl. I S. 1016).

4.5 Tiergerechte Haltung von Hühnergeflügel

(GERKEN, M.; W. BESSEI)

4.5.1 Grundlegende Anforderungen

4.5.1.1 Bedürfnisse

In der Mitteilung der „Kommission für den Schutz von Legehennen in verschiedenen Haltungssystemen" (KOMMISSION DER EUROPÄISCHEN GEMEINSCHAFT, 1998) werden folgende Bedürfnisse für Hennen formuliert:
- sie brauchen ausreichend Nährstoffe und Wasser;
- sie müssen unter Bedingungen aufwachsen und leben, die normale Körperfunktionen erlauben;
- sie dürfen keinen Umweltbelastungen, Verletzungs- und Krankheitsgefahren ausgesetzt werden;
- sie müssen in der Lage sein, das Auftreten von Schmerz, Furcht und Frustration auf ein Minimum zu reduzieren.

Zu diesem Zweck führen Hennen verschiedene Aktivitäten aus, aus denen sich weitere Bedürfnisse ergeben wie:
- bestimmte Bewegungen im Zusammenhang mit der Futtersuche und der Umgebungserkundung;
- ausreichende Bewegung;
- Gefiederputzen und Sandbaden;
- Erforschen und Reagieren auf Anzeichen möglicher Gefahr;
- soziale Interaktion mit anderen Hennen;
- Suche nach einem geeigneten Nestplatz bzw. Bau eines Nestes.

Die Empfehlung des EUROPARATES (1995) in bezug auf Haushühner der Art *Gallus Gallus* führt weiterhin als Bedürfnisse auf:
- physisches Wohlbefinden;
- Ausübung von natürlichem Verhalten, wie z. B. die Einnahme von Ruhe- und Schlafpositionen, Flügelschlagen und Fliegen, Gehen und Laufen, Aufbaumen;
- Freisein von Angst und Leiden, Verhaltensstörungen.

Einstreu, Scharr- und Sandbadebereiche

Die Einstreu bildet einen Multifunktionsbereich, in dem Verhaltensweisen aus verschiedenen Funktionskreisen, wie z. B. Lokomotion, Ruhen, Komfortverhalten (Staubbaden), Futtersuche und -aufnahme, Sozialverhalten, Abkoten, Erkundung und Fortpflanzung (Eiablage), ausgeübt werden.

Als übliche Einstreumaterialien werden Stroh, Hobelspäne, Sägespäne oder Torf verwendet. Einstreu ist dann attraktiv für die Tiere, wenn sie mit Füßen und Schnabel manipulierbar ist. Damit die Einstreu locker bleibt, muß sie eine hohe Saugfähigkeit besitzen und einen Wassergehalt von weniger als 35 % aufweisen. Verklebte Einstreu bildet feuchte Kotplatten und fördert die Entwicklung von Darmparasiten. Außerdem emittiert feuchte Einstreu Ammoniak, das Tiere und Betreuer gleichermaßen belastet.

Aufbaummöglichkeiten und Sitzstangen

Wenn sie die Möglichkeit dazu haben, baumen Küken schon ab dem Alter von ca. zwei bis drei Wochen auf. Sitzstangen werden bevorzugt zum Ruhen und Schlafen genutzt. Ein noch zu lösendes Problem ist das Auftreten von Fußballengeschwüren und Brustbeinverkrümmungen bedingt durch Sitzstangen.

Platzbedarf

Der Platzbedarf hängt vom Funktionszusammenhang ab und stellt keine absolute Größe dar. Schlafende Tiere kauern sehr eng zusammen. In einem Nest befinden sich gelegentlich mehrere Hennen gleichzeitig. Hühner im Auslauf nehmen bei der Futtersuche z. T. sehr große interindividuelle Abstände

4.5 Tiergerechte Haltung von Hühnergeflügel

Tabelle 4.5.1–1 Fläche [cm^2], die Hennen bei der Ausübung verschiedener Verhaltensweisen bedecken (Dawkins u. Hardie, 1989)

Verhaltensmerkmal	Minimum	Maximum
Scharren	540	1005
Umdrehen	771	1377
Flügelstrecken	652	1118
Flügelschlagen	860	1980
Gefiederaufplustern	676	1604
Putzen	814	1270

von über 100 m ein. Werden die Tiere in größeren Gruppen gehalten, können sie sich den gesamten Platz für die Aktivitäten teilen. Broiler in sehr großen Tiergruppen konzentrieren sich mitunter in bestimmten Abschnitten und schaffen dadurch Bewegungsspielraum in anderen Stallbereichen.

Zur Definition des Platzbedarfes gibt es verschiedene methodische Ansätze. Beispielsweise kann die von einem Huhn bei bestimmten Tätigkeiten beanspruchte Fläche als Mindestfläche definiert werden, die einem Tier zur Verfügung stehen sollte (Tab. 4.5.1–1). Die raumgreifendsten Verhaltensmerkmale wie Flügelschlagen oder Flügel-Bein-Strecken treten relativ selten auf, scheinen aber für die Festigkeit des Skelettes (vgl. Kap. 4.5.3, Legehennenhaltung) eine besondere Bedeutung zu haben (Nicol, 1987).

Eine andere Möglichkeit der experimentellen Untersuchung ist die „operante Konditionierung", bei der z. B. die Tiere den ihnen zur Verfügung stehenden Käfigplatz durch Picken auf einen Signalknopf selbst bestimmen können. Hierbei ergab sich, daß Hühner bereit waren, für einen Platz bis 775 cm^2 zu arbeiten (Faure, 1994).

Nach der EU-Richtlinie (1999) werden die herkömmlichen Käfige durch ausgestaltete Käfige ersetzt. In diesen ist eine Mindestfläche von 750 cm^2 pro Henne vorgesehen. Für herkömmliche Käfige gilt in der Übergangszeit eine Mindestfläche von 550 cm^2. Bei Alternativsystemen für Legehennen, wie z. B. die Boden-, Volieren- und Freilandhaltung, sind höchstens neun Hennen je Quadratmeter nutzbarer Fläche gestattet (Tab. 4.5.1–2). Praxisübliche Besatzdichten in der konventionellen Bodenhaltung liegen bei fünf bis sieben Tieren je Quadratmeter.

Für die Haltung von Broilern bestehen derzeit keine entsprechenden offiziellen Richtlinien. In verschiedenen Untersuchungen wurden negative Effekte einer hohen Besatzdichte in bezug auf Gewichtsentwicklung, Futterverwertung und das Auftreten morphologischer Schäden (z. B. Beinschäden, Brustblasen) gefunden. Der kausale Zusammenhang ist jedoch nicht geklärt. Die direkte Konkurrenz zwischen den Tieren um Futter und Wasser oder soziale Auseinandersetzungen können nicht als Ursachen herangezogen werden. Es ist eher anzunehmen, daß andere Faktoren, die meist mit hoher Besatzdichte einhergehen, wie z. B. schlechte Einstreuqualität und hohe Stallgaskonzentrationen, sowohl die Leistung als auch die Tiergesundheit beeinflussen. Nach bisherigen Erkenntnissen erscheint eine Besatzdichte von 30–37 kg je m^2 bei der Kurzmast (ca. 1,6 kg Endgewicht) als akzeptabel. Besondere Anforderungen an die Lüftungsrate ergeben sich aber bei Besatzdichten über 30 kg je m^2 bei extremen Klimabedingungen.

Gruppengröße

In enger Wechselbeziehung mit dem Platzbedarf ist die Gruppengröße zu sehen. Adulte Tiere zeichnen sich durch eine stark hierarchisch gegliederte soziale Rangordnung aus. Eine Hierarchie ermöglicht dem Einzeltier eine Vorhersagbarkeit der Reaktionen seiner Artgenossen. Je kleiner die soziale Gruppe ist, desto stabilere Rangordnungen bilden sich heraus. In den konventionellen Legehennenkäfigen, in denen meist drei bis sechs Tiere in einer Kleingruppe gehalten werden, bestehen stabile Rangordnungen. Die Häufigkeit von aggressiven Auseinandersetzungen ist deshalb gering.

4 Tiergerechte Nutztierhaltung

Tabelle 4.5.1–2 Mindestanforderungen an Haltungssysteme für Legehennen (Auszug: Richtlinie des Rates zur Festlegung von Mindestanforderungen zum Schutz von Legehennen (1999/74/EG))

Kriterien	Haltungssystem		
	Alternativsysteme	Nicht ausgestaltete Käfige	Ausgestaltete Käfige
Futtertroglänge [cm] /Henne	– Längsfuttertröge: 10 cm – Rundfuttertröge: 4 cm	10 cm	12 cm
Tränkelänge [cm]/Henne bzw.	– Rinnentränke: 2,5 cm – Rundtränke: 1 cm	Rinnentränke: 10 cm	
Anzahl d. Hennen/Nippel	Nippeltränken o. Trinknäpfe: 10 Hennen/Nippel bzw. Napf (2 Nippel bzw. Näpfe je Tier erreichbar)	2 Nippeltränken bzw. 2 Trinknäpfe je Tier erreichbar	2 Nippeltränken bzw. 2 Trinknäpfe je Tier erreichbar
Besatzdichte [Tiere/m²] bzw. Platz [cm²]/Tier	max. 9 Hennen/[m²] nutzbare Fläche[1, 2]	mindest. 550 cm² Käfigfläche/Tier uneingeschränkt nutzbar	mindest. 750 cm² Käfigfläche/Tier, davon 600 cm² nutzbare[1] Fläche, gesamte Käfigfläche mindest. 2000 cm²
Käfighöhe [cm]		über 65 % der Käfigfläche: 40 cm, jedoch nicht unter 35 cm	Höhe außerhalb nutzbarer[1] Fläche mindest. 20 cm
Nest	– 7 Hennen/Einzelnest – Gruppennest: max. 120 Hennen/[m²] Nestfläche		Nest muß zur Verfügung stehen
Sitzstangenlänge [cm]	mindest. 15 cm je Henne, Abstand zur Wand 20 cm		mindest. 15 cm je Henne
Einstreufläche [cm²]	mindest. 250 cm² pro Henne, gesamter Einstreubereich mindest. ein Drittel der Bodenfläche		Einstreu, die Picken und Scharren ermöglicht
Bodenbeschaffenheit	kein Abrutschen der nach vorn gerichteten Zehen	Vorrichtung zum Kürzen der Krallen, Neigungswinkel des Bodens max. 14 % bzw. 8°	Vorrichtung zum Kürzen der Krallen
Weitere Anforderungen	für Haltungssysteme mit verschiedenen Ebenen gilt: – max. 4 Ebenen übereinander – Abstand zwischen Ebenen 45 cm – kein Durchfallen des Kotes auf darunter gelegene Ebenen		Gangbreite zwischen Käfigreihen mindest. 90 cm

Tabelle 4.5.1–2 (Fortsetzung)

Kriterien	Haltungssystem		
	Alternativsysteme	Nicht ausgestaltete Käfige	Ausgestaltete Käfige
	für Haltungssysteme mit Zugang zu Auslauf gilt: – Auslauföffnungen mindest. 35 cm hoch und 40 cm breit – 2 m breite Öffnung/1000 Hennen – angemessene Größe des Auslaufs zur Vermeidung von Kontaminationen – Unterschlupfmöglichkeit im Auslauf		
Gültigkeit	ab 1. Januar 2002 für neue Anlagen ab 1. Januar 2007 für alle Anlagen	ab 1. Januar 2003, danach keine Neubauten ab 1. Januar 2012 verboten	ab 1. Januar 2002

[1] nutzbare Fläche: mindestens 30 cm breit und 45 cm hoch, max. 14 % geneigt, Nestflächen sind nicht einzubeziehen
[2] entspricht die nutzbare Fläche der verfügbaren Bodenfläche, kann bis 31. Dezember 2011 eine Besatzdichte von 12 Hennen je m² verfügbarer Fläche zugelassen werden

Mit zunehmender Gruppengröße nehmen Störungen im Verhalten wie Federpicken und Kannibalismus zu. Eindeutige Erkenntnisse zu einer optimalen Gruppengröße bei Hühnervögeln liegen jedoch nicht vor (MCBRIDE, 1971; KEELING, 1994). Die Unterteilung von großen Stallungen in Abteile bietet eine Möglichkeit zur Bildung kleinerer Tiergruppen.

Nestgestaltung

In einem natürlichen Habitat nutzen Hennen eine einfache Bodenmulde zur Eiablage. Diese wird durch Scharren geformt und mit Nestmaterial ausgestattet (BREDEN, 1986; DUNCAN u. KITE, 1989). Offensichtlich sind es nur wenige einfache Faktoren, die ein Nest ausmachen: Abgeschiedenheit (Dunkelheit) und manipulierbares Nestmaterial. Diese Faktoren können durch verschiedenste Bestandteile erfüllt werden. Um ein Verlegen der Eier zu vermeiden, muß das angebotene Nest für eine Eiablage attraktiver erscheinen als z. B. die Einstreu. Es wurde festgestellt, daß Materialien, die formbar sind und durch Picken und Scharren bearbeitet werden können (wie z. B. Kunstraseneinlage „Astroturf" oder Buchweizeneinstreu), eine hohe Präferenz haben. In der Praxis werden Einzel- oder Familiennester angeboten, wobei Familiennester in der Regel besser angenommen werden.

Tiergerechtes Futter, Fütterung und Tränkung

Der spitze Schnabel weist darauf hin, daß Hühner zu den „Futterselektierern" gehören, d. h., sie suchen gezielt Futterpartikel mit hoher Nährstoffkonzentration. Sie sind nicht in der Lage, große Mengen an voluminösem, rohfaserreichem Futter aufzunehmen, wie

4 Tiergerechte Nutztierhaltung

dies z. B. bei Gans und Ente zu beobachten ist. Bankivahühner (die wilde Stammform) und freilebende Haushühner verzehren neben pflanzlicher Nahrung auch größere Mengen an tierischem Eiweiß, z. B. in Form von Insekten und Würmern.

Eine angemessene Versorgung mit Nährstoffen ist besonders wichtig für die wachsenden und legenden Tiere. Das Huhn besitzt die Fähigkeit, die Futterkomponenten nach ihrem Nährstoffgehalt zu selektieren. Ein sog. „spezifischer" Appetit existiert sowohl für Eiweiß, Zucker, Calcium, Natrium und eine Reihe anderer Nährstoffe. Setzt man Legehennen verschiedene Futterkomponenten separat vor, sind sie in der Lage, sich eine ihrem Bedarf weitgehend entsprechende Ration zusammenzustellen.

In der Geflügelfütterung werden überwiegend Alleinfutter verwendet. Eine kombinierte Fütterung von proteinreichem Alleinfutter mit Getreide ist möglich. Hierbei wird ein Teil des in der Ration vorhandenen Getreides als ganze Körner täglich in die Einstreu gegeben, was das Scharren und die Beschäftigung mit der Einstreu anregt. Das eiweißreiche Konzentrat steht ad libitum zur Verfügung.

Bei bestimmten Verfahren (z. B. Masteltern) wird eine restriktive Fütterung durchgeführt, um eine Verfettung zu verhindern. Alleinfutter für Legehennen wird in Mehlform angeboten, so daß sich die Tiere einen wesentlichen Anteil des Lichttages mit der Futteraufnahme beschäftigen (ca. 40 %). Für eine Förderung des Wachstums wird das Mastfutter hingegen in Pellets gegeben. Hühner haben eine Präferenz für bestimmte Korngrößen und selektieren Partikel mit Größe von ca. 2,5 mm bevorzugt heraus; dies kann evtl. zu einer unausgeglichenen Nährstoffversorgung führen.

Die bei der Auslaufhaltung aufgenommenen Mengen an Gras oder Insekten sind gering und tragen wenig zur Deckung des Nährstoffbedarfs bei.

Zur Pigmentierung des Eidotters werden dem Legehennenfutter in der Regel Karotinoide beigefügt. Sie werden entweder synthetisch hergestellt oder aus natürlichen Quellen (z. B. Paprika, Grünmehl) gewonnen.

Neben Pigmenten sind beim Geflügel gegenwärtig Leistungsförderer und Kokzidiostatika als Zusatzstoffe zugelassen; ihr Einsatz ist nach Nutzungsrichtung und Alter der Tiere durch das Futtermittelrecht geregelt. Darüber hinaus werden zuweilen Enzyme eingesetzt, die die Verdaulichkeit von bestimmten Inhaltsstoffen verbessern. Zunehmend wird der Zusatz von Kokzidiostatika im Futter durch eine Kokzidiose-Impfung ersetzt.

Frisches Trinkwasser sollte stets zur Verfügung stehen. Als Tränkesysteme werden beim Geflügel automatische Rund-, Becheroder Nippeltränken eingesetzt. Nippeltränken werden besonders wegen der geringeren Wasservergeudung und der somit verringerten Vernässung der Einstreu genutzt. Der Wasserverbrauch der Legehenne steht im Verhältnis von 1,4 bis 2,0:1 zum Futterverbrauch, beim Broiler schwankt das Verhältnis zwischen 1,7 und 2,0. Bei großer Hitze kann der Wasserverbrauch jedoch unabhängig vom Futterverzehr erheblich ansteigen. Die Tiere benötigen dann das Wasser im Rahmen der Thermoregulation zur Kühlung z. B. durch die Verdunstung des Wassers über das Atemsystem (Hecheln).

Temperatur

Adulte Hühner weisen einen recht weiten Anpassungsbereich an ihre Umgebungstemperaturen auf. Küken hingegen können die Körpertemperatur nur in engen Grenzen aufrechterhalten und sind auf Zufuhr von Wärme von außen angewiesen. Dieser Wärmebedarf wird durch Wärmestrahler oder Raumheizung sichergestellt (Tab. 4.5.1–3). Broilerküken haben allgemein ein höheres Wärmebedürfnis als Küken von Legelinien. Bei unzureichender Stallisolierung können bei Legehennen im Winter bei Boden-/Auslaufhaltung Erfrierungen an den Kämmen und Kehllappen auftreten.

4.5 Tiergerechte Haltung von Hühnergeflügel

Tabelle 4.5.1–3 Klimaregulation bei Stallhaltung (nach Bessei, 1999)

Erforderliche Kennwerte für die Klimabilanz

1. Sollwerte für Temperatur, Luftfeuchte und Schadgase
2. Luftrate zum Abführen des Wasserdampfes in der Stalluft
3. Luftrate zum Abführen des Kohlendioxids (CO_2)
4. Wärmeverlust durch die Lüftung
5. Wärmeverlust durch die Bauhülle
6. Wärmebilanz
7. Luftrate zum Abführen der produzierten Tierwärme (Sommerluftrate)

Sollwerte für Stallinnenraum

	Legehennen/ Elterntiere	Mastküken
Lufttemperatur	13–18 °C	18–26 °C[1]
Luftfeuchte	60–80 %	60–80 %
CO_2-Gehalt [l/m^3]	3,5	3,5

[1] Höherer Wärmebedarf in ersten Lebenstagen

Beleuchtung

Aufgrund ihrer Rezeptorenausstattung sind Hühner farbtüchtiger als Menschen. Sie sehen im Bereich von 330 bis 660 nm. Die Bereiche des elektromagnetischen Spektrums, in denen Mensch und Huhn sehen, überlappen sich, allerdings sieht der Mensch im Blau-Bereich besser, während das Huhn auch ultraviolettes Licht wahrnehmen kann. Als Lichtquellen in fensterlosen Ställen werden Glühbirnen oder Neonröhren eingesetzt. Schädliche Effekte von Kunstlicht wurden bisher nicht festgestellt, es wird jedoch häufig Tageslicht für Geflügelställe gefordert (s. Tab. 4.5.1–7). Hierbei wird kaum bedacht, daß normales Fensterglas den Spektralbereich ab 350 nm (inkl. UV-Licht) herausfiltert. Das Huhn wird ein derart gefiltertes Licht anders wahrnehmen als natürliches Tageslicht mit dem gesamten Spektrum.

Hühner sind tagaktiv. Die Lichtreize steuern und synchronisieren den Tagesrhythmus der physiologischen Vorgänge einschließlich der Legetätigkeit. Über Beleuchtungsprogramme können so die Entwicklung der Tiere während der Aufzucht und der Legeperiode gesteuert werden. Hierbei sind weniger die Lichtintensität und Wellenlänge (Lichtfarbe) als die Dauer der Lichtphase und der Zeitpunkt des Licht-Dunkelwechsels von Bedeutung. In der Praxis werden überwiegend Lichtprogramme mit einer Lichtphase pro Tag verwendet; eine intermittierende Beleuchtung mit mehrfachem Wechsel von Helligkeit und Dunkelheit pro Tag ist wenig verbreitet.

Während der Legeperiode wird eine Lichtphase von 14 bis 16 Stunden je 24 Stunden gegeben. Nach neuen Erkenntnissen reicht eine Beleuchtungsdauer von 14 (leichte Legehybriden) bis 15 (mittelschwere Legehybriden) Stunden für die Aufrechterhaltung der Legetätigkeit aus. Eine Lichtintensität weit über zehn Lux wird vermieden, um Federpicken zu reduzieren. In der Dunkelphase sollte die Lichtintensität unter 0,5 Lux bleiben (Petersen, 1999).

Bei Masthühnern besteht die Praxis, durch lange Beleuchtungsdauer von 21–23 Stunden Licht/Tag das Wachstum zu fördern. Kürzere Beleuchtungszeiten von 16 Stunden Licht:8 Stunden Dunkelheit können bei verlängerter Mast zu vergleichbaren Mastleistungen führen.

Vor Beleuchtungsende sollte eine Dämmerlichtphase von ca. 15 min zwischengeschaltet werden, damit die Tiere ohne Verletzungsgefahr ihre Ruhestellungen einnehmen können.

Stallgase

Eine Zusammenstellung der in Hühnerställen auftretenden Stallgase mit möglichen gesundheitsschädlichen Auswirkungen für Tier und Mensch findet sich in Tabelle 4.5.1–4. Von den Stallgasen hat Ammoniak vorrangige Bedeutung. Bei Temperaturen von 35 °C, einem pH-Wert von 9 und einem Feuchtegehalt von 40–60 % im Substrat bieten sich optimale Konditionen für die Freiset-

4 Tiergerechte Nutztierhaltung

Tabelle 4.5.1–4 Stallgase der Luft in Geflügelställen (nach KÖSTERS, 1992)

Stallgas	Ammoniak [NH_3]	Schwefelwasserstoff [H_2S]	Kohlendioxid [CO_2]	Kohlenmonoxid [CO]
Dichte [g/l] (Luft = 1,29)	0,623	1,5292	1,9768	1,25
MAK (max. Arbeitsplatz-Konzentration)	0,005 Vol.-% = 50 ppm = 0,05 l/m³	0,001 Vol.-% = 10 ppm = 0,01 l/m³	0,5 Vol.-% = 5000 ppm = 5 l/m³	0,003 Vol.-% = 30 ppm = 0,03 l/m³
Kurzzeitwert	100 ppm 5 min 8mal/Schicht	20 ppm 10 min 4mal/Schicht	10 000 ppm 60 min 3mal/Schicht	60 ppm 30 min 4mal/Schicht
Geruch	stechend	faulig	leicht säuerlich	geruchlos
toxische Konzentration		≥ 0,05 Vol.-%	≥ 0,6 Vol.-%	≥ 0,12 Vol.-%
Vergiftungssymptome	– Schleimhautentzündung – Augenbindehautentzündung – Schädigung des Stimmapparates – Lungenödem – Atmungsfrequenz ↓ – Leistung ↓	Stoffwechselstörungen durch Inaktivierung schwermetallhaltiger Enzyme: – Schleimhautentzündung – Augenbindehautentzündung – Bronchitis – Lungenödem, Atemnot ⇒ Atemlähmung	→ Absinken der O_2-Bindung → Atmungsfrequenz ↑ → pH-Wert, Blut ↓ → Ca^{2+}-Bedarf ↑ → Leistung ↓ → Erschöpfung ⇒ Erstickungstod	Verdrängung des Blut-O_2 durch Bildung von CO-Hämoglobin bzw. Absättigung (≥65 % tödlich), Atemnot, Erregung → Ermüdung ⇒ Kollaps
Quelle	Kot, Einstreu, ungeeignete Güllelagerung; vorwiegend anaerobe Zersetzung		Eigenproduktion der Tiere; aerobe Zersetzung der Einstreu	Zu- bzw. Umluft aus Heizungsraum; unvollständige Verbrennungsvorgänge

zung von Ammoniak. Im allgemeinen liegen die Emissions-Werte in Tiefstreusystemen zwischen 30 und 38 mg Ammoniak je Stunde und Tier. In der Käfighaltung sind dagegen wesentlich niedrigere Werte von 2–8 mg Ammoniak je Stunde und Tier zu erwarten (BESSEI u. DAMME, 1998).

4.5.1.2 Kriterien einer tiergerechten Haltung

Als Kriterien zur Beurteilung des Wohlbefindens und der Tiergerechtheit werden Verhalten, Leistung, physiologische Parameter und Tiergesundheit herangezogen. Diese Indikatoren weisen jedoch nicht immer in die gleiche Richtung, so daß ein Abwägen zwischen den verschiedenen Kriterien notwendig ist.

4.5 Tiergerechte Haltung von Hühnergeflügel

Verhalten

In ethologischen Untersuchungen kann geprüft werden, ob sich das Tier an seine Haltungsumwelt anpassen kann bzw. welche Haltungsfaktoren eine Anpassung ermöglichen (DAWKINS, 1988; APPLEBY et al., 1992; DUNCAN u. MENCH, 1993).

Die Ausprägung der Zeitdauer verschiedener Verhaltensweisen (Time-budgets) kann in Abhängigkeit vom Haltungssystem stark variieren. Schwierigkeiten bereitet jedoch die Interpretation solcher quantitativer Unterschiede.

In einer qualitativen Analyse wird geprüft, ob und welche Verhaltensweisen in dem betreffenden Haltungssystem nicht oder nur stark beeinträchtigt ausgeübt werden können. Bei der konventionellen Käfighaltung zählen hierzu z.B.: Eiablage im Nest, Staubbaden, Scharren, Aufbaumen oder raumgreifende Streckbewegungen. Die Bewertung der Bedeutung der ungestörten Ausübung des Verhaltens für das Tier erschließt sich nur indirekt z.B. über die Motivationsanalyse. So konnte gezeigt werden, daß Legehennen in Legestimmung in hohem Maße motiviert sind, ein Nest zu erreichen und bereit sind, dafür zu arbeiten.

Verhaltensabweichungen können als Hinweis interpretiert werden, daß sich die Tiere nur mit hohen biologischen Kosten an ihr Umfeld anpassen können. Federpicken und Kannibalismus, bei denen sich die Tiere gegenseitig verletzen, sind in der Regel mit Schmerzen und Leiden des bepickten Tieres verbunden.

Stereotypien, wie z.B. ein stereotypes Kopfschütteln oder Laufen („Pacing"), können einen Hinweis auf Frustration der Tiere geben.

Leistung

Die Produktivität kann nur mit Vorbehalten als Indikator (EUROPEAN COMMISSION, 1996) herangezogen werden, da sich z.B. das Wohlbefinden auf ein Individuum bezieht, die Leistung von Hennen unter Praxisbedingungen jedoch als Herdendurchschnitt ermittelt wird. Ein plötzlicher Rückgang in Legeleistung oder Wachstum gibt einen wichtigen Hinweis auf eine mögliche Beeinträchtigung des Wohlbefindens z.B. durch Managementfehler oder Krankheit. Der Umkehrschluß von einer guten Leistung auf hohes Wohlbefinden ist hingegen nicht zulässig. So könnte z.B. eine hohe Leistung dadurch erzielt werden, daß ein schnellwachsender Broiler wegen Beinschäden mehr ruht, damit weniger Futterenergie für Bewegung verbraucht und trotz leicht reduzierten Wachstums einen günstigeren Futteraufwand aufweist.

Physiologische Parameter

Physiologische Parameter, wie z.B. die Herzfrequenz oder der Blutkortikosterongehalt, sind zur Beurteilung kurzfristiger Belastungszustände gut geeignet. So konnte beispielsweise gezeigt werden, daß beim Tragen von Legehennen in aufrechter Position der Blutkortikosterongehalt weniger ansteigt als beim Transport mit dem Kopf nach unten hängend (BROOM et al., 1986).

Zur Beurteilung einer langfristigen Beeinflussung durch ein Haltungssystem sind die traditionellen Streßindikatoren (Adrenalin-, Noradrenalin-, Kortikosteronwerte) jedoch weniger geeignet, da bestimmte Reaktionen auch bei normalen Aktivitäten, wie z.B. beim Legen, auftreten (FAL, 1982; BELYAVIN, 1988; EUROPEAN COMMISSION, 1996; DIETERT u. GOLEMBOSKI, 1997).

Tiergesundheit

Erkrankungen

Durch verschiedene Hygiene-Maßnahmen wie den Einsatz von Routine-Impfprogrammen und das Rein-Raus-Verfahren sind die Erkrankungs- und Mortalitätsraten trotz der Haltung in großen Beständen niedrig. Das Krankheitsrisiko steigt jedoch bei solchen Haltungssystemen, bei denen die Hühner nicht mehr konsequent von ihren Exkrementen getrennt werden können.

4 Tiergerechte Nutztierhaltung

Verletzungen
Große Verluste von z. T. über 50 % der Mortalität können durch das Auftreten von Kannibalismus entstehen. Systembedingte Ausfälle (Technopathien) können in standardisierten Prüfverfahren (z. B. Schweiz, OESTER, 1996) für kommerzielle Haltungssysteme erkannt und durch die Herstellerfirmen abgestellt werden.

Verletzungen treten aber nicht nur während der Haltungsperiode, sondern auch beim Ein- und Ausstallen der Tiere auf (s. Kap. 4.5.3.3 und 4.5.4.2).

4.5.1.3 Gesetze und Verordnungen

Durch das TIERSCHUTZGESETZ (1998) wird das Bundesministerium für Ernährung, Landwirtschaft und Forsten zur Festlegung von Rechtsverordnungen ermächtigt (§ 2a). Spezielle Regelungen für Hühner umfassen:
- das Absetzen des krallentragenden letzten Zehengliedes bei Masthahnenküken, die als Zuchthähne Verwendung finden sollen, darf ohne Betäubung während des ersten Lebenstages durchgeführt werden (§ 5 Abs. 3 Nr. 6);
- die zuständige Behörde kann das Kürzen der Schnabelspitze bei Nutzgeflügel erlauben, wenn glaubhaft dargelegt wird, daß der Eingriff im Hinblick auf die vorgesehene Nutzung zum Schutz der Tiere unerläßlich ist. Die Erlaubnis hat Bestimmungen über Art, Umfang, Zeitpunkt des Eingriffs und die durchführende Person zu enthalten (§ 6 Abs. 3 Nr. 1).

Durch das Urteil des Bundesverfassungsgerichts (1999) wurde die bis dahin geltende HENNENHALTUNGSVERORDNUNG (1987) für mit dem Grundgesetz unvereinbar und daher nichtig erklärt. Eine neue Verordnung ist derzeit in Vorbereitung, die auf der EU-RICHTLINIE ZUM SCHUTZ VON LEGEHENNEN (1999) als Mindeststandard basieren wird (Tab. 4.5.1–2).

Die EU-Vermarktungsnormen für Hühnereier und Geflügelfleisch enthalten auch Angaben zu den Haltungsformen (Tab. 4.5.1–5 und 4.5.1–6).

Der Transport von Hühnern wird in der TIERSCHUTZTRANSPORTVERORDNUNG (1999) geregelt.

Zur Haltung von Legehennen und Broilern bestehen weiterhin Empfehlungen, Gutach-

Tabelle 4.5.1–5 Kennzeichnung der Haltungsformen gemäß EU-Vermarktungsnormen für Hühnereier [Verordnung (EWG) Nr. 1274/91, Artikel 18 u. Anhang II]

Angabe auf Kleinpackung	Mindestbedingungen
Eier aus Freilandhaltung	– tagsüber uneingeschränkter Zugang zu einem Auslauf im Freien; – Auslauffläche zum größten Teil bewachsen; – 10 m^2 Auslauffläche pro Huhn; – Stall wie in Boden- oder Volierenhaltung;
Eier aus intensiver Auslaufhaltung	– tagsüber uneingeschränkter Zugang zu einem Auslauf im Freien; – Auslauffläche zum größten Teil bewachsen; – 2,5 m^2 Auslauffläche pro Huhn; – Stall wie in Boden- oder Volierenhaltung;
Eier aus Bodenhaltung	– max. 7 Hühner pro m^2 Bodenfläche; – mindest. ein Drittel der Bodenfläche mit Streumaterial (Stroh, Holzspäne, Sand oder Torf) bedeckt; – ein ausreichender Teil der Stallfläche muß zur Aufnahme der Ausscheidungen der Hühner dienen;
Eier aus Volierenhaltung	– max. 25 Hühner pro m^2 Stallfläche; – im Stall pro Huhn 15 cm Sitzstange

4.5 Tiergerechte Haltung von Hühnergeflügel

Tabelle 4.5.1–6 EU-Vermarktungsnormen gemäß VO (EWG) 1538/91 für besondere Haltungsverfahren von Masthühnern

Kriterien	Haltungssystem		
	Extensive Bodenhaltung	Auslaufhaltung	Bäuerliche Auslaufhaltung
Besatzdichte im Stall			
• [kg] Lebendgewicht/[m^2] Bodenfläche	25	27,5	25 (40[1])
• max. Tierzahl/[m^2] Bodenfläche	12	13	12 (20[1])
Nutzfläche der Ställe der einzelnen Produktionsstätten			nicht über 1600 m^2
max. Tierzahl/Stall			4800
Flächenbesatz im Freiluft-Auslauf [m^2/Tier]		1	2
Ausgänge zum Auslauf		4 m je 100 m^2 Stallfläche	4 m je 100 m^2 Stallfläche
Zugang zum Freiluft-Auslauf		mindest. die Hälfte der Lebenszeit; bei Tag ständigen Zugang zu vorwiegend begrüntem Auslauf	ab Lebenswoche 6 bei Tag ständiger Zugang zum vorwiegend begrünten Auslauf
Getreideanteil im Futter		70 % (während Ausmast)	70 % (im Mastfutter)
Schlachtalter [d]	56	56	81
Rasse			langsam wachsende Rasse

[1] nur bei beweglichen Ställen mit max. 150 m^2 Bodenfläche, die nachts offen bleiben

ten und länderspezifische Übereinkommen (weitere Angaben s. Literaturteil).

4.5.1.4 Besonderheiten im ökologischen Landbau

Bei der Hühnerhaltung im ökologischen Landbau sind die Vorgaben durch die geltenden nationalen Gesetze (s. o.) als Mindeststandard einzuhalten, dies gilt auch z. B. für gesetzlich vorgeschriebene Impfungen.

Die EU-Verordnung über die tierische Erzeugung im ökologischen Landbau (1999) bildet die rechtliche Grundlage innerhalb der EU (Tab. 4.5.1–7). Entscheidend für die Anerkennung sind jedoch die jeweiligen nationalen Verbandsrichtlinien, die in ihren Anforderungen auch über die EU-Richtlinie hinausgehen können; für die Umstellungsphase gelten spezielle Regeln.

Gemäß EU-Verordnung darf das Futter bis zu einem Anteil von 20 % der Trockenmasse der Futtermittel aus konventionellem Anbau stammen (Übergangsfrist bis 24. August 2005), wenn eine ausschließliche Versorgung mit Futtermitteln aus ökologischem Landbau nicht möglich ist. Bestimmte Futterzusatzstoffe, die in der konventionellen Hühnerhaltung üblich sind, sind nicht gestattet, wie z. B. Leistungsförderer, syntheti-

4 Tiergerechte Nutztierhaltung

Tabelle 4.5.1–7 Anforderungen an die Haltung von Hühnern im ökologischen Landbau [Verordnung (EG) Nr. 1804/1999 des Rates, Auszug]

Kriterien	Nutzungsrichtung	
	Legehennen	Masthühner
Herkunft der Tiere	aus Betrieben des ökologischen Landbaus; soweit nicht verfügbar, Zukauf aus nicht ökologischen Betrieben:	
	nicht älter als 18 Wochen	weniger als 3 Tage alt, langsam wachsende Rassen
Umstellungszeitraum[1]	6 Wochen	10 Wochen
Haltungsform	Auslaufhaltung	Auslaufhaltung
Nutzfläche der Ställe je Produktionseinheit		1600 m²
max. Tierzahl/Stall	3000	4800
Bodengestaltung (Stall)	mindest. ein Drittel Einstreu, Kotgrube	mindest. ein Drittel Einstreu
Besatzdichte im Stall [kg] Lebendgewicht/[m²] Bodenfläche		21 (30^2)
max. Tierzahl/[m²] Bodenfläche	6	10 (16^2)
Auslauf		
Fläche (m² je Tier)	4[3]	4 ($2{,}5^2$)[3]
Gestaltung	stets Zugang für mindest. ein Drittel des Lebens; begrünt, Schutzvorrichtungen	
Ausgänge	4 m je 100 m² Stallfläche	4 m je 100 m² Stallfläche
Licht	Tageslicht, zusätzlich Kunstlicht möglich, max. 16 Stunden Licht/d	Tageslicht
Sitzstangenlänge [cm]	18 cm/Henne	
Nest	– 8 Hennen/Einzelnest – Gruppennest: 120 cm²/ Tier	
Mindestschlachtalter		81 (150[4]) Tage
Schnabelstutzen	nicht systematisch gestattet, kann von Kontrollbehörde z.B. aus Tierschutzgründen erlaubt werden	
Futter	aus ökologischem Landbau; übergangsweise Zukauf von konventionellen Futtermitteln bis 20 % der TM erlaubt; Zusatz von bestimmten Mineralien, Spurenelementen, Vitaminen und Enzymen ist gestattet, Verwendung von Antibiotika, Kokzidiostatika, Wachstums- und Leistungsförderern ist verboten.	
		Getreideanteil im Mastfutter 65 %

[1] Danach als Produkte aus ökologischem Landbau vermarktbar
[2] Nur bei beweglichen Ställen mit max. 150 m² Bodenfläche, die nachts offen bleiben
[3] Flächenrotation, sofern die Obergrenze von 170 kg N/ha/Jahr nicht überschritten wird
[4] Kapaune

sche Pigmente, Kokzidiostatika oder reine Aminosäuren. Wegen des Verbots der Kokzidiostatika empfiehlt sich eine Kokzidiose-Impfung zur Gesunderhaltung der Tierbestände.

4.5.2 Junghennenaufzucht

Die Junghennenphase erstreckt sich vom Schlupf bis zur Einstellung in den Legehennenstall im Alter von ca. 14–18 Wochen.

Küken vom Legetyp werden am ersten Lebenstag nach Geschlechtern sortiert (gesext). Es werden nur die weiblichen Tiere aufgezogen, während die Hahnenküken sofort getötet werden. Untersuchungen (JAENECKE, 1997) zur Masteignung dieser Hähne haben klar gezeigt, daß sie im Vergleich zu den heutigen Masthybriden zur Mast ungeeignet sind (Abb. 4.5.2–1).

4.5.2.1 Haltungsformen

Bodenhaltung

Die Aufzucht der Junghennen erfolgt überwiegend in Bodenhaltung mit Tiefstreu, in der einfachsten Form auf ganzflächiger Einstreu ohne Kotgrube.

Küken des Legetyps benötigen in den ersten Tagen eine Umgebungstemperatur von 32 °C. Diesem hohen Temperaturbedarf wird durch verschiedene Formen (Raumheizung oder punktförmige Wärmequellen) entsprochen. Durch das Aufstellen von ca. 50 cm hohen Kükenringen aus Wellpappe wird vermieden, daß sich die Küken in den ersten Tagen zu weit von der Wärmequelle entfernen. Nach etwa einer Woche werden die Ringe entfernt, so daß die Tiere den gesamten Raum nutzen. Es werden verschiedene Maßnahmen durchgeführt, damit die Küken rasch Futter und Wasser finden. So wird das Futter anfangs auf Futterbrettern angeboten, das Wasser z.B. in Stülptränken. Nach ca. zwei Wochen stellen höhenverstellbare Schwebetröge und Rund- oder Nippeltränken sicher, daß Futter und Wasser nicht durch Einstreu oder Exkremente verunreinigt werden.

Volierenhaltung

In dem Maße, in dem Legehennen in neuartigen Volierensystemen gehalten werden, erfolgt auch die Aufzucht in vergleichbaren Systemen. Bei dieser Aufzuchtform wird den Tieren ab der sechsten bis achten Lebenswoche Futter und Wasser in mehreren übereinander angeordneten Ebenen angeboten. Die Ebenen können über Sitzstangen erreicht werden. Pro Junghenne werden 13–15 cm Sitzstangenlänge empfohlen.

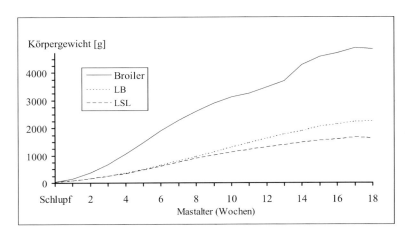

Abb. 4.5.2–1 Entwicklung des Körpergewichtes bei männlichen Hühnerküken: Vergleich zwischen Broilern (LM), mittelschweren (LB) und leichten (LSL) Legehybriden (JAENECKE, 1997)

4 Tiergerechte Nutztierhaltung

Käfigaufzucht

Die speziellen Aufzuchtkäfige sind nach den Belangen der Kükenaufzucht eingerichtet. Futter- und Wasserversorgung müssen höhenverstellbar sein, so daß sie den rasch wachsenden Tieren angepaßt werden können. Während der ersten Lebenstage wird der Käfigboden mit Papier ausgelegt, auf dem das Futter auf Futterbrettern angeboten werden kann. In den ersten Lebenswochen, in denen die Küken auch einen hohen Wärmeanspruch haben, sind die Raumansprüche gering. Deshalb werden die Küken meist in die obere Etage eingesetzt und dann mit zunehmendem Alter auf die unteren Etagen verteilt.

Lichtprogramm und Fütterung

Während der Aufzucht werden Beleuchtungsprogramme und Fütterungsprogramme so aufeinander abgestimmt, daß die Junghenne die Legephase in der gewünschten Kondition erreicht. Je Herkunft werden diese Maßnahmen etwas unterschiedlich gestaltet. Für eine gezielte Steuerung der Legereife werden mehrphasige Lichtprogramme durchgeführt (PETERSEN, 1999):

1. Dauerlicht in den ersten zwei bis drei Tagen (erleichtert Orientierung der Tiere in der neuen Umgebung);
2. abnehmende Lichtdauer („step down", verhaltene Entwicklung des Körpergewichts und Verzögerung der Geschlechtsreife);
3. zunehmende Lichtdauer („step up", Beschleunigung der Geschlechtsreife und Synchronisation des Legebeginns in der Herde).

Zur Steuerung der Legereife ist eine Lichtintensität von etwa zwei bis fünf Lux ausreichend. Höhere Lichtintensitäten wirken sich weder auf den Zeitpunkt der Legereife noch auf die Legeleistung aus. Aus arbeitstechnischen Gründen (Tierbetreuung) wird jedoch eine höhere Helligkeit empfohlen.

Die Wirkung des Beleuchtungsprogramms muß durch ein abgestimmtes Fütterungsprogramm unterstützt werden.

4.5.2.2 Bewertung der Tiergerechtheit

Durch verschiedene Hygiene-Maßnahmen wie Routine-Impfprogramme ist die Mortalität während der Aufzuchtphase gering und liegt unter 1–2 %. In bezug auf die verschiedenen Haltungssysteme (s. Kap. 4.5.2.1) gelten im Prinzip die für Legehennen gemachten Aussagen (s. Kap. 4.5.3.3).

Spezifische Probleme können sich während der Aufzucht im Verhalten und durch den Wechsel zwischen verschiedenen Haltungssystemen beim Übergang zur Legephase ergeben (FRÖHLICH, 1989; ANDERSON u. ADAMS, 1994).

Verhalten

Durch Futterrestriktion kann es zum Auftreten von Federpicken und Kannibalismus kommen. Bei einer starken Futterrestriktion nehmen die Tiere ihre Tagesration innerhalb von 15–20 min auf. Bei Ad-libitum-Fütterung beträgt die Freßzeit hingegen ca. 40–50 % der Lichtdauer, also ein Vielfaches gegenüber der restriktiven Fütterung. Die sonst auf das Futter gerichtete Pickaktivität wird z.T. auf das Gefieder der Artgenossen in Form von Federpicken „umgeleitet". Bei bestimmten Herkünften, insbesondere braunen Legehybriden, gibt es Hinweise auf eine erhöhte Neigung zum Federpicken. Werden diese Herkünfte in großen Gruppen gehalten, sollte ein Schnabelstutzen mit Genehmigung der zuständigen Behörde (Amtstierarzt) zum Schutz der Tiere durchgeführt werden (s. Kap. 4.5.1.3).

Ein Schnabelstutzen kann schon beim Eintagsküken durchgeführt werden. Hierbei werden meist mit glühenden Messern Ober- und Unterschnabel gekürzt (kupiert), zuweilen auch nur der Oberschnabel. Untersuchungen von GENTLE et al. (1990) deuten darauf hin, daß stark schnabelgestutzte Tiere

Schmerzen durch die Entwicklung von Neuromen haben können; die Tiere können in der Futteraufnahme oder bei der Reaktion auf neue Objekte behindert sein (GENTLE et al., 1982; LEE u. CRAIG, 1991). Das Verhalten des Federpickens wird durch diese Maßnahme nicht unterbunden, aber dessen Auswirkungen gemildert.

Schnabelstutzen führt zu einer Verzögerung der Legereife, niedrigerem Körpergewicht und besserer Befiederung. Die Auswirkungen auf die spätere Leistung sind gering, lediglich das Eigewicht und die Futterverwertung können in Folge der Verringerung des Körpergewichts verändert sein.

Bei der Entscheidung zur Durchführung des Schnabelstutzens ist der Schutz der Herde gegen den möglichen Schaden des Individuums abzuwägen. Erscheint ein Schnabelstutzen unumgänglich, sollte es entweder im Eintagsalter oder zumindest vor dem Alter von sechs bis acht Wochen durchgeführt werden. Es sollten bei Jungtieren maximal ein Drittel des Ober- und Unterschnabels entfernt werden. Auf keinen Fall darf Knochengewebe dabei beschädigt werden. Außer dem Kupieren wird auch ein weniger starker Eingriff wie das Touchieren (kurzes Berühren mit einer heißen Platte) beim Eintagsküken durchgeführt. Hierbei wird die spätere Entwicklung der meist sehr scharfen (Ober-)Schnabelspitze verhindert, was zu günstigen Effekten bezüglich des Federpickens bei den adulten Legehennen führen kann (s. Kap. 4.5.3.3). Langfristig muß nach Haltungsformen und Herkünften gesucht werden, bei denen Federpicken und Kannibalismus nicht in nennenswertem Umfang auftreten.

Homogenität von Aufzucht und Legehennenhaltung

Die Auswirkung der frühen Jugenderfahrung auf das Verhalten in der späteren Legehennenphase ist nur ansatzweise untersucht. Verschiedene Autoren vermuten, daß eine Aufzucht auf Einstreu die Entwicklung von Federpicken in der Legeperiode reduzieren kann. Wenig bekannt ist über die Auswirkung einer Aufzucht in einer eingeschlechtlichen Gruppe desselben Alters. Möglicherweise hat die gemeinsame Aufzucht mit Althennen einen positiven Effekt auf das Sozialverhalten und das Lernen; dies ist nur in kleinen Haltungen möglich.

Als sehr bedeutsam haben sich die frühen Jugenderfahrungen bei der Haltung von Legehennen in neuartigen Volierensystemen gezeigt (COVP, 1988; ANONYM, 1994). Ein wesentliches Element ist das frühzeitige Üben des Aufbaumens auf höhergelegene Sitzstangen oder Plattformen. Junghennen, die in unstrukturierten Bodenhaltungssystemen oder Käfigen aufgezogen wurden, verblieben oft beim Umstallen in ein mehretagiges Volierensystem auf der Einstreu und fanden nicht den Zugang zu den höher gelegenen Futter- und Wassereinrichtungen.

Erfahrungen während der Aufzucht haben auch einen Einfluß auf den Anteil verlegter Eier. Legehennen, die frühzeitig die Möglichkeit hatten, das Aufbaumen auf Sitzstangen zu lernen, nahmen später die Nester besser an (FAURE u. JONES, 1982; APPLEBY et al., 1988).

Während der Aufzuchtphase sollten die Tiere deshalb möglichst frühzeitig an alle Strukturelemente ihrer späteren Haltungsumwelt gewöhnt sein (z. B. Tageslicht, Sitzstangen, Auslauf). Soll die Legephase in Boden- oder Auslaufhaltung verbracht werden, sollte auch schon die Aufzucht in vergleichbaren Haltungssystemen durchgeführt werden; spätestens ab der sechsten bis achten Lebenswoche sollten Sitzstangen zur Verfügung stehen. Hingegen bereitet die Umstellung von Junghennen aus Boden- oder Volierenhaltung auf Legekäfige keine Schwierigkeiten.

4.5.2.3 Besonderheiten im ökologischen Landbau

Bisher bestehen nur geringe Kapazitäten für die Junghennenaufzucht. Als Haltungssystem kommen verschiedene Formen der

Bodenhaltung in Frage. Da im ökologischen Landbau die Legehennenhaltung im allgemeinen in Bodenhaltungsformen mit Auslaufhaltung erfolgt, ist hier auf eine entsprechende Aufzuchtgestaltung (s. o.) besonderer Wert zu legen. Auch wenn durch die EU-Verordnung 1804/1999 Tageslicht vorgeschrieben wird (s. Tab. 4.5.1–7), sind die Fenster so zu gestalten, daß die für eine geregelte Produktion notwendigen Beleuchtungsprogramme durchgeführt werden können. Technisch läßt sich dies durch zentral und stufenlos regulierbare Außenklappen realisieren.

Ein besonderer Problembereich ergibt sich bei der Fütterung. Bisherige Praxiserfahrungen haben gezeigt, daß die oft unausgeglichenen Futterrationen zu Ernährungsmängeln führen. Eine mögliche Erklärung für die Defizite könnte auch in einer geringeren Futteraufnahmekapazität der Tiere für ökologische Futterrationen mit häufig geringerer Nährstoffdichte liegen. Aufzuchtprogramme, die eine Futterreduzierung erfordern, erscheinen daher kaum geeignet. Probleme in der Rationsgestaltung bereiten u. a. die begrenzte Auswahl von Einzelfuttermitteln, insbesondere der Proteinträger. Da der Zusatz von tierischem Eiweiß und synthetischen Aminosäuren nicht gestattet ist, kann die Unterversorgung an essentiellen Aminosäuren zu einem verzögerten Wachstum und mangelnder Ausgeglichenheit führen.

Der beobachtete erhöhte Anteil an Federpicken und Kannibalismus scheint mit den aufgezeigten Defiziten in der Nährstoffversorgung zusammenzuhängen. Als Haltungsmaßnahme wird eine geringere Besatzdichte von acht bis zehn Junghennen je m^2 empfohlen. Eine Kokzidiose-Impfung ist besonders empfehlenswert, da die späteren Legehennen ausschließlich in Bodenhaltungssystemen mit Auslauf gehalten werden sollen.

4.5.3 Legehennenhaltung

In den 50er Jahren des 20. Jh. begann in Deutschland der Übergang von der unbegrenzten Auslaufhaltung über die Hüttenhaltung mit Umtriebsweide zur intensiven Bodenhaltung in fensterlosen Ställen. Die nach wie vor bestehenden Probleme mit Parasiten und Kannibalismus führten zur raschen Umstellung auf Käfigsysteme. Schon zu Beginn der 70er Jahre wurde von seiten des Tierschutzes Kritik an den starken Verhaltenseinschränkungen in dieser Haltungsform geäußert. Der öffentliche Druck führte zur Entwicklung von Alternativen zur Käfighaltung. In einem der Ansätze wird versucht, die Käfighaltung durch Einbringen von Strukturelementen, wie z. B. Sitzstangen, Sandbad etc., zu modifizieren. Die andere Forschungsrichtung konzentriert sich auf die Veränderung der Bodenhaltung in Richtung Volierenhaltung (Bessei u. Damme, 1998). Als alternative Haltungssysteme werden im folgenden alle Haltungssysteme außer Käfighaltung bezeichnet.

In den Erhebungen des Statistischen Bundesamts werden nur Betriebe mit mehr als 3000 Hennenplätzen erfaßt. Für 1997 wurden im Bundesgebiet 40,6 Mio. Haltungsplätze ausgewiesen (ZMP, 1999). Eine Übersicht über die Struktur der Haltungssysteme in Europa gibt Tabelle 4.5.3–1. Seit ca. 10 Jahren ist der Anteil an Hennen in Nicht-Käfighaltung ständig steigend.

Der Anteil an alternativen Systemen in Deutschland wird sicherlich unterschätzt, da gerade in den Betrieben unter 3000 Legehennen überwiegend Boden- oder Freilandhaltungen durchgeführt werden. Der Anteil an Hennen in Beständen unter 3000 Tieren betrug 1996 18,1 % (ZMP, 1999); hierin sind auch viele Betriebe des ökologischen Landbaues enthalten, die meist eine kleinere Bestandsgröße aufweisen.

Tabelle 4.5.3–1 Anzahl (× 1000) Legehennen in verschiedenen Haltungssystemen aufgeschlüsselt nach EU-Mitgliedsstaaten, 1996 (Quelle: Statistiques avicoles, doc. VI/417-FR rév. 135 vom 5.2.1997 und Mitteilungen der Mitgliedsstaaten, zit. nach: Kommission der Europäischen Gemeinschaft, 1998)

	Batterie × 1000	[%]	Voliere × 1000	[%]	Tiefstreu × 1000	[%]	Halb-intensiv × 1000	[%]	Freiland × 1000	[%]
A	3886	84	28	0,6	439	9,5			285	6,1
B	12304	98	10	0,1	209	1,7	21	0,2	18	0,1
DK	2591	70	42	1,1	667	18,1			382	10,4
D	39472	91	22	0,1	2354	5,4	31	0,1	1524	3,5
E*	34227									
EL*	5644									
FIN*	3250	99			25	0,8				
F (95)	52985	95	18		103	0,2	2028	3,6	622	1,0
IRL	865	80							219	20,0
I*	35478	99			166	0,5				
NL	23240	83	191	0,7	3578	12,7	91	0,3	971	3,5
P*	4923									
S	4272	82	135	2,6	800	15,4				
UK	27355	84	1066	3,3					4193	12,9
EU	250762	93	1512	0,6	8341	3,7	2171	0,8	8214	3,0

* Andere Angaben liegen nicht vor, Hausgeflügelherden ausgenommen

4.5.3.1 Käfighaltung

Konventionelle Käfige

Seit ca. 40 Jahren stellt diese Haltung weltweit die verbreitetste Form der Legehennenhaltung in Großbeständen dar.

Der Käfig aus Draht, Blech oder Plastik ist mit einem geneigten Käfigboden und einer Eisammelrinne sowie Trögen und Tränken ausgestattet. Die Exkremente fallen durch das Drahtgitter auf den Stallboden oder auf Kotsammelbänder. Je nach Anordnung werden Flachkäfige, Stufenkäfige, Etagenkäfigbatterien und Batterieanlagen mit Kotbandbelüftung unterschieden. Die Gruppengröße beträgt drei bis sechs Hennen je Käfig. Nach der EU-Richtlinie 1999/74/EG müssen ab 1. Januar 2003 alle konventionellen Käfige die in Tabelle 4.5.1–2 aufgeführten Mindestanforderungen erfüllen. Ab 1. Januar 2012 ist in allen EU-Mitgliedsländern die Haltung von Legehennen in diesen Käfigen untersagt.

Die Vorteile dieser Haltungsform liegen im Bereich der Tiergesundheit durch die konsequente Trennung von Tier und Exkrementen. Sie leben in kleinen Gruppen mit einer stabilen Sozialordnung. Die Kannibalismusgefahr ist gering, so daß keine Notwendigkeit des Schnabelstutzens besteht. Nachteile liegen im geringen Platzangebot, das raumgreifende Bewegungen stark behindert bzw. unmöglich macht, der reizarmen Umwelt und der Einschränkung in der Ausübung angeborener Verhaltensweisen wie Nestbau, Aufbaumen, Scharren und Sandbaden durch das Fehlen von entsprechenden Strukturelementen oder Materialien.

Modifizierte und ausgestaltete Käfige

Bei den Ansätzen zur Veränderung des konventionellen Käfigs wird versucht, die Vorteile der Käfighaltung bezüglich der kleinen Gruppen und der Hygiene zu bewahren und gleichzeitig die Nachteile im Verhaltensbereich zu überwinden. Die Veränderungen betreffen das Einfügen von Sitzstangen, Nestern oder Sandbädern bis hin zum Anbringen von Pickobjekten aus Plastik. Hiermit ist

4 Tiergerechte Nutztierhaltung

zwangsläufig auch eine Vergrößerung der verfügbaren Fläche pro Henne und der Käfighöhe verbunden.

Am weitesten vom ursprünglichen Käfigmodell hat sich der Get-away-Käfig, der in den 70er Jahren in Großbritannien, den Niederlanden, Deutschland und Schweden untersucht wurde, entfernt (APPLEBY u. HUGHES, 1990; REED u. NICOL, 1992). Den Hennen wurden in diesem System Sandbäder, Nester und Sitzstangen auf verschiedenen Ebenen angeboten. Die Gruppengrößen lagen zwischen 20 und 60 Tieren. Als problematisch erwiesen sich das Auftreten von Kannibalismus, insbesondere bei großen Gruppen, sowie Probleme mit verschmutzten Hennen und Eiern.

Als sich abzeichnete, daß auch in Volierensystemen (s. Kap. 4.5.3.2) Verhaltensprobleme, wie z. B. Federpicken und Kannibalismus, ohne Schnabelstutzen nicht befriedigend zu lösen waren, wurde auf das Konzept des Get-away-Käfigs zurückgegriffen. Intensive Untersuchungen in Großbritannien

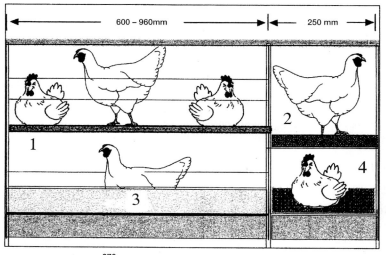

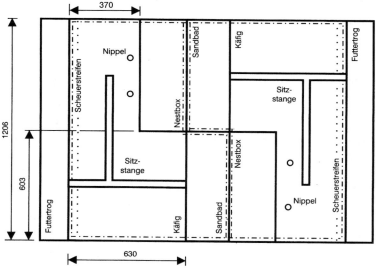

Abb. 4.5.3–1
Prototypen von ausgestalteten Käfigen (TAUSON, 1999)
Oben: Victorsson-Käfig für fünf bis acht Hennen mit (1) Sitzstange, (2) Sandbad, (3) Futtertrog und (4) Nest
Unten: Big-Dutchman-Modell für zehn Tiere; Sandbad und Eiersammelsystem befinden sich an der Käfigrückseite

4.5 Tiergerechte Haltung von Hühnergeflügel

und Schweden führten zur Entwicklung eines Kleingruppenkäfigs („Modified enriched cages", ausgestaltete Käfige) meist für vier bis fünf Hennen, der Nest, Sitzstange und Staubbad integriert (Abb. 4.5.3–1) (ABRAHAMSSON et al., 1995; ABRAHAMSSON, 1996; TAUSON, 1999). Diese Käfige werden in der EU-Richtlinie aus dem Jahr 1999 berücksichtigt, ab 1. Januar 2002 müssen alle ausgestalteten Käfige die Mindestanforderungen in Tabelle 4.5.1–2 erfüllen. Die Entwicklung dieser Käfige ist noch nicht abgeschlossen, und umfangreiche Praxiserprobungen stehen noch aus.

4.5.3.2 Bodenhaltung

Konventionelle Bodenhaltung

Bei der konventionellen Bodenhaltung werden die Legehennen in großen Tiergruppen von 100 bis Tausenden von Tieren auf Tiefstreu gehalten (Abb. 4.5.3–2). Etwa zwei Drittel der Stallfläche nimmt eine Kotgrube von 50–80 cm Höhe ein, die mit Draht oder Kunststoffrosten abgedeckt ist. Einzel- oder Familiennester sind an den Stallängsseiten oder auf dem Kotkasten angebracht. Die Futter- und Tränkeeinrichtungen befinden sich in der Regel auf der Kotgrube. Mindestanforderungen gehen aus den Tabellen 4.5.1–2 und 4.5.1–5 hervor.

Schrägboden

In den 60er Jahren wurde in den USA ein Schrägbodensystem („Pennsylvania-System") entwickelt, bei dem die gesamte Fläche mit einem schräg verlaufenden Drahtgittergeflecht oder Kunststoffrosten ausgelegt ist. Eine weiterentwickelte Form, bei der auch ein Einstreubereich angeboten wird, ist z. B. das dänische Hans-Kier-System.

Die reine Schrägbodenhaltung ohne Einstreu führt häufig zu Ausbrüchen von Hysterie in den Herden. Deshalb ist dieses Haltungssystem nicht zu empfehlen. In Schweden ist es aus Tierschutzgründen verboten.

Volieren- und Etagenhaltungssysteme

Die große Vielzahl der seit Mitte der 70er Jahre entwickelten Systeme unterscheidet sich in der Art und Anordnung der Einrichtungsgegenstände (COVP, 1988; FÖLSCH et al., 1988; APPLEBY et al., 1992; BLOKHUIS u. METZ, 1995; ANONYM, 1994; OESTER, 1996).

Diese Systeme gestatten, die Gebäude intensiver zu nutzen und Energie zu sparen, so daß die ökonomischen Nachteile der Boden-

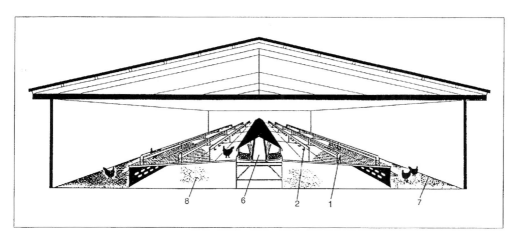

Abb. 4.5.3–2 Querschnitt einer 2reihigen Bodenhaltung (BESSEI, 1999)
(1) Futterkette mit Sitzstange; (2) Tränken; (6) Nester mit zentral angelegtem Sammelband und Schließvorrichtung; (8) Kotgrube mit Plastikrost; (7) Scharraum

4 Tiergerechte Nutztierhaltung

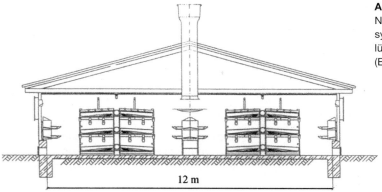

Abb. 4.5.3–3
Natura-Lege-Volierensystem mit Kotbandbelüftung (Big Dutchman) (BESSEI, 1999)

haltung gegenüber der Käfighaltung reduziert werden. Gleichzeitig wurden die ethologischen Vorteile der Bodenhaltung erhalten:
- mehr Bewegungsfreiheit für die Tiere,
- mehr Strukturelemente zur Ausübung von Verhaltensweisen sowie
- mehr verschiedene Umweltreize.

Durch das Anbringen zusätzlicher Sitzstangengerüste oder Etagen wird die Fähigkeit der Tiere zum Fliegen und Klettern berücksichtigt und die gesamte Stallhöhe für die Tiere nutzbar. Bei den einfachsten Systemen werden Sitzstangengerüste über Kotgruben installiert, z. B. als Einbauten in bestehende Altgebäude. In Mehr-Etagensystemen wird auf verschiedenen Ebenen Wasser und Futter angeboten, wobei die obere Etage im allgemeinen als Ruhezone gestaltet ist. Mindestanforderungen ergeben sich aus den Tabellen 4.5.1–2 und 4.5.1–5.

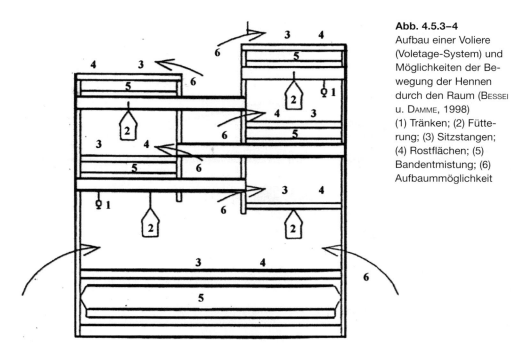

Abb. 4.5.3–4
Aufbau einer Voliere (Voletage-System) und Möglichkeiten der Bewegung der Hennen durch den Raum (BESSEI u. DAMME, 1998)
(1) Tränken; (2) Fütterung; (3) Sitzstangen; (4) Rostflächen; (5) Bandentmistung; (6) Aufbaummöglichkeit

4.5 Tiergerechte Haltung von Hühnergeflügel

Einen Überblick über diejenigen Grundtypen, die auch in größerem Umfang in die Praxis Eingang gefunden haben, geben die Abbildungen 4.5.3–3 und 4.5.3–4.

Auslauf- und Freilandhaltung

Bei der Auslaufhaltung wird den Tieren ein Stallgebäude sowie Zugang zu einem Auslauf im Freien angeboten (FÖLSCH u. HOFFMANN, 1993). Der Stall kann mit einer konventionellen Bodenhaltung oder einem Volierensystem ausgestattet sein. Die EG-Vermarktungsnorm für Hühnereier unterscheidet zwischen Eiern aus Freilandhaltung (10 m² Auslauf je Henne) und solchen aus intensiver Auslaufhaltung (2,5 m² Auslauf je Henne). Weitere Angaben zu Mindestanforderungen sind den Tabellen 4.5.1–2 und 4.5.1–5 zu entnehmen.

Kaltscharraum (Wintergarten)

Der Vorteil dieser Kombination besteht in der Möglichkeit, den Tieren verschiedene Funktionsbereiche anzubieten. Das Stallinnere ist im allgemeinen als Volierensystem ausgestattet (Abb. 4.5.3–5). Der Wintergarten besteht aus einem überdachten Einstreubereich, der mit Drahtgitter abgegrenzt ist, so daß die Tiere Kontakt mit dem Außenklima haben. Dieser Wintergarten ist durch Luken mit dem Stallinnenraum verbunden und kann auch Zugang zu einem Auslauf gestatten. Das Nutzen des überdachten Scharraumes ist bei jeder Witterung möglich. In unmittelbarer Stallnähe (in diesem Fall im Wintergarten) werden auch die meisten Exkremente abgesetzt, so daß der angrenzende Auslauf weniger mit Kot kontaminiert wird. Gleichzeitig wird der Innenraum weniger mit Staub und Ammoniak belastet wie in konventioneller Bodenhaltung oder Volierensystemen.

4.5.3.3 Bewertung der Tiergerechtheit

Die rangierende Bewertung der Systeme in Tabelle 4.5.3–2 erfolgte anhand der bisherigen Forschungsergebnisse; sie stellt damit keine allgemeingültige Endbewertung dar und kann je nach betrieblicher Situation abweichen (FAL, 1982; ELSON, 1988; HUGHES, 1990; APPLEBY u. HUGHES, 1991; APPLEBY et al., 1992; BLOKHUIS u. METZ, 1992; DUNCAN u. MENCH, 1993; GERKEN, 1994; EUROPEAN COMMISSION, 1996; ANONYM, 1998).

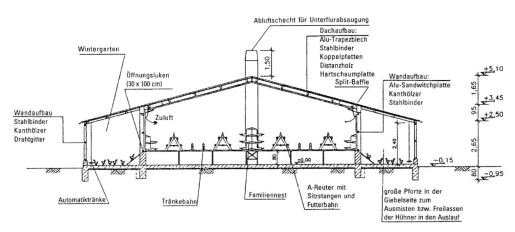

Abb. 4.5.3–5 A-Reuter-System mit angeschlepptem Außenscharraum (sog. Wintergarten) (FELDHAUS, 1996)

4 Tiergerechte Nutztierhaltung

Tabelle 4.5.3–2 Bewertung der Tiergerechtheit von Haltungssystemen für Legehennen (nach Hughes, 1990; Gerken, 1994; Anonym, 1998)

Bereich	konventionelle Käfige	ausgestaltete Käfige[1]	konventionelle Bodenhaltung	Voliere	Auslauf-/ Freilandhaltung
Tierverhalten					
Bewegung	*	*–**	**–***	**–***	***
Eiablage	*	**–***	***	***	***
Staubbad	*	**	***	***	***
Umweltreize	*	**	**–***	**–***	***
Stereotypien	*	**	**–***	**–***	***
Aggressivität	***	**–***	*–**	*–**	*–**
Federpicken und Kannibalismus	**–***	**–***	*–***	*–***	*–***
Leistung					
Eizahl	***	**–***	**–***	**–***	**
Futteraufwand	***	**–***	**–***	**–***	**
Eiqualität	***	**	**	**	*–**
Tiergesundheit					
allg. Hygiene	***	**–***	*–**	*–**	*–**
Mortalität	***	**–***	**	**	**
Infektionen	***	**–***	**	**	*–**
Parasiten	***	***	*–**	*–**	*
Verletzungen	**	*–**	*–**	*–**	*–**
Gefieder	*–**	*–**	*–***	*–***	*–***
Knochenstärke	*	**	***	***	***
Umwelt (Stall)					
Schadgase	***	**–***	*–**	*–**	*–**
Staub	***	**–***	*–**	*–**	*–**
Tierbetreuung					
Tierkontrolle	***	**–***	**	*–**	*–**
Zeitaufwand	***	**	*–**	*–**	*–**
Funktionssicherheit	***	**–***	*–***	*–***	*–**

* = schlecht, ** = gut, *** = sehr gut
[1] anhand bisheriger Erkenntnisse über ausgestaltete Käfige mit Kleingruppen

Tierverhalten

In Hinsicht auf das Verhalten bieten die alternativen Systeme wesentliche Vorteile: Es werden den Tieren Strukturen, wie z. B. Nester für die Eiablage, Einstreu für das Sandbaden, Sitzstangen zum Ruhen sowie eine relativ große Bewegungsfreiheit gewährt.

Im Vergleich zur konventionellen Käfighaltung werden in den alternativen Haltungssystemen große Tiergruppen zusammen gehalten. Hierdurch wird eine Vielzahl von Sozialkontakten möglich; diese sind häufig mit aggressiven Auseinandersetzungen verbunden. Es konnte nicht bestätigt werden, daß Legehennen in großen Beständen stabile Untergruppen oder Reviere bilden; vielmehr durchwandern sie den gesamten Stallraum. Offensichtlich bestehen aber individuelle Unterschiede in der Raumnutzung und damit auch im Zugang zu den angebotenen Ressourcen. Möglicherweise bewegen sich Tiere mit einem niedrigen Sozialrang in einem kleineren Stallbereich als solche mit einem höheren.

Untersuchungen in einem Volierensystem ließen keinen Einfluß der Herdengröße (300–900 Tiere) auf die räumliche Verteilung der Tiere erkennen. Der Einfluß der Gruppengröße in diesen Größenbereichen auf das Verhalten war nicht sehr ausgeprägt. Die Besatzdichten, die die Tiere freiwillig einnahmen, lagen zwischen neun und 41 Tieren je m^2 (CHANNING et al., 1999).

Federpicken und Kannibalismus

Federpicken und Kannibalismus sind Verhaltensabweichungen, die in allen Haltungssystemen auftreten können, aber insbesondere bei Auslauf-, Boden- und Volierenhaltung ein Problem darstellen. Die großen Gruppen in Verbindung mit hoher Besatzdichte führen in der Regel zu einer hohen Intensität des gegenseitigen Bepickens. Nach wie vor sind die Ursachen für diese Verhaltensabweichungen nicht völlig geklärt: diskutiert werden Faktoren aus den Bereichen Genetik (z.B. Herkunft), Haltung (z.B. Aufzuchtform, Haltungssystem, Gruppengröße, Besatzdichte, Verfügbarkeit von Einstreu, Stallklima) und Fütterung (z.B. Futterform: Mehlform oder Pellets, Gehalte an Rohprotein bzw. Aminosäuren, Rohfaser, Phosphor, Magnesium, Chlor) (HUGHES u. DUNCAN, 1972; BAUM, 1995; BESSEI, 1997). Theorien, wonach diese Verhaltensweisen durch eine struktur- und reizarme Umwelt gefördert würden, stehen die beobachteten gravierenden Schäden durch Federpicken und Kannibalismus in alternativen Haltungssystemen entgegen. Hinsichtlich der Neigung zum Federpicken und Kannibalismus bestehen erhebliche Herkunftsunterschiede, so zeigen braune Legehybriden mehr Kannibalismus als weiße.

Raumnutzung

Plattformen und Sitzstangen in unterschiedlichen Ebenen werden von den Hennen sehr gut angenommen. Voraussetzung hierzu ist jedoch die frühzeitige Gewöhnung an solche Strukturen während der Aufzucht (s. Kap. 4.5.2).

Schwierigkeiten kann der Ortswechsel z.B. in Mehr-Etagensystemen bereiten. Hier ist es entscheidend, die Abstände zwischen den verschiedenen Etagen bzw. Anflugstangen so zu gestalten, daß sie der Flugfähigkeit der Tiere angepaßt sind. Horizontale Abstände zwischen den Sitzstangen von 50 cm werden gut überwunden (RAUCH, 1992).

Es ist bekannt, daß der Auslauf von Legehennen bei Freilandhaltung sehr unregelmäßig genutzt wird. Hohe Tierkonzentrationen sind in unmittelbarer Stallnähe zu beobachten, während weiter entfernte Flächen z.T. attraktiver werden, wenn sie Schutzstrukturen, wie z.B. Bäume oder Sträucher, aufweisen (GRIGOR u. HUGHES, 1993). Beobachtungen aus der Schweiz ergaben, daß sich im Jahresmittel etwa 25 % der Tiere im Auslauf aufhielten, wobei je nach Witterung die Zahlen stark fluktuierten (Tab. 4.5.3-3). Eine wichtige Rolle spielt hierbei auch die Größe und Anzahl der Zugangsöffnungen zum Auslauf.

Leistung

Langjährige Forschungen zeigen, daß die Hennen ihr biologisches Leistungspotential in verschiedenen Haltungsformen entfalten können und unter Versuchsbedingungen sowohl in alternativen Haltungssystemen als auch in den konventionellen Käfigen gleiche Leistungen möglich sind. Die z.T. geringeren Leistungen unter Praxisbedingungen ergeben sich durch eine erhöhte Morbidität und Mortalität sowie einen erhöhten Anteil verlegter oder beschädigter Eier (Tab. 4.5.3-4 bis 4.5.3-7) (HUGHES et al., 1985; MENCH et al., 1986; BEHRENS u. NORDHUES, 1993; NORGAARD-NIELSEN et al., 1993; LANGE, 1996).

4 Tiergerechte Nutztierhaltung

Tabelle 4.5.3-3 Anteil der Legehennen im überdachten Auslauf und im Grünauslauf zu verschiedenen Jahreszeiten (MEIERHANS u. MENZI, 1995)

Jahreszeit	Anzahl der Beobachtungen	Tiere im Vorplatz[1] [%]	Tiere im Auslauf[1] [%]	Anteil an allen sich außerhalb des Stalls befindlichen Tieren [%]
Herbst, 1992	5	19,4	40,7	68
Frühjahr, 1993	12	20,8	26,4	56
Sommer, 1993	6	19,6	19,0	49
gewichteter Mittelwert		20,2	27,6	58

[1] Anteil an der Gesamtzahl der Tiere

Tabelle 4.5.3-4 Produktivität von Legehennen in Get-away- (G), ausgestalteten (A) und konventionellen (K) Käfigen in zwei Experimenten (nach ABRAHAMSSON et al., 1995)

Merkmale	Experiment 1			Experiment 2		
	G	A	K	G	A	K
Legeleistung [%]/DH[1]	81,6[b]	82,7[a]	83,5[a]	78,5[b]	82,3[a]	83,6[a]
Eigewicht [g]	61,7	61,7	61,9	61,1	64,7	63,9
Eimasse [kg]/Anfangshenne	19,4	19,9	20,4	20,2[b]	22,3[a]	21,9[a]
Eimasse [kg]/DH	50,0[b]	51,0[a]	51,7[a]	50,3[b]	53,2[a]	53,4[a]
Verluste [%]	13,3	7,8	8,0	8,6[a]	2,6[b]	5,8[ab]
Knickeier [%]	13,3[a]	5,7[b]	4,1[c]	18,6[a]	9,2[b]	5,0[c]
Schmutzeier [%]	8,2[a]	4,1[b]	4,1[b]	4,9[a]	2,0[b]	6,0[a]
Futterverzehr [g]/DH/d	117,4	116,1	123,2	120,6	127,0	129,0

[1] Durchschnittshenne
[a,b,c] Mittelwerte in einer Reihe mit verschiedenen Buchstaben unterscheiden sich signifikant ($P < 0,05$)

Tabelle 4.5.3-5 Produktivität von weißen Legehybriden (LSL) in Käfigen und einem Etagenhaltungssystem (TWF – Tiered Wire Floor) in zwei Durchgängen, 20–26 Wochenalter (nach NIEKERK u. EHLHARDT, 1995)

Merkmal	Käfige	TWF
Legeleistung [%]	84,5	84,6
	85,0	80,0
Eigewicht [g]	62,2	60,7
	60,1	60,6
Futterverbrauch [kg]/Eimasse [kg]	2,20	2,27
Eimasse	2,20	2,53
Bodeneier [%]		5,20
		8,40
Verluste [%]	5,60	6,40
	9,80	6,70

Tiergesundheit

Die Verluste während der Legeperiode liegen in der Regel zwischen 4 und 7 %. Eine Mortalitätsrate um 0,5 % pro Monat (Käfighaltung) kann als normal gelten.

Aufgrund der vielfältigen Gesundheitsrisiken in alternativen Haltungssystemen ist die Mortalität höher als in der konventionellen Käfighaltung. Untersuchungen in Schweizer Praxisbetrieben ergaben bei Bodenhaltung (261 865 Hennen) eine Mortalität von 9,6–9,7 % und im Freiland (66 789 Hennen) von 11,7–11,8 % (MORGENSTERN, 1996). Bei der Freilandhaltung können die Verluste durch natürliche Feinde (z. B. Greifvögel) erheblich sein. Systematische epidemiologische Untersuchungen an Legehennen in

4.5 Tiergerechte Haltung von Hühnergeflügel

Tabelle 4.5.3–6 Produktivität (Mittelwerte ± Standardabweichungen) von weißen Legehybriden in Volieren und konventionellen Käfigen (nach Horne, 1996)

Merkmale	Volieren	Käfige
Anzahl d. Herden	19	47
Dauer der Legeperiode [d]	415 ± 26	410 ± 19
Eizahl/Anfangshenne	331 ± 17	325 ± 16
Eigewicht [g]	61,0^a ± 2,0	62,1^b ± 1,3
Futterverzehr [g]/DH^1/d	114 ± 4,4	112 ± 4,1
Futterverbrauch [kg]/Eimasse [kg]	2,27^a ± 0,09	2,20^b ± 0,08
Verluste [%]	6,7^a ± 2,5	9,2^b ± 3,6
Bodeneier [%]	4,6 ± 3,2	

^{1} Durchschnittshenne
$^{a,\,b}$ Mittelwerte in einer Reihe mit verschiedenen Buchstaben unterscheiden sich signifikant (P < 0,05)

Tabelle 4.5.3–7 Ergebnisse eines Vergleichs zwischen konventionellen Käfigen und Freilandhaltung (nach Albouy, 1996)

	konventionelle Käfige	Freilandhaltung
Anzahl Herden	140	22
Anzahl Hennen	2 917 000	80 255
Anzahl Hennen/Gruppe	20 835	3 500
Alter [d] bei Einstallung	127,5	124,5
Alter [d] bei Ausstallung	474	457
Dauer der Legeperiode [d]	341	328
Verluste [%]	5,2	6,37
Eizahl/Anfangshenne	282	252,7
Eigewicht [g]	61,2	61,46
Unverkäufliche Eier [%]	6,0	6,33
Futterverzehr [g]/Henne/Ei	112,9	129,12
Futterverzehr [g]/Henne/Tag	133,1	165,0
Körpergewicht [kg] bei Ausstallung	2,04	1,986
Tierarzt, Medikamente/Tier (FFr)	0,2	1,5

unterschiedlichen Haltungssystemen sind nur in begrenztem Umfang vorhanden (Engström u. Schaller, 1993; Taylor u. Hurnik, 1994; Gunnarsson et al., 1995; Morgenstern, 1996).

Die meisten Viruserkrankungen, die bei Legehennen auftreten, werden durch Impfprogramme bekämpft. Im allgemeinen sind die Bedingungen für Ekto- und Endoparasiten in Systemen mit Einstreu, Nestern und Sitzstangen wesentlich günstiger. Insbesondere in Einstreu- und Auslaufsystemen können Endoparasiten über längere Zeiten außerhalb des Tieres überleben, so daß ständig die Gefahr der Infektion und Reinfektion gegeben ist. Während Kokzidien häufig in Boden- und Volierenhaltung auftreten, sind Rund- und Spulwürmer in der Auslaufhaltung stärker vertreten. Eine Kokzidioseimpfung wird daher empfohlen. Die höchste Anreicherung mit Wurmeiern ist im Auslauf in unmittelbarer Nähe zum Stall zu erwarten (Bray u. Lancaster, 1992). Auch Vogel- und Räudemilben sind besonders in den Bodenhaltungssystemen verbreitet (Maurer et al., 1988).

Die Abgänge durch Kannibalismus können über 50 % der Todesursachen ausmachen. Das Risiko für das Auftreten dieser Verhaltensabweichungen ist in alternativen

Merkmale	Touchiert	Untouchiert
Legeleistung		
nach Futtertagen in [%]	84,3 ± 1,7	81,9 ± 3,2
Eier/Anfangshenne	250,9 ± 4,5	231,1 ± 4,2
Futterverbrauch		
[g]/Tier/d	116,5 ± 3,6	122,9 ± 0,1
[g]/Ei	138,1 ± 1,5	150,2 ± 4,5
[kg]/Eimasse [kg]	2,12 ± 0,00	2,29 ± 0,08
Eigewicht [g]	65,2 ± 0,7	65,6 ± 0,5
Mortalität [%]		
total	2,2 ± 0,0	12,3 ± 1,6
Kannibalismus-bedingt	0,3 ± 0,0	7,5 ± 1,4
Gefiederqualität (63. Lebenswoche)		
Kahlstellen[1]	1,10 ± 0,07	2,60 ± 0,07
Federn[2]	1,75 ± 0,07	3,00 ± 0,28

Tabelle 4.5.3–8 Einfluß des Schnabeltouchierens auf Leistung, Mortalität und Gefiederqualität (Mittelwerte ± Standardabweichung) bei braunen Legehybriden in Volierenhaltung mit Grünauslauf, 21.–63. Lebenswoche (HADORN et al., 2000)

[1] Kahlstellen: Note 1 (= volle Befiederung) bis 4 (= federlos)
[2] Federn: Note 1 (= intakte Federn) bis 4 (= zerstörte Federn, nur Kiel sichtbar)

Haltungssystemen größer. Als Vorsorgemaßnahme wird deshalb das Stutzen der Schnäbel bei diesen Haltungsformen derzeit als erforderlich angesehen. Dies ist bei der Aufzucht der Junghennen zu bedenken (Kap. 4.5.2). Möglicherweise kann mit dem weniger schweren Eingriff des Schnabeltouchierens ein vergleichbarer Effekt erzielt werden (Tab. 4.5.3–8).

Fußballengeschwüre und Brustbeinverkrümmungen sind in erster Linie auf die Form (rechteckig, rund, oval) und das Material (Holz, Kunststoff) der Sitzstangen zurückzuführen (SIEGWART, 1991; OESTER, 1994). In der Käfighaltung treten sie selten auf.

Die Befiederung kann durch Federpicken in erheblichem Umfang beschädigt werden. In gewissem Maße wird das Gefieder in Käfigen auch mechanisch abgerieben, was durch geschlossene Käfigzwischenwände deutlich reduziert werden kann. Die Gefahr für Gefiederschäden ist auch bei alternativen Haltungssystemen vorhanden.

In der Käfighaltung können überlange Krallen brechen und zu Verletzungen führen. Durch die Anbringung von rauhen Flächen auf dem Kotabweisblech zum Abnutzen der Krallen kann diesem Problem vorgebeugt werden (s. auch Tab. 4.5.1–2).

Die Belastung durch Stallgase und Staub ist in alternativen Haltungssystemen größer als bei Käfighaltung (s. Kap. 5.4.1.1). Dadurch ist die Gefahr von Atemwegs- und Augenerkrankungen in solchen Systemen höher.

Ein spezielles Problem bei Legehennen ist die Knochenbrüchigkeit (FLEMING et al., 1994). Durch die Legeleistung kommt es zu einer gewissen, hormonell bedingten Entkalkung des Knochengewebes, was eine Anfälligkeit für Knochenbrüche in sich birgt. Die geringe Knochenstabilität der Käfighennen stellt ein relativ hohes Risiko für Knochenbrüche beim Ausstallen dar. Eine physiologische Belastung der Knochen, wie sie z.B. durch das Anfliegen von Sitzstangen oder durch das Laufen erfolgt, führt zu einer höheren Knochendichte (Tab. 4.5.3–9). So traten bei Hennen aus der Volierenhaltung weniger Knochenbrüche auf, die auf die Ausstallung zurückzuführen waren (Tab. 4.5.3–10). Allerdings besteht hier während der Nutzungsphase ein höheres Risiko zu Knochenbrüchen. GREGORY et al. (1990) fanden bei 25 % der Tiere aus Volieren verheilte Brüche, die besonders beim Anfliegen der erhöhten Ebenen oder Sitzstangen im Brustbereich entstehen.

Tabelle 4.5.3–9 Knochenbruchfestigkeit [kg] im Käfig und in der Voliere (Bosch u. Van Niekerk, 1995)

Herkunft	Tibiotarsus (Knochen des Unterschenkels)		Humerus (Oberarmbein)	
	Käfig	Voliere	Käfig	Voliere
Hisex – Weiß	29,6	38,1	19,6	22,8
LSL	33,1	44,7	14,7	29,4
ISA brown/Warren	30,9	36,2	21,4	30,1

Tabelle 4.5.3–10 Einfluß des Haltungssystems auf die Anzahl Legehennen mit Knochenbrüchen (Gregory et al., 1990)

	Haltungssystem		
	Käfig	Voliere	Auslauf
neue Brüche [%],	31		14
bei Ausstellung	24	10	
alte Brüche [%], während der Nutzung	5	25	12
alte Brüche, betroffene Knochen in [%]			
Flügel	46	0	2
Brustbein	4	30	57
Gabelbein	24	62	38

4.5.3.4 Besonderheiten im ökologischen Landbau

Die Anzahl der Legehennen, die in ökologisch wirtschaftenden Betrieben gehalten werden, ist relativ gering. Hörning u. Ingensand (1999) gehen von einem Bestand von 800 000 Tieren aus, dies sind ca. 1,6 % des Legehennenbestandes in Deutschland. Der Agrarbericht 2000 (BML, 2000) weist aus, daß Betriebe des ökologischen Landbaus mehr Geflügel halten als die konventionelle Vergleichsgruppe (3,2 gegenüber 1,1 VE je 100 ha LF). Bei sinkenden Getreidepreisen bietet die Eierproduktion die Möglichkeit, das Betriebseinkommen zu steigern. Gerade bei der Selbstvermarktung leistet das Angebot von Eiern hierzu einen wichtigen Beitrag.

Gemäß der EU-Verordnung (s. Tab. 4.5.1–7) müssen die Junghennen aus Produktionseinheiten des ökologischen Landbaus stammen. Solange Tiere aus ökologischem Landbau nicht in ausreichender Menge verfügbar sind, können Junghennen bis zum Alter von 18 Wochen zugekauft werden (Übergangsregelung bis zum 31. Dezember 2003). Geflügel muß in traditioneller Auslaufhaltung und darf nicht in Käfigen gehalten werden. Ein Schnabelstutzen kann zur Verbesserung des Tierschutzes von der Kontrollbehörde und unter Beachtung des deutschen Tierschutzgesetzes (s. Kap. 4.5.1.3) gestattet werden. Zur Fütterung siehe Kapitel 4.5.1.4 und Tabelle 4.5.1–7. Empfehlungen zur Begutachtung der Legehennenhaltung, insbesondere in Betrieben des ökologischen Landbaus (TGI 35 L), wurden in Fortentwicklung des TGI 200 (Sundrum et al., 1994) von Bartussek (1998) entwickelt. Hierbei werden verschiedene Kriterien mit einer Punktzahl bewertet, die um so höher ist, je näher die vorliegenden Verhältnisse den Anforderungen des Tierschutzes entsprechen.

Einen Überblick über die Leistungen verschiedener Rassegeflügelherkünfte, die neben den handelsüblichen Legehybriden für den ökologischen Landbau geeignet sein können, gibt Tabelle 4.5.3–11.

4.5.4 Masthähnchen(Broiler-)haltung

Als Broiler werden männliche und weibliche Tiere von Mastlinien bezeichnet, die meist aus Hybridzucht stammen. Bei der Standardmast (Kurzmast von 35 Tagen) und der

Tabelle 4.5.3–11 Ergebnisse der Rassegeflügelleistungsprüfung 1994/95 in Neu-Ulrichstein: Mittelwerte der Leistungsmerkmale, die Prüfung erfolgte in Bodenhaltung (HESSISCHE LANDESANSTALT FÜR TIERZUCHT, 1996)

Merkmal	Mechelner	Barnevelder	Leghorn	Italiener, rebhuhnfarbig	Italiener, rebhuhnfarbig (Triesdorf)	Italiener, goldfarbig	Durchschnitt aller 6 Rassen	Referenzgruppe[3]
Alter in [d] bei 50 % Legeleistung	191	213	208	217	194	205	205	142
Eizahl [Stck.]/AH[1]	174	142	140	127	164	124	145	264
Eizahl [Stck.]/DH[2]	187	144	142	137	167	142	153	301
Eimasse [kg]/AH	9,92	8,08	7,80	7,47	9,56	7,13	8,32	17,36
Eimasse [kg]/DH	10,64	8,17	7,89	8,07	9,75	8,19	8,78	19,68
Eigewicht [g]	56,90	56,80	55,7	58,70	58,40	57,7	57,40	65,5
Futterverzehr								
• [g]/Tier/d	126,40	108,10	97,20	118,3	115,7	108,00	112,30	123,50
• [kg]/[kg] Eimasse	4,37	4,83	4,53	5,38	4,33	4,80	4,70	2,28
Körpergewicht [kg] am 504. Lebenstag	3,28	2,53	2,33	2,61	2,23	2,63	2,60	2,10
Verluste [%], gesamt (ohne Unfälle)	15,4	3,3	4,4	14,3	3,3	23,2	10,7	18,2
Verluste [%] durch Kannibalismus	11,1	1,1	2,2	6,7	–	1,1	3,7	16,7

[1] Anfangshenne
[2] Durchschnittshenne
[3] braune Legehybriden (LB)

verlängerten Mast (ca. 42 Tage) werden Hennen und Hähne schnellwüchsiger Broilerlinien gemischt gehalten.

Bei der wenig verbreiteten Langmast werden langsam wachsende Hybriden (z. B. Roaster) verwendet. Aufgrund der höheren Verfettung werden hierbei die Hennen schon mit ca. 40 bis 45 Tagen geschlachtet, während die Hähne ca. 70 Tage lang gehalten werden.

Futter und Wasser stehen zur freien Verfügung. Das Futter wird meist in Form von Pellets oder bei Küken als Krümel angeboten.

Die praxisübliche Haltung von Broilern erfolgt in eingestreuten Bodenhaltungssystemen. Die Käfighaltung hat sich deshalb nicht durchgesetzt, weil sich die schweren Tiere auf Drahtgitter Brustblasen zuziehen, die dann zu einer Abwertung der Schlachtkörper führen.

4.5.4.1 Haltungsformen

Konventionelle Bodenhaltung

Die Masttiere werden in großen Gruppen auf Einstreu in fensterlosen Ställen gehalten. Der Luftaustausch erfolgt über geregelte Ventilatorensysteme. Als Einstreu dienen Hobelspäne oder gehäckseltes Stroh in Höhe von ca. 10–15 cm. Sie wird nach jedem Mastdurchgang entfernt.

Die Fütterung erfolgt meist über automatisch befüllbare Rundtröge, die in der Höhe verstellbar sind. Für die Wasserversorgung wurden die früher üblichen Rundtränken durch Nippel- und Cuptränken ersetzt. Diese sind leichter rein zu halten und reduzieren die Vernässung der Einstreu. Zur Sicherung des Temperaturanspruchs der Küken werden Heizstrahler oder Raumheizung verwendet (s. Tab. 4.5.1–3). Die Tiere erhalten in der

4.5 Tiergerechte Haltung von Hühnergeflügel

Regel 21–23 Stunden Licht. In der verlängerten Mast können auch größere Dunkelphasen (8 Stunden) eingeführt werden. Längere Dunkelphasen werden aus Tierschutzgründen als wichtig angesehen.

Louisiana-Stall

Der Louisiana-Stall ist eine Abwandlung des konventionellen Bodenhaltungsstalles. Im Unterschied zu letzterem erfolgt die Lüftung quer zur Längsachse über die Lüftungsöffnungen an den gesamten Seitenwänden (Abb. 4.5.4–1). Je nach Luftbedarf werden die mit Drahtgitter versehenen Öffnungen durch Jalousien geregelt. Durch den Tageslichteinfall über die offenen Seitenwände besteht eine relativ hohe Lichtintensität im Stallinnern. Die Einstreu wird als Streubett von ca. 30 cm Höhe eingebracht und verbleibt etwa ein Jahr lang im Stall. Zwischen den Durchgängen (6–7 pro Jahr) werden lediglich 2–3 cm nachgestreut. Durch die lange Verweildauer im Stall kommt es zu Kompostierungsvorgängen mit Wärmeentwicklung. Hierdurch wird zum einen die Einstreu trocken gehalten, zum anderen entsteht im Tierbereich ein warmes Mikroklima.

Bei hohen Außentemperaturen kann es im Tierbereich zu einem Hitzestau kommen. Im Sommer wird daher die Mast mit geringerer Besatzdichte durchgeführt, oder es werden Zusatzventilatoren im Tierbereich angebracht.

Trampolin-Stall

Der Trampolin-Stall befindet sich noch in der Entwicklung. Der Einstreuboden wird durch ein trampolinartiges (elastisches) Kunststoffgeflecht ersetzt, das in Matten auf eine Unterkonstruktion z. B. aus Holz und Metallstäben gespannt wird. Eine Weiterentwicklung stellt der belüftete Trampolinboden mit Einstreu dar.

Extensive Mastformen

Die EU-Vermarktungsnorm für Geflügelfleisch definiert verschiedene Arten extensiver Mastverfahren, die jedoch in Deutschland kaum verbreitet sind: extensive Bodenhaltung, Auslaufhaltung und bäuerliche Auslaufhaltung (Tab. 4.5.1–6). Die bäuerliche

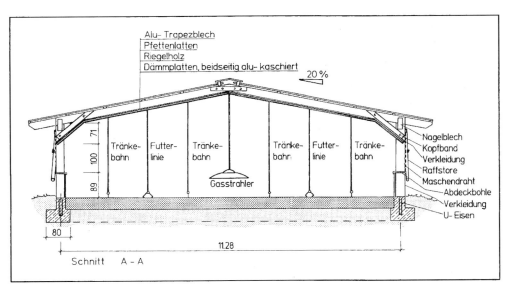

Abb. 4.5.4–1 Querschnitt eines Louisiana-Stalles für Broiler (ECKERT, 1990)

4 Tiergerechte Nutztierhaltung

Freilandhaltung entspricht der bäuerlichen Auslaufhaltung, allerdings müssen die Tiere bei Tag flächenmäßig unbegrenzten Auslauf haben.

4.5.4.2 Bewertung der Tiergerechtheit

Für einen bewertenden Vergleich der verschiedenen Haltungsformen liegen bisher nicht genügend wissenschaftliche Erkenntnisse vor. Als Probleme in der derzeitigen Broilerhaltung werden Auswirkungen der Zucht (MASIC et al., 1974; MCCARTHY u. SIEGEL, 1983; GERKEN, 1991, 1997; BARBATO, 1997) sowie im Haltungsbereich die hohe Besatzdichte, die geringe Lichtintensität und die kurze Dunkelphase in geschlossenen Ställen diskutiert. Eine rangierende Bewertung der Einflußfaktoren auf das Wohlbefinden und die Tiergerechtheit bei Broilern gibt Tabelle 4.5.4–1.

Da im Louisiana-Stall natürliches Tageslicht einfällt, ist die Lichtintensität in der Regel höher als im geschlossenen Stall. Auch die geringere Besatzdichte im Louisiana-Stall ist positiv zu bewerten. Allerdings muß berücksichtigt werden, daß die natürliche Lüftung unter ungünstigen Witterungsbedingungen nicht ausreicht, um die anfallende Wärme und den Wasserdampf abzuführen. Des weiteren muß durch die Nutzung der gebrauchten Einstreu mit einem höheren Infektionsdruck gerechnet werden.

Beim belüfteten Trampolin-Stall deutete sich eine Verbesserung der Luftqualität an. Diese Versuchsergebnisse sind jedoch erst noch durch Erfahrungen aus Produktionsbetrieben zu bestätigen (MACKE u. VAN DEN WEGHE, 1997).

Verhalten

Im Vergleich zu Legehybriden weisen Masthühner schnellwüchsiger Herkünfte eine wesentlich geringere lokomotorische Aktivität auf (PRESTON u. MURPHY, 1989; LEWIS u. HURNIK, 1990; BESSEI, 1992). Mit zunehmendem Alter sinkt der Anteil Gehen und der an Sitzen

Tabelle 4.5.4–1 Bedeutung von Einflußfaktoren auf Wohlbefinden und Tiergerechtheit bei Broilern (nach A. V. E. C. WORKING PARTY, 1997)

Merkmal	Genetik	Hygiene, Impfprogramme	Futterzusammensetzung	Futterzusätze	Besatzdichte	Beleuchtung	Ventilation	Kapazität von Tränken u. Trögen	Einfangen und Beladen	Transport und Entladen	Betäubung
Mortalität	*	***	*	*	*	*	***	*			
Ausgeglichenheit	***	**	*	*	**	*		***			
Beinschäden	**	*	**	*	**	**	***	***			
"Burns"[1]	?	*	**	*	**	*	*	*			
Brustblasen	**		*		**			**			
Hautverletzungen	?		**		***	***	***	?	**	*	
Schlachtkörperschäden			*		***			***	***	*	
Verhalten und Tiergerechtheit	**	*	**	*	***	***	***		***	***	***

* = wichtig bis *** = sehr wichtig;
[1] dunkle, durch Ammoniak bedingte Hautschäden

4.5 Tiergerechte Haltung von Hühnergeflügel

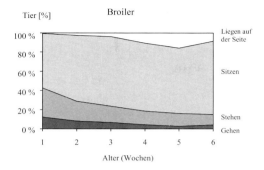

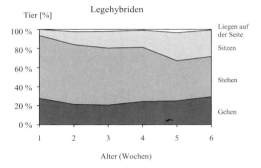

Abb. 4.5.4–2 Entwicklung des Verhaltens bei männlichen Hühnerküken: Vergleich zwischen Broilern (LM) und mittelschweren Legehybriden (LB) (JAENECKE, 1997)

steigt (Abb. 4.5.4–2). Die geringe Bewegungsaktivität kann eine der Ursachen für die Entstehung von Beinschäden sein. Durch experimentelle Untersuchungen konnte gezeigt werden, daß ein zusätzliches Lauftraining die Knochendichte erhöht und Beinschäden reduziert werden (REITER u. BESSEI, 1998).

Durch den höheren Anteil des Liegens auf der Brust besteht ein erhöhtes Risiko zur Entwicklung von Brustblasen. Hier kommt es darauf an, die Einstreu als Liegefläche trocken und locker zu halten.

Zur Erhöhung der Bewegungsaktivität wurden verschiedene Ansätze untersucht. Durch das Einbringen von zusätzlichen Ebenen wurde versucht, ein Volierensystem analog zu Legehennen zu entwickeln (ELSON, 1993). Es zeigte sich jedoch, daß die Broiler höher gelegene Ebenen kaum nutzen. Auch Sitzstangen werden relativ wenig aufgesucht, und mit zunehmendem Alter kann es zu Verformungen des Brustbeins kommen. Strukturelle Veränderungen wie das Einbringen von Rampen oder die Entfernung zwischen Trögen und Tränken führten in Versuchen zur Reduktion von Beinschäden.

Bei praxisüblicher Haltung in großen Gruppen scheint die Besatzdichte nur einen geringen Einfluß auf die Laufaktivität zu haben. Erst bei sehr geringen Besatzdichten unter 10 Tieren je Quadratmeter ist mit einer Veränderung der Bewegungsaktivität zu rechnen.

Durch intermittierende Lichtprogramme (mehrere Hell-/Dunkelwechsel) kann die Laufaktivität deutlich erhöht und der Anteil an Tieren mit Beinschäden reduziert werden (NEWBERRY et al., 1986; BESSEI, 1992).

Leistung

Einen Überblick über Leistungsmerkmale bei konventioneller Bodenhaltung gibt Tabelle 4.5.4–2. Vergleichbare Leistungsergebnisse können im Louisiana-Stall erreicht werden.

Tiergesundheit

In der Praxis liegen die Mortalitätsraten bei 4–5 % (Tab. 4.5.4–2).

Probleme im Bereich der Tiergesundheit werden im Auftreten von Darminfektionen und Atemwegserkrankungen gesehen, bedingt durch virale, bakterielle oder Pilzinfektionen, auch in Verbindung mit fehlerhafter Umwelt (Schadgase, Temperatur) sowie Fütterungsfehlern. Störungen in der Vitalität der Eintagsküken können durch Fehler während der Brut oder des Transportes verursacht werden. Sie führen zu einer gesteigerten Mortalität in den ersten Lebenstagen. Insgesamt stehen jedoch die meisten Ausfälle mit der hohen Wachstumsleistung der Broiler in Zusammenhang. Offensichtlich stellt die große Wachstumsintensität so hohe Anforderungen an die Regulation des Stoffwechsels, daß geringe zusätzliche Belastungen

4 Tiergerechte Nutztierhaltung

Tabelle 4.5.4–2 Prüfungsergebnisse der Herkunftsvergleichsprüfung für Masthähnchen 1995 in Haus Düsse[1] (ANONYM, 1996)

Herkunft	Küken-gewicht [g]	End-gewicht [g]	Futteraufwand [kg] je kg Zuwachs	Verluste [%]		
				1.–7. Tag	8.–33. Tag	1.–33. Tag
Ross PM 3	38,8	1647	1,643	1,50	1,13	2,63
Ross 208	41,4	1642	1,626	0,50	1,50	2,00
Arbor Acres	43,6	1610	1,712	1,37	1,63	3,00
Hybro	40,4	1611	1,626	1,63	2,00	3,63
Hybro	37,7	1578	1,611	0,75	1,88	2,63
Cobb 500	44,0	1657	1,682	0,38	2,00	2,38
Lohmann Meat	39,8	1653	1,604	0,63	2,87	3,50

[1] Mastdauer 33 Tage ohne Schlupf und Schlachttag, 20 Tiere/m^2

zum Tod führen können wie beim plötzlichen Herztod und der Bauchwassersucht (Aszites), von der überwiegend männliche Tiere betroffen sind (THORP u. MAXWELL, 1993; OLKOWSKI u. CLASSEN, 1995). Haltungsmaßnahmen wie eine Reduktion des Ammoniak-Gehaltes verbessern die Sauerstoffversorgung der Tiere; durch eine reduzierte Fütterung oder eine Reduktion der Beleuchtung auf 16 Stunden Licht bis zum 21. Lebenstag werden das Wachstum verzögert und die Probleme durch Beinschäden verringert.

Die Beinschäden bei Broilern lassen sich überwiegend zwei Erkrankungen zuordnen: Perosis (Auswärtsdrehung des Laufes) und Tibiale Dyschondroplasie (Verdickung der Epi- und Metaphyse des Tibiotarsus, was zu Schmerzen beim Laufen führt). Durch Maßnahmen zur Erhöhung der Bewegungsaktivität kann der Anteil an Veränderungen im Knochenbau reduziert werden (RODENHOFF u. DÄMMRICH, 1971; RIDDEL, 1976; REITER u. BESSEI, 1998).

Eine Verringerung von Beinschäden oder Ausfällen durch z. B. „Herztote" läßt sich durch eine Kombination verschiedener Haltungsmaßnahmen erreichen. Wesentlich entscheidender sind jedoch züchterische Maßnahmen und die Auswahl der genetischen Herkunft; bei langsam wachsenden Herkünften sind diese Erkrankungsrisiken wesentlich geringer. Untersuchungen zeigten einen erblichen Zusammenhang zwischen erhöhten Blutkonzentrationen an Troponin T und dem Risiko für Ausfälle durch Herztod und Aszites (GRASHORN et al., 1998). Auf eine züchterische Lösung der aufgezeigten Tiergesundheitsprobleme drängt auch die Empfehlung des Europarates (1995).

Verletzungen

Eine grobe Handhabung der Tiere bei der Ausstallung kann zu Knochenbrüchen, insbesondere an Flügeln und Beinen, führen. Beim Einsatz von Fangmaschinen werden die Tiere teilweise schonender behandelt als beim konventionellen Einfangen von Hand. Anhand verschiedener physiologischer Parameter konnte aufgezeigt werden, daß das maschinelle Einfangen von Broilern weniger beunruhigend für die Tiere ist als das übliche Einfangen per Hand (MITCHELL u. KETTLEWELL, 1993).

Der geschätzte Anteil an Broilern, die mit Fangmaschinen eingesammelt werden, liegt in Großbritannien bei 50 %, in Dänemark bei 90 % und in Deutschland bei 5 %.

4.5.4.3 Besonderheiten im ökologischen Landbau

Zur Zeit ist der Umfang der Broilerhaltung im ökologischen Landbau sehr gering. Gemäß EU-Verordnung (Tab. 4.5.1–7) müssen die Mastküken aus Produktionseinheiten des

4.5 Tiergerechte Haltung von Hühnergeflügel

Tabelle 4.5.4–3 Mastergebnisse von unterschiedlichen Broilerherkünften nach Richtlinien des ökologischen Landbaus (BAUER et al., 1996)

Merkmale	Herkunft				
	Legehybride	ISA S 457	Redbro	Sena	Ross Mini
Gewicht am 70. Tag [g]	1243[a]	2233[b]	2261[b]	3482[c]	3667[d]
Futteraufwand [kg] je kg Zuwachs, 1.–70. Tag	2,848[a]	2,638[b]	2,831[a]	2,567[b]	2,663[b]
Verluste [%], 1.–70. Tag	2,0[a]	2,0[a]	6,5[b]	10,2[bc]	6,0[ab]

[a,b,c,d] Mittelwerte in einer Reihe mit verschiedenen Buchstaben unterscheiden sich signifikant ($P < 0{,}05$)

ökologischen Landbaus stammen. Solange Tiere aus ökologischem Landbau nicht in ausreichender Menge verfügbar sind, können Küken bis zum Alter von drei Tagen zugekauft werden (Übergangsregelung bis zum 31. Dezember 2003). Geflügel muß in traditioneller Auslaufhaltung und darf nicht in Käfigen gehalten werden. Die weiteren Haltungsanforderungen (s. Tab. 4.5.1–7) entsprechen z. T. denen für die „bäuerliche Auslaufhaltung" (s. Tab. 4.5.1–6), jedoch bei geringerer Besatzdichte. Aufgrund des hohen Schlachtalters von 81 Tagen ist auf die Auswahl geeigneter, anerkannt langsam wachsender Herkünfte besonders zu achten. Bei der konventionellen Kurzmast von schnellwüchsigen Broilern stellen Federpicken und Kannibalismus bisher keine Probleme dar. Es bleibt zu prüfen, inwieweit bei langsam wachsenden Herkünften und höherem Schlachtalter vermehrt Aggressivität und Federpicken auftreten.

Bezüglich der Fütterungsvorschriften siehe Tabelle 4.5.1–7 und Kapitel 4.5.3.4. Leistungsergebnisse von unterschiedlichen Broilerherkünften, die nach den Richtlinien des ökologischen Landbaus gehalten und gefüttert wurden, sind in Tabelle 4.5.4–3 dargestellt.

4.5.5 Elterntierhaltung

Die Zucht des Wirtschaftsgeflügels erfolgt im allgemeinen in spezialisierten internationalen Zuchtfirmen. Nachkommen der dort gehaltenen Großelterntiere werden als Elterntiere zur Erstellung der Hybridtiere in speziellen Elterntierbetrieben gehalten.

4.5.5.1 Nutzungsrichtungen

Elterntiere der Legerichtung

Die Haltung in gemischtgeschlechtlichen Gruppen entspricht meist der konventionellen Bodenhaltung für Legehennen, evtl. ergänzt um einen Kaltscharraum (s. 4.5.3). Die natürliche Anpaarung erfolgt bei einem Hahn-/Hennenverhältnis von 1:10. Es bestehen erhöhte Anforderungen an die Hygiene (saubere Brutei-Gewinnung) und die Futterzusammensetzung.

Mastelterntiere

Die Haltung erfolgt vergleichbar wie für Elterntiere der Legerichtung, jedoch wird eine starke Futterrestriktion durchgeführt (s. Kap. 4.5.5.2).

4.5.5.2 Bewertung der Tiergerechtheit

Im Vergleich zur Haltung von Produktionstieren (Eier, Fleisch) liegen bisher für die Elterntierhaltung nur wenige wissenschaftliche Untersuchungen in bezug auf die Tiergerechtheit vor (MENCH, 1993). Im Prinzip gelten viele der für die Junghennenaufzucht und Legehennenhaltung gemachten Aussagen (s. Kap. 4.5.2 und 4.5.3).

Bei einer getrenntgeschlechtlichen Aufzucht können geschlechtsspezifische Beleuchtungs- und Fütterungsprogramme durchgeführt werden. LEONARD et al. (1993) beobachteten allerdings, daß solcherart aufgezogene Zuchthähne beim Zusammensetzen zur Reproduktionsphase gegenüber den Hennen eine höhere Aggressivität (mit Todesfällen) aufwiesen als Hähne aus gemischter Aufzucht. Werden die Hähne zuerst in den Legestall verbracht, neigen sie dazu, ihr Territorium gegenüber den Hennen aggressiv zu verteidigen. Dieses Problem kann gemildert werden, wenn zuerst die Hennen und einige Tage später die Hähne in den Stall verbracht werden (MENCH, 1993).

Weitere spezielle Problembereiche in bezug auf die Tiergerechtheit bei Elterntieren der Legerichtung sind derzeit nicht bekannt. Bei der Nutzungsrichtung „Mast" hingegen ergeben sich aufgrund der großen genetischen Wachstumskapazität der Mastelterntiere und der damit verbundenen Reduktion der Fruchtbarkeit spezifische Probleme (MCCARTHY u. SIEGEL, 1983; MENCH, 1993; BARBATO, 1997). Die gegenwärtige praxisübliche Lösung besteht in einer starken Futterrestriktion bei Hähnen und Hennen während der Aufzucht und z. T. auch während der Legephase (Bruteiproduktion). Durch diese Maßnahme wird das Wachstum der Tiere so gesteuert, daß das Körpergewicht verringert und eine Verfettung reduziert wird. Gleichzeitig entwickeln die Tiere aber Verhaltensabweichungen wie Stereotypien und Polydipsie (SAVORY et al., 1992; HOCKING et al., 1993). Bei den Hennen werden die Schnäbel kupiert, da dies zum Schutz der Tiere vor Federpicken aufgrund der bisherigen Praxiserfahrungen erforderlich ist. Zwischen den Hähnen wird durch eine Futterrestriktion und den Wettbewerb um die Hennen das Auftreten von Aggressivität gefördert. Langfristig ist eine züchterische Lösung der aufgezeigten Problematik des Haltungsverfahrens anzustreben.

Durch die Tretaktivität der Hähne kann es zu Verletzungen der Hennen auf dem Rücken kommen. Es wird daher im deutschen TIERSCHUTZGESETZ (1998) gestattet, bei Masthahnenküken, die als Zuchthähne Verwendung finden sollen, während des ersten Lebenstages das krallentragende letzte Zehenglied abzusetzen.

4.5.5.3 Besonderheiten im ökologischen Landbau

Zur Zeit wird kaum eine Elterntierhaltung im ökologischen Landbau durchgeführt. Im Prinzip gelten die unter 4.5.3 für Legehennen gemachten Aussagen.

Literatur

Abrahamsson, P.: Furnished Cages and Aviaries for Laying Hens. Effects on production, health and use of facilities. Dissertation, Report 234, Swedish University of Agricultural Science, Uppsala (1996).

Abrahamsson, P., R. Tauson, M. C. Appleby: Performance of four hybrids of laying hens in modified and conventional cages. Acta Agriculturae Scandinavica, Section A. Animal Science 45 (1995) 286–296.

Albouy, R.: Evolution des différents types de production. Sanders, Frankreich, Internal report (1996).

Anderson, K. E., A. W. Adams: Effects of cage versus floor rearing environments and cage floor mesh on bone strength, fearfulness and production of single comb White Leghorn hens. Poult. Sci. 73 (1994) 1233–1240.

Anonym: Leistungsprüfungsergebnisse. In: Petersen, J. (ed.): Jahrbuch für die Geflügelwirtschaft 1997. Eugen Ulmer Verlag, Stuttgart (1996) 204–215.

Anonym: Wissenschaftlicher Vergleich der verschiedenen Legehennenhaltungsverfahren: Lösungsansätze zur Weiterentwicklung der Legehennenhaltung. DGS intern 50 (48) (1998) 4–9.

Appleby, M. C., I. J. H. Duncan, H. McRae: Perching and floor laying by domestic hens: experimental results and their commercial application. Br. Poult. Sci. 29 (1988) 351–357.

Appleby, M. C., B. O. Hughes: Cages modified with perches and nest sites for the improvement of welfare. World's Poult. Sci. J. 47 (1990) 109–126.

Appleby, M. C., B. O. Hughes: Welfare of laying hens in cages and alternative systems: environmental, physical and behavioural aspects. World's Poult. Sci. J. 47 (1991) 109–128.

Appleby, M. C., B. O. Hughes, H. A. Elson: Poultry Production Systems: Behaviour, Management and Welfare. CAB International, Wallingford (1992).

A. V. E. C. Working Party: Chicken welfare and welfare-related quality in current production systems. Association of Poultry Processors and Poultry Import and Export Trade in the European Union, Copenhagen (1997).

Barbato, G. F.: Selection for growth and poultry welfare: a genetic perspective. In: Koene, P., H. J. Blokhuis (eds.): Proceedings of the 5th European Symposium on Poultry Welfare 1997 (1997) 63–70.

Bartussek, H.: TGI 35 L/1995-Legehennen-Ergänzung Nr. 3 vom 28.5.1998. BAL Gumpenstein (1998).

Bauer, M. A. Heißenhuber, K. Damme, M. Köbler: Alternative Hähnchenmast: welche Broilerherkunft eignet sich? DGS Magazin 48 (44) (1996) 22–26.

Baum, S.: Die Verhaltensstörung Federpicken beim Haushuhn (Gallus gallus forma domestica) – Ihre Ursachen, Genese und Einbindung in den Kontext des Gesamtverhaltens. Cuvillier Verlag, Göttingen (1995).

Behrens, K., P. Nordhues: Geflügel halten mit Gewinn. DGS 45 (38) (1993) Sonderheft.

Belyavin, C. G.: Egg quality as influenced by production systems. World's Poult. Sci. J. 44 (1988) 65–67.

Bessei, W.: Das Verhalten von Broilern unter intensiven Haltungsbedingungen. Arch. Geflügelkd. 56 (1992) 1–7.

Bessei, W.: Züchterische Maßnahmen gegen Federpicken beim Huhn. In: Richter, T., A. Herzog (eds.): Tierschutz und Tierzucht. Verlag der DVG e. V., Gießen (1997) 134–143.

Bessei, W.: Bäuerliche Hühnerhaltung. 2. Aufl. Eugen Ulmer Verlag, Stuttgart (1999).

Bessei, W., K. Damme: Neue Verfahren für die Legehennenhaltung. KTBL-Schrift 378. Landwirtschaftsverlag GmbH, Münster-Hiltrup (1998).

Blokhuis, H. J., J. H. M. Metz: Integration of animal welfare into housing systems for laying hens. Neth. J. Agric. Sci. 40 (1992) 327–337.

Blokhuis, H. J., J. H. M. Metz (eds.): Aviary Housing Systems. IMAG-DLO Report no. 95–31, Wageningen (1995).

Bosch, J. G. M. J., T. G. C. M. Van Niekerk: Health. In: Blokhuis, H. J., J. H. M. Metz (eds.): Aviary housing systems for laying hens. Iid-dlo/imag-dlo, Wageningen (1995) 59–71.

Bray, T. S., M. B. Lancaster: The parasitic status of land used by free range hens. Br. Poult. Sci. 33 (1992) 1119–1124.

Breden, L.: Zur Frage der Nestgestaltung in Bodenhaltungssystemen. Diss., Göttingen (1986).

Broom, D. M., P. G. Knight, S. C. Stanfield: Hen behaviour and hypothalamic-pituitary-adrenal responses to handling and transport. Appl. Anim. Behav. Sci. 16 (1986) 98.

Bundesministerium für Ernährung, Landwirtschaft und Forsten (BML): Zum Agrarbericht 2000: Buchführungsergebnisse der Testbetriebe. Bonn (2000).

Channing, C. E., B. O. Hughes, A. W. Walker: Spatial distribution and behaviour of laying hens housed in an alternative system. Roslin Institute, Großbritannien, Internal report (1999).

C.O.V.P. (Centrum voor Onderzoak en Voorlichting voor de Pluimveehouderij): The tiered wire floor system for laying hens. Spelderholt Edition 484, Niederlande (1988).

Dawkins, M. S.: Behavioural deprivation: a central problem in animal welfare. Appl. Anim. Behav. Sci. 20 (1988) 209–225.

Dawkins, M. S., S. Hardie: Space needs of laying hens. Br. Poult. Sci. 30 (1989) 413–416.

Dietert, R. R., K. A. Golemboski: Environment, stress and immunity: biomarkers of poultry health and well-being. In: Koene, P., H. J. Blokhuis (eds.): Proceedings of the 5th European Symposium on Poultry Welfare 1997 (1997) 91–97.

Duncan, I. J. H., V. G. Kite: Nest site selection and nest building behaviour in domestic fowl. Anim. Behav. 37 (1989) 215–231.

Duncan, I. J. H., J. A. Mench: Behaviour as an indicator of welfare in various systems. In: Savory, C. J., B. O. Hughes (eds.): 4th European Symposium on Poultry Welfare. Universities Federation for Animal Welfare, Potters Bar (1993) 69–80.

Eckert, M.: Bauen in der Geflügelwirtschaft: Hähnchenmastställe. Deutsche Geflügelwirtschaft und Schweineproduktion 42 (1990) 567–577.

Elson, H. A.: Poultry management systems – looking to the future. World's Poult. Sci. J. 44 (1988) 103–111.

Elson, A. H.: Housing systems for broilers. In: Savory, C. J., B. O. Hughes (eds.): 4th European Symposium on Poultry Welfare. Universities

Federation for Animal Welfare, Potters Bar (1993) 177–184.

Engström, B., G. Schaller: Experimental studies of the health of laying hens in relation to housing system. In: Savory, C. J., B. O. Hughes (eds.): 4th European Symposium on Poultry Welfare. Universities Federation for Animal Welfare, Potters Bar (1993) 87–96.

Europarat: Empfehlung in bezug auf Haushühner der Art *Gallus gallus*. Ständiger Ausschuß des Europäischen Übereinkommens zum Schutz von Tieren in landwirtschaftlichen Tierhaltungen. Brüssel, 28. November 1995 (1995).

European Commission: Report on the welfare of laying hens. Scientific Veterinary Committee, Animal Welfare Section. VI/8660/96. Brüssel (1996).

FAL – Bundesforschungsanstalt für Landwirtschaft: Qualitative und quantitative Untersuchungen zum Verhalten, zur Leistung und zum physiologisch-anatomischen Status von Legehennen in unterschiedlichen Haltungssystemen (Auslauf-, Boden- und Käfighaltung). Abschlußbericht zum Forschungsauftrag 76 B A 54. Institut für Kleintierzucht der FAL, Braunschweig-Völkenrode, Celle (1982).

Faure, J. M.: Choice tests for space in groups of laying hens. Appl. Anim. Behav. Sci. 39 (1994) 89–94.

Faure, J. M., R. B. Jones: Effects of age, access and time of day on perching behaviour in the domestic fowl. Applied Animal Ethology 8 (1982) 357–364.

Feldhaus, L.: Erfahrungen und neue Konzeptionen für Legehennen in der Boden- und Auslaufhaltung für größere Betriebe. In: Petersen, J. (ed.): Jahrbuch für die Geflügelwirtschaft 1997. Eugen Ulmer Verlag, Stuttgart (1996) 41–44.

Fleming, R. H., C. C. Whitehead, D. M. Alvey, N. G. Gregory, L. J. Wilkins: Bone structure and breaking strength in laying hens housed in different husbandry systems. Br. Poult. Sci. 35 (1994) 651–662.

Fölsch, D. W., H. U. Huber, U. Bölter, L. Gozzoli: Research on alternatives to the battery system for laying hens. Appl. Anim. Behav. Sci. 20 (1988) 29–45.

Fölsch, D. W., R. Hoffmann: Beratung Artgerechte Tierhaltung: Artgemäße Hühnerhaltung: Grundlagen und Beispiele aus der Praxis. Stiftung Ökologie und Landbau, Schweisfurth-Stiftung, C. F. Müller, Karlsruhe (1993).

Fröhlich, E. K. F.: Effects of the behaviour related to rearing systems: The possible extent of adaptation of chicks to restrictive rearing systems and the consequences of such rearing environments on the resting behaviour and self maintenance of laying hens. In: Faure, J. M., A. D. Mills (eds): Proceedings, 3rd European Symposium on Poultry Welfare, Tours, France (1989) 137–148.

Gentle, M. J., B. O. Hughes, R. T. Hubrecht: The effect of beak trimming on food intake, feeding behaviour and body weight in adult hens. Applied Animal Ethology 8 (1982) 147–159.

Gentle, M. J., D. Waddington, L. N. Hunter, R. B. Jones: Behavioural evidence for persistent pain following partial beak amputation in chickens. Appl. Anim. Behav. Sci. 27 (1990) 149–157.

Gerken, M.: Antagonistische Beziehungen zwischen Verhaltens- und Leistungsmerkmalen beim Geflügel. Habilitationsschrift, Rheinische Friedrich-Wilhelms-Universität Bonn, Arbeiten aus dem Institut für Tierzuchtwissenschaft, Heft 94 (1991).

Gerken, M.: Bewertung von alternativen Haltungssystemen für Legehennen. Arch. Geflügelkd. 58 (1994) 197–206.

Gerken, M.: Zusammenhänge zwischen der Selektion auf Leistungsmerkmale und Tierschutzproblemen beim Geflügel. In: Richter, T., A. Herzog (eds.): Tierschutz und Tierzucht. Verlag der DVG e. V., Gießen (1997) 116–126.

Grashorn, M. A., W. Bessei, H. H. Thiele, G. Seemann: Inheritance of Troponin T levels in meat-type chicken. Arch. Geflügelkd. 62 (1998) 283–286.

Gregory, N. G., L. J. Wilkins, S. D. Eleperuma, A. J. Ballantyne, N. D. Overfield: Broken bones in domestic fowls: effect of husbandry system and stunning method in end-of-lay hens. Br. Poult. Sci. 31 (1990) 59–69.

Grigor, P. N., B. O. Hughes: Does cover affect dispersal and vigilance in free-range domestic fowls? In: Savory, C. J., B. O. Hughes (eds.): 4th European Symposium on Poultry Welfare. Universities Federation for Animal Welfare, Potters Bar (1993) 246–147.

Gunnarsson, S., E. Oden, B. Algers, J. Svedberg, L. Keeling: Poultry Health and Behaviour in a tiered systems for loose housed layers. Swedish Univ. Agric. Sciences, Skara, Rapport 35 (1995).

Hadorn, R., A. Gloor, H. Wiedmer: Schnabelkürzen kann Abgangsrate und Gefiederschäden massiv reduzieren. DGS Magazin 52 (13) (2000) 20–27.

Hessische Landesanstalt für Tierzucht: Rassegeflügelleistungsprüfung 1994/95 in Neu-Ulrichstein. In: Lange, K. (ed.): Hessische Landesanstalt für Tierzucht, Neu-Ulrichstein, Homberg (1996).

Hocking, P. M., M. H. Maxwell, M. A. Mitchell: Welfare assessment of broiler breeder and layer females subjected to food restriction and limited access to water during rearing. Br. Poult. Sci. 34 (1993) 441–456.

Horne, P. L. M. Van: Production and economic results of commercial flocks with white layers in aviary systems and battery cages. Br. Poult. Sci. 13 (1996) 525–547.

Hörning, B., T. Ingensand: Legehennenhaltung im ökologischen Landbau. Wie ist es möglich die Wirtschaftlichkeit zu verbessern? DGS Magazin 51 (31) (1999) 15–22.

Hughes, B. O.: Welfare in alternative housing systems for laying hens. Proc. VIII Europ. Poult. Conf., Barcelona, Vol. 1 (1990) 199–209.

Hughes, B. O., I. J. H. Duncan: The influence of strain and environmental factors upon feather pecking and cannibalism in fowls. Br. Poult. Sci. 13 (1972) 525–547.

Hughes, B. O., P. Dun, C. C. M. Corquodale: Shell strength of eggs from medium-bodied hybrid hens housed in cages or in range in outside pens. Br. Poult. Sci. 26 (1985) 129–136.

Jaenecke, D.: Vergleich von Mastleistung, Schlachtkörper- und Produktqualität, Nährstoffausnutzung und Verhalten bei männlichen Lege- und Masthybridhühnern. Diss. agr., Göttingen (1997).

Keeling, L.: Inter-bird distances and behavioural priorities in laying hens: the effect of spatial restriction. Appl. Anim. Behav. Sci. 39 (1994) 131–140.

Kommission der Europäischen Gemeinschaft: Mitteilung der Kommission über den Schutz von Legehennen in verschiedenen Haltungssystemen. 98/0092 (CNS). Brüssel, 11. März 1998 (1998).

Kösters, J.: Menschliche Atemwegserkrankungen in Geflügelställen (I, II). Deutsche Geflügelwirtschaft und Schweineproduktion 44 (1992) 893–896, 1035–1037.

Lange, K.: Leistungsverhalten verschiedener Hybridherkünfte im Vergleich der Käfig- zur Volierenhaltung. In: Petersen, J. (ed.): Jahrbuch für die Geflügelwirtschaft 1997. Eugen Ulmer Verlag, Stuttgart (1996) 45–49.

Lee, H.-Y., J. V. Craig: Beak trimming effects on behaviour patterns, fearfulness, feathering and mortality among three stocks of White Leghorn pullets in cages or floor pens. Poult. Sci. 70 (1991) 211–221.

Leonard, M. L., L. Zanette, R. W. Fairfull: Early exposure to females affects interactions between male White Leghorn chickens. Appl. Anim. Behav. Sci. 36 (1993) 29–38.

Lewis, N. J., J. F. Hurnik: Locomotion of broiler chickens in floor pens. Poult. Sci. 69 (1990) 1087–1093.

Macke, H., H. van den Weghe: Reduction of ammonia and nitrous oxide emmissions in broiler houses by litter ventilation. In: Voermans, D. A. M., G. J. Monteny (eds.): Proc. International Symposium „Ammonia and Odour Control from Animal Production Facilities", Vol 1, Rosmalen, Niederlande (1997) 305–310.

Masic, B., D. G. N. Wood-Gush, I. J. H. Duncan, D. McCorquodale, C. J. Savory: A comparison of the feeding behaviour of young broiler and layer males. Br. Poult. Sci. 15 (1974) 499–505.

Maurer, V., M. Bieri, D. W. Fölsch: Das Suchverhalten von Dermanyssus gallinae in Hühnerställen. Arch. Geflügelkd. 52 (1988) 209–215.

McBride, G.: Theories of animal spacing: The role of flight, fight and social distance. In: Esser, A. H. (ed.): Behavior and Environment – The use of space by animals and men. Plenum Press, London (1971) 53–68.

McCarthy, J. C., P. B. Siegel: A review of genetical and physiological effects of selection in meat-type poultry. Animal Breeding Abstracts 51 (1983) 87–94.

Meierhans, D., H. Menzi: Freilandhaltung von Legehennen. Bedenklich aus ökologischer Sicht? Deutsche Geflügelwirtschaft und Schweineproduktion 47 (9) (1995) 12–17.

Mench, J. A.: Problems associated with broiler breeder management. In: Savory, C. J., B. O. Hughes (eds.): 4th European Symposium on Poultry Welfare. Universities Federation for Animal Welfare, Potters Bar (1993) 195–207.

Mench, J. A., A. V. Tienhoven, J. A. Marsh, C. C. McCormick, D. L. Cunninghamn, R. C. Baker: Effects of cage and floor management on behaviour, production, and physiological stress responses in laying hens. Poult. Sci. 65 (1986) 1058–1069.

Mitchell, M. A., P. J. Kettlewell: Catching and transport of broiler chickens. In: Savory, C. J., B.

O. Hughes (eds.): 4th European Symposium on Poultry Welfare. Universities Federation for Animal Welfare, Potters Bar (1993) 219–229.

Morgenstern, R.: Der Einfluß des Haltungssystems auf die Gesundheit von Legehennen. In: Petersen, J. (ed.): Jahrbuch für die Geflügelwirtschaft 1997. Eugen Ulmer Verlag, Stuttgart (1996) 28–33.

Newberry, R. C., J. R. Hunt, E. F. Gardiner: Light intensity effects on performance, activity, leg disorders and sudden death syndrome of roaster chickens. Poult. Sci. 65 (1986) 2232–2238.

Nicol, C. J.: Effect of cage height and area on the behaviour of hens housed in battery cages. Br. Poult. Sci. 28 (1987) 327–335.

Niekerk, T. G. C. M. Van, D. A. Ehlhardt: Zootechnis. In: Blokhuis, H. J., J. H. M. Metz (eds.): Aviary housing systems for laying hens. lid-dlo/imag-dlo, Wageningen (1995) 43–57.

Norgaard-Nielsen, G., J. Kjaer, H. B. Simonsen: Field test of two alternative egg prodcution systems: the Hans Kier-System and the BOLEG II aviary. National Institut of Animal Science, Research Centre Foulum, Tjele, Denmark, Report No. 9 (1993).

Oester, H.: Sitzstangenformen und ihr Einfluß auf die Entstehung von Fußballengeschwüren bei Legehennen. Arch. Geflügelkd. 58 (1994) 231–238.

Oester, H.: Boden- und Volierenhaltungssysteme für Legehennen. In: Petersen, J. (ed.): Jahrbuch für die Geflügelwirtschaft 1997. Eugen Ulmer Verlag, Stuttgart (1996) 23–27.

Olkowski, A. A., H. L. Classen: Sudden death syndrome in broiler chickens: A review. Poult. Avian Biol. Rev. 6 (1995) 95–106.

Petersen, J.: Faustzahlen zur Legehennenaufzucht und -haltung. In: Petersen, J. (ed.): Jahrbuch für die Geflügelwirtschaft 2000. Eugen Ulmer Verlag, Stuttgart (1999) 103–119.

Preston, A. P., L. B. Murphy: Movement of broiler chickens reared in commercial conditions. Br. Poult. Sci. 30 (1989) 519–532.

Rauch, H.-W.: Vertical locomotive activity of laying hens in relation to the distance between nest and framework of a perchery. Proc. XIX World's Poultry Congress, Amsterdam, Vol. 3 (1992) 184–185.

Reed, H. J., C. J. Nicol: Effects of nest linings, pecking strips and partitioning on nest use and behaviour in modified battery cages. Br. Poult. Sci. 33 (1992) 719–727.

Reiter, K., W. Bessei: Einfluß der Laufaktivität auf die Knochenentwicklung und Beinschäden bei Broilern. Arch. Geflügelkd. 64 (1998) 247–253.

Riddel, C.: Selection of broiler chickens for a high and low incidence of tibial dyschondroplasia with observations on spondylolisthesis and twisted legs (Perosis). Poult. Sci. 55 (1976) 145–155.

Rodenhoff, G., K. Dämmrich: Über die Beeinflussung des Skeletts der Masthähnchen durch Haltung im Auslauf im Freien. Zbl. Vet. Med. A. 18 (1971) 297–309.

Savory, C. J., E. Seawright, A. Watson: Stereotyped behaviour in broiler breeders in relation to husbandry and opioid blockade. Appl. Anim. Behav. Sci. 32 (1992) 349–360.

Siegwart, N.: Ursache und Pathogenese von Fußballengeschwüren bei Legehennen. Diss., Bern (1991).

Sundrum, A., R. Andersson, G. Postler: Tiergerechtheitsindex-200 – Ein Leitfaden zur Beurteilung von Haltungssystemen. Köllen-Verlag, Bonn (1994).

Tauson, R.: Erfahrungen mit den neuen „angereicherten" Käfigen. DGS Magazin 51 (22) (1999) 14–20.

Taylor, A. A., J. F. Hurnik: The effect of long-term housing in an aviary and battery cages on the physical condition of laying hens: body weight, feather condition, claw length, foot lesions and tibia strength. Poult. Sci. 73 (1994) 268–273.

Thorp, B. H., M. H. Maxwell: Health problems in broiler production. In: Savory, C. J., B. O. Hughes (eds.): 4th European Symposium on Poultry Welfare. Universities Federation for Animal Welfare, Potters Bar (1993) 208–218.

Zentrale Markt- und Preisberichtstelle – ZMP: ZMP-Bilanz Eier und Geflügel 1999. ZMP, Bonn (1999).

Rechtsgrundlagen, Empfehlungen, Normen u. ä.:

Anonym: Legehennen – 12 Jahre Erfahrungen mit neuen Haltungssystemen in der Schweiz. Bericht der Arbeitsgruppe Geflügel des STS – Schweizer Tierschutzes (1994).

BVET-Bundesamt für Veterinärwesen, Information Tierschutz: „Kurzbeschreibungen der Haltungssysteme für Hühner", Teil 1 (2000), Teil 2 (1999), Ef/Oe-800.107.04.

European Commission: Report on the welfare of laying hens. Scientific Veterinary Committee, Animal Welfare Section. VI/8660/96. Brüssel, 30. Oktober 1996 (1996).

4.5 Tiergerechte Haltung von Hühnergeflügel

Farm Animal Welfare Council (FAWC): Report on the Welfare of Broiler Chickens. FAWC, Tolworth, Surbiton, Surrey KT67DX, Großbritannien (1992).

Farm Animal Welfare Council (FAWC): Report on the Welfare of Laying Hens. FAWC, Tolworth, Surbiton, Surrey KT67DX, Großbritannien (1997).

Kommission der Europäischen Gemeinschaft: Mitteilung der Kommission über den Schutz von Legehennen in verschiedenen Haltungssystemen. 98/0092 (CNS). Brüssel, 11. März 1998 (1998).

Niedersächsisches Ministerium für Ernährung, Landwirtschaft und Forsten: Empfehlungen zur Haltung von Legehennen in Boden- und Freilandhaltung. Hannover (o. J.).

Richtlinie des Rates zur Festlegung von Mindestanforderungen zum Schutz von Legehennen. Vom 19. Juli 1999 (ABl. Nr. L 203 S. 53) (1999/74/EG).

Stellungnahme und Empfehlungen der Sachverständigengruppe des BML „Artgemäße und verhaltensgerechte Geflügelmast" vom April 1993 (1993) (im Auftrag des BML erarbeitetes Gutachten).

The Danish Poultry Council: Code of Practice for Production of Broilers, Copenhagen, Dänemark (1997).

Tierschutzgesetz. I. d. F. d. Bek. v. 25. Mai 1998 (BGBl. I S. 1105, ber. S. 1818).

Urteil des Bundesverfassungsgerichts vom 6. Juli 1999 (2 BvF 3/90), für nichtig erklärt: Verordnung zum Schutz von Legehennen bei Käfighaltung (Hennenhaltungsverordnung) vom 10. Dezember 1987 (BGBl. I S. 2622).

Vereinbarung des Niedersächsischen Ministeriums für Ernährung, Landwirtschaft und Forsten, Hannover, und der Niedersächsischen Geflügelwirtschaft über Mindestanforderungen in der Junghühnermast.

Verordnung (EG) Nr. 1804/1999 des Rates vom 19. Juli 1999 zur Einbeziehung der tierischen Erzeugung in den Geltungsbereich der Verordnung (EWG) Nr. 2092/91 über den ökologischen Landbau und die entsprechende Kennzeichnung der landwirtschaftlichen Erzeugnisse und Lebensmittel.

Verordnung (EWG) Nr. 1274/91 der Kommission mit Durchführungsvorschriften für die Verordnung (EWG) Nr. 1907/90 des Rates über bestimmte Vermarktungsnormen für Eier vom 15. Mai 1991 (ABl. EG Nr. L 121 S. 11), zuletzt geändert durch V Nr. 505/98 vom 3.3.1998 (ABl. EG Nr. L 63 S. 16).

Verordnung (EWG) Nr. 1538/91 der Kommission mit ausführlichen Durchführungsvorschriften zur Verordnung (EWG) Nr. 1906/90 des Rates über bestimmte Vermarktungsnormen für Geflügelfleisch. Vom 5. Juli 1991 (ABl. EG Nr. L 143/11), zul. geänd. d. V Nr. 1000/96 vom 4.6.1996 (ABl. EG Nr. L 134 S. 9).

Verordnung (EWG) Nr. 1907/90 des Rates über bestimmte Vermarktungsnormen für Eier. Vom 26. Juni 1990 (ABl. EG Nr. L 173 S. 5), zuletzt geändert durch V (EG) Nr. 818/96 des Rates vom 29.4.1996 (ABl. EG Nr. 111 S. 1).

Verordnung (EWG) Nr. 2092/91 des Rates über den ökologischen Landbau und die entsprechende Kennzeichnung der landwirtschaftlichen Erzeugnisse und Lebensmittel (2092/91/EWG). Vom 24. Juni 1991 (ABl. Nr. L 198, S. 1 ber. d. ABl. Nr. 220 vom 8. August 1991, S. 22).

Verordnung zum Schutz von Tieren beim Transport (Tierschutztransport-Verordnung – TierSchTrV). Vom 11. Juni 1999 (BGBl. I S. 1337).

4.6 Tiergerechte Haltung von Puten

(GAULY, M.)

4.6.1 Grundlegende physiologische und ethologische Anforderungen

Besonderheiten der Truthühner

Die Pute *(Meleagris gallopavo)* ist der größte und schwerste Hühnervogel unter dem Hausgeflügel. Sie stammt aus dem Gebiet der USA und Mexiko.

Der Pro-Kopf-Verbrauch an Putenfleisch ist in den letzten Jahren in Deutschland kontinuierlich gestiegen (von 2,6 kg 1990 auf 4,9 kg 1999). In gleichem Maße hat eine Konzentrierung der Haltung auf eine verringerte Zahl von Betrieben stattgefunden. Diese Konzentrierung wirft zwar umweltrelevante Fragen auf, hinsichtlich der Tiergesundheit bringt sie allerdings in der Regel durch optimiertes Management Vorteile.

Durch die Anwendung moderner Zuchtverfahren ist heute ein Leistungsstand in der Putenfleischproduktion erreicht, der aufgrund der enormen Wachstumsgeschwindigkeit der Tiere zu erheblichen Gesundheitsproblemen führen kann.

Die Elterntiere sind durch einen extremen Geschlechtsdimorphismus gekennzeichnet, der den Einsatz der künstlichen Besamung als Biotechnologie zur Erzielung ausreichender Fertilitäten unumgänglich macht.

Bewegung, Beschäftigung

Die Verhaltensmerkmale Schlafen und Sitzen bleiben in der quantitativen Ausprägung bis zur 12. Lebenswoche relativ konstant (HUGHES u. GRIGOR, 1996). Die Futteraufnahmezeiten sinken dagegen kontinuierlich bis auf ein bestimmtes Niveau ab. Die Merkmale Stehen, Gehen und Trinken sowie die Verhaltensweisen Picken in der Umgebung, Federpicken, Federfressen unterliegen dagegen Schwankungen in der quantitativen Ausführung. Ein wesentlicher Anteil der Verhaltensweisen kann als „schnabelbezogenes Verhalten" klassifiziert werden. Federfressen und Kannibalismus kann in der Folge als ein Hauptproblem in der intensiven Putenhaltung benannt werden. Eine der Ursachen ist dabei, daß das „schnabelbezogene Verhalten" meistens gegen das eigene Gefieder oder das Gefieder von Artgenossen gerichtet ist und nur selten gegen Futter oder andere unbelebte Objekte der Umgebung. Eine Lösung der daraus resultierenden Probleme liegt u. a. in der Verlängerung der Futteraufnahmezeiten (HUGHES u. GRIGOR, 1996).

Platzbedarf und Gruppengröße in der Mast- und Elterntierhaltung

Die Haltung der Masttiere erfolgt in intensiven Bodenhaltungssystemen mit Tiefstreu. Es haben sich für die Durchführung der Mast in der Praxis zwei Systeme (19- oder 13-Wochen-Rhythmus) durchgesetzt, bei denen jeweils drei Ställe in der Produktion sind. Beim 19-Wochen-Rhythmus werden Hahnen- und Hennenküken am Schlupftag in den Aufzucht- und späteren Hennenmaststall (Stall 1) verbracht. Im Alter von fünf Wochen werden dann die Hähne ausselektiert und auf zwei Hahnenmastställe (jeweils ca. 25 % der Ausgangspopulation) verteilt. Die Hennen (ca. 50 % der Ausgangspopulation) verbleiben im Aufzuchtstall bis zum Mastende (17 Wochen). Nach einer anschließenden 2wöchigen Serviceperiode (Reinigung, Desinfektion, Neueinrichtung) werden erneut Eintagsküken im Stall 1 aufgestallt. Die Hähne verbleiben bis zum Schlachtalter (22 Wochen) in den Hahnenställen. Dem schließt sich ebenfalls eine 2wöchige Serviceperiode an, bevor wiederum die Hahnenküken aus Stall 1 aufgestallt werden.

Tabelle 4.6.1-1 Praxisübliche Besatzdichte bei der Putenmast (Fa. HEIDEMARK, 1996)

	Hähne	Hennen
bis zum Alter von 5 Wochen	10–12/m^2	10–12/m^2
bis zum Alter von 11 Wochen	5–6/m^2	
bis zum Alter von 17 Wochen		5–6/m^2
bis zum Alter von 23 Wochen	2,7–3/m^2	

Beim 13-Wochen-Rhythmus werden die Hennen (ca. 50 % der Ausgangspopulation) nach gemeinsamer Aufzucht über fünf Wochen in einen gesonderten Hennenmaststall verbracht. Die Hähne verbleiben dagegen bis zur elften Woche im Aufzuchtstall, bevor sie in zwei Hahnenmastställe (jeweils ca. 25 % der Ausgangspopulation) aufgeteilt werden. Dadurch steht der Aufzuchtstall für die neue Aufzucht nach 13 Wochen zur Verfügung. Dieses System wird vornehmlich eingesetzt, wenn für die Hennen ein älterer kostengünstiger Stall zur Verfügung steht (Fa. HEIDEMARK, 1996) (Tab. 4.6.1–1).

Vom britischen FARM ANIMAL WELFARE COUNCIL (1995) werden maximale Besatzdichten von 38,5 kg/m^2 gefordert, was deutlich unter den in Deutschland praxisüblichen Werten liegt.

Im Maststall sollten für 40 Tiere ein Rundtrog (> 45 cm Durchmesser) oder 120 cm Troglänge und für 100 Tiere eine Rundtränke oder 100 cm Tränkenlänge zur Verfügung stehen. In der Aufzucht ist ein Rundtrog für 65 Küken ausreichend.

Die Elterntiere der schweren Herkünfte werden in Bodenhaltung auf Tiefstreu mit einer Besatzdichte von 1,5–2,5 Tieren/m^2 gehalten. Es werden wie bei der Mast bevorzugt Offenställe mit Folienjalousien an den Außenwänden benutzt. Aufgrund des ausgeprägten Geschlechtsdimorphismus wird in der Putenzucht fast ausschließlich die künstliche Besamung eingesetzt. Die Putenhähne werden in Abteilen mit 15–20 Tieren gehalten. Das verdünnte und konservierte Sperma wird den Hennen nach der Eiablage (nachmittags) appliziert. Die Hennen werden in größeren Herden von bis zu 6000 Tieren untergebracht. Das Geschlechterverhältnis liegt bei 1:16 bis 1:20.

Legebeginn ist mit ca. 30 Wochen. Die erste Legeperiode dauert ca. 20–24 Wochen. Nach einer Legepause von etwa 12 Wochen kann eine zweite etwas kürzere Legeperiode angeschlossen werden. Die Hennen legen in dieser Zeit je nach Herkunft 90–125 Bruteier. Beleuchtet werden die Hennen z. B. nach folgendem Programm: ab der 16.–20. Lebenswoche 6–8 h Licht bis zur 28. Lebenswoche und ab der 28. Woche 14–16 h Licht bei einer Beleuchtungsstärke von 10 Watt/m^2.

Bei offenen Nestern werden fünf Zuchthennen je Nest (40–60 × 40–60 × 40–60 cm) berechnet, bei Fallnestern zwei Tiere je Nest (SCHOLTYSSEK, 1987).

Tiergerechtes Futter, Fütterung, Tränkung

In der Praxis wird ein granuliertes bzw. kleinpelletiertes Starterfutter eingesetzt. Beim Einsatz einer kombinierten Mehl-Korn-Granulat-Mischung konnten in den ersten Lebenstagen die Verluste erheblich vermindert werden (LENARTZ, 1995). Bei den Untersuchungen nahmen auch in der Vitalität beeinträchtigte Küken ausreichend mehliges Futter auf.

Während in der Praxis Hennen und Hähne in den ersten fünf Wochen gleich gefüttert werden, empfiehlt es sich ab der sechsten Lebenswoche, Hennen mit einem Futter höherer Energiedichte zu versorgen (Tab. 4.6.1–2).

Puten verbrauchen in der Regel die 2fache Wassermenge [l] ihres Futterverzehrs [kg].

Klimaansprüche

Einen wesentlichen Einfluß auf die Gesundheit und das Stallklima und damit auch auf die Leistung der Tiere hat die Einstreuqualität. Feuchte oder harte Einstreu kann bereits bei Jungtieren zu Ballenabszessen sowie Gelenk- und Beinschäden führen. Das Auftreten des Beinschwächesyndroms wird erheblich gefördert. Feuchte Einstreu steigert

4 Tiergerechte Nutztierhaltung

Tabelle 4.6.1–2 Fütterungsprogramm während der Mast (Fa. HEIDEMARK, 1996)

Hähne	PM 1	PM 2	PM 3	PM 4	PM 5	PM 6
Alter in Wochen	1–2	2–5	6–9	10–13	14–17	ab 18
Rohprotein [%]	27	26	23,5	21	18	15
Energie [MJ ME/kg]	11,4	11,6	11,8	12,2	12,6	13
Bedarf [kg]	0,31	2,4	6,82	10,34	13,06	20,89
Hennen	PM 1	PM 2	PM 3	PM 4	PM 5	
Alter in Wochen	1–2	2–5	6–9	10–13	ab 14	
Rohprotein [%]	27	26	23,5	20	18	
Energie [MJ ME/kg]	11,4	11,6	12,2	12,8	13,2	
Bedarf [kg]	0,31	2,4	5,7	8,34	10,14	

darüber hinaus die Ammoniakkonzentration im Stall, was zu einer erhöhten Krankheitsanfälligkeit der Tiere führt. Die am weitesten verbreiteten Einstreumaterialien sind Hobelspäne und Stroh. Zur Erzielung guter Einstreuqualität werden Hobelspäne in der Regel nachgestreut oder mit Geräten durchgearbeitet. Eine Kombination findet im Bereich der Tränkestellen statt. Hauptproblem ist bei der Bearbeitung die hohe Konzentration an freigesetztem Ammoniak, welche bei niedrigen Lüftungsraten (Winter) zu erheblichen Belastungen der Tiere führt (JANNING, 1995). Bei Verwendung von Häckselstroh steht die Staubbelastung im Vordergrund. Langstroh führt dagegen zu niedrigerer Staubbelastung, ist allerdings in der Ausbringung arbeitswirtschaftlich ungünstig und darüber hinaus weniger saugfähig.

Die Pute identifiziert Farben innerhalb eines Spektrums von 400–700 nm, mit einer maximalen Sensitivität zur grünen Farbe (570 nm) (MEYER, 1996). Da in Deutschland die Putenmast fast ausschließlich in Offenställen durchgeführt wird, spielt das natürliche Tageslicht die größte Rolle. Bei Anwendung von Dauerlichtprogrammen entsteht eine permanente Unruhe in der Herde (MEYER, 1996). Die Körperentwicklung, die gesamte Bewegungsaktivität, der Gefiederzustand und die allgemeine Fitneß sind vermindert. Bei einer Beleuchtung von 16 Stunden und einer Dunkelphase von acht Stunden ist dagegen die Unruhe reduziert. Eine zusammenhängende Dunkelphase (Ruhepause) erhöht außerdem die Bewegungsaktivität während der Tagphase, was sich positiv auf eine gesunde Skelettentwicklung auswirkt.

4.6.2 Kriterien einer tiergerechten Haltung

Verhalten, Leistung, Erkrankungen, Ausfälle

Das Federfressen und der Kannibalismus stellen neben dem Auftreten des Beinschwächesyndroms die Hauptprobleme in der intensiven Putenhaltung dar. Das Schnabelkürzen der Eintagsküken ist gängige Prophylaxemaßnahme und wird auch im Sinne des Tierschutzes von Autoren empfohlen (NOBLE et al., 1994). Nach § 6 Abs. 3 des TIERSCHUTZGESETZes (1998) kann die zuständige Behörde das Kürzen der Schnabelspitze bei Nutzgeflügel erlauben, wenn glaubhaft dargelegt wird, daß der Eingriff im Hinblick auf die vorgesehene Nutzung zum Schutz der Tiere unerläßlich ist. Bei einer Definition von Hornteilen im anatomischen Sinn ist das praktizierte Schnabelkürzen unzulässig.

Unter dem Zusammenwirken der Faktoren der Züchtung, Fütterung, Haltung und Hygiene wurde die Mastleistung der Puten deutlich gesteigert. Die Verluste liegen bis zum Ende der Mast bei ca. 10–12 % (Tab. 4.6.2–1).

4.6 Tiergerechte Haltung von Puten

Tabelle 4.6.2–1 BUT Big 6 – Hähne und Hennen: Gewichtsentwicklung, Verlustrate, Futterverzehr und Futterverwertung (Fa. HEIDEMARK, 1996)

Alter (Woche)	Hähne			Hennen		
	Gewicht [kg]	Verluste [%]	FW kumuliert	Gewicht [kg]	Verluste [%]	FW kumuliert
1	0,16	1,5	0,96–0,99	0,15	1,5	0,94–0,98
2	0,38	1,8	1,23–1,28	0,35	1,8	1,23–1,28
4	1,21	2,2	1,47–1,53	1,03	2,2	1,51–1,57
6	2,60	2,6	1,60–1,69	2,11	2,55	1,66–1,77
8	4,45	3,0	1,73–1,85	3,55	2,84	1,82–1,95
10	6,60	3,4	1,85–2,00	5,13	3,14	1,96–2,13
12	8,89	3,84	1,97–2,15	6,73	3,44	2,13–2,34
14	11,24	4,4	2,10–2,31	8,27	3,74	2,31–2,56
16	13,55	5,0	2,24–2,48	9,7	4,07	2,50–2,79
18	15,80	5,76	2,39–2,66	11,01	4,45	2,70–3,03
20	17,98	6,97	2,56–2,87	12,15	4,85	2,29–3,29
22	20,10	8,62	2,76–3,09			
24	22,15	10,55	2,98–3,34			

Die unter dem Begriff „Beinschwächesyndrom" zusammengefaßten Erscheinungen treten besonders ausgeprägt ab der 13. Lebenswoche auf. Sie äußern sich durch häufiges Sitzen, verminderte Bewegung sowie unsicheren Gang. Die eingeschränkte Bewegung führt zur Reduktion von Wasser- und Futteraufnahme und in der Folge zu Leistungseinbußen. Brustblasen treten häufig als begleitende Symptomatik auf. Ursache ist neben Faktoren der Umwelt (Einstreuqualität, Fütterung, Lichtregime) u.a. das genetisch veranlagte Muskelansatzvermögen der Tiere, dem das Knochenwachstum teilweise nicht standhalten kann. In diesem Zusammenhang wird die Frage gestellt, ob diese Zuchtprodukte als Qualzüchtung im Sinne des § 11 b TIERSCHUTZGESETZ (1998) einzustufen sind.

Die GEFLÜGELPEST-VERORDNUNG (1994) verpflichtet alle Geflügelhalter unabhängig von der Tierzahl zur regelmäßigen Newcastle-Disease(ND)-Schutzimpfung. Die Trinkwasserimpfung ist die übliche Methode der ND-Impfung in Putenbeständen. Diese Methode ist wenig arbeitsaufwendig, allerdings in der Ausbildung einer Immunität den Verfahren der Injektion, Augentropfen und Sprayvakzination unterlegen (SIEVERDING, 1995).

Die Atemwegserkrankungen unterschiedlicher Genese spielen durch die Haltungsbedingungen sowie das physiologische Verhalten beim Geflügel eine besondere Rolle (HAFEZ, 1996). Sie führen zu erheblichen direkten und indirekten Verlusten.

Unter den Darmerkrankungen spielen vor allem die Hämorrhagische Enteritis (HE), verursacht durch das aviäre Adenovirus, sowie die Kokzidiose eine bedeutende Rolle (HAFEZ, 1996).

Bei den Aufzuchtverlusten in der ersten Woche sind grundsätzlich die Verluste der ersten drei Lebenstage, die ihre Ursachen u. a. in lebensschwachen Küken mit Entzündungen des Dottersackes, Fehlstellungen und Erdrücken der Tiere haben, von denen vom vierten bis sechsten Tag (mangelhafte Futteraufnahme nach Verbrauch der Dotterreserve) zu unterscheiden. Diese Verluste können durch optimierte Fütterung deutlich reduziert werden (LENARTZ, 1995).

Erhebliche seuchenhygienische Vorteile werden erreicht, wenn der Aufzuchtstall in einer Entfernung von mehr als 500 m zu den Mastanlagen steht.

4 Tiergerechte Nutztierhaltung

Gesetze und Verordnungen

Grundlage für die Haltung von Puten ist das TIERSCHUTZGESETZ. Es existieren darüber hinaus nur Haltungsempfehlungen.

Nach dem Steuerrecht (BEWERTUNGSGESETZ, § 51) gehören Tierbestände im vollen Umfang zur landwirtschaftlichen Nutzung, wenn im Wirtschaftsjahr für die ersten 20 ha nicht mehr als 10 Vieheinheiten (VE) je Hektar, für die nächsten 10 ha nicht mehr als 7 VE je Hektar, für die nächsten 20 ha nicht mehr als 6 VE je Hektar, für die nächsten 50 ha nicht mehr als 3 VE je Hektar und für die weitere Fläche nicht mehr als 1,5 VE je Hektar der vom Betriebsinhaber regelmäßig landwirtschaftlich genutzten Flächen erzeugt oder gehalten werden. Tabelle 4.6.2–2 stellt den Bewertungsschlüssel für Puten dar.

Neu- bzw. Umbauten von Stallanlagen sind nach dem BAURECHT (< 7000 Putenmastplätze) oder dem IMMISSIONSSCHUTZGESETZ (> 7000 Putenmastplätze) anzeige- oder genehmigungspflichtig.

Bei der Ausbringung von tierischen Wirtschaftsdüngern schreibt die DÜNGEVERORDNUNG (1996) für die Gesamtmenge an Stickstoff je Hektar und Jahr ab dem 01. Juli 1997 im Betriebsdurchschnitt eine Obergrenze von 170 kg für Acker- und Grünland vor. Eine jahreszeitliche Beschränkung für die Ausbringung von Putenmist (Festmist) gibt es nicht mehr.

Tabelle 4.6.2–2 Bewertungsschlüssel für die Berechnung der Vieheinheiten (KTBL-TASCHENBUCH LANDWIRTSCHAFT, 1996/97)

Kombinierter Aufzucht- und Mastbetrieb	0,0067 VE/Tier
Betrieb ohne eigene Aufzucht	0,0050 VE/Tier
Jungputenhaltung bis zur 8. Woche	0,0017 VE/Tier

Literatur

Fa. Heidemark: Hinweise zur Aufzucht und Mast von Puten. 2. Auflage, Heidemark Putenschlachterei, Garrel (1996).

Farm Animal Welfare Council: Report on the welfare of turkeys, UK (1995) 44pp.

Hafez, H. M.: Die wichtigsten Krankheiten im Überblick. DGS Magazin 49 (1996) 28–31.

Hughes, B. O., P. N. Grigor: Behavioural time-budgets and beak related behaviour in floor-housed turkeys. Anim. Welf. 5:2 (1996) 189–198.

Janning, T.: Einstreuverfahren im Vergleich. DGS Magazin 18 (1995) 20–25.

KTBL-Taschenbuch Landwirtschaft: Daten für die Betriebskalkulation in der Landwirtschaft, 18. Auflage. BLV Verlagsgesellschaft, München (1996/97).

Lenartz, R.: Mehl und Korn-Granulat kombinieren. DGS Magazin 40 (1995) 32–44.

Meyer, H.: Dauerlicht bringt viele Nachteile. DGS Magazin 22 (1996) 27–31.

Noble, N. O., F. V. Muir, K. K. Krueger, K. E. Nestor: The effect of beak trimming on two strains of commercial tom turkeys. 1. Performance traits. Poult. Sci., 73:12 (1994) 1850–1857.

Scholtyssek, S.: Geflügel. Verlag Eugen Ulmer, Stuttgart (1987).

Sieverding, E.: So impfen Sie richtig. DGS Magazin 31 (1995) 29–34.

Rechtsgrundlagen, Empfehlungen, Normen u. ä.:

Baugesetzbuch (BauGB) i. d. F. d. Bek. v. 27. August 1997 (BGBl. I S. 2141, ber. S. 137, 1998).

Gesetz zum Schutz vor schädlichen Umwelteinwirkungen durch Luftverunreinigung, Geräusche, Erschütterungen und ähnliche Vorgänge (Bundes-Immissionsschutzgesetz – BImSchG). I. d. F. d. Bek. v. 14. Mai 1990 (BGBl. I S. 880) zul. geänd. d. G v 19. Oktober 1998 (BGBl. I S. 3178).

Stellungnahme und Empfehlungen der Sachverständigengruppe des BML „Artgemäße und Verhaltensgerechte Geflügelmast", April 1993.

Tierschutzgesetz i. d. F. d. Bek. v. 25. Mai 1998 (BGBl. I S. 1105, ber. S. 1818)

Verordnung über die Grundsätze der guten fachlichen Praxis beim Düngen (Düngeverordnung) v. 26. Januar 1996 (BGBl. I S. 118) geänd. d. VO v. 16. Juli 1997 (BGBl. I S. 1835).

Verordnung zum Schutz gegen die Geflügelpest und die Newcastle-Krankheit (Geflügelpest-Verordnung) i. d. F. d. Bek. v. 21. Dezember 1994 (BGBl. I S. 3930) zul. geänd. d. Art. 3 d. VO v. 21.03.1996 (BGBl. I S. 528).

4.7 Tiergerechte Haltung von Enten

(PINGEL, H.)

4.7.1 Grundlegende Anforderungen

Bedeutung der Entenfleischproduktion

Die Bruttoeigenerzeugung von Enten ist seit 1991 mit 31,0 Tt auf 38,0 Tt im Jahre 1999 deutlich gestiegen. Im gleichen Zeitraum ist der Import von 35,3 Tt auf 44,4 Tt erhöht worden, so daß der Pro-Kopf-Verbrauch auf 0,93 kg angewachsen ist. Der Anteil der Eigenerzeugung am Entenfleischverbrauch macht demzufolge nur 46 % aus. Der überwiegende Teil des Imports kommt aus Frankreich als Moschus- und Mulardenten, die aber neben der Pekingente auch in zunehmendem Maße in Deutschland gemästet werden.

Abstammung und Artunterschiede

Peking- und Moschusente gehen auf verschiedene Stammarten zurück und gehören verschiedenen Gattungen an. Die Pekingente hat als Stammart die über die nördliche Hemisphäre verbreitete Stockente (*Anas platyrhynchos* L.), deren Domestikation vor etwa 5000 Jahren in China und vor 2000 Jahren in Europa erfolgte. Die Pekingente, als wichtigste Rasse für die Fleischerzeugung, ist aus chinesischen Landenten hervorgegangen. Legeentenrassen, wie Khaki-Campbell-Enten und Indische Laufenten, haben in Deutschland trotz der hohen Leistungskapazität von über 300 Eiern im Jahr keine wirtschaftliche Bedeutung. In der Rassegeflügelzucht werden sie mit insgesamt 19 Entenrassen, die zum Teil noch in verschiedenen Farbschlägen vorkommen, nach bestimmten Farb- und Formstandards gezüchtet.

Die Stammart der Moschusente (*Cairina moschata* Phillips) lebt in Mittelamerika und dem nördlichen Teil von Südamerika, wo sie auch schon in vorkolumbianischer Zeit als Haustier gehalten wurde. Von Spanien aus hat sie sich über Europa verbreitet. Wirtschaftliche Bedeutung erlangte sie in den letzten 40 Jahren, seitdem vor allem französische Zuchtunternehmen eine intensive Leistungszucht betreiben. Es gibt acht verschiedene Farbschläge, von denen in Deutschland der weiße bevorzugt wird.

In der aktuellen Vermarktungsnorm der EU wird sie als Barbarieente bezeichnet. In Deutschland ist sie als „Flugente" und in der Rassegeflügelzucht als „Warzenente" bekannt.

Seit einigen Jahren werden verstärkt Mularden oder Mulardenten aus der Kreuzung von Moschuserpeln mit Pekingenten gemästet. Diese Hybriden sind steril und entsprechen in der Schlachtkörperqualität den Moschusenten.

Besonderheiten der Enten

- Enten wachsen intensiv und erreichen bis zur Jugendmauser im Alter von sieben Wochen bei Pekingenten, von zehn bzw. zwölf Wochen bei Moschusenten bzw. -erpel und von zehn Wochen bei Mulardenten 70–80 % des Gewichtes ausgewachsener Tiere.
- Aufgrund des relativ spät einsetzenden Wachstums der Brustmuskulatur führt ein zu früher Schlachtzeitpunkt zu fleischarmen Schlachtkörpern.
- Der spontane Federwechsel bei der Jugendmauser bedingt einen eng begrenzten Schlachtzeitpunkt, da „stopplige" Enten nicht verkaufsfähig sind.
- Enten haben eine schnelle Entwicklung des Thermoregulationssystems und können ab 4.–5. Lebenswoche in einfachen Unterkünften gehalten werden.
- Angesichts der Dehnbarkeit der Speiseröhre können Enten bei nährstoffarmen Futtermitteln (rohfaserreiche Pflanzen)

den Bedarf an Energie und Nährstoffen durch Mehraufnahme an Futter decken.
- Die längere Brutdauer (26–28 Tage bei Peking-, 34–36 Tage bei Moschus- und 30–32 Tage bei Mulardenten), das enge Anpaarungsverhältnis von 1:5 bis 1:6 und die kurze Legeperiode von zehn Monaten bei Peking- und von 4–5 Monaten bei Moschusenten verteuern die Reproduktion.
- Besonders Pekingenten sind scheu und schreckhaft und verlangen sorgsamen Umgang.

Schwimm- bzw. Badegelegenheit

Die Erfahrungen der Praxis zeigen, daß das Fehlen von Schwimm- oder Badegelegenheiten ohne Folgen für Wachstum, Fortpflanzung und Gesundheit bleibt. Dessenungeachtet haben Enten eine ausgeprägte Affinität zum Wasser und verfügen über eine gute Schwimmfähigkeit. Die typischen Bewegungsabläufe bzw. das Verhaltensrepertoire bei der Futter- und Wasseraufnahme, bei der Gefiederpflege und bei der Paarung auf dem Wasser sind auch auf dem Lande zu beobachten und nicht an das Vorhandensein von Wasser gebunden. Bei Haltung ohne Wasser kommt es zum Trockenbaden, allerdings sondert die Bürzeldrüse weniger Sekret ab, so daß die Tiere das Gefieder nicht so stark einfetten wie auf dem Wasser. Es verschmutzt leichter und wird spröde. Ob dadurch das Wohlbefinden beeinträchtigt wird, ist nicht erwiesen. Badewasser in betonierten Wasserrinnen wird schon in kürzester Zeit in einem hohen Maße verschmutzt und zu einem hygienischen Risiko, da die Tiere Schmutzwasser aufnehmen. Günstiger sind daher Duschen über mit Rosten abgedeckten Abwasserbecken.

Strenge Forderungen an den Umweltschutz begrenzen die Bade- und Schwimmgelegenheiten für Enten und erfordern Vorrichtungen für die Abwasserbehandlung. Je Mastdurchgang mit 250 Pekingenten von der 4.–7. Lebenswoche je Hektar Wasserfläche und der Annahme, daß 50 % des Kotes im Wasser abgesetzt wird (etwa 180 kg Kottrockenmasse), ist mit einem Eintrag von 11,5 kg Stickstoff [N] und 10 kg Phosphat [P_2O_5] je Hektar zu rechnen. Von 100 Zuchtenten werden in 200 Tagen mit 575 kg Kottrockenmasse 38 kg N und 33 kg P_2O_5 eingebracht. In der Trockenmasse des Entenkotes sind 6,6 % N und 2,8 % P enthalten.

Bewegung, Beschäftigung

Das Laufvermögen der Pekingenten ist wegen der weit nach hinten am Körper befindlichen Beine gemindert und durch das sprichwörtliche „Watscheln" gekennzeichnet. Bei der Flucht ermüden die Tiere schnell und schlagen mit den Flügeln. Die Moschusente ist mit Hilfe der langen, scharfen Krallen an den Zehen zum Klettern befähigt. Auch Flugversuche werden unternommen. Holzreuter zum Klettern und Aufbäumen sind für Moschusenten sowohl im Stall als auch im Auslauf zur Strukturanreicherung vorteilhaft.

Über den Anteil der einzelnen Verhaltensweisen berichten Reiter und Bessei (1997) (Tab. 4.7.1-1).

Tabelle 4.7.1-1 Anteil der Verhaltensweisen in [%] bei Peking-, Moschus- und Mulardenten während der Mast (Reiter u. Bessei, 1997)

Verhaltensweisen	Pekingenten	Moschusenten	Mulardenten
Fressen	2,4	3,7	2,0
Trinken	8,0	6,4	6,5
Schnattern in Einstreu oder Gras	13,2	10,9	11,0
Putzen	12,6	14,9	16,2
Sitzen	58,1	58,8	55,5
Laufen	4,3	4,2	4,1
Baden	2,8	1,5	1,5

Tabelle 4.7.1–2 Empfohlene Stallbodenfläche (Tiere/m²) in Aufzucht, Mast und Reproduktion

Alter	Bodengestaltung	Pekingente	Moschusente	Mulardente
1. Woche	Tiefstreu, Rosten	50	50	50
2.– 3. Woche	Tiefstreu	10	15	15
2.– 3. Woche	Rosten	15	20	20
4. Woche (bis Mastende)	Tiefstreu	5	7 (5 m.; 9 w.)	7
	Rosten	–	10 (7 m.; 13 w.)	10
Jungenten	Tiefstreu	3	5	–
	Rosten	–	7	
Legeenten	Tiefstreu	2–3	2–3	–
	Rosten	–	3–4	

Pekingenten verwenden etwas mehr Zeit für Trinken, Schnattern und Baden und weniger Zeit für Fressen und Putzen. Der Anteil des Badens ist überraschend gering.

Platzbedarf und Gruppengröße

Die empfohlene Besatzdichte ist in Tabelle 4.7.1–2 für Haltung auf Tiefstreu oder Rosten zusammengestellt.

Rostböden sollten möglichst nur in Kombination mit Einstreu eingesetzt werden.

In den Vermarktungsnormen der EU (Verordnung Nr. 1538/91) für besondere Haltungsverfahren sind weitere Besatzdichten für die Stallfläche sowie für vorwiegend begrünten Auslauf angegeben.

Bei Auslaufhaltung von Elterntieren sollten 10–20 m² pro Tier zur Verfügung stehen. Bei Zugang zu Wasserausläufen gelten maximal drei Durchgänge mit je 250 Mastenten oder 100 Zuchtenten während einer Legeperiode je Hektar Wasseroberfläche. Bei künstlichen Schwimmrinnen werden 15 Tiere je Quadratmeter gerechnet. Schwimmrinnen sollten 0,5–1,0 m breit und 20–30 cm tief sein. Vor einer Schwimmrinne ist der Boden mit einem 1–2 m breiten Rostboden abzudecken, um eine Verschlammung zu verhindern.

In der Entenmast liegt die optimale Gruppengröße bis zum 21. Lebenstag zwischen 70 und 120 Tieren. Bei älteren Mastenten spielt die Gruppengröße eine geringe Rolle. Für Zuchtenten werden Herdengrößen bis zu 200 Tieren empfohlen. Größere Herden erschweren die Übersicht für den Betreuer.

Nestgestaltung

Um saubere, unbeschädigte Bruteier zu gewinnen, sollten einfache Nestboxen in langen Reihen an den Abteilwänden in Einstreuhöhe aufgestellt werden. Diese sind 30–40 cm breit, 45–50 cm tief und 30–40 cm hoch. In Präferenztests haben Moschusenten abgedeckte Nester bevorzugt, weil sie den natürlichen Gegebenheiten näherkommen (BILSING et al., 1988). Als Nesteinstreu dienen Stroh oder Hobelspäne. Tägliches Nachstreuen begünstigt die Gewinnung sauberer Bruteier. Für drei Enten ist wegen der hohen Legeintensität in den frühen Morgenstunden ein Nest bereitzustellen.

Einstreu und Bodenbeschaffenheit

Einstreu sichert die Isolierung vom Boden und nimmt Feuchtigkeit auf. Die Dicke der Einstreu beträgt bei der Einstallung der Tiere 10–15 cm. Verwendet werden Kurz- oder Häckselstroh von Roggen bzw. Weizen oder Hobelspäne. Wegen der Sperrigkeit eignet sich auch Rapsstroh sehr gut. Das Streumaterial muß trocken und frei von Imprägnierungsmitteln sein und darf nicht naß oder schimmlig werden. Da Enten nicht scharren, muß täglich nachgestreut und gelockert werden. Für 1000 Enten werden täglich 50 kg Einstreu benötigt. Je Mastente beträgt der

4 Tiergerechte Nutztierhaltung

Einstreubedarf insgesamt 2,5–3,0 kg, je Zuchtente 20–30 kg. Feuchte Einstreu begünstigt die Entwicklung von Krankheitserregern, erhöht die Ammoniakbildung und stört das Wohlbefinden der Tiere durch Bindehautentzündung und Befeuchtung des Bauch- und Brustgefieders. Das Gefieder verzwirnt und wird beim mechanischen Rupfen der Schlachtkörper unzureichend entfernt. Bei Verpilzung der Streu wird dem Ausbruch der Aspergillose Vorschub geleistet.

Das Feuchtwerden der Einstreu in Entenställen wird durch den hohen Wassergehalt des Kotes von über 80 % sowie durch Spritzwasser an den Tränken begünstigt. Um Spritzwasser von der Einstreu fernzuhalten, wird das Tränkesystem über einem mit Drahtboden oder Plastikrosten abgedeckten Abwasserbecken aufgestellt. Bei ständigem Aufenthalt auf perforierten Böden entzünden sich häufig die Fußballen. Die Epidermis der relativ weichen Haut an den Füßen und Beinen ist nur wenig verhornt und deshalb sehr empfindlich. Abschürfungen, Quetschungen und Risse an Sprunggelenk, Lauf und Paddeln ermöglichen das Eindringen von pathogenen Mikroorganismen. Gelegentlich werden bei Haltung auf perforiertem Boden Beinschäden in Form nach außen verdrehter Beine (Spreizer) beobachtet, insbesondere bei schweren Pekingenten und Moschuserpeln. Deshalb sollten perforierte Böden auf den Bereich der Tränke begrenzt bleiben.

Um Verletzungen und Beinanomalien zu vermeiden, ist plastikummantelter Drahtboden mit weicher, glatter Oberfläche mit den Maschenweiten von 18 mm für Entenküken und von 25 mm für Mast- und Zuchtenten zu verwenden. Nachteilig ist die geringe Belastbarkeit. Gelochte Blech- und Plastikroste haben breite Stege, die durch den feuchten Kot verschmieren und rutschig werden. Beim Aufliegen wird das Gefieder auf der Unterseite verschmutzt und feucht. Holzroste haben sich bewährt, sind allerdings schwer zu reinigen. Sie gewähren ein trockenes Gefiederkleid und sind günstig für Fußballen.

Im Sinne des Wohlbefindens der Enten müssen perforierte Böden griffig und rutschfest sein, eine ungehinderte Fortbewegung der Tiere, aber auch Begehbarkeit für den Betreuer gewährleisten (Bessei u. Reiter, 1998).

Bei Haltung ohne Auslauf sind Beschäftigungsmöglichkeiten wie Stroh oder Gras in Körben sowie herabhängende Plastikbänder oder Ketten anzubieten.

Tiergerechtes Futter, Fütterung und Tränkung

Die Fütterungsprogramme für Enten basieren auf Starterfutter bis zur 3. Lebenswoche, danach Mastfutter bis zur Schlachtung, Jungtierfutter für die späteren Zuchttiere während der Aufzucht sowie Zuchtfutter während der Reproduktion.

Da Enten mit ihrer dehnbaren Speiseröhre, die wie ein Kropf fungiert, relativ viel Futter aufnehmen können, lassen sich billige, faserreiche Futterstoffe einsetzen. In kurzer Zeit werden von Enten im Alter von über drei Wochen über 100 g Pellets aufgenommen. Daraus ergibt sich, daß bei ständigem Futterangebot in Automaten trotz geringer Futtertroglänge von 2 cm je Tier keine Leistungsdepressionen auftreten.

Fertiges Mischfutter für Enten sollte stets pelletiert sein, weil es mit dem Schnabel besser erfaßt werden kann. Je Mastente werden so gegenüber Mehlfutter 10 % Futter eingespart. Mehlförmiges Futter bildet mit dem Speichel eine klebrige Masse, die an Schnabel und Zunge haftet und nicht abgeschluckt werden kann. Das führt zu geringerer Futteraufnahme und höherer Vergeudung, weil die Ente versucht, dieses anhaftende Futter abzuschütteln oder im Wasser abzuspülen. Ist der Einsatz von pelletiertem Futter nicht möglich, sollte das Mehlfutter mit Wasser, Magermilch oder Molke angefeuchtet werden, so daß es feuchtkrümelig wird. Auf 10 kg Mischfutter kommen 3–4 l Flüssigkeit. Das Weichfutterangebot muß in der Menge so bemessen sein, daß es in

4.7 Tiergerechte Haltung von Enten

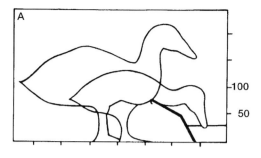

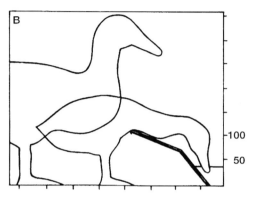

Abb. 4.7.1–1a, b Anpassung der Troggestaltung an das Futteraufnahmeverhalten und an das Wachstum bei Mastenten. **(a)** Troggestaltung 10.–20. Lebenstag; **(b)** Troggestaltung 21.–56. Lebenstag (nach REITER, 1992).

20–30 min verzehrt ist, andernfalls besteht besonders an warmen Tagen die Gefahr der Säuerung. Alle Enten müssen bei Weichfütterung gleichzeitig fressen können, so daß je Ente 15 cm Troglänge zu veranschlagen ist. Pelletiertes Mischfutter wird in Futterautomaten zur ständigen Aufnahme angeboten. Für Entenküken in den ersten Lebenswochen haben die Pellets einen Durchmesser von 3 mm, danach von 5 mm. Der typischen, nach vorn gerichteten, schaufelartigen Greifbewegung bei der Futteraufnahme muß die Form der Futtertröge angepaßt werden (Abb. 4.7.1–1a, b).

Bei der Aufzucht von Jungenten für die spätere Bruteiproduktion ist über eine restriktive Fütterung die Entwicklung zu steuern. Die restriktive Fütterung wird am besten so gestaltet, daß die vorgesehene Futtermenge in Pelletform morgens und abends breitwürfig auf der trockenen Einstreu oder auf trockenen Plätzen im Auslauf verteilt wird.

Als Tränken werden für Enten 8 cm tiefe Rinnen mit U-förmigem Querschnitt mit ständigem Wasserdurchlauf, Ventilrundtränken und neuerdings auch Nippeltränken verwendet. Letztere gewähren Trinkwasserqualität und verursachen die geringsten Wasserverluste, erfüllen aber nicht die Forderung, daß bei der Wasseraufnahme Nasenlöcher und Augen eingetaucht werden können (Tab. 4.7.1–3).

Klimaansprüche

Die noch unterentwickelte Fähigkeit zur Thermoregulation bei Entenküken nach dem Schlupf macht es erforderlich, die Umge-

Tabelle 4.7.1–3 Vergleich konventioneller und neuer Trog- und Tränkegestaltungen bei Peking- und Moschusenten (Angaben/Tier) (REITER, 1991)

	Pekingenten 1.–8. Lebenswoche		Moschusenten 1.–11. Lebenswoche	
	konventionelle Tröge	neue Tröge	konventionelle Tröge	neue Tröge
Körpergewicht [g]	2424	2455	2589	2611
Futteraufnahme [g]	8130	7710	9610	8850
Futterverlust [%]	5,0	0,6	7,2	0,7
Wasseraufnahme [l]	39,9	33,8	27,8	26,1
Wasserverlust [%]	14,5	2,4	6,8	0,9

Alter [d]	Pekingenten [°C]			Moschusenten [°C]		
	BOT	OGT	UGT	BOT	OGT	UGT
10	25	30	20	30	35	20
20	22	30	20	28	30	20
40	20	25	20	27	30	20
91	18	25	15	–	–	–
360	15	20	15	24	30	20

Tabelle 4.7.1–4 Biologisch optimale Temperatur (BOT) sowie obere (OGT) und untere (UGT) Grenztemperatur in [°C] für Enten >(Nichelmann, 1987)

bungstemperatur in den ersten Lebenstagen in optimalen Grenzen zu halten. Unter der biologisch optimalen Temperatur (BOT) (Tab. 4.7.1–4) versteht man die Umgebungstemperatur, bei der der Organismus thermisch minimal belastet wird (Nichelmann, 1987).

Dem Wohlbefinden und der Entwicklung der Thermoregulation der Entenküken ist es förderlich, wenn im Stall Zonen mit unterschiedlichen Temperaturen anzutreffen sind. Beim Ruhen suchen die Tiere eine Temperatur im Bereich der thermisch neutralen Zone, bei der Futteraufnahme und anderen Aktivitäten eine Temperatur im Bereich der biologisch optimalen Temperatur auf. Das subkutane Fett schützt beim Schwimmen vor Ab- bzw. Auskühlung. Bei Temperaturen über 28 °C beginnen Pekingenten zu keuchen. Wenn sie Schwimm- oder Badegelegenheit haben, kommt es über ein hochentwickeltes arteriovenöses Wärmeaustauschsystem in Schnabel, Beinen und Füßen zur Abkühlung. Moschus- und Mulardenten werden weniger negativ durch hohe Temperaturen belastet als Pekingenten. Nach der vierten Lebenswoche ist eine Temperatur zwischen 5 °C und 20 °C am günstigsten.

Enten haben einen intensiven Stoffwechsel. Im Alter von 10–30 Tagen werden je Kilogramm Körpergewicht und Stunde 2,55 l Sauerstoff (O_2) verbraucht und 2,62 l Kohlendioxyd (CO_2) sowie 20–25 g Wasser (H_2O), davon etwa die Hälfte mit der Atemluft, ausgeschieden (Seljanski, 1966). Trotz der vergleichsweise geringen Besatzdichte im Stall ist demzufolge ein ausreichender Luftwechsel (bis zu 6 m^3/kg Körpergewicht/h) zu sichern. Besonders bei niedrigen Außentemperaturen ist für ausreichende Trockenheit im Stall zu sorgen, da sonst Einstreu und Gefieder feucht werden.

In der Aufzucht und Mast ist in den ersten Lebenstagen der natürliche Lichttag durch Zusatzbeleuchtung auf 23 Stunden zu ergänzen. Wenn die Tiere sich nach einigen Tagen an die Futter- und Tränkeinrichtungen gewöhnt haben, kann die Zusatzbeleuchtung allmählich eingestellt werden. Da die Enten sehr scheu und schreckhaft sind und bei absoluter Dunkelheit im Kreise herumrennen oder sich in die Ecken drücken, ist während der Nacht ein schwaches Dämmerlicht zu installieren, das den Enten die Orientierung ermöglicht. Die Stallecken sollten abgerundet sein. Als dämmerungsaktives Tier nimmt die Ente auch nachts Futter und Wasser auf.

Kriterien einer tiergerechten Haltung

Ob eine Haltung tiergerecht ist, läßt sich zunächst durch Beurteilung der Enten nach folgenden Kriterien einschätzen:
- körperliche Kondition (typische Körperhaltung, Aktivität);
- Art und Aktivität in Bewegung und anderen Verhaltensweisen (intensives Laufen, Baden und Schnattern, aktives Fressen und Trinken);
- Atmung (Hecheln bei Temperaturen über 28 °C);
- Zustand des Gefieders (glatt und glänzend), der Augen (klar und leuchtend), der Haut (sauber, unverletzt), des Schnabels,

4.7 Tiergerechte Haltung von Enten

der Beine und der Füße (gelb-orange gefärbt, gut geformt, unverletzt, frei von Entzündungen);
- Vorhandensein von Endo- und Ektoparasiten (Wurmbefall, Milben und Federlinge bei mangelhafter Pflege der Ausläufe und der Einstreu);
- Aussehen und Konsistenz des Kotes (grau bis schwarz, geformt, hellbrauner und schaumbedeckter Kot deutet auf Ernährungsfehler hin);
- Höhe des Futter- und Wasserverbrauches;
- Intensität des Wachstums oder der Legetätigkeit und Nutzungsdauer;
- Höhe der Verluste und Merzungen;
- dem Alter und Geschlecht entsprechende Lautäußerungen (Zufriedenheitslaute).

Bei der Beurteilung der Haltungsfaktoren sind folgende Kriterien besonders zu beachten:
- Einhaltung der klimatischen Anforderungen entsprechend dem Alter der Enten;
- Verfügbarkeit von Futter und Wasser, Gestaltung der Fütterungs- und Tränkeinrichtungen sowie deren Lokalisierung;
- Bodengestaltung, Besatzdichte, Gruppengröße, bei Auslaufhaltung dessen Begrünung, bei Bade- und Schwimmöglichkeit Grad der Wasserverschmutzung;
- Aspekte des Managements (Reinigung und Desinfektion, Rein-Raus-Prinzip).

Verhaltensweisen, die auf nicht tiergerechte Haltung hindeuten, sind gegenseitiges Bepicken der Federn sowie des Afters. Diese Verhaltensstörung kommt häufig bei Moschusenten vor. Untersuchungen von BIERSCHENK et al. (1992) haben ergeben, daß Federpicken auch durch verminderte Besatzdichte, Angebot von Einstreu, Auslauf mit Bademöglichkeiten und verminderte Lichtintensität bzw. Rotlicht nicht verhindert, sondern bestenfalls eingeschränkt werden kann. Demzufolge kann bei dem gegenwärtigen Wissensstand bei der Haltung von Moschusenten nicht auf geringfügiges Kürzen der Schnabelspitzen verzichtet werden, wenn schwerwiegende gegenseitige Verletzungen vermieden werden sollen. Durch das Kürzen des Oberschnabels auf halber Höhe der Schnabelbohne werden jedoch innervierte und durchblutete Teile entfernt. In der Schnabelspitze befinden sich nach BERKHOUDT (1980) besonders viele Mechanorezeptoren.

Bei intensiv gehaltenen Moschusenten kommt es während des Tretaktes zum Bepicken der Kloakenregion der sich in Kopulationsstellung befindlichen Ente und nach dem Tretakt zum Bepicken des noch nicht eingezogenen Penis des Erpels (BILSING et al., 1992).

Physiologische Parameter, wie Plasmakortikosterongehalt, Immunreaktion oder Veränderung des Blutbildes (Verhältnis Heterophilen:Lymphozyten), reagieren bei besonders starken Belastungen.

Gesetze und Verordnungen

Aus dem TIERSCHUTZGESETZ (1998) ist abzuleiten, daß das vollständige oder teilweise Amputieren von Körperteilen verboten ist (§ 6 Abs. 1). Abweichend von diesem Verbot kann die zuständige Behörde das Kürzen der Schnabelspitze bei Nutzgeflügel nach § 6 Abs. 3 erlauben. Die Erlaubnis darf nur erteilt werden, wenn glaubhaft dargelegt wird, daß der Eingriff im Hinblick auf die vorgesehene Nutzung zum Schutz der Tiere unerläßlich ist. Sie ist zu befristen und hat Bestimmungen über Art, Umfang und Zeitpunkt des Eingriffs und die durchführende Person zu enthalten. Bei Moschusenten ist das Kürzen der Schnabelbohne um die Hälfte noch erforderlich, um stärkeren Verletzungen durch Federpicken und Kannibalismus vorzubeugen.

Nach der DÜNGEVERORDNUNG (1996) ergeben 150 Mastenten eine Düngeeinheit mit 80 kg N und 70 kg P_2O_5. Nach eigenen Untersuchungen scheiden Enten auf 100 g Trockenfutteraufnahme 22 g Kottrockenmasse aus. Kottrockenmasse enthält 6,6 % N und 2,8 %

P bzw. 6,3 % P_2O_5. Daraus ergibt sich, daß eine Zuchtente bei einem täglichen Futterverbrauch von 220–250 g mit etwa 50 g Kot (Trockensubstanz) 3,3 g N und 3,15 g P_2O_5 ausscheidet. Im Verlauf eines Jahres werden 1,2 kg N und 1,15 kg P_2O_5 ausgeschieden. Auf Stickstoffbasis wären 67 Zuchtenten, auf P_2O_5-Basis 61 Zuchtenten eine Düngeeinheit. Eine Mastente scheidet mit 1,7 kg Trockenkot 112 g N und 107 g P_2O_5 aus. Auf Stickstoffbasis wären 714 Mastenten, auf P_2O_5-Basis 654 Mastenten eine Düngeeinheit.

Für die Entenhaltung sind weiterhin bedeutsam das WASSERHAUSHALTSGESETZ (1996) sowie die Verordnung (EWG) Nr. 1538/91 der Kommission mit ausführlichen Durchführungsvorschriften zur Verordnung (EWG) Nr. 1906/90 des Rates über bestimmte Vermarktungsnormen für Geflügelfleisch.

4.7.2 Elterntierhaltung

Bei ganzjähriger Mast, die sich sowohl bei Peking- als auch bei Moschusenten durchgesetzt hat, werden über das ganze Jahr Mastküken benötigt. Da die Vermehrungsenten eine zeitlich begrenzte Legeperiode haben und die Legeintensität innerhalb der Legeperiode nicht gleichmäßig ist, wird mit altersmäßig gestaffelten Elterntierherden gearbeitet.

Die Aufzucht von Zucht- und Elterntieren entspricht in den ersten Lebenswochen der der Masttiere. Rund um die Wärmequelle (künstliche Glucke) wird in der ersten Lebenswoche ein 40 cm hoher Ring aus Plastik mit einem Durchmesser von etwa 3 m angebracht, um zu verhindern, daß sich einzelne Tiere zu weit aus dem Wärmebereich entfernen und unterkühlt werden. Nach 4–5 Tagen wird der Ring entfernt, so daß die Tiere unterschiedliche Wärmezonen aufsuchen können. Je nach Witterung, spätestens ab der 4. Lebenswoche, kann den Entenküken Auslauf gewährt werden.

Bei Pekingenten sind beide Geschlechter gemeinsam aufzuziehen, um die sexuelle Prägung zu gewährleisten, da die männlichen Tiere ansonsten die Paarungsfähigkeit verlieren. Moschusenten werden wegen der zunehmenden Gewichtsdifferenzen getrenntgeschlechtlich aufgezogen. Durch Futterrestriktion während der Aufzucht wird der Legebeginn gesteuert. Die Legetätigkeit darf bei Pekingenten nicht vor der 24. und bei Moschusenten nicht vor der 28. Lebenswoche beginnen, um von Anfang an eine gute Bruteiqualität und eine lange Legepersistenz zu sichern.

Während Pekingenten in einer Legeperiode von 40 Wochen 210–230 Eier legen, kommen Moschusenten in einer 20wöchigen Legeperiode lediglich auf 80–90 Eier. Am Ende der jeweiligen Legeperiode wird die Neigung der Tiere zur Mauser (Federwechsel) genutzt, um alle Tiere schlagartig in die Mauser zu bringen. Dies wird durch Verkürzung des Lichttages und Reduzierung des Futterangebots erreicht. Ohne diese Maßnahme würden sich die Tiere zu unterschiedlichen Zeiten mausern, und es käme nicht zu einem einheitlichen Beginn der folgenden Legeperiode. Nach Beginn der Mauser muß energiereich gefüttert werden, um die erhöhte Wärmeabgabe auszugleichen.

Man unterscheidet drei Formen der Haltung von Zucht- und Vermehrungsenten:
- Extensivhaltung – mit Wasser- und/oder Landauslauf;
- Halbintensivhaltung – in Ställen mit begrenztem und befestigtem Auslauf mit/ohne Badegelegenheit;
- Intensivhaltung – ohne Auslauf auf Tiefstreu in Kombination mit Rosten.

Zur rechtzeitigen Vorbereitung auf die Legetätigkeit werden Jungenten 4–6 Wochen vor dem erwünschten Legebeginn in den Elterntierstall gebracht. Das Anpaarungsverhältnis kann bei leichten Pekingenten 1:6 bis 1:8 betragen, bei schweren Herkünften muß es enger sein. Bei Moschusenten werden wegen des starken Gewichtsunterschiedes die Geschlechter getrennt aufgezogen und erst bei Einstellung in den Legestall in einem Verhältnis von 1:5 bis 1:6 zusammengeführt.

Zur Steuerung der Legetätigkeit werden auch bei Enten Lichtprogramme angewandt. Etwa drei Wochen vor gewünschtem Legebeginn wird der Lichttag auf zwölf Stunden verlängert. Er sollte dann möglichst konstant bleiben, damit die Legetätigkeit lange auf einem hohen Niveau bleibt. Bei natürlichem Lichttag wird häufig beobachtet, daß bei den langen Hellzeiten ab Ende Mai die Legetätigkeit reduziert wird.

4.7.3 Mastentenhaltung

Für die Mast sind, abhängig von der Mastdauer und der Haltung, verschiedene Methoden bekannt.

Bei Schlachtung vor der ersten Jungtiermauser spricht man von Schnell- oder Kurzmast. Die **Schnellmast** dauert bei Pekingenten 6–8 Wochen, je nach Intensität des Wachstums. Bei weiblichen Moschusenten und Mulardenten können 9–10 Wochen und bei Moschuserpeln 12–13 Wochen veranschlagt werden. Dauert die Mast 6–7 Wochen länger bis kurz vor Beginn der 2. Jugendmauser, spricht man von **mittellanger Mast**, die in der Regel mit Weidehaltung verbunden ist. Dies ist auch der Fall, wenn die **Langmast** angewandt wird, was aber bei Enten wegen der hohen Kosten selten ist. Innerhalb der Mastdauer wird weiterhin unterteilt nach den Haltungsmethoden Extensiv-, Halbintensiv- und Intensivhaltung.

In der Entenfleischproduktion dominiert die Schnellmast bei Intensivhaltung auf Tiefstreu (Pekingenten) und Rosten (Moschusenten). Nach der Warmaufzucht bleiben die Tiere in einem geschlossenen Stall. Im Sinne der tiergerechten Haltung sind für die Schnellmast ab der 3. Lebenswoche begrenzte Ausläufe zu empfehlen. Die Temperatur sollte zu Beginn der Haltung im Auslauf nicht unter 8–10 °C, später nicht unter 5 °C abfallen. Ungeeignet sind Ausläufe mit feuchter und schlammiger Oberfläche, weil das Gefieder feucht und klebrig wird und einzelne Federn abbrechen. Die am Schlachtkörper vorhandenen Federstoppeln tragen zu einer erheblichen Qualitätsminderung bei. In dem Fall ist es günstiger, den begrenzten Auslauf mit ausreichend Stroh einzustreuen (Strohauslauf) und in nicht zu große Buchten einzuteilen. Futterautomaten und Tränkerinnen befinden sich an gegenüberliegenden Seiten des Auslaufs. Wenn Voraussetzungen für die Abwasserverwertung gegeben sind, sollten an der Längsseite des Auslaufs Schwimmrinnen angelegt werden. An warmen Tagen können sich die Enten abkühlen und nehmen mehr Futter auf.

Eine Kombination der Entenmast mit der Karpfenproduktion kann vorteilhaft sein, wenn der Besatz von 250 Enten je Hektar Wasserfläche bei nicht mehr als drei Belegungen im Jahr eingehalten wird. Zum Schutz des Ufers sind Befestigungen anzubringen, die gleichzeitig den Enten Aufsuchen und Verlassen des Gewässers erleichtern. Durch den Nährstoffeintrag wird das Wachstum des Planktons als natürliches Fischfutter und damit der Fischertrag erhöht. Die für Entenmast vorgesehenen Gewässer sind so zu bewirtschaften, daß keine Störung des biologischen Gleichgewichts eintritt (RUDOLPH, 1975). Überbesetzung der Gewässer führt zur organischen Belastung und zu verstärkter Algenbildung, die wiederum erhöhte Verluste durch Vergiftung verursachen kann.

Für eine ökologisch orientierte Enten- und Karpfenproduktion bietet sich das Aqua-Rotations-System nach VARADI (1995) an, in dem der Stoffkreislauf weitgehend gewahrt wird.

Nach 5jähriger kombinierter Enten- und Karpfenproduktion werden die im Sediment abgelagerten Nährstoffe in den folgenden fünf Jahren durch Anbau von Futterpflanzen verwertet.

Literatur

Berkhoudt, H.: The morphology and distribution of cutaneus (Herbst and Gandry corpuscles) mechanoreceptors in the bill and tongue of the mallard (Anas platyrhynchos). Neth. J. Zool. 30 (1980) 1–34.

Bessei, W., K. Reiter: Tiergerechte Haltung von Mastenten. DGS Magazin (1998) 46–48.

Bierschenk, F., H. W. Rauch, F. Ellendorf, R. Klemm, K. Reiter, H. Pingel, K. H. Schneider: Probleme der Intensivhaltung von Moschusenten – Untersuchungen zur Vermeidung des Schnabelstutzens. Abschlußbericht zum BML-Forschungsvorhaben (1992).

Bilsing, A., B. Hensch, R. Schneider, M. Nichelmann: Präferenzen in der Elterntierhaltung von Cairina moschata. Monatsh. Vetmed. 43 (1988) 871–874.

Bilsing, A., H. Holub, M. Fussy, M. Nichelmann: Sexualverhalten der Moschusente unter Bedingungen der intensiven Elterntierhaltung: Partnerbeziehung, Territorialverhalten, Störungen der Tretaktivität. Arch. Geflügelkd. 56 (1992) 171–176.

Nichelmann, M.: Einfluß der Klimafaktoren. In: Schwark, H. J., A. Mazanowski, V. Peter (eds.): Internationales Handbuch der Tierproduktion, Geflügel. Dt. Landwirtschaftsverlag Berlin (1987) 261–288.

Reiter, K.: Enten: Wie man Futter- und Wasserverluste reduziert. DGS 30 (1991) 927–930.

Reiter, K., W. Bessei: Effect of water bath and free range on behaviour and feathering in pekin, muscovy and mulard duck. Proc. 11th Europ. Waterfowl Symp., Nantes (1997) 224–229.

Rudolph, W.: Die Hausenten. A. Ziemsen Verlag, Wittenberg (1975).

Seljanski, V. M.: Gaswechsel, Wärmebildung und Wasserhaushalt beim Geflügel. Proc. 13. Weltgeflügelkongreß, Kiew (1966) 281.

Varadi, L.: Ecological aspects in integrated duck and fish production. Proc. 10th Europ. Symp. on Waterfowl, Halle (1995) 8–19.

Rechtsgrundlagen, Empfehlungen, Normen u. ä.:

Tierschutzgesetz (TierSchG) i. d. F. d. Bek. vom 25 Mai 1998 (BGBl. I S. 1105, ber. S. 1818).

Verordnung (EWG) Nr. 1538/91 der Kommission mit ausführlichen Durchführungsvorschriften zur Verordnung (EWG) Nr. 1906/90 des Rates über bestimmte Vermarktungsnormen für Geflügelfleisch. Vom 5. Juli 1991 (Abl. EG Nr. L 143/11), zul. geänd. durch V Nr. 1000/96 vom 4. Juni 1996 (Abl. EG Nr. L 134 S. 9).

Verordnung über die Grundsätze der guten fachlichen Praxis beim Düngen (Düngeverordnung) vom 26. Januar 1996 (BGBl. I S. 118) geänd. d. VO vom 16. Juli 1997 (BGBl. I S. 1835).

Wasserhaushaltsgesetz (WHG) i. d. F. d. Bek. vom 12. November 1996 (BGBl. I S. 1696).

4.8 Tiergerechte Haltung von Gänsen

(PINGEL, H.)

4.8.1 Grundlegende Forderungen

Bedeutung der Gänsefleischproduktion

Die Gänsefleischproduktion spielt in Deutschland mit 4200 Tonnen im Jahr eine untergeordnete Rolle und macht nur 0,57 % der gesamten Geflügelfleischproduktion aus. Der überwiegende Teil des jährlichen Pro-Kopf-Verbrauches der Bevölkerung von 370 g Gänsefleisch wird fast ausnahmslos aus Ungarn und Polen importiert (29 Tt).

Abstammung und Rassen

Die Hausgänse stammen von der Graugans *(Anser Anser L.)* und von der Schwanengans *(Anser cygnoides L.)* ab. Beide Arten sind miteinander unbegrenzt fruchtbar, d.h., aus ihrer Kreuzung gehen fruchtbare Nachkommen hervor. Die Domestikation der Graugans erfolgte vor 5000 Jahren in Ägypten. Die Schwanengans wurde im gleichen Zeitraum in China domestiziert und ist die Stammart der Höckergänse, eine von elf offiziell in Deutschland anerkannten Gänserassen. Chinesische Höckergänserassen bringen es auf hohe Legeleistungen von über 100 Eiern.

In der bäuerlichen Gänsehaltung dominieren Hybriden aus der Kreuzung verschiedener Linien, die keiner bestimmten Rasse zugeordnet werden können. Vorwiegend werden die Deutsche Legegans als schwere, fleischreiche Vaterlinie und die Italienische Gans als Mutterlinie mit einer Legeleistung von über 70 Eiern gekreuzt. In der intensiven Weidemast bis zum Alter von 16 Wochen erreichen Hybriden ein Lebendgewicht von 6–7 kg mit einem Aufwand an Konzentratfutter von etwa 4 kg.

Besonderheiten der Gans als Wassergeflügel und Weidetier

Einige biologische Eigenheiten der Gans sind wirtschaftlich von Vorteil, andere von Nachteil.

- Gänse erreichen bis zur Jugendmauser im Alter von 9–10 Wochen 70–80 % des Körpergewichts ausgewachsener Gänse.
- Dank des hohen Futteraufnahmevermögens und des starken Innendrucks im Muskelmagen verwerten Gänse faserreiche, energiearme Futtermittel verhältnismäßig gut.
- Das gute Laufvermögen erlaubt die Nutzung großer Weideflächen.
- Mit dem scharfkantigen Schnabel kann die Gans auch härtere Pflanzen abbeißen (absolute Gänseweiden), durch den tiefen Verbiß der Gräser kann es bei zu starker Besatzdichte zu Kahlstellen kommen. Andererseits kann die Gans zur biologischen Unkrautbekämpfung in Plantagen und in der Landschaftspflege eingesetzt werden.
- Wie bei der Ente entwickelt sich auch bei der Gans bis zur 3./4. Lebenswoche das Wärmeregulationsvermögen, so daß sie danach in einfachen Unterkünften gehalten werden kann.
- Neben dem Schlachtkörper kommt den Federn, insbesondere den Daunen und Halbdaunen, eine große Bedeutung zu. Sie sind hochwertige Füllstoffe für Decken, Betten und Anoraks.
- Das wachsame Verhalten mit lautem trompetenartigem Geschrei kann zur Lärmbelästigung führen, ermöglicht aber auch die Nutzung der Gänse als Wachtiere.
- Kurze, saisongebundene Legeperioden bis zu fünf Monaten, lange Legepausen, enges Anpaarungsverhältnis, geringe Leistungen in großen Herden und lange Brutdauer von 29–31 Tagen verteuern die Reproduktion.

4 Tiergerechte Nutztierhaltung

Schwimm- bzw. Badegelegenheit

Gänse sind Land- und Wasservögel. Der kahnförmige Körper und die Schwimmhäute zwischen den Zehen machen die Gans zu einer guten Schwimmerin. Bei reichlicher Grünfutteraufnahme haben Gänse auch bei Haltung ohne Schwimm- und Bademöglichkeit ein glattes, schmutzabweisendes Gefieder. Ist eine Schwimm- und Bademöglichkeit vorhanden, wird sie von den Gänsen wahrgenommen. Bei ausreichender Weidefläche oder Strohausläufen kann auf Bade- und Schwimmgelegenheit verzichtet werden.

Bewegung und Beschäftigung

Die Gans verfügt über kräftige, weit seitlich ansitzende, schräg einwärts gestellte Beine, wodurch sie auch auf dem Land weite Wege zurücklegen kann. Beim schnellen Laufen breitet sie die Flügel aus. Das Flugvermögen ist bei Hausgänsen verlorengegangen, weil das Körpergewicht, bezogen auf die Tragfläche der Flügel, zu hoch ist.

Die Futteraufnahme konzentriert sich bei Gänsen auf die Morgen- und Abendstunden. Beim Trinken gibt es keine besonderen Spitzenzeiten. Der Anteil des Ruhens im Verhältnis zu allen anderen Verhaltensweisen macht am Tage 48 % und nachts 55 % aus (BIERSCHENK, 1990). Einen großen Teil des Tages verbringen Gänse mit dem Putzen (etwa 15 %). Gänse setzen bei der Gefiederpflege nicht nur den Schnabel ein, sondern auch den Hals, die Kehle und die seitlichen Kopfpartien. Bei Haltung ohne Zugang zu Wasser kommt es zum Trockenbaden. Die Tiere strecken sitzend den Hals weit vor, sträuben das Halsgefieder und wenden den Hals am Boden hin und her. Kopf und Hals werden auf die Schulter zurückgeworfen und hin und her geschlenkert. Steht Wasser im Eimer zur Verfügung, werden Kopf und Hals tief eingetaucht. Durch plötzliches Aufrichten fließt das Wasser über Brust und Rücken ab.

Gänse haben das Bedürfnis, Gegenstände zu beknabbern, was ihrem ausgeprägten Erkundungsverhalten zugeschrieben wird.

Platzbedarf und Gruppengröße

Je Quadratmeter Stallfläche werden bis zur 3. Lebenswoche 8–10 und danach 2–3 Gänse gehalten. Wird ab der 3. Woche Auslauf oder Weide gewährt, reicht ein Quadratmeter Stallfläche für die nächtliche Unterbringung von 5–8 Gänsen. Die Auslauf- oder Weidefläche soll 20–50 m^2 je Mastgans betragen.

Der Stallplatzbedarf je Zuchtgans beträgt 0,5–0,7 m^2, der Weideflächenbedarf bis zu 100 m^2.

Aus den Vermarktungsnormen der EU (1538/91) ergibt sich für Mastgänse als maximale Besatzdichte 15 kg/m^2 Stallfläche und mindestens 4 m^2 vorwiegend begrünter Auslauf je Gans. Bei bäuerlicher Auslaufhaltung erhöht sich die Auslauffläche auf 10 m^2 je Tier. Die einzelnen Ställe dürfen nicht mehr als 1600 Mastgänse enthalten. Die optimalen Gruppengrößen sind bei Gänsen wesentlich niedriger. Sie liegen bei Mastgänsen zwischen 50 und 100 und bei Zuchtgänsen zwischen 20 und 50. Die negative Wirkung der Haltung in großen Herden hängt offensichtlich mit laufenden Rangstreitigkeiten zusammen.

Nestgestaltung

Ein offenes Nest mit 45–55 cm Breite und Tiefe reicht für drei Elterntiere. Bei Zuchtgänsen muß für jedes Tier ein Fallennest zur Verfügung stehen. Tägliches Einstreuen gewährleistet saubere Bruteier. Die Nester sind ebenerdig an den Stallseitenwänden anzubringen.

Einstreu und Bodengestaltung

In der Gänsehaltung werden bevorzugt Stroh, ersatzweise auch Hobelspäne, als Einstreumaterial verwendet und in einer mindestens 15 cm dicken Schicht auf den gesamten Stallboden gebracht. Je Tierplatz

4.8 Tiergerechte Haltung von Gänsen

und Jahr werden 60–80 kg Einstreumaterial benötigt. Tägliches Überstreuen und Entfernen von befeuchteter Einstreu gewährleisten, daß diese trocken bleibt. Geeignete Tränkgefäße sowie deren Installation auf Drahtboden oder Plastikrosten mit darunter befindlichen Becken, die das Spritzwasser auffangen, beugen einer zu starken Befeuchtung der Einstreu vor. Feuchte Einstreu fördert die Ammoniakbildung und verschlechtert die Qualität des Gefieders. In Versuchen mit Rostböden anstelle der Einstreu ist das Wachstum verzögert und die Befiederung verschlechtert worden. Stanzblechroste sind ungünstiger als plastikummantelte Drahtböden, weil sie durch den wasserreichen Kot verschmieren, so daß die Tiere leicht ausgleiten und sich verletzen. Gleiches gilt für betonierte Ausläufe, die deshalb besser als Strohausläufe genutzt werden sollten.

Tiergerechte Fütterung

Die Fütterungsprogramme für Gänse basieren auf Starterfutter bis zur 3. Lebenswoche, danach Mastfutter bis zum Schlachtalter, Jungtierfutter für die späteren Zuchttiere und in der Zuchtruhe sowie Zuchtfutter während der Legeperiode. Es darf keine Kokzidiostatika enthalten und sollte wie Entenfutter pelletiert sein. Vorteilhaft ist für Gänse die Zufütterung von Grünfutter schon im frühen Alter, weil sie eine Erweiterung des Verdauungstraktes bewirkt und somit später eine höhere Futteraufnahme ermöglicht. Die Aufnahme großer Mengen faserreicher Futterstoffe befähigt die Gans, in der Zuchtruhe den Bedarf an Energie und Protein allein aus Grünfutter zu decken. Auch während des Wachstums und der Legetätigkeit kann ein Teil des Bedarfes aus Grünfutter oder Weidegras gedeckt werden. Der Weidegang kommt dem Futteraufnahmeverhalten der Gans sehr entgegen. In Verbindung mit ihrer Lauftüchtigkeit kann sie deshalb auch in der Landschaftspflege eingesetzt werden.

Kraftfutter wird in Futterautomaten angeboten, wobei die Troglänge anfangs bis zu 2 cm und ab 4. Lebenswoche bis zu 4 cm je Tier betragen sollte. Diese relativ kurzen Trogabmessungen sind in der schnellen Aufnahme großer Futtermengen begründet. Bei restriktiver Fütterung wird das Kraftfutter breitwürfig auf die trockene Einstreu oder auf trockene Plätze im Auslauf verteilt.

Als Tränken eignen sich am besten Rinnen, die für Gössel eine Wassertiefe von 4 cm und für ältere Mast- sowie Zuchtgänse eine Wassertiefe von 8 cm gewähren, damit bei der Wasseraufnahme die Augen benetzt und die Nasenlöcher durchspült werden. Beim direkten Trinken wird der Schnabel nur wenige Millimeter eingetaucht.

Klimaansprüche

In der kurzen Aufzuchtphase bis zur 3. oder 4. Woche ist über zusätzliche Wärmequellen eine den Gösseln zusagende Temperatur zu gewähren. Die biologisch optimale Temperatur beläuft sich nach Nichelmann (1987) für Gänse im Alter von zehn, 20, 40 und mehr Tagen auf 30, 25 und 20 °C. Nach der 4. Lebenswoche werden niedrige Temperaturen bis zu 5 °C durch das entwickelte Thermoregulationssystem gut vertragen.

Der hohe Wassergehalt des Gänsekotes kann zu feuchter Einstreu und damit zu starker Ammoniakbildung führen. Demzufolge ist für trockene Einstreu und ausreichende Lüftung bis zu fünf Quadratmeter je Kilogramm Körpergewicht und Stunde zu sorgen.

Während in den ersten Lebenstagen durch Zusatzbeleuchtung 23 Stunden Licht herrscht, damit eine ausreichende Wasser- und Futterversorgung gesichert ist, wird der Lichttag danach dem natürlichen Lichttag angepaßt.

Bei Zucht- und Vermehrungsgänsen ist zu beachten, daß sehr lange Lichttage zum Einstellen der Legetätigkeit führen bzw. bei Junggänsen den Legebeginn verzögern. Demzufolge werden in der modernen Gänsezucht Programme mit einem 8- bis 10stündigen Lichttag angewendet, da sie eine längere Legeperiode von über sechs Monaten bewirken. Gegenüber dem natürlichen Lichttag und Lichttagen von mehr als zwölf Stunden werden je Legeperiode bis zu 30 % mehr Eier gelegt.

Kriterien einer tiergerechten Haltung

Die Kriterien einer tiergerechten Haltung von Gänsen sind mit denen für Enten weitgehend identisch. Eine gesunde Gans zeichnet sich durch dem Alter und Geschlecht entsprechende Lautäußerungen sowie durch klare, leuchtende Augen, rassetypische Körperhaltung, saubere, gesunde Haut, glattes, glänzendes Gefieder, gut geformte Schenkel und Füße, intensives Laufen und aktives Freß- und Trinkverhalten aus. Bei der Beurteilung der Haltungsfaktoren sind das Weidesystem sowie die Weidepflege besonders zu beachten (Vermeidung von Kahlstellen, die bei Regen verschlammen).

Gelegentliches Auftreten von Federpicken ist meistens auf gravierende Fehler in der Haltung (zu warme, trockene Luft, grelles Licht) oder Fütterung (Mangel an einzelnen Aminosäuren, Vitaminen oder Spurenelementen) zurückzuführen und nicht in den angewandten Haltungssystemen begründet, die weitgehend dem natürlichen Verhaltensrepertoire der Gänse Rechnung tragen. Das anhängliche und zutrauliche Verhalten der Gänse ist durch sorgsamen Umgang bei der Betreuung zu berücksichtigen.

Gesetze und Verordnungen

Im Hinblick auf das TIERSCHUTZGESETZ (1998) ist für Gänse der § 3 Abs. 9 bedeutsam, wonach es verboten ist, einem Tier durch Anwendung von Zwang Futter einzuverleiben, sofern dies nicht aus gesundheitlichen Gründen erforderlich ist. In verschiedenen Ländern wird die Zwangsfütterung zur Erzeugung von Fettlebern angewandt.

Sachgemäßes Raufen von Daunen und Kleingefieder bei lebenden Gänsen kurz vor Beginn der natürlichen Mauser ist nicht tierschutzwidrig. Die Federkiele sind nicht mehr durchblutet und haben keine Verbindung mehr zur umliegenden Haut.

In der DÜNGEVERORDNUNG (1996) ist die Gans nicht berücksichtigt worden. Bei zwei Durchgängen in der intensiven Weidemast mit 42 m^2 je Mastplatz zur ausreichenden Grasversorgung (Tab. 4.8.3–1) werden, wenn 50 % des Kotes der Gänse auf der Weide anfallen, 1650 kg Kottrockenmasse mit maximal 100 kg Stickstoff [N] je Hektar Weide abgesetzt. Da eine unbestimmte Menge an N noch in die Luft entweicht, liegt der N-Eintrag deutlich unter dem Grenzwert von 210 kg/ha.

4.8.2 Zucht- und Elterntierhaltung

Zuchtgänse werden in Stämmen mit einem Ganter und 4–5 Gänsen, Elterntiere dagegen in Gruppen ab 20 Gänsen in demselben Anpaarungsverhältnis gehalten. Bei der Stammhaltung kommt es gelegentlich zur Monogamie, so daß mit künstlicher Besamung eine Befruchtung aller Stammgänse gesichert werden muß. Bei Vermehrungsgänsen nimmt die Legeleistung mit zunehmender Herdengröße ab.

Zucht- und Vermehrungsgänse werden in der Regel in einfachen Ställen mit Tiefstreu und Ausläufen gehalten. Begrenzte Ausläufe sind mit Drahtgittern mit der Maschenweite 25 · 25 mm abgedeckt oder mit Stroh eingestreut. Einfache Betonböden oder Metallroste sind nachteilig, weil sie verschmieren. Die Gänse rutschen aus, und das Gefieder an der Unterseite wird feucht und schmutzig. Ausgedehnte Grasausläufe sind aus hygienischen Gründen als Wechselausläufe zu nutzen. Während der Nutzungspause ist der Kot abzutragen und eine Kalkung mit fünf Tonnen Branntkalk je Hektar vorzunehmen, um der Verwurmung entgegenzuwirken.

Zucht- und Vermehrungsgänse werden erfolgreich mehrjährig genutzt. Im 2. und 3. Legejahr haben Gänse die höchste Reproduktionsleistung. Bei Haltung in fensterlosen oder abdunkelbaren Ställen kann mit einem 10stündigen Lichttag die Legetätigkeit so gesteuert werden, daß zu den gewünschten Zeitpunkten Gössel anfallen. Hierbei werden die Gänse nach 10 Stunden Aufenthalt im Auslauf in den Stall getrieben. Für eine ausreichende Ventilation und Trockenheit des Stalles ist jedoch Sorge zu tragen.

Zucht- und Vermehrungsgänse können am Ende der Legeperiode, wenn die Mauser (Federwechsel) einsetzt, mit der Hand gerauft werden, um zusätzlich wertvolle Federn und Daunen zu gewinnen. In der Zuchtruhe kommt es im Abstand von 7–8 Wochen zu weiterem Federwechsel, der für das „Lebendraufen" genutzt werden kann.

4.8.3 Mastgänsehaltung

Die Aufzucht der Gössel bis zum Alter von 3–4 Wochen erfolgt im Warmstall auf Tiefstreu. Lediglich der Bereich der Tränken ist mit Drahtgitter oder Plastikrosten über einem Becken abgedeckt, um Spritzwasser aufzufangen. Bei Stallhaltung wird in den Nachtstunden eine Dämmerbeleuchtung eingeschaltet, um Erdrückungsverluste zu vermeiden. In der Gänsemast werden drei Verfahren angewandt:
- **Schnell- oder Kurzmast** bis zum Alter von 8–9 Wochen;
- **mittellange oder intensive Weidemast** bis zum Alter von 16 Wochen;
- **lange oder extensive Weidemast** bis zum Alter von 22 und mehr Wochen.

In allen drei Verfahren wird je nach Witterung ab der 3. Lebenswoche Auslauf oder Weide gewährt und neben Kraftfutter und Getreide auch Grünfutter angeboten. Die Schlachtung richtet sich nach der Reifung des Federkleides und erfolgt jeweils kurz vor der Mauser. Dominierend ist die **intensive Weidemast**, die bis zum Erreichen der 2. Jungtiermauser im Alter von etwa 16 Wochen dauert. Die Haltung erfolgt ab 4. Lebenswoche in einfachen Kaltställen oder ausschließlich auf der Weide mit Wetterschutzdächern. Die Weide wird mit einem Elektroweidezaun gegen Füchse und Hunde gesichert. Um eine Schädigung der Grasnarbe durch tiefen Verbiß und Verkotung zu vermeiden, ist die Nutzung in Form der Portionsweide zu empfehlen. Bei guter Weide wird das pelletierte Mischfutter auf 100–150 g je Tier und Tag begrenzt und abends auf der trockenen Einstreu breit gestreut.

Gegenüber der Schnellmast weisen die Schlachtkörper aus der intensiven Weidemast einen deutlich höheren Brustfleischansatz und einen höheren intramuskulären Fettgehalt auf, der sich förderlich auf den Geschmack auswirkt.

Die Langmast oder extensive Weidemast setzt ausreichende Weideflächen bis zu 100 m² je Tier voraus. Es wird nur wenig Konzentrat oder Getreide zugefüttert. In den letzten vier Mastwochen werden die Gänse in Grup-

Tabelle 4.8.3–1   Charakterisierung der Mastverfahren für Gänse

	Kurz- oder Schnellmast	mittellange intensive Weidemast	lange extensive Weidemast
Schlachtalter [in Wochen]	9	16	23 oder 30
Schlachtgewicht [kg]	5,0	6,0	7,0
[kg] Kraftfutter/Tier	12,5	21,0	28,0
[kg] Grünfutter/Tier	20,0	42,0	140,0
[m²] Grasfläche/Tier[1]	10	21	70
Anzahl Mastdurchgänge	4	2	1
[m²] Grasfläche/Tierplatz	40	42	70

[1] bei 200 dt Grünmasse je ha

pen zu 50 Tieren bei zwei Tieren je Quadratmeter Tiefstreu mit energiereichem Futter in Form einer Fettmast ausgemästet. Einen Überblick über den Verbrauch an Kraft- und Grünfutter in den drei Mastverfahren sowie die bei einem Ertrag von 200 dt/ha Grünmasse erforderliche Weidefläche zeigt Tabelle 4.8.3–1.

Literatur

Bierschenk, F.: Untersuchungen zur individuellen Leistung, zum Verhalten bei Einzelhaltung und zur künstlichen Besamung bei Gänsen. Diss., Bonn (1990).

Nichelmann, M.: Einfluß der Klimafaktoren. In: Schwark, H. J., A. Mazanowski, V. Peter (eds.): Internat. Handbuch der Tierproduktion-Geflügel. Dt. Landwirtschaftsverlag, Berlin (1987) 261–288.

Rechtsgrundlagen, Empfehlungen, Normen u. ä.:

Tierschutzgesetz (TierSG) i. d. F. d. Bek. v. 25. Mai 1998 (BGBl. I S. 1105, ber. S. 1818).

Verordnung (EWG) Nr. 1538/91 der Kommission mit ausführlichen Durchführungsvorschriften zur Verordnung (EWG) Nr. 1906/90 des Rates über bestimmte Vermarktungsnormen für Geflügelfleisch. Vom 15. Juli 1991 (Abl. EG Nr. L 143/11), zul. geänd. d. V Nr. 1000/96 vom 4. Juni 1996 (Abl. EG Nr. L 134 S. 9).

Verordnung über die Grundsätze der guten fachlichen Praxis beim Düngen (Düngeverordnung) vom 26. Januar 1996 (BGBl. I S. 118) geänd. d. VO vom 16. Juli 1997 (BGBl. I S. 1835).

4.9 Tiergerechte Haltung von Kaninchen

(DRESCHER, B.)

4.9.1 Grundlegende Anforderungen

Die heutigen Hauskaninchen *(Oryctolagus cuniculus domesticus)* haben ihre ursprüngliche Heimat im Südwesten Europas, und zwar in Spanien. Sie wurden aus dem Wildkaninchen durch Selektion auf Zahmheit gezüchtet. Im Gegensatz zu der frühen Haustierwerdung von Rind, Schwein, Schaf und Ziege (6000–2000 v. Chr.) begann die Domestikation des Wildkaninchens erst im 3. Jh. v. Chr., als die Römer nach der Eroberung Spaniens begannen, Kaninchen als beliebte Fleischlieferanten in primitiven Gehegen zu halten.

Besonders in Kriegs- und Nachkriegszeiten war das Kaninchen aufgrund seiner genügsamen Art auch für Menschen, die in Städten lebten, ein wertvolles Fleischtier. In kürzester Zeit erzeugte man aus nicht mehr verwertbaren pflanzlichen Futtermitteln hochwertiges Fleisch.

Das Hauskaninchen gehört zusammen mit dem europäischen Wildkaninchen *(Oryctolagus cuniculus)*, dem Feldhasen *(Lepus europaeus)* und dem Schneehasen *(Lepus timidus)* zur zoologischen Ordnung der Hasenartigen (Lagomorpha). Diese Ordnung unterscheidet sich von derjenigen der Nagetiere dadurch, daß die Hasenartigen als Duplicidentata im Oberkiefer hinter dem ersten Inzisivus einen zweiten Inzisivus in Form eines Stiftzahnes haben, den die Nagetiere als Simplicidentata nicht aufweisen.

Das äußere Erscheinungsbild des aus dem Wildkaninchen herausgezüchteten Hauskaninchens unterliegt einer enormen Variationsbreite in bezug auf Körpergröße, Fellfarbe, Ohrenlänge und Körperproportionen. Die Züchtung bis hin zum Hasenkaninchen als eigenständiger Kaninchenrasse zeigt die Ähnlichkeit auch zwischen Hase und Kaninchen, wenngleich es sich hier um zwei Gattungen handelt, die nicht miteinander verpaart werden können. In Abhängigkeit von ländlichen Regionen sowie des deutschen Sprachgebrauchs wird das Kaninchen irreführenderweise auch als Krein-, Grein-, Küll- oder Stallhase bezeichnet, wobei letzterer eine Abgrenzung zum „Dachhasen" (europäische Hauskatze!) verdeutlichen soll.

Die wesentlichen Unterschiede zwischen Kaninchen und Hasen werden in der Tabelle 4.9.1–1 zusammengestellt.

In der Natur und in der Freilandhaltung wird das Kaninchen durch Futtersuche sowie durch Artgenossen zur **Bewegung und Beschäftigung** angeregt. In der intensiven landwirtschaftlichen sowie auch in den meisten Heimtierhaltungen sind diese beiden Einflußfaktoren nicht gegeben. Dem Kaninchen mangelt es an Bewegung und Beschäftigung.

Eine tiergerechte Kaninchenhaltung kann schon aus diesem Grunde nur mit Artgenossen und der Möglichkeit des gegenseitigen „Sichaufsuchens" sowie des temporären Rückzugs von den Artgenossen gewährt werden. Die Bewegung ist unter physiologischen Gesichtspunkten betrachtet ein notwendiger Stimulus für den Aufbau des Knochengewebes. Die Futtersuche und -aufnahme, das Orientierungsverhalten, insbesondere bei Neuheiten im Haltungssystem, sowie das Verhalten im Kontext mit Artgenossen stellen die Hauptbeschäftigungsbereiche des Kaninchens dar.

Als **Einstreu** eignet sich daher beim Kaninchen besonders Stroh, das auch als Beschäftigungsmaterial sowie als rohfaserreiches Diätetikum von Bedeutung ist. Des weiteren können als kostengünstige Variante Hobelspäne unbehandelter Hölzer als Abfall der holzverarbeitenden Industrie Verwen-

4 Tiergerechte Nutztierhaltung

Tabelle 4.9.1-1 Unterscheidungsmerkmale zwischen Kaninchen und Hasen

	Kaninchen	Hase
Körperbau	gedrungen mit kurzen, kräftigen Gliedmaßen	langgestreckt mit langen, dünnen Gliedmaßen
Gewicht	Zwergrassen bis 2 kg kleine Rassen 2–3,5 kg mittlere Rassen 3,5–5 kg große Rassen 5–7 kg	5–6 kg
Ohren	kurze, mittellange bis lange Steh- od. Hängeohren	langes Stehohr mit schwarzem Rand
Farbe des Fleisches	weiß (überwiegend weiße Muskelfasern)	rot (überwiegend rote Muskelfasern)
Lebensweise	Grabtier, Höhlenbewohner	Lauftier, freie Feld- und Waldflur, Sasse = offenes Lager
Sozialverhalten	in Kolonien lebend	paarweise lebend
Fortpflanzung	*Wild*kaninchen: von März bis August 6–7 Würfe mit je ca. 8 Jungtieren	saisonal von Januar bis August mit ca. 3 Jungtieren pro Wurf
	*Haus*kaninchen: ganzjährig bis zu 12 Würfe mit bis zu 15 Jungtieren	
Trächtigkeitsdauer	30–33 Tage	45 Tage
Chromosomenzahl	44	48
Jungtiere bei Geburt	Nesthocker	Nestflüchter
Anatomische Merkmale		
• harter Gaumen	quer gewölbt, quadratisch, dicke Knochenplatte	eben und breiter als lang, dünne Knochenplatte
• Zwischenscheitelbein	selbständiges Zwischenscheitelbein	Zwischenscheitelbein gehört zum Hinterhauptbein

dung finden. In jedem Fall ist die Einstreu beim Kaninchen sehr häufig zu wechseln (mindestens 1- bis 2mal wöchentlich bis unter Umständen täglich), da ansonsten das Tier zunehmend Schadgase einatmen muß, die die Atemwege reizen.

Der Platzbedarf eines Kaninchens richtet sich primär nach seiner Größe und seinem Bewegungsbedarf. Da letzterer bislang dem Ermessen des Tierhalters überlassen wird, das Kaninchen ein sehr anpassungsfähiges Lebewesen ist und verbindliche Bestimmungen für das Kaninchen bisher nicht vorliegen, wird der Bewegungs- und damit Platzbedarf des Kaninchens auch in Fachkreisen kontrovers diskutiert. Für eine tiergerechte Haltung sollte die Anforderung richtungweisend sein, die besagt, daß das Kaninchen in seinem Haltungssystem seiner tierspezifischen Art entsprechend mindestens drei Hoppelschritte machen können soll.

Ein **tiergerechtes Futter** sollte einerseits den physiologischen Bedarf an notwendigen Einzelstoffen, andererseits auch die Darreichungsform berücksichtigen. In der intensiven landwirtschaftlichen Kaninchenhaltung kann eine ausreichende Grundversorgung bei hoher Leistung durch ein pelletiertes Futter gewährleistet werden. Die Zufütterung von Heu bringt die Vorteile der Beschäftigung sowie einer weiteren Rohfaserversorgung des Kaninchens, das durch einen sehr großen Blinddarm, eine zelluloseverdauende Mikroflora und einen spezifischen Separationsmechanismus im Colon ascendens in der Lage ist, die im Dünndarm unverdauten Futterbestandteile zu einem großen Anteil dennoch aufzuspalten und einen Blinddarmkot herzustellen, der durch den Vorgang der Zäkotrophie oral wieder aufgenommen wird. Im Magen und Dünndarm werden diese selektierten Futterpartikel in einer zweiten Passage aufgeschlossen. Der Blinddarmkot ist reich an Vitaminen (B-, C- und K-Vitamine) sowie bakteriellem Protein.

In der Heimtierhaltung von Kaninchen kann ein tiergerechtes Futterangebot meist nicht durch das im Zoohandel übliche Mischfutter auf der Basis nativer Komponenten gewährleistet werden, welches nicht nur durch einen hohen Energie- und geringen Rohfasergehalt gekennzeichnet ist, sondern dem Tier auch die Möglichkeit einräumt, die schmackhaftesten – meist energiereichen – Komponenten selektiv aufzunehmen. Kaninchen sind vom Aufbau und von der Ausstattung des Verdauungskanals jedoch keine Konzentrat-, sondern Pflanzenfresser (RABEHL et al., 1997; WOLF et al., 1997). Hält man sich die Freßgewohnheiten des Wildkaninchens vor Augen, so wird deutlich, daß nicht die Ähren des Getreides, sondern seiner Körpergröße entsprechend Gräser und niedrige Pflanzen für das Wildkaninchen erreichbar sind. In Anlehnung an das natürliche Futterspektrum von Kaninchen sollte das Grundfutter aus Gräsern (Heu), Kräutern und Blättern von Karotten, Kohlrabi, Rote Bete, Kohl und Salat bestehen, ergänzt durch täglich wechselnde Zugaben von Karotten, Kohlrabi, gekochten Kartoffeln, Äpfeln, Birnen, Bananen sowie allen bei der Küchenarbeit verbleibenden unbeeinträchtigten Resten von Obst und Gemüsepflanzen. Auch trockenes Brot wird gerne aufgenommen. Durch diese Vielseitigkeit wird Verdauungsstörungen, Fellfressen, Adipositas und unzureichendem Zahnabrieb vorgebeugt.

In jeder Kaninchenhaltung sollte immer frisches Trinkwasser zur Verfügung stehen. In Wahlversuchen zeigte sich, daß Nippeltränken von Kaninchen bevorzugt werden, gefolgt von kleinen Schalentränken mit dünnem Wasserfilm (DRESCHER u. HANISCH, 1995). Die Wasseraufnahme des Wildkaninchens geschieht überwiegend indirekt durch Aufnahme von Tau- und Regentropfen beim Fressen von Pflanzen sowie durch die Aufnahme saftiger Pflanzenteile. Eine unzureichende Tränkung der Tiere, wie sie fälschlicherweise aus traditionellen Ansichten noch vereinzelt gehandhabt wird, ist grundsätzlich tierschutzrelevant und kann zu Harn- und Blasensteinen sowie Reproduktionsstörungen führen.

Das Kaninchen ist gekennzeichnet von einem großen Anpassungsvermögen, womit sich auch seine weite Verbreitung selbst unter extremen **klimatischen Bedingungen** erklären läßt. Eine tiergerechte Haltung sollte berücksichtigen, daß der thermoneutrale Punkt des adulten Kaninchens bei 25 °C liegt, geringe Überschreitungen der Umgebungstemperatur zur Erhöhung der Körpertemperatur führen. Die Thermoregulation geschieht beim Kaninchen durch Wärmeabstrahlung über die große Oberfläche der Ohren bzw. zeichnet sich das Fell des Kaninchens dadurch aus, daß innerhalb eines jeden Haares Lufteinschlüsse gegeben sind. Diese Luft stellt eine enorme Isolierschicht dar und macht das Kaninchen recht kälteunempfindlich, wie Außenstallhaltungen bei Temperaturen von –20 °C und weniger zeigen. Das Kaninchen ist eher wärme- als kälteempfindlich.

Mit großer Empfindlichkeit reagiert das Kaninchen auf eine zu trockene Luft, die die oberen Atemwege reizt. Die relative Luftfeuchtigkeit soll 50–60 % betragen.

Ebenfalls empfindlich reagieren Kaninchen auf Schadgase, wobei die Atmungsorgane besonders empfindlich auf Ammoniak reagieren. Der Ammoniakgehalt der Luft wird dann problematisch, wenn durch unzureichende Entmistung unter der bakteriellen Zersetzung von Kot und Harn Schadgase aufsteigen. Tiergerecht bedeutet deshalb hier, daß das Haltungssystem so konzipiert werden muß, daß Kot und Harn beispielsweise durch Kunststoffspaltenböden (mit 1 cm Steg- und Spaltenbreite) gleich vom Tier entfernt werden oder aber eine saugstarke Einstreu und eine tägliche Elimination der Exkremente gewährleistet werden. Mit 3,5‰ Kohlendioxid, 0,1‰ Ammoniak und 0,02‰ Schwefelwasserstoff in der Stalluft sollten die Schadgase nach DIN-Vorschrift 18 910 (1992) nicht überschritten werden. Im allgemeinen ist das nicht der Fall, wenn man beim Betreten eines Kaninchenstalles zwar einen geringgradig wahrnehmbaren angenehm aromatischen Tiergeruch, aber auf keinen Fall einen unangenehmen oder sogar stechenden Geruch wahrnehmen kann.

Bei der Lüftung eines Kaninchenstalles ist Zugluft unbedingt zu vermeiden. Zu empfehlen sind Unterflurbelüftungen, die die von den Exkrementen ausgehenden Schadgase unmittelbar abziehen und somit höchste Effektivität aufweisen.

Als dämmerungs- und nachtaktives Tier stellt das Kaninchen wenig Ansprüche an die Lichtverhältnisse. Einen wesentlichen Einfluß auf die Fruchtbarkeit hat die Tageslichtlänge, die mit der Fruchtbarkeit positiv korreliert ist. Für eine ganzjährige Zuchtbenutzung in der landwirtschaftlichen Intensivhaltung wird deshalb ein Lichtprogramm von 12–14 Stunden Lichtdauer gefahren.

Der **Umgang mit dem Kaninchen** erfordert gute Kenntnisse über die kaninchenspezifische Physiologie und das Verhalten sowie ein gutes Einfühlungsvermögen.

Bei der Konzeption von Stallhaltungen sowie auch bei der Heimtierhaltung sollte berücksichtigt werden, daß der Tierhalter bei der Pflege oder Zuwendung zum Tier nicht von oben auf das Tier sieht und greift. Aus dieser Position löst er einen natürlichen Schutzinstinkt des Kaninchens aus, analog dem Angriff von Greifvögeln. Auf diese Weise verursacht der Mensch eine Angstsituation für das Tier, die sich vermeiden läßt, wenn das Kaninchen in seinem Haltungssystem im Verhältnis zum Menschen in etwa auf dessen halber Augenhöhe sitzt.

Beim **Handling** von Kaninchen ist zum Zwecke der Vermeidung von Verletzungen des Tieres und des Halters durch plötzliche heftige Abwehrbewegungen der richtige und im Zweifel eher feste Griff notwendig. Beim Einfangen oder bei der Entnahme eines Kaninchens aus dem Käfig ist grundsätzlich der Griff in das Nackenfell anzuwenden, der umgehend durch einen zweiten unterstützenden Griff am Hinterteil des Tieres zu ergänzen ist (Abb. 4.9.1–1). Lediglich bei sehr wehrhaften Tieren können die Ohren zusätzlich zum Nackenfell mit der gleichen Hand gegriffen werden, aber niemals die Ohren allein.

Abb. 4.9.1–1 Richtiges Festhalten eines Kaninchens

4.9 Tiergerechte Haltung von Kaninchen

Kaninchen sind recht schreckhaft und ängstlich. Je häufiger sie jedoch „gehandled" werden, um so sicherer werden sie und sind dann weniger wehrhaft.

Beim Betreten einer Stallanlage sollte man keine für die Tiere plötzlichen und hektischen Bewegungen machen, sondern schon aus der Entfernung kommend laut pfeifen, singen oder mit den Tieren sprechen, um panisches Rund- und das Hochrennen an Wänden zu vermeiden. Zum Zwecke der Adspektion eines Tieres, der Eingabe von Medikamenten, der Geschlechtsbestimmung bei Jungtieren, der Zahn- oder Pfotenkontrolle hat es sich bewährt, das Kaninchen durch eine schnelle und mit sicherem Griff durchgeführte Bewegung auf den Rücken zu legen, am besten bei eigener Sitzhaltung auf die Oberschenkel. Das Tier fällt dann in eine Art Totenstarre – indem es dem Feind „Greifvogel" vermitteln will, daß es bereits tot ist und als Lebendbeute nun nicht mehr in Frage kommt –, die für einige Minuten anhält, in denen man das Tier in Ruhe behandeln kann.

Bei der Geschlechtsbestimmung junger, noch nicht geschlechtsreifer Tiere genügt nicht allein die Adspektion des Genitalbereichs, sondern man sollte, am besten bei Rückenlage des Kaninchens, mit Daumen und Zeigefinger oberhalb und unterhalb der Geschlechtsöffnung die Haut nach unten drücken, wie die Abbildungen 4.9.1–2 und 4.9.1–3 dies veranschaulichen. Nur so ist auch bei wenigen Tage oder Wochen alten Jungkaninchen sicher festzustellen, ob ein Penis aus der Geschlechtsöffnung hervortritt (Abb. 4.9.1–2) oder sich die Geschlechtsöffnung zu einem Längsspalt vergrößert als sicheres Zeichen der Vulva (Abb. 4.9.1–3).

Bezüglich der Heimtierhaltung ist bei den Tierhaltern und insbesondere den Kindern Aufklärung dahingehend zu leisten, daß Kaninchen im Gegensatz zu ihrem weichen und possierlichen Erscheinungsbild primär keine „Schmusehasen" sind, die den nahen Kontakt zum Menschen suchen. Nur in Ausnahmefällen und in Abhängigkeit von der Rasse gibt es besonders zahme Exemplare, besonders bei den Widderkaninchen, die die intensiven Zuwendungen dulden.

Aus dem § 2 des deutschen Tierschutzgesetzes (1998) lassen sich folgende **Kriterien einer tiergerechten Haltung** ableiten:

Abb. 4.9.1–2 Geschlechtsbestimmung – männliches Kaninchen

Abb. 4.9.1–3 Geschlechtsbestimmung – weibliches Kaninchen

1. **angemessene Ernährung:**
   - Art und Struktur des Futters (s. o.),
   - Wasserversorgung: Nippel- und/oder Schalentränken,
2. **angemessene Pflege:**
   - tägliche Tierkontrolle,
   - Hygiene,
   - medizinische Betreuung und Prophylaxe (RHD-, Myxomatose-, Pasteurellose-Impfung),
3. **verhaltensgerechte Unterbringung:**
   - Möglichkeit zur Ausübung aller kaninchentypischen Verhaltensweisen,
   - Kontakt zu Artgenossen,
   - Raumstrukturierung und Rückzugsmöglichkeit,
   - Beschäftigungsmöglichkeiten,
4. **artgemäße Bewegung:**
   - Möglichkeit zur Ausübung aller kaninchentypischen Bewegungsweisen,
   - für artspezifische Bewegungsabläufe und Liegepositionen geeignete Bodenstruktur,
   - tiergerechte Besatzdichte (Mast: 5 Tiere pro m^2, Zucht: 0,5 m^2 pro Tier).

Die in Tabelle 4.9.1–2 aufgeführten Verhaltensstörungen und Technopathien sind deutliche Hinweise dafür, daß Mängel im Haltungssystem vorliegen, die den Kaninchen eine tiergerechte Haltung nicht ermöglichen.

Außer dem deutschen Tierschutzgesetz gibt es bislang keine **Gesetze oder Verordnungen**, die verbindliche Richtwerte für eine tiergerechte Haltung von Kaninchen vorsehen. Einzig die Schweiz konzipierte 1991 eine gesetzliche Grundlage, in der erstmals tierschützerische Aspekte der Haltungsbedingungen von Hauskaninchen Berücksichtigung fanden. Die Schweizer Tierschutzverordnung von 1991 gibt als Richtwerte für die Gehegegrößen von adulten Kaninchen Mindestmaße an.

Diese Mindestmaße betreffen primär die landwirtschaftliche Kaninchenhaltung und berücksichtigen längst nicht alle der für eine tiergerechte Haltung aufgezeigten Anforderungen. Dennoch gilt die Verordnung als eine Orientierungshilfe bei der Beurteilung von Haltungssystemen.

4.9.2 Einzelhaltung

Aus dem bereits Gesagten geht hervor, daß die Einzelhaltung von Kaninchen mangels Artgenossen im Grunde nicht tiergerecht ist. Da jedoch Böcke grundsätzlich und vereinzelt auch weibliche Kaninchen untereinander sehr unverträglich sein können und zu starken innerartlichen Aggressionen neigen, bleibt häufig aus Gründen des Tierschutzes nur die Möglichkeit einer Einzelhaltung. Dabei sollten nach dem aktuellen Stand der Kenntnisse folgende Kriterien, die sich in einer Hohenheimer Einzelhaltung bewährt haben, berücksichtigt werden (Abb. 4.9.2–1):
- Käfigfläche je nach Kaninchenrasse, am besten mindestens 1 m^2,
- Käfigboden aus Kunststoffspaltenboden,
- erhöhte zweite Ebene aus Kunststoffspaltenboden,
- Rückzugsbereich in Nestbox oder Unterschlupf,
- Futter- und Wasserbereich.

Die Tiere zeigten in diesem Haltungssystem keine Verhaltensstörungen oder Technopathien, die auf Mängel dieses Haltungssystems hätten hinweisen können.

4.9.3 Gruppenhaltung

Mastkaninchen (Abb. 4.9.3–1), weibliche Kaninchen in der Aufzuchtphase und in geringem Ausmaß auch Rassekaninchen werden zunehmend in Gruppen gehalten. Nach Drescher und Reiter (1996) ist eine Gruppengröße von 16–20 Tieren am besten geeignet.

Zuchtgruppen wurden in der Hohenheimer Gruppenhaltung auf Kunststoffspaltenboden mit vier Zibben pro Haltungssystem gehalten (Abb. 4.9.3–2).

4.9 Tiergerechte Haltung von Kaninchen

Tabelle 4.9.1–2 Haltungsbedingte Verhaltensstörungen sowie Technopathien des Kaninchens

Verhaltensstörungen

1. **Stereotypien**
   (Lehmann, 1984; Wieser-Froelicher, 1986; Schulze, 1988; Bigler u. Lehmann, 1991; Loeffler et al., 1991)
   – Gitternagen
   – Scharren in den Käfigecken ohne funktionellen Zusammenhang
   – Lecken am inadäquaten Objekt, z. B. Boden, Wände, Käfiginventar

1. **Unruhe**
   (Lehmann, 1984; Lehmann u. Wieser-Froelicher, 1985; Wieser-Froelicher, 1986; Schulze, 1988; Bigler u. Lehmann, 1991)
   – afunktionale Aktivitätsschübe mit zusammenhanglosen Elementen aus den Funktionskreisen Nahrungsaufnahme, Komfortverhalten, Ruheverhalten, Aufmerksamkeits-, Erkundungs- und Fluchtverhalten sowie Lokomotion

3. **Trichophagie**
   (Schulze, 1988; Bigler et al., 1989)

4. **gestörtes Nestbau- und Nestverschließverhalten**
   (Wieser-Froelicher, 1986; Wullschleger, 1987; Schulze, 1988; Loeffler et al., 1991)

5. **gestörtes Säugeverhalten, Kronismus und Kannibalismus**
   (Schley, 1985; Bigler, 1986; Brummer, 1986; Stauffacher, 1988; Bigler u. Lehmann, 1991)

6. **erfolgloses Sichentziehen der Zibbe vor saugenden Jungkaninchen**
   (Bigler, 1986; Schulze, 1988; Drescher, 1996)

7. **Automutilation**
   (Brummer, 1986)

Technopathien

1. **Knochengewebshypoplasie**
   (Drescher, 1989; Drescher u. Loeffler, 1991; Drescher u. Loeffler, 1992; Rothfritz et al., 1992)

2. **Wirbelsäulenverkrümmungen**
   (Wieser-Froelicher, 1986; Rothfritz et al., 1992; Julius, 1993; Drescher u. Loeffler, 1996)

3. **Wirbelfrakturen durch Abwehrbewegungen beim Handling**
   (Drescher, 1989)

4. **Spontanfrakturen**
   (Drescher, 1989)

5. **Wunde Läufe (Pododermatitis ulcerosa)**
   (Lange, 1984; Schley, 1985; Drescher, 1989; Drescher, 1993; Bigler u. Lehmann, 1991; Drescher u. Schlender-Böbbis, 1996)

6. **Krallenbrüche**
   (Wieser-Froelicher, 1986; Bigler et al., 1989; Bigler u. Lehmann, 1991; Drescher u. Schlender-Böbbis, 1996)

4 Tiergerechte Nutztierhaltung

Gewichtsklasse		Fläche/Tier [m²]	Höhe [cm]
Zwergrassen	bis 2 kg	0,34	40
kleine Rassen	2–3,5 kg	0,48	50
mittlere Rassen	3,5–5 kg	0,72	60
große Rassen	5–7 kg	0,93	60

Tabelle 4.9.1–3 Käfigmindestmaße nach der Schweizer Tierschutzverordnung (1991)

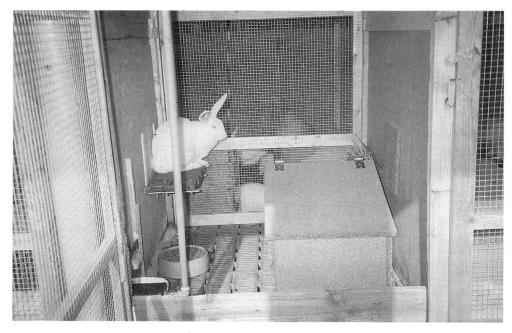

Abb. 4.9.2–1 Einzelhaltung auf 1 m²

Für die intensive Zucht wurden die Tiere innerhalb von zwei Tagen zum Bock gesetzt, damit die Zibben synchron ihre Würfe absetzten (DRESCHER, 1996). Die dauerhafte Haltung von Bock und Zibben zusammen ist aus tierschützerischer Sicht auch zu empfehlen, wobei der Bock jedoch nie alle Zibben deckt und nur die ranghöheren reproduzieren.

Wichtig bei der Gruppenhaltung ist die frühzeitige Zusammensetzung der Gruppe mit Jungtieren bis zu einem Alter von drei Monaten. Bei älteren Tieren ist grundsätzlich mit heftigen aggressiven Rangordnungs- und Revierkämpfen zu rechnen, die über mehrere Tage immer wieder aufflammen. In der Hohenheimer Gruppenhaltung wurden die Zibben in einem 3-Kompartimentsystem gehalten, das einen Wurfkisten-, einen Jungtier- und einen Rückzugsbereich für die Zibben vorsah. Verhaltensuntersuchungen machten deutlich, daß die Zibben in der Phase, wo ihre Jungkaninchen das Nest verlassen, zu über 90 % das Rückzugsgebiet aufsuchten, was in anderen Haltungssystemen sonst gar nicht möglich ist. Das Haltungssystem wurde auf insgesamt 6 m² erprobt und bis auf 1,4 m² eingeengt, um die in der Landwirtschaft üblichen Maße zu berücksichtigen. Dabei wurde der Platz von

4.9 Tiergerechte Haltung von Kaninchen

Abb. 4.9.3–1
Gruppenhaltung in der Mast

vier Einzelkäfigen (0,35 m^2/Zibbe · 4 = 1,4 m^2) gewählt. Durch den entstehenden Omnibuseffekt steht dann allen vier Tieren der Platz aller vier Käfige zur Verfügung, so daß die Tiere an Bewegungsfläche gewinnen.

Allen Kriterien einer tiergerechten Kaninchenhaltung entspricht die Freilandgruppenhaltung von Kaninchen. Voraussetzung ist ein ausbruchsicheres Gehege sowie ein vor natürlichen Feinden (Füchse, Marder, Katzen, Greifvögel) gesichertes Areal, worin die Kaninchen auch die Möglichkeit des Scharrens sowie des Grabens von Höhlen ausleben können. Eine Gruppengröße von 3–5 Tieren hat sich immer wieder bewährt, wobei in der Regel eine Alpha-Zibbe und drei gleichrangig niedere Zibben eine stabile Gruppe bilden. Empfehlenswert ist auch eine Weibchengruppe mit einem Bock, der bei unerwünschter Nachzucht zu kastrieren

4 Tiergerechte Nutztierhaltung

Abb. 4.9.3–2
Gruppenhaltung von
Zuchtkaninchen mit
Jungtieren

ist. Böcke, allein gehalten, können mitunter sehr aggressiv auch gegen Menschen reagieren, wobei dies als Ausdruck einer Verhaltensstörung in der Einzelhaltung zu bewerten ist. Gruppen mit männlichen Tieren können aufgrund zu erwartender aggressiver Rangordnungs- und Revierverteidigungskämpfe grundsätzlich nicht gehalten werden. Das Testosteron der männlichen Tiere verstärkt die Aggression, wohingegen Östrogene und Gestagene der weiblichen Tiere die Aggressivität nicht beeinflussen. Aus diesem Grunde ist es nur sinnvoll, aggressive männliche Tiere zu kastrieren.

Literatur

Bigler, L.: Mutter-Kind-Beziehung beim Hauskaninchen. Bern, Lizentiatsarbeit, 1986.

Bigler, L., M. Lehmann, R. V. Wieser-Froelicher: Bericht über die Prüfung der Tiergerechtheit dreier Aufstallungssysteme für Hauskaninchen-Zibben und Masttiere. Bericht z. Hd. Bundesamt für Veterinärwesen, Bern (1989).

Bigler, L., M. Lehmann: Schlußbericht über die Prüfung der Tiergerechtheit eines Festwandkäfigs für Hauskaninchen-Zibben. Arbeitsbericht z. Hd. Bundesamt für Veterinärwesen (Gesuch-Nr. 5.6.29) (1991).

Brummer, H.: Symptome des Wohlbefindens und des Unwohlseins beim Kaninchen unter besonderer Berücksichtigung der Ethopathien. In: Militzer, K. (ed.): Wege zur Beurteilung tiergerechter Haltung bei Labor-, Zoo- und Haustieren. Versuchstierkunde 12 (1986) 44–53.

Drescher, B.: Einfluß unterschiedlicher Haltungsverfahren auf das Skelettsystem bei Neuseeländer Fleischkaninchen und Chinchilla-Bastard-Versuchskaninchen. Diss., Berlin (1989).

Drescher, B.: Zusammenfassende Betrachtung über den Einfluß unterschiedlicher Haltungsverfahren auf die Fitness von Versuchs- und Fleischkaninchen – untersucht am Verhalten, dem Skelettsystem und den Nebennieren – mit einem Beitrag zur Pododermatitis ulcerosa des Kaninchens. 6. Mitteilung. Tierärztl. Umsch. 48 (1993) 72–78.

Drescher, B.: Anatomische, histologische, histomorphometrische, physiologische und ethologische Untersuchungen zur Tiergerechtheit am Beispiel des Kaninchens. Hohenheim, Habilitationsschrift (1996) 150–157.

Drescher, B., K. Loeffler: Einfluß unterschiedlicher Haltungsverfahren und Bewegungsmöglichkeiten auf die Kompakta der Röhrenknochen von Versuchs- und Fleischkaninchen. 2. Mitteilung. Tierärztl. Umsch. 46 (1991) 736–741.

Drescher, B., K. Loeffler: Einfluß unterschiedlicher Haltungsverfahren und Bewegungsmöglichkeiten auf die Kompakta der Röhrenknochen von Mastkaninchen. 3. Mitteilung. Tierärztl. Umsch. 47 (1992) 175–179.

Drescher, B., A. Hanisch: Prüfung verschiedener Wassertränken unter Berücksichtigung des physiologischen Trinkverhaltens von Kaninchen. Dtsch. Tierärztl. Wschr. 102 (1995) 365–369.

Drescher, B., K. Loeffler: Skoliosen, Lordosen und Kyphosen bei Zuchtkaninchen. Tierärztl. Prax. 24 (1996) 292–300.

Drescher, B., J. Reiter: Untersuchungen zur Optimierung der Gruppengröße bei Mastkaninchen in Gruppenhaltung auf Kunststoffrosten. Berl. Münch. Tierärztl. Wschr. 109 (1996) 304–308.

Drescher, B., I. Schlender-Böbbis: Pododermatitis beim Kaninchen. Kleintierpraxis 41 (1996) 99–104.

Julius, C.: Röntgenologische und anatomische Untersuchungen an Wirbelsäulen mindestens 2 Jahre alter weiblicher Zuchtkaninchen aus Käfighaltung. Hohenheim, FH, Diplomarbeit, 1993.

Lange, K.: Haltung. In: Kompendium der Kaninchenproduktion. GTZ-Schriftenreihe 134 (1984) 85–105.

Lehmann, M.: Beurteilung der Tiergerechtheit handelsüblicher Batteriekäfige für Mastkaninchen. Bern, Lizentiatsarbeit, 1984.

Lehmann, M., R. Wieser-Froelicher: Indikatoren für mangelnde Tiergerechtheit sowie Verhaltensstörungen bei Hauskaninchen. In: Aktuelle Arbeiten zur artgemäßen Tierhaltung. KTBL-Schrift 307 (1985) 96–107.

Loeffler, K., B. Drescher, G. Schulze: Einfluß unterschiedlicher Haltungsverfahren auf das Verhalten von Versuchs- und Fleischkaninchen. Tierärztl. Umsch. 46 (1991) 471–478.

Rabehl, N., P. Wolf, J. Kamphues: Aufmachung und Zusammensetzung handelsüblicher Mischfuttermittel und Ergänzungsprodukte für kleine Nager aus der Sicht der Tierernährung. DVG-Tagungsband der 10. Arbeitstagung über Haltung und Krankheiten der Kaninchen, Pelztiere und Heimtiere (1997) (im Druck).

Rothfritz, P., K. Loeffler, B. Drescher: Einfluß unterschiedlicher Haltungsverfahren und Bewegungsmöglichkeiten auf die Spongiosastruktur der Rippen sowie Brust- und Lendenwirbel von Versuchs- und Fleischkaninchen. 4. Mitteilung. Tierärztl. Umsch. 47 (1992) 758–768.

Schley, P.: Kaninchen. Eugen Ulmer Verlag, Stuttgart (1985).

Schulze, G.: Verhaltensbeobachtungen bei Versuchskaninchen- und Hauskaninchenzibben in alternativen Haltungssystemen. Hohenheim, FH, Diplomarbeit, 1988.

Stauffacher, M.: Entwicklung und ethologische Prüfung der Tiergerechtheit einer Bodenhaltung für Hauskaninchen-Zuchtgruppen. Diss., Bern (1988).

Wieser-Froelicher, R. V.: Funktionale Analyse des Verhaltens als Grundlage zur Beurteilung der Tiergerechtheit. Diss., Bern (1986).

Wolf, P., A. Wenger, J. Kamphues: Probleme der Rohfaserversorgung von Zwergkaninchen, Meerschweinchen und Chinchilla in der Heimtierhaltung. DVG-Tagungsband der 10. Arbeitstagung über Haltung und Krankheiten der Kaninchen, Pelztiere und Heimtiere (1997) (im Druck).

Wullschleger, M.: Nestbeschäftigung bei säugenden Hauskaninchenzibben. Rev. Suisse Zool. 94 (1987) 553–562.

Rechtsgrundlagen, Empfehlungen, Normen u. ä.:

DIN-Vorschrift 18 910: „Wärmeschutz geschlossener Ställe", 1992.

Schweizer Tierschutzverordnung i. d. F. v. 23. Oktober 1991. AS (1991) 2349.

Tierschutzgesetz i. d. F. d. Bek. v. 25. Mai 1998 (BGBl. I.S. 1105).

4.10 Tiergerechte Haltung von Nutzfischen

(LANGHOLZ, H.-J.)

4.10.1 Der Fisch in der Nutztierhaltung

Im Gegensatz zu unseren landwirtschaftlichen Nutztieren gehören die Fische zu den wechselwarmen (poikilothermen) Lebewesen. Ihre Körpertemperatur sowie die damit in Verbindung stehende Stoffwechselaktivität ändert sich mit der Wassertemperatur. Die Fische sparen dadurch gegenüber den warmblütigen Nutztieren den Energieaufwand zur Aufrechterhaltung einer konstanten Körperkerntemperatur, worin die wesentliche Ursache für eine überlegene Futterausnutzung begründet ist. Beispielsweise benötigen unter praxisüblichen Haltungsbedingungen wachsende Regenbogenforellen nur etwa 1,2 kg Trockenfutter pro Kilogramm Lebendmassezuwachs.

Andererseits erwächst aus der temperaturabhängigen Stoffwechselaktivität der Fische die Notwendigkeit einer verstärkten Beachtung der Wassertemperatur bei der Auswahl der zu kultivierenden Nutzfischarten sowie bei der Ausgestaltung von Produktionsverfahren. Gleiches gilt für die Sauerstoffversorgung, die bei den Nutzfischen in der Regel über den Kiemenapparat aus dem Wasser erfolgt und damit zum weiteren wichtigen Haltungsfaktor wird. Zwischen Temperatur und Sauerstoffgehalt des Wassers besteht eine wechselseitige Abhängigkeit mit dem Problem abnehmender Sauerstoffsättigung bei steigender Temperatur. Auch von den übrigen Faktoren der Haltungsumwelt Wasser, von der anorganischen und organischen Nährstofffracht, von Säuregrad und Wassertrübung sowie von eventuellen biotischen Belastungen, gehen sehr viel unmittelbarere Wirkungen aus als von der atmosphärischen Haltungsumwelt auf die warmblütigen Nutztiere. Die Folge davon ist eine breite genetische Anpassung der Fischfauna an die genutzten Wasserkörper, die ihren Ausdruck in einer Vielzahl von Arten findet. So werden weltweit mehr als 100 Fischarten mit den unterschiedlichsten Eigenschaftsprofilen kultiviert, davon etwa ein Viertel mit bedeutenderen Produktionsmengen. Bei der Vielzahl von Kulturarten und ihren speziellen Anpassungsprofilen sind allgemein verbindliche Aussagen zu den Haltungsansprüchen von Nutzfischen nur bedingt möglich. So können sich die nachstehenden Ausführungen nur auf die grundsätzlichen Wirkungen der wichtigsten Haltungsfaktoren beziehen und bedürfen gegebenenfalls der Präzisierung für die Ausgestaltung bestimmter Produktionsverfahren mit bestimmten Fischarten (Kap. 4.10.3).

4.10.2 Wirkungsgrundsätze der wichtigsten Haltungsfaktoren

Wassertemperatur

Die Wassertemperatur steuert bei den Fischen unmittelbar die Reaktionsgeschwindigkeit des Stoffumsatzes, da deren Körpertemperatur nur geringfügig über der Wassertemperatur liegt. Nach der van't Hoffschen Regel erhöht sich innerhalb bestimmter Temperaturbereiche der Stoffumsatz bei einer Temperaturerhöhung von 10 °C um das 2- bis 3fache. Die für diese Regel gültige Temperaturspanne ist in Höhe und Breite stark von den kultivierten Arten abhängig. Sie liegt niedrig und ist sehr eng bei den Kaltwasserfischen, z.B. bei den kaltstenothermen Salmoniden. Sie liegt deutlich höher und ist wesentlich breiter bei den Warmwasserfischen, z.B. bei den eurythermen Karpfenarten (Tab. 4.10.2–1). Während die kälteliebenden Forellen bei Temperaturen

Tabelle 4.10.2–1 Optimaltemperaturbereiche für die Kultivierung bedeutsamer Nutzfischarten (wachsende Fische)

Art	Optimalbereich
Gemeiner Karpfen	20–26 °C
Buntbarsch	25–30 °C
Regenbogenforelle	12–16 °C
Bachforelle	10–14 °C
Atlantischer Lachs	10–15 °C

um 10 °C noch einen relativ hohen Umsatz aufweisen, ist bei den wärmeliebenden Karpfen bei so niedrigen Temperaturen der Stoffwechsel schon stark eingeschränkt und eine Zufütterung bereits bei unter 13 °C nicht mehr angezeigt.

Andererseits reduziert sich die Stoffwechselleistung bei Überschreiten der Optimaltemperatur bedingt durch die abnehmende Sauerstoffverfügbarkeit. Steigende Wassertemperaturen führen zur abnehmenden Sauerstoffsättigung (s. u.) und zur zunehmenden Sauerstoffzehrung durch beschleunigten biologischen Abbau organischer Schmutzfrachten. Um die letalen Wirkungen einer überhöhten Futteraufnahme im Verhältnis zum verfügbaren Sauerstoff zu vermeiden, ist bei Forellen die tägliche Futterzufuhr ab Wassertemperaturen von über 16 °C zu reduzieren und ab 20 °C in der Regel ganz einzustellen. Aus vergleichbaren Gründen wird für Kreislaufanlagen mit Warmwasserfischen die Begrenzung der Wassertemperatur in Abhängigkeit von der Fischart auf 23 °C bis 27 °C empfohlen.

Bleibt schließlich der Hinweis, daß im Falle der Teichwirtschaft auch alle übrigen biologischen Prozesse im Ökosystem Teich in gleicher Weise temperaturabhängig und mit dem Wachstum der Fische interaktiv verknüpft sind. Bei steigenden Temperaturen kann es schnell zu Engpässen in der Sauerstoffversorgung kommen, ausgelöst durch eine verstärkte nächtliche Dissimilation des Phytoplanktons und der höheren Pflanzen sowie eine erhöhte mikrobielle Sauerstoffzehrung beim Abbau organischer Reststoffe. Sauerstoffdefizite führen wiederum zur Zunahme anaerober Abbauprozesse (Faulschlammbildung), wobei insbesondere von der mit steigenden Temperaturen anwachsenden Ammoniakfracht (NH_3) für die Fischkulturen ernste Probleme ausgehen können, da Ammoniak bereits in geringen Konzentrationen hochgiftig wirkt (s. *Wasserqualität*).

Sauerstoffversorgung

Eine ausreichende Sauerstoffversorgung ist neben einer optimalen Temperatur die zweite Voraussetzung für zufriedenstellende Leistungen in der Fischhaltung. Mit Ausnahme weniger Nutzfischarten, die über lungenähnliche Organe zusätzlich atmosphärischen Sauerstoff direkt aufnehmen können, wie z. B. die afrikanischen Welse (*Clarias* sp., *Heterobranchus* sp.), sind die Nutzfische vollständig auf die Aufnahme des im Wasser gelösten Sauerstoffes angewiesen. Dieses gilt auch für unsere heimischen Nutzfischarten, wobei die Kaltwasserfische einen höheren Anspruch an die Sauerstoffversorgung stellen als die Warmwasserfische (Tab. 4.10.2–2). Die optimale Sauerstoffversorgung wird für abwachsende Regenbogenforellen mit 8,0–10,0 mg O_2/l und für Karpfen aller Gewichtsabschnitte mit 6,0–8,0 mg O_2/l Wasser angegeben. Dabei sollte der Sauer-

Tabelle 4.10.2–2 Anspruch von Karpfen und Forellen an die Sauerstoffversorgung [mg O_2/l] (nach Steffens, 1986)

	Optimalbereich	Subletaler Grenzwert	Schwellenwert[1]	Letalitätsgrenze
Karpfen	6,0–8,0	3,5–4,0	2,5–3,0	0,5
Forellen	8,0–10,0	5,0	4,0	1,5–2,0

[1] bei Adaptation vorübergehend toleriert

4.10 Tiergerechte Haltung von Nutzfischen

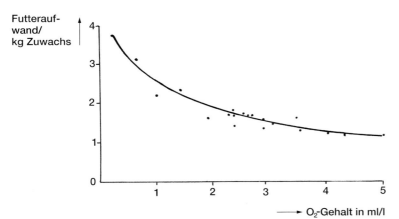

Abb. 4.10.2-1
Die Abhängigkeit der Futterverwertung wachsender Karpfen vom Sauerstoffgehalt des Haltungswassers in Kreislaufanlagen (nach HUISMAN, 1976)

stoffgehalt des Wassers am Ablauf 6,0 mg O_2/l bei den Forellen und 4,0 mg O_2/l bei den Karpfen nicht unterschreiten. Besonders schädigend wirkt eine kurzfristige Sauerstoffunterversorgung, während bei einer langsam eintretenden Verschlechterung des Sauerstoffgehaltes noch niedrigere Schwellenwerte ohne bleibende Schädigungen vorübergehend toleriert werden (s. Tab. 4.10.2-2). Die Wachstumsleistung sinkt mit einer suboptimalen Sauerstoffversorgung, wobei sich die Effizienz der Futterausnutzung exponential verschlechtert (Abb. 4.10.2-1). Ein grundsätzliches Problem jeder Fischhaltung erwächst aus der abnehmenden Wasserlöslichkeit des Sauerstoffs mit steigender Wassertemperatur. Mit 9,1 mg O_2/l ist die Sauerstoffsättigung von 20 °C warmem Wasser um mehr als ein Drittel gegenüber 0 °C kaltem Wasser gesunken. Bei Brack- und Meerwasser ist die Wasserlöslichkeit des Sauerstoffs nochmals um etwa ein Fünftel gegenüber Süßwasser reduziert (Tab. 4.10.2-3). Temperaturverhältnisse und Sauerstoffverfügbarkeit verhalten sich mithin gegenläufig in der Anspruchsdeckung der Fischkulturen, und bei wachsender Bewirtschaftungsintensität kann schnell der ergänzende Sauerstoffeintrag durch technische Maßnahmen erforderlich werden.

Für extensivere Formen der Teichwirtschaft ist der Sauerstoffeintrag durch die Assimilationsprozesse des Phytoplanktons und der Makrophyten von wesentlicher Bedeutung, wobei diese nicht nur von den Wassertemperaturen, sondern auch von der Sonneneinstrahlung entscheidend beeinflußt werden. Während des höchsten Sonnenstandes ist ein Anstieg des Sauerstoffgehaltes auf das 2- bis 3fache der normalen Sättigung keine Seltenheit, entsprechend ausgeprägt ist die Sauerstoffzehrung in den Nachtstunden. Abbildung 4.10.2-2 zeigt den typischen Tagesverlauf der Sauerstoffversorgung in der tropischen Teichwirtschaft mit ausgeprägten, kurztagsbedingten Tagesschwankungen, wie sie in abgeschwächter Form auch in der europäischen Teichwirtschaft auftreten. Für die Bewertung der Sauerstoffversorgung in der Teichwirtschaft ist

Tabelle 4.10.2-3 Sauerstoffsättigung [mg O_2/l] von Süß- und Meerwasser in Abhängigkeit von der Wassertemperatur [°C] bei 760 mmHg (nach COLT, 1984)

Wasser-temperatur [°C]	Sauerstoffsättigung [mg O_2/l]	
	Süßwasser	Meerwasser (3,5 % Salinität)
0	14,6	11,5
5	12,8	10,1
10	11,3	9,0
15	10,1	8,1
20	9,1	7,4
25	8,3	6,7
30	7,5	6,2

4 Tiergerechte Nutztierhaltung

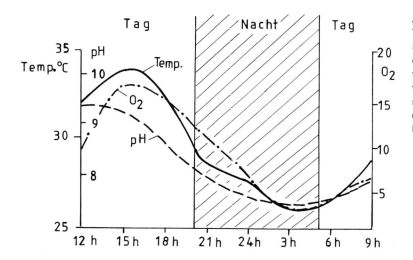

Abb. 4.10.2–2
Tagesprofile des Sauerstoffgehaltes, der Wassertemperatur und des pH-Wertes in einem tropischen Fischteich (nach SHEPARD u. BROMAGE, 1995)

daher die Kenntnis des Tagesprofils der Sonneneinstrahlung und dessen jahreszeitliche Veränderung von besonderer Bedeutung.

Wasserqualität

Die für die Lebensfunktionen der Fische wichtigsten Faktoren der Wasserqualität sind der pH-Wert, das Säurebindungsvermögen und die Konzentration toxisch wirksamer Stickstoffabbauprodukte, insbesondere von Ammoniak (NH_3) und Nitrit (NO_2). Der optimale pH-Wert für Fischkulturen liegt im schwach sauren bis schwach alkalischen Bereich (Tab. 4.10.2–4). Dabei kommt es in extensiveren Formen der Teichwirtschaft zu stärkeren Tagesschwankungen mit assimilationsbedingten Höchstwerten am Nachmittag und dissimilationsbedingten Tiefstwerten am frühen Morgen (Abb. 4.10.2–2). Auch bei guten Wasserverhältnissen mit ausreichendem Pufferungsvermögen können Schwankungen zwischen pH 9 am Tage und pH 7 am Ende der Nacht auftreten. Bei weichen Wassern mit geringen Kalziumkarbonat-($CaCO_3$-)Gehalten führt der Abbau organischer Reststoffe schnell zu einem stärkeren pH-Wertabfall, der nur über regelmäßige Kalkzufuhren abgefangen werden kann.

Tabelle 4.10.2–4 Bewertung des pH-Wertes von Wasser für Fischkulturen (nach SCHÄPERCLAUS, 1961)

pH-Wert	Zustand	Konsequenzen für Fischkulturen
> 9,5	stark alkalisch	lebensfeindlich
8,5–9,5	alkalisch	kritischer Grenzbereich, vor allem bei Anwesenheit von Ammonium-(NH_4^+-)Stickstoff
6,5–8,5	schwach alkalisch	optimal für Fischkulturen
	schwach sauer	höchste Betriebssicherheit in leicht saurem Milieu
5,5–6,5	sauer	weniger fruchtbar, meist schlecht gepufferte Wässer aus Moor- bzw. Heidegebieten, Gefahr weiterer Versauerung kann durch regelmäßige Kalkung abgefangen werden
5,0–5,5	stark sauer	kritischer Grenzbereich, vor allem in Fließgewässern
< 5,0	extrem sauer	lebensfeindlich

4.10 Tiergerechte Haltung von Nutzfischen

Gleiches gilt für die Stabilisierung des pH-Wertes bei intensiveren Kulturformen mit einer Wiederverwendung des umlaufenden Wassers. Hier empfiehlt sich die Einstellung des pH-Wertes im schwach sauren Bereich (pH 6,5–6,8), um eine erhöhte Ammoniakdissimilation bei der biologischen Klärung der gelösten organischen Reststofffracht zu begrenzen (s. u.).

Ein ausreichendes Säurebindungsvermögen des Haltungswassers ist der Garant für befriedigende Leistungen in der Aquakultur. Das Säurebindungsvermögen ist ein annäherndes Maß für die Konzentration der Hydrogencarbonat-Ionen (HCO_3^-) im Gleichgewicht mit den übrigen Kohlensäureformen (BOHL, 1999). In der Teichwirtschaft gelten Wasserquellen mit einem Säurebindungsvermögen $\leq 0,5$, das entspricht einem Karbonatgehalt ≤ 25 mg $CaCO_3$/l Wasser, als ausgesprochen ertragsschwach. Wasserquellen mit einer höheren Karbonathärte garantieren höhere Erträge aus der Teichwirtschaft, da die höheren CO_2-Reserven die Assimilationsprozesse direkt fördern und den pH-Wert-Abfall während der Dissimilationsphase besser abpuffern. Das höhere Pufferungsvermögen des härteren Wassers ist auch für intensivere Formen der Aquakultur von besonderem Vorteil, da es die kontrollierte Steuerung des pH-Wertes innerhalb eines Optimalbereiches sehr erleichtert.

Als hochtoxische Eiweißabbauprodukte können Ammoniak (NH_3) und Nitrit (NO_2) den Erfolg von Fischkulturen stark beeinträchtigen. In der Teichwirtschaft kommt es nur in Verbindung mit verstärkten anaeroben Abbauprozessen infolge von Sauerstoffdefiziten zu höheren Ammonium-(NH_4^+-)Konzentrationen. In der intensiven Aquakultur können höhere Konzentrationen von NH_4^+-Stickstoff bei einer Überfrachtung der biologischen Klärstufe schon eher auftreten. Höhere NH_4^+-Konzentrationen werden dann zu einem Problem, wenn sich das Dissoziationsgleichgewicht zwischen NH_4^+ und NH_3 bei hohen pH-Werten stark zum hochgiftigen NH_3 verschiebt, eine Verschiebung, welche bei höheren Temperaturen noch beschleunigt wird. Bei höheren pH-Werten wird die zulässige NH_4^+-Fracht sehr gering, wenn die als toxisch geltenden Grenzwerte von 0,02 mg NH_3/l bei Karpfen und 0,01 mg NH_3/l bei wachsenden Forellen nicht überschritten werden sollen (Tab. 4.10.2–5). Während in der Teichwirtschaft Vergiftungen durch Nitrit (NO_2) keine Bedeutung haben, können diese bei Kreislaufkulturen auftreten, wenn bei der biologischen Klärung der Nitrifikationsprozeß durch Sauerstoffmangel nicht zum Nitrat (NO_3) durchläuft und es zu Anreicherungen von NO_2 kommt. Dabei sind die tolerierbaren NO_2-Konzentrationen stark von der kultivierten Fischart und dem Puffervermögen des Wassers abhängig. Während z. B. bei Regenbogenforellen die Toleranzgrenzen bei 0,1 mg NO_2/l im weichen und 0,2 mg NO_2/l im harten Wasser angesetzt werden (BOHL, 1982), wirken bei wachsenden Aalen bereits wesentlich geringere NO_2-Konzentrationen

Tabelle 4.10.2–5 Zulässige NH_4^+-Konzentrationen [mg/l] in Abhängigkeit von pH-Wert und Temperatur des Wassers [°C] (nach BOHL, 1982)

Grenzwert	Karpfen [0,02 mg NH_3/l]		Forellen (Mast) [0,01 mg NH_3/l]	
pH-Wert	15 °C	25 °C	10 °C	20 °C
6,0	72,99	35,15	53,76	25,19
6,5	23,12	11,11	16,98	8,00
7,0	8,44	3,53	5,38	2,53
7,5	2,33	1,13	1,71	0,81
8,0	0,75	0,37	0,55	0,26
9,0	0,09	0,06	0,06	0,04
10,0	0,03	0,02	0,02	0,01

schädigend. Afrikanische Welse hingegen tolerieren deutlich höhere NO_2-Konzentrationen.

Abschließend sei auf die möglichen Qualitätsbeeinträchtigungen durch die Verschmutzung vieler Oberflächengewässer hingewiesen, z. B. in Form von Schwermetallbelastungen, durch Eintrag von polychlorierten Kohlenwasserstoffen und Überfrachtung mit organischen Abfallprodukten. Schwermetalle sind schon in geringen Konzentrationen hochtoxisch, insbesondere Belastungen mit Kupfer, Blei, Quecksilber und Zink. Für die Pestizide gilt ähnliches und von organischen Überfrachten gehen hohe und unkontrollierbare Sauerstoffzehrungen aus. Aus diesen Gründen ist die Nutzung von Oberflächenwasser für die Aquakultur sehr risikoreich und zumeist auf die Oberläufe von Flüssen begrenzt.

Futter und Fütterung

Die Ernährung der Nutzfische wird bestimmt durch die Nährstoffansprüche der kultivierten Arten einerseits und durch die erschließbaren Futterressourcen nach Qualität, Verfügbarkeit und Preis andererseits. Die Ansprüche der Nutzfische an die Energie-, Protein-, Lipid-, Vitamin- und Mineralstoffversorgung zeigen deutliche artspezifische Unterschiede und darüber hinaus altersbedingte Abhängigkeiten. Es bedarf deshalb der Entwicklung und Beachtung art- und altersspezifischer Fütterungsstandards, die hier im einzelnen nicht näher ausgeführt werden können.

Im Vergleich zu den warmblütigen Nutztieren zeigen alle Nutzfischarten einen sehr hohen Proteinbedarf mit einem Versorgungsoptimum je nach Art von 30–50 % Protein an der Gesamtration. Dabei haben karnivore Fischarten wie Regenbogenforellen oder Lachse einen höheren Proteinbedarf als omnivore Fische wie Karpfen oder Buntbarsche. Es sind zehn essentielle Aminosäuren bekannt (Arginin, Histidin, Isoleucin, Leucin, Lysin, Methionin, Phenylalanin, Threonin, Tryptophan u. Valin), deren anteiliger Bedarf zwischen den Nutzfischarten schwankt und deren Bedarfsdeckung bis heute zu wesentlichen Teilen nur über tierisches Eiweiß (Fisch- u. Fleischmehl, lebende Organismen der Fauna) erzielt werden kann. Bleibt der Hinweis, daß der tatsächliche Proteinbedarf von den wachstumrelevanten Faktoren Wassertemperatur, Größe der Fische, Fütterungsintensität, verdauliche Energie in der Gesamtration und biologische Wertigkeit des Eiweißfutters abhängt.

So ist in vielen Versuchen nachgewiesen, daß man bei karnivoren wie bei omnivoren Fischen über die Erhöhung des Fettanteils an der Ration auf bis zu 15 % den Eiweißbedarf etwa um den gleichen Anteil senken kann, vorausgesetzt, die Fettkomponente deckt den Bedarf an essentiellen Fettsäuren. Bei den omnivoren Fischen, z. B. beim Karpfen, kann ein vergleichbarer Effekt über die Erhöhung einer hochverdaulichen Kohlenhydratquelle erzielt werden, da diese Fischarten Kohlenhydratanteile in der Ration von bis zu 50 % ohne Effizienzverlust als Energiequelle nutzen können, während karnivore Fische dieses nur bei Kohlenhydratanteilen von bis zu 25 % vermögen. Bezüglich des Fettstoffwechsels sei besonders auf die ausreichende Versorgung mit essentiellen Fettsäuren, $\omega 3$-, $\omega 6$-Formen ungesättigter Fettsäuren (Linolsäure, Linolensäure u. a.) hingewiesen, die bei ca. 0,5–1 % der Ration anzusetzen ist. Die ungesättigten Fettsäuren spielen offensichtlich zur Aufrechterhaltung der Zellmembranfunktionen bei absinkenden Wassertemperaturen eine zentrale Rolle. Während sich bei intensiveren Formen der Aquakultur eine ausgewogene Vitaminisierung der eingesetzten Futtermittel zur Sicherung ungestörten Wachstums durchgesetzt hat, wird eine Mineralstoffergänzung bei hohen Fischmehlanteilen und guten Wasserqualitäten generell nicht für erforderlich gehalten.

Das Kernstück einer ausgewogenen Ernährung der Nutzfische ist nun die Futterversorgung unter Zugrundelegung der darge-

Wasser-temperatur [°C]	Brut (bis 1 g) [kg]	Setzlinge (Rf_1 bis 20 g) [kg]	Mastfische (Rf_2 und älter > 100 g) [kg]
5	125	250	450
10	60	125	200
15	30	75	100
20	20	30	50

Tabelle 4.10.2–6 Maximaler Besatz von Forellenanlagen [kg KM/m³] bei O_2-Sättigung des Zulaufwassers in Abhängigkeit von Wassertemperatur und Fischgröße (STEFFENS, 1979)

legten Ansprüche auf die übrigen Faktoren der Haltungsumwelt abzustellen. Dieses gilt vor allem in bezug auf die herrschenden Wassertemperaturen und die O_2-Versorgung. Im Falle extensiver Formen der Teichwirtschaft bedeutet dies, die Besatzverhältnisse möglichst eng auf die natürliche Produktivität des Teiches auszurichten und eventuelle Maßnahmen der Düngung (Kalkung), Belüftung und Zufütterung der Überwindung aktueller Engpässe vorzubehalten. Im Falle intensiver Formen der Aquakultur ist es vor allem die anzuwendende Fütterungsintensität, die auf die gesamte Fischmasse unter Berücksichtigung der Stückgrößen auszulegen ist.

Besatzdichten

In der älteren Literatur wird häufig von der Wirkung eines „Raumfaktors" berichtet, der ab einer gewissen Haltungsdichte in Aquarien oder Becken zu Wachstumsdepressionen führt. Heute weiß man, daß das Auftreten solcher Wachstumsdepressionen nicht eine unmittelbare Folge zu enger Haltungsdistanzen ist, sondern offensichtlich der mittelbare Effekt der vorgenannten Haltungsfaktoren. Die heute erfolgreich betriebenen Kreislaufkulturen belegen, daß bei ausreichender Dimensionierung der Reinigungsstufe und kontrollierter Erneuerung des Umlaufwassers Wachstumsbeeinträchtigungen nicht auftreten. Daraus folgt, daß die Optimierung der Besatzdichten im wesentlichen von der Wassertemperatur, der Sauerstoffversorgung, der Wasseraustauschrate und den Futterverhältnissen abzuleiten ist. Auf das Wasservolumen bzw. auf die Teichoberfläche ausgerichtete Besatzkennzahlen können nur grobe Orientierungen geben.

In intensiven Kultursystemen, wie z. B. in den Forellenzuchten, wo der Wasserkörper fast ausschließlich Hälterungsfunktion übernimmt, richtet sich die einzuhaltende Besatzdichte primär nach dem verfügbaren Sauerstoff. Infolge abnehmender Sauerstoffgehalte nimmt die maximal mögliche Besatzdichte mit steigenden Wassertemperaturen deutlich ab, bei Forellen um etwa die Hälfte bei einem Temperaturanstieg von 5 °C (Tab. 4.10.2–6). Darüber hinaus ist die mögliche gewichtsmäßige Besatzstärke abhängig von der Fischgröße. Sie steigt vom Brütling bis zum Mastfisch um das 3- bis 4fache. Die für die Praxis empfohlenen Besatzstärken sind zur Minderung von Verlustrisiken niedriger anzusetzen und auf die Haltungsverfahren auszurichten, wie beispielhaft in Tabelle 4.10.2–7 für die Forellenzucht dargestellt.

In extensiven Kultursystemen, wie z. B. in der Karpfenteichwirtschaft, richtet sich die zu wählende Besatzdichte nach der natürlichen Ertragskraft und eventuellen Dün-

Tabelle 4.10.2–7 Besatzverhältnisse bei wachsenden Regenbogenforellen in Abhängigkeit von der Haltungsform

Anlagentyp	Besatzdichte [kg/m³]
Erdteiche	5–25
Rund- und Langbecken	15–30
Netzkäfige	20–30
Fließkanäle	50–75
Vertikalanlagen	50–75

gungs- und Fütterungsmaßnahmen einerseits sowie nach dem Alter und den angestrebten Stückgewichten andererseits. Für mittlere Ertragsleistungen gedüngter und gut gepflegter Teiche der Ertragsklasse A werden von SCHÄPERCLAUS und LUKOWICZ (1998) folgende Richtzahlen für die drei Altersklassen einer 3jährigen Karpfenproduktion genannt:

1. Sommer: Brutstreckteiche
   $K_v \rightarrow$ 25 g Stückgewicht
   10 000–20 000 K_v/ha
2. Sommer: Streckteiche
   $K_1 \rightarrow$ 250 g Stückgewicht
   1500–2500 K_1/ha
3. Sommer: Abwachsteiche
   $K_2 \rightarrow$ 1250 g Stückgewicht
   200–350 K_2/ha

Die niedrigen Besatzzahlen beziehen sich auf Teichwirtschaften ohne, die höheren Besatzzahlen auf Teichwirtschaften mit Zufütterung. Aufgrund der besseren Futterverwertung sind bei den jüngeren Fischen die Flächenertragsleistungen höher, was entsprechend höhere Besatzdichten erlaubt. Auf die Gefahr, daß bei einer Überbesetzung der Teiche durch das Wühlen der hungernden Fische auf dem Teichboden erhöhte Wassertrübungen eintreten können, die wiederum eine Beeinträchtigung der Primärproduktion zur Folge haben, sei ganz besonders hingewiesen.

Gesetze und Verordnungen in der Fischhaltung

Gesetzliche Auflagen bei der Kultivierung von Nutzfischen ergeben sich vor allem in bezug auf:
- die Nutzung von Wasser und die Abgabe von Anlagenwasser an öffentliche Wasserkörper;
- die artgemäße Haltung von Wirbeltieren einschließlich Transport und Schlachtung;
- das Erzeugen und In-Verkehr-bringen von Lebensmitteln.

Grundsätzlich bedarf das **Betreiben von Aquakulturanlagen** einer behördlichen Genehmigung, die sich auf die Wasserentnahmerechte, auf wasser- und hochbaurechtliche Vorschriften sowie auf mögliche Auflagen des Naturschutzes beziehen. Nach § 1 des WASSERHAUSHALTSGESETZes (1996) sind die Gewässer so zu bewirtschaften, daß sie dem Wohle der Allgemeinheit und im Einklang mit ihm auch dem Nutzen einzelner dienen und daß jede vermeidbare Beeinträchtigung unterbleibt. Hieraus leitet sich das ABWASSERABGABENGESETZ (1994) ab, welches das unmittelbare Einleiten von Abwasser ab einer bestimmten Schmutz- und Schadstofffracht mit einer Abgabe belegt. Da nach der derzeitigen Rechtsauffassung der Fischteich als Gewässer im Sinne des Wasserhaushaltsgesetzes eingestuft wird und mithin das abfließende Wasser aus den Teichwirtschaften nicht als Abwasser einzustufen ist, beziehen sich eventuelle Abwasserabgaben nur auf das Betreiben sogenannter technischer Anlagen, wie Fließkanäle, Becken- und Rinnenanlagen im Durchlauf wie im Kreislauf. Es ist allerdings im Zuge einer EU-weiten Harmonisierung der Abwasserabgabenregelung damit zu rechnen, daß auch Teichanlagen, die überwiegend nur Hälterungsfunktion haben, wie die intensiven Forellenteichwirtschaften, in die Abgabenpflicht mit einbezogen werden. Als Bemessungsgrundlage gilt die Schadeinheit (SE), die einem Eintrag an organischer Fracht mit einem CSB (Chemischer Sauerstoffbedarf) von 50 kg Sauerstoff, einer Phosphatfracht von 3 kg P und einer Stickstofffracht von 25 kg N entspricht. Als Schwellenwert für eine Abgabepflicht gelten derzeit Konzentrationen beim CSB > 20 MgO_2, beim Phosphor > 0,1 mg und beim Gesamtstickstoff > 5 mg N je Liter Abwasser bzw. eine Jahresmenge dieser Frachten äquivalent zu dem 5fachen einer SE. Die erhobenen Gebühren pro SE sind in den zurückliegenden Jahren drastisch angehoben worden, so daß der wirtschaftliche Zwang zur systeminternen Wasseraufbereitung immer stärker wird. Dabei konzentriert man sich zunächst auf den Entzug von Feststoffen über mechanische Verfahren, bei denen trotz hoher Wasserdurchsatzraten, wie z. B. beim Siebtrommelfilter, schon beachtliche Reduktionen der Abwasserfrachten von 90 % und mehr erreicht werden. Der aktuelle Stand neuer Technologien in der Fischzucht findet sich in HÖRSTGEN-SCHWARK u. PUCKHABER (1996). Der Einbau biologischer Reinigungsstufen ist hingegen im Regelfall zu aufwendig und bleibt auf Vollkreislaufsysteme mit Warmwasserfischen beschränkt.

In bezug auf die **artgemäße Haltung der Fische** gelten sinngemäß die für die übrigen landwirtschaftlichen Nutztiere bereits entwickelten Umsetzungsverordnungen zum TIERSCHUTZGESETZ (1998). Angesichts der vielschichtigen Produktionsformen und der starken Abhängigkeit der Haltungsumwelt von der Wassertemperatur, der Sauerstoffversorgung und den Parametern der Wasserqualität erscheint jedoch die Festlegung allgemeinverbindlicher, auf die jeweilige Nutzfischart bezogener Grenzwerte für einzelne Haltungsfaktoren nicht sachgerecht. Vielmehr empfiehlt sich eine Bewertung bestehender Haltungsverhältnisse nach den Grundsätzen einer ordnungsgemäßen Fischhaltung unter besonderer Würdigung der Konstellation der einzelnen Haltungsfaktoren zueinander, wie sie z. B. in einer Beratungsempfehlung der LWK Hannover (1995) niedergelegt ist.

Spezifische Vorgaben sind hingegen angezeigt für die Gesundheitskontrolle sowie für den Transport und die Schlachtung von Fischen. Über die FISCHSEUCHENVERORDNUNG (1998) besteht ein Schutz gegen das Einschleppen und Verbreiten von Infektionskrankheiten und die Basis für die Schaffung seuchenfreier Bestände. Zu den anzeigepflichtigen Fischkrankheiten gehören die Infektiöse Hämatopoetische Nekrose (IHN) und die Virale Hämorrhagische Septikämie (VHS) der Salmoniden. Für den Transport sind die Anforderungen unter Kapitel 6.10 aufgeschlüsselt. Für das Schlachten von Wirbeltieren ist nach der TIERSCHUTZSCHLACHT-VERORDNUNG (1997) eine Betäubung vorgeschrieben. Dieses gilt auch für Fische, mit Ausnahme von Plattfischen und nicht gewerbsmäßig gefangenen Aalen. Als Betäubungsverfahren sind zugelassen der Kopfschlag, die Elektrobetäubung sowie die Betäubung mit Kohlendioxyd. Das früher oft praktizierte Töten in Salz bzw. Salzlake ist nicht erlaubt.

Der dritte Bereich der gesetzlichen Auflagen bezieht sich auf die **Produktbeschaffenheit** und die Anforderungen, die sich im wesentlichen aus dem LEBENSMITTEL- UND BEDARFSGEGENSTÄNDEGESETZ (1997) und der darunter bestehenden LEBENSMITTELHYGIENE-VERORDNUNG (LMHV) und FISCHHYGIENE-VERORDNUNG (1994) ergeben. Mit der 1997 in Kraft getretenen LMHV sind die bestehenden EU-Lebensmittel-Hygiene-Richtlinien in nationales Recht umgesetzt worden. Dieser neuen Verordnung unterliegen im Gegensatz zu früher auch handwerksmäßig strukturierte Betriebe, Fischer und Teichwirte, die nur geringe Mengen von Fischen an den Einzelhandel oder direkt an den Endverbraucher abgeben. Die einzige Erleichterung besteht für diese Betriebe darin, daß sie nicht verpflichtet sind, die vorgeschriebenen betriebsinternen Kontrollen des Produktionsablaufs und möglicher Einflußfaktoren auf die Produktqualität zu dokumentieren.

Aus den dargelegten Wirkungsprinzipien der Haltungsfaktoren und der Ansprüche der kultivierten Fische lassen sich folgende **Kriterien einer tiergerechten Fischhaltung** ableiten:

- Sicherstellung einer ausreichenden Wasserversorgung,
- Sicherstellung einer ausreichenden Sauerstoffversorgung gegebenenfalls mit technischen Ergänzungsmaßnahmen,
- Bemessung der Besatzdichten nach Art, Altersstadium, Wasser- und Sauerstoffversorgungsverhältnissen,
- bedarfsgerechte Ernährung nach artspezifischen Ansprüchen, Altersstadium, Wasser- und Sauerstoffversorgungsverhältnissen,

- kontrollierte Gesundheitspflege der Laich- und Produktionsfischbestände zur Sicherung aller wichtigen Leistungs- und Lebensfunktionen und zur Vermeidung von Epidemien,
- regelmäßige Funktionskontrolle der Teich- und Hälterungsanlagen mit ihren Zu- und Abläufen sowie ihren technischen Einrichtungen zur Fütterung, Sauerstoff- und Wasserversorgung.

4.10.3 Zucht und Haltung einschlägiger Aquakulturkandidaten

Die nachstehend gemachten Ausführungen zu den wichtigsten Produktionsverfahren der europäischen Aquakultur beziehen sich auf deren Grundprinzipien. Die tatsächlichen Organisationsverhältnisse in den Zucht- und Mastbetrieben weisen eine gewisse Variabilität in Anpassung an die örtlichen Gegebenheiten (Wasser-, Klima-, Boden- und Marktverhältnisse) auf. Bezüglich verfahrenstechnischer Details muß auf einschlägige Fachliteratur verwiesen werden (BOHL, 1999; HAIDER, 1986; SCHÄPERCLAUS, 1961; SCHÄPERCLAUS, 1990; SCHÄPERCLAUS u. VON LUKOWICZ, 1998; STEFFENS, 1979; STEFFENS, 1986).

4.10.3.1 Forellenzucht (Regenbogenforellen)

Vermehrung

Die Vermehrung von Forellen erfolgt in der Regel in eigenständigen Forellenzuchtbetrieben, die sich auf die Erzeugung von Besatzmaterial spezialisiert haben. Die Vermehrung erfolgt künstlich durch Abstreifen der mit drei bis vier Jahren geschlechtsreifen Laichfische zum Zeitpunkt der Reife der Geschlechtsprodukte. Der Laichzeitpunkt ist photoperiodisch gesteuert mit populationsabhängigen Laichperioden im Spätherbst (Frühlaicher) bzw. im zeitigen Frühjahr (Spätlaicher). Die im Experiment belegte Möglichkeit einer Vorverlegung der Laichzeit durch Lichtprogramme mit einer verkürzten Jahreslichtrhythmik hat noch keinen Eingang in die Praxis gefunden.

Zur Durchführung der Vermehrung werden die möglichst wasserfrei gewonnenen Rogen mehrerer Weibchen (ca. 1500–3000 Eier/Rogner) mit dem Sperma (Milch) mehrerer Männchen (Milchner) in einer Schale durch leichtes Verrühren gut vermischt, bevor Wasser zur Befruchtung dazugegeben wird. Das Erbrüten selbst erfolgt heute entweder in Brutapparaten mit Brutschalen oder in Brutbatterien mit Zugergläsern. Diese Verfahren haben das früher übliche Erbrüten in Brutkörben, die in durchfluteten Brutrinnen angeordnet waren, weitgehend abgelöst. In den Brutapparaten sind die Brutschalen vertikal angeordnet, was wasser- und platzsparend ist und die Brutpflege (Aussortierung der abgestorbenen Eier) erleichtert (Abb. 4.10.3-1). Der Vorteil der Erbrütung in Zugergläsern ist die Möglichkeit einer nach Eichargen getrennten Anfütterung und Vorstreckung der Brut in den Gläsern selbst, was für Zuchtbetriebe von besonderer Bedeutung ist, aber den Nachteil einer erschwerten Brutpflege hat (Abb. 4.10.3-2). Die Erbrütungsdauer hängt stark von der Wassertemperatur ab und beträgt bei einer Wassertemperatur von 6 °C 61 Tage bzw. 366 Tagesgrade, bei einer Wassertemperatur von 12 °C verkürzt sich die Erbrütungsdauer auf 26 Tage bzw. 312 Tagesgrade.

Die Erbrütungsverluste sollten 20 % nicht überschreiten.

Haltung

Die Produktionsorganisation nach dem Schlupf gliedert sich in drei Phasen:
- Anfütterungs- und Vorstreckphase,
- Setzlingsaufzucht,
- Abwachsphase.

Die **Anfütterungs- und Vorstreckphase** erfolgt heute grundsätzlich im Bruthaus in so-

Abb. 4.10.3–1 Brutapparat mit vertikalen Brutschalen zur künstlichen Erbrütung von Regenbogenforellen (HÖRSTGEN-SCHWARK, 1995)

genannten Brutrinnen. Sie beansprucht etwa sechs bis acht Wochen, um vorgestreckte Brütlinge (R_v) im Gewicht von ca. einem Gramm zu erzeugen.

Die **Setzlingsaufzucht** erfolgt entweder in großen, meist im Freien stehenden Rundbecken (Abb. 4.10.3–3) oder in Erdteichen, sogenannten Streckteichen. Diese sind mit 200–400 m^2 Oberfläche etwa halb so groß wie die normalen Mastteiche und wie diese länglich geschnitten. Zur Absicherung einer guten Wachstumsleistung sind die Besatz-

Abb. 4.10.3–2 Brutgläser für getrenntes Erbrüten und Vorstrecken von Zuchtchargen (Regenbogenforelle) (HÖRSTGEN-SCHWARK, 1995)

Abb. 4.10.3-3 Rundbecken zur Aufzucht von Forellensetzlingen

dichten der Setzlinge so einzurichten, daß ca. 30 kg Fischmasse/m^3 im Rundbecken und ca. 3 kg Fischmasse/m^3 im Streckteich nicht überschritten werden. In den traditionellen Forellenzuchtbetrieben, die mit Spätlaichern arbeiten, erreichen die Setzlinge beim Verkauf im März/April, d. h. gut ein Jahr nach der Bruteinlage ein Gewicht von ca. 40 g. Bei Verfügbarkeit von Brunnenwasser kann mit Frühlaichern gearbeitet und die Jugendentwicklung erheblich beschleunigt werden.

Die **Ausmast der Regenbogenforellen** auf Portionsgröße erfolgt in der Regel in Abwachsteichen von ca. 600 m^2 Oberfläche, die meist kammartig in einer Teichanlage angeordnet sind (Abb. 4.10.3-4). Der Besatz der Teiche sollte möglichst zeitig im Frühjahr erfolgen mit sortiertem Besatzmaterial von mindestens 40 g Stückgewicht bei einer Besatzstärke von ca. 25 Fischen/m^3 im Falle einer 3- bis 5maligen Wassererneuerung pro Tag. Ohne Belüftung können bei einem Wasserzufluß von einem Liter pro Sekunde ca. 50–100 kg Speiseforellen im Jahr erzeugt werden. Bis zum Herbst/Winter wachsen die Forellen dann je nach Wassertemperatur auf Portionsgewichte von 200–400 g ab. Gleiches gilt für die Ausmast in Netzgehegen in großen Naturteichen, Binnen- oder Baggerseen bzw. in geschützten Küstenbereichen wie Förden und Fjorde. Hier sind höhere Besatzdichten von bis zu 70 Fischen/m^3, d. h. Bestandsmassen von bis 20–30 kg/m^3 erreichbar. Zur Erzeugung schwerer Regenbogenforellen in Netzgehegen im Meer sollten die Satzfische auf keinen Fall älter als 1 Jahr sein, um das Einsetzen der Geschlechtsreife zu unterbinden. Bei nicht zu hohen Besatzdichten von ca. 10 Fischen/m^3 werden hier in eineinhalb Jahren Mastdauer Stückgewichte von ca. 3 kg erreicht.

Fütterung

In der Forellenaufzucht und -mast werden inzwischen durchweg pelletierte Trockenfuttermittel eingesetzt, da die Verabreichung

4.10 Tiergerechte Haltung von Nutzfischen

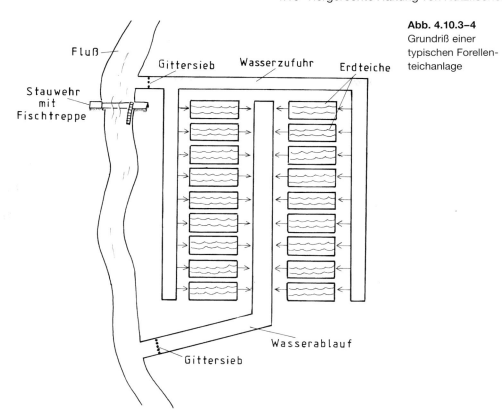

Abb. 4.10.3–4
Grundriß einer typischen Forellenteichanlage

von Naßfuttermitteln (Fisch- und Schlachtabfälle) in der Teichwirtschaft schwer kontrollierbare hygienische Risiken birgt. Es handelt sich dabei um vitaminisierte, eiweißreiche, hochverdauliche Mischfutter mit einem Proteingehalt von etwa 40 %. Nach wie vor kann auf einen überwiegenden Anteil tierischen Proteins (Fleisch- u. Fischmehl) bei der Eiweißversorgung nicht verzichtet werden. Der Rohfasergehalt sollte im Aufzuchtfutter 3,5 % und im Mastfutter 4,5 % nicht überschreiten. Der tägliche Futterbedarf hängt sehr stark von der Wassertemperatur, von der Fischgröße und der Nährstoffdichte im Futter ab. Die Futterbedarfsmengen werden dabei in Prozent des Körpergewichts festgelegt. Für ein fettreiches extrudiertes Trockenfutter, wie es heute breit zum Einsatz kommt, werden bei optimaler Wassertemperatur von 16 °C 1,6 % der Lebendmasse für Forellensetzlinge und 1,2 % für abwachsende Portionsforellen als tägliche Futtermenge empfohlen. Bei niedrigeren Temperaturen reduziert sich die Futtermenge auf bis zur Hälfte, bei 4 °C kaltem Wasser und bei höheren Wassertemperaturen sind ebenfalls deutliche Reduktionen vorzunehmen. Gegenüber früheren Fertigfuttermitteln haben sich die täglichen Bedarfsmengen deutlich verringert, was eine entsprechende Reduzierung der Abwasserbelastung mit sich bringt, andererseits aber zu einer unzureichenden physikalischen Sättigung führen kann.

Die Größe der Futterpartikel ist der Fischgröße anzupassen und reicht von 0,4–0,6 mm für die Brut über mehrere Abstufungen bis zu 8 mm im Mastendfutter. Die Futterhäufigkeit muß in der Anfütterungsphase mit 5- bis 10mal/Tag deutlich höher liegen als in der Mastphase mit 2- bis 3mal/Tag, wobei sich eine Automatenfütterung rationierter Mengen empfiehlt.

4.10.3.2 Karpfenteichwirtschaft

Vermehrung

Traditionell wird der Karpfen natürlich vermehrt. Dieses erfolgt in flachen, gut bewachsenen Laichteichen, in die laichreife Karpfen in sogenannten Laichtrios (2 männliche, 1 weiblicher Karpfen) eingesetzt werden, wenn die Wassertemperatur mindestens 18 °C erreicht hat. Nach dem Ablaichen werden die Laichfische umgehend aus dem Laichteich herausgeholt, um Störungen in der Brutentwicklung zu vermeiden. Pro Kilogramm Lebendgewicht der Rogner rechnet man mit 70 000–200 000 Stück K_o (Dottersackbrut). Der Schlupf der Brut erfolgt nach 60–90 Tagesgraden, d. h. bei 20 °C Wassertemperatur nach 3–4 Tagen.

In modernen Vermehrungsbetrieben wird jedoch heute durchweg die künstliche Vermehrung angewandt. Hierzu werden laichreife Karpfen ca. zwölf Stunden vor dem Abstreifen mit von Schlachtkarpfen gewonnenem Hypophysenextrakt behandelt, die Rogner mit einer 2fach i.m. applizierten Dosis von insgesamt 3 mg/kg Körpermasse und die Milchner mit einer einmaligen Dosis von 1 mg/kg Körpermasse. Die Befruchtung wird in der Regel nach der halbtrockenen Methode vorgenommen, wobei nach Abschluß des Quellens (ca. eineinhalb Stunden) die Eier mit einer Tanninlösung entklebt werden. Die Erbrütung erfolgt in Zugergläsern bei 23 bis 24 °C Wassertemperatur. Wichtig ist eine ständige langsame Umspülung der Eier mit entspanntem, sauerstoffreichem Wasser. Der Vorteil der künstlichen Vermehrung liegt in einer sehr viel geringeren Verlustrate von ca. 15–20 %.

Teichbewirtschaftung

Die Produktionsorganisation der klassischen Karpfenteichwirtschaft ist von der saisonalen Verfügbarkeit des Naturfutters geprägt mit folgenden Produktionsabschnitten:

$K_o \rightarrow K_v$ Aufzucht der Brütlinge in Vorstreckteichen,

$K_v \rightarrow K_1$ Aufzucht der vorgestreckten Brut in Brutstreckteichen, Überwinterung der K_1 in den Brutstreckteichen,

$K_1 \rightarrow K_2$ Heranziehen des Satzkarpfens K_2 in Streckteichen, Überwinterung der K_2 in Winterteichen,

$K_2 \rightarrow K_3$ Produktion des dreisömmrigen Speisekarpfens in Abwachsteichen, Hälterung der Verkaufsfische in Hälterteichen.

Das **Vorstrecken** der Brütlinge auf ein Gewicht von 0,3–1,5 g (ca. 4–6 Wochen) verhindert größere Aufzuchtverluste gegenüber einem direkten Einsatz der K_o in die Brutstreckteiche. Vorstreckteiche sind kleinere, ackerfähige Teiche von 0,25 bis zwei Hektar und einer Wassertiefe von 50–100 cm, welche durch Düngung, Bestellung mit Gemenge und Beimpfung mit Naturorganismen (Moina und Daphnien) besonders vorbereitet sind.

Die für die **Aufzucht der vorgestreckten Brut** eingesetzten Brutstreckteiche sind bis zu 10 ha groß und sollten ebenfalls voll trockenlegbar sein. Ihre Tiefe sollte auf mindestens ein Drittel der Fläche über 1,20 m liegen, um sie wintersicher zu machen. Nach dem Abfischen der zehn bis 40 g schweren K_1 im Frühjahr werden die Brutstreckteiche gründlich trockengelegt, gekalkt und gedüngt und mit Gründünger bestellt, bevor sie Ende Juni/Anfang Juli wieder neu bespannt und mit ca. 5000–10 000 K_v/ha besetzt werden.

Das **Heranziehen der K_2** (Satzkarpfen) erfolgt in Streckteichen, die ähnlich groß oder größer sind als die Brutstreckteiche, von der Tiefe her aber nicht winterfest sein müssen. Je nach Teichbonität können 1000–3000 K_1/ha besetzt werden, welche ohne Zufütterung auf die Satzkarpfengröße von 250–400 g heranwachsen. Die Streckteiche werden zum Winter trockengelegt und die K_2 in Winterteiche überführt.

In den bis zu zehn Hektar großen, möglichst über 1,50 m tiefen **Winterteichen** werden die K_2 in Besatzdichten bis zu 10 t/ha gehalten. Die Winterteiche werden im Som-

4.10 Tiergerechte Haltung von Nutzfischen

Abb. 4.10.3-5 Eine typische Karpfenteichwirtschaft beim Abfischen

mer trockengelegt und im September wieder bespannt (Abb. 4.10.3-5)

Das **Abwachsen der Karpfen** auf Speisefischgröße (K_3) von 1250–1500 g erfolgt in großen Abwachsteichen. Ohne Zufutter sind etwa 100–200 K_2/ha zur Schlachtreife zu bringen. Die bei der derzeitigen Karpfenteichwirtschaft übliche Zufütterung hat weniger das Ziel höherer Stückgewichte als das erhöhter Hektarerträge. Dabei können etwa die 4- bis 5fache Zahl von Speisefischen je Hektar erzeugt werden, ohne die natürliche Produktivität des Teiches zu beeinträchtigen. Die aufgewandte Futtermenge liegt etwa bei dem 1,5fachen der erwarteten Abfischmasse, wobei der Schwerpunkt des Futtereinsatzes in den warmen Sommermonaten Juli/August liegt.

Die für den Verkauf einzurichtenden **Hälterteiche** sollten einen befestigten Boden (Bohlen, Pflasterung, Beton) aufweisen und über ausreichendes Zulaufwasser hoher Qualität verfügen.

4.10.3.3 Lachszucht

Die Vermehrung und Aufzucht von Lachsen erfolgt nach dem gleichen Prinzip wie bei den Regenbogenforellen. Mit ca. 500 Tagesgraden bis zum Schlupf ist die Erbrütungsdauer jedoch deutlich länger, da die Erbrütungstemperatur 8 °C nicht übersteigen sollte. Es hat sich als nicht erforderlich erwiesen, die laichreifen Lachse zum Abstreifen ins Süßwasser zu verbringen.

Die Aufzucht der Setzlinge erfolgt durchweg in speziellen, mit Brunnenwasser versorgten Aufzuchtanlagen in kleinen PVC-Aufzuchtbecken (1–4 m^2). Im späten Frühjahr des darauffolgenden Jahres setzt bei den Setzlingen, ausgelöst durch ansteigende Temperaturen und Tageslichtlängen, eine morphologische und physiologische Vorbereitung auf das Leben im Meerwasser ein, das sogenannte Smoltstadium. Die wichtigste Veränderung ist die Anlage spezieller Zellen im Kiemenapparat, welche Salz aus der Körperflüssigkeit ausscheiden und

4 Tiergerechte Nutztierhaltung

Abb. 4.10.3–6 Netzgehegeanlage für die Lachszucht in Norwegen

so die Salzkonzentration im Blut bei ca. 10 ‰ einregulieren können. Eine schrittweise Anpassung der mindestens 20 g schweren Smolts über ca. 14 Tage an den Salzgehalt des Meerwassers reduziert die Umsetzungsverluste.

Die Ausmast selbst erfolgt in der Regel in großen runden oder achteckigen Netzgehegen von 250–500 m³ Fassungsvermögen, die häufig über Schwimmstege zu größeren Arbeitseinheiten zusammengefaßt werden (Abb. 4.10.3–6). Die Netzgehege werden von Schwimmkragen (z. B. aus Styropor) gehalten und variieren in der Maschengröße in Relation zur Fischgröße, von 12 mm bei Setzlingen bis auf 21 mm ansteigend für Fische ab 500 g. Die Netze werden gegen Algen- und Muschelbewuchs mit für den Bootsbau zugelassenen Mitteln imprägniert, müssen aber trotzdem in regelmäßigen Abständen gereinigt werden, um den nötigen Wasseraustausch von 2 l Meerwasser/kg Fischbesatz zu gewährleisten. Die Besatzdichte sollte in der frühen Mastphase (bis 1 kg Stückgewicht) 10 kg/m³ nicht überschreiten, danach kann sie bis Mastende auf 15–18 kg/m³ angehoben werden. Das bevorzugte Verkaufsgewicht von ca. 5 kg wird in einer 2jährigen Mastphase erreicht. Der Futteraufwand in dieser Phase liegt bei 1–1,5 kg Trockenfutter je Kilogramm Fischzuwachs. Die schlachtreifen Lachse werden frisch oder gefroren in den Großhandel abgegeben, der z. T. eine Veredlung über Räuchern oder Marinieren (Graved Lachs) vornimmt.

4.10.3.4 Warmwasserfischkulturen

Eine Kultivierung von Warmwasserfischen (z. B. Aale, Welse, Buntbarsche) ist in europäischen Breiten an die Verfügbarkeit von Warmwasser gebunden. Produktionsorganisation und -technologie hängt in hohem Maß davon ab, ob und wann welche Mengen industrieller Abwärme erschlossen werden können bzw. inwieweit auf direkte Energie-

4.10 Tiergerechte Haltung von Nutzfischen

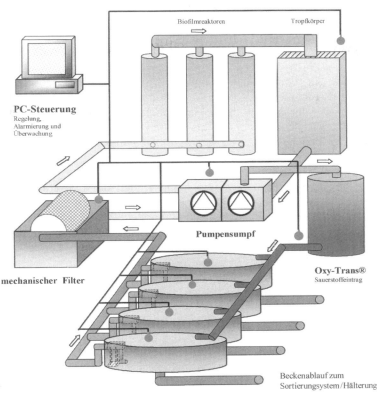

Abb. 4.10.3–7
Funktionsschema einer Warmwasserkreislaufkultur von Aalen (FISCHTECHNIK FREDELSLOH, 1999)

quellen zurückgegriffen werden muß. In der Regel werden wassersparende Vollkreislaufsysteme zur Anwendung kommen, so wie sie schematisch für eine Aalmastanlage in Abbildung 4.10.3–7 dargestellt ist.

Während in der Vergangenheit die Aalkultur fast ausschließlich auf teichwirtschaftlichen Produktionsformen beruhte, hat sich in den letzten Jahren die Aalkultur in geschlossenen Warmwasserkreisläufen fest etabliert. Die nachhaltige Produktionsausweitung in der europäischen Aalproduktion im letzten Jahrzehnt geht ausschließlich auf die Ausweitung solcher Kreislaufkultursysteme zurück, aus denen mittlerweile über 50 % der in Europa kultivierten Aale stammen.

Da es bislang nicht gelungen ist, den Aal künstlich zu vermehren, beruht die Aalkultur auf der Aufzucht und Mast von Wildfängen (Glasaalen). Diese stammen vorwiegend von der Atlantikküste Westeuropas und werden von dort entweder trocken und kühl in Holz- oder Styroporkisten oder in sauerstoffbelüfteten Spezialbehältern zu den Aufzuchtanlagen transportiert.

In der traditionellen Teichwirtschaft werden Aufzucht und Mast in folgenden Phasen organisiert:
- Vorstreckphase, inkl. Adaptationsphase von 0,25–0,5 g auf 8 g Stückgewicht;
- Satzaalphase von 8 g auf 50 g Stückgewicht;
- Mastphase von 50 g auf 150–200 g Stückgewicht.

Einer ca. 15- bis 30tägigen Adaptationsphase mit einer Anfütterung über Fischrogen und Milz bei langsamer Anhebung der Wassertemperaturen auf mindestens 20 °C folgt die eigentliche Vorstreckphase, zunehmend basierend auf eiweißreichen Trockenfuttermitteln (Hefen, Fischmehlen, Trockenmilch). In der Satzaalphase und in der Mastphase geht man zur Reduzierung der Wasserbelastung zunehmend von einer Naßfutterdiät mit Fischbeifang auf eine Fertigfutterdiät über, welche entweder trocken oder in Pastenform verabreicht wird. Dieses gilt vor allem für die Kreislaufkulturen. In der Fütterung bedarf es eines sehr hohen Proteinanteils in der Diät von über 40 %, wobei über die Erhöhung des Fettanteils eine ähnliche Reduktion des Proteinbedarfs erreicht werden kann wie in der Forellen- und Karpfenzucht.

Die in der traditionellen Teichwirtschaft benötigte Produktionsdauer vom Glasaal bis zum marktfähigen Aal von etwa drei Jahren, kann beim Übergang zur Kreislaufkultur mit 23 °C bis 26 °C Wassertemperatur um bis zu einem Jahr reduziert werden. Damit verbunden ist eine Verbesserung der Futterverwertung auf 1,6–2,0 kg Trockenfutter/kg Lebendmassezuwachs. Voraussetzung für das Erreichen solcher Leistungen ist eine ausreichende Dimensionierung und qualitative Ausgestaltung der Reinigungsstufen in den Kreislaufsystemen mit einer wirkungsvollen Feststoffabscheidung (Kot, Futterreste) und einer biologischen Klärung der organischen Schwebstoffe, die sicher bis zur Bildung von Nitrat (NO_3) durchläuft. Der Aal reagiert sehr empfindlich auf Verunreinigungen im Wasser, so daß eine unzureichende oder schwankende Wasserklärung zu hohen Verlusten führen kann. Die bereits bei gutem Management auftretenden Verlustraten vom Glasaal bis zum verkaufsfähigen Fisch von 50 % und mehr kennzeichnen die Empfindlichkeit dieses Aquakulturkandidaten.

Die weltweit sehr bedeutsamen Wels- und Buntbarschkulturen haben in Europa bislang nur eine begrenzte Verbreitung gefunden. Kultiviert werden vorzugsweise der europäische Wels *(Silurus glanis)* und der afrikanische Wels *(Clarias gariepinus)* sowie die Buntbarschart *(Oreochromis niloticus)*, meist als Tilapienkultur bekannt.

Im Gegensatz zum Aal können alle drei Arten erfolgreich künstlich vermehrt werden, wenn man artspezifische Vermehrungstechniken anwendet. Die Erbrütungsdauer beträgt bei den in Kreislaufanlagen gebräuchlichen Wassertemperaturen von 26 bis 28 °C nur wenige Tage (2–4) und nach weiteren fünf bis sieben Tagen ist die Brut voll schwimm- und freßfähig. Während die Welsbrut etwa eine Woche mit Naturnahrung, vornehmlich Artemienlarven, angefüttert werden muß, können die Tilapienbrütlinge sofort Trockenfutter aufnehmen. Nach einer 2monatigen Vorstreckphase erreichen die Brütlinge eine ausreichende Satzfischgröße von 5 g. Die sich daran anschließende Ausmast wird in eine Vormastphase mit einer eiweißreicheren Diät und eine Endmastphase gegliedert. Sie dauert bei allen Arten ca. sieben bis acht Monate, wobei die Welse ein Verkaufsgewicht von ca. 1 kg, die Tilapien von ca. 500 g erreichen. Zwischen afrikanischen und europäischen Welsen besteht in der Wachstumsleistung kein gravierender Unterschied, wobei jedoch der europäische Wels an die Sauerstoffversorgung höhere Ansprüche stellt, da er allein auf die Kiemenatmung angewiesen ist. Welse und Tilapien sind sehr robuste Fischarten, die problemlos in Besatzdichten von über 100 kg Fischmasse/m^3 (Wels) und bis zu 80 kg Fischmasse/m^3 Wasser (Tilapien) gehalten werden können. Bei störungsfreier Kreislauftechnologie werden bei Welsen Futterverwertungskoeffizienten von 1:1 und darunter erreicht. Bei den omnivoren Buntbarschen liegt der Verwertungskoeffizient etwas ungünstiger und ist eher mit dem der Karpfen vergleichbar.

Literatur

Bohl, M.: Zucht und Produktion von Süßwasserfischen. DLG Verlag, Frankfurt (1982).

Bohl, M.: Zucht und Produktion von Süßwasserfischen. DLG Verlag, Frankfurt (1999).

Colt, J.: Computation of dissolved gas concentrations in water as functions of temperature, salinity and pressure. Am. Fish. Soc. Spec. Publ. 14 (1984).

Fischtechik Fredelsloh, 1999.

Haider, G.: Nutzfische halten. Ulmer Verlag, Stuttgart (1986).

Hörstgen-Schwark, G., B. Puckhaber: Neue Technologien in der Fischzucht und -haltung. Cullivier Verlag, Göttingen (1996).

Huisman, F. A.: Aspects of Fish Culture and Fish Breeding. Veenman u. Zonen, B. V. Wageningen (1976).

LWK Hannover: Ordnungsgemäße Fischhaltung. Polykopie (1995).

Schäperclaus, W.: Lehrbuch der Teichwirtschaft. Paul Parey Verlag, Berlin (1961).

Schäperclaus, W.: Fischkrankheiten. Akademie-Verlag Berlin (1990).

Schäperclaus, W., M. von Lukowicz: Lehrbuch der Teichwirtschaft. Parey Verlag Berlin (1998).

Shephard, J., N. Bromage: Intensive Fish Farming. Blackwell Science (1995).

Steffens, W.: Industriemäßige Fischproduktion. VEB Deutscher Landwirtschaftsverlag, Berlin (1979).

Steffens, W.: Binnenfischerei – Produktionsverfahren. VEB Deutscher Landwirtschaftsverlag, Berlin (1986).

Rechtsgrundlagen, Empfehlungen, Normen u. ä.:

Gesetz über Abgaben für das Einleiten von Abwasser in Gewässer (Abwasserabgabengesetz – AbwAG) I. d. F. d. Bek. vom 3. November 1994 (BGBl. I S. 3370) zul. geänd. d. VO vom 25. August 1998 (BGBl. I S. 2455).

Gesetz über den Verkehr mit Lebensmitteln, Tabakerzeugnissen, kosmetischen Mitteln und sonstigen Bedarfsgegenständen (Lebensmittel- u. Bedarfsgegenständegesetz – LMBG). I. d. F. d. Bek. vom 9. September 1997 (BGBl. I S. 2296), geändert durch Art. 5 d. G vom 25. Februar 1998 (BGBl. I S. 374).

Gesetz zur Ordnung des Wasserhaushaltes (Wasserhaushaltsgesetz – WHG) I. d. F. d. Bek. vom 12. November 1996 (BGBl. I S. 1695), zul. geänd. d. G vom 25. August 1998 (BGBl. I S. 2455).

Lebensmittelhygieneverordnung (LMHV) vom 5. August 1997 (BGBl. I S. 2008).

Tierschutzgesetz (TierSchG) I. d. F. d. Bek. vom 25. Mai 1998 (BGBl. I S. 1105, ber. S. 1818).

Verordnung über die hygienischen Anforderungen an Fischereierzeugnisse und lebende Muscheln (Fischhygiene-Verordnung – FischHV) vom 31. März 1994 (BGBl. S. 737), zuletzt geändert durch Art. 3 der V vom 12. Mai 1999 (BGBl. I S. 938).

Verordnung zum Schutz von Tieren im Zusammenhang mit der Schlachtung oder Tötung (Tierschutz-Schlachtverordnung – TierSchlV). Vom 3. März 1997 (BGBl. I S. 405).

Verordnung zum Schutz gegen Süßwasserfisch-Seuchen und zur Schaffung seuchenfreier Fischhaltungsbetriebe und Gebiete (Fischseuchen-Verordnung) I. d. F. der Bek. vom 17. August 1998 (BGBl. I S. 2175, ber. BGBl. I S. 2669).

4.11 Tiergerechte Haltung von Nutzwild

4.11.1 Dam- und Rotwild in landwirtschaftlichen Gehegen

(BOGNER, H.)

Die Gatterwildhaltung hat als landwirtschaftliche Produktionsalternative seit Mitte der 70er Jahre in der Bundesrepublik Deutschland einen bedeutenden Aufschwung erfahren. Hier werden verschiedene Schalenwildarten zur Dauergrünlandnutzung sowie zur Erzeugung von Fleisch als Lebensmittel nebst Nebenprodukten und Zuchttieren gehalten. Zum gegenwärtigen Zeitpunkt existieren etwa 4500 Gehege auf einer rund 11 000 Hektar großen Fläche, in denen sich ca. 90 000 Stück Wild befinden.

Eindeutig bevorzugt wird die Haltung von Damwild, in großem Abstand gefolgt von Rotwild. Vereinzelt sind auch kleine Bestände von Sika-, Wapiti- und Muffelwild anzutreffen. Schwarzwild wird, trotz guter Preise für das Wildbret, nur selten in landwirtschaftlichen Gehegen gehalten. Gründe hierfür sind in den hohen Kosten für die Umzäunung, der Verwüstung von Gehegeflächen bei entsprechender Besatzdichte sowie in der seuchenhygienischen Problematik zu suchen.

Die stärkste Verbreitung von Wildfarmen ist in Neuseeland festzustellen, wo es etwa 4800 landwirtschaftliche Gehege mit 780 000 Stück Wild gibt. Die Produktion in Neuseeland ist, ebenso wie in Australien, weniger auf Wildbret ausgerichtet, sondern auf Bastgeweihe, die in der traditionellen asiatischen Medizin eine große Rolle spielen. Die Amputation von Geweihen ist nach dem TIERSCHUTZGESETZ (1998) der Bundesrepublik Deutschland grundsätzlich verboten, da mit Verhaltensstörungen bzw. immateriellen Leiden zu rechnen ist. Im Einzelfall kann aufgrund tierärztlicher Indikation eine Abnahme des Geweihs vorgenommen werden.

Dam- und Rotwild sind wegen ihrer Anpassungsfähigkeit sehr gut geeignet für eine nutztierartige Haltung in Gehegen. Bereits im Mittelalter war das „Thannwild" bevorzugtes Parkwild des Adels und der Klöster.

Tabelle 4.11.1–1 Wildgehegehaltung in der Bundesrepublik Deutschland (persönl. Mitteilung: BUNDESVERBAND FÜR LANDWIRTSCHAFTLICHE WILDHALTUNG, 1995)

Bundesland	Verbandsmitglieder			Nichtmitglieder	
	Anzahl Betriebe	Anzahl Muttertiere	durchschn. Betriebsgröße [ha]	Anzahl Betriebe	Anzahl Muttertiere
Bayern	781	20 000	2,3	997	16 870
Baden-Württemberg	135	4 000	2,5/3	75	2 500
Brandenburg/Mecklenburg	35	1 500	7/8	25	1 000
Hessen	60	1 300	3	162	3 800
Niedersachsen	91	1 950	2,5	180	1 900
Nordrhein-Westfalen	184	7 400	3,5	700	7 000
Rheinland-Pfalz	140	6 000	3,5	400	4 000
Sachsen	32	2 000	9/10	50	2 000
Sachsen-Anhalt	15	350	2,5		
Schleswig-Holstein	32	1 000	3	120	2 000
Thüringen	40	1 400	8	10	150
Insgesamt	1545	46 900	4,3	2719	41 220

Die Damwildhaltung in landwirtschaftlichen Betrieben ist inzwischen zu einem etablierten Verfahren avanciert, das unter bestimmten Voraussetzungen im Nebenerwerb im Vergleich zur Koppelschaf- und Mutterkuhhaltung durchaus wettbewerbsfähig bzw. überlegen sein kann, sofern die Vermarktung auf der Basis des Direktverkaufs an Einzelpersonen, Gasthöfe, Hotels etc. beruht und nicht auf dem Verkauf von Zuchttieren. Das Angebot von größeren Mengen an Wildbret und Verkauf an den Wildhandel verändert sicherlich auch das Preis-/Kostenverhältnis zuungunsten des Damwildes. Der Absatz tiefgefrorenen Wildbrets ist nicht empfehlenswert, da es in Konkurrenz zu ausländischer Ware tritt und ca. 30–50 % weniger als „schußfrische" Schlachtkörper oder Teilstücke erzielt.

Im folgenden wird davon ausgegangen, daß es sich bei Gehegedam- und Gehegerotwild keinesfalls um domestizierte Tiere handelt, sondern um gehegegewohntes Wild, das gegenüber dem Menschen, ebenso wie die Wildenten im Schloßpark, beim Futterbetteln die Scheu verliert, „futterzahm" wird, unter anderem auch in der freien Wildbahn leben und sich vermehren kann. Auch Dam- und Rotwild in Gehegen sind nach dem BÜRGERLICHEN GESETZBUCH „gefangene wilde Tiere in Menschenhand". Sie werden durch physische Absperrung am Entweichen oder Entfliehen gehindert. Sie sind nicht, wie wilde Tiere in natürlicher Freiheit, herrenlos. Der Eigentumsverlust tritt ein, wenn der Eigentümer das entlaufene Tier nicht unverzüglich verfolgt oder die Verfolgung aufgibt. Von Natur aus wilde, aber gezähmte Tiere werden lediglich physisch durch Gewöhnung und Anhänglichkeit an den Menschen beherrscht. Sie bedürfen keines Zaunes, da sie von sich aus die Nähe des Menschen suchen und immer wieder zu ihm zurückkehren. Sie werden folglich erst dann herrenlos, wenn sie die Gewohnheit, an einen bestimmten Ort zurückzukehren, ablegen.

Die Errichtung, Erweiterung und der Betrieb von Tiergehegen wird durch das BUNDESNATURSCHUTZGESETZ (1998) bzw. die nach Landesrecht zuständige Behörde bestimmt. Dam- und Rotwildgehege sind gewöhnliche Tiergehege im Sinne des Naturschutzrechtes, weil es sich um eingefriedete Grundflächen handelt, auf denen Tiere wildlebender Arten ganz oder teilweise im Freien gehalten werden.

Aus der Sicht des Tierschutzes steht im Mittelpunkt das Tier mit seinen biologisch begründbaren, lebensnotwendigen Bedürfnissen. Erst an zweiter Stelle stehen wirtschaftliche Überlegungen, die den Menschen veranlassen, ein Tier zu halten und zu nutzen. Tierschutz und betriebswirtschaftliche Aspekte stehen häufig konträr zueinander.

Auch für Gehegewild gelten die Grundsätze des §2 des TIERSCHUTZGESETZes. Die Einrichtung, Erweiterung und der Betrieb von Gehegen zur Haltung von Wild unterliegen neben baurechtlichen Bestimmungen dem Erlaubnisvorbehalt nach §24 des BUNDESNATURSCHUTZGESETZes. Die zuständige Behörde prüft vor Erteilung dieser Erlaubnis auch, ob die Voraussetzungen für eine tierschutzgerechte Haltung, Pflege und Unterbringung gegeben sind.

Mindestgröße für ein Damwildgehege ist ein, bei Rotwild 2 Hektar und bei Mischgehegen 3 Hektar. Darauf dürfen jeweils zehn adulte Tiere gehalten werden. Die Mindestfläche für ein erwachsenes Tier beträgt somit 1000 bzw. 2000 Quadratmeter. Zur Gehegeausstattung gehört Sicht- und Witterungsschutz, Schlupfe, Flucht- und Ausweichmöglichkeiten.

Die Sozialstruktur im Dam- und Rotwildgehege erfordert eine Mindestzahl von fünf erwachsenen Tieren je Gehege (ein männliches, vier weibliche Tiere). Zur ordnungsgemäßen Betreuung gehört die tägliche Kontrolle des Geheges. Gehegehaltungen unterliegen der Aufsicht durch die zuständige Behörde nach §16 des TIERSCHUTZGESETZes. Nach dem TIERSCHUTZGESETZ kann für Gehegebetreiber ein Sachkundenachweis (spezielle Prüfung) verlangt werden.

4 Tiergerechte Nutztierhaltung

Die behördliche Genehmigung zur Betreibung eines Geheges kann zunächst zeitlich, beispielsweise auf zehn Jahre, befristet werden.

Seitens einer Sachverständigengruppe wurde auf Veranlassung des BML bereits vor dem Gehegeboom ein GUTACHTEN ZUR NUTZTIERARTIGEN HALTUNG VON DAMWILD (1979) erstellt, das die Grundlage für den Erlaß von Richtlinien für die Damwildhaltung seitens der Bundesländer bildet und auch als Grundlage für Rotwild in Gehegen herangezogen wird.

Im Rahmen der nutztierartigen Haltung von geweihtragendem Wild wird verschiedentlich eine generelle Ausnahme vom Amputationsverbot gefordert, um die Verletzungsgefahr für Mensch oder Tier zu verringern. Nach § 6 Abs. 1 Nr. 1 des TIERSCHUTZGESETZes ist nur im begründeten Einzelfall nach tierärztlicher Indikation eine Geweihamputation zulässig, nicht aber zur Anpassung der Tiere an bestimmte Haltungssysteme. Eine Amputation führt zur Einschränkung wesentlicher Funktionskreise des Verhaltens und als Folge davon zu Verhaltensstörungen und anderen Erkrankungen.

Dam- und Rotwild kann auch dann unter Gehegebedingungen gehalten werden, wenn dem Hirsch das Geweih belassen wird. Dies setzt allerdings voraus, daß die Gehege entsprechend gestaltet werden. Verursachen geweihtragende Hirsche Schäden, so weist dies in der Regel auf Mängel im Haltungssystem bzw. Management hin.

Damwild

Damwild gedeiht am besten in Ländern mit feuchtem, gemäßigtem Niederungsklima und ist weniger für rauhes bzw. niederschlagsreiches Klima geeignet. In der Wildbahn findet sich Damwild in parkähnlichen Kulturlandschaften mit etwa gleichen Teilen von Wäldern, Wiesen und Feldern, wobei es weiche Pflanzennahrung bevorzugt, was die Konkurrenz zu Reh- und Rotwild mindert.

Damwild ist überwiegend tagaktiv und gegenüber Störungen weit weniger empfindlich bzw. relativ stärker belastbar als Rotwild. Bei Gefahr verhofft es in der Regel in Sichtweite zum Störobjekt. Es kann sich in Deckung flach auf den Boden drücken und springt erst ab, wenn sich der „Feind" Mensch oder Hund auf kurze Distanz genähert hat. Damwild windet und vernimmt sehr gut, äugt außerordentlich scharf, besser als Rot- und Sikawild. Es bevorzugt das Leben im Sozialverband, der in Abhängigkeit von den Deckungsmöglichkeiten eine unterschiedliche Größe aufweisen kann. Die kleinste soziale Gruppe bildet die aus Alttier, Jährling und Kalb bestehende Mutterfamilie. Mehrere Familien bilden ein Rudel, innerhalb dessen sich Jährlinge und Kälber zusammenschließen können.

Typisch für das äsende, über eine große Fläche verstreute Rudel ist die akustische Kommunikation, das Fiepen der Kälber sowie das Mahnen der Alttiere. Bei Flucht spielt der lange, mit weißen Haaren besetzte, ständig sich in Bewegung befindliche Wedel eine große Rolle und dient zur Auslösung der „Nachfolgereaktion". Eine Eigenart des Damwildes ist der sogenannte „Prellsprung", bei dem die flüchtenden Tiere mit allen vier Läufen in die Höhe hüpfen. Vermutlich handelt es sich hierbei um eine Verhaltensweise, die der schnelleren Orientierung dient.

In Versuchsgehegen erwiesen sich v.a. Parasiten und bakterielle Infektionen, wie z.B. die Nekrobazillose und die Coliinfektion, als problematisch. Der Prophylaxe im Gehege muß daher besonderes Augenmerk geschenkt werden. Eine Entwurmung im Herbst sowie im Frühjahr ist empfehlenswert. Eine Vorbeuge im Hinblick auf Coliinfektionen durch Verbesserung der Umweltbedingungen ist nur in sehr begrenztem Umfang möglich. Stoffwechselerkrankungen können Folge von Fütterungsfehlern sein (MATZKE, 1986).

Kranke, insbesondere laufkranke Hirsche, die den Gegnern nicht ausweichen oder nicht aufstehen können, sind in höchstem Grade gefährdet. Sogar Schmalspießer können adulte Schaufler zu Tode forkeln. Kranke Gehegetiere sind daher so vom Rudel zu trennen, daß weiterhin visueller und akustischer Kontakt besteht, geweihtragende Hirsche aber keinen Zugang haben.

Weibliche Stücke werden im Alter von 16–17 Monaten geschlechtsreif. Auch Hirsche im zweiten Lebensjahr nehmen aktiv an der saisonal gebundenen Brunft (Oktober/November) teil. Der Brunftschrei stellt ein lang anhaltendes rasselndes Rollen dar, das an- und abschwillt, so daß man aus der Ferne nur den stärksten Teil des Rollens hört.

Nach mindestens 230 Tagen Tragezeit setzt das Damtier ein Kalb (selten zwei Kälber). Jungtiere zeigen in den ersten Lebenswochen das Bestreben, sich während der Ablegezeiten zu verbergen. Hierfür dienen Brennesselhorste und Kälberschlupfe. In der Brunftzeit, die sich bei Gatterwild unter Umständen zeitlich über die natürliche Brunftzeit hinaus erstrecken kann, ergeben sich sexuelle Aktivitätsphasen. In diesen sind besonders weibliche Tiere Verfolgungen und körperlichen Attacken von Hirschen ausgesetzt.

Rotwild

Das Rotwild gehört ebenso wie das Damwild in der Familie der Hirsche zur Subfamilie der Echthirsche. Das Rotwild ist sehr anpassungsfähig, es äst in Schottland den Tang aus dem Meer und findet sich ebenso in der Latschenregion der Alpen in über 2000 m Höhe. Es neigt unter intensiven Äsungsbedingungen weniger zur Fettbildung als Damwild. Auch die Gewichtsentwicklung sowie die endenreiche Geweihbildung und das Stangengewicht werden von den Gehegebetreibern beim Rothirsch sehr geschätzt.

Das Tier riecht, sieht und hört anders als der Mensch. Für uns als „Augentier" sind die Nasenleistungen des Wildes oder eines Hundes schlechthin unvorstellbar. Dafür übertreffen wir mit unseren Sehleistungen, wenigstens bei Tage, das Tier erheblich.

Rotwild ist vornehmlich nach dem Geruchssinn orientiert. Die in die Haut eingebetteten Duftdrüsen und ihr Sekret (Pheromone) haben zweifelsohne wichtige Aufgaben als Markierungsorgan im soziologischen Verhalten des Rotwildes zu erfüllen. Am auffälligsten und bekanntesten und auch für unser Geruchsvermögen stark wahrnehmbar ist die Voraugendrüse, die auch als Tränengrube bezeichnet wird und bei allen geweihtragenden Zerviden feststellbar ist.

Eine besondere Vorliebe hat das Rotwild für das Suhlen. Vor allem Hirsche suhlen häufig, Kahlwild seltener. Suhlen sind Schlammbäder im Moor und Lehm, die der Hirsch so lange mit den Vorderläufen bearbeitet, bis eine cremige Konsistenz entsteht, in der er sich ausgiebig wälzt. Nach der Brunft klingt das Bedürfnis nach Suhlen ab. Das Suhlen dient insbesondere der Abkühlung. Die Schlammkruste, die sich beim Suhlen bildet, ist gleichzeitig ein guter Schutz gegen Insekten (Komfortverhalten).

Rotwild ist wie Damwild normalerweise ein im Rudel lebendes Tier. Junges Wild neigt stärker zu Vergesellschaftungen als altes. Nach der Setzzeit bilden Kälber häufig Gruppen, die von einem Alttier bewacht werden. Immer wieder wird beobachtet, daß laktierende Alttiere auch Kälber anderer Mütter säugen. Abgesehen von der Brunft leben Hirsche und weibliche Tiere während der größten Zeit des Jahres getrennt. Rotwild ist in seinem sozialen System matriarchalisch geprägt (WAGENKNECHT, 1983).

Die Brunft erstreckt sich in der Regel über einen Zeitraum von 3–4 Wochen und fällt in Mitteleuropa in der Wildbahn zwischen Ende August und Anfang Oktober. Witterungsbedingt können große zeitliche Unterschiede bestehen.

Die Trächtigkeitsdauer beim Rotwild beträgt 35 Wochen, das Setzgewicht liegt zwischen 6–8 kg. Die Setztermine verteilen sich auf die Monate Mai bis Juni. Es können aber auch bereits Ende April und – ebenso wie beim Damwild – noch im Juli und später Kälber geboren werden. Spätgesetzte Kälber sind unerwünscht, da sie mit einem niedrigen Gewicht in den Winter gehen und in der Entwicklung insgesamt zurückbleiben. Das Kalb wird meist 3–4, aber auch 7–8 Monate gesäugt und wird mit 9–12 Monaten selbständig und mit 1½ Jahren geschlechtsreif. Die Brunft ist bei Rot- und Damwild saisonal gebunden; auf dem Brunftplatz kann es zwischen gleichaltrigen Hirschen zu erbitterten Kämpfen kommen, die bis zur Erschöpfung oder gar zum Tode eines der Rivalen ausgeübt werden.

Typisch für das Brunftverhalten des Damhirsches ist der Brunftschrei, der oft Tag und Nacht über vernehmbar ist. Das Röhren erfolgt vor allem als Antwort auf das Röhren anderer Hirsche, nach einem Brunftkampf sowie nach dem Niedertun und Aufstehen.

In der Brunftzeit stehen die Hirsche in direkter und indirekter Beziehung zu den Tieren, dabei werden vor allem die Tiere olfaktorisch kontrolliert.

Von besonderer Bedeutung für die Haltung von Rotwild in Gehegen ist das Geschlechterverhältnis. Als biologisch sinnvoll wird einem Hirsch ein Rudel von zehn bis maximal 15 geschlechtsreifen Tieren zugeteilt. Werden mehrere Hirsche in einem Gehege gehalten, sollte darauf geachtet werden, daß nie gleichalte bzw. gleichstarke Hirsche zusammen gehalten werden. Ebenso wie bei Damwild kann bei Rotwild ein jüngerer Hirsch ein Stimulanz für den älteren Hirsch darstellen und die Reproduktionsleistung eines Rudels verbessern. Bei einem weiten Geschlechterverhältnis (z.B. 1:25) verlängert sich die Brunft und auch die Setzzeit. Spätgeborene, schwach entwickelte Kälber sind die Folge.

Rot- und Damhirsche können zur Brunftzeit gegenüber Menschen sehr aggressiv sein. Höchste Vorsicht beim Betreten der Gehege ist erforderlich.

Das Verhalten von Wild in Gehegen ist situationsbedingt und abhängig von der Gehegegröße und -struktur, vom Geschlechterverhältnis, den Äsungsbedingungen, der Jahreszeit, der Bestandsdichte und -stärke.

Entscheidend ist auch die Häufigkeit des Kontaktes von Menschen mit den Wildtieren. Im allgemeinen geht die Anpassung des Wildes an die Bedingungen der belebten und unbelebten Umwelt erstaunlich schnell vor sich. Dies trifft vor allem für Wild zu, das von flächenmäßig kleineren Gehegen in größere Gehege umgesetzt wird. Das Verhalten wird auch stark von der Art der Aufzucht (von Hand oder an der Mutter) bestimmt. Handaufgezogene Tiere sind auf den Menschen geprägt und sehr zutraulich.

Gehegestandort

Voraussetzung für die Einrichtung eines landwirtschaftlichen Geheges zur nutztierartigen Haltung (farming) von Dam- und Rotwild sind also aus produktionstechnischer Sicht Weideflächen, auf denen sich das Wild in der Zeit von April bis November ohne Zufütterung ernähren kann. Bei der Anlage eines Geheges ist vor allem auch die landschaftspflegerische Verträglichkeit, z.B. durch Anlehnung an natürliche Grenzen (Hecken, Böschungsverlauf), und die Schonung natürlicher Landschaftselemente von Bedeutung. Vorteilhaft ist es, wenn das Gehege in leicht hügeligem Gelände angelegt werden kann, auf dem sich einige Solitärbäume als Schatten-, Wind- und Unwetterschutz befinden. Freies, offenes Gelände ohne Sicht- und Witterungsschutz ist aus ethologischen Gründen abzulehnen. Notfalls ist die Geländestruktur durch künstliche Requisiten (Unterstellhütten, Futterstadel u. ä.) zu verbessern.

Erhaltungswürdige Bäume und Sträucher sind durch geeignete Maßnahmen (Ummantelung, Drahthosen u. ä.) vor Verbiß- und Schälschäden zu schützen.

Umzäunung

Die Umzäunung hat sich dem Landschaftsbild und dem Gelände anzupassen. Die Außenumzäunung muß so beschaffen sein, daß die Fläche stabil abgegrenzt, das Entweichen der Gehegetiere vereitelt und Hunden und Füchsen das Eindringen in das Gehege unmöglich gemacht wird. Bewährt haben sich eigens dazu entwickelte Knotengeflechte aus 2,5–3 mm starkem verzinkten Stahldraht, die neben Querdrähten im Meterabstand bis zu einer Höhe von 80 cm dichter verlaufende Längsdrähte aufweisen. Der Zaun für Damwildgehege muß 1,80 m, der für Rotwildgehege 2,0 m hoch sein. Zu bevorzugen ist eine quadratische oder rechteckige Gehegeform, wobei die Breite etwa der Länge entspricht und keine spitzen Winkel aufweisen sollte, damit die Tiere nicht abgedrängt werden können.

Für Innenzäune zur Unterteilung der Gehegefläche, die für Pflege- und Düngungsmaßnahmen unbedingt erforderlich ist, genügt ein einfaches Knotengeflecht mit einer Höhe von 1,60 bzw. 1,80 m.

Beim Anfliehen des Zaunes aufgrund von durch Menschen oder Tieren ausgelösten Fluchtreaktionen, kommt es häufig zu schweren körperlichen Schäden, vor allem im Bereich des Äsers. Die Folge sind Schwierigkeiten beim Äsen und damit verbunden verminderte Zunahmen bzw. verletzungsbedingte Krankheiten (Nekrobazillose).

Tierbesatz

Als Mindestgröße für die Haltung eines Dam- bzw. Rotwildrudels, das aus einem Hirsch und vier zuchtfähigen Tieren (1:4) bestehen sollte, ist eine Weidefläche von einem (Damwild) bzw. zwei Hektar (Rotwild) anzusehen. Es ist zweckmäßig, das Gehege mindestens in zwei Koppeln zu unterteilen, um Dünge- und Pflegemaßnahmen durchführen zu können.

Die Besatzstärke ist von der Ertragssituation des Grünlandes abhängig. Die Richtlinie läßt maximal zehn adulte Damwildtiere oder fünf adulte Rotwildtiere jeweils mit abhängiger Nachzucht je Hektar nutzbarer Gehegefläche zu. Die Grasnarbe soll nicht geschädigt werden.

Die Werte der Besatzstärke wurden den in Anlehnung an die in der landwirtschaftlichen Großtierhaltung üblichen Werten zugrunde gelegt. Spezielle Untersuchungen zu ökologischen und ethologischen Fragen im Zusammenhang mit der Besatzstärke bzw. Besatzdichte wurden eingeleitet. Empirisch festgestellte Besatzdichte bzw. -stärke zu Beginn des Gehegejahres (1. April) in Abhängigkeit der Weideertragsfähigkeit werden von BOGNER et al. (1986) angegeben.

Fütterung und Tränke

Die Gehegewildwiederkäuer sollen sich während der Vegetationszeit weitestgehend von der Weide ernähren. Eine Beifütterung von Gras- oder Maissilage, Heu, Grummet, Treber und Kraftfutter bzw. anderer, wiederkäuergerechter Futtermittel soll sich auf die Winterzeit beschränken. Speiseabfälle sind keine geeigneten Futtermittel für Dam- und Rotwild.

Es hat sich bewährt, den Gehegetieren täglich eine Handvoll Kraftfutter als Lockfutter zu verabreichen. Dadurch gewöhnen sich die Tiere an ihren Betreuer und werden zutraulich.

In die Vegetationszeit fallen das Kolbenschieben, die Setzzeit, die Säugezeit, bei Jungtieren das Hauptwachstum. In dieser Phase ist eine gute Nährstoffversorgung sehr wichtig. Durch ein Wechselweidesystem mit festen Umtriebszeiten erreicht man ein gutes Wachstum der Pflanzen und damit eine optimale Versorgung des Wildes mit nährstoffreichem, jungem und artenreichem Grünlandaufwuchs.

Im Winter sollte die Fütterung vielseitig gestaltet werden. Konservierte Futtermittel wie Gras-, Mais-, Trester- oder Trebersilagen können einen wesentlichen Teil der Tagesration darstellen. Rüben sind ein sehr schmackhaftes Saftfutter. Rauhfutter in Form von Heu und Grummet sollte den Tieren stets zur freien Aufnahme angeboten werden. Ein geringer Teil des Nährstoffbedarfs kann dann noch über Kraftfutter ergänzt werden. Das Wild zeigt im Winterhalbjahr nur sehr geringes Wachstum, so daß im wesentlichen in dieser Zeit nur der Energiebedarf für die Erhaltung der Körpersubstanz und die Aufrechterhaltung der Lebensfunktion gedeckt werden muß.

Der Mineralstoffgehalt der Grundfuttermittel ist sehr unterschiedlich. Der Bedarf an Mineralien ist stark leistungsabhängig, z. B. in der Kolbenzeit oder Trächtigkeit besteht ein sehr hoher Kalziumbedarf. Die Tiere sollten ihren Mineralstoff- und Vitaminbedarf frei aus Leckschalen decken können.

Futterstellen müssen in sinnvoller räumlicher Verteilung so zahlreich angeboten werden, daß auch rangniedere Tiere ungehindert Zugang finden können. Bei Mahlzeiten-Fütterung ist ein Tier-/Freßplatzverhältnis von 1:1 zu gewährleisten, bei Vorratsfütterung dagegen ist eine Verminderung auf 3:1 vertretbar.

Bewährt hat sich die Anbringung der Futterstelle mit befestigtem Boden in einem überdachten Gebäude, das auch als Lagerraum für Futtermittel genutzt werden kann. Als zweckmäßig erwiesen hat sich die Anbringung einer Desinfektionswanne vor der Fütterung, die mit 5- bis 6%igem Formalin getränktem Sägemehl zur Vorbeuge (Nekrobazillose-Klauenform) beschickt wird. Den Tieren sollten jederzeit Salzlecksteine, wie sie in der Schafhaltung verwendet werden, zur Verfügung stehen. Sie können in den Futtertrog oder auf einen Baumstumpf gelegt werden.

Besonders während der Wintermonate sollte an mehreren Stellen des Gatters „Proßholz" (abgesägtes oder abgeschnittenes Weichholz, insbesondere von Weiden, Pappeln und Obstbäumen) zum Schälen und Spielen bzw. Verfegen ausgelegt werden.

Um den Klauenabrieb zu ermöglichen, sollte auf den vom Wild bevorzugten Wechseln (entlang der Außenzäune) Kies in entsprechender Körnung aufgeschüttet werden. Auch feiner Sand bzw. Schotter auf den befestigten Flächen vor dem Futterplatz fördert den Schalenabrieb. Gehegewild muß ganzjährig hygienisch einwandfreies Wasser zur Verfügung stehen. Falls keine natürliche Wasserstelle vorhanden ist, muß Wasser in Wannen oder in Form von Schwimmertränken bereitgestellt werden.

Wo geeignete natürliche Gewässer fehlen, sind Tränkeeinrichtungen anzubringen. Während der Setzzeit empfiehlt es sich, die ca. ein Jahr alten Schmalspießer wegzusperren, da sie eine wesentliche Störquelle darstellen.

Fang

Das Einfangen eines Rudels oder einzelner Tiere zum Zwecke des Wiegens, der Kennzeichnung, einer tierärztlichen Behandlung gegen Magen-/Darmwurmbefall und Lungenwürmer sowie des Verkaufes von Zuchttieren bzw. Separieren der etwa neun Monate alten männlichen Kälber von der Mutterherde ist ein wichtiger Bestandteil des Managements von Gehegewild.

Das Einfangen im Gehege kann entweder unter Zuhilfenahme eines Narkosegewehres oder Blasrohres durch medikamentöse Immobilisation oder durch geeignete Fangeinrichtungen vor sich gehen. Die medikamentöse Immobilisation ist nicht frei von Risiken, zeitraubend und zudem nicht billig.

Die Fanganlage im Versuchsgehege der BLT Grub befindet sich auf einer ca. 0,5 Hektar großen Koppel (Weide). Der Fangraum besteht aus einer 2,50 m hohen Bretterwand, die halbkreisförmig angeordnet ist und durch ein Falt- oder Radialtriebgatter unterteilt werden kann. Dadurch können die Tiere in eine bestimmte Richtung gelenkt werden.

Bewährt haben sich auch Fangeinrichtungen (Abb. 4.11.1–1), die in scheunenartigen Gebäuden integriert sind. Die Tiere werden bereits am Einlaß durch einen „Rechen" in Geweihträger, Alt- und Schmaltiere bzw. Kälber sortiert und durch Kraftfutter in den Innenraum gelockt. Es erfolgt dann durch ein Tor o. ä. eine Aufteilung des Rudels in Gruppen von 3–5 Tieren. Von dort können die zum Verkauf bestimmten Tiere einzeln in einen Transportanhänger oder -wagen gebracht werden.

4.11 Tiergerechte Haltung von Nutzwild

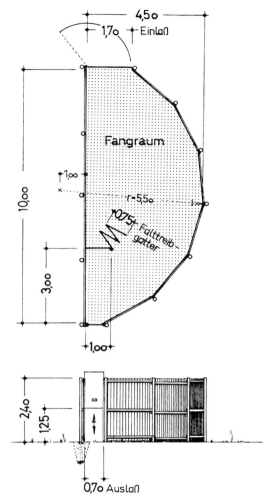

Abb. 4.11.1-1 Fangeinrichtung

Am zweckmäßigsten erfolgen Fangaktionen in der Zeit von Mitte Dezember bis Mitte April. Ungeeignet ist die Zeit acht Wochen vor bzw. 12 Wochen nach dem Setzen. Vor dem Einfangen der Herde sollten nach Möglichkeit geweihtragende Hirsche abgesondert werden (Absperrgatter), um aggressive Handlungen gegenüber Kahlwild und Verletzungen zu vermeiden.

Das Treiben zur Fangeinrichtung ist so vorzunehmen, daß jede unnötige Erregung der Tiere vermieden wird. Besonders wichtig ist es dabei, die Reaktion des Leittieres, vor allem seine Blickrichtung, das Lauscherspiel und die Körperhaltung zu beobachten, um ein „Anfliehen" des Zaunes und damit verbundene Verletzungen (z. B. Genickbruch) zu vermeiden. Zum Einfangen treibt man die Tiere langsam vor sich her, um sie als geschlossene Formation in eine bestimmte Richtung zu lenken. Da sie dem Menschen meist ausweichen, sind die Personen so zu postieren, daß das Ausweichen nur in die gewünschte Richtung möglich ist.

Tötung (Schlachtung)

Zur Tötung gelangen in der Regel Jungtiere im Alter von 16–18 Monaten sowie unfruchtbare bzw. überzählige Alttiere (ca. 15 Jahre alt).

Bei Haarwild in Gehegen ist eine Schlachttieruntersuchung in Form einer regelmäßigen Gesundheitsüberwachung durch einen amtlichen Tierarzt vorgeschrieben. Ebenso ist eine Fleischhygieneuntersuchung gesetzlich vorgeschrieben (FLEISCHHYGIENEGESETZ, 1993).

Das Töten von Dam- oder Rotwild in Gehegen stellt keine Jagdausübung im Sinne des Jagdrechtes dar. Die von verschiedenen Seiten empfohlene Tötung durch Kopfschuß mit nachfolgender Entblutung durch Eröffnung der Halsschlagadern kann bei Damwild mittels Kleinkaliber, bei Rotwild mittels einer Waffe im Mindestkaliber 6,5 mm erfolgen. Im allgemeinen hat sich die Tötung der zur Lebensmittelgewinnung vorgesehenen Tiere in den Monaten Juli bis September, also vor dem Haarwechsel und der Brunft, bewährt.

Literatur

Bogner, H., U. Zeeb, K. Popp: Einige Tierschutzaspekte hinsichtlich der Haltung von Damwild zur Grünlandnutzung und Wildbreterzeugung. Tierärztl. Umsch. 41 (1986) 728–738.

Bogner, H., P. Bach, U. Drescher-Kaden, P. Matzke: Damwild und Rotwild in landwirtschaftlichen Gehegen. Paul Parey Verlag, 2. Auflage (1999).

Matzke, P.: Über einige gesundheitliche Probleme in Damwildgehegen zur Fleischerzeugung. Tierärztl. Prax. 14 (1986) 471–475.

Wagenknecht, E.: Rotwild. VEB Deutscher Landwirtschaftsverlag, Berlin (1983).

Rechtsgrundlagen, Empfehlungen, Normen u ä.:
Bürgerliches Gesetzbuch vom 18. August 1896.
 Fleischhygienegesetz (FlHG) i. d. F. d. Bek. v. 8. Juli 1993 (BGBl. I S. 1189), zul. geänd. d. § 25 d. G. vom 22.12.1997 (BGBl. I S. 3224).
Gesetz über Naturschutz und Landschaftspflege (Bundesnaturschutzgesetz – BnatSchG). Vom 21. September 1998 (BGBl. I S. 2994).
Gutachten „Tierschutzgerechte Haltung von Damwild in Gehegen zum Zwecke der Fleischproduktion einschließlich der Gewinnung von Nebenprodukten (Nutztierartige Damwildhaltung)" vom 02. November 1979, BMELF, 1979.
Leitlinien für eine tierschutzgerechte Haltung von Wild in Gehegen, 1998. BMELF, 1998.
Tierschutzgesetz (TierSG). I. d. F. d. Bek. v. 25. Mai 1998 (BGBl. I S. 1105, ber. S. 1818)

Weiterführende Literatur

Bogner, H.: Damwild – ein landwirtschaftliches Nutztier? Tierärztl. Prax. 6 (1978) 257–265.
Bogner, H.: Anwendung ethologischer Erkenntnisse bei der Haltung von Damwild in kleinen Gehegen. Bayer. Landw. Jahrb. 62 (1985) 250–260.
Bogner, H.: Gehegehaltung von Damwild aus der Sicht der Ethologie und des Tierschutzes. Dtsch. Tierärztl. Wochenschr. 97 (1990) 167–168.
Bogner, H., A. Grauvogl: Verhalten landwirtschaftlicher Nutztiere. Eugen Ulmer, Stuttgart (1984).
Bogner, H., P. Bach, U. Drescher-Kaden, P. Matzke: Damwild und Rotwild in landwirtschaftlichen Gehegen. Verlag Paul Parey, Hamburg, Berlin (1999).
Bützler, W.: Rotwild. BLV München (1986).
Reinken, G.: Damtierhaltung auf Grün- und Brachland. Eugen Ulmer Verlag, Stuttgart (1980).

4.11.2 Tiergerechte Haltung von Fasanen, Wachteln und Perlhühnern

(GAULY, M.)

4.11.2.1 Grundlegende Anforderungen

Besonderheiten der Fasanen, Wachteln und Perlhühner

Die Wildgeflügelarten werden häufig in der landwirtschaftlichen Erzeugung in die Kategorie Spezialgeflügel eingeordnet. Dieser Begriff ist nicht nur zutreffend, weil ihre Verbreitung und der Verzehr ihrer Produkte in Deutschland relativ gering sind, sondern auch aufgrund ihrer Besonderheiten hinsichtlich des Verhaltens und der damit verbundenen Anforderungen an eine tiergerechte Haltung. Die genannten Wildgeflügelarten, die alle der Ordnung der *Galliformes* (Hühnervögel) angehören, wurden bisher mit vollkommen unterschiedlichen Zielsetzungen züchterisch bearbeitet. Wachtel und Perlhuhn sind bereits wesentlich stärker in landwirtschaftliche Produktionssysteme aufgenommen (Ei- und Fleischproduktion) als der Fasan und deshalb auch züchterisch intensiver bearbeitet. Alle drei Arten zeigen typische Verhaltensweisen, die ihre Haltung besonders anspruchsvoll machen. Fasane sind z. B. sehr empfindlich gegenüber Geräuschbelästigungen. Das Perlhuhn dagegen ist durch eigene aufdringliche Lautäußerungen gekennzeichnet. Beides ist bei der Standortwahl von Volieren und Stallanlagen und beim Umgang mit den Tieren zu berücksichtigen.

Im folgenden werden in der Praxis bewährte und gebräuchliche Verfahren der Aufzucht, Fütterung, Haltung der Tierarten sowie Flächen- und Gruppengrößen genannt. Diese sichern nach heutigem Kenntnisstand nicht immer die Unversehrtheit der Tiere im Sinne des Tierschutzgesetzes. Es wird an den entsprechenden Stellen auf alternative Verfahren einer tiergerechten Haltung hingewiesen. Dabei muß beim Fasan unterschieden werden, zu welchem Zweck die Aufzucht erfolgt. Sind die Tiere zur Auswilderung vorgesehen, müssen an Aufzucht, Fütterung und Haltung der Elterntiere und deren Nachkommen erheblich andere Forderungen gestellt werden, als bei reiner Haltung zum Zwecke der Mast (§ 3 Punkt 4 des Tierschutzgesetzes).

Bewegung, Beschäftigung

Die Küken schlüpfen bereits mit einem dichten Dunenkleid, so daß sie als Nestflüchter über einen ausreichenden Wärmeschutz verfügen. Die Dunen bieten aber keinen Nässeschutz. Es kommt zu einem schnellen Ersatz der Nestlingsdunen durch das Jugendgefieder, wodurch die Tiere relativ schnell flugfähig und gegenüber niedrigen Temperaturen unempfindlich werden. Perlhühner sind bereits im Alter von zwei Wochen voll befiedert. Ab diesem Zeitpunkt kann den Tieren, die für die Stallhaltung vorgesehen sind, Auslauf angeboten werden.

Fasane und Perlhühner sind schnelle und ausdauernde Läufer. Fasane beginnen mit 2–3 Wochen mit dem Fliegen, was bei der Gestaltung von Voliere und Stall bedacht werden muß. Ältere Tiere fliegen relativ schlecht. Dagegen sind Wachteln, die die kleinsten Hühnervögel darstellen, sehr gute Flieger. Sie sind als Zugvögel bekannt.

Fasane zeigen ihre Hauptaktivitätsphasen unter natürlichen Lichtverhältnissen am Morgen und Nachmittag bis zum Abend. Das Aufbäumen zum Schlaf auf Sitzstangen wird bevorzugt. Bei Stallhaltung müssen diese in ausreichender Zahl (ca. 1 m für 6 Perlhühner und Fasane) angeboten werden.

Die Futteraufnahme und das Scharren in der Einstreu nehmen einen erheblichen Teil der Tagesaktivitäten ein. Bei Angebot von mehligem Futter ist die Zeit der Futteraufnahme gegenüber granuliertem oder pelletiertem Futter wesentlich erhöht. Negative Effekte reduzierter Futteraufnahmezeiten auf das Auftreten von Federfressen oder Kannibalismus werden dadurch vermindert. Die Bodenhaltung mit Einstreu, das Angebot von Grünfutter und Getreidekörnern sowie der Auslauf erhöhen ebenfalls die Zeit der Futteraufnahme.

Platzbedarf und Gruppengröße

Der Platzbedarf sowie die Gruppengröße sind in starkem Maß vom Haltungsverfahren abhängig. Sie haben einen wesentlichen Einfluß auf das Wohlbefinden der Tiere. Wachtel und Perlhuhn werden in intensiven landwirtschaftlichen Haltungsverfahren sowohl für die Zwecke der Mast als auch der Eiproduktion in Käfigen gehalten. Gleiches gilt für den Fasan. Bei der letztgenannten Art überwiegen allerdings die Bodenhaltungsverfahren. Perlhühner werden bei Aufzucht in Bodenhaltung mit spätestens 29 Wochen in den Käfig umgestalt.

Auch die Aufzucht von Wildgeflügel in Käfigen ist weit verbreitet. Die Käfigaufzucht des Fasans wird vor allem im Ausland praktiziert. Die eingesetzten Gitterroste haben Maschenweiten von 12–15 mm (Wachtel) bzw. 15–20 mm (Fasan und Perlhuhn). Die Käfighöhen für Wachteln liegen bei 15–20 cm. Die Grundflächen konventioneller Käfige betragen 100 · 50 cm. Die Boxen werden mit ca. 70 Jungtieren belegt. Der Platzbedarf liegt in den ersten beiden Lebenswochen bei ca. 60 cm^2 und anschließend bis zur Legereife mit 6 Wochen bei 80 cm^2 (Köhler, 1997). Dieselben Käfige werden in der Praxis mit 40 Legewachteln oder mit 25 Zuchthennen und 15 Hähnen belegt. Bei Fasan und Perlhuhn werden Hühnerkäfige benutzt.

Die Aufzucht und spätere Unterbringung der Tiere in Käfigen bietet aus der Sicht des Landwirtes eine vereinfachte Kontrolle, verbesserte Hygienebedingungen, arbeitswirtschaftliche sowie ökonomische Vorteile. Sie muß aus ethologischer Sicht ebenso in Frage gestellt werden wie die Käfighaltung von Legehennen. Tiergerechte Haltungsverfahren sind nach Ansicht des Autors die Bodenhaltung, die Haltung mit Auslauf so-

4 Tiergerechte Nutztierhaltung

Tabelle 4.11.2–1 Richtzahlen für den Tierbesatz von Fasan, Wachtel und Perlhuhn bei Stall- und Volierenhaltung (Gauly, 1994; Köhler, 1997; Scholtyssek, 1987)

Lebenswoche	1.–3.	4.–6.	7.–10.	11.–14.	15.–20.	bis 28.	Henne, Hahn
Fasane je m² Stallfläche	bis 50	10	7	5	3	1–1,5	1
maximale Gruppengröße	350–400[1]	1000	1000	1000	1000	1000	1000
Fasane je m² Voliere	10	1–1,5	1	0,5–1	0,4	0,4	0,4
Perlhühner je m² Stallfläche	bis 40	–	–	5–8	5–8	6–8	–
maximale Gruppengröße	350–400[1]	300	200	200	200	200	–
Wachteln je m² Stallfläche	120–160	bis 80	–	–	–	–	–
maximale Gruppengröße	200–400[1]	–	–	–	–	–	2–4
Wachteln je m² Voliere	–	–	–	–	–	–	–

[1] im Ring

wie die Volierenhaltung mit angepaßten Besatzdichten und Gruppengrößen. Sobald den Tieren Auslauf angeboten wird, müssen die Besatzdichten drastisch reduziert werden (Tab. 4.11.2–1). Sind Fasane zur Auswilderung vorgesehen, muß ihnen in jedem Fall Auslauf angeboten werden. Der § 3 Punkt 4 des Tierschutzgesetzes fordert, daß die Vorbereitung von zur Auswilderung vorgesehenen Tieren auf eine artgemäße Nahrungsaufnahme und die Anpassung an das Klima im Lebensraum gegeben sein muß. Dieser Forderung widerspricht eine reine Stallhaltung bis zur Auswilderung. Verschiedene Autoren fordern bei kombinierter Stall- und Auslaufhaltung von Fasanen, die zum Zwecke einer späteren Auswilderung gehalten werden, in der Zeit zwischen dem 15. und 70. Lebenstag eine Grundfläche von 2–4 m² pro Tier (Fehlberg et al., 1995).

Die Gruppengrößen müssen beim Wildgeflügel aufgrund der Schreckhaftigkeit kleiner gewählt werden als beim Hausgeflügel.

Nestgestaltung

Die Eiablage erfolgt bevorzugt an dunklen Plätzen. Einstreunester mit Buchweizen- und Haferschalen haben sich besonders bewährt (Gauly, 1994). Ein 1 m² großes Familiennest ist beim Fasan für 75 Hennen ausreichend. Bei Haltung der Hennen in Käfigen kann das arttypische Legeverhalten nicht ausgeübt werden. Die damit verbundene Reduktion des Wohlbefindens führt allerdings nicht zwangsläufig zu verminderter Leistung. Fasanenhennen in Käfighaltung zeigten bei Versuchen deutlich bessere Legeleistungen als ihre Artgenossinnen in Bodenhaltung. Die Haltungsform widerspricht aber nach Autorenmeinung den Forderungen des Tierschutzgesetzes nach tiergerechter Haltung in eklatanter Weise.

Tiergerechtes Futter, Fütterung, Tränkung

Der Dottersack dient den geschlüpften Küken für etwa zwei Tage als Nährstoffvorrat. Die Küken beginnen schon unmittelbar nach dem Schlupf mit Pickversuchen, um Nahrung aufzunehmen. Die Gestaltung der Umwelt muß darauf abzielen, den Küken die Orientierung zum Futter zu erleichtern. Dazu gehören Kükenringe (Hartfaser oder Draht), eine angepaßte Gruppengröße, eine ausreichende Anzahl von Tränken und Futterstellen sowie ausreichende Lichtintensitäten. In der ersten Lebenswoche sollte das Futter auf Brettchen angeboten werden. Die Tränken, insbesondere die Tränkerinnen, müssen in ihrer Größe den Tieren angepaßt sein. Wachtelküken schlüpfen mit einem Gewicht von ca. 7 g. Sie können in zu breiten Tränkerinnen leicht ertrinken. Um eine ausreichende Aufnahme von Energie zu gewährleisten, muß den Küken pelletiertes Futter angeboten werden. Eine Kombination aus Mehl und granuliertem Futter erleichtert besonders lebensschwachen Küken die Futteraufnahme und reduziert damit die Verluste.

Die genannten Geflügelarten sind Körnerfresser. Pelletiertes oder granuliertes Futter wird deshalb bevorzugt aufgenommen. Im Auslauf nehmen sie Insekten auf. Aufgrund des Leistungsvermögens der Tiere kann die Futteraufnahme bei Auslauf vor allem zu Zeiten mangelnden Aufwuchses allerdings den Bedarf nicht vollkommen abdecken.

Sind Fasane zur Auswilderung vorgesehen, müssen ihnen ab der 3. Woche Grünfutter und Getreidekörner angeboten werden, damit sie sich zeitig mit natürlichen Nahrungsbestandteilen auseinandersetzen können. Dies ist in der Praxis nur selten der Fall (FEHLBERG et al., 1995).

Wachteln können zeitiger auf proteinärmeres Futter (von 28 auf 20 % Rohprotein ab der vierten Lebenswoche) umgestellt werden als Perlhuhn und Fasan. Fasane zeigen besonders in der Anfangsphase erhöhten Energiebedarf, der bei Auslaufhaltung über die Aufnahme von Insekten abgedeckt werden kann.

Die regelmäßige Aufnahme von Wasser ist für die Aufrechterhaltung aller lebenswichtigen Körperfunktionen von ausschlaggebender Bedeutung. Bei allen ausgewachsenen Geflügelarten kann davon ausgegangen werden, daß der Bedarf 1,5- bis 2mal so hoch ist wie die Aufnahme an Futtertrockensubstanz (WISE u. CONNAN, 1979).

Klimaansprüche

Die Ansprüche an Beleuchtung, Temperatur (18–35 °C, je nach Alter), Luftfeuchtigkeit (65–80 %), Staubgehalt und Gaszusammensetzung (Kohlendioxid- $\leq$ 3,5 l/m^3, Ammoniak- $\leq$ 0,05 l/m^3, Schwefelwasserstoffgehalt $\leq$ 0,01 l/m^3) der Luft sind für die genannten Wildgeflügelarten etwa gleich.

Hinsichtlich der Klimaansprüche gelten vor allem Perlhühner als anspruchslos. Das aus Afrika stammende Perlhuhn verträgt sowohl hohe als auch extrem niedrige Temperaturen.

Vier Aspekte der Beleuchtung nehmen einen Einfluß auf das Verhalten sowie die Physiologie von im Stall gehaltenem Geflügel: die Lichtintensität, die Dauer der Beleuchtung (Photoperiode), die Lichtquelle und die Wellenlänge des Lichtes (MANSER, 1996). Dämmriges Licht kann z. B. zu mangelndem Orientierungsvermögen und in der Folge zu eingeschränkter Bewegung führen (SLAUGH et al., 1990), so daß vor allem die Küken nicht ausreichend Wasser und Futter aufnehmen. Besonders die Wasserunterversorgung führt bei den hohen Temperaturen im Ring schnell zur Exsikkose und zum Tod der Küken.

Verhalten, Leistung, Erkrankungen, Ausfälle

Wildgeflügel ist in seinem Wesen wesentlich scheuer und schreckhafter als Hausgeflügel. Fasan und Wachtel fliegen steil auf, wenn sie erschrecken. Dabei können sie sich leicht Kopfverletzungen (besonders bei der Haltung im Käfig) zuziehen. Fasan und Perlhuhn sind im Gegensatz zur Wachtel polygam veranlagt. In der Praxis werden bei der Wachtel 2–3 Hennen pro Hahn gerechnet.

Die Äußerung von gesteigertem aggressiven Verhalten ist beim Wildgeflügel besonders ausgeprägt. Dabei zählen gegenseitiges Bepicken, Federfressen und Kannibalismus zu den Hauptproblemen. Der Kannibalismus breitet sich durch den Nachahmungstrieb schnell im Bestand aus. Die Intensität der Aufzucht, die Gruppengröße sowie die Besatzdichte haben offensichtlich einen besonderen Einfluß auf den Ausbruch dieser Unart. Die in der Praxis am weitesten verbreitete Bekämpfungsmethode ist die Verdunkelung der Ställe sowie die Manipulation an den Schnäbeln. Unsachgemäßes Schnabelkürzen kann zu irreversiblen Schädigungen führen (KJAER, 1997), die in der Folge die Futteraufnahme verhindern. Die sachgemäße Kürzung der Schnäbel ist, neben einer Erhöhung des Platzangebotes und

4 Tiergerechte Nutztierhaltung

Tabelle 4.11.2–2 Die Mastleistungen von Fasan, Wachtel und Perlhuhn (FEHLBERG et al., 1995; TÜLLER, 1997)

Alter in Wochen	Perlhuhn		Wachtel		Fasan	
	Lebend-gewicht [g]	Futterver-wertung 1:	Lebend-gewicht [g]	Futterver-wertung 1:	Lebend-gewicht [g]	Futterver-wertung 1:
1	94		62,4	1,45		
3	347	2,00			140	2,5
6	955	2,29	192,4	3,79	435	2,8
9	1446	2,67			650	2,9
12	1810	3,12			980	3,5

einer Veränderung der Lichtintensität (ALLEN u. PERRY, 1975; KJAER, 1997), die einzig effektive Gegenmaßnahme. Schnabelringe oder Brillen sind aus Gründen des Tierschutzes abzulehnen, in der Praxis allerdings verbreitet (KJAER, 1997) (Kap. 4.6).

Das Perlhuhn oder Guinea-Huhn erzeugt heute bereits 160–180 Eier in zehn Monaten oder erreicht bereits mit 10–12 Wochen Schlachtreife bei Gewichten von ca. 1400 g. Legebeginn ist mit ca. 29 Wochen. 70 % Legeleistung ist im Alter von 34 Wochen erreicht (TÜLLER, 1997). Die japanische Wachtel legt sogar 250–300 Eier pro Jahr und erreicht in 7 Wochen ein Gewicht von ca. 200 g. Die Legereife setzt mit etwa 6 Wochen ein. Diese Leistungen werden vom Fasan bei weitem nicht erreicht (Tab. 4.11.2–2).

Die Tierverluste sind in der ersten Lebenswoche besonders hoch. Sie liegen zwischen fünf und 15 %. Im weiteren Verlauf spielen vor allem die durch gesteigerte Aggression bedingten Ausfälle eine Rolle. Verluste infolge von Kannibalismus können bis zu 30 % betragen, wenn nicht eine rasche Reduktion der Besatzdichte erfolgt.

Gesetze und Verordnungen

Grundlage für die Haltung von Wildgeflügel ist das TIERSCHUTZGESETZ (1998). Die tiergerechte Haltung hängt ganz wesentlich vom Sachverstand des Halters ab, der die Umwelt entsprechend den Ansprüchen gestalten muß. Für die Arten existieren allenfalls Empfehlungen, die zum Teil erheblich voneinander abweichen.

Unabhängig von der Bestandsgröße besteht für alles Geflügel – auch Fasan, Wachtel und Perlhuhn –, das zur Zucht oder zur Erzeugung von Fleisch oder Konsumeiern gehalten wird, eine Impfpflicht gegen die atypische Geflügelpest (Kap. 4.6).

Literatur

Allen, J., G. C. Perry: Feather pecking and cannibalism in a caged layer flock. Br. Poult. Sci. 16 (1975) 441–451.

Fehlberg, U., G. Sodeikat, K. Pohlmeyer: Anforderungen an eine tierschutzgerechte Aufzucht von Jagdfasanen (*Phasianus colchicus* spec.). Dtsch. Tierärztl. Wochenschr. 102 (1995) 109–111.

Gauly, M.: Vergleichende Untersuchungen verschiedener Faktoren auf den Erfolg der Kunst- und Naturbrut des Fasans sowie zu Fragen der Aufzucht und Mast. Gießen, Justus-Liebig-Universität, Fachbereich Agrarwissenschaften und Umweltsicherung, Diss. (1991).

Gauly, M.: Landwirtschaftliche Fasanenhaltung. Verlag Eugen Ulmer, Stuttgart (1994).

Kjaer, J. B.: Effect of light intensity on growth, feed intake and feather pecking behaviour in beak trimmen and bitted pheasant chickens *(Phasianus colchicus)*. Arch. Geflügelzucht Kleintierkd. 4 (1997) 167–171.

Köhler, D.: Aufzucht von Wachtelküken: welche Besatzdichte optimal ist. DGS Magazin 27 (1997) 40–42.

Manser, C. E.: Effects of lighting on the welfare of domestic poultry: a review. Animal Welfare 5 (4) (1996) 341–360.

Scholtyssek, S.: Geflügel. Eugen Ulmer Verlag, Stuttgart (1987).

Slaugh, B. T., N. P. Johnston, J. T. Flinders, R. K. Bramwell: Effect of light regime on welfare and growth of pheasants. Anim. Technol. J. Inst. Anim. Tech., The Institute 41 (2) (1990) 103–114.

Tüller, R.: Faustzahlen zur Geflügelmast. In: Petersen, J. (ed.): Jahrbuch der Geflügelwirtschaft 1997, Verlag Eugen Ulmer, Stuttgart (1997) 80–94.

Wise, D. R., R. M. Connan: Water consumption in growing pheasants. Vet. Rec. 104 (1979) 368–370.

Rechtsgrundlagen, Empfehlungen, Normen u. ä.:
Tierschutzgesetz i. d. F. d. Bek. v. 25. Mai 1998 (BGBl. I S. 1105, ber. S. 1818)

WPSA-Empfehlungen: Mineral Requirements for Poultry – Mineral Requirements and Recommendation for Adult Birds. World's Poult. Sci. J. 40 (1984), Heft 2; Rec. Subc. on Mineral Requirements of Poultry of the Working Group Nr. 2 – Nutrition of the European Federation of the WPSA (1990).

4.11.3 Tiergerechte Haltung von Straußenvögeln

(KÖSTERS, J.)

4.11.3.1 Grundlegendes

Nach WOLTERS (1975–82) wird die Ordnung *Struthioniformes* (Flachbrustvögel) in drei Unterordnungen eingeteilt:

1. *Casuarii* (Kasuarvögel) mit den zwei Familien:
   a) *Casuariidae* (Kasuare) mit den drei Arten *Casuarius casuarius* (Helmkasuar), *Casuarius bennetti* (Bennetkasuar) und *Casuarius unappendiculatus* (Einlappenkasuar). Kasuare bewohnen die Regenwälder Papua-Neuguineas und Nordaustraliens. In Europa werden Exemplare gewöhnlich nur unter Zoobedingungen gehalten.
   b) Emus bewohnen die semiariden Steppen des australischen Flachlandes, wobei sie ausgedehnte Frühjahrs- und Herbstwanderungen unternehmen, um Kälte und Trockenheit auszuweichen. Emus werden besonders in den USA zur Fleisch- und Fettgewinnung gehalten. Das gewonnene Fett wird zu pharmazeutischen und kosmetischen Zwecken aufbereitet.

2. *Struthionidae* (Strauße).
   Diese kommen in einer Familie als eine Art *Struthio camelus* in mehreren lokalen Rassen in den Trockensteppen des nordwestlichen, südlichen und östlichen Afrika vor. Strauße werden seit der Mitte des 19. Jahrhunderts in Südafrika gezüchtet. Die am häufigsten gehaltene Gebrauchskreuzung wird als **African Black** bezeichnet. Neben der Erzeugung von Fleisch, Leder und Schmuckfedern werden die Tiere auch zur Schaustellung und zum Reiten benutzt.

3. *Rheae* (Nandus) mit einer Familie *Rheidae* (Nandus) und den Arten *Rhea americana* (Nandu) und *Rhea (Pterocnemia) pennata* (Darwinstrauß). Nandus bewohnen die Pampas Brasiliens bis Uruguay und Mittelargentinien, während die kleineren Darwinstrauße von Peru bis Nordchile und in Patagonien vorkommen. Wegen der größeren Klimatoleranz und ihres vorsichtigeren Laufverhaltens haben besonders die Darwinstrauße das Interesse von europäischen Züchtern für die Fleisch- und Lederproduktion geweckt.

Auch wenn Straußenvögel mittlerweile gezüchtet und in haustierähnlicher Haltung genutzt werden, sind sie Wildvögel und werden gesetzlich als solche behandelt. Sie werden auch Flachbrustvögel genannt und sind flugunfähige Laufvögel mit einer bei fehlendem Brustbeinkamm wenig ausgebildeten Brustmuskulatur, die die rudimentären Flügel beim Ausbalancieren während des Laufens, beim Balzspiel und beim Hudern der Küken versorgt. Ihr lockeres Gefieder besteht aus Federn mit symmetrisch angeordneten Innen- und Außenfahnen, denen Häkchenstrahlen fehlen. Wegen fehlender Bürzeldrüse wird das Gefieder nicht wasserabweisend eingefettet. Entsprechend bietet es bei Regen bzw. in Perioden mit hoher Luftfeuchtigkeit in der kalten Jahreszeit praktisch keinen Schutz gegen Kälte und Nässe. Im Sommer jedoch werden Bade- und Schwimmgelegenheiten gerne angenommen, ebenso wie Ruheplätze im Schatten. Sand und Pulverschnee (im europäischen Winter) lösen Staubbaden aus.

Beim afrikanischen Strauß sind die Zehen auf zwei (3. und 4.) reduziert. Die kräftigere innere Zehe ist mit einer ca. 7 cm langen Klaue versehen, während die stark reduzierte äußere Zehe mit oder ohne Klauenanlage vorkommt. Dies ist bei der Beurteilung von vermuteten Frostschäden in Betracht zu ziehen. Die übrigen Straußenvogelarten besitzen jeweils drei Zehen. Im Notfall verteidigen sich Straußenvögel durch kräftige Tritte nach vorne und können mit ihren Klauen furchtbare Verletzungen setzen.

4.11.3.2 Bewegung und Beschäftigung

Unter natürlichen Bedingungen leben Strauße paarweise oder in kleinen Gruppen zusammen. Die Beobachtung der Umgebung zum Schutz vor Beutegreifern und Störungen wird nach dem Rotationsprinzip jeweils von einem Tier wahrgenommen. Strauße verfügen über einen ausgezeichneten Gesichts- und Gehörsinn, nicht jedoch, wie die anderen tagaktiven Vögel, über die Fähigkeit zur visuellen UV-Perzeption. Als Fluchttiere können sie Laufgeschwindigkeiten bis zu 50 km/h über eine halbe Stunde durchhalten. Die Tagesaktivitäten bestehen zu 60 % in Wanderungen, die auch zur Futtersuche und -aufnahme dienen, zu 20 % aus Ruhepausen und 20 % anderen Aktivitäten wie Gefiederpflege, (Sand-)Baden, Walzen (Tanzhüpfen), Picken (2000- bis 4000mal/Tag), auch zur Umwelterkundung etc. (DORRESTEIN, 1995). In der Aufzuchtzeit ist die Bewegung für Jungtiere zur Ausbildung des Bewegungsapparates unerläßlich. Straußenküken sind auf die Beine der führenden Altvögel geprägt, denen sie folgen. Dies kann in der künstlichen Aufzucht durch mechanische Führanlagen simuliert werden. Strauße schlafen mit geschlossenen Augen im Sitzen und mit vorgestrecktem, am Boden abgelegten Hals und Kopf. Kasuare sind als dämmerungsaktive Waldvögel außerhalb der Paarungszeit eher Einzelgänger.

4.11.3.3 Platzbedarf

Mindestanforderungen für die Haltung von Straußenvögeln (1996) sind in einem vom Bundesministerium für Ernährung, Landwirtschaft und Forsten herausgegebenen Gutachten (Tab. 4.11.3.3–1) vorgegeben.

Wegen des enormen Bewegungsbedürfnisses ist eine ständige oder überwiegende Stallhaltung tierschutzwidrig, deshalb müssen die Tiere in genügend großen Ausläufen gehalten werden, deren Bemessungen sich auch nach der Bodenbeschaffenheit richten. Die Einzäunungen der Gehege müssen genügend hoch und für die Vögel gut wahrnehmbar sein. Ihre Höhe beträgt für afrikanischen Strauß und Kasuar mindestens 1,80 m, für Emu und Nandu 1,20 m. Günstig sind Sichtschutzpflanzungen, besonders an den Schmalseiten der Ausläufe, zu Geländen, von denen Beunruhigungen ausgehen können und zwischen Zuchtgruppen. Die Zäune sollen bodenbündig sein und können aus engem Drahtgeflecht bestehen, dabei soll ein Unter- bzw. Durchführen des Kopfes nicht möglich sein. Spitz- bis rechtwinkelige Gehegeecken müssen gebrochen sein. Elektrozäune als alleinige Einfriedung sowie Stacheldraht sind nicht zulässig. Hängiges Gelände ist nicht geeignet. Die Gehege sollten mit schattenspendenden Einrichtungen ausgestattet sein, die Sonnenschutz bieten, die Bewegungsaktivitäten jedoch nicht behindern. Für die Haltung von afrikanischen Straußen über den 7. LM ist ein gleich großes Reservegehege vorzuhalten. Bei Gemeinschaftshaltung mit mehreren erwachsenen männlichen afrikanischen Straußen ist je adultem Hahn ein Gehege mit 800 m² nach-

4.11 Tiergerechte Haltung von Nutzwild

Tabelle 4.11.3.3–1 Gehegemindestgrößen für afrikanische Strauße in [m²] begehbarer Fläche

A. Gehege mit naturbelassenem Boden ohne Entwässerung

Alter	Fläche
bis 3. LM (Lebensmonat)	mindestens 100 m² (je Vogel 1–10 m²)
bis 6. LM	mindestens 100 m² (je Vogel 10–40 m²)
bis 12. LM	mindestens 800 m² (bis zu 3 Vögel), je weiteres Tier 100 m²
ab 13. LM	mindestens 1000 m² (bis zu 3 Vögel), je weiteres Tier 200 m², jedoch nur ein Hahn, je weiterer Hahn + 800 m²

B. Gehege mit entwässerbarem Boden (stauwasserfrei, drainiert oder durchlässig)

Alter	Fläche
adult	mindestens 500 m² (bis zu 5 Tiere, davon höchstens ein Hahn)

C. Gehege bei Vergesellschaftung mit anderen Tierarten (z. B. Pferd, Rind u .a.)

Alter	Fläche
alle Altersstufen	wie A. oder B. + entsprechender Anteil für andere Tierarten

zuweisen, um bei Unverträglichkeiten eine Absonderung von einem männlichen mit einem weiblichen Tier vornehmen zu können. Rückzugsmöglichkeiten (Anpflanzungen, Sichtschutzwände) müssen vorhanden sein. Da bei Vergesellschaftung mit anderen Tierarten Unterschreitungen des Sozialabstandes (ca. 40 m) vorkommen, kann es bei Panikreaktionen zu gegenseitigen Verletzungen kommen. Aus diesem Grunde sollte auf solche gemischten Haltungen verzichtet werden. Gehegemindestgrößen für die anderen Straußenvögel sind in Tabelle 4.11.3.3–2 angegeben.

4.11.3.4 Futter, Fütterung, Tränkung

Straußenvögel sind vorwiegend Vegetarier, die aber auch Insekten, einschließlich deren Larven, Reptilien und Kleinsäuger sowie Gritsteine und Knochenreste aufnehmen. In freier Wildbahn nimmt die weiträumige Futtersuche einen Großteil der Tagesaktivität ein. Dabei werden junge, sukkulente Blattpflanzen bevorzugt. Die Einführung der Luzernefütterung in die südafrikanische Straußenhaltung Anfang des 20. Jahrhunderts brachte große Fortschritte (BERTHOLD, ohne Jahresangabe). Die vorwiegende Luzernefütterung deckt aber nicht die Bedürfnisse an Rohfaser-, Nährstoff-, Vitamin- und Mineralstoffgehalt. Im einschlägigen Fachhandel werden Allein- oder Zusatzfuttermittel angeboten, die die erforderliche Weidehaltung ergänzen. Futter sollte in kleinen Portionen über den Tag verteilt angeboten werden, bei Rauhfuttergabe sollte das Futter gehäckselt sein, um Futterwickel zu vermeiden. Zu geringer Rohfaseranteil kann zur Aufnahme

Tabelle 4.11.3–2 Mindestgröße von Gehege und Stall für Emu, Nandu und Kasuar

Art	Gehegefläche	Stallfläche (lichte Höhe 2,20 m, Trennwandhöhe 1,20 m)
Emu	200 m²/Paar	4 m²/Tier
Nandu	200 m²/Paar + 50 m²/weiteres Tier	4 m²/Tier
Kasuar	200 m²/Tier	8 m²/Tier

von Einstreumaterial und überständigem Gras führen, was Magenverlegung und Störung der Intestinalflora auslösen kann. Eine Fütterung von weiträumig auf den Auslaufboden ausgebrachtem Futter hat den Vorteil einer Beschäftigung, ist aus hygienischen Gründen aber bedenklich. Kasuaren ist neben Blattgemüsen und Obst auch tierisches Eiweiß anzubieten. Sauberes Trinkwasser in offenen Gefäßen sollte immer zur Verfügung stehen, Nippeltränken sind ungeeignet. Während heißer Sommertage werden Badegelegenheiten gerne angenommen. Dabei ist für trittsichere Zugänge zum Wasser zu sorgen. Auch Beregnungsanlagen werden vielfach gerne genutzt.

4.11.3.5 Klimaansprüche (Tab. 4.11.3.5–1)

Wegen der in Deutschland herrschenden Klimaverhältnisse muß eine gleichzeitige Stallhaltung für alle Tiere eines Bestandes möglich sein. Ebenso ist für die elternlose Kükenaufzucht eine Stallhaltung unerläßlich. Der zu fordernde Platz richtet sich nach dem Alter bzw. der Größe der Tiere. Für afrikanische Strauße beträgt er bei adulten Tieren mindestens 8 m^2/Tier bei einer Mindeststallfläche von 16 m^2. Zuchtgruppen sollten bei Stallhaltung nicht getrennt werden, bei Unverträglichkeit eines männlichen Partners soll die Möglichkeit zur Abtrennung bestehen, wobei Sichtkontakt zu den anderen Tieren der Gruppe möglich sein soll. Straußenvögel sind bei Glatteis, sehr starkem Frost (–10 °C) und bei Dauerregen im Stall zu halten. Sie dürfen höchstens drei Tage hintereinander und höchstens zehn Tage innerhalb eines Monats im Stall gehalten werden. Für diese Zeit muß den Vögeln eine jederzeit nutzbare Bewegungsfläche als Laufhof oder Vorgehege in 3facher Stallgröße zur Verfügung stehen. In Regionen, in denen erfahrungsgemäß regelmäßig klimatische Ereignisse zu erwarten sind, die die zulässige Stallhaltungsperiode überschreiten, sollten keine Straußenvögel gehalten werden. Genehmigungen zur Errichtung von Straußengehegen sollten nur nach Vorlage eines entsprechenden Klima-Gutachtens erteilt werden. Alternativ kann den Straußen ein Trockengehege mit mindestens 500 m^2 zur Verfügung gestellt werden, das Regen- und Windschutz bietet und den Tieren während der tagaktiven Zeit für mindestens vier Stunden

Tabelle 4.11.3.5–1 Klimaanforderungen für die Stallhaltung von Straußenvögeln

Tierart	Alter	Gründe für Stallhaltung	Stalltemperatur [°C]
Alle Straußenvögel	1. Lebenstag	Aufzucht	Aufzuchtkiste: 28 °C, Umgebung: 23 °C
	bis 4. Woche		unter Heizquelle: 28 °C, Umgebung: > 16 °C
	bis 3. Monat		unter Heizquelle: 22 °C, Umgebung: > 12 °C
Afrikan. Strauß	adult	Dauerregen, Glatteis Frost (–10 °C)	bei trockenem Gefieder kurzfristig > 5 °C, längerfristig > 10 °C; bei nassem Gefieder > 15 °C
Emu, Nandu	adult	Frost (–10 °C)	mindestens frostfrei mit Strohlager
Kasuar	adult	nachts grundsätzlich, tags bei 0 °C, Auslauf stundenweise bei mildem trockenem Frost	> 15 °C

4.11 Tiergerechte Haltung von Nutzwild

Tabelle 4.11.3.5–2 Körperhöhe und Gewicht adulter Straußenvögel

Art	Geschlecht	Höhe [m]	Körpermasse [kg]
Struthio	männlich	bis 2,75	100–150
	weiblich	bis 2,0	90–110
Emu	männlich	1,50–1,90	30–55
	weiblich		
Nandu	männlich	1,30–1,50	20–40
	weiblich		
Kasuar	männlich	1,00–1,70	18–34
	weiblich		bis zu 54

zugänglich sein soll. Als Heizquellen können bei der Kükenaufzucht anfangs geflügelübliche Wärmestrahler benutzt werden. Wegen des schnellen Längenwachstums ist Wärmestrahlung jedoch ungünstig zu beurteilen. Für die Stallheizung eignen sich eher Radiatoren, die in Rückenhöhe der Tiere an der Stallwand angebracht und mit einem Abstandshalter zu den Tieren versehen sind, oder Bodenheizung (Tab. 4.11.3.5–2).

Die relative Luftfeuchtigkeit soll 60 % nicht überschreiten, für eine ausreichende, zugluftfreie Lüftung ist zu sorgen, bei Nutzung des Tages-/Nacht-Rhythmus soll eine Beleuchtungsdauer von zehn Stunden nicht unterschritten werden. Wegen der möglichen Aufnahme von Einstreumaterial werden Jungtiere auf dem nackten Stallboden gehalten. Dieser kann aus naturbelassenen Brettern oder wasserfest verleimtem Sperrholz bestehen. Drahtböden oder Lattenroste sind unzulässig. Die Erfahrungen mit Langstroh- oder Häckseleinstreu bei adulten Vögeln sind unterschiedlich. Bei unzureichender Versorgung mit Rohfaser und Mineralstoffen oder Langeweile wird auch Sandeinstreu zuweilen aufgenommen und kann wie die Pflanzenfasern zu Magen-/Darmverlegung führen. Der Kot von gesunden Straußenvögeln ist gewöhnlich gut geformt und voluminös, er sollte auch in den Ausläufen mindestens einmal täglich eingesammelt werden. Der Harn wird in größeren Mengen getrennt vom Kot bei ausgeschachtetem Phallus (Penis) abgesetzt.

4.11.3.6 Reproduktion und Kunstbrut

Um Störungen zu vermeiden, sollten Zuchtgruppen bzw. -paare in eigenen Gehegen gegebenenfalls unter Sichtkontakt zu anderen Gehegen gehalten werden. Während der Balzzeit, in der bei den Hähnen der afrikanischen Strauße auffällige rote Balzflecken an Kopf und Läufen zu bemerken sind, können auch gut an den Menschen gewöhnte Tiere sehr aggressiv sein. Dieses ist beim Eiersammeln zu beachten. Als Nistplätze sind in den Zuchtgehegen Sandplätze mit drainiertem Untergrund anzubieten. Die Nestmulden werden durch Aufwallen des Sandes durch die Hähne gebildet. Emus und Kasuare polstern die Mulde mit Blättern und Langgras aus. Die zu den Herkunftsländern in Europa abweichenden Tageslichtlängen können zu einer lichtstimulierten erhöhten Eiproduktion führen, wobei Emus Kurztags-(Winter-)brüter sind. Entsprechend muß letzteren eine frostsichere Bruthütte zur Verfügung stehen (Tab. 4.11.3.6–1).

Für die Kunstbrut sollten die Eier täglich aus den Gehegen entfernt werden und nach mechanischer Reinigung und der in der Geflügelwirtschaft üblichen Begasung mit Formaldehyd [35 ml techn. Formalin (ca. 40 %), 17 g $KMnO_4$ je m^3 begasten Raum] (KÖSTERS, 1993) bei 15–18 °C für höchstens eine Woche gelagert werden. Zur besseren Schlupfsynchronisation werden schwerere Eier mit einem zeitlichen Vorsprung in den Brüter eingelegt. Bei Bebrütung mehrerer

Tabelle 4.11.3.6–1 Angaben zu Zucht- und Brutverhalten von Straußenvögeln (SMOLIK, 1969)

Art	Geschlechts-verhältnis (männl.:weibl.)	Naturbrut durch	Eigewicht [g], Farbe	Brutdauer [d]
Afrikan. Strauß	1:1–1:5	vorwiegend Hahn	1100–1650, elfenbein	ca. 42
Nandu	1:5–7	Hahn	600, elfenbein	35–45
Emu	1:1	Hahn	600, dunkelgrün	52–66
Kasuar	1:1	Hahn	600, dunkelgrün	ca. 56

zeitlich verschobener Chargen sollten die zugeführten Eier vorgewärmt werden, um eine Kondenswasserbildung zu vermeiden (KREIBICH u. SOMMER, 1994). Wegen der Stimulation durch Stimmlautkontakt (HAGEN u. HAGEN, 1996) während des Schlupfes müssen Vorbrut und Schlupfbrut in getrennten Brutapparaten durchgeführt werden. Die Bruttemperatur beträgt in der Vorbrut ca. 37,5 °C, im Schlupfbrüter ca. 35–36 °C. Während der Vorbrut sind die Eier 6mal täglich zu wenden. Die relative Luftfeuchte wird über die Gewichtsabnahme, die während der Brutdauer ca. 15 % betragen soll, gesteuert. Sie liegt in der Vorbrut bei ca. 40 % relative Luftfeuchte.

4.11.3.7 Umgang, Behandlung

Künstlich aufgezogene Straußenvögel lassen sich gut an den Betreuer gewöhnen, können gegen Fremdpersonen sowie generell während der Balz- und Brutzeit jedoch aggressiv sein. Das Einfangen von Einzeltieren sollte vorsichtig durch Treiben in vorbereitete Fangeinrichtungen, die trichterförmig zulaufen und ausgepolstert sein können, erfolgen. Durch Überstülpen eines Blendsackes über den Kopf werden die Tiere fügsam. Dabei ist zu beachten, daß die Vögel sich durch kräftige Tritte nach vorne verteidigen. Zur Behandlung sind Zwangsstände entwickelt worden, die dieses weitgehend verhindern (KREIBICH u. SOMMER, 1994). In tiergärtnerischer Haltung werden alternativ Teleimmobilisierungen vorgenommen. Bei Verwendung dieser schonenden Maßnahme sind arzneimittelrechtliche Folgen zu bedenken, ebenso wie bei der Verwendung von anderen Anästhesiemethoden. Bewährt hat sich Isofluran als Inhalationsnarkotikum nach Prämedikation mit 0,1–0,2 mg Diazepam/kg KM im halboffenen System über Kopfkammer [Einleitungsperiode: Isofluran 5 Vol.-% in Sauerstoff-Stickstoff-Lachgasgemisch mit mindestens 33 % Sauerstoff, Flow 3–5 l/min; Induktionszeit bis 20 min; Erhaltungsperiode: Isofluran 3–5 %, Trägergas und Flow wie vorher, Narkosemonitoring (KORBEL, 1994)]. Röntgenuntersuchungen können am stehenden, optisch oder medikamentös ruhiggestellten Tier durchgeführt werden. Tierärztliche Behandlungen sind nach den allgemeingültigen Regeln der Vogelmedizin durchzuführen. Chirurgische Eingriffe zur Osteosynthese oder Korrektur von Fehlstellungen der Gliedmaßen sind wegen des Gewichts der Tiere und der Pneumatisierung ausgedehnter Teile des Skeletts ungünstig zu beurteilen. Die Indikation sollte aus der Sicht des Tierschutzes sorgfältig gestellt werden.

4.11.3.8 Kriterien einer tiergerechten Haltung

Neben der Beurteilung der Haltungsbedingungen ist die Einzeltier- sowie die Bestandsbeurteilung auch unter Hinzuziehung der Betriebsaufzeichnungen (Verlustquote, Behandlungen, Legeleistung, Befruchtung, Schlupfquote, Aufzuchtleistung, Behandlungen etc.) von Wichtigkeit. Die Einzeltierbeurteilung stützt sich u. a. vornehmlich auf Kör-

4.11 Tiergerechte Haltung von Nutzwild

perhaltung, Bewegungsablauf, Gliedmaßenstellung, Futteraufnahmeverhalten, Verhalten auch in der Gruppe und gegenüber dem Betrachter, Federbonität (Unversehrtheit des Gefieders unter Berücksichtigung des Mauserstatus), Kotbeschaffenheit. Haltungs- und teilweise fütterungsbedingt werden Skelettdeformationen (Rachitis, Perosis, Frakturen), Bezoarbildung aus Pflanzenfasern mit Verlegung des Magen-/Darmtraktes und dem Sozialstreß zugeordnetes Kümmern während der Aufzuchtzeit bewertet. Allotriophagie kann bei Straußen jeglichen Alters vorkommen und wird als Explorationsverhalten, Ersatzbeschäftigung (gegenseitiges Federpicken!) oder Folge von Mangelernährung gedeutet. Hierbei werden unverdauliche Stoffe wie teilweise stechend-schneidende Gegenstände (Nägel, Drähte, Schrauben, Kronkorken, Glas- und Plastikstücke) sowie Federn, Textilien, Schnüre, Stroh und anderes Pflanzenmaterial oftmals in großen Stücken bzw. Mengen aufgenommen. Dieses kann trotz der kräftigen Koilinschicht des Muskelmagens zu Magenwandverletzungen oder zu Bezoarbildung führen. Verletzungen wie Knochenbrüche, Exartikulationen, Schnitt- und Rißwunden sowie Prellungen bei ungeeigneten Abgrenzungen der Gehege, Überbesatz, Unverträglichkeiten der Vögel untereinander oder zu anderen Tierarten bei Gemeinschaftshaltung sind häufig. Hetzen durch Hunde oder ungeschicktes Einfangen kann zu hypoxischen Muskelschäden (Muskelfaserdegeneration) führen. Klimabedingt wurden Erfrierungen im Kloakenbereich sowie den Außenzehen bei afrikanischen Straußen beobachtet. Letzteres führte zu Bewegungsstörungen mit nicht heilbarer Hüftgelenksschädigung infolge Abgrätschens. Unbehandelte Wunden werden im Sommer häufig von Fliegenmaden befallen, die bis in die pneumatisierten Knochen eindringen können. Bei Straußenvögeln können die **anzeigepflichtigen** Seuchen **Newcastle-Krankheit, Geflügelpest und Milzbrand** (TIERSEUCHENGESETZ, 1995; VERORDNUNG ÜBER ANZEIGEPFLICHTIGE TIERSEUCHEN, 1991) vorkommen. In Tabelle 4.11.3.8–1 sind weitere wichtige Infektionserreger aufgeführt:

Tabelle 4.11.3.8–1 Weitere wichtige Infektions- und Invasionserreger/-krankheiten bei Straußenvögeln (nach KÖSTERS et al., 1996)

Bakterien	Viren	Pilze	Parasiten
Staphylococcus aureus	Avipox	*Aspergillus* spp.	*Histomonas*
Salmonella spp.	EEE (Eastern Equine Encephalitis)	*Candida* spp.	*Coccidia* spp.
Klebsiella spp.	Krim-Kongo-Fieber	*Cryptococcus neoformans*	andere Protozoen
Escherichia coli	Adenoviren	„Megabacterium"	*Trematoda* spp.
Mycobacterium avium	Coronaviren		*Cestoda* spp.
Pseudomonas aeruginosa	Borna		*Nematoda* spp.
Pasteurella multocida	(Spongiforme Enzephalopathie)		Zecken
Campylobacter spp.			Fliegenlarven
Clostridium perfringens	**Mollicutes**	**Rickettsiales**	andere Ektoparasiten
Erysipelothrix rhusiopathiae	*Mycoplasma* spp.	*Chlamydia psittaci* (M, Z)	

M = Meldepflicht; Z = Zoonose

Im Untersuchungsgut des Institutes für Geflügelkrankheiten der Universität München wurden bei Straußenvögeln bislang keine Endoparasiten festgestellt. Der notwendige Einsatz von Arzneimitteln richtet sich nach den allgemeinen Grundsätzen der Vogelmedizin, wobei bei Schlachtstraußen die Vorschriften für lebensmittelliefernde Tiere zu beachten sind. Der bestimmungsgemäße Einsatz von Desinfektionsmitteln (WOLFF et al., 1993) muß die akzidentelle Aufnahme von Desinfektionsmitteln durch die Strauße verhindern.

4.11.3.9 Gesetze und Verordnungen

Die Haltung von Straußenvögeln bedarf nach § 11, TIERSCHUTZGESETZ (1998) der Genehmigung, da diese Vögel nach der ALLGEMEINEN VERWALTUNGSVORSCHRIFT ZUR DURCHFÜHRUNG DES TIERSCHUTZGESETZES (2000) als Wildtiere gelten und ausdrücklich **nicht** dem landwirtschaftlich genutzten Geflügel zugerechnet werden. Die Erlaubnis ist von einem Sachkundenachweis abhängig. Andererseits ist die Errichtung von Gehegen für die Straußenhaltung, unbenommen des Baurechts, nach dem BUNDESNATURSCHUTZGESETZ (1998) ebenfalls genehmigungspflichtig. Straußenvögel, soweit sie wie Haustiere gehalten werden, unterliegen als Schlachtgeflügel dem Geflügelfleischhygienerecht (GEFLÜGELFLEISCHHYGIENEGESETZ, 1996). In der TIERSCHUTZ-SCHLACHTVERORDNUNG (1997) wird die Betäubung von Straußenvögeln vor der Schlachtung geregelt. Bei Elektrobetäubung muß innerhalb der 1. Sekunde mindestens eine Stromstärke von 0,5 Ampere erreicht werden. Die BINNENMARKT-TIERSEUCHENSCHUTZVERORDNUNG (1999) definiert Straußenvögel als „Laufvögel" (Flachbrustvögel).

Literatur

Berthold, H.: Rationelle Straußenzucht in Süd-Afrika. Koloniale Abhandlungen, Heft 29. Wilhelm Süsserott, Berlin W. 30., ohne Jahresangabe.

Dorrestein, G. M.: Veterinary aspects of ostrich keeping, Utrecht University, 1995.

Hagen, H., W. Hagen: Afrikanische Strauße – Nutztiere in Deutschland? Dtsch. Tierärztl. Wochenschr. 103 (1996) 98–100.

Korbel, R.: Augenkrankheiten bei Vögeln – Ätiologie und Klinik von Augenerkrankungen, Luftsack-Perfusionsanästhesie und ophthalmologische Photographie bei Vögeln. München, Habil., 1994.

Kösters, J., B. Hornung, R. Korbel: Straußenhaltung aus tierärztlicher Sicht. Dtsch. Tierärztl. Wochenschr. 103 (1996) 100–104.

Kösters, J.: Brut. In: Siegmann, O. (ed.): Kompendium der Geflügelkrankheiten. Verlag Paul Parey, Berlin und Hamburg (1993) 37–40.

Kreibich, A., M. Sommer: Straußenhaltung. Landwirtschaftsverlag GmbH, Münster-Hiltrup (1994).

Smolik, H.-W.: Tierlexikon. Bd. 3 – Vögel. Rowohlt, Reinbeck bei Hamburg (1969).

Wolters, H. E.: Die Vogelarten der Erde. Parey Verlag, Berlin und Hamburg (1975–82).

Rechtsgrundlagen, Empfehlungen, Normen u. ä.:

Allgemeine Verwaltungsvorschrift zur Durchführung des Tierschutzgesetzes vom 9. Februar 2000 (BAnz. Nr. 36 a S. 1).

BMELF – Bundesministerium für Ernährung, Landwirtschaft und Forsten: Mindestanforderungen an die Haltung von Straußenvögeln, außer Kiwis vom 10. Juni 1994 (in der ergänzten Fassung vom 10. September 1996).

Geflügelfleischhygienegesetz (GFlHG) vom 17. Juli 1996 (BGBl. I S. 991) geändert durch § 26 des G vom 22.12.1997 (BGBl. I S. 3224).

Gesetz über Naturschutz und Landschaftspflege (Bundesnaturschutzgesetz – BNatSchG). I. d. F. d. Bek. vom 21. September 1998 (BGBl. I S. 2994).

Mittel und Verfahren für die Durchführung der Desinfektion bei anzeigepflichtigen Tierseuchen. In: Wolff, A., K. Zrenner, H. Grove (eds.): Veterinär-Vorschriften. Rehm Verlagsgruppe, 49. Ergänzungslieferung, München, Berlin (1993).

Tierschutzgesetz (TierSchG) i. d. F. vom 25. Mai 1998 (BGBl. I S. 1105, ber. S. 1818).

Tierseuchengesetz (TierSG) in der Fassung der Bek. vom 20. Dezember 1995 (BGBl. I S. 2038), geändert durch § 24 des G vom 22. 12. 1997 (BGBl. I S. 3224).

Verordnung über anzeigepflichtige Tierseuchen vom 23. Mai 1991 (BGBl. I S. 1178), zuletzt geändert durch Art. 10 der V vom 18.4.2000 (BGBl. I S. 531).

Verordnung über meldepflichtige Tierkrankheiten. Vom 9. August 1983 (BGBl. I S. 1095) zuletzt geändert durch Art. 2 der V vom 18.4.2000 (BGBl. I S. 531).

Verordnung über das innergemeinschaftliche Verbringen sowie die Einfuhr und Durchfuhr von Tieren und Waren (Binnenmarkt-Tierseuchenschutzverordnung – BmTierSSchV) vom 10. August 1999 (BGBl. I S. 1820).

Verordnung zum Schutz von Tieren im Zusammenhang mit der Schlachtung oder Tötung (Tierschutz-Schlachtverordnung TierSchlV) vom 3. März 1997 (BGBl. I S. 405), geändert durch 1. ÄndVO v. 25. November 1999 (BGBl. I S. 2392).

4.12 Besonderheiten der Züchtung, Fortpflanzung und Bestandsergänzung in der naturnahen Tierhaltung

(LANGHOLZ, H.-J.)

Naturnahe, nachhaltige Formen der Tierhaltung verlangen ganz generell eine systematische Ausrichtung der Tierhaltung und ihrer Nutzungsverhältnisse auf die Klima- und Futterverhältnisse der genutzten Standorte. Dieses gilt gleichermaßen für die züchterische Profilierung der gehaltenen Tierbestände und für die Organisation des Produktionsablaufs.

Der *züchterischen Anpassung* gegenüber Schwankungen in den Umweltverhältnissen kommt dabei eine größere Bedeutung zu. Sie erfolgt im wesentlichen über den Größenwuchs, die Reifeentwicklung (frühreif, spätreif), das kapazitative Futteraufnahmevermögen sowie über die Körper(fett)reservebildung zur Überwindung futterknapper Zeiten. Extreme Klimabedingungen erfordern überdies Anpassungen im Haarkleid, im Klauenwerk und in der Anlage subkutanen Schutzfettgewebes. Fruchtbarkeit, Krankheitsabwehr und angepaßte Verhaltensmuster (Muttereigenschaften, Führsamkeit, Standorttreue) erhalten einen erhöhten züchterischen Stellenwert.

In der *Produktionsorganisation* kommt der Steuerung der Fortpflanzung eine zentrale Rolle zu. Sie bestimmt nicht nur die von einem gegebenen Bestand pro Zeiteinheit zu erzeugende Zahl an Jungtieren. Im Fortpflanzungsmanagement liegt auch der Schlüssel zur Anpassung des Futterbedarfs des Gesamtbestandes an die Aufwuchsverhältnisse der Futterflächen bzw. an saisonale Marktschwankungen beim Absatz der Verkaufsprodukte.

Die *Bestandsergänzung* beinhaltet die Umsetzung der Züchtungsarbeit auf Herdenebene. Sie ist bei naturnahen Haltungsformen insofern von besonderer Bedeutung, als Schwierigkeiten überbetrieblicher Leistungsvergleiche bei maternalen Eigenschaften eine Verlagerung der Selektion weiblicher Tiere auf die innerbetriebliche Ebene angezeigt erscheinen läßt.

4.12.1 Merkmalsantagonismen einer Leistungszucht

Insbesondere die jüngere Tierzuchtgeschichte macht deutlich, daß eine systematische Zucht auf wenige, wirtschaftlich bedeutsame Mengeneigenschaften wie auf Fleisch- oder Milchmengenleistung wachsende Antagonismen zu den Haltungseigenschaften und z.T. zur Produktqualität nach sich ziehen. Sie werden sichtbar in zunehmenden Fruchtbarkeitsproblemen, wachsender Streß- und Krankheitsanfälligkeit sowie in strukturellen Schwächen des Muskelgewebes und des Knochengerüstes bei extremem Muskelansatz. Die Ursachen liegen im wesentlichen in vermehrten Engpässen bei der Versorgung des Organismus mit Nährstoffen, vor allem mit Energie, und in erhöhter Störanfälligkeit der im Organismus wirksamen Regelsysteme zur Aufrechterhaltung von dessen Leistungs- und Lebensfunktionen. Es liegt auf der Hand, daß die Antagonismen um so deutlicher werden, je weiter die Umweltgestaltung hinter den genetisch fixierten Ansprüchen zurückbleibt.

In der *Milchviehzucht* hat eine auf die Milch- und Inhaltsmengenleistung ausgerichtete Zucht, bei unveränderten Problemen in der Fruchtbarkeit, zu wachsenden Schwierigkeiten in der Gesunderhaltung der Bestände geführt. Seit den 70er Jahren haben sich in den westdeutschen Bundesländern die Abgänge infolge Euter- und Klauenerkrankungen verdreifacht und die infolge sonstiger Erkrankungen verdoppelt (Tab. 4.12.1–1).

4.12 Besonderheiten der Züchtung, Fortpflanzung und Bestandsergänzung

Tabelle 4.12.1–1 Abgangsursachen in der deutschen Rinderzucht (ADR – 1981, 1986, 1991, 1996, 2001)

Jahr	Abgänge in % wegen								
	Zucht	Alter bzw. geringe Leistung	Sterilität	Euterkrankheiten	sonst. Krankheiten	Melkbarkeit	Klauenerkrankung	Sonstiges	Σ Abgänge der MLP-Kühe [%]
1970	9,6	25,2	31,0	4,7	3,5	1,4	2,3	19,4	30,9
1980	5,8	24,6	29,3	8,7	2,3	1,8	4,4	23,1	29,8
1985	7,4	22,3	28,5	8,2	1,8	1,7	4,6	25,5	33,4
1990	8,6	16,6	26,4	12,3	5,2	1,9	6,8	22,2	33,7
1995	8,4	12,3	21,8	15,3	5,5	1,5	8,3	26,9	32,0
2000	11,2	12,1	19,6	15,2	5,9	2,0	9,4	24,6	39,9

Die dahinterstehenden Merkmalsantagonismen sind in zahlreichen populationsgenetischen Analysen klar belegt. Zwischen den Mengenmerkmalen der Milchleistung und den beiden Merkmalskomplexen Fruchtbarkeit und Gesundheit schätzt man eine ungünstige genetische Korrelation von $r_g \approx$ 0,3–0,4, mit tendenziell stabileren Werten (Tab. 4.12.1–2). Wie die deutlich geringeren phänotypischen Korrelationen zeigen, kann die Produktionspraxis die bestehenden Antagonismen durch gezielte Management- und Fütterungsmaßnahmen noch weitgehend auffangen. Dazu gehört offensichtlich auch eine gewisse Verlängerung der Zwischenkalbezeit als Folge verlängerter Rastzeiten, die z. B. in der westdeutschen Schwarzbuntzucht der letzten Jahrzehnte über zehn Tage pro 1000 kg Leistungssteigerung betragen hat (VIT, 1999; RLN, 1979).

Ähnlich wie beim Milchrind gibt es auch beim Fleischrind wachsende Antagonismen bei einseitiger Profilierung der Wachstums- und Muskelansatzleistung. Diese liegen zum einen in einer Beeinträchtigung der Fortpflanzungsleistung im weiteren Sinne und zum anderen in einem rückläufigen Futteraufnahmevermögen und dem daraus resultierenden wachsenden Anspruch an die Nährstoffkonzentration der Futtergrundlage. Hieraus wird deutlich, daß diese antagonistischen Merkmalsbeziehungen besonders dann zum Tragen kommen, wenn die Standortverhältnisse schwierig und die Futterverhältnisse in Menge und Qualität schwankend und ungünstig sind.

Tabelle 4.12.1–2 Genetische Beziehung zwischen Milchleistung und Fruchtbarkeit bzw. Krankheitsanfälligkeit (LANGHOLZ, 1990; WASSMUTH, 1998)

Produktionsmerkmal	Merkmal der Fruchtbarkeit bzw. Krankheitsanfälligkeit	genetische Korrelation (r_g)
Milchmenge bzw. Milchfettmenge	Zwischenkalbezeit	++(+)
	Besamungsindex	++(+)
	Besamungsintervall	++(+)
	Non-return-Rate 56/60/90	–
	Mastitis	++
	Ketose	++(+)
	Bein- und Fußerkrankungen	++

++(+) = deutlich positiv $r_g \approx$ 0,3–0,5; ++/– = positiv/negativ $r_g \approx$ 0,2–0,4

Wenn auch aufgrund fehlender durchgängiger Leistungsprüfungen für die Fleischrinderzucht keine zur Milchviehzucht vergleichbaren populationsgenetischen Schätzwerte zu den Merkmalsantagonismen vorliegen, so sind diese doch durch Rassenunterschiede in Feldprüfungen und Rasseexperimenten hinreichend belegt. Hierbei zeigt sich, daß großwüchsige und stark bemuskelte Fleischrassen eine kürzere Nutzungsdauer, längere Zwischenkalbezeiten und ein späteres Erstzulassungsalter aufweisen. Von besonderem Nachteil ist ein überproportionaler Anstieg der Schwerkalbigkeit bei solchen Rassen. In umfassenden Versuchen zur Einfachkreuzung von Milchrindern mit Bullen fleischbetonter Rassen ist belegt (LANGHOLZ, 1988), daß bei Anpaarung an großwüchsige Vaterrassen die Schwergeburtenrate auf das 2- bis 3fache ansteigt und überdies die Vitalität der daraus anfallenden Kreuzungskälber, entgegen theoretischen Erwartungen, deutlich abfällt.

Masttiere von Fleischrassen haben, gegenüber solchen aus Milchviehzuchten, einen deutlich erhöhten Fleischansatz aufgrund erhöhter Schlachtausbeuten und geringerer Depotfettbildung. Der Muskelansatz am Gesamtansatz ist z. B. bei Ochsen französischer Spezialfleischrassen mit 50 % um 10 % höher als bei Ochsen der französischen *Holstein* (ROBELIN u. TULLOH, 1992). Etwa die Hälfte dieser Überlegenheit geht auf die höhere Schlachtausbeute zurück, die mit etwa 62 % bei den mittelrahmigen, eher feinknochigen Fleischrassen *Limousin* und *Piemonteser* am höchsten liegt. Der Preis für diese erhöhte Fleischausbeute ist ein reduziertes Futteraufnahmevermögen an Trockenmasse pro Tier und Tag, welches hierzu vorliegenden Untersuchungen zufolge (RENAND et al., 1992) bei *Charolais*-Ochsen gegenüber *Holstein*-Ochsen um 9 % und bei *Piemonteser*-Kreuzungen um weitere 3 % reduziert ist.

Noch deutlicher treten die angesprochenen Antagonismen bei Populationen zutage, die systematisch auf die sogenannte Doppellendigkeit selektiert wurden, wie z. B. die *Weißblauen Belgier*. Diese äußern sich u. a. in einer emporschnellenden Frequenz von Schwerkalbungen, welche den Kaiserschnitt zur Managementroutine werden läßt, in erhöhten Fruchtbarkeitsproblemen und in deutlich abfallender Konstitution der Jung- und Alttiere.

Ähnliche Zusammenhänge zeigen sich auch in der Schweinezucht, in der neben den Antagonismen einer hohen Fleischleistung zur Fruchtbarkeit und zum Futteraufnahmevermögen ein gravierender Antagonismus zur strukturellen Gewebequalität des Muskelfleisches auftritt. Mit der erfolgreichen züchterischen Erhöhung des Fleischanteils in der deutschen Schweinezucht der Nachkriegsjahre kam es ab einem gewissen Niveau zur drastischen Erhöhung der Frequenz von Fleischfehlern, wie z. B. des sogenannten PSE-Fleisches (pale, soft, exudative = blaß, weich und wäßrig). Eine Statusanalyse zur Schweinefleischqualität im Jahre 1983 von SCHEPER et al. hat dieses klar belegt, wobei insbesondere die vom Handelsklassensystem bevorzugten kompakt und plastisch bemuskelten Schweinetypen betroffen waren (Tab. 4.12.1–3). Dieser Qualitätsmangel tritt zusammen mit einer erhöhten Streßanfälligkeit der Schweine auf und ist mit dieser ursächlich verbunden. Die erhöhte Streßanfälligkeit wird als Malignes Hyperthermie-Syndrom (MHS) bezeichnet, welches auf eine Mutation des für die Mus-

Tabelle 4.12.1–3 Statusanalyse zur Schweinefleischqualität Westdeutschlands (SCHEPER et al., 1983)

Fleischqualität	Schweine – insges.	Schweine – Handelsklasse E
extreme Mängel ($pH_{30\,min} < 5{,}61$)	31,2 %	55,8 %
beeinträchtigt ($pH_{30\,min}$ 5,61–5,8)	17,2 %	25,9 %
keine Mängel	51,6 %	18,3 %

kelkontraktion bedeutsamen Ryanodin-Rezeptorgens zurückgeht und rezessiv vererbt wird. Inzwischen konnte durch erfolgreiche markergestützte Selektionsmaßnahmen die Verbreitung dieses rezessiven Streßfaktors in der Schweinezuchtpraxis weitgehend zurückgedrängt werden, allerdings zum Preis einer Typveränderung in Richtung weniger extrem bemuskelter Schweine. Aber auch nach Eliminierung des rezessiven Streßfaktors zeigt sich bei den homozygot streßstabilen Schweinen eine Restfrequenz von PSE-Qualitätsmängeln. Der Antagonismus des hohen Fleischansatzes zur Fleischqualität bleibt mithin im Grundsatz bestehen und wird verstärkt durch eine abnehmende Kurzbrateignung des Fleisches fleischreicher Schweine infolge unzureichender intramuskulärer Fetteinlagerung, deren Gehalte häufig unter 1 % liegen.

Insgesamt sind in der Schweinezucht die Merkmalsantagonismen wirtschaftlich so gravierend, daß in der Produktionspraxis fast ausschließlich mit Kreuzungstieren gearbeitet wird, mit fruchtbareren, streßstabileren, aber weniger fleischreichen Rassen (Linien) bzw. Kreuzungen auf der Mutterseite und fleischreichen Rassen (Linien) bzw. Kreuzungen auf der Vaterseite meist mit Beteiligung der *Piétrain*-Rasse.

Beim Legegeflügel sind die hohen erschließbaren Heterosiseffekte für die Legeleistung mit 17 % für die Eizahl je „Durchschnittshuhn" und 26 % für die Eimasse je „Anfangshuhn" Indikatoren für rückläufige Leistungssicherheit bei steigendem Leistungsniveau (Flock, 1977). Beim Mastgeflügel gibt es wirtschaftlich-züchterisch bedeutsame Antagonismen zwischen der Gewichtsentwicklung (Körpergewicht) und der Eizahl sowie der Befruchtungsrate. Auf die Probleme einer möglichen Beeinträchtigung der Eischalenstabilität bei steigenden Eileistungen beim Legegeflügel und einer unzureichenden Skelettstabilität bei zunehmender Wachstumsleistung beim Mastgeflügel sei hier besonders hingewiesen, wenn diese Eigenschaften in der Selektion unbeachtet bleiben.

4.12.2 Besonderheiten der Züchtung

Zuchtwahl und Haltungseignung

In der populationsgenetisch orientierten Zuchtplanung der jüngeren Zuchtgeschichte wurde lange unterstellt, daß jeder erzielte Zuchtfortschritt durch eine entsprechende Anhebung des Haltungsniveaus auch umgesetzt würde. Spätestens seit Auftreten der anhaltenden Überschüsse auf den Agrarmärkten wird jedoch klar, daß es keine bedingungslose, allein auf den möglichen technischen Fortschritt ausgerichtete Anhebung des Produktionsniveaus geben kann. Das Niveau der Produktionsumwelt ist vielmehr eine zu optimierende Größe im Spannungsfeld der natürlichen Ressourcen, des biologisch-technischen Kenntnisstandes in der Tierhaltung und Produktverwertung sowie der bestehenden makro- und mikroökonomischen Rahmenbedingungen (Abb. 4.12.2–1). Die Aufgabe des Tierzüchters ist es nun, für die jeweils optimierte Produktionsumwelt und das zu vermarktende Produkt die geeigneten Tierbestände bereitzustellen. Für die Eignung ist nicht nur die Höhe der Produktionsleistung maßgebend, sondern gleichermaßen auch die Nachhaltigkeit des Produktionserfolges und die erzeugte Produktqualität. Zeiten, in denen hohe Produktionsleistungen allein Garant für wirtschaftlichen Erfolg waren und zur Ausdehnung der Mengenproduktion um jeden Preis führten, sind längst vorbei. Besondere Erfolgsreserven liegen jedoch, ausreichende Produktionsleistung vorausgesetzt, in der biologischen Absicherung des Produktionserfolges, in der Begrenzung des Produktionsaufwandes und in der Pflege der erzeugten Produktqualität. Zur Auflösung bzw. Begrenzung der oben aufgeführten Antagonismen zu den Produktionsleistungen erscheint es grundsätzlich erforderlich, der Fruchtbarkeit und den sogenannten Haltungseigenschaften eine ausreichende züchterische Beachtung zu schenken. Die relative Bedeutung dieser Merkmalskomplexe im Züchtungsprozeß wird um so größer, je extensiver

4 Tiergerechte Nutztierhaltung

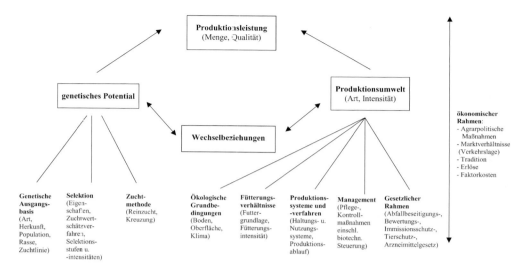

Abb. 4.12.2–1 Tierische Leistungen als Resultante aus genetischen und umweltbedingten Bestimmungsfaktoren in einem Produktionssystem (nach LANGHOLZ, 1994)

das Produktionsverfahren ist, gleichgültig, ob aus wirtschaftlichen Gründen die Betreuungsintensität und der Ausgleich vegetations- und standortbedingter Futterschwankungen zurückgenommen werden muß oder ob dieses durch feste Vorgaben einer kreislauforientierten Landbewirtschaftung im ökologischen Landbau geschieht. Es sind graduelle, aber keine grundsätzlichen Unterschiede in der züchterischen Profilierung von Tierbeständen für die unterschiedlichen Wirtschaftsformen.

Ein wesentliches Hindernis in der züchterischen Berücksichtigung dieser Merkmalskomplexe liegt in der niedrigen Erblichkeit der Fruchtbarkeitsleistung und der Krankheitsabwehr unter Praxisbedingungen. Dies resultiert zum einen aus dem Umstand, daß im Praxisbetrieb das Fruchtbarkeits- und Krankheitsgeschehen durch eine Vielzahl von Umweltfaktoren überlagert ist, und zum anderen, daß die Merkmalserfassung in der Praxis schwierig und z.T. ungenau ist. Heritabilitätskoeffizienten für Fruchtbarkeitsleistung und Krankheitsanfälligkeit erreichen selten Werte über $h^2 = 0,1$, meist liegen sie darunter, wie dies exemplarisch für die am besten dokumentierten Verhältnisse in der Milchviehzucht in der Tabelle 4.12.2–1 dargelegt ist. Dies bedeutet wiederum, daß diese Merkmalskomplexe durch Individualselektion nur wenig beeinflußbar sind und nur über Formen der Familienselektion mit einer ausreichenden Zahl von Familienmitgliedern züchterisch erfolgreich bearbeitet werden können. Die Besamungszuchtprogramme beim skandinavischen Milchvieh sind hierfür ein besonderes Beispiel. Hier findet seit Jahren eine Nachkommenprüfung der Testbullen auf Fruchtbarkeit und Krankheitsanfälligkeit ihrer Töchter statt, welche zum festen Bestandteil der Bullenauslese gehört. Eine solche feste Einbindung der Haltungseigenschaften in den züchterischen Entscheidungsprozeß ist jedoch an den Einsatz der künstlichen Besamung in größeren Populationen gebunden. Für kleinere Zuchtpopulationen mit begrenztem Einsatz von künstlicher Besamung besteht eine ideale Alternative nur in einer stationären Nachkommenprüfung auf diese Eigenschaften mit dem Versuch, durch möglichst gleichgehaltene Umweltgestaltung den Erblichkeitsgrad der Selektionsmerkmale zu erhöhen.

4.12 Besonderheiten der Züchtung, Fortpflanzung und Bestandsergänzung

Tabelle 4.12.2–1 Heritabilitäten für Merkmale der Fruchtbarkeit und Krankheitsanfälligkeit in der Milchviehzucht (Topf, 1988; Wassmuth, 1998)

	Heritabilität [h^2]	
	Erstlaktierende	ältere Kühe
Merkmale der Fruchtbarkeit		
• Besamungsindex	0,02	0,01
• Besamungsintervall	0,04	0,01
• Non-return-Rate 60/90	0,02	0,01
Merkmale der Krankheitsanfälligkeit		
• Mastitis	0,10	
• Ketose	0,11	
• Klauenerkrankungen	0,05	
• Nachgeburtsverhaltung	0,07	

Diese Alternative wird in der französischen Fleischrinder- und Fleischschafzucht angewendet, wo eine begrenzte Anzahl vorselektierter Vatertiere über Töchtergruppen von 20 Tieren auf maternale Eigenschaften geprüft werden. Angesichts des hohen Prüfungsaufwandes und der dadurch begrenzten Prüfungskapazität stellt sich jedoch die Frage nach der züchterischen Tragfähigkeit eines solchen Ansatzes. Eine mögliche Auslegung wäre die Organisation der Nachkommenprüfung auf Haltungseigenschaften in größeren Testherden bzw. in zu Testringen zusammengefaßten Herden. Die Prüfung von Schafböcken auf maternale Eigenschaften in der norwegischen Schafzucht über das organisierte Rotieren der Prüfböcke in Testringen ist ein besonders erfolgreiches Beispiel, wobei pro Jahr 2800 Böcke (20 je Testring) mit je 30 Töchtern auf Fruchtbarkeit und Aufzuchtleistung geprüft werden. In den großen Fleischrinder- und Schafherden der neuen Bundesländer könnten durchaus erfolgversprechende betriebsinterne Zuchtprogramme zur Einrichtung kommen.

Im Falle ausgeprägter Merkmalsantagonismen zwischen Produktions- und Haltungseigenschaften empfiehlt sich auf der Produktionsstufe die zusätzliche Anwendung einer systematischen Kreuzungszucht. Neben der teilweisen Auflösung der Merkmalsantagonismen, z.B. über die Anpaarung einer fruchtbaren Mutterrasse mit einer fleischreichen Vaterrasse, erschließt die Kreuzungszucht echte Heterosiseffekte, die sich vor allem in höherer Fruchtbarkeit und Belastbarkeit von Kreuzungsmuttertieren und in höherer Vitalität und Wachstumsleistung der Kreuzungsnachkommen niederschlägt. Dabei zeigt sich, daß solche Heterosiseffekte mit wachsender Umweltvariabilität und -belastung an relativer Bedeutung gewinnen und ihre züchterische Nutzbarmachung für extensive Produktionsverfahren besonders interessant ist. Es ist offensichtlich so, daß die Kreuzungstiere mit ihrem höheren Heterozygotiegrad in der Erbanlage gegenüber den Umweltschwankungen extensiver Produktionsverfahren besser gepuffert sind als reingezogene Nutztiere. Ein besonders einprägsames Beispiel sind Kreuzungsexperimente in der amerikanischen Fleischrinderzucht, welche für die belastenden subtropischen Haltungsverhältnisse in der Wachstumsleistung der Saugkälber bei Kreuzungen zwischen taurinen und zebuinen Rindern einen Heterosiseffekt von über 10 % erbrachten, der doppelt so hoch ist wie für Kreuzungen zwischen taurinen Rindern an vorwiegend gemäßigten Standorten (Tab. 4.12.2–2). Die Anwendung einer Kreuzungszucht hat überdies den Vorteil, daß man sich über den Wechsel in der Wahl der Vaterrasse zur Erzeugung der Verkaufstiere sehr viel schneller an sich ändernde Marktanforderungen anpassen kann.

Die weite Verbreitung, die die Kreuzungszucht in der britischen Fleischrinder- und

Tabelle 4.12.2–2 Mittlere Heterosiseffekte in [%] über das Elternmittel in der Fleischrinderzucht (MENISSIER u. FRISCH, 1992)

Merkmal	gemäßigter Standort (taurine × taurine Rinder)	subtrop. Standort (taurine × zebuine Rinder)
Individuelle Heterosis (Mutter, Reinzuchtkuh)		
Abkalberate	+ 4,6	– 4,5
Absetzrate	+ 3,7	+ 2,4
Zunahme in der Aufzuchtperiode	+ 5,1	+ 11,7
Maternale Heterosis (Mutter, Kreuzungskuh)		
Abkalberate	+ 4,7	+ 6,4
Absetzrate	+ 9,7	+ 12,7
Zunahme in der Aufzuchtperiode	+ 6,2	+ 14,3

Schafzucht gefunden hat, ist ein besonderer Beleg für die Überlegenheit von systematischen Rassekreuzungskonzepten für die Ausgestaltung extensiver naturnaher Graslandnutzungsverfahren (Abb. 4.12.2–2a, b). Dabei spielen für die Remontierung der Fleischrinderherden die Gebrauchskreuzungsfärsen aus der Anpaarung britischer *Friesian*-Kühe mit Bullen reiner Fleischrassen nach wie vor eine zentrale Rolle, da sie vergleichsweise kostengünstig erzeugt werden und von der Mutterseite eine hohe Milchleistungsveranlagung mitbringen. Wenn auf dem europäischen Festland eine systematische Kreuzungszucht, außer in der Schweine- und Geflügelzucht, bislang keine vergleichbare Verbreitung gefunden hat, so dürfte dies einerseits an den limitierend wirkenden Bestandsgrößen liegen, andererseits sich wohl auch aus einer besonderen Tradition der Entwicklung von Nutztierrassen in Reinzucht erklären.

Zucht standortangepaßter Rassen

Die Zucht standortangepaßter Rassen ist immer dann angezeigt, wenn die Haltung der Nutztiere zu wesentlichen Anteilen von den standortspezifischen Futterverhältnissen abhängt und eine Freilandhaltung zumindest während der Sommermonate die Regel ist.

Dies trifft für die Schweine- und Geflügelhaltung am europäischen Standort nur noch in wenigen Ausnahmefällen zu, wie z. B. die Erzeugung traditioneller Schweinefleischqualitäten mit den schwarzen iberischen Landrassen in Freilandhaltung im südwestlichen Spanien (Abb. 4.12.2–3). Dies gilt ebenfalls nur noch bedingt für die Milchviehzucht mit einer großräumigen Differenzierung der Rasseprofile in drei Hauptrassegruppen:

1. die dominierenden *Holstein*-gezogenen großrahmigen Spezialmilchrassen an den futterbaustarken Standorten Nordwesteuropas und den Bewässerungsstandorten Südeuropas;
2. die kleineren *Ayrshire*-gezogenen Spezialmilchrassen an den schwierigen Standorten Skandinaviens und Schottlands mit naßkalten Klimaverhältnissen und langen Winterfutterperioden sowie
3. die großrahmigen meist *Fleckvieh*-gezogenen Milch-/Fleischrassen an den trockeneren Standorten Mitteleuropas, meist in Verbindung mit mittel-/kleinbäuerlichen Betriebsstrukturen.

Eine ausgesprochen hohe Notwendigkeit einer standortbezogenen Weiterentwicklung der Rassen besteht hingegen für die Fleischrinder- und Schafzucht, wo der Schlüssel zum wirtschaftlichen Erfolg in der Aufwands-

4.12 Besonderheiten der Züchtung, Fortpflanzung und Bestandsergänzung

Abb. 4.12.2–2a, b Gebrauchskreuzungen sind das Rückgrat extensiver Graslandnutzungssysteme in Großbritannien: F_1-Kreuzungskuh Hereford × British Friesian × Charolaiskalb **(a)**; F_1-Kreuzungszutreter Leicester × Scottish Blackface **(b)**

4 Tiergerechte Nutztierhaltung

Abb. 4.12.2–3
Freilandhaltung mit schwarzen iberischen Schweinen in der Estremadura – Grundlage der Produktion luftgetrockneter Qualitätsschinken

minimierung liegt und wo dem Einsatz von Zukaufbetriebsmitteln enge Grenzen gesetzt sind (LANGHOLZ, 1992). Gleiches gilt für viehhaltende Betriebe, die nach den Prinzipien des ökologischen Landbaues wirtschaften, insbesondere dann, wenn diese über keine ackerfähigen Flächen verfügen. Die dieser Wirtschaftsweise zugrunde liegende Forderung nach einer möglichst geschlossenen betriebsbezogenen Kreislaufwirtschaft verlangt dabei eine möglichst eng an das jeweilige Betriebsniveau ausgelegte Zuchtstrategie.

Entsprechende Wirkungen auf die Zuchtausrichtung bei standortabhängiger Wirtschaftsweise gehen von der Futterverfügbarkeit aus, bezogen auf die anfallende Futtermenge, ihre jahreszeitliche Verteilung und

4.12 Besonderheiten der Züchtung, Fortpflanzung und Bestandsergänzung

Abb. 4.12.2–4 Robustes Schottisches Highland

ihre Nährstoffdichte, vor allem Energiedichte. Die wichtigste Anpassungsreaktion auf unterschiedliche Futterversorgungsverhältnisse ist die über die Reifegröße. Je rauher das Klima, je geringer die natürliche Bodenfruchtbarkeit und je größer die Schwankungen im saisonalen Futteraufwuchs, desto niedriger liegt das optimale Reifegewicht der gehaltenen Nutztiere, von denen eine unbeeinträchtigte Fortpflanzungs- und Lebensleistung erbracht werden kann, und umgekehrt. Zwischen den kleinsten und größten Fleischrinderrassen Europas liegen etwa 100 % Unterschied im Reifegewicht. Die Kühe der britischen Robustrassen *Highland* (Abb. 4.12.2-4) und *Galloway* werden mit 425 kg bzw. 500 kg Reifegewicht nur halb so schwer wie die Kühe der großwüchsigen französischen Fleischarbeitsrassen. An feuchtheißen tropischen Standorten mit ihren fütterungsbedingten klimatischen und hygienischen Belastungen sinken die Reifegewichte der Kühe lokaler Rinderschläge noch einmal auf die Hälfte der Gewichte für die britischen Robustrassen. Gleiches gilt für die Schafe mit ähnlichen relativen Reifegrößenunterschieden zwischen den genügsamen Heideschafen mit etwa 40–50 kg Reifegewicht des Mutterschafes und den doppelt so schweren, großwüchsigen Küstenschafen wie dem *Blauköpfigen Fleischschaf* der Normandie oder unserem *Weißköpfigen Fleischschaf*. Die verschiedenen grobwolligen Landschafpopulationen des Mittelmeerraumes, wie z. B. das *Lacaune*-Schaf Südfrankreichs oder die Gruppe der Zackel- und Zaupelschafe des Balkans und östlichen Mittelmeerraumes, sind noch deutlich kleiner als die Landschafrassen des nördlichen Europas.

Über die Geschwindigkeit der geschlechtlichen Reifung der Jungtiere besteht eine gewisse Möglichkeit, das optimale Reifegewicht zu verändern, meist zu erhöhen. Ein besonderes Beispiel hierfür sind die großrahmigen, aber eher spätreifen Fleischarbeitsrassen *Chianina* (Abb. 4.12.2-5) und auch *Charolais*, die an den meisten Stand-

Abb. 4.12.2–5
Großwüchsiges Chianina-Rind, Fleisch-/Arbeitsrasse aus der Toskana

orten kaum vor drei Jahren, häufig noch später, zur ersten Abkalbung kommen.

Die zweite wesentliche Anpassungsreaktion liegt im kapazitativen Futteraufnahmevermögen. Je rauher der Standort und je niedriger die Nährstoffkonzentration in der zu nutzenden Futtergrundlage, um so wichtiger ist die Sicherstellung einer ausreichenden Futteraufnahme im Verhältnis zum metabolischen Körpergewicht. Dies führt zu kleineren Tieren mit niedrigeren Ausschlachtungsraten, die z. B. bei den Robustrassen nicht höher sind als bei den spezialisierten Milchrassen.

Starke Schwankungen in den Futterverhältnissen, insbesondere infolge eines nur begrenzten Ausgleichs während der vegetationslosen bzw. -schwachen Jahreszeiten, verlangen weiterhin mehr oder weniger ausgeprägte Anlagen von Körperfettreserven. Die klassischen britischen Fleischrinderrassen sind als „Mastrassen" so entwickelt, daß sie wesentliche Anteile des Energiebedarfs während der Wintermonate über den Abbau der eigenen Körperreserven bestreiten können.

Auch den meisten Schafrassen ist eine Fähigkeit zur Fettreservebildung noch inhärent. Als Extrembeispiel können die grobwolligen Fettsteißschafe des Vorderen Orients genannt werden, zu denen auch das *Karakul* gehört, welche bis zu 30 % ihres Körpergewichts als Fett im Fettsteiß ablagern können. Die geringe Marktakzeptanz fettreicher Produkte auf den Wohlstandsmärkten engt allerdings die Erschließbarkeit dieser züchterischen Anpassungsstrategie deutlich ein.

Spezieller genetischer Anpassung bedarf es schließlich in der Ausprägung von Fell und Haarkleid bei extremen klimatischen Belastungen, insbesondere bei ganzjähriger Freilandhaltung. Naßkalte, windige Klimate verlangen eine ausreichende subkutane Fettschutzschicht und ein langes, grobes, gut wasserableitendes Haarkleid; heiße Klimate mit hoher Sonneneinstrahlung dagegen eine stärker pigmentierte, eher dünne Haut mit ausreichender Ausbildung von Schweißdrüsen und einem strahlenreflektierenden Haar- oder Wollkleid.

Insgesamt sind von den genannten Maßnahmen einer standortorientierten Rasseentwicklung deutlich stabilisierende Effekte auf die Fruchtbarkeit und Leistungssicherheit zu erwarten, da Probleme in diesen Bereichen vorwiegend Faktorenkrankheiten darstellen, welche im Prinzip auf Inbalancen zwischen der genetischen Leistungsdisposition und der Befriedigung der daraus resul-

4.12 Besonderheiten der Züchtung, Fortpflanzung und Bestandsergänzung

tierenden Ansprüche an die Haltungsumwelt erwachsen.

Abschließend sei darauf hingewiesen, daß sehr extensive Haltungsformen mit lockerem Mensch-/Tierkontakt beim Einzeltier die züchterische Profilierung bestimmter Haltungseigenschaften erfordert. Hierzu gehören u. a. die Ausprägung eines ausreichenden Herden- und Mutterinstinktes, die Aufrechterhaltung einer guten Führsamkeit, auch bei reduziertem Umgang mit dem Menschen, sowie eine hohe Standorttreue, alles Eigenschaften, die offensichtlich hoch erblich sind.

Das Leistungsprofil von Robustrassen

Robustrassen verkörpern Nutztierpopulationen, welche in besonderer Weise an durchweg schwierige, wenig entwicklungsfähige Produktionsstandorte angepaßt sind. Sie sind in den zurückliegenden Jahrzehnten durch die Ausbreitung von Leistungsrassen stark bedrängt worden, haben jedoch in jüngster Zeit in einer Vielzahl von Fällen, meist im Rahmen von geförderten Landschaftspflegeaufgaben, eine überlebensfähige Nischenposition gefunden, häufig eingebunden in Organisationsformen des ökologischen Landbaues. Überdies ist im Zuge der Extensivierung der flächenabhängigen Verfahren der Fleischrinder- und Schafhaltung die Bedeutung der Robustrassen für die Anpassung an extreme Produktionsstandorte gewachsen und zunehmend anerkannt.

Für die einzelnen Nutztierarten und deren Nutzungsrichtungen sei bezüglich der vorkommenden Robustrassen und ihrer Charakteristika folgendes festgehalten:

Die *robusten Rinderrassen* lassen sich aufgrund ihrer Herkunft und den vorherrschenden Nutzungsverhältnissen in folgende vier Rassegruppen untergliedern:
- Robustrassen mit stärkerer Betonung der Milchleistung,
- Robustrassen aus Dreinutzungsrindern,
- Robustrassen aus Fleischarbeitsrindern,
- Robustrassen aus autochthonen Fleischrassen.

Zur ersten Gruppe zählen im wesentlichen die Rinderrassen zur Milcherzeugung an marginalen Gebirgsstandorten der alpinen Region, häufig verbunden mit einer Älpung des Viehs während der Sommermonate. Das *Pinzgauer* Rind, das *Vogesenrind*, das deutsche Wäldervieh (*Vorder-* und *Hinterwälder*) und das *Murnau-Werdenfelser* sind die wichtigsten Rassen mit noch ausreichend stabilen Bestandszahlen. Das Leistungsniveau der Rassen liegt in den MPL-geprüften Herden zwischen 3300–5000 kg Milch, bei deren Bewertung die teilweise deutlich reduzierte Körpergröße zu beachten ist (Tab. 4.12.2–3).

Zur zweiten Rassegruppe gehören jene Robustrassen, die an schwierigen, marktfernen Mittelgebirgsstandorten ehemals einer ausgewogenen Dreifachnutzung unterlagen. Hierzu zählen die autochthonen Rinderrassen des Zentralmassivs in Frankreich mit

Tabelle 4.12.2–3 Milchleistung der bedeutsamsten Robustrassen des alpinen Raumes (ADR, 1999; Herd-Book Vosgienne, 1999)

	Anzahl d. geprüften Kühe	Melktage	Milchleistung [kg]	Fett [%]	Eiweiß [%]
Vorderwälder	7171	315	4993	4,13	3,31
Hinterwälder	655	306	3348	4,05	3,40
Pinzgauer (D)	469	309	4646	3,90	3,39
Murnau-Werdenfelser	197	302	4219	3,59	3,29
Vogesenrind	1050	275	3675	3,76	3,38

Salers und Aubrac, der Pyrenäen mit dem Gascogner Rind in Frankreich und dem Pirenaica in Spanien, der gebirgigen Küstenregion des nördlichen Portugals und des nordwestlichen Spaniens mit Rubia Gallega und Asturiana bzw. Mirandesa und Barrossa als Hauptrassen sowie die Rassen der peripheren Standorte Süditaliens mit der verbreitetsten Rasse Modicana (auch sizilianische Rasse genannt) und Westenglands mit der Rasse Welsh Black. Die jüngste Geschichte hat diese Rassen an wirklich periphere Standorte zurückgedrängt, verbunden mit dem Übergang zur ausschließlichen Fleischnutzung in extensiver Mutterkuhhaltung. Ihr besonderes Leistungsprofil liegt in der Kombination einer hohen Standorthärte mit einer im Vergleich zu reinen Fleischrinderrassen guten Milchleistung von 2500–3500 kg.

Die dritte Rassegruppe entstammt im wesentlichen zwei Ursprüngen, zum einen den podolischen Rindern der Maremmen und Apuliens, zum anderen den autochthonen Fleischarbeitsrindern der südlichen iberischen Halbinsel mit Retinto, Alenteja, Avilena-Negra und Morucha als Hauptrassen. Ihre Reifegewichte variieren bei den Kühen je nach Standortqualität zwischen 500–600 kg (SIMON u. BUCHENAUER, 1993).

Die vierte Gruppe der Rinderrobustrassen sind jene Rassen, die als autochthone Fleischrassen aus den keltischen Rinderschlägen entwickelt wurden. Hierzu zählen in erster Linie die beiden schottischen Robustrassen Galloway und Highland. Beiden Rassen gemeinsam ist ihre niedrige Reifegröße, ihre Spätreife, ihr langes Haarkleid und ihre starke subkutane Depotfettbildung, alles Anpassungsreaktionen an die naßkalten Klimaverhältnisse des nordwestlichen Schottlands.

Im Gegensatz zur Rinderzucht haben Robustrassen in der europäischen Schafzucht noch eine weite Verbreitung. Dieses hat seine Ursache in der besonderen Bedeutung der Schafhaltung für die Nutzung sehr ertragsschwacher und wenig intensivierungsfähiger Produktionsstandorte, wie z.B. die nordwesteuropäischen Hochlandregionen mit ihren rauhen Klimabedingungen und die trockenen, meist gebirgigen Grenzstandorte des Mittelmeerraumes und des Balkans mit stark schwankendem Futteraufwuchs. Mehr als die Hälfte der europäischen Schafbestände sind den grobwolligen, robusten Schafpopulationen zuzuordnen. Hierzu zählen die großen Populationen der Bergschafe auf den britischen Inseln, wie Scottish Blackface, Welsh Mountain etc., ebenso wie die kleinen grobwolligen Land- und Gebirgsschafe des Mittelmeerraumes, wie z.B. das Lacaune-Schaf in Südfrankreich, die Churra, Lacha und Manchega in Spanien, die Sardi und Leccese in Italien und die dem Zackel- und Zaupelschaf zugehörigen Rassegruppierungen des Balkans. Während die Robustrassen des nordwesteuropäischen Raumes mit 45–50 kg Reifegewicht beim Mutterschaf gut halb so schwer werden wie die Mutterschafe großwüchsiger Leistungsrassen, sind die Robustrassen des Mittelmeerraumes und des Balkans noch deutlich kleiner. Weit verbreitet ist überdies im mediterranen Raum die Milchnutzung der Robustrassen mit Milcherträgen von 50–100 kg Milch je Mutterschaf.

In unserem engen Wirtschaftsraum mit seinen durchweg intensiveren Nutzungsstrukturen haben die Robustrassen eine sehr nachgeordnete Bedeutung. So sind z.B. nur etwa 5 % der deutschen Schafbestände den Robustrassen zuzuordnen, mit einer gewissen Bestandsstabilisierung während der letzten Jahre. Zu den wichtigsten Rassegruppierungen gehören die Heideschafe (Graue Gehörnte Heidschnucke, Moorschnucke bzw. Weiße Hornlose Moorschnucke, Pommersches Landschaf, ostpreußische Skudden), die alpinen Bergschafe (Weißes bzw. Braunes Bergschaf, Tiroler Steinschaf) und die grobwolligen Mittelgebirgsschafe (Rhönschaf, Coburger Fuchsschaf).

4.12 Besonderheiten der Züchtung, Fortpflanzung und Bestandsergänzung

Zuchtplanung im ökologischen Landbau

Die Wirtschaftsprinzipien des ökologischen Landbaus, einer nachhaltigen Kreislaufwirtschaft möglichst ohne Futterimport von außen, verlangen ganz generell eine stärker standortangepaßte Zuchtplanung nach den oben aufgezeigten Grundsätzen. Je nach Standortqualität in bezug auf die Verfügbarkeit von Futterenergie und -eiweiß wird die Wachstumsveranlagung zurückzunehmen und das Futteraufnahmevermögen zu fördern sein. Dabei wird eine ausreichende Genügsamkeit (Futterakzeptanz) in der Nutzung gröberen Aufwuchses notwendig. Auch wird man kaum um eine gezielte Nutzung von Körperreserven zur Überbrückung der vegetationslosen bzw. -armen Haltungsperioden herumkommen. Werden unkritisch Leistungsrassen in den ökologischen Landbau eingebunden und nicht entsprechend ihrer genetisch fixierten Leistungsveranlagung im Wachstum bzw. in der Milchleistung versorgt, dürfte sehr schnell ein tierschutzrelevanter Sachverhalt entstehen.

Die ökologisch orientierte Wirtschaftsweise führt zu stärkeren Schichtungen im Haltungsniveau zwischen Betrieben und verlangt damit eine stärkere betriebliche bzw. regionale Differenzierung in der züchterischen Anpassung des Tiermaterials. Daraus ergibt sich, daß die seitens der Verbände des ökologischen Landbaus zum Tiermaterial gemachten Vorgaben eine ausreichende Breite an geeigneten Rassen bzw. Rassekreuzungen enthalten sollten.

Trotz notwendiger betriebs- und standortspezifischer Zuschnitte lassen sich für die Zuchtarbeit im ökologischen Landbau folgende Leitlinien herausstellen:

Für die Milchviehhaltung im ökologischen Landbau bedarf es eher mittelrahmiger Rassen mit hohem Futteraufnahmevermögen in Relation zum Körpergewicht und einem besonderen Profil in den Inhaltsstoffen. Ein Rückgriff auf robuste Mehrzweckrassen aus den europäischen Gebirgsregionen, wie z.B. *Pinzgauer, Vorderwälder, Vogesenrind*, für ungünstigere Standorte oder auf die kleineren Milchspezialrassen wie die *Rotvieh*-Populationen *Skandinaviens, Ayrshire, Jersey*, bzw. auf traditionelle Zweinutzungsrassen, wie z.B. *Rotbunte alter Zuchtrichtung, leichtere Fleckvieh*-Populationen an besseren Standorten erscheint vorteilhaft, wobei Gebrauchskreuzungen mit den größeren Milchspezialrassen voll einzubeziehen sind.

Auch in der ökologisch ausgerichteten Fleischrinderhaltung werden mittelrahmige Rassen wie *Limousin*, *(Deutsch-)Angus* und *Hereford* zu bevorzugen sein. Die Verwendung von Robustrassen dürfte auf sehr ertragsschwache Standorte und sehr extensive Haltungsformen begrenzt bleiben. Hierbei wird angesichts der ausgeprägten Sensibilität des Verbrauchers gegenüber Depotfettablagerungen im Schlachtkörper den französischen bzw. mediterranen Robustrassen eine besondere Rolle zukommen.

Von besonderer Bedeutung sind gezielte Züchtungsmaßnahmen (Kreuzungszuchtprogramme) für die Schweinezucht. Der Verzicht auf importiertes Soja als Eiweißträger und eine generelle Extensivierung der Haltungsweise mit einer besonderen Förderung der Freilandhaltung verlangt ein Schwein, welches eine Futtergrundlage mit einem höheren Kohlehydrat- und Rohfaseranteil verwerten kann. Um die wirtschaftlichen Nachteile des damit verbundenen geringeren Wachstums auszugleichen, ist besonderes Augenmerk auf eine verbesserte Produktqualität zu legen. Eine hohe Fleischqualität (keine PSE-Frequenz, hoher intramuskulärer Fettgehalt) sowie eine hohe Fettqualität (fester weißer Speck) sind die Voraussetzung für die Pflege eines hochpreisigen Marktsegments mit Qualitätsdauerwaren und Qualitätsfrischfleisch. Die für eine solche standortangepaßte Qualitätsschweinezucht benötigten Rassen/Linien sind in der deutschen Schweinezucht nur noch bedingt vorhanden, vorwiegend in der Edelschweinzucht und in der Erhaltungszucht gegürteter Schweinerassen, wie das *Schwäbisch-Hällische Schwein*. Zusätzliche Ressourcen mögen über Edelschweinpopulationen Ost- und Südeuropas und über autochthone Schweinerassen des mediterranen Raumes, z. B. über die einfarbig schwarzen/roten iberischen Schweinerassen, erschließbar sein.

Bei Schafen hingegen bestehen derartige Probleme nicht. Hier kann der ökologische Landbau auf eine breite Variabilität von Rassen zurückgreifen, die in ihrem Leistungsprofil den Anforderungen einer nachhaltigen, standortbezogenen Wirtschaftsweise gerecht werden.

Wie oben bereits näher ausgeführt, gewinnen bei einer nachhaltigen standortbezogenen Produktion die sogenannten Haltungsmerkmale wie Fruchtbarkeit, Lebensleistung, Krankheitsabwehr und klimatische Anpassungsfähigkeit grundsätzlich an züchterischer Bedeutung. Dieses gilt insbesondere für den ökologischen Landbau, der überbetrieblichen Futterausgleich nur in sehr engen Grenzen zuläßt und die Anwendung biochemischer Wirkstoffe in der Tierhaltung sehr stringent handhabt.

Dies bedeutet weiter, daß im ökologischen Landbau Verfahren der Kreuzungszucht mit dem Ziel der Ausschöpfung von Positionseffekten, aber auch von echten Heterosiseffekten besondere Bedeutung erhalten. Dabei sind nicht zuletzt Heterosiseffekte bei der Muttertierhaltung zu erwarten, d. h. maternale Heterosiseffekte von Kreuzungsmuttertieren, so daß Mehrfachkreuzungsprogramme bevorzugt werden sollten. Da aber die Tierhaltung im ökologischen Landbau bislang nur eine vergleichsweise begrenzte Ausbreitung hat, überdies regional sehr verstreut und meist in kleineren Betrieben zur Anwendung kommt, sollte in der Zucht auf vorhandene Rassen zurückgegriffen werden und die Kreuzungszucht als Rassenkreuzung und hier vornehmlich als Terminalrotationskreuzung organisiert werden. Diese Form der Kreuzungszucht hat den Vorteil, daß die Betriebe sich ihre weibliche Zuchtgrundlage in Form einer Wechselkreuzung aus zwei Rassen selbst erstellen können und sich nur die Vatertiere aus den jeweiligen Reinzuchten zukaufen müssen.

4.12.3 Besonderheiten der Fortpflanzung und Bestandsergänzung

Paarungsmanagement

Während in der Milchviehzucht und in der Schweinezucht die künstliche Besamung eine weite Verbreitung gefunden hat, bleibt dieses Paarungsverfahren in der extensiven Fleischrinder- und Schafzucht auf züchterische Einzelmaßnahmen beschränkt (Tab. 4.12.3–1 u. Tab. 4.12.3–2). Der Nutzen der künstlichen Besamung liegt vornehmlich in der Beschleunigung des züchterischen Fortschritts, der Kostenreduktion durch eine ansonsten notwendige Vatertierhaltung sowie

Tabelle 4.12.3–1 Entwicklung der künstlichen Besamung (KB) in der Rinderzucht Deutschlands (ADR – 1996, 2001)

	Anzahl KB-Stationen	Erstbesamungen in 1000	Kühe u. Färsen [%]	deckfähige Rinder [%]
1970	74	3781	60,3	53,0
1980	52	5511	89,1	70,7
1985	48	5831	92,4	83,6
1990	39	5386	94,4	72,7
1992[1]	42	6029	89,2	68,9
1995	29	5848	87,9	68,1
2000	27	5106	81,4	63,1

[1] ab 1992 inkl. neue Bundesländer

4.12 Besonderheiten der Züchtung, Fortpflanzung und Bestandsergänzung

Tabelle 4.12.3-2 Entwicklung der künstlichen Besamung in der Schweinezucht Deutschlands (ZDS – 1991, 1994, 1997, 1999, 2001)

	alte Bundesländer			neue Bundesländer		
	Anzahl Besamungen in 1000	Würfe aus KB [%]	Eigenbestandsbesamungen [%]	Anzahl Besamungen in 1000	Würfe aus KB [%]	Eigenbestandsbesamungen [%]
1990	1185	25	60			
1993	1653	30	76	795	65	98
1996	2245	44	87	678	79	100
1998	2956	56	92	745	84	100
2000	3654	65*	95	624	79*	100

* eigene Berechnungen

in der Reduzierung seuchenhygienischer Risiken durch Lebendviehverkehr.

Letzteres gilt ganz generell für die Verringerung der Seuchengefahr in der Schweinehaltung (Schweinepest, Aujeszky), die neben der Etablierung der Eigenbestandsbesamung ein Hauptgrund für die Expansion der künstlichen Besamung bei dieser Nutztierart in den letzten Jahren sein dürfte.

Die fast durchgängige Anwendung der künstlichen Besamung in der Milchviehzucht war in den letzten Jahren leicht rückläufig, im wesentlichen ausgelöst durch die Ausweitung der Fleischrinderzucht, die inzwischen auf gut 10 % des Kuhbestandes angewachsen ist. Einer bundesweiten Erhebungsstudie zufolge (BALLIET, 1993) wird nur in 2 % der Fleischrinder-haltenden Betriebe die künstliche Besamung durchgängig und in weiteren 5 % teilweise für gezielte züchterische Anpaarungen eingesetzt.

Bei den kleinen Wiederkäuern wird aus wirtschaftlichen und organisatorischen Gründen in der Regel nur mit dem Natursprung gearbeitet. Künstliche Besamung, die wie beim Schwein nur mit Frischsperma befriedigende Erfolge bringt, kommt nur für besondere Zuchtmaßnahmen zur Anwendung. Ein besonderes Beispiel hierfür ist der Einsatz der künstlichen Besamung in der französischen *Lacaune*-Schafzucht zur Nachkommenprüfung auf Milchleistung, gefördert durch die Roquefort Société.

Im Gegensatz zur künstlichen Besamung (KB) hat der Embryotransfer bislang keine Breitenwirkung erfahren. Er ist am weitesten in der Rinderzucht entwickelt, wo er für spezielle Zuchtmaßnahmen (höhere Vermehrungsrate wertvoller Zuchtkühe) in einer Frequenz von 0,3 % zum Einsatz kommt. Ein besonderer Wert liegt in der Abstützung von Erhaltungszuchtprojekten bedrohter Rassen über die Langzeitkonservierung tiefgefrorener Embryonen.

Ein besonderes Problem bei der Anwendung des Natursprungs liegt in der Paarungskontrolle, welche im Zuge der Extensivierung der Haltungsverfahren eher schwieriger wird. Die sicherste Methode der Paarungskontrolle ist der „Sprung aus der Hand". Die Anwendung dieser Methode setzt aber voraus, daß die zu belegenden Muttertiere regelmäßig fixiert werden und daß die brünstigen Muttertiere sicher erkannt werden. Bei der Schweinehaltung bildet dieses bei intelligentem Herdenmanagement auch im Falle naturnäherer Haltungsverfahren (Outdoor farming) kein Problem, während bei extensiven Formen der Rinder- und Schafhaltung hingegen eine verläßliche Paarungskontrolle erschwert oder nicht mehr möglich ist. In der Fleischrinder- und Schafhaltung ermöglicht der sogenannte Gruppen- oder Klassensprung die Zuordnung einer Paarungsgruppe zu einem Vatertier. Während in der deutschen Fleischrinderhaltung der Klassensprung die Regel ist, wird er in der Schafhaltung nur in einem Viertel aller Betriebe angewandt. Eine systematische Trächtigkeitskontrolle ist über sonographische Verfahren in die Schweinezucht eingeführt worden, während sie in der Fleischrinderzucht auf wenige Ausnahmefälle beschränkt bleibt und in der Schafzucht nicht zur Anwendung kommt.

Das Verhältnis von Vater- zu Muttertieren ist von der Nutztierart, der Länge der Paarungssaison und dem Alter der Vatertiere abhängig. Beim Klassensprung in der Fleischrinder- und Schafzucht sollten älteren Vatertieren nur bis zu 40 Muttertiere zugeteilt werden, jüngeren nicht mehr als 20. In der Schweinezucht ist das Vater-/Muttertierverhältnis mit ca. 25:1 grundsätzlich enger zu wählen, um ausreichende Wurfgrößen zu sichern. Für eine ausreichende Konzentration der Wurfzeiten beim Rein-Raus-Verfahren sollte das Verhältnis noch weiter auf ca. 20:1 eingeengt werden.

Geburtsplanung

Eine der wichtigsten Instrumente zur Absicherung der Aufzuchtleistung ist die Gestaltung der Geburtssaison bezüglich Länge und Zeitpunkt. Dies gilt insbesondere für extensive tiergebundene Grünlandnutzungssysteme mit Rindern und Schafen. Eine hierfür theoretisch als optimal angesehene Konzentration der Geburten auf eine Periode von max. zwölf Wochen erlaubt eine intensivierte Geburtsüberwachung und eine nach Altersgruppen und ggf. nach Geschlecht der Jungtiere getrennte Herdenführung. In der Praxis ist eine solche Konzentration der Geburtsperiode in der Koppelschafhaltung (zwei Drittel aller Betriebe) weitgehend erreicht, während diesbezüglich in der Mutterkuhhaltung noch große Reserven bestehen (MENISSIER u. FRISCH, 1992). Durch sorgfältige Geburtskontrolle sind die perinatalen und frühen postnatalen Verluste nachhaltig zu verbessern, wie dies exemplarisch für die Mutterkuhhaltung in Tabelle 4.12.3–3 dargestellt ist. Ein wesentlicher Faktor dabei ist die Sicherstellung einer ausreichenden Aufnahme an Kolostralmilch während der ersten Lebensstunden zur passiven Immunisierung der Neugeborenen. Bei einer Aufnahme von zwei Litern Kolostralmilch pro Kalb und 100 ml pro Lamm wird eine maximale Konzentration der Antikörper (Immunglobuline) im Blutserum erreicht (LANGHOLZ et al., 1987; SCHLOLAUT u. WACHENDÖRFER, 1992).

Der Zeitpunkt konzentrierter Geburtsperioden ist ein weiterer wichtiger Faktor zur Absicherung der Aufzuchtleistung sowie der Effizienz und Nachhaltigkeit in der Flächennutzung. Hierbei gilt es, einen optimalen Ausgleich zwischen gegenläufigen Bestimmungsfaktoren zu finden. Aus der Sicht einer möglichst weitgehenden Ausschöpfung des natürlichen Futteraufwuchses wird eine Geburtsperiode im frühen Winter als optimal angesehen. Sie führt in der Mutterkuhhaltung zu einer guten Gewichtsentwicklung der Kälber durch das Wiederauffrischen der Milchleistung der Mütter auf der Weide und verstärkter eigener Futteraufnahme der Kälber. Sie führt in der Schafhaltung zu höheren

Tabelle 4.12.3–3 Mittlere Leistungen für Geburts- und Fruchtbarkeitsmerkmale in der Mutterkuhhaltung bei unterschiedlichen Beobachtungsintensitäten während der Abkalbeperiode (nach BALLIET, 1993)

	Beobachtungsintensität		
	gering	mittel	hoch
Anzahl untersuchter Betriebe	43	50	34
Geburts- u. Fruchtbarkeitsmerkmale [%]			
Geburten mit notwendiger Hilfe	8,1	12,8	14,6
perinatale Kälberverluste	5,8	4,0	1,2
Kälberverluste insgesamt	11,3	6,7	2,7
Aufzuchtleistung	90,5	94,2	97,4
Produktivitätszahl[1] – Rind	86,8	90,9	93,0

[1] Anzahl abgesetzter Kälber/Anzahl zugelassener Kühe u. Färsen · 100

4.12 Besonderheiten der Züchtung, Fortpflanzung und Bestandsergänzung

Anteilen marktfähiger (Milch-/)Mastlämmer bis zum Vorsommer, einem Zeitpunkt, zu dem der saisonbedingte Preisverfall am Lämmermarkt noch nicht eingetreten ist. Praxiserfahrungen belegen jedoch, daß ein Geburtstermin im Winter nicht ohne hygienische Risiken ist. Zum Beispiel kämpft ein nicht unerheblicher Teil von Mutterkuhhaltungen bei wachsenden Herdengrößen und knappen Stallkapazitäten mit anhaltenden Aufzuchtschwierigkeiten und erhöhten Aufzuchtverlusten. Die Praxis, auch im europäischen Ausland, reagiert mit einer Vorverlegung des Geburtstermins in den späten Herbst, wo vitalere Jungtiere geboren werden, oder/und in das späte Frühjahr, wo die Jungtiere mit ihren Müttern gleich nach der Geburt auf hofnahe Weiden gebracht bzw. auf diesen Weiden geboren werden. In den extensiven Formen der Mutterkuh- und Schafhaltung mit ganzjähriger Außenhaltung ist jedoch ein Geburtstermin zu Beginn der Vegetationsperiode zum Schutz der Neugeborenen unabdingbar.

In der Milchviehhaltung kann aus betriebswirtschaftlichen Gründen in Ackerbaubetrieben eine Konzentration der Abkalbungen im Herbst und in Graslandbetrieben im Frühjahr angezeigt sein. Der Hauptnutzen einer Herbstkalbung liegt in der Erschließung höherer Auszahlungspreise, der von einer Frühjahrskalbung in der Futterkostenreduzierung und in der Verbesserung der Nachhaltigkeit der Wirtschaftsweise.

In der Schweinehaltung empfiehlt sich eine Organisation der Ferkelerzeugung in konsekutiven Geburtsperioden verbunden mit einer Rein-Raus-Beschickung der verschiedenen Haltungsbereiche, um die hygienischen Risiken insbesondere der Keimübertragung von älteren auf die jüngeren Tiere zu reduzieren. Letzteres ist von besonderer Bedeutung, wenn auf den Einsatz medikamentöser Aufzuchtprophylaxe verzichtet werden soll.

Remontierung

Eine auf das Nutzungsziel und die Nutzungsgrundlage ausgerichtete Remontierung ist die Grundlage für nachhaltige Leistungen in der Tierhaltung. Dabei ist eine standortbezogene Remontierung der weiblichen Zuchttiere um so bedeutsamer, je extensiver die Haltungsverfahren werden. Bei ausreichenden Bestandsgrößen empfiehlt sich eine gemeinsame Aufzucht der weiblichen Remonte auf den Betrieben selbst in einer separaten Haltungsgruppe mit einer Endauslese nach Gewichtsentwicklung, Konstitution, Verfettungsgrad und Konzeptionsleistung nach einer festen Belegungsperiode. Die absoluten Leistungen sollten hierzu gegen das Betriebsmittel relativiert werden und um die Wirkung der wichtigsten systematischen Einflußfaktoren wie Alter der Mutter, Alter des Tieres selbst, Geburtstermin, Absetztermin und Geburtstyp (Zahl der Nachkommen/Geburt) bereinigt werden. Es bietet sich an, im Rahmen der bestehenden Managementkontrollprogramme derartige innerbetrieblichen Remontierungsbewertungslisten zu entwickeln.

Ein Zukauf von zu remontierenden Zuchttieren sollte möglichst als Jungtiere erfolgen, spätestens im niedertragenden Zustand, um den Aufbau einer ausreichenden Immunkompetenz gegen betriebsspezifische Keime sicherzustellen. Eine graduelle Integration in die Herdenumwelt ist dabei zu empfehlen.

Der Zeitpunkt der Zuchtreife der zu remontierenden weiblichen Zuchttiere ist eine primär gewichtsabhängige Größe. Bei allen bedeutsamen Nutztierarten liegt das anzustrebende Zulassungsgewicht bei etwa 60 % der Reifegröße. Die Geschlechtsreife setzt in der Regel früher ein, was Haltungsvorkehrungen zur Verhinderung einer vorzeitigen Belegung, z.B. über das rechtzeitige Absetzen der Jungtiere oder über eine Herdentrennung der Jungtiere nach Geschlechtern, erforderlich macht.

4 Tiergerechte Nutztierhaltung

Bei der innerbetrieblichen Remontierung in Herden mit Natursprung ist bei längerer Zuchtbenutzung der Vatertiere darauf zu achten, daß es nicht zu engeren Verwandtschaftspaarungen und dadurch ausgelösten Inzuchtdepressionen kommt. Solche Inzuchtdepressionen betreffen gleichermaßen alle wichtigen Bereiche der Nutztierleistung wie Wachstum, Milchleistung, Vitalität und äußern sich überdies in einer erhöhten Frequenz letaler bzw. subletaler Erbfehler.

Fortpflanzungsmanagement im ökologischen Landbau

Es ist ein vorrangiges Anliegen des ökologischen Landbaus, eine möglichst naturnahe Bewirtschaftung der landwirtschaftlichen Flächen herbeizuführen und auch in der Tierhaltung den natürlichen Abläufen des Sexual- und Sozialverhaltens den Vorrang zu geben. So sollte der Natursprung grundsätzlich bevorzugt zum Einsatz kommen. Gleichwohl ist bei allen Verbänden des ökologischen Landbaues, national und international, der Einsatz der künstlichen Besamung toleriert, nicht zuletzt, um den erforderlichen Zuchttieraustausch zu erleichtern und hygienische Risiken zu mindern. Der Einsatz des Embryotransfers wird hingegen sehr kritisch gesehen und nur von einigen Verbänden als Ausnahmefall für die Erhaltungszucht bedrohter Rassen zugelassen.

Die grundsätzliche Ablehnung einer hormonellen Steuerung fortpflanzungsbiologischer Abläufe stellt erhöhte Anforderungen an das Fortpflanzungsmanagement. Hierzu gehören vor allem Maßnahmen zur natürlichen Brunststimulation oder zur Straffung von Deckperioden über das sog. „Flushing" (Energie- und Eiweißschub). In der Koppelschafhaltung nutzt man den „Flushing"-Effekt, indem man die Mutterschafe zur Rittzeit auf Flächen mit frischem Aufwuchs treibt und die Rittzeit auf acht Wochen begrenzt. In der Mutterkuhhaltung kann analog verfahren werden. Bei größeren Beständen empfiehlt sich die Organisation mehrerer konsekutiver Geburtsperioden, um das Risiko von Aufzuchtverlusten durch Unterbrechung der Infektionsketten zu mindern. Dieses besteht für den ökologischen Landbau in besonderem Maße, weil hier der prophylaktische Einsatz antibiotisch wirkender Substanzen in der Aufzuchtphase zur Reduzierung der Aufzuchtverluste und zur Stabilisierung der frühen körperlichen Entwicklung nicht erlaubt ist.

Bleibt abschließend der Hinweis, daß von den Rahmenbedingungen des ökologischen Landbaus in unterschiedlicher Weise begrenzende Wirkungen für einen möglichen Ausgleich natürlicher Umweltwirkungen ausgehen und daß die bereits für die extensivierten Formen der Tierhaltung festgestellten höheren Anforderungen an das genetische Anpassungsvermögen der gehaltenen Tierbestände gegenüber sich ändernden Umweltverhältnissen im besonderen Maße für den ökologischen Landbau gelten.

Literatur

ADR – Arbeitsgemeinschaft Deutscher Rinderzüchter: Rinderproduktion in der Bundesrepublik Deutschland. Diverse Jahrgänge. ISSN 0178–8841.

Association du Herd-Book de la Race Bovine Vosgienne: Informationsmaterial 1999, 68127 Sainte Croix en Plaine.

Balliet, U.: Produktionstechnische Analyse extensiver tiergebundener Grünlandnutzungssysteme in der Bundesrepublik Deutschland. Diss. agr., Göttingen (1993).

Flock, D.: Praxisorientierte Legehennenzüchtung. Lohmann-Information Nov./Dez. (1977) 1–8.

Langholz, H.-J.: Gebrauchskreuzungen Milchrind/ Fleischrind – Stand und züchterische Aufgaben. Züchtungskunde 60 (1988) 466–478.

Langholz, H.-J.: High Yielding Cattle Populations – Concurring and Compatible Traits with Special Reference to Reproductive Effiency. Reproduction Domestic Animals 35 (1990) 206–214.

Langholz, H.-J.: Extensive Tierhaltung in der Landschaftspflege und als produktionstechnische Alternative. Züchtungskunde 64 (1992) 271–282.

Langholz, H.-J.: Bedeutung und Strategien der Tierproduktion. In: Kräußlich, H.: Tierzüchtungslehre, Ulmer Verlag (1994) 18–36.

4.12 Besonderheiten der Züchtung, Fortpflanzung und Bestandsergänzung

Langholz, H.-J., F. W. Schmidt, J. Derenbach, J. W. Kim: Suckling behaviour, immunglobulin status and weaning performance in suckler cows. World Review, Animal Production 23 (1987) 33–38.

Menissier, F., J. E. Frisch: Genetic Improvement of Beef Cows. In: Jarrige, R., C. Beranger (eds.): Beef Cattle Production. World Animal Science C5. Elsevier (1992) 55–85.

Renand, G., D. Plasse, B. B. Andersen: Genetic improvement of cattle growth and carcass traits. In: Jarrige, R., C. Beranger (eds.): Beef Cattle Production. World Animal Science C5, Elsevier (1992) 87–108.

RLN – Rechenzentrum zur Förderung der Landwirtschaft in Niedersachsen: Berichte aus Verden, Jahres-Statistik 1979.

Robelin, J., N. M. Tulloh: Patterns of Growth. In: Jarrige, R., C. Beranger (eds.): Cattle in Beef Cattle Production. World Animal Science C5, Elsevier (1992) 111–126.

Scheper, J., E. Kallweit, G. Averdunk: Schweinefleischqualität. Schweinezucht und Schweinemast 31 (1983) 135–138.

Schlclaut, W., G. Wachendörfer: Handbuch der Schafhaltung. Verlagsunion Agrar (1992).

Simon, D. L., D. Buchenauer: Genetic diversity of European livestock breeds. EAAP Publ. No. 66. Wageningen Press, Wageningen (1993).

Topf, C.: Schätzung genetischer Parameter für Fruchtbarkeitsmerkmale bei Milchkühen in Abhängigkeit von der Erhebungsgenauigkeit und der Struktur des Datenmaterials. Diss. agr., Göttingen (1988).

VIT – Vereinigte Informationssysteme Tierhaltung: Trends, Fakten, Zahlen. Jahresbericht 1999. Helbig GmbH, Verden (1999).

Wassmuth, R.: Die stationäre Futteraufnahmeprüfung von Bullen als Indikator der Gesundheit bei Milchkühen. Habilitationsschrift, Göttingen (1998).

ZDS – Zentralverband der Deutschen Schweineproduktion: Zahlen aus der deutschen Schweineproduktion. Diverse Jahrgänge. ISSN 0179–1001.

ND
5 Tiergerechte Haltung von Heim- und Begleittieren

5.1 Schwerpunkte und Kriterien der tiergerechten Haltung von Heim- und Begleittieren

(UNSHELM, J.)

5.1.1 Definitionen sowie Schätzungen der Zahl gehaltener Heim- und Begleittiere

Im Gegensatz zu landwirtschaftlichen Nutztieren werden Heim- und Begleittiere vorwiegend zu nichtwirtschaftlichen Zwecken gehalten, und zwar nach der schon einleitend (s. Kap. 1) erwähnten Definition des Europarates (1987) im Haushalt zur Freude des Halters und als sein Gefährte. Eine Unterscheidung von Heim- und Begleittieren ist wegen der fließenden Übergänge nicht immer möglich. Während man Katzen (auch sogenannte Freiläufer), Zwergkaninchen, Meerschweinchen, Hamster, Degus, Mäuse, Ziervögel, Fische, Reptilien und Amphibien eindeutig im Heim hält, gibt es Hunde und vor allem Pferde, für die der Begriff „Begleittiere" passender erscheint. Mit dieser Bezeichnung soll ausgedrückt werden, daß bestimmte Tierarten, insbesondere Hunde, über ihre Heimtiereigenschaft hinaus wichtige Aufgaben als Begleiter bei beruflichen Aktivitäten, als Helfer Behinderter und Kranker, in der menschlichen Gesundheitsprophylaxe und -therapie und nicht zuletzt auch bei der Freizeitgestaltung haben. Auch für Reittiere, die ursprünglich zu den landwirtschaftlichen Nutztieren gerechnet wurden, ist der Begriff „Begleittier" inzwischen zutreffender, da sie in zunehmendem Maße zu persönlichen Gefährten geworden sind, wodurch in der Regel eine durchaus individuelle Mensch-Tier-Beziehung entstand.

Der Nutzen bei der Haltung von Heim- und Begleittieren ist meist, aber nicht immer auf ideelle Vorteile beschränkt. Auch kleine Heimtiere, vor allem aber Hunde und Katzen und besonders Pferde werden gelegentlich aus wirtschaftlichen Gründen gehalten, insbesondere zur Zucht und zum anschließenden Verkauf oder bei Begleittieren zur Ausbildung für unterschiedliche Einsatzmöglichkeiten.

Für die Zahl gehaltener Heim- und Begleittiere gibt es, abgesehen vom exakt erfaßten Pferdebestand, kaum präzise Angaben, so daß man sich mit Schätzungen begnügen muß, die der Tabelle 5.1.1–1 zu entnehmen sind. Dabei bleibt die Zahl gehaltener Hunde und auch die der kleinen Heimtiere relativ konstant, während die Zahl der Katzen deutlich zugenommen hat, die damit die Position des beliebtesten Haustieres in Deutschland übernommen haben. Das hängt mit einer Reihe von Gründen zusammen, wobei die starke Zunahme der Einpersonen-Haushalte und die relative Pflegeleichtigkeit (Katzentoiletten, kein unbedingter Ausgehbedarf) die wichtigsten sein dürften.

5 Tiergerechte Haltung von Heim- und Begleittieren

Tabelle 5.1.1-1 In Deutschland gehaltene Heim- und Begleittiere (ANONYM, 1998; BMVEL, 2000)

Heim- und Begleittiere	Anzahl in Millionen
Katzen	5,5
Hunde	4,8
Ziervögel	5,1
Kleintiere (Meerschweinchen, Hamster, Zwergkaninchen u. a.)	4,0
Aquarien	3,2

Im internationalen Vergleich wird die Zahl der in Deutschland gehaltenen Heim- und Begleittiere meist überschätzt. In etwa 34 % der deutschen Haushalte werden Tiere gehalten, davon in 14 % Katzen und in 13 % Hunde. Wie die Abbildung 5.1.1–1 zeigt, weist Deutschland, abgesehen von der Schweiz und Griechenland, die geringste Hundedichte in Europa auf. Zu diesem Bild passen auch die seit 1995 abnehmenden Zahlen eingetragener Hundewelpen aus kontrollierter VDH-Zucht, die damit nur ein Viertel der jährlich anfallenden Welpen ausmachen (Abb. 5.1.1–2). Bemerkenswert, vor allem in hygienischer Hinsicht, sind der hohe Prozentsatz von Welpen aus unkontrollierter Zucht sowie die große Zahl (ca. 100 000) importierter Hunde, die häufig auch von Urlaubsreisen mitgebracht werden.

5.1.2 Besonderheiten im Vergleich zur Nutztierhaltung

Die Besonderheiten im Vergleich zur Nutztierhaltung im engeren Sinn ergeben sich aus dem Verwendungszweck und den meist damit zusammenhängenden Gründen für die Anschaffung. Wie erwähnt, werden Heim- und Begleittiere von den weitaus meisten Haltern nicht aus wirtschaftlichen Gründen angeschafft, d. h., um damit Geld zu verdienen. Vielmehr verursachen sie nicht unerhebliche Kosten, die bei der Anschaffung oft nicht bedacht werden und die die Heimtierhaltung mit etwa 5,3 Milliarden DM pro Jahr (DEUTSCHES TIERÄRZTEBLATT, 1999) zu einem wichtigen Wirtschaftsfaktor werden ließen.

Im Gegensatz zu Haltern landwirtschaftlicher Nutztiere, bei denen – wenn auch nicht immer berechtigt – ausreichende Kenntnisse und Erfahrungen in der Regel vorausgesetzt werden, ist den weitaus meisten Heimtier-

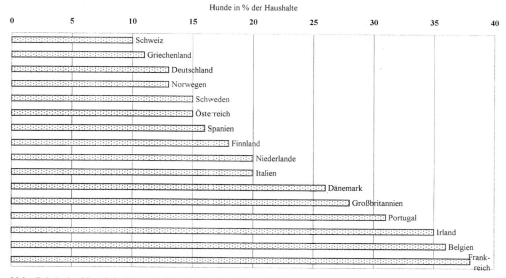

Abb. 5.1.1–1 Hundehaltung in Europa (nach VDH, 1999)

5.1 Schwerpunkte und Kriterien der tiergerechten Haltung von Heim- und Begleittieren

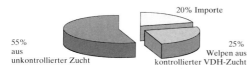

Abb. 5.1.1–2 Welpen in Deutschland (nach VDH, 1999)

haltern eine fachkundige Beratung bereits vor der Anschaffung eines Tieres zu empfehlen. Dazu eignen sich vor allem Tierärzte, soweit sie selbst über die entsprechenden Kenntnisse verfügen, die im Studium, aber auch im Rahmen von Fortbildungsveranstaltungen vermittelt werden sollten. Als Beispiel für die Beratungsaufgaben vor der Anschaffung eines Hundes ist mit der Tabelle 5.1.2–1 eine dafür vorgesehene Checkliste in Kurzfassung angegeben (UNSHELM, 1993).

Wesentliche Unterschiede zur Haltung landwirtschaftlicher Nutztiere sind vor allem das ständige Zusammenleben (insbesondere bei Hunden auch im Urlaub) mit dem Halter und seiner Familie, die Besonderheiten der Mensch-Tier-Beziehungen bis zu Konsequenzen bei der Partnerwahl und bei der Kindererziehung, die Eigenschaft als Gefährte bei Freizeitaktivitäten und oft auch im Beruf sowie die erheblichen, vor allem in Deutschland noch unterschätzten Möglichkeiten einer tiergestützten Prophylaxe und Therapie.

Tabelle 5.1.2–1 Beratungsaufgaben des Tierarztes vor der Anschaffung eines Hundes – Checkliste

1. **Klärung der Wohnverhältnisse**
   Lage, Größe, Ausstattung der Wohnung/des Hauses; mögliche Auflagen des Vermieters oder der Eigentümerversammlung; Einstellung der Nachbarn zur Hundehaltung; Auslaufmöglichkeiten, ortsspezifische Vorschriften.
2. **Fragen bezüglich der Familiensituation**
   Zusammensetzung der Familie, Alter und Anzahl der Kinder; Berufstätigkeit der Eltern; zur Verfügung stehende Zeit, Einstellung aller Familienmitglieder zum anzuschaffenden Hund; mögliche schon bestehende Rangordnungsprobleme in der Familie; Toleranz gegenüber Verschmutzungen; Bereitschaft, Aufgaben im Rahmen der Haltung und Pflege zu übernehmen, auch unter Berücksichtigung der Lebenserwartung des Tieres; Krankheiten innerhalb der Familie, insbesondere Allergien.
3. **Informationen über die zu erwartenden Kosten**
   Einmalige Kosten: Anschaffung, Zubehör.
   Ständige Kosten: Futter, Hundesteuer, Versicherung, tierärztliche Behandlungen, Impfungen, Pflegemaßnahmen.
   Gelegentliche Kosten: Unterbringung im Urlaub, Kosten bei Reisen, Ersatz bzw. Reparatur beschädigter oder stark verschmutzter Gegenstände.
   Hinweis auf Lebenserwartung des Hundes.
4. **Informationen zur Haltung**
   Regelmäßiger Tagesablauf; Erziehung zur Stubenreinheit; Leinenführigkeit; Gehorsam; artgemäße Ernährung; Klärung der Verantwortlichkeiten in der Familie; Berücksichtigung bereits vorhandener anderer Haustiere; Hinweis auf zu erwartende Verschmutzung durch das Fell, Pfoten, Gerüche, Läufigkeit, aber auch durch Stubenunreinheit und im Zusammenhang mit Krankheiten; mögliche Beschädigungen des Wohnungsinventars, tierhygienische Aspekte wie Impfung, Entwurmung, Ektoparasiten, Möglichkeiten der Krankheitsübertragung, Unterbringung im Urlaub, Mitnahme, Tierpension, Verwandte, Zeitaufwand für Auslauf, Fressen, Spielen, mind. 1,5–2 Stunden am Tag.
5. **Kriterien und Motive**
   Ersthund oder bereits Hundeerfahrung vorhanden; Rasse (Charaktereigenschaften, Pflegeaufwand), Größe, Alter (Welpe oder älterer Hund), Geschlecht (Vorteile/Nachteile), Aufgabe/Erwartungen (Zucht, Wachhund, Jagdhund, Begleiter, Familienmitglied, Kontakt zu anderen Menschen, Kindererziehung), Herkunft (Züchter, Tierheim, Händler), Besichtigung (ganze Familie, Wesenstest, keine Spontankäufe); Kauf und Kaufvertrag, Preis, Gesundheitszustand, erste Untersuchungen beim Tierarzt.

5.1.3 Einstellung der Gesellschaft zur Haltung von Heim- und Begleittieren

Die Einstellung zum Tier hängt im wesentlichen von der Erziehung, der sozialen Stellung, den Gebräuchen, Erfahrungen und Vorbildern, der jeweiligen Rechtslage, dem Kulturkreis und der Weltanschauung ab (UNSHELM, 1999).

Von der erheblichen Bedeutung der Heimtierhaltung, insbesondere von Hunden und Katzen, sind nach den von BERGLER (2000) vorgelegten Befunden nicht nur die Heimtierhalter selbst, sondern noch ein weiteres Drittel der Bevölkerung überzeugt, die selbst keine Tiere halten oder halten können. Zu den befriedigten Bedürfnissen menschlicher Lebensqualität werden unter anderem gerechnet: Freundschaft, Partnerschaft, Lebensfreude durch Tiere als Spielkameraden, Übernahme von Verantwortung als Basis eines aktiven Lebensstils, Vermeiden von Gefühlen der Einsamkeit und der Langeweile, Übertragung von Ruhe, Anbahnung persönlicher Kontakte, Hilfe bei der Kindererziehung und vieles mehr. Dieses Spektrum zeigt, wie sehr Menschen von Tieren beeinflußt werden und wie wichtig eine Tierhaltung zwangsläufig für einen großen Teil der Bevölkerung ist.

Zu bedenken ist allerdings auch, daß nach den von BERGLER (2000) veröffentlichten Ergebnissen zumindest ein Drittel der Befragten diese positive Einstellung zur Tierhaltung nicht teilt. Für einen keineswegs kleinen Teil der Bevölkerung sind Heimtiere völlig überflüssig, wobei vor allem die Konfrontation mit Verschmutzungen durch Hundekot, aber auch schon der als bedrohlich empfundene Kontakt mit Tieren auf der Straße oder in öffentlichen Verkehrsmitteln als unerträgliche Zumutung empfunden wird. Zudem fehlen wegen mangelnder Erfahrung und Ausbildung das Verständnis für Tiere, aber auch die Kenntnisse der oft einfachsten biologischen Zusammenhänge, und zweifellos gibt es gerade in unserem Kulturkreis weitverbreitete Vorstellungen, die sich von den „seelenlosen Reflexmaschinen" des Philosophen Descartes nicht sehr unterscheiden. Die häufigen gerichtlichen Auseinandersetzungen zu Fragen der Tierhaltung und vielleicht auch der erwähnte, im Vergleich zu anderen Ländern sehr geringe Prozentsatz tierhaltender Haushalte könnten eine Folge der in Deutschland vermuteten häufig negativen Einstellung zu Tieren oder auch einer ausgesprochenen Tierfeindlichkeit sein. Problematisch ist der Tatbestand, daß eine negative Einstellung zu Tieren, die häufig angstbedingt ist, sehr oft über ein tradiertes Verhalten von den Eltern auf die Kinder übertragen wird, die dadurch meist ein Leben lang nicht nur kein normales Verhältnis zu natürlichen Vorgängen haben, sondern auch unter ihrer anerzogenen Angst vor Tieren leiden.

Auch ob Tierhalter tatsächlich Tiere lieben oder ob sie nur jemanden brauchen, der sie liebt, oder ob beides ohne ausgesprochene Tierfeindlichkeit nicht zutrifft, ist eine häufig diskutierte Frage. Dazu paßt die noch zu erläuternde Tatsache, daß in Deutschland pro Jahr schätzungsweise 600 000 Hunde und Katzen ausgesetzt werden, weil deren bisherige Eigentümer nicht bereit sind, Einschränkungen des eigenen Lebens, beispielsweise in der Urlaubszeit, in Kauf zu nehmen.

5.1.3.1 Mensch-Tier-Beziehungen

Auf die Bedeutung des Tierhalters für das landwirtschaftliche Nutztier war schon im Kapitel 4.1.3 eingegangen worden. Wichtig war hier der Aspekt, daß ein gutes Management nicht nur für möglichst optimale technische Voraussetzungen sorgt, sondern daß die direkten, d.h. persönlichen Beziehungen zwischen dem Tierhalter und seinen Tieren ebenso zu berücksichtigen sind. Wegen der in der Regel sehr viel engeren räumlichen und persönlichen Beziehungen zwischen dem Heim- oder Begleittier und seinem Halter haben Mensch-Tier-Beziehungen auf diesem Gebiet sowohl eine andere Dimension als auch sehr wesentliche Wechselwirkungen.

5.1 Schwerpunkte und Kriterien der tiergerechten Haltung von Heim- und Begleittieren

Zu den bemerkenswertesten, seit einiger Zeit zu beobachtenden Phänomenen gehört die besondere Beziehung zum ehemaligen Nutztier Pferd. Extrem ausgeprägt ist dieses Verhalten insbesondere bei jungen Frauen, womit auch zum Teil das ungewöhnliche Interesse von Frauen am Studium der Tiermedizin erklärt wird. Nach empirischen Untersuchungen von ADOLPH und EULER (1994) wird von Frauen und Mädchen die Beziehung zum Pferd als einzigartig und gegenseitig erlebt. Dabei nimmt das Pferd in der Bindungshierarchie den ersten Platz ein. Auf eine einsame Insel würde es eher mitgenommen werden als die Mutter oder die beste Freundin. Als besonderer Vorteil der Pferdehaltung wird Verständnis für die Natur angegeben, woraus auch ein damit zusammenhängendes Interesse für andere Haustiere, vor allem sogenannte Kuscheltiere, abgeleitet wird.

Recht ähnlich ist die Beziehung vieler Halter zum Begleittier Hund, aber auch zur Katze. Gerade, aber keineswegs ausschließlich, für ältere Menschen spielt der Umgang mit einem Tier eine außerordentlich wichtige Rolle. Das zeigen vor allem die Untersuchungen von HÜBNER (1999) bei hundehaltenden Senioren. Danach wird – wie aus der Tabelle 5.1.3–1 hervorgeht – durch die Hundehaltung die Lebensqualität deutlich gesteigert, Hunde sind Familienmitglieder und gerade bei oft vereinsamten Senioren in einem Drittel der Fälle der beste Freund, der zu besonderen Ereignissen mit Geschenken erfreut wird, der aber auch eine entscheidende Rolle bei Kontakten mit der Umwelt spielt. So lernen Spaziergänger, die einen Hund haben, ständig andere Hundehalter kennen, und auch die Mitgliedschaft in Vereinen zur Förderung der Tierzucht, der Tierhaltung oder des Tierschutzes hat auffallend häufig – auch bei jüngeren Personen – die Funktion, Kontakte zwischen Menschen, die sich einsam fühlen, herzustellen (UNSHELM, 1999).

Bei Katzen und anderen Heimtieren ist die „Außenwirkung" natürlich begrenzt, obwohl man hierbei die Kontaktaufnahme zu anderen Haltern der bevorzugten Tierart nicht unterschätzen sollte. Die positiven Effekte der Tierhaltung gelten aber auch für kleine Heimtiere. Bekannt ist die beruhigende Wirkung nicht nur der Fische im Aquarium, sondern auch der Hunde, Katzen und kleinen Heimtiere. Aus einer Reihe von Untersuchungen geht zudem hervor, daß Tierhalter deutlich gesünder sind und länger leben, und zwar nicht nur, weil sie, um ihren Hund auszuführen, mehr Bewegung haben, sondern auch wegen des geregelteren Lebens, vor allem im Ruhestand, und der vielen positiven emotionalen Einflüsse durch das eigene Tier (GREIFFENHAGEN, 1991; HÜBNER, 1999; UNSHELM, 1999). Bemerkenswert ist auch der positive Einfluß auf die Erziehung der Kinder und deren weitere Entwicklung. Kinder, die mit Tieren aufwachsen, haben nach der ausführlichen Zusammenstellung von GREIFFENHAGEN (1991) mehr Verantwortungsgefühl, Einfühlungsvermögen und Mitleidsfähigkeit. Sie haben bessere Kenntnisse über Tiere und mehr Verständnis für die Natur, sie sind in einem höheren Maße zu Ordnung, Pünktlichkeit und Selbstdisziplin erzogen, und sie zeigen auch später ein stärkeres Engagement für Tier- und Naturschutz. Die Phantasie und Erlebnisfähigkeit werden durch den Umgang mit Tieren nachweislich angeregt und der Kontakt zu anderen Kindern durch ein verbessertes Sozialverhalten deutlich gefördert.

Tabelle 5.1.3–1 Befragung von Senioren über den Umgang mit ihrem Hund (HÜBNER, 1999)

Merkmal	trifft zu [in %]
beachtliche Steigerung der Lebensqualität	87,5
Stellung als Familienmitglied	85,0
der Hund ist der beste Freund	30,8
er erhält an Festtagen Geschenke	49,2
wichtige Rolle als sozialer Katalysator	84,2

5.1.3.2 Tiergestützte Prophylaxe und Therapie

Die Übergänge zwischen den positiven Aspekten der Haltung von Heim- und Begleittieren und deren Einsatz im Rahmen einer tiergestützten Prophylaxe und Therapie sind fließend. Wie bereits erwähnt geht aus vielen Untersuchungen hervor, daß Halter von Heim- und Begleittieren eine höhere Lebenserwartung bei besserem Gesundheitszustand haben (Greiffenhagen, 1991; Scheitzach, 1995; Wolters, 1997; Hübner, 1999; Bergler, 1986 u. 2000; Claus, 2000). Dabei spielen natürlich auch subjektive Empfindungen eine große Rolle. So zeigen die Untersuchungen von Hübner (1999), daß Tierbesitzer im Ruhestand ihre eigene Gesundheit hochsignifikant besser einschätzen (33,3 % „sehr gut", 39,2 % „gut") als gleichaltrige Senioren ohne Heimtier (10 % „sehr gut", 30 % „gut"), obwohl sich beide Personengruppen hinsichtlich der Häufigkeit und der Art der chronischen Erkrankungen nicht signifikant unterscheiden. Diese positiven Effekte versucht man auch für Bewohner von Alten- und Pflegeheimen, die kein eigenes Tier haben, in Form von Hundebesuchsdiensten nutzbar zu machen (Wolters, 1997). Die dabei eingesetzten Hunde müssen von Fachleuten ausgewählt werden, aber die Erfolge sprechen eindeutig für derartige Maßnahmen, die das psychische und physische Befinden der betroffenen Personen eindeutig verbesserten.

Daß Tiere ein wirksames Mittel gegen Einsamkeit, Depression und Selbstmordanfälligkeit sind, ist seit langem erwiesen, und schon seit Jahrhunderten setzt man insbesondere in Belgien und Großbritannien Tiere zur Unterstützung der Therapie ambulant, aber auch stationär ein. Auch in der Psychiatrie werden Tiere zwar selten, aber dann sehr erfolgreich eingesetzt, zumal man weiß, daß Patienten, die auf Menschen nicht mehr ansprechen, durchaus auf die Anwesenheit von Tieren reagieren. Dabei ist längst erwiesen, daß zu hygienischen Bedenken kein Anlaß besteht, wenn die auch sonst üblichen prophylaktischen Maßnahmen wie Impfungen und Parasitenbehandlungen durchgeführt werden. Bemerkenswerterweise wird inzwischen in zunehmend mehr Krankenhäusern in Deutschland, Österreich und der Schweiz eine Tierhaltung nicht nur toleriert, sondern bewußt mit sehr positiven Effekten gefördert, wie Wohlbefinden und Heilungsfortschritt deutlich machen (Claus, 2000).

5.1.3.3 Tiertourismus

Wegen der steigenden Mobilität und Reisefreude der Tierhalter spielen Möglichkeiten der Mitnahme von Heim- und Begleittieren eine immer größere Rolle. Alternativen bestehen in einer tiergerechten Unterbringung während des Urlaubs oder sonstiger Zeiten meist vorübergehender Abwesenheit. Abgesehen von finanziellen Aspekten sowohl durch die Mitnahme von Tieren als auch durch eine zeitweilige Unterbringung in Tierpensionen oder ähnlichen Einrichtungen bzw. bei Bekannten oder Verwandten, gibt es noch eine Reihe weiterer Problembereiche. Dazu gehören – falls eine Wahlmöglichkeit besteht – das Verkehrsmittel, die Unterbringung während der Reise einschließlich der Auswahl eines geeigneten und zulässigen Behältnisses, die Transportbelastungen für das transportierte Tier, ethologische und/oder medikamentöse Vorbereitungen und Maßnahmen im Sinne einer Konditionierung, eventuelle Ausfuhr- bzw. Einfuhrbestimmungen einschließlich veterinärpolizeilicher Vorschriften, die Unterbringung am Ziel- bzw. Urlaubsort einschließlich der gewohnten Ernährung, dortige Gesundheitsrisiken und mögliche Ursachen für Verhaltensstörungen, ein Entlaufen in fremder Umgebung vor allem bei nicht vollständig an Menschen sozialisierten Katzen sowie bei kleinen Heimtieren und Vögeln sowie Vergiftungen durch ungewohnte Stoffe und Tiere.

Gegebenenfalls ist abzuwägen, ob es für das Heim- oder Begleittier besser ist, mitgenommen zu werden, oder ob eine sorgsam

5.1 Schwerpunkte und Kriterien der tiergerechten Haltung von Heim- und Begleittieren

ausgewählte Unterbringungsmöglichkeit während des Urlaubs die bessere Lösung ist.

Wie die gerade veröffentlichten Ergebnisse von EHLERS (2000) zeigen, begleiten 82,6 % der Hunde, aber nur 16,4 % der Katzen ihre Besitzer auf der Urlaubsreise. Vorwiegend wird dazu das eigene Auto benutzt, wobei allerdings viele Tierhalter versäumen, geeignete Sicherungsmaßnahmen für das Tier während der Reise vorzusehen. Der größte Teil der zu transportierenden Tiere wird vor der Reise mit speziellen Übungen konditioniert. Vor der Reise wird zwar in der Regel ein Tierarzt zur Beratung aufgesucht, prophylaktische Maßnahmen, vor allem gegen im Heimatland nicht bekannte Risiken, scheinen allerdings abgesehen von den meist vorgeschriebenen Impfungen entweder nicht zum Beratungsprogramm zu gehören oder vom Halter nicht durchgeführt zu werden. Der nach der Urlaubsreise – auch in Mittelmeerländer – erfaßte Gesundheitsstatus läßt allerdings außer gelegentlichen, meist harmlosen Durchfallserscheinungen bisher keine bedenklichen Symptome erkennen.

Nicht mitgenommene Tiere neigen dagegen auffallend häufig zu nachhaltigen Verhaltensstörungen. Das betrifft nach den Ermittlungen von EHLERS (2000) 31,9 % der Hunde und 26,9 % der Katzen. Insgesamt gesehen dürfte es empfehlenswert sein, Hunde möglichst auf Urlaubsreisen mitzunehmen, für Katzen dagegen eine Betreuung zu finden, die ihnen das Verbleiben in der vertrauten Umgebung ermöglicht. Das gilt nicht nur für Katzen, sofern sie nicht ausgeprägt auf Menschen sozialisiert sind, sondern auch für nahezu alle übrigen kleinen Heimtiere.

Weitere Details des Tiertourismus sowie die einschlägigen Bestimmungen und spezielle Risiken werden im Kapitel 6.8 besprochen.

5.1.3.4 Ausgesetzte und herrenlose Tiere

Nach § 3 Nr. 3 des TIERSCHUTZGESETZes ist es verboten, ein im Haus, Betrieb oder sonst in Obhut des Menschen gehaltenes Tier auszusetzen oder es zurückzulassen, um sich seiner zu entledigen oder sich der Halter- oder Betreuerpflicht zu entziehen. Verstöße gegen diese Bestimmung betreffen vorwiegend Hunde und Katzen. Das Ausmaß derartiger Verstöße, die mit einem Bußgeld bis zu 50 000 DM geahndet werden können, liegt nach Schätzungen bei bis zu 600 000 Tieren pro Jahr in Deutschland. Ursachen sind vor allem unüberlegte Anschaffungen von Tieren ohne vorherige fachkundige Beratung (s. Tab. 5.1.2–1), bei der sich eine für die Tierhaltung ungeeignete Grundeinstellung oder sonstige ungünstige Voraussetzungen herausgestellt hätten, geplante Urlaubsreisen mit nicht akzeptierten Kosten für die Mitnahme oder zeitweilige Unterbringung des Tieres, falscher Umgang mit Tieren mit anschließendem aggressiven Verhalten, Krankenhausaufenthalte, sonstige Gesundheitsprobleme wie Allergien, Angst vor Toxoplasmose-Infektionen bei Schwangeren, Wohnungswechsel und unerwünschter Nachwuchs vor allem bei Katzen, aber auch bei Hundemischlingen. Dabei wird von der Möglichkeit, eine Alternative zu finden, beispielsweise in einem Tierheim oder durch das Suchen eines geeigneteren Halters, selten Gebrauch gemacht.

In einigen Fällen liegt auch ein Verstoß gegen den § 3 Absatz 4 vor, wonach es verboten ist, ein gezüchtetes oder aufgezogenes Tier einer wildlebenden Art in der freien Natur auszusetzen oder anzusiedeln, das nicht auf die zum Überleben in dem vorgesehenen Lebensraum erforderliche artgemäße Nahrungsaufnahme vorbereitet und an das Klima angepaßt ist. Ein typisches Beispiel ist das Aussetzen kälteempfindlicher Schmuckschildkröten, die als fünfmarkstückgroße Tiere angeschafft worden sind, ohne daß über die erhebliche Wachstumskapazität, aber auch über die Empfindlichkeit und die recht aufwendigen Haltungsansprüche vor allem der erwachsenen Tiere (HOLLMANN, 2000) ausreichend informiert worden wäre.

Ein rechtlicher Begriff nach dem BÜRGERLICHEN GESETZBUCH (2000) sind die herrenlosen Tiere. Herrenlos sind Tiere, deren bisheriger Eigentümer in der Absicht, auf sein Eigentum zu verzichten, den Besitz des Tieres aufgibt. Das gilt zwangsläufig für alle bewußt ausgesetzten Tiere, aber natürlich auch für deren Nachkommen. So gibt es weltweit das Problem freilebender, streunender, verwilderter und sich unkontrolliert vermehrender Haustiere, in Deutschland vor allem Katzen, in anderen, insbesondere Mittelmeeranrainerstaaten auch Hunde. Erhebliche Probleme bereiten die verwilderten Katzen vor allem in den ostdeutschen Bundesländern, zumal sie fast 75 % der Fundkatzen in den Tierheimen ausmachen. Hinzu kommen die Schwierigkeiten mit den noch freilebenden, meist unkastrierten Katzen, die nicht nur als potentielles Erregerreservoir ein erhebliches Umweltproblem darstellen und deshalb neue Konzepte einer Bestandsregulierung erfordern (MACK u. UNSHELM, 1997).

5.1.3.5 Tierheime und alternative Lösungen

Diejenigen Tiere, die in einem Tierheim aufgenommen werden, lassen sich je nach Herkunft und Ursache des Einlieferns in verschiedene Gruppen unterteilen. Man unterscheidet dabei Fundtiere, Abgabe- und Übereignungstiere, vernachlässigte und sichergestellte Tiere sowie Pensionstiere (SAUER, 1982; KÖNIGS, 1991; MERTENS, 1994). Fundtiere sind entlaufen, dem Besitzer entzogen, ohne Steuermarke aufgegriffen oder im Straßenverkehr verunglückt. Mit der Unterbringung im Tierheim kommt ein Verwahrungsvertrag zustande, aufgrund dessen die Gemeinde die entstandenen Kosten übernehmen muß. Bei Fundtieren kann der Eigentümer bis zu sechs Monate nach Verlust des Tieres bei eventueller Abgabe an einen neuen Besitzer Eigentumsansprüche geltend machen.

Abgabe- oder Übereignungstiere hatten Vorbesitzer, welche ihre Tiere nicht mehr halten wollten oder konnten. Nach Abschluß eines Vertrages gehen diese Tiere in das Eigentum des Tierheims über. Da das Tierheim hierzu nicht verpflichtet ist, entfällt eine Kostenerstattung der Gemeinde.

Bei vernachlässigten und sichergestellten Tieren konnte deren Vorbesitzern ein Verstoß gegen das Tierschutzgesetz nachgewiesen werden. In der Regel werden diese meist stark vernachlässigten oder mißhandelten Tiere dem Besitzer durch die zuständige Ordnungsbehörde unter Beteiligung des Amtstierarztes entzogen.

Pensionstiere dienen nicht zuletzt als Einnahmequelle der Tierheime, wenn Tierhalter sich wegen Abwesenheit oder Krankheit zeitweilig nicht um ihr Tier kümmern können.

Abgesehen von gesetzlichen Bestimmungen wie das BÜRGERLICHE GESETZBUCH gibt es eine verbindliche Tierheimordnung des DEUTSCHEN TIERSCHUTZBUNDes (1995), mit der insbesondere Fragen der Aufnahme von Tieren, der Tierpflege, der Belegung der Räume, Zwinger und Käfige sowie der Euthanasie unheilbar Kranker und unter Schmerzen leidender Tiere geregelt sind.

Erfolgversprechende alternative Lösungen, die der großen Zahl aufzunehmender Tiere und der sehr unterschiedlichen Problembereiche Rechnung tragen, gibt es nicht. Generell bemühen sich alle Tierheime, geeignete Tierhalter zu finden, die in der Regel vor und nach der Übernahme auf ihre Zuverlässigkeit und die Gewähr tiergerechter Haltungsbedingungen geprüft werden.

Das schon angesprochene Problem vieler Tausender streunender Katzen, vor allem in den ostdeutschen Bundesländern, wird versucht, durch Einfangaktionen mit nachfolgender Kennzeichnung, Kastration, Endo- und Ektoparasitenbehandlung sowie sonstige erforderliche tierärztliche Maßnahmen zu lösen, möglichst in Verbindung mit einer

5.1 Schwerpunkte und Kriterien der tiergerechten Haltung von Heim- und Begleittieren

Vermittlung an geeignete Katzenhalter. Im Zusammenhang mit derartigen Aktionen wurde das Modell „Katzendorf" entwickelt mit der Einrichtung fester Futterstellen und Schlafhütten für Katzen auf geschützt liegenden Flächen, zu denen die Tiere freien Zugang haben. Diese Katzendörfer werden von ehrenamtlichen Helfern betreut (POLTE, 1998).

Zu erwähnen ist in diesem Zusammenhang, daß nach den gesetzlichen Bestimmungen in Deutschland eine Tötung ohne vernünftigen Grund, d.h. insbesondere gesunder Tiere, z.B. in Tierheimen, verboten und insofern strafbewehrt ist, als bei Zuwiderhandlung drei Jahre Gefängnis oder eine entsprechende Geldstrafe drohen.

Literatur

Adolph, H., H. A. Euler: Warum Mädchen und Frauen reiten. Psychomotorik in Forschung und Praxis. Bd. 19, Gesamthochschulbibliothek, Kassel (1994).

Anonym: Tierisch. Tierärztl. Umsch. 53 (1998) 235.

Anonym: Heimtiermarkt. Dtsch. Tierärzteblatt 47 (1999) 787.

Berg, K. M.: Tierhygienische Untersuchungen zur Katzenhaltung in 28 Tierheimen Baden-Württembergs. Vet. med. Diss., München (1991).

Bergler, R.: Heimtierhaltung aus psychologischer Sicht. Zentralbl. Bakteriol. Hyg. Serie B 183 (1986) 304–325.

Bergler, R.: Das Heimtier als Partner des Menschen. Evangelische Akademie Bad Boll, Protokolldienst 1 (2000) 6–36.

BMVEL – Bundesministerium für Verbraucherschutz, Ernährung und Landwirtschaft: Tierschutzbericht der Bundesregierung 2000.

Bodlien, A., A. F. Müller-Rosenau: Orientierende Untersuchungen zum Fürsorgeempfinden und Verantwortungsbewußtsein für Tiere – eine Befragung von Zoobesuchern. Diss. med., Hannover (1987).

Bohne, Cl.: Die Vermittlung von Hunden in Tierheimen. Eine Analyse zur Abstimmung der Bedürfnisse des Hundes mit den Erwartungen des Interessenten. Vet. med. Diss., München (1998).

Claus, A.: Tierbesuch und Tierhaltung im Krankenhaus. Eine Untersuchung zu Verbreitung, Chancen und Grenzen von Tierkontakt als therapieflankierende Möglichkeit für Patienten der Psychiatrie, Pädiatrie, Geriatrie und Psychosomatik. Vet. med. Diss., München (2000).

Deutscher Tierschutzbund: Tierheimordnung des Deutschen Tierschutzbundes e. V. Richtlinien für die Führung von Tierheimen der Tierschutzvereine im Deutschen Tierschutzbund e. V. (1995).

Ehlers, S.: Ethologische, rechtliche und gesundheitliche Aspekte des Reisens mit Hunden und Katzen unter Berücksichtigung alternativer Möglichkeiten. Vet. med. Diss., München (2000).

Greiffenhagen, S.: Tiere als Therapie. Droemer-Knaur, München (1991).

Hollmann, P.: Tierärztliche Betreuung der Heimtiere. Evangelische Akademie Bad Boll. Protokolldienst 1 (2000) 171–194.

Hübner, M.: Hundehaltung bei Senioren – eine Umfrage unter Tierhaltern aus München und Umgebung. Vet. med. Diss., München (1999).

Königs, E.: Genehmigung und Überwachung von Tierheimen. Dtsch. Tierärztl. Wochenschr. 98 (1991) 11–13.

Mack, A.-C., J. Unshelm: Problems of cat-housing in animal shelters – results of a survey at animal shelters in eastern Germany. Proc. 9th Internat. Congress in Animal Hygiene, Helsinki 2 (1997) 816–819.

Mertens, P.: Die Haltung von Hunden in Tierheimen – verhaltens- und tierschutzrelevante Aspekte der Einzel- und Gruppenhaltung. Vet. med. Diss., München (1994).

Polte, G.: Erfassung und Bewertung von Alternativen zur Tierheimhaltung für freilebende Katzen. Rostock, Fachbereich Agrarökologie, Dipl.-Arbeit (1998).

Rehm, N.: Kind und Hund – Erhebungen zum Zusammenleben in der Familie. Vet. med. Diss., München (1993).

Sauer, U.: Untersuchungen über die derzeitige Situation in Tierheimen der Bundesrepublik Deutschland. Vet. med. Diss., München (1982).

Scheitzach, L.: Der alte Mensch und seine Probleme. Sind Hund und Katze eine Unterstützung bei deren Bewältigung. LMU München, Fakultät für Psychologie und Pädagogik, Dipl.-Arbeit (1995).

Unshelm, J.: Tiergerechte Haltung von Hunden und Katzen durch Verhaltensberatungen und Verhaltenstherapie. Dtsch. Tierärztl. Wochenschr. 100 (1993) 65–69.

Unshelm, J.: Die Einstellung zu Tieren und die Akzeptanz von Lebensmitteln tierischer Herkunft. Zschr. für das gesamte Lebensmittelrecht 26 (1999) 173–188.

Unshelm, J.: Verhaltensstörungen bei Heimtieren: Ursachen, Vermeidung und Behandlung. Evangelische Akademie Bad Boll. Protokolldienst 1 (2000) 103–116.

VDH – Verband für das Deutsche Hundewesen e. V.: Geschäftsbericht zum Jahr 2000.

Wolters, St.: Entwicklung und praktische Durchführung eines Hundebesuchsdienstes in gerontologischen und gerontopsychiatrischen Einrichtungen in Berlin und Umgebung. Vet. med. Diss., München (1997).

Rechtsgrundlagen, Empfehlungen, Normen u. ä.:

Bürgerliches Gesetzbuch (BGB) vom 18. August 1896 (BGBl. III Gliederungsnummer 400–2). Zuletzt geändert am 21. Juli 2000 durch Berichtigung des Gesetzes über Fernabsatzverträge und andere Fragen des Verbraucherschutzes sowie zur Umstellung von Vorschriften auf Euro (BGBl. Nr. 34 vom 27.07.2000 S. 1139).

Tierschutzgesetz. I. d. F. d. Bek. v. 25. Mai 1998 (BGBl. I S. 1105, ber. S. 1818).

5.2 Tiergerechte Haltung von Pferden

(PIRKELMANN, H.)

5.2.1 Nutzungsziele und Bestandsentwicklung

Seit der Domestikation vor mehr als 5000 Jahren hat der Mensch das Pferd wegen seiner herausragenden Eigenschaften in Schnelligkeit, Kraft und Ausdauer zu unterschiedlichen Einsatzzielen genutzt. Dabei stand zu keiner Zeit die Erzeugung von Lebensmitteln wie Fleisch und Milch im Vordergrund. Vielmehr diente das Pferd, beginnend mit den Wettkämpfen in Reiten und Fahren in der Antike, über Jahrtausende vorwiegend wirtschaftlichen Einsätzen als Reit-, Trag- und Zugtier in Militär, Transportgewerbe und Landwirtschaft. Seit Mitte des 20. Jahrhunderts ging mit zunehmender Technisierung seine Bedeutung in diesen Nutzungsrichtungen immer mehr zurück, so daß das Pferd heute als Arbeitstier nur noch sehr vereinzelt und zu speziellen Arbeiten, wie z. B. Holzrücken, eingesetzt wird.

Analog zu dieser Entwicklung nahm die Zahl der Pferde in Deutschland rapide ab (Abb. 5.2.1–1). Der stärkste Rückgang setzte ab den 50er Jahren ein und erreichte den Tiefstand 1970 mit ca. 250 000 Pferden in der Bundesrepublik Deutschland. Ab dieser Zeit stieg die Zahl wieder auf mehr als 700 000 Pferde, wobei nahezu zwei Drittel auf das Warmblut, ca. 20 % auf Ponys, 11 % auf Haflinger, fast 4 % auf das Kaltblut und der Rest auf eine Vielzahl sonstiger Rassen entfallen. Mit regionalen Differenzierungen wird diese Aufwärtsentwicklung auch für die kommenden Jahre erwartet.

Zu mehr als 98 % werden die Pferde aller Rassen für Sport und Freizeit genutzt, wobei dem Freizeitsport die größte Bedeutung zukommt. Auf den turniermäßigen Hochleistungssport entfallen nur 10–15 %. Ursache für diese Trendwende ist das zunehmende Interesse am Pferdesport in allen Bevölkerungsschichten. So sind derzeit im Bundesgebiet in 6350 Reit- und Fahrvereinen über 710 000 Mitglieder organisiert. Die Zahl der nicht organisierten Freizeitreiter wird aber mit über zwei Millionen weit höher eingeschätzt und kann als zuverlässiges Potential für die weitere Ausdehnung des Pferdesports gesehen werden.

Die eingetretene Veränderung in der Nutzung der Pferde hat entsprechende Konsequenzen auf Zucht und Haltung. Im Zuchtziel wird in allen Rassen ein umgängliches, verträgliches, vielseitig einsetzbares und leistungsbereites Sportpferd angestrebt. Auswirkungen ergeben sich aber auch auf die Stallsysteme. Während bei den im Leistungssport gehenden Pferden das regelmäßige Training sichergestellt ist, ergeben sich für die überwiegende Zahl der Freizeitpferde sehr unregelmäßige Nutzungen und damit lange Aufenthaltszeiten in den Ställen. Hier bedarf es besonderer Anstrengungen, die naturbedingten Ansprüche des Pferdes in den Haltungsverfahren ausreichend zu berücksichtigen. Die Achtung und Verantwortung für das Tier, wie sie im TIERSCHUTZGESETZ (1998) mit Recht gefordert werden, sollten gerade bei den zur Freude und Entspannung in Sport und Freizeit gehaltenen Pferden für den Menschen eine Selbstverständlichkeit sein.

5.2.2 Grundlegende Anforderungen

Im Verlauf der vor 70 Millionen Jahren beginnenden stammesgeschichtlichen Entwicklung der Equiden haben sich die mehrzehigen, als laubfressende Waldbewohner lebenden Urpferde vor 25 Millionen Jahren zu

5 Tiergerechte Haltung von Heim- und Begleittieren

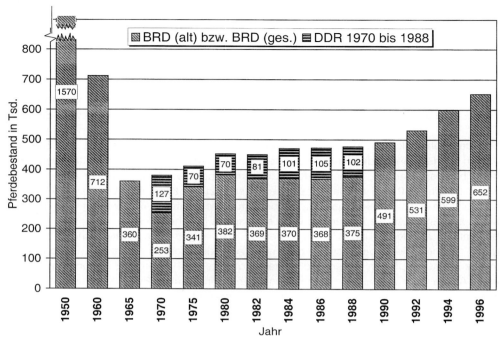

Abb. 5.2.1–1 Entwicklung des Pferdebestandes in Deutschland 1950–1996 (STATISTISCHES JAHRBUCH ELF, 1998)

den einhufigen, grasfressenden Wildpferden als Bewohner der Steppen, Savannen und Tundren gewandelt. Sie gelten als unmittelbare Vorfahren unserer heutigen Pferde (NOBIS, 1984; SCHWARK, 1978). Durch die lange Aufenthaltsdauer und die kontinuierliche Anpassung an die wechselnden Bedingungen dieses Lebensraumes in Futter, Wasser und Klima haben sich die grundlegenden Verhaltensmerkmale und physiologischen Körperfunktionen herausgebildet. Sie sind geprägt vom Leben im Familienverbund, die von der Futtersuche über 12 bis 16 Stunden begründete tägliche Bewegung, eine hohe Sensibilität gegenüber Umweltreizen, die schnelle Flucht vor angreifenden Feinden, die große Ausdauer durch einen leistungsfähigen Atmungsapparat und eine hohe Hitze-/Kältetoleranz bei großen Temperaturschwankungen.

Trotz Domestikation, Einflüsse über das Zuchtgeschehen und Umweltänderungen sind diese charakteristischen Eigenschaften im Ansatz bis heute erhalten geblieben und als wesentliche Elemente in der Gestaltung tiergerechter Haltungsverfahren zu berücksichtigen. Daß dies unter Stallbedingungen nicht immer gelingt, zeigt eine Erhebung von RODEWALD (1989) (Tab. 5.2.2–1). Die im Untersuchungszeitraum erfaßten Krankheiten weisen eindeutig auf haltungsbedingte Mängel hin. Dazu wurden noch akute Verhaltensstörungen durch Koppen bei sechs Pferden und Weben in zwei Fällen registriert.

Die Konzeption tiergerechter Haltungsverfahren kann daher nur auf der unverzichtbaren Basis der naturbedingten Ansprüche des Pferdes gelingen. Berechtigte ökonomische und arbeitswirtschaftliche Forderungen des Halters sind dazu in tragbare Kompromisse zu bringen, um ausgewogene Gesamtsysteme zu schaffen (Abb. 5.2.2–1). Hilfen zur Erreichung dieses Zieles werden in einer Vielzahl von Richtlinien und Empfehlungen

5.2 Tiergerechte Haltung von Pferden

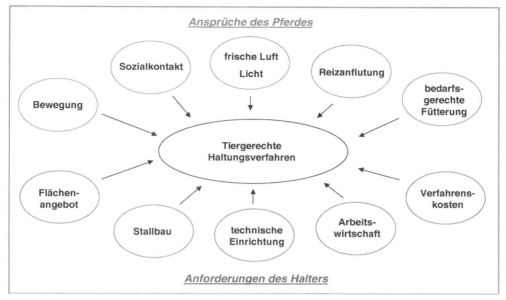

Abb. 5.2.2–1   Kriterien für tiergerechte und rationelle Verfahren der Pferdehaltung

gegeben, die in jüngster Zeit von verschiedenen Organisationen auf der Ebene von Fachgremien herausgegeben werden (Tab. 5.2.2–2).

Bewegung und Beschäftigung

Die regelmäßige Bewegung ist für das Pferd als Lauf- und Fluchttier ein elementares Bedürfnis. In Anlehnung an die meist im Schritt bei der Futtersuche in freier Natur zurückgelegten Wege werden tägliche Wegstrecken von 4–6 km angestrebt. Als absolutes Minimum der täglichen Bewegungszeit ist, auch im Einklang mit der Information „Tierschutz" des BUNDESAMTES FÜR VETERINÄRWESEN der Schweiz, eine Stunde anzusehen, wobei Typ, Alter, Rasse und Konditionszustand den Bewegungsbedarf beeinflussen. Bewegung fördert die Elastizität und Belastbarkeit der Sehnen, Bänder und Gelenke. Sie unterstützt zudem die Selbstreinigung der Atmungswege und die physiologischen Abläufe im Stoffwechsel. Je weniger Bewegungsmöglichkeit das Haltungssystem zuläßt, desto mehr ist der Halter zum Ausgleich verpflichtet und desto sorgfältiger muß das Pferd in der Anwärmungsphase auf größere Belastungen vorbereitet werden. Hohe und lang andauernde Beanspruchungen setzen ein entsprechendes Konditionstraining voraus.

Tabelle 5.2.2–1
Erkrankungen von 172 Pferden aus 6 Betrieben innerhalb von zwei Jahren (RODEWALD, 1989)

Krankheitskomplex	Anzahl	Anteil [%]
Lahmheiten	84	35,4
Respiratorische Erkrankungen	50	21,1
Erkrankungen des Verdauungsapparates	33	13,9
Verletzungen	31	13,0
Sonstige innere Erkrankungen	17	7,2
Hauterkrankungen	11	4,7
Zahnerkrankungen	11	4,7
Krankheitsfälle (insgesamt)	237	100

5 Tiergerechte Haltung von Heim- und Begleittieren

Tabelle 5.2.2–2 Empfehlungen zur Gestaltung tiergerechter Haltungsverfahren für Pferde

- Richtlinien zur Beurteilung von Pferdehaltungen unter Tierschutzgesichtspunkten. FN e. V. – Deutsche Reiterliche Vereinigung e. V. u. DVG e. V. – Deutsche Veterinärmedizinische Gesellschaft e. V. (1991).
- Leitlinien Tierschutz im Pferdesport. Vom 1. November 1992. Bundesministerium für Ernährung, Landwirtschaft und Forsten, „Arbeitsgruppe Tierschutz und Pferdesport".
- Leitlinien zur Beurteilung von Pferdehaltungen unter Tierschutzgesichtspunkten. Vom 10. November 1995. Bundesministerium für Ernährung, Landwirtschaft und Forsten, „Sachverständigengruppe tierschutzgerechte Pferdehaltung".
- Empfehlungen zur Freilandhaltung von Pferden (1999). Niedersächsisches Ministerium für Ernährung, Landwirtschaft und Forsten, Bezirksregierung Weser-Ems, „Tierschutzdienst Niedersachsen".
- Tiergerechte Pferdehaltung (1999). Hessisches Ministerium für Umwelt, Landwirtschaft und Forsten, Projektgruppe „Landeswettbewerb Pferdehaltung".
- Kriterien für eine artgemässe Pferdehaltung. Hessisches Landesamt für Regionalentwicklung und Landwirtschaft, Arbeitsgemeinschaft „Artgemäße Pferdehaltung".
- Mindestanforderungen an die Sport- und Freizeitpferdehaltung unter Tierschutzgesichtspunkten. TVT e. V. – Tierärztliche Vereinigung für Tierschutz e. V.
- Überprüfung der Pferdehaltung in FN-anerkannten Ausbildungsstätten. FN e. V. – Deutsche Reiterliche Vereinigung e. V. (1998).

Mangelnde Bewegung und fehlende Beschäftigung sind häufig auch die Ursache für psychische Schäden und Verhaltensstörungen. Aufgestauter Bewegungsdrang führt zu unausgeglichenen, schreckhaften und in der Arbeit schwierigen Pferden. Je länger die Aufenthaltszeiten im Stall sind, desto mehr ist für eine kontinuierliche Reizanflutung durch Wahrnehmung des Geschehens in der Umgebung und Beschäftigung durch verlangsamte Rauhfutteraufnahme, saubere Stroheinstreu oder Bereitstellen von Spielgegenständen Sorge zu tragen.

Sozialverhalten und Gruppengröße

Pferde sind gesellige Tiere, leben im Familien- bzw. Herdenverband und fühlen sich nur in der Gruppe sicher. Dazu eignen sich am besten Artgenossen, ersatzweise aber auch andere Tiere wie Schaf, Ziege oder ähnliche Tierarten. Einzelhaltung ohne Sozialpartner ist nicht pferdegemäß.

Die Sozialstruktur ist durch eine klare Rangordnung geregelt. Sie wird im natürlichen Familienverband vom Hengst, gefolgt von einer Leitstute, dominiert. In der Gruppenhaltung können je nach Zusammensetzung die größeren und schweren Tiere, meist Wallache, die Gruppe anführen oder unabhängig von diesen Merkmalen auch reaktionsschnelle und aggressive Typen die Vorherrschaft übernehmen. Neu in die Gruppe kommende Tiere müssen sich in Auseinandersetzungen mit allen Herdenmitgliedern ihre Position erkämpfen, wobei alle Formen des aggressiven und repulsiven Verhaltens vom Drohen bis zum Beiß- und Schlagkampf vorkommen (Schäfer, 1991).

Der natürliche Familienverband aus Hengst, Stuten und Nachzucht setzt sich meist nur aus sechs bis acht Pferden zusammen. Bei künstlich zusammengestellten Gruppen lassen sich derartige Begrenzungen nicht erkennen, so daß durchaus größere Einheiten von 20 und mehr Pferden vertretbar sind. Entscheidend ist ein ausreichendes Platzangebot, damit die vom Typ und der Verhaltenssituation abhängigen Individualdistanzen eingehalten werden können (Engelmann, 1994). In derartigen Verbänden bilden sich wieder Untergruppierungen aus zwei bis drei Pferden, die zu einer tiergemäßen Strukturierung der Großgruppe führen. Freundschaften von einander sympathischen Pferden führen zu engen sozialen Bindungen, die sich in Fellkraulen, gegenseitiger Hautpflege und Abwehr von Fliegen äu-

5.2 Tiergerechte Haltung von Pferden

ßern. Je weniger Kontaktmöglichkeiten zwischen den Pferden ein Haltungssystem zuläßt, desto mehr ist der Mensch als ausgleichender Partner durch regelmäßigen Umgang in Nutzung, Pflege, Versorgung und Spiel gefordert.

Das Ausruhverhalten in Form von Dösen in entspannter Stehhaltung, Schlummern im Liegen mit Kauerstellung und Tiefschlaf in Seitenlage verlangt ebenfalls die erforderlichen Individualdistanzen, wenn auch in dieser Phase meist geringere Individualdistanzen akzeptiert werden (Abb. 5.2.2–2). Zu geringes Raumangebot führt jedoch zu physischen und psychischen Belastungen bei den rangniederen Tieren. Als Ruheplatz ist ein trockener und elastischer Untergrund gefordert. Im freien Gelände kommen erhöhte, luftumspülte und nach allen Seiten offene Stellen mit guter Sicht und Witterung dem Sicherheitsbedürfnis der Pferde entgegen. Diese Voraussetzungen sind auch auf die Stallhaltung zu übertragen. Einstreulose Ruheplätze führen zu erheblichen Störungen im Ausruhverhalten und im Stallklima und sind aus diesen Gründen abzulehnen.

Klimaansprüche

Pferde besitzen als ursprüngliche Steppenbewohner eine hohe Toleranz gegenüber intensiver Besonnung und wechselnden Temperaturen. Sie haben außerdem einen großen Bedarf an Licht, das über die Haut und das Auge aufgenommen wird. Das Sonnenlicht fördert, insbesondere durch die UV-Bestandteile, die Stoffwechselvorgänge, unterstützt die Vitamin-D-Bildung, regt die Erythropoese an und erhöht die Widerstandskraft gegen Infektionen. Insbesondere für junge Pferde ist für ein ungestörtes Wachstum die natürliche Besonnung unentbehrlich. Positive Auswirkungen gehen vom Licht auch auf den Sexualzyklus aus. Mit zunehmender Tageslänge im Frühjahr und Frühsommer erhöhen sich die Befruchtungsquo-

Abb. 5.2.2–2 Haflingergruppe beim Ruhen in Form von Dösen, Schlummern in Kauerstellung und Tiefschlaf in Seitenlage

ten. Beim Streben nach frühen Geburtsterminen und Bedeckungen in den Wintermonaten wird versucht, einen Ausgleich über künstliche Lichtprogramme zu erreichen.

Pferde verfügen von Natur aus über ein ausgeprägtes Thermoregulationsvermögen, das eine schadlose Anpassung an einen weiten Temperaturbereich und auch kurzzeitige Schwankungen ermöglicht. Bei hohen Temperaturen begünstigen über den ganzen Körper verteilte Schweißdrüsen die Wärmeabgabe, und die aufgestellten schweißnassen Haare vergrößern die Verdunstungsoberfläche. Gegen niedrige Temperaturen reguliert die reduzierte Durchblutung an der Körperperipherie die Wärmeabgabe, bzw. ein wechselndes Haarkleid paßt sich dem Jahreszeitenrhythmus an. Diese Fähigkeit darf aber nicht durch konstante Stalltemperaturen, wie die mitunter fälschlicherweise geforderten Komfort- und Behaglichkeitszonen von 10–15 °C, gefährdet werden, sondern muß bewußt durch die natürlichen Temperaturschwankungen von Jugend auf trainiert werden. Klimareize wirken sich positiv auf Gesundheit, Widerstandskraft und Leistungsfähigkeit aus (Marten u. Salewski, 1989).

Niedrige Stalltemperaturen, auch im Minusbereich, sind damit keinesfalls zu fürchten, vorausgesetzt, daß in der Fütterung für eine ausreichende Energiezufuhr und eine trockene Einstreu Sorge getragen wird. Die Pferde werden damit auch ohne gesundheitliche Risiken auf die Arbeit im Freien vorbereitet. Der vielfach gefürchtete Husten kommt nicht von niedrigen Temperaturen, sondern wird überwiegend von ungünstigen Luftqualitäten in Ställen und Reithallen gefördert. Die schlechtesten Haltungsbedingungen für das Pferd mit seinem sehr leistungsfähigen Atmungsapparat stellen wenig durchlüftete, warme und feuchte Stallungen dar.

Aus diesem Grunde werden hohe Anforderungen an die Luftqualität gestellt. Ohne Rücksicht auf die Temperatur sind in den Stallungen die erforderlichen Luftraten durchzusetzen, um die Richt- und Grenzwerte in den physikalischen, chemischen und biologischen Lufteigenschaften einhalten zu können (Tab. 5.2.2–3). Anzustreben sind dabei weitgehend Außenklimabedingungen.

Besonderes Augenmerk ist dabei auf die Vermeidung von Staub zu richten. Er führt nicht nur zu Reizungen in den Atemwegen, sondern ist auch Träger von Viren, Bakterien und Pilzen und damit Verursacher von aller-

Tabelle 5.2.2–3 Richt-/Grenzwerte für Lufteigenschaften im Pferdestall (nach Zeitler-Feicht, 1993)

Eigenschaft		Richt-/Grenzwert	Bemerkung
physikalisch	Lufttemperatur	kein Richtwert	Temperaturreize erwünscht;
	rel. Luftfeuchtigkeit	60–80 %	bei > 90 % Lüftung verbessern
	Luftgeschwindigkeit	0,2 m/s	Minimum: 0,1 m/s (im Winter) Maximum: 0,6 m/s (bei hohen Temp.)
chemisch	CO_2-Gehalt	< 0,15 Vol.-%	bei 0,25 Vol.-% (Grenzwert) Lüftung verbessern
	NH_3-Gehalt	< 10 ppm	20 ppm (Grenzwert) Stallhygiene u. Lüftung verbessern
	H_2S-Gehalt	0 ppm	untypisch für Pferdestall
biologisch	Feinstaubgehalt	4 mg/m^3	▷ quantitative Grenzwerte
	Luftkeimgehalt	4×10^5 KBE/m^3	entscheidend: Pathogenität der biogenen Partikel

gischen Reaktionen und Atemwegserkrankungen bis hin zu dauerhaften Schäden durch chronische Erkrankungen.

Freßverhalten, Fütterung und Tränkung

Die Futteraufnahme ist ein elementares Bedürfnis aller Tiere, so daß die artgemäße Ernährung mit Recht im TIERSCHUTZGESETZ verankert ist. Die Auswahl der Futtermittel und das Nährstoffangebot sind dem Erhaltungs- und Leistungsbedarf des Pferdes für Wachstum, Zucht und Arbeit anzupassen. Sowohl Unter- als auch die heute häufiger auftretende Überfütterung kann zu Störungen im Verhalten, bei Gesundheit, Fruchtbarkeit und Leistungsfähigkeit führen.

Das Pferd ist aufgrund seines Verdauungsapparates auf die ständige Aufnahme kleiner Futtermengen mit strukturierter Rohfaser angewiesen. In freier Natur nimmt es im langsamen Vorwärtsgehen nahezu über den ganzen Tag Futter auf. Die je nach Futterangebot zwölf bis 16 Stunden dauernden Freßzeiten verteilen sich auf zwei Hauptperioden nach Sonnenaufgang und am Abend bis Mitternacht sowie zwei kürzere am Vormittag und Nachmittag. Dazwischen wechseln sich Ruhezeiten mit kurzzeitiger Futteraufnahme ab. Das Pferd nimmt das Futter mit Hilfe der Lippen, Zähne und Zunge in kleinen Bissen auf. Dabei selektiert es sorgfältig unerwünschte Bestandteile wie weniger schmackhafte Pflanzen, aber auch mögliche Fremdkörper wie Steine oder Metallstücke aus (AHLSWEDE, 1991).

Die langsame Futteraufnahme ist Voraussetzung, daß ausreichend strukturiertes Futter mit den Backenzähnen bei 40–80 Kauschlägen intensiv zerkleinert und eingespeichelt wird. Damit gelangt ein relativ flüssiger und neutralisierter Nahrungsbrei in den verhältnismäßig kleinen Magen, der weniger als 10 % des Volumens des Verdauungstraktes ausmacht und damit nur eine kurzzeitige Passagerate zuläßt. Die enzymatische und mikrobielle Verdauung findet überwiegend im Dünndarm, Blinddarm und dem mit 45 % Volumenanteil am stärksten ausgebildeten Dickdarm statt.

Demgegenüber werden rohfaserarme und wenig strukturierte Futtermittel wie Kraftfutter oder Cobs wesentlich schneller gefressen und damit weniger gekaut und eingespeichelt (Abb. 5.2.2–3). Während bei einem Kilogramm Heu vier bis fünf Liter Speichel gebildet werden, beträgt die Menge bei einem Kilogramm Hafer nur einen Liter. Bei hohen Anteilen dieser Komponenten und bei verkleisternden Schroten kann es zu Klumpenbildung und zu geringer Ansäuerung im zweiten Magenabschnitt kommen. Als Folge entstehen im Magen und im Dünndarm Fehlgärungen und eine starke Gasbildung, die wiederum die gefürchteten Koliken hervorrufen können. Derartige Komponenten sollten nur in Verbindung mit strukturiertem Halmfutter verfüttert werden. Auch ist aus diesem Grunde vor der Kraftfuttergabe erst Strukturfutter wie Heu, Silage oder Futterstroh zu verabreichen. Als Mindestgabe an Rauhfutter werden 0,5–1 kg Heu pro 100 kg Lebendgewicht empfohlen. Da heute oft nicht die geeigneten Heuqualitäten zur Verfügung stehen, stellen einwandfrei vergorene Silagen eine gute Alternative dar. Sie werden von den Pferden gern angenommen und verursachen keinerlei Belastungen durch Staub.

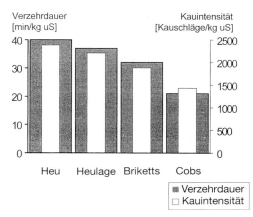

Abb. 5.2.2–3 Mittlere Verzehrsdauer und Kauintensität bei der Aufnahme verschiedener Grundfuttermittel (LENGWENAT et al., 1999)

So wichtig wie die Ernährung, ist die Versorgung mit frischem Wasser. Das Pferd ist ein Saugtrinker, taucht nur flach in die Wasseroberfläche ein und nimmt das Wasser mit gestrecktem Hals auf. Der tägliche Wasserbedarf kann je nach Futter, geforderter Leistung und Schweißbildung 30–80 Liter betragen.

Wegen möglicher Schlundverstopfungen ist Vorsicht bei der Verabreichung kleiner Äpfel, grober Rübenschnitzel und vor allem vor stark quellenden Futtermitteln wie Rübentrockenschnitzeln geboten. Letztere sollten zwölf Stunden vor dem Verfüttern mit der 4fachen Menge Wasser angequollen werden. Generell zu vermeiden sind angeschimmelte oder sonst verdorbene Futterarten.

Um Funktionsstörungen des Magens zu vermeiden, ist hastigem Fressen entgegenzuwirken und die Kraftfuttermenge pro Vorlage auf 1,5–2,0 kg zu begrenzen. Nach der Fütterung fördert eine Ruhepause von ca. einer Stunde den ungestörten Verdauungsablauf.

Die Futteraufnahme dient nicht nur der Nährstoffversorgung, sondern ist auch als wichtiges Element der Beschäftigung zu sehen. Auch aus diesem Grunde sollte alles getan werden, um eine langsame Futteraufnahme zu unterstützen.

Komfortverhalten

Wesentliche Elemente in der solitären Hautpflege sind das Scheuern an Pfählen oder sonstigen festen Gegenständen sowie das Beknabbern und Sichkratzen erreichbarer Körperstellen. Angeboren ist allen Pferden der Drang zum Wälzen, das auch auf andere Herdenmitglieder ansteckend wirken kann. Geeignete Plätze sind frisch eingestreute Liegeflächen sowie trockene oder staubige Sandflächen. Im Winter wird trockener Pulverschnee bevorzugt. Manche Pferde baden auch gerne oder nehmen im Sommer eine Suhle an, insbesondere um durch die Schlammkruste Fliegen abzuwehren.

Die soziale Hautpflege kommt nur zwischen einander sympathischen Pferden vor. Putzwillige Pferde nähern sich einander von vorne und zeigen ihre Bereitschaft durch das sogenannte Putzgesicht mit gespitzten Ohren und rüsselförmig vorgestreckter Oberlippe. In schräg paralleler Stellung pflegen sie gegenseitig die selbst nicht erreichbaren Körperstellen und zupfen mit den Schneidezähnen lose Haare aus oder durchkämmen das Fell.

5.2.3 Aufstallungssysteme

Nach den auf der Basis des §2 des Tierschutzgesetzes erarbeiteten „Leitlinien zur Beurteilung von Pferdehaltungen unter Tierschutzgesichtspunkten" (1995) ist die Aufstallungsart so zu wählen, daß dem einzelnen Pferd die nach den Umständen der Nutzung größtmögliche Entfaltung seines arttypischen Verhaltens innerhalb des Haltungssystems ermöglicht, es vor Schäden bewahrt und es in seiner Entwicklung nicht behindert wird. Nach diesen Kriterien sind die in Form der Einzel- und Gruppenhaltung verfügbaren Stallsysteme zu gestalten und zu bewerten (Abb. 5.2.3–1).

Die Einzelhaltung ist, trotz vieler kritischer Anmerkungen aus tierschutzrechtlicher Sicht, bislang das gebräuchlichste System. Es ist mehr auf die Interessen des Halters als die des Pferdes ausgerichtet. Als Vorteile werden die mögliche individuelle Versorgung und Betreuung, die sichere Unterbringung mit geringem Verletzungsrisiko und die zwar zeitaufwendigen, aber einfachen Verfahren der Arbeitserledigung herausgestellt. Wegen der starken Einschränkungen in den Grundbedürfnissen des Pferdes ist dieses Haltungssystem nur bei täglicher Arbeit oder Bewegung zu akzeptieren.

Demgegenüber berücksichtigt die Gruppenhaltung im Offenlaufstall verstärkt die Bedürfnisse des Pferdes. Es entbindet gleichzeitig den Halter von strengen Arbeitsterminen, verlangt aber mehr hippologisches

5.2 Tiergerechte Haltung von Pferden

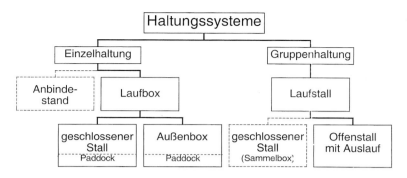

Abb. 5.2.3–1 Aufstallungssysteme für die Pferdehaltung

Fachwissen und eine höhere Qualifikation für die Herdenbetreuung.

5.2.3.1 Einzelhaltung

Anbindestand

Der Anbindestand ist nach den heutigen Zielen der Pferdehaltung nur für eine vorübergehende Unterbringung oder für Arbeitspferde mit regelmäßigem Einsatz tolerierbar. Als Standabgrenzung läßt der bewegliche Flankierbaum, bei Bedarf mit Schlagschutz, etwas mehr Spielraum als die feste Wandabgrenzung, die meist mit Gitteraufsatz im Frontbereich ausgeführt wird (Tab. 5.2.3–1). Die Anhängevorrichtung muß durch eine Gleitschiene oder ein Gegengewicht immer straff geführt sein, um Verletzungen durch Verhängen zu vermeiden.

Boxenhaltung

Je nach Rasse, Herdenzusammensetzung und Betriebstyp stehen für die Boxenausführung viele Varianten zur Verfügung, wobei in jedem Fall die in Tabelle 5.2.3–2 aufgeführten Mindestmaße einzuhalten sind.

Rechteckige, tiefe Boxen regen mehr als quadratische Grundrisse zur Bewegung an und ermöglichen in den Gebäudeabmessungen günstigere Relationen von Wandflächen zum umbauten Raum. Zur Schaffung des erforderlichen Luftraumes sind Dach-/Deckenlösungen in Verbindung mit Schwerkraftlüftung mit Zuluft an der Traufe und Abluft über den geöffneten, mit Haube abgedeckten First (Trauf-/Firstlüftung) anzustreben (Abb. 5.2.3-2). Ein großer Luftraum erleichtert die Regulierung des Stallklimas.

In der Standardbauweise ist das Unterteil der Boxenwand aus schlagfestem Material wie 4 cm starken Bohlen oder Rundhölzern mit einem Durchmesser von 10–12 cm ausgebildet. Zur Förderung der Luftzirkulation im schadgasbelasteten Bodenbereich sind Lüftungsschlitze in der Beplankung vorzusehen. In der Frontwand können zumindest in der Tür auch Metallgitter eingesetzt werden (HOFFMANN u. WAGNER, 1992; MARTEN, 1998).

Gitteraufsätze mit Senkrechtstäben schränken den Sicht- und Wahrnehmungsspielraum sehr stark ein, da nur lichte Stababstände von 5–6 cm tolerierbar sind. Mehr Durchlässigkeit bieten waagerechte, im Ab-

Bauteil	Formel	Richtwert für Großpferd [m]
Standbreite		
feste Wand	Wh + 20 cm	1,9–2,0
Flankierbaum	Wh	1,7–1,8
Standlänge	2 × Wh	3,3–3,5

Wh = Widerristhöhe

Tabelle 5.2.3–1 Empfohlene Richtwerte für Anbindestände (BMELF, 1995)

Tabelle 5.2.3–2
Richtwerte für Boxenhaltung (nach SCHNITZER, 1970)

Bauteil	Formel	Richtwert für Großpferd
Boxenfläche	$(2 \times Wh)^2$	10–12 m²
Schmalseite der Box	$1,5 \times Wh$	2,5–2,7 m
Trennwandhöhe	$1,3 \times Wh$	2,0–2,2 m
• Höhe d. geschl. Unterteils	$0,8 \times Wh$	1,3–1,4 m
Türhöhe	$1,3 \times Wh$	2,0–2,2 m
Türbreite		1,1–1,4 m
Raumhöhe	$1,9 \times Wh$	2,8–3,5 m
Luftraum	$20 \times Wh$	30–35 m³
Breite der Stallgasse		2,5–3,0 m

Wh = Widerristhöhe

stand von 16–18 cm verlegte Stangen oder Einschnitte in der Frontwand oder im Türaufsatz, damit die Pferde den Kopf in die Stallgasse strecken können. Bei gut zusammengewöhnten Gruppen kann auch ganz auf den Aufsatz verzichtet werden. Dies trifft insbesondere zu, wenn Gruppen regelmäßig gemeinsam Koppel oder Auslauf benutzen und nebeneinander liegende Boxen nach der sozialen Gruppenstruktur belegt werden.

Der Stallboden ist nach der BAYERISCHEN BAUORDNUNG (1997) im Sinne der Wasserundurchlässigkeit dicht auszubilden, um Belastungen des Unterbodens durch Harn und Schmutzwasser zu vermeiden. Der Belag der Stallgasse ist griffig und rutschfest, aber dennoch leicht zu reinigend auszuführen. Geeignet sind profilierte Plattenbeläge, Verbundsteine, Stöckelpflaster oder die elastischen, schalldämmenden Asphalte. Insbesondere zur Sanierung glatt gewordener Böden sind Gummi- oder Kunststoffmatten einzusetzen. Als Boxenboden genügen bei reichlicher Einstreu Betonböden. Bei reduzierten Einstreumengen sind Gummimatten und Gußasphalte zu empfehlen. Einstreulose Haltung ist bei Pferden völlig abzulehnen, da das Ausruhverhalten grundlegend verändert wird. Feuchter, mit Kot verschmutzter und harter Untergrund wird als Liegeplatz nicht akzeptiert, zumal ein Ausweichen in der engen Box nicht möglich ist. Zusätzlich kommt es durch das fehlende Saugvermögen der Einstreu zu einer unerträglichen Verschlechterung des Stallklimas. Hygienische Bedenken sind auch gegen die elastischen, schaumstoffartigen Bodenbeläge anzumelden, selbst wenn bei aufgeständerten Konstruktionen Spülvorrichtungen für den Stallboden angebracht werden.

Eine wesentliche Verbesserung der Einzelhaltung stellen die Außenboxen dar. Durch die geöffnete Obertür haben die Pferde Zugang zur Außenluft und zur Wahrnehmung des Umfeldgeschehens. Dennoch ist in jedem Fall eine zusätzliche Belichtung und Belüftung zu fordern, damit beim Schließen des oberen Türflügels kein völliger Abschluß von der Außenwelt und keine unvertretbare Belastung durch Stallgase entsteht (Abb. 5.2.3–3).

Sowohl für die Außenbox als auch für den geschlossenen Boxenstall ist die Angliederung eines Kleinauslaufs oder Paddocks mit einer Tiefe von 8–10 m zu empfehlen. Die Oberfläche sollte größtenteils befestigt sein, damit die Nutzung bei jeder Witterung möglich ist. Als Abgrenzung sind fest montierte oder besser lose eingehängte Stangen oder Rohre einzusetzen. Bei den auf die Boxenbreite begrenzten engen Räumen sind Elektrodrähte als alleinige Abtrennung nicht zu empfehlen, da sie durch die zu geringen Sicherheitsabstände Streßsituationen auslösen können und die gewünschten Sozialkontakte über den Zaun hinweg nicht zulassen.

Als Alternative sind Gemeinschaftsausläufe für zusammengewöhnte Gruppen eine

5.2 Tiergerechte Haltung von Pferden

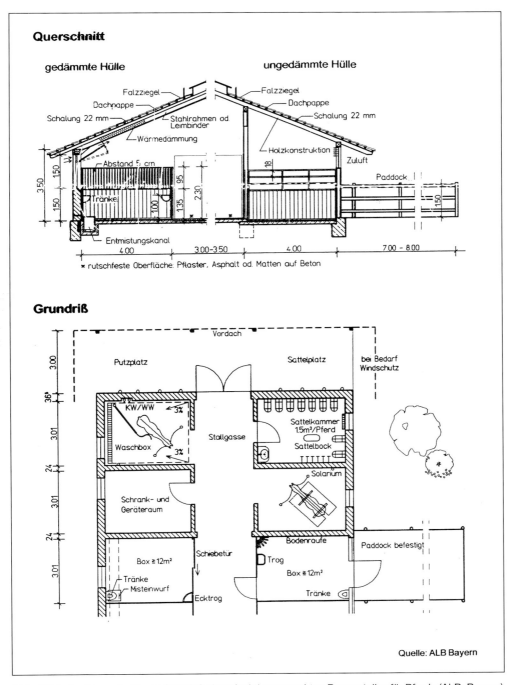

Abb. 5.2.3-2 Querschnitt und Grundriß eines funktionsgerechten Boxenstalles für Pferde (ALB, Bayern)

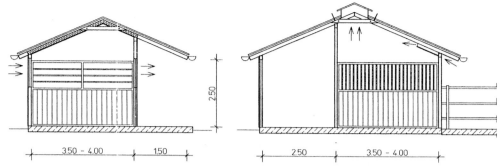

Abb. 5.2.3–3 Außenboxen (Stallquerschnitte) in Kompaktform oder mit Futtergang und Paddock

gute Möglichkeit, zumindest über den Tag oder einige Stunden den Aufenthalt im Freien zu ermöglichen. Um die Nutzung während des ganzen Jahres sicherzustellen, ist eine zweiseitig geschlossene Schutzhütte gegen extreme Witterungsbedingungen zu empfehlen.

Geeignete Fütterungseinrichtungen unterstützen die bedarfsgerechte Versorgung und das natürliche Freßverhalten. Die an der Innenseite der Boxenfrontwand angebrachten Krippen für das Kraftfutter sind in einem Bodenabstand von $1/3 \times Wh$ (Widerristhöhe), beim Großpferd von ca. 60 cm anzubringen, damit die Futteraufnahme mit möglichst gestrecktem Hals erfolgen kann. Futterluken oder Schwenktröge beschleunigen die Befüllung, so daß auch die Pferde am Stallende nicht durch zu lange Wartezeiten in Unruhe geraten. Die Trogmaterialien müssen leicht zu reinigen und korrosionsfest sein. Die Anbringung der Tränke an der rückwärtigen Boxenwand verhindert einen ständigen Wechsel zwischen Futter und Wasser und damit das Vernässen des Futters sowie eine mangelhafte Einspeichelung.

Pro Futterzeit ist aus physiologischen Gründen eine maximale Kraftfuttermenge von 1,5–2 kg zu empfehlen. Daraus bei großen Tagesrationen entstehende, häufigere Fütterungsfrequenzen werden ohne zusätzlichen Arbeitsaufwand durch Futterautomaten ermöglicht. Einzelautomaten mit Tages- oder Wochenvorrat dosieren jeweils eine Futterart zu vorprogrammierbaren Zeiten und den eingestellten Sollmengen. Schienengeführte Dosierwagen mit Rechnersteuerung ermöglichen dagegen die gleichzeitige Ausdosierung von bis zu vier Futterarten in beliebigem Mischungsverhältnis. Im zentralen Fütterungscomputer werden die tierindividuellen Fütterungen und Dosierzeiten einprogrammiert und die zugeteilten Mengen registriert, so daß über die gespeicherten Futterdaten eine gute Kontrolle gegeben ist.

Gegenüber der üblichen Bodenvorlage von Heu verbessern bodennahe Raufen mit Stababständen von ca. 6 cm die Fütterungshygiene, tragen zur Vermeidung von Verlusten bei und verlängern die Freßzeiten. Die Verzehrsgeschwindigkeit wird von durchschnittlich 25 g pro Minute je nach Futterstruktur und Raufenausführung auf 15–18 g pro Minute reduziert und trägt zu einer wesentlich längeren Beschäftigung mit der Futteraufnahme bei. Die Raufen werden neben den Krippen an der Frontseite der Box angebracht und können ebenfalls von der Stallgasse aus befüllt werden (Pirkelmann, 1991 u. 1998).

Das regelmäßige Entmisten und Einstreuen beeinflußt in hohem Maße die Stallhygiene und das Wohlbefinden der Pferde. In der Boxenhaltung verdient das Wechselstreuverfahren den Vorzug vor der Matratze. Dies bedeutet, daß die Einstreu je nach Durchnässung spätestens im Laufe

5.2 Tiergerechte Haltung von Pferden

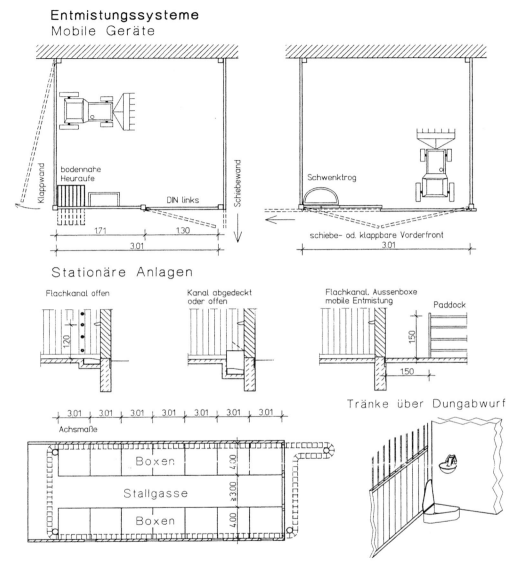

Abb. 5.2.3–4 Verfahren der mobilen und stationären Entmistung (Pirkelmann, 1998)

einer Woche völlig ausgewechselt wird. Stationäre und mobile Entmistungstechniken erleichtern diese zeitaufwendige Arbeit. Je nach verwendeter Technik sind entsprechende bauliche Vorkehrungen zu treffen (Abb. 5.2.3–4). Den Vorzug verdienen die stationären, an der Boxenrückwand geführten Anlagen. Da bei diesem Verfahren kein Mist auf die Stallgasse gelangt, wird zum Entmisten auch Zeit für das weniger oft erforderliche Kehren gespart und unnötige Staubentwicklung vermieden.

5.2.3.2 Gruppenhaltung

Die gemeinsame Haltung entspricht dem Sozialbedürfnis von Pferden. Im Gegensatz zur Wildbahn mit einem freiwilligen Zusammenschluß in der natürlichen Familie aus Hengst, Stuten und Nachkommen werden in der Stallhaltung die Gruppen nach zufälligen, stallspezifischen und wirtschaftlichen Gesichtspunkten zusammengestellt. Damit kann es zu recht inhomogenen Lebensgemeinschaften mit sehr unterschiedlichen tierindividuellen Charakteren und Ansprüchen kommen. Dennoch alle Pferde bedarfsgerecht zu betreuen und zu versorgen, ist die große Herausforderung für jede Gruppenhaltung. Als Maßstab für das erfolgreiche Betreiben eines Laufstalls sind nicht die Daseinsbedingungen für die ranghohen, sondern die Schaffung einer streßfreien und tiergerechten Situation für die rangniederen Tiere anzusetzen.

Von den verschiedenen Laufstallformen ist der Einraumlaufstall nur für kleinere, sehr gut zusammengewöhnte Gruppen geeignet. Er kann nur bedingt die Vorzüge der Gruppenhaltung erfüllen. Für die heutigen Nutzungsziele verdient der Offenstall als Mehrraumlaufstall den Vorzug (PIETROWSKI, 1998). Er ist vom Ansatz und bei sachgerechter Konzeption für alle Pferderassen und Nutzungsziele

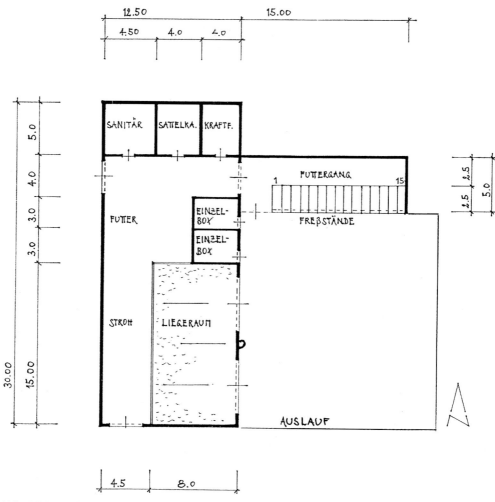

Abb. 5.2.3–5 Systemskizze für Mehrraumlaufstall mit Freßständen

5.2 Tiergerechte Haltung von Pferden

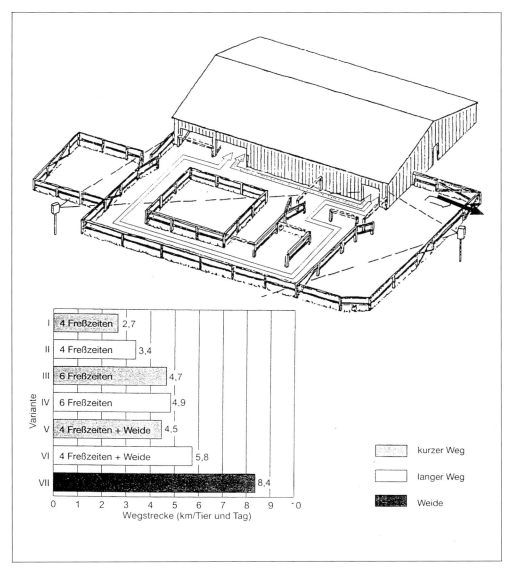

Abb. 5.2.3–6 Auswirkung der Wegelänge zwischen Liege- und Freßraum und der Fütterungsfrequenz auf die tägliche Laufstrecke (nach Frentzen, 1994)

einsetzbar. Besonders geeignet für diese Haltungsform sind die Pferdetypen, die im Sozialverband eine geringe Individualdistanz aufweisen, während äußerst selten vorkommende, völlig unverträgliche Pferde nicht aufgenommen werden sollten. Besonders zu empfehlen ist die Auslaufhaltung für die große Zahl der unregelmäßig genutzten und damit zu wenig bewegten Sport- und Freizeitpferde. Unentbehrlich ist sie ebenfalls für die Aufzucht junger Pferde.

Die wichtigsten Voraussetzungen für eine erfolgreiche Laufstallhaltung sind ein großzügiges Raumangebot und die Aufgliederung in getrennte Funktionsbereiche für Liegen, Füttern, Tränken und einen als Verbindungsglied funktionierenden Laufhof. Möglichst große Abstände zwischen diesen Stationen wirken der Konzentration der Pferde an bevorzugten Stellen entgegen und begrenzen damit verbundene Auseinandersetzungen (Abb. 5.2.3–5). Damit die in der Gruppe unvermeidbaren Rangkämpfe gefahrlos ablaufen können, ist in der Raumaufteilung darauf zu achten, daß keine „toten Winkel" auftreten und in allen Funktionsbereichen durch einen möglichen Rundlauf für die unterlegenen Tiere immer ein Fluchtweg offen ist.

Zu jedem Laufstall gehören auch Einzelboxen, um bei Bedarf Tiere absondern oder neue Pferde leichter eingewöhnen zu können. Dazu genügen einfache Trennwände in fester oder flexibler Anordnung. Wichtig ist dabei der unmittelbare Kontakt zur Gruppe, der durch Anordnung der Box im Liegebereich oder in Laufhofnähe ermöglicht wird.

Liegehalle

Die vollflächig eingestreute Liegehalle darf keine Versorgungseinrichtungen enthalten, um die Funktion des Ruheraumes nicht zu stören. Der Flächenbedarf ist mit dem der Einzelhaltung vergleichbar. Er kann aber je nach Gruppenzusammensetzung bei Bedarf bis zu 30 % reduziert werden, vor allem wenn zwei Ruheräume angeboten werden können und so auch rangniedere Tiere zuverlässiger einen Schlafplatz finden. Eingebaute Barrieren in Form lose eingehängter Stangen oder ähnliche, rundum begehbare Hindernisse dienen der besseren Raumgliederung und begünstigen das Ruhe- und Ausweichverhalten. Die Erschließung der Halle erfolgt von der windabgewandten Seite über mindestens zwei Türöffnungen, um eine Blockade durch ranghohe Tiere zu vermeiden. Bei Bedarf können als Wind- und Fliegenschutz transparente überlappende Kunststoffstreifen an den Zugängen angebracht werden.

Laufhof

Der Laufhof stellt neben dem Futterplatz den wichtigsten Aufenthaltsraum, aber auch den Hauptabkotplatz dar. Für die mechanische Reinigung mit einem Räumschild und die Nutzung bei jeder Witterung ist die Befestigung der Hauptwege und der meist genützten Räume unbedingt erforderlich. Geeignete Materialien für eine griffige, strukturierte Oberfläche sind Rasengittersteine oder gelochte Regeneratplatten, deren Lochungen randvoll mit einer Sandschüttung aufzufüllen sind. Zusätzlich in den Randbereichen angeordnete Sandflächen werden gerne als Wälzplätze angenommen. Als Orientierungswert wird eine Auslauffläche von 25–30 m^2 pro Großpferd empfohlen, wobei die Mindestgröße 250 m^2 betragen soll. Bei größeren Einheiten ist wiederum der Einbau von strukturierenden Elementen zu empfehlen.

Als ausbruchsichere Abgrenzung des Laufhofes sind ein 1,5 m hoher Stangenzaun oder eine Kombination mit einem gut sichtbaren Elektroband vorzusehen.

Versorgungseinrichtungen

Futterneid ist die häufigste Ursache für Rangauseinandersetzungen und die Unterdrückung rangniederer Tiere. Zweckmäßige Fütterungstechniken gehören daher zu den wichtigsten Einrichtungen für die Funktionsfähigkeit eines Laufstalls. Die Zuordnung der Versorgungseinrichtungen bietet zudem ähnlich wie in der Wildbahn den Hauptanreiz für die Bewegungsaktivitäten. Der Abstand zwischen den Versorgungsstationen für Grundfutter, Kraftfutter und Wasser und die Fütterungsfrequenz haben größeren Einfluß auf die zurückgelegten Wegstrecken als die Größe des angebotenen Laufhofs (Abb. 5.2.3–6). Für die Vorlage von Rauhfutter und Silage zur freien Aufnahme eignen sich die allseits zugänglichen Rundraufen mit Palisadengittern oder Stangenfreßgitter, auch in Form der Rollraufe nach dem System „Völkenrode". Eine Rationierung des Grundfutters mit 2mal täglicher Zuteilung ist in Freß-

5.2 Tiergerechte Haltung von Pferden

ständen möglich, die auch die individuelle Dosierung des Kraftfutters in einer zusätzlich angebrachten Krippe ermöglichen (Abb. 5.2.3–7). Für jedes Pferd ist ein Stand notwendig. Die Trennwände sind im unteren Teil dicht, im oberen Teil durchlässig auszubilden, damit die Pferde auch im Freßstand das Umfeld wahrnehmen können, sich dadurch sicher fühlen und ohne Hast das Futter aufnehmen. Da allen Tieren gleichzeitig Futter angeboten wird und ein Angriff nur von hinten möglich ist, sind Verdrängungen weitgehend auszuschließen.

Die automatisierte, tierindividuelle Fütterung mit der Zudosierung kleiner Dosiermengen rund um die Uhr wird mit rechnergesteuerten Abrufautomaten für Kraftfutter und Cobs ermöglicht. Voraussetzung ist dazu die elektronische Tieridentifizierung mit extern befestigten Transpondern oder intramuskulär auf der linken Halsseite gesetzten Injektaten, die mit einer fest programmierten Tiernummer eine sichere Tierkennzeichnung bewirken. Die Sollmenge wird pro Tier im Fütterungscomputer eingegeben. Ein Fütterungsprogramm steuert den Verzehrsrhythmus und speichert die abgerufenen Verzehrsmengen, so daß jederzeit eine Kontrolle über die Futteraufnahme mit Hinweisen auf die Tiergesundheit gegeben ist.

Die Pferde gewöhnen sich sehr schnell an dieses Fütterungssystem und nehmen das Kraftfutter über den ganzen Tag auf. Der individuelle Verzehrrhythmus wird dabei weitgehend von den einprogrammierten Futterzeiten bestimmt.

Eine Kraftfutterabrufstation, die gleichzeitig mehrere Kraftfutterarten ausdosieren kann, sichert den ungestörten Futterabruf (vgl. Abb. 5.2.3–8). Zur Vermeidung von Verdrängungen der rangniederen Tiere kann der Zugang mit einer vom Rechner angesteuerten Eingangssperre versehen werden. In jedem Fall sind Ein- und Ausgang getrennt voneinander anzulegen. Eine selektiv auf ranghohe Pferde einstellbare Austreibehilfe vermeidet die Blockade des Freßstandes

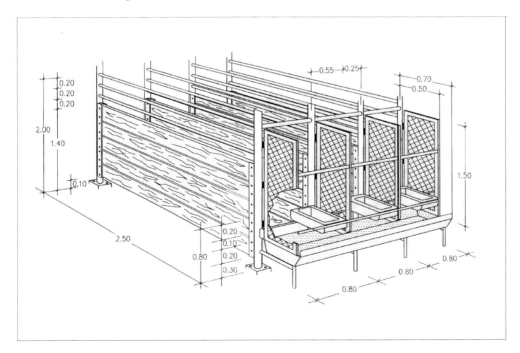

Abb. 5.2.3–7 Freßstände für die individuelle Fütterung von Pferden im Laufstall

5 Tiergerechte Haltung von Heim- und Begleittieren

und verhindert zu lange Verweilzeiten ohne Futteraufnahme. Für die Zuteilung von Kraftfutter reicht eine Station für ca. 20 Pferde. Wegen der deutlich geringeren Verzehrgeschwindigkeit ist bei Cobs eine anteilige Reduzierung vorzunehmen. Die Tiere gewöhnen sich sehr schnell an diese Fütterungstechnik, die eine bedarfsgerechte Versorgung auch in sehr ungleichmäßig zusammengesetzten Gruppen zuläßt.

In Erprobung befinden sich vergleichbare Anlagen für Rauhfutter. Die Rationierung des Futters erfolgt dabei über die rechnergesteuerte Vorgabe von Freßzeiten durch Freigabe bzw. Sperre des Zugangs zum Futter. Je nach Rationsgröße reicht eine Station nach bisherigen Erfahrungen für drei bis fünf Tiere.

Durch die automatisierte Fütterung darf die regelmäßige Tierkontrolle nicht vernachlässigt werden. Das Gelingen der Laufstallhaltung verlangt einen erfahrenen, sachkundigen und zuverlässigen Betreuer.

5.2.3.3 Einordnung der Haltungssysteme

Die vielfältigen Nutzungsformen der Pferde lassen schwerlich eine eindeutige Zuordnung der aufgezeigten Stallsysteme zu. Dennoch ergeben sich gewisse Bewertungen und bevorzugte Kombinationsmöglichkeiten, wie sie von einer Expertengruppe in den „LEITLINIEN ZUR BEURTEILUNG VON PFERDEHALTUNGEN UNTER TIERSCHUTZGESICHTSPUNKTEN" (1995) herausgearbeitet wurden (Tab. 5.2.3–3).

In der Beurteilung der Aufstallung ist immer das gesamte Haltungssystem zu bewerten. So können Nachteile der Einzelhaltung durch Angliederung von Paddocks oder regelmäßige Bewegung gemildert werden. Andererseits werden die Vorteile der Gruppenhaltung hinsichtlich Bewegung und Sozialkontakt nur zur Wirkung kommen, wenn auch die bedarfsgerechte Versorgung und streßfreie Eingliederung der rangniederen Tiere gelingt. Die bestmögliche Berücksichtigung aller naturbedingten Ansprüche des Pferdes ist Voraussetzung, um die mit jeder Haltungsform verbundenen Beeinträchtigungen in Grenzen zu halten.

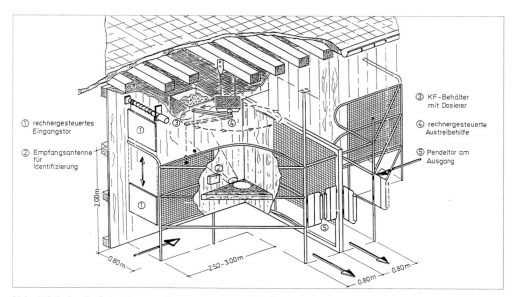

Abb. 5.2.3-8 Freßstand zur rechnergesteuerten Abruffütterung von Kraftfutter in der Pferdehaltung

5.2 Tiergerechte Haltung von Pferden

Tabelle 5.2.3–3 Möglichkeiten der Pferdehaltung entsprechend der Nutzungsart (nach BMELF, 1995)

Nutzungsart	geeignete Haltungssysteme			
	Einzelboxen	Gruppenauslaufhaltung	Einraum-Gruppenlaufstall	Weide mit Witterungsschutz
Zucht				
• Stute mit/ ohne Fohlen	geeignet, Auslauf und Weide Bedingung	geeignet, Weide Bedingung	geeignet, Auslauf und Weide Bedingung	geeignet
• Jährlinge/ Jungpferde		geeignet, Weide Bedingung	geeignet, Auslauf und Weide Bedingung	geeignet
• adulte Hengste	geeignet, zusätzliche ausreichende Bewegung Bedingung	geeignet, je nach Aufzuchtbedingung und Rasse	bedingt geeignet, je nach Aufzuchtbedingung und Rasse	geeignet, je nach Aufzuchtbedingung und Rasse
Verkaufs-/ Ausstellungsstall	geeignet	–	–	–
Reit-/Fahrstall	geeignet mit angeschlossenem Auslauf	geeignet bei wenig Wechsel der Pferde	–	geeignet bei wenig Wechsel der Pferde
Rennstall	geeignet, Auslauf wird empfohlen	geeignet bei wenig Wechsel der Pferde	–	–
Pensionspferdehaltung	geeignet bei häufigem Wechsel der Pferde, Auslauf oder Weide Bedingung	geeignet bei wenig Wechsel der Pferde, Weidegang wird empfohlen	–	geeignet je nach Art des Reitbetriebes, bei wenig Wechsel der Pferde
Arbeitspferde	geeignet, Auslauf bzw. Weidegang wird empfohlen	geeignet	–	geeignet
Zoo/ Freigehege	geeignet, Auslauf Bedingung	geeignet	–	geeignet
Zirkus	geeignet, im Heimat-/Winterquartier, Auslauf Bedingung	geeignet	–	im Heimat-/Winterquartier geeignet
Schaustellung**	geeignet, im Heimat-/Winterquartier Auslauf Bedingung	geeignet	–	im Heimat-/Winterquartier geeignet

** Für kurzzeitige Unterbringung ist eine Ständerhaltung möglich.

Literatur

Ahlswede, L.: Pferdefütterung. In: Pirkelmann, H. (ed.): Pferdehaltung, 2. Auflage. Eugen Ulmer Verlag, Stuttgart (1991).

Engelmann, U.: Welche Haltung für mein Pferd. Franckh-Kosmos Verlag, Stuttgart (1994).

Frentzen, F.: Bewegungsaktivitäten und -verhalten von Pferden in Abhängigkeit von Aufstallungsform und Fütterungsrhythmus unter besonderer Berücksichtigung unterschiedlich gestalteter Auslaufsysteme. Vet. med. Diss., Hannover (1994).

Hoffmann, G., H.-D. Wagner: Orientierungshilfen: Reitanlagen und Stallbau. FN-Warendorf, 5. Auflage (1992).

Lengwenat, O. et al.: Heu, Heulage, Briketts, Cobs: Das Verzehrsverhalten des Pferdes im Vergleich. Göttinger Pferdetage'99, FN-Verlag, Warendorf (1999) 169–176.

Marten, J.: Artgerechte Pferdehaltung. Bauen für die Landwirtschaft 35 (1998) 3–7.

Marten, J., A. Salewski: Handbuch der modernen Pferdehaltung. Franckh'sche Verlagsbuchhandlung, Stuttgart (1989).

Nobis, G.: Die Geschichte des Pferdes – seine Evolution und Domestikation. In: Thein, P. (ed.): Handbuch Pferd. BLV-Verlag, München, Wien, Zürich (1984).

Pietrowski, J.: Pferde-Auslaufhaltung. Bauen für die Landwirtschaft 35 (1998) 8–12.

Pirkelmann, H.: Pferdehaltung, 2. Auflage. Eugen Ulmer Verlag, Stuttgart (1991).

Pirkelmann, H.: Pferdehaltung, Offenlaufställe. Arbeitsblatt – ALB Bayern, 07.03.06 (1998).

Rodewald, A.: Fehler bei der Haltung und Nutzung als Schadensursache bei Pferden in Reitbetrieben. Vet. med. Diss., München (1989).

Schäfer, M.: Ansprüche des Pferdes an seine Umwelt. In: Pirkelmann, H. (ed.): Pferdehaltung, 2. Auflage. Eugen Ulmer Verlag, Stuttgart (1991).

Schnitzer, U.: Untersuchungen zur Planung von Reitanlagen. KTBL-Bauschrift 6 (1970).

Schwark, H.-J.: Pferde. VEB Verlag, Berlin (1978).

Zeitler-Feicht, M.: (1993) Mindestanforderungen an die Beleuchtung und Stalluft in der Pferdehaltung unter Tierschutzgesichtspunkten. Tierärztl. Umsch. (48) 311–317.

Rechtsgrundlagen, Empfehlungen, Normen u. ä.:

Bauordnung. BayBO, Art. 54, Abs. 5, Ausgabe 04.08.1997.

BMELF – Bundesministerium für Ernährung, Landwirtschaft und Forsten:

BMELF – Bundesministerium für Ernährung, Landwirtschaft und Forsten, Sachverständigengruppe „Tierschutzgerechte Pferdehaltung": Leitlinien zur Beurteilung von Pferdehaltungen unter Tierschutzgesichtspunkten vom 10. November 1995. Bonn, 1995.

Bundesamt für Veterinärwesen: Information „Tierschutz". Liebesfeld-Bern, Schweiz (1985).

Statistisches Jahrbuch über Ernährung, Landwirtschaft und Forsten der Bundesrepublik Deutschland. 42. Jahrgang, Landwirtschaftsverlag GmbH, Münster-Hiltrup (1998) 124; 127.

Tierschutzgesetz. I. d. F. d. Bek. vom 25. Mai 1998 (BGBl. S. 1105, ber. S. 1818).

Weiterführende Literatur

BMELF – Bundesministerium für Ernährung, Landwirtschaft und Forsten, Arbeitsgruppe „Tierschutz und Pferdesport": Leitlinien „Tierschutz im Pferdesport" vom 1. November 1992. Bonn (1992).

FN e. V. – Deutsche Reiterliche Vereinigung: Überprüfung der Pferdehaltung in FN-anerkannten Ausbildungsstätten (1998).

FN e. V. – Deutsche Reiterliche Vereinigung und DVG e. V. – Deutsche Veterinärmedizinische Gesellschaft: Richtlinien zur Beurteilung von Pferdehaltungen unter Tierschutzgesichtspunkten (1991).

Hessisches Landesamt für Regionalentwicklung und Landwirtschaft, „Arbeitsgemeinschaft artgemäße Pferdehaltung": Kriterien für eine artgemäße Pferdehaltung.

Hessisches Ministerium für Ernährung, Landwirtschaft und Forsten, „Projektgruppe Landeswettbewerb Pferdehaltung": Tiergerechte Pferdehaltung (1999).

TVT e. V. – Tierärztliche Vereinigung für Tierschutz: Mindestanforderungen an Sport- und Freizeitpferdehaltung unter Tierschutzgesichtspunkten.

5.3 Tiergerechte Haltung von Hunden

5.3.1 Grundlegende Anforderungen

(DÖRING-SCHÄTZL, D.)

Seit weit mehr als 14 000 Jahren ist der Hund der Begleiter des Menschen (VILA et al., 1997). In unserer heutigen Gesellschaft spielt er vor allem als Sozialpartner eine große Rolle. Von einem Großteil der Halter wird er als Familienmitglied angesehen, häufig sogar als Kindersatz (VOITH, 1984; s. auch Kap. 5.1). Hunde werden jedoch auch zur Arbeit eingesetzt, wobei sich der Mensch die speziellen Eigenschaften und Fähigkeiten des Tieres zunutze macht.

Je nach Nutzungsart und Erwartung der Halter können sich ganz unterschiedliche Aspekte für die Hundehaltung ergeben. Manch eine Haltungsform ist nicht hundegerecht, weil aus Desinteresse oder aus Kostengründen die Haltungsansprüche der Tiere nur unzureichend berücksichtigt werden. Häufig entstehen Haltungsmängel aber auch unbeabsichtigt aus Unkenntnis oder falsch verstandener Tierliebe. Viele Hunde werden vermenschlicht, fehlernährt und zu wenig beschäftigt. Die Forderung des deutschen TIERSCHUTZGESETZES (1998) nach einer verhaltensgerechten Unterbringung und einer der Art und den Bedürfnissen des Tieres entsprechenden Ernährung und Pflege gilt für alle Hunde, ganz gleich, ob sie in Anbindehaltung oder Zwingern auf einem Betriebsgrundstück gehalten werden oder in einer Hochhauswohnung den menschlichen Sozialpartner ersetzen sollen.

5.3.1.1 Kriterien einer tiergerechten Haltung

In einer tiergerechten, d.h. artgemäßen und verhaltensgerechten Haltung gelingen dem Tier Bedarfsdeckung und Schadensvermeidung, so daß es seine art- und rassetypischen Körper- und Verhaltensmerkmale ausprägen kann (TSCHANZ, 1985). Abweichungen vom Normalbereich der Merkmalsausprägung – wie Verhaltensstörungen, Störungen von Körperfunktionen und physiologische Abweichungen – sind dagegen Hinweise auf Haltungsmängel. Als Kriterien zur Beurteilung der Tiergerechtheit können pathologische (Technopathien, Morbidität, Mortalität), physiologische (z.B. biochemische, immunologische, endokrine Abweichungen sowie die Reproduktionsleistung) und ethologische Indikatoren (Verhaltensabweichungen, Verhaltensstörungen) dienen (SMIDT et al., 1980; SUNDRUM et al., 1999).

Alle heutigen Haushunderassen stammen vom Grauwolf *(Canis lupus)* ab, wobei im Laufe der Domestikation und züchterischen Selektion viele Eigenschaften der wilden Vorfahren verändert wurden (SCOTT u. FULLER, 1965; ZIMEN, 1992; FEDDERSEN-PETERSEN, 1990, 1994b, 1997). Trotzdem zeigt der heutige Haushund im Prinzip vergleichbare physiologische und ethologische Eigenschaften wie der Wolf, die bei einer artgemäßen Hundehaltung (neben rassetypischen Eigenschaften) berücksichtigt werden müssen.

5.3.1.2 Bedarf an Sozialkontakten

Ebenso wie für den Wolf ist auch für den Haushund das Zusammenleben mit Sozialpartnern essentiell. Eine isolierte Haltung, z.B. ganztags im Einzelzwinger, ist als nicht hundegerecht abzulehnen und wird von UNSHELM (1993) als eine der strengsten Strafen für einen Hund bezeichnet. Vergleichende Untersuchungen haben gezeigt, daß einzeln in Zwingern gehaltene Hunde mehr zu Verhaltensabweichungen, wie z.B. stereotypen Kreisbewegungen, neigen und häufiger bellen als die in Gruppe gehaltenen Hunde (HETTS et al., 1992; HUBRECHT et al., 1992).

5 Tiergerechte Haltung von Heim- und Begleittieren

Hunde sollten Gelegenheit zum Kontakt mit beiden Arten von Sozialpartnern haben, d. h. sowohl mit Menschen als auch mit Artgenossen. Kann ein intensiver Kontakt zum Menschen nicht gewährt werden, sollten Hunde, wenn immer möglich, zu zweit oder in einer sozial stabilen Gruppe gehalten werden.

In der Tierschutz-Hundeverordnung (2001) werden die sozialen Bedürfnisse des Hundes nur unzureichend berücksichtigt. Es ist zwar festgelegt, daß einem Hund „ausreichend" Umgang mit der Betreuungsperson gewährt werden muß und daß bei einer Mehrhundehaltung auf einem Grundstück die Tiere grundsätzlich in Gruppe zu halten sind. Aber der Begriff „aureichend" ist unbestimmt. Besser wäre eine Festlegung von täglichen Mindestzeiten für den notwendigen sozialen Kontakt. Des weiteren sind keinerlei Mindestanforderungen an die Sozialisation von Welpen in der Verordnung festgelegt, und so ist weiterhin eine Einzelhaltung von Welpen und Junghunden im Zwinger erlaubt, was aus ethologischen Gründen strikt abzulehnen ist. Zumindest ist seit September 2001 die Anbindehaltung bei Junghunden (unter einem Jahr) verboten.

Bei der Einzelhaltung im **Tierheim** sollten nach Rusch (1999) jedem adulten Hund täglich mindestens zwei Stunden an menschlichem Sozialkontakt zustehen. Werden die Tiere zu zweit oder zu mehreren gehalten, kann diese Zeit auf 45 min reduziert werden.

Für **Versuchshunde** empfiehlt der Europarat in der Entschließung zur Unterbringung und Pflege von Versuchstieren (1997) eine Haltung in sozial harmonischen Gruppen in strukturierten Boxen, wobei möglichst ein täglicher Auslauf, vorzugsweise mit Artgenossen, gewährt werden sollte.

Das Tierpflegepersonal sollte sich mehrmals täglich für längere Zeit mit den Hunden beschäftigen, sie streicheln und mit ihnen spielen (TVT e. V., 1992; Weiß et al., 1996).

Auch die **Wohnungshaltung** kann in Hinsicht auf das soziale Bedürfnis Defizite aufweisen, z. B. wenn ein Hund den ganzen Tag allein in der Wohnung bleiben muß, während seine Besitzer arbeiten. Nach Hallgren (1997) sollten Hunde nicht länger als 4 bis 6 Stunden am Tag alleine gelassen werden, da sonst die Wahrscheinlichkeit steigt, daß sie Verhaltensprobleme entwickeln. Besonders wichtig ist die Anwesenheit des Sozialpartners für **Welpen und Junghunde**. Werden sie zu lange allein gelassen, können sie in Panik geraten und ein Trennungsangstproblem entwickeln, was sich in Vokalisation (Bellen, Jaulen), im Zerstören von Gegenständen oder durch unkontrollierten Harn- oder Kotabsatz äußern kann (O'Farrell, 1991). Junghunde müssen deshalb behutsam an das Alleinbleiben gewöhnt werden.

In den Leitlinien zur tiergerechten und tierschutzgemäßen Zucht, Aufzucht, Haltung und Ausbildung von Hunden (DVG u. VDH, 1993) wird festgestellt, daß die Haltung in der Familie bzw. in engem Kontakt zu den Bezugspersonen den Anforderungen des Hundes an seine Umwelt am besten gerecht wird. Andere Haltungen wie ständige Zwinger- oder Anbindehaltung sowie langzeitiger Aufenthalt alleine in der Wohnung werden in den Leitlinien abgelehnt.

Sozialisation

In der Verhaltensentwicklung des Haushundes gibt es sensible Phasen (Tab. 5.3.1–1), in denen ein ausreichender Kontakt mit Artgenossen und Menschen zur Sozialisation stattfinden muß, damit später keine Verhaltensprobleme im Zusammenleben mit Sozialpartnern entstehen. In verschiedenen Untersuchungen wurde nachgewiesen, daß die ersten drei Lebensmonate besonders wichtig sind und das spätere Verhalten eines Hundes stark beeinflussen (Schneider, 1998). Wachsen Welpen ohne Kontakt zu Menschen auf, sind sie später scheu und Menschen gegenüber mißtrauisch (Freedman et al., 1961). Werden Welpen ohne Kontakt zu anderen Hunden mit der Hand aufgezogen oder zu früh aus dem Welpenverband entfernt, kann es später zur Unverträglichkeit mit Artgenossen kommen (Pfaffenberger,

5.3 Tiergerechte Haltung von Hunden

Tabelle 5.3.1–1 Einteilung der frühen Entwicklungsphasen des Haushundes

Phasen nach Scott u. Fuller (1965)	Alter	Phasen nach Brummer (1976) und Trumler (1987)
Neugeborenenphase	1.–2. Lebenswoche	vegetative oder Neugeborenenphase
Übergangsphase	3. Lebenswoche	Übergangsphase
Sozialisierungsphase	4.–7. Lebenswoche 8.–12. Lebenswoche	Prägungsphase Sozialisierungsphase
Jungtierphase (bis Geschlechtsreife)	13.–16. Lebenswoche 5.–6. Lebensmonat 6.–12. Lebensmonat	Rangordnungsphase Rudelordnungsphase Pubertätsphase

1974; O'Farrell, 1991). Besonders in der Zeit von der 3. bis 12. (rasseabhängig bis zur 16.) Lebenswoche, aber auch danach, sollten Welpen daher viel direkten Kontakt mit Artgenossen verschiedener Rassen und Altersstufen sowie zu den unterschiedlichsten Menschen (vom Baby bis zum Senior) haben. Als besonders wichtig ist die Sozialisation auf Kinder anzusehen, damit der Hund später „kinderfreundlich" wird. Wegen der besonderen Bedeutung der sensiblen Phasen („Lernfenster") liegt eine große Verantwortung beim Züchter. Eine Aufzucht im Zwinger ohne ausreichenden Sozialkontakt ist nicht hundegerecht und kann zu späteren Verhaltensproblemen, wie z. B. Aggressions- oder Meideverhalten, führen (Feddersen-Petersen, 1993; 1994a).

Die Welpen sollten nicht vor der achten Lebenswoche von der Mutter getrennt und an die neuen Besitzer abgegeben werden (Ochsenbein, 1991; O'Farrell, 1991; Bernauer-Münz u. Quandt, 1995; Tierschutz-Hundeverordnung, 2001). Sind beim Züchter gute Möglichkeiten zur Sozialisation gewährleistet, ist ein Absetzen im Alter von etwa zehn Wochen günstig. Nach der Übernahme des Hundes ist es dann Aufgabe des neuen Besitzers, die unterschiedlichsten Begegnungen zu ermöglichen. Sehr empfehlenswert ist der Besuch von kompetent geleiteten Welpenspielgruppen und die Mitnahme des Welpen überall dorthin, wo er andere Hunde und fremde Menschen trifft (Bernauer-Münz u. Quandt, 1995). Züchter und Tierärzte sollten die Halter entsprechend aufklären und beraten.

In den sensiblen Phasen kann auch eine Sozialisierung auf andere Tierarten (z. B. Katzen, Kaninchen etc.) erfolgen. Herdenschutzhunde werden gezielt auf Schafe sozialisiert, damit sie die Herden vor wildernden Hunden oder Wölfen verteidigen (Bloch, 1996).

Rangordnung

Im Wolfsrudel gibt es sowohl unter den männlichen als auch unter den weiblichen Gruppenmitgliedern eine stabile Rangordnung (Zimen, 1992). Auch der Haushund braucht hierarchische Strukturen in seiner Lebensgemeinschaft und sucht sich seinen eigenen Rangplatz abhängig vom Verhalten seiner Sozialpartner. Nicht selten ist die Unkenntnis dieser Zusammenhänge die Ursache für Verhaltensprobleme (Unshelm, 1993). Viele Besitzer übertragen ihr Ideal von Demokratie und Gleichberechtigung auf den Hund, bieten ihm keine deutlichen Grenzen, sondern erfüllen ihm alle Wünsche, sobald er sie äußert. Sie vermitteln ihm so meist unabsichtlich eine hohe bzw. unklare Rangposition. Aggressives Verhalten, das bei manchen Hunden aus dieser Rangunsicherheit resultieren kann, wird nicht verstanden und als „undankbar" angesehen. So kann es zu Knurren, Schnappen oder sogar zu Bissen kommen, wenn der Hund gestreichelt, gebürstet oder hochgehoben wird oder wenn sich ein Familienmitglied dem Futternapf, Spielzeug oder Schlafplatz nähert (O'FARRELL, 1991). Eine klare, konsequente und gewaltfreie (indirekte) Einweisung auf die niedrigste Rangposition in der Familie gibt dem Hund Sicherheit und vermindert die Gefahr der Entstehung unerwünschter Verhaltensweisen. Die neuen Wege der Hundeerziehung machen sich ethologische Erkenntnisse zunutze und kommen weitgehend ohne physische Bestrafung aus. Der Mensch sollte ranghöherer Partner für den Hund sein, ohne diese Stellung mit Härte oder Gewalt durchzusetzen (DVG u. VDH, 1993; s. Kap. 5.3.1.9).

> *Zusammenfassung*
> - *Keine isolierte Haltung, sondern Berücksichtigung des Gemeinschaftsbedürfnisses.*
> - *Sozialisation auf Menschen und Artgenossen, insbesondere durch Nutzung der sensiblen Phasen von der 3. bis 12. (bzw. 16.) Lebenswoche.*
> - *Welpen frühestens mit acht, besser mit etwa zehn Wochen vom Wurf trennen.*
> - *Bei der Wohnungshaltung Alleinsein des (adulten) Hundes auf maximal 4–6 Stunden am Tag begrenzen.*
> - *Keine ständige Zwinger- und Anbindehaltung.*
> - *Freien Kontakt mit Artgenossen am besten täglich ermöglichen.*

5.3.1.3 Bedarf an Reizen, Anregung und Beschäftigung

Aufzucht

Zur physiologischen Entwicklung des Gehirns sowie für eine gesunde Verhaltensentwicklung ist ein gewisses Reizangebot unerläßlich. Reizdepriviert aufgewachsene Hunde können später zu Verhaltensproblemen wie allgemeiner Furchtsamkeit und Schreckhaftigkeit neigen (O' FARRELL, 1991). Am besten ist es, wenn Welpen bereits ab der 3. Lebenswoche behutsam mit allen möglichen Alltagsgegenständen und -geräuschen konfrontiert werden, damit sie umweltsicher werden. So ist es beispielsweise sinnvoll, wenn Hunde im Welpenalter bereits Staubsauger, Telefonklingeln, Regenschirme, Luftballons oder Straßenverkehr positiv kennenlernen und im Auto und in öffentlichen Verkehrsmitteln mitfahren. Natürlich dürfen die Welpen dabei nicht überfordert oder erschreckt werden, da sonst unabsichtlich die Entstehung von Phobien gefördert wird. Wenn man den späteren Verwendungszweck eines Welpen kennt, kann man ihn bereits frühzeitig an die relevanten Geräusche und Gegenstände gewöhnen (z. B. Manipulationen bei Versuchshunden, Rollstuhl bei Behinderten-Assistenzhunden usw.). Ein zukünftiger Großstadthund sollte nicht in ländlicher Abgeschiedenheit oder in einem Zwinger aufwachsen, sondern Verkehr und Gedränge kennenlernen, damit er im späteren Alltag nicht überfordert wird.

Beschäftigung

Der Bedarf an Beschäftigung kann von verschiedenen Faktoren abhängig sein wie Rasse, Alter und individuellen Eigenschaften. Es gibt zum einen eher lebhafte, zum anderen eher phlegmatische Rassen (HART u. HART, 1988). Junghunde brauchen generell mehr Anregung als alte Hunde.

Wenn ein Hund nicht ausreichend beschäftigt und ausgelastet wird, kann es zu für den Halter problematischem Verhalten oder sogar zu Verhaltensstörungen kommen (HALLGREN, 1997). Ein Hund, der sich selbst überlassen ist, wird entweder inaktiv, oder er sucht sich seine eigenen Beschäftigungen. So gibt es eine Vielzahl von Hunden, die beispielsweise zu streunen beginnen oder – wenn sie länger im Garten allein sind – Passanten anbellen oder Beete umgraben.

Vielen Haltern ist bei der Anschaffung des Hundes nicht bewußt, wieviel Zeit zur aktiven Beschäftigung mit ihrem Tier erforderlich ist. Nach Hallgren (1997) ist ein Hund unterstimuliert, wenn er mehr als 20 Stunden am Tag inaktiv ist. Körperliche Bewegung reicht nicht zur Auslastung des Hundes aus, er muß auch „geistig gefordert" werden. Es gibt unzählige Möglichkeiten, seinen Hund zu beschäftigen: Man kann ihm Aufgaben geben, ihm spielerisch Problemsituationen stellen, Kunststücke beibringen und häufiges Gehorsamstraining durchführen. So wird der Hund beschäftigt und gefordert, konzentriert sich mehr auf seinen Besitzer und wird außerdem besser kontrollierbar. Viele Verhaltensprobleme können allein hierdurch vermieden bzw. gelöst werden.

Der gemeinsame Spaziergang ist eine besonders wichtige Form der Beschäftigung. Es ist nicht ausreichend, einen Hund nur in den Garten zu lassen, statt mit ihm spazieren zu gehen, da er sonst zu wenig Möglichkeiten für Anregung und Auslastung hat (Overall, 1997; s. Kap. 5.3.1.4).

Ein Zuviel an Abwechslung und Unruhe kann den Hund jedoch auch überfordern. Gerade junge Hunde können sich nicht lange konzentrieren und ermüden rasch. Man sollte im Training mit ihnen spielerisch umgehen und lieber kurz und abwechslungsreich üben. Kinder müssen lernen, daß ihr Hund auch Ruhepausen braucht. Ermüdungsanzeichen bzw. Übersprungshandlungen durch Überforderung können z.B. Gähnen oder Sich-Kratzen sein (Jones, 1997).

Nicht nur im Hinblick auf die sozialen Bedürfnisse der Hunde (s. Kap. 5.3.1.2), sondern auch wegen der Beschäftigungsmöglichkeiten ist einer Paar- oder Gruppenhaltung von Hunden der Vorzug zu geben, wenn sich eine **Zwingerhaltung** nicht vermeiden läßt. Der Artgenosse schafft nicht nur Abwechslung durch die direkte Interaktion, sondern hinterläßt auch Duftmarken (geruchliche Reize) in der Haltung, die zum Erkunden anregen (Hubrecht et al., 1992).

Damit ein Hund im Zwinger wenigstens teilweise Anteil am Geschehen in der Umgebung nehmen kann, muß mindestens eine Seite des Zwingers die Sicht nach außen ermöglichen (Tierschutz-Hundeverordnung, 2001).

Strukturierung der Haltungsumwelt

Unter restriktiven (sehr einschränkenden) Haltungsbedingungen im unstrukturierten Zwinger oder in einer Box ist ein Hund den vorgegebenen Umweltbedingungen ausgesetzt und hat keine Möglichkeit, sich ihnen zu entziehen. Um einem Tier ein gewisses Maß an Wahlmöglichkeiten, d.h. an „Freiheit" zu bieten, sollte man ihm Gradienten zur Verfügung stellen (Thimm, 1993). Diese können z.B. die Temperatur (warm–kühl), den Untergrund (weich–hart) oder die Lichtintensität (hell–dunkel) betreffen und sind durch eine geeignete Strukturierung der Haltung zu erreichen. Sichtblenden und Podeste können die für die Tiere nutzbare Haltungsfläche vergrößern und eine räumliche Trennung der Verhaltensweisen unterschiedlicher Funktionskreise ermöglichen. Eine Plattform wird nach Hubrecht (1993) von Hunden intensiv genutzt. In der Entschliessung zur Unterbringung und Pflege von Versuchstieren (1997) wird diesen Erkenntnissen Rechnung getragen, indem gefordert wird, daß Boxen für *Versuchshunde* Spielzeug, Elemente zur Raumstrukturierung einschließlich erhöhter Plattformen sowie Rückzugsmöglichkeiten enthalten sollen.

Spielzeug und Gegenstände zur Beschäftigung können in der **Zwinger- und Boxenhaltung** so aufgehängt werden, daß sie nicht durch Fäkalien verschmutzen. Es ist jedoch zu beachten, daß Spielzeug häufig für den Hund uninteressant wird, wenn er sich damit allein beschäftigen soll (Mugford, 1992). Gegenstände, an denen die Hunde kauen können, haben sich bereits bewährt und werden von den Tieren längere Zeit benutzt, ohne daß sie das Interesse daran verlieren (Hubrecht, 1993). Ein häufiges Wechseln der

Gegenstände sowie ein Geschmacksanreiz kann die Akzeptanz verbessern. Viele Hunde beschäftigen sich gern mit schmackhaften Kauknochen oder -streifen sowie mit Futterbällen oder -würfeln, die bei Manipulation Futterbrocken freigeben. So sollten sich Hunde ihre Futterration über den Tag selbst erarbeiten, damit sie länger beschäftigt sind.

> *Zusammenfassung*
> - *Aufzucht und Haltung in einer angereicherten Umwelt, die Anregung und Wahlmöglichkeiten bietet.*
> - *Behutsame Konfrontation mit Alltagsgegenständen und Geräuschen, v. a. in den ersten drei Lebensmonaten.*
> - *Ausreichend aktive Beschäftigung mit dem Hund (möglichst ca. 2 bis 3 Stunden täglich), körperliche und „geistige" Auslastung.*

5.3.1.4 Bewegungsbedarf

Der Bewegungsbedarf ist, ebenso wie das damit verbundene Bewegungsbedürfnis (d. h. das subjektive Erleben des Bewegungsmangels), beim Hund u. a. von Rasse, Alter, Gesundheitszustand und Zyklusstand abhängig und läßt sich nicht pauschal für den Haushund festlegen. Vertreter vieler Hüte- oder Jagdhundrassen stellen höhere Ansprüche an die Bewegungsmöglichkeiten als beispielsweise Basset oder Englische Bulldogge, die meist eine geringere allgemeine Aktivität aufweisen (HART u. HART, 1988). Dennoch brauchen alle Hunde ausreichend Möglichkeiten zur freien Bewegung.

Treten körperliche Schäden (z. B. Knochengewebshypoplasien) infolge eines Bewegungsmangels auf oder entwickeln sich Verhaltensstörungen wie Stereotypien, die auf Leidenszustände schließen lassen, entspricht die Haltung nicht den Forderungen des § 2 des TIERSCHUTZGESETZES (1998).

Die TIERSCHUTZ-HUNDEVERORDNUNG (2001) fordert, daß jedem Hund ausreichend Auslauf im Freien außerhalb eines Zwingers oder einer Anbindehaltung zu gewähren ist. Die tägliche Mindestdauer des Auslaufs wird im Gegensatz zu der vormals gültigen Verordnung (VERORDNUNG ÜBER DAS HALTEN VON HUNDEN IM FREIEN, 1974) nicht konkrekt benannt. Dort wurde zumindest bei Hunden in Anbindehaltung und bei der Haltung auf Freianlagen, in Schuppen, Scheunen, Stallungen, Lagerhallen usw. ein freier Auslauf von wenigstens 60 Minuten täglich verlangt. Es ist zu fordern, daß diese Mindestzeiten jedem Hund – unabhängig von der Haltungsform – gewährt werden. Nach HALLGREN (1997) braucht ein ausgewachsener Hund von der Größe eines Schäferhundes etwa drei Stunden Bewegung am Tag.

Die körperliche Auslastung des Hundes sollte jedoch immer an dessen individuelle Möglichkeiten angepaßt sein, und Erschöpfungsanzeichen müssen beachtet werden, um eine Überforderung sowie daraus resultierende Gesundheitsschäden zu vermeiden. Junghunde unter 12 bis 15 Monaten sind körperlich noch nicht voll belastbar.

Auslauf an der Leine

Eine tiergerechte Hundehaltung macht es erforderlich, daß der Auslauf nicht ausschließlich an der Leine erfolgt. Sowohl in seinen Bewegungs- als auch in seinen Erkundungsmöglichkeiten wird der Hund ansonsten zu stark eingeschränkt, denn der Mensch bestimmt das Tempo und nimmt seinem Hund meist die Möglichkeiten zum artgemäßen Suchen und Prüfen von Duftmarken. Dieses Verhalten stellt jedoch einen wichtigen Bestandteil der hundlichen Kommunikation und des Erkundungsverhaltens dar. Hunde scheiden über Duftdrüsen und mit ihren Körpersekreten Geruchsstoffe aus, die Artgenossen wichtige Informationen liefern (Abb. 5.3.1–1). Ein Beschnüffeln der Hinterlassenschaften anderer Hunde ist daher für diese Tierart wichtig, auch wenn es dem Menschen unappetitlich erscheint. Die soziale Funktion des Kotabsatzes wir auch dann

5.3 Tiergerechte Haltung von Hunden

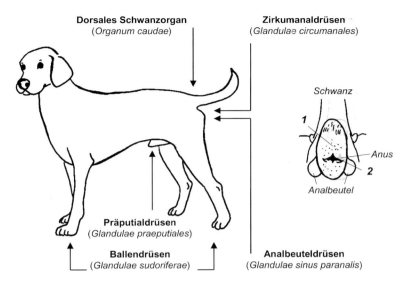

Abb. 5.3.1–1 Hautduftdrüsen des Hundes (nach Nickel et al., 1984).
Analbeuteldrüsen: Duftstoffe zur Individualerkennung und -markierung (anhaftend am Kot), Ausführungsgänge innen am After (2)
Ballendrüsen: Duftmarkierung der Fährte, Thermoregulation
Dorsales Schwanzorgan: (rudimentär) Individualerkennung und sexuelle Verständigung
Präputialdrüsen: Duftdrüsen
Zirkumanaldrüsen: Duftdrüsen zur Verständigung, Ausführungsgänge rings um After (1)

deutlich, wenn rangniedrige Hunde sich nicht an Orten lösen, an denen bereits Kot ranghöherer Artgenossen vorhanden ist (Unshelm, 1994). Besitzer rangniedriger Hunde sollten daher darauf achten, mit ihrem Hund Duftmarken-freie Stellen aufzusuchen, um ihnen somit Gelegenheit zum Lösen zu geben.

Hunde brauchen den regelmäßigen freien Kontakt zu Artgenossen. Ein ständig angeleinter Hund ist darin stark eingeschränkt, kann nicht frei spielen oder einem überlegenen Artgenossen ausweichen. Viele Hunde verhalten sich außerdem an der Leine anderen Hunden gegenüber aggressiver, weil allein die Anwesenheit des Besitzers am anderen Leinenende dem Hund eine soziale Unterstützung vermittelt. Häufig wird dieses aggressive Verhalten der Hunde unabsichtlich durch die Reaktion der Besitzer gefördert, wenn diese schimpfen, dem Hund gut zureden, ihn auf den Arm nehmen oder ihre eigene ängstliche Stimmung auf ihn übertragen (s. a. Kap. 5.3.1.9).

Die Freiheit des Hundes muß dort ihre Grenzen finden, wo er andere gefährdet oder belästigt. Hunde müssen in der Öffentlichkeit immer unter Kontrolle sein. Sie sollten im Straßenverkehr grundsätzlich an der Leine geführt werden. In manchen Gemeinden ist ein genereller Leinenzwang für bestimmte Gebiete in der Ortssatzung festgeschrieben (Wienzeck u. Wienzeck, 1995). Rücksichtnahme und Verantwortung sollten das Verhalten in der Öffentlichkeit bestimmen. Trifft man Jogger, Radfahrer, Kinder oder andere Passanten, sollte der Hund gerufen werden und in der unmittelbaren Nähe seines Besitzers, bei mangelndem Gehorsam an der Leine bleiben.

> *Zusammenfassung*
> - *Ausreichende Möglichkeiten zur freien Bewegung bieten (rasse- und altersgerecht).*
> - *Spaziergänge möglichst nicht nur an der Leine, etwa 3 Stunden (mindestens 1 Stunde) am Tag.*
> - *Rücksichtnahme und Gefahrvermeidung beim Bewegen in der Öffentlichkeit.*

5.3.1.5 Platzbedarf

Hunde brauchen in einer verhaltensgerechten Unterbringung ausreichend Platz, um die verschiedenen, mit Bewegung verbundenen Verhaltensweisen ausführen und das Verhalten unterschiedlicher Funktionskreise räumlich voneinander trennen zu können (z. B. Ruhen, Fressen, Kotabsatz). Dieser Platz muß ihnen entweder in der Haltung selbst (in Zwinger oder Box) oder aber in Form von Auslauf zur Verfügung gestellt werden.

Bei der **Wohnungshaltung** ist der Platzbedarf weniger von der Größe des Hundes als von den sonstigen Bewegungsmöglichkeiten abhängig (HART u. HART, 1988). Wird dem Hund bei Spaziergängen ausreichend Bewegung und Anregung verschafft, dient die Wohnung hauptsächlich als Ruheort und könnte als erweiterte Höhle angesehen werden (UNSHELM, 1993).

Die rechtlich für die **Zwingerhaltung** vorgeschriebenen Mindestmaße (Tab. 5.3.1–2) sind als sehr restriktiv anzusehen, da hier keine Mindestzeiten für einen Auslauf vorgeschrieben sind. Für Hunde in **Anbindehaltung** ist ein Bewegungsspielraum von mindestens 30 m² (6 m × 5 m durch die Laufvorrichtung) festgelegt. Unabhängig von der Haltungsform hat jeder Hund Anspruch auf ausreichend Auslauf im Freien (TIERSCHUTZ-HUNDEVERORDNUNG, 2001).

Versuchshunde werden üblicherweise in *Boxen* gehalten. Sie sollten möglichst täglich eine bis zwei Stunden Auslauf erhalten (WEISS et al., 1996). Eine Haltung in **Käfigen** sollte vermieden werden und nur solange erfolgen, wie es für den Zweck des Versuchs unbedingt erforderlich ist. Außerdem sollte ein Hund in der Käfighaltung mindestens einmal täglich die Möglichkeit erhalten, sich frei zu bewegen (EUROPÄISCHES ÜBEREINKOMMEN VOM 18. MÄRZ 1986 ZUM SCHUTZ DER FÜR VERSUCHE UND ANDERE WISSENSCHAFTLICHE ZWECKE VERWENDETEN WIRBELTIERE; RICHTLINIE DES RATES 86/609/EWG, 1986). In der ENTSCHLIESSUNG ZUR UNTER-

Tabelle 5.3.1–2 Vorgeschriebene Mindestflächen für die Hundehaltung

Vorgeschriebene Mindestflächen für die Haltung von Hunden	
Haltung im Freien (TIERSCHUTZ-HUNDEVERORDNUNG, 2001	
Zwingerhaltung	**6, 8 oder 10 m²** Grundfläche abhängig von der Widerristhöhe des Hundes, Seitenlängen der doppelten Körperlänge des Hundes entsprechend, jeweils mindestens 2 m, bei weiteren Hunden jeweils zusätzlich die Hälfte der Grundfläche
Anbindehaltung	**30 m²** Grundfläche (6 m × 5 m durch Laufvorrichtung)
Versuchshunde (RICHTLINIE DES RATES 86/609/EWG)	
Boxenhaltung	abhängig vom KG **0,5–2,0 m²** Grundfläche + **0,5–2,0 m²** Auslauffläche je Hund (z. B. bei Hund von 20 kg KG 1,7 m² Grundfläche + 1,9 m² Auslauffläche)
Käfighaltung	abhängig von Schulterhöhe **0,75–1,75 m²** Grundfläche, 60–140 cm Höhe (z. B. bei Hund von 40 cm Schulterhöhe 1,0 m² Fläche und 80 cm Höhe) Haltung in Käfigen nicht länger als für Versuchszweck unbedingt erforderlich

BRINGUNG UND PFLEGE VON VERSUCHSTIEREN (1997) wird eine Haltung im Käfig ohne Auslauf über mehr als 14 Tage abgelehnt.

Untersuchungen von MILITZER und BERGMANN (1994) zeigten, daß Versuchshunde in Gruppenhaltung den Kotort möglichst weit vom Ruheort entfernt und bevorzugt in der Nähe einer Wandstruktur wählten. Gelingt in einer Haltung die räumliche Trennung zwischen Ruheort bzw. Hauptaufenthaltsort und Kotort nicht, ist die Haltungsfläche als zu klein zu bewerten.

Der für die Tiere nutzbare Raum läßt sich durch eine geeignete Strukturierung vergrößern, z. B. durch Nutzung der dritten Dimension mit Hilfe von Sitzpodesten oder durch Trennwände. Dadurch wird den Tieren auch eine räumliche Trennung der verschiedenen Verhaltensbereiche erleichtert.

Zusammenfassung
- *Die Größe der Haltungseinheit muß das Ausführen der essentiellen Verhaltensweisen und eine räumliche Trennung zwischen den Verhaltensweisen unterschiedlicher Funktionskreise ermöglichen.*
- *Die nutzbare Fläche einer Haltung läßt sich durch eine geeignete Strukturierung vergrößern.*
- *Für Zwinger, Boxen und (Versuchs-)Käfige sind Mindestgrößen gesetzlich festgelegt.*

5.3.1.6 Futter, Fütterung und Tränke

Der Hundehalter ist gesetzlich dazu verpflichtet, seinen Hund „seiner Art und seinen Bedürfnissen entsprechend angemessen" zu ernähren (TIERSCHUTZGESETZ, 1998). Dazu gehört die Auswahl eines artgemäßen, bedarfsgerechten Futters.

Die kommerziellen Alleinfuttermittel weisen in der Regel ein ausgewogenes Verhältnis zwischen Nährstoffgehalt und Energiedichte auf, so daß der Hund mit der Deckung des Energiebedarfs auch den Bedarf an allen anderen Nährstoffen deckt (CASE et al., 1997; STIFTUNG WARENTEST, 1998). Zusätzliche Vitamin- oder Mineralstoffpräparate sind somit nicht erforderlich. Man sollte die Futtersorte dem Lebensstadium und den Leistungsanforderungen des Hundes entsprechend auswählen (abhängig von Alter, Aktivitätsgrad, Reproduktionszustand usw.). Die richtige Futtermenge muß individuell abgestimmt sowie an die Erfordernisse des Tieres angepaßt sein und kann durch regelmäßige Kontrolle des Körpergewichts überprüft werden (IBEN, 1996). Eine Fütterung ad libitum ist meist problematisch und kann zu Adipositas mit den daraus resultierenden Gesundheitsschäden führen. Ein Hund muß bedarfsgerecht gefüttert werden, auch wenn er ständig „hungrig" erscheint. Dieses ständige Interesse an (schmackhaftem) Futter läßt sich aus dem Ernährungsverhalten der Wölfe erklären, die nicht täglich Beute machen und bei Gelegenheit so viel wie möglich verzehren, da nicht sicher ist, wann es wieder Futter gibt (BERNAUER-MÜNZ u. QUANDT, 1995; IBEN, 1996).

Vorsicht ist geboten, wenn man seinem Hund das Futter selbst zusammenstellen oder kochen möchte. Nur wenn man die Ration sorgfältig berechnet oder am besten vom Tierarzt berechnen läßt, ist eine bedarfsgerechte Ernährung gewährleistet. Eine optimale vegetarische Ernährung des Hundes ist nur schwierig zu erreichen. Hier kann es zu Ernährungsmängeln kommen, wenn Defizite in der Ration nicht erkannt und entsprechend supplementiert werden. Auch die kommerziellen vegetarischen Alleinfuttermittel bieten keine Gewähr für eine ausgewogene Zusammensetzung (ENGELHARD, 1999).

Der Haushund zählt zwar zu der Ordnung der Carnivoren, ernährt sich aber eher omnivor (CASE et al., 1997). Wölfe fressen ihre Beutetiere mehr oder weniger komplett einschließlich des Verdauungstrakts, der mit pflanzlichem Inhalt gefüllt ist. Hieraus erklärt sich auch die Vorliebe vieler Hunde für den Kot potentieller Beutetiere. Abhängig von

Lebensraum und Jahreszeit ernähren sich Wölfe auch von Früchten, Wurzeln oder Blättern (IBEN, 1996). Der Speiseplan des Haushundes sollte daher tierische und pflanzliche Produkte enthalten. Das ausschließliche Verfüttern von Muskelfleisch ist nicht hundegerecht.

Junghunde haben in der Zeit des Wachstums einen etwas höheren Proteinbedarf als ausgewachsene Tiere. Wählt man ein geeignetes, an die Altersstufe angepaßtes Alleinfutter, sind weitere Ergänzungen nicht nötig und können sogar schädlich sein, wie z. B. die zusätzliche Gabe von Kalzium und Phosphor bei großwüchsigen Rassen (MEYER et al., 1989; CASE et al., 1997). Sowohl eine unausgewogene Futterration als auch eine zu große Menge eines ausgewogenen Futters können zu späteren Gesundheitsschäden wie Skelettanomalien oder Adipositas führen.

Während der **Trächtigkeit** sollte eine an diese Lebensphase angepaßte Fertignahrung gefüttert werden, wobei eine Ergänzung mit Kalzium oder anderen Mineralstoffen dann nicht erforderlich ist. Das Muttertier sollte nicht mehr als maximal 25 % ihres Körpergewichts bis zum Ende der Trächtigkeit zunehmen. Während der **Hauptlaktationszeit** muß die zwei- bis dreifache Erhaltungsmenge gefüttert werden (CASE et al., 1997).

Bei **alten Hunden** kann sich der Energiebedarf um 30–40 % verringern, so daß auch die Rationsmenge entsprechend reduziert werden muß (CASE et al., 1997).

Bei **niedrigen Umgebungstemperaturen** (unter 15 °C) ist eine durchschnittliche Erhöhung der Energieaufnahme um 25 % erforderlich, damit Hunde ihr Körpergewicht halten können (CASE et al., 1997).

Neben den Inhaltsstoffen spielt bei der Ernährung auch die **Konsistenz** des Futters eine wichtige Rolle, denn den Hunden sollte die Möglichkeit gegeben werden, ihre Zähne einzusetzen. Trockenfutter sowie geeignete Kauobjekte beugen gegen Zahnbelag und Zahnstein vor (CASE et al., 1997).

Bis zum Alter von einem halben Jahr sollten Hunde drei bis vier, später zwei Mahlzeiten am Tag bekommen. Alte Hunde können ihr Futter über mehrere kleine Portionen verteilt erhalten. Nach dem Fressen größerer Mengen sollten Hunde körperlich nicht belastet werden.

Frisches **Wasser** muß Hunden jederzeit zur Verfügung stehen (TIERSCHUTZ-HUNDEVERORDNUNG, 2001).

Schädliches

Knochen sollten grundsätzlich nicht verfüttert werden, da sie zu Gesundheitsschäden wie Verletzungen durch Knochensplitter oder zu schweren Obstipationen führen können (MEYER et al., 1989; KRAFT, 1990; TVT e. V., 1999a). Wegen der Gefahr von Infektionserkrankungen sollte Fleisch nicht roh verfüttert werden (z. B. Aujeszky-Infektion durch rohes Schweinefleisch).

Süßigkeiten und menschliche Essensreste sind kein Hundefutter. Große Mengen Schokolade können sogar wegen der Gefahr einer Theobrominvergiftung tödlich wirken (z. B. 680 g Milchschokolade oder 90 g Backschokolade können für einen Hund von 11 kg Körpermasse tödlich sein). Auch eine größere Menge an Zwiebeln kann für Hunde wegen des Gehaltes an N-Propyldisulfid toxisch wirken (CASE et al., 1997).

Zusammenfassung
- *Ration sorgfältig berechnen oder ausgewogenes Alleinfutter geben ohne Zufütterung.*
- *Keine reine Fleischfütterung, kein rohes (Schweine-)Fleisch.*
- *Futtermenge an individuellen Bedarf anpassen (Gewichtskontrolle).*
- *Wachsende Tiere bedarfsgerecht füttern, Überfüttern unbedingt vermeiden (Gefahr von Gesundheitsschäden!).*
- *Keine Knochen füttern, aber Kauknochen und -streifen anbieten.*
- *Keine Süßigkeiten und Essensreste, besondere Vorsicht bei Schokolade und Zwiebeln.*

5.3.1.7 Klimaansprüche

Hunde stellen je nach Rasse, Fellbeschaffenheit, Alter, Gesundheitszustand usw. ganz unterschiedliche Ansprüche an die Umgebungstemperaturen. Ein Nackthund oder Rehpinscher friert selbstverständlich eher als ein Husky oder Neufundländer. Daher lassen sich keine für alle Hunde verbindlichen Empfehlungen geben. Am besten ist es, wenn jeder Hund die Möglichkeit erhält, zwischen Bereichen unterschiedlicher Temperatur wählen zu können.

Nach der TIERSCHUTZ-HUNDEVERORDNUNG (2001) muß einem Hund bei der Haltung im Freien (im **Zwinger** oder in der **Anbindehaltung**) eine geeignete Schutzhütte zur Verfügung stehen. Diese muß aus wärmedämmendem, gesundheitsunschädlichem Material bestehen und so beschaffen sein, daß sich der Hund daran nicht verletzen und daß er trocken liegen kann. Die Größe muß so bemessen sein, daß sich der Hund zum einen darin bewegen (sich umdrehen, stehen, ausgestreckt liegen) und daß er zum anderen den Raum durch seine Körpertemperatur anwärmen kann. In der kalten Jahreszeit hat ein Hund somit die Möglichkeit der Wahl zwischen verschiedenen Umgebungstemperaturen. Zusätzlich muß dem Hund bei der Haltung im Freien noch ein witterungsgeschützter, schattiger Liegeplatz mit wärmegedämmten Boden außerhalb dieses Schutzraums zur Verfügung stehen.

Bei der Haltung von **Versuchshunden** wird ein **Temperaturbereich** von 15 bis 21 °C, eine relative **Luftfeuchte** von durchschnittlich 55 % +/- 10 %, eine **Luftaustauschrate** von 15 bis 20 Luftwechseln pro Stunde sowie ein Rauchverbot in den Tierräumen empfohlen (EUROPÄISCHES ÜBEREINKOMMEN VOM 18. MÄRZ 1986; RICHTLINIE DES RATES 86/609/EWG, 1986; WEIß et al., 1996).

Für eine ausreichende Be- und Entlüftung (unter Vermeidung von Zugluft) ist zu sorgen, um die Tiere vor **Schadgasen** zu schützen, wobei mindestens die für die Haltung von Schweinen oder Kälbern vorgeschriebenen Grenzwerte eingehalten werden sollten (Ammoniak = 20 cm^3 pro m^3 Luft; Kohlendioxid = 3000 cm^3 pro m^3 Luft; Schwefelwasserstoff = 5 cm^3 pro m^3 Luft) (VERORDNUNG ZUM SCHUTZ VON SCHWEINEN BEI STALLHALTUNG, 1994; VERORDNUNG ZUM SCHUTZ VON KÄLBERN BEI DER HALTUNG, 1997).

Bei **neugeborenen Welpen** spielen die Umgebungstemperaturen eine große Rolle, weil sie nicht in der Lage sind, die Körpertemperatur zu regulieren. Kühlt ein neugeborener Welpe unter 32 °C Körpertemperatur ab, kann dies lebensbedrohlich sein. Hierauf ist besonders bei mutterloser Aufzucht zu achten. In den ersten fünf Lebenstagen sollte die Umgebungstemperatur des Welpen daher 28 bis 32 °C betragen, danach bis zu einem Alter von 20 Tagen 26 °C, bis zu 34 Tagen 23 °C (BJÖRCK, 1984). Optimale Temperaturbedingungen können in der Wurfkiste erreicht werden, wenn ein in der Höhe verstellbarer Zwischenboden eingebaut wird, unter dem sich ein regulierbares Heizkissen befindet. Ein Temperaturfühler im Inneren der Wurfbox sollte zur Kontrolle nicht fehlen.

Hunde im Auto

Werden Hunde für längere Zeit im parkenden Auto zurückgelassen, kann es zu einer erheblichen Hitzebelastung bis hin zum Tod der betroffenen Tiere kommen. Auch das Parken im Schatten oder bei bewölktem Himmel gibt in der warmen Jahreszeit keine Sicherheit für ein akzeptables Raumklima im Auto, da das Fahrzeug durch Streustrahlung erwärmt werden kann und sich die Lichtverhältnisse schnell ändern können. Durch das Hecheln des Hundes kann die Luftfeuchtigkeit bei mangelnder Lüftung im Innenraum stark ansteigen, so daß es zu einem lebensbedrohlichen feucht-heißen Klima kommen kann (WEBER-HERRMANN, 1996). Für ausreichende Frischluft und angemessene Lufttemperaturen ist daher zu sorgen (TIERSCHUTZ-HUNDEVERORDNUNG, 2001). Einem Gerichtsurteil zufolge ist ein Kraftfahrzeug für die mehrstündige Unterbringung eines Hundes generell ungeeignet (LORZ u. METZGER, 1999).

> *Zusammenfassung*
> - *Die Klimaansprüche variieren stark je nach Rasse, Alter, Gesundheitszustand usw.*
> - *Jeder Hund sollte Wahlmöglichkeiten zwischen verschiedenen Umweltbedingungen erhalten (Gradientenangebot).*
> - *Bei der Haltung im Freien hat jeder Hund Anspruch auf eine Schutzhütte und einen zusätzlichen Schattenplatz.*
> - *In der Versuchstierhaltung werden als Umgebungstemperatur 15 bis 21 °C und als relative Luftfeuchte 55 +/– 10 % empfohlen; die Tiere sind vor Zugluft und Zigarettenrauch zu schützen.*
> - *Hunde dürfen bei warmen Temperaturen nicht für längere Zeit im parkenden PKW zurückgelassen werden, da es zu einer erheblichen Hitzebelastung kommen kann.*

5.3.1.8 Betreuung und Pflege

Jeder Hund hat Anspruch auf eine ihm entsprechende, angemessene Pflege (TIERSCHUTZGESETZ, 1998).

Neben der Krankheitsprophylaxe durch Impfen, Schutz vor Parasiten und Hygienemaßnahmen, zu denen auch das tägliche Entfernen des Kotes aus dem Aufenthaltsbereich des Hundes zählt, gehört zur Routinepflege auch das regelmäßige Überprüfen von Ohren, Krallen und Analdrüsen sowie die Pflege von Fell und Zähnen. Jeder Hund sollte wenigstens einmal jährlich tierärztlich untersucht werden.

Die Unterbringung ist mindestens einmal, bei der Anbindehaltung mindestens zweimal täglich zu überprüfen. Einzeln gehaltene Hunde haben Anspruch darauf, daß man sich mehrmals täglich mit ihnen beschäftigt (TIERSCHUTZ-HUNDEVERORDNUNG, 2001).

Krankheitsprophylaxe

Die Impfung gegen die wichtigsten Infektionskrankheiten schützt den Hund vor möglichen Schmerzen, Leiden oder Schäden, die durch diese Erkrankungen entstehen können (Tab. 5.3.1–3).

Der Floh- und Zeckenschutz verhindert nicht nur eine Belästigung des Hundes durch diese Ektoparasiten, sondern schützt ihn indirekt auch vor der Infektion mit Krankheitserregern wie Borrelien (*Borrelia burgdorferi*, Übertragung durch Holzbock *Ixodes ricinus*), Babesien (*Babesia canis*, Übertragung durch Braune Hundezecke *Rhipicephalus sanguineus*) oder Bandwurm (*Dipylidium caninum*, Übertragung durch Floh *Ctenocephalides canis*). Außerdem ist die Flohspeichelallergie eine der häufigsten Hauterkrankungen beim Hund (ECKERT u. BOCH, 1992; LÖWENSTEIN u. HÖNEL, 1999).

Fellpflege

Hunden, bei denen langes Fell im Gesicht die Augen verdeckt, sollte man durch Abschneiden oder Hochbinden der Haare eine freie Sicht ermöglichen. Nicht selten ist ein behindertes Sehvermögen Ursache für Verhaltensprobleme wie Schreckhaftigkeit (BREUER, 2000). Besonders bei langhaarigen Rassen ist ein Verfilzen und übermäßiges Verdrecken des Fells zu vermeiden bzw. entsprechende Abhilfe zu schaffen. Aber auch bei kurzhaarigen Rassen ist das regelmäßige Bürsten – am besten mit einem Gummistriegel, damit die Haut nicht verletzt wird – sinnvoll. Abgesehen von der Fellpflege und der Unterstützung des Haarwechsels besonders im Frühjahr, hat das Bürsten auch positive Effekte auf die Beziehung zwischen Mensch und Hund, da dem Tier auf freundliche Art seine niedrige Rangposition demonstriert wird. Häufiges Baden mit Shampoo kann wegen der entfettenden Wirkung schädlich für Haut und Haarkleid sein. Es sollten nur spezielle Hundeshampoos verwendet werden.

Zahnpflege

Wenn Hunde nur weiches Futter fressen und keine Gelegenheit haben, ihre Zähne zu reinigen, können sie zu Zahnbelägen und

Tabelle 5.3.1–3 Impfschema (nach Truyen, 1997)

Erkrankung	Erreger	Grundimmunisierung		Auffrischungs-impfung
		Erstimpfung	Wiederholung	
Übliche Impfungen				
Parvovirose	Canines Parvovirus Typ 2 (CPV-2)	(6.–)8. LW	(10.–)12. LW	jährlich
Staupe	Staupevirus (Morbillivirus)	(6.–)8. LW	(10.–)12. LW	jährlich
Hepatitis contagiosa canis (HCC)	Canines Adenovirus Typ 1 (CAV-1)	8.–10. LW	12.–14. LW	jährlich
Leptospirose	Leptospira Serovare	8.–10. LW	12.–14. LW	jährlich
Tollwut	Lyssavirus	12.–14. LW	14.–16. LW	jährlich
Impfung in besonders gefährdeten Populationen				
Zwingerhustenkomplex	Parainfluenzavirus Typ 2	8. LW	12. LW	jährlich
	Bordetella bronchiseptica	8. LW	12. LW	jährlich *(intranasale Applikation)*

Die Angaben der Impfstoffhersteller sind zu beachten. [LW = Lebenswoche]

Zahnstein neigen, die durch Halter bzw. Tierarzt entfernt werden müssen. Die Gabe von Trockenfutter und geeigneten Kauknochen oder -streifen kann der Entstehung von Zahnstein vorbeugen (Case et al., 1997). Auch die Zahnpflege mit entsprechenden Bürsten bewährt sich gut (Mugford, 1992; Utzinger, 2000).

Zusammenfassung
- *Regelmäßige Kontrolle des Körperzustands, insbesondere der Ohren, Zähne, Krallen und Analdrüsen.*
- *Pflege von Fell (regelmäßig bürsten) und Zähnen (Zahnsteinprophylaxe durch die Gabe geeigneter Kauobjekte oder durch Zähneputzen).*
- *Immunschutz und Schutz vor Ekto- und Endoparasiten.*
- *Hygienemaßnahmen einschließlich der täglichen Entfernung des Kotes.*

5.3.1.9 Umgang und Ausbildung

Umgang

Der richtige Umgang mit dem Hund ist ein wesentlicher Bestandteil einer hundegerechten Haltung (s. a. Kap. 5.3.1.2). Es ist wichtig, dabei darauf zu achten, daß der Mensch ranghöherer Partner ist, dem der Hund vertrauen kann. Ein hoher sozialer Rangstatus sollte dabei durch subtile Signale und Führungsverhalten vermittelt werden (indirekte Rangzuweisung) und nicht durch Härte oder Gewalt (O'Farrell, 1991; Quandt, 1991; DVG u. VDH, 1993; Rehage, 1999).

Viele Probleme sowohl für die Halter als auch für ihre Hunde entstehen durch Fehler in der Kommunikation. Ohne eine entsprechende Kenntnis der Verhaltenskunde und des hundlichen Lernverhaltens fällt es vielen Menschen schwer, ihrem Hund zu vermitteln, was sie von ihm wünschen. So kann es zu Mißverständnissen kommen, die dazu führen, daß ein Hund ein für die Besitzer problematisches Verhalten lernt (OCHSENBEIN, 1991; BERNAUER-MÜNZ u. QUANDT, 1995). Denn die meisten Halter neigen dazu, ihrem Hund Aufmerksamkeit zu schenken, wenn er sich unerwünscht verhält, ihn aber zu ignorieren, wenn er nicht auffällt und „brav" ist. Die ungewollte Belohnung des unerwünschten Verhaltens (Bellen, Anspringen usw.) führt zu dessen Verstärkung und erhält es aufrecht. Wenn z. B. ein Hund, der Fremde anbellt, durch seinen Besitzer ermahnt, auf den Arm genommen oder durch Streicheln abgelenkt und „beruhigt" wird, lernt der Hund dabei, daß sein aggressives Verhalten angebracht und erwünscht ist und sich für ihn lohnt. Ebenso können auch Angstreaktionen des Hundes durch Trösten verstärkt werden. Bereits die unterschiedliche Körpersprache bei Hund und Mensch kann zu Mißverständnissen führen, da sich viele Hunde durch ein freundlich gemeintes Anlächeln (Zähneblekken), In-die-Augen-Schauen (fixierender Blick), Herunterbeugen und Anfassen (vermeintlicher Angriff) eines (fremden) Menschen bedroht fühlen können (HALLGREN, 1997).

Verhaltensprobleme können mit Schmerzen, Leiden oder Schäden für das betroffene Tier verbunden sein, beispielsweise bei Trennungsangst, Angst vor fremden Personen, Geräuschphobien usw. Das Vermeiden bzw. Behandeln von Verhaltensproblemen leistet somit einen wichtigen Beitrag zur tiergerechten Hundehaltung und zum Tierschutz (UNSHELM, 1993).

Ausbildung

Früher durchaus übliche Zwangs- und Strafmaßnahmen werden heute immer mehr durch hundegerechte, schmerzfreie Methoden ersetzt. Über Motivation und Belohnung des erwünschten Verhaltens werden sehr gute Erfolge erzielt, und das Verhalten kann nachhaltiger beeinflußt werden als mit Bestrafung (DVG u. VDH, 1993). Der Grundsatz des TIERSCHUTZGESETZES (1998), wonach man keinem Tier ohne vernünftigen Grund Schmerzen, Leiden oder Schäden zufügen darf, gilt auch in der Hundeerziehung. Für die Anwendung physischer Strafe oder Gewalt gibt es keinen vernünftigen Grund, wenn es auch schmerzfreie Alternativen gibt. In vielen Fällen reicht ein konsequentes Ignorieren des Fehlverhaltens aus, um es zu löschen, oder aber der Hund wird während des unerwünschten Verhaltens unterbrochen (ASKEW, 1993). Es ist verboten, einem Hund in Ausbildung oder Training „erhebliche" Schmerzen, Leiden oder Schäden zuzufügen (§ 3 Nr. 5 des TIERSCHUTZGESETZES, 1998).

Der Erfolg von Erziehungs- und Ausbildungsmaßnahmen ist vom richtigen Maß und Zeitpunkt der Einwirkung abhängig. Bereits wenige Sekunden nach einer Handlung stellen Hunde keinen sicheren Bezug mehr zu der darauffolgenden Reaktion her. Am besten sollte die Belohnung bzw. Reaktion sofort, d. h. innerhalb von einer Sekunde erfolgen (O'FARRELL, 1991; NEVILLE, 1993; ASKEW, 1993; ASKEW, 1997). Ein Betrafen im nachhinein ist nicht nur unnütz, sondern auch tierschutzrelevant, da ohne vernünftigen Grund Schmerzen zugefügt werden. Leider werden viele Hunde aus Unkenntnis dieser Zusammenhänge mißhandelt, indem sie im Zuge der Stubenreinheitserziehung beispielsweise mit der Nase in ihre Exkremente hineingestoßen werden. Der gewünschte Lerneffekt bleibt dabei aus, statt dessen erfährt der Hund, daß er seinem Besitzer nicht trauen kann (O'FARRELL, 1991; ASKEW, 1993).

Aggressionsausbildung

Das Ausbilden oder Abrichten eines Hundes zu aggressivem Verhalten ist nach § 3 des TIERSCHUTZGESETZES (1998) verboten, wenn dadurch beim Hund selbst, beim Kontakt mit Artgenossen oder durch die Haltung Schmerzen oder vermeidbare Leiden oder Schäden entstehen. Die Schutzhundeausbildung nach der Prüfungsordnung des Verbandes für das Deutsche Hundewesen e. V. (VDH) sowie durch Polizei, Bundesgrenzschutz, Zoll oder Bundeswehr fällt in der Regel nicht unter dieses Verbot (Allgemeine Verwaltungsvorschrift zur Durchführung des Tierschutzgesetzes, 2000). Nach § 11 des Tierschutzgesetzes (1998) müssen jedoch Personen, die Hunde für Dritte (d.h. ohne Mitwirkung des Hundehalters) zu Schutzzwecken ausbilden, eine behördliche Erlaubnis beantragen, wofür ein Nachweis von Sachkunde und Zuverlässigkeit erforderlich ist.

Zusammenfassung
- *Umgang und Ausbildung ohne Zufügen von Schmerzen, Leiden oder Schäden.*
- *Anwendung hundegerechter Methoden über Belohnung und Motivation.*
- *Der Mensch sollte ohne Härte und Gewaltanwendung ranghöherer Partner sein.*
- *Vermeiden von Mißverständnissen und Kommunikationsproblemen durch Kenntnisse des Hundeverhaltens und entsprechenden Umgang mit dem Tier.*
- *Beachtung des richtigen Zeitpunktes der Einwirkung (innerhalb einer Sekunde).*

5.3.1.10 Zubehör

Alle Gegenstände, die in der Hundehaltung und -erziehung verwendet werden, sollten für den Hund unschädlich sein und weder Schmerzen noch Leiden auslösen.

Hundehalsband

Ein Halsband sollte nach Mugford (1992) so breit sein, daß es zwei Halswirbel überdeckt (z.B. 2,5 cm Breite bei einem Labrador, 4 bis 5 cm bei einer Deutschen Dogge).

Halsbänder, die dem Hund Schmerzen oder Schäden zufügen können wie Würger, Korallen- und Stachelhalsbänder, sollten nicht verwendet werden (Mugford, 1992; Feddersen-Petersen, 1997) und werden von der Tierärztlichen Vereinigung für Tierschutz als tierschutzwidriges Zubehör abgelehnt (TVT e. V., 1999a). Bei der Anbindehaltung dürfen nur breite, nicht einschneidende Brustgeschirre oder Halsbänder und keine Würger verwendet werden (Tierschutz-Hundeverordnung, 2001).

Führhilfen

Erziehungsgeschirre mit Zugwirkung unter den Achseln können Schmerzen und Schäden (Hautläsionen, Ekzeme) verursachen und sind daher abzulehnen (TVT e. V., 1999a).

Ein Kopfhalfter (z.B. Halti®) kann eine sehr geeignete Hilfe sein, um kräftige Hunde besser führen oder Problemtiere kontrollieren und trainieren zu können (Ochsenbein, 1991; Mugford, 1992). Es ist jedoch darauf zu achten, daß ein Kopfhalfter nur unter sachkundiger Aufsicht verwendet wird und nur zusätzlich zu Halsband oder Geschirr und einer zweiten Leine. Sonst kann es zu Schmerzen und Verletzungen kommen, wenn einem Hund, der schnell beschleunigt, durch das Halfter der Kopf herumgerissen wird (Torsionsverletzung der Halswirbelsäule).

Reizhalsbänder und Bell-Stopp-Geräte

Automatisch oder per Fernbedienung auslösbare Geräte oder Halsbänder, die einen Bestrafungsreiz setzen (elektrisch, chemisch oder akustisch), sind als problematisch zu bewerten und sollten nicht verwendet werden (Mugford, 1992; Feddersen-Petersen, 1997; TVT e. V., 1997, 1999a). Zum einen ist es ethisch und tierschutzrechtlich bedenklich, Strafreize einzusetzen, wenn es schmerzfreie Alternativen der Erziehung gibt. Zum anderen besteht die Gefahr des Mißbrauchs durch Unkenntnis oder Absicht. So kann es sogar zu einer Verschlimmerung des Problems kommen, wenn z.B. ein automatisch auslösendes Bell-Stopp-Gerät bei einem Hund mit Trennungsangst eingesetzt wird. Der verängstigte Hund wird dadurch noch mehr verunsichert. Außerdem sind diese Geräte störanfällig, und es kann zur Fehlauslösung kommen. Der Einsatz solcher Hilfsmittel ist fachkundig zu leiten und muß auf die seltenen Ausnahmefälle beschränkt sein, bei denen es keine hundegerechten Alternativen gibt.

Der Gesetzgeber dachte beim Verbot von Geräten mit direkter Stromeinwirkung nach § 3 des Tierschutzgesetzes (1998) u. a. an elektrische Dressurhilfen wie Teletaktgeräte. Dennoch sind diese nach Lorz u. Metzger (1999) nicht verboten, wenn sie sachgerecht angewendet werden und beim Hund nur für den Bruchteil einer Sekunde ein leichtes Unbehagen hervorrufen. Die TVT e. V. lehnt die Anwendung von Hunde-Erziehungsgeräten, die mit Elektroschocks arbeiten, jedoch ausnahmslos ab (TVT e. V., 1997). Ebenso sind auch „unsichtbare Zäune", die mit Ultraschall oder Stromschlag arbeiten, tierschutzwidrig (TVT e. V., 1999a).

Maulkorb

Ein Maulkorb muß dem Hund das Öffnen des Mauls und damit das lebensnotwendige Hecheln zur Thermoregulation sowie das Trinken ermöglichen. Er sollte gepolstert sein und muß in Größe und Form dem jeweiligen Hundekopf angepaßt sein. Leichte Plastikgitter-Körbe eignen sich besonders gut. Hunde mit Maulkorb sollten immer unter Kontrolle sein, damit sie sich nicht damit verfangen und verletzen (Mugford, 1992). Durch ein geduldiges Maulkorbtraining in kleinen Schritten und mit Hilfe von Belohnungen kann man den Hund an das Tragen eines Maulkorbs gewöhnen, ohne daß er eine Aversion dagegen entwickelt (TVT e. V., 1999b). Es ist zu beachten, daß ein Hund mit Maulkorb in seiner innerartlichen Kommunikation (Mimik) eingeschränkt ist.

Spielzeug

Bälle dürfen nicht zu klein sein, da sonst Verschluck- und Erstickungsgefahr besteht. Problematisch sind Gegenstände, bei denen es durch Zerbeißen und Verschlucken zur Vergiftung oder zur Verletzung kommen kann. Ungeeignet sind mit Schaumstoff gefüllte Bälle, zerbrechliches Quietschspielzeug oder Gegenstände aus Vinyl. Vollgummiprodukte sind am besten geeignet und unbedenklich (Mugford, 1992; TVT e. V., 1999a). Ein sehr beliebtes Spielzeug ist z. B. der Kong®, der aufgrund seiner Form beim Spiel in unvorhersebare Richtungen hüpfen kann. Auch mit Würfeln oder Bällen, die beim Spiel Futter freigeben, beschäftigen sich viele Hunde gern. Tennisbälle, harte Frisbeescheiben, Steine oder Stöcke sind als Hundespielzeug ungeeignet, da sie zu Zahnschäden oder Verletzungen führen können (Del Amo, 1998; Lind, 1999).

Zusammenfassung
- *Halsbänder sollten breit genug sein und keine Schmerzen verursachen.*
- *Würger, Stachel- und Korallenhalsbänder sind nicht hundegerecht.*
- *Vorsicht bei Geräten und Hilfsmitteln zur Erziehung (sie sind meist tierschutzwidrig).*
- *Maulkorb muß Hecheln und Trinken zulassen und darf nicht drücken.*
- *Unschädliches Spielzeug auswählen (unzerbrechlich, ungiftig, nicht verschluckbar, zahnfreundlich).*

5.3.1.11 Eingriffe

Eingriffe, bei denen Körperteile vollständig oder teilweise amputiert werden oder bei denen Organe oder Gewebe entnommen oder zerstört werden, sind nach § 6 des Tierschutzgesetzes (1998) verboten. Ausnahmen bilden Eingriffe im Einzelfall bei tierärztlicher Indikation, das Kupieren der Rute bei jagdlich zu führenden Hunden und die Unfruchtbarmachung.

Das **Kürzen der Rute** ist dem Tierarzt nur gestattet, wenn es sich erstens um einen jagdlich zu führenden Hund handelt, zwei-

5.3 Tiergerechte Haltung von Hunden

tens dies für die vorgesehene Nutzung unerläßlich ist und drittens tierärztliche Bedenken nicht entgegenstehen (TIERSCHUTZGESETZ, 1998). Der Tierarzt ist dazu verpflichtet, im Einzelfall zu prüfen, ob alle Voraussetzungen für diesen betäubungspflichtigen Eingriff erfüllt sind, insbesondere, ob die Schwanzamputation aus medizinischer Sicht für die Nutzung des Hundes unerläßlich ist. Im Falle der **Unfruchtbarmachung** sollte der Tierarzt mit den Hundebesitzern die Vor- und Nachteile der Kastration sowie des geeigneten Zeitpunktes absprechen und im Einzelfall abwägen, ob dieser Eingriff sinnvoll ist. Tabelle 5.3.1–4 zeigt mögliche Vor- und Nachteile der Kastration auf.

Das **Kupieren der Ohren** sowie das **Entfernen der Wolfskralle** ohne tierärztliche Indikation sind verboten (GESETZ ZU DEM EUROPÄISCHEN ÜBEREINKOMMEN VOM 13.11.1987 ZUM SCHUTZ VON HEIMTIEREN, 1991; TIERSCHUTZGESETZ, 1998).

> *Zusammenfassung*
> - Das Kupieren von Ohren und Ruten ist bis auf Ausnahmen nach dem TIERSCHUTZGESETZ *(1998) verboten.*
> - Zur Entscheidung, ob eine Kastration sinnvoll ist, sollten im Einzelfall Vor- und Nachteile abgewogen werden.

5.3.1.12 Zucht und Qualzüchtungen

Wer drei oder mehr Zuchthündinnen hält, betreibt eine gewerbsmäßige Hundezucht und unterliegt der behördlichen Erlaubnispflicht nach § 11 des TIERSCHUTZGESETZES (ALLGEMEINE VERWALTUNGSVORSCHRIFT ZUR DURCHFÜHRUNG DES TIERSCHUTZGESETZES, 2000).

Jeder Züchter trägt die Verantwortung für das Zuchtresultat, d. h. jeder, der Wirbeltiere geplant verpaart, muß darauf achten, daß die Nachzucht nicht von erblich bedingten

Tabelle 5.3.1–4 Mögliche Vor- und Nachteile der Kastration

Hündin	Vorteile	Nachteile
Gesundheitliche Aspekte	• Mammatumorprophylaxe, v. a. bei der Kastration vor der 1. Läufigkeit (NOLTE, 2000)	• Gefahr der Harninkontinenz (bei 30 % der Hündinnen über 20 kg Körpergewicht) (ARNOLD et al., 1989) • mögliche Erkrankungen wie perivulväre Dermatitis, atrophische Vaginitis, endokrine Alopezie (NOLTE, 2000) • Gewichtszunahmen (bei 40 % der Hündinnen), wenn die Fütterung nicht reduziert wird (NOLTE, 2000)
Verhaltensaspekte	• Haltungserleichterung (v. a. bei städtischer Hundedichte) • Vermeiden von Verhaltensproblemen während der Läufigkeit und Scheinträchtigkeit	• Zunahme der Dominanzaggression (HEIDENBERGER u. UNSHELM, 1990; O'FARRELL u. PEACHY, 1990)

Rüde	Vorteile	Nachteile
Gesundheitliche Aspekte	• Vermindertes Risiko von Prostataerkrankungen (GOURLEY, 1993)	• Gewichtszunahmen (bei ca. 40 % der Rüden) (HEIDENBERGER u. UNSHELM, 1990)
Verhaltensaspekte	• Verringerung von Verhaltensproblemen wie sexuell motiviertem Streunen, Markieren, Aufreiten, Rüdenkämpfen (HOPKINS et al., 1976)	• mögliche sexuelle Attraktivität für andere Rüden (BREUER, 2000)

5 Tiergerechte Haltung von Heim- und Begleittieren

körperlichen oder ethologischen Defekten im Sinne von § 11 b des TIERSCHUTZGESETZES (1998) betroffen ist (BMELF, 1999). Im GUTACHTEN ZUR AUSLEGUNG VON § 11 b DES TIERSCHUTZGESETZES (BMELF, 1999) werden die für den Hund problematischen Merkmale benannt und entsprechende Zuchtverbote gefordert (Tab. 5.3.1–5).

Bei manchen Rassen sind in Zuchtordnungen und Standards Forderungen enthalten, die zu Gesundheitsschäden bei den Tieren führen. Es ist zu fordern, daß solche Formulierungen geändert werden müssen (SIMON, 1998).

> *Zusammenfassung*
> - *Bei vielen Rassen kommen erblich bedingte Defekte und Erkrankungen vor, die unter § 11 b des Tierschutzgesetzes (1998) fallen und mit einem Zuchtverbot verbunden sind.*
> - *Rassestandards und Zuchtordnungen sollten entsprechend abgeändert werden, um Defektzuchten zu verhindern.*

Tabelle 5.3.1–5   „Qualzucht": Hunde – Kurze Orientierungshilfe (BMELF, 1999)

Rasse	Merkmal	Zucht (Verbot bei Verstoß nach § 11b des Tierschutzgesetzes)
Dobermann, Dogge, Greyhound, Irish Setter, Pudel, Teckel, Yorkshire Terrier	Blue-dog-Syndrom	Verbot für Tiere mit blaugrauer Farbaufhellung
Bobtail, Cocker Spaniel, Engl.-Bulldog, Entlebucher Sennenhund, Franz.-Bulldogge, Mops, Rottweiler, Teckel u. a.	Brachy- und Anurien sowie Schwanzverkrüppelung	Verbot für Tiere, die neben Schwanzveränderungen auch Wirbeldefekte an weiteren Abschnitten der Wirbelsäule aufweisen
Rhodesian Ridgeback	Dermoid/Dermoidzysten	Verbot für Tiere mit Dermoidzysten
Verschiedene Colliezuchtlinien	Grey-Collie-Syndrom	Verbot für silbergraue Tiere und bekannte Defektgenträger
Nackthundrassen (z. B. Chin., Mex. Nackthund)	Haarlosigkeit (Nackt)	Verbot für Nackttiere
Bobtail, Collie, Dt. Dogge, Dunkerhund, Sheltie, Teckel, Welsh Corgi u. a.	Merlesyndrom	Verbot für Merle-Weißtiger und den Paarungstyp Tiger x Tiger (Mm x Mm)
Boxer, Bulldogs, Chihuahua, Mops, Pekinese, Shi-Tzu, Toy-Spaniel, Yorkshire-Terrier u. a.	Brachyzephalie	Verbot für Tiere mit extremer Rundköpfigkeit, insbesondere disproportionierter Verkürzung der Gesichtsknochen
Basset Hound, Bernhardiner, Bluthund, Bulldogs, Cocker Spaniel, Neufundländer, Shar Pei u. a.	Ektropium	Verbot für Tiere mit auswärtsgerolltem Augenlidrand
Bullterrier, Chow-Chow, Pudel, Rottweiler, Sennenhunde, Shar Pei u. a.	Entropium	Verbot für Tiere mit einwärtsgerolltem Augenlidrand
Bernhardiner, Boxer, Dt. Dogge, Dt. Schäferhund, Leonberger, Mastiff, Neufundländer, Retriever, Rottweiler, Sennenhunde u. a.	Hüftgelenksdysplasie (HD)	Verbot für Tiere mit Hüftgelenksdysplasie

5.3.1.13 Gefahren durch Hunde

Hundebisse haben vielfältige Ursachen: Hunde können aggressiv reagieren, wenn sie Ressourcen (z. B. Futter, Spielzeug, Lieblingssitzplatz), ihren Rangstatus (z. B. beim Bürsten, Pfotenabputzen, Streicheln), ihr Revier, ihr „Rudel" oder sich selbst bei Bedrohung verteidigen wollen, oder aber wenn Jagdverhalten z. B. durch Jogger, Radfahrer, rennende Kinder oder durch Tiere ausgelöst wird (O'FARRELL, 1991; ASKEW, 1997). Eine mangelhafte Sozialisation sowie Lernvorgänge (Erfolg, Belohnung) können aggressives Verhalten fördern. Auch genetische Einflüsse können am Verhalten des Hundes mit beteiligt sein (FEDDERSEN-PETERSEN, 1993; REDLICH, 2000). Eine Beißhemmung ist Hunden nicht angeboren, sie muß in den ersten Lebensmonaten gelernt bzw. anerzogen werden (QUANDT, 1991; ZIMEN, 1992).

Die meisten Unfälle mit Hunden ließen sich durchaus vermeiden. Wenn man die möglichen Ursachen aggressiven Verhaltens kennt, kann man auch geeignete Maßnahmen dagegen treffen. So lassen sich potentiell gefährliche Situationen im Haushalt und in der Öffentlichkeit rechtzeitig erkennen und entsprechend vermeiden. Gerade Kinder sind im Umgang mit Hunden besonders gefährdet. Im Haushalt kann es zu schlimmen Unfällen kommen, wenn sich das Kind beispielsweise unbefangen dem Liegeplatz, Futter oder Spielzeug des Hundes nähert. Auch mit fremden Hunden kommt es zu Gefahren, z. B. wenn ein Kind einen vor einem Einkaufsladen angebundenen fremden Hund streicheln und umarmen möchte. Eine wichtige Maßnahme ist daher die Vermittlung ethologischer Kenntnisse an Hundehalter bzw. über Schulen an Kinder (UNSHELM et al., 1993; ROSSI-BROY, 2000). Unter anderem sollte Hundehaltern vermittelt werden, daß sie ihren Hund in der Öffentlichkeit jederzeit unter Kontrolle haben und in welchen Situationen sie ihn an der Leine führen müssen. Durch eine entsprechende Sachkunde bei Züchtern, Haltern und Ausbildern könnten Fehler in der Zucht (Auswahl der Elterntiere), Aufzucht (Sozialisation), Haltung und Ausbildung sowie die daraus resultierenden Verhaltensprobleme vermieden werden. Die Zuchtverbände sollten in ihren Rassestandards eine höhere Sozialverträglichkeit und verminderte Aggressivität als Ziele festschreiben (UNSHELM et al., 1993; ROLL, 1994). Etwa zwei Drittel der Hunde, die andere Hunde beißen, und etwa ein Drittel der Hunde, die Menschen beißen, haben nach Untersuchungen von UNSHELM et al. (1993) und ROLL (1994) bereits vorher schon mindestens einmal gebissen. Auffällige Hunde sollten daher einer tierärztlichen Verhaltenstherapie unterzogen werden und immer unter Kontrolle sein, um weitere Vorfälle zu vermeiden.

Die meisten Bundesländer regeln in entsprechenden Länderverordnungen Zucht, Haltung und Ausbildung von Hunden mit dem Ziel, die Bevölkerung vor Gefahren durch Hunde zu schützen. Zunächst gab es sowohl Vorschriften, die den „gefährlichen Hund" an seinem individuellen Verhalten ausmachten, als auch Ländervorschriften, die spezielle Rassen als „gefährliche Hunde" bzw. „Kampfhunde" definierten und deren Haltung von einer Erlaubnispflicht abhängig machten (SCHÖNING, 1999; ROSSI-BROY, 2000). Nach dem tragischen Tod eines Kindes durch zwei Hunde vom Pitbull-Typ im Juni 2000 wurden innerhalb weniger Tage und Wochen in den meisten Bundesländern neue Vorschriften erlassen, die Rasselisten beinhalteten (Tab. 5.3.1–6).

Die Deutsche Tierärzteschaft spricht sich dafür aus, die „Gefährlichkeit" von Hunden nach rasseneutralen Kriterien zu beurteilen (DEUTSCHES TIERÄRZTEBLATT, 2000). SCHÖNING (2000) hält ein Verbot bestimmter Rassen für eine ungeeignete Maßnahme, die das Problem nicht löst, da derjenige, der Hunde als Waffe einsetzen will, auf andere Rassen ausweichen kann.

Wenn ein Hund gefährlich wird, liegt die Schuld letztendlich immer beim Menschen.

5 Tiergerechte Haltung von Heim- und Begleittieren

Tabelle 5.3.1–6 Landesrechtliche Bestimmung zum Schutz vor Gefahren durch Hunde

Bundesland	Verordnung	Erlaß	Reglementierung betrifft:
Baden-Württemberg	POLIZEIVERORDNUNG DES INNENMINISTERIUMS UND DES MINISTERIUMS LÄNDLICHER RAUM ÜBER DAS HALTEN GEFÄHRLICHER HUNDE	03.08.2000	• 2 Rasselisten (3 Rassen und 9 Rassen) • als gefährlich erwiesene Individuen
Bayern	VERORDNUNG ÜBER HUNDE MIT GESTEIGERTER AGGRESSIVITÄT UND GEFÄHRLICHKEIT	10.07.1992	• 2 Rasselisten (5 Rassen und 9 Rassen) • zu gesteigerter Aggressivität ausgebildete Individuen
Berlin	VERORDNUNG ÜBER DAS HALTEN VON HUNDEN IN BERLIN	05.11.1998	• 1 Rasseliste (12 Rassen) • zu gesteigerter Aggressivität ausgebildete oder gezüchtete Individuen • als gefährlich erwiesene Individuen
	geändert durch ÄndVO	04.07.2000	• alle Hunde
Brandenburg	ORDNUNGSBEHÖRDLICHE VERORDNUNG ÜBER DAS HALTEN UND FÜHREN VON HUNDEN	25.07.2000	• 2 Rasselisten (5 Rassen und 13 Rassen) • zu gesteigerter Aggressivität ausgebildete oder gezüchtete Individuen • als gefährlich erwiesene Individuen • alle Hunde
Bremen	POLIZEIVERORDNUNG ÜBER DAS HALTEN VON HUNDEN	16.11.1992	• 1 Rasseliste (10 Rassen) • als gefährlich erwiesene Individuen
	geändert durch VO	27.06.2000	• alle Hunde
Hamburg	VERORDNUNG ZUM SCHUTZ VOR GEFÄHRLICHEN HUNDEN UND ÜBER DAS HALTEN VON HUNDEN	18.07.2000	• 2 Rasselisten (3 Rassen und 11 Rassen) • als gefährlich erwiesene Individuen • alle Hunde
Hessen	GEFAHRENABWEHRVERORDNUNG ÜBER DAS HALTEN UND FÜHREN VON GEFÄHRLICHEN HUNDEN	15.08.2000	• 2 Rasselisten (3 Rassen und 12 Rassen) • zu gesteigerter Aggressivität ausgebildete oder gezüchtete Individuen • als gefährlich erwiesene Individuen • alle Hunde
Mecklenburg-Vorpommern	VERORDNUNG ÜBER DAS FÜHREN UND HALTEN VON HUNDEN	04.07.2000	• 1 Rasseliste (12 Rassen) • zu gesteigerter Aggressivität ausgebildete oder gezüchtete Individuen • als gefährlich erwiesene Individuen • alle Hunde
Niedersachsen	VERORDNUNG ÜBER DAS HALTEN GEFÄHRLICHER TIERE	05.07.2000	• 2 Rasselisten (3 Rassen und 12 Rassen)
Nordrhein-Westfalen	ORDNUNGSBEHÖRDLICHE VERORDNUNG ÜBER DAS HALTEN, DIE ZUCHT, DIE AUSBILDUNG UND DAS ABRICHTEN BESTIMMTER HUNDE	30.06.2000	• 2 Rasselisten (13 Rassen und 29 Rassen) • Hunde von mind. 40 cm Widerristhöhe oder 20 kg Körpergewicht • zu gesteigerter Aggressivität ausgebildete oder gezüchtete Individuen • als gefährlich erwiesene Individuen

5.3 Tiergerechte Haltung von Hunden

Tabelle 5.3.1–6 (Fortsetzung)

Bundesland	Verordnung	Erlaß	Reglementierung betrifft:
Rheinland-Pfalz	GEFAHRENABWEHRVERORDNUNG – GEFÄHRLICHE HUNDE –	30.06.2000	• 1 Rasseliste (3 Rassen) • als gefährlich erwiesene Individuen
Saarland	POLIZEIVERORDNUNG ÜBER DEN SCHUTZ DER BEVÖLKERUNG VOR GEFÄHRLICHEN HUNDEN IM SAARLAND	26.07.2000	• 1 Rasseliste (3 Rassen) • zu gesteigerter Aggressivität ausgebildete oder gezüchtete Individuen • als gefährlich erwiesene Individuen • alle Hunde
Sachsen	GESETZ ZUM SCHUTZE DER BEVÖLKERUNG VOR GEFÄHRLICHEN HUNDEN	24.08.2000	• 1 Rasseliste (3 Rassen) • zu gesteigerter Aggressivität ausgebildete oder gezüchtete Individuen • als gefährlich erwiesene Individuen
Sachsen-Anhalt	GEFAHRENABWEHRVERORDNUNG ZUM SCHUTZ VOR GEFÄHRLICHEN HUNDEN	06.07.2000	• 1 Rasseliste (3 Rassen)
Schleswig-Holstein	LANDESVERORDNUNG ZUR ABWEHR DER VON HUNDEN AUSGEHENDEN GEFAHREN	28.06.2000	• 1 Rasseliste (11 Rassen) • zu gesteigerter Aggressivität ausgebildete oder gezüchtete Individuen • als gefährlich erwiesene Individuen • alle Hunde

Angaben ohne Gewähr

> *Zusammenfassung*
> - *Viele Beißunfälle ließen sich durch Kenntnisse der möglichen Ursachen und entsprechendes Verhalten im Umgang mit den Tieren vermeiden.*
> - *Maßnahmen zur Minderung der potentiellen Gefahr durch Hunde sollten die Bereiche Zucht, Aufzucht, Haltung, Ausbildung sowie die Kontrolle über den Hund in der Öffentlichkeit betreffen. Hierbei spielt die Sachkunde aller Beteiligten eine besondere Rolle.*

5.3.1.14 Rechtliche Bestimmungen für die Hundehaltung

Tabelle 5.3.1–7 (S. 566) gibt eine Übersicht über die für die Hundehaltung relevanten rechtlichen Bestimmungen.

5.3.2 Spezielle Anforderungen

(MERTENS, P. A.)

5.3.2.1 Anforderungen an die Haltung von Hunden in Tierheimen, Tierauffangstationen und Tierpensionen

Mit Ausnahme der Quarantäne- und Krankenstation, sollten Hunde in Tierheimen wenn immer möglich (intraspezifische Aggression) in Gruppen oder mindestens paarweise gehalten werden. Die Haltung in Gruppen (nach Impfung und medizinischer Untersuchung) reduziert nicht nur die Lärmemissionen signifikant, hierdurch wird auch die Entstehung von Verhaltensproblemen deutlich reduziert, das Sozialverhalten (intra- und interspezifisch) verbessert, die Vermittlung der Hunde beschleunigt und die Zahl der Tierrückgaben an das Tierheim reduziert (MERTENS, 1994). Die isolierte Haltung von

5 Tiergerechte Haltung von Heim- und Begleittieren

Tabelle 5.3.1-7 Für die Hundehaltung relevante rechtliche Vorschriften (Orientierungshilfe)

Tierschutzgesetz (1998)

§ 1	*Grundsatz*
§ 2	*Allgemeine Haltungsanforderungen*
§ 3	*Verbote*: Aussetzen, Doping bei Wettkampf, unzulässige Ausbildungsmethoden, Abrichten auf Schärfe und Hetzen auf ein anderes Tier, Aggressionsausbildung, Anwendung von bestimmten stromführenden Geräten
§ 6	*Amputationsverbot*, Ausnahme u. a.: Rute bei jagdlich zu führenden Hunden, Unfruchtbarmachung (Betäubungspflicht, Eingriff nur durch Tierarzt)
§ 11	*Erlaubnispflicht* zur Ausbildung von Hunden zu Schutzzwecken, zur gewerbsmäßigen Hundezucht, zum gewerbsmäßigen Handel, für die Zurschaustellung, für das Betreiben von Tierheimen usw.
§ 11b	Verbot von „*Qualzüchtungen*", insbesondere in bezug auf körperliche Schäden, Verhaltensstörungen, Aggressionssteigerung
§ 12	*Haltungs- und Ausstellungsverbot* für Tiere mit Schäden durch tierschutzwidrige Handlungen

Gesetz zu dem Europäischen Übereinkommen vom 13. November 1987 zum Schutz von Heimtieren (1991)

Art. 3	*Grundsätze*
Art. 4	*Allgemeine Haltungsanforderungen* (den „ethologischen Bedürfnissen entsprechend")
Art. 5	*Zucht*: Bei der Zuchtauswahl Berücksichtigung von Merkmalen, die Gesundheit und Wohlbefinden von Nachkommen oder Muttertier gefährden können
Art. 7	*Abrichten*: Verbot von Abrichtmethoden und Hilfsmitteln, die Gesundheit und Wohlbefinden beeinträchtigen
Art. 8	*Erlaubnispflicht* für Handel, gewerbsmäßige Zucht und Haltung sowie für das Betreiben eines Tierheims
Art. 9	*Verbot* der Verwendung zu Werbungs-, Unterhaltungszwecken, für Wettkämpfe und Ausstellungen außer bei Gewähr von Gesundheit, Wohlbefinden und einer entsprechenden Haltung und Pflege; Dopingverbot
Art. 10	*Chirurgische Eingriffe*: Kupieren von Schwanz oder Ohren, Durchtrennen der Stimmbänder sowie Entfernen von Krallen oder Zähnen sind ausdrücklich verboten. Chirurgische Eingriffe zur Verhütung der Fortpflanzung sind erlaubt
Art. 11	*Töten*: Grundsätzlich nur durch Tierarzt oder eine andere sachkundige Person
Art. 12	*Verringerung der Anzahl streunender Tiere*: u. a. Förderung der Kennzeichnung und der Unfruchtbarmachung
Art. 14	*Informations- und Erziehungsprogramme*: Für Einzelpersonen oder Organisationen, die mit Haltung, Zucht, Abrichten und Betreuung befaßt sind

Tierschutz-Hundeverordnung (2001)

§ 1	*Anwendungsbereich*: Haltung und Züchten von Hunden (Ausnahmen: während des Transportes, während einer tierärztlichen Behandlung oder im Tierversuch)
§ 2, 3, 8	*Allgemeine Anforderungen*: an Haltung, Zucht, Betreuung, Fütterung und Pflege
§ 4	*Anforderungen an das Halten im Freien*: Schutzhütte, schattiger Liegeplatz
§ 5	*Haltung in Räumen*: Anforderung an Beleuchtung (Tageslicht), Liegeplatz usw.
§ 6	*Zwingerhaltung*: Anforderungen an Mindestfläche, Einfriedung, Sichtkontakt usw.
§ 7	*Anbindehaltung*: Anforderungen an Aufenthaltsbereich, Anbinde- und Laufvorrichtung, Anbindeverbot usw.
§ 9	*Ausnahmen*: befristete Ausnahmen für das vorübergehende Halten (z. B. im Tierheim) können zugelassen werden
§ 10	*Ausstellungsverbot*: tierschutzwidrig an Rute oder Ohren kupierte Hunde dürfen nicht auf einer Ausstellung gezeigt werden
§ 11	*Aggressionssteigerung*: Konkretisierung zu § 11 b des Tierschutzgesetzes (1998)

Tabelle 5.3.1–7 (Fortsetzung)

Leitlinien für die Unterbringung und Pflege von Tieren
Anhang A des Europäischen Übereinkommens vom 18. März 1986 zum Schutz der für Versuche und andere wissenschaftliche Zwecke verwendeten Wirbeltiere
Anhang II der Richtlinie des Rates vom 24. November 1986 (36/609/EWG)

Nr. 1, 2, 3	Anforderungen an Räume, Raumklima, Überwachung, Pflege und Unterbringung
Tabelle 1	Raumtemperatur
Tabelle 7	Leitlinien zur Unterbringung von Hunden in Käfigen (Mindestmaße)
Tabelle 8	Leitlinien für die Haltung von Hunden in Boxen (Mindestmaße)

Hunden ist mindestens so schädlich, wenn nicht sogar schädlicher, wie die Haltung in engen Zwingern und führt zu erheblichen Abweichungen vom Normalverhalten, die ein Indikator für die Tiergerechtheit von Haltungssystemen sind (Hetts et al., 1992).

Bei Gruppenhaltungen bietet sich die Haltung von Paaren in den herkömmlichen Zwingern (Innenraum mit angeschlossenem Auslauf) während der Nacht und Fütterungszeiten und die Benutzung eines oder mehrerer Ausläufe für zwei bis sechs Stunden während des Tages an. Die Hunde sollten hier stets von zwei Pflegern beaufsichtigt werden, um Konflikte unter den Hunden zu vermeiden, Läufigkeiten rechtzeitig zu erkennen und den Kontakt zum Menschen zu gewährleisten. Die Ausläufe sollten entsprechend der Zahl der Hunde ausreichend Platz zum gegenseitigen Ausweichen bieten, übersichtlich sein, Schutz vor Witterungseinflüssen bieten (mehrere, nach allen Seiten offene Unterstände), Trinkwasser an mehreren Stellen anbieten und keine engen Passagestellen enthalten. Der Untergrund kann am besten mit Sand aufgefüllt werden, da Kot leicht entfernt werden kann, Regenwasser abfließt, das Fell wenig verschmutzt wird und der Boden regelmäßig ausgetauscht werden kann.

Die herkömmlichen Hundezwinger sollten mit Futter- und Tränkeeinrichtungen sowie warmen Liegeflächen ausgestattet sein. Als Bodenbelag empfiehlt sich ein mehrschichtiger Aufbau (z. B. Frostschutzkies, 12 cm Stahlbeton, 4 cm Estrich mit Wärmedämmung), der gute Wärmeisolierung bietet, leicht zu reinigen und desinfizieren ist und durch mechanische Belastung, Harn und Reinigungsmittel nicht angegriffen wird (Cipra, 1986). Die Größe der Zwinger muß mindestens der Tierschutz-Hundeverordnung (2001) (Tab. 5.3.1–2).

5.3.2.2 Anforderungen an die Haltung alter Hunde

Wann ein Hund als „alt" gilt, hängt nicht nur von der Rasse, der Größe und dem Gewicht des Hundes, sondern auch von der Nutzung und der Haltungsumwelt des Hundes ab. Kleine Rassen gelten im Schnitt mit elf Jahren als alt, mittelgroße Hunde im Alter von etwa zehn Jahren und große Rassen bereits mit acht Jahren (Kraft, 1997). Funktionseinschränkungen durch senile Veränderungen und die einsetzende Multimorbidität führen unter anderem zu verminderter Aktivität, eingeschränktem Hör- und Sehvermögen und einer Reihe von typischen Verhaltensänderungen (Orientierungslosigkeit, zunehmende Aggression oder Angst, Verlernen ehemals erlernter Verhaltensweisen etc.), die häufig als kognitive Dysfunktion bezeichnet werden. Mit zunehmendem Alter steigt die Krankheitshäufigkeit der Tiere. Diese erreichen jedoch aufgrund der verbesserten Pflege und Ernährung wie auch der Mensch ein immer höheres Alter, so daß die Geriatrie auch im tierärztlichen Bereich stetig an Bedeutung gewinnt.

Die Besitzer alter Tiere sollten ihre Anforderungen an den Hund entsprechend reduzieren. Angebracht sind häufige und kurze Spaziergänge, die Adaptation der Wohnungseinrichtung an die Gegebenheiten so weit notwendig (keine glatten Böden, Vermeiden von Treppen, flache, weiche Liegeflächen), Anpassung der Fütterung sowie regelmäßige medizinische Untersuchungen, um Probleme rechtzeitig zu erkennen und zu behandeln.

Literatur

Arnold, S., P. Arnold, M. Hubler, M. Casal, P. Rüsch: Incontinentia urinae bei der kastrierten Hündin: Häufigkeit und Rassedisposition. Schweiz. Arch. Tierheilkd. 131 (1989) 259–263.

Askew, H. R.: Die Anwendung der Bestrafung in der Tierverhaltenstherapie. Der praktische Tierarzt 74 (1993) 905–908.

Askew, H. R.: Behandlung von Verhaltensproblemen bei Hund und Katze. Ein Leitfaden für die tierärztliche Praxis. Paul Parey Verlag, Berlin (1997).

Bernauer-Münz, H., C. Quandt: Problemverhalten beim Hund: Lösungswege für den Tierarzt. Gustav Fischer Verlag, Jena, Stuttgart (1995).

Björck, G.: Haltung und Fütterung der Welpen in der Säuge- und Absetzphase. In: Anderson, R. S., Meyer, H. (eds.): Ernährung und Verhalten von Hund und Katze. Schlütersche Verlagsanstalt, Hannover (1984) 73–81.

Bloch, G.: Die Sozialisierungsphase von zwei Herdenschutzhund-Welpen. Hunde Revue 10, 2 (1996) 66–69.

Breuer, U.: Somatische Ursachen als Auslöser für Verhaltensprobleme und Verhaltensstörungen bei Hund und Katze. Teil 1. Tierärztl. Umsch. 55 (2000) 14–21.

Brummer, H.: Die Bedeutung der präpubertären Entwicklungsphasen für das Verhalten des Hundes. Kleintier-Praxis 21 (1976) 177–182.

Case, L., D. P. Carey, D. A. Hirakawa: Ernährung von Hund und Katze: Leitfaden für Tierärztinnen und Tierärzte. Schattauer Verlag, Stuttgart, New York (1997).

Cipra, M.: Prüfung tierhaltungsrelevanter Kriterien in Hundezwingeranlagen unter besonderer Berücksichtigung des Wärmeflusses durch die Fußböden. Vet. med. Diss. (1986).

Del Amo, C.: Spielschule für Hunde. 100 Tricks und Übungen. Ulmer Verlag, Stuttgart (1998).

Deutsches Tierärzteblatt: Beschlüsse des 22. Deutschen Tierärztetages zum „gefährlichen Hund" (Arbeitskreis 3). Dtsch. Tierärztebl. 48 (2000) 706.

DVG u. VDH (Deutsche Veterinärmedizinische Gesellschaft e. V. u. Verband für das Deutsche Hundewesen): Leitlinien zur tiergerechten und tierschutzgemäßen Zucht, Aufzucht, Haltung und Ausbildung von Hunden. Unser Rassehund 4 (1993) 98–100.

Eckert, J., J. Boch: Veterinärmedizinische Parasitologie. Paul Parey Verlag, Berlin, Hamburg (1992).

Engelhard, R.: Feldstudie zur vegetarischen Ernährung von Hunden und Katzen. Vet. med. Diss., München (1999).

Feddersen-Petersen, D.: Verhalten der Hunde. Dtsch. tierärztl. Wschr. 97 (1990) 231–236.

Feddersen-Petersen, D.: Genesen des Aggressionsverhaltens von Hunden. Collegium veterinarium XXIV (1993) 104–108.

Feddersen-Petersen, D.: Some interactive aspects between dogs and their owners: are there reciprocal influences between both inter- and intraspecific communication? Appl. Anim. Beh. Sci. 40 (1994a) 78.

Feddersen-Petersen, D.: Vergleichende Aspekte der Verhaltensentwicklung von Wölfen (Canis lupus L.) und Haushunden (Canis lupus f. fam.): neue Ergebnisse zur Domestikation und Züchtung im ethischen Argument. Tierärztl. Umsch. 49 (1994b) 527–531.

Feddersen-Petersen, D.: Hund. In: Sambraus, H. H., A. Steiger (eds.): Das Buch vom Tierschutz. Enke Verlag, Stuttgart (1997) 245–296.

Freedman, D. G., J. A. King, O. Elliot: Critical period in the social development of dogs. Science 133 (1961) 1016–1017.

Gourley, J.: Frühzeitige Kastration von Katzen und Hunden. Vortrag auf dem XVIII. Weltkongreß der World Small Animal Association und der 39. Jahrestagung der Fachgruppe Kleintierkrankheiten der DVG, 6.–9.10.1993 in Berlin.

Hallgren, A.: Hundeprobleme – Problemhunde? Ratgeber für die bessere Erziehung. Oertel und Spörer Verlag, Reutlingen (1997).

Hart, B., L. Hart: The perfect puppy. How to choose your dog. Freeman and Company, New York (1988).

Heidenberger, E., J. Unshelm: Verhaltensänderungen von Hunden nach Kastration. Tierärztl. Prax. 18 (1990) 69–75.

Hetts, S., J. D. Clark, J. P. Calpin, C. E. Arnold, J. M. Mateo: Influence of Housing conditions on beagle behaviour. Appl. Anim. Beh. Sci. 34 (1992) 137–155.

Hopkins, S. G., T. A. Schubert, B. L. Hart: Castration of adult male dogs: Effects on roaming, aggression, urine marking and mounting. J. Am. Vet. Med. Assoc. 168 (1976) 1108–1110.

Hubrecht, R. C.: A comparison of social and environmental enrichment methods for laboratory housed dogs. Appl. Anim. Beh. Sci. 37 (1993) 345–361.

Hubrecht, R. C., J. A. Serpell, T. B. Poole: Correlates of pen size and housing conditions on the behaviour of kennelled dogs. Appl. Anim. Beh. Sci. 34 (1992) 365–383.

Iben, C.: Diätmanagement bei Hund und Katze. Gustav Fischer Verlag, Jena, Stuttgart (1996).

Jones, R.: Welpenschule leichtgemacht. Franckh-Kosmos Verlag, Stuttgart (1997).

Kraft, W.: Kleintierkrankheiten. Band 1. Innere Medizin. Ulmer Verlag, Stuttgart (1990).

Kraft, W.: Wann werden Hunde und Katzen alt? Tierärztl. Prax. 25 (1997) 536–539.

Lind, E.: Richtig spielen mit Hunden. Augustus Verlag, München (1999).

Lorz, A., E. Metzger: Tierschutzgesetz: Tierschutzgesetz mit allgemeiner Verwaltungsvorschrift, Rechtsverordnungen und europäischen Übereinkommen; Kommentar. Verlag C. H. Beck, München (1999).

Löwenstein, M., A. Hönel: Ektoparasiten bei Klein- und Heimtieren. Enke Verlag, Stuttgart (1999).

Mertens, P. A.: Die Haltung von Hunden in Tierheimen. Verhaltens- und tierschutzrelevante Aspekte der Einzel- und Gruppenhaltung. Vet. med. Diss., München (1994).

Meyer, H., K. Bronsch, J. Leibetseder (eds.): Supplemente zu Vorlesungen und Übungen in der Tierernährung. Schaper Verlag, Alfeld, Hannover (1989).

Militzer, K., P. Bergmann: Lokalisation des Kotabsatzes bei Laborhunden – ein Hinweis auf Anforderungen an die Raumgröße und -struktur. In: KTBL (ed.): Aktuelle Arbeiten zur artgemäßen Tierhaltung 1993, KTBL-Schrift 361. Landwirtschaftsverlag GmbH, Münster-Hiltrup (1994) 212–223.

Mugford, R.: Hundeerziehung 2000: Irrtumsfreies Lernen. Kynos Verlag, Mürlenbach (1992).

Neville, P.: Hunde verstehen. Tierpsychologie im Alltag. Droemersche Verlagsanstalt, München (1993).

Nickel, R., A. Schummer, E. Seiferle: Lehrbuch der Anatomie der Haustiere. Paul Parey Verlag, Berlin, Hamburg (1984).

Nolte, I.: Die Frühkastration von Hund und Katze aus medizinischer Sicht. Vortrag bei den 12. Baden-Badener Fortbildungstagen Kleintierpraxis, 31.3.–01.04.2000 in Baden-Baden.

O'Farrell, V.: Verhaltensstörungen beim Hund: ein Leitfaden für Tierärzte. Schaper Verlag, Alfeld, Hannover (1991).

O'Farrell, V., E. Peachy: Behavioural effects of ovariohysterectomy on bitches. J. Small Anim. Pract. 31 (1990) 595–598.

Ochsenbein, U.: ABC für Hundebesitzer und solche, die es werden wollen. Albert Müller Verlag, Zürich, Stuttgart, Wien (1991).

Overall, K.: Clinical behavioral medicine for small animals. Mosby, St. Louis (1997).

Pfaffenberger, C. J.: The new knowledge of dog behavior. Howell Book House Inc., New York (1974).

Quandt, C.: Die Situation der Tierverhaltenstherapie in England. Der praktische Tierarzt 72 (1991) 882–884.

Redlich, J.: „Gefährliche Hunderassen"? – Gesetzgebung und Biologie. Tierärztl. Umsch. 55 (2000) 175–184.

Rehage, F.: Lassie, Rex und Co. Kynos Verlag, Mürlenbach (1999).

Roll, A.: Aggressive Auseinandersetzungen unter Hunden – eine Analyse der Täter, Opfer und Halter. Vet. med. Diss., München (1994).

Rossi-Broy, C.: Gefährliche Hunde: Abgleich, Anwendung und Bewertung der Ländervorschriften. Dtsch. tierärztl. Wschr. 107 (2000) 81–132.

Rusch, T.: Haltung von Hunden und Katzen in Tierheimen. Dtsch. tierärztl. Wschr. 106 (1999) 166–169.

Schneider, M.: Rassetypische Verhaltensweisen beim Hund. Eine Literaturstudie. Vet. med. Diss., München (1998).

Schöning, B.: „Gefährliche" Hunde. Übersicht über die Hundeverordnungen der Bundesrepublik Deutschland und Hinweise zur Beurteilung von „gefährlichen" Hunden. Dtsch. Tierärztebl. 47 (1999) 674–681.

Schöning, B.: Der „gefährliche Hund" und das andere Ende der Leine. Dtsch. Tierärztebl. 48 (2000) 706–711.

Scott, J. P., J. L. Fuller: Dog behaviour – The genetic basis. University of Chicago Press, Chicago, London (1965).

Simon, R.: Tierschutzrelevante Krankheitsdispositionen ausgewählter ausländischer Hunderassen unter besonderer Berücksichtigung der Rassestandards und der Zuchtordnungen. Vet. med. Diss., München (1998).

Smidt, D., U. Andreae, J. Unshelm: Ist Wohlbefinden meßbar? – Anmerkungen zu einem Tierschutzproblem. Der Tierzüchter 8 (1980) 338–340.

Stiftung Warentest: Kaum Grund zum Knurren. test 10 (1998) 68–73.

Sundrum, A., T. Richter, M. Steinhardt: Anwendung tierbezogener Indikatoren zur Beurteilung der Tiergerechtheit. Züchtungskunde 71 (1999) 17–28.

Thimm, H.-J.: Das Gradienten-Angebot. Kleintierpraxis 38 (1993) 815–818.

Trumler, E.: Hunde ernst genommen. R. Piper & Co. Verlag, München, Zürich (1987).

Truyen, U.: Schutzimpfungen beim Hund. In: Selbitz, H.-J., M. Moos (eds.): Tierärztliche Impfpraxis. Enke Verlag, Stuttgart (1997).

Tschanz, B.: Kriterien für die Beurteilung von Haltungssystemen für landwirtschaftliche Nutztiere aus ethologischer Sicht. Tierärztl. Umsch. 40 (1985) 730–738.

TVT e. V. (Tierärztliche Vereinigung für Tierschutz e. V.): Hund und Katze. Merkblatt zur tierschutzgerechten Haltung von Versuchstieren. Merkblatt Nr. 5 (1992).

TVT e. V. (Tierärztliche Vereinigung für Tierschutz e. V.): Zur Anwendung von elektrischen Hunde-Erziehungsgeräten (z. B. „Teletakt"). Merkblatt Nr. 51 (1997).

TVT e. V. (Tierärztliche Vereinigung für Tierschutz e. V.): Tierschutzwidriges Zubehör in der Hunde- und Katzenhaltung. Merkblatt Nr. 70 (1999a).

TVT e. V. (Tierärztliche Vereinigung für Tierschutz e. V.): Maulkorbgewöhnung beim Hund. Merkblatt Nr. 71 (1999b).

Unshelm, J.: Tiergerechte Haltung von Hunden und Katzen durch Verhaltensberatungen und Verhaltenstherapie. Dtsch. Tierärztl. Wschr. 100 (1993) 65–69.

Unshelm, J.: Tiergerechte Hundehaltung. Tier aboratorium 17 (1994) 71–88.

Unshelm, J., N. Rehm, E. Heidenberger: Zum Problem der Gefährlichkeit von Hunden; eine Untersuchung von Vorfällen mit Hunden in einer Großstadt. Dtsch. Tierärztl. Wschr. 100 (1993) 383–389.

Utzinger, S.: Damit sie auch morgen noch kraftvoll zubeißen können. Hunde Revue 14, 11 (2000) 24–25.

Vila, C., P. Savolainen, J. E. Maldonado, I. R. Amorim, J. E. Rice, R. L. Honeycutt, K. A. Crandall, J. Lundeberg, R. K. Wayne: Multiple and ancient origins of domestic dogs. Science 276 (1997) 1687–1689.

Voith, V. L.: Mensch-Tier-Beziehungen. In: Anderson, R. S., H. Meyer. (eds.): Ernährung und Verhalten von Hund und Katze. Schlütersche Verlagsanstalt, Hannover (1984) 169–177.

Weber-Herrmann, M.: Zur Hitzebelastung von Hunden in parkenden Personenkraftwagen mit Fallbeispielen für daraus resultierende juristische Konsequenzen für den Verursacher. Vet. med. Diss., München (1996).

Weiß, J., J. Maess, K. Nebendahl, W. Rossbach (eds.): Haus- und Versuchstierpflege. Gustav Fischer Verlag, Stuttgart, Jena, New York (1996).

Wienzeck, F., J. Wienzeck: Hunde im Paragraphendschungel. Kynos Verlag, Mürlenbach (1995).

Zimen, E.: Der Hund. Goldmann Verlag, München (1992).

Rechtsgrundlagen, Empfehlungen, Normen u. ä.:

Allgemeine Verwaltungsvorschrift zur Durchführung des Tierschutzgesetzes, Bundesanzeiger Jahrgang 52, Nummer 36 a, 9. Februar 2000.

BMELF – Bundesministerium für Ernährung, Landwirtschaft und Forsten: Gutachten zur Auslegung von § 11 b des Tierschutzgesetzes (Verbot von Qualzüchtungen) vom 02.06.1999, Sachverständigengruppe Tierschutz und Heimtierzucht (1999).

Entschließung zur Unterbringung und Pflege von Versuchstieren, Anhang IV, Report of the meeting, 30.6.1997. Dritte multilaterale Konsultation der Vertragsparteien des Europäischen Übereinkommens zum Schutz der für Versuche und andere wissenschaftliche Zwecke verwendeten Wirbeltiere, Europarat, Straßburg, 27.–30.5.1997.

Europäisches Übereinkommen vom 18. März 1986 zum Schutz der für Versuche und andere wissenschaftliche Zwecke verwendeten Wirbeltiere. Council of Europe, Strasbourg, deutsch im Bundesgesetzblatt, T. 2, Nr. 46 vom 15.12.1990.

5.3 Tiergerechte Haltung von Hunden

Gefahrenabwehrverordnung Gefährliche Hunde. Vom 30. Juni 2000 (GVBl. S. 247), Rheinland-Pfalz.

Gefahrenabwehrverordnung über Hunde mit gesteigerter Aggressivität und Gefährlichkeit (KampfhundeVO) Vom 15. August 2000 (GVBl. S. 355), Hessen.

Gefahrenabwehrverordnung zum Schutz vor gefährlichen Hunden. Vom 6. Juli 2000 (GVBl. S. 440), Sachsen-Anhalt.

Gesetz zu dem Europäischen Übereinkommen vom 13. November 1987 zum Schutz von Heimtieren vom 01.02.1991 (BGBl. II Nr. 4 vom 09.02.1991 S. 402).

Gesetz zum Schutze der Bevölkerung vor gefährlichen Hunden (GefHundG). Vom 24. August 2000 (GVBl. S. 358), Sachsen.

Landesverordnung zur Abwehr der von Hunden ausgehenden Gefahren (Gefahrhundeverordnung). Vom 28. Juni 2000 (GVBl. S. 533), Schleswig-Holstein.

Ordnungsbehördliche Verordnung über das Halten und Führen von Hunden (Hundehalterverordnung – HundehV). Vom 25. Juli 2000 (GVBl. S. 235), Brandenburg.

Ordnungsbehördliche Verordnung über das Halten, die Zucht, die Ausbildung und das Abrichten bestimmter Hunde (Landeshundeverordnung – LHV NRW). Vom 30. Juni 2000 (GVBl. S. 518b), Nordrhein-Westfalen.

Polizeiverordnung des Innenministeriums und des Ministeriums Ländlicher Raum über das Halten gefährlicher Hunde. Vom 3. August 2000 (GBl. S. 574), Baden-Württemberg.

Polizeiverordnung über das Halten von Hunden v. 16. November 1992 (GVBl. S. 678). Geändert durch: VO v. 27. Juni 2000 (GVBl. S. 231), Bremen.

Polizeiverordnung über den Schutz der Bevölkerung vor gefährlichen Hunden im Saarland. Vom 26. Juli 2000 (ABl. S. 1246), Saarland.

Richtlinie des Rates vom 24. November 1986 zur Annäherung der Rechts- und Verwaltungsvorschriften der Mitgliedstaaten zum Schutz der für Versuche und andere wissenschaftliche Zwecke verwendeten Tiere (86/609/EWG). Amtsblatt der Europäischen Gemeinschaft Nr. L 358/1, 29. Jahrgang, vom 18.12.1986.

Tierschutzgesetz. I. d. F. vom 25.5.1998 (BGBl.. I S. 1105, ber. S. 1818).

Tierschutz-Hundeverordnung vom 2. Mai 2001 (BGBl. I S. 838).

Verordnung über das Führen und Halten von Hunden (Hundehalterverordnung – HundehVO M-V). Vom 4. Juli 2000 (GVBl. S. 295, ber. S. 391), Mecklenburg-Vorpommern.

Verordnung über das Halten gefährlicher Tiere (Gefahrtierverordnung – GefTVO). Vom 5. Juli 2000 (GVBl. S. 149), Niedersachsen.

Verordnung über das Halten von Hunden im Freien vom 6. Juni 1974 (BGBl. I S. 1265), geändert durch Art. 2 des Ges. vom 12.8.1986 (BGBl. I S. 1309).

Verordnung über das Halten von Hunden in Berlin (HundeVO Bln) v. 5. November 1998 (GVBl. S. 326, ber. S. 370). Geändert durch: Art IÄndVO v. 4. Juli 2000 (GVBl. S. 365), Berlin.

Verordnung über Hunde mit gesteigerter Aggressivität und Gefährlichkeit v. 10. Juli 1992 (GVBl. S. 268), Bayern.

Verordnung zum Schutz von Kälbern bei der Haltung (Kälberhaltungsverordnung) i. d. F. d. Bek. vom 22.12.1997 (BGBl. I S. 3328).

Verordnung zum Schutz von Schweinen bei Stallhaltung (Schweinehaltungsverordnung) i. d. F. d. Bek. vom 18.02.1994 (BGBl. I S. 311), geändert durch Verordnung vom 02.08.1995 (BGBl. I S. 1016).

Verordnung zum Schutz vor gefährlichen Hunden und über das Halten von Hunden (Hundeverordnung). Vom 18. Juli 2000 (GVBl. S. 152), Hamburg.

5.4 Tiergerechte Haltung von Katzen

(WÖHR, A.-C.)

5.4.1 Grundlegende Anforderungen

Insgesamt werden in 11 Mio. deutschen Haushalten 21 Mio. Tiere gehalten, wobei Katzen mit 6,4 Mio. in 14 % der Haushalte mittlerweile die beliebtesten Haustiere in Deutschland sind (TIERÄRZTLICHE UMSCHAU, 1999). Dies sind ca. 2,6 Mio. Katzen mehr im Vergleich zu 1991, und mit dieser Zunahme einhergehend hat sich auch die Zahl der freilebenden, verwilderten und Tierheimkatzen sowie die Zahl der Rasse- und Zuchtkatzen drastisch erhöht. Dementsprechend vielfältig gestalten sich auch die Möglichkeiten der Katzenhaltung.

Im deutschen TIERSCHUTZGESETZ (1998) sind unter den §§ 2, 3, 4, 6, 11 und 17 die für den Tierhalter relevanten Anforderungen an die Haltung von Tieren gesetzlich vorgegeben. Zentraler Punkt des Gesetzes ist der § 2, der den Tierhalter dazu verpflichtet, ein Tier seiner Art und seinen Bedürfnissen entsprechend zu ernähren, zu pflegen und verhaltensgerecht unterzubringen, über die dazu erforderlichen Kenntnisse und Fähigkeiten zu verfügen sowie das Verbot, die Möglichkeiten des Tieres zu artgemäßer Bewegung so einzuschränken, daß ihm Schmerzen oder vermeidbare Leiden oder Schäden zugefügt werden.

Im Gegensatz zur Hundehaltung existieren keine speziellen Verordnungen zur Haltung von Katzen. Zur tiergerechten Katzenhaltung sind neben dem Einhalten von gutachterlichen oder empfohlenen Angaben über die zur Verfügung stehende Fläche und sonstige baulich-technische Voraussetzungen (artgemäße Bewegung), die Berücksichtigung des Gesundheitszustandes (Pflege) und des Verhaltens (verhaltensgerechte Unterbringung) des Tieres selbst wichtigste Kriterien (UNSHELM u. MACK, 1997). Dabei muß die Tierhaltung dahingehend bewertet werden, inwieweit das Tier seinen Bedarf in bestimmten Funktionskreisen decken und Schaden durch Artgenossen oder äußere Einwirkungen vermeiden kann. Weiterhin ist zu berücksichtigen, um welche grundsätzliche Haltungsform es sich handelt. Freilaufende verwilderte Katzen, private Wohnungskatzen mit und ohne Auslauf, Katzen in Tierheimen, in professionellen Zuchten oder Versuchskatzen haben unterschiedliche räumliche (s. Tab. 5.4.2–1 bis 3), klimatische, ernährungsphysiologische, hygienische und ethologische Anforderungen. Weiterhin sind Kastration, Rasse, Auslauf, Gruppengröße sowie Kontakt zum Menschen zu berücksichtigende Kriterien bei der Gestaltung einer tiergerechten Katzenhaltung.

5.4.2 Räumliche Anforderungen

Gruppenhaltung (Tierheime, Tierpensionen, Katzenzuchten)

Generell gilt, daß die Gruppenhaltung von Katzen ausschließlich in Innenräumen sowie die alleinige Haltung in Außengehegen unter mitteleuropäischen Klimaverhältnissen abzulehnen ist (LEYHAUSEN, 1981). Die Mindestgrundfläche für Katzen in Gruppenhaltung wird von den meisten Autoren mit 1,2–1,5 m^2 pro Tier (KEHRER u. STARKE, 1975; GÄRTNER et al., 1976) bis hin zu 4 m^2 pro Tier und zusätzliche 2 m^2 je hinzukommender Katze angegeben (LEYHAUSEN, 1981) (s. Tab. 5.4.2–1). Bei Unterschreitung dieser Grundfläche kann es zu Schmerzen, Leiden oder Schäden kommen, da die Verminderung der Individualabstände in der Gruppenhaltung unter Umständen zu ernsthaften Verletzungen bei Rangordnungskämpfen führt. Bei den Innen-

5.4 Tiergerechte Haltung von Katzen

Tabelle 5.4.2–1 Mindestanforderungen an die Grundfläche pro Katze in der Gruppenhaltung

Grundfläche/Tier, Innenräume	Autor
1,2–1,5 m²	Kehrer u. Starke (1975)
1,5 m²	Gärtner et al. (1976)
0,5 m², vorübergehend auch 0,16 m²	Drawer u. Ennulat (1977)
0,5 m²	Merkenschlager u. Wilk (1979)
0,5 m², bei Eingewöhnung 1 m²	Küpper (1979)
4 m²/Tier + 2 m² für jedes weitere Tier	Leyhausen (1981)
1 m², Mindestfläche 5 m² (Schweden)	Rischen (1984)
0,5 m², bei Auslauf 0,3 m²; Raumgröße: 3–4 m lang, 2–3 m breit, 2,30 m hoch	Langer (1985)
0,5 m², Raumhöhe: 2 m	GV-SOLAS (1989)
2 m²	BTK (1995)
für 1–2 Katzen 15 m², vorübergehend auch 4 m² pro Tier + 2 m² für jede weitere Katze, Raumhöhe: 2 m	TVT (1995)
0,5–1 m², Raumhöhe: 1,5 m	Weiss et al. (1996)
2 m² Innenraum; pro Gruppe 24 m² Innenraum	Schär (1997)

räumen ist darauf zu achten, daß bei mehreren Tieren eine Raumteilung erfolgen muß, die es den Katzen ermöglicht, einander zu meiden (s. Abb. 5.4.2–1). Katzen nützen mehr als der Mensch die Raumdimensionen, so daß der Wohnraum nicht nur horizontal, sondern auch vertikal gegliedert sein sollte. Im Gegensatz zu früheren Ansichten sollte

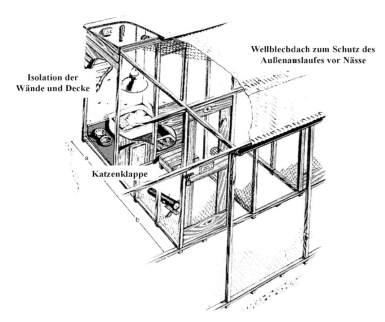

Abb. 5.4.2–1 Tiergerechte Katzenhaltung im Tierheim oder in der Katzenpension/Katzenzucht (nach Wright u. Walters, 1985). a = Innenraum für Katzengruppe mit mindestens 1,20 m Höhe und 4 m²/Tier plus 2 m² für jedes weitere Tier und dreidimensionaler Gestaltung des Raumes; b = Außenauslauf. Die Innenräume sollten hell, luftig, geruchlos und sauber sein. Anstriche mit nichtporösem Material (z. B. bleifreie Ölfarbe) und Venyl-Fußbodenabdeckung, die an der Wand teilweise hochgezogen ist, zur besseren Reinigung und Desinfektion der Innenräume. Isolation der Wände und des Daches und Heizkörper im Innenbereich. Innenausstattung mit Katzenbett, Toilette, Freßnäpfen und Kratzbaum. Verbindung zwischen Außenauslauf und Innenräumen mittels Katzenklappe, die der Katze einen freien Zutritt nach außen gewährt. Die Auslaufgröße beträgt optimal 1,20 × 2 m pro Katze

Tabelle 5.4.2–2 Anforderungen an die Auslaufgrundfläche in der Gruppenhaltung

Auslaufgrundfläche	Autor
10 m², ab dem zweiten Tier plus 3 m² pro Tier; Höhe: 2 m	Leyhausen (1981)
einfache bis doppelte Grundfläche des Schutzraumes	Langer (1985)
8 m², ab dem dritten Tier plus 3 m² pro Tier	TVT (1995)
8 m², ab dem dritten Tier plus 3 m² pro Tier	Bundestierärztekammer (1995)
pro Gruppe 24 m²	Schär (1997)

für jedes Tier mindestens *eine* Katzentoilette zur Verfügung stehen, deren Einstreu täglich zu erneuern ist (Weber-Müller, 1989). Die Einrichtung hat neben der Katzentoilette mehrere Schlafkisten zu beinhalten, mit warmer, leicht zu wechselnder Einlage. Weiterhin sollten Beschäftigungsmöglichkeiten in Form von Spielzeug vorhanden sein sowie Gelegenheiten zum Krallenschärfen. Katzen, die es gewohnt sind, sich im Freien aufzuhalten, sollten Zugang zu einem gesicherten Freigehege haben. Die empfohlenen Ausmaße der Außengehege sind der Tabelle 5.4.2–2 zu entnehmen. Die Einzäunung des Auslaufes mit punktgeschweißtem Maschendraht ist zu empfehlen, wobei ein Überklettern natürlich vermieden werden muß. Netze sind wegen der Verletzungsgefahr (Krallenabrisse, Verrenkung der Zehenglieder, Zerrung von Bändern und Sehnen) abzulehnen.

Die jeweilige Gruppengröße richtet sich nach der Größe des Raumes, sollte aber fünf bis zehn Adulttiere nicht übersteigen (Bundestierärztekammer, 1995; Mertens, 1997). Katzenwelpen sind bis zum Absetzen mit der Mutter zusammen zu halten. Die Gruppenhaltung ist grundsätzlich nicht oder weniger geeignet für kranke Tiere (soweit dies zur Prävention von Ansteckungsrisiken und zur Schonung des erkrankten Tieres notwendig ist), für hochtragende Katzen und Katzen, die sich als unverträglich erwiesen haben (Bundestierärztekammer, 1995).

Problematisch unter Tierschutzaspekten, aber auch zivilrechtlich (häufig § 906 BGB Geruchsbelästigung und/oder Mietrecht, s. Kap. 3) relevant ist die Haltung mehrerer Katzen als reine Wohnungskatzen auf engstem Raum. Diese Form der Katzenhaltung ist häufig Gegenstand rechtlicher Auseinandersetzungen mit Einschreiten des Amtstierarztes und einer richterlich angeordneten Reduktion der Anzahl der Katzen, da in solchen Fällen eine tiergerechte Unterbringung nicht gewährleistet ist. Die Auswertung von 564 Gerichtsurteilen zum Thema der rechtlichen Problematik der Heim- und Begleittierhaltung ergab einen Anteil an Urteilen zur Katzenhaltung in Wohnungen von 10,6 %. Resultat der 60 Gerichtsurteile war immerhin in 18,4 % der Fälle die Abschaffung oder die drastische Reduktion der Anzahl der Katzen wegen Geruchs- und Grundstücksbelästigung sowie tierschutzrelevanter Aspekte (Duschner, 1999).

Einzelhaltung (private Wohnungskatzen mit/ohne Auslauf) (Tab. 5.4.2–3)

Die einzeln gehaltene Katze ohne Auslauf ist am stärksten auf eine attraktive, tiergerechte Umgebung angewiesen. Während freilaufende Katzen häusliche Defizite, wie z.B. mangelnde Beschäftigungsmöglichkeiten, im Auslauf weitestgehend kompensieren können, ist die reine Wohnungskatze voll und ganz von dem Besitzer und ihrem Umfeld abhängig. Deshalb ist es besonders wichtig, die Räumlichkeiten abwechslungsreich zu gestalten, Spielzeug anzubieten und Fensterplätze (dreidimensionale Gliederung des Raumes!), mindestens zwei Katzentoiletten je Katze weit entfernt vom Freßplatz sowie ruhige und ungestörte Schlafplätze einzurichten. Je reizärmer die Umgebung der reinen Wohnungskatze ist, desto mehr muß sich der Besitzer mit seinem Tier beschäftigen.

5.4 Tiergerechte Haltung von Katzen

Tabelle 5.4.2–3 Mindestanforderungen an den Platzbedarf bei der Einzelhaltung von Katzen in Käfigen

Käfiggröße pro Tier	Autor
100 cm breit, 70 cm tief, 50–60 cm hoch	Kehrer und Starke (1975)
3000–4000 cm^3 Rauminhalt	Gärtner et al. (1976)
3000 cm^3 Rauminhalt, Höhe 60 cm	Merkenschlager u. Wilk (1979)
1 m^3 Rauminhalt	Leyhausen (1981)
75 (60–120) cm breit, 70 cm tief, 80 cm hoch	Langer (1985)
bei 3–4 kg KG Fläche: 0,4 m^2, Höhe: 50 cm	Richtlinie des Rates zur Annäherung der Rechts- u. Verwaltungsvorschriften der Mitgliedstaaten zum Schutz der für Versuche u. andere wissenschaftliche Zwecke verwendeten Tiere (1986)
bei 2–4 kg KG 4000 cm^3 Rauminhalt, Höhe: 60 cm; Katzen mit Welpen 6000 cm^3	GV-SOLAS (1989)
Höhe: 1 m, Fläche: 1 m^2, eine Kantenlänge mindestens 60 cm; doppelte Fläche für Katzen mit Welpen	Bundestierärztekammer (1995)
Fläche: 1 m^2, Höhe: 1 m; Katzen mit Welpen 2 m^2	TVT (1995)
bei 4–5 kg KG Fläche: 0,6 m^2, Höhe: 50 cm	Weiss et al. (1996)
120 cm breit, 70 cm tief, 90 cm hoch	Schär (1997)

Zur Haltung von Wohnungskatzen mit Auslauf bietet sich eine sogenannte Katzenklappe an, die es der Katze ermöglicht, frei zwischen draußen und drinnen zu wählen. Im Falle von Volieren oder Balkonen gilt das für die Gruppenhaltung Gesagte (s. auch Abb. 5.4.2–1 und 5.4.2–2). Wichtig auch bei Balkonen ist die Einzäunung mit punktgeschweißtem Maschendraht und nicht mit Netzen.

Katzendörfer (Abb. 5.4.2–3)

Das relativ neue Modell „Katzendorf" für freilebende, verwilderte Katzen beruht auf der Einrichtung fester Futterstellen und Schlafhütten für Katzen auf geschützt liegenden Flächen, zu denen die Tiere freien Zugang haben. Diese Katzendörfer werden von ehrenamtlichen Helfern betreut, die auch die Tiere zur Kastration, Impfung und Ekto- und Endoparasitenbehandlung einfangen und zur tierärztlichen Behandlung bringen. Entscheidend für den erfolgreichen Betrieb eines Katzendorfes ist wesentlich bei der Planung die Absprache mit der zuständigen Veterinärbehörde, dem vor Ort tätigen Tierschutzverein und insbesondere dem Grundstückbesitzer (Polte, 1998).

Versuchskatzenhaltung

Im Jahr 1999 wurden insgesamt 1124 Katzen im Versuch eingesetzt. Im Vergleich dazu wurden zwar beispielsweise 81 % mehr Hunde (n = 6031) und 99,9 % mehr Mäuse (n = 775 932) im Versuch gehalten (BMVEL – Bundesministerium für Verbraucherschutz, Ernährung und Landwirtschaft, 2001), doch ist die Anzahl der verwendeten Tiere kein Maß für die Tiergerechtheit der Haltung.

Grundsätzlich ist, wie auch bei der Haltung von Katzen in Tierheimen oder Zuchten, die Gruppenhaltung der Einzelhaltung vorzuziehen, wobei die Sozialverträglichkeit sowie Sozialbindungen bei der Zusammenstellung der Gruppen berücksichtigt werden müssen. Die Innenausstattung der Aufenthaltsräume entspricht den oben unter **Gruppenhaltung** aufgeführten Anforderungen, wobei die Grundfläche der Gruppenboxen nach dem Absetzen mindestens 0,8 m^2 pro Katze mit einer Mindesthöhe von 1,5 m betragen soll (BMVEL, 2001).

Aus versuchstechnischen Gründen ist die Einzelhaltung von Katzen in Käfigen durchaus geläufig. Diese Käfigeinzelhaltung sollte aber zeitlich begrenzt und mit der Möglich-

5 Tiergerechte Haltung von Heim- und Begleittieren

Abb. 5.4.2–2 Tiergerechte Katzenhaltung in der Versuchstierhaltung. Volierenhaltung von Versuchskatzen: freier Zugang zu den Innenboxen oder zum Volierenaußenauslauf über eine Katzenklappe, dreidimensionale Gliederung des Raumes, Ausstattung mit Kratzbäumen, punktgeschweißter Maschendraht (mit freundlicher Genehmigung von Frau Prof. E. Kienzle, Institut für Physiologie, Physiologische Chemie und Tierernährung, LMU München, 1999)

keit des Auslaufes erfolgen. Die Käfiggröße richtet sich nach der Gewichtsklasse und beträgt bei < 1 kg KG 0,2 m^2 pro Tier, bei 1–2 kg KG 0,3 m^2 pro Tier (GESETZ ZU DEM EUROPÄISCHEN ÜBEREINKOMMEN VOM 18. MÄRZ 1986 ZUM SCHUTZ DER FÜR VERSUCHE UND ANDERE WISSENSCHAFTLICHE ZWECKE VERWENDETEN WIRBELTIERE VOM 11. DEZEMBER 1990), bei 2–4 kg KG $> 0,4$ m^2 pro Tier und bei > 4 kg KG $> 0,6$ m^2 pro Tier. Die Käfighöhe beträgt mindestens 60 cm (GV-SOLAS – GESELLSCHAFT FÜR VERSUCHSTIERKUNDE, 1989).

Abb. 5.4.2–3 Beispiel für die Gestaltung eines Katzendorfes (nach POLTE, 1998). „Naturtierheim" für ca. 35 Katzen, mit 7 Holzhäusern als Schlafhütten auf Stelzen und einer zentralen Futterstelle

Entscheidend bei der Versuchskatzenhaltung ist die Qualifikation der Tierpfleger bzw. des Betreuungspersonals, welche in Form von Sachkundenachweisen und Fachgesprächen (§ 11 [2] TierSchG; FEDERATION OF EUROPEAN LABORATORY ANIMAL SCIENCE ASSOCIATIONS, 1995) auf Anfrage der zuständigen, prüfenden Behörde vorzulegen sind. Die Anzahl der pro Tierpfleger zu betreuenden Katzen richtet sich nach der Art der Haltung. Bei Katzen, die zur Zucht gehalten werden, sollte ein Pfleger für maximal 23 Tiere zuständig sein, bei der Haltung ohne Experiment könnte ein Pfleger maximal 45–50 Tiere und bei experimenteller Haltung 30–40 Tiere betreuen (GV-SOLAS, 1989).

Grundsätzlich sollten die Arbeiten an den Tieren nie stumm und monoton erfolgen; jedes Tier bedarf der individuellen Betreuung und Ansprache. Die Tiere sollten von sich aus zu den Pflegern kommen und ohne Hilfsmittel anzufassen und hochzunehmen sein (TVT – TIERÄRZTLICHE VEREINIGUNG FÜR TIERSCHUTZ, 1992).

5.4.3 Klimatische Anforderungen

Die für die Katzenhaltung geeignete Raumtemperatur sollte zwischen 21–23 °C betragen, die Luftfeuchtigkeit zwischen 50–65 % (LANGER, 1985). Von den Schadgasen, die in der Katzenhaltung auftreten können, ist besonders Ammoniak gesundheitsgefährdend. Ammoniak entsteht durch bakterielle und enzymatische Zersetzungsprozesse aus unverdautem Eiweiß bzw. Harnstoff der Exkremente der Tiere. Die Schadwirkung beruht im wesentlichen auf einer Reizung der Schleimhäute schon in geringen Konzentrationen (MEHLHORN, 1987). Deshalb ist auch auf eine geeignete Belüftung der Räume ohne Zugluft zu achten. Die Luftgeschwindigkeiten sollten bei zugfreier Belüftung im Tierbereich ca. 0,2 m/s betragen.

LEYHAUSEN (1981) fordert in seinem Gutachten ausreichend Tageslicht durch große Fenster oder über Glas- oder Plastikkuppeln im Dach. Andere Autoren geben eine Lichtintensität von 300–450 Lux an, gemessen einen Meter über dem Boden, senkrecht unter dem Beleuchtungskörper. Generell sollte die Lichtdauer den natürlichen Tageslichtbedingungen angepaßt sein und ca. 12 Stunden je Tag betragen.

5.4.4 Ernährung

Bei mehr als einem Tier sollte für jede Katze ein leicht zu desinfizierender Freßnapf zur Verfügung stehen, um Rangordnungskämpfe weitestgehend zu vermeiden. Empfohlen werden ein bis zwei Mahlzeiten pro Tag, für laktierende oder heranwachsende Tiere drei Mahlzeiten. Feuchtfutter sollte nach einer halben Stunde entfernt werden, Trockenfutter hingegen kann länger stehen (BAUER, 1987).

Katzen sind von Natur aus Beutetierfresser; durch ihren spezialisierten Körperbau und ihren einzigartigen Nährstoffbedarf weisen sie sich als Raubtiere aus. Katzen haben einen sehr hohen Eiweiß- und Taurinbedarf. Außerdem müssen Arachidonsäure und Vitamin A mit der Nahrung substituiert werden. Diese Bedürfnisse werden durch Futtermittel auf der Basis von Eiweiß und Fett tierischer Herkunft erfüllt.

Im Vergleich zum Hund mit 18 % Protein in der Trockenmasse benötigen Katzen mindestens 26 %, da Katzen im Gegensatz zu anderen Tierarten einen Teil des aufgenommenen Eiweißes zur Umsetzung in Energie verbrauchen. Katzen vertragen einen außerordentlich hohen Fettgehalt in der Nahrung (bis zu 65 % in der Trockenmasse), ohne daß Erkrankungen im kardiovaskulären Bereich oder im Verdauungstrakt auftreten.

Der tatsächliche Wasserverbrauch ist abhängig von der Form, in der die Nahrung aufgenommen wird, und beträgt bei Trockennahrung 60 bis 180 ml/Tag und bei Dosenfutter 0 bis 50 ml/Tag.

Typische haltungsbedingte Gesundheitsstörungen durch unzureichende Ernährung sind zum Beispiel die Thiamin-Mangel-Enzephalopathie durch einseitige Fischfütterung und die A-Hypervitaminose durch einseitige Fütterung mit roher Leber (KRAFT, 1977). Die ausschließliche Fütterung von entblutetem Schlachtfleisch und Innereien kann, neben der Gefahr der Infektion mit Aujeszky-Viren, zu einem Mangel an Chlorid-Ionen führen, gefolgt von mangelhafter HCL-Bildung im Magen und dadurch bedingten Verdauungsstörungen (BRUNNER u. HLAWACZEK, 1976).

Bei kastrierten Katzen sollte durch die Verabreichung von Diätnahrung die kastrationsbedingte Stoffwechselumstellung gezielt beeinflußt werden, da erwiesene Folgeerscheinungen nach der Kastration Adipositas und die Harnsteinbildung sein können. Die kastrationsbedingte Adipositas ist Folge einer spontan gesteigerten Nahrungsaufnahme nach der Kastration sowie eines reduzierten Energieerhaltungsbedarfs (bei kastrierten weiblichen Katzen liegt der Grundenergieumsatz um 24–30 % unter dem von nicht kastrierten Kätzinnen).

Zu den möglichen Folgeerkrankungen der Adipositas zählen nach Untersuchungen von BIOURGE (1998) an 1400 kastrierten Katzen:
- **Diabetes mellitus:** Übergewichtige Katzen erkranken mit 3,8fach höherer Wahrscheinlichkeit an Diabetes mellitus als Katzen mit Idealgewicht;
- **Lahmheiten:** Das Risiko liegt für übergewichtige Katzen um das 2,7fache höher;
- **Hauterkrankungen:** Das Risiko für nichtallergische Hauterkrankungen steigt bei Adipositas um das 1,7fache;
- **geringere Lebenserwartung:** Nach 4jähriger Untersuchung waren im Gegensatz zu 83 % der Katzen mit Idealgewicht nur noch 53 % der adipösen und 43 % der untergewichtigen Katzen am Leben;
- **reduzierte Insulinproduktion** wegen herabgesetzter Glukosetoleranz;
- **Hepatische Lipidose;**
- **Felines urologisches Syndrom (FUS),** Erkrankungen der ableitenden Harnwege.

Erkrankungen der ableitenden Harnwege, wie z. B. Harnsteinbildung, gehören zu den häufigsten Gründen, warum Katzenhalter den Tierarzt aufsuchen. Zu den Faktoren, die das Risiko einer Harnsteinbildung erhöhen, gehören die *Rasse* (Burma-, Himalaja- und Perserkatzen zeigen Prädisposition zu Kalziumoxalatsteinen), das *Geschlecht* (Oxalatsteine häufiger bei männlichen Katzen, Magnesium-Ammoniumphosphat-Harnsteine häufiger bei Kätzinnen; höheres Risiko bei Kastration, da kastrierte Katzen seltener urinieren, so daß für die Kristallbildung mehr Zeit zur Verfügung steht) und das *Alter* (Katzen < 5 Jahren vorwiegend Magnesium-Ammoniumphosphat-Harnsteine, > 10 Jahre vorwiegend Kalziumoxalat-Harnsteine).

Ganz anders verhält es sich mit der Ernährungsbiologie streunender Hauskatzen. Bei einer bundesweiten Umfrage auf 107 Mülldeponien machten mit über 80 % die verwilderten Hauskatzen die wichtigste Säugetierart auf diesen Mülldeponien aus. Die Qualität und Hygiene derartiger Nahrungsabfälle sind deutlich vermindert und können zu Vergiftungen und Infektionen der Tiere führen. Hinzu kommt, daß streunende Hauskatzen, die sich regelmäßig auf Mülldeponien von den dortigen Kleinsäugern ernähren (z. B. Feldmaus und Wanderratte), sich nicht nur mit Toxoplasmen infizieren können, sondern auch recht hohe Mengen an Schwermetallen durch die Beutetiere aufnehmen (MEYER, 1999).

5.4.5 Prophylaktische und hygienische Maßnahmen

Zu den prophylaktischen Maßnahmen bei privaten und verwilderten Katzen sowie bei Aufnahme neuer Katzen in ein Tierheim gehören Impfungen sowie die Endo- und Ektoparasitenbehandlung. Mangelnde prophylaktische Maßnahmen können ernsthafte Konsequenzen sowohl für die Katzenpopulation als auch für Tierhalter oder Tierpfleger haben.

Insbesondere in Tierheimen können unzureichende hygienische Maßnahmen im Zu-

5.4 Tiergerechte Haltung von Katzen

sammenhang mit der Reinigung und Desinfektion, inadäquate Ausstattung der Kranken- und Quarantänestationen (wie Wolldekken, Kissen, Holzbretter etc.) sowie Überbelegung der einzelnen Abteile zu einem hohen Infektionsdruck führen. Zusätzlich belastende Zustände wie neu in eine Gruppe eingeführte Katzen oder zu geringes Platzangebot etc. können dann zu seuchenartigen Infektionen führen, vor allem innerhalb der juvenilen Tierheimkatzenpopulation. Am Beispiel der neuen deutschen Bundesländer zeigt sich bei einer Befragung von 49 Tierheimen, daß 95 % der befragten Tierheime regelmäßig starke Probleme mit Katzenschnupfen und 61 % mit Parvovirose haben. In 39 % der befragten Tierheime sind häufig Katzen an der felinen infektiösen Peritonitis erkrankt, 22 % der Tierheime haben Probleme mit Leukose und 17 % mit Pasteurellose. Durchfallerkrankungen, Räude, Ohrmilben und Augenerkrankungen stellen ebenfalls häufige Probleme dar.

Ein weiteres Problem ist oft die Art und Weise der Unterbringung neu eintreffender Katzen in der Quarantäne. *Die Quarantäne dient der isolierten Haltung gesunder bzw. anscheinend gesunder Tiere zur Feststellung des Freiseins von Infektionskrankheiten und dem Schutze infektfreier eingestellter Katzen.* Für eine Quarantäne gilt grundsätzlich, daß die eingestellten Tiere vom restlichen Bestand räumlich und personell getrennt gehalten werden sollen sowie eine separate Futterlagerung und -zubereitung. Die Belegung der Quarantäne sollte im Rein-Raus-Verfahren erfolgen. Die Aufenthaltsdauer richtet sich nach der Inkubationszeit der häufigsten Krankheiten und sollte ca. 21–28 Tage betragen.

Immerhin impfen 89 % der befragten Tierheime neu eintreffende Katzen prophylaktisch. Ca. 95 % dieser Tierheime impfen gegen Katzenschnupfen und Feline Panleukopenie, aber nur 32 % gegen Tollwut. Tollwut ist immer noch die gefürchtetste Zoonose, wenngleich sie auch in der Gefährlichkeit für den Menschen inzwischen durch andere Zoonosen, wie z. B. Toxoplasmose, übertroffen wurde. Trotz allem handelt es sich hier, insbesondere bei freilaufenden Katzen, um ein nicht zu unterschätzendes Risiko für Mensch und Tier. Dies verdeutlicht die Wichtigkeit der regelmäßigen und konsequenten lebenslangen Impfstrategie (Tab. 5.4.5–1).

Mangelnde vorbeugende Maßnahmen und Hygiene sind auch ein Risiko für Katzenbesitzer, Tierheimmitarbeiter und Tierärzte.

Tabelle 5.4.5–1 Impfkalender der Katze (SELBITZ u. MOOS, 1997)

Erkrankung/Erreger	Erstimpfung	Wiederholungsimpfung	Auffrischungsimpfung	Bemerkungen
Katzenseuche	(6.–)8. Lebenswoche	(10.–)12. Lebenswoche	jährlich[1]	–
Katzenschnupfen	8. Lebenswoche	12. Lebenswoche	jährlich[1]	–
Tollwut	12. Lebenswoche	14. Lebenswoche	jährlich	manche Impfstoffhersteller empfehlen die Erstimpfung im Alter von 6 Monaten
Felines Leukämie-Virus	8. Lebenswoche	12. Lebenswoche	(jährlich)	nur besonders gefährdete Populationen
Feline infektiöse Peritonitis	16. Lebenswoche	19. Lebenswoche	(jährlich)	nur besonders gefährdete Populationen

[1] Einige Impfstoffhersteller empfehlen die Wiederholungsimpfungen in 2jährigen Abständen

5 Tiergerechte Haltung von Heim- und Begleittieren

In vier Tierheimen waren z. B. einer oder mehrere Mitarbeiter an Trichophytie erkrankt, in zwei Tierheimen hatten sich die Mitarbeiter an der Cat-scratch-disease oder Katzenkratzkrankheit infiziert. Eine bundesweite Umfrage bei 807 Tierärzten ergab, daß 56 % mindestens einmal bisher an einer Zooanthroponose erkrankt sind (darunter auch 2 Fälle von Katzenpocken) (Abb. 5.4.5–1). Auffallend ist der hohe Prozentsatz der Erkrankungen der Tierärzte an Hautpilzen (Trichophytie 37,6 % und Mikrosporie 35,6 %). Diese Zahlen decken sich annähernd mit den Ergebnissen von Böhm et al. (1998), die bei 18,5 % von 308 untersuchten Zucht- und Ausstellungskatzen, bei 31,2 % von 303 Tierheimkatzen und bei 12,9 % von 309 Katzen aus Privathaushalten eine Infektion mit *Microsporum cati* nachgewiesen haben.

Weitere Krankheiten, die von Katzen auf den Menschen übertragen werden können und eine gesundheitliche Gefährdung darstellen, sind vor allem der Bandwurmbefall, die weniger bekannte und doch in ihrer Häufigkeit zunehmende Katzenkratzkrankheit, die *E.-coli*-Infektion sowie die über Orthopoxviren erfolgende Pockeninfektion des Menschen.

Im Zusammenhang mit dem Bandwurmbefall wurde der Fäzes von 222 Tierheimkatzen (Dibbert et al., 1997a) und der Katzenfäzes aus Sandspielkästen von Rostock und Umgebung (Dibbert et al., 1997b) auf Toxocara cati untersucht. Bei den Tierheimkatzen konnte in 22 % der Fälle eine Infektion mit dem Katzenbandwurm nachgewiesen werden. Ähnlich verhält es sich mit den Sandspielplätzen in Rostock und Umgebung. Von 100 Sandspielplätzen wurden Sandproben entnommen und auf eine Verunreinigung mit Toxocara-Stadien hin untersucht. In Rostock selbst waren in 10 % der untersuchten Sandspielkästen Toxocara-Eier nachweisbar; in kleineren Städten in der Umgebung von Rostock wurden Toxocara-Eier in zwischen 10–40 % der Spielkästen nachgewiesen. In anderen Teilen Deutschlands liegt die Nachweisbarkeit von Toxocara-Stadien in Sandspielkästen bei 22 % in Cottbus (Knaus et al., 1987), bei ca. 80 % in Berlin (Sengebusch, 1989), 90 % in München (Düwel, 1983) und 64 % in Hannover (Horn et al., 1990). Die Infektion des Menschen durch orale Aufnahme von larvenhaltigen Toxocara-Eiern ist unter dem Larva-migrans-visceralis-Komplex bekannt. Wandernde Larven verursachen Lungenentzündungen, Lebererkrankungen, Meningoenzephalitiden oder Augenerkrankungen, insbesondere bei Kleinkindern, die noch keine Abwehr gegen Askaridenlarven entwickelt haben. Wichtigste Quelle der Ansteckung sind Spielplätze und Sandkästen, da embryonierte Eier im Sand über Monate infektiös bleiben können.

Im Zusammenhang mit den bakteriellen Infektionen des Menschen durch Katzen ist u. a. die Infektion mit *Escherichia coli* zu erwähnen. In einer Studie der Bundesanstalt für veterinärmedizinische Untersuchungen in Graz (Breitwieser, 1999) wurde in 190 Kotproben von an Enteritis erkrankten oder verendeten Katzen zu 56,4 % hämolysierende E. coli (Serogruppen O6, O8, O18, O25, O119) und zu 23,4 % nicht-hämolysierende E. coli (Serogruppen O8, O18, O25, O100, O119, O157) nachgewiesen. Insbesondere

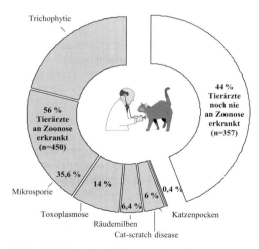

Abb. 5.4.5–1 Anzahl der an einer Zooanthroponose erkrankten Tierärzte in Deutschland (nach einer Befragung von 807 Tierärzten)

von den hämolysierenden *E.-coli*-Stämmen der Serogruppen O6, O8, O18, O25, O119 ist bekannt, daß sie zu Säuglingsenteritiden und Dysenterien des erwachsenen Menschen und die Serogruppen O100, O119 und O157 zur hämorrhagischen Enteritis des Menschen führen. Wegen des hohen Infektionsrisikos für den Tierhalter und Angehörige durch im Haushalt lebende, an Enteritis erkrankte Katzen fordert der Autor die zwingende Laboruntersuchung einer Kotprobe im Krankheitsfalle des Tieres mit Erregernachweis und Resistenztest.

Die Katzenkratzkrankheit (Cat-scratch disease), die durch Viren (Herpesviren) und auch Bakterien (Bartonella spp., Afipia felis, Rickettsien und Chlamydien) übertragen wird, soll bei Tierärzten und Kindern weltweit verbreitet sein und jährlich Tausende befallen (GRIESEMER u. WOLFE, 1971). Die Krankheit wird durch Biß- oder Kratzverletzungen übertragen und kann beim Menschen eine eitrige, abszedierende Lymphadenitis, Meningoenzephalitis oder chronisch entzündliche Veränderungen am Auge hervorrufen. Die Vermeidung von Biß- und Kratzwunden durch Katzen ist die einzige Prophylaxe (MCDONALD, 1987; HOLDEN, 1991; SCHÜTT-MAST, 1991).

Über Orthopoxvirus-Infektionen der Katzen wird erst in den letzten Jahren berichtet. Der erste Fall in Deutschland betraf 1985 ein Mädchen, das sich über eine Katze infiziert hatte. Seit 1987 mehren sich derartige Fälle. 1990 verlief die Infektion bei einem 18jährigen immunsupprimierten Jungen tödlich. Das Reservoir der Orthopoxviren sind wildlebende Nagetiere. Da durch vermehrte Hygiene der direkte Kontakt des Menschen mit Nagetieren seltener geworden ist, spielen ausschließlich Katzen mit freiem Auslauf eine Rolle in der Übertragung dieser Viren auf den Menschen. Die Infektion des Menschen mit Orthopoxviren kann nach direktem Hautkontakt lokale Pockenefloreszenzen verursachen, die im Regelfall komplikationslos abheilen; bei immunsupprimierten oder -defizienten Personen besteht jedoch die Gefahr einer generalisierten Infektion mit schwerstem Krankheitsverlauf (CZERNY et al., 1991). In einer Studie über das Vorkommen von Orthopoxvirus-infizierten Katzen in Österreich konnten in 4 % von 200 untersuchten Katzenseren Antikörper gegen Orthopoxviren nachgewiesen werden (NOWOTNY, 1996). In Deutschland wurden von WAGNER (1993) bei 2 % von 2173 untersuchten Katzen und von ZIMMER et al. (1991) bei 13 % von 104 Katzen Antikörper gegen Orthopoxviren nachgewiesen. Dem in einer tierärztlichen Praxis tätigen Personal wird u. a. die Orthopockenschutzimpfung empfohlen (MAYR, 1995), sie sollte aber nicht nur dort, sondern auch bei den in Tierheimen beschäftigten Personen erfolgen.

Die geschilderten Verhältnisse verdeutlichen, daß im Interesse des Menschen und zum Schutze des Tieres ausreichende Hygiene im Umgang mit Katzen geboten ist, aber auch bei größter Sauberkeit zu intimer Kontakt mit Haustieren zu vermeiden ist.

Katzenallergien

Allergische Erkrankungen haben in den letzten 30 Jahren weltweit zugenommen. Mehr als 50 % aller allergischen Erkrankungen werden durch Allergene im Innenraum ausgelöst. Zu den wichtigsten Allergenträgern zählen Milben, Schimmelpilze, aber auch Haustiere. Allergien, die durch den Kontakt mit Tieren ausgelöst werden, gehören vorwiegend zu der Gruppe der Kontakt- und Inhalationsallergien.

In Deutschland wird die Zahl der Katzenallergiker auf 2 bis 3 Mio. geschätzt. Von diesen ist aber nur ca. jeder zweite auch Katzenhalter. Die anderen Katzenallergiker haben niemals eine Katze besessen. In Amerika wurden von 1994–1997 von 19 220 abgegebenen Katzen 13,4 % (n = 2576) wegen Katzenallergien der Besitzer oder Angehöriger in ein Tierheim der Animal Humane Society in Minnesota abgegeben (LINE, 1998) (s. Abb. 5.4.7–1b). Die meisten Katzenhaarallergiker sind gleichzeitig auch allergisch gegenüber Hausstaubmilben und/oder Pollenallergenen. Deshalb sollte potentiellen Katzenbesitzern unbedingt **vor** der Anschaffung eines Haustieres (insbesondere Katzen und Nager) bei einer schon bestehenden Allergie z. B. gegenüber Hausstaubmilben oder Pollenallergenen zu einem Hautallergietest (Prick-Test) geraten werden. So kann vermieden werden, daß nach kurzer Zeit das Haustier weggegeben wird oder innerhalb des Wohnraumes das Leben komplett umgestellt werden muß (Mack, 1997) (ausführlich dazu s. Kap. 3).

5.4.6 Tiergerechte Katzenhaltung und Verhalten

Wechselbeziehungen zwischen Verhalten und Gesundheitsstörung sind beispielsweise, wie oben schon erwähnt, Verletzungen, die Katzen sich gegenseitig zufügen, weil ihnen zu wenig Ausweichdistanz zur Verfügung steht.

Neuere Untersuchungen zeigen, daß Katzen, die in einer attraktiven, den allgemeinen Anforderungen entsprechenden, tiergerechten Umgebung gehalten werden, ca. 37 % ihrer Zeit mit Schlafen, 8 % mit Körperpflege und 3 % mit Spielen verbringen. 44 % der Zeit sind die Katzen aufmerksam und reaktionsbereit und 8 % der Zeit in Bewegung. 25 % der Zeit nutzen die Katzen den Außenauslauf. Katzen, die parallel in einem kleinen Raum, ausgestattet nur mit Liegekisten und Toiletten, gehalten werden, sind 96 % ihrer Zeit in Alarmbereitschaft, zeigen kein Körperpflege- und Spielverhalten und nutzen zum Großteil die Katzentoiletten als Liegeplätze (Rochlitz, 1997).

Eine Umfrage in Tierheimen Baden-Württembergs ergab, daß mit 37 % gestörtes oder störendes Ausscheidungsverhalten am häufigsten bei den Tierheimkatzen auftrat. Mit 23 % wurde depressives Verhalten beobachtet, gefolgt von ängstlichem Verhalten mit 21 %. Aggressives Verhalten gegenüber Artgenossen und/oder dem Menschen sind mit ca. 12 % und Stereotypien mit 7 % an den Verhaltensstörungen beteiligt (Berg, 1991).

Insbesondere beim Markier- und Ausscheidungsverhalten ist zwischen störendem und gestörtem Verhalten zu differenzieren. Das Markierverhalten zählt nicht zu den Verhaltensstörungen, sondern zum sogenannten unerwünschten Verhalten, weil es dem Normalverhalten der Katzen entspricht. Am unangenehmsten ist das sogenannte Spritzen. Es dient der Reviermarkierung und wird besonders intensiviert, wenn z. B. eine fremde Katze in den gewohnten Territorialbereich eintritt. Zu anderen als territorialen Zwecken kann das Markieren (s. Abb. 5.4.6–1.) seine Ursache in einer neuen Umgebung, einer Veränderung der Einrichtung, einer Erhöhung der Tierpopulation durch Neuankömmlinge sowie bei Verwendung ammoniakhaltiger Reinigungsmittel haben.

Eine Vielzahl von Ursachen gibt es auch für die Stubenunreinheit der prinzipiell sehr sauberen Katzen. Zu den wichtigsten Ursachen gehören Haltungsfehler verschiedener Art, vor allem fehlende Informationen darüber, was für die Katze drinnen und draußen ist, insbesondere bei sogenannten Freiläufer-, streunenden und verwilderten Katzen, Konfliktsituationen, z. B. Mängel bei der Zahl und Ausstattung der Katzentoiletten, ungeeignete oder abgelehnte Streu, aber auch Einsamkeit oder Störungen des Wegenetzes.

Ängstliches Verhalten wird häufig bei den verwilderten Hauskatzen festgestellt. Diese Tiere sind den Kontakt zum Menschen nicht gewöhnt und nur mit hohem Zeit- und Personalaufwand eventuell zu resozialisieren.

Aggressives Verhalten gegenüber Personen kann seine Ursache in Unterschreitung der kritischen Distanz (insbesondere bei verwilderten Hauskatzen) und in der territorialen Aggression gegenüber Fremden haben, aber auch Beschäftigungsmangel und Schmerzzustände können die Ursache sein. Zu Aggressionen gegenüber Artgenossen kann es

5.4 Tiergerechte Haltung von Katzen

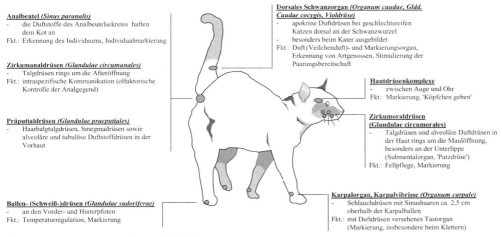

Abb. 5.4.6–1 Hautduftdrüsen der Katze

im Zusammenhang mit territorialen Auseinandersetzungen kommen, insbesondere gegenüber neu in eine Gruppe eingestellten Tieren. Weiterhin ist eine häufige Ursache der Aggression gegenüber Artgenossen der Kampf um die Rangordnung, insbesondere wenn ältere Tiere zu jüngeren hinzukommen.

Käfigstereotypien wurden bei der Umfrage in den Tierheimen Baden-Württembergs am häufigsten bei verwilderten Hauskatzen ermittelt (BERG, 1991). Eine dauerhafte Haltung dieser Tiere im Tierheim ist nicht ratsam, denn eine Bedarfsdeckung im Bereich Bewegungs- und Erkundungsverhalten ist hier kaum möglich.

5.4.7 Bestandsregulierung

Weltweit wird über einen Anstieg der freilebenden, streunenden, verwilderten und sich unkontrolliert vermehrenden Katzenpopulation berichtet. Herrenlose, streunende Katzen sind ein besonderes Problem der Tierheime. Beispielsweise belegen hier Daten aus einer Befragung von ostdeutschen Tierheimen dieses Problem: In Halle gibt es ca. 30 000 Katzen in Privathaushalten und ca. 5000–6000 freilebende, streunende Katzen, die von der Bevölkerung gefüttert werden und sich unkontrolliert vermehren (persönliche Mitteilung des Zoologischen Gartens Halle). In Rostock wird die Zahl der streunenden und verwilderten Katzen auf ca. 7000 geschätzt (persönliche Mitteilung). Ca. 71 % aller Katzen in den befragten Tierheimen in den neuen Bundesländern gehören zur Gruppe der freilebenden oder streunenden Katzen (Fundkatzen), wohingegen Abgabekatzen nur mit ca. 15 %, Pensionskatzen mit ca. 11 % und Beschlagnahmungen mit 2–3 % an der Gesamtheit der aufgenommenen Katzen beteiligt sind.

Als Folge der unkontrollierten Vermehrung nimmt die Zahl der aufgenommenen Katzen in den Tierheimen deutlich zu. Während 1993 noch durchschnittlich 163 Katzen pro Tierheim aufgenommen wurden, waren es 1996 ca. 232 Katzen. Da die in den Tierheimen eingestellten Katzen vorwiegend zur Gruppe der verwilderten Hauskatzen gehören, ist die Vermittlung dieser Tiere an neue Besitzer sehr schwierig, und 1996 wurden nur ca. 46 % aller Tierheimkatzen an neue Besitzer vermittelt, mit einer durchschnittlichen Rücklaufquote von 3 %.

Das mittlere Platzangebot pro Tierheim und Katze beträgt 49 Plätze. Das bedeutet, daß selbst wenn mehr als die Hälfte der Katzen vermittelt werden, die Tierheime zu mehr als 100 % überbelegt sind und der vorher angesprochene Platzbedarf pro Katze in keiner Weise erfüllt werden kann (Mack u. Unshelm, 1997).

Biologische Fakten

Obwohl soziale Standpunkte eine große Rolle bei der Zahl der freilebenden und streunenden Katzen spielen, trägt die hohe Fruchtbarkeit der domestizierten Hauskatze entscheidend zu diesem Problem bei. Katzen sind saisonal polyöstrisch und sofort nach Beginn der Zuchtsaison vom späten Winter bis zum Ende des Sommers fortpflanzungsbereit. Die Dauer der Trächtigkeit nach erfolgter Befruchtung dauert 64 Tage mit durchschnittlich 4–5 Welpen/Wurf. Kätzinnen können noch während des Säugens oder kurz nach dem Absetzen wieder rollig werden. Weibliche Katzen haben eine induzierte Ovulation, d. h., erst durch den Geschlechtsakt wird eine Ovulation ausgelöst. Kommt es dabei zu keiner Befruchtung der Eizelle, so spricht man von einer „sterilen Ovulation" mit nachfolgender Scheinträchtigkeit (s. auch Kap. *Kastrationen*). Falls überhaupt kein Deckakt erfolgt, ovulieren die Kätzinnen auch nicht, haben aber einen sich regelmäßig wiederholenden ca. 18 Tage dauernden Zyklus über die gesamte Brunstsaison (Paape et al., 1975).

Hochgerechnet kann eine Katze mit acht Welpen pro Jahr in sieben Jahren 156 249 Welpen hervorbringen, wenn jede weibliche Katze aus diesen Würfen (bei einem Geschlechterverhältnis von 1:1) wiederum acht Katzenwelpen pro Jahr über sieben Jahre wirft. Reproduktion und Überlebensrate von Katzen konnte auch eindrucksvoll auf der 290 km^2 großen Marion Island, einer zu Südafrika gehörenden subantarktischen Insel, demonstriert werden. Diese Insel wird nur von wenigen Wissenschaftlern und Mitarbeitern einer meteorologischen Station bewohnt. 1949 wurden fünf unkastrierte Hauskatzen mit auf diese Insel gebracht, auf der vorher keine Katzen gelebt hatten. 1975 war die Zahl der Katzen um das ca. 400fache bzw. auf 2139 Katzen angestiegen (Verstraete et al., 1994).

Freilebende Katzen sind meistens sehr scheu. Diese Katzen werden häufig als verwilderte Hauskatzen bezeichnet, wobei der Terminus „verwildert" bei diesen Katzen genauer definiert werden muß. Katzen, die allgemein außerhalb des menschlichen Einflußbereiches leben, können in die folgenden drei Kategorien eingeteilt werden: Katzen mit Besitzer und Freilauf, sog. Freiläuferkatzen, Katzen, die ehemals einen Besitzer hatten und ausgesetzt wurden, sog. streunende Katzen, und Katzen, die zu einer Art Wildform zurückgekehrt sind, meistens Folgegenerationen aus den beiden obigen Kategorien, sogenannte verwilderte Katzen. Verwilderte Katzen vermeiden möglichst jeden Kontakt mit dem Menschen. Streunende Katzen hingegen leben in der Nähe des Menschen, meistens in Abhängigkeit vom Futterangebot.

Katzen werden oft wegen ihrer Neigung, allein zu leben, als unsozial beschrieben. Trotzdem bilden sich stabile Gruppen oder Katzenkolonien um Nahrungsquellen. In ländlichen Gegenden erhalten bzw. ernähren sich Gruppen von streunenden und verwilderten Katzen selbst und unterhalten eine Kolonie. Die Größe der Kolonie ist abhängig vom Nahrungsangebot. Die Population von ländlichen Katzen ist typischerweise sehr geschlossen, mit Mitgliedern, die ihr ganzes Leben in ein und derselben Kolonie verbringen, und neuen Mitgliedern, die nicht durch Zuwanderung hinzukommen, sondern durch Geburt.

Durch die Urbanisation hingegen verschiebt sich das Gleichgewicht, und eine größere Anzahl Katzen lebt in wesentlich kleineren Arealen. Aufgrund freien Zugangs zu Futter durch Abfälle oder wohlgemeinter Fütterung durch den Menschen sind Katzenkolonien aus streunenden Katzen in der urbanen und suburbanen Nachbarschaft relativ häufig. Obgleich einige dieser Kolonien zu einer gewissen Stabilität bezüglich Zahl und sozialer Hierarchie neigen, mit Katzenmitgliedern, die ihr Territorium gegenüber eindringenden neuen Katzen verteidigen, sind viele Kolonien doch eher aus einer mobilen, wechselnden Katzenpopulation zusammengesetzt, mit einzelnen Individuen, die kommen und wieder verschwinden.

Maßnahmen zur Populationskontrolle

Obwohl die öffentliche Forderung, die Katzenpopulation zu kontrollieren, weniger rigoros als die nach Kontrolle der kaninen Population ist, wurden bisher viel Zeit und Arbeit von der Öffentlichkeit und privaten Tierschutzorganisationen für den Versuch aufgewendet, das Problem der streunenden Katzen zu eliminieren. Das Fangen und Euthanasieren von ungezähmten Katzen mit der Vermittlung von Welpen und zahmen älteren Katzen an Privatpersonen zählen zu den Standardmethoden der Tier- und Populationskontrolle in den Vereinigten Staaten, aus deren Tierheimstatistiken aber hervorgeht, daß das Problem der Überpopulation von unerwünschten Katzen immer noch deutlichst besteht (AMERICAN HUMANE ASSOCIATION, 1993).

Aus dem deutschen TIERSCHUTZGESETZ aber ergibt sich die Verpflichtung, das Leben und Wohlbefinden der Tiere zu schützen. Ausnahmeregelungen sind erforderlich, wenn ein „vernünftiger Grund" vorliegt und/oder höheres menschliches Rechtsgut geschützt werden muß. Zu den Gründen, die solche Eingriffe wie eine Euthanasie rechtfertigen, gehören nach WORMUTH (1993):
- eine von den betreffenden Arten ausgehende gesundheitliche Gefährdung des Menschen oder seiner Nutztiere,
- eine Gefährdung des Straßenverkehrs,
- eine Beeinträchtigung anderer, vor allem bestandsbedrohter freilebender Tiere oder Pflanzen,
- eine von ihnen ausgehende erhebliche Belästigung.

Wenn man Tötungsaktionen in großem Umfang vermeiden will, wie zum Beispiel in den USA, wo jährlich 5–7 Mio. Katzen in Tierheimen euthanasiert werden (oder eine Katze alle 5 Sekunden) (AMERICAN HUMANE ASSOCIATION, 1993), bleibt als Alternative nur die Kastration, die hinsichtlich der freilebenden Katzen ein erhebliches logistisches, aber auch finanzielles Problem darstellt. In diesem Zusammenhang ist die Rechtslage der Kastration von Katzen mittlerweile auch kein Hinderungsgrund mehr. Durch den zusätzlichen Satz 5 des Absatzes (1), § 6 (Eingriffe an Tieren) des deutschen TIERSCHUTZGESETZes (1998), ist die Kastration zur Verhinderung der unkontrollierten Fortpflanzung erlaubt, und somit erfolgte die Angleichung an internationale Tierschutzregelungen.

Kastrationen

In Amerika (Minnesota) wurden in der Zeit von 1994 bis 1997 in einem Tierheim der Animal Humane Society 9540 Katzen aus unerwünschten Würfen abgegeben (LINE, 1998) (Abb. 5.4.7–1a). Da eine Überpopulation bestehen bleibt, selbst wenn eine Katze nur einen Wurf zur Welt bringt, müssen die Maßnahmen zur Verhinderung einer Trächtigkeit konsequent und vor allem vor der Geburt des ersten Wurfes durchgeführt werden.

Bisher wurden und werden sowohl männliche als auch weibliche Katzen in der Regel in einem Alter von 6–8 Monaten kastriert. Wesentlich wirkungsvoller – und von einigen Tierheimen schon länger praktiziert – ist aber die Frühkastration von Katzen in einem Alter von 6–14 Wochen. In der wissenschaftlichen Literatur wird dieser Eingriff bei juvenilen Tieren kontrovers diskutiert, aber wenige Langzeitstudien zeigen, daß anscheinend keine negativen Effekte für die Katzen damit verbunden sind (LIEBERMANN, 1987).

Die Vorteile einer Frühkastration, die mittlerweile technisch ohne Probleme durchführbar ist, sind (LIEBERMANN, 1987; MAHLOW u. SLATER., 1996) unter medizinischen Aspekten die geringere Belastung der Tiere und eine schnelle Regeneration, insbesondere auch von der Anästhesie, sowie eine verkürzte

5 Tiergerechte Haltung von Heim- und Begleittieren

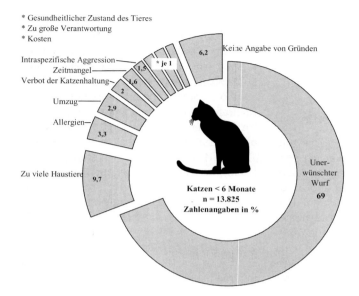

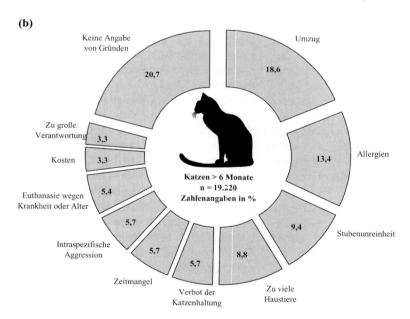

Abb. 5.4.7–1a, b Gründe für die Abgabe juveniler **(a)** und adulter **(b)** Katzen in ein Tierheim (nach LINE, 1998)

Heilungsdauer und kein Ansetzen abdominalen Fettes. Unter organisatorischen Gesichtspunkten ist besonders der geringere Zeitaufwand bei der Operation hervorzuheben.

Besitzer frühkastrierter Katzen berichten insbesondere von:
- einem persistierenden juvenilen Verhalten des Tieres,

5.4 Tiergerechte Haltung von Katzen

- einem Mensch-orientierten Haustier, welches ruhiger und freundlicher ist und weniger streunt,
- reduzierter Aggressivität und
- konsequenter Reduktion unerwünschter Würfe.

Eine Befragung von 120 Katzenbesitzern, deren Katzen im Alter von 6–12 Wochen kastriert wurden, ergab, daß im Alter von 4–14 Jahren nach der Frühkastration alle Besitzer sehr zufrieden mit ihrem Tier waren und keine unerwünschten bzw. störenden oder gestörten Verhaltensweisen sowie spezielle Gesundheitsstörungen aufgetreten sind. Nur von drei Katzen wurde berichtet, daß sie gelegentlich mit Urin markieren (ALLEY CAT ALLIES, 1992).

Eventuelle Nachteile einer Frühkastration im Vergleich zur Kastration mit 6–8 Monaten ergeben sich durch die unterschiedliche Physiologie der jungen Tiere (THERAN, 1993):

- Juvenile Tiere haben einen niedrigeren Hämatokritwert als adulte Tiere, weswegen Blutverluste während der Operation so gering wie möglich gehalten werden müssen.
- Die noch nicht voll entwickelte Thermoregulation und die verminderte Fähigkeit zu zittern im Zusammenhang mit geringerem Körperfett und einer größeren Körperoberfläche können, wenn keine vorbeugenden Maßnahmen getroffen werden, zu einer extremen Auskühlung des Jungtieres führen.
- Dadurch, daß das für die Metabolisierung von Wirkstoffen verantwortliche Leberenzymsystem zur Geburt unvollständig entwickelt ist, können verabreichte Medikamente bei sehr jungen Tieren eventuell eine unerwünschte längere Wirkdauer haben. Auch das renale System ist bei sehr jungen Tieren noch nicht voll entwickelt und kann eine verminderte Wirkstoffausscheidung verursachen.
- Bei sehr jungen Tieren kann sich durch den anästhesiebedingten Nahrungsentzug wesentlich schneller Unterzucker einstellen als bei adulten Tieren.
- Lungen- und Herz-Kreislauf-Funktionen von jungen Tieren unterscheiden sich von denen adulter Tiere, so daß Atemdepression, Sauerstoffmangel und zu niedriger Blutdruck größere Probleme während der Jungtieranästhesie bereiten können.
- Weiterhin sollen durch den Streß des operativen Eingriffs bei jungen ungeimpften Tieren eine höhere Anfälligkeit für Infektionskrankheiten sowie ein höheres Risiko postoperativer Komplikationen im Vergleich zur Kastration von 6–8 Monate alten Tieren bestehen (ROMATOWSKI, 1993).

Bei der Frühkastration des Katers ist darauf zu achten, daß sich die Vorhaut bereits vollständig von der Eichel gelöst hat, da sich hier Infektionsherde und somit aufsteigende Infektionen der ableitenden Harnwege bilden können.

Der einzige bisher wirklich bekannte Langzeiteffekt der Frühkastration ist der verspätete Schluß der Knochenwachstumsfugen, insbesondere der distalen Radius- und Ulnaepiphyse sowie der proximalen Epiphyse des Humerus, so daß frühkastrierte Tiere länger wachsen und etwas größer werden können, was aber keinen Einfluß auf eventuelle Knochenwachstumsstörungen oder Frakturanfälligkeiten haben soll (HOULTON u. MCGLENNON, 1992).

Grundsätzlich ist die Kastration des Katers weniger aufwendig als die der Kätzin. Im Rahmen größerer Fang- und Wiederfreilaß-Aktionen gibt es weiterhin auch die Möglichkeit der Sterilisation des Katers, d. h. des Abbindens des Samenstranges (Ligation des Ductus deferens). Da die Vasektomie keinen Einfluß auf die Testosteronkonzentrationen hat, können die sterilisierten Kater dominante und/oder aggressive Verhaltensweisen behalten, und die dominanten männlichen sterilisierten Tiere werden weiterhin weibliche Tiere decken. Nach und nach werden so submissive männliche Tiere weiterhin von den dominanten sterilisierten Katern daran gehindert, die Kätzinnen zu decken, womit die Population weiter reduziert werden könnte. Da Kätzinnen eine durch den Geschlechtsakt ausgelöste Ovulation haben, wird durch die Paarung mit einem vasektomierten Kater eine Scheinträchtigkeit (Pseudogravidität) ausgelöst, die ca. 41 Tage dauert. Theoretisch könnten so 4–5 Pseudograviditäten in einer Fortpflanzungsperiode induziert werden, und somit wäre eine echte Gravidität über die Fortpflanzungsperiode verhindert. Dies sind aber, wie erwähnt, rein theoretische Überlegungen, und Langzeitstudien über den Effekt auf die Reduktion der Katzenpopulation existieren noch nicht. Weiterhin ist auch nicht genau bekannt, welchen Einfluß mehrere Scheinträchtigkeiten über mehrere Jahre auf die Gesundheit der Kätzinnen haben können (KENDALL, 1979; LAWLER et al., 1993). Gängige Präparate, die zur Verhinderung der Rolligkeit eingesetzt werden, haben mehrere negative Nebenwirkungen wie ein erhöhtes Risiko für Mammakarzinome, Diabetes mellitus, zystische Hyperplasie des Endometriums und andere. Sie können im Einzelfall bei privaten Hauskatzen dazu geeignet sein, die Rolligkeit zu unterdrücken, müssen aber wiederholt in regelmäßigen Abständen appliziert werden und eignen sich daher nicht im Rahmen größerer Programme zur Verhinderung der Fortpflanzung.

Relativ neue Untersuchungen berichten von einem rekombinanten Impfstoff gegen die äußere Schicht der Eizelle. Die durch die Impfung gebildeten Antikörper verhindern, daß das Spermium das Eiinnere erreicht (OLSON u. JOHNSTON, 1993). Diese Impfung könnte vielversprechend sein, da sie einfach in der Anwendung ist und einen wenig invasiven Eingriff darstellt. Wichtig ist aber auch hier eine **vor** der Geschlechtsreife sich entwickelnde Immunität, die lebenslang anhält. Weiterhin wurden Präparate untersucht, die zu einer Sklerosierung des Nebenhodens bei Katern führen (PIENDA u. DOOLEY, 1984). Diese greifen nicht in den Testosteronhaushalt ein und könnten somit geeignet für Kater aus Kolonien von verwilderten Katzen sein. Diese Präparate sind billig und weniger invasiv als eine Vasektomie, unter Tierschutzgesichtspunkten aber diskutierbar, da hier die krankhafte Veränderung eines Organs bewirkt wird.

Zusammenfassend ist zur Methode der Fortpflanzungsverhinderung zu bemerken, daß nach wie vor die Kastration sowohl bei erwachsenen als auch bei Jungtieren, d. h. die chirurgische Entfernung des Hodens und Nebenhodens beim Kater oder der Eierstöcke bei der Kätzin, die effektivste und sicherste Methode der Bestandskontrolle darstellt. Durch neuere chirurgische Möglichkeiten und sichere Anästhesiemethoden sowie Überwachung des Patienten während der Narkose ist auch die Frühkastration technisch mittlerweile problemlos durchführbar und hat, nach dem derzeitigen Wissensstand, keinerlei negative Auswirkungen auf die Gesundheit der Katzen.

Die konsequente Kastration von Katzen ist der wichtigste Schritt in der Kontrolle und Regulierung des Katzenbestandes. Dazu sind aber auch eine großangelegte Aufklärungsarbeit unter den potentiellen Katzenbesitzern über die Tierheime und die Tierärzte sowie konsequente Follow-up-Programme nach der Adoption einer Katze nötig. Die meisten Katzenbesitzer sind sich der Problematik, die sich durch freilaufende, unkastrierte Katzen ergibt, nicht bewußt bzw. empfinden den Weg zum Tierarzt mit ihrer Katze zur Kastration als lästig.

Wie oben schon erwähnt, ist die Vermittlung eingefangener streunender oder verwilderter älterer Katzen besonders schwierig. Diese Katzen nach der Kastration lebenslang im Tierheim zu behalten, ist sehr aufwendig, kostenintensiv und häufig mit Schwierigkeiten verbunden.

Hier bietet sich am ehesten die Freilassung der Katzen, nach konsequenter Kastration, an dem Ort der Gefangennahme an. Solche Maßnahmen reduzieren nicht nur die Überpopulation allgemein und in den Tierheimen durch Verhinderung neuer Würfe, sondern reduzieren auch das Streunen der Katzen, Urinspritzen und Kämpfe unter den

Katzen. Diese Methode birgt sicherlich auch einige Nachteile in sich, wie beispielsweise:
- die Gefahr von Zoonosen und der Ansteckung anderer Tiere und des Menschen,
- ökologische Auswirkungen über die Jagd nach Beutetieren wie Vögel und Wild,
- die versteckten Kosten zur Modifizierung dieser Methode und
- die Frage nach der Lebensqualität der Katzen nach dem Freilassen.

Weiterhin bilden männliche Katzen eine sexuelle dominante Hierarchie aus. Die Kastration des dominanten Katers öffnet eine Reproduktionsnische für die weniger aggressiven männlichen Kater. Das bedeutet, daß ein hoher Prozentsatz von männlichen Tieren kastriert werden müßte, um effektiv die Trächtigkeit der weiblichen Tiere zu verhindern.

Untersuchungen von SMITH und SHANE (1986) aber ergaben, daß Katzen, die aus einer Kolonie gefangen und kastriert wurden, sich nach ihrer Rückkehr problemlos in die Kolonie integrierten. Sie verteidigten weiterhin ihr Territorium, so daß keine Katzen neu hinzukamen und kein Nachwuchs produziert wurde.

Zur Frage der Lebensqualität der Katzen nach dem Freilassen wäre es sinnvoll, verantwortungsbewußte Helfer für bestimmte Katzenkolonien verantwortlich zu machen. Diese sollten sich um eine regelmäßige Futterzufuhr kümmern, den Gesundheitszustand der Tiere optisch kontrollieren und neue, unkastrierte Katzen registrieren. In Rostock z. B. existieren hier erste Versuche in der Errichtung der bereits unter 5.4.2 erwähnten Katzendörfer, die den Tieren freien Zutritt zu Unterkünften und Futter gewähren. Neu hinzukommende Katzen werden eingefangen und sofort kastriert.

Insgesamt zeigen aber eigene Ergebnisse, daß der Prozentsatz kastrierter Katzen nicht so hoch ist, wie es wünschenswert und erforderlich wäre. So machte der Anteil der in den ostdeutschen Tierheimen kastrierten Katzen an der Gesamtzahl der untergebrachten Katzen 1993 nur 18 %, 1994 ca. 40 %, 1995 ca. 39 % und 1996 ca. 51 % aus (UNSHELM u. MACK, 1997). Diese Zahlen erklären sich zum einen aus finanziellen Problemen der Tierheime und zum anderen aus der Problematik, daß bei weiblichen Katzen eine bereits erfolgte Kastration adspektorisch kaum oder überhaupt nicht erkennbar ist und somit vorwiegend nur Kater oder tragende Kätzinnen kastriert werden.

Kennzeichnung von Katzen

Die einzige sichere Möglichkeit, eine erfolgte Kastration bei weiblichen Tieren auch im nachhinein zu bestimmen, ist, ohne einen operativen Eingriff vorzunehmen, die der Kennzeichnung der Tiere. Weiterhin dient die Kennzeichnung der Identifizierung der Katze, der Feststellung des Besitzers, sie reduziert das Aussetzen von Tieren sowie die unrechtmäßige Verwendung zu Versuchszwecken und dient der Erkennung medizinischer Besonderheiten beim Einzeltier. Die Kennzeichnung kann mittels Tätowierung, über die Implantation von Mikrochips oder aber auch über eine Ohrkerbe oder Ohrmarke erfolgen.

Die Tätowierung, als das bisher gängigste Verfahren, weist gegenüber der Mikrochipimplantation erhebliche Nachteile auf. Da die Tätowierung nur am sedierten Tier durchführbar ist, ist diese Methode relativ aufwendig und kann als ein invasiver Eingriff bezeichnet werden. Weiterhin ist die Tätowierung, z. B. am Ohr angebracht, entfernbar und insbesondere bei älteren Tätowierungen z. T. sehr schwer entzifferbar. Bei einem verwilderten Tier ist die tätowierte Nummer nur unter Zwangsmaßnahmen abzulesen, und da die Nummern meist rein willkürlich gewählt werden, unterliegen die Tiere keiner zentralen Haustierregistrierung, d. h., der Besitzer z. B. ist auch nicht ermittelbar.

Die Implantation von Mikrochips, deren gespeicherte Informationen über Lesegeräte abgerufen werden können, ist eindeutig der Tätowierung überlegen. Der Vorteil der Mikrochip-Kennzeichnung ist, daß die Katzen auch ohne Sedation markiert werden können, der Chip nicht zu entfernen und mit dem entsprechenden Lesegerät immer ablesbar ist, auch ohne daß eine streunende Katze mit der Hand angefaßt werden muß. Weiterhin erfolgt die Registrierung des in dem Mikrochip gespeicherten Barcodes über eine zentrale Haustierregistrierung, die von Tierheimen oder Tierärzten abgefragt werden kann. Auch der DEUTSCHE TIERSCHUTZBUND e. V. (1995) fordert die elektronische Kennzeichnung aller Tiere, womit zum einen die wichtigsten Daten und der Halter an einem z. B. entlaufenen Tier festgestellt werden können und zum anderen eventuell dem Aussetzen von Tieren ein wirkungsvoller Riegel vorgeschoben werden könnte. Leider hat sich dieses Verfahren noch nicht in allen Tierheimen durchgesetzt. Es sollte deshalb von den Tierheimen sowie den Tierärzten gefördert werden. Im Falle verwilderter, nicht vermittelbarer Katzen, die wieder freigelassen werden, ist zu überlegen, ob nicht zusätzlich eine äußere, auf die Ferne erkennbare Markierung anzubringen ist. In einigen deutschen Tierheimen und in anderen Ländern, wie z. B. den USA, wird entweder die Ohrspitze in Narkose bei der Kastration abgeschnitten, es werden Kerben am Ohrrand gesetzt oder – besser – eine Ohrmarke eingezogen. Somit wäre eine registrierte und kastrierte Katze auf die Ferne erkennbar, und wiederholtes Einfangen, verbunden mit einem unnötigen Zeitaufwand und Streßbelastung, würde sich erübrigen.

Zusammenfassend sollten folgende Maßnahmen zur Bestandsregulierung und Minimierung der Problematik der Katzenhaltung getroffen werden:

- intensive Aufklärungs- und Öffentlichkeitsarbeit bei den potentiellen Katzenbesitzern über die Folgen von freilaufenden und streunenden unkastrierten Katzen;
- intensive Follow-up-Programme bei den Besitzern nach Adoption einer Katze;
- das Wiederfreilassen von verwilderten, nicht zahmen, aber kastrierten Katzen und die Einrichtung von Katzenkoloniebetreuungsstellen („Katzendörfern") in Gegenden, in denen eine zunehmende freilebende Katzenpopulation zu verzeichnen ist;
- konsequentes Kastrieren aller Katzen, auch Frühkastration, zur Verhinderung auch nur eines einzigen Wurfes;
- elektronische Markierung aller aufgenommenen bzw. abgegebenen oder wieder freigelassenen Katzen und Aufnahme in das vom deutschen Tierschutzbund eingerichtete „Deutsche Haustierregister".

5.4.8 Gesetze und Verordnungen

Wie schon erwähnt existieren keine speziellen Verordnungen oder ähnliches für die Haltung von Katzen. Bindendes und zentrales nationales Gesetz ist das deutsche TIERSCHUTZGESETZ in seiner Fassung vom 25. Mai 1998, in dem die für den Tierhalter relevanten Anforderungen an die Haltung von Tieren gesetzlich vorgegeben sind. Im Zusammenhang mit der Katzenhaltung besonders hervorzuhebende Punkte des Gesetzes sind der § 2, der direkt die Tierhaltung anspricht (s. Kap. 5.4.1), § 3, der sog. „Verbotsparagraph", und § 4 (Töten von Tieren), der insbesondere bei der Tötung von streunenden Katzen im Zusammenhang mit der Ausübung der Jagd von Bedeutung ist. Weiterhin sind der schon unter 5.4.7 erläuterte § 6 (Eingriffe an Tieren) sowie im Zusammenhang mit der Züchtung von Katzen der § 11 b (Verbot von Qualzüchtungen) besonders zu beachten.

Unter Qualzuchten ist die Zucht gezielt geförderter oder geduldeter Ausprägung von Form-, Farb-, Leistungs- und Verhaltensmerkmalen zu verstehen, die zu Minderleistungen bezüglich Selbstaufbau, Selbsterhaltung und Fortpflanzung führen und sich in züchtungsbedingten morphologischen und physiologischen Schäden oder Verhaltensstörungen äußern (HERZOG, 1997). In dem „Gutachten zur Auslegung von § 11 b des

5.4 Tiergerechte Haltung von Katzen

Tabelle 5.4.8–1 Qualzuchten von Katzen – Kurze Orientierungshilfe (BMELF, 1999)

Rasse	Merkmale (Leitsymptome)	Zucht (Verbot bei Verstoß nach § 11b des TIERSCHUTZGESETZES)
Manx, Cymric	Kurzschwänzigkeit bzw. Schwanzlosigkeit (Verkürzung des Schwanzes bis hin zur Stummelschwänzigkeit oder völligen Schwanzlosigkeit)	Verbot
Türkisch Angora, Perser, Foreign White, Orientalisch Kurzhaar, Russian White, Van-Katze u. a.	Farbaufhellungen des Felles und der Iris (weißes bzw. vorwiegend weißes Fell, variable Augenfarbe)	– Verbot für Tiere, deren weiße Fellfarbe durch das Gen W determiniert ist – Verbot für Tiere mit Hör- oder Sehstörungen
Scottisch Fold, Highland Fold, Pudelkatze	Anomalien des äußeren Ohres (Ohrmuscheln nach vorne abgeknickt)	Verbot
Rex-Katzen (Devon-, Cornish-, German Rex u. a.); Sphinx	Anomalien/Abweichungen des Haarkleides (gestörtes Haarwachstum bis hin zur völligen Haarlosigkeit, Verkürzung bzw. Fehlen der Tasthaare)	Verbot für Tiere, bei denen die Tasthaare fehlen
diverse und Maine Coon, „Superscratcher"	Polydaktylie (überzählige Zehen an den Pfoten)	Verbot
Perser-Katzen, Exotic Shorthair u. a.	Brachyzephalie, großer, rundlicher Kopf, kräftige Backenpartie, kurze breite Nase, ausgeprägter Stop	– Verbot für extrem kurznasige Tiere = oberer Rand des Nasenspiegels liegt über dem unteren Augenlidrand – Verbot für brachyzephale Katzen mit Geburtsstörungen oder Anomalien im Bereich des Gesichtsschädels (Oberkieferverkürzung, Verengung der Tränennasenkanäle oben und der oberen Atemwege etc.)
gehäuft bei brachyzephalen Rassen (z. B. Perser)	Entropium (Einwärtsdrehen des Augenlidrands)	Verbot

Tierschutzgesetzes (Verbot von Qualzüchtungen)" (BMELF, 1999) werden diese „Qualzüchtungen" und Rassezugehörigkeiten näher definiert (s. Tab. 5.4.8–1), und es dient als *verbindliche* Leitlinie für Zuchtorganisationen und Züchter, aber auch für die zuständigen Behörden. Aufgrund des § 11 b wurde 1993/94 erstmalig eine Züchterin von weißen Perserkatzen zu einer Geldbuße von 500 DM verurteilt, da mit der Züchtung auf die weiße Fellfarbe bewußt eine Taubheit der Tiere in Kauf genommen wird (LG KASSEL, 1993; OLG FRANKFURT, 1994).

Der Transport von Katzen wird auf internationaler und nationaler Ebene in der VERORDNUNG ZUM SCHUTZ VON TIEREN BEIM TRANSPORT (1999) geregelt. Zusätzlich dazu hat die TVT „Empfehlungen zum tierschutzgerechten Transport von Heimtieren" herausgegeben (1995), die aber als Leitlinie zu verstehen und nicht gesetzlich bindend sind. Erläuterungen zum Transport und Reisen mit Katzen bzw. Heim- und Begleittieren sind ausführlich im Kapitel 6.8 dargestellt.

Ebenfalls nicht rechtlich bindend, aber als Richtlinie für die Führung von Tierheimen der

Tierschutzvereine im Deutschen Tierschutzbund e. V. zu verstehen, ist die Tierheimordnung des DEUTSCHEN TIERSCHUTZBUNDES e. V. (1995). Hier wird ausdrücklich auf die Abgabe von Katzen an Dritte möglichst nur im gekennzeichneten, registrierten und kastrierten Zustand verwiesen. Ausnahmen ergeben sich nur bei finanziellen Engpässen des Tierheims. Im Abgabevertrag ist dann der Erwerber des Tieres dazu zu verpflichten, die Katze schnellstmöglich kastrieren zu lassen. Bei der Aufnahme von freilebenden Katzen, die nicht an das Leben unter Menschen zu gewöhnen sind, sind diese nach der Kastration und/oder Gesundung sowie Kennzeichnung wieder in einen geeigneten Lebensraum zu entlassen, wobei die Versorgung der Tiere durch den Tierschutzverein zu gewährleisten ist.

Weitere, im Zusammenhang mit der Katzenhaltung relevanten Gesetze, ergeben sich u. a. durch die Beeinträchtigung Dritter (z. B. Mietrecht, Besitzstörungen, Geruchsbelästigungen, Verstöße gegen das Abfallgesetz), welche im Kapitel 3 näher erläutert werden. Ein weiterer, für den Tierhalter bedeutender Aspekt im Zusammenhang mit der Katzenhaltung ist die Tierhalterhaftung. Der Gesetzgeber unterscheidet im Bürgerlichen Gesetzbuch (BGB – BÜRGERLICHES GESETZBUCH, 1997) zwischen Nutztierhaltung und Luxustierhaltung und definiert im § 833 Satz 1 BGB: *„Wird durch ein Tier ein Mensch getötet oder eine Sache beschädigt, so ist derjenige, welcher das Tier hält, verpflichtet, dem Verletzten den daraus entstehenden Schaden zu ersetzen"*, und im § 833 Satz 2: *„Die Ersatzpflicht tritt nicht ein, wenn der Schaden durch ein Haustier verursacht wird, das dem Berufe, der Erwerbstätigkeit oder dem Unterhalte des Tierhalters zu dienen bestimmt ist, und entweder der Tierhalter bei der Beaufsichtigung des Tieres die im Verkehr erforderliche Sorgfalt beachtet oder der Schaden auch bei Anwendung dieser Sorgfalt entstanden sein würde"*. So wurde 1983 ein Landwirt vom LG Kiel von der Haftung bezüglich eines von seiner Katze verursachten Autounfalls freigesprochen, da er die Katze, entsprechend § 833 Satz 2 BGB, als Nutztier zum Unterhalt und Schutz von Vorräten hielt (LG KIEL, 1983; BUHR, 1984).

Bei Schäden, die durch die eigene Katze an Personen entstehen, haftet der Tierhalter für die Schäden, die sich als Konkretisierung der spezifischen Tiergefahr darstellen (MÜLLER-CHRISTMANN, 1994) unter Berücksichtigung des Handelns auf eigene Gefahr (z. B. eigenmächtiges Streicheln des Tieres) durch den Geschädigten und des Sich-bewußt-der-Gefahr-Aussetzens (FESTER, 1991).

Literatur

Alley Cat Allies: First feral cat survey a success! Alley Cat Action, Summer (1992) 1–2.

American Humane Association: Euthanasia status remain stable. Shoptalk 11 (1993) 1–2.

Bauer, M.: Hygiene in Haushalten mit Heimtieren. Vet. med. Diss., München (1987).

Berg, K.: Tierhygienische Untersuchungen zur Katzenhaltung in 28 Tierheimen Baden-Württembergs. Vet. med. Diss., München (1991).

Biourge, V.: Nebenwirkungen von Katzenkastrationen. Die Ernährung und Prophylaxe von Folgeerkrankungen. Kleintiermedizin 6 (1998) 26–28.

Böhm, K. H., M. Scheele v. d. Louw, M. Siesenop: Vorläufige Ergebnisse von aktuellen Studien zur Verbreitung der Mikrosporie in Katzenpopulationen (Abstract). Fachtagung „Veterinärdermatologie" der Deutschen Veterinärdermatologischen Gesellschaft in Zusammenarbeit mit der Ti Ho Hannover, 5.–7. Juni 1998. Tierärztl. Praxis (G) 5 (1998) 73.

Breitwieser, F.: Untersuchungen zur Pathogenität hämolysierender und nicht-hämolysierender *Escherichia coli* von Proben aus an Enteritis erkrankten oder verendeten Hunden und Katzen. Tierärztl. Praxis (K) 27 (1999) 381–385.

Brunner, F., K. Hlawaczek: Die Katze – richtig verstanden. Verlag Gersbach u. Sohn, München (1976).

Buhr, J.-O.: BGB, § 833 S. 2 (Katze als Berufstier). NJW (1984) 2297.

Bundestierärztekammer: Empfehlungen zur vorübergehenden Haltung von Katzen (Felis domestica) in Tierpensionen. Dtsch. Tierärztebl. 43 (1995) 214.

Czerny, C. P., A. M. Eis-Hübinger, A. Mayr, K. E. Schneweis, B. Pfeiff: Animal poxivirus transmitted from cat to man. J. vet. med. B 38 (1991) 421–431.

Dibbert, R., W. Methling, A. Witt, B. Bange, K. Spanke, B. Gehling: Importance of sandpits for the epidemiology of toxocara spp. Proceedings of the 9th International Congress in Animal Hygiene, Helsinki, Finland (1997b) 821–824.

Dibbert, R., W. Methling, A. Witt, B. Bange, K. Spanke: Endoparasites in cats and dogs of animal homes. Proceedings of the 9th International Congress in Animal Hygiene, Helsinki, Finland (1997a) 825–828.

Drawer, K., K. Ennulat: Tierschutzpraxis. Verlag Fischer, Stuttgart (1977).

Duschner, S.: Die Stellung von Hunden und Katzen im deutschen Recht. Vet. med. Diss., München (1999).

Düwel, D.: Toxocariasis in human and veterinary medicine – and how to prevent it. Helminthologia 20 (1983) 277–286.

Fester, N.: Verletzung des Hundehelfers bei Revierübung. NJW-RR (1991) 1500.

Gärtner, K., W. Küpper, J. Maess: Zum artgemäßen Bewegungsbedürfnis der Versuchstiere. Zbl. Vet. Med. 25, Beiheft Fortschr. der Veterinärmedizin (1976) 53–60.

Griesemer, R. A., L. G. Wolfe: Cat scratch disease. J. A. V. M. A. 158 (1971) 1008–1012.

Herzog, A.: Qualzuchten: Definitionen, Beurteilungen, Erbpathologie. Dtsch. Tierärztl. Wschr. 104 (1997) 71–74.

Holden, C.: Relief for cat persons? Science 254 (1991) 797.

Horn, K., T. Schnieder, M. Stoye: Kontamination öffentlicher Kinderspielplätze Hannovers mit Helmintheneiern. Dtsch. tierärztl. Wschr. 94 (1990) 220–223.

Houlton, J. E. F., N. J. Mc Glennon: Castration and physeal closure in the cat. Vet. Rec. 131 (1992) 466–467.

Kehrer, A., P. Starke: Erfahrungen über die Zucht, Aufzucht und Haltung von Katzen für Versuchszwecke unter konventionellen Bedingungen. Berl. Münch. Tierärztl. Wschr. 88 (1975) 101–107.

Kendall, T. R.: Cat population control: vasectomize dominant males. Calif. Vet. 33 (1979) 9–12.

Knaus, B. U., U. Lange, P. Volcsik: Larva migrans visceralis – Vorkommen von Askarideneiern in Sandspielkästen der DDR – Bezirksstadt Cottbus. Angew. Parasitol. 28 (1987) 81–83.

Kraft, H.: Hygiene und Ernährung bei der Haltung von Hunden und Katzen. Prakt. Tierarzt 59, Sonderheft Collegium veterinarium. (1977) 107–109.

Küpper, W.: Zur artgemäßen und verhaltensgerechten Unterbringung von Versuchskatzen. Arch. Tierschutz 9 (1979) 32–33.

Langer, H.: Das Tierheim. 1. Aufl., Verlag Kesselring, Emmendingen (1985).

Law er, D. F., S. J. Johnston, R. L. Hegstad: Ovulation without cervical stimulation. J. Reprod. Fertil. 47 (1993) 57–61.

Leyhausen, P.: Welche räumlichen und lichttechnischen Anforderungen sind an die Unterbringung von Katzen in Tierhandlungen mit und ohne Zucht zu stellen? Gutachten, Wuppertal, 1980. Die Edelkatze 31 (1981) 20–24.

LG Kassel: AZ 626 Js 11179.9/93.

LG Kiel: AZ 14 S 75/83

Liebermann, L. L.: A case for neutering pups and kittens at two months of age. J. A. V. M. A. 191 (1987) 518–521.

Line, S. W.: Factors associated with surrender of animals to an urban humane society. Convention Notes from the 135th Annual Convention July 25–29, 1998. Am. Vet. Med. Assoc. (1998) 345–348.

Mack, A.-C.: Wenn man seine Katze nicht riechen kann. Cats 9 (1997) 48–49.

Mack, A.-C., J. Unshelm: Problems of cat-housing in animal shelters – results of a survey at animal shelters in eastern Germany. Proceedings of the 9th International Congress in Animal Hygiene, Helsinki, Finland (1997) 816–820.

Mahlow, J. C., M. R. Slater: Current issues in the control of stray and feral cats. J. Am. Vet. Med. Assoc. 209 (1996) 2016–2020.

Mayr, A.: Infektionsgefahren in der Kleintierpraxis unter besonderer Berücksichtigung der Zoonosen. Tierärztl. Umsch. 50 (1995) 652–662.

McDonald, R. K.: Cat scratch disease. Comp. anim. pract. 1 (1987) 14–15.

Mehlhorn, G.: Entstehung, Ausbreitung und Wirkung von Schadgasen in der Tierproduktion. Monatsh. Vetmed. 42 (1987) 346–352.

Merkenschlager, M., W. Wilk: Gutachten über tierschutzgerechte Haltung von Versuchstieren – Gutachten über Tierversuche, Möglichkeiten ihrer Einschränkung und Ersetzbarkeit. Paul Parey Verlag, Berlin/Hamburg (1979).

Mertens, C.: Katze. In: Sambraus, H. H., A. Steiger (eds.): Das Buch vom Tierschutz. Ferdinand Enke Verlag, Stuttgart (1997) 297–307.

Meyer, W.: Zur Ernährungsbiologie streunender Hauskatzen. Kleintierpraxis 44 (1999) 15–25.

Müller-Christmann, B.: Tierhalterhaftung bei Schaden an wertvollem Teppich. MDR (1994) 453–454.

Nowotny, N.: Serologische Untersuchungen von Hauskatzen auf potentiell humanpathogene Virusinfektionen wildlebender Nagetiere. Zbl. Hyg. 198 (1996) 452–461.

OLG Frankfurt: AZ 2 Ws(B) 209/94 OWiG.

Olson, P. N., S. D. Johnston: New developments in small animal population control. J. Am. Vet. Med. Assoc. 202 (1993) 904–909.

Paape, S. R., V. M. Shille, H. Seto: Luteal activity in the pseudopregnant cat. Biol. Reprod. 13 (1975) 470–474.

Pienda, M. H., M. P. Dooley: Surgical and chemical vasectomy in the cat. Am. J. Vet. Res. 45 (1984) 291–300.

Polte, G.: Erfassung und Bewertung von Alternativen zur Tierheimhaltung für freilebende Katzen. Rostock, Dipl. agr. ökol., 1998.

Rischen, W.: Tierschutzgerechte Haltung von Versuchstieren – ein kritischer Vergleich der im europäischen Raum diskutierten Erfordernisse. Vet. med. Diss., Berlin (1984).

Rochlitz, I.: The welfare of cats in two research laboratories. Congress Synopses, WSAVA, BSAVA & FECAVA World Congress, 3rd-6th April 1997, International Convention Centre, Birmingham, UK, 1997.

Romatowski, J.: Early-age neutering, an „uncontrolled experiment". J. Am. Vet. Med. Assoc. 203 (1993) 1523.

Schär, R.: Ethologie der Katze: Grundlagen und Bedeutung für die Versuchstierhaltung. Der Tierschutzbeauftragte 1 (1997) 10–13.

Schütt-Mast, I.: Zoonosen bei Hund und Katze – Risiken und Maßnahmen. Schriftenreihe der Akademie für Tiergesundheit. Bd. 2: Zoonosen; Risiken aus übertragbaren Krankheiten und deren Bekämpfung für die Gesundheit von Mensch und Tier (1991) 221–235.

Selbitz, H.-J., M. Moos: Tierärztliche Impfpraxis. VET Special, Ferdinand Enke Verlag, Stuttgart (1997) 208–220.

Sengebusch, M.: Das Vorkommen von Toxocara-Eiern in Spielsanden von Kindereinrichtungen in Berlin, Hauptstadt der DDR. Berlin, Dipl. vet. med., 1989.

Smith, R. E., S. M. Shane: The Potential for the Control of Feral Cat Populations by Neutering. Feline Pract. 16 (1986) 21–23.

Theran, P.: Early-age neutering of dogs and cats. J. Am. Vet. Med. Assoc. 202 (1993) 914–917.

Tierärztliche Umschau: Milliarden für Heimtiere. Tierärztl. Umsch. 54 (1999) 402.

Unshelm, J., A.-C. Mack: Tiergerechte Haltung und Bestandsregulierung von Katzen. Dtsch. Tierärztl. Wschr. 104 (1997) 62–65.

Verstraete, F. J. M., R. J. van Aarde, B. A. Nieuwoudt: The dental pathology of feral cats on Marion Island. Proceedings World Vet. Dentist Meet. (1994) 15.

Wagner, K. M.: Serologische Untersuchungen über die Verbreitung von Orthopockenvirusinfektionen in der Bundesrepublik Deutschland. Vet. med. Diss., München (1993).

Weber-Müller, R. K.: Katzenstreuprodukte und Katzentoiletten – Anforderungen aus hygienischer und ethologischer Sicht. Vet. med. Diss., München (1989).

Wormuth, H.-J.: Maßnahmen zur Verminderung überhandnehmender Säugetiere und Vögel, insbesondere verwilderte Katzen sowie Haustauben. Monatsh. Vetmed. 48 (1993) 583–593.

Wright, M., S. Walters: Die Katze. Handbuch für Haltung, Zucht und Pflege. 2. Aufl., Mosaik-Verlag GmbH, München (1985).

Zimmer, K., J. C. Bogantes, W. Herbst, W. Räther: Pockenvirusinfektion bei einer Katze und deren Besitzerin. Tierärztl. Prax. 19 (1991) 423–427.

Rechtsgrundlagen, Empfehlungen, Normen u. ä.:

Allgemeine Verwaltungsvorschrift zur Durchführung des Tierschutzgesetzes. Vom 9. Februar 2000 (BAnz. Nr. 36a).

Bundesministerium für Verbraucherschutz, Ernährung und Landwirtschaft (BMVEL): Tierschutzbericht der Bundesregierung (2001) 98–102.

Bundesministerium für Ernährung, Landwirtschaft und Forsten (BMELF): Gutachten zur Auslegung von § 11b des Tierschutzgesetzes (Verbot von Qualzüchtungen) vom 02.06.1999, Sachverständigengruppe Tierschutz und Heimtierzucht, (1999b).

Bürgerliches Gesetzbuch (BGB) vom 18. August 1896. In der Fassung vom 18. April 1997.

Deutscher Tierschutzbund e. V.: Tierheimordnung des Deutschen Tierschutzbundes e. V. Richtlinie für die Führung von Tierheimen der Tierschutzvereine im Deutschen Tierschutzbund e. V., Bonn, 17.06.1995.

Federation of European Laboratory Animal Science Associations (FELASA): FELASA recom-

5.4 Tiergerechte Haltung von Katzen

mendations on the education and training of persons working with laboratory animals: Categories A and C. Reports of the Federation of European Laboratory Animal Science Associations Working Group on Education accepted by the FELASA Board of Management. Lab. Anim. 29 (1995) 121–131.

Gesellschaft für Versuchstierkunde (GV-SOLAS): Nr. 1: Planung, Struktur und Errichtung von Versuchstierbereichen tierexperimentell tätiger Institutionen. 4. Aufl., Verlag GV-Solas, Biberach a. d. Riss (1989).

Gesetz zu dem Europäischen Übereinkommen vom 18. März 1986 zum Schutz der für Versuche und andere wissenschaftliche Zwecke verwendeten Wirbeltiere. Vom 11. Dezember 1990 (BGBl. II S. 1486).

Gesetz zur Verbesserung der Rechtsstellung des Tieres im bürgerlichen Recht. Vom 20. August 1990 (BGBl. I S. 1762).

Richtlinie des Rates zur Annäherung der Rechts- und Verwaltungsvorschriften der Mitgliedstaaten zum Schutz der für Versuche und andere wissenschaftliche Zwecke verwendeten Tiere. Vom 24. November 1986 (86/609/EWG) (ABl. EG. Nr. L 358 v. 18. Dezember 1986, S. 1).

Tierärztliche Vereinigung für Tierschutz e. V. (TVT): Merkblatt zur tierschutzgerechten Haltung von Versuchstieren: Hund und Katze. Merkblatt Nr. 5 (1992).

Tierärztliche Vereinigung für Tierschutz e. V. (TVT): Resolution zum Problem der frei lebenden (verwilderten) Hauskatzen. Merkblatt Nr. 40 (1994).

Tierärztliche Vereinigung für Tierschutz e. V. (TVT): Empfehlungen zur Haltung von Hauskatzen. Merkblatt Nr. 43 (1995).

Tierärztliche Vereinigung für Tierschutz e. V. (TVT): Empfehlungen zum tierschutzgerechten Transport von Heimtieren. Merkblatt Nr. 49 (1997).

Tierschutzgesetz. I. d. F. d. Bek. v. 25. Mai 1998 (BGBl. I S. 1105, ber. S. 1818).

Verordnung (EG) Nr. 411/98 des Rates mit zusätzlichen Tierschutzvorschriften für Strassenfahrzeuge zur Beförderung von Tieren während mehr als acht Stunden. Vom 16. Februar 1998. (ABl. Nr. L 52 S. 8).

Verordnung über Aufzeichnungen über Versuchstiere und deren Kennzeichnung. Vom 20. Mai 1988 (BGBl. I S. 639).

Verordnung über die Meldung zu Versuchszwecken oder zu bestimmten anderen Zwecken verwendeter Wirbeltiere (Versuchstiermeldeverordnung). Vom 4. November 1999 (BGBl. I S. 2156).

Verordnung zum Schutz von Tieren beim Transport (Tierschutztransportverordnung – TierSchTrV). Vom 11. Juni 1999 (BGBl. I S. 1337).

5.5 Tiergerechte Haltung von Heim- und Ziervögeln

(KÖSTERS, J.)

5.5.1 Grundlegendes

Die Klasse Aves = Vögel (= Geflügel als Kollektivbezeichnung für Vögel!) umfaßt, je nach verwendeter zoologischer Systematik (z. B. WOLTERS, 1975–82; SIBLEY u. MONROE, 1990), ca. 8700–9300 rezente Arten mit bis zu 27 000 Unterarten. Das gemeinsame Kennzeichen der Klasse ist die Befiederung, die nur den Vögeln eigen ist. Alle Vögel können fliegen oder haben diese Fähigkeit in ihrer Entwicklung aus flugfähigen Vorfahren verloren. Die Flugfähigkeit hat den Vögeln die Eroberung nahezu aller Lebensräume ermöglicht. Die Anpassung an die unterschiedlichsten Lebensbedingungen und Nahrungsquellen hat zu einer Fülle von Anpassungen z. B. von Schnabel, Gefieder, Ständern etc. geführt, die eine große Artenvielfalt ermöglichte. Trotzdem sind die Abweichungen der anatomischen Grundmuster relativ gering, da die Anforderungen an den Körperbau eines flugfähigen Vogels sich einschränkend auf die Morphologie auswirken (KING u. MCLELLAND, 1978). Charakteristisch sind das Lungen-Luftsack-System mit starren Lungen bei fehlendem Zwerchfell und die Pneumatisierung von Skelettknochen, die auch bei flugunfähigen Laufvögeln konserviert ist, und ein im Verhältnis zu gleich großer Säugern erheblich größeres Herz. Die Anpassung des Visus an schnelle Bewegungsabläufe wird durch ein hohes Auflösungsvermögen von Bewegungen in Einzelbilder (Flickerfusionsfrequenz) ermöglicht, das bis zu 160 Bildern/s entspricht.

Die wissenschaftliche Benennung der Vögel folgt dem binominalen System, das zunächst das Genus, an zweiter Stelle die Spezies bezeichnet, z. B. *Corvus corone* (Aaskrähe). Gegebenenfalls wird an dritter Stelle die Unterart aufgeführt, z. B. *Corvus corone corone* (Rabenkrähe) und *Corvus corone cornix* (Nebelkrähe) als geographisch getrennte Unterarten bzw. Rassen, die in Überlappungsgebieten sich miteinander vermischen. Der Artbegriff ist bei den Vögeln nicht so streng als Reproduktionsgemeinschaft zu fassen wie bei den Säugetieren, da auch Artenbastarde über die F_1-Generation hinaus miteinander fruchtbar sein können, z. B. *Anser anser* (Graugans) und *Anser cygnoides* (Schwanengans). Hieraus ergeben sich die Divergenzen der unterschiedlichen Systematiken, die auf morphologischen, ethologischen, genetischen und/oder DNS-Analysen beruhen. Dies kann die Bestimmung von Individuen erheblich erschweren. Trotzdem sollte bei Befundungen in der tierärztlichen Praxis, zwingend aber bei wissenschaftlichen Veröffentlichungen immer die zoologische Bezeichnung angegeben werden, insbesondere auch deshalb, wenn dialekttypische oder lokale Bezeichnungen nicht allgemein verständlich sind, z. B. *Motacilla alba* Wippesteert in Norddeutschland und Bachstelze auf Schriftdeutsch, oder wenn Phantasiebezeichnungen den Handel mit geschützten Arten verschleiern sollen. Dieses macht einen Erfahrungsaustausch erst möglich.

Die Begriffe Heim- und Ziervögel sind nicht definiert, sondern stellen diese Gruppen in Gegensatz zu dem wirtschaftlich genutzten Geflügel, das aus wenigen domestizierten Arten besteht. Bis auf wenige Ausnahmen, wie die Papageienartigen *(Psittaciformes) Melopsittacus undulatus* (Wellensittich) und *Nymphicus hollandicus* (Nymphensittich) sowie die zu den Körnerfressern gezählten Singvögel *(Passeriformes)* (§ 60, AMG – ARZNEIMITTELGESETZ, 1998) *Chloebia gouldiae* Gouldamadine, *Lonchura striata* Japanisches Mövchen, *Padda oryzovora*

Reisamadine (Reisfink), *Serinus canaria* Kanarienvogel und *Taeniopygia guttata* Zebrafink, die mit dem Zusatz *forma domestica* zu kennzeichnen sind, handelt es sich um Wildvögel, die teils der freien Wildbahn entnommen oder schon in Menschenobhut gezüchtet wurden. Mehrheitlich handelt es sich um Exoten, die im Haltungsgebiet nicht endemisch sind und teilweise aus Zonen mit erheblich abweichenden Klimabedingungen stammen oder solche als Zugvögel oder Winterzieher bzw. Strichvögel aufsuchen. Dabei sind Heimvögel eher solche, die als Stubenvögel (§ 30, TIERSCHUTZTRANSPORT-VERORDNUNG, 1999) im Wohnbereich des Menschen gehalten werden; Ziervögel (§ 60, AMG, 1998) umfassen auch in Außenanlagen (Parks) gehaltene Vogelarten, Ziergeflügel das aus Liebhaberei gehaltene Rassegeflügel der im TierSG unter Vieh genannten Vogelarten [Gänse, Enten, Hühner (Perl-, Truthühner), Tauben]. Die GEBÜHRENORDNUNG FÜR TIERÄRZTE (GOT) benutzt den Begriff Geflügel als Oberbegriff und faßt die nicht zur Lebensmittelerzeugung gehaltenen Vögel unter Ziergeflügel zusammen.

Die Haltung von Vögeln setzt Sachkenntnis voraus (TIERSCHUTZGESETZ, 1998), ein gewerbsmäßiges Züchten liegt in der Regel vor, wenn regelmäßig Jungtiere verkauft werden und mehr als 25 züchtende Paare von Vogelarten bis einschließlich Nymphensittichgröße, mehr als zehn züchtende Paare von Vogelarten größer als Nymphensittiche (Ausnahme: Kakadu und Ara: 5 züchtende Paare) gehalten werden (ALLGEMEINE VERWALTUNGSVORSCHRIFT ZUR DURCHFÜHRUNG DES TIERSCHUTZGESETZES, 2000).

In Sorge um die und zur Erleichterung der Durchführung des TIERSCHUTZGESETZes (TierSchG, 1998) hat der Bundesminister für Ernährung, Landwirtschaft und Forsten Gutachten über die Mindestanforderungen an die Haltung von Papageien, von Greifvögeln und Eulen sowie von Kleinvögeln (Teil 1, Körnerfresser) mit Differenzprotokollen beteiligter Wissenschaftler bzw. Interessenverbänden veröffentlicht (in der jeweils gültigen Fassung in der Pressestelle des Ministeriums anzufordern), die insgesamt 1570 Vogelarten (WOLTERS, 1975–82 u. 1983) behandeln. Damit ist erst ein Teil der in Deutschland gehaltenen Arten abgedeckt. Im folgenden werden Zitate aus diesen Schriften mit Gutachten gekennzeichnet. Ohne die als Ziergeflügel gehaltenen, aber zum Wirtschaftsgeflügel zu rechnenden Vögel wird die Anzahl der in Deutschland gehaltenen Vögel je nach Quelle mit 7,1–9,5 Millionen angegeben. Eine ähnlich hohe Zahl soll im Handel vorrätig gehalten werden.

5.5.2 Bewegungsbedarf

Bis auf wenige Arten, denen die ursprüngliche Flugfähigkeit im Laufe der Entwicklung verloren ging (Straußenvögel, Pinguine, einige Entenarten u.a.), nutzen die Vögel das Fliegen als ausschließliche, vorwiegende oder nachgeordnete Form der Fortbewegung. Dabei ist unter Fliegen die aktive Fortbewegung durch die Luft mit Hilfe körpereigener Flügel, jedoch auch unter Ausnutzung der physikalischen Zustände der Luft (Wind, Thermik etc.) zu verstehen. Je nach Einsatz der Flügel wird u.a. zwischen Ruder-, Segel-, Rüttel-, Schwirr- und Gleitflug unterschieden. Die ausgeübte Flugweise ist artspezifisch und abhängig von den anatomischen Gegebenheiten der Flügel, dem Gewicht der Vögel und dem Zustand der Luft.

Notwendigkeiten für den Vogelflug sind:
a) Nahrungserwerb (Aufsuchen der Futterflächen, Jagdflug, Vogelzug),
b) Reproduktionsverhalten (Balzspiele, Reviermarkierung, Revierverteidigung, Vogelzug) sowie
c) Flucht (Feindvermeidung einschließlich Aufbaumen).

Fliegen ist energiezehrend und wird bei fehlender Notwendigkeit auch von freilebenden Vogelarten vermieden. Trotzdem ist es für Gesundheit und Wohlbefinden der flugfähigen Vögel und zur Erhaltung von Kondition und Leistungsfähigkeit unerläßlich. Bei der Gefangenschaftshaltung ist es nicht möglich, raumgreifende und thermikgetragene Flugweisen zu gewähren. Aus diesem Grund erscheint eine ausschließliche Haltung flugfähiger Vögel in Kleinkäfigen in den meisten Fällen nicht tiergerecht (Ausnahme z. B. Schwirrflug der Kolibris). Außer bei Greifvögeln in falknerischer Haltung und mit regelmäßigem Freiflug ist eine Anbindehaltung von Vögeln als tierschutzwidrig abzulehnen. Insbesondere die Ankettung von Großpapageien unter Verwendung von Metallfußringen kann zu schweren Verletzungen führen und erfüllt nicht die Forderungen von §2 TierSchG. Nach Verletzungen oder im Krankheitsfall muß das artgemäße Bewegungsverhalten nach tierärztlicher Anweisung gegebenenfalls eingeschränkt werden.

5.5.3 Freiflug

Die Forderung nach artgemäßer Bewegung für gekäfigte Vögel versuchen manche Tierhalter so zu erfüllen, daß sie den Tieren zeitweiligen Freiflug außerhalb des Käfigs im geschlossenen Wohnbereich gewähren.

Abgesehen von wohnungshygienischen Problemen (Kotabsatz, Federstaub) kann es ein akzeptables Ergänzungsangebot für den Vogel sein, wenn einige Grundsätze beachtet werden:

Der Vogel sollte gesund, gut eingewöhnt und mit seinen Menschen vertraut sein. Personen im Freiflugraum sollten sich ruhig verhalten, heftige Bewegungen und plötzlichen Schattenwurf auf den Vogel vermeiden. Es dürfen keine Katzen und Hunde im Raum sein, es sei denn, die Hunde sind entsprechend erzogen. Der Vogel sollte durch Fütterung allein und ohne Einfangen in den Käfig zurückfinden. Vor Freilassen müssen Türen und Fenster sicher geschlossen sein und bleiben, um ein Entweichen zu verhindern. Die Fenster sollten mit Gardinen versehen sein, in deren Maschen der Vogel sich nicht verfangen kann, die ihn aber vor dem Anfliegen an die Scheibe bewahren. Gardinenschnüre mit Bleifüllung, Bleiverglasungen, Bleiplomben bei plombierten Meßgeräten, bleihaltige Flaschenkapseln etc. werden insbesondere von Papageienartigen gern angeknabbert. Dieses führt regelmäßig zu Bleivergiftungen. Papageienartige können freiliegende Elektrokabel zerbeißen. Offene Gefäße mit Flüssigkeiten (Aquarien, Getränke, Suppen etc.) sollten abgedeckt oder unter Kontrolle sein. Zimmerpflanzen oder offenliegende Früchte (z. B. Avocados für Papageienartige) können toxisch oder unverträglich sein. Offene Schranktüren, die als Ansitz genutzt werden, können zu schwersten Fußverletzungen beitragen, wenn sie unachtsam geschlossen werden. Kerzen sollten gelöscht sein. Räume, in denen gekocht wird, eignen sich generell nicht für Freiflieger (Vergiftung durch Einatmen von Teflondämpfen, Absturz in offene Kochtöpfe oder Schüsseln, Verbrühungen durch Dampf, Verbrennungen durch Aufsetzen auf Herdplatten oder heiße Topfränder etc.).

Neben dieser Freiflughaltung im geschlossenen Wohnbereich des Menschen wird auch eine Frei- oder Wildflughaltung von einheimischen und exotischen Vögeln praktiziert, in der Erwartung, daß diese bei artgemäßem Angebot von Futter und Unterkunft regelmäßig zu ihrem Eigentümer zurückkehren. Bei Schwarmvögeln wird die Bindung an die Heimatvoliere durch Stimmlautkontakt mit einigen gekäfigten Artgenossen unterstützt. Daneben wird die Nestbindung der Elterntiere während der Brut- und Aufzuchtphase genutzt. Dadurch wird den fütternden Elterntieren die Möglichkeit geboten, durch Sammeln von Naturfutter ein besseres Gedeihen der Jungvögel sicherzustellen. Abzugrenzen ist hier die Wildflughaltung von einheimischen Vogelarten, die im Rahmen von genehmigten Maßnahmen zur Wiedereinbürgerung kontrolliert freigelassen und auf ein Leben ohne menschliche Hilfe eingestellt werden müssen.

Bei geeigneter Durchführung ergeben sich für die Vögel folgende Vorteile:

Möglichkeit zur artgemäßen Bewegung, Eigenerwerb von Naturnahrung, geringere Eigenkotbelastung als im Käfig. Tatsächlich sollen Elterntiere und Jungvögel in Kondition und Konstitution besser als reine Gefangenschaftsvögel erscheinen. Demgegenüber sind Bedenken zu stellen, die sich aus der Sorgfaltspflicht des Tierhalters für in seinem Besitz befindliche und an den Menschen gewöhnte, gezähmte oder bereits domestizierte Vögel ergeben. So ist bei vielen exotischen Arten eine fehlende genetisch fixierte Feinderkennung anzunehmen. Hier ist besonders auf die Gefährdung durch Infektion mit *Pasteurella multocida* nach Katzenbiß hinzuweisen (KORBEL, 1990), aber bei auffälligem Gefieder auch durch Sperber *(Accipiter nisus)* oder Baumfalke *(Falco subbuteo)*. So berichtet BARTUSCHEK (1989), daß ¾ seiner freifliegenden Zebrafinken und Japanischen Mövchen Opfer von Beutegreifern (u.a. Sperber) wurden. Bei Vögeln aus anderen Klimagebieten ist eine den artgemäßen Klimabedürfnissen entsprechende Haltung im Freiland nur während kurzer Zeitperioden im Jahresverlauf möglich. Verluste durch Kälte und Nässe können nicht billigend in Kauf genommen werden. Die Begründung, daß dadurch die widerstandsfähigsten Tiere „auf natürliche Weise" selektiert werden, wie es auch in der Natur der Fall sei, kann nicht akzeptiert werden. Vielmehr setzt sich der Züchter dem Verdacht aus, daß er sich der schwachen Tiere entledigen will. In manchen Fällen ist auch an die lokale Verdrängung einheimischer Arten durch exotische Vögel im Freiflug zu denken (Revier-, Nistplatz- und/oder Futterkonkurrenz). Bei klimafesten exotischen Vögeln kann es besonders bei Stützfütterung im Winter zu einer Faunenverfälschung durch Etablierung einer sich selbst erhaltenden Kolonie kommen (SCHMIDT, 1991). Für Schäden, die durch im Freiflug gehaltene Vögel entstehen, wie dieses durch RICHTER (1990) von Mönchssittichen *(Myiopsitta monachus)* berichtet wird, kann der Besitzer bei Feststellung der Nämlichkeit der Tiere zivilrechtlich haftbar gemacht werden. Bei beabsichtigter Freiflughaltung von exotischen Vögeln sollte vorsorglich die untere Naturschutzbehörde zu Rate gezogen werden, da das Aussetzen gebietsfremder Tiere genehmigungspflichtig ist (BNatSchG – BUNDESNATURSCHUTZGESETZ, 1998).

5.5.4 Platzbedarf, Käfige, Volieren

Der Platzbedarf richtet sich nach Art, Körpergröße, Verhalten, artspezifischen Ansprüche u.a. In den Gutachten wurde versucht, für die abgehandelten Vogelarten Mindestanforderungen an die Käfiggröße aufzulisten. Im Prinzip lassen sich durch die Käfighaltung die Bewegungsbedürfnisse nur selten erfüllen. Deshalb sind Käfige eher als Aufbewahrungs- und Rückzugsräume für die Vögel zu betrachten. Empfehlenswert ist die Einrichtung von Innenvolieren (Vogelstuben), die nach Möglichkeit und in Abhängigkeit von der klimatischen Herkunft der Pfleglinge mit ständig oder zeitweilig zugänglichen Außenvolieren verbunden sein sollen. Käfige sollten als Kastenkäfige ausgebildet sein, die breiter als hoch sind und dadurch zumindest kurze Flugbewegungen ermöglichen. Der Boden sollte geschlossen und kann als Schublade konstruiert sein, die das Reinigen ohne Entnahme der Insassen ermöglicht. Vorteilhaft sind Käfige mit einer geschlossenen, glatten Rückwand und geschlossenen Schmalseiten. Dadurch wird den Bewohnern Sicherheit vermittelt. Sollte dies nicht möglich sein, sollten die Käfige wenigstens vor einer undurchsichtigen Wand stehen. Käfige mit Ausblick nach allen Seiten halten die Vögel in ständiger Unruhe, was besonders bei Papageienartigen zu Aggression gegen Käfiggenossen, Pfleger und gegen sich selbst führen kann (Federrupfer, Auto- und Xenomutilation). Als Vergitterung werden im Gutachten für Papageienartige Querstäbe empfohlen. Dieses soll den Tieren zusätzlich Klettermöglichkeiten bieten, steht aber im Gegensatz zu jahrhundertealten Erfahrungen. Quervergitterung führt zu Verstoßen und Abbrechen der Schwanzfedern und somit zu vermeidbaren Schäden. Aus wohnungshygienischen Gründen ist die Nutzung der Außengitter als Klettergerüst ebenfalls abzulehnen, da sie mit vermehrtem (Feder-)Staub- und Kotaustrag aus dem Käfig verbunden ist. Für Kleinvögel und gleichfalls für deren Pfleger haben sich Vogelschränke oder -vitrinen bewährt, die als Kastenkäfige mit einer durchsichtigen, vogelseits verspiegelten Glasscheibe ausgestattet sind. Dies ermöglicht dem Betrachter die Beobachtung seiner ungestörten Pfleglinge. Voraussetzung ist eine korrekte Klimatisierung mit genügendem Luftaustausch und entsprechender Beleuchtung. Für Vogelarten, die im Steigflug ihr Revier durch Gesang markieren (Lerchen, *Alaudidae*) oder flüchten (z. B. Wachteln, *Coturnix*), sowie für Zugvögel ist das Käfig-/Volierendach aus nachgebenden Geweben (Feinnetze, Gardinenstoff) zu gestalten, um beim Auf- bzw. Anfliegen Kopfverletzungen zu vermeiden. Die Deckenhöhe sollte niedrig gehalten werden, um die Aufprallwucht durch die geringere erreichbare Beschleunigung zu mindern. Als Mindestmaß für die Käfigtiefe sollte die doppelte Flügelspannweite der Vögel gewählt werde. Im Gutachten wird für Großpapageien knapp die einfache Spannweite verlangt. Dadurch werden sichere Flugbewegungen beeinträchtigt. Sitzgelegenheiten (Ruhe, Singwarten etc.) wie Stangen, (Kletter-)Bäume und Brettchen sollten so angebracht sein, daß sie das Fliegen nicht behindern. Sie sollten aus naturbelassenem, frischen Holz nicht toxischer Baumarten sein und bei Bedarf leicht ausgewechselt werden können. Bewährt haben sich Holz und Zweige unterschiedlichen Kalibers verschiedener Obstbaum- und Weidenarten. Verbliebene Knospen, Blätter und Rindenteile werden oftmals gerne als Ergänzung zum Futter angenommen oder regen zumindest zum Picken oder Benagen an. Die naturfeuchte Rinde fördert Abnutzung und Pflege von Krallen und Schnabel. Großpapageien höhlen sich gerne ihre Nistzellen in alte Weidenstämme. Dieses sichert gleichzeitig eine artgemäße Beschäftigung. Ruhe- oder Nisthöhlen müssen je nach Art angeboten werden. Bei einigen Vogelarten wird das Balzverhalten erst durch Angebot von Nistmaterial ausgelöst. Für Bodenbrüter sind entsprechende Strukturen anzubieten wie Sand-Kiesmischungen und Steine oder Grasbüschel. Insgesamt sollten Käfige und Volieren durch Ausstattungen aus dem natürlichen Habitat angereichert werden, die gleichzeitig Rückzugsmöglichkeiten bieten. Feste Bepflanzungen haben den Nachteil, daß sie den Schnäbeln, dem Kot und eventuellen Reinigungs- und Desinfektionsmitteln nicht standhalten. Frische, belaubte Zweige können leicht ausgewechselt werden, regen zu intensiver Durchsuchung an und bieten Ablenkung und Beschäftigung. Viele Vogelarten nehmen Badegelegenheiten gern an. Diese sollten so angebracht werden, daß der Koteintrag möglichst verhindert wird. Bei Installation von sogenannten Zimmerbrunnen mit zirkulierendem Wasserfluß ist das Wasser regelmäßig zu erneuern oder zumindest zu filtrieren. Die undurchlässigen Käfig- und Volierenböden sollten mit leicht auszuwechselndem Material (Sand, Kies, Mineralgranulate, Rindenmulch u. ä.) ausgestattet sein, die im Bedarfsfall eine Reinigung und Desinfektion erleichtern. Naturboden in Volieren führt zur Anreicherung von Erregern und Parasiten. Übertragungen von bei uns ubiquitären Erregern auf exotische Vogelarten sind nicht selten (z. B. *Yersinia pseudotuberculosis* auf Tukane, *Ramphastidae*). Die für Quarantänestationen für Papageienartige angegebenen Käfigmaße sind für eine über 45 Tage dauernde Behandlungs- und Beobachtungszeit generell zu klein und erlauben Großpapageien nicht einmal das Flügelstrecken (Ausführungshinweise zur PSITTAKOSE-VERORDNUNG, 1975).

5.5.5 Einzel-, Gruppenhaltung, Vergesellschaftung

Die verhaltensgerechte Gestaltung der Haltungsform richtet sich nach den Bedürfnissen der gehaltenen Spezies. Zu beachten ist, daß revierbildende Arten sogar gegen Artfremde und außerhalb der Paarungszeit auch gegen ihre Geschlechtspartner unverträglich sein können, so daß eine Einzelhaltung unerläßlich sein kann. Andere verbleiben nach erfolgreicher Brut zeitweilig im Familienverband oder schließen sich zu Schwärmen zusammen. Koloniebrütende Arten benötigen u. U. eine Mindestzahl, bevor sie zur Zucht schreiten. Es besteht die Auffassung, daß im Sozialverband lebende Arten nicht als Einzeltiere gehalten werden dürfen, sondern mindestens in zwei Exemplaren. Die Vergesellschaftung von verschiedenen Arten ist eher problematisch, besonders auch aus hygienischen Gründen, wenn die einzelnen Arten unterschiedliche Ebenen in Volieren nutzen. Hierdurch kann es zur Anreicherung von Erregern besonders bei bodenbewohnenden Vertretern kommen, die zu Erkrankungen später auch der anderen Pfleglinge führen können. Dem Bedürfnis nach sozialen Kontakten ist bei begründeter Einzelhaltung durch tägliche ausreichende Beschäftigung mit dem Vogel nachzukommen (Gutachten, s. a. 5.5.1). Die Rückführung einzelner Individuen nach längerer Absonderung (wegen Krankheit, Ausstellungen, Ausleihe zur Zucht etc.) und die Eingliederung einzelner Neuerwerbungen in eine bestehende Gruppe haben mit Sorgfalt und unter ständiger Beobachtung über einen Eingewöhnungskäfig zu erfolgen. Dabei sind tierseuchenrechtliche Vorschriften zu beachten.

5.5.6 Klimaansprüche bei Innen- und Außenhaltung

Die Haltung vieler Vogelarten im Wohnbereich des Menschen ist aus Gründen der Klimagestaltung in artgemäßer Form praktisch kaum möglich. Sogenannte pflegeleichte Arten wie Wellensittiche und Kanarien finden dort Bedingungen vor, die den ariden bis semiariden Verhältnissen in ihrem Herkunftshabitat annähernd entsprechen. Anders ist es mit Vogelarten, die dem tropischen Regenwald entstammen, wo die Luftfeuchtigkeit nie unter 75 % rel. Feuchte sinkt (Tab. 5.5.6–1). Offensichtlich ist der Feuchtigkeitsverlust über die Schleimhäute und Epithelien des Atmungstraktes für diese Vögel erheblich, so daß es zu Temperaturabfall durch Verdunstungskälte im Atmungssystem kommen kann. Dadurch werden insbesondere die Epithelien der Luftsäcke in Mitleidenschaft gezogen und für Infektionen durch *Aspergillus* spp. und andere fakultativ pathogene Erreger anfällig.

Vögel aus Klimaten, die von denen im menschlichen Wohnbereich erheblich abweichen, müssen deshalb gesondert untergebracht werden (s. auch Kap. 5.5.3, Vogelschränke/-vitrinen). Dabei sollten die im Herkunftshabitat herrschenden Bedingungen auch im Hinblick auf tages- und jahreszeitliche Schwankungen nachempfunden werden. Es ist zu beachten, daß Vögel in Freiheit mikroklimatische Nischen (Sonne, Schatten, Höhe über Boden, Nähe zu Gewässern etc.) auch großräumig aufsuchen können, die in gleichmäßig temperierten Vogelräumen nicht zur Verfügung stehen. Alternativ sollten die Temperaturen deshalb im unteren Bereich des Erforderlichen gefahren werden und Komfortzonen mit punktueller Beheizung (Wärmeplatten, Infrarotstrahler etc.) angeboten werden. Zu beachten ist, daß die Vögel zu den Heizgeräten auf genügenden Abstand gehalten werden, um Unfälle durch Überhitzung zu vermeiden. Eine Nachtabsenkung der Temperatur, wie sie in den meisten Klimagebieten natürlicherweise vorkommt, wird wegen des vermuteten Reizes auf den allgemeinen Stoffwechsel von vielen Züchtern als vorteilhaft eingeschätzt und soll die Kondition und die Ausbildung des Federkleides verbessern. In Volierenhaltung sollten die Vögel immer die Möglichkeit zum

Tabelle 5.5.6–1 Klimadaten für den Immergrünen tropischen Regenwald (Höhe über N. N. 300–400 m) (nach Fittkau, ohne Jahresangabe)

Ø-Temperatur	Maxima	Minima	Tagesschwankungen	Jahresschwankungen
24–26 °C	33–36 °C	18–20 °C	6–8 °C	1–2 °C
		Relative Luftfeuchtigkeit nie unter 75 %		

Aufsuchen des Schutzraumes haben. Volieren sollten mit schattenspendenden Einrichtungen versehen und zum Regenschutz teilweise überdacht sein. Regenfall wird von manchen Arten gerne zum Baden genutzt. Dies kann durch die Einrichtung von Duschen in Volieren nachempfunden werden. Zur Vermeidung von Zugluft sollten wenigstens zwei winkelbildende Seiten der Außenvolieren geschlossen sein.

Die meisten tagaktiven Vögel besitzen einen tetrachromatischen Visus mit phototopischen „peaks" bei 370, 450, 480 und 570 nm (Burkhardt, 1989). Dieses bedeutet, daß sie auch im UV-Bereich sehen können. Je nach UV-Reflexion stellen sich für Vögel Gegenstände und Farben anders als für den Menschen dar. Dieses hat unter anderem Folgen für die intra- und interspeziesspezifische Erkennung von Partnern oder Feinden, aber auch für das Futterfinde- und Auswahlvermögen. Die Verwendung von UV-emittierenden Lampen, die erfolgreich von Papageienzüchtern wegen ihrer Vitamin-D-stimulierenden Wirkung eingesetzt werden, erfüllen demnach einen weiteren Zweck. Wegen des höheren Auflösungsvermögens von Bewegung in Einzelbilder (Flickerfusionsfrequenz) der Vögel sollten jedoch nur Gleichstromröhren verwendet werden. Unregelmäßige Lichttaglängen, wie sie im Wohnbereich des Menschen vielfach üblich sind, können sich negativ auf die Vögel auswirken und beispielsweise unregelmäßige Mauser auslösen. Deshalb sollten Vogelkäfige besonders bei unregelmäßig verlängerten Beleuchtungszeiten abgedunkelt werden. Nach Möglichkeit sollten die im natürlichen Habitat üblichen Lichttaglängen beibehalten werden, insbesondere wenn erfolgreich gezüchtet werden soll.

5.5.7 Tiergerechtes Futter, Fütterung, Tränkung

Die Futterzusammensetzung richtet sich nach den gehaltenen Arten. Dabei wird es in den meisten Fällen nicht möglich sein, artgerechtes und dem Jahresverlauf im Herkunftshabitat entsprechend variierendes Naturfutter anzubieten. Deshalb ist man auf Substitute angewiesen, die beim Vogel Akzeptanz finden müssen und den Nährstoff-, Vitamin-, Mineral-, Spurenelemente- und Sekundärstoffbedarf decken sollen. Für Körnerfresser und Papageienartige sind im Fachhandel entsprechende Mischungen oder deren Einzelkomponenten erhältlich. Dabei ist zu kontrollieren, ob die Vögel u. U. selektiv einzelne Sämereien oder Nußarten bevorzugen, was möglicherweise zu Nährstoffimbalanzen führen kann. Viele Arten schälen die Sämereien und verzehren nur den Kern. Dieses ist gleichzeitig eine artgemäße Beschäftigung, die durch die Darreichung von sogenanntem extrudierten Futter, das für eine Reihe von häufig gehaltenen Arten in Form von Pellets als Aufzucht-, Leistungs- oder Erhaltungsfutter im Handel angeboten wird, nicht ermöglicht wird. Bei Umstellung auf pelletiertes Futter ist anfangs mit Futterverlusten durch Schälversuche zu rechnen. Zusätzlich ist den Vögeln je nach Art Obst, Gemüse, Keim- und Grünfutter sowie tierisches Eiweiß anzubieten. Dabei sind speziesspezifische, aber auch individuelle Vorlieben zu beobachten und zu berücksichtigen (LÜCKER, 1995). Auf die besonderen Fähigkeiten der Vögel zur Beurteilung des Reifezustandes von Früchten durch die UV-Sichtigkeit wurde im Kapitel 5.5.6 bereits hingewiesen. Nektartrinkern sind neben zucker-, eiweiß-, vitamin- und mineralhaltigen Lösungen auch Obst und feine Sämereien (z. B. für Pinselzüngler, *Trichoglossidae*) und lebende Kleininsekten (z. B. für Kolibris, *Trochilidae*) anzubieten. Gritsteinchen sollten in entsprechender Größe immer zur Verfügung stehen. Für Insektenfresser werden ebenfalls Weichfutter im Handel angeboten. Zu bevorzugen sind lebende Futtertiere, die von erfahrenen Haltern in der freien Natur gesammelt werden (sog. Wiesen-Detritus, d. h. mit dem Kescher durch Überstreichen von Grasflächen gesammelte Kleininsekten oder Klopfbeute, die durch heftiges Schütteln von Nadelbaumästen in einem Fangschirm gesammelten Kleinlebewesen, die auch im Winter bei Schneefreiheit geworben werden können). Die Entnahme mancher Futtertiere kann im Widerspruch zu geltendem Naturschutzrecht stehen (Rote Waldameisenpuppen!). Weiterhin bietet sich die Zucht von Futtertieren an wie Mehlwürmer, Fliegenmaden, Essigfliegen (auch flügellose oder stummelflügelige), Schaben, Wachsmotten etc. Dabei ist zu bedenken, daß Futtertiere Krankheitserreger oder Toxine kumulieren sowie in den Wohnbereich des Menschen eindringen können (AECKERLEIN, 1986; HORNUNG, 1991). Bei Fleischfressern führt eine einseitige Fütterung mit Eintagsküken wegen des geringen Eisengehaltes zu hypochromer Anämie (KÖSTERS u. MEISTER, 1982). Mit bleihaltiger Munition erlegte Futtertiere sind ungeeignet (MEISTER, 1981). Bei Verfütterung von Fischen an ichthyovore Vögel ist der unterschiedliche Gehalt an Thiaminasen bei den einzelnen Fischarten zu beachten, der unter Umständen eine Vitamin-B_1-Substitution notwendig macht. Sämereien und Körner für granivore Arten sollten als Qualitätsmerkmal Keimfähigkeit aufweisen. Dieses ist jedoch kein sicheres Indiz für das Freisein von Pilz- und/oder Bakterienbefall.

Mischungen für Weichfresser sollten keinen ranzigen Geruch aufweisen. Auch für Vogelfutter gelten die Qualitätsforderungen des FUTTERMITTELGESETZes (1998) bezüglich Reinheit, Unschädlichkeit und Freiheit von Rückständen.

Das Futter sollte in verzehrsgerechten Portionen angeboten werden, damit Futterreste nicht dem Verderb ausgesetzt sind. Dies gilt insbesondere für feucht-wäßrige Futtermittel, deren Reste spätestens nach zwei Stunden entfernt werden müssen. Futtergefäße oder -plätze sollten so eingerichtet werden, daß eine Verkotung möglichst vermieden wird, also nicht z. B. unter Sitzgelegenheiten. Ihre Anordnung ist nach den Lebensgewohnheiten der Pfleglinge zu wählen (Bodenfütterung, Etagenfütterung etc.). Bei Gemeinschafts- oder Vergesellschaftungshaltung sind mehrere und den Arten entsprechende Futterplätze anzubieten, um Streitereien zu vermeiden. Rangniedere oder geschwächte Tiere werden u. U. so erheblich benachteiligt, daß sie aus der Gruppe zeitweilig ausgegliedert werden müssen. Bei Futterangebot ad libitum an samenschälende Granivoren können die anfallenden Spelzen die Körner in so dicker Schicht bedecken, daß die Vögel schließlich nicht mehr an das Futter kommen. Dies kann durch Anbieten des Futters in speziellen Futterröhren mit einer Auslaßöffnung, die nur geringe Futtermengen in die kleindimensionierte Futterschale entläßt, vermieden werden. Bei Schälen der Körner direkt an der Futterstelle fallen die Spelzen dann nicht in das Futtergefäß. Frisches Wasser ist den Vögeln ständig zur Verfügung zu stellen. Dabei sollte darauf geachtet werden, daß durch den Trinkvorgang, aber auch durch Staubabsatz Verunreinigungen in die Tränkgefäße gelangen, die besonders bei höheren Wassertemperaturen eine Keimvermehrung begünstigen. Bedenklich sind insbesondere Wasserkontaminationen mit *Aeromonas hydrophila*, die zu Enteritiden und Intoxikationen mit zentralnervösen Erscheinungen führen können. Nektar- und fruchtverzehrende Arten können ihren Wasserbedarf aus ihrer artgemäßen Nahrung decken. Dies kann auch bei granivoren Arten aus ariden Klimagebieten beobachtet werden, die mit Wasser aus dem Fettmetabolismus über lange Zeit subsistieren können. Aus diesem Grund ist die Verabreichung von Wirkstoffen und Arzneimitteln über das Trinkwasser bei vielen Vogelarten sinnlos.

5.5.8 Eingriffe

Für *Psittaciformes* (PSITTAKOSE-VERORDNUNG, 1991) und Exemplare der in Anlage 6 zur BUNDESARTENSCHUTZVERORDNUNG (BArtSchV) nach Anlage A der VERORDNUNG EG Nr. 338/97 genannten Vogelarten besteht Kennzeichnungspflicht. Die Kennzeichnung der Papageienartigen erfolgt mit normalerweise geschlossenen Fußringen durch zugelassene Züchter und Händler. Offene Ringe müssen so beschaffen sein, daß sie nur einmal verwendet werden können. Die Ringe werden vom Zentralverband Zoologischer Fachgeschäfte Deutschlands e. V. Frankfurt/M. vergeben und registriert. Die nach der BArtSchV vorgeschriebene Kennzeichnung kann bei Vögeln über 200 g KM auch durch Transponder erfolgen, die Nämlichkeit auch durch zeichnerische oder fotografische Dokumentation unverwechselbarer Körperpartien festgehalten werden, z. B. Pedigramme, die eine Identifizierung ermöglichen. Die Ringe müssen eine Größe aufweisen, daß sie nach vollständigem Auswachsen des Beines nur durch Zerstörung des Ringes oder Verletzung des Vogels entfernt werden können. Es gehört zur allgemeinen Sorgfaltspflicht des Vogelhalters, den unschädlichen Sitz von Ringen regelmäßig zu kontrollieren. Trotzdem werden immer wieder Patienten vorgestellt, bei denen der Ring bis zum Verlust der Knochensubstanz und Absterben des Fußes eingewachsen ist. Die tierärztlich angezeigte Entfernung eines Ringes muß dokumentiert, die Reste des Ringes mit dem Dokument aufbewahrt werden.

Das Flugunfähigmachen durch chirurgische Methoden ist nach dem TierSchG verboten. Als einzige Ausnahme kann die Amputation von Teilen eines Flügels nach nicht heilbarer Fraktur in Erwägung gezogen werden. Dabei müssen mögliche Folgeschäden, wie z. B. Sohlenballengeschwüre durch ständige und ungleichmäßige Belastung der Füße, einkalkuliert werden. Unter das Verbot fällt auch das häufiger von Laien vorgenommene einseitige Kürzen der Handfedern bei Papageienartigen, um diesen vermeintlichen Klettervögeln größere Freiheitsgrade in Wohnung und Garten zu gewähren. Solche Vögel sind sichtbar geschädigt, hochgradig unfallgefährdet und vermeidbar in ihrer artgemäßen Bewegung eingeschränkt.

Nicht abgenutzte Krallen weisen auf Haltungsmängel hin und können durch Verhängen in Ritzen und Spalten der Käfigeinrichtungen zu erheblichen Verletzungen führen. Bei der Kürzung sind die anatomischen Gegebenheiten zu beachten, es darf nur der verhornte Teil entfernt werden. Bei Positurkanarien gelten korkenzieherähnliche, überlange Krallen als Schönheitsmerkmal und werden auf Ausstellungen in die Bewertung einbezogen. Nach Beendigung der Ausstellung werden sie von den Züchtern auf Normallänge zurückgesetzt. Wachstums- und Abnutzungsstörungen des Schnabels werden häufiger bei *Psittaciformes* angetroffen und können Zeichen für eine Virusinfektion (Circovirus) oder Cnemidocoptesbefall sein. Neben Abstellen von haltungs- und erregerbedingten Ursachen muß durch kosmetische/orthopädische Korrekturen die Funktion des Schnabels sichergestellt werden.

5.5.9 Kriterien einer tiergerechten Haltung und Gesundheitsvorsorge

Die Beurteilung einer tiergerechten Haltung erfolgt am besten am Vogel selbst. Der Vogel soll sich in einem unversehrten oder einem dem normalen Mauserverlauf entsprechenden Gefieder mit regelrechten Konturen darstellen. Er soll eine arttypische aufmerksame Haltung einnehmen und physiologische Bewegungsabläufe zeigen. Beim Stehen soll er beide Füße gleichmäßig belasten und keine Schwellungen im Fußbereich aufweisen. Der Visus soll frei, die sichtbaren Körperöffnungen ohne Ausfluß sein. Das Gefieder um die Kloake soll nicht verschmutzt sein. Im Käfig sichtbarer Kot soll in Farbe, Form und Konsistenz arttypisch sein. Vögel, die in Einzelhaltung oder kleinen geschlossenen Gruppen gehalten werden, sind nach einer entsprechenden Eingewöhnungszeit selten von primären Infektionskrankheiten betroffen. Bei Fehlern in der Pflege stellen sich hier eher haltungs- und fütterungsbedingte Erkrankungen ein. Als allgemeine Symptome sind Mattigkeit, veränderte Körperhaltung und -kontur, gesträubtes Gefieder, Dyspnoe, verminderte Nahrungsaufnahme, veränderte Kotbeschaffenheit etc. zu beobachten. Besonders bei kleinen Vogelarten sind die Reserven schnell erschöpft, so daß bei Krankheitszeichen die geforderte artgemäße Pflege auch die Konsultation eines Tierarztes einschließt.

Infektionskrankheiten sind zu erwarten, wenn Kontakt zwischen Vögeln unterschiedlicher Herkunft nicht zu vermeiden ist, z. B. Haltung in offenen Volieren, im Handel, auf Ausstellungen und Vogelmärkten, Tierheimen, Ferienpensionen etc. Der Gesetzgeber hat für einige Infektionskrankheiten, die als Zoonosen- und Tierseuchenerreger eine Bedeutung für Mensch und Landesviehhaltung haben, Anzeige- und Meldepflicht eingeführt und entsprechende Bekämpfungsmaßnahmen vorgeschrieben, die Absonderung der Tiere, Handels- und Verkehrsbeschränkungen, Zwangsbehandlungen, Impfungen, Tötungsmaßnahmen, amtliche Reinigungs- und Desinfektionsmaßnahmen einschließen können. Bei Keulung wird für Wild oder gefangengehaltene Wildtiere sowie Haustiere (§ 1 [2], Tierseuchengesetz), die nicht dem Vieh zugerechnet werden, keine Entschädigung gewährt (§ 68, Tierseuchengesetz).

Bei Desinfektionsmaßnahmen ist sicherzustellen, daß desinfektionsmittelhaltige Flüssigkeiten von den gehaltenen Vögeln nicht aufgenommen oder zum Baden verwendet werden. Für Kleinvögel können angetrocknete Desinfektionsmittelreste auf den Sitzgelegenheiten toxisch wirken.

Bei Papageienartigen wird neben der anzeigepflichtigen Newcastle-Krankheit eine persistierende Infektion mit Paramyxovirus des Serotyps 1 beobachtet, die im Zusammenhang mit der neuropathischen Magendilatation diskutiert wird. Träger des Ansteckungsstoffes lassen sich mit einem papageienspezifischen ELISA, nicht jedoch mit dem üblichen Hämagglutinationshemmungstest erkennen (Grund et al., 2000). Dieses könnte für Ausschlußuntersuchungen in Zucht und Handel nützlich sein. Genügende Erfahrungen mit der Anwendung von Inaktivat-Impfstoffen zum Schutz vor Infektionen liegen noch nicht vor.

Außer gegen Newcastle-Krankheit (Anwendung nur auf behördliche Anordnung oder mit ihrer Genehmigung) und gegen Kanarienpocken stehen derzeit keine kommerziellen Impfstoffe zur Verfügung. Gegen einige Krankheiten werden in größeren Haltungen vereinzelt stallspezifische Impfstoffzubereitungen (§ 37, Tierimpfstoff-Verordnung) mit mehr oder weniger großem Erfolg eingesetzt (Papillomatose, Yersiniose, Coliseptikämie, Pasteurellose u. a.). In den USA wird ein Impfstoff gegen die Pacheco-Krankheit eingesetzt.

Die Haltung auf kleinem Raum führt nach Einschleppung von Parasiten häufig rasch zu einer Anreicherung. Deshalb gehört zur artgemäßen Pflege auch eine regelmäßige Untersuchung der Vögel auf Parasiten oder deren Geschlechtsprodukte. Die Bekämpfungs- und Behandlungsmaßnahmen müssen sich nach der Biologie der Parasiten richten. Die Verwendung von Mitteln ohne vorherige Untersuchung ist abzulehnen.

Für Sing- und Ziervögel können Arzneimittel nach § 60 AMG ohne Zulassung in den Verkehr gebracht werden, wenn sie aus nicht

5 Tiergerechte Haltung von Heim- und Begleittieren

Tabelle 5.5.9–1 Häufiger auftretende haltungsbedingte Krankheiten bei Heim- und Ziervögeln

Schaden, Krankheitsbild	Ursache	betroffene Vogelarten
abgebrochene Stoßfedern	Quervergitterung	Papageienartige
Mauserstörungen, nicht infektiös	Fütterungs-, Beleuchtungsfehler	alle
Federrupfen	Sozialstreß, Fütterung, Beleuchtung, andere	besonders Papageienartige
Adipositas	Fütterung, Bewegungsmangel	Wellensittiche, andere
Speichel-, Tränendrüsenmetaplasie	Vitamin-A-Mangel	Graupapagei u. a.
Metaplasie der Hornschuppen an den Beinen	Vitamin-A-Mangel	Kanarien u. a.
Ballengeschwüre	Bewegungsmangel, Sitzplätze, Ring	alle
überlange Krallen und Schnäbel	Sitzplätze, Bewegungsmangel, Futterbeschaffenheit	Wellensittiche, andere

apothekenpflichtigen Stoffen hergestellt sind. Dies bedeutet, daß Unschädlichkeits- und Wirksamkeitsbeweise nicht vorgelegt werden müssen. Bei Unverträglichkeit besteht Produkthaftung. Leider wird durch die Verabreichung solcher Mittel bei Selbstbehandlung durch den Besitzer oft viel Zeit verloren, die für eine korrekte Diagnosestellung und sinnvolle Behandlung fehlt.

5.5.10 Vogelausstellungen und -bewertungsschauen, Vogelmärkte, -börsen

Zweck vieler Vogelhaltungen ist unter anderem im Wettbewerb zu anderen Haltern und Züchtern auf öffentlichen oder nicht öffentlichen Ausstellungen die Vögel zu präsentieren und von Preisrichtern beurteilen zu lassen. Solche Veranstaltungen sind nach dem Tierseuchenrecht anzuzeigen bzw. genehmi-

Tabelle 5.5.9–2 Anzeige- und meldepflichtige Krankheiten bei Heim- und Ziervögeln

Krankheit	Vogelarten	Bewertung	Maßnahmen
Geflügelpest	alle	A, (Z)	Keulung
Newcastle-Krankheit	alle	A, (Z)	Keulung, (I)
Psittakose	Papageien und Sittiche	A, Z	B
Ornithose	alle, außer Papageien und Sittichen	M, Z	B
Vogelpocken	Kanarien, Finken, Papageienartige, andere	M	I für Kanarien und Finken
Pferdeenzephalitis, alle Formen	bei Frischimporten möglich	A	allgemeine Maßnahmen nach TierSG
Listeriose	besonders Finkenartige	M	Behandlung
Geflügeltuberkulose	besonders Papageienartige	M	Tötung

A = Anzeigepflicht, M = Meldepflicht, Z = Zoonose, B = Behandlung, I = Impfung

5.5 Tiergerechte Haltung von Heim- und Ziervögeln

Tabelle 5.5.9–3 Weitere wichtige Infektionskrankheiten/-erreger bei Heim- und Ziervögeln

Bakterien	Viren	Pilze	Parasiten
Staphylococcus aureus	Pacheco-Krankheit und andere Herpesvirosen	Aspergillose	Milben (*Dermanyssus* spp., *Ornithonyssus* spp., *Cnemidocoptes* spp., *Sternostoma* spp., *Cytodites* spp. etc.) Federspulmilben
Streptococcus spp.	Papillomatose	*Candida* spp.	
Salmonella spp.	Nestlingskrankheit der Wellensittiche (Polyomavirus)	*Cryptococcus neoformans*	Federlinge Vogelflöhe
Klebsiella spp.	Federverlustsyndrom (Circovirus)	„Megabakteriose"	Zecken
Yersinia spp.	Adenovirosen	*Trichophyton* spp.	Wanzen
Escherichia coli (auch VTEC)	Parvovirosen		*Trichomonas* spp., *Giardia* spp. etc.
Aeromonas hydrophila	Reovirosen		*Coccidia* spp.
Pseudomonas spp.	Coronavirosen		*Trematoda* spp.
Pasteurella multocida	Retrovirosen		*Cestoda* spp.
Erysipelothrix rhusiopathiae	**Mollicutes** *Mycoplasma* spp.		Nematoda (*Ascaridia* spp., *Capillaria* spp. etc.)

gungspflichtig. Neben tierseuchenrechtlichen Belangen werden in den Gutachten Forderungen aufgestellt, die die Vögel vor Überbeanspruchungen schützen sollen. So darf die Ausstellung einschließlich An- und Abreise höchstens vier Tage dauern. Die Vögel dürfen maximal drei Tage und je Tag zehn Stunden der Öffentlichkeit präsentiert werden. Dunkelphasen müssen als Ruhezeiten mindestens sechs Stunden je Tag eingehalten werden. Es dürfen nur gesunde Vögel aus Nachzuchten ausgestellt werden. Wildfänge nur dann, wenn sie an Ausstellungsbedingungen gewöhnt sind. Offensichtlich scheue Vögel sind generell zurückzuweisen. Die Ausstellungskäfige müssen mindestens in Tischhöhe (80 cm) aufgestellt sein und einen Mindestabstand von 50 cm zum Besucher haben. Sie müssen dreiseitig geschlossen sein und für Papageienartige mindestens die Tiefe und Breite der 1,5fachen Länge der gekäfigten Vögel besitzen. Für Körnerfresser betragen die Maße $1^1/_2$fache × 1fache Körperlänge, jedoch mindestens 0,30 × 0,15 m. Sie sollen mindestens zwei gegenüberliegende Sitzstangen aufweisen. Als Einstreu darf aus hygienischen Gründen kein Futter verwendet werden. Futter und Wasser müssen täglich frisch und so angeboten werden, daß sie nicht durch Kot verschmutzt werden können. Die Käfige müssen in sauberem Zustand sein. Für die Ausstellungsräume gilt Rauchverbot. Werden die in den Gutachten geforderten Käfigmaße für die Dauerhaltung eingehalten, entfällt die zeitliche Ausstellungsbeschränkung, jedoch müssen die geforderten Ruhezeiten eingehalten werden. Für Vogelmärkte/-börsen gelten die Forderungen sinngemäß, jedoch dürfen Papageienartige nur aus Gefangenschaftszucht und nur für einen Tag angeboten werden. Das Anbieten und der Verkauf von Vögeln außerhalb entsprechend klimatisierter Räume ist tierschutzwidrig. Hinweise zur Durchführung von Geflügelausstellungen nach dem Tierseuchenrecht finden sich in Anlage 4 zu den AUSFÜHRUNGSHINWEISEN DER VIEHVERKEHRSVERORDNUNG (1992).

5.5.11 Artenschutz

Der Schutz von gefährdeten Arten freilebender Pflanzen und Tiere vor übermäßiger Nutzung wird durch Reglementierung des internationalen Handels versucht und basiert auf dem WASHINGTONER ARTENSCHUTZÜBEREINKOMMEN (WA) (Convention on International Trade in Endangered Species of Wild Fauna and Flora [CITES]) von 1973, das 1975 in deutsches Recht umgesetzt wurde (GESETZ ZUM WASHINGTONER ARTENSCHUTZÜBEREINKOMMEN, 1975). Durch Verbot und Kontrolle des internationalen Handels mit gefährdeten Arten über ein System von Import- und Exportdokumenten werden lebende oder tote Tiere und Pflanzen und erkennbare Erzeugnisse aus diesen erfaßt. Geschützte Arten sind in drei Anhängen aufgeführt:

Anhang I listet vom Ausrotten bedrohte Arten auf. Ein Handel ist nur unter strengen Voraussetzungen möglich, ein gewerblicher Handel praktisch verboten.

Anhang II beinhaltet gefährdete Arten und solche, die mit Arten aus Anhang I verwechselt werden können. Kontrollierter Handel mit entsprechenden Dokumenten ist zulässig.

Anhang III führt von den Mitgliedsstaaten gemeldete Arten auf, für die eine Handelskontrolle gewünscht wird. Ein Handel ist mit entsprechenden Dokumenten möglich. Für die Europäische Union wurde die Durchführung der Handelsüberwachung durch zentrale Gesetzgebung übernommen, u. a. durch VERORDNUNG (EG) Nr. 338/97. Die EG-Richtlinie über die Erhaltung der wildlebenden Vogelarten (VOGELSCHUTZRICHTLINIE, 1979) gilt nur im Bereich des europäischen Gebietes der EG-Staaten, läßt weitergehendes Recht der Mitgliedsstaaten zu und befaßt sich mit Biotopschutz und dem Schutz vor direkten Zugriffen auf die Vogelwelt durch den Menschen. In einer allgemeinen Schutzregelung, die für alle wildlebenden Vögel gilt, sind Vorschriften über die Lebensräume der Vögel, ihren Fang, ihre Tötung und Haltung sowie für den Handel mit Vögeln enthalten.

Das Jagdrecht wird nicht berührt. Für die in Anhang I aufgeführten besonders gefährdeten Vogelarten haben die Mitgliedsstaaten verstärkte Biotopschutzmaßnahmen zu treffen und Vogelschutzgebiete einzurichten, um das Überleben und die Vermehrung dieser Arten sicherzustellen. Die Schutzgebiete sind vor Verschmutzung und Beeinträchtigungen zu schützen. Eientnahme, Fang, Tötung, Besitz, Handel und sonstige Nutzung von geschützten Vögeln sind verboten. Im nationalen Recht wird der Vogelschutz im BNatSchG und im BUNDESJAGDGESETZ (BjagdG, 1976) mit ihren Verordnungen geregelt. Unbeschadet des Verbots der Aneignung von Exemplaren geschützter Vogelarten dürfen solche, wenn sie verletzt oder krank aufgefunden werden, gesund gepflegt werden (§ 20g [4], BNatSchG). Sie sind unverzüglich in die Freiheit zu entlassen, sobald sie sich dort selbständig erhalten können. Handelt es sich um Individuen streng geschützter Arten, so hat der Besitzer die Aufnahme der zuständigen Behörde zu melden. Diese kann die Herausgabe des aufgenommenen Vogels verlangen. Zur Auswilderung vorgesehene Vögel können von der Kennzeichnungspflicht (s. Kap. 5.5.8) befreit werden. Die tiergerechte Auswilderung von länger in menschlicher Obhut gepflegten Wildvögeln setzt Spezialwissen voraus, da neben der voll wiederhergestellten Gesundheit (Visuskontrolle mit Untersuchung des Augenhintergrundes durch den Tierarzt) viele Faktoren den Erfolg gefährden können (JAKOBY u. KÖSTERS, 1990). Eine Euthanasie von Wildvögeln, die verletzt in Menschenhand geraten und von denen zu erwarten ist, daß sie auf Dauer verkrüppelt bleiben und somit nicht rehabilitierbar sind, sollte grundsätzlich angestrebt werden, damit kriminelle

Verkrüppelungen solcher Vögel, die eine Haltung durch „Vogelliebhaber" legalisieren könnten, verhindert werden. Die BUNDESWILD-SCHUTZVERORDNUNG (BWildSchV, 1985) regelt die legale Haltung von einheimischen jagdlich genutzten Greifvögeln.

5.5.12 Gesundheitsgefährdung des Menschen durch Heim- und Ziervögel

Die Vogelhaltung im Wohnbereich des Menschen kann neben der möglichen Übertragung von Zoonose-Erregern und anderen opportunistischen Ansteckungsstoffen auf den Menschen zu weiteren gesundheitlichen Beeinträchtigungen führen. Von Vögeln können multiresistente Bakterien auf den Menschen übergehen, insbesondere nach langandauernden antibiotischen Behandlungen, wie sie z. B. für die amtliche Psittakosebekämpfung vorgeschrieben sind. Von Vögeln ausgehende Stäube (Kot-, Feder-, Einstreu-, Futter-, Milbenstaub) können Allergien erzeugen, die als „Vogelhalterlunge" dem Typ der exogenen interstitiellen Alveolitis zugerechnet werden (KÖSTERS, 1992). Bei respiratorischen und fieberhaften Erkrankungen sollten Vogelhalter ihren behandelnden Arzt über ihre Tierhaltung informieren.

Literatur

Aeckerlein, W.: Die Ernährung des Vogels. Verlag Eugen Ulmer, Stuttgart (1986).

Bartuschek, L.: Beobachtungen und Haltungserfahrungen an Prachtfinken im Freiflug – ein Versuch. Die Voliere 12 (1989) 199–203.

Burckhardt, D.: UV-Vision: A bird's view of feathers. J. Comp. Physiol. 164 (1989) 787–796.

Fittkau, E. J.: Das Gesetz des Dschungels – In Armut üppig leben. In: Blüchel, K. G., Schutzgemeinschaft Deutscher Wald (eds.): Der Garten Eden darf nicht sterben. PRO TERRA Bücher Verlagsgesellschaft, München, ohne Jahresangabe.

Grund, Ch., J. Kösters, H. Gerbermann, F. Grimm: Diagnose persistierender aviärer Paramyxovirus-1-Infektionen bei Papageien. XII. DVG-Tagung Vogelkrankheiten, Kurzfassungen, 40, München (2000).

Hornung, B.: Die Bedeutung der Larven des Mehlkäfers (Tenebrio molitor, L., 1758) als Überträger von Zearalenon in der Fütterung von insektivoren Vögeln und anderen Heimtieren. Vet. med. Diss., München (1991).

Jakoby, J. R., J. Kösters: Voraussetzungen zur Wiederauswilderung von rehabilitierbaren Wildvogelpatienten. VII. DVG-Tagung über Vogelkrankheiten, München Tagungsbericht (1990) 247–251.

King, A. S., J. McLelland: Anatomie der Vögel. Verlag Eugen Ulmer, Stuttgart (1978).

Korbel, R.: Epizootiologie, Klinik und Therapie der Pasteurella multocida-Infektion beim Vogelpatienten nach Katzenbiß. Tierärztl. Praxis 18 (1990) 365–376.

Kösters, J.: Gesundheitsgefährdung des Menschen durch Geflügel. In: Heider, G., G. Monreal (eds.): Krankheiten des Wirtschaftsgeflügels. Gustav Fischer, Jena – Stuttgart (1992) Band I, 333–340.

Kösters, J., B. Meister: Hämatokrit- und Hämoglobinwerte bei einigen einheimischen Greifvögeln und Eulen. Prakt. Tierarzt 63 (1982) 444–447.

Lücker, H.: Ernährung und Nahrungsaufnahme von Aras. Verh.ber. 37. Internat. Symp. Erkrankungen d. Zoo- und Wildtiere, Institut für Zoo- und Wildtierforschung im Forschungsverband Berlin e. V. (1995) 273–278.

Meister, B.: Untersuchungen zur alimentären Bleivergiftung bei Greifvögeln. Vet. med. Diss., Gießen (1981).

Richter, K.: Mönchssittiche im Freiflug. Geflügel-Börse 111 (1990) 13–14.

Schmidt, C. M.: Alle Papageien lieben Rentner Robert. Ein Herz für Tiere 12 (1991) 4–6.

Sibley, Ch. G., B. L., jun. Monroe: Distribution and Taxonom of birds of the world. Yale University Press, New Haven und London (1990).

Wolters, H. E.: Die Vogelarten der Erde. Paul Parey, Hamburg und Berlin (1975–82).

Wolters, H. E.: Die Vögel Europas im System der Vögel. Biotropic-Verlag, Baden-Baden, 1983.

Rechtsgrundlagen, Empfehlungen, Normen u. ä.:

Allgemeine Verwaltungsvorschrift zur Durchführung des Tierschutzgesetzes vom 9. Februar 2000 (BAnz. Nr. 36 a S. 1).

Ausführungshinweise zur Verordnung zum Schutz gegen die Psittakose und Ornithose (Psittakose-

5 Tiergerechte Haltung von Heim- und Begleittieren

Verordnung) vom 16. Mai 1975, zuletzt geändert am 26. Oktober 1987. In: Geissler, A., A. Rohjahn, H. Stein (eds.): Sammlung tierseuchenrechtlicher Vorschriften. Band I, B – 19.2, Verlag R. S. Schulz, Starnberg, Stand 20. April 2000.

Ausführungshinweise zur Viehverkehrsordnung des Bundesministeriums für Ernährung, Landwirtschaft und Forsten vom 10. Dezember 1982, geändert durch Ausführungshinweise vom 28.12.1992. In: Wolff, A., K. M. Zrenner, H.-H. Grove (eds.): Veterinärvorschriften, I, A II 2.1a (Stand: April 2000).

Bundesjagdgesetz (BjagdG) vom 29. November 1952 (BGBl. I S. 780) in der Fassung der Bekanntmachung vom 29. September 1976 (BGBl. I S. 2849), zuletzt geändert durch Art. 4 Abs. 10 G v. 26. Januar 1998 (BGBl. S. 164).

Futtermittelgesetz. Vom 16. Juli 1998 (BGBl. I S. 1850).

Gebührenordnung für Tierärzte (Tierärztegebührenordnung – GOT) vom 28. Juli 1999.

Gesetz über den Verkehr mit Arzneimitteln (Arzneimittelgesetz) i. d. F. der Bek. vom 11. Dezember 1998 (BGBl. I S. 3586), geändert durch 9. ÄndG v. 26. Juli 1999 (BGBl. I S. 1666).

Gesetz über Naturschutz und Landschaftspflege (Bundesnaturschutzgesetz – BNatSchG) vom 21. September 1998 (BGBl. I S. 2994).

Gesetz zu dem Übereinkommen vom 3. März 1973 über den internationalen Handel mit gefährdeten Arten freilebender Tiere und Pflanzen (Gesetz zum Washingtoner Artenschutzübereinkommen) vom 22. Mai 1975 (BGBl. II. S. 773), zuletzt geändert durch Bek. v. 18. August 1995 (BGBl. II S. 771).

Gutachten über Mindestanforderungen an die Haltung von Greifvögeln und Eulen. BMELF – Bundesministerium für Ernährung, Landwirtschaft und Forsten, 1997.

Gutachten über Mindestanforderungen an die Haltung von Kleinvögeln (Teil 1, Körnerfresser). BMELF – Bundesministerium für Ernährung, Landwirtschaft und Forsten, 1996.

Gutachten über Mindestanforderungen an die Haltung von Papageien. BMELF – Bundesministerium für Ernährung, Landwirtschaft und Forsten, 1995.

Richtlinie 79/409/EWG des Rates vom 2. April 1979 über die Erhaltung der wildlebenden Vogelarten (Vogelschutzrichtlinie) (ABl. EG Nr. L 103 vom 25. 4. 1979 S. 1, zuletzt geändert durch Richtlinie 97/49/EG der Kommission vom 29. 7. 1997, ABl. EG Nr. L 223 vom 13. 8. 1997 S. 9).

Tierschutzgesetz (TierSchG) i. d. F. d. Bek. vom 25. Mai 1998 (BGBl. I S. 1105, ber. S. 1818).

Tierseuchengesetz (TierSG) i. d. F. d. Bek. vom 20. Dezember 1995 (BGBl. I S. 2038), geändert durch § 24 des G vom 22.12.1997 (BGBl. I S. 3224).

Übereinkommen über den internationalen Handel mit gefährdeten Arten freilebender Tiere und Pflanzen (Washingtoner Artenschutzübereinkommen, WA) vom 3. März 1973 (BGBl. 1975 II S. 777) in der Fassung der Änderung vom 22. 6. 1979 (BGBl. 1995 II S. 771).

Verordnung (EG) Nr. 338/97 des Rates vom 9. Dezember 1996 über den Schutz von Exemplaren wildlebender Tier- und Pflanzenarten durch Überwachung des Handels (ABl. EG Nr. L 61 S. 1 vom 3.3. 1997), zuletzt geändert durch VO (EG) Nr. 1476/99 vom 6.7.1999 (ABl. EG Nr. L 171 S. 5).

Verordnung über anzeigepflichtige Tierseuchen. Vom 23. Mai 1991 (BGBl. I S. 1178), zuletzt geändert durch Art. 10 der V vom 18.4.2000 (BGBl. I S. 531).

Verordnung über das innergemeinschaftliche Verbringen sowie die Einfuhr und Durchfuhr von Tieren und Waren (Binnenmarkt-Tierseuchenschutzverordnung – BmTierSSchV) vom 10. August 1999 (BGBl. I S. 1820), zul. geänd. durch Art. 22 G v. 3. Mai 2000 (BGBl. S. 632).

Verordnung über den Schutz von Wild (Bundeswildschutzverordnung – BWildSchV) vom 25. Oktober 1985 (BGBl. I S. 2040), geändert durch Art. 3 der VO vom 14. Oktober 1999 (BGBl. I S. 1955).

Verordnung über die Fristen nach § 68 des Tierseuchengesetzes vom 1. Oktober 1973 (BGBl. I S. 1469), zuletzt geändert durch Art. 8 der V vom 18.4.2000 (BGBl. I S. 531).

Verordnung über meldepflichtige Tierkrankheiten vom 9. August 1983 (BGBl. I S. 1095) zuletzt geändert durch Art. 2 der V vom 18.4.2000 (BGBl. I S. 531).

Verordnung über Sera, Impfstoffe und Antigene nach dem Tierseuchengesetz (Tierimpfstoff-Verordnung) vom 12. November 1993 (BGBl. I S. 1885), geänd. durch Art. 7 § 7 des G v. 24.6.1994 (BGBl. I S. 1416).

Verordnung zum Schutz gegen die Psittakose und Ornithose (Psittakose-Verordnung) i. d. F. der Bek. vom 14. November 1991 (BGBl. I S. 2111), geändert durch Art. 2 der V vom 14.10.1999 (BGBl. I S. 1955).

5.5 Tiergerechte Haltung von Heim- und Ziervögeln

Verordnung zum Schutz gegen die Verschleppung von Tierseuchen im Viehverkehr (Viehverkehrsverordnung) i. d. F. d. Bek. v. 18. April 2000 (BGBl. S. 546).

Verordnung zum Schutz von Tieren beim Transport (Tierschutztransportverordnung – TierSchTrV) i. d. F. der Bek. vom 11. Juni 1999 (BGBl. I S. 1337).

Verordnung zum Schutz wild lebender Tier- und Pflanzenarten (Bundesartenschutzverordnung – BArtSchV) i. d. F. des Art. 1 VO v. 14. Oktober 1999 (BGBl. I S. 1955), geänd. durch 1. ÄndV v. 21. Dezember 1999 (BGBl. I S. 2843).

5.6 Tiergerechte Haltung von Tauben

(KÖSTERS, J.)

5.6.1 Grundlegendes

Die Ordnung *Columbiformes* (Taubenartige) besteht aus ca. 308 rezenten Arten in 3 Familien mit 2 Unterfamilien und 67 Genera, die ihre Verbreitung als Stand- oder teilweise auch als Zugvögel in tropischen bis gemäßigten Zonen finden (WOLTERS, 1975–82). Exotische und einheimische Wildtauben werden in Vogelparks und zoologischen Gärten sowie vereinzelt auch von Liebhabern betreut. Eine umfassende Darstellung der Ordnung gibt RÖSLER (1996) unter Verwendung der Systematik von SIBLEY und MONROE (1990). Die Felsentaube (*Columba livia* [GMELIN, 1789]), ist die Stammform der Haustaube, die in großer Rassenvielfalt als Brief- bzw. Reise-, Rasse- oder lebensmittelliefernde Masttaube gehalten wird (Tab. 5.6.1–1).

Freilebende Nachkommen von Felsen- und/oder Haustauben, die von einigen Autoren als eigene Unterart behandelt werden (JOHNSTON et al., 1988), werden als sogenannte Stadttauben in großen Ansammlungen in Städten als städtehygienisches Problem angetroffen.

Das Verbreitungsgebiet der Nominatform, die in zehn bis 14 Subspezies vorkommt, reicht von Westeuropa bis China und Nordindien und südwärts bis Senegal, Sudan, Arabien und Sri Lanka. Die europäische Subpopulation brütet an der Atlantikküste bis zu den Färöer-Inseln sowie im Mittelmeer- und Schwarzmeergebiet. Felsentauben sind Standvögel, die in Kolonien schwer zugängliche Standorte in Spalten und Nischen zerklüfteter Felsgebiete besiedeln. Von hier aus suchen sie vormittags in geschlossenen Schwärmen ihre Nahrungsgebiete in offenen Acker- und Brachlandflächen auf, wo sie sich in kleinen Gruppen auf der Fläche verteilen. Am frühen Nachmittag kehren sie zu ihren Brut- und Rastplätzen zurück. Die Schwarmbildung dient der Feindabwehr und schützt vor Angriffen von Greifvögeln (Wanderfalke, Habicht etc.). Auf ihren Nahrungsflügen legen sie 20 und mehr Kilometer zurück. Felsentauben ernähren sich vorwiegend vegetarisch (Sämereien, Knospen, auflaufende Saat etc.), daneben werden in geringen Mengen Würmer, Gehäuseschnecken und Kerbtiere aufgenommen. Tauben trinken saugend, indem sie den Schnabel tief in die Flüssigkeit tauchen und während des Trinkvorganges belassen. Tauben produzieren im Jahr etwa 12 kg Naßkot, entsprechend 2,5 kg Trockenkot. Kot wird täglich etwa 20- bis 25mal in etwa gleich großen Portionen abgesetzt, zu 94 %, wenn die Tiere Bodenkontakt haben. Zur Feindabwehr und bei Erschrecken können Tauben halbverdauten, zumeist übelriechenden Darminhalt im Fliegen ausstoßen. Tauben leben in dauerhafter Monogamie und sind mit einem Jahr geschlechtsreif. Männliche Tiere verteidigen erbittert ihren Nistplatz gegen Konkurrenten. Bei freilebenden Stadttauben und bei Haustauben ist das beanspruchte Revier deutlich gegenüber der Nominatform reduziert. Erfahrene Brutpaare können ab März bis September bis zu fünf Gelege produzieren, die aus gewöhnlich zwei Eiern bestehen, die im Abstand von 40–48 Stunden in das aus spärlichen Zweigen und Halmen auf dem Boden gebildete Nest gelegt werden. Das Gelege wird von beiden Partnern bebrütet, wobei der Tauber zwischen neun und 15 Uhr, die Taube die übrige Zeit das Gelege bedeckt. Die Küken schlüpfen gewöhnlich in eintägigem Abstand nach 17–18 Bruttagen und werden als Nesthocker zunächst mit einem fett- und proteinreichen Kropfsekret beider Partner, der sogenannten

5.6 Tiergerechte Haltung von Tauben

Tabelle 5.6.1–1 Taubenhaltung in Deutschland (nach RADDEI, 2000; LÜTHGEN, 2000)

Nutzungsform	Anzahl der Halter	Anzahl der Zuchttauben
Brieftauben	ca. 85 000	ca. 6 000 000
Rassetauben	ca. 25 000	ca. 4 000 000–5 000 000
Masttauben	keine Angaben	keine Angaben

Kropfmilch, die in beachtenswerter Menge spezifische Immunglobuline, besonders der Klasse A enthält (KASPERS et al., 1990), später mit körnerhaltigem Kropfinhalt gefüttert. Zur Nahrungsübernahme bohrt das Jungtier seinen Schnabel tief in den Schlund des Elterntieres. Die Nestlingsdauer beträgt ca. 23–25 Tage, mit 35 Tagen sind die Jungvögel voll flugfähig. Tauben tragen ein dichtes festes Gefieder, das weniger durch das spärliche Bürzeldrüsensekret als vielmehr durch Federstaub, der durch den Zerfall der Puderdunen gebildet wird, wasserabweisend und geschmeidig gehalten wird. Deutlichen, für das menschliche Auge erkennbaren Geschlechtsdimorphismus des Federkleides gibt es nicht. Dafür verfügen Tauben über einen pentachromatischen Visus, der phototopische „peaks" bei 370, 450, 480, 570 und 600 nm aufweist (BURCKHARDT, 1989). Ihr Auflösungsvermögen von Bewegungen in Einzelbilder (Flickerfusionsfrequenz) beträgt bis zu 160 Bilder/s. Tauben besitzen im Nakken-/Halsbereich einen intrakutanen venösen Plexus, der in gestautem Zustand eine feste Basis für das Stellen der Federn bei Balzspiel und Drohgebärde bildet (Cave bei Injektionen in den Nackenbereich!).

5.6.2 Bewegungsbedarf und Freiflug

Felsentauben wurden bereits in frühgeschichtlicher Zeit domestiziert. Die Anzahl von etablierten Rassen wird weltweit mit etwa 800 angegeben (SCHÜTTE, 1971; HOFFMANN, 1982). Für die in Deutschland anerkannten Rassen setzt der Verband deutscher Rassetaubenzüchter die Standards fest. Die züchterische Beeinflussung hat unterschiedliche Formen hervorgebracht, die durch Veränderung von Körperbau, Größe, Befiederung und Verhalten bei manchen Rassen die Flugfähigkeit einschränkt oder vollständig verhindert. Dieses muß bei der Forderung nach Bewegungsmöglichkeiten berücksichtigt werden. Darüber hinaus sind die Verbote des § 11b (Qualzüchtung und ähnliche Maßnahmen) TIERSCHUTZGESETZ (1998) zu beachten (s.a. GUTACHTEN ZUR AUSLEGUNG VON § 11B DES TIERSCHUTZGESETZES, 1999). Tauben werden in Taubenschlägen mit oder ohne Freiflug gehalten. Die Schlagformen richten sich auch nach dem Haltungszweck (Tab. 5.6.2–1).

Dachbodenausbauten für die Brieftaubenhaltung sind historisch bedingt (die Brieftaube als „Rennpferd des kleinen Mannes"). Bei Gewährung von Freiflug kommen sie den Biotopanforderungen der Brieftauben entgegen. Gartenschläge werden aus wohnungshygienischen Gründen erst in jüngerer Zeit vermehrt genutzt. Sie haben den Vorteil, daß sie mit Volierenanbauten versehen werden können. Taubenkobel oder einfache Nistzellen unter der Dachtraufe von Viehställen oder Scheunen finden sich im bäuerlichen Bereich besonders in Süddeutschland. Sie sind ständig freiliegenden Tauben vorbehalten. Freiflug ist für Brief- und Flugtauben unerläßlich. Als Mindestforderung sind täglich morgens und nachmittags Freiflug zu gewähren. Je nach den örtlichen Verhältnissen kann die Gefährdung durch Greifvögel bei Auslassen zu kleiner Schwärme gefördert werden. Dieses ist bei richterlichen Auflagen wegen Nachbarschaftsstreitigkeiten zu berücksichtigen. Bei Haltung ohne Freiflug ist die Möglichkeit einer Volierennutzung zu fordern. Tauben fühlen sich in offenem Gelände sicherer. Sie nehmen gern Sonnenbäder auf

Tabelle 5.6.2–1 Schlagformen für die Taubenhaltung

Nutzungsform	Dachbodenschlag	Gartenschlag	Taubenkobel, Nistzellen unter Dachtraufe	Stallschlag
Brieftauben	+	+	–	–
Rassetauben	(+)	+	+	–
Masttauben	(–)	(–)	+	+

+ = üblich; (+) = vereinzelt; – = nicht üblich; (–) = gelegentlich

Hausdächern oder auch auf Grünflächen, bei heißer Witterung werden Badegelegenheiten angenommen. Bei Volierenhaltung sollte das Aufsuchen von Schatten möglich sein. Feldern, d. h. das Aufsuchen von Landschaftsflächen zur Futtersuche, kann aus hygienischen Gründen unerwünscht sein (Feldvergiftungen durch Pestizide, Kunstdünger etc.). Durch Konditionierung der Tauben auf die Fütterung im Schlag kann dem vorgebeugt werden.

5.6.3 Platzbedarf und Schlageinrichtung

Haustauben haben das Nistverhalten der Nominatform weitgehend beibehalten. Deshalb führt Überbesatz zu Störungen, die den Haltungszweck in Frage stellen. In den Zuchtabteilen sind je Paar mindestens zwei Nistzellen mit den Abmessungen $30 \cdot 30 \cdot 30$ cm (bei Großrassen entsprechend größer) zur Verfügung zu stellen. Jungtier- und Witwerabteile werden mit Sitzbrettchen oder Sitzregalen ausgestattet. Die Zahl der Sitzgelegenheiten sollte etwa doppelt so hoch wie der Tierbesatz sein. In den Sitzregalen können die Tiere störungsfrei ruhen, da sie gegen ihre Nachbarn sichtgeschützt sind. Bei beiden Formen von Sitzgelegenheiten ist darauf zu achten, daß die Tauben sich nicht gegenseitig vollkoten können. Je nach Nutzungszweck haben sich folgende Werte für den Raumbedarf ergeben (Tab. 5.6.3–1).

Volieren sollten mindestens 2,20 m lichte Höhe haben mit einer Mindestgrundfläche von 6 m^2 und einem Höchstbesatz von 4 Tauben/m^2. Je Taube sind mindestens zwei Sitzbrettchen zur Verfügung zu stellen, die wandständig angebracht sein sollen, um den Flugraum nicht einzuschränken. Die Maschenweite der Volierenbespannung ist so zu wählen, daß Greifvögel (besonders Habichte) nicht durchgreifen, Wildvögel nicht einfliegen und Raubwild (Marder, Iltis etc.) sowie Schadnager nicht eindringen können. Der Boden von Volieren sollte aus leicht zu reinigendem Zementestrich mit dem nötigen Gefälle oder auch aus Gitterrosten bzw. Drahtbespannung bestehen, um den Kotkontakt zu minimieren. Die Produktion von Masttauben, die wegen ihres Gewichtes ein eingeschränktes Flugvermögen haben, findet gewerbsmäßig in Stallschlägen statt. Diese sind gewöhnlich in kleine Einheiten unterteilt. Die Haltung wird auch in Käfigen durchgeführt. Die Käfiggröße beträgt für ein Zuchtpaar $60 \cdot 60 \cdot 60$ cm mit zwei Nistzellen à $30 \cdot 30 \cdot 30$ cm. Dem Drahtboden liegt eine käfigbreite Sitzleiste mit einem Querschnitt von $5 \cdot 2,5$ cm flach auf, von der die außerhalb des Käfigs angebrachten Futter- und Trinkgefäße erreichbar sind. Diese Art der Haltung hat sich in Deutschland nicht durchgesetzt. Der Boden des Schlages besteht gewöhnlich aus Zementestrich oder Holzdielen, wobei wasserfest verleimtem Sperrholz der Vorzug gegeben wird. Für die einzelnen Nutzungsarten haben sich unterschiedliche Formen der Bodenbewirtschaftung entwickelt. So werden Brieftauben vorzugsweise einstreulos gehalten. Dieses bedingt eine tägliche Reinigung unter Verwen-

5.6 Tiergerechte Haltung von Tauben

Tabelle 5.6.3–1 Mindestraumbedarf in der Taubenhaltung

Nutzungsform	Schlag (Mindesthöhe: 2 m)	Voliere Ausflugöffnung: 30 × 30 cm	Freiflug
Brieftauben	1 m²/Zuchtpaar	bei Freiflugbeschränkung erforderlich	unerläßlich
Rassetauben	1 m²/Zuchtpaar	erforderlich	rasseabhängig
Masttauben	1 m²/2 Zuchtpaare	wünschenswert	in bäuerlicher Haltung üblich
Jungtauben	bis zu 4 Jungtiere/m²	wünschenswert	alters- bzw. nutzungsabhängig
nicht züchtende Alttauben	bis zu 4 Männchen oder Weibchen/m²	wünschenswert	nutzungsabhängig

dung von Kotschabern, um angesetzte Kotflecken zu entfernen. Mittlerweile gibt es Naßstaubsauger mit einem Schaberansatz, die zur Vermeidung von Staub an zentrale Absaugleitungen angeschlossen werden. Bei Reinigung von Hand wird der Boden oftmals mit Quarzsand bestreut, um die Entfernung von angetrockneten Kotresten zu erleichtern. Rasse- und Masttauben werden häufiger auf Einstreu gehalten. Sofern keine Kotgruben vorhanden sind, wird eine Flachstreu in 2–4 cm Schüttdicke aufgebracht. Diese kann aus trockenem Sand, Stroh und Hobelspänen bestehen. Im Handel wird eine mineralische Einstreu (Porilan®, produktgleich früher Palosan®) angeboten, die aufgrund ihrer Zusammensetzung eine hygienisierende bis desinfizierende Wirkung auf unbehüllte Viren, einige Bakterien- und Parasitenarten besitzt (SCHARR, 1989). Von der Flachstreu müssen abgetrocknete Kotansammlungen regelmäßig entfernt werden. Vereinzelt bei Rasse-, häufiger bei Masttauben werden die Tiere auf Tiefstreu aus Stroh und/oder Hobelspänen gehalten. Bei Bedarf muß überstreut bzw. periodisch gewechselt werden. Ausstellungskäfige für jeweils eine Taube müssen Mindestmaße von 35 × 35 × 35 cm haben und sollen senkrecht vergittert sein. Die Käfigrückwand soll mit einem durchgehenden Sichtschutz versehen sein oder an einer Wand stehen, um den Tauben einen Rückzugsbereich zu bieten.

Die Käfige sind mindestens in Tischhöhe, besser in Brusthöhe aufzustellen, damit die Tiere sich durch den Betrachter nicht bedroht fühlen. Wasser ist ständig, Futter zu den Fütterungszeiten in Futternäpfen anzubieten. Als Käfigeinlage eignet sich leicht auszuwechselnde Wellpappe. Tauben sollten möglichst nicht in Transportkäfigen für den Verkauf bevorratet werden. Sollte dies unvermeidlich sein, müssen mindestens 300 cm²/Tier sowie Futter und Wasser zur Verfügung stehen. Der Verkäufer hat geeignete Transportbehältnisse bereitzuhalten, in denen die Tauben vom Käufer tiergerecht transportiert werden können. Anlage 3 zur TIERSCHUTZTRANSPORT-VERORDNUNG (1999) schreibt für Brieftauben folgende Mindestabmessungen vor (Tab. 5.6.3–2).

5.6.4 Klimaansprüche

Haustauben sind dem mitteleuropäischen Klima angepaßt. Sie fühlen sich in gut gelüfteten, zugluftfreien und trockenen Schlägen wohl. Wenn Trinkwasser zur Verfügung steht (beheizte Tränke), werden auch Schlagtemperaturen unter dem Gefrierpunkt schadlos vertragen, sofern keine Nestjungen betroffen sind. Die Tauben züchten gewöhnlich erst bei Temperaturen über 12 °C. Schlagtemperaturen über 28 °C sollten vermieden werden. Bei extremen Außentemperaturen sollte

Tabelle 5.6.3–2 Brieftauben beim Transport in Spezialfahrzeugen (TIERSCHUTZTRANSPORT-VERORDNUNG, 1999)

Tierkategorie	Höhe der Transportbehältnisses [cm]	Fläche je Tier bei Transport bis zu 300 km [cm]	Fläche je Tier bei Transport über 300 km [cm^2]
Jungtauben	23	280	300
Alttauben	23	300	340

der Zugang zum Schlag nicht versperrt sein. Durch Schlagtemperierung (15 °C) und Lichtprogramme kann die Reproduktion stimuliert werden. Hiervon wird in der Brieftaubenzucht und der Masttaubenvermehrung Gebrauch gemacht. Zur Beleuchtung sind mit Wechselstrom gespeiste Leuchtstoffröhren nicht geeignet (s. auch Flickerfusionsfrequenz, 5.6.1).

5.6.5 Fütterung und Tränkung

Tauben werden gewöhnlich mit Körnern gefüttert, die als spezielle Leistungsmischungen im Futtermittelhandel angeboten werden oder von den Züchtern aus Einzelkomponenten zusammengestellt werden. Hierbei finden besonders Weizen, Gerste, Mais, Samen verschiedener Leguminosen, Sonnenblumenkerne, Erdnüsse und andere Sämereien Verwendung. Insbesondere im Brieftaubensport werden die Rezepturen als Geheimrezepte für den Erfolg gehütet. Daneben werden den Tauben Vitaminmischungen und Mineralstoffe, teilweise auch als Picksteine, angeboten. In der Taubenmast wird pelletiertes Junghennenalleinfutter ohne Kokzidiostatika mit einem Rohproteingehalt von 14–16 % und 10,9–11,4 MJ umsetzbarer Energie pro Kilogramm empfohlen (TÜLLER, 1999). Ergänzend werden frische Grünpflanzen, Gartengemüse und Heikräuter angeboten. Die Fütterung erfolgt in bedarfsgerechten Mengen zu bestimmten Zeiten, die sich auch nach den Freiflugzeiten richten, in Rinnen- bzw. Rundtrögen oder, bei Masttauben, zur freien Aufnahme. Pro Taube sollten mindestens 5 cm Troglänge zur Verfügung stehen. Frisches Wasser muß ständig in offenen Tränken angeboten werden. Nippeltränken sind wegen des Trinkverhaltens ungeeignet. Wassermangel im Schlag oder geschmacksverändertes Wasser bei Verabreichung von Medikamenten oder anderen Stoffen im Trinkwasser verführt die Tauben bei Freiflug zur Aufnahme von möglicherweise kontaminiertem Wasser aus Dachrinnen, Pfützen und anderen Oberflächengewässern. Dieses kann zu Feldvergiftungen und Infektionen bzw. mangelndem Heilerfolg führen.

5.6.6 Brut und Aufzucht

Tauben sind mit ca. 5–6 Monaten geschlechtsreif. Sie sind normalerweise lebenslang monogam. Nicht alle nehmen nach Zwangstrennung einen neuen Partner an. Zur Anpaarung werden den Tauben zwei Nistzellen angeboten, die mit Nistschalen aus gebranntem Ton, Plastik, gepreßten Kokosfasern oder Tabakstengeln und ähnlichen Materialien ausgestattet sind. Dünne Zweige oder Strohhalme sollten im Schlag zur Nestausstattung zur Verfügung stehen. Ca. zwölf Tage nach erfolgreicher Anpaarung werden im Abstand von ein bis zwei Tagen zwei Eier gelegt, die ca. 17–18 Tage bis zum Schlupf bebrütet werden. Die Jungtiere sind Nesthocker und werden mit 8–10 Tagen beringt. Sie verlassen mit etwa 24 Tagen das Nest und können mit 28–30 Tagen abgesetzt und in den Jungtaubenschlag verbracht werden. Die selbständige Futteraufnahme ist zu kontrollieren. Jungtauben sind zwischen dem 26. und 30. Lebenstag schlachtreif. Tauben können bis zu zwölf, Tauber bis zu 18 Jahren erfolgreich züchten.

5.6.7 Gesundheitsvorsorge

Durch Gewährung von Freiflug und die Haltung in freistehenden Volieren besteht Kontakt zu freilebenden Vögeln. Bei Flugwettbewerben (besonders Brieftauben) und auf Ausstellungen und Taubenmärkten kommt es zu Kontakt mit Tieren unterschiedlicher Herkunft. Dies erleichtert die Übertragung von Krankheitserregern und erhöht die Seuchengefahr. Für einige Taubenkrankheiten besteht nach dem Tierseuchenrecht Anzeige- bzw. Meldepflicht (Tab. 5.6.7–1). Impfungen gegen Newcastle-Krankheit und Behandlungen gegen Ornithose können amtlich vorgeschrieben werden. Der Verband deutscher Brieftaubenzüchter verlangt in seiner Reiseordnung, daß an Flugwettbewerben nur gesunde Tauben aus Schlägen teilnehmen dürfen, die einen ausreichenden Impfschutz gegen die Tauben-Paramyxovirose besitzen. Als weitere regelmäßige Impfung ist eine Vakzination gegen Taubenpocken angeraten. Der Einsatz von Salmonella-Impfstoffen bleibt weiterhin umstritten. Regelmäßige Untersuchungen auf Endoparasitenbefall sind angeraten. Bewährt haben sich gezielte Behandlungen gegen Trichomonadenbefall nach Eiablage, jedoch vor dem Schlupf, um Ausfälle durch Nebenwirkungen zu vermeiden. Bei Behandlungen ist zu beachten, ob die Tauben als lebensmittelliefernde Tiere genutzt werden sollen. Der bestimmungsgemäße Einsatz von Desinfektionsmitteln (Desinfektionsmittelliste, DVG e. V.) muß die akzidentelle Aufnahme von Desinfektionsmitteln durch die Tauben verhindern.

5.6.8 Brieftaubensport

Wegen ihres Heimfindevermögens auch aus unbekannter Gegend wurden Tauben seit den alten Kulturen des Mittelmeerraumes

Tabelle 5.6.7–1 Wichtige Infektions- und Invasionserreger/-krankheiten bei Tauben

Bakterien	Viren	Pilze	Parasiten
Streptococcus spp.	Influenza A (A)	*Candida* spp.	Ektoparasiten (Federmilben, Zecken, Federlinge, Flöhe, Wanzen, Fliegen etc.)
Salmonella typhimurium var. Copenhagen	Paramyxovirose der Tauben (Newcastle-Krankheit [A])	*Cryptococcus neoformans*	Protozoen (*Spironucleus, Trichomonas, Coccidia* etc.)
andere *Salmonella* spp.	Taubenpocken	*Aspergillus* spp.	Plattwürmer (z.B. Bandwürmer, Saugwürmer)
Escherichia coli	Taubenherpes	*Trichophyton* spp.	Rundwürmer (*Capillaria, Ascaridia, Syngamus* etc.)
Mycobacterium avium	Adenovirus		
Campylobacter spp.	Reovirus	**Mollicutes**	**Rickettsiales**
Reiseschnupfen-Komplex		*Mycoplasma* spp.	*Chlamydia psittaci* (M, Z)

A = Anzeigepflicht; M = Meldepflicht; Z = Zoonose

zur Nachrichtenübermittlung benutzt. Heute werden Brieftauben in organisierten Flugwettbewerben eingesetzt, die als Preisflüge gleichzeitig Zuchtwertprüfungen sind. Dabei werden die natürlichen Verhaltensweisen der Tauben ausgenutzt. Bei der Nestmethode wird ein Partner auf die Reise geschickt, während dem anderen die Betreuung des Nestes obliegt. Bei der „Witwerschaft" (Syn. Strohwitwerschaft) werden Paare, die bereits ein Gelege großgezogen haben, getrennt. Die Partner dürfen sich einige Zeit vor dem Flug und nach der Rückkehr des reisenden Partners sehen, dieses soll die Heimreisegeschwindigkeit stimulieren. Der Vorteil der Methode ist, daß die Produktion nicht benötigter Jungtiere verhindert wird und die Paare durch Brut und Aufzucht nicht belastet werden. Die Methode wird deshalb auch Schonmethode genannt (GRUNDEL, 1978). Die Wettflüge werden von Reisevereinigungen sorgfältig geplant und mit steigender Distanz über 30–700 km geflogen. Unter Berücksichtigung der Erkenntnisse über die physiologischen Grundlagen des Heimfindevermögens, das auf optischen und erdmagnetischen Wahrnehmungen beruht (HOLTKAMP-RÖTZLER, 1998), werden die Flugrichtungen ausgewählt und kurzfristig die Auflässe von den Flugleitern nach Beurteilung der aktuellen atmosphärischen und meteorologischen Gegebenheiten auf der Flugstrecke freigegeben. Der Transport zu den Auflaßorten erfolgt in speziellen Lastkraftwagen – Kabinenexpreß -, die ein gleichzeitiges Ausfliegen der in nach Schlagherkunft getrennt gekäfigten Tauben ermöglicht. Die Tauben müssen durch einen geschlossenen Ring dauerhaft und für den Flug temporär mit einem Gummiring gekennzeichnet werden. Der Gummiring wird bei Ankunft in den Schlag abgestreift und in eine Konstatieruhr zur Zeitfeststellung gesteckt. Mittlerweile werden auch Transponder bewehrte Ringe verwendet, durch die die Zeit bei Einflug in den Schlag elektronisch abgelesen wird. Dadurch bleibt den Tieren ein Einfangen erspart. Die Brieftaubenzüchter sind im Verband Deutscher Brieftaubenzüchter e. V. straff organisiert. Der Verband regelt durch Satzung, Reiseordnung, Zugeflogenenregelung und Ausstellungsrichtlinie die ordentliche Durchführung von Flugwettbewerben und Ausstellungen, auch aus der Sicht des Tierschutzes und im Sinne einer Selbstkontrolle. Dazu gehört auch der Betrieb einer tierärztlich geführten Taubenklinik, Dopingkontrollen im Verdachtsfall und Beratung der Mitglieder (DBV, 1998).

5.6.9 Stadttauben

Freilebende, herrenlose Stadttauben trifft man in großen Schwärmen in fast allen Städten der Welt. Ihre ganzjährige Reproduktionsbereitschaft wird durch das ständige Futterangebot (organisierte Fütterung durch Privatpersonen, Tierschutzvereine, Futterverkauf an Touristen, aber auch Zugang zu Getreideverladungsstellen, Futter- und Lebensmittelfabriken, Straßen- und Siedlungsabfall), das Nistplatzangebot, die Klimaerwärmung im Stadtbereich und möglicherweise die Kunstlichtstimulierung hervorgerufen. Auch unter der Berücksichtigung der Ausbleiberproblematik im Brieftaubensport, gibt es keine Hinweise dafür, daß Brieftauben zur Stützung der Stadttaubenpopulationen beitragen (HAAG-WACKERNAGEL, 1993). Als Gründe für Kontrollmaßnahmen werden die gesundheitliche Gefährdung von Mensch und Haustier durch die von Tauben ausgehenden allergenen Stoffe, Infektions- und Invasionserreger (s. Tab. 5.6.7–1), der wirtschaftliche Schaden an Gebäuden, Denkmälern und Wirtschaftsgütern durch den aggressiven Kot, Verkehrsgefährdung sowie Ruhestörung angegeben. Abwehrmaßnahmen bestehen vorwiegend in dem Verbau von Nistplätzen, Vernetzung von Fassadenstrukturen, Vergrämung durch Stachelleisten und Spanndrähte (auch unter elektrischer Hochspannung) an möglichen Nist- und Sitzplätzen, Greifvogelattrappen etc. Als Verminderungsmaßnahmen werden Abschuß (in befriedetem Gebiet nur mit Sondergenehmigung), Netz- oder Fallenfang, Vergiftung mit immobilisierenden, narkotisierenden oder tötenden Wirkstoffen eingesetzt. Durch den offenen Einsatz von Wirkstoffen, und das gilt auch für die Anwendung von Hormonen zur Vermehrungskontrolle, werden auch andere Tiere gefährdet und die Umwelt belastet. Unter Berücksichtigung der Biologie der Taube wird während der Brutzeit gewöhnlich nur ein Partner erreicht. Daraus ergibt sich ein Problem aus der Sicht des Tierschutzes. Bei gleichbleibendem Futterangebot werden Verluste oder geminderte Reproduktion aus nicht betroffenen Brutschwärmen schnell ersetzt, so daß keine Nachhaltigkeit erreicht wird. Erfolge konnten in einigen Städten durch ein konsequentes Fütterungsverbot erzielt werden. Die Notwendigkeit zur Futtersuche kostet Zeit und Energie, die zu Lasten der Reproduktion gehen. Auch wenn Nistplätze im Stadtbereich beibehalten werden, wird die konzentrierte Verkotung abnehmen (KÖSTERS et al., 1991; KÖSTERS u. KORBEL, 1997).

5.6.10 Gesetze und Verordnungen

Tauben werden im TIERSEUCHENGESETZ (1995) (§ 1 Abs. 2 Punkt 2) als **Vieh**, in der GEFLÜGELPEST-VERORDNUNG (1994) und der BINNENMARKT-TIERSEUCHENSCHUTZVERORDNUNG (1999) als Geflügel geführt. Tauben, soweit sie wie Haustiere gehalten werden, gelten nach dem GEFLÜGELFLEISCHHYGIENEGESETZ (1996) als Schlachtgeflügel, nach der TIERSCHUTZ-SCHLACHTVERORDNUNG (1997) als Hausgeflügel. Nach § 60 des ARZNEIMITTELGESETZes (1998) sind Arzneimittel, die ausschließlich zur Anwendung bei Brieftauben bestimmt und für den Verkehr außerhalb der Apotheken zugelassen sind, von der Zulassungspflicht nach § 21 ff. ausgenommen. Zum Schutze der Aussaat und zum Schutze der Tauben (Saatbeizmittel) wird in einigen Bundesländern zur Bestellungszeit im Frühjahr und Herbst der Taubenflug durch Ankündigung gesperrt.

Flugsperre kann auch nach der GEFLÜGELPEST-VERORDNUNG (1994) verhängt werden. Nach dem Polizei- und Ordnungsrecht kann in verschiedenen Bundesländern das Füttern von freilebenden Stadttauben verboten werden. Verwilderte Haustauben (Stadttauben) genießen nicht den Schutz der BUNDESARTENSCHUTZVERORDNUNG (1999). Nach dem BUNDESJAGDGESETZ (1976) sind einheimische Wildtauben Federwild, ebenso nach dem GEFLÜGELFLEISCHHYGIENEGESETZ (1996), soweit sie erlegt sind und ihr Fleisch zum menschlichen Verzehr bestimmt ist.

Literatur

Burckhardt, D.: UV-Vision: A bird's view of feathers. J. Comp. Physiol. (1989) 787–796.

DBV – Verband Deutscher Brieftaubenzüchter (ed.): Fachkalender für Brieftaubenzüchter 1999. Verlag „Die Brieftaube", Essen (1998).

DVG – Deutsche Veterinärmedizinische Gesellschaft e. V.: 10. Liste der nach den Richtlinien der DVG geprüften und als wirksam befundenen Desinfektionsmittel für die Tierhaltung. Dtsch. Tierärztebl. 4 (1999) 364–375.

Grundel, W.: Brieftauben. Verlag Eugen Ulmer, Stuttgart (1978).

Haag-Wackernagel, D.: Zur Biologie der Stadttaube. Habil., Basel (1993).

Hoffmann, H.: Das Taubenbuch. Wolfgang Krüger Verlag, Frankfurt (1982).

Holtkamp-Rötzler, E.: Verhaltensphysiologische, physikalische und neuroanatomische Befunde zur Magnetperzeption bei Brieftauben (Columbia livia). Diss. rer. nat., Frankfurt/M. (1998).

Johnston, R. F., D. Siegel-Causey, S. G. Johnston: European populations of the Rock Dove Columba livia and genotypic extinction. Am. Midl. Nat. 120 (1988) 1–10.

Kaspers, B., R. Greuel, I. Schranner: Studien zum humoralen Immunsystem der Taube. VII. DVG-Tagung über Vogelkrankheiten, München. Tagungsbericht (1990) 58–63.

Kösters, J., E. F. Kaleta, G. Monreal, O. Siegmann: Das Problem der Stadttauben. Dtsch. Tierärztebl. 39 (1991) 272–276.

Kösters, J., R. Korbel: Zur Problematik der freilebenden Stadttaube. Dtsch. Tierärztl. Wochenschr. 104 (1997) 50–51.

Lüthgen, W., RG-Preisrichtervereinigung Hessen-Nassau: pers. Mitteilung, 2000.

Raddei, J., DBV – Taubenklinik: pers. Mitteilung, 2000.

Rösler, G.: Die Wildtauben der Erde. Verlag M. & H. Schaper, Alfeld-Hannover (1996).

Scharr, H.: In vitro-Untersuchungen über die hygienisierende Wirkung einer mineralischen Schlag-Einstreu (Palosan®) für Tauben. Vet. med. Diss., München 1989.

Schütte, J.: Handbuch der Taubenrassen. Verlag J. Neumann, Neudamm (1971).

Sibley, C. G., B. L. Monroe (jun.): Distribution and Taxonom of birds of the world. Yale University Press, New Haven und London (1990).

Tüller, R.: Faustzahlen für die Geflügelmast – Masttauben. In: Petersen, J. (ed.): Jahrbuch für die Geflügelwirtschaft 2000. Verlag Eugen Ulmer, Stuttgart (1999) 129.

Rechtsgrundlagen, Empfehlungen, Normen u. ä.:

Bundesjagdgesetz. I. d. Fassung der Bek. vom 29. September 1976 (BGBl. I S. 2849), zuletzt geändert durch Art. 4 Abs. 10 G v. 26. Januar 1998 (BGBl. I S. 164).

Geflügelfleischhygienegesetz (GFlHG) vom 17. Juli 1996 (BGBl. I S. 991) geändert durch § 26 des G vom 22.12.1997 (BGBl. I S. 3224).

Gesetz über den Verkehr mit Arzneimitteln (Arzneimittelgesetz) i. d. F. d. Bek. vom 11. Dezember 1998 (BGBl. I S. 3586), geändert durch Art. 1 des Gesetzes vom 26.7.1999 (BGBl. I S. 1666).

Gutachten zur Auslegung von § 11b des Tierschutzgesetzes (Verbot von Qualzüchtungen) vom 02.06.1999. BMELF, Sachverständigengruppe „Tierschutz und Heimtierzucht", Bonn (1999).

Tierschutzgesetz (TSchG) i. d. F. d. Bek. vom 25. Mai 1998 (BGBl. I S. 1105, ber. S. 1818).

Tierseuchengesetz (TierSG) in der Fassung der Bek. vom 20. Dezember 1995 (BGBl. I S. 2038), geändert durch § 24 des G vom 22. 12. 1997 (BGBl. I S. 3224).

Verordnung über anzeigepflichtige Tierseuchen. Vom 23. Mai 1991 (BGBl. I S. 1178), zuletzt geändert durch Art. 10 der V vom 18.4.2000 (BGBl. I S. 531).

Verordnung über meldepflichtige Tierkrankheiten vom 9. August 1983 (BGBl. I S. 1095) zuletzt geändert durch Art. 2 der V vom 18.4.2000 (BGBl. I S. 531).

Verordnung über das innergemeinschaftliche Verbringen sowie die Einfuhr und Durchfuhr von Tieren und Waren (Binnenmarkt-Tierseuchenschutzverordnung – BmTierSSchV) i. d. F. der Bek. vom 10. August 1999 (BGBl. I S. 1820).

Verordnung zum Schutz gegen die Geflügelpest und die Newcastle-Krankheit (Geflügelpest-Verordnung) in der Fassung der Bek. vom 21. Dezember 1994 (BGBl. I S. 3930), zuletzt geändert durch Art. 2 der V vom 21.12.2000 (BGBl. I S. 1879).

Verordnung zum Schutz von Tieren beim Transport (Tierschutztransport-Verordnung – TierSchTrV) i. d. F. der Bek. vom 11. Juni 1999 (BGBl. I S. 1337).

Verordnung zum Schutz von Tieren im Zusammenhang mit der Schlachtung oder Tötung (Tierschutz-Schlachtverordnung – TierSchlV) vom 3. März 1997 (BGBl. I S. 405), geändert durch V vom 25.11.1999 (BGBl. I S. 2392).

Verordnung zum Schutz wild lebender Tier- und Pflanzenarten (Bundesartenschutzverordnung – BArtSchV) i. d. Fassung des Art. 1 VO v. 14. Oktober 1999 (BGBl. I S. 1955), geändert durch 1. ÄndVO v. 21. Dezember 1999 (BGBl. I S. 2843).

5.7 Tiergerechte Haltung von kleinen Heimtieren

(GÖBEL, T.)

Die Heimtierhaltung von Kleinnagern, Kaninchen und auch Frettchen erfreut sich in den letzten Jahren einer steigenden Beliebtheit. Die Ursachen sind unterschiedlich, wobei den veränderten Lebensumständen des Menschen in einer zunehmend technisierten Umwelt eine große Bedeutung zukommt. Kleine Heimtiere können in der Wohnung gehalten werden, erfordern einen geringen finanziellen Aufwand, sind relativ anspruchslos in der Pflege (Zeitaufwand) und können meist problemlos während eines Urlaubs zur Pflege untergebracht werden. Die Tiere sind in der Regel einfach handhabbar und werden bei regelmäßiger Beschäftigung leicht handzahm. Sie erfüllen so oftmals den Anspruch des Besitzers an Naturkontakt und ersetzen bei alleinlebenden Erwachsenen und bei Kindern häufig anderweitige Sozialkontakte. So können Heimtiere als „Freund- und Partnerersatz" einer zunehmenden sozialen Vereinsamung des Menschen entgegenwirken. Sie wirken kommunikationsfördernd und können speziell die kindliche Entwicklung in ihrem Bezug zur Natur unterstützen.

Gesetzliche Grundlagen der Heimtierhaltung

Für die hier besprochenen Tiere ist in Deutschland vor allem das TIERSCHUTZGESETZ (1998) relevant. Die §§ 1 und 2 garantieren die allgemeinen Ansprüche der Tiere. Dies bedeutet für die Haltung von Heimtieren, daß die Unterbringung und Haltung den speziellen Ansprüchen des Tieres angepaßt sein müssen. Der Besitzer ist verpflichtet, sich über Pflege und Nahrungsbedarf des Tieres zu informieren, um dem Tier angemessene Lebensbedingungen bieten zu können. In § 3 sind verbotene Handlungen definiert, wie das Verbot des Zurücklassens des Tieres, das Aussetzen in der Natur oder das Darreichen von ungeeignetem Futter. § 4 schreibt eine schmerzlose Tötung im Bedarfsfall und § 5 eine Schmerzausschaltung bei Eingriffen vor. In § 11 sind die Zucht und der Handel der Tiere geregelt. So ist für das gewerbsmäßige Züchten von Heimtieren und ihren Handel eine Erlaubnis erforderlich. Der § 11c verbietet die Abgabe von Wirbeltieren an Kinder oder Jugendliche bis zum vollendeten 16. Lebensjahr ohne Einwilligung der Erziehungsberechtigten. Gerade kleine Heimtiere werden oft von Kindern gehalten, weshalb diesem Paragraphen eine besondere Bedeutung zukommt.

Die BUNDESARTENSCHUTZVERORDNUNG (1999) bezieht sich nicht auf die hier besprochenen Tierarten, sondern ist mehr für exotische Kleinsäuger relevant. Diese finden sich nicht in der normalen Heimtierhaltung, werden aber vereinzelt von engagierten Einzelpersonen gehalten, die in der Regel ein hohes Fachwissen über die Tiere, Haltungsbedingungen und gesetzlichen Verordnungen haben.

Die hier besprochenen Tierarten fallen nicht unter die CITES-Bestimmungen (Convention on international trade in endangered species of wild fauna and flora) (1973).

Das BUNDESNATURSCHUTZGESETZ (1998) befaßt sich mit einheimischen Tierarten, die eventuell als Pfleglinge einige Zeit gehalten werden. Der einzige Kleinsäuger, dem in diesem Bereich größere Bedeutung zukommt, ist der Igel. Dieser darf vom 01.10.–28.02. zum Zwecke der Überwinterung aufgenommen werden und muß unverzüglich in Freiheit entlassen werden, wenn er dort wieder lebensfähig ist.

5 Tiergerechte Haltung von Heim- und Begleittieren

Tabelle 5.7-1 Grundlegende Anforderungen an die Haltung kleiner Heimtiere

Tierart	Ordnung	bevorzugte Haltungsart	Haupt-aktivität	Klima-ansprüche	Mindestkäfiggröße L × B × T [cm]	Futter	Besonderheiten
Meerschweinchen (*Cavia aperea porcellus*)	Nagetiere (Rodentia)	Kleingruppe	tagaktiv	hitze-empfindlich	80 × 50 × 45 mit Schlupfhäuschen	Meerschweinchen-futter, Heu, Saftfutter	benötigen Vitamin C
Kaninchen (*Oryctolagus cuniculus dom.*)	Hasenartige (Lagomorpha)	Kleingruppe	tagaktiv (Morgen- und Abendstunden)	hitze-empfindlich	80 × 50 × 45 (Zwerge) 120 × 60 × 50 (schwere Rassen)	Kaninchenfutter, Heu, Saftfutter	
Goldhamster (*Mesocricetus auratus*)	Nagetiere (Rodentia)	Einzelhaltung	nachtaktiv		40 × 30 × 25 mit Schlafhäuschen	Hamsterfutter, Obst, Gemüse	Winterruhe, wenn Umgebungstem-peratur < 10 °C
Kleine Chinchilla (*Chinchilla langera*)	Nagetiere (Rodentia)	Paarhaltung	nachtaktiv	hitze-empfindlich	100 × 60 × 120 mit Schlafhäuschen u. Klettermöglichkeiten	Nagerfutter, Obst, Gemüse	Attapulgit – Sandbad
Gerbil (*Meriones unguiculatus*)	Nagetiere (Rodentia)	Paarhaltung	nachtaktiv		70 × 35 × 35	Nagerfutter, Obst, Gemüse	
Streifenhörnchen (*Eutamias sibiricus*)	Nagetiere (Rodentia)	Einzelhaltung	Hauptaktivi-tätszeit früher Morgen		100 × 60 × 120 mit Schlafhäuschen und Klettermöglichkeiten	Nagerfutter, Obst	Winterschlaf
Degu (*Octodon degus*)	Nagetiere (Rodentia)	Paarhaltung, Kleingruppe	tagaktiv		80 × 40 × 40	Meerschweinchen- und Nagerfutter, Heu, Saftfutter	
Ratte (*Rattus norvegicus*)	Nagetiere (Rodentia)	Einzelhaltung, Weibchen auch paarweise	tagaktiv		80 × 50 × 40	Nagerfutter, Obst, Gemüse	
Maus (*Mus musculus*)	Nagetiere (Rodentia)	Gruppenhaltung	tag- und nachtaktiv		50 × 30 × 30	Nagerfutter, Obst	hohe Vermeh-rungsrate
Frettchen (*Mustela putorius furo*)	Raubtiere (Carnivora)	Einzel- oder Gruppenhaltung	tagaktiv		120 × 60 × 60, teilweise Wohnungs-haltung wie Katze	Katzenfutter, Küken, Nager, Ei	typischer Eigen-geruch

5.7 Tiergerechte Haltung von kleinen Heimtieren

5.7.1 Grundlegende Anforderungen an die Unterbringung von Kleinsäugern

Der artgemäßen Unterbringung von Kleinsäugern kommt besondere Bedeutung zu. Während Hund und Katze und von den Kleinsäugern teilweise auch das Frettchen den Lebensraum des Menschen teilen, werden Kleinnager und Kaninchen in Käfigen mit engem Aktionsradius gehalten. Sie sind darauf angewiesen, ihr komplettes Spektrum an Bedürfnissen und Lebensäußerungen in diesem eingeschränkten Lebensbereich auszuleben.

Aus der Käfighaltung resultiert weiterhin eine absolute Abhängigkeit des Heimtieres von seinem Halter. Das Tier hat keinerlei Einfluß auf seine Lebensverhältnisse wie Wasser, Futter, Klima, Besonnung und Zuwendung.

Anforderungen an einen Kleinsäugerkäfig

Ein Kleinsäugerkäfig sollte grundsätzlich Rechteckform haben und der Größe des Heimtieres und der darin gehaltenen Tierzahl entsprechen. Als Untersatz dient eine urinfeste Kunststoffwanne, die leicht zu reinigen ist. Als Vergitterung wählt man bei **Kaninchen, Meerschweinchen, Goldhamster** und **Maus** eine der Größe des Tieres angepaßte Querverdrahtung, bei **Chinchilla** und **Streifenhörnchen** besser ein stabiles Drahtgeflecht. Die Gitterstäbe müssen aus nichtrostendem, nicht reflektierendem Material sein. Völlig ungeeignet für die Haltung von Kleinsäugern sind Aquarien, da es am Boden zur Anreicherung von Ammoniak und infolgedessen zur Reizung der Atemwege kommt.

Pflegemaßnahmen bei kleinen Heimtieren

Während die Pflege des Heimtieres selbst wenig aufwendig ist, muß der Pflege seines Lebensraumes, dem Käfig und seiner Einrichtung, große Beachtung geschenkt werden. Futter- und Wassergefäße sind täglich zu reinigen, kot- und urinverschmutzte Einstreu täglich zu entfernen und der Bodenuntersatz 2mal wöchentlich mit heißem Wasser gründlich auszuwaschen. Als Einstreu eignen sich unbehandelte Hobelspäne und kleingeschnittenes Stroh, **Frettchen** wird eine Toilette mit Katzenstreu angeboten.

Beim Pflegling selbst werden regelmäßig die Krallen kontrolliert und, falls nötig, geschnitten. Vor allem bei **Kaninchen** und **Nagern** mit Zahnfehlstellungen sind die Zähne regelmäßig nachzusehen und entsprechend zu korrigieren. Bei älteren **Meerschweinchen** sind die Perinealtaschen regelmäßig auf Kotanschoppungen zu kontrollieren. Bei allen Tieren sollte der Perianalbereich regelmäßig auf Kot- und Urinverklebungen untersucht werden, da dies häufig die einzigen Hinweise auf eine Darm- oder Harnwegsinfektion sind.

Tabelle 5.7.1-1 Käfiginventar bei Kleinsäugern

Meerschweinchen und Kaninchen	Chinchilla und Streifenhörnchen	Hamster	Ratte und Maus
Heuraufe	Schlafhäuschen	Schlafhäuschen	Schlafhäuschen
Schlupfhäuschen	Klettermöglichkeiten	Laufrad	Kletter- und Versteckmöglichkeiten
Tränkeautomat	Sandbad	Tränkeautomat	
	Tränkeautomat		Tränkeautomat

Fütterung kleiner Heimtiere

Kleine Heimtiere sind bezüglich ihrer Ernährung und ihrer Ansprüche an eine artgerechte Rationsgestaltung zu unterscheiden. **Kaninchen, Meerschweinchen** und **Chinchillas** sind von der Anatomie und Physiologie ihres Verdauungstraktes als herbivore Tiere einzuschätzen. **Hamster, Ratte, Maus, Gerbil** und **Degu** sind eher omnivor, und das **Frettchen** ist das einzige karnivore kleine Heimtier.

Die Zusammensetzung der Futtermittel muß den Bedürfnissen der Tiere in der jeweiligen Entwicklungs- und Leistungsphase entsprechen. Abhängig von der Ernährungsart der einzelnen Tiere muß das Futter unterschiedliche Gehalte an Rohprotein, Rohfaser, Kohlenhydraten, Fetten, Mineralstoffen, Spurenelementen und Vitaminen enthalten.

Für eine ungestörte Verdauung benötigen Pflanzenfresser eine ausreichende Menge an Rohfaser, wobei neben dem Rohfasergehalt des Futters auch die Möglichkeit der Selektion innerhalb des Futters die Rohfaseraufnahme stark beeinflußt (WOLF, 1995).

Der Rohproteinbedarf für **Meerschweinchen** wird mit 10 % (TS – Trockensubstanz) angegeben (ZENTEK et al., 1996), was einem Proteinbedarf von etwa 3 g/kg KM/d entspricht. Ein vergleichbarer Bedarf wird bei **Kaninchen** angegeben, eine Steigerung der Rohproteinmenge über 20 % der Gesamtnahrung führt zu Verdauungsstörungen. Die Verabreichung einer Ration mit 5,2 % (TS) Rohprotein an **Meerschweinchen** führte rasch zu Symptomen eines Eiweißmangels, die sich klinisch als Dermatitis und Alopezie manifestierten (ZENTEK et al., 1996).

Die Toleranz für Kohlenhydrate ist beim Pflanzenfresser relativ hoch, unter Umständen kann sich bei hohem Angebot eine verstärkte Fermentation im Dickdarm einstellen, die zu einer Azidose führt (ZENTEK et al., 1996).

Beim Mineralstoffgehalt des Futters für Pflanzenfresser ist auf ein ausgewogenes Verhältnis besonders bei der Gabe von Alleinfuttermitteln zu achten. MEYER et al. (1996) konnten für **Meerschweinchen** eine hohe Absorption von Kalzium und Magnesium feststellen. Kalzium (CA^{2+}) wird beim **Meerschweinchen** und beim **Kaninchen** nicht bedarfsgerecht absorbiert. Bei hohem Kalziumangebot in der Nahrung wird Kalzium zu einem hohen Prozentsatz absorbiert und muß vermehrt renal ausgeschieden werden. Dies führt zu einem Anstieg der Ca^{2+}-Konzentration im Urin, was die Bildung von Harnkonkrementen begünstigt.

Bei ausgewogener Fütterung sind kleine Heimtiere nicht auf eine zusätzliche Vitaminversorgung angewiesen. **Meerschweinchen** und **Kaninchen** synthetisieren die Vitamine des B-Komplexes und Vitamin K in Zäkum und Kolon und nehmen diese durch Zäkotrophie wieder auf. Zu Vitaminmangelsituationen kann es durch Gabe minderwertigen Futters, überlagerter Alleinfuttermittel, mangelnder Grünfuttergabe und einseitiger Fütterung kommen. Allein **Meerschweinchen** sind auf die Aufnahme von 10–20 mg/kg KM/d Vitamin C angewiesen, da ihnen, wie dem Menschen der Synthesemechanismus

Futtermittel/Ration	Rohfaser im Angebot [% Ts]	strukturierte Rohfaser
Heu	26,3	+++
Grünfutter	9,75	+/++
Möhren	9,63	(+)
pell. Alleinfutter	14,3	-
Mischfutter	9,26	+
Mischfutter u. Heu	9,26/26,3	+/++

Tabelle 5.7.1–2 Rohfasergehalt verschiedener Futtermittel für Kaninchen (WOLF, 1995)

5.7 Tiergerechte Haltung von kleinen Heimtieren

für Vitamin C fehlt. Solange Grünfutter angeboten wird, ist eine ausreichende Versorgung sichergestellt, bei Verabreichung von kommerziellem Alleinfutter ist, insbesondere wegen des Lagerverlustes, eine Applikation über das Trinkwasser empfehlenswert.

Die Haltung kleiner Heimtiere aus ideellen Gründen in städtischen Lebensbereichen führte zu einer Veränderung der Fütterung. Während bei materieller Nutzung das Grünfutter aus Feld und Garten oder bei industrieller Haltung ein optimiertes Alleinfutter angeboten wird, bestimmt den Speiseplan der Heimtiere wesentlich das Angebot unterschiedlichster Futtermittel und Ergänzungen aus dem Regal des Einzelhandels. Dabei erfolgt die Auswahl vor allem nach Aufmachung, Preis, Erfahrung mit der Akzeptanz des Futtermittels und attraktivem Aussehen des Futters selbst. Aus Unwissenheit oder Gründen der Vereinfachung, wie leichtere Reinigung oder geringere Staubbelastung, wird oftmals auf das Angebot von Heu als Grundfutter verzichtet, und auch aus der Einstreu, die früher vor allem aus Stroh bestand, können die Tiere ihren Rohfaserbedarf nicht mehr decken, da andere Einstreumaterialien wie Sägemehl oder Katzenstreu benutzt werden.

Die Zusammensetzung sogenannter Alleinfuttermittel für Kaninchen, Meerschweinchen und Hamster ist nach RABEHL und KAMPHUES (1996) weniger durch die Art der verschiedenen Komponenten als vielmehr durch deren variierenden Anteil bedingt. Die Grundbestandteile sind pelletierte Komponenten auf Basis von Grünmehl und Getreide, die nativen Komponenten in erster Linie Getreide. Teilweise sind sogenannte „Gemüsekroketten" beigemischt, die aus grün bzw. orange eingefärbten Stärkeprodukten bestehen. Weiterhin sind geringe Anteile von Gemüse, insbesondere Karotten und Kartoffeln, Früchte (Johannisbrotschrot) und teilweise in großer Ration Bäckereierzeugnisse (Brot- und Keksbruch) hinzugefügt.

In Alleinfuttermitteln für **Goldhamster** spielen fettreiche Komponenten wie Erdnüsse und Sonnenblumenkerne mit einem Anteil von 12–30 % in der Mischung eine wichtige Rolle.

Insgesamt konnten die Untersucher feststellen, daß bei einem Großteil der Alleinfuttermittel allgemein ein zu geringer Rohfasergehalt, ein erstaunlich hoher Rohfettgehalt und zudem eine ungünstige Ca:P-Relation vorliegen. Weiterhin kommt es bei großzügigem Futterangebot zu selektiver Futteraufnahme, die zudem noch zu teils erheblichen Verschiebungen in der Nährstoffzusammensetzung der Rationen für kleine Nager führt. Bei Verwendung von sogenannten Alleinfuttermitteln kann eine ausgewogene Ernährung nur über ein zusätzliches Angebot von Grün- und Rauhfutter erreicht werden.

Die Gabe von Rauhfutter dient in erheblichem Umfang auch der Beschäftigung der ansonsten oft in reizarmer Umgebung lebenden Heimtiere. Die Tiere sind meist stark unterbeschäftigt und neigen zu inadäquaten Handlungen. Die Gabe von strukturiertem Futter führt zu arteigener, mit dem Fressen verbundener Aktivität und einer Vorbeugung von Triebstau (LEHMANN, 1990). Weiterhin werden das Wachstum und der Abrieb der Schneidezähne kleiner Nager maßgeblich durch die Fütterung bestimmt. So konnte BUCHER (1994) nachweisen, daß für Wachstum und Abrieb der Inzisivi die Art und Dauer der Futteraufnahme sowie die Intensität des Kauaktes wichtiger sind als die Härte des angebotenen Futters.

Die Ernährung des **Frettchen**s, als einzigem Karnivoren unter den kleinen Heimtieren, ist trotz seiner langen Domestikation umstritten. Die traditionelle Ernährung des Frettchens als Jagdgehilfe besteht aus Teilen der Jagdbeute, bevorzugt Kaninchenfleisch und Kanincheninnereien, Eintagsküken, Kleinnagern, Eiern, Weißbrot und Obst. Diese Art der Fütterung erfreut sich beim Heimtierhalter keiner hohen Akzeptanz und ist unter städtischen Lebensverhältnissen weitgehend auch nicht möglich. Deshalb hat sich zur Fütterung des Frettchens allgemein die Verwendung von Fertigfutter für Katzen und Hunde durchgesetzt. Generell kann man sagen, daß Frettchen rein karnivore Tiere sind, die zu ihrer Ernährung fleischliches Protein und Fett benötigen (Mc LAIN et al., 1988). Der Proteinbedarf des Frettchens liegt bei 30–40 %. Die Proteinration sollte von hoher Qualität und leicht verdaulich sein. Der Bedarf an Fett liegt bei 18–30 %, bei niedrigerem Fettgehalt der Nahrung kommt es zu Fellproblemen. Den Ansprüchen des Frettchens an ein Fertigfutter kommt am ehesten ein Trockenfutter für Katzenwelpen entgegen, das durch Zugabe von Ei, „Katzensnacks" und etwas Obst aufgewertet werden kann.

Trinkwasserversorgung kleiner Heimtiere

Über den Trinkwasserbedarf kleiner Heimtiere existieren unterschiedlichste Auffassungen. So findet man neben dem unbegrenzten Angebot von Trinkwasser verschiedene restriktive Tränkemethoden, bis hin zur alleinigen Wasserversorgung über das Grünfutter. Bei Kaninchenhaltern herrscht teilweise sogar die Meinung, das Angebot von Trinkwasser könnte Verdauungsstörungen verursachen und sollte unterbleiben.

Der Wasserbedarf der Tiere ist von verschiedenen Faktoren abhängig. Er wird von der Fütterung beeinflußt, wie zum Beispiel der Gabe von Trocken- und/oder Saftfutter, von Umwelteinflüssen wie der Umgebungstemperatur, von der Leistung des Tieres und eventuellen Gesundheitsstörungen. Die Angaben in der Literatur über den Wasserbedarf kleiner Heimtiere sind recht divergent. Insgesamt wird der tägliche Wasserbedarf mit 50–100 ml/kg KM bei **Kaninchen, Meerschweinchen** und **Hamstern** und 40–60 ml/kg KM beim **Chinchilla** angegeben (COENEN u. SCHWABE, 1995). Nehmen nach COENEN u. SCHWABE (1995) **Kaninchen, Chinchilla** und **Hamster** bei Gabe von Saftfutter Tränkewasser nur noch in geringem Umfang auf, ist dies beim **Meerschweinchen** nicht der Fall.

Unabhängig von der Fütterung ist kleinen Heimtieren Trinkwasser unbeschränkt zur Verfügung zu stellen. Durch die zusätzliche Gabe von Saftfutter wird eine erhöhte Aufnahme von Wasser erzielt und somit eine erhöhte Harnmenge mit dem Vorteil einer Verringerung des spezifischen Gewichtes, einer niedrigeren Osmolalität und somit einem geringeren Risiko der Harnsteinbildung.

Angeboten wird das Trinkwasser idealerweise in entsprechenden Trinkwasserautomaten und nicht in Näpfen, um eine Verschmutzung des Wassers und ein Verschütten zu verhindern.

Frettchen sollte ständig, insbesondere bei der Fütterung mit Trockenfutter, Wasser in einer Tränkeflasche angeboten werden.

5.7.2 Beispiele für die Haltung von Heimtieren

Meerschweinchen

Wildmeerschweinchen leben in kleinen Gruppen von 5–10 Tieren, die aus einem männlichen, mehreren weiblichen und den Jungtieren bestehen. Dies sollte auch bei der Heimtierhaltung berücksichtigt werden, indem man mindestens zwei Tiere hält, wobei adulte Männchen untereinander aggressiv sind.

Für die Heimtierhaltung eignen sich vor allem Käfige mit einer leicht zu reinigenden Plastikwanne. Als Einstreu verwendet man staubfreie Hobelspäne oder Strohhäcksel. Die Tiere benötigen täglich überwachten Freilauf, im Sommer lassen sich die Tiere gut in einem raubzeugsicheren Außengehege halten. Als Fluchttieren muß Meerschweinchen immer ein Schlupfhäuschen zur Verfügung stehen.

Kaninchen

Für die Haltung von Kaninchen gelten generell die gleichen Grundsätze wie bei Meerschweinchen. Allerdings ist das Bewegungsbedürfnis der Tiere noch größer als beim Meerschweinchen, außerdem neigen sie beim Freilauf zum Benagen von Einrichtungsgegenständen.

5.7 Tiergerechte Haltung von kleinen Heimtieren

Tabelle 5.7.1–3 Merkmale für Haltungsfehler bei Kleinsäugern (HOLLMANN, 1988)

Störung/ Verhaltensstörungen	Tierart	Ursache
Desinteresse an Umwelt	Nager und Kaninchen	ungeeigneter Käfig, Käfig zu klein, kein Häuschen, ungünstiger Käfigstandort, mangelnde Zuwendung, Nichtbeachtung der Lebensgewohnheiten (Nachtaktivität etc.)
Schreckhaftigkeit	Nager und Kaninchen	siehe Desinteresse
stereotype Bewegungsabläufe	Hamster, Maus, Streifenhörnchen	kein Laufrad, keine Klettermöglichkeiten
übertriebene Revierverteidigung	Kaninchen	zu kleiner Käfig, falsche Geschlechterzusammensetzung
Aggressivität	Hamster, Streifenhörnchen	keine Einzelhaltung
	Meerschweinchen, Kaninchen	Vergesellschaftung zweier männlicher Tiere
gestörtes Aufzuchtverhalten	Nager, Kaninchen, Frettchen	äußerer Streß
Bissigkeit	Kaninchen, Frettchen	Streß, mangelnde Zuwendung
Haarefressen	Meerschweinchen, Kaninchen	Langeweile, mangelndes Rauhfutter
krankhafte Veränderungen		
Verletzungen	alle Tiere	fehlerhafte Käfigeinrichtung, nicht überwachter Freilauf
Blepharitis, Konjunktivitis	Kaninchen, Nager	falsche Einstreu, Zugluft
Erkrankungen des Respirationstraktes	alle Tiere, v. a. Kaninchen	Zugluft, falsche Raumtemperatur
	Maus	Glasbecken
Hitzschlag	Kaninchen, Meerschweinchen	fehlender Sonnenschutz
Verbrennungen	Kaninchen, Nager	Benagen von Elektrokabeln
gastrointestinale Fremdkörper	Frettchen	ungeeignetes Spielzeug, unüberwachter Freilauf
abgefressene Ohren	Kaninchen, Meerschweinchen	zu dichter Besatz
Anschoppung der Backentaschen	Hamster	falsches Nistmaterial
Epilepsie	Streifenhörnchen	Mangel an Rückzugsmöglichkeit
	Meerschweinchen	Streß
Enteritis	Kaninchen, Nager	fehlerhaftes Futter
Alopezie, Automutilation	Maus, Ratte	zu dichter Besatz, Streß
Mykosen	alle Tiere	mangelnde Hygiene
wunde Läufe	Kaninchen	fehlerhafter Käfigboden, Adipositas
Ballenabszesse	Meerschweinchen	falsche Einstreu, mangelnde Hygiene
abgeschnürte Gliedmaßen	Hamster	fehlerhaftes Nistmaterial

Hamster

Durch ihre solitäre Lebensweise eignen sich Goldhamster gut zur Einzelhaltung. Sie sind nicht für Kinder geeignet, da es sich um nachtaktive Tiere handelt. Sie sollten in Käfigen mit einer Kunststoffwanne und Quervergitterung zum Klettern gehalten werden. Der Käfig muß ausreichend Raum für das unbedingt nötige Schlafhäuschen und ein Laufrad bieten. Es sollten ständig Äste zum Benagen und als Nistmaterial Papiertaschentücher, Zellstoff und Heu angeboten werden. Der Hamsterkäfig wird hell, zugfrei und ohne direkte Sonneneinstrahlung aufgestellt.

Chinchilla

Chinchillas werden am besten paarweise gehalten. Sie sind nachtaktiv, weshalb sie für Kinder nicht geeignet sind. Der Käfig sollte ausreichend groß – ideal sind Zimmervolieren – und mit Klettermöglichkeiten ausgestattet sein. Als Einrichtungsgegenstände werden ein Schlafhäuschen, eine Aussichtsterasse sowie zur täglichen Fellpflege und zum Streßabbau ein Sandbad mit speziellem Chinchilla-Sand geboten. Überwachter Freilauf sollte den Tieren täglich gegeben werden, wobei mit dem Benagen verschiedenster Gegenstände gerechnet werden muß.

Streifenhörnchen

Streifenhörnchen werden einzeln gehalten und benötigen einen großen, engmaschig verdrahteten Käfig. Ideal sind Zimmervolieren mit einer Einrichtung aus Baumstämmen, Sitzbrettchen, Schlafnest, Vorratskammern und einem Sandbad. Als Standort wählt man Plätze, die Morgensonne erhalten und den in den ersten Morgenstunden aktiven Tieren ein Sonnenbad erlauben.

Mäuse

Ideal für die Haltung von Mäusen sind große Hamsterkäfige, die man mit einem aus unbehandeltem Holz gebauten, mehrstöckigen „Mäusehaus" einrichtet. Die Tiere haben so die Möglichkeit zu klettern, zu springen und zu nagen. Weiterhin muß ein Laufrad vorhanden sein, um überschüssigen Bewegungsdrang abzureagieren, da den Tieren in der Regel kein Auslauf gewährt werden kann. Der Boden des Käfigs sollte aus leicht zu reinigendem Kunststoff bestehen, da Mäuseurin stark riecht und eine häufige Reinigung nötig ist. Völlig ungeeignet sind Aquarien und Terrarien zur Mäusehaltung, da es am Boden zur Anreicherung der Luft mit Kohlendioxyd und Ammoniak kommt, deren Folge Infektionen der Atemwege sind.

Ratten

Ratten werden einzeln oder paarweise in großen, wohlstrukturierten Käfigen gehalten. Dieser sollte ungefähr in Tischhöhe stehen, um den Tieren die Kontaktaufnahme zum Pfleger zu ermöglichen. Die Tiere werden bei regelmäßiger Beschäftigung mit ihnen sehr zahm und entwickeln ein persönliches Verhältnis zu ihrem Besitzer.

Frettchen

Frettchen können sowohl in als auch außerhalb der Wohnung gehalten werden. Bei der Wohnungshaltung muß bedacht werden, daß Frettchen, insbesondere männliche Tiere, einen starken arteigenen Geruch entwickeln, weshalb teilweise die Haltung im Freien bevorzugt wird. Bei jeder Form der Haltung muß dem Tier ein ausreichend großer, ausbruchsicherer Käfig zur Verfügung stehen, der mit einem Schlafhäuschen und einem Katzenklo eingerichtet ist. Frettchen sind sehr verspielt. Man kann ihnen alte Handtücher, Papphröhren und Kartons zum Spielen anbieten. Bei der Außenhaltung ist auf ausreichenden Schutz vor direkter Sonnenbestrahlung und im Winter auf ein gut isoliertes Schlafhäuschen zu achten.

5.7 Tiergerechte Haltung von kleinen Heimtieren

Literatur

Bucher, L.: Fütterungsbedingte Einflüsse auf Wachstum und Abrieb von Schneidezähnen bei Zwergkaninchen. Berlin, FU, Fachbereich Tiermedizin, Diss. (1994).

Coenen, M., K. Schwabe: Wasseraufnahme und Wasserhaushalt bei Kaninchen, Meerschweinchen, Chinchilla und Hamster bei Aufnahme von Trocken- bzw. Saftfuttermitteln. 9. Arbeitstagung über Haltung und Krankheiten der Kaninchen, Pelztiere und Heimtiere der DVG, Celle (1995).

Hollmann, P.: Tierschutzgerechte Unterbringung von Heimtieren – Tips für die Beratung in der Kleintiersprechstunde. Tierärztl. Prax. 16 (1988) 227–236.

Lehmann, M.: Beschäftigungsbedürfnis bei jungen Hauskaninchen: Rohfaseraufnahme und Tiergerechtheit. Schweiz. Arch. Tierheilkd. 132 (1990) 375–381.

Meyer, H., J. Zentek, P. Adolph, A. Tau, R. Mischke: Untersuchungen zur Ernährung des Meerschweinchens. III. Nettoabsorption, renale Exkretion sowie Bedarf an Mengenelementen. Kleintierpraxis 41 (1996) 275–286.

Mc Lain, D. E., J. A. Thomas, J. G. Fox: Nutrition. In: Fox, J. G. (ed.): Biology and Disease of the Ferret. Lea & Febiger, Philadelphia (1988) 135–152.

Rabehl, N., J. Kamphues: Untersuchungen zur Futteraufnahme kleiner Nager bei Angebot konventioneller Mischfutter aus nativen Komponeneten. Vortragszusammenfassungen „Der Heimtierpatient", 12. u. 13. Oktober 1996, Hannover (1996) 63–65.

Wolf, P.: Probleme der art- und bedarfsgerechten Ernährung kleiner Nager als Heimtiere. Bericht des 21. Kongresses der DVG 1995, Teil 1 (1995) 264–272.

Zentek, J., H. Meyer, P. Adolph, A. Tau, R. Mischke: Untersuchungen zur Ernährung des Meerschweinchens. II. Energie- und Eiweißbedarf. Kleintierpraxis 41 (1996) 107–116.

Rechtsgrundlagen, Empfehlungen, Normen u. ä.:

Gesetz über Naturschutz und Landschaftspflege (Bundesnaturschutzgesetz – BNatSchG). I. d. F. d. Bek. vom 21. September 1998 (BGBl. I S. 2994).

Gesetz zu dem Übereinkommen vom 3. März 1973 über den internationalen Handel mit gefährdeten Arten freilebender Tiere und Pflanzen (Gesetz zum Washingtoner Artenschutzübereinkommen). Vom 22. Mai 1975 (BGBl. II S. 773), zul. geänd. durch Bek. vom 18. August 1995 (BGBl. II S. 771).

Tierschutzgesetz. I. d. F. d. Bek. v. 25. Mai 1998 (BGBl. I S. 1105, ber. S. 1818).

Verordnung zum Schutz wild lebender Tier- und Pflanzenarten (Bundesartenschutzverordnung – BArtSchV) I. d. F. des Art. 1 VO v. 14. Oktober 1999 (BGBl. I S. 1955).

5.8 Tiergerechte Haltung von Reptilien

(SASSENBURG, L.)

Die Mehrzahl der in Terrarien gehaltenen Reptilien sind Wildfänge, d. h. aus der Natur, dem angestammten Biotop entnommene Tiere. Eine Reihe von Arten werden regelmäßig nachgezogen (BECH u. KADEN, 1990; RUDLOFF, 1990; SCHMIDT, 1989), decken aber derzeit nicht den Gesamtbedarf in der Bevölkerung.

Für den Reptilienhalter und den -züchter in besonderem Maße ist die tiergerechte Haltung eine Grundvoraussetzung zum Wohlbefinden und Gedeihen der Tiere. Potentielle Tierhalter kommen nicht umhin, sich vor Anschaffung eines Reptils mit den Ansprüchen an seine Umwelt, Ernährung usw. vertraut zu machen. Fehlversuche enden in der Regel sofort oder nach langem Siechtum tödlich. Sind nicht von vornherein alle Bedingungen einer tiergerechten Haltung mit hochspeziellen Ansprüchen zu realisieren, sollte auf die Haltung dieser Art verzichtet werden (STAUFFACHER, 1997). Eindeutige und für alle Arten geltende Haltungsbedingungen können nach KIRMAIR (1994) wegen vielfältiger artlicher Unterschiede in den Ansprüchen an ihre Lebensbedingungen nicht gegeben werden, da sie zu sehr voneinander abweichen.

5.8.1 Grundlegende Anforderungen

Biotop und Beschäftigungselemente

Der künstliche Lebensraum Terrarium sollte dem natürlichen Biotop möglichst entsprechen. Zimmerterrarien als exakt naturgetreue Ausschnitte sind auch bei hohem Technisierungsgrad nicht möglich. Leider werden über den Tierhandel keine Angaben zum Biotop gemacht, in dem die Reptilien gefangen wurden. Deshalb wird vom natürlichen Verbreitungsgebiet in einer bestimmten Klimazone ausgegangen und ein entsprechender Terrarientyp (Regenwald-, Steppen-, Wüsten-, Aquaterrarium u. a.) zugeordnet. Einige Arten sind ganzjährig oder zeitweise für die Freilandhaltung geeignet (KIRSCHE, 1967).

Zum Bau eines Terrariums sind Materialien, inklusive Farben, Lacke, Dichtungsmittel u. a., zu benutzen, von denen keine Gefahren für die Gesundheit der Bewohner ausgehen. Terrarien sollen ausbruchsicher sein, da außerhalb eine überlebensfeindliche Umgebung vorherrscht. Möglichkeiten zur Beheizung und Beleuchtung (Wärme, Helligkeit, UV-Bestrahlung), Be- und Entlüftung, Be- und Entwässerung sind beim Terrarienbau zu berücksichtigen. Entsprechend der herkömmlichen Lebensweise (terrestrisch, arboricol, amphibisch, aquatisch sowie Übergangsformen) wird das Terrarium eingerichtet.

An den Bodengrund, der bei wühlenden Arten wie Sandboas und Skinken Lebensraum, bei Skinken auch Ort der Eiablage ist, werden zum Teil hohe Anforderungen hinsichtlich der Beschaffenheit, Höhe, Temperatur und Feuchte gestellt.

Von den Materialien wie Kies, Sand, Stein, Lehm, Lauberde, Torfmull, Rindenmulch, Laub, Zweige u. a. darf keine chemisch-toxische oder Verletzungsgefahr ausgehen. Mit Steinen, Ästen, Rinde, Wurzeln, Pflanzen werden entsprechend den natürlichen Habitaten die Terrarien gestaltet. Auf ausreichende Bewegungs-, Kletter- und Versteckmöglichkeiten sowie Wärme- und Schlafplätze ist zu achten. Auch gesundheitsunschädliche Imitate sind möglich. Derbes Heu, sauberes Stroh und chemisch unbehandelte Holzspäne sind für Großreptilien

5.8 Tiergerechte Haltung von Reptilien

als Bodengrund ebenso geeignet wie Zellstoff oder Zeitungspapier während einer Quarantänezeit.

Je nach Bedarf werden Wasserbecken beheizt. Semiaquatil lebende Reptilien brauchen unterschiedliche Wassertiefen und einen Landteil. An die Wasserqualität werden zum Teil hohe Anforderungen gestellt, die durch technisches Zubehör wie Umwälzpumpen, Filter usw. zu realisieren sind. Die Versorgung mit Wasser zwecks Deckung des täglichen Flüssigkeitsbedarfes kann mittels Wassernapf, Wassertropfen durch Besprühen, Wollfaden oder Pipette garantiert werden.

Auch Freilandterrarien benötigen eine ausbruchsichere Umgrenzung. Ihre Grundfläche sollte mehr als das 2- bis 3fache des Mindestanspruches (BRABENETZ et al., 1996) betragen. Je großzügiger die Anlage, um so vielfältiger sind bei Gruppenhaltung Einblicke in das natürliche Verhaltensrepertoire. Ob die Freilandhaltung tiergerecht und damit vom Reptil her begründet ist, richtet sich nach den lokalen Gegebenheiten, insbesondere den klimatischen Verhältnissen vor Ort. Auch Wintergärten, Gewächshäuser, unter Umständen in Kombination mit einem Freilandterrarium, können in Abhängigkeit vom Wärmebedürfnis bzw. Temperaturgefälle (Tag/Nacht) für das Wohlbefinden förderlich sein.

Zusätzliche Beschäftigungselemente sind im Freilandterrarium wegen der vorhandenen Reizfülle oft nicht erforderlich. Im Zimmerterrarium sind sie möglich und empfehlenswert (Tab. 5.8.1–1). Es werden Reaktionen auf äußere Reize und damit Bewegungsaktivitäten provoziert. Herbivore Schildkröten und Echsen bewegen sich unter natürlichen Bedingungen beim Nahrungssuchen ständig fort. Karnivore Reptilien (mit Ausnahme der Lauerjäger) haben lange Fortbewegungszeiten beim Beutesuchen und Fehlversuche beim Beutegreifen, bevor sie zum Fressen kommen.

Tabelle 5.8.1–1 Beschäftigungselemente – Beispiele

Reptiliengruppe	Reizanreicherung	Handlung
Landschildkröten	olfaktorisch, visuell	Auslegen von Futter an verschiedenen Stellen zu unterschiedlichen Zeiten
	olfaktorisch	Auslegen von duftenden Kräutern
Wasserschildkröten	olfaktorisch, visuell	Lebendfutter – anstelle eines großen Beutetieres besser mehrere kleine
Echsen	visuell	sog. Wiesenplankton oder größere Insekten lebend anbieten
Leguane, Agamen u.a.	visuell	Rivalenattrappe mit Bewegungssimulation
Schlangen	olfaktorisch	fremde, frisch gehäutete Exuvien auslegen; Duftmarken vom Beutetier auslegen
	visuell, olfaktorisch	Bewegungssimulation mit totem Beutetier; Lebendfutter bei Giftschlangen
alle Reptilien	visuell, olfaktorisch	Terrarienteile neu gestalten (nicht bei Hochtragenden)

5 Tiergerechte Haltung von Heim- und Begleittieren

Platzbedarf

Der Platzbedarf und damit die Größe des Terrariums richtet sich nicht nur nach der Körperlänge, sondern auch nach dem Verhalten beim Nahrungs-/Beuteerwerb. Große Riesenschlangen z. B. überfallen die Beute an ihren Wechseln. Kleinere Schlangen stöbern die Beute auf und verfolgen sie, d. h., sie brauchen gemessen an der Körperlänge relativ mehr Platz als die Lauerjäger.

Mindestanforderungen an Terrarienlänge, -breite und -höhe sind immer die kleinste vereinbarte Größe, die nicht unterschritten werden soll. Erst deutlich darüber hinausgehende Terrarienabmessungen oder, wenn möglich, großzügige Freilandhaltung und Gruppenhaltung bei sozial lebenden Reptilien lassen diese ihre Lebensäußerungen in allen Formen voll ausleben. Der Mindestplatzbedarf von Chamäleons, anderen Echsen, Schlangen, Schildkröten und Krokodilen ist der Literatur zu entnehmen (BRABENETZ et al., 1995 u. 1996; GUTACHTEN ÜBER MINDESTANFORDERUNGEN AN DIE HALTUNG VON REPTILIEN, 1997).

Für Jungtiere vieler Arten gelten bei Terrarienhaltung der besseren Kontrolle und des schnellen Reagierens wegen (Nahrungsverweigerung, Wachstums-, Häutungsstörung, Erbrechen, Parasitenbefall u. a.) eher die Mindestanforderungen für Terrariengrößen. Zu berücksichtigen ist, ob Juvenile natürlicherweise als Einzeltiere aufwachsen oder in Kindergruppen. Bei Wasserschildkröten/Krokodilen bemißt sich der Platzbedarf auf den Hauptlebensraum Wasser zuzüglich geeigneter Landbereiche zum Sonnen oder zwecks Eiablage.

Einzel-, Gruppenhaltung

Ob Einzeltier- oder Gruppenhaltung von Reptilien richtet sich nach den Sozialstrukturen in der Natur. Unter den Echsen leben v. a. viele Chamäleons bestimmter Arten als Einzelgänger. Die meisten Echsen können paarweise gehalten werden oder in Gruppen. Ist Gruppenhaltung möglich (GUTACHTEN ÜBER MINDESTANFORDERUNGEN AN DIE HALTUNG VON REPTILIEN, 1997) sollte nur ein adultes Männchen mit mehreren Weibchen gehalten werden. Andere Konstellationen führen oft zu sozialem Streß, wie Beißereien, psychischer Unterdrückung des rangniederen Männchens, Umherwandern unterdrückter oder unterlegener Echsen, die ständig einen Fluchtweg aus dem Terrarium suchen. Jungtiere bei den Adulten zu lassen ist risikoreich, da sie gelegentlich als Beutetiere betrachtet werden.

Auch unter den Schlangen gibt es Einzelgänger, wie z. B. den Krait oder die Königskobra, die andere Schlangen fressen oder von denen Kannibalismus bekannt ist. Die anderen Schlangenarten können jedoch im allgemeinen paarweise oder in Gruppen gehalten werden.

Einzelgänger unter den Schildkröten sind z. B. Schnapp-, Großkopf- und Geierschildkröten. Bei manchen Arten, wie Kreuzbrust- und Dosenschildkröten, sind nur die Männchen unverträglich und deshalb mit Ausnahme der Anpaarung einzeln zu halten. Die meisten Schildkrötenarten können in Gruppen gehalten werden, zumindest aber paarweise.

Sowohl bei Gruppenhaltung als auch bei paarweiser Haltung ist für Flucht- bzw. Versteckmöglichkeiten zu sorgen. Die Reptilien müssen sich einerseits ausweichen oder vermeiden, andererseits aber auch Kontakte schaffen können (STAUFFACHER, 1997). Individuelle Verträglichkeiten sollen anfangs unter Sichtkontrolle getestet werden.

Tiergerechtes Futter und tiergerechte Fütterung

Reptilien erhalten animalisches oder vegetarisches Futter (Tab. 5.8.1–2). Gelegentlich wird animalische Nahrung durch vegetarische ergänzt und umgekehrt (Schildkröten), oder die Juvenilen sind Insektenfresser und die Adulten Pflanzenfresser (z. B. Grüner Leguan). Manche Reptilien sind Allesfresser (Warane) oder Nahrungsspezialisten, z. B. werden nur Schnecken (Schneckennatter, Schneckenskink), Echsen (Glattnatter,

5.8 Tiergerechte Haltung von Reptilien

Tabelle 5.8.1–2 Groborientierung zur Fütterungshäufigkeit und Futterbeispiele für verschiedene Reptiliengruppen

Reptiliengruppen	Fütterungshäufigkeit, Futterbeispiele
Pflanzenfresser Landschildkröten adulte Grüne Leguane	fressen täglich, mit kleinen rhythmischen Pausen den ganzen Tag und absolvieren ein großes Laufpensum Löwenzahn, Huflattich, Wegerich, Melde, Vogelmiere, Klee, Luzerne, Gemüse, reifes Obst u. a.
Insektenfresser die meisten Echsen, wenige Schlangenarten manche Echsen i. d. Jugend, später Pflanzen- oder Fleischfresser	Juvenile fressen täglich, Adulte täglich bis 2mal wöchentlich Mehlkäfer, Grillen, Wachsmotten, Fliegen, Heuhüpfer u. a. (lebend, mit Kalzium angereichert)
Fleisch-/(Fisch-)fresser Schlangen, Krokodile Wasserschildkröten	Fütterung alle 1–4 Wochen, Wasserschildkröten 2mal wöchentlich. Juvenile häufiger bis täglich kleine Nagetiere/andere Kleinsäuger und Vögel lebend (oder frisch getötet und Bewegungsimitation), Karpfenfische, andere Süßwasserfische, Wasserinsekten, Schnecken u. a. Wasserschildkröten, pflanzliche Beikost
Allesfresser Warane	Fütterung alle 1–4 Wochen, Juvenile häufiger Kleinsäuger, Vögel, Fisch, Aas, reifes Obst

Baumschnüffler), Schlangen (Königskobra), Ameisen (Moloch) oder Eier (Eierschlange) gefressen.

Je nach Lebensweise (tag- oder nachtaktiv) erfolgt die Fütterung morgens oder abends. Die Nahrungssuche soll mit Fehlversuchen oder Teilerfolgen in einer erfolgreichen Endhandlung münden.

Wirbeltierfressende Reptilien werden unter Sichtkontrolle gefüttert, da im Beutestreit Verletzungen oder Pseudokannibalismus (SASSENBURG, 1971) möglich sind. Nicht gefressene Futterratten sind zu entfernen, damit dem ruhenden Reptil kein Schaden durch Benagen zugefügt werden kann. Die Ganztierkörperfütterung gewährleistet eine vollwertige und ausgeglichene Ernährung (Eiweiße, Kohlenhydrate, Fette, Vitamine, Mineralstoffe, Spurenelemente, Ballaststoffe). Voraussetzung ist, daß die Futtertiere selbst artgemäß ernährt wurden. Für Jungtiere und tragende Weibchen hat das Kalzium-/Phosphorverhältnis eine besondere Bedeutung. Es soll 1,5:1 bis 2:1 betragen. Deshalb sollten z. B. wirbellose Futtertiere zusätzlich mit Kalzium angereichert werden. Bei Pflanzenfressern ist das einseitige Verfüttern von oxalsäurehaltigen Pflanzen (z. B. Spinat, Sauerampfer, -klee) zu vermeiden. Futterpflanzen von der Wiese, frischem Obst und Gemüse ist der Vorzug zu geben. In breiter Palette angeboten, müssen sich die Reptilien selbst die verschiedenen Qualitäten aussuchen können.

Schlüpflinge/Neugeborene gehen nach der ersten Häutung bzw. nach Aufbrauchen der Dotterreserven ans Futter. Karnivore Wildfänge nehmen i. d. R. nur Lebendfutter an. Eine Umgewöhnung an tote Beute erfolgt über Bewegungsimitation, oder das erste Beutetier wird lebend angeboten und das nächste tot nachgereicht. Bei Reptilien mit Giftwirkung ist Lebendfutter artgemäß anzubieten, da durch den Biß über die Giftzähne Verdauungsenzyme in die Beute injiziert werden.

Zusätzliche Vitaminisierungen können bei Bedarf des Tieres erfolgen. Tierartliche Unterschiede bei der Dosierung sind zu berücksichtigen. Multivitaminpräparate, deren Inhaltsstoffe und Zusammensetzung nicht exakt deklariert sind, sollen keine Anwendung finden. Bei Gruppenhaltung fressen die Reptilien besser, allerdings ist zu kontrollieren, ob jedes Tier ausreichend Futter aufgenommen hat.

Durch thermoregulatorisches Verhalten und physiologische Temperaturregulationsmechanismen haben große Reptilien bei gleicher Körpertemperatur einen 3- bis 5fach, kleine einen bis zu 10fach geringeren Energieumsatz als Vögel oder Säuger mit gleicher Körpermasse. Gleichzeitig wird der Energieumsatz mit sinkenden Temperaturen verringert (NICHELMANN, 1986), d.h., die Häufigkeit der Nahrungsaufnahme oder die Nahrungsmenge ist im Vergleich deutlich geringer. Bei Nichtbeachtung dieser Verhältnisse verfetten die Reptilien mit allen nachteiligen Folgen. Reptilien, die unter extremen Bedingungen leben, z. B. kurze Vegetationsphase mit heißen Sommern und kalten Wintern, haben im Jahr kurze, aber intensive Freßphasen und monatelange Ruhephasen (Sommer-, Winterruhe). Bei ihnen, wie z. B. bei den Vierzehenlandschildkröten, stellt sich eine physiologische Fettleber ein.

Trächtigkeitsfasten hochtragender Weibchen ist bei vielen Arten physiologisch bedingt (SASSENBURG, 1983).

Klimaansprüche

Innerhalb der großen Klimazonen (Makroklima) sind eine Vielzahl von Kleinklimagebieten (Mikroklima) entscheidend für den Lebensraum der Reptilien. Ihre Anpassung an diesen bedingt die klimatischen Anforderungen bei der Terrarienhaltung (NIETZKE, 1968). Für die Reptilien sind gemäßigtes und mediterranes Klima, Steppen- und Wüstenklima sowie subtropisches und tropisches Klima von Bedeutung (BRABENETZ et al., 1995 u. 1996; GUTACHTEN ÜBER MINDESTANFORDERUNGEN AN DIE HALTUNG VON REPTILIEN, 1997).

Reptilien sind als poikilotherme (ektotherme) Tiere in besonderem Maße vom Klimaelement Temperatur abhängig. Die Körpertemperatur wird im wesentlichen durch Wärmeaustausch mit der Umwelt realisiert, in geringem Maße durch Wärmeproduktion des Stoffwechsels (WUNTKE, 1988). Die Wärmeaufnahme kann über die direkte Sonneneinstrahlung (Radiation), warme Luft (Konvektion) und/oder den wärmeren Bodengrund (Konduktion) erfolgen. Durch Aufsuchen kühlerer Orte oder Plätze mit höherer Luft-/Bodensubstratfeuchte sowie Luftgeschwindigkeit wird Wärme abgegeben (Evaporation). Da Reptilien keine Schweißdrüsen haben, geben sie über Hecheln Wärme an die Umgebung ab. Zur Wärmeabsorption kann, besonders bei Echsen, die Hautpigmentierung dunkler und zur Wärmereflexion heller werden (NICHELMANN, 1986). Um die Körpervorzugstemperatur (meist artspezifisch, aber auch individuell) zu erreichen, sind durch Strahlungswärme und/oder Bodenheizung für die meisten Arten lokale Temperaturen zwischen 28–35 °C (selten darunter, als Ausnahme 45–50 °C) erforderlich (GUTACHTEN ÜBER MINDESTANFORDERUNGEN AN DIE HALTUNG VON REPTILIEN, 1997). Zu den Schlaf- und Futterplätzen hin fallen die Temperaturen im Sinne einer Temperaturorgel. Die Lufttemperatur soll am Tage meist 25–28 °C betragen und nachts um ca. 5 °C abfallen. Jahreszeitliche Temperaturschwankungen unterstützen den Biorhythmus.

Der Bedarf an Feuchtigkeit wird durch den natürlichen Lebensraum vorgegeben. Zu feuchte Haltung ohne ausreichende Wärmeplätze kann z. B. bei Wassernattern zu nekrotisierender Dermatitis und Schuppenfäule führen. Zu geringe Bodenfeuchtigkeit führt zu Häutungsstörungen bei grabenden und wühlenden Arten (Leopardgecko, Sandboa). Mangelnde Luftfeuchte provoziert Häutungsstörungen, z. B. beim Grünen Leguan. Die notwendige relative Luftfeuchte liegt bei den meisten Reptilien zwischen 50 und 70 %, bei Wüstenreptilien zwischen 20 und 30 % und bei Reptilien des Regenwaldes um 80 % und höher.

Reptilien reagieren intensiv auf Lichtqualität (UV-, IR-Strahlung), -intensität und Beleuchtungsdauer (SAUER, 1989). Letztere beträgt für tropische und subtropische Arten zwölf Stunden täglich.

Die Wechsel von niederen Temperaturen und Dunkelheit zu höheren und Helligkeit bewirken für Reptilien mit deutlichen Jahreszyklen die Brunstauslösung. In Biotopen mit geringen Temperaturunterschieden können Wechsel von niederer zu höherer Luftfeuchte (z. B. Regenzeit) die Auslöser sein.

Winter- bzw. Sommerruhe sind bei freilebenden Reptilien eine Reaktion auf Kälte- bzw. Hitzeperioden. Die Winterruhe ist je nach Art, Geschlecht und Lebensalter (Schlüpflinge) unterschiedlich lang und nur für gesunde Tiere zu empfehlen.

Pflegemaßnahmen

Neben dem Füttern und Tränken finden Pflegemaßnahmen zur Erhaltung der Gesundheit und Zuchtkondition statt. Sie sollen regelmäßig, ruhig und gleichmäßig erfolgen, damit sich die Reptilien immer weniger gestört fühlen. Futternäpfe und Trinkgefäße sind sauber zu halten. Futter- und Trinkwasserreste sowie Körperaus- und -abscheidungen (Kot, Harnstoff, -säure, Hautreste, Fruchthüllen nach der Geburt), abgestorbene Pflanzenteile u. ä. sind regelmäßig zu entfernen. Je nach Bedarf (ca. wöchentlich) ist der Bodengrund oder/und das Wasser im Schwimmbecken zu wechseln. Zur Anregung der Darmtätigkeit und zur Unterstützung der Häutung können warme Bäder (30–35 °C) durchgeführt werden. Bei nicht tiergerechter Haltung müssen überlange Schnäbel und Krallen gekürzt und alte Hautreste oder lose Hornplatten entfernt werden. Das Einölen/Salben von Schildkröten ist nicht notwendig, es kann sogar zur Erkrankung der Haut führen.

Nach der Häutung sind mögliche Hautreste aus den Nasenlöchern, Sinnesgruben, Hemipenistaschen bzw. von den Augendeckeln (Brille), der Schwanzspitze oder den Krallen zu entfernen. Auch prophylaktische Maßnahmen gegen Endo- und Ektoparasiten können durchgeführt werden. Neuankömmlinge und kranke Tiere kommen sofort in Quarantäne. Die Brutpflege erfolgt bei Terrarienhaltung in gesonderten Inkubatoren (KÖHLER, 1997).

Verhalten, Verhaltensstörungen

Neben dem stoffwechselbedingten Verhalten (Fressen, Saufen, Ruhen, Schlafen, Harnen, Koten) sollen Reptilien auch im Terrarium ihr Sozialverhalten durch eine entsprechende räumliche und soziale Umgebung ausleben können. Bei der Verteidigung eines Revieres, bei Kommentkämpfen oder beim Balzen der Echsen, Schlangen oder Schildkröten müssen im Vorfeld Fluchtmöglichkeiten und Verstecke für den Unterlegenen/Paarungsunwilligen eingerichtet worden sein. Ist das nicht der Fall, kann es zu psychischer Unterdrückung, Autotomie des Schwanzes bzw. von Schuppen (einige Echsenarten) oder schwerwiegenden Verletzungen mit Todesfolge kommen.

Optische Drohsignale sind vielfältig ausgeprägt. Dazu zählen u. a. Maulsperren, Sichaufblähen, arttypische Kopfbewegungen, Kehlsäcke oder Halskragen aufstellen, Sichgrößermachen und Schwanzschlagen. Kräftiges Fauchen ist eine akustische Drohung. Als Unterwürfigkeitssignal der Echsen ist das Treteln bekannt.

Der Paarungsbiß ist ein wichtiger Teil im Fortpflanzungsverhalten der Echsen und mancher Schlangen. Brutfürsorge durch Nestverteidigung wurde bei Krokodilen, bei einigen Echsen- und Schlangenarten sowie einer Schildkrötenart beobachtet. Pythons brüten durch korbartiges Umschlingen ihrer Eier und Erhöhung ihrer Körpertemperatur um 4–5 °C (Wärme durch Muskelzittern) ihre Eier selbst aus.

Reptilien können sich unterschiedlich gut räumlich und durch endogene Periodizität zeitlich orientieren (24-h-Rhythmus mit ein oder zwei Aktivitätsmaxima). Besonders gut ist bei Reptilien das thermoregulatorische Verhalten (BAUCHOT, 1994; WUNTKE, 1988) ausgeprägt, das während des größten Teiles des Tages eine nahezu konstante Körpertemperatur (30–35 °C, als Ausnahme 25 oder bis zu 42 °C) zuläßt (NICHELMANN, 1986).

Haltungsbedingte Krankheiten

Die meisten Krankheiten bei Terrarienhaltung (FREYE, 1991; JAROFKE u. LANGE, 1993) werden durch falsche Haltung bzw. Fütterung gefördert oder bedingt. Bei allen haltungsbedingten Krankheiten (Tab. 5.8.1–3) scheinen Faktoren wie Wärme, Lichtqualität sowie Vitamine und Mineralstoffe eine besondere Rolle zu spielen.

Haltungsbedingte Ausfälle

Die meisten Reptilien sind Einzelgänger. Viele treffen sich in der Natur nur gelegentlich außerhalb der Paarungszeit. Im Terrarium kann die Vergesellschaftung für sozialen Streß sorgen und damit für haltungsbedingte Ausfälle. Einzelne Tiere können ständig auf der Suche nach einem Ausgang sein. Sie saufen und fressen nicht, bohren bzw. graben ständig in den Ecken, springen gegen die Scheiben, verkriechen sich oder werden aggressiv. Bei Hochtragenden kann psychisch bedingte Legenot eintreten (SASSENBURG, 1991).

Ungewohnte Veränderungen der Temperaturen, der Lebensrhythmen und der Umgebung führen ebenfalls zu Streß (BEYNON et al., 1997).

Weitere Streßfaktoren im Terrarium (VOSS, 1997) können Spannungsfelder durch statisch aufgeladene Kunststoffe oder galvanische Spannungen im Feuchtterrarium durch metallische Einrichtungen sein. Sie können sich in Aggressivität oder Sichverkriechen äußern. Ob und welche Ausfälle von hochfrequenten Wechselfeldern durch Geräte im Umfeld, magnetischen Feldern von Drosseln oder Transformatoren ausgehen, ist zu prüfen.

Besondere Bedeutung hat die Frequenz der Lichtstrahlen. Fehlendes UV-Licht läßt die Färbung der Reptilien verblassen, und die Vitamin-D_3-Synthese ist gestört. Unter Terrarienbedingungen finden für verschiedene Reptilienarten graduiert Wellenlängen des UV-B- und ein Teil des UV-A-Bereiches Anwendung (SAUER, 1989). Der UV-C-Bereich kann Augenschäden und Hautveränderungen verursachen.

Gleichmäßig hohe Wärmebelastung, Überfütterung, Bewegungs- und Reizarmut führen zu Verfettung und Lethargie.

Werden bei nichttropischen Schildkröten keine Bedingungen für eine Winterruhe geschaffen, treten Inappetenz, Sichverkriechen, Störungen der Follikel- bzw. Spermabildung und der Brunst (NÖLLERT, 1987; SASSENBURG, 1983) auf.

Unter männlichen Landschildkröten zeigen handaufgezogene Einzeltiere bei ganzzeitiger oder teilweiser Fußbodenhaltung Fehlverhalten durch ständiges Beißen, Rammen oder sexuelle Handlungen am Ersatzpartner. Fußbodenhaltung ist tierschutzwidrig.

Genetisch bedingte Krankheiten

Bei privat gehaltenen Schlangen und Echsen gibt es Zuchtlinien, die von den Wildformen durch Farbpigmentmangel abweichen (NOT SCHLÄPFER, 1998). Besonderes Interesse findet gegenwärtig die Nachzucht von Albinoschlangen, bei denen bereits züchterische Probleme auftreten und sich die Frage nach Extremzuchtformen stellt. SASSENBURG (1972) berichtet von albinotischen Strumpfbandnattern, bei denen in der Mehrzahl der Albinismus mit verschiedenen anderen Erbschäden gekoppelt war, wie z. B. Sehstörungen, unvollkommene Ausbildung der Epidermis, Lebensschwäche.

5.8 Tiergerechte Haltung von Reptilien

Tabelle 5.8.1–3 Haltungsbedingte Krankheiten – Auswahl

Erkrankung	Symptome	Ursachen
Verletzungen	Zusammenhangstrennung der Haut oder des Panzers	Bisse, Sturz, scharfer Kies, Einklemmen
	Verbrennungen	Heizstrahler, Heizkabel ungeschützt
Ertrinken von Wasserschildkröten	Schlüpflinge paddeln bis zur Erschöpfung in einer Wasserteilecke	Wasserteil zu groß oder Landinsel in der Mitte vom Aquaterrarium
	Adulte in Rückenlage im Wasser	Drehung bei Flucht ins Wasser, Wasserstand zum Umdrehen zu niedrig
Hitzschlag	Bewegungsstörung, Erbrechen	Wärmestrahlung zu hoch, keine Schattenplätze
Dermatose	Eintrocknen von Haut und Anhangsorganen, Häutungsprobleme	zu geringe Luftfeuchte, zu trockene Haltung
Dermatitis	Bläschen auf der Haut, schmierige Stellen	zu feuchte Haltung, Infektion
Intoxikation	Bewegungsstörungen, Krämpfe	Pestizide im Futtertier oder der Umgebung
Stoffwechselstörung	Bewegungsstörungen	Vitamin-B_1-Mangel nach Fütterung von Thiaminase-haltigen Karpfenfischen
Gicht	Bewegungsunlust, dicke Gelenke, Nierenschmerz	zu ballaststoffarmes, aber fett-, eiweiß- und purinreiches Futter
Legenot	hochtragende Weibchen legen reifes Gelege nicht ab	psychisch bedingt, neue Umgebung, kein geeigneter Eiablageplatz, Störung bei Eiablage
Koprostase	Kotverhalten, Preßbewegungen, u. U. begleitet von Kloaken-, Darm- u./od. Penisprolaps	einseitige ballaststoffarme Ernährung, übermäßige Aufnahme von Sand/Kies, Bewegungsmangel
Gastritis/Enteritis	Erbrechen, Durchfall	Vorzugstemperatur wird nicht erreicht, Futter zu kalt oder verdorben
Rachitis/Osteomalazie	Skelett-/Panzerdeformationen	UV-Licht-/Vitamin-D_3-Mangel, Kalziummangel, Mineralisierungsmangel
Panzernekrose	z. T. tiefe Geschwüre am Panzer	verletzungsbedingt, Sekundärinfektion, keine Trockenplätze bei Wasserschildkröten
Weißfleckenkrankheit	unregelmäßige weiße Flecken auf Panzer von Wasserschildkröten	Vitamin-A-Mangel
Papageienschnabel	überlanger Oberschnabel der Landschildkröten	zu weiches Futter ohne Biß-, Rupf- oder Zupfbewegungen
Pneumonie	Maulatmung, pfeifende Atmungsgeräusche, Schieflage beim Schwimmen	zu kalte Haltung, Zugluft, Wasserschildkröte in warmem Wasser atmet kalte Luft ein

5 Tiergerechte Haltung von Heim- und Begleittieren

Tabelle 5.8.1–4 Beispiele tierschutzgerechter Haltung (BRABENETZ et al., 1995 u. 1996; GUTACHTEN ÜBER MINDESTANFORDERUNGEN AN DIE HALTUNG VON REPTILIEN, 1997)

Griechische Landschildkröte	Leopardgecko	Strumpfbandnatter
Habitat		
Steppengebiete, milde, mäßig feuchte Winter, heiße trockene Sommer	Trockengebiete, Bodenbewohner	Feuchtbiotope, lichte Wälder, meist terrestrisch, gemäßigte und subtropische Gebiete
Lufttemperatur		
22–28 °C, nachts kühler	25–30 °C, nachts 24 °C	22–28 °C, nachts 18 °C
Strahlungswärme		
45 °C	40 °C	30–35 °C
Luftfeuchte		
50 %	50 %	50–70 %
Ernährung		
vegetarisch	animalisch Insekten, Babymäuse	animalisch Fische Regenwürmer
soziale Zusammensetzung		
Gruppe	1,1 oder 1,×	Gruppe
Terrariengröße		
Länge = 8mal Panzerlänge Breite = halbe Länge	Länge × Breite × Höhe 4 × 3 × 2 mal Kopf-Rumpf-Länge	Länge × Breite × Höhe 1,25 × 0,75 × 0,5 jeweils mal Körperlänge
Wasser		
Trinkschale	Trinknapf	Feuchtterrarium mit Wasserbecken und Sonnenplätzen
Bodengrund		
Sand, Erde, Steine, Grasbüschel, Büsche	Torf, Sand, Lehm, Steine, Rinde, Grasbüschel	Sand, Moos, Wurzeln
UV-Beleuchtung		
täglich	–	möglich
Freilandhaltung		
überwiegend Schutzhaus, Sonnenplätze, Schatten	–	möglich
Winterruhe		
5–8 °C	18–20 °C, kurzzeitig	bei 5–8 °C

Gesetze und Verordnungen

Für die Haltung und Zucht von Reptilien sind vorrangig die Vorschriften des Tierschutzrechtes (TIERSCHUTZGESETZ, 1998) von Bedeutung.

Ein GUTACHTEN ÜBER MINDESTANFORDERUNGEN AN DIE HALTUNG VON REPTILIEN (1997) wurde im Auftrag des Bundesministeriums für Ernährung, Landwirtschaft und Forsten, Referat Tierschutz, erstellt. Für bestimmte Reptilienarten, von denen eine Gefahr ausgehen kann, gilt die VERORDNUNG ÜBER DAS HALTEN GEFÄHRLICHER TIERE WILDLEBENDER ARTEN (1996) nach dem Landesrecht Berlin sowie die VERORD-NUNG ÜBER DAS HALTEN GEFÄHRLICHER TIERE (1980) nach dem Landesrecht Niedersachsen.

Bei der Haltung von Schlangen oder Echsen mit Giftwirkung ist das DEUTSCHE CHEMIKALIENGESETZ (1994) zu beachten.

Artenschutz

Darüber hinaus gelten internationale Artenschutzbestimmungen, wie die Convention on International Trade in Endangered Species (CITES), das sog. WASHINGTONER ARTENSCHUTZÜBEREINKOMMEN (WA) (1973) und die Verordnung (EG) Nr. 338/97 (VO) des Rates vom 9. Dezember 1996 über den SCHUTZ VON EXEMPLAREN WILDLEBENDER TIER- UND PFLANZENARTEN DURCH ÜBERWACHUNG DES HANDELS sowie die Verordnung (EG) Nr. 939/97 (DVO) der Kommission vom 26. Mai 1997 mit Durchführungsbestimmungen zur vorstehenden Verordnung.

Nationale Rechtsvorschriften den Natur- und Artenschutz betreffend sind das Gesetz über Naturschutz und Landschaftspflege (BUNDESNATURSCHUTZGESETZ, 1998) sowie die Verordnung zum Schutz wildlebender Tier- und Pflanzenarten (BUNDESARTENSCHUTZVERORDNUNG, 1999).

Literatur

Bauchot, R.: Schlangen. Naturbuch, Augsburg (1994).

Bech, R., U. Kaden: Vermehrung von Terrarientieren – Echsen. Urania, Leipzig, Jena, Berlin (1990).

Beynon, P. M., M. P. C. Lawton, J. E. Cooper: Kompendium der Reptilienkrankheiten. Schlütersche Verlagsanstalt, Hannover (1997).

Brabenetz, E., F. Luttenberger, H. Schwammer: Haltungsrichtlinien, Mindestansprüche für Reptilien. Bd. 1. Bomann, Wien (1995).

Brabenetz, E., F. Luttenberger, H. Schwammer: Haltungsrichtlinien, Mindestansprüche für Schildkröten. Literas, Wien (1996).

Freye, F. L.: Biomedical and Surgical Aspects of Captive Reptile Husbandry. Krieger, Malabar (1991).

Jarofke, D., J. Lange: Reptilien. Krankheiten und Haltung. Parey, Berlin, Hamburg (1993).

Kirmair, R.: Untersuchungen zur Terrarienhaltung von Reptilien unter besonderer Berücksichtigung des Tier- und Artenschutzes. Vet. med. Diss., München (1994).

Kirsche, W.: Zur Haltung, Zucht und Ethologie der Griechischen Landschildkröte (Testudo h. hermanni). Salamandra 3 (1967) 36–66.

Köhler, G.: Inkubation von Reptilieneiern. Herpeton, Offenbach (1997).

Nichelmann, M.: Temperatur und Leben. Urania, Leipzig, Jena, Berlin (1986).

Nietzke, G.: Die Terrarientiere. Bd. 1. Ulmer, Stuttgart (1968).

Nöllert, A.: Schildkröten. Landbuch, Hannover (1987).

Not Schläpfer, I.: Beurteilung verschiedener Zuchtlinien von Ziervögeln, Kleinnagern, Zierfischen und Reptilien in tierschützerischer Hinsicht. Vet. med. Diss., Zürich (1998).

Rudloff, H.-W.: Vermehrung von Terrarientieren – Schildkröten. Urania, Leipzig, Jena, Berlin (1990).

Sassenburg, L.: Zucht und Aufzucht von wasserliebenden Nattern bei Terrarienhaltung. Berlin, HU, Vet.-med. Diplom, 1971.

Sassenburg, L.: Albinotische Strumpfbandnattern (Thamnophis s. sirtalis). Zool. Garten N. F., Leipzig 42 (1972) 5/6, S. 331–334.

Sassenburg, L.: Beiträge zur Physiologie und Pathologie der Fortpflanzung in Gefangenschaft gehaltener Reptilien aus der Sicht des praktisch tätigen Tierarztes. Vet.-med. Diss., Berlin (1983).

Sassenburg, L.: Beiträge zur Ätiologie, Therapie und Prophylaxe der Legenot bei Reptilien. 19. Kongreß DVG, Bad Nauheim (1991) 249.

Sauer, K.: Richtige Aquarien- und Terrarienbeleuchtung. Engelbert Pfriem, Wuppertal (1989).

Schmidt, D.: Vermehrung von Terrarientieren – Schlangen. Urania, Leipzig, Jena, Berlin (1989).

Stauffacher, M.: Haltungsoptimierung im Zoo – Möglichkeiten und Grenzen. 38. Int. Symposium über die Erkrankungen der Zoo- u. Wildtiere, Zürich, 1997.

Voss, G.: Streßfaktoren im Terrarium. Reptilia 2 (1997) 5, 52.

Wuntke, B.: Körpertemperatur und lokomotorische Aktivität im Tagesgang bei Schildkröten (*Agrionemys horsfieldi*): thermoregulatorisches Verhalten und autonome Reaktionen. Berlin, HU, Fachbereich Math.-Nat., Diss. (1988).

5 Tiergerechte Haltung von Heim- und Begleittieren

Rechtsgrundlagen, Empfehlungen, Normen u. ä.:

Gesetz über Naturschutz und Landschaftspflege (Bundesnaturschutzgesetz – BNatSchG). I. d. F. d. Bek. vom 21. September 1998 (BGBl. I S. 2994).

Gesetz zum Schutz vor gefährlichen Stoffen (Chemikaliengesetz – ChemG) I. d. F. d. Bek. vom 25. Juli 1994 (BGBl. I S. 1703), zul. geänd. d. G vom 14. Mai 1998 (BGBl. I S. 950).

Gutachten über Mindestanforderungen an die Haltung von Reptilien. Bundesministerium, Landwirtschaft und Forsten, Referat „Tierschutz" vom 10. Januar 1997.

Gesetz zu dem Übereinkommen vom 3. März 1973 über den internationalen Handel mit gefährdeten Arten freilebender Tiere und Pflanzen (Gesetz zum Washingtoner Artenschutzübereinkommen). Vom 22. Mai 1975 (BGBl. II S. 773), zul. geänd. durch Bek. vom 18. August 1995 (BGBl. II S. 771).

Tierschutzgesetz. I. d. F. d. Bek. v. 25. Mai 1998 (BGBl. I S. 1105, ber. S. 1818).

Verordnung zum Schutz wildlebender Tier- und Pflanzenarten (Bundesartenschutzverordnung – BArtSchV) I. d. F. des Art. 1 VO v. 14. Oktober 1999 (BGBl. I S. 1955).

Verordnung (EG) Nr. 338/97 des Rates über den Schutz von Exemplaren wildlebender Tier- und Pflanzenarten durch Überwachung des Handels. Vom 9. Dezember 1996 (ABl. 1997 Nr. L 61 S. 1), ber. ABl. Nr. L 298 S. 70), zul. geänd. durch 98R2214 vom 15.10.1998 (ABl. Nr. L 279 S. 3).

Verordnung (EG) Nr. 939/97 der Kommission mit Durchführungsbestimmungen zur Verordnung (EG) Nr. 338/97 des Rates über den Schutz von Exemplaren wildlebender Tier- und Pflanzenarten durch Überwachung des Handels. Vom 26. Mai 1997 (ABl. 1997 Nr. L 140, S. 9), zul. geänd. durch 98 R 1006 v. 14. Mai 1998 (ABl. Nr. L 145, S. 3).

Verordnung über das Halten gefährlicher Tiere wildlebender Arten (Landesrecht Berlin). Vom 28. Februar 1996 (GVBl. S. 102).

Verordnung über das Halten gefährlicher Tiere (Landesrecht Niedersachsen). Vom 21. August 1980 (Nieders. GVBl. S. 344).

Weiterführende Literatur

TVT – Tierärztliche Vereinigung für Tierschutz e. V.: Checkliste für die Beurteilung von Terrarienabteilungen im Zoofachhandel: Reptilien. TVT – Tierärztliche Vereinigung für Tierschutz e. V., Arbeitskreis 8 „Zoofachhandel", 1995.

TVT – Tierärztliche Vereinigung für Tierschutz e. V.: Tierschutzrechtliche Überprüfung der Haltung und Vorführung von (Riesen-)Schlangen im Zirkus. TVT – Tierärztliche Vereinigung für Tierschutz e. V., Arbeitskreis 7 „Zirkus und Zoo", 1995.

TVT – Tierärztliche Vereinigung für Tierschutz e. V.: Richtlinien für Reptilienbörsen. TVT – Tierärztliche Vereinigung für Tierschutz e. V., Arbeitskreis 8 „Zoofachhandel", 1999.

5.9 Tiergerechte Haltung von Neuweltkameliden

(GAULY, M.)

5.9.1 Aktuelle Bedeutung der Neuweltkamelidenhaltung

Die Neuweltkamele gehören ebenso wie die Altweltkamele der Familie der Kameliden, der Ordnung der Paarhufer und der Unterordnung der Schwielensohler *(Tylopoda)* an (MASON, 1979). Zur Spezies gehören die domestizierten Vertreter Lama *(Lama glama)* und Alpaka *(Lama pacos)* sowie die beiden Wildformen Guanako *(L. guanacoe)* und Vikunja *(L. vicugna)*. Die meisten Abstammungstheorien gehen davon aus, daß die domestizierten Neuweltkamele aus den rezenten Wildformen hervorgegangen sind (KESSLER et al., 1995). Kreuzungen sind unter den Spezies möglich. Sie erzeugen fruchtbare Nachkommen (GAULY, 1997).

Die Zucht und Haltung von Lamas und Alpakas erfreut sich außerhalb der Ursprungsländer Südamerikas, vornehmlich in Australien, den USA und Europa, einer wachsenden Beliebtheit, was sich in steigenden Bestandszahlen ausdrückt. In Europa hat man zunächst in Großbritannien mit dem Aufbau einer leistungsfähigen Alpaka- und Lamazucht begonnen. Vermeintlich hohe Wollpreise haben Landwirte veranlaßt, diesen neuen Produktionsweg zu beschreiten. Die Probleme beim Aufbau eines Wollindustriezweiges scheinen allerdings nur schwer überwindbar. Daß das Interesse und damit auch die Preise der Zuchttiere dennoch in den vergangenen Jahren stabil geblieben sind, ist mit der wachsenden Nachfrage von Hobbyhaltern an dieser Tierart zu erklären. Auch in Deutschland überwiegt die Nutzung als Hobby- und Freizeittier. Die Neuweltkameliden verbinden für die Halter den Reiz des Exotischen mit einer scheinbar relativ problemlosen Haltungs- und Fütterungstechnik. Mittlerweile erfolgte in Deutschland eine Anerkennung als landwirtschaftliches Nutztier, was diese Tierart auch bei Landwirten weiter in den Blick des Interesses rücken könnte.

Während die Haltung von Vikunjas (WAA – WASHINGTONER ARTENSCHUTZABKOMMEN, Anhang 1) und Guanakos (WAA, Anhang 2) für Privathalter nicht bzw. nur mit Auflagen möglich ist, bestehen für die vor ca. 5000 Jahren domestizierten Spezies Alpaka und Lama keine Haltungsbeschränkungen. Mit der wachsenden Popularität von Lamas und Alpakas werden aber auch in zunehmendem Maße praktizierende Tierärzte und Amtsveterinäre mit Fragen zur Haltung, Fütterung und Zucht konfrontiert (PUGH u. GAULY, 1994). Besonders dringlich stellt sich die Frage der tiergerechten Haltung.

5.9.2 Grundlegende physiologische und ethologische Anforderungen

Besonderheiten der Neuweltkameliden

Neuweltkameliden sind Herdentiere. Aus diesem Grund müssen sie gemeinsam mit Artgenossen gehalten werden. Die Vergesellschaftung mit anderen Tierarten (Schaf, Pferd oder Rind) ist problemlos möglich, ebenso wie die gemeinsame Haltung von Lamas und Alpakas. Neuweltkameliden können als soziale Tiere eingestuft werden. Lamastuten nehmen in Herden häufig solche Kopfstellungen ein, daß der visuelle Kontakt zwischen den Herdenmitgliedern aufrechterhalten werden kann (GERKEN et al., 1998).

Zu den Besonderheiten der Neuweltkamele zählt das sprichwörtliche „Spucken" der Tiere. Dabei wird regurgitierter Mageninhalt ausgeschleudert. Diese Verhaltensweise wird im Rahmen von agonistischen Auseinandersetzungen gezeigt, die in der Regel nur bei Futterkonkurrenzsituationen, bei Rang- und Hengstkämpfen sowie Auseinandersetzungen zwischen Hengsten und Stuten auftreten.

Eine weitere Besonderheit ist das Anlegen begrenzter Kotplätze. Dieses garantiert allerdings nicht zwangsläufig eine niedrige Parasitenkontamination der Restfläche, da u. a. über die Gliedmaßen eine Verbreitung möglich ist (KOWALIK et al., 1998).

Bewegung, Beschäftigung

Um dem Bewegungsbedürfnis der Tiere gerecht zu werden, müssen sie die meiste Zeit des Jahres Zugang zu Auslauf bzw. Weide haben. Eine reine Stallhaltung ist nicht tiergerecht. Als besonders problematisch ist zu bewerten, wenn Tiere langfristig fixiert sind, wie dies gelegentlich in kleineren Zirkussen der Fall ist.

Lamastuten, die gemeinsam in einer Herde gehalten wurden, verbrachten über 75 % der Zeit mit Stehen, gefolgt von Liegen (ca. 10 %), während Gehen oder Laufen selten auftraten (GERKEN et al., 1998). Vergleichbare quantitative Beobachtungen wurden auch für Alpakas (SCHEIBE, 1993), Guanakos (GARRIDO et al., 1981) und Vikunjas (SVENDSEN u. BOSCH, 1993) gemacht.

Platzbedarf und Gruppengröße

Bei Untersuchungen zur interindividuellen Distanz von Lamastuten wurde nur selten ein direkter Körperkontakt beobachtet. Die Tiere nahmen bei über 50 % der Beobachtungen eine Distanz von unter 10 m ein (GERKEN et al., 1998). Für Neuweltkameliden, die älter als 6 Monate sind, kann deshalb eine Weidefläche von mindestens 1000 m² für die ersten beiden Tiere und 100 m² für jedes weitere Tier als ausreichend betrachtet werden. Die daraus abzuleitende Besatzdichte garantiert zwar eine ausreichende Bewegungsmöglichkeit, macht aber die Zusatzfütterung während und außerhalb der Weidezeit erforderlich. In der Regel kann nur ein geschlechtsreifer Hengst gemeinsam mit Stuten gehalten werden. Die Gruppengröße an Stuten scheint nahezu unbegrenzt. Die Hengsthaltung stellt dann ein Problem dar, wenn nur wenige Flächen zur Verfügung stehen und eine räumliche Trennung von Stuten nicht möglich ist. Hengste können dagegen in Gruppen meist problemlos gehalten werden. Wichtig sind Ausweichmöglichkeiten. Es werden relativ stabile Rangordnungen aufgebaut. Fehlprägungen treten gelegentlich bei Flaschenaufzuchten und einem während der Prägungsphase bestehenden engen Kontakt von Fohlen und Mensch auf („Berserk Male Syndrom") (GAULY, 1997). Diese Tiere werden nach der Geschlechtsreife für den Halter häufig zu einer Gefahr. Die Kastration solcher Tiere bewirkt in der Regel keine Verhaltensänderung.

Ställe sollten eine Mindestgröße von 4 m² haben. Tiere, die älter als 6 Monate sind, benötigen 2 m²/Tier, Fohlen unter 6 Monaten 1 m²/Tier. Besonders bei der gemeinsamen Haltung von Stuten mit einem Hengst ist eine Mindesthöhe von 200 cm notwendig (GAULY et al., 1997). Ansonsten kann es beim Aufspringen des Hengstes auf Stuten zu Verletzungen kommen. Der Stallboden muß eben, rutschfest und trocken sein. Für ausreichendes Tageslicht ist Sorge zu tragen.

Tiergerechtes Futter, Fütterung, Tränkung

Wenngleich Neuweltkameliden eine andere Vormagenmorphologie als Wiederkäuer aufweisen, ruminieren sie das Futter. Zur Aufrechterhaltung der Vormagenmotorik muß ein Mindestanteil von 18 % strukturierter Rohfaser in der Ration enthalten sein (Tab. 5.9.2–1). Bei der Rationsgestaltung muß bedacht werden, daß die Tiere an sehr karge Futterverhältnisse adaptiert sind. Überversorgungen führen zu Gesundheitsproblemen (GAULY, 1997). Dies ist vor allem bei der Haltung auf ertragreichen Flächen der Fall.

5.9 Tiergerechte Haltung von Neuweltkameliden

Tabelle 5.9.2–1 Fütterungsempfehlung (Lama, 100 kg KG) (LÓPEZ u. RAGGI, 1992)

Bedarf	TS-Aufnahme [kg/Tag]	Energie [MJ ME/Tag]	Protein [g/Tag]	Kalzium [g/Tag]	Phosphor [g/Tag]
Erhaltung	1,5	11,0	111	5,1	3,6
+ 25 % (Arbeit, ungünstige Witterung)	1,5	14,0			
Laktation	2,3	24,3	265	10,1	7,1
Hochträchtigkeit	1,5–2,4	23,9	186	10,2	7,2

Klimaansprüche

Neuweltkamele sind sehr anpassungsfähig und kommen auch mit extremen Klimabedingungen zurecht, weshalb auch eine ganzjährige Außenhaltung problemlos praktiziert werden kann. Ställe können aufgrund der guten Bewollung der Tiere und der damit einhergehenden hervorragenden Isolierung als Kaltstall konzipiert sein. Eine Heizung ist in der Regel auch bei Frosttemperaturen nicht notwendig. Ausnahmen sind z. B. die Haltung von kranken Tieren oder Neugeborenen in den ersten Lebensstunden, da die Stuten die Fohlen nicht trockenlecken.

Die Anpassung an extreme Klimaverhältnisse bedeutet allerdings nicht, daß bestimmte klimatische Bedingungen, dazu zählen vor allem hohe Temperaturen in Kombination mit hoher Luftfeuchtigkeit, nicht zu Erkrankungen, z. B. in Folge von Hyperthermien, führen können. Dieses Krankheitsbild wird im Englischen als „Heat Stress" bezeichnet. Lamas und Alpakas zeigen keinen natürlichen Haarwechsel. Um Hyperthermien zu vermeiden, muß deshalb eine regelmäßige Schur der Tiere (mindestens jedes zweite Jahr) durchgeführt werden. In den USA und Australien werden gelegentlich Tiere zu Schauzwecken über Jahre hinweg nicht bzw. nur teilweise geschoren. Das ist aus Gründen des Tierschutzes abzulehnen, da verschiedene Formen der Teilschuren keine verbesserte Thermoregulation bewirken (GERKEN, 1995). Die Schur sollte zu der für Schafe üblichen Jahreszeit erfolgen (Kap. 4.4.4). Bei Winterschur müssen die Tiere in einem klimatisierten Stall aufgestallt werden.

Schutzräume bzw. Unterstände sind bei Weidehaltung notwendig. Diese werden auch von den Tieren besonders bei länger anhaltenden Niederschlägen aufgesucht und gern angenommen. Unterstände sollen zugfreie Einrichtungen sein, die gleichzeitig von allen Tieren betreten werden können. Ungünstig sind schmale Zugänge, die evtl. von ranghohen Tieren blockiert werden. Die Größe des Unterstandes sollte 4 m^2 nicht unterschreiten. Diese Fläche erscheint für 2 Tiere ausreichend. Für jedes weitere Tier wird zusätzlich etwa 1 m^2 benötigt, für Fohlen unter 6 Monaten 0,5 m^2 (GAULY et al., 1997).

Gesetze und Verordnungen

Es liegen bisher keine verbindlichen Mindestanforderungen zur Haltung von Neuweltkameliden im Sinne einer Rechtsverordnung nach § 2a des TIERSCHUTZGESETZes (1998) vor. Grundlage der Haltung ist, wie bei allen anderen Tieren, der § 2 des TIERSCHUTZGESETZes, der u. a. eine artgemäße Ernährung, Pflege und verhaltensgerechte Unterbringung der Tiere fordert. Diese Forderung setzt die Kenntnisse um die Bedürfnisse voraus, die der Halter bisher nur unzulänglich dokumentieren muß. Dies trifft zwar für nahezu alle Bereiche der Hobbytierhaltung zu, ist bei der Haltung von Neu- und Altweltkamelen allerdings wesentlich gravierender, da es nur wenige schnell zugängliche Informationshilfen gibt.

Die beiden Wildformen, Vikunja und Guanako, unterliegen dem WASHINGTONER ARTENSCHUTZABKOMMEN (1975). Dabei gilt für Vikunjas (WAA, Anhang I) ein absolutes Handelsverbot, wogegen der Handel mit Guanakos (WAA, Anhang II) erlaubt ist, soweit es sich um Tiere handelt, die in der 2. Generation in „Gefangenschaft" geboren wurden und für die eine gültige CITES-Bescheinigung vorliegt.

Literatur

Garrido, L. J., J. N. Amaya, Z. Kovacs: Territorialidad, comportimiento individual y actividad diaria de una población de guanacos en la Reserva Faunística de Cabo Dos Bahias. Centro Nacional Patagónica. Mitt. No. 42. Communicacíon Técnica No. 23 (1981) INTA, Bariloche, Argentinien.

Gauly, M.: Neuweltkameliden. Parey Buchverlag im Blackwell Wissenschaftsverlag, Berlin (1997).

Gauly, M., W. Egen, M. Trah: Zur Haltung von Neuweltkameliden in Mitteleuropa. Tierärztl. Umsch. 52 (1997) 343–350.

Gerken, M.: Application of infrared thermography to evaluate the influence of the fibre on body surface temperature in llamas. In: Gerken, M., C. Renieri (eds.): Proc. European Symposium on South American Camelids, Bonn (1993), (1995) 255–261.

Gerken, M., F. Scherpner, M. Gauly, D. Jaenecke, V. Dzapo: Sozialverhalten und soziale Distanz bei Lamastuten. In: Aktuelle Arbeiten zur artgemäßen Tierhaltung 1997. KTBL, Darmstadt; KTBL-Schrift 380 (1998) 173–181.

Kessler, M., M. Gauly, C. Frese, S. Hiendleder: DNA-Studies on South American Camelids. In: Gerken, M. and C. Renieri (eds.): Proc. European Symposium on South American Camelids, Bonn (1993), (1995) 269–278.

Kowalik, S., M. Gauly, C. Bauer: Contribution to the endoparasite fauna of llama *(Lama glama)* in Hessen, Germany. 18. Tagung der Deutschen Gesellschaft für Parasitologie, Dresden (24.–28.3.1998).

López, A., L. A. Raggi: Requerimientos nurtivios de camélidos sudamericanos: Llamas y Alpacas. Arch. Med. Vet. 24 (2) (1992) 121–130.

Mason, I. L.: Origins, Evolution and Distribution of Domestic Camels. In: The Camelid. Proceedings of the Khartoum Workshop on Camels (1979) 16–35.

Pugh, D. G., M. Gauly: Die Kastration von Neuweltkameliden. Prakt. Tierarzt 5 (1994) 461–463.

Scheibe, K. M.: Diagnose individueller Zustandsänderungen bei Alpakas auf der Grundlage biorhythmischer Untersuchungen. In: Aktuelle Arbeiten zur artgemäßen Tierhaltung 1992. KTBL, Darmstadt. KTBL-Schrift 356 (1993) 241–253.

Svendsen, G. E., P. C. Bosch: On the behavior of vicunas (Vicugna vicugna Molina, 1782). Difference due sex, season and proximity to neighbours. Z. Saeugetierkd. 58 (1993) 337–343.

Rechtsgrundlagen, Empfehlungen, Normen u. ä.:

Gesetz zu dem Übereinkommen vom 3. März 1973 über den internationalen Handel mit gefährdeten Arten freilebender Tiere und Pflanzen (Gesetz zum Washingtoner Artenschutzübereinkommen). Vom 22. Mai 1975 (BGBl. II S. 773), zul. geänd. durch Bek. vom 18. August 1995 (BGBl. II S. 771).

Tierschutzgesetz. I. d. F. d. Bek. v. 25. Mai 1998 (BGBl. I S. 1105, ber. S. 1818).

6 Transport von Tieren

Die Wiedervereinigung Deutschlands 1989 und der Wegfall der Binnengrenzen in der EU ab 1993 haben zu einer weiteren Zunahme der Tiertransporte geführt (FIKUART, 1997). Täglich werden in Deutschland Hunderttausende Tiere zum Schlachthof, zur Zucht oder zur weiteren Aufzucht in andere Betriebe transportiert. Der Zielort dieser Transporte liegt zwar meist in Deutschland, kann aber auch innerhalb eines Mitgliedsstaates der EU oder in einem Drittland liegen. Mit dem Tiertransport ist immer ein erhöhtes Seuchenrisiko verbunden, während ein besonderes Anliegen aber der Schutz des transportierten Tieres sein muß. Dieser Forderung kommt zusätzlich entgegen, daß sich ein tierschonender Transport auch aus wirtschaftlichen Erwägungen „lohnt". Mit der Eindämmung der internationalen Transporte von Schlachtvieh wäre das derzeit gravierendste Problem gelöst, jedoch steht dem die angestrebte Liberalisierung des Marktes entgegen, was im Endeffekt dann häufig auch Sicherung von Arbeitsplätzen bedeutet.

6.1 Grundlegende Anforderungen

(MÜLLER, W.; SCHLENKER, G.)

Transportbedingte Belastungen und Gesundheitsrisiken

Der Transport von Tieren stellt zwar eine unvermeidbare, aber durch den Menschen beeinflußbare Belastung der Tiere dar, deren Ausmaß entscheidend von den Transportmodalitäten geprägt wird. Physische Belastungen können beispielsweise durch die Haltearbeit zum Ausgleich der Flieh- und Schubkräfte während der Fahrt des Transportmittels, durch extreme Klimaeinflüsse oder durch Energie- und Wassermangel hervorgerufen werden. Besondere Beachtung verdienen die psychischen Belastungen. Wird ein Tier das erste Mal transportiert, dann sind viele Ereignisse für das Tier neu und kaum kalkulier- bzw. kontrollierbar. Bei wiederholten Transporten lösen Informationen, die mit negativen Erfahrungen verbunden sind, Angst aus (EPSTEIN, 1982). Signale wie bestimmte emotionale Lautäußerungen und Gerüche, die von Tieren bei Angst ausgehen, können bei anderen Tieren ebenfalls Streßwirkung besitzen. Auch der Blutgeruch auf Schlachthöfen soll Angst auslösen (LAWRENCE, 1994). Für jeden Beobachter erkennbare Anzeichen von Angst sind u. a. der Anstieg von Herz- und Atemfrequenz, häufiger Kot- und Harnabsatz, Zittern, bestimmte Lautäußerungen und „Nervosität", z. B. in Form von Hin- und Hertrippeln. Es können auch gesteigerte Aggressionen bzw. Depressionen auftreten (DANTZER, 1991). Belastungsreaktionen sind nicht nur von der Art und Intensität des Belastungsfaktors abhängig, sondern auch von der Belastungsanfälligkeit des Individuums, die durch Faktoren wie genetische Prädisposition, Erfahrungen, Adaptationsfähigkeit, augenblickliche Situation und Alter bestimmt wird (LADEWIG, 1994). Können die Tiere, die auf sie einwirkenden Belastungen nicht kompensieren, treten Schäden auf. Besonders empfindlich reagieren Mastschweine (Tab. 6.1–1).

Durch Belastungen kommt es auch zu einer Umverteilung der Blutmenge, die wiederum eine Mangeldurchblutung bestimmter

6 Transport von Tieren

Tabelle 6.1-1 Sterblichkeit von Schweinen beim Transport zur Schlachtung in der EU (nach CHRISTENSEN et al., 1994)

Land	Sterblichkeit [%]
Dänemark	0,03
England	0,09
Italien	0,1
Niederlande	0,16
Portugal	0,16
Belgien	0,3
Deutschland	0,5

Gewebe bzw. Organe zur Folge hat. So beeinträchtigt eine mangelnde Blutversorgung der Schleimhäute im Darm oder in der Lunge deren Barrierefunktion. Dadurch kann es zum Einwandern von Mikroorganismen und Endotoxinen in die Lymph- und Blutbahn und zur Besiedlung bzw. Kontamination von Organen und der Muskulatur kommen (MENGERT u. FEHLHABER, 1996). Dieser Vorgang spielt bei der endogenen mikrobiellen Kontamination von Schlachttieren durch prämortale Transportbelastungen eine nicht zu unterschätzende Rolle. Ebenfalls von Bedeutung ist die Immunsuppression durch extreme Belastungen. Immunsuppressiv wirken besonders psychische Belastungen. Diese Schwächung der Infektionsabwehr ist gefährlich, wenn während des Transportes durch Zuladung von Tieren aus anderen Beständen oder im Empfängerbestand eine Konfrontation mit einer neuen Keimflora erfolgt.

Somit können durch einen unsachgemäßen Transport Infektionskrankheiten, Verletzungen (Frakturen, Hämatome, Quetschungen) sowie wirtschaftliche Verluste (Reduktion des Schlachtkörpergewichtes, mangelnde Fleischqualität, Schäden an Tierhäuten) entstehen und im Extremfall auch Tiere verenden. Die Ursachen für das Auftreten von Belastungen und Verlusten liegen vor allem in einer ungenügenden Vorbereitung der Tiere auf den Transport, der Verladung nicht transportfähiger Tiere, hektischem Treiben,

zu großer Beladungsdichte, ungenügender Luftzufuhr sowie rücksichtsloser Fahrweise. Deshalb ist geschultes Personal, das ungeachtet des ökonomischen Wertes des Einzeltieres tierschutzgerecht handelt, eine Grundvoraussetzung. Eine ständige Überwachung des Personals sowie eine Prämierung geringer transportbedingter Verluste und Schäden oder energiesparender Fahrweise sind deshalb unerläßlich.

Rechtliche Grundlagen

Beim Transport von Tieren sind die Belange des Tierseuchenschutzes und die des Tierschutzes zu berücksichtigen. Regelungen zum Tierseuchenschutz im Zusammenhang mit dem Transport befinden sich in der Verordnung über das innergemeinschaftliche Verbringen sowie Einfuhr und Durchfuhr von Tieren und Waren (BINNENMARKT-TIERSEUCHENSCHUTZVERORDNUNG – BmTierSSchV) in der Fassung der Bekanntmachung vom 10. August 1999, weiterhin in der Verordnung zum Schutz gegen die Verschleppung von Tierseuchen im Viehverkehr (VIEHVERKEHRSVERORDNUNG) in der Fassung der Bekanntmachung vom 27. Juli 1999.

Seit dem 1. Juli 1999 ist in der Bundesrepublik Deutschland die Verordnung zum Schutz von Tieren beim Transport (TIERSCHUTZTRANSPORT-VERORDNUNG – TierSchTrV) vom 11. Juni 1999 in Kraft. Darin werden die Anforderungen im § 2 des TIERSCHUTZGESETZes vom 25. Mai 1998 näher bestimmt und die entsprechenden Richtlinien der Europäischen Gemeinschaft umgesetzt. In diese Verordnung haben die derzeit vorliegenden Erkenntnisse zur Reduzierung der Belastung der Tiere während des Transportes weitgehend Eingang gefunden. Darüber hinaus unterliegen Säugetiere und Vögel, die unter das Übereinkommen über den internationalen Handel mit gefährdeten Arten freilebender Tiere und Pflanzen (CITES) fallen, beim Transport den CITES-Leitlinien.

6.1 Grundlegende Anforderungen

Transportfähigkeit

Grundsätzlich darf ein Wirbeltier nur befördert werden, wenn sein körperlicher Zustand einen Transport erlaubt (TierSchTrV, § 4). Nach § 1 der TierSchTrV ist es verboten, kranke oder verletzte Wirbeltiere sowie junge Säugetiere, bei denen der Nabel noch nicht vollständig abgeheilt ist, und Säugetiere, die voraussichtlich während des Transportes gebären, sich in der Geburt befinden oder die vor weniger als 48 Stunden geboren haben, zu befördern. Säugetiere, die noch nicht an das selbständige Aufnehmen von Futter und Wasser gewöhnt sind, dürfen nur gemeinsam mit dem Muttertier transportiert werden.

Nutztiere sind transportunfähig, wenn sie aufgrund ihrer Krankheit oder Verletzung nicht in der Lage sind, aus eigener Kraft ohne schmerzhafte Treibhilfe in das Transportmittel zu gelangen, oder bei denen aufgrund ihres Zustandes abzusehen ist, daß sie dieses aus eigener Kraft nicht wieder verlassen können (TierSchTrV, § 27). Transportunfähig sind Nutztiere besonders, wenn sie festliegen sowie Gliedmaßen- oder Beckenfrakturen, große, tiefe Wunden, starke Blutungen oder ein stark gestörtes Allgemeinbefinden aufweisen. Kranke oder verletzte Nutztiere dürfen zur Schlachtung nur transportiert werden, wenn dies zur Vermeidung weiterer Schmerzen, Leiden oder Schäden erforderlich ist, es sei denn, die Tiere sind transportunfähig (TierSchTrV, § 26). Der Transport muß zu der am schnellsten erreichbaren Schlachtstätte erfolgen und sollte in der Regel zwei Stunden nicht überschreiten (TierSchTrV, § 28).

Transportvorbereitung

Die Transportvorbereitung umfaßt Maßnahmen, die dazu beitragen sollen, Belastungen der Tiere sowie Verlade- und Transportschäden auf ein Minimum zu begrenzen.

Hierzu gehören vor allem die Festlegung der Transportroute und des Transportbeginns unter Berücksichtigung der zu erwartenden meteorologischen Bedingungen, die Festlegung von Standzeiten für Zuladungen bzw. Versorgung mit Futter und Wasser sowie die Beschaffung der Begleitpapiere. Zu den Begleitpapieren zählen nach § 19 der Viehverkehrsverordnung ein Tiergesundheitszeugnis und nach § 10 der TierSchTrV die Transporterklärung, aus der Herkunft und Eigentümer der Tiere, Versand- und Bestimmungsort sowie Tag und Uhrzeit des Verladebeginns ersichtlich sind. Das Tiergesundheitszeugnis darf höchstens zehn Tage alt sein.

Schon Tage vor dem Transport sollen die Tiere kein leicht gärendes, quellendes oder schwer verdauliches Futter erhalten (Fikuart et al., 1995). Schlachttiere sind möglichst nüchtern, aber getränkt zu verladen. Eine Nüchterungszeit von 12 Stunden bei freier Tränke sollte deshalb eingehalten werden. Beim Transport von Tieren in Behältnissen, deren Beförderung voraussichtlich 12 Stunden oder länger dauert, hat der Absender sicherzustellen, daß die Tiere vor dem Einladen oder der Annahme durch den Beförderer gefüttert und getränkt werden (TierSchTrV, § 20).

Bei Tieren, die sich sehr leicht erregen, ist vor der Verladung eine medikamentöse Ruhigstellung in Betracht zu ziehen. Das eingeschränkte Reaktionsvermögen sowie die Beeinträchtigung wichtiger Körperfunktionen (z. B. Atemdepression, Blutdruckabfall etc.) durch eine Sedierung ist dabei zu beachten. Zu beachten ist außerdem die Sonderstellung der Tiere, die der Lebensmittelgewinnung dienen.

Verladen

Verladen ist das Verbringen in ein oder aus einem Transportmittel. Die Be- und Entladung stellt für die Tiere meistens eine stärkere Belastung dar als der Transport selbst.

Der Verladebereich sollte überdacht sowie gut ausgeleuchtet sein und sich an der windabgewandten Seite des Stalles befinden. Die Verladerampe ab der Stalltür ist seuchenhygienisch als unreine Seite zu betrachten. Stallpersonal darf die Verladerampe und Transportpersonal die Ställe (reine Seite) nicht betreten. Treibgänge sind durch eine Seitenwand zu sichern. Verladeeinrichtungen (Brücken, Rampen, Stege) müssen nach § 5 der TierSchTrV Mindestanforderungen entsprechen (Tab. 6.1–2) und so beschaffen sein, daß ein Neigungswinkel von 20° nicht überschritten und ein Ausrutschen der Tiere verhindert wird (z. B. durch Querleisten). Sie müssen mit einem Seitenschutz versehen sein, den die Tiere nicht überwinden können. Da Tiere ungern steil bergab gehen, sollten die Entladebrücken nach Möglichkeit eben sein (MÜLLER, 1994a). Beladebrücken können dagegen den maximal erlaubten Winkel voll ausnutzen und, wie am Beispiel einer Gangway beim Flugtransport, diesen auch erheblich überschreiten, ohne daß die Tiere Schaden nehmen.

Der Umgang mit Tieren hat generell ruhig und besonnen sowie vorausschauend zu erfolgen, denn Tiere benötigen Ruhe und Zeit, um sich an eine neue Situation zu gewöhnen. Eine neue Umgebung und unbekannte Materialien, spiegelnde Pfützen und Schatten werden zunächst erkundet, so daß die Tiere nur langsam in die gewünschte Richtung laufen. Die Laufrichtung muß klar erkennbar und gut ausgeleuchtet sein. Tiere lassen sich in Gruppen leichter treiben. Ein laufender Motor erzeugt oft Angst, das Transportfahrzeug zu betreten. Haben die Tiere das Fahrzeug betreten, sind sie sofort abzugittern, um zu vermeiden, daß sie das Fahrzeug wieder verlassen. Als nicht verletzende Treibhilfen können Treibbretter und Plastikrohre verwendet werden. Die Anwendung elektrischer Treibhilfen ist nach § 5 der TierSchTrV verboten. Als Ausnahmeregelung dürfen elektrische Treibhilfen jedoch bei gesunden und nicht verletzten über einem Jahr alten Rindern und über vier Monate alten Schweinen, die die Fortbewegung verweigern, angewendet werden. Dabei müssen die Tiere Raum zum Ausweichen haben. Die Stromstöße dürfen nur auf die Hinterbeinmuskulatur und mit einem Gerät verabreicht werden, das die einzelnen Stromstöße auf höchstens zwei Sekunden begrenzt.

Werden Tiere in Gruppen verladen, sollen Gewichtsunterschiede von 20 % nicht überschritten werden (TierSchTrV, § 5). Tiere, die gegenüber anderen Tieren nachhaltig Unverträglichkeiten zeigen oder gegen die sich nachhaltig aggressives Verhalten richtet, sind getrennt zu befördern, ebenso geschlechtsreife männliche und weibliche Tiere gleicher Art (TierSchTrV, § 23).

Die Ladedichte hat einen wesentlichen Einfluß auf die Belastung der Tiere während des Transports. In der TierSchTrV wird gefordert, daß die Tiere während des Transports in ihrer natürlichen Haltung stehen sowie alle Tiere mit Ausnahme von Pferden gleichzeitig liegen können (TierSchTrV, § 4). In Anlage 4 der TierSchTrV sind die Mindestbodenfläche und Gruppengrößen für den Transport von Nutztieren aufgeführt. Die Mindestfläche läßt sich mit Hilfe einer Regressionsgleichung berechnen (Tab. 6.1–3). Den Nutztieren darf

Tabelle 6.1–2 Anforderungen an Verladeeinrichtungen (TIERSCHUTZTRANSPORT-VERORDNUNG, 1999)

Tierkategorie	Höchster Neigungswinkel [°] d. Verladeeinrichtung	Höchster Abstand [cm] zw. Boden u. Verladeeinrichtung	Höchster Abstand [cm] zw. Verladeeinrichtung u. Ladefläche
Einhufer	20	25	6
Rinder	20	25	3
Kälber bis zu 6 Monaten	20	25	1,5
Schafe/Ziegen	20	12	1,5
Schweine	20	12	1,5

6.1 Grundlegende Anforderungen

Tabelle 6.1–3 Berechnung des Flächenbedarfs (Müller, 1994b)

Tierart und Körpermasse	Regressionsgleichung
Saugferkel bis 15 kg	$y = 0{,}01 \cdot x + 0{,}01$
Schweine ab 15 kg	$y = 0{,}004 \cdot x + 0{,}06$
Kälber u. Jungrinder (40 bis 220 kg)	$y = 0{,}004 \cdot x + 0{,}17$
Rinder ab 220 kg	$y = 0{,}001 \cdot x + 0{,}83$
Pferde	$y = 0{,}0016 \cdot x + 0{,}94$
Schafe u. Ziegen	$y = 0{,}004 \cdot x + 0{,}26$

y = Fläche [m^2]; x = Körpergewicht [kg]

nicht mehr als die doppelte Mindestfläche zur Verfügung stehen, da eine zu geringe Dichte ungewollte Beschleunigungskräfte freisetzen kann, die zu Verletzungen der Tiere führen können. Der Einsatz von Trenngittern schafft hier Abhilfe.

Beim Transport von Tieren in Behältnissen sind in der TierSchTrV, Anlage 3, die Fläche je Tier, die Mindesthöhe des Behältnisses und die Anzahl der Tiere je Behältnis festgelegt.

Transportmittel

Transportmittel sind nach der TierSchTrV Teile von Straßen- und Schienenfahrzeugen, Schiffen oder Luftfahrzeugen, die für den Transport von Tieren benutzt werden sowie Behältnisse zum Transport von Tieren.

Die Transportmittel müssen bestimmte Mindestanforderungen erfüllen. So ist das Transportmittel an gut sichtbarer Stelle mit der Angabe „lebende Tiere" sowie mit einem Symbol für lebende Tiere (TierSchTrV, § 7) und beim Nutztiertransport mit Straßenfahrzeugen außerdem mit einer Angabe der Fläche und Höhe des für die Tiere uneingeschränkt verfügbaren Raumes (TierSchTrV, § 25) zu versehen. Die Transportmittel müssen aus gesundheitsunschädlichem Material hergestellt sein und Schutz vor schädlichen Witterungseinflüssen bieten. Sie haben über Einrichtungen zu verfügen, die gewährleisten, daß für die Tiere jederzeit (z. B. bei Stau) eine ausreichende Lüftung sichergestellt ist, denn das Zusammenstellen von Tieren in den Transportmitteln führt zu einer starken Erhöhung der Innentemperatur und der relativen Luftfeuchte. Auf Transportfahrzeugen muß jedes einzelne Säugetier im Bedarfsfall von einer Person erreicht werden können. Der Boden der Transportmittel muß rutschfest sowie mit einer ausreichenden Menge Einstreu zur Aufnahme tierischer Abgänge bedeckt sein, sofern dieser Zweck nicht durch andere Maßnahmen erreicht wird. Die Transportmittel müssen leicht zu reinigen und zu desinfizieren sein.

Straßentransport im Lkw

Er stellt mittlerweile mit über 90 % die häufigste Transportart für Tiere dar.

Da Tiere nur bedingt in der Lage sind, Beschleunigungs- und Fliehkräfte auszugleichen, ist besonders bei Lkw-Transporten die Besatzdichte einer Tiergruppe durch Trenngitter so zu beeinflussen, daß die Tiere untereinander Halt haben. Bei der Gruppengröße ist auch zu beachten, daß beim plötzlichen Bremsen der Anpreßdruck auf die vorderen Tiere nicht zu stark wird (Fikuart, 1997).

Zwischenböden, die hydraulisch in der Höhe verstellt werden können, müssen so zu sichern sein, daß ein Abstürzen ausgeschlossen ist. Der Abstand von Zwischenböden zur Außenwand muß auch so gering sein, daß Körperteile nicht eingeklemmt werden können. Nutztiertransporte, die über 8 Stunden dauern, sind nur mit Spezialfahrzeugen erlaubt (TierSchTrV, § 24). An ein Spezialfahrzeug werden folgende allgemeine Anforderungen gestellt. Jedes Tier kann direkt erreicht werden. Die Belüftungseinrichtungen sind geeignet, die Temperatur im Inneren des Transportmittels jederzeit an die Bedürfnisse der Tiere angemessen anzupassen. Das Fahrzeug ist mit Einrichtungen ausgestattet, die das Tränken und Füttern im Transportmittel ermöglichen. Als Richtwerte des Fassungsvermögens können für den Wassertank 600–800 l, für das Futterlager 250 kg und für das Einstreulager 200 kg angegeben werden (LORENZ, 1996).

Wenn keine Zwangslüftung vorhanden ist, müssen die Fahrzeuge geschlossener Bauart für die Frischluftzufuhr und Wärmeabfuhr in der Vorderwand und über die ganze Länge der Seitenwände mit Lüftungsöffnungen ausgestattet sein (in 40 cm Höhe für Schweine, in 130 cm Höhe für Rinder), die bei Bedarf geschlossen werden können. Eine zusätzliche Zwangslüftung ist besonders bei langsamer Fahrt und längerem Halt zweckmäßig.

Schienentransport

Obwohl die Verluste bei Rindern, Schweinen sowie Schafen beim Straßentransport höher liegen als beim Schienentransport, ist der Anteil dieser Transportform zugunsten des Lkw-Transportes erheblich zurückgegangen. Sie liegt etwa bei 6 % der insgesamt transportierten Tiere. Tiere sind mit der Eisenbahn nur in gedeckten Wagen zu befördern (TierSchTrV, § 14). Die Begleiter müssen sich zwischen den Wirbeltieren bzw. den Behältnissen, in denen sich die Wirbeltiere befinden, bewegen können. Durch ständige Änderungen der Fahrgeschwindigkeit und häufiges längeres Anhalten kommt es im Waggon zu starken Temperaturschwankungen. Werden die Zuluftraten durch Schließen einiger Luftklappen verringert, um bei niedriger Außentemperatur höhere Innentemperaturen zu schaffen, steigen Schadgase sehr schnell an und ebenso die relative Luftfeuchte, was häufig zu Kondenswasserbildung an der Decke und an den Wänden führt.

Schiffstransport

Der Anteil der mit dem Schiff transportierten Tiere ist in Europa gering (etwa 2 %), spielt aber in anderen Regionen der Welt eine größere Rolle. Diese Transportform ist kostengünstig, und es können große Stückzahlen befördert werden. So gibt es Schiffe, die mit 110 000 Schafen bzw. mit 3000 Rindern beladen werden können. Der Schiffstransport hat besonders für Schlachttierexporte in Länder des Nahen und des Mittleren Ostens sowie nach Nordafrika Bedeutung (z. B. Irland–Saudi-Arabien, Australien–Saudi-Arabien, Kroatien–Ägypten).

Beim Transport auf offenem Deck sind die Tiere nach § 15 der TierSchTrV in Behältnissen oder in Vorrichtungen unterzubringen, die Schutz vor schädlichen Witterungseinflüssen und Seewasser bieten. Unter Deck müssen sie angebunden bzw. in Verschlägen oder in Buchten bzw. Behältnissen untergebracht werden. Verschläge, Buchten und Behältnisse, in denen Tiere untergebracht sind, müssen jederzeit einsehbar und zugänglich sowie ausreichend beleuchtet und belüftet sein. Lüftungsraten, die im Laderaum tiergerechte klimatische Bedingungen ermöglichen, können über den Erhaltungsbedarf der Tiere einfach berechnet werden (MÜLLER, 1980). Es ist sicherzustellen, daß für die Dauer des Seetransportes ausreichend Wasser und Futter für die Tiere vorhanden ist. Dabei ist zu berücksichtigen, daß bei Fahrten durch die Tropen der Wasserbedarf erheblich erhöht ist.

Bei hoher See ist auch bei Tieren mit dem Auftreten von Seekrankheit und einer Zunahme der Abortrate zu rechnen, wie MÜLLER u. VON HÖRSTEN (1982) nachgewiesen haben. Bei längeren Seetransporten von Schafen ist infolge der Belastungen und der aufgenommenen *Clostridium-perfringens*-Sporen mit Verlusten durch „Breinierenkrankheit" als typische infektiöse Faktorenkrankheit zu rechnen (MÜLLER, 1982).

6.1 Grundlegende Anforderungen

Lufttransporte

Für den Transport von Tieren in Luftfahrzeugen wurden von der International Air Transport Association (IATA) besondere Richtlinien, die „Life Animals Regulation", erarbeitet. Luftfahrtunternehmen müssen Tiere beim Lufttransport entsprechend diesen Forderungen befördern (TierSchTrV, § 16).

Der Transport mit dem Flugzeug erfordert den Antransport zum Flughafen und den Abtransport vom Zielflughafen, was gewöhnlich mit dem Lkw erfolgt. Vor der Verladung der Tiersendung müssen bei extremen Außentemperaturen ($<5\,°C$, $>29\,°C$) die Laderäume des Flugzeuges vorklimatisiert bzw. zusätzlich belüftet werden (MÜLLER u. BAUMÜLLER, 1978). Zwischen den Tierbehältnissen ist auf genügend Raum für eine freie Luftzirkulation zu achten. Transportbegleiter müssen vor allem mit den Verhaltensreaktionen der jeweiligen Tierart in Streßsituationen vertraut sein. In einer „Special Load Info to Cockpit" erhält die Cockpit-Crew den Hinweis, daß sich lebende Tiere an Bord befinden. Der Kapitän ist durch die Information u.a. angehalten, besonders schonend zu starten und zu landen (flacher Neigungswinkel von ca. 10°).

Der Transport von großen Tierzahlen im Flugzeug erfolgt hauptsächlich in der Hauptkabine (full aircraft load), Kleintiere werden aber auch in Unterflurladeräumen transportiert, wobei es Flugzeuge gibt, bei denen die Unterflurladeräume zwar druckausgeglichen und temperiert, aber nicht belüftet sind.

Die erforderliche Luftwechselrate (Tab. 6.1–4) in belüfteten Frachträumen kann nach dem Wasserdampf- bzw. CO_2-Maßstab errechnet werden (MÜLLER u. BAUMÜLLER, 1978). Beim Start und bei der Landung ist die Lüftungsrate nach dem Wasserdampfmaßstab zu berechnen, da aufgrund der geringen Differenzen des Wasserdampfgehaltes zwischen Innen- und Außenluft eine kritische Phase für den Abtransport von Wasserdampf besteht. Befindet sich die Maschine in Flughöhe, sind geringere Lüftungsraten zu wählen, die nach dem CO_2-Maßstab berechnet werden, da die Abführung des Wasserdampfes aufgrund der extrem großen Differenz zwischen Wasserdampfgehalt der Außen- und Innenluft nicht mehr im Vordergrund steht. Für den Transport von Tieren in unbelüfteten Unterflurfrachträumen, der seit Jahrzehnten erfolgreich von allen Fluggesellschaften durchgeführt wird, gibt MÜLLER (1992) eine Berechnungsmöglichkeit an. Aus dem Erhaltungsbedarf wird die Zeitspanne errechnet, in der pro kg Körpermasse 2 Vol.-% CO_2 pro m^3 (20 l/m^3) bei einzelnen Tierarten gebildet worden sind (Tab. 6.1–5). Bis zum Erreichen des Grenzwertes, muß der Flug unter allen Umständen beendet sein und eine Frischluftzufuhr durch Öffnen der Ladeluken erfolgen. Bei gegebener Transportzeit kann die spezifische Zuladung einer bestimmten Tierart mittels der folgenden Zahlenwertgleichung errechnet werden:

Tabelle 6.1–4 Erforderliche Lüftungsraten für einzelne Tierarten in $m^3/kg/h$ (nach MÜLLER u. BAUMÜLLER, 1978)

Tierart	Flugphase Kabine: 28 °C, 80 % r. F. Zuluft: 8 °C, 80 % r. F.	Bodenphase Kabine: 28 °C, 100 % r. F. Zuluft: 28 °C, 60 % r. F.
Pferd	0,0865	0,1205
Rind	0,0865	0,1205
Kalb	0,1469	0,2047
Muttersau	0,1168	0,1628
Ferkel	0,1933	0,2694
Mastschwein	0,1293	0,1802
Schaf, Ziege	0,1537	0,2142
Legehennen	0,3965	0,5525

6 Transport von Tieren

$$kg_{Tiergewicht} \frac{t_{max}(V_{Frachtraum} - V_{Tiere} - V_{Zuladung})}{t_{Transport}}$$

t_{max} = Zeitspanne bis zum Erreichen von 2 Vol.-% CO_2 pro kg der entsprechenden Tierart (Tab. 6.1–5)
$V_{Frachtraum}$ = Volumen des Frachtraums lt. Herstellerangabe
V_{Tiere} = Volumen der transportierten Tiere
$V_{Zuladung}$ = Volumen von übrigen Zuladungen
$t_{Transport}$ = Zeitspanne zwischen Schließen und Öffnen der Luken

Tabelle 6.1–5 CO_2-Produktion (l/kg KG/h) und die daraus errechnete Zeitspanne (t_{max}), bis 2 Vol.-% CO_2 (20 l/m³) pro kg Körpergewicht der entsprechenden Tierart erreicht sind (nach MÜLLER, 1992)

Tierart	l/kg/h	t_{max}
Hühnerküken	2,70	7,4
Legehennen	0,97	20,6
Rind	0,27	74,1
Kalb	0,47	42,6
Schaf, Ziege	0,38	52,6
Mastschwein	0,33	60,6
Ferkel	0,50	39,9
Pferd	0,16	125,0

Während des Fluges wird die Temperatur im Laderaum vom Cockpit aus überwacht, so daß einem Unterschreiten der zulässigen Mindesttemperatur entgegengewirkt werden kann.

Zweifellos kann ein fachgerecht durchgeführter Transport mit dem Flugzeug als eine der schonendsten Transportformen betrachtet werden. Er ist vor allem besonders wertvollen Tieren (Sportpferden, Zootieren) vorbehalten, aber auch dem Transport von Eintagsküken. Jährlich sind es fast 10 Millionen Eintagsküken, die von Deutschland vornehmlich in die Golfregion und nach Asien transportiert werden. Dabei treten vereinzelt sogenannte „Havariesendungen" mit einem hohen Anteil verendeter Tiere (bis zu 100 %) auf. Es wird vermutet, daß bei Transporten bis zu 60 Stunden mit Flugzeiten zwischen 12 und 24 Stunden die Flüssigkeits- und Energiereserven der Küken verbraucht werden (SCHLENKER u. MÜLLER, 1997).

Versorgung und Pflege der Tiere während des Transportes

Die TierSchTrV schreibt im § 6 vor, daß der Transport von Wirbeltieren unter Berücksichtigung von Anzahl und Art der Tiere sowie der Dauer des Transportes von ausreichend vielen Personen mit den hierfür notwendigen Kenntnissen und Fähigkeiten begleitet sein muß. Diese haben besonders für die Fütterung, Tränkung und Pflege der Tiere Sorge zu tragen. Wenn nichts anderes festgelegt ist, sind Säugetiere und Vögel während des Transportes spätestens nach jeweils 12 Stunden zu tränken und jeweils nach 24 Stunden zu füttern. Die Fristen dürfen höchstens um zwei Stunden überschritten werden.

Für Nutztiere gilt im Inland beim Transport mit einem Lkw (Normalfahrzeug) grundsätzlich, daß diese zur Schlachtstätte nicht länger als 8 Stunden transportiert werden dürfen (TierSchTrV, § 24). Erfolgt ein Lkw-Transport von Nutztieren nicht zur Schlachtstätte und nicht in einem Spezialfahrzeug, müssen die Tiere nach 8 Stunden entladen und im Rahmen einer 24stündigen Pause gefüttert und getränkt werden. Dagegen gelten beim Transport von Nutztieren in Spezialfahrzeugen (sog. Pullman-Fahrzeuge) die auf der Grundlage des § 24 in der Anlage 2 der TierSchTrV festgelegten Tränk- und Fütterungsintervalle sowie Ruhepausen (Tab. 6.1–6). Eine ausreichende Versorgung der Tiere kann eigentlich nur in entsprechend ausgestatteten Versorgungsstationen erfolgen, diese sind besonders an den EU-Außengrenzen erforderlich, wobei Versorgungsstationen und Grenzkontrollstellen identisch sein können. Als Versorgungsstation können auch, bei Erfüllung aller Voraus-

6.1 Grundlegende Anforderungen

Tabelle 6.1-6 Tränk- und Fütterungsintervalle sowie Ruhepausen beim Transport von Nutztieren in Spezialfahrzeugen (nach TIERSCHUTZTRANSPORT-VERORDNUNG, 1999)

Tierart bzw. Kategorie	Ruhepause	Tränkung	Fütterung
Kälber bis 6 Monate Schaf- und Ziegenlämmer bis 3 Monate Ferkel bis 30 kg	• nach 9 h Transport: 1 h Ruhepause • nach weiteren 9 h Transport: Entladung und 24 h Ruhepause	• nach 9 h • innerhalb der Ruhepause	• keine • innerhalb der Ruhepause
Schweine über 30 kg	• nach 24 h Transport: Entladung und 24 h Ruhepause	• während des Transports Zugang zu Trinkwasser • innerhalb der Ruhepause	• keine • innerhalb der Ruhepause
Pferde (exkl. Renn- und Turnierpferde)	• nach 3 Transportphasen von 8 h: Entladung und Ruhepause von 24 h	• nach 8 h	• nach 8 h (soweit notwendig) und 3 Transportphasen
andere Nutztiere	• nach 14 h Transport: 1 h Ruhepause • nach weiteren 14 h Transport: Entladung und Ruhepause von 24 h	• nach 14 h • innerhalb der Ruhepause	• nach 14 h (soweit notwendig) • innerhalb der Ruhepause

setzungen, Tiersammelstellen zugelassen werden. Nach längeren Ruhezeiten sollte ein Tierarzt die Transportfähigkeit der Tiere bestätigen.

Die TierSchTrV fordert, daß unverzüglich eine tierärztliche Behandlung, Notschlachtung oder anderweitige Tötung sicherzustellen ist, wenn ein Tier während des Transportes erkrankt oder verletzt wird (TierSchTrV, §§ 4 u. 29). Das erfordert nicht nur direkten Zugang zu einem Tier, sondern auch, daß es im Notfall möglichst rasch geborgen werden kann. Der Fahrer bzw. Transportbegleiter muß sich bei längeren Transporten in zeitlichen Abständen versichern, daß noch alle Tiere transportfähig sind (LORENZ, 1996). Dies sollte im 3-Stunden-Intervall erfolgen. Bei langen Transporten empfiehlt sich für die Kontrolle des Laderaums während der Fahrt die Installation einer Videokamera, die auch zur Entlastung des Begleitpersonals bei ungerechtfertigten Anschuldigungen dienen kann. Beim grenzüberschreitenden Verkehr sollte durch das Personal der Grenzkontrollstelle eine gründliche Kontrolle des Gesundheitsstatus und der Belastungssituation der Tiere sowie der Transportbedingungen erfolgen.

Sachkundebescheinigung für Tiertransporteure

Wer Tiere befördert, muß über die hierfür notwendigen Kenntnisse und Fähigkeiten verfügen (TierSchTrV, § 13). Der Transport von Nutztieren (und Hausgeflügel) muß von einer Person begleitet oder durchgeführt werden, die den Nachweis über die erforderlichen Kenntnisse und Fertigkeiten für den Umgang mit den Tieren der jeweiligen Art durch eine Prüfung erbracht hat und im Besitz einer gültigen Sachkundebescheinigung ist. Die Prüfung besteht aus einem theoretischen und einem praktischen Teil. In der

6 Transport von Tieren

Prüfung sind Kenntnisse auf dem Gebiet der Physiologie und Anatomie, der tierschutzrechtlichen Vorschriften, der Ernährung und Pflege sowie des Verhaltens, der Eignung verschiedener Transportmittel sowie der Maßnahmen zum Nottöten und Notschlachten von Tieren sowie Fertigkeiten bei der Vorbereitung, Organisation und Durchführung von Transporten, bei der Beurteilung der Transportfähigkeit von Tieren sowie beim Führen, Treiben und Melken von Tieren nachzuweisen.

6.2 Seuchenschutz, Reinigung und Desinfektion, Tierkörper- und Abproduktbeseitigung

(Müller, W.; Schlenker, G.)

Mit dem Tiertransport ist immer eine Gefahr der Verbreitung von Tierseuchen verbunden. Deshalb haben alle Maßnahmen des Seuchenschutzes beim Tiertransport einen besonderen Stellenwert. In der Viehverkehrsverordnung und in der Verordnung über das innergemeinschaftliche Verbringen sowie die Ein- und Durchfuhr von Tieren und Waren (Binnenmarkt-Tierseuchenschutzverordnung – BmTierSSchV) sind die wichtigsten Maßnahmen aufgeführt.

Viehtransportfahrzeuge (Kraftfahrzeuge und ihre Anhänger) sowie für die Beförderung benutzte Behältnisse müssen so beschaffen sein, daß tierische Abgänge, Einstreu oder Futter während des Transportes nicht heraussickern oder herausfallen können, und sie müssen leicht zu reinigen und zu desinfizieren sein (Viehverkehrsverordnung, § 1; BmTierSSchV, § 6).

Werden an Viehladestellen Tiere verschiedener Besitzer wiederkehrend verladen, müssen sie bestimmte Anforderungen erfüllen (Viehverkehrsverordnung, § 2). Der Boden muß flüssigkeitsundurchlässig sein und ein Gefälle zum Abfluß besitzen. Es müssen Einrichtungen zum Sammeln des anfallenden Dungs und Streumaterials vorhanden sein, in denen eine Behandlung zur Abtötung von Tierseuchenerregern erfolgen kann. Laderampen und sonstige Einrichtungen zum Verladen müssen leicht gereinigt und desinfiziert werden können.

Viehsammelstellen sind außerdem zu umfrieden, so daß die Tiere nur durch überwachbare Ein- und Ausgänge verbracht werden können (Viehverkehrsverordnung, § 3). Für die Reinigung und Desinfektion von Fahrzeugen muß ein besonderer Platz zur Verfügung stehen. Räume für die vorübergehende Unterbringung von Tieren und deren Einrichtungen müssen leicht gereinigt und desinfiziert werden können. Für das Personal sind Einrichtungen für die Reinigung und Desinfektion der Hände und des Schuhwerkes erforderlich.

Handelt es sich um einen Viehhof, dann sind darüber hinaus Durchfahrbecken zur Desinfektion der Räder von Fahrzeugen an den Ein- und Ausgängen einzurichten (Viehverkehrsverordnung, § 4).

Nach § 16 der Viehverkehrsverordnung sind die Beförderungsmittel (Fahrzeuge, Behältnisse, Gerätschaften) im Anschluß an jeden Transport zu reinigen und zu desinfizieren, soweit es sich nicht um bestandseigene Beförderungsmittel handelt, mit denen nur Vieh aus dem eigenen Bestand transportiert wird. Viehladestellen, Laderampen, Räume für die vorübergehende Unterbringung von Vieh sowie benutzte Gerätschaften sind nach jeder zusammenhängenden Benutzung zu reinigen und zu desinfizieren (Viehverkehrsverordnung, § 17). Dung, Streumaterial, Futterreste und Schmutz, die bei einer Reinigung anfallen, müssen unschädlich beseitigt oder so behandelt werden, daß Tierseuchenerreger abgetötet werden.

Verendete und notgetötete Tiere sind auf der Grundlage des Gesetzes über die Beseitigung von Tierkörpern, Tierkörperteilen und tierischen Erzeugnissen (Tierkörperbeseitigungsgesetz – TierKBG) vom 2. September 1975 zu entsorgen. Geschieht das Verenden oder das Nottöten während des Transportes im Transportfahrzeug, dann müssen die Tierkörper am Zielort (Tierproduktionsbetrieb, Schlachthof, Viehladestelle, Viehsammelstelle, Viehmarkt) in eine Einrichtung zur Verwahrung von Tierkadavern verbracht werden, bis die Abholung durch die Tierkörperbeseitigungsanstalt erfolgt. Auf dem Transportfahrzeug sind die Tierkadaver nach Möglichkeit durch Abgittern zu separieren.

6 Transport von Tieren

Während des Transports ist ein Transportkontrollbuch mit Angaben zu den transportierten Tieren zusammen mit der Tiergesundheitsbescheinigung mitzuführen (VIEHVERKEHRSVERORDNUNG, § 20). Gleiches gilt für ein Desinfektionskontrollbuch bei Fahrzeugen, für die eine Desinfektion vorgeschrieben ist (VIEHVERKEHRSVERORDNUNG, § 21). Die Reinigung und Desinfektion von Lkw und Eisenbahnwaggons sowie von Seeschiffen ist, bezogen auf die Durchführbarkeit, relativ unproblematisch. Bei Seeschiffen wird für diese Maßnahme meist die Zeit während der Rückreise genutzt. Dagegen kommt die Desinfektion der Laderäume von Flugzeugen wegen der Unverträglichkeit der Materialien gegenüber Desinfektionsmitteln oft zu kurz (HILDEBRANDT u. EDELMEYER, 1981; MÜLLER, 1986).

6.3 Amtliche Transportkontrollen

(MÜLLER, W.; SCHLENKER, G.)

Die amtliche Überwachung des Tiertransportes erfolgt v.a. auf der Grundlage der TIERSCHUTZTRANSPORT-VERORDNUNG (TierSchTrV), der BINNENMARKT-TIERSEUCHENSCHUTZVERORDNUNG (BmTierSSchV) und der VIEHVERKEHRSVERORDNUNG.

Zur Kontrolle der Einhaltung der Festlegungen in der TierSchTrV können nach § 41 Transporte durch die zuständige Behörde jederzeit angehalten werden. Wird ein Verstoß gegen die Bestimmungen der Verordnung festgestellt oder droht ein Verstoß gegen die zeitliche Begrenzung von Transporten (TierSchTrV, § 24), so kann die Behörde den Weitertransport oder die Rücksendung auf kürzestem Weg, die Unterbringung und Versorgung der Tiere bis zur Erfüllung der Anforderungen oder die Schlachtung bzw. Tötung der Tiere anordnen.

Auf der Grundlage der BmTierSSchV darf die zuständige Behörde im Rahmen der Überwachung des innergemeinschaftlichen Verbringens, der Einfuhr und Durchfuhr Untersuchungen von Tieren durchführen (BmTierSSchV, § 40). Transporte von Tieren können beim innergemeinschaftlichen Verbringen oder nach Abschluß der Einfuhruntersuchung jederzeit angehalten und untersucht werden, wenn der Verdacht des Verstoßes gegen eine tierseuchenrechtliche Bestimmung vorliegt. Tiere aus anderen Mitgliedsstaaten sowie deren Transportmittel und -behältnisse können am Bestimmungsort stichprobenweise darauf untersucht werden, ob sie den tierseuchenrechtlichen Bestimmungen entsprechen.

Eine besondere Zuständigkeit für die Einhaltung der Bestimmungen der TierSchTrV und der BmTierSSchV besitzen die Behörden an den Grenzkontrollstellen.

Die Ermittlung und Beweissicherung bei Verstößen gegen tierschutz- oder tierseuchenrechtliche Bestimmungen erfordert eine Protokollierung des Sachverhaltes mit großer Genauigkeit, Vollständigkeit, Deutlichkeit, Wahrheit und guter Reproduzierbarkeit (FIKUART et al., 1995).

6.4 Transport von Rindern, Schafen und Ziegen

(MÜLLER, W.; SCHLENKER, G.)

Rinder zeigen selten Verhaltensreaktionen, die auf eine Belastung schließen lassen. Daraus kann aber nicht die Schlußfolgerung gezogen werden, daß sie problemlos transportiert werden können. So kommt es auch durch Transportbelastungen bei Kälbern zu erhöhten Krankheits- und Todesfällen, bei tragenden Kühen zu Aborten und bei Schlachtbullen zur Beeinträchtigung der Fleischqualität. Beim unsachgemäßen Treiben oder Transportieren von Rindern kann Panik ausbrechen, wodurch deren Verhalten unberechenbar wird, was dazu führen kann, daß Zäune durchbrochen werden oder von Fahrzeugen gesprungen wird (FIKUART et al., 1995). Aufgrund ihres Körperbaus haben besonders ausgewachsene Rinder große Schwierigkeiten, das Gleichgewicht bei Bewegungen des Transportmittels zu halten, wenn die Ladedichte zu gering ist (FIKUART, 1997). Enthornte und horntragende Rinder sind getrennt zu befördern. Geschlechtsreife männliche Rinder dürfen nur in Gruppen transportiert werden, wenn die Höhe des Transportmittels auf 50 cm über dem Widerrist begrenzt ist. (TierSchTrV, § 23).

Auch Schafe zeigen kaum belastungsspezifische Verhaltensreaktionen. Schmerzen ertragen sie meistens ohne entsprechende Reaktionen. Die schlanken Extremitäten der Schafe können leicht in Spalten von Rampen und Zwischenböden bei mehretagigen Transportfahrzeugen geraten. Schafe sollten so dicht verladen werden, daß sie sich gegenseitig stützen. Legt sich ein Tier nieder, besteht die Gefahr des Erdrückens.

Der höchste Neigungswinkel der Verladeeinrichtung darf nach der TierSchTrV (Anlage 1) bei Rindern, Schafen und Ziegen 20° nicht überschreiten (s. Tab. 6.1–2). Beim Straßen-, Schienen- und Schiffstransport beträgt die Gruppengröße für Kälber bis zu 15 und bei Rindern bis zu 8 Tiere, für erwachsene Schafe und Ziegen bis zu 50 Tiere (TierSchTrV, Anlage 4). Diese Gruppen sind durch stabile Trennvorrichtungen abzutrennen. In der Anlage 4 der TierSchTrV befinden sich auch die Angaben für die Mindestflächen pro Tier im Transportmittel (Tab. 6.4–1 u. 6.4–2). Diese Mindestflächen sind für Rinder, Schafe und Ziegen um 10 % zu erhöhen, wenn bei einer Transportdauer von über 8

Tabelle 6.4–1 Mindestfläche für Rinder beim Straßen-, Schienen- und Schiffstransport (TIERSCHUTZTRANSPORT-VERORDNUNG, 1999)

Lebendgewicht [kg]/Tier	Mindestfläche [m²]/Tier	Lebendgewicht [kg]/Tier	Mindestfläche [m²]/Tier
50	0,33	350	1,17
80	0,40	400	1,23
100	0,48	450	1,28
120	0,57	500	1,35
140	0,65	550	1,40
170	0,75	600	1,47
210	0,85	650	1,53
250	0,95	700	1,60
300	1,10	über 700	2,00

Tabelle 6.4–2 Mindestfläche für Schafe und Ziegen beim Straßen-, Schienen- und Schiffstransport (Tierschutztransport-Verordnung, 1999)

Lebendgewicht [kg]/Tier	Mindestfläche [m²]/Tier	Lebendgewicht [kg]/Tier	Mindestfläche [m²]/Tier
16	0,14	48	0,30
18	0,15	52	0,31
20	0,16	56	0,32
24	0,17	60	0,33
28	0,19	64	0,34
32	0,22	68	0,36
36	0,24	70	0,37
40	0,26	über 70	0,40
44	0,28		

Stunden Außentemperaturen von mehr als 25 °C zu erwarten sind (TierSchTrV, § 23). Bei Schafen ist außerdem zu beachten, daß die Mindestfläche bei einer Vlieslänge von über 2 cm um 5 % zu erhöhen ist.

In Spezialfahrzeugen können Rinder, Schafe und Ziegen länger als 8 Stunden transportiert werden (TierSchTrV, § 24). Entsprechend der Anlage 2 der TierSchTrV muß dann bei Kälbern bis 6 Monate, bei Schaf- und Ziegenlämmern bis zu 3 Monate nach 9 Stunden eine mindestens einstündige Ruhepause eingeräumt werden, während der sie zu tränken sind. Danach können sie wieder höchstens 9 Stunden transportiert werden. Nach dieser Phase müssen die Tiere für eine Ruhepause von 24 Stunden entladen, getränkt und gefüttert werden. Anschließend kann der Transport in diesem Rhythmus fortgeführt werden (s. Tab. 6.1–6). Rindern über 6 Monate sowie Schafe und Ziegen über 3 Monate ist nach einer Transportphase von höchstens 14 Stunden eine mindestens einstündige Ruhephase zu gewähren, während der sie zu tränken und, soweit erforderlich, zu füttern sind. Hierbei ist auch die Einstreu zu erneuern. Nach einer weiteren Transportphase von höchstens 14 Stunden müssen die Tiere für eine Ruhephase von 24 Stunden entladen werden, in der sie zu füttern und zu tränken sind. Danach kann der Transport in diesem Ablauf fortgeführt werden (s. Tab. 6.1–6). Milchgebende Kühe, Schafe und Ziegen müssen in Abständen von längstens jeweils 15 Stunden gemolken werden (TierSchTrV, § 23). Schafen muß während des Transportes Futter zur freien Aufnahme zur Verfügung stehen.

6.5 Transport von Schweinen

(MÜLLER, W.; SCHLENKER, G.)

Schweine werden mit am häufigsten transportiert. Eine besondere Situation ist in Deutschland aufgrund der Konzentration der Zuchtbetriebe im Süden und der Mastbetriebe im Norden vorhanden, woraus sich vor allem ein aufwendiger Transport von Mastferkeln ergibt.

Besonders beim Schlachtschweinetransport sind hohe Sterblichkeitsquoten zu verzeichnen (s. Tab. 6.1–1), da Schweine sehr belastungsanfällig sind. Häufig treten auch Fleischqualitätsmängel auf. Schweine werden durch ungewohnte Situationen besonders schnell in extreme Erregungszustände versetzt, körperliche Anstrengungen führen zur baldigen Erschöpfung. Deshalb ist beim Transport erwachsener Schweine mit viel Umsicht vorzugehen. Das betrifft vor allem das Treiben der Tiere. Schweine sind mit viel Geduld in kleinen Gruppen zu treiben. Stark belastete Tiere legen sich nieder oder bleiben stehen. Das Betreten dunkler Räume wird von Schweinen gemieden. Auch für Schweine darf der Neigungswinkel von Verladeeinrichtungen nach der TierSchTrV (Anlage 1) nur höchstens 20° betragen (s. Tab. 6.1–2).

Die Gruppengröße bei Straßen-, Schienen- und Schiffstransport darf bei Mastschweinen bis zu 15 bzw. bei Sauen bis zu fünf betragen (TierSchTrV, Anlage 4). Als Höchstgruppengröße für Ferkel bis zu 10 kg werden 120, bis zu 25 kg 50 und bis zu 30 kg 35 Tiere vorgeschrieben.

Diese Gruppen sind durch stabile Trenngitter abzutrennen. Eber sind von gleichgeschlechtlichen Artgenossen getrennt zu transportieren (TierSchTrV, § 23).

In der Anlage 4 ist ebenfalls der Mindestflächenbedarf angegeben (Tab. 6.5–1). Bei einer Transportdauer von über 8 Stunden ist die Fläche pro Tier um mindestens 20 % zu vergrößern, wenn Außentemperaturen von über 25 °C zu erwarten sind.

Erfolgt der Transport von Schweinen über 30 kg im Spezialfahrzeug, so ist nach Anlage 2 der TierSchTrV ein Transport bis zu höchstens 24 Stunden möglich, wenn sie jederzeit Zugang zu Trinkwasser haben (s. Tab. 6.1–6). Danach müssen sie für eine Ruhepause von 24 Stunden entladen werden, in der sie zu füttern und zu tränken sind. Anschließend kann der Transport in diesem Ablauf fortgesetzt werden. Ferkeln bis zu 30 kg muß nach höchstens 9 Stunden Transport eine einstündige Ruhepause mit Verabreichung von Tränkwasser gewährt werden. Daran kann sich eine weitere Transport-

Tabelle 6.5–1 Mindestfläche für Schweine beim Straßen-, Schienen- und Schiffstransport (TIERSCHUTZ-TRANSPORT-VERORDNUNG, 1999)

Lebendgewicht [kg]/Tier	Mindestfläche [m²]/Tier	Lebendgewicht [kg]/Tier	Mindestfläche [m²]/Tier
25	0,18	70	0,37
30	0,21	80	0,40
35	0,23	90	0,43
40	0,26	100	0,45
45	0,28	110	0,50
50	0,30	120	0,55
60	0,35	über 120	0,70

phase von höchstens 9 Stunden anschließen. Nach dieser Phase muß sich eine Ruhephase von 24 Stunden anschließen, in der sie zu tränken und zu füttern sind. Dazu sind die Tiere zu entladen (s. Tab. 6.1–6). Danach kann der Transport unter Beibehaltung dieses Ablaufes fortgesetzt werden.

Literatur

Christensen, L., P. Barton-Gade, L. Blaabjerg: Investigation of transport conditions in participating countries in the EEC. Project PL 920262, 40th Int. Cong. Meat Sci. Technol. (1994) The Hague, Netherland.

Dantzer, R.: Stress, stereotypics and welfare. Behav. Processes 25 (1991) 95–102.

Epstein, A. N.: Instinct and motivation as explanations for complex behaviour. In: Pfaff, D. W. (ed.): The physiological mechanisms of motivation. Springer, New York, Heidelberg, Berlin (1982) 25–58.

Fikuart, K.: Tiertransporte. In: Sambraus, H. H., A. Steiger (eds.): Das Buch vom Tierschutz. Enke Verlag, Stuttgart (1997) 496–509.

Fikuart, K., K. von Holleben, G. Kuhn: Hygiene der Tiertransporte. Gustav Fischer Verlag, Jena, Stuttgart (VET special) (1995).

Hildebrandt, K., H. Edelmeyer: Desinfektion von Flugzeugladeräumen nach Tiertransporten. Dtsch. tierärztl Wschr. 88 (1981) 332–336.

Ladewig, J.: Streß. In: Döcke, F.: Veterinärmedizinische Endokrinologie. Gustav Fischer Verlag, Jena, Stuttgart (1994) 379–398.

Lawrence, A. B.: Biologische Grundlagen des Umgangs mit Tieren. In: Anderson, R. S., A. T. B. Edney (eds.): Handling bei Nutz- und Heimtieren. Gustav Fischer Verlag, Jena, Stuttgart (1994) 15–29.

Lorenz, J.: Tiertransporte. Maßnahmen zur Vermeidung von Streß und Verlusten bei Rindern und Schweinen. Arbeiten der DLG 193 (1996). DLG Verlag, Frankfurt/Main.

Mengert, U., K. Fehlhaber: Untersuchungen zum Einfluß prämortaler Belastungen auf die endogene mikrobielle Kontamination bei Schlachthähnchen. Berl. Münch. Tierärztl. Wochenschr. 109 (1996) 28–31.

Müller, W.: Zur Frage ausreichender Lüftungsraten beim Seetransport von Nutztieren. Schlachten und Vermarkten 3 (1980) 87–91.

Müller, W.: Transportation of sheep by ship from Australia to the Middle East. In: Transport of animals for breeding, production and slaughter. Martinus Nijhoff Publishers, The Hague (1982) 166–176.

Müller, W.: Hygiene beim internationalen Tiertransport. Zbl. Bakt. Hyg. B 183 (1986) 326–335.

Müller, W.: Transport von Tieren im Flugzeug. Deutsche Veterinärmedizinische Gesellschaft. Tagung der Fachgruppe „Tierschutzrecht und gerichtliche Veterinärmedizin". Stuttgart, 12.–13. März 1992, 176–182.

Müller, W. (1994a): Technische Anforderungen an einen tierschutzgerechten Tiertransport. Fleischwirtschaft 74 (1994) 1–3.

Müller, W. (1994b): Technische Anforderungen an einen tierschutzgerechten Tiertransport. DVG-Tagung „Hygiene und Tierschutz beim Tiertransport", Hannover, 8.–9. März 1994.

Müller, W., J. Baumüller: Lüftungsverhältnisse beim Flugtransport von Nutztieren. II. Mitteilung: Grenzzuladung nach dem Lüftungsbedarf für einzelne Tierarten. Tierärztl. Umsch. 33 (1978) 247–309.

Müller, W., H. von Hörsten: Transport of breeding cattle by sea. Vet. Rec. 110 (1982) 154–155.

Schenker, G. R., W. Müller: Der Flugtransport von Eintagsküken unter dem Aspekt des Tierschutzes. Berl. Münch. Tierärztl. Wochenschr. 110 (1997) 315–319.

Rechtsgrundlagen, Empfehlungen, Normen u. ä.:

Bekanntmachung der deutschen Übersetzung der CITES-Leitlinien für den Transport und die entsprechende Vorbereitung freilebender Tiere und wildwachsender Pflanzen. Vom 2. Dezember 1996 (BAnz. 1997 Nr. 80 a).

Bekanntmachung der deutschen Übersetzung der 25. Auflage der IATA-Richtlinien für den Transport von lebenden Tieren. Vom 10. Februar 1999 (BAnz. 124a).

Gesetz über die Beseitigung von Tierkörpern, Tierkörperteilen und tierischen Erzeugnissen (Tierkörperbeseitigungsgesetz – TierKBG). Vom 2. September 1975 (BGBl. I S. 2313, berichtigt 1975 S. 2610).

Tierschutzgesetz. I. d. F. d. Bek. v. 25. Mai 1998 (BGBl. I S. 1105, ber. S. 1818).

Verordnung über das innergemeinschaftliche Verbringen sowie die Einfuhr und Durchfuhr von Tieren und Waren (Binnenmarkt-Tierseuchenschutzverordnung – BmTierSSchV). Vom 10. August 1999 (BGBl. I S. 1820).

6 Transport von Tieren

Verordnung zum Schutz gegen die Verschleppung von Tierseuchen im Viehverkehr (Viehverkehrsverordnung). Vom 27. Juli 1999 (BGBl. I S. 1674).

Verordnung zum Schutz von Tieren beim Transport (Tierschutztransportverordnung – TierSchTrV). Vom 11. Juni 1999 (BGBl. I S. 1337).

6.6 Transport von Nutzgeflügel

(KÖSTERS, J.)

6.6.1 Anforderungen laut Empfehlungen des Europarates und Rechtsvorschriften

Die Empfehlungen des Europarates sind durch Gesetz in deutsches Recht überführt worden. Sie regeln den internationalen Transport von Tieren. Spezielle Anforderungen an den Transport von Hausgeflügel sind in Kapitel III des Gesetzes aufgeführt. Danach sind krankes oder verletztes Geflügel nicht transportfähig. Für unterwegs erkrankte oder verletzte Exemplare ist Erste Hilfe zu leisten, erforderlichenfalls durch einen Tierarzt. Bei Beförderung in stapelbaren Behältnissen muß vermieden werden, daß Exkremente auf Tiere in den unteren Behältnissen fallen. Die TIERSCHUTZTRANSPORT-VERORDNUNG (1999) verbietet u. a. den Transport von kranken oder verletzten Tieren außer zur tierärztlichen Behandlung oder auf tierärztliche Anweisung zu diagnostischen Zwecken. Für Transportbehältnisse werden Mindestabmessungen festgelegt (s. Tab. 5.6.3-2; Tab. 6.6.1-1 u. Tab. 6.6.1-2). Beim Transport von Eintagsküken ist vom Absender sicherzustellen, daß im Tierbereich eine Temperatur von 25–30 °C herrscht. Nach der BINNENMARKT-TIERSEUCHENSCHUTZVERORDNUNG müssen Transportmittel und -behältnisse sauber, desinfiziert und so beschaffen sein, daß tierische Abgänge und Federn während der Beförderung nur in unvermeidlichem Maße herausfallen können. Für Eintagsküken müssen saubere Einwegbehältnisse oder solche aus desinfizierbarem Material verwendet werden. Darüber hinaus müssen die Transportmittel und -behältnisse so beschaffen sein, daß tierische Abgänge und Federn während der Beförderung nicht herausfallen können. Geflügel darf nur in Transportbehältnissen innergemeinschaftlich verbracht oder eingeführt werden, die ausschließlich Tiere derselben Art enthalten, die demselben Verwendungszweck dienen und aus demselben Betrieb stammen. Für den Transport von Straußenvögeln, die auch nutztierähnlich als Schlachtgeflügel gehalten werden (s. auch Kap. 4.11.3), werden Empfehlungen in dem GUTACHTEN ÜBER DIE MINDESTANFORDERUNGEN AN DIE HALTUNG VON STRAUSSENVÖGELN, AUSSER KIWIS (1994) gegeben. Danach müssen Strauße über 6 Monate einzeln in Transportkisten mit

Tabelle 6.6.1–1 Mindestabmessungen der Transportbehältnisse für Hühner, Perlhühner, Fasane, Enten, Puten und Gänse (TIERSCHUTZTRANSPORT-VERORDNUNG, 1999)

Lebendgewicht bis zu kg je Tier	Fläche je kg Lebendgewicht [cm^2/kg]	Mindesthöhe des Transportbehältnisses [cm]
1,0	200	23
1,3	190	23
1,6	180	23
2,0	170	23
3,0	160	23
4,0	130	25
5,0	115	25
10,0	105	30
15,0	105	35
über 15,0	90	40

6 Transport von Tieren

Tierart	Fläche je Tier [cm²]	Anzahl der Tiere je Behältnis oder Behältnisteil	
		mindestens	höchstens
Hühner, Perlhühner, Fasane,	25	10	105
Enten, Gänse, Puten	35	8	40

Tabelle 6.6.1–2 Mindestabmessungen der Transportbehältnisse für Eintagsküken (TIERSCHUTZTRANSPORT-VERORDNUNG, 1999)

einem seitlichen Freiraum von 10 cm und einer Länge des 1,5fachen der Körperlänge des Vogels transportiert werden. Eine Kopffreiheit von 10 cm bei aufrechtem Stand muß gewährleistet sein. Die Decke über dem Kopf muß gepolstert sein. Lüftungsöffnungen dürfen das Durchführen des Kopfes nicht gestatten. Die Bodenbeschaffenheit muß sicheren Stand gewährleisten. Die VIEHVERKEHRSVERORDNUNG (2000) regelt u. a. die Beschaffenheit von Viehtransportfahrzeugen, Viehverladestellen, Zulassung von Transportunternehmen, Vieh-, Transport- und Desinfektionskontrolle und die Betriebsregistrierung von Hühner- und Putenhaltungen und gibt Anweisungen zur Durchführung von Geflügelausstellungen (Anlage 4, Ausführungshinweise zur VIEHVERKEHRSVERORDNUNG)

6.6.2 Langzeittransporte

Nach den Empfehlungen des Europarates müssen dem transportierten Hausgeflügel geeignetes Futter und Wasser in ausreichender Menge zur Verfügung stehen, außer bei Transporten unter 12 Stunden und bei Küken, deren Transport weniger als 24 Stunden dauert, sofern er innerhalb von 72 Stunden nach dem Schlupf beendet ist. Die TIERSCHUTZTRANSPORT-VERORDNUNG (1999) legt fest, daß Hausgeflügel, außer Küken, die innerhalb von 60 Stunden nach dem Schlupf den Empfänger erreichen, während eines Transportes jederzeit ihren Flüssigkeits- und Nährstoffbedarf decken können, es sei denn, die Fahrzeit beträgt weniger als 12 Stunden, wobei im Transport die Verladezeit definitionsgemäß eingeschlossen ist, die Fahrzeit jedoch nicht definiert ist, so daß sie sich durchaus durch Verlade-, Warte- und Standzeiten verlängern kann. Die übliche Beförderung von Geflügel in stapelbaren Behältnissen ermöglicht keine Versorgung mit Futter und Wasser, so daß eine Überschreitung der zulässigen Transportzeit von 12 Stunden nicht toleriert werden kann. Bei Schlachtgeflügel wirken sich lange Transportzeiten mindernd auf die Fleischqualität aus.

6.6.3 Besonderheiten beim Straßen-, Bahn-, Schiffs-, Flugzeugtransport

Die Empfehlungen des Europarates sehen für den Straßentransport Fahrzeuge mit einem Dach vor, das einen wirksamen Schutz vor Witterungseinflüssen bietet. Nach der TIERSCHUTZTRANSPORT-VERORDNUNG (1999) kann davon bei dem Transport von Geflügel auf offenen Lastwagen abgesehen werden, wenn technische Einrichtungen verfügbar sind, mit denen die Tiere bei ungünstiger Witterung insbesondere gegen Nässe und Kälte geschützt werden können. Eine Bahnbeförderung ist nicht mehr möglich. Die Beförderung von Nutzgeflügel auf Schiffen findet praktisch nur in der Binnen- und Küstenschiffahrt statt. Sie hat nach den allgemeinen Grundsätzen einer landwirtschaftlichen Nutztierhaltung zu erfolgen. Für Geflügel auf Seeschiffen gilt die NORD-OSTSEE-KANAL-TIERSEUCHENSCHUTZVERORDNUNG (1983), die neben Forderungen an die Tierhaltung einschließlich Anzeigepflicht auch Auflagen an die Betreuer bezüglich Kleiderwechsel und Desinfektion vor Landgang vorgibt. Mit Flugzeugen werden international vor allem Eintagsküken der Nutzgeflügelarten transportiert. Eine Liste der Fluggesellschaften, die solche Transporte durchführen, sowie Hinweise auf die Versandkäfige sind in der Containerrichtlinie 19 zu den IATA-RICHTLINIEN FÜR DEN TRANSPORT VON LEBENDEN TIEREN (1999) veröffentlicht. Die Flüge müssen so geplant sein, daß die Eintagsküken innerhalb der vorgeschriebenen Zeit von 72 Stunden nach dem Schlupf ihren Bestimmungsort erreichen, da ein Füttern und Tränken während des Transportes der Küken nicht möglich ist. Die Fluggesellschaften müssen die Einhaltung der Anforderung an Temperatur, Luftfeuchte und Luftdruck garantieren. Der Austrag von Kükenstaub verursacht technische Probleme.

Literatur

Rechtsgrundlagen, Empfehlungen, Normen u. ä.:

Ausführungshinweise zur Viehverkehrsordnung des Bundesministeriums für Ernährung, Landwirtschaft und Forsten vom 10. Dezember 1982, geändert durch Ausführungshinweise vom 28.12.1992. In: Wolff, A., K. M. Zrenner, H.-H. Grove (eds.): Veterinärvorschriften, I, A II 2.1a (Stand: April 2000).

Bekanntmachung der deutschen Übersetzung der 25. Auflage der IATA-Richtlinien für den Transport von lebenden Tieren vom 10. Februar 1999 (BAnz. Nr. 124a).

Gesetz zu dem Europäischen Übereinkommen vom 13. Dezember 1968 über den Schutz von Tieren beim internationalen Tiertransport vom 12. Juli 1973 (BGBl. I S. 721).

Gutachten über die Mindestanforderungen an die Haltung von Straußenvögeln, außer Kiwis. BMELF – Bundesministerium für Ernährung, Landwirtschaft und Forsten, vom 10. Juni 1994 in der ergänzten Fassung vom 10. September 1996.

Verordnung über das innergemeinschaftliche Verbringen sowie die Einfuhr und Durchfuhr von Tieren und Waren (Binnenmarkt-Tierseuchenschutzverordnung – BmTierSSchV) vom 10. August 1999 (BGBl. I S. 1820), zul. geänd. durch Art. 22 G v. 3. Mai 2000 (BGBl. S. 632).

Verordnung über die Beförderung von Tieren, Teilen, Erzeugnissen und Rohstoffen von Tieren sowie von sonstigen Gegenständen, die Träger von Ansteckungsstoffen sein können, durch den Nord-Ostsee-Kanal (Nord-Ostsee-Kanal-Tierseuchenschutzverordnung) in der Fassung der Bek. vom 19. Juli 1983 (BGBl. I S. 1015), zuletzt geändert durch Art. 24 der V. vom 23. 5. 1991 (BGBl. I S. 1151).

Verordnung zum Schutz gegen die Verschleppung von Tierseuchen im Viehverkehr (Viehverkehrsverordnung) i. d. F. der Bek. vom 18. April 2000 (BGBl. I S. 546).

Verordnung zum Schutz von Tieren beim Transport (Tierschutztransportverordnung – TierSchTrV) i. d. F. der Bek. vom 11. Juni 1999 (BGBl. I S. 1337).

6.7 Transport von Pferden

(Pirkelmann, H.)

In Deutschland werden jährlich ca. 20 000 Schlachtpferde und mehr als 500 000 Sportpferde transportiert, wobei letztere Zahl von Lindner (1997) aus der Beteiligung an Turnieren abgeleitet wurde. Jeder Transport verursacht für die Pferde eine ungewöhnliche Situation und kann damit zu erhöhter Belastung und Streß führen. Sorgfältige Vorbereitung und Betreuung während der gesamten Transportphase sowie die Einhaltung der im Tierschutzgesetz (1998) und der Tierschutztransportverordnung (1999) festgelegten Mindestanforderung sind wesentliche Voraussetzungen für den tiergerechten Transport. Demnach ist es verboten, kranke oder verletzte Tiere zu transportieren. Dies sind Tiere mit gestörtem Allgemeinbefinden oder einer Verletzung, die mit erheblichen Schmerzen, Leiden oder Schäden verbunden ist.

Eine Vielzahl von Faktoren wie Fahrtdauer, Fahrzeugausstattung, Fahrstrecke, Fahrverhalten, Zusammensetzung der Gruppe, Gewöhnung und Versorgung der Pferde beeinflussen den Grad der Streßbelastung. Die Auswirkungen können sich auf alle Körperfunktionen wie physiologische, biochemische, hämatologische und endokrinologische Prozesse, Stoffwechsel und Verhalten erstrecken (Tab. 6.7-1). Trotz dieser Erkenntnisse aus meist monofaktoriellen Untersuchungen ist es schwierig, generelle Beurteilungen von bestimmten Transportsituationen vorzunehmen. Auf der Basis der wissenschaftlichen Erkenntnisse und vieler praktischer Erfahrungen lassen sich aber viele nützliche Ratschläge ableiten (Ritter u. Reifert, 1995).

Pferde sollen von klein auf an das Verladen gewöhnt werden. Hilfreich ist dabei das gemeinsame Transportieren mit einem erfahrenen Pferd. Zur Vorbereitung wird ca. eine halbe Stunde vor Fahrtbeginn Bewegung auf der Weide oder im Auslauf, eine verhaltene Fütterung mit Heu, weniger mit energiereichem Kraftfutter und ausreichende Tränke empfohlen. Auch während der Fahrt sollte bei längeren Strecken nur Heu, am besten in einem grobmaschigen Heunetz angeboten werden, um dem üblichen Gewichtsverlust entgegenzuwirken. Abzulehnen ist die medikamentöse Vorbehandlung mit Antibiotika oder Beruhigungsmitteln.

Zum Verladen selbst sind Ruhe, Geduld und behutsamer Umgang erforderlich. Der Transportwagen muß einen sicheren Stand haben und in den Abmessungen den rechtlichen Mindestanforderungen genügen (Tab. 6.7-2). Für unerfahrene Pferde ist die seitliche Begrenzung der Laderampe durch eine feste Wand hilfreich. Da Pferde ungern ins Dunkle gehen, sollte die Fronttüre zum Beladen offen oder eine blendfreie Beleuchtung eingeschaltet sein. Bei Pkw-gezogenen Hängern stehen die Pferde in Fahrtrichtung. Nach amerikanischen Untersuchungen verursacht der Stand gegen die Fahrtrichtung, wie in den selbstfahrenden Transportern möglich, weniger Streß und Gewichtsverlust. Nicht zu empfehlen ist die Stellung quer zur Fahrtrichtung, da dadurch das Ausbalancieren des Körpergewichtes erschwert wird. Zum Schutz des verletzungsgefährdeten Hufkronrandes können Transportgamaschen angelegt werden.

Nach Lindner (1997) sind an Pferdetransporter folgende Anforderungen zu stellen:
- Boden und Laderampe rutschfest, schalldämpfend und leicht zu reinigen;
- heller Innenraum mit elektrischer Beleuchtung;
- verschließbare Lüftungseinrichtung oberhalb des Pferdekopfes;
- höhen- und längenverstellbare, gepolsterte Brust- und Hinterstangen;

6.7 Transport von Pferden

Tabelle 6.7–1 Indikatoren für Streß beim Transport von Pferden (nach LINDNER, 1997)

Art der Variable	Variablen	Anzeichen von Streß	Autoren
Physiologisch	Herzfrequenz	Anstieg	LEADON et al., 1989,
	Herzschlagvolumen	Anstieg	LOEFFLER, 1990,
	Kreislauf	Zentralisation	STEPHENS, 1980
	Atemfrequenz	Anstieg	
Biochemisch (im Blut)	Aspartat-Aminotransferase	Anstieg bei Transportdauer > 24 h	LEADON et al., 1989, STEPHENS, 1980
	Kreatin-Phosphokinase	Anstieg bei Transportdauer > 24 h	
	Laktat-Dehydrogenase		
	Bilirubin	Anstieg	
	Laktat	Anstieg	
	Glucose	Anstieg	
Hämatologisch	Neutrophile Granulozyten	Abfall	LEADON et al., 1989,
	Lymphozyten	Abfall	LEADON et al., 1990
	Monozyten	Abfall	
	Fibrinogen	Anstieg	
Endokrinologisch (im Blut)	Adrenokortikotropes Hormon	Anstieg	LAEGREID et al., 1988, LEADON et al., 1989,
	Kortikosteroide	Anstieg	STEPHENS, 1980,
	Adrenalin	Anstieg	WAN-I u. CHAO-LING,
	Thyroxin	Anstieg	1987
	β-Endorphin-ähnliche Substanzen	Anstieg	
Verhalten	Schmerzäußerung	Laute, Krümmen, Umsehen,	LOEFFLER, 1992
	Äußerung von Angst/Unwohlsein	Schwitzen, Zittern, Harn- u. Kotabsatz, Beißen, Flucht, „Analogieschluß"	SAMBRAUS, 1991
Andere	Immunsuppression	Krankheitsanfälligkeit „Überforderungssyndrom"	MARSCHANG, 1992
	Makrophagen im Bronchialsekret	Abnahme der Zellzahl, Chemotaxis, Phagozytose u. der bakteriziden Effekte	ANDERSON et al., 1985, BREUKINK, 1991, LAEGREID et al., 1988

- breite, lange Laderampe (mit einem Winkel von höchstens 20° zwischen Boden und Rampe);
- gepolsterte Trennwand von mindestens 2 m Höhe;
- gepolsterte Seitenwände von mindestens 2 m Höhe.

Durch gleichmäßiges, der Fahrstrecke angepaßtes Fahrverhalten wird die Belastung der Pferde vermindert. Zu empfehlen sind bei Zucht- und Sportpferden regelmäßige Pausen im Abstand von zwei bis vier Stunden mit der Möglichkeit der Kontrolle und Versorgung. Nach der TIERSCHUTZTRANSPORTVERORDNUNG (1999) müssen Pferde, ausgenommen Renn- und Turnierpferde, nach jeweils einer Transportphase von höchstens acht Stunden getränkt und soweit notwendig gefüttert werden. Nach höchstens drei Transportphasen von höchstens acht Stunden müssen sie im Rahmen einer Ruhepause von 24 Stun-

6 Transport von Tieren

Tabelle 6.7-2 Mindestanforderungen an Transportwagen für Pferde nach der TIERSCHUTZTRANSPORT-VERORDNUNG (1999)

Verladeeinrichtungen

max. Neigungswinkel der Verladeeinrichtung [°]	max. Abstand zw. Boden u. Verladeeinrichtung [cm]	max. Abstand zw. Verladeeinrichtung u. Ladefläche [cm]
20	25	6

Raumbedarf

	Straßen-, Schienen-, Schiffstransport	Lufttransport	
Tierkategorie	Mindestbodenfläche [m²/Tier]	Lebendgewicht bis zu [kg/Tier]	Mindestbodenfläche [m²/Tier]
Erwachsenes Pferd	1,75	100	0,42
		200	0,66
Jungpferde (6–24 Monate)		300	0,87
		400	1,04
– bei Fahrten bis zu 48 Stunden	1,2	500	1,19
		600	1,34
– bei Fahrten über 48 Stunden	2,4	700	1,51
		800	1,73
Ponys (Stockmaß bis 144 cm)	1,0		
Fohlen (bis 6 Monate)	1,4		

den entladen, gefüttert und getränkt werden. Anschließend kann der Transport jeweils nach obigen Bedingungen fortgeführt werden.

Literatur

Anderson, N. V., R. M. DeBowes, K. A. Nyrop, A. D. Dayton: Mononuclear phagocytes of transport stressed horses with viral respiratory tract infection. Am. J. Vet. Res. 46 (11) (1985) 2272–2277.

Breukink, H. J.: Transportstreß beim Pferd. Ursachen, Folgen, Vorbeugung. Prakt. Tierarzt 5 (1991) 406–410.

Laegreid, W. W., L. J. Huston, R. J. Basaraba, M. V. Crisman: The effect of stress on alveolar macrophage function in the horse: An overview. Equine Pract. 10 (9) (1988) 9–16.

Leadon, D. P., C. Frank, W. Backhouse: A preliminary report on studies on equine transit stress. J. Equine Sci. 9 (4) (1989) 200–202.

Leadon, D. P., J. Daykin, W. Backhouse, C. Frank, M. A. Atock: Environmental, hematological and blood biochemical changes in equine transit stress. Proc. Am. Assoc. Equine Practit. 36 (1990) 485–491.

Lindner, A.: Transport von Pferden. „Arbeitsgruppe Pferd", Bonn (1997).

Loeffler, K.: Schmerzen und Leiden beim Tier. Berl. Münch. Dtsch. Tierärztl. Wochenschr. 103 (1990) 257–261.

Marschang, F.: Streßgeschehen und Adaptationsfähigkeit aus tierärztlicher Sicht. Tierärztl. Umsch. 47 (1992) 227–233.

Ritter, G., F. Reifert: Pferde richtig transportieren. Franckh-Kosmos-Verlags GmbH & Co., Stuttgart (1995).

Sambraus, H. H.: Tierschutz, Naturwissenschaft und Ethologie. Arch. Tierz. 35 (1/2) (1991) 181–192.

Stephens, D. B.: Stress and its measurement in domestic animals: A review of behavioral and physiological studies under field and laboratory situations. Adv. Vet. Sci. Comp. Med. 24 (1980) 179–210.

Wan-I, Li, Chen Chao-Ling: Running and shipping elevate plasma levels of beta-endorphin-like substance (B-End-Li) in thoroughbred horses. Life Sciences 40 (1987) 1411–1421.

Rechtsgrundlagen, Empfehlungen, Normen u. ä.:

Tierschutzgesetz. I. d. F. d. Bek. v. 25. Mai 1998 (BGBl. I S. 1105, ber. S. 1818).

Verordnung zum Schutz von Tieren beim Transport. (Tierschutztransportverordnung – TierSchTrV). Vom 11. Juni 1999 (BGBl. I S. 1337).

6.8 Transport von Hund und Katze

(EMMERT, D.; UNSHELM, J.)

Hunde und Katzen als Lebenspartner spielen in unserer Gesellschaft eine zentrale Rolle (s. Kap. 5.1). Die zunehmende Mobilität der Menschen hat auch zur Konsequenz, daß Haustiere vermehrt transportiert werden. Es besteht Informationsbedarf darüber, welche grundlegenden Forderungen an einen Transport zu stellen und welche Vorbereitungen zu treffen sind. Auch Hinweise auf mögliche Gefahren für das Tier vor, während und nach dem Transportvorgang sind von Bedeutung.

für einen Transport per Flugzeug. Mitglieder des Internationalen Luftverkehrsverbandes (IATA) verpflichten sich, die in den Richtlinien gemachten Vorgaben während des Fluges einzuhalten. Neben staatlichen Vorschriften und spezifischen Vorgaben der einzelnen Fluggesellschaften werden für die einzelnen Tierarten konkrete Forderungen rund um den Transport gestellt. Für Hunde und Katzen existieren präzise Vorgaben zur Mindestgröße der Container, zur Transportvorbereitung, zur Fütterung und Tränke sowie zur Pflege und Verladung (s. Kap. 6.8.3.2).

6.8.1 Vorschriften für den Transport von Hund und Katze

Auf nationaler Ebene steht zur Beurteilung von Tiertransporten die „Verordnung zum Schutz von Tieren beim Transport" (TIERSCHUTZ-TRANSPORTVERORDNUNG, 1999) zur Verfügung. Die darin gemachten Vorgaben beziehen sich auf gewerbliche Transporte, werden jedoch auch als Orientierungshilfe für sonstige, den Transport von Tieren betreffende Fragestellungen herangezogen. Weiterhin hat die Tierärztliche Vereinigung für Tierschutz e. V. (TVT e. V.) „Empfehlungen zum tierschutzgerechten Transport von Heimtieren" (1997) erarbeitet. Diese Empfehlungen beschäftigen sich u. a. mit formalen Anforderungen, Transportdauer, Vorbereitung der Tiere auf den Transport sowie Größe der Transportbehältnisse und Betreuung während des Transportes, wobei die angegebenen Mindestmaße für Behältnisse (Hund, Katze) den Vorgaben der TIERSCHUTZ-TRANSPORTVERORDNUNG entsprechen.

Die „Richtlinien der International Air Transportation Association" (IATA-RICHTLINIEN, 1999) skizzieren die Rahmenbedingungen

6.8.2 Allgemeine Anforderungen an den Transport

Transporte stellen für die Tiere eine Sondersituation dar. Das Ausmaß der Belastung wird dabei von vielen Faktoren (z. B. Tierart, Rasse, Alter, Gesundheitszustand, ungewohnte Bewegungen und Geräusche, Betreuung) beeinflußt (HARTUNG, 1997).

Um die Belastung bei etwaigen Transporten gering zu halten, kann bereits beim jungen Tier einiges an Vorarbeit geleistet werden. So sollten Hund und Katze im Rahmen der Sozialisierungsphase mit den unterschiedlichsten Situationen konfrontiert werden (s. Kap. 5.3 u. 5.4). Vor allem bei jungen Tieren stellt die Gewöhnung, eine Form der Konditionierung, eine effektive Möglichkeit dar. Wichtig ist dabei das wiederholte Auftreten eines Reizes, beispielsweise häufiges Verbringen in den Transportkorb oder Einsteigen in das Auto (TURNER u. BATESON, 1988; HART u. HART, 1991).

Des weiteren spielt die Qualität der Mensch-Tier-Beziehung eine entscheidende Rolle (vgl. Kap. 6.8.3.1). Sie wird bereits durch den Mensch-Tier-Kontakt während der Sozialisierungsphase geprägt, ist jedoch auch von der Persönlichkeit des Tieres abhängig (TURNER u. BATESON, 1988). Gerade Katzen sollten umfassende Gelegenheit erhalten, ihren Transportbehälter kennenzulernen (LEYHAUSEN, 1996). Vertraute Gegenstände (z. B. Ruhekissen oder Spielzeug) oder Besprühen des Transportbehälters mit Pheromonen können den Gewöhnungsvorgang bei Katzen unterstützen (PAGEAT u. TESSIER, 1997). Auch Hunden kann die Gewöhnung an den Transportkorb durch eine vertraute Decke oder ein Kleidungsstück des Besitzers erleichtert werden. Wichtig ist neben der Gewöhnung auch das Üben des Verbleibs im Transportbehältnis. Dies sollte mit dem Tier in Anwesenheit des Besitzers geübt werden, wobei die Dauer des Verbleibes allmählich gesteigert wird.

Vorbereitung

Grundsätzlich dürfen nur gesunde Individuen transportiert werden, ausgenommen ist der Transport zur tierärztlichen Behandlung (TIERSCHUTZ-TRANSPORTVERORDNUNG, 1999). Vor länger andauernden Transporten empfiehlt sich eine Allgemeinuntersuchung des Tieres durch den Haustierarzt sowie eine Überprüfung und gegebenenfalls Auffrischung des Impfstatus. Bei grenzüberschreitendem Transport sind die Einreisebestimmungen des Landes (Kennzeichnung des Tieres, [amts-]tierärztliches Gesundheitszeugnis, Impfungen, Bescheinigung über durchgeführte Parasitenbehandlung) zu berücksichtigen. Einige Länder, beispielsweise Großbritannien, Schweden und Norwegen, stellen hohe Anforderungen, deren Erfüllung mit beträchtlichem Zeitaufwand verbunden sein kann. So fordern Schweden und Norwegen beispielsweise den Nachweis eines Tollwut-Titers von 0,5 I. E./ml frühestens vier Monate nach der Impfung. In Skandinavien ist die Einfuhr mancher Hunderassen (Pit Bull Terrier, Shar Pei, Fila Brasiliero, Tosa Inu, Dogo Argentino) sogar untersagt (DER PRAKTISCHE TIERARZT, 1998; DEUTSCHES TIERÄRZTEBLATT, 2000a). Für einige Länder (z. B. Malta u. Zypern) wird die Einfuhr immer noch an eine Quarantänezeit gebunden (ADAC, 2000).

Auskunft über die Einreisebestimmungen erteilen die Botschaften der Länder oder aber der ADAC in ständig aktualisierter Form (ADAC, 2000). Es bestehen Bestrebungen, die Reisebedingungen innerhalb der Europäischen Union zu harmonisieren (DEUTSCHES TIERÄRZTEBLATT, 2000b).

Handelt es sich um ängstliche Tiere oder Individuen, die Symptome einer Kinetose („Reisekrankheit") zeigen (z. B. Speicheln, Erbrechen), so kann mit dem Haustierarzt eine medikamentöse Therapie zusammengestellt werden, wobei neben den gängigen Medikamenten auch homöopathische Mittel verfügbar sind (ASKEW, 1997; MERTENS u. DODMAN, 1998; STRIEZEL, 1999). Der Tierbesitzer ist jedoch auf die mögliche Beeinträchtigung der Herz-Kreislauf-Funktion sowie die begrenzte Thermoregulationsfähigkeit von sedierten Tieren und die daraus resultierenden Risiken aufmerksam zu machen (WEBER-HERRMANN, 1996).

Hunde und Katzen sollten unmittelbar vor dem Transport kein Futter erhalten (HEIDELMANN, 1999). Auch bereits an Transporte adaptierte Tiere neigen bei vollem Magen zu Erbrechen. KERL (1997) empfiehlt einen Spaziergang vor dem Transportbeginn, der Hunden die Möglichkeit gibt, sich zu lösen.

Transportvorgang

Die Art und Weise, wie Haustiere im Fahrzeug zu sichern sind, ist noch nicht abschließend gesetzlich geregelt. Die Unterbringung ist jedoch im Sinne der Sicherheit von Mensch und Tier vorzunehmen (OLG Nürnberg 8 U 2819/96; DEUTSCHE VERKEHRSWACHT, 1997; QUEDNAU, 1997).

Für Katzen, aber auch für Hunde ist die Unterbringung in einer geschlossenen Transportbox zu empfehlen. Hier finden Behältnisse aus leicht zu reinigendem Kunststoff, die in verschiedenen Größen angeboten werden, eine breite Anwendung. Die Mindestmaße einer Transportbox sollten nach den Vorgaben der TIERSCHUTZ-TRANSPORTVERORDNUNG (1999) berechnet werden (Tab. 6.8.2–1). Nach DOLIF (1998) ermöglicht eine optimale Box das Liegen in Seitenlage mit ausgestreckten Gliedmaßen und zusammengerolltes Liegen sowie aufrechtes Stehen des Tieres in der Box. Es ist zu beachten, daß das Verletzungsrisiko für die Tiere mit steigender Boxengröße zunimmt und die Thermoregulation sowohl bei zu gering bemessenen als auch zu groß angelegten Boxen zu einem lebensbedrohlichen Problem für die Tiere werden kann. Eine ausreichende Ventilation sowie die Möglichkeit, die Transportbox mit der eigenen Körperwärme zu heizen, muß gewährleistet sein. Beachtung sollte in diesem Zusammenhang die rassespezifische Ausprägung der Kopfform (brachyzephale Individuen) und des Felles finden, welche die Fähigkeit zur Thermoregulation zusätzlich beeinflußt.

Eine feuchtigkeitsaufnehmende Unterlage in der Box fördert das Wohlbefinden der Tiere.

Läufige Hündinnen dürfen nur getrennt von Rüden transportiert werden (TIERSCHUTZ-TRANSPORTVERORDNUNG, 1999). Des weiteren ist nach der TIERSCHUTZ-TRANSPORTVERORDNUNG (1999) der Transport von Hunde- oder Katzenwelpen unter 8 Wochen ohne das Muttertier verboten.

Regelmäßige Pausen für die Tiere bei länger dauernden Transporten sollten ebenso selbstverständlich sein wie die Beseitigung von „Hinterlassenschaften" des Tiers. Der Tierbesitzer hat hierfür entsprechende Vorsorge zu treffen.

Transportende

Hund und Katze sind spätestens acht Stunden nach Transportbeginn zu tränken, sofern Wasser nicht uneingeschränkt zu Verfügung steht (TIERSCHUTZ-TRANSPORTVERORDNUNG, 1999).

Nach der Ankunft am Zielort sind die Tiere auf ihre Unversehrtheit hin zu untersuchen. Wasser und gewohntes Futter kann nach einer Erholungspause angeboten werden. OVERALL (1997) weist darauf hin, daß zuvor sedierte Tiere erst in wachem Zustand Futter und Wasser erhalten dürfen, da sonst die Gefahr der Aspiration besteht.

Die Tiere sollten die Möglichkeit erhalten, ihre neue Umgebung schrittweise zu erkunden. Gerade bei Katzen besteht anderenfalls das Risiko, daß sie in fremder Umgebung nicht mehr selbständig zurückfinden (BOHNENKAMP, 1997).

Tabelle 6.8.2–1 Transport von Hund und Katze in Behältnissen – Mindestabmessungen (TIERSCHUTZ-TRANSPORT-VERORDNUNG, 1999)

Widerristhöhe d. Tieres [cm]	Behältnis/Container			
	Länge [cm]	Breite [cm]	Höhe [cm]	Fläche je Tier [cm^2]
20	40	30	30	1 200
30	55	40	40	2 200
40	75	50	55	3 750
55	95	60	70	5 700
70	130	75	95	9 750
85	160	85	115	13 600

6.8.3 Sonderformen des Transportes

6.8.3.1 Regelmäßige Transporte, z. B. Schlittenhunde, Rettungshunde

Beim Transport von Schlitten- und Rettungshunden handelt es sich meist um Ausnahmesituationen, sei es im Hinblick auf die Umgebungstemperatur beim Schlittenhundetransport oder aber bezüglich des zu benutzenden Transportmittels beim Einsatz von Rettungshunden.

Nach NAUWERK (2000) sind beim Transport von Schlittenhunden häufig die Größe der Transportboxen, unzureichende Polsterung und fehlende Unterlagen oder aber die Kondenswasserbildung in den Boxen infolge mangelnder Ventilation zu beanstanden.

Der Transport von Rettungshunden in ein Einsatzgebiet erfolgt nur in Begleitung ihrer Rettungshundeführer. Eine wichtige Eigenschaft von Rettungshunden ist das ruhige und sichere Verhalten in jeder Lebenslage (ungewohnte Umgebung, unbekannte Geräusche etc.). Voraussetzung für dieses Verhalten ist die intensive und vertrauensvolle Rettungshund-Rettungshundeführer-Beziehung (WEGMANN u. HEINES, 1997). Bereits während der Ausbildung lernen die Hunde spielerisch den Umgang mit verschiedenen Hilfsmitteln, wie z. B. dem Abseilgeschirr, bzw. das Verhalten in den unterschiedlichsten Situationen (Einsteigen in den Helikopter, Fahren auf einer Schneeraupe, Benutzen einer Seilbahn od. eines Sesselliftes, Fahren auf einem Boot etc.) (WOLF, 1999).

Beim Transport per Flugzeug wird mit der Fluggesellschaft häufig eine Sondervereinbarung getroffen, die es den Rettungshundeführern ermöglicht, mit ihren Tieren in der Kabine zu fliegen (vgl. Kap. 6.8.3.2, Transport per Flugzeug) (WOLF, 1999).

6.8.3.2 Urlaubsbedingte Transporte

Die Nachfrage hinsichtlich Mitnahmemöglichkeiten von Hund und Katze in den Urlaub, aber auch der Bedarf an Unterbringungsmöglichkeiten der Tiere während der urlaubsbedingten Abwesenheit des Besitzers steigen kontinuierlich. Nach EHLERS (2000) begleiten rund 83 % der Hunde und 16 % der Katzen immer oder manchmal ihren Besitzer in den Urlaub, während 17 % der Hunde- und 84 % der Katzenbesitzer alternative Möglichkeiten wahrnehmen. Die Reaktion auf diese Entwicklung ist erstaunlich. Einerseits informieren zahlreiche Publikationen über Möglichkeiten, den Urlaub mit dem Tier zu gestalten, ob in Form einer Pauschalreise oder ganz individuell (DEUTSCHE LANDWIRTSCHAFTLICHE GESELLSCHAFT, 1997; DEUTSCHER BAUERNVERLAG, 1997; EIN HERZ FÜR TIERE, 1998; LUDWIG, 1998; PEDIGREE, 1999; SCHNEIDER, 1999; DEUTSCHE PRESSEAGENTUR, 2000; EFFEM, 2000). Andererseits eröffnen sich auch für die Tierbesitzer, die ihr Tier nicht mit auf die Reise nehmen möchten, verschiedene Perspektiven mit der Option auf eine individuell abgestimmte Lösung, wie z. B. die Unterbringung in einer Tierpension, die Betreuung von Haustier und Haus durch sog. Haushüteragenturen oder aber die Beschäftigung eines Pet-Sitters (STIFTUNG WARENTEST, 1997; DEUTSCHES TIERÄRZTEBLATT, 1998; LAUER, 1998; LAUER, 1999). Eine in diesem Rahmen zu erwähnende Aktion „Nimmst Du mein Tier, nehm' ich Dein Tier" hat der DEUTSCHE TIERSCHUTZBUND (1998) ins Leben gerufen. Ziel ist die wechselseitige Betreuung von Haustieren durch den Tierbesitzer während der Abwesenheit des jeweiligen anderen. Letztendlich sollte die Entscheidung für oder gegen die Mitnahme des Tieres in den Urlaub stets im Interesse des Tieres getroffen werden. Junghunde und -katzen tolerieren eine vorübergehende Abwesenheit des Besitzers bzw. eine Unterbringung in fremder Umgebung besser als adulte Tiere. Katzen können aufgrund ihrer ausgeprägten Territorialität in fremder Umgebung besonders in ihrem Wohlbefinden beeinträchtigt sein (EHLERS, 2000).

6 Transport von Tieren

Grundlegende Anforderungen

Ein gemeinsamer Urlaub von Besitzer und Tier bedarf einer vorausschauenden Planung. Checklisten können die organisatorische Vorarbeit erleichtern (ALBRECHT, 1994; LUDWIG, 1998; VDH; EFFEM, 2000). Dabei handelt es sich um eine listenartige Zusammenstellung der wichtigsten Reiseutensilien (Futternapf, Decke, Handtuch, Spielzeug) und Medikamente (Ektoparasitenmittel, Verbandszeug etc.) sowie sonstigen Ratschlägen für die Reise. Bei der Auswahl der Unterkunft sollte vorab geklärt werden, ob Tiere erwünscht sind, da es sonst zu unerfreulichen Überraschungen kommen kann. Natürlich sind die Einreisebestimmungen des Urlaubslandes zu berücksichtigen (s. Kap. 6.8.2).

Reise per Bahn

Die Mitnahme von Tieren wird in der EISENBAHNVERKEHRSVERORDNUNG (1993) geregelt. Hier werden auch die Bedingungen vorgegeben, unter welchen in Behältern untergebrachte Tiere als Reisegepäck kostenlos mitgeführt werden dürfen. Kleine Hunde (bis zur Größe einer Katze) und Katzen im Transportbehälter fahren unentgeltlich, während für angeleinte Hunde der halbe Fahrpreis zu entrichten ist (DB REISE&TOURISTIK AG, 2000). Der Transport mittelgroßer und großer Hunde ist von der Zustimmung des Zugpersonals abhängig. Sie sind an der Leine zu halten, ein Beißkorb ist mitzuführen und bei Aufforderung anzulegen.

Die Deutsche Bahn lehnt den Transport von „Kampfhunden" ab (DB REISE&TOURISTIK AG, 2000). Auf Mitreisende im Abteil ist unbedingt Rücksicht zu nehmen (Geruch, Ruhestörung). Anspruch auf einen Sitzplatz besteht weder für Tiere im Transportkorb noch für „Tiere mit Fahrkarte". Die Mitnahme der Tiere in den Speisewagen ist untersagt, kann jedoch im Einzelfall für Blindenführhunde bewilligt werden. Es empfiehlt sich, den Reisebeginn nicht auf ein Wochenende oder den offiziellen Ferienbeginn zu legen, um überfüllte Bahnhöfe und Züge zu vermeiden (KERL, 1997).

In Deutschland und den europäischen Nachbarländern sind die Rahmenbedingungen für die Mitnahme von Hund und Katze vergleichbar (EHLERS, 2000).

Reise per Flugzeug

Die Transportbedingungen der einzelnen Fluggesellschaften sind in den IATA-Richtlinien (1999) festgelegt und sollten im Einzelfall bei der jeweiligen Fluggesellschaft genau erfragt werden.

a) Transport im Passagierraum

Eine Reihe von Fluggesellschaften lehnt den Transport von Tieren als Handgepäck im Passagierraum generell ab. Da einige Fluggesellschaften die Zahl der Tiere, die im Passagierraum befördert werden dürfen, auf zwei Tiere pro Maschine begrenzen, ist eine frühzeitige Buchung zweckmäßig. Die Unterbringung hat in einer flüssigkeitsundurchlässigen flexiblen Transporttasche bzw. stabilen Transportbox zu erfolgen, deren Größe die Verstauung unter dem Sitz des Vordermannes erlaubt. Das Gewicht der Transportbox inklusive des Tieres ist je nach Fluggesellschaft auf fünf bis acht Kilogramm begrenzt. Die Tiere dürfen die Tasche/Box während des Fluges in der Regel nicht verlassen.

Die Begleitung Blinder durch ihre Blindenführhunde in der Kabine ist grundsätzlich nicht gestattet, nur wenige Fluggesellschaften erlauben die Mitnahme von Führhunden an der Leine, wenn zuvor eine Genehmigung bei derselben eingeholt wurde.

b) Transport im Frachtraum

Der Transport im Frachtraum erfolgt nur in dafür vorgesehenen Containern, die z.T. im Tierfachhandel, aber auch bei den einzelnen Luftgesellschaften käuflich zu erwerben sind. Mindestanforderungen an diese Container sind in den IATA-Richtlinien festgelegt und in Tabelle 6.8.3–1 zusammengefaßt. Infolge mangelnder Temperaturregelmöglich-

Tabelle 6.8.3–1 Richtwerte für Container-Abmessungen (IATA-Richtlinien, 1999)

Formeln zur Errechnung der Container-Abmessungen (Innenraum)	
Länge d. Containers	Länge d. Tieres (Schnauze bis Schwanzwurzel) × 0,5 Boden-/Ellbogengelenksabstand d. Tieres
Breite d. Containers	2 × Schulterbreite d. Tieres
Höhe d. Containers	Höhe d. Tieres (aufrecht stehend), Kopf bzw. Ohrspitze (je nachdem, welches höher liegt)

keiten in den Frachträumen existieren bei manchen Fluggesellschaften von der Jahreszeit abhängige Transportbeschränkungen für lebende Tiere. Des weiteren besteht für stumpf- oder stupsnasige Hunde eine Einschränkung. Diese Tiere dürfen dann nicht mitreisen, wenn die Temperatur zu irgendeinem Zeitpunkt des Transportes 21 °C oder mehr beträgt. Hier ist es empfehlenswert, bei der gewählten Fluggesellschaft die Bedingungen im Frachtraum zu erfragen, z. B. ob die Frachtraumtemperatur separat steuerbar ist, welche Lüftungsrate vorliegt und ob der Frachtraum ebenfalls über eine Druckregulierung verfügt (vgl. Kap. 6.8.3.3).

c) Haftung
Die Fluggesellschaften übernehmen in der Regel keine Haftung für etwaige, während des Transportes durch das Unternehmen verschuldete Unfälle mit möglicher Todesfolge für das Tier. Einige Fluggesellschaften bieten auf Anfrage die Möglichkeit zum Abschluß einer Transportversicherung für das Tier.

6.8.3.3 Risiken durch den Transport einschließlich des Aufenthaltes am Ziel-(Urlaubs-)ort

Transport – Einflüsse durch unbelebte/belebte Umweltfaktoren

Die Umgebungstemperatur spielt sowohl im Auto als auch beim Transport per Flugzeug eine wichtige Rolle (FISCHER, 1998). Steht kein klimatisierter PKW zur Verfügung, so kann die Temperaturentwicklung im Wagen durch geeignete Maßnahmen (Abfahrtszeitpunkt, Parkplatzwahl) in gewissen Grenzen beeinflußt werden. Das Zurücklassen von Hund und Katze im Auto während einer Pause kann trotzdem zu einer erheblichen Belastung für die Tiere werden und ist daher abzulehnen (WEBER-HERRMANN, 1996; VDH, 1998). WEBER-HERRMANN (1996) weist darauf hin, daß im Sommer Extremtemperaturen im Auto möglich sind, die den Tod eines Tieres zur Folge haben können (s. Kap. 5.3.1.7, Hunde im Auto).

Da beim Transport im Frachtraum eines Flugzeuges ein regulierendes Eingreifen durch den Besitzer entfällt, sollte eine Fluggesellschaft ausgewählt werden, deren technische Ausstattung der Maschinen die separate Temperatursteuerung im Frachtraum ermöglicht. Vor allem sedierte Tiere sind in ihren thermoregulatorischen Fähigkeiten stark eingeschränkt (WEBER-HERRMANN, 1996).

Beim Flugzeugtransport beeinflussen des weiteren auch die Lüftungsrate und der Luftdruck das Wohlbefinden der Tiere. Eine zu geringe Lüftungsrate führt zu einer O_2-Unterversorgung, was sich als sog. Höhenkrankheit manifestieren kann. Bei mangelndem oder gar ausbleibendem Druckausgleich kann es zur Trommelfell-, in extremen Fällen sogar zur Zwerchfell- und Magenruptur kommen (HEIDELMANN, 1999).

Die Vibrationen und Turbulenzen beim Lufttransport beeinträchtigen das Wohlbefinden der Tiere erheblich und führen durch den von den Tieren passiv wahrgenommenen Transport zu Symptomen wie Speicheln und Erbrechen (HEIDELMANN, 1999) (s. Kap. 6.8.2).

Aufenthalt am Urlaubsort

Nach der Ankunft am Urlaubsort sollte dem Tier eine Ruhepause gewährt werden. Auch Tiere zeigen Symptome des sog. Jetlags und benötigen pro Zeitzone mindestens einen Tag zur vollständigen Adaptation (HEIDELMANN, 1999).

Maßnahmen wie Beleuchtung bei Nacht und graduelle Verschiebung der Fütterungszeiten können den Anpassungsvorgang unterstützen (HEIDELMANN, 1999). Die Tiere sollten freien Zugang zu Wasser mit Trinkwasserqualität haben, die Aufnahme von salzigem Meerwasser oder bakteriell verunreinigtem Wasser kann zu Brechdurchfall führen. Durch die Mitnahme des gewohnten Futters von Zuhause kann Magen-Darm-Infektionen infolge von ungeeignetem Futter (rohes Fleisch, unzureichend gegarte Lebensmittel) vorgebeugt werden (VEIT, 1997; VDH, 1998).

Nicht zu vernachlässigen ist das v.a. in mediterranen, aber auch außereuropäischen Ländern erhöhte Infektionsrisiko für Hund und Katze an in Deutschland nicht oder nur endemisch vorkommenden Erkrankungen (EHLERS, 2000). Zahlen über das tatsächliche Infektionsrisiko sind gegenwärtig nicht verfügbar. Da es sich überwiegend um Erkrankungen handelt, die durch Insekten übertragen werden, sollte unbedingt eine Ektoparasitenprophylaxe durchgeführt werden (VEIT, 1997; BECK, 2000; WIEDEMANN, 2000). Auch das Absuchen des Tieres nach Zecken und die mechanische Entfernung derselben ist empfehlenswert (ALBRECHT, 1994; VEIT, 1997). Der Kontakt zu streunenden Tieren sollte vermieden werden, da es eine Reihe von Erkrankungen gibt, die durch Körperkontakt und/oder Geschlechtsakt übertragen werden können, wie z.B. der transmissible Tumor (Sticker-Sarkom) (VEIT, 1997; NIEMAND, 2000).

Die Prophylaxe mit Vakzinen (z.B. bei Babesiose) oder anderen Medikamenten (z.B. Filariose und Ehrlichiose) ist möglich, wird jedoch durch die z.T. eingeschränkte Zulassung in Deutschland erschwert (EHLERS, 2000).

Nach einem längeren Aufenthalt in südlichen Ländern sollte bei Rückkehr nach Deutschland stets eine gründliche tierärztliche Untersuchung des Tieres vorgenommen werden. Empfehlenswert ist neben einer Allgemeinuntersuchung und Endoparasitenbehandlung auch eine Untersuchung auf diverse Blutparasiten (z.B. Babesien oder Ehrlichien), entweder direkt im Blutausstrich oder aber indirekt mittels Antikörpernachweis (z.B. bei Leishmanien) (EHLERS, 2000). Viele tiermedizinisch ausgerichteten Labors bieten zu diesem Zweck ein Screening-Programm an. Die frühzeitige Erkennung einer der genannten Erkrankungen beeinflußt die in der Regel kostenintensive Therapie im positiven Sinn (VEIT, 1997).

Literatur

ADAC: Reiseservice – Aktuelle Einreisebestimmungen (2000).

Albrecht GmbH: Gesundheit für den Hund. Albrecht GmbH & Co., Aulendorf (1994).

Askew, H. R.: Behandlung von Verhaltensproblemen bei Hund und Katze – Ein Leitfaden für die tierärztliche Praxis. Parey Buchverlag, Berlin (1997) 219.

Beck, C. W.: Zur Wirksamkeit von Fibronil (Frontline®) gegen Ektoparasiten: Anwendung gegen Läuse, Milben, Haar- und Federlingsbefall bei diversen Kleintieren. Tierärztl. Umsch. 55 (2000) 244–250.

Bohnenkamp, G.: Was Katzen wirklich brauchen. Franckh-Kosmos-Verlags-GmbH, Stuttgart (1997).

Der praktische Tierarzt: Mit Hund und Katze nach Skandinavien. Der prakt. Tierarzt 79 (1998) 826.

Deutsche Bahn&Touristik AG (ed.): Service und Preise. Stand: Juni 2000.

Deutsche Landwirtschaftliche Gesellschaft (ed.): Urlaub auf dem Bauernhof. DLG-Verlags-GmbH, Frankfurt/M. (1997).

Deutsche Presseagentur (dpa): Luxushotel für Hunde und Katzen. Süddeutsche Zeitung, 14.04.2000

6.8 Transport von Hund und Katze

Deutsche Verkehrswacht: Fahren in Europa. Atelier Verlag Schmidt-Römhild, Lübeck (1997).

Deutscher Bauernverlag GmbH (ed.): Der Hund im Urlaub. Sonderheft 1997/98 der Zeitschrift „Der Hund". Deutscher Bauernverlag GmbH, Berlin (1997).

Deutscher Tierschutzbund e. V.: Aktion „Nimmst Du mein Tier, nehm' ich Dein Tier". DUDT 2 (1998) 32.

Deutsches Tierärzteblatt: Haushüter – die guten Geister für Tiere und Heim. Dtsch. Tierärztebl. 39 (1998) 659.

Deutsches Tierärzteblatt: „Pet Travel Scheme" in Kraft. Dtsch. Tierärztebl. 48 (2000a) 238.

Deutsches Tierärzteblatt: Reisen erleichtern. Dtsch. Tierärztebl. 48 (2000b) 1175.

Dolif, D. M.: Haltung, Transport und Renneinsatz von Schlittenhunden. Dtsch. tierärztl. Wschr. 105 (1998) 128–129.

EFFEM GmbH (ed.): Hund mobil – Mit dem Hund sicher unterwegs. Broschüre von Pedigree in Zusammenarbeit mit „Partner Hund" und der ADAC Motorwelt (2000).

Ehlers, S.: Ethologische, rechtliche und gesundheitliche Aspekte des Reisens mit Hunden und Katzen unter Berücksichtigung alternativer Möglichkeiten. Vet. med. Diss., München (2000).

Ein Herz für Tiere: Hotels mit Herz für Tier und Mensch. Ein Herz für Tiere 9 (1998) 54.

Fischer, B.: Aspekte zum Transport von Heimtieren. Dtsch. tierärztl. Wschr. 105 (1998) 105–107.

Hart, B. L., L. Hart: Verhaltenstherapie bei Hund und Katze. Ferdinand Enke Verlag, Stuttgart (1991).

Hartung, J.: Tiere im Transit. Dtsch. Tierärztebl. 8 (1997) 748–754.

Heidelmann, J.: Rechtliche Grundlagen, Verfahren und Belastungsfaktoren beim Lufttransport von Haus- und Nutztieren. Vet. med. Diss., Hannover (1999).

Kerl, S.: Reisefreuden Zug um Zug. In: Deutscher Bauernverlag GmbH (ed.): Der Hund im Urlaub, Sonderheft 1997/1998. Deutscher Bauernverlag GmbH, Berlin (1997) 40–41.

Lauer, I.: Dienstleistung für Urlauber. Ein Herz für Tiere 10 (1998) 43.

Lauer, I.: Pet-Sitter – Ein Freundschaftsdienst mausert sich zum Beruf. Ein Herz für Tiere 10 (1999) 46–47.

Leyhausen, P.: Katzenseele – Wesen und Sozialverhalten. Franckh-Kosmos-Verlags-GmbH, Stuttgart (1996).

Ludwig, C.: Mit dem Hund in den Urlaub. Falken Verlag, Niedernhausen (1998).

Mertens, P. A., N. H. Dodman: Pharmacologic Treatment of Fear and Anxiety in Animals. In: Dodman, N. H., L. Shuster (eds.): Psychopharmacology of Animal Behavior Disorders. Blackwell Science (1998) 122–140.

Nauwerk, G.: Schlittenhund im Einsatz – Rennen und Transport. In: DVG e. V. (ed.): Tg. „Ethologie und Tierschutz", Weihenstephan, 8.–10. März 2000.

Niemand, H. G., P. F. Suter: Praktikum der Hundeklinik. Parey Buchverlag, Berlin (2000).

OLG Nürnberg: 8 U 2819/96.

Overall, K. L.: Clinical Behavioral Medicine for Small Animals. Mosby – Year Book (1997) 25.

Pageat, P., Y. Tessier: Usefullness of F3 Synthetic Pheromone (Feliway®) in Preventing Behaviour Problems in Cats during Holidays. Proceedings of the First International Conference on Veterinary Behavioural Medicine, Birmingham, UK (1997) 231.

Pedigree/Effem (ed.): Tips und Adressen für das Leben mit Hund in der Stadt (Berlin, Bremen, Düsseldorf, Köln/Bonn, München, Nürnberg, Rhein-Main-Gebiet, Ruhrgebiet, Stuttgart). COMPANIONS Glänzer Linkwitz Wiskemann GmbH, Hamburg (1999).

Quednau, F.: Rechtskunde für Hundehalter. Paul Parey Verlag, Hamburg (1987).

Schneider, G.: Pauschaltouristen mit vier Beinen. Ein Herz für Tiere 7 (1999) 5–6.

Stiftung Warentest: Test spezial „Sicherheit" (1997).

Striezel, A.: Ingwer bei Reisekrankheit. ZGTM – Zeitschrift für ganzheitliche Veterinärmedizin 13 (1999) 167.

Turner, D., P. Bateson: Die domestizierte Katze. Albert Müller Verlag, Stuttgart, Wien (1988).

TVT e. V. – Tierärztliche Vereinigung für Tierschutz e. V.: „Empfehlungen zum tierschutzgerechten Transport von Heimtieren" (1997).

VDH – Verband für das deutsche Hundewesen: Broschüre „Urlaub mit dem Hund – richtig von Anfang an!". VDH e. V., Dortmund (ohne Jahr).

VDH – Verband für das deutsche Hundewesen: Ratgeber – Hund im Sommer. DUDT 2 (1998) 35.

Veit, C.: Gesund und munter in die Ferien. In: Deutscher Bauernverlag GmbH (ed.): Der Hund im Urlaub, Sonderheft 1997/1998. Deutscher Bauernverlag GmbH, Berlin (1997) 10–14.

Weber-Herrmann, M.: Zur Hitzebelastung von Hunden in parkenden Personenkraftwagen mit Fallbeispielen für daraus resultierende juristische Konsequenzen für den Verursacher. Vet. med. Diss., München (1996).

Wegmann, A., W. Heines: Such und Hilf! Kynos Verlag, Mürlenbach/Eifel (1997).

Wiedemann, C.: Zur Wirksamkeit von Fipronil (Frontline®) gegen Ektoparasiten: Teil II – Zekkenbefall. Tierärztl. Umsch. 55 (2000) 211–216.

Wolf, R.: Bundesverband für das Rettungshundewesen – BRH, persönliche Mitteilung (1999).

Rechtsgrundlagen, Empfehlungen, Normen u. ä.:
Richtlinien und Verordnungen

Eisenbahn-Verkehrsverordnung. I. d. F. der Bek. vom 20. April 1999 (BGBl. I S. 782).

Richtlinien der International Air Transportation Association (IATA) für den Transport von lebenden Tieren (IATA-Richtlinien). Vom 10. Februar 1999. 25. Auflage (BAnz. Nr. 124a).

Verordnung zum Schutz von Tieren beim Transport (Tierschutztransportverordnung – TierSchTrV). Vom 11. Juni 1999 (BGBl. I S. 1337).

6.9 Transport von Ziergeflügel

(KÖSTERS, J.)

6.9.1 Anforderungen laut Empfehlungen des Europarates und Rechtsvorschriften

Es dürfen nur gesunde Vögel transportiert werden. Neben den allgemeinen Anforderungen an Transportmittel und -behältnisse empfiehlt der Europarat die Fahrzeuge oder Behältnisse mit Hinweisen zu versehen, daß es sich bei den transportierten Vögeln um wilde, ängstliche oder gefährliche Tiere handelt. Außerdem müssen klare schriftliche Weisungen über Fütterung und Tränkung sowie die erforderliche Sonderbetreuung beigegeben werden. Nach der Tierschutztransportverordnung müssen Stubenvögel (ohne Definition) während des Transportes jederzeit ihren Flüssigkeits- und Nährstoffbedarf decken können. Sonstige Vögel (ohne Definition) dürfen nur transportiert werden, wenn sie in geeigneter Weise darauf vorbereitet wurden. Soweit sie unter das ÜBEREINKOMMEN ÜBER DEN INTERNATIONALEN HANDEL MIT GEFÄHRDETEN ARTEN FREILEBENDER TIERE UND PFLANZEN (CITES) fallen, sind sie entsprechend den CITES-LEITLINIEN FÜR DEN TRANSPORT UND DIE ENTSPRECHENDE VORBEREITUNG FREILEBENDER TIERE UND WILDWACHSENDER PFLANZEN (1996) zu befördern und zu betreuen. Spezielle Leitlinien wurden für Wasservögel und Großschreitvögel (Av/1), Papageien, Tauben, Sperlingsartige, Sperlingsverwandte (Av/2) und Greifvögel und Eulen (Av/3) erarbeitet, die neben Bauhinweisen auch die ordnungsgemäße Beschriftung von Käfigen beschreiben und Hinweise für die Betreuung der entsprechenden Vogelgruppen geben. Den Vögeln sollen Beruhigungsmittel durch den Tierarzt nur gegeben werden, wenn dieses unvermeidbar ist. Die Sedierung muß in den Begleitpapieren dokumentiert werden. Die Vögel sollen in abgedunkelten Behältnissen transportiert werden. Es soll jedoch soviel Licht gegeben werden, daß sie sich orientieren und Futter und Wasser aufnehmen können. Nach der BINNENMARKT-TIERSEUCHENSCHUTZVERORDNUNG (1999) müssen Transportmittel und -behältnisse für Papageien und Sittiche sauber, desinfiziert und so beschaffen sein, daß tierische Abgänge und Federn während der Beförderung nur in unvermeidlichem Maße herausfallen können. Sie dürfen nur Tiere derselben Art enthalten und die demselben Verwendungszweck dienen.

6.9.2 Weitere wissenschaftlich begründete Anforderungen

Die artgemäßen Verhaltensweisen müssen bei der Zusammenstellung und Durchführung von Transporten berücksichtigt werden. So sollten Papageienartige grundsätzlich einzeln transportiert werden, da unter Streß häufig Käfiggefährten gebissen und verstümmelt werden. Bei sozialverträglichen Arten darf der Käfig nicht übersetzt werden, um den Tieren Bewegung und Abführung des metabolischen Wärmeüberschusses zu ermöglichen. Es sollten nur Vögel einer Art in einem Käfig transportiert werden.

6.9.3 Langzeittransporte

Der internationale Transport von Wildvögeln ist zumeist Langzeittransport. Deshalb sollen die Vögel vor Beginn des Transportes an die Käfigverhältnisse gewöhnt werden. In den IATA-RICHTLINIEN werden Eingewöhnungszeiten bis zu 30 Tagen empfohlen. Die Tiere müssen während dieser Zeit auf das für den Transport vorgesehene Futter eingestellt werden. Spätestens alle 24 Stunden sind die Vögel zu kontrollieren, Futter und Wasser zu ergänzen und gegebenenfalls die Käfige zu reinigen. Auf Umladestationen ist auf eine entsprechende Klimagestaltung zu achten, damit die Tiere sich nicht überhitzen oder erkälten. Manche Fluglinien befördern während der Monate mit extremen Klimaausschlägen keine Vögel.

6.9.4 Besonderheiten beim Straßen-, Bahn-, Schiffs-, Flugzeugtransport

Nachdem Post und Bahn den Transport von Vögeln eingestellt haben, haben sich einige Transportunternehmen im nationalen Bereich auf die Beförderung von Vögeln und anderen Heimtieren im Straßenverkehr spezialisiert. Der Transport sollte in klimatisierten Fahrzeugen erfolgen, da insbesondere im Sommer die Vögel durch Hitzestau oder Zugluft geschädigt werden können. Interkontinental werden Vögel nur selten mit Schiffstransporten befördert, wenn man von Einzelimporten durch Schiffspersonal absieht. Schiffsimportierte Papageien sollen einen höheren Preis erzielen, da sie durch individuelle Pflege und intensive personenbezogene Betreuung Vorteile gegenüber Massentransporten genießen. Flugzeugtransporte sind durch die IATA-RICHTLINIEN geregelt, die Anleitungen zum tierschutzgerechten Transport in Form von Containerrichtlinien geben. In 25 Einzelrichtlinien werden die unterschiedlichsten Vogelarten vom Kolibri bis zum Strauß abgedeckt. Bei Schiffs- und Flugzeugtransporten sind Geräte mitzuführen, die im Notfall zur Euthanasie von verletzten oder kranken Vögeln eingesetzt werden können.

6.9.5 Besonderheiten im Unterschied zu Nutzgeflügel

Bei dem Transport von Ziervögeln sind neben seuchenrechtlichen Belangen die Vorschriften des Artenschutzrechtes zu beachten und durch entsprechende Dokumentationen zu erfüllen.

Literatur

Rechtsgrundlagen, Empfehlungen, Normen u. ä.:

Bekanntmachung der deutschen Übersetzung der 25. Auflage der IATA-Richtlinien für den Transport von lebenden Tieren vom 10. Februar 1999 (BAnz. Nr. 124a).

Bekanntmachung der deutschen Übersetzung der CITES-Leitlinien für den Transport und die entsprechende Vorbereitung freilebender Tiere und wildwachsender Pflanzen vom 2. Dezember 1996 (BAnz. 1997 Nr. 80a) vom 29. April 1997 [Anlage]).

Übereinkommen über den internationalen Handel mit gefährdeten Arten freilebender Tiere und Pflanzen (Washingtoner Artenschutzübereinkommen, WA) (CITES) vom 3. März 1973 (BGBl. 1975 II S. 777) in der Fassung der Änderung vom 22.6.1979 (BGBl. 1995 II S. 771).

Verordnung über das innergemeinschaftliche Verbringen sowie die Einfuhr und Durchfuhr von Tieren und Waren (Binnenmarkt-Tierseuchenschutzverordnung – BmTierSSchV) vom 10. August 1999 (BGBl. I S. 1820), zul. geänd. durch Art. 22 G v. 3. Mai 2000 (BGBl. I S. 632).

Verordnung zum Schutz von Tieren beim Transport (Tierschutztransportverordnung – TierSchTrV) i. d. F. der Bek. vom 11. Juni 1999 (BGBl. I S. 1337).

6.10 Transport von Fischen

(LANGHOLZ, H.-J.)

Angesichts der hohen Verderblichkeit geschlachteter Fische kommt dem Lebendtransport von Kulturfischen bis zum Endverbraucher eine unverändert große Bedeutung zu.

Zur Begrenzung des Transportstresses bedarf es zunächst einer ausreichenden Vorbereitung für den Transport. Hierzu gehört, daß
- die Transportchargen nach Größe sortiert und gehältert werden,
- dabei eine ausreichende Nüchterungszeit eingehalten wird und
- gegebenenfalls die Fische an stärker abweichende Temperaturen des Transportwassers adaptiert werden.

Die Länge der Nüchterungszeit ist von der Fischgröße, dem Produktionsverfahren und der Temperatur abhängig. Größere Teichfische sind bei mittleren Teichtemperaturen mehrere Tage nicht zu füttern. Besonders wichtig ist, daß die Kiemen der zu transportierenden Fische frei von Schlamm sind. Bei Verkaufsfischen aus intensiven Haltungsverfahren bzw. bei kleineren Satzfischen kann die Nüchterungszeit je nach Temperatur und vorausgegangener Fütterungsintensität auf bis zu einen Tag verringert werden. Temperaturanpassungen werden erforderlich, wenn zwischen dem Transportwasser und dem Haltungswasser der Herkunftsanlagen Differenzen von mehr als 4–5 °C bestehen (LWK HANNOVER, 1995).

Für den Fischtransport selbst ist in der TIERSCHUTZTRANSPORTVERORDNUNG (1999), mit Ausnahme von Glasaalen, ein Transportieren im Wasser vorgeschrieben. Der Transport sollte bei möglichst geringen Wassertemperaturen erfolgen, welche sich reduzierend auf den Sauerstoffverbrauch und günstig auf die Sauerstofflösung auswirken. Darüber hinaus sollte für den Transport möglichst klares Quellwasser genutzt werden und nicht das Teichwasser, welches infolge organischer Belastung eine zusätzliche Sauerstoffzehrung aufweisen kann.

Die Besatzdichten sind so zu wählen, daß den Fischen eine ausreichende Bewegungsfreiheit gegeben und während der gesamten Transportdauer eine ausreichende Sauerstoffversorgung gewährleistet ist. Letztere erfolgt heute in der Regel über technischen Sauerstoff. Die für den Transport zu empfehlenden Besatzdichten zeigen eine deutliche Abhängigkeit von

Tabelle 6.10–1 Empfohlene Besatzdichten [kg/m^3] beim Lebendfischtransport in offenen Behältern [Transportdauer 4–8 h] (KNÖSCHE, 1994)

Transporttemperatur [°C]			5 °C	10 °C	15 °C
Regenbogenforelle	vorgestreckte Brut	Rf$_v$ (4 cm)	150	120	–
	Setzlinge	Rf$_1$ (8 cm)	250	200	100
	Setzlinge	Rf$_1$ (12 cm)	200–300	125–250	100–150
	Speisefische	Rf$_2$ (250 g)	350	300	200
Karpfen	vorgestreckte Brut	K$_v$		–	100
	Setzlinge	K$_1$ (25 g)	100–300	90–250	80–200
	Satzkarpfen	K$_2$ (250 g)	250–500	225–350	200–250
	Speisefische	K$_3$ (1250 g)	500–700	450–500	350–400

Tabelle 6.10-2 Empfohlene Besatzdichten für geschlossene Transportbehälter in $10^3/20$ l (KNÖSCHE, 1994)

Temperatur [°C]	Transportdauer [h]	Regenbogenforelle (Rf)				Karpfen (K)	
		Rf_0 Brut	Rf_v vorgestreckte Brut	Rf_1/10 cm Setzling	Rf_1/20 cm Setzling	K_0 Brut	K_v vorgestreckte Brut
10 °C	4	25	1,5	0,15	0,09	–	–
	8	20	1	0,15	0,09	–	–
	12	15	0,8	0,14	0,075	–	–
	24	10	0,6	0,1	0,055	–	–
15 °C	4	20	1,2	0,15	0,085	200	15
	8	15	0,8	0,15	0,085	150	10
	12	10	0,6	0,1	0,08	100	8
	24	5	0,5	0,06	0,046	50	6
20 °C	4	15	0,8	–	–	200	12
	8	10	0,6	–	–	100	8
	12	5	0,5	–	–	80	6
	24	2	0,4	–	–	50	5
24 °C	4	–				100	80
	8	–				80	6
	12	–				60	5
	24	–				40	4

- der zu transportierenden Fischart,
- der Temperatur des Transportwassers,
- der Fischgröße in den Transportchargen und
- der Transportdauer.

In den Tabellen 6.10-1 und 6.10-2 sind für die beiden wichtigsten Kulturfische Deutschlands, Regenbogenforelle und Karpfen, die von KNÖSCHE (1994) zusammengefaßten Empfehlungen zur Transportbesatzdichte in Abhängigkeit von den obigen Einflußfaktoren und der Art der Transportbehälter (offen/geschlossen) wiedergegeben. Dabei zeigt sich ein höherer Platzanspruch der Regenbogenforelle infolge ihres höheren O_2-Anspruchs. Gleiches gilt für Zander, Barsch und Hecht. Der Sauerstoffgehalt des Transportwassers sollte für diese Arten nicht unter 5 mg O_2/l fallen, während bei Karpfen noch Sauerstoffkonzentrationen bis 3 mg O_2/l toleriert werden. Aale und Schleie sind eher noch anspruchsloser. Der Wasseranspruch kleinerer Fische ist pro kg Fischmasse deutlich höher als der von größeren Fischen. Beim Transport von kleineren Fischgrößen und Aquarienfischen wird gerne auf geschlossene Transportbehälter ausgewichen, z. B. auf Plastiktransportbeutel (doppelwandig bei Fischarten mit Stachelflossen), welche zu einem Drittel mit Wasser und zu zwei Drittel mit technischem Sauerstoff gefüllt werden. Dieses erspart das Mitführen aufwendiger technischer Anlagen zum Sauerstoffeintrag auf dem Transport.

Bei längeren Transporten empfiehlt sich eine ausreichende Isolierung der Transportbehälter zur Verzögerung einer Wassererwärmung und eine Abdunkelung zur Reduktion visueller Reize sowie zusätzlich ein leichtes Aufsalzen des Transportwassers mit Gaben von etwa einem Kilogramm Speisesalz auf 100 l Wasser. Auf die seuchenhygienischen Risiken bei der Verbreitung von Satzfischmaterial sei besonders hingewiesen.

Literatur

Knösche, R.: Lebendfischtransport und Tierschutz. Fisch- und Teichwirtschaft 45 (1994) 219–223.

LKW Hannover: Ordnungsgemäße Fischhaltung. Polyklopie (1995).

Verordnung zum Schutz von Tieren beim Transport (Tierschutztransportverordnung – TierSchTrV) – vom 11. Juni 1999 (BGBl. I S. 1337).

6.11 Transport von Reptilien

(SASSENBURG, L.)

Reptilien werden durch Tierfänger, -händler, Wanderzirkusse, -schausteller und gelegentlich durch Terrarianer (Tierarztbesuch, Reptilienbörse) transportiert.

Tierfänger (FRITSCHE, 1981) errichten meist Basislager zum Sammeln der Reptilien. Diese Wildfänge verbringen Tage oder Wochen in leichten transportablen Behelfsboxen. Voraussetzung für den Fang sind Gesundheit und gute Kondition der Tiere. Kleinere Reptilien werden in luftigen, aufhängbaren Behältern aus Gaze, mittelgroße Echsen und Schlangen in luftdurchlässigen Leinenbeuteln, größere sowie Schildkröten und Krokodile in angemessenen Behältern aus Plastik oder Sperrholz gehalten bzw. transportiert. Tägliches Besprühen bzw. Tränken mit Wasser ist unabdingbar. Schaumstoffschnitzel, Moos und Fallaub als Bodengrund sind saugfähig und halten gut die Feuchtigkeit.

Kleinere Echsen und Schildkröten müssen täglich gefüttert werden. Jungschlangen etwa 2mal wöchentlich und andere bei Bedarf (Kap. 5.8.1, Tiergerechtes Futter und tiergerechte Fütterung).

Beim kommerziellen Transport sollen die Behälter durch gebotene Enge ein Verrutschen (Verletzungsgefahr) der Tiere sowie eine Selbstbefreiung (Zerstörung) unmöglich machen. Dennoch sollen sich Reptilien normal hinlegen bzw. Schlangen bequem zusammenrollen können. Sie dürfen nicht übereinander liegen. Die Behälter sollen allen Anforderungen der Luftzirkulation, Wärme- bzw. Kältedämmung, Befeuchtung, Tränkung, Stapelbarkeit, Unzerbrechlichkeit durch äußere Einwirkung genügen und Abstandhalter besitzen (CITES-Leitlinien, 1996).

Reine Transporte sollen nicht länger als 24 Stunden dauern und somit eine Fütterung überflüssig machen. D. h., weite Strecken sind per Luftfracht in temperierter Druckkabine zu überbrücken. Die Reptilien verhalten sich im Dunklen oder Halbdunklen ruhiger. Die Containergrößen richten sich gemäß den IATA-Richtlinien (1999) nach Länge, Breite und Höhe der Reptilien. Sehr große Reptilien (Krokodile, Warane, Großleguane, Riesenschildkröten, große Riesenschlangen) werden, ebenso wie bissige (Schnappschildkröten, Weichschildkröten u. a.), reptilienfressende oder giftige Arten, einzeln verpackt (FISCHER, 1979). Reptilien mit Giftwirkung (Ottern, Giftnattern, Trugnattern und Krustenechsen) werden in beschriftete Stoffbeutel/ Plastikgefäße mit Gaze verbracht und in einer zweiten Holzkiste mit Warnschildern „giftig" versehen transportiert.

Bei der Auspolsterung der Transportcontainer findet saugfähiges Material wie Knüllpapier, Schaumstoffschnitzel, Moos, Laub und Heu Anwendung. Für Stroh ist die Einfuhr oft verboten. Baumschlangen, Hundskopfschlinger und Chamäleons erhalten Sitzhilfen wie Queräste oder Gesträuch. Weich- und Seeschildkröten werden im Wasser transportiert. Auf Kurzstrecken können sie auch nur feucht verpackt sein. Die gesamte Sendung wird mit Aufklebern versehen, wie **„Lebende Tiere"**, **„Nicht stürzen"**, **„Giftig"** oder **„Ungiftig"**, **„Oben"**. Klimatische Verhältnisse (Frost, Sommerhitze) im Empfängerland sind zu berücksichtigen.

Schausteller (KAULIS u. ORBAN, 1995) und Terrarianer benutzen für Kurztransporte von großen Riesenschlangen gedeckelte, mit Stoff ausgeschlagene, zugfreie Flechtkörbe u. a. stabile Holzkisten. Andere Schlangen und Echsen werden in Leinenbeuteln oder ihren Schlafkisten transportiert, nachdem diese in Styroporbehälter verbracht wurden.

6.11 Transport von Reptilien

Tabelle 6.11-1 Transportbedingte Erkrankungen und Verluste

Erkrankung/Symptome	mögliche Ursache	präventive Maßnahme
Schnauzenschilder durch- oder abgerieben	Versuch, Transportbeutel im Zipfel zu durchbohren	Zipfel rund steppen, großer Transportbeutel
Hitzschlag, Ersticken	zu geringe oder blockierte Luftzirkulation, Wärmestau	Abstandhalter zwischen Boxen, vor Verrutschen sichern, geeignete Boxen
Pneumonie, Erfrierungen	Zugluft, Kälte- bzw. Frosteinwirkung in kalter Jahreszeit	keine Reptilientransporte im Winter oder gesamte Transportkette klimatisiert
Verwerfen von Eiern/Feten während des Transportes, oder Eiretention danach	psychisch bedingte Legenot	kein Transport, keine Ortsveränderung hochtragender Weibchen
Erbrechen angedauter Nahrung, u. U. mit Todesfolge (v. a. Jungschlangen)	Transportstreß, Kreislaufbelastung bis Kreislaufkollaps	Reptilien während des Transportes nicht füttern, Schlangen bereits eine Woche vorher nüchtern halten, für gute Darmentleerung sorgen, Transportzeit minimieren
Quetschungen verschiedenen Grades bis Todesfolge (v. a. Jungtiere)	unterschiedlich große Reptilien in einem Transportraum (z. B. Adulte und Juvenile); Verrutschen der Ladung, Tiere werden in eine Ecke gedrückt und die untersten nehmen Schaden	nur gleich große Reptilien in eine Box; Ladung gegen Verrutschen sichern; Boxhöhe so, daß keine Stapelung der Tiere möglich ist; Chamäleons und Baumschlangen brauchen Zweige zum Festhalten
ein oder mehrere Reptilien nicht auffindbar	Beuteopfer, Kannibalismus, Flucht	keine Vergesellschaftung von Freßfeinden; Boxen ausbruchsicher gestalten; Schlangenbeutel mit doppelter Naht; Giftschlangenbeutel in 2. Behälter zur Sicherheit
Hautfalten vertiefen sich, Hautturgor sinkt	Exsikkose	Reptilien Trinkwasser anbieten bzw. besprühen; Substrat anfeuchten
Riß-, Stich-, Scheuerwunden, Abschnürung von Körperteilen	in Transportbox Schraube/Nagel eingedrungen, Strangulation durch Polstermaterial	Box vor Belegung auf mögliche scharfe Kanten, Nägel usw. überprüfen und Abhilfe schaffen
Hautwunden, Frakturen, Schwanzverlust (einige Echsenarten)	brünstige oder rivalisierende Männchen in Gemeinschaftsbox	keine brünstigen Tiere in Gemeinschaftsbox
Tiere im Schlafzustand oder Koma, wachen nach Transport nicht mehr auf, Exitus oder keine Erlangung normaler Lebensfunktionen	Verabreichung von Sedativa oder Narkotika zur Ruhigstellung vor dem Transport	keine bewußtseinstrübenden Präparate vor dem Transport geben
Enteritiden, Koprostasen	Transportstreß, Flüssigkeitsmangel	vor Transport Darmleerung, v. a. bei Großreptilien, die große Beutestücke aufnehmen (Schlangen, Warane)
Erkrankung nach Transport (bakteriell, mykotisch, viral und/oder parasitär)	Streß, Immundepression	bei gut planbaren Transporten Gabe von Wurmmitteln und Paramunitätsinducern 14 Tage vor Transport

Transportbehälter müssen im Winter vorgewärmt oder temperierbar sein.

Kranke Reptilien sollten nicht transportiert werden, eine Ausnahme stellt der Transport zum Tierarzt dar.

Fang, Zwischenhälterung, Verpackung und Transport stellen einen enormen Eingriff in den Lebensrhythmus dar und belasten die Psyche und Physis der Reptilien in hohem Maße. Allein das Fangen/Ergreifen bewirkt hochgradige Erregung bei heftigsten Abwehrreaktionen bis zur totalen Erschöpfung und Schockgefahr (z. B. Hypoglykämie der Krokodile). Diese Streßsituation hält bis zum Zurechtfinden in der neuen fremden Umgebung, dem Terrarium, an (Tab. 6.11–1).

Über einen tierschutzwidrigen Massentransport von ca. 20 000 Landschildkröten mit hoher Morbiditäts- und Mortalitätsrate berichtet SASSENBURG (1993) und wertet Untersuchungsergebnisse klinisch sowie röntgen- und labordiagnostisch aus.

Als Alternative zum Einfangen von Wildtieren und transkontinentalem Transportieren kann die gezielte Nachzucht von Terrarientieren gesehen werden.

Eine Quarantäne beim Tierhalter für drei Monate mit begleitenden diagnostischen Untersuchungen ist unerläßlich (CITES-Leitlinien, 1996).

Für internationale Reptilientransporte sind entsprechende Aus- und Einfuhrgenehmigungen, gegebenenfalls Wiedereinfuhrgenehmigungen erforderlich (VO (EG) Nr. 338/97).

Die CITES-Bescheinigungspflicht ist bei Ein- und Ausfuhr, Vermarktung und Transport einiger Arten vorgeschrieben.

In bestimmten Fällen besteht Genehmigungspflicht für Transportvorgänge von lebenden naturentnommenen Reptilien gemäß Verordnung (EG) Nr. 338/97, Anhang A (VO (EG) Nr. 338/97).

Die sogenannte Formular-Verordnung – VO (EG) Nr. 939/97 der Kommission vom 26. Mai 1997 mit Durchführungsbestimmungen zur Verordnung (EG) Nr. 338/97 des Rates ist zu beachten.

Literatur

Fischer, W.: Fang und Transport von Zootieren. In: Berger, G. et al.: Wildtiere in Menschenhand, Bd. 1. DLG Verlag, Berlin (1979).

Fritzsche, J.: Das praktische Terrarienbuch. Neumann, Leipzig, Radebeul (1981).

Kaulis, H., S. Orban: Tierschutzrechtliche Überprüfung der Haltung und Vorführung von (Riesen-)Schlangen im Zirkus. TVT – Tierärztl. Vereinigung f. Tierschutz. Loseblatt-Sammlung (1995).

Sassenburg, L.: Massentransport von Landschildkröten – ein Fallbericht. 35. Int. Symposium über die Erkrankungen der Zoo- und Wildtiere, Rabat (1993).

Rechtsgrundlagen, Empfehlungen, Normen u. ä.:

Bekanntmachung der deutschen Übersetzung der 25. Auflage der IATA-Richtlinien für den Transport von lebenden Tieren. Vom 10. Februar 1999 (BAnz. Nr. 124a).

Bekanntmachung der deutschen Übersetzung der CITES-Leitlinien für den Transport und die entsprechende Vorbereitung freilebender Tiere und wildlebender Pflanzen vom 2. Dezember 1996 (BAnz 1997, Jahrgang 49, Nr. 80a).

Verordnung (EG) Nr. 338/97 des Rates über den Schutz von Exemplaren wildlebender Tier- und Pflanzenarten durch Überwachung des Handels. Vom 9. Dezember 1996 (ABl. 1997 Nr. L 61 S. 1), ber. (ABl. Nr. L 298 S. 70), zul. geänd. durch 98 R 2214 vom 15.10.1998 (ABl. Nr. L 279 S. 3).

Verordnung (EG) Nr. 939/97 der Kommission mit Durchführungsbestimmungen zur Verordnung (EG) Nr. 338/97 des Rates über den Schutz von Exemplaren wildlebender Tier- und Pflanzenarten durch Überwachung des Handels. Vom 26. Mai 1997 (ABl. 1997 Nr. L 140, S. 9), zul. geänd. durch 98 R 1006 v. 14. Mai 1998 (ABl. Nr. L 145, S. 3).

Weiterführende Literatur

TVT – Tierärztliche Vereinigung für Tierschutz e. V.: Empfehlungen zum tierschutzgerechten Transport von Heimtieren. TVT – Tierärztliche Vereinigung für Tierschutz e. V., Arbeitskreis 8 „Zoofachhandel" (1997).

7 Tierbehandlung und -gesundheitspflege in der umwelt- und tiergerechten Haltung

7.1 Notwendigkeit der Tierbehandlung und -gesundheitspflege

(METHLING, W.; SOMMER, H. †)

Sowohl im „konventionellen" als auch im integrierten und ökologischen Landbau stellen **Krankheiten** und daraus resultierende Verluste der Tiere eine erhebliche Gefahr und Belastung der betriebswirtschaftlichen Effektivität dar. Bei Besitzern von Heim- und Begleittieren haben Krankheiten und Verluste neben der wirtschaftlichen auch eine starke ethisch-moralische und psychologische Bedeutung.

Die schwerwiegendsten Folgen haben **Tierseuchen**, die zum Verlust des gesamten Tierbestandes führen, auch wenn über die Tierseuchenkasse ein Teil des entstandenen Schadens ausgeglichen wird. Tierverluststatistiken belegen immer wieder, daß **Abgänge** von 10–15 % der eingestallten Tiere durchaus als traurige „Normalität" der Nutztierhaltung zu betrachten sind. Die höchsten **Verlustraten** (5–10 %) durch Verendung, Nottötung oder Notschlachtung sind bei säugenden oder frisch geschlüpften Jungtieren zu verzeichnen, auch bei abgesetzten Jungtieren und jungen Masttieren sind relativ hohe Verluste zu verzeichnen. Diese Abgänge vor Erreichung der eigentlichen Nutzungsaltersgrenze treten trotz z. T. intensiver tierärztlicher Betreuung, Prophylaxe und medikamentöser Behandlung auf. Die Kosten für die veterinärmedizinische Betreuung betragen 1–3 % der Selbstkosten der Betriebe. Sie sind also durchaus angemessen.

Ein Verzicht auf diese vorbeugende und/oder Heilbehandlung würde zu einem weiteren Anstieg der Tierverluste und zu Leistungsminderungen führen, aber auch die Erzeugung qualitativ hochwertiger und gesundheitlich unbedenklicher Rohstoffe und Lebensmittel (Krankheitserreger und Rückstände) gefährden.

Gesundheitspflege und vorbeugende Maßnahmen des Tierhalters bzw. -betreuers, **prophylaktische und therapeutische Behandlungen** durch den Tierarzt und der Einsatz der erforderlichen Wirkstoffe dienen der Erreichung folgender **Zielstellungen**:

- Schutz bzw. Wiederherstellung der Tiergesundheit,
- Vermeidung, Beseitigung oder Linderung von Schmerzen, Leiden und Schäden der Tiere,
- Erzeugung von qualitativ hochwertigen und gesundheitlich unbedenklichen Lebensmitteln,
- Stabilisierung und Erhöhung der Leistungen der Tiere,
- Verhütung oder Minderung wirtschaftlicher Verluste,
- Sicherung der nationalen und internationalen Marktfähigkeit von Tieren und Produkten tierischer Herkunft.

Die wichtigsten **Erkrankungen** und **Verlustursachen** in Nutztierbeständen (bei z. T. sehr

7 Tierbehandlung und -gesundheitspflege in der umwelt- und tiergerechten Haltung

unterschiedlichem Auftreten in Jungtier-, Mast- oder Zuchtbeständen, in Schweine-, Rinder-, Schaf-, Geflügel-, Fischbeständen), aber auch bei Heim- und Begleittieren sind:

a) Infektionskrankheiten und Parasitosen als Allgemeinerkrankung oder in besonderer Ausprägung als Krankheit von Organsystemen:
- Verdauungssystem,
- Atmungssystem,
- Herz- und Kreislaufsystem,
- Bewegungsapparat,
- Euter,
- Haut,
- Genitalapparat,
- Nervensystem;

b) Wunden und Verletzungen (mit oder ohne Infektion);
c) nichtinfektiöse Verdauungs- und Stoffwechselerkrankungen;
d) nichtinfektiöse Atemwegserkrankungen;
e) nichtinfektiöse Bewegungsstörungen;
f) nichtinfektiöse Fortpflanzungsstörungen.

Die gegen Krankheiten eingesetzten Wirkstoffe sind entsprechend der Zielstellung Hauptbestandteile von:
- Reinigungsmitteln,
- Desinfektionsmitteln,
- Entwesungsmitteln,
- Futterzusatzstoffen,
- Gesundheitspflegemitteln,
- Tierarzneimitteln.

Die in diesem Kapitel besonders zu berücksichtigenden **Gesundheitspflege-** und **Tierarzneimittel** sind u. a.:
- Impfstoffe (Vakzinen), andere Biotika (Seren, Probiotika, Paramunitätsinducer, Diagnostika),
- Antiinfektiva (Antibiotika u. a.),
- Antiparasitika,
- Analgetika, Antipyretika, Antiphlogistika,
- Hormone,
- Sekretolytika,
- Vitamine,
- Mineralstoffe,
- Zucker (Glukose u. a.),
- Puffer und Neutralisationsmittel,
- Huminsäuren,
- Kohlepräparate,
- Hautpflegemittel.

Der deutsche **Tierarzneimittel-Markt** (2000 ca. 931 Mio. DM) weist kontinuierlich Wachstumsraten um 3–5 % auf. Die größten Marktanteile besaßen 2000 **Biologika** (28,0 %), **Antiinfektiva** (27 %), **Antiparasitika** (19,3 %) und **therapeutische Hormone** (4,4 %). Futterzusatzstoffe haben ebenfalls eine große Bedeutung (ca. 450 Mio. DM). Wenn antibiotisch wirkende Zusatzstoffe gänzlich aus Futtermitteln für Nutztiere herausgenommen werden, um jegliches Risiko des Verbleibs von Rückständen in Lebensmitteln und der Übertragung von Resistenz-Plasmiden auf humanpathogene Mikroorganismen auszuschließen, werden **Prä-** und **Probiotika** mit darmregulierender Funktion an ihre Stelle treten.

Die Notwendigkeit der Tierbehandlung steht auch in der **ökologischen Tierhaltung** außer Frage. Bei der Tierhaltung im ökologischen Landbau werden von den Tieren selten Höchstleistungen verlangt. Zum einen weil die Betriebe nicht entsprechend spezialisiert sind und zum anderen weil Höchstleistungen in der Regel nur mit Hilfe von zugekauften Futtermitteln erzeugt werden können. Dies gilt sowohl für die Schweine- als auch für die Milchviehhaltung. Unter unseren Bedingungen können aus dem Grundfutter 4000–5000 kg Milch/Kuh erzeugt werden. Das bedeutet, daß 3–4 Laktationen benötigt werden, bis sich eine Milchkuh amortisiert hat. Erst dann wirft sie echte Gewinne ab. Das Ziel bei der Milcherzeugung im ökologischen Landbau muß somit ein doppeltes sein: Gewinnung von Grundfutter höchster Qualität und gesunde Tiere mit langer Nutzungsdauer. Bei Tieren, die mit Hilfe von zugekauftem Kraftfutter 10 000–12 000 kg Milch erzeugen, spielt die Nutzungsdauer u. U. eine geringere Rolle, da sie sich schneller amortisieren. Zusätzlich kommt der Gesundheit der Tiere noch eine besondere Be-

7.1 Notwendigkeit der Tierbehandlung und -gesundheitspflege

deutung zu, weil die Milch z. T. ab Hof verkauft wird und der eigenen Käseherstellung dient. An die Qualität der Milch werden also besondere Ansprüche gestellt, und es besteht kein Zweifel, daß eine hohe Lebensmittelqualität nur mit gesunden Tieren erzielt werden kann. Ähnliche Gesichtspunkte gelten für die Schweinehaltung. Je mehr gesunde Altsauen mit hohen Ferkelzahlen im Bestand sind, um so höher ist die Rentabilität.

Ökologische, im Kreislaufsystem wirtschaftende Betriebe, wollen nicht nur aus „ideologischen" Gründen gesunde Tiere, sie sind auch aus ökonomischen Gründen weit mehr auf gesunde Tiere mit langer Lebensdauer angewiesen als die „konventionellen" hochspezialisierten Landwirte. Gesunde Milchkühe und Sauen gibt es nur in Betrieben, in denen Fütterung und Haltung den Ansprüchen der Tiere genügen und in denen für die Gesundheit eine entsprechende Vorsorge getroffen wird. Fütterung und Haltung werden an anderer Stelle (Kap. 2.7 und 4.1) ausführlich geschildert. Im Kapitel 7.3 wird auf die wesentlichen zusätzlichen Maßnahmen einer Gesundheitsvorsorge und auf eine unter Umständen notwendige Behandlung hingewiesen, wobei nur Milchkühe und Sauen berücksichtigt werden, da bei ihnen die meisten Probleme auftreten.

7.2 Grundsätze und rechtliche Regelungen zum Einsatz von Tierarzneimitteln, Rückstandsproblematik bei Tieren, die der Lebensmittelgewinnung dienen

(Kietzmann, M.; Methling, W.)

7.2.1 Rechtliche Rahmenbedingungen

Arzneimitteln kommt für die **Sicherung der Gesundheit** von Tier und Mensch erhebliche Bedeutung zu. Die Anwendung von Arzneimitteln ist in der Tierhaltung unverzichtbar. Sie steht jedoch unter der Maßgabe einer verbrauchergerechten, tierschutzgerechten und ökonomisch vertretbaren Gewinnung von Lebensmitteln. Unsachgemäßer Einsatz von zugelassenen sowie fahrlässiger oder vorsätzlicher Einsatz von nicht zugelassenen oder sogar verbotenen Tierarzneimitteln erschüttert nachhaltig das Vertrauen des Verbrauchers in Landwirtschaft und Veterinärmedizin.

Die **Sicherheit** des Menschen **als Verbraucher** der von Tieren stammenden Lebensmittel und der Schutz der Tiere müssen im Vordergrund des Handelns von Tierhalter und Tierarzt stehen. Diesem Zweck dienen die Bestimmungen des Arzneimittelgesetzes in Verbindung mit anderen Gesetzen, wie dem Lebensmittel- und Bedarfsgegenständegesetz in der Neufassung vom 20. Juli 2000 und dem Futtermittelgesetz in der Neufassung vom 25.08.2000 sowie entsprechenden Verordnungen. Die Arzneimittel-Anwendung unterliegt insbesondere bei Tieren, die der Lebensmittelgewinnung dienen, zahlreichen Beschränkungen. Jede Anwendung von Arzneimitteln ist am aktuellen Stand der tierärztlichen Wissenschaft auszurichten. Beispielhaft sei in diesem Zusammenhang auf die Leitlinien für einen sorgfältigen Umgang mit antimikrobiell wirksamen Tierarzneimitteln verwiesen.

Arzneimittel sind (laut Arzneimittelgesetz vom 04.07.2000) Stoffe oder Zubereitungen aus Stoffen mit dem Bestimmungszweck, Krankheiten, Leiden, Körperschäden oder krankhafte Beschwerden zu heilen, zu lindern oder zu verhüten sowie die Beschaffenheit, den Zustand oder Funktionen des Körpers oder seelische Zustände erkennen zu lassen, vom Körper erzeugte Wirkstoffe oder Körperflüssigkeiten zu ersetzen, Krankheitserreger, Parasiten oder körperfremde Stoffe abzuwehren, zu beseitigen oder unschädlich zu machen und die Beschaffenheit, den Zustand oder Funktionen des Körpers oder seelische Zustände zu beeinflussen. Im Arzneimittelrecht werden **verschreibungspflichtige**, **apothekenpflichtige** und **freiverkäufliche** Arzneimittel unterschieden. Von den Arzneimitteln sind **Futterzusatzstoffe** und **Ergänzungsfuttermittel** klar abzugrenzen. Gerade die Abgrenzung von Ergänzungsfuttermitteln, die unter Umgehung von Arzneimittel-Zulassungsverfahren im Handel sind, ist oftmals schwierig.

Selbstverständlich muß es das Ziel jeder Tierhaltung sein, den Einsatz von Arzneimitteln stets auf das unbedingt Notwendige zu beschränken. Trotz aller krankheitsvorbeugenden Maßnahmen ist der Arzneimitteleinsatz jedoch oft unumgänglich. Um Rahmenbedingungen für die Anwendung von Arzneimitteln (die neben der Sicherung der Tiergesundheit – die nicht zuletzt auch aus tierschützerischer Sicht höchsten Stellenwert haben muß – ein ausreichend hohes Maß an Sicherheit für den Verbraucher und auch der Umwelt gewährleisten) zu schaffen, wurden die arzneimittelrechtlichen Bestimmungen in der jüngeren Vergangenheit mehrfach geändert, wobei auch die notwendige Harmonisierung auf europäischer Ebene eine wesentliche Rolle spielte. Beispielsweise ist in diesem Zusammenhang die für die EU einheitlich geltende Verordnung (EWG) Nr. 2377/90 bezüglich der Beurteilung von **Tierarzneimittelrückständen** und der Festlegung von Rückstandshöchstmengen (MRL) von großer Bedeutung (s. u.).

7.2.2 Arzneimittelanwendung, Abgabe und Verschreibung durch Tierärzte sowie Erwerb und Anwendung durch Tierhalter

Der **Einsatz** von Tierarzneimitteln ist nach Arzneimittelgesetz **grundsätzlich** dem **Tierarzt** vorbehalten. Das gilt ohne Ausnahme für die Applikation von Impfstoffen, Narkotika und natürliche Sexualhormone. Im Einzelfall kann die zuständige Behörde bei Tierimpfstoffen auf Antrag eines Tierarztes Ausnahmen zulassen. Andere Arzneimittel können auch **vom Tierhalter** verabreicht werden, wenn folgende **Voraussetzungen** erfüllt sind:
- Abgabe des Arzneimittels durch einen Tierarzt oder ein Apotheke,
- Abgabe und Anwendung nur bei Tieren, für die eine Indikation (Krankheit) vorliegt,
- Behandlungsanweisung des Tierarztes an den Tierhalter,
- Zulassung des Arzneimittels für therapeutische und prophylaktische Maßnahmen sowie für alle Tierarten (unabhängig von der Nutzungsart).

In Deutschland hat der **Tierarzt** das Recht, Arzneimittel selbst herzustellen, abzugeben und anzuwenden **(Dispensierrecht)**. Dieses Dispensierrecht ist allerdings nicht uneingeschränkt; zahlreiche Rechtsbestimmungen legen die Rahmenbedingungen der tierärztlichen **Anwendung**, **Abgabe** und **Verschreibung** von Arzneimitteln fest.

Arzneimittel, die nicht für den Verkehr außerhalb von Apotheken freigegeben sind (d. h. apotheken- und verschreibungspflichtige Arzneimittel), dürfen nur angewendet werden, wenn sie für die behandelte Tierart und das Anwendungsgebiet zugelassen sind. Sie dürfen grundsätzlich nur im Rahmen einer ordnungsgemäßen Behandlung von Tieren oder Tierbeständen angewendet oder abgegeben werden. Eine **ordnungsgemäße Behandlung** umfaßt mindestens die Untersuchung in angemessenem Umfang, die Kontrolle der Arzneimittelanwendung und des Behandlungserfolges sowie die Arzneimittelabgabe mit konkreter Behandlungsanweisung. Die Arzneimittelabgabe darf nur in der jeweils erforderlichen Menge und mit konkreten **Anweisungen** über Dauer, Art und Zeitpunkt der Anwendung erfolgen. Auch bei der Abgabe von Arzneimitteln zur Durchführung tierärztlich gebotener und kontrollierter krankheitsvorbeugender Maßnahmen darf der Umfang der Abgabe von Arzneimitteln den aufgrund tierärztlicher **Indikation** festgestellten Bedarf nicht überschreiten. Arzneimittel dürfen nach Ablauf des **Verfalldatums** weder abgegeben noch angewendet werden.

Apothekenpflichtige Arzneimittel dürfen vom Tierhalter nur aus der Hausapotheke des behandelnden Tierarztes oder über eine Apotheke bezogen werden. Die Anwendung dieser Arzneimittel bleibt auf die Tierarten und Anwendungsgebiete beschränkt, für die das Arzneimittel zugelassen ist. Weiterhin sind die in der Kennzeichnung angegebenen **Behandlungsrichtlinien** und **Wartezeiten** für den Tierhalter bindend.

Verschreibungspflichtige Arzneimittel dürfen sich in der Hand des Tierhalters nur befinden, wenn sie für den konkreten **Einzelfall** vom Tierarzt zur Anwendung bei den von ihm behandelten Tieren abgegeben oder gegebenenfalls verschrieben wurden. Die **Anwendung, Abgabe** oder **Verschreibung** muß nach **Anwendungsgebiet** und **Menge** veterinärmedizinisch gerechtfertigt sein, um das Behandlungsziel zu erreichen, und darf diese nicht überschreiten. Ein Erwerb von Arzneimitteln durch einen Tierhalter „auf Vorrat" ist daher unzulässig. Arzneimittel dürfen nicht für Tiere abgegeben werden, die noch nicht geboren oder die noch nicht im Bestand des künftigen Tierhalters sind. Sie dürfen jedoch für Tiere abgegeben werden, die erst nach der Abgabe des Arzneimittels eingestallt werden, wenn die Anwendung im Rahmen eines für den ordnungsgemäß behandelten Bestand festgelegten Hygiene- und Prophylaxeprogramms (mit mindestens einmal monatlicher tierärztlicher Kontrolle und Untersuchung) am Tag der Einstellung notwendig ist. Bei noch nicht geborenen Tieren besteht insofern eine Ausnahme, als daß die Regelung nicht für ungeborene Tiere gilt, sofern diese selbst behandelt werden oder bei der Behandlung der Muttertiere die Anwendung bei den neugeborenen Tieren innerhalb der ersten Lebenswoche notwendig ist.

Bei Tieren, die der **Lebensmittelgewinnung** dienen, muß **im Falle der Verschreibung** einer Rezeptur ein Therapienotstand (s. o.) vorliegen. Die Verschreibung für Tiere, die der Lebensmittelgewinnung dienen, muß in drei Ausfertigungen im Durchschreibeverfahren erfolgen. Das Original und die für die Apotheke bestimmte erste Durchschrift sind dem Tierhalter auszuhändigen; die zweite Durchschrift verbleibt beim Tierarzt. Sie ist zeitlich geordnet drei Jahre aufzubewahren und der zuständigen Behörde auf Verlangen vorzulegen.

Bei der Abgabe von Arzneimitteln, die zur Anwendung bei Tieren, die der **Lebensmittelgewinnung** dienen, bestimmt sind, ist immer ein **Abgabebeleg** in doppelter Ausfertigung auszufüllen. Die erste Ausfertigung erhält der Tierhalter; die zweite verbleibt beim Tierarzt. Die Aufbewahrungspflicht beträgt ebenfalls drei Jahre.

Eine sogenannte **Umwidmung** (Verwendung eines Arzneimittels bei einer Tierart oder Indikation, für die es nicht zugelassen ist) ist ausnahmsweise nur im Falle eines **Therapienotstandes** zulässig. Folgende Voraussetzungen müssen dabei gegeben sein:

- Für die Behandlung steht ein zugelassenes Arzneimittel für die betreffende Tierart oder das Anwendungsgebiet nicht zur Verfügung.
- Die notwendige arzneiliche Versorgung der Tiere ist ernstlich gefährdet.
- Eine unmittelbare oder mittelbare Gefährdung der Gesundheit von Mensch und Tier ist durch die Verwendung des Arzneimittels nicht zu befürchten.
- Das Arzneimittel ist zur Anwendung durch den Tierarzt oder unter seiner Aufsicht bestimmt.

Es dürfen im Falle eines Therapienotstandes nur Arzneimittel eingesetzt werden, welche Wirkstoffe enthalten, die auch in mindestens einem Arzneimittel enthalten sind, welches für eine der Lebensmittelgewinnung dienende Tierart zugelassen ist.

Bei jeder Anwendung, Abgabe oder Verschreibung ist der Tierhalter durch den Tierarzt auf die entsprechenden **Wartezeiten** hinzuweisen. Die Einhaltung der Wartezeiten obliegt dem Tierhalter. Im Falle einer Umwidmung gelten folgende Mindestwartezeiten:

- eßbare Gewebe   28 Tage
- Milch   7 Tage
- Eier   10 Tage
- Fisch   500 dividiert durch mittlere Wassertemperatur in °C (= Anzahl Tage Wartezeit)
- Homöopathika (ab D6)   0 Tage

Die **Lagerung** der Arzneimittel muß immer unzugänglich für Unbefugte (insbesondere für Kinder) außerhalb des Stallraumes (z.B. in einem verschlossenen Schrank im Vorraum) erfolgen.

7.2.3 Herstellung von Arzneimitteln durch den Tierarzt

Der Tierarzt darf im Falle eines **Therapienotstandes** (s. o.) in seiner **Hausapotheke** Arzneimittel für von ihm zu behandelnde Tiere (Einzeltiere oder Tiere eines Bestandes) herstellen, ohne daß er hierzu einer gesonderten Erlaubnis bedarf. Derartige nur für **Einzeltiere** oder Tiere eines **bestimmten Bestandes** hergestellte Arzneimittel dürfen ohne Zulassung abgegeben oder angewendet werden. Die Möglichkeit der Arzneimittelherstellung durch den Tierarzt wird aus galenischer Sicht dadurch eingeschränkt, daß verschreibungspflichtige Stoffe oder Zubereitungen aus solchen Stoffen vom Tierarzt nur als zugelassene Arzneimittel bezogen werden dürfen. Eine den anerkannten Regeln der pharmazeutischen Wissenschaft entsprechende Herstellung eines Arzneimittels ist in der tierärztlichen Hausapotheke damit oftmals nicht möglich.

In den vom Tierarzt im Falle eines Therapienotstandes hergestellten Arzneimitteln, die zur Anwendung bei Tieren, die der **Lebensmittelgewinnung** dienen, bestimmt sind, dürfen nur **Stoffe** oder Zubereitungen enthalten sein, die in einem Arzneimittel enthalten sind, welches für die Anwendung bei Tieren, die der Gewinnung von Lebensmitteln bestimmt sind, **zugelassen** ist. Für derartige Fälle der tierärztlichen Herstellung eines Arzneimittels im Therapienotstand ist das Herstellen allein als eine stoffliche Bearbeitung definiert; Umfüllen, Abpacken oder Kennzeichnen in unveränderter Form gelten hier nicht als Herstellen. Es ist also immer möglich, Arzneimittel in einer für den jeweiligen Einzelfall benötigten Menge aus einer größeren Abpackung abzufüllen und abzugeben, ohne daß dies als Herstellung im Sinne einer stofflichen Bearbeitung gilt. Da der Tierarzt Arzneimittel in der Außenpraxis (Praxiswagen) nur in Originalbehältnissen mit sich führen darf, muß das Abfüllen im gegebenen Einzelfall vor Ort mit **Kennzeichnung** des abgefüllten Arzneimittels gemäß Arzneimittelgesetz erfolgen.

7.2.4 Arzneimittel in der Außenpraxis, örtlich getrennte Betriebsräume der Hausapotheke

Arzneimittel dürfen in der **Außenpraxis** (Praxiswagen) nur in einem dem regelmäßigen **täglichen Bedarf** entsprechenden Umfang und nur in allseits umschlossenen **Behältnissen** mitgeführt werden, die Schutz bieten vor einer nachteiligen Beeinflussung der Arzneimittel, vor allem durch Licht, Temperatur, Witterungseinflüsse oder Verunreinigungen.

Örtlich getrennte Betriebsräume der Hausapotheke dürfen nur unterhalten werden, sofern sie erforderlich sind für:

- die Aufbewahrung von Arzneimittelvormischungen zur Herstellung von Fütterungsarzneimitteln oder
- die ordnungsgemäße arzneiliche Versorgung von Tieren in Zoos, Tierheimen, Versuchstierhaltungen, Tierkliniken, Besamungsstationen oder
- einer von der zuständigen Behörde zugelassenen Untereinheit der Praxis am Ort der Niederlassung.

Die örtlich getrennten Betriebsräume müssen ausschließlich der Verfügungsgewalt des Tierarztes unterstehen. Mehrere Tierärzte dürfen einen entsprechenden Raum gemeinsam nutzen, wenn ein Tierarzt bestimmt ist, der die Verantwortung für den ordnungsgemäßen Betrieb übernimmt und dieser die Übernahme der Verantwortung der zuständigen Behörde mitgeteilt hat.

7.2.5 Herstellung und Verschreibung von Fütterungsarzneimitteln

Der Tierarzt darf **Fütterungsarzneimittel** nur herstellen lassen, wenn sie zur Anwendung an den von ihm behandelten Tieren und für die in der Packungsbeilage der Arzneimittelvormischung bezeichneten Anwendungsgebiete bestimmt sind. Zur Herstellung von Fütterungsarzneimitteln dürfen nur **zugelassene Arzneimittelvormischungen** verwendet werden.

Grundsätzlich besteht die Möglichkeit der Erteilung eines **Herstellungsauftrages** an einen Mischbetrieb mit amtlicher Anerkennung als Mischfuttermittelhersteller gemäß Futtermittelverordnung oder die Möglichkeit einer **Verschreibung** mit Herstellung des Fütterungsarzneimittels durch einen Hersteller mit Erlaubnis zur Arzneimittelherstellung nach dem Arzneimittelgesetz. Eine Herstellung durch den Tierarzt selbst ist unzulässig. Sogenannte „Hofmischungen", bei denen vor Ort ein Arzneimittel über das Futter verabreicht wird, stellen keine Fütterungsarzneimittel im Sinne des Arzneimittelgesetzes dar. Gerade diese Behandlungsform ist kritisch zu beurteilen, da beispielsweise keine ausreichende pharmazeutische Qualität des verabreichten Arzneimittels (z. B. Homogenität, Stabilität) gewährleistet ist.

Es darf auf einen vom Tierarzt ausgestellten Herstellungsauftrag nur die Menge eines Fütterungsarzneimittels hergestellt werden, die veterinärmedizinisch gerechtfertigt ist, um das Behandlungsziel zu erreichen. Bei der Herstellung eines Fütterungsarzneimittels auf einen Herstellungsauftrag kann dem Mischbetrieb die Beaufsichtigung des technischen Ablaufes der Herstellung übertragen werden. Der Tierarzt muß die **Übertragung der Beaufsichtigung** der Herstellung des Fütterungsarzneimittels im Herstellungsauftrag vermerken. Er soll sich vor der ersten Auftragserteilung vom Hersteller schriftlich bestätigen lassen, daß der Mischbetrieb bereit und in der Lage ist, seinen im Arzneimittelgesetz und in der Tierärztlichen Hausapothekenverordnung in der Fassung vom 27.03.1996 festgelegten Verpflichtungen zur ordnungsgemäßen Herstellung und **Kennzeichnung** des Fütterungsarzneimittels nachzukommen. Ein Herstellungsauftrag hat eine Gültigkeit von drei Wochen. Eine wiederholte Herstellung auf einen Herstellungsauftrag ist nicht zulässig. Der Tierarzt hat sich regelmäßig zu vergewissern, daß die Herstellung gemäß Herstellungsauftrag erfolgt. Weiterhin hat der Tierarzt aufgrund eines Herstellungsauftrages hergestellte Fütterungsarzneimittel stichprobenweise zu prüfen oder prüfen zu lassen (**Homogenitätsprüfung**).

Herstellungsaufträge und Verschreibungen von Fütterungsarzneimitteln sind auf einem Formblatt in fünffacher Ausfertigung vorzunehmen. Die für den Tierhalter bestimmte erste Durchschrift und die für den Tierarzt bestimmte vierte Durchschrift sind jeweils zeitlich geordnet drei Jahre aufzubewahren und der zuständigen Behörde auf Verlangen vorzulegen.

Für Fütterungsarzneimittel dürfen nur Mischfuttermittel verwendet werden, die den Vorschriften des Futtermittelgesetzes in der Neufassung vom 25.08.2000 entsprechen. Die Arzneimitteltagesdosis muß immer in einer Menge Mischfuttermittel enthalten sein, die die tägliche Futterration der behandelten Tiere, bei Rindern und Schafen den täglichen Bedarf an Ergänzungsfuttermitteln (ausgenommen Mineralfutter) mindestens zur Hälfte deckt.

7.2.6 Rückstände, Wartezeiten, Anwendungsverbote

Um für den Verbraucher vom Tier stammender Lebensmittel ein ausreichend hohes Maß an Sicherheit zu gewährleisten, sind in arzneimittel- und lebensmittelrechtlichen Bestimmungen **Anwendungsbeschränkungen** für Arzneimittel und **Höchstmengenfestlegungen** (z. B. für Pflanzenschutzmittel usw.) enthalten. So dient auch die Verordnung über Stoffe mit pharmakologischer Wirkung in der Fassung vom 25.09.1984 dem Schutz des Verbrauchers vor einer Gesundheitsgefährdung, die von Rückständen in Lebensmitteln, welche von mit Stoffen mit pharmakologischer Wirkung behandelten

Tieren gewonnen werden, ausgehen kann. Die Verordnung bestimmt, daß die in der Anlage zu dieser Verordnung aufgeführten **Stoffe** in den angegebenen Anwendungsgebieten entweder überhaupt **nicht bei Tieren**, die der Lebensmittelgewinnung dienen, oder nicht bei den dort im einzelnen bezeichneten **Tierarten** bzw. bestimmten **Altersgruppen** verwendet werden dürfen. Die Verordnung legt ebenfalls fest, in welchen Fällen Stoffe mit **estrogener**, **gestagener** und **androgener** Wirkung bei Tieren, die der Lebensmittelgewinnung dienen, eingesetzt werden dürfen. Diese Stoffe dürfen nur durch den Tierarzt oder in bestimmten Fällen (Brunstsynchronisation, Vorbereitung von Spender- und Empfängertieren beim Embryotransfer, Induktion der Laichreife bei Fischen) unter tierärztlicher Aufsicht verabreicht werden.

Seit dem 01.01.2000 gilt in der Europäischen Union uneingeschränkt die Maßgabe der Verordnung (EWG) Nr. 2377/90, daß bei Tieren, die der **Lebensmittelgewinnung** dienen, nur **Arzneimittel** angewendet werden dürfen, die in **Annex I, II** oder **III** dieser Verordnung aufgenommen sind. Es sind damit für alle Stoffe, die zum Einsatz bei lebensmittelliefernden Tieren bestimmt sind, **Rückstandshöchstmengen** (MRL) festgelegt. Der MRL stellt die Konzentration von Arzneimittelrückständen in den gewonnenen tierischen Geweben dar, die nicht überschritten sein darf. Mit dem MRL-Konzept ist für den Verbraucher der vom Tier stammenden Lebensmittel ein äußerst hohes Maß an Sicherheit gewährleistet, da aus einem im toxikologischen Versuch ermittelten **No-observed-effect-Level** (NOEL) unter Einbezug von Sicherheitsfaktoren eine **akzeptable tägliche Aufnahmemenge** (ADI) für den Menschen errechnet wird. Die der Festlegung eines MRL zugrunde liegenden Berechnungen gehen schließlich von einer täglichen Aufnahme von 300 g Muskelfleisch, 100 g Leber, 50 g Fett, 50 g Nieren, 1500 g Milch, 20 g Honig und 100 g Ei aus. In dieser angenommenen Menge täglich aufgenommener Nahrung tierischen Ursprungs müssen die Rückstände des jeweiligen Arzneimittels den ADI deutlich unterschreiten.

Grundvoraussetzung der Anwendung eines Arzneimittels bei Tieren, die der Lebensmittelgewinnung dienen, ist die Aufnahme des jeweiligen Stoffes in Annex I, II oder III der Verordnung (EWG) Nr. 2377/90:

- Annex I: pharmakologisch wirksame Stoffe, für die endgültig ein MRL festgelegt wurde,
- Annex II: Stoffe, für die kein MRL für Rückstände gilt,
- Annex III: pharmakologisch wirksame Stoffe, für die eine vorläufige MRL-Festlegung erfolgte.

Für bestimmte Stoffe konnte kein MRL festgelegt werden; diese Stoffe sind in **Annex IV** aufgelistet. Sie dürfen bei Tieren, die der Lebensmittelgewinnung dienen, nicht eingesetzt werden und dürfen sich auch nicht im Besitz des Halters von Tieren, die der Lebensmittelgewinnung dienen, befinden. Beispielsweise besteht ein **Anwendungsverbot** derzeit für Nitrofurane, Chloramphenicol, Nitroimidazole, Aristolochiasäure, Colchicin, Chloroform, Chlorpromazin, Phenylbutazon und Dapson sowie für estrogenwirksame Stilbene und Stoffe mit thyreostatischer Wirkung.

Um zu gewährleisten, daß die festgelegten MRL-Werte unterschritten werden, sind bei Fertigarzneimitteln angegebene **Wartezeiten** unbedingt einzuhalten. Die Wartezeiten beinhalten neben der ermittelten Ausscheidungszeit bis zum Unterschreiten der ermittelten Grenzkonzentration eine zusätzliche Sicherheitsspanne. Im Falle der Umwidmung sowie auch bei der Herstellung eines Arzneimittels durch den Tierarzt in seiner Hausapotheke oder auch im Falle der Herstellung im Auftrag eines Tierarztes in einer Apotheke gelten die bereits genannten Mindestwartezeiten (s. Kap. 7.2.2).

7.2.7 Nachweis- und Aufzeichnungspflicht

Tierärzte haben über den Erwerb, die Prüfung, sofern sie über eine Sinnenprüfung hinausgeht, und den Verbleib der Arzneimittel, über die Herstellung von Arzneimitteln auf Vorrat, Fütterungsarzneimittel sowie Sera und Impfstoffe Nachweise zu führen. Als ausreichende **Nachweise**, die in zeitlich geordneter Form **drei Jahre** aufzubewahren sind, gelten:

- für den Erwerb:
  die Zusammenstellung der **Lieferscheine, Rechnungen** oder **Warenbegleitscheine**, aus denen sich Lieferant, Art und Menge der Arzneimittel sowie die Chargenbezeichnung (wenn vorhanden) ergeben,
- bei der Anwendung durch den Tierarzt:
  – **Aufzeichnungen** im **Tagebuch** der Praxis oder in der **Patientenkartei** über Art und Menge sowie Name und Anschrift des Tierhalters,
  – bei Tieren, die der Lebensmittelgewinnung dienen, für die Abgabe das Doppel des **Abgabebelegs**,
- für die Herstellung:
  die Aufzeichnungen in einem **Herstellungsbuch** oder auf Karteikarten.
- für die Prüfung:
  Aufzeichnungen in einem **Prüfungsbuch**, auf **Karteikarten** oder durch **Prüfungsberichte**, wenn die Prüfung nicht in der tierärztlichen Hausapotheke durchgeführt wurde, mit Angaben über Lieferant, Art und Menge des Arzneimittels, Datum des Erwerbs oder der Herstellung sowie über Ort, Art und Datum der Untersuchung.

Bei der Anwendung von **Stoffen** mit **estrogener, gestagener** oder **androgener** Wirkung bei Tieren, die der Lebensmittelgewinnung dienen, sind außerdem **gesonderte Nachweise** zu führen, aus denen sich der Name und die Anschrift des Tierhalters, die Identität der behandelten Tiere sowie der Zeitpunkt, die Art und die Dosierung der angewendeten Arzneimittel ergibt. Bei freiverkäuflichen Arzneimitteln brauchen nur Nachweise über den Erwerb und nicht über den Verbleib geführt zu werden.

Halter von Tieren, die der Lebensmittelgewinnung dienen, sind ebenfalls verpflichtet, über den **Erwerb** und den **Verbleib** von Arzneimitteln Nachweise zu führen. Als ausreichende **Nachweise**, die in zeitlich geordneter Form **drei Jahre** aufzubewahren sind, gelten:

- Original des **Abgabebelegs** bei Abgabe durch den Tierarzt,
- erste Durchschrift eines **Herstellungsauftrages** bzw. einer **Verschreibung** eines Fütterungsarzneimittels,
- **Rezept** bei einer Verschreibung durch den Tierarzt,
- **Quittung** bei Erwerb eines apothekenpflichtigen Arzneimittels in einer Apotheke.

7.2.8 Homöopathika

Homöopathika unterliegen allgemein nicht der Zulassungspflicht; sie werden lediglich **registriert**. Allerdings bedürfen Homöopathika, die bei Tieren, die der **Lebensmittelgewinnung** dienen, eingesetzt werden sollen, bei **Neueinführung** der **Zulassung**. Mit dieser Regelung wird dem Verbraucherschutz Rechnung getragen, um auszuschließen, daß Homöopathika, insbesondere die in der Tiermedizin häufig verwendeten niedrigen Potenzen, zu möglicherweise gesundheitlich bedenklichen Rückständen in Lebensmitteln führen. Diese Regelung greift allerdings nur bei Neuzulassungen, so daß sich derzeit noch zahlreiche Homöopathika zur Anwendung bei Tieren, die der Lebensmittelgewinnung dienen, im Handel befinden, die als sogenannte Altpräparate nur registriert sind. Es erscheint im Sinne der Verbrauchersicherheit wünschenswert, in die Verfahren der Nachzulassung von Altpräparaten auch die zur Anwendung bei Tieren, die der Lebensmittelgewinnung dienen, bestimmten Homöopathika einzubeziehen. Für Homöopathika jenseits des Verdünnungsgrades D6 gelten die angeführten Beschränkungen bezüglich einer Umwidmung nicht.

7.2.9 Freiverkäufliche Arzneimittel

Für **freiverkäufliche Arzneimittel** entfällt bezüglich der Abgabe und Herstellung die Voraussetzung, daß der Tierarzt das Tier behandelt haben muß. Freiverkäufliche Arzneimittel dürfen somit auch für Tiere, die nicht vom Tierarzt behandelt worden sind, abgegeben werden. Sie können damit vom Tierhalter auch **ohne tierärztliche Verschreibung** erworben werden. Allerdings gelten die bezüglich der **Anwendung** von Arzneimitteln bestehenden **Einschränkungen** auch für diese Arzneimittel (z. B. Notwendigkeit der Aufnahme in Annex I, II oder III der Verordnung [EWG] Nr. 2377/90, s. u.).

7.3 Besonderheiten der Tierbehandlung im ökologischen Landbau

(Sommer, H. †)

7.3.1 Grundsätze

Bei der Behandlung der Tiere im ökologischen Landbau werden zwei **Grundsätze** verfolgt:
1. keine Anwendung von synthetischen, chemischen Mitteln, unter welche auch die Antibiotika fallen, und
2. Stimulierung der eigenen Heilkräfte.

Der Ganzheitsgedanke des ökologischen Landbaus schlägt sich auch mehr oder weniger in der Behandlung der Tiere nieder. Infolgedessen versucht man im Krankheitsfalle, die allgemeinen Widerstandskräfte des Tieres zu stimulieren und sieht die einzelnen Krankheiten auch nicht begrenzt. Enteritis oder Mastitis sind keine isolierten Krankheitserscheinungen, die lediglich den Darm oder das Euter betreffen, sondern lokaler Ausdruck einer allgemeinen Schwäche. Folglich verbieten sich von selbst spezifische, antibakteriell wirkende Medikamente wie Sulfonamide oder Antibiotika, da sie ja nur an den Keimen selbst angreifen, nicht aber die Heilungskräfte des Tieres stimulieren. Man versucht weitgehend Heilmittel anzuwenden, die „unverfälscht" aus der Natur kommen, also z. B. Pflanzenzubereitungen, homöopathische Arzneien, Bachblüten, Akupunktur und dergleichen. Dieser Grundsatz ist nicht immer einzuhalten, so daß z. B. gerade bei der Mastitis oder schweren bakteriellen Entzündungen mitunter doch auf Antibiotika zurückgegriffen werden muß.

Das **ganzheitliche Denken**, welches Tierhaltung und Pflanzenbau als harmonische Einheit sieht, legt den Gedanken nahe, daß kranke Tiere Ausdruck einer Disharmonie bzw. eines mangelhaften „kranken Managements" sind. Den Betriebsleitern in biologischen Betrieben ist oft leichter zu erklären – als dies in konventionellen Betrieben der Fall ist –, daß die meisten in der Schweine- und Rinderhaltung vorkommenden Krankheiten „hausgemachte" Krankheiten sind, die aus einer Überforderung des Tieres oder Mißachtung seiner Bedürfnisse resultieren. Eher als sonst findet man hier Gehör, wenn es darum geht, die Haltungs- und Fütterungsbedingungen zu ändern, um den Erkrankungen vorzubeugen. Andererseits wiegen sich biologisch wirtschaftende Landwirte gern in der trügerischen Sicherheit, bei ihnen könnten keine Tiere erkranken, weil das Futter „so biologisch" und deshalb „so gesund" sei. Weiterhin treten Schwierigkeiten auf, weil manche ökologisch wirtschaftenden Betriebe häufig mehr pflanzenbaulich interessiert sind, die Tiere „mitlaufen" und ihnen somit auch nicht die notwendige Aufmerksamkeit entgegengebracht wird. Letztlich besteht noch die prinzipielle Schwierigkeit für die Milchviehhaltung, daß hier infolge der speziellen Fruchtfolgen bei der Fütterung nahezu zwangsläufig ein Überangebot an Eiweiß (z. B. Leguminosen) und ein Mangel an Energieträgern (z. B. Mais) besteht.

7.3.2 Zur Entstehung und Vermeidung der häufigsten Krankheiten bei Milchkühen und Sauen

Nach dem Abkalben bzw. dem Abferkeln häufen sich die Krankheiten. Hierbei gibt es von Betrieb zu Betrieb und auch zwischen konventionellen und ökologischen Betrieben z. T. spezifische Unterschiede. Es ist ein Irrtum zu glauben, Tiere im ökologischen Landbau würden seltener krank als solche in

7.3 Besonderheiten der Tierbehandlung im ökologischen Landbau

konventionellen Betrieben. In Beständen mit einer Milchleistung, die 5000 kg übersteigt, finden wir eine Krankheitsrate, die denjenigen von konventionellen Betrieben vergleichbar ist. Ebenso verhalten sich die Fruchtbarkeitskennziffern (Abb. 7.3.2-1).

Auf der einen Seite haben wir das Tier mit seiner Vielfalt an Abwehr- und Regulationsmöglichkeiten, auf der anderen die einzelnen Umweltfaktoren, die sowohl als Stimulanzien als auch als Risiken auf das Tier einwirken können (Tab. 7.3.2-1). Das Tier muß dabei als **biokybernetisches System** mit einer individuell beschränkten und genetisch determinierten Regelungskapazität gesehen werden. Krankmachend ist in der Regel das Zusammenspiel der einzelnen Risikofaktoren, wobei ein Einzelfaktor nicht hervortreten muß. Nehmen wir z. B. die **Gebärparese** der Kuh. Sie wird auch als **Hypokalzämie** in der herkömmlichen Medizin angesehen, weil das Blut im Erkrankungsfalle einen sehr geringen Kalziumgehalt aufweist. Zur Behandlung wird deshalb eine Kalziumlösung infundiert, um dieses hervortretende Symptom zu beseitigen. Die Gebärparese ist aber eine **Allgemeinerkrankung** mit vielerlei Ursachen und nicht nur eine Regelungsschwäche für den Blut-Kalzium-Spiegel. Epidemiologische Studien haben mehrfach gezeigt, daß z. B. Kühe, die vor dem Abkalben zu fett sind, drei bis fünf Mal häufiger an Gebärparese erkranken als andere. Auch Tiere mit einer mangelhaften Leberfunktion erkranken um ein Vielfaches häufiger als solche ohne Leberirritation. Letztlich sind hochleistende Tiere mehr befallen als Kühe mit niedriger Leistung und Schwarzbunte mehr als Fleckviehkühe. Selbst das Licht spielt eine wichtige Rolle. Es kommen also **mehrere Risikofaktoren** zusammen, abiotische (Haltung), trophologische (Fütterung), genetische (Rasse) und die Leistung. Ganz pauschal ist die Parese damit spezifischer Ausdruck eines generellen Zusammenbruchs, Ausdruck der Überlastung des Gesamtsystems und nicht einer isolierten Fehlfunktion im Bereich des Kalziumstoffwechsels. Hierfür spricht auch, daß die Gebärparese sowohl mit der Mastitis als auch mit Fruchtbarkeitsstörungen korreliert, weil die erkrankten Tiere anfälliger gegen pathogene Keime sind. Es besteht ein gesicherter Zusammenhang zwischen dem Auftreten der Gebärparese, Mastitis und Endometritis. Der Ganzheitsmediziner wird deshalb auch nicht nur den Kalziumspiegel ins Auge fassen, sondern das ganze Tier, und er wird anstreben, dessen gesamtes Regelungssystem wieder „aufzubauen". Bei einer **kunstgerechten Behandlung** wird man zwar die Kalzium-Regelungsmöglichkeiten durch eine **Kalziuminfusion** anregen, aber es gehört unbedingt dazu, weitere Risikofaktoren zu minimieren, also

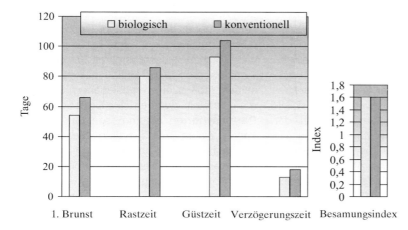

Abb. 7.3.2-1
Fruchtbarkeitskennziffern in biologischen und konventionellen Betrieben innerhalb der Betreuungszeit von 1986 bis 1990 (n = 2137 Kühe)

7 Tierbehandlung und -gesundheitspflege in der umwelt- und tiergerechten Haltung

Tabelle 7.3.2-1 Gesundheit (Balance zwischen Risikofaktoren aus Umwelt und Leistung sowie Abwehr- und Regelungsmöglichkeiten der Tiere)

Risikofaktoren	Tier als biokybernetisches System
▷ Umwelt	▷ Abwehr
• Biotische	• Haut, Haare
– Bakterien	• Epithelien
– Viren	• Zelluläre
– Parasiten	• Humorale
• Abiotische	
– Haltungsform (nicht artgerecht)	
– Klima	▷ Regelung
• Trophologische	• Stoffwechsel
– Nährstoffversorgung (nicht leistungsgerecht)	• Hormonsystem
– Fütterung (nicht artgerecht)	• Nervensystem
▷ Leistung	• Leber
• Geburt	• Niere
• Milch	• Atmung und Kreislauf

z. B. die **Leberfunktion** zu verbessern, die bei Kühen häufig eingeschränkt ist (schimmeliges Futter, überstürzte Fettmobilisation bei „fetten" Kühen), und auf **„magere"** (im unteren Normalgewichtsbereich) Tiere vor der Geburt zu drängen. Auch versucht man eine Entlastung des Tieres durch die **Reduktion der Leistung**, welche das Tier im Krankheitsfalle ohnehin selbst einleitet. Eventuell muß man auch für **bessere Lichtverhältnisse** sorgen. Bei der Behandlung ist **Flor de Piedra**$_{D4}$ hilfreich, und in der **Akupunktur** wird man die entsprechenden Regelungspunkte anregen. Bei einer derart gestalteten Therapie sind fast nie Rezidive zu beklagen, wie dies bei der konventionellen, landläufigen, alleinigen Kalziuminfusion recht häufig der Fall ist.

Die Behandlung ist jedoch nur ein Teil des nun fälligen Gesamtprogramms. Denn einzelne Tiere, die nach der Geburt erkranken, sind ein wichtiges Warnsignal dafür, daß allgemeine, schwerwiegende **Fehler** in der **Haltung** und **Fütterung** vorliegen, die alle Tiere betreffen. Also muß der Betriebsleiter die Mängel aufspüren und Abhilfe schaffen. Andernfalls läuft er (weil der Lebensbereich für die Tiere nicht stimmt) Gefahr, daß noch weitere Krankheitsfälle auftreten und die Rentabilität in Frage stellen, denn die meisten Erkrankungen nach der Geburt bedeuten einen Abfall der Milchleistung und enden häufig in Fruchtbarkeitsstörungen, welche zudem schwer zu behandeln sind und die Nutzungsdauer der Tiere mindern. Die Therapie muß als Notmaßnahme angesehen werden, mit deren Hilfe das Tier die Unzulänglichkeiten im Management überbrücken kann.

Die meisten Krankheiten treten in den ersten hundert Tagen nach dem Abkalben auf. Dieses sind typische **Belastungskrankheiten**, deren Ursachen hauptsächlich in einer fehlerhaften Fütterung vor dem Abkalben, dem Abkalben selbst und der schnell einsetzenden hohen Milchleistung liegen. Da die Geburt des Kalbes (Partus) der auslösende wesentliche Belastungsfaktor für den Zusammenbruch des Regelungssystems mit seinen individuell verschiedenen Symptomen darstellt, werden die Krankheiten als **Partussyndrom** zusammengefaßt. Sie sind immer einem mangelhaften Management anzulasten. Man kommt ihnen am besten durch **präventive Maßnahmen** bei, die vor dem Abkalben anzusetzen sind – wie z. B. „leistungsgerechte" und „lebergerechte" Fütterung. Ein Beispiel mag dies zeigen:

7.3 Besonderheiten der Tierbehandlung im ökologischen Landbau

Viele Kühe leiden unter **Fruchtbarkeitsstörungen**. Diese werden bei den Abgangsursachen an erster Stelle genannt (ca. 8 % aller Kühe). Als Symptom kennt man u. a. die Entzündung der Gebärmutterschleimhaut (Endometritis) und auch verschiedene Formen von Fehlfunktionen der Eierstöcke. Die Behebung der mißlichen Situation besteht in der lokalen Behandlung von Eierstock und Gebärmutter in der Annahme, hier läge die Ursache für das Übel. Der mäßige Behandlungserfolg und die hohe Abgangsrate zeigen, daß dies ein Irrtum ist. Die eigentliche Ursache ist auch hier, wie bei der Gebärparese, das Zusammentreffen meist mehrerer abiotischer, trophologischer und biotischer Risiken bzw. Belastungsfaktoren: z. B. Fütterungsfehler vor dem Abkalben („fette" Kühe, Eiweißüberschuß, mangelnde Rohfaser) und solche unmittelbar nach dem Abkalben (Mangel an strukturierten Rohfasern und Energie). Leberirritationen (verschimmelte Futtermittel) verschärfen die Situation. Infolgedessen leiden Kühe mit einem **Body-Score** von 3,5–5 vor dem Abkalben und solche mit einer Leberschwäche weit häufiger unter Nachgeburtsverhalten, Gebärparese, Ketose, Zysten und Endometritis als andere und müssen deutlich häufiger besamt werden (Abb. 7.3.2–2). Die eigentliche Ursache für das Leiden sind also nicht aktuelle Mangelsituationen, sondern solche, die u. U. Monate zurückliegen. Die endlich aufgetretenen Fruchtbarkeitsstörungen sind lokale Symptome einer langen Kette von Fehlleistungen im Betrieb, und infolgedessen ist der lokalen Behandlung auch nur mäßiger Erfolg beschieden. Präventive Maßnahmen hingegen bringen gerade mit alternativen Mitteln durch rechtzeitige **Stimulierung der eigenen Heilkräfte** ganz erstaunliche Resultate (Tab. 7.3.2–2). Immer aber sollten diese vor der Hauptbelastung, vor den Risiken Geburt (Partus) und Milchleistung ansetzen, um dafür zu sorgen, daß das Tier in optimalem Zustand diese Klippen überwinden kann.

Im Prinzip trifft alles, was für die Milchviehhaltung angemahnt wurde, auch für die Schweinehaltung zu. Während aber in der Rinderhaltung Fütterungsfehler den Risikofaktor Nummer eins darstellen, sind für Schweine Haltungsmängel häufig noch gravierender. So tritt z. B. der gefürchtete **Metritis-Mastitis-Agalaktie(MMA)-Komplex** des Mutterschweines nur bei Tieren in Kastenhaltung auf, wo die Tiere gezwungenermaßen in ihrem eigenen Kot und Harn liegen müssen und sich hiermit infizieren. In Beständen, wo die Sau genügend Auslauf hat und ein eigenes Strohnest anlegen kann, ist der MMA-Komplex nahezu unbekannt. Auch der MMA-Komplex ist ein Syndrom, welches das ganze Tier betrifft, Scheide, Gesäuge, Blase, Gebärmutter und auch die Leber. Infolgedessen sind die gebräuchlichen Penicillinbehandlungen vor und nach dem Abferkeln Augenwischerei, und wenn überhaupt, bringen sie nur kurzfristige Scheinerfolge.

Fast alle Krankheiten, die nach der Geburt bei der Muttersau auftreten, sind untereinander mehr oder weniger – ähnlich wie bei der Milchkuh – verbunden und können ebenso als **Partussyndrom** beschrieben werden. Auch den Mutterschweinen muß vermehrt Rohfaser vor dem Abferkeln gegeben werden, und viel Bewegung ist eine weitere Grundlage. Treten im Bestand gehäuft Schwergeburt, Nachgeburtsverhalten, Endometritis bzw. MMA-Komplex auf, müssen dringend **Haltung** und **Fütterung** überprüft werden. Eine gefährliche Ursache für entsprechende Krankheiten ist auch Schimmel in Heu, Silage und Kraftfutter, der durch die Mykotoxine zu einer Schädigung der Leber führt und damit einen wesentlichen Risikofaktor für die Gesundheit schafft. Zur Überbrückung, bis die veränderten Fütterungs- und Haltungsmethoden greifen, sollte man vor dem Abferkeln die in Tabelle 7.3.2–4 angegebenen Mittel einsetzen. Ganz besonders wichtig ist bei Sauen, vor dem Abferkeln den Harn auf pathogene Keine zu untersuchen. Sauen mit bakteriell kontaminiertem Harn erkranken fast immer nach der Geburt am MMA-Komplex.

7 Tierbehandlung und -gesundheitspflege in der umwelt- und tiergerechten Haltung

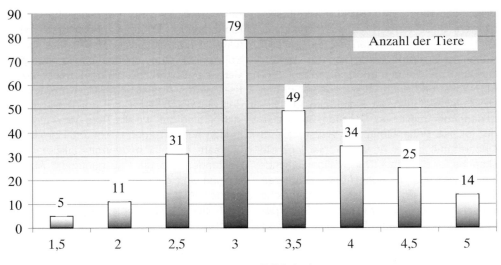

	Gruppe 1 Untergewicht	Gruppe 2 Normalgewicht	Gruppe 3 bergewicht
100 Tage Leistung (kg)	2930	3227	2947
Krankheitsrate (%)	12,9	13,9	31,5
Besamungsindex	1,7	1,7	2,2
Abgangsrate (%)	37,5	20,3	32,7
Kosten (DM)	645,-	423,-	697,-

Abb. 7.3.2–2 Verteilung von 248 Kühen aus 4 Betrieben auf die einzelnen Body-Score-Klassen mit Krankheits-, Leistungs- und Abgangsdaten

Die Stabilisierung der Gesundheit von Jungtieren (Kälber, Ferkel – insbesondere im Absetzalter) ist zur Verhinderung von Durchfallerkrankungen und Erkrankungen der Atemwege unabdingbar. Auch hier stehen homöopathische und pflanzliche Mittel zur Verfügung (Tab. 7.3.2–5).

7.3 Besonderheiten der Tierbehandlung im ökologischen Landbau

Tabelle 7.3.2–2 Vorbeugende Behandlung in Milchviehbeständen mit „Problemen"

Problem	Homöopathie Heilpflanzen	Allgemeine Maßnahmen
Schwergeburt Wehenschwäche Nachgeburtsverhalten	4–2 Wochen a. p. (1× tgl.) • Pulsatilla$_{D6}$ • Flor de piedra$_{D3}$ • $K_1/K_3/K_6$	• Altmelkende und trockenstehende Kühe verhalten füttern • Body Score 3,5 a. p.
Gebärparese Ketose Mastitis	6–2 Wochen a. p. (1× tgl.) • Biroca Gravibeu • Flor de piedra$_{D3}$ • Nux vomica$_{D6}$ • K_6/K_7	• Body Score 3,5 a. p. • Eiweißüberfütterung vermeiden
Klauenentzündung	• Biroca Ursonne • Quarz$_{D12}$ • K_6/K_7	• Standplätze/Lauffläche desinfizieren • Klauenpflege • Verletzungen vermeiden (Triebwege, Spaltenböden) • Karotten zufüttern
Gebärmutterschleimhautentzündung	4–2 Wochen a. p. und 1. und 3. Tag p. p. (1× tgl.) • Aristolochia$_{D6}$ • Pulsatilla$_{D6}$ • $K_1/K_3/K_6$	• altmelkende und trockenstehende Kühe verhalten füttern • Body Score 3,5 a. p.
stille Brunst	2–4 Wochen p. p. (2× tgl.) • Apsis$_{D6}$ • Aristolochia$_{D6}$ • $K_1/K_3/K_6$	• genügend Bewegung • genügend Licht • genügend Rohfaser

a. p. ante partum = vor dem Abkalben;
p. p. post partum = nach dem Abkalben;
K_1 Pulsatilla miniplex (Intervet)*
K_3 Puerperal (Hochpotenz) (Weimar Pharma)*
K_6 Carduus compositum (Heel)*
K_7 Coenzyme – compositum (Heel)*
* im Institut für Anatomie, Physiologie und Hygiene der Haustiere nachgewiesene Wirkung
Menge pro Gabe = 1x tgl. 20 Tropfen oder 10–20 Globuli oder 2 Tabletten; wird häufiger als 2x am Tag verabreicht, jeweils ½ der o. g. Dosis. Vorsicht vor Überdosierung!

7 Tierbehandlung und -gesundheitspflege in der umwelt- und tiergerechten Haltung

Tabelle 7.3.2–3 Behandlung von Krankheiten der Milchkuh mit Hilfe von Homöopathie und Heilpflanzen

Erkrankung	Homöopathie	Heilpflanzen
Schwergeburt/ Wehenschwäche	• Pulsatilla$_{D6}$* (stündlich) • $K_1/K_3/K_4/K_6$	• Frauenmantel
Nachgeburtsverhalten	• Belladonna (bei Fieber 3x tgl.) • Lachesis$_{D8}$ (bei Fieber 3x tgl.) • Pulsatilla$_{D6}$ (3- bis 5x tgl.) • Sabina$_{D3}$ • K_4/K_6	• Lorbeerfrüchtetee
Gebärparese	• Flor de piedra$_{D3}$ (5x tgl.) • Nux vomica$_{D6}$ (5x tgl.) • K_6/K_7	• Artischocken • Biroca Ursonne • Löwenzahn • Mariendistel • Wasser-Dost
Ketose	• Chelidonium$_{D6}$ (F) (3x tgl.) • Flor de piedra$_{D3}$ (A) (4x tgl.) • Nux vomica (3x tgl.)	• Artischocken • Ketosan • Löwenzahn • Mariendistel • Schafgarbe • Wasser-Dost
Appetitlosigkeit	• Nux vomica$_{D6}$ (3x tgl.) • K_8	• Engelwurz • Wermut
Tympanie Pansenüberladung	• Nux vomica$_{D6}$	• Anis • Fenchel • Kümmel • Speiseöl
Klein. Mastitis	• Aconitum$_{D4}$ (A) (stündl.) • Belladonna$_{D4}$ (F) (5x tgl.) • K_4/K_5	• Arnika-Einreibung • Euterbalsam
Chron. Mastitis	• K_4/K_5	• Eukalyptusöl-Einreibungen • Euterbalsam • Kampfer
Gebärmutterschleim- hautentzündung	• Pulsatilla$_{D4}$* (A) (2x tgl. 2–3 Wo.) • Sabina$_{D2}$ (F) (3x tgl. 1 Wo.) • Sepia$_{D6}$** (A) (2x tgl. 2–3 Wo.) • K_1/K_3	• Löwenzahn • Mariendistel • Schafgarbe • Spülungen mit Kamillentee • Wasser-Dost
Stille Brunst	• Apis$_{D4}$ (tgl.) • Aristolochia$_{C3}$ (2x tgl. 2 Wo.) • Sepia$_{D6}$** (2x tgl. 2 Wo.) • K_2 • Karotten	

7.3 Besonderheiten der Tierbehandlung im ökologischen Landbau

Tabelle 7.3.2–3 (Fortsetzung)

Erkrankung	Homöopathie	Heilpflanzen
Nymphomanie	• Apis$_{D6}$ (A) (2x tgl. 2–3 Wo.) • Aristolochia$_{D4}$ (F) (2x tgl.) • Sepia$_{D6}$**(2x tgl. 2–3 Wo.) • K$_2$	
Klauenentzündung	• Belladonna$_{D4}$ (A) (5x tgl.) • Lachesis$_{D8}$ (A) (5x tgl.) • Silicea$_{D30}$ (F) • K$_4$/K$_6$	• Karotten

* junge Tiere;
** ältere Tiere;
A = „Anfangsmittel";
F = „Folgemittel" nach beginnender Besserung;
K$_1$ Pulsatilla miniplex (Intervet)*
K$_2$ Aristolochia miniplex (Intervet)*
K$_3$ Puerperal (Hochpotenz) (Weimar Pharma)*
K$_4$ Traumeel (Heel)*
K$_5$ Lachesis compositum (Heel)*
K$_6$ Carduus compositum (Heel)*
K$_7$ Coenzyme – compositum (Heel)*
K$_8$ Nux vomica Homaccord (Heel)*
* im Institut für Anatomie, Physiologie und Hygiene der Haustiere nachgewiesene Wirkung
Menge pro Gabe = 20 Tropfen oder 10–20 Globuli oder 2 Tabletten;
wird häufiger als 2x am Tag verabreicht, jeweils ½ der o. g. Dosis. Vorsicht vor Überdosierung!

Tabelle 7.3.2–4 Behandlung von Erkrankungen der Schweine mit Hilfe von Homöopathie und Heilpflanzen

Erkrankung	Homöopathica	Heilpflanzen u. a.
Schwergeburt	• Pulsatilla$_{D6}$ (halbstündlich)	• Frauenmantel
Wehenschwäche	• Pulsatilla$_{D6}$ (halbstündlich)	
MMA-Komplex	• Pyrogenium$_{D6}$ (hohes Fieber) • Lachesis$_{D6}$ (mittleres Fieber) • Pulsatilla$_{D6}$ • Phytolacca$_{D6}$	• Anis • Bärentraubentee • Bockshornklee • Kümmel • Wacholder
Harnblasenentzündung	• Cantharsis$_{D4}$ • Lachesis$_{D8}$ (Fieber) • Terebinthum$_{D3}$ (F)	• Bärentraubentee • Wacholder
Durchfallsyndrom	• Carbo vegetabilis (F) • Arsenicum album (struppig) (F) • Mercurius blintis (stinkend)	• täglich frischen Teichschlamm oder Gartenerde • Moor-Tränke • Ruhrex

7 Tierbehandlung und -gesundheitspflege in der umwelt- und tiergerechten Haltung

Tabelle 7.3.2–4 (Fortsetzung)

Erkrankung	Homöopathica	Heilpflanzen u. a.
Aggression		• Malventee • Hopfentee
Verstopfung	• Nux vomica$_{D6}$ • Plumbum aceticum$_{D6}$ (4x tägl.) • Mercurius dulcus$_{D6}$ (p. p.)	
fehlende Rausche	• Aristolochia$_{D3}$ • Apis$_{D4}$	
Verletzungen	• Traumeel Salbe	• Eichenrindensud (äußerlich) • Calendula • Arnika

p. p. (post partum) = nach dem Abkalben;
F = „Folgemittel" nach beginnender Besserung
Menge pro Gabe 10 Tropfen oder 10 Globuli oder 1–2 Tabletten;
wird häufiger als 2x am Tag verabreicht, jeweils ½ der o. g. Dosis. Vorsicht vor Überdosierung!

Tabelle 7.3.2–5 Behandlung von Krankheiten der Kälber und Ferkel mit Homöopathie und Phythotherapie

Erkrankung	Homöopathie	Heilpflanzen
Durchfallsyndrom*	• Carbo-Vegetalis$_{D12}$ (F) (liegende Tiere, Augen eingefallen) • Lachesis$_{D8}$ (Fieber) • Nux vomica$_{D6}$ (immer zusätzlich; Stuhl weiß-grau, schleimig) • Pyrogenium$_{D6}$ (hohes Fieber, Stuhl dünn u. stinkend) • Veratrum album$_{D3}$ (A) (Stuhl wässerig, Kreislauf schlecht) • K$_8$/K$_9$	• Anis-, Fenchel-, Thymiantee • Brei aus gekochten Karotten • Leinsamenschleim** • Ruhrex • Schwarzer Tee**
Grippesyndrom	• Lachesis$_{D6}$ (A) (Fieber) • Belladonna$_{D6}$ (hohes Fieber; bellender Husten) • Aconitum$_{D6}$ (A) (Fieber) • Ferrum$_{D6}$	

7.3 Besonderheiten der Tierbehandlung im ökologischen Landbau

Tabelle 7.3.2–5 (Fortsetzung)

Erkrankung	Homöopathie	Heilpflanzen
	• Bryonia$_{D6}$ (F) (trockener Husten) • Eupathorium perf.$_{D6}$ (F) • Echinacea$_{D6}$ (F) • K$_{10}$/K$_{11}$/K$_{12}$	• Ismovit

* Durchfälle können tödlich verlaufen. Immer möglichst schnell den Tierarzt benachrichtigen, entscheidend ist die Flüssigkeitszufuhr (Kälber am Tropf). Antibiotika sind in der Regel nutzlos.
** Schwarzer Tee und Leinsamenschleim dürfen nicht zusammen gegeben werden.
A = „Anfangsmittel";
F = „Folgemittel" nach beginnender Besserung;
K$_8$ Nux vomica Homaccord (Heel)[1]
K$_9$ Veratrum Homaccord (Heel)[1]
K$_{10}$ Belladonna Homaccord (Heel)
K$_{11}$ Aconit Homarccord (Heel)
K$_{12}$ Engysto (Heel)
[1] im Institut für Anatomie, Physiologie und Hygiene der Haustiere nachgewiesene Wirkung;
Menge pro Gabe: 1x tgl. = 20 Tropfen oder 10–20 Globuli oder 2 Tabletten;
wird häufiger als 2x am Tag verabreicht, jeweils ½ der o. g. Dosis. Vorsicht vor Überdosierung!

7.4 Alternative Tierbehandlung

(SOMMER, H. †)

7.4.1 Allgemeines

Wie aus dem Vorausgegangenen ersichtlich, wird in der ökologischen Tierhaltung eine „chemiefreie" stimulierende **Ganzheitstherapie** verlangt. Hierbei haben sich drei Behandlungsformen durchgesetzt:
- **Homöopathie,**
- **Phytotherapie,**
- **Akupunktur.**

Weitere Verfahren wie Bachblüten-, Magnetfeldtherapie u. ä. können hier aus Platzmangel nicht weiter erläutert werden. Sie sind der weiterführenden Literatur zu entnehmen (BECVAR, 1995; DEUTSCHE HOMÖOPATHISCHE UNION, 1996; MINIPLEX-INTERVET, 1977; ROMMEL, 1977; TIEFENTHALER, 1994; SOMMER et al., 1990; SOMMER et al., 1991; SOMMER, 1994; SPIELBERGER et al., 1996; THOMSEN, 1978; WOLTER, 1989).

7.4.2 Homöopathie

HAHNEMANN (1819) stellte fest, daß die Symptome, die durch Vergiftungen (hohe Dosen von Mineralien, Metallen und Giftpflanzen) entstehen, durch **minimale Mengen** desselben Giftes geheilt werden können. Es tritt eine **Gegenregulation** des Körpers ein, diese wird verstärkt, wenn die **Verdünnung** durch **Schütteln** potenziert wird. Diese Arzneimittellehre der **Homöopathie** beruht auf zahlreichen Selbstversuchen und ist damit die erste exakte wissenschaftlich umfassende Therapie überhaupt. Entgegen landläufigen Behauptungen ist ihre Wirkung prinzipiell erwiesen und wird auch immer wieder bestätigt. Die erfolgreiche Anwendung jedoch ist sehr schwierig, da sie eine sehr große Vielfalt unterschiedlicher Symptome berücksichtigen muß. Dies setzt auch der wissenschaftlichen Überprüfung nach den derzeit geltenden Regeln enge Grenzen, da es schwierig ist, bei der Fülle zu beachtender Einzelsymptome, vergleichbare Gruppen aufzustellen und die Wirkung statistisch abzusichern. In der Tiermedizin kommt eine weitere Schwierigkeit hinzu, da man auf die in der Humanmedizin mögliche verbale Information über Beschwerden von den Tieren verzichten muß. Infolgedessen werden in der Tiermedizin häufig „Komplex-Mittel" angewendet, in der Hoffnung, damit ein größeres Feld abdecken zu können.

7.4.3 Phytotherapie

Wohl mit die älteste Therapieform überhaupt ist die Behandlung mit Heilpflanzen **(Phytotherapie)**. Sie beruht auf der empirisch empfundenen und bestätigten Heilkraft von Pflanzen. Dabei kommen entweder die ganze Pflanze oder ein Teil – Blätter, Blüte, Wurzel – als Paste, alkoholischer oder wässeriger Auszug oder auch als Tee zur Anwendung. Blüten, Blätter, Wurzeln sowie Samen haben jeweils eine unterschiedliche Wirkung. Heilpflanzen entwickeln nur dann ihre volle Kraft, wenn sie sorgfältig getrocknet und aufbereitet werden. Auch der Standort spielt eine große Rolle.

7.4.4 Akupunktur

Die **Akupunktur** ist ebenso eine der ältesten Therapieformen, die wir kennen. Schon vor 1000 Jahren stand sie in China in höchster Blüte. Dabei werden mit Hilfe von **Nadeln** bestimmte **Nervenpunkte**, die auf den sogenannten Meridianen liegen, **stimuliert**, dies führt dann zu heilenden **Gegenregulationen** im Körper. Statt der Nadeln werden heute auch **Laserstrahlen** und **Stromstöße** benutzt. Die Wirkung der Akupunktur ist unbestritten. Besonders erfolgreich ist sie bei Verkrampfungen und Störungen der Regulationssysteme. In der Tiermedizin hat sie allerdings den Nachteil, daß sie wegen des hohen Zeitaufwandes präventiv selten angewendet wird und sie nur von einem versierten Tierarzt durchgeführt werden kann. Daher sind der Therapie Grenzen gesetzt.

7.4.5 Hausapotheke für die alternative Tierbehandlung

In den Tabellen 7.3.2–3 bis 7.3.2–5 (Kap. 7.3.2) sind häufig vorkommende Erkrankungen aufgeführt und einige **Mittel** aus **Homöopathie** und **Phytotherapie** vermerkt. Die in den Tabellen angegebenen Mittel und Präparate stellen nur eine kleine Auswahl der Möglichkeiten dar. Jeder Betriebsleiter hat seine speziellen Probleme mit bestimmten Arzneimitteln, aber auch seine speziellen Vorlieben. Die Tabellen sollen ihm als Entscheidungshilfe dienen. Insgesamt muß dabei aber immer wieder bedacht werden, daß die meisten Krankheiten Ausdruck einer Überlastung des Tieres sind und diese wiederum einer falschen Haltung, Fütterung und mangelnden Pflege entspringt. Die Ursache der Erkrankung liegt in der Regel nicht in der Natur des Tieres begründet, sondern im Unvermögen des Tierhalters, der Natur des Tieres gerecht zu werden. Jede Behandlung ist damit nur eine Überbrückung bis zur Behebung der eigentlichen Mängel. Viele der aufgeführten Erkrankungen bringen nicht nur einen Leistungsausfall, sondern können auch zum Tode führen. Die Mittel der **Hausapotheke** (Stallapotheke) müssen mit dem Tierarzt abgesprochen werden, damit er im Notfall auch telefonisch Anweisungen zur Behandlung geben kann. Bei jeder Krankheit sollte sofort ein erfahrener Tierarzt zu Rate gezogen werden, um das Tier vor unnötigen Leiden und Schmerzen zu bewahren. Das Schicksal der Tiere liegt aber ganz in der Hand des Landwirts, somit hat er auch ihnen gegenüber eine besonders große Verantwortung.

7.5 Ökotoxikologische Bewertung der Tierarzneimittel

(KIETZMANN, M.; METHLING, W.)

Im Bereich der tierischen Produktion werden Arzneimittel in beachtlichen Mengen eingesetzt. So beläuft sich allein die Menge der zur Behandlung von Infektionskrankheiten bei Tieren eingesetzten antibakteriell wirksamen Stoffe nach Angaben der FEDESA auf etwa 3500 Tonnen pro Jahr. In der Humanmedizin werden nach Angaben der FEDESA zum Vergleich jährlich etwa 5400 Tonnen an antibakteriell wirksamen Stoffen verbraucht. Diese Zahlen zeigen, daß mit dem Einsatz von Arzneimitteln ein erheblicher **Eintrag in die Umwelt** einhergeht. Neben den Arzneistoffen sind beispielsweise auch Pflanzenschutzmittel und verschiedene andere in der tierischen Produktion eingesetzte Stoffe (Futterzusatzstoffe, Desinfektionsmittel, Reinigungsmittel, Entwesungsmittel, Silierhilfsmittel, Güllezusatzstoffe) aus ökotoxikologischer Sicht zu beurteilen.

Der Problematik einer möglichen **Ökotoxizität** von Arzneimitteln, die bei Tieren eingesetzt werden, wird heute bei der **Zulassung** von Tierarzneimitteln Rechnung getragen. Im Rahmen eines **„Environmental risk assessment"** wird die **Umweltverträglichkeit** zuzulassender Arzneimittel bewertet. Die **Prüfung** der Umweltverträglichkeit erfolgt dabei nach einer „Note for Guidance: Environmental risk assessment for veterinary medicinal products other than GMO-containing and immunological products" des „Committee for Veterinary Medicinal Products" (CVMP). Sowohl das Arzneimittel und seine im Organismus und möglicherweise in der Umwelt entstehenden Abbauprodukte als auch im jeweiligen Arzneimittel enthaltene Hilfsstoffe unterliegen dabei der ökotoxikologischen Beurteilung.

Gemäß der erwähnten CVMP-Guideline erfolgt die **ökotoxikologische Bewertung** in zwei Phasen. In einer **ersten Phase** wird geprüft, **ob** eine relevante **Umweltbelastung** erwartet werden kann. Für Produkte, bei denen kein signifikanter Eintrag in die Umwelt und damit keine Umweltbelastung zu erwarten ist, sind keine weiteren Untersuchungen oder Bewertungen erforderlich. Dies gilt beispielsweise für:
- physiologisch vorkommende Stoffe (z. B. Vitamine, Aminosäuren, Pflanzenbestandteile usw.),
- Arzneistoffe, die nur bei Kleintieren oder in sehr geringer Zahl von Einzelfällen eingesetzt werden,
- Stoffe, die rasch abgebaut werden oder bei denen die im Boden oder Grundwasser nach „worst case"-Berechnungen zu erwartenden Konzentrationen unter 10 µg/kg beziehungsweise 0,1 µg/l liegen.

Falls für Substanzen trotz der angeführten Kriterien dennoch ökotoxikologische Wirkungen zu vermuten sind, werden auch diese den Entscheidungskriterien der Phase II unterworfen. Phase II gliedert sich in zwei Abschnitte (Tier A, Tier B).

Als **erste Entscheidungskriterien** dienen in **Phase II** (Tier A) die **Konzentration** des jeweiligen Stoffes im **Dung** (Weidehaltung) beziehungsweise im **Boden** und im **Grundwasser** (PEC, „predicted environmental concentration"). Im Zusammenhang mit möglichen toxischen Effekten auf die **Dungfauna** und auf **Boden- und Wasserorganismen** sowie unter Berücksichtigung des **Abbauverhaltens** des Stoffes in der Umwelt (DT_{50}, DT_{90}, = Zeit, in der ein Stoff in verschiedenen Bodentypen zu 50 beziehungsweise 90 % abgebaut wird; Abbau durch Bodenbakterien, pH-Stabilität, UV-Stabilität, Temperaturabhängigkeit des Abbaus, Bindung an andere Stoffe usw.) wird eine der

7.5 Ökotoxikologische Bewertung der Tierarzneimittel

ökotoxikologischen Relevanz des Stoffes entsprechende Einstufung vorgenommen.

Wenn dem jeweiligen Stoff danach ein ökotoxikologisches Risikopotential zugeschrieben werden muß, schließt sich die **zweite** Phase der **Evaluation** an (Tier B). Hier werden **spezifische Untersuchungen** notwendig, die in der CVMP-Guideline beschrieben sind. Besonderes Augenmerk wird bezüglich der möglichen **Ökotoxizität** auf Arzneimittel gerichtet, die bei **Fischen** angewendet werden, also direkt in das Wasser eingebracht werden.

Über tatsächliche ökotoxikologische Wirkungen liegen keine gesicherten Erkenntnisse vor, zumal die in die Umwelt gelangenden Wirkstoffe und ihre Metaboliten nur in sehr geringen Konzentrationen vorliegen. Deshalb ist es nach dem gegenwärtigen Kenntnisstand nur möglich, von **potentiell ökotoxikologisch relevanten** Tierarzneimitteln zu sprechen. Dazu zählen:

- Östrogene (Verschiebung des Geschlechtsverhältnisses),
- Avermektine (Entwicklungshemmung bei Dungkäfern u. a.),
- Pyrethroide (bestimmte neurotoxische Effekte),
- Benzimidazole (Mitosehemmung),
- Antibiotika (z.B. Penicilline), Cephalosporine, Sulfonamide, Tetrazykline (Wirkung auf Bodenmikroorganismen).

Wenn in wissenschaftlichen Expertisen teilweise bedeutende Wirkstoffkonzentrationen (z.B. für Tetrazykline) in der Gülle nachgewiesen werden, ist noch keine zuverlässige Bewertung der ökotoxikologischen Gefahr vorgenommen, denn bei den in der Praxis üblichen Lagerzeiten der Gülle und den anschließenden Umsetzungen im Boden (oder dem rechtswidrigen Eintrag in Oberflächengewässer) ist mit einer sehr starken Reduzierung der Wirkstoffe zu rechnen. In jedem Falle erfordert eine zutreffende Bewertung der Ökotoxizität weitere intensive Untersuchungen des Verhaltens (Persistenz, Akkumulation, Abbau) der Arzneistoffe in Umweltmedien, wildlebenden Pflanzen und Tieren.

Literatur

Becvar, W.: Nutztiere natürlich heilen. Verlagsunion Agrar, Klosterneuburg-Wien (1995).

Day, Chr.: Homöopathischer Ratgeber, Heimtiere: Erprobte Rezepturen. BLV, München (1992).

Draehmpaehl, D., A. Zohmann: Akupunktur bei Hund und Katze: Wissenschaftliche Grundlagen und Praxis. Gustav Fischer Verlag, Jena/Stuttgart (1995).

Fischer, U.: Die Chronischen Miasmen Hahnemanns. Grundgedanken zum Verständnis und zur Therapie chronischer Krankheiten aus homöopathischer Sicht. Deutsche Homöopathie-Union, Karlsruhe (1993).

Hahnemann, S.: Organon der Heilkunst. II. Auflage, Dresden (1819).

Kraft, H. (Hrsg.): CONSILIUM CEDIP VETERINARICUM – Naturheilweisen am Tier. CEDIP. Medizinisch-technische Verlags- und Handelsgesellschaft mbH, München (1991).

Miniplex-Intervet (Hrsg.): Homöopathie macht Schule. Auch in der Tiermedizin.

Rommel, A.: Lexikon der Heilpflanzen. Lingen Verlag, Köln (1977).

Sommer, H., U. Erbe: Prophylaxe durch Homöopathie in Rinderbeständen zur Vermeidung von Puerperalkrankheiten. Der Praktische Tierarzt 71 (1990) 94–96.

Sommer, H., E. Greuel, W. Müller: Hygiene der Rinder- und Schweineproduktion. Ulmer-Verlag, Stuttgart (1991).

Sommer, H.: Homöopathie in der Tierproduktion. Biologische Tiermedizin 11 (1994) 50–56.

Spielberger, U., R. Schaette: Biologische Stallapotheke. Verlag Freies Geistesleben (1996).

Thompson, W. A. R.: Heilpflanzen und ihre Kräfte. Colibri AG, Bern (1978).

Tiefenthaler, A.: Homöopathie für Nutz- und Haustiere. Karl F. Haug Verlag, Heidelberg (1994).

Wolter, H.: Kompendium der tierärztlichen Homöopathie. Ferdinand Enke Verlag, Stuttgart (1989).

Rechtsgrundlagen, Empfehlungen, Normen u. ä.:

Arzneimittelgesetz in der Bekanntmachung vom 19.10.1994 (BGBl. I, S. 3018) zuletzt geändert durch Gesetz v. 04.07.2000 (BGBl. I, Nr. 31 v. 11.07.2000, S. 1002).

CVMP-Guideline: Note für Guidance, Environmental risk assessment for veterinary medicinal products other than GMO – containing and immunological products. Committee for Veterinary Medicinal Products.

Deutsche Homöopathische Union (Hrsg.), Homöopathisches Repetitorium, Karlsruhe (1996).

Futtermittelgesetz in der Neufassung vom 25.08.2000 (BGBl. I Nr. 41 vom 04.09.2000, S. 1358).

Lebensmittel- und Bedarfsgegenständegesetz in der Neufassung vom 20.07.2000.

Verordnung über Stoffe mit pharmakologischer Wirkung in der Neufassung vom 25.09.1984 (BGBl. I, S. 1251).

Verordnung über tierärztliche Hausapotheken (TÄ-HAV) in der Fassung der Bekanntmachung von 27.03.1996 (BGBl. I vom 03.04.1996, S. 554).

Verordnung (EWG) Nr. 2377/90 des Rates „Zur Schaffung eines Gemeinschaftsverfahrens für die Festsetzung von Höchstmengen für Tierarzneimittelrückstände in Nahrungsmitteln tierischen Ursprungs"; zuletzt geändert durch Verordnung (EG), Nr. 2908/2000 der Kommission vom 29.12.2000.

Sachwortverzeichnis

Seitenangaben in **Fettdruck** verweisen auf Abbildungen bzw. Tabellen.

A

Abbaubarkeit, biologische (OECD-Test)   182, **183**
Abdeckung   108, 110
Abfall/Abfälle   102, 122f, **125ff,** 163
–, Beseitigung   122, 124
–, -gesetz   102
–, Küchen-   138
–, Verwertung   122ff, **125ff**
Abgabe (von Tierarzneimitteln)   691f, 696f
–, -beleg   692, 696
Abgänge   687
Abgangsursachen
–, Rinderzucht   **495**
Abliegen, artgemäßes   313
Abluft
–, -behandlung   114
–, -fahnenbegehung   38, 40
–, -kamin   37
–, -leistung   72
–, -reinigung siehe auch Tierkörperbeseitigung   211
–, -ventilatoren   72
Abortrate   650
Abrufautomat siehe auch Fütterung
–, computergesteuerter   541
–, Fütterungscomputer   541
–, Fütterungsprogramm   541
Absetzen   342, 355, 547
Abstandskurven   38
Absterbekonstante   32
Abwasser   94, 98
–, -abgabengesetz   216, 460
–, -belastung   212
–, -entsorgung   15
acceptable daily intake   695
Ackerland   104 f
Adipositas   553
Afrikanische Schweinepest   264
Aggressivität   563
AGÖL siehe Arbeitsgemeinschaft ökologischer Landbau

Agroökosystem   4
Akarizide   198
Akkumulatoren   **125**
Aktivchlorverbindungen   189
Akupunktur   698, 700, 708f
Akzeptanz von Tieren stammender Lebensmittel   271, 273
Algen   93
Alleinfutter(mittel)
–, kommerzielles   625
Allergie   27
–, (gegen) Hunde   232
–, (gegen) Katzen   231 ff
Alpaka   641
Altöl   **125**
Altreifen   **125**
Ameisensäure   **182, 188**
AMF-Anlagen   180
Amine   136
Aminosäure(n)
–, dünndarmverdauliche   148
–, erstlimitierende   148 f
–, essentielle   148
–, synthetische   109, 149
Ammenkuhhaltung   325
Ammoniak siehe auch Emissionen, Immissionen   27f, 89f, 108, **110,** 136, 371
–, -freisetzung   99
Ammonium   97, 99
Ammoniumstickstoff   92
Analysen (physikalische, chemische, biologische)   220
Anbindehaltung   598
Anbindestall   308
Anbindestand   533
Angst vor Transport   645
Anlagenwiderstand   73
Anpaarungsverhältnis   438
Anpassung
–, (an) Futterversorgung   503
– –, geschlechtliche Reifung   503

713

Sachwortverzeichnis

– –, kapazitatives Futteraufnahmevermögen 504
– –, Körperfettreserven 504
– –, Reifegewicht 503
–, genetische
– –, Haltungseigenschaften 505
– –, Klima 504
Antibiotika, nutritive 157
Antiinfektiva 688
Antioxidanzien 160
Antiparasitika 688
Anweisung 691, 709
Anwelken 155
Anwendung (von Tierarzneimitteln) 691–693, 696ff, 708
–, -(s)verbot 694 f
AOX 212
Arbeitsgemeinschaft ökologischer Landbau 266
Artgenossen
–, Einfluß (der) 241
Arzneimittel *siehe auch* Tierarzneimittel 691f, 694f, 696f, 709 ff
–, allopathische 268
–, Anwendung 690
–, apothekenpflichtige 690 f
–, freiverkäufliche 690, 696 f
–, homöopathische 268
–, verschreibungspflichtige 690 f
Asbest 125
ATS-Anlagen 180
ATV 213, 216
Attraktanzien 196
Attraktivbehälter 196
Aufstehen, artgemäßes 313
Aufzeichnungspflicht 696
Aufzucht 481
–, Zwinger 547
–, -rinder 143 f
Ausbildung 558
–, Aggressions- 558
–, Schutzhunde- 558
Ausbreitung, atmosphärische 31
Ausbreitungsmodell 40
–, (für) Stallkeime 32
Ausbringung
–, Gülle 117
–, Kompost 116
–, Stallmist 116
–, -(s)verbot 105
Ausfall 338
Ausgleichsmaßnahmen 46
Auslastung 549
Auslauf

–, -haltung 401, 413
– –, Auslaufnutzung 403
– –, Mindestauslauffläche 261
– –, Tiergesundheit 261
– –, Tierverhalten 261, 262
–, (an der) Leine 550
–, Öffnung **385**
–, Stroh- 433
–, -weidehaltung
– –, Umweltwirkung 263
Ausruhverhalten 529
Außenboxen 534
Außenpraxis 693
Austrag 89 f
Auswahl
–, Projekte 11
–, Standort(e) 11, 15
–, Verfahren 11
Auswilderung 482
Auto *siehe* Hitzebelastung
Automatisierung 258
Axialventilator *siehe unter* Ventilator

B

Basalatmung **187**
Batterien **126**
Bauabfälle **126**
Bauchwassersucht 412
Baugenehmigung 46 ff
Bauleitplanung 44 f
Baurecht 424
Bedarfsdeckung 240
Bedarfsheizung 64, 66, 71
Bedingungen, anaerobe 155
Befiederung 406
Begleittier 1, 229
Behandlung *siehe auch* Tierbehandlung 689, 691, 698–701, 708 ff
–, ordnungsgemäße 691 f
–, prophylaktische 687, 691
–, therapeutische 687, 691
–, tierärztliche 687, 690ff, 694 f
Beinschäden 412, 428
Beißhemmung 563
Belange, öffentliche 46
Belastung(en)
–, -(s)krankheiten 699 f
–, -(s)reaktion(en) 645
– –, Belastungsanfälligkeit 645
– –, haltungsbedingte 243
– – –, Blutdruck 244
– – –, Copingverhalten 245

Sachwortverzeichnis

– – –, EKG-Werte 244
– – –, Herzfrequenz 244
– – –, Hormonprofile 245
– – –, (während des) Transports 245
– –, Probenahme 246
– –, spezifische 244
– –, unspezifische 244
–, (der) Umwelt 229
Beleuchtung *siehe auch* Licht 409
–, intermittierende 387
–, Lichtintensität 69, 387
–, -(s)programme 387
–, -(s)stärke 81
–, Tageslicht 387
–, -(s)wirkungsgrad 81
Belüftung 92
–, Druck- 92
–, Oberflächen- 92
–, Umwälz- 92
Bentonit 93
Benzalkoniumchlorid 182
Beratung, tierhygienische 234
Besamung, künstliche
–, Gans 438
–, Sau 347
Besatz
–, Dichte 410f, **421**, 427
– –, Auslauf 427, 436
– –, Broiler 383
– –, Stall 436
–, -verhältnisse
– –, Haltungsform **459**
– –, maximaler Besatz **459**
– –, Regenbogenforellen **459**
Beschäftigung 333, 335, 339, 342, 349, 357, 365, 428, 548
–, -(s)elemente **631**
–, fehlende Möglichkeiten 241
Bestandsgröße 38, 40, 48
Bestandsregulierung 583
Bestrafung 548
Beteiligung der Öffentlichkeit 48f
Betreuung 556
–, -(s)personal 241
Betriebsräume
–, örtlich getrennte (Hausapotheke) 693
Bewegung 333
–, -(s)bedarf 527, 550
Bewertung
–, ökotoxikologische 197, 710f
–, Umweltgerechtheit 10, 220
–, umwelthygienische 11

Binnenmarkt-Tierseuchenschutzverordnung 646
Bioabfälle **126**
Biofilter 14
Biogas 66
–, -anlage 86
–, -gewinnung *siehe auch* Tierkörperbeseitigung 88, 92, 209
biokybernetisches System 699
Biologie
–, Befruchtung 584
–, Ovulation 584
Biologika 688
biologische Behandlung 212
Bioprodukte 272
Biowäscher 114
Biozidrichtlinie 189
Biphenyle 101
Bisse *siehe auch* Hundebisse 547
Blei 107
–, -vergiftung 598
Blindenführhund
–, Transport 674
Bodenbakterien 93
Bodenbeschaffenheit 333, 342, 347, 355
Bodendruck 117
Bodenfauna 185
Bodenhaltung
–, Junghenne 393
–, konventionelle 399, 408, 413
–, Schrägbodensystem 399
–, Volieren- und Etagenhaltungssystem 399
Bodentemperatur *siehe* Temperatur
Bodenuntersuchung 104, 107
Body-Score 701
Bordcomputer 117 f
Bovine Spongiforme Enzephalopathie (BSE) 2, 200, 202
Boxenhaltung 533
Boxenwand 533
Branntkalk 100
Brauchwasser 58, 62
–, -erwärmung 86
Breitverteiler 117 f
Brieftaube(n) 614, 616, 618 ff
Brunstauslösung 635
Brunststimulation 344
Brustfleischansatz 439
Brutfürsorge 635
BSE *siehe* Bovine Spongiforme Enzephalopathie
Buchtentrennwand 374
Bundesimmissionsschutzgesetz 223
Burdizzo-Zange 380

Sachwortverzeichnis

C

Cadmium 107
CCFL *siehe* Codex-Alimentarius-Komitee für Lebensmittelkennzeichnung
Checkliste 222, 241, 247, 338
–, Beratungsaufgaben des Tierarztes vor der Anschaffung eines Hundes **517**
–, (im Rahmen der) Bestandssanierung 241
–, (zur) Beurteilung der Haltungsbedingungen 240
–, (im) Heim- und Begleittierbereich 241
–, Hund/Katze
– –, Urlaub 674
–, (im Rahmen der) Tierseuchenbekämpfung 241
Chloramin 80 **181**
Chloramin T **181**
Chrom 107
CITES 644, 646
C-Mineralisierung 185, **187**
Codex-Alimentarius-Komitee für Lebensmittelkennzeichnung 265 f
Cooling pads 80 f
Crowding 334
Curtain-Lüftung *siehe unter* Lüftung

D

Dämmaterial 70
Damwildgehege 473
Daunen 435
Deckzentrum 346 f
Dehydrogenaseaktivität 185, **186**
Dekantierzentrifuge 91
Desinfektion 100f, 233, 169ff, **174**, 178ff, **190**, 600, 605
–, chemikalienfreie 234
–, -(s)maßnahmen
– –, ständige 169
–, -(s)mittel 600, 123, **126**
– –, Handelspräparate 180, **181**, 182
– –, lokale Schadwirkungen 179, **180**
–, ökologische Risiken 171ff, **179, 182**
–, Parasitenstadien 233
–, prophylaktische 169
–, spezifische 169
Dibenzodioxine 101
Dibenzofurane 101
Diffusionsparameter 33
Dioxingehalte **211**
Direkteinleitung 213
Dispensierrecht 691
Dorfgebiet 39

Dottersack 483
Drehzahl 73
Drohsignale 635
Druck, osmotischer 156
Duftdrüse 550
Duftmarke 549
Duldung 347
Dung 94, 97, 135
–, -einheit (DE) 17
–, -streuer 116
–, -lagerstätte 102
Düngebedarf 103 f
Düngemittel 103 f
Dünger, organischer 90
Düngerstoff(e)
–, Geräte zur Ausbringung 104
Düngeverordnung 17, 102f, 352, 424
Düngewert 90
Düngungstermin 106

E

Ebergeruch 337, 345
Eberhaltung 344
Echtzeit 41
Effizienz 131, 133, 135, 137
Eingriffsregelung 46
Einstreu(en) 25, **384**, 386, 409, 536
–, Beschäftigungsmaterial 263
–, -haltung 365
–, Hobelspäne 623
–, Infektionserreger 264
–, Katzenstreu 623, 625
–, Materialien 382
–, Matratze 536
–, optimierte(s) 625
–, Rauhfutterquelle 263
–, Sägemehl 625
–, Stroh 623, 625
–, Umweltwirkung
– –, Distickstoffmonoxid 264
–, Verhaltensweisen 382
–, Wechselstreuverfahren 536
–, Wohlbefinden 263
Einwirkungsort 27
Einzäunung 352
Einzelhaltung *siehe auch* Kaninchen 532
–, Raumgliederung 574
–, Wohnungskatze 574
Einzeltieridentifizierung 259
–, elektronische 258, **259**
Elektroinfrarotstrahler 79
Elektronikschrott **127**

Emission(en) *siehe auch* Geruch, Immission, Lärm 22ff, 27, 90, 131, 135f, 138, 146, 364
–, Ammoniak 106, 224
–, -(s)erklärung 223 f
–, Geruch(sstoffe) 224, 230
–, Lärm 34ff, 230
–, N- 135, 145 f
–, -(s)werte 41
Emu 485 ff
Endmast 358
Endotoxine 28
Energie
–, -bedarf 65, 67, 77f, 82
–, -konzentration 132
–, -kosten 64f, 75
–, -quellen 64
–, Solar- 66
–, -träger 76f, 86
– –, fossile 64, 75 f
–, -verbrauch 64ff, 69, 73
–, -wirt 66, 86
Enthornen 293, 319
Entmisten 536
Entmistungssystem 108, 115
Entmistungstechnik(en) 537
Entwesung 191, 197
–, integrierte 197
–, Maßnahmen, hygienisch-technologische 197
–, Methoden (zur) 194 ff
Entwurmung 474
Environmental risk assessment 710
Enzyme 160
Erdwärmetauscher 84f, **85**
Erfordernisse, tierhygienische 11
Ergänzungsfuttermittel 694
Erkrankungshäufigkeit
–, haltungsbedingte 247
–, Technopathie 247
Ernährung
–, Gesundheitsstörungen 577 ff
–, herbivore 624
–, karnivore 624
–, Nährstoffbedarf 577
–, omnivore 624
–, Wasserverbrauch 577
Erwerb (von Tierarzneimitteln) 691
Erzeugnisse 199
Essigsäure **182**
Ethanol **183, 188**
Eulen 679
EU-Richtlinie 342
Europäische Union **206,** 207, 250
–, EG-Richtlinien 251
–, EG-Verordnungen 252
Europarat 229, 251
–, Empfehlungen 251
–, europäische Übereinkommen 251
Eutrophierung 89, 137, 152
EU-Verordnung 1804/1999 343
Exkremente 89 f
Exkretion 137, 157
–, N- 133, 135, 140f, 144–147
Extensivweidehaltung 260
–, Umweltwirkung 263
Extremzuchtform 636

F

Fahrverhalten 667
Familienbetrieb 257
Familienhaltung 352
Fang 478
–, -anlage 478
–, -einrichtungen 478, **479**
Farben **127**
Farming 476
Fasan 480
Federfressen *siehe* Verhalten
Federpicken 389, 431, 438
–, Aufzucht 395
–, Defizite in der Nährstoffversorgung 396
–, Fütterung 403
–, Gruppengröße 385
–, Haltung 403
–, Herkunft 403
Feldhase 441
Feldvergiftungen 614, 616
Felsentaube 612
Ferkel 340, 355
–, -nest 64, 75, 77 f
Fermentationstemperatur 156
Festmist 94, **95,** 100 f
Fett 202, 207
Fettabscheiderrückstände 205
Feuchte, relative 66f, 75, 77, 80f
Feuchtkonservierung 154
Filtration 29
Fischseuchenverordnung 461
Fischtransport 681
Flachbrustvögel 485, 492
Fläche
–, -(n)bedarf **370**
–, -(n)desinfektion 187
–, landwirtschaftlich genutzte 257
Flatdeck 339, 343

Sachwortverzeichnis

Fleischkonsum 272
Fliegen 597, 600
Flotate 205
Flucht 477
Flüssigfütterung 55, 57, 62
Flüssigmist 91ff, 94, **95,** 97, 99ff, 183 ff
–, -injektoren 118
Folien **127**
Forellenzucht
–, Anfütterung 462
–, Ausmast 464
–, Fütterung 464 ff
–, Produktionsorganisation 462
–, Setzlingsaufzucht 463
–, Vermehrung
– –, Erbrüten 462
– –, Laichperioden 462
Formaldehyd 180, **181, 182**
Formalin **184,** 185 f
Frachtraum
–, belüfteter 651
–, unbelüfteter 651
Freiland(weide)haltung
–, ganzjährige 263
–, Schweine **502**
–, Tiergesundheit 262
–, Umweltwirkung 263
Freßliegeboxenstall 311
Freßverhalten siehe Fütterung
Frettchen 621
–, -futter 625
Frontwand 533
Fruchtbarkeitsstörungen 699 ff
Funktionsbereich 333f, 336
–, Laufhof 540
Fußballen 428
Fußring(e) 604
Futter siehe auch Fütterung 421, 482, 553
–, -aufnahme
– –, Futterrichtlinien 385
–, -aufwand 65, 67
–, bedarfsangepaßtes 109
–, -beispiele **633**
–, Fütterungsprogramm 422
–, Kauknochen 557
–, -konservierung
– –, umweltgerechte 12
–, -mittel, wirtschaftseigene 144
–, -qualität 132
–, -restriktion 413, 432
–, Schädliches 554
–, -tiere 603
–, -trog **384**
–, vegetarisches 553
–, -verwertung 423
– –, Karpfen
– – –, Sauerstoffgehalt **455**
–, -verzehr **423**
–, -wert 154, 161
– –, -parameter 139
– –, -tabelle 139
–, -zusatzstoffe 391, 688, 710
– –, ergotrope 157
Fütterung 108f, 115, 347, 396, 408, 477, 531, 652
–, Abruf- 350, 363
–, Ad-libitum- 359
–, -(s)arzneimittel 693f, 696
–, Breifutterautomat 351, 356, 361
–, Breinuckel- 351, 363
–, Dosierung 361
–, Dribbel- 349
–, -(s)einrichtung
– –, Futterautomat 536
– –, Fütterungscomputer 536
– –, Krippe 536
–, Einzeltier- 363
–, Flüssig- 361
–, -(s)frequenz 536
–, -(s)häufigkeit 633
–, -(s)maßnahmen 146 f
–, Mehrphasen- 151
–, Multiphasen 109
–, rationierte 360
–, rechnergesteuerte 305
–, Reptilien 633
–, restriktive 386, 394
– –, Mastelterntiere 414
–, sensorgesteuerte 362
–, -(s)technik 540
–, tiergerechte 335, 342
–, Trocken- 361
–, -verlust(e) 303

G

ganzheitliches Denken 698
Ganzheitstherapie 708
Gasbrenner 76
Gas-Direktverbrenner 76
Gebärparese 699, 701
Geburtsplanung
–, Geburtssaison 510
–, Geburtsüberwachung 510 ff
Gefieder 596, 605

–, Pflege 426, 436
–, Zustand 430
Geflügel **56**, 596 f
–, -kot 104 f
Gehegeform 477
Gehorsamstraining 549
Gemeinschaftsauslauf 534
Geräusch 34
Geruch siehe auch Emissionen
–, -(s)emission 22
– –, Geruchsbelästigung 230
– –, Katzenkot 230
– –, Katzenurin 230
– –, -(s)potential 38
–, -(s)fahne 41
–, -(s)intensität 22
–, -(s)schwelle 22, 41
–, -(s)stoff(e) 99f, 550
– –, -konzentration 41
–, -(s)stunde 41
–, -(s)wirkung 22
Gesamtbelastung 89
Gesamtwasserbedarf 57
Gesamtwasserverbrauch 57
Gesetze siehe auch Abwasserabgaben-, (Bundes)Immissionsschutzgesetz, ökologischer Landbau, Tierkörperbeseitigungs-, Tierschutz-, Umwelthaftungs-, Umweltverträglichkeitsprüfungs-, Wasserhaushaltsgesetz
–, Abgabevertrag 592
–, Bürgerliches Gesetzbuch 592
–, Fischhaltung 460 ff
–, Luxustier 592
–, Mietrecht 592
–, Tierhalterhaftung 592
–, Tierheimordnung 592
–, Transport 591
Gesteinsmehl 93
Gesundheit **239**, 247, 421
–, Atemwegserkrankungen 423
–, Ballenabszeß 421
–, Beinschäden 421
–, Beinschwächesyndrom 421
–, -(s)bewußtsein 272
–, Brustblasen 423
–, Gelenkschäden 421
–, hämorrhagische Enteritis 423
–, Kokzidiose 423
–, Mensch 519
–, Newcastle Disease 423
–, -(s)pflegemittel 688
–, -(s)schäden 554

–, (s)status 521
–, Verlust 422
Gewässerschutz 46
Gewerbebetriebe 45
Glas **127**
Glutamin 109
Glutaraldehyd **183**
Glyoxal **183**
Grasanwelksilage 139, 142ff, 145
Graugans 435
Greifvögel 598, 613f, 679
Grit 603
Grobstoffabscheidung 92
Großgruppe 335, 348, 356, 361
Großschreitvögel 679
Großvieheinheit 17, 94
Grundfutter 137 f
Grundlagen, hygienisch-technologische 194
Grundwasserbelastung **209**
Grünland 104f
Gruppengröße 335, 402f
–, natürliche 302
–, soziale Rangordnung 383
Gruppenhaltung siehe auch Großgruppe, Kaninchen, Katze, Versuchskatzenhaltung 348, 359, 532, 537 f
–, Katzen
– –, Auslauf **574**
– –, Außengehege 574
– –, Grundfläche **573**
– –, Gruppengröße 574
– –, Raumdimension 573
Gruppierung 336, 341
Guanako 641
Gülle 94, 96f, 99f, 135
–, -abnahmeverträge 46
–, -aufbereitung 90, 92
–, Ausbringung 103f, 108, 110, 117 f
–, börse 46
–, -desinfektion 185
–, -drill 110
–, -lagerbehälter 103
–, pumpstation 113
–, Rinder- 90, 92
–, Schweine- 92
–, -tankwagen 116 f
–, -trocknung 92
–, -verteilfahrzeug 117
–, -zusatzstoff(e) 92

Sachwortverzeichnis

H

Hackstriegel 118
Halogene 107
Haltung *siehe auch* Ammenkuh-, Anbinde-, Auslauf-, Boden-, Boxen-, Eber-, Einstreu-, Einzel-, Extensivweide-, Familien-, Freiland-, Heimtier-, Hunde-, Hüte-, Käfig-, Kälber-, Kaninchen-, Katzen-, Koppelschaf-, Massentier-, Milchvieh-, Mutterkuh-, Nutztier-, ökologische Tier-, Rinder-, Rotations-, Schweine-, Tiefstreu-, Tier-, Versuchstier-, Volieren-, Wildgehegehaltung
–, Ammoniak 422
–, Anbinde- 552, 555
–, artgemäße 3
–, Auslauf 481
–, Boden- 421
–, Boxen 546
–, Einstreu 421
–, Flächengröße 480
–, -(s)formen
– –, alternative 261
– – –, Afrikanische Schweinepest 264
– – –, infektiöse Laryngotracheitis 265
– – –, Louping ill 265
– – –, Schweinepest 264
– – –, Seuchenschutz 264
– – –, Tollwut 264
–, Gruppengröße 480
–, hundegerechte 557
–, Käfig 481, 552
–, Lüftungsraten 422
–, -(s)mängel 545
–, Nest **482**
–, -(s)niveau 497
–, Offenstall 421
–, Platzbedarf 481
–, rechtliche Bestimmung 565
–, Stall 480
– –, -klima 421
–, -(s)system(e) **397**, 532
– –, alternative 396, 402
– –, Beurteilung 239
– –, extensiv 25
– –, strohlos 25
–, Tierbesatz **482**
–, tiergerechte 3, 5, 338, 446, 545
–, tierschutzgerechte 638
–, umweltgerechte 3
–, -(s)verfahren
– –, alternative 260
– –, extensive 262
–, verhaltensgerechte 3
–, Voliere 480
–, 13-Wochen-Rhythmus 420
–, 19-Wochen-Rhythmus 420
–, Wohnung 546
–, Zwinger 545, 549, 552, 555
Harn 88, 94, 135
–, -säure 25, 112
–, -stoff 25, 89, 109
Hasenartige 441
–, Duplicidentata 441
Hauptkabine 651
Hausapotheke 691, 694ff, 709
Hausgeflügel
–, Transport 664
Haustaube 612, 614 f
Haustier 1
hedonische Tönung 22
Heim- und Begleittiere
–, Vegetationsschäden 234
Heimtier 1, 229
–, Abfall 232
–, Anfall an Exkrementen 232
–, -haltung
– –, tiergerechte 235
–, Harn 232
–, Kot 232
–, Tierkörper 232
–, verschmutzte Katzenstreuprodukte 232
Heizkosten 65, 76
Heizung
–, Bedarfs- 64, 66, 71
–, Holzhackschnitzel- 87
–, Raum- 75 f
–, Zonen- 75 ff
–, Zusatz- 67, 70, 76 f
Herdenbetreuung 258
Heritabilität
–, Fruchtbarkeit **499**
–, Krankheitsanfälligkeit **499**
Herstellung (von Tierarzneimitteln) 693f, 695 ff
–, -(s)auftrag 694, 696
Heterosis
–, Fleischrinder
– –, individuelle Heterosis **500**
– – –, maternale Heterosis **500**
Himmelbedeckung 32
Hitzebelastung (Hund) 555
Hochdruckvernebelung 80 f
Hölzer **127**
Homogenisierung 90
Homogenitätsprüfung 694

Homöopathie 708 f
Homöopathika 692, 696 f
Hörschwelle 34
Hühnergeflügel **95**
Hühnervögel 480
Hund(e)
–, -allergie
– –, Can f 1 232
– –, Hundehaare 232
– –, Nachweis
– – –, Prick-Test 231 f
– –, rassespezifische 232
–, -besuchsdienste 520
–, -bisse *siehe auch* Bisse 563
–, -erziehung 548
– –, Stubenreinheit 558
–, -haarallergie *siehe* Hundeallergie
–, -haltung
– –, Europa **516**
– –, gesteigerte Lebensqualität 519
–, Transport 670
– –, -box
– – –, Mindestmaße 672
–, Urlaub
– –, Mitnahmemöglichkeit 673
Hütehaltung 372
Hydrolyse 210
Hygiene 578
–, -analyse 222f, 225
–, -empfehlungen 234
–, -kennziffer(n) 225
–, Quarantäne 235, 579
Hygienisierung 100

I

Identifizierungssystem 305
IFOAM *siehe* International Federation of Organic Agricultural Movements
Igel
–, Überwinterung 621
Immission(en) 27, 36
–, Ammoniak 224
–, -(s)beurteilung 42
–, Geruchsstoffe 224
–, -grenzwerte 38
–, -häufigkeit 40 f
–, -(s)prognoseverfahren 32
–, -(s)schutzgesetz 424
Immunstimulanzien 160
Impaktion 29
Impfpflicht
–, atypische Geflügelpest 484

Impfstoff(e) 605
Impfung **606**
Impingement 29
Indikator
–, (für) Tiergerechtheit 242, 338, 410
– –, Belastungsreaktionen 244 f
– –, Erkrankungshäufigkeit 247
– –, Leistung 243
– –, Todesfälle 247
– –, Verhalten 242
Infektion(en)
–, bakterielle 474
–, -(s)erreger
– –, Quelle
– – –, Schweinepest 264
– – –, Tollwut 264
–, -(s)risiko
– –, Auslandsreisen 235
– –, (für) Halter von Heim- und Begleittieren 234
– –, Impfung 235
– –, (für) Kinder 234
– –, Parasitenbehandlung 235
– –, (für) Tiere 235
– –, (für den) Tierhalter 234
– –, (einer) Übertragung vom Menschen auf das Tier 235
–, -(s)schutzmaßnahme(n) 168
Injektor *siehe auch* Flüssigmist 117
Insektizide 198
International Air Transport Association (IATA) 651
International Federation of Organic Agricultural Movements 266
Isolinien 42
Isopropanol **183**

J

Jauche 94, **95,** 100f, 135, 183

K

Kadaverhaus
–, Anforderungen 200
Käfigaufzucht 394
Käfighaltung
–, ausgestaltete 397, 399
–, Get-away- 398
–, konventionelle 397
–, Untersatz 623
–, Vergitterung 623
Kälberhaltung **300**
–, Aufzucht 290
–, Beleuchtung **301**

Sachwortverzeichnis

–, Boden **300**
–, Einzel- 295
–, Fütterung und Pflege **301**
–, Gruppen 295
–, Mast 290
–, ökologischer Landbau 299
–, Platzbedarf **300**
–, Stallklima **301**
–, Verluste 290
Kali 97, 104 f
Kalium 135, 137, 151
Kalk 191
–, -milch **184**
–, -stickstoff **184**
Kaltbelüftung 92, 154
Kältemaschine 80, 83 f
Kaltscharraum (Wintergarten) 401
Kampfhunde 563
Kaninchen **56**, 621
–, Einzelhaltung 446
–, Geschlechtsbestimmung 445
–, Gruppenhaltung 446
–, Handling 444
–, Schadgase 443
–, Technopathien 446
–, thermoneutraler Punkt 443
–, tiergerechte Haltung 440
–, Trinkwasser 443
–, Verhaltensstörungen 446
–, Zäkotrophie 443
Kannibalismus siehe auch Verhalten 389, 405, 431 f
–, Aufzucht 395
–, Defizite in der Nährstoffversorgung 396
–, Fütterung 403
–, Gruppengröße 385
–, Haltung 493
–, Herkunft 403
Karenzzeiten 116, 118
Karpfenteichwirtschaft
–, Produktionsorganisation 466
– –, Abwachssteich 467
– –, Hälterteich 467
– –, Streckteich 466
– –, Winterteich 466
–, Vermehrung
Kastenstand 342, 347, 354
Kastration 380, 561
–, Früh- 585
–, Kasektomie 587
–, Rolligkeit 588
Kasuar 485 ff

Katze(n) 572
–, -allergie 581
– –, Inhalationsallergie 231
– –, Katzenallergen
– – –, Fel d 1 231
– –, Nachweis des Allergens
– – –, Prick-Test 231
–, -dorf 523, 575
–, freilebende 584
–, -haltung siehe auch Versuchskatzenhaltung 572
–, -population 583
–, -toiletten 233
–, Transport 670
– –, -box
– – –, Mindestmaße 672
– –, verwilderte 522, 584
–, Urlaub
– –, Mitnahmemöglichkeit 673
Kauintensität **531**
Keimbelastung 170
Keimgehalt 30
Kennzeichnung 604, 691, 693 f
–, Katzen
– –, Deutsches Haustierregister 590
– –, Microchips 589
– –, Ohrkerbe 589
– –, Tätowierung 589
–, -(s)pflicht 608
Klang 34
Klärschlamm 94, 106
–, Anwendungsbeschränkung(en) 107
–, -kataster 108
–, Nachweispflicht 107
–, Verbot 107
–, -verordnung 106 f
Klauenbad 379
Kleegrassilage 142
Kleinauslauf 534
Kleinnager 621
Klima siehe auch Belichtung, Belüftung, Licht, Luft, Temperatur
–, -anforderungen
–, -ansprüche 336, 342, 354 f
– –, Besonnung 529
– –, Licht 529
– –, Temperaturen 529
–, -reize 530
Klopfbeute 603
Knochen 554
–, -brüchigkeit 406
Kodex für den integrierten Landbau 10

Sachwortverzeichnis

Kofermentation 86
Kohlendioxid 371
Kohlenhydrate 624
–, vergärbare 154 ff
Kokzidiose-Impfung 396, 405
Kokzidiostatika 386, 393
Kolibri 681
Kolostrum 380
Komfortverhalten
–, Hautpflege 532
–, Wälzen 532
Kommunikation 557
–, hundliche 550
Kompost 91, 93
–, Ausbringung 116
–, -stall 111 ff
– –, -haltung 94
Kompostierung *siehe auch* Tierkörperbeseitigung 209
Kompressor 83 f
Kondenswasser 83
Konfiskate **204**
Konservierung 153 f
Kontakt
–, (zu) Artgenossen 551
kontinuierliche Stallbelegung 358
Kontrolle 220, 551
Konzentratfuttermittel 144
Koordinatensystem, dreidimensionales 32
Koppelschafhaltung 373
Körnerfresser 596
Körperfunktionen
–, physiologische 526
Körperkondition 349 f
Kot 88, 94, 135
–, -absatz 550
–, Trockenmasse 431
Kraftfutter 147
–, -abrufstation 541
Krankheit(en) 337, 341, 687f, 690, 698–701
–, anzeigepflichtige **606**
–, haltungsbedingte **606, 637**
–, Hyperthermie 643
–, Infektions- **607**
–, meldepflichtige **606**
–, -(s)prophylaxe
– –, Impfung 556
Kresol **182, 183, 188**
Kressetest 183, **184**
Kropfmilch 613
Küchenabfälle *siehe unter* Abfall
Kühlmittel 83 f

Kühlung 79, 109, 111
–, Milch- 84
–, Verdunstungs- 80
Kuhtrainer 309
Küken
–, -ringe 483
–, Transport 664
Kunstlicht 69
Kunststoffe **128**
Kupfer 107
Kupieren
–, Ohren 561
–, Rute 560
Kurztransport 684

L
Lachgas 20f, 110 ff
Lachszucht
–, Aufzucht
– –, Smoltstadium 467
–, Ausmacht 468
Ladedichte 648
Lagerung 102, 106, 692
–, (am) Feldrand 106
–, Dunglagerstätte 102
–, Güllelagerbehälter 103
–, Kapazität(en) 102
–, -(s)verluste 104
Lama 641
Lamm 369
Lämmerschlupf 375
Landbau
–, integrierter 5
–, ökologischer *siehe auch* ökologischer Landbau 5, 286
Landesbauordnung 47
Landschaft 46
Landwirtschaft
–, Marktpflege 270
–, nachhaltige 5
Langsamläufer 37
Längsverteilung 116 f
Lärm *siehe auch* Tierlärm 34 ff
–, Bellen 230
Laryngotracheitis, infektiöse 265
Laufhof 317, 540
Laufstall 311, 317
–, Formen 538
–, Fruchtbarkeitserkennung 317
–, ökologischer Landbau 318
–, Schadensträchtigkeit
– –, Sozialrang 318

Sachwortverzeichnis

–, Technopathien   318
–, verfahrenstechnische Kriterien   317
Laufvogel   485, 492, 596
Lautstärke   34
Lebendfischtransport
–, Besatzdichte   **681**
–, Transportbehälter   682
Lebensdauer   243
Lebensmittelgewinnung   690, 692f, 695 f
Lebewesen
–, wechselwarme   453
Legebeginn   432
Legeleistung   484
Legeperiode   421
Legereife   481
Legetätigkeit   432
Leinenzwang   551
Leistung   **239**, 336, 338 f
–, Einzeltier   243
–, -(s)förderer
– –, alternative   158
– –, anabole   138
– –, antibiotische   157 ff
– –, phytogene   159
– –, synthetische   391
–, (s)minderung
– –, haltungsbedingte   243
–, -(s)profil
– –, Robustrassen
– – –, Milchleistung   **505**
– – –, Rassegruppen   505
– – –, Schafe   506
–, -(s)zahl   84
Leuchtbakterientest   185
Leuchtstofflampen   **128**
Licht
–, -ausbeute   81
–, -farbe   69
–, -intensität   69, 81, 394, 410
–, Natur-   66, 69 f
–, -programm   394, 411, 422, 433
–, sichtbares   69
–, -strom   81
–, -taglänge   602
Liegeflächenbedarf   334
Liegehalle   540
Liegeverhalten   78
Life Animals Regulation   651
Louisiana-Stall   74, 409
Löschkalk   100
Lösemittel   **127**
Louping ill   265

Luft
–, -feuchte   370
–, -geschwindigkeit   66f, 75
–, -menge   73
–, -qualität   530
–, -rate   23, 68f, 109, 115
–, -temperatur *siehe auch* Klima   31f, 370
–, -transporte   651, 665, **668,** 674, 680
–, -trocknungsanlagen   84
Lüftung   71f, 649
–, -(s)anlagen   64, 68
– –, Schwerkraft-   70, 72, 74
– –, Zwangs-   72 f
–, Curtain-   74
–, natürliche   66, 70
–, -systeme   72, 75
–, windinduzierte   72
Lumen   81
Lux   81

M

Magnesium   97, 104, 107
Maissilage   139, 142, **143,** 144f
Malignes Hyperthermie-Syndrom   496
Marktpflege   273
Massentierhaltung   2, 270
Mastbullen   **134,** 144, 147
Mastdauer   433
Mastleistungen   **484**
Masttaube(n)   612, 614 ff
Materialstärke(n)   71
Mauser   432, 438f, 604
–, Jugend-   425, 435
– –, Federwechsel   425
Mazerierung   92
Mechanisierungsvorgänge   358
Mehrphasenfütterung *siehe unter* Fütterung
Melksystem, automatisches   308
Melkverfahren   306
Mengenelemente   151f, **152**
Mensch-Tier-Beziehung   241, 248f, 337, 517 f
–, Ausbildung von Personen, die beruflich mit Tieren zu tun haben   250
–, Gewöhnung an belastungsarmen Umgang mit Menschen   250
–, Rind   250
–, Schwein   250
–, Ziege   250
Merkmalsantagonismen
–, Fleischrind   495 ff
–, Legegeflügel   497
–, Mastgeflügel   497

–, Milchvieh 494 ff
–, Schweinezucht 496
Metalle **128,** 136, 157
Methan 20, 26, 89, 92, 113, 136, 157
Methanobakterien 136
Methanol **180**
Metritis-Mastitis-Agalaktie(MMA)-Komplex 701
Mikroorganismen
–, -kulturen 111
–, Quelle 27, 29
Milchkühe 139f, 142, 147, 151
Milchkühlung 84
Milchsäure 111
–, -bakterien 154f, 159
Milchviehhaltung
–, Kopfschwung 299
Mindestabstand 38, 40, 104, 116
Mindestbeleuchtungsstärke 81
Mindestluftrate 68, 76
Mischgebiet 44
Mistlagerfläche 102
Möblierung 355
Moderhinke 379
Molluskizide 198
Monogastride 147ff, 152, 160 f
Mortalität 247, 390, 404, 411
Moschusente 425
Mulardente 425
Multiphasenfütterung *siehe unter* Fütterung
Muskelmagen 435
Mutter-Kind-Beziehung 369
Mutterkuhhaltung 325

N
Nachbarschutz 47 f
Nachbarschaftsstreitigkeiten 613
Nachweis (Tierarzneimittel) 696
Nachweispflicht 107
Nährstoff(e) 88f, 131 ff
–, -ansprüche
– –, Karpfenteichwirtschaft 459
– –, Nutzfische 458
–, -austrag 90
–, -exkretion 131 ff
–, -gehalt
– –, Futterselektion 386
–, -vergleich 104
Nandu 485 ff
Natrium 97
Natronlauge 180, **182, 184**
Natur 46
Natursprung 344

Nebenprodukte, neue 162
N-Emission *siehe unter* Emission
Nest **384**, 385
N-Exkretion *siehe unter* Exkretion
Nickel 107
Nippeltränke(n) 60, 62
Nitrat 103, 106
No-observed-effect-Level 695
Notschlachten 654
NSP-Enzyme 160
Nüchterungszeit 681
Nutztier 1
–, -haltung
– –, Akzeptanz durch Verbraucher 270
– –, tiergerechte 239
–, landwirtschaftliches 229
Nutzungsrichtung
–, Pferd 525

O
Oberflächenbelüftung *siehe* Belüftung
Öffentlichkeit 551
–, Beteiligung (der) 48 f
Öko-Audit 6
–, -Zertifizierung 220 ff
– –, Untersuchungsgang 222 f
Ökobilanz 25, 220
ökologischer Landbau 5, 9
–, Anbindeverbot 268
–, Auslauf 268
–, Eigenkontrolle 220
–, Fortpflanzungsmanagement 512
–, Gesundheitsprophylaxe 267
–, Kuhtrainer 268
–, Nasenringe 269
–, organischer Dünger 267
–, Rauhfutter 268
–, Regelwerke
– –, gesetzliche **266**
– –, privatrechtliche **266**
–, Rüsselklammern 269
–, Schnabelkürzen 269
–, Tierhaltung 265
–, unabhängige externe Kontrolle 220
–, Zuchtplanung 507 ff
ökologische Tierhaltung 5, 9
Ökorichtlinie 343
Ökosystem
–, Teich 454
Ökotoxizität 220, 710 f
–, Toxizität (gegenüber)
– –, Bienen 198

Sachwortverzeichnis

– –, Fischen   198
– –, Fischnährtieren   198
– –, Vögeln   198
Ökotoxikologie   710 f
Oligolyse   94
Optimalbereich   66f, 69, 81
Optimaltemperaturbereiche
–, Nutzfischarten   **454**

P

Paarungsmanagement
–, Embryotransfer   509
–, künstliche Besamung   508
– –, Rinderzucht   **508**
– –, Schweinezucht   **509**
–, Natursprung
– –, Klassensprung   509
Paddock   534
Papageien   679
–, -artige   596, 599, 604f, **606**, 607
Papier   **128**
Parameter, physiologische   340
–, Streßindikatoren   389
Parasiten   474
Partussyndrom   700 f
Pasteurisierung *siehe auch* Tierkörperbeseitigung   209
Pekingente   425
Pellet   602
Peressigsäure   180, **182**, **183**, **184**
Perlhuhn   480
Pferchung   372
Pferd   **56**, **95**
–, -(e)bestand   **526**
–, -(e)transporter   666
Pflanzenabfälle   **128**
Pflanzenextrakte   109, 111
Pflanzenschutzmittel   **128**
Pflege   556, 652
–, Fell-   556
–, Zahn-   556
Phasen, sensible   546
Phosphat   104f, 107
Phosphor   90, 97, 137, 151f, 157, 160
–, -ausscheidung   153
Photovoltaik   86
pH-Wert   153ff, **156**, **158**
Phytasen   153
Phytat   153
Phytotherapie   708 f
Pigment   386
Planung   16

Platzbedarf   334, 382, 552
–, operante Konditionierung   383
–, Verhaltensmerkmale   383
plötzlicher Herztod   412
Pollen   27
Populationskontrolle   585
Portionsweide   373
Präbiotika   159, 688
Prägung   250, 547
–, sexuelle   432
Prallblech   118
Prallkopf   118
Primärenergieverbrauch   78
Probiotika   159, 688
Produktbeschaffenheit
–, Akzeptanz durch Verbraucher   270
Produktionsumwelt
–, optimierte   497
Projekt   11, 15
Pro-Kopf-Verbrauch
–, Bioprodukte   272
–, Entenfleisch   425
–, Fleisch   272
–, Gänsefleisch   435
–, Rindfleisch   272
Propellerrührwerk   91
Prophylaxe
–, Impfungen   578
Proßholz   478
Proteinbedarf
–, (für) wachsende Rinder   143 f
Proteinbewertung   148
–, -(s)system 138 f
Proteine, geschützte   109
Proteinträger   140, 149
Prozeßsteuerung   305
–, Liegeboxenlaufstall   313
–, Tiefstreustall   312
–, Tretmiststall   312
Puderdune   613
Pute
–, Pro-Kopf-Verbrauch   420

Q

Qualitäts-Audit nach DIN EN ISO 9000 ff   220
Qualzucht   561, **562**, 590
Quarantäne   686
–, -zeit   631
Quellstärke   28
Quecksilber   107
Querverteilung   116 f

Sachwortverzeichnis

R
Rangordnung 303, 547
–, -(s)kampf 319
Rangstatus 557
Rapsöl 110
Rasse(n)
–, -listen 563
–, standortangepaßte 500
–, -taube 612, 615
Rationsbilanzierung 139, 148
Rationsgestaltung 144
Raufen 438
Rauhfutter
–, Beschäftigung 625
–, Zahnabrieb 625
Raumlasten 68, 72, 76 f
Reaktionen des Tieres auf Haltungsumwelt 242
–, Ausfälle, Ausfallursachen 242, 247, 390
–, klinische Veränderungen 242, 247
–, Leistung des Einzeltiers 242f, 389
–, physiologische Parameter 242, 244, 389
–, Verhalten 242, 388
Rechtssicherheit 43, 49
Recycling 123
reentrainment 29
Regenwurmtest 186
Reinigung 54f, 57, 61, 169ff, **174, 190,** 233
–, -(s)- und Desinfektionsarbeiten 173
Rein-Raus-Verfahren 359
Reisetaube 612
Reit- und Fahrvereine 525
Reizangebot 548
Rekontamination 29
Remontierung
–, innerbetriebliche 512
–, Zukauf 511
–, Zulassungsgewicht 511
Reptilientransporte, internationale 686
Resistenzbildung 157
Reststoffe 161f, 118 f
Rest- und Abfallstoffe siehe auch Abfall 118, **204,** 205
Rezeptur 692
Richtlinien und Empfehlungen
–, tiergerechte Haltungsverfahren 526
Rind **56, 95**
–, -fleischverbrauch 272
–, Gruppengröße 281
–, -(er)haltung 281
– –, naturnahe 138
– –, standortgerechte 138
–, Klauenpflege 284

–, Klimaansprüche 283
–, Körperpflege 283
–, Lichtbedarf 284
–, Liegezeiten 282
–, -(er)mast siehe auch Mastbulle
– –, Futteraufnahme und Tränke 319
– –, Haltungsverfahren
– – –, Liegenboxenlaufstall 322
– – –, Tiefstreustall 320
– – –, Tretmiststall 322
– – –, Vollspaltenbodenstall 322
– –, Klimaansprüche 320
– –, Verhalten 319
– – –, -(s)störung(en) 319
–, Mensch-Tier-Beziehung 284
–, Platzbedarf 281
–, Stallgase 283
–, -(er)wahnsinn siehe auch BSE 2
–, Weidehaltung 282
Rodentizid(e) 195, 198
–, Ökotoxizität 198
Rohfaser 624
–, -gehalt 147, 161
Rohfettgehalt, hoher 625
Rohprotein 624
–, geschütztes 142, 147
–, nutzbares 139
Rohstoffe, nachwachsende 66, 86 f
Rohrsystem(e) 61
Rotationshaltung 374
Rotte 89
Rottemist 97
Rotwild
–, Trächtigkeitsdauer 475
Rückstandshöchstmengen (MRL) siehe auch Tierarzneimittel 691
Rückzugsmöglichkeiten 549

S
Sachkunde 563
–, -bescheinigung für Tiertransporteure 653
Salpetersäure 111
Sauenhütte 352
Sauerstoff
–, -gehalt
– –, Tagesprofil
– – –, Fischteich **456**
–, -sättigung
– –, Meerwasser 455
– –, Süßwasser 455
–, -stoffversorgung 681
– –, Kaltwasserfische 454

Sachwortverzeichnis

– –, Teichwirtschaft
– – –, Tagesschwankungen   455
– –, Warmwasserfische   454
Säugezeit   354
Säure(n)
–, organische   158
–, -zusatz   93
Schaden
–, wirtschaftlicher   192
–, -(s)vermeidung   240
Schadgas(e)   99
Schädlingsbekämpfungsmittel   122, 128
Schadstoffe   89, 125
–, organische   107
Schaf   **56**, **95**, 369
–, -behandlungsanlage   379
Schall
–, Ausbreitung   35
–, -druck   34
–, -druckpegel   34
Schienentransport   650
Schiffstransport   650
Schlacht- und Fleischabfälle   211
–, virushaltige   264
Schlachtgeflügel
–, Transport   664
Schlachtnebenprodukte   211
Schlachttierabgänge   203, **204**
Schlachttieruntersuchung   479
Schlachtung   205
Schleppschlauchtechnik   110
Schleppschlauchverteiler   117 f
Schleppschuhverteiler   117 f
Schlitzgeräte   118
Schmerzschwelle   34
Schnabel
–, -kürzen   422, 431, 483
–, -stutzen   390, 394f, 398, 406
Schneehase   441
Schnellmast   **439**
Schrägbodensystem   3999
Schrott   **128**
Schur   378
Schwanengans   435
Schwanzspitzennekrose   324
Schwarmbildung   612
Schwarz-Weiß-Prinzip   202
Schwefelwasserstoff   20, 26f, 113f, 371
Schwein(e)   **56**, **95**
–, -haltungshygieneverordnung   2, 342
–, -haltungsverordnung   335, 337, 341
–, -pest   264

Schwenkdüse   118
Schwermetall(e)   97, 107
Schwielensohler   641
Schwimmdecke   90, 93, 110
Schwimmertränke   59
Schwimmschicht   110
Sedimentation   29
Seekrankheit   650
Seitenwandventilator   37
Selbsterwärmung   92
Selbstfangfreßgitter   37
Separierung   91
Seuche(n)
–, -prophylaxe   167, 169
–, -schutz
– –, Elemente   13
Sexualhormone   691
Siebbandpresse   91
Siebtrommelpresse   91
Siedlungsstruktur   42, 45
Silierhilfsstoffe   154
Silierung   153ff, **154, 155, 156**
Silosickersaft   94, 97, **98,** 111
Silostockhöhe   155
Singvögel   596, 605
Sinkschicht   90, 94
Sittiche   679
Sitzbucht   375
Sitzstangen   382, **384**
Solarenergie   66
Solarkollektor   77, 86
Solarzelle   86
Sommerruhe   635
Sonderabfälle   125
Sonderbeurteilung   40
Sozialdistanz   302, 316
Sozialisation   546
Sozialkontakt(e)   545
–, gestörte   241
Sozialstruktur   528
Sozialverhalten   528
Spaltenboden   365, 375
Sperlingsartige   679
Sperlingsverwandte   679
Sperrfristen   105
Spezialbetriebe   200
Spielzeug   560
Spülen   109
Spurenelemte   151f, **152**
Stadttaube(n)   612, 618 f
Stall
–, -aerosol   27

Sachwortverzeichnis

–, -apotheke 709
–, -belegung
– –, kontinuierliche 358 f
– –, absätzige 358 f
–, -boden 534
–, -gase 387, **388**
–, -klima 66, 69, 247, 483
–, -mist 94, 99 f
– –, Ausbringung 116
– –, -streuer 117
–, -reinigung 61 f
–, -system
– –, Bewertung 542
–, -temperatur 66ff, 69, 72
–, Trampolin- 112, 409
Standort 11
–, Auswahl 15
–, -gerecht 9
Standweide 373
Stapelhöhe 102
Staub 115
–, -konzentrationen 28
–, -partikel 27
Stereotypie 333, 339
Sterilisation *siehe auch* Tierkörperbeseitigung 210
Stickstoff 89f, 97, 99
–, -bedarf 143
–, -bilanz
– –, ruminale 139 f
–, -emission 102
–, Gesamt- 104
–, -verlust 103, 106, 185, 191
Straßenanbindung 15
Strauß 485 ff
–, African Black 485
–, Balzflecken 489
–, Frostschäden 486
–, Luzernefütterung 487
–, Transport im Lkw 649
–, UV-Perzeption
– –, visuelle 486
–, -(en)vögel
– –, Anästhesiemethoden 490
– –, Blendsack 490
– –, Elektrobetäubung 492
– –, Federbonität 491
– –, Klima-Gutachten 488
– –, Laufhof 488
– –, Nestmulden 489
– –, Schlupfsynchronisation 489
– –, Transport 663

– –, Trockengehege 488
Streß
–, -faktoren 636
–, -situation 686
–, sozialer 632
–, -wirkung 645
Streumenge 117
Strukturierung 549
–, Podest 549
–, Sichtblende 549
–, Trennwand 553
Stubenvögel 597, 679
Substanz(en)
–, organische 88f, 97
–, sorptive 109, 111
Sohle 337, 475
Synchronisation 347

T
Tagesprofil **456**
Taube(n) *siehe auch* Felsen-, Stadt-, Haus-, Reise-, Rasse-, Brieftaube 679
–, Flugsperre 619
–, -krankheiten **617**
–, -schlag 613
Technik
–, computergesteuerte 258
Temperatur *siehe auch* Klima 23, 67, 70, 386, 393
–, biologisch optimale 430
–, Boden- 85
–, -regelungsmechanismen, physiologische 634
Tenazität 100
Terrarium 630 ff
Therapie
–, -notstand 692 f
–, tiergestützte 517, 520
Thermoregulation 429
–, -(s)vermögen 530
Tiefstreu 94, 97, **97, 98**, 374
–, -haltung 113, 366
Tier *siehe auch* Nutz-, Heim-, Begleit-, Haustier
–, -arzneimittel *siehe auch* Arzneimittel **128,** 688, 690f, 710
– –, Markt 688
– –, Rückstände in Lebensmitteln 688, 690
–, -arzt 547
–, -behandlung *siehe auch* Behandlung 687f, 698
– –, alternative 708 f
–, -besatz 477
– –, zulässiger 17

Sachwortverzeichnis

– , -bestände 18
– – , maximale 40
– , -ernährung
– – , tiergerechte 132, 137f
– – , umweltgerechte 12, 131, 137f
– , -fütterung
– – , umweltgerechte 12
– , -geräusch(e) 38
– , -gerechtheit
– – , Haltungsbedingungen
– – – , tiergerechte 260
– – , Indikatoren
– – – , Leistung 285
– – – , pathologische Befunde 286
– – – , physiologische Merkmale 285
– – – , Technopathien 286
– – – , Verhalten 285
– – – , Verluste 285
– – , -(s)index 6, 220, 260, 338
– – , Unterbringung während des Urlaubs 520
– , -gesundheitspflege 687
– , -halter
– – , Bedeutung 241, 248
– – , Einfluß 240
– , -haltung *siehe auch* Haltung, ökologische, umweltgerechte 255
– , Abgabe von Wirbeltieren an Jugendliche 255
– , artgemäße 3, 5, 254, 256, 288
– , Aufsicht (über) 255
– , Aufstallungssysteme 255
– , Beurteilung 248, 255
– , Einfluß auf die Erziehung der Kinder 519
– , Eingriffe 255
– , erforderliche Kenntnisse und Fähigkeiten 254
– , gewerbliche 45
– , Handel 255
– , Impfungen 520
– , kleine Heimtiere 519
– , Konzentration 271
– , (in) Krankenhäusern 520
– , landwirtschaftliche 45
– , ökologische 5
– , Parasitenbehandlungen 520
– , persönliche und räumliche Voraussetzungen 255
– , privilegierte 45
– , Qualzucht 255
– , Rechtsverordnungen 254
– , seuchenhygienisches Problem 271
– , Stalleinrichtungen 255

– , standortgerechte 9
– , Straf- und Bußgeldvorschriften 255
– , tiergerechte 3, 256, 271
– , Tierversuche
– – , Eingriffe und Behandlungen zur Aus-, Fort- und Weiterbildung 255
– – , Genehmigung 255
– – , umweltgerechte 3, 5
– , verbessertes Sozialverhalten 519
– , verhaltensgerechte 3, 5, 254, 256, 288
– , Zucht 255
– , -heim 546
– , Abgabetiere 522
– , Fundtiere 522
– , Pensionstiere 522
– , sichergestellte Tiere 522
– , -ordnung 522
– , Übereignungstiere 522
– , -hygiene 11
– , -identifizierung, elektronische 541
– , -körper **128,** 199, 207
– – , -beseitigung *siehe auch* -verwertung 198ff, **201,** 207 ff
– – – , -(s)anlage
– – – – , Abwasser 212
– – – – , -(s)anstalt 199, 201, **203**
– – – – , -(en)verordnung 215
– – – , Erzeugnisse 199
– – – , -(s)gesetz 215, 232
– – , -teile 199, 207
– – , -verwertung 198 ff
– , -lärm *siehe auch* Lärm 230
– , -mehl 138, **206,** 207
– , -produktion
– – , flächenunabhängige 270
– , -schutz *siehe auch* Tierhaltung 250, 646
– – , Allgemeine Verwaltungsvorschrift 250
– – , Aufnahme in Grundgesetz 257
– – , Basis für Checklisten 240
– – , -bericht 232
– – , -gesetz *siehe auch* Gesetze, Tierschutzrecht 239, 250, 254, 424, 473, 484, **566,** 572, 590, 646
– – – , Aussetzen von Tieren einer wildlebenden Art 521
– – – , Deutschland 288
– – – , Österreich 288
– – – , Schweiz 288
– – , Gesetz zur Verbesserung der Rechtsstellung des Tieres 250
– – , Gutachten 250
– – , Kastration 257

– –, Kupieren der Rute   257
– –, Leiden   256
– –, Leitlinien   250
– –, Mitgeschöpf   256
– –, Rauhfutterversorgung von Kälbern   257
– –, -recht   250
– –, Schaffung eines Verbandsklagerechts   257
– –, Schmerzen   256
– – –, Wohlbefinden   256
– –, -transport-Verordnung   646
– – –, Fischtransport   681
–, -seuchendesinfektion   189
–, -seuchenschutz   646
–, -transport(e)   271, 645
–, -überwachung
– –, rechnergesteuerte   306
– – –, elektrische Leitfähigkeit   305
– – –, Erkennung der Brunst   306
– – –, Früherkennung von Stoffwechselstörungen und Eutererkrankungen   305
– –, Körpertemperatur   305
– –, Tierdaten   305
–, -verhalten   281
– –, Rangordnung   281
– –, Rind   281
–, -verluste   484
–, -zahl
– –, Milchkühe   281
– –, Rinder   281
–, -zucht   258
Todesfall   113
–, (bei) Transport   248
–, haltungsbedingter   247
Tollwut   264
Ton   34
Tonminerale   93
Toxizität   113
Trächtigkeitsfasten   634
Trampolin-Stall *siehe unter* Stall
Tränke   **384**, 477
–, -becken   60, 62
–, -einrichtungen   55, 58 f
–, Nippel-   429
–, Rinne   429
–, -systeme   386
–, Ventil-   60, 429
–, -verfahren
– –, Kälber   293
Tränkung   652
Tränkwasser 55, 58, 60, 62
–, -bedarf   55
Transformationsprozeß   131

Transmissible Spongiforme Enzephalopathien (TSE)   202, 205
Transmission   27
Transponder   350
Transport *siehe auch* einzelne Tierarten 378, 663 f
–, -bedingte Erkrankungen und Verluste   **685**
–, -belastungen   520
– –, prämortale   646
–, -box
– –, Mindestmaße
– – –, Hund/Katze   672
–, -container   684
–, Deck   650
– –, (auf) offenem Deck   650
– –, unter Deck   650
–, -fähigkeit   647
–, Frachtraum (Flugzeug)
– –, Druckregulierung   675
– –, Lüftungsrate   675
– –, Temperatur   675
– – –, -regelmöglichkeit   674
–, Hund/Katze   670
– –, Allgemeinuntersuchung   671
– –, Belastung   670
– –, Einreisebestimmungen   671
– –, Erbrechen   676
– –, Erholungspause   672
– –, Höhenkrankheit   675
– –, Impfstatus   671
– –, Jetlag   676
– –, Kinetose   671
– –, Konditionierung   670
– –, Mensch-Tier-Beziehung   670
– –, Speicheln   675
–, kommerzieller   684
–, -mittel   649
–, -phase   667
–, Streßindikatoren   667
–, tiergerechter   666
–, -vorbereitung   647
Trennungsangst   546
Trinkwasser   57 f
Trockenbaden   426, 436
Trockensubstanzgehalt   96f, 100, 155
Trocknung
–, natürliche   154
–, technische   154
Troggestaltung   **429**
TSE *siehe* Transmissible Spongiforme Enzephalopathien
Tylopoda   641

Sachwortverzeichnis

U

Überforderung 549
Überlebensfähigkeit 31
Umgang 337f, 557
Umgebungstemperatur 555
Umtriebsweide 373
Umwälzbelüftung *siehe* Belüftung
Umwelt
–, -belastung
– –, (durch) Heim- und Begleittiere 233f, 235
–, -fernzone 179 f
–, -gerechtheit 9ff, 219ff, 223, 225
– –, Analyse 223
– –, Bewertung 10, 220
–, -gesundheit 6, 220
–, -haftungsgesetz 223
–, -hygiene 7
–, -management 220 f
–, -nahzone 178f
–, -relevanz 11
–, -schutz 258
–, Stabilisierung 167
–, unmittelbare 178f
–, -verträglichkeit 116, 220, 710
– –, -(s)prüfung 223 f
– – –, -(s)gesetz 49, 223
– – –, -(s)untersuchung 49
Umwidmung 692, 695
Umzäunung 476
Unbedenklichkeit
–, ökotoxikologische 197
Unfall 193
Unfruchtbarmachung 560
Unterdruckanlagen 72
Unterflurladeräume 651
Ureasebakterien 89, 136
Urlaub
–, Hund/Katze
– –, Checkliste 674
– –, Ektoparasitenprophylaxe 676
– –, Infektionsrisiko 676
– –, Magen-Darm-Infektion 676
– –, Prophylaxe 676
– –, Unterbringungsmöglichkeit 673
UV-Licht 636

V

Vakuumpumpe 37
VDI-Richtlinien 38
Vegetarier 271
Ventilator(en) 72 ff
–, Axial- 73

Verbleib (von Arzneimitteln) 696
Verbraucher 260
Verbrennung *siehe auch* Tierkörperbeseitigung 210
Verdaulichkeit 133, 147f, 153
–, ileale 148
–, präzäkale 148
Verdauung 531
–, -(s)prozeß 131
–, -(s)trakt 531
Verdichtung 155
Verdriftung 31
Verdunstungskühlung 80
Verfahren 15 f
–, (der) Tierhygiene
– –, Umweltfaktoren erfassen 239
Verfallsdatum (Arzneimittel) 691
Vergärbarkeit 155
Vergraben *siehe auch* Tierkörperbeseitigung 208
Verhalten *siehe auch* Kannibalismus, Tierverhalten **239**, 262, 333, 410, 420, 483, 651, 658
–, -(s)abweichung 389, 545
–, Aggressivität 414, 582
–, Ängstlichkeit 582
–, Anpassung 389
–, Ausscheidung 582
–, Belegungsdichte 243
–, Bewegungsaktivität 411, 422
–, Bezoare 243
–, Broiler 411
–, Copingverhalten 243
–, -(s)entwicklung 546
–, Federfressen 420, 481
–, Fehlen von Beschäftigungsmöglichkeiten 243
–, Fehlen von Sozialpartnern 243
–, fehlende Trennung von Liege- und Kotplatz 243
–, Fehlprägung 642
–, haltungsbedingte Anomalien 242
–, Hauptaktivitätsphasen 481
–, Käfigstereotypie 583
–, Kannibalismus 420, 481
–, Koppen 243
–, Leerkauen 243
–, Lege- 482
–, Mängel der Bodenbeschaffenheit 243
–, Markieren 582
–, Maternal- 354
–, -(s)merkmale 526
–, Milchkühe 249
–, Motivationsanalyse 389

Sachwortverzeichnis

–, -(s)parameter   338
–, -(s)problem(e)
– –, Aggression   547
– –, Furchtsamkeit   548
– –, Schreckhaftigkeit   548
–, Rauhfutterbedarf   243
–, Ruhe   333
–, Saugbedarf   242
–, Schweine   249
–, Spiel-   339, 356
–, Stangenbeißen   243
–, Stereotypie   243
–, Störungen *siehe auch* Kaninchen   285, 520f, 528
–, Stubenunreinheit   582
–, thermoregulatorisches   634
–, Weben   243
Verkehr   37
Verlade(n)   647, 666
–, -einrichtungen   **648**
–, -rampe   648
Verlust(e)   247, 421, 687
–, -rate(n)   687
–, transportbedingte   248, 646
–, -ursachen   687
Verpackung(en)   123
–, -(s)verordnung   123
Verschmutzung   334
Verschreibung (von Tierarzneimitteln)   691f, 694f, 696f
Versorgung und Pflege der Tiere (Transport)   652
Versuchshund(e)   546, 549, 552, 555
Versuchskatzenhaltung   575
–, Käfig
– –, Platzbedarf   575
–, Qualifikation der Tierpfleger   577
–, Tierpflege   575
Verteilgenauigkeit   117f
Verwertung   131, 133, 161ff
Verzehr   131
Verzehrsdauer   **531**
Verzehrsgeschwindigkeit
–, Raufen   536
Viehverkehrsverordnung   646
Vikunja   641
Visus   596, 608
–, pentachromatischer   613
–, tetrachromatischer   602
Vitaminisierung   634
Vogelhalterlunge   609
Volierenhaltung
–, Junghenne   393

Volieren- und Etagenhaltungssystem   399
Vormast   358

W
Wachtel   480
Wälzplatz   540
Wärme
–, -abfluß   75f
–, -bedarf   67, 75f, 86
–, -belastung   636
–, -dämmung   70ff, 76, 298
–, -haushalt   67
–, -isolation   66, 69f
–, -produktion   67
–, -rückgewinnung   66, 70, 76, 82, 84
–, -speicherung   71
–, -tauscher   77, 80, 83ff
–, -verlust   67, 70, 73, 76f, 82, 86
Warmwasser   66
–, -fischkulturen   468
– –, Aalkultur
– – –, Kreislaufkultur   470
– – –, traditionelle Teichwirtschaft   469
– –, Wels- und Buntbarschkultur   470
Wasserdampfdiffusion   70f
Wartezeiten   691f, 694f
Washingtoner Artenschutzabkommen   639, 644
Wasser   483
–, -bedarf   54f, 57, 304, 372, 626
–, -haushaltsgesetz   460
–, -qualität
–, -recht   213, **215**
– –, Eiweißabbauprodukte   457
– –, pH-Wert   456f
– –, Säurebindungsvermögen   457
–, -temperatur   453
–, -verbrauch   212, 386
–, -vögel   679
Weidegang   138
Weidegras   141f
Weidehaltung   60
Weidemast
–, extensive   439, **439**
–, intensive   438f, **439**
Welpen   555
–, -spielgruppen   547
Wichtung   225
–, -(s)faktoren   226
Wiesen-Detritus   603
Wild
–, -bret   473
–, -fang   630

733

Sachwortverzeichnis

–, -farm(en) 472
–, -geflügel 480
–, -gehegehaltung **472**
– –, Bundesrepublik Deutschland **472**
–, -kaninchen
– –, europäisches 441
Wind
–, -daten 40 f
–, -geschwindigkeit 29, 32
–, -richtung 32
Winterruhe 635
Wirkung
–, bakterizide 158
–, ökotoxikologische 169, 178
Wirtschaftsdünger 104
Witterungsschutz 337
Wohlbefinden 3
Wohngebiet 39ff, 45
Wurfkiste 555

Z

Zahl
–, gehaltene Heim- und Begleittiere 515, **516**
–, Hunde 515
–, Katzen 515
–, Nutzwild 472
–, Rinder 281
–, Tauben **613**
–, Ziervögel **516**

Zähne 554
Zeolith 93
Zink 107
Zitronensäure **182**, 189
Zoonose 579ff, 605
Zubehör
–, Hundehalsband 559
–, Kopfhalfter 559
–, Maulkorb 560
–, Reizhalsband
– –, Teletaktgerät 559
–, tierschutzwidriges 559
Zucht
–, Defekt 562
–, gewerbsmäßige 561
–, Ziel 525
Züchter 547
züchterische Beachtung
–, Haltungseigenschaften 497
– –, Fleischrinder- und Fleischschafzucht 499
– –, Kreuzungszucht 499
– –, Milchviehzucht 498
Zuckerzusatz 156
Zugluft 75
Zulassung (von Tierarzneimitteln) 691, 696, 710
Zusatzbeleuchtung 430
Zusatzstoffe, alternative 158
Zwangslüftung 650
–, -(s)anlage 37

Gesetzeswerke von Parey

Loseblattsammlung.
2. Auflage. Grundwerk einschließlich aller Ergänzungslieferungen.
Stand: Dezember 2000
19,5 x 22,5 cm. 3 Ordner.
€ 199,- / DM 389,21 / sFr 337,-
ISBN 3-8263-2904-X

Hans Entel / Norman Förster / Elisabeth Hinckers (Hrsg.)

Futtermittelrecht

Mit einschlägigen Bestimmungen, Bundesgesetzen, Verordnungen, Erlassen und Recht der Europäischen Gemeinschaften.
Textsammlung mit Begründungen und Erläuterungen.
Bearbeitet von Hans Entel, Uwe Petersen, Elisabeth Tegge.

Die Wirtschaftlichkeit der Tierhaltung wird seit vielen Jahren in immer stärkerem Maße von einem sachkundigen und planvollen Einsatz moderner Futtermittel bestimmt. Die Weiterentwicklung der Tierernährungswissenschaft bedingt eine gleichzeitige fortlaufende Anpassung der rechtlichen Bestimmungen in diesem Bereich. Die Loseblatt-Sammlung umfaßt das Futtermittelrecht mit den Bestimmungen über Zulassung, Herstellung, Verkehr und Abgabe von Futtermitteln, Zusatzstoffen und Vormischungen sowie Verfütterung von schadstoff- oder zusatzstoffhaltigen Futtermitteln und gibt einen vollständigen Überblick über alle einschlägigen Bestimmungen im Bereich der Tierhaltung und tierischen Produktion.
Jährlich erscheint ca. 1 Ergänzungslieferung, die das „Futtermittelrecht" immer aktuell hält.

In allen Buchhandlungen erhältlich!
Ausführliche Informationen zum Gesamtprogramm erhalten Sie auch direkt bei:
Parey Buchverlag GmbH · Kurfürstendamm 57 · 10707 Berlin
Tel.: 030 / 32 79 06-27/28 · Fax: 030 / 32 79 06-44
e-mail: parey@blackwis.de · http://www.parey.de

Hunger !

Helmut Meyer / Jürgen Zentek

Ernährung des Hundes
Grundlagen · Fütterung · Diätetik

Der rasche Absatz der 3. Auflage ermöglicht bereits nach drei Jahren eine Neuauflage. Unter Berücksichtigung neuester wissenschaftlicher Erkenntnisse wurde eine Überarbeitung des Textes vorgenommen. Dieser Leitfaden für die Hundeernährung vermittelt die Grundlagen der Verdauungsphysiologie und des Stoffwechsels von Energie und Nährstoffen. Er liefert dem Hundehalter die wichtigsten Informationen über die Fütterungspraxis mit vorgefertigten Produkten und über die Herstellung hauseigener Mischungen, die an die besonderen Bedürfnisse von Sport- oder Zuchthunden und Welpen angepaßt sein müssen.

4., durchgesehene Auflage
2001. 334 Seiten mit 38 Abb.,
20 Übersichten und 106 Tab.
17 x 24 cm. Broschiert.
€ 39,95 / DM 78,14 / sFr 69,-
ISBN 3-8263-3394-2

Aus dem Inhalt:
- Der Hund in Zahlen
- Nahrungsaufnahme und Verdauung
- Energie und Nährstoffe - Stoffwechsel und Bedarf
- Futtermittelkunde
- Praktische Fütterung
- Ernährungsbedingte Störungen oder Erkrankungen
- Diätetik

Über die Autoren:
Professor em. Dr. Dr. h. c. Helmut Meyer leitete von 1968-1993 das Institut für Tierernährung an der Tierärztlichen Hochschule Hannover.
Professor Dr. Jürgen Zentek ist seit 1987 am Institut für Tierernährung der Tierärztlichen Hochschule

In allen Buchhandlungen erhältlich!
Ausführliche Informationen zum Gesamtprogramm erhalten Sie auch direkt bei:
Parey Buchverlag GmbH · Kurfürstendamm 57 · 10707 Berlin
Tel.: 030 / 32 79 06-27/28 · Fax: 030 / 32 79 06-44
e-mail: parey@blackwis.de · http://www.parey.de